PROCESSO CIVIL NO DIREITO DE FAMÍLIA

Teoria e Prática

FERNANDA TARTUCE

PROCESSO CIVIL NO DIREITO DE FAMÍLIA

Teoria e Prática

8ª edição
revista, atualizada e reformulada

gen | EDITORA MÉTODO

- A autora deste livro e a editora empenharam seus melhores esforços para assegurar que as informações e os procedimentos apresentados no texto estejam em acordo com os padrões aceitos à época da publicação, e todos os dados foram atualizados pela autora até a data de fechamento do livro. Entretanto, tendo em conta a evolução das ciências, as atualizações legislativas, as mudanças regulamentares governamentais e o constante fluxo de novas informações sobre os temas que constam do livro, recomendamos enfaticamente que os leitores consultem sempre outras fontes fidedignas, de modo a se certificarem de que as informações contidas no texto estão corretas e de que não houve alterações nas recomendações ou na legislação regulamentadora.

- Fechamento desta edição: *10.01.2024*

- A Autora e a editora se empenharam para citar adequadamente e dar o devido crédito a todos os detentores de direitos autorais de qualquer material utilizado neste livro, dispondo-se a possíveis acertos posteriores caso, inadvertida e involuntariamente, a identificação de algum deles tenha sido omitida.

- **Atendimento ao cliente: (11) 5080-0751 | faleconosco@grupogen.com.br**

  Editora Forense Ltda.
  Uma editora integrante do GEN | Grupo Editorial Nacional
  Travessa do Ouvidor, 11 – Térreo e 6º andar
  Rio de Janeiro – RJ – 20040-040
  www.grupogen.com.br

- A partir da 2ª edição, a obra *Processo Civil Aplicado ao Direito de Família* passou a se chamar *Processo Civil no Direito de Família – Teoria e Prática.*

- Capa: Aurélio Corrêa

CIP-BRASIL. CATALOGAÇÃO NA PUBLICAÇÃO
SINDICATO NACIONAL DOS EDITORES DE LIVROS, RJ

T198p
8. ed.

Tartuce, Fernanda
Processo civil no direito de família / Fernanda Tartuce. - 8. ed. - Rio de Janeiro : Método, 2024.
540 p. ; 24 cm.

Inclui bibliografia
ISBN 978-65-5964-991-4

1. Direito de família. 2. Processo civil - Brasil. I. Título.

24-87617

CDU: 347.6(81)

Gabriela Faray Ferreira Lopes - Bibliotecária - CRB-7/6643

"Não se inicia qualquer locução a respeito de família se não se lembrar, a priori, que ela é uma entidade histórica, ancestral como a história, interligada com os rumos e desvios da história ela mesma, mutável na exata medida em que mudam as estruturas e a arquitetura da própria história através dos tempos."

GISELDA HIRONAKA

Ao meu marido, Odair Lucchetti Junior,
dedico a obra agradecendo
pelo amoroso apoio,
pela sincera compreensão e
pelo aprendizado cotidiano.

Dedico este livro também às pessoas assistidas, estagiárias, advogadas e a toda a equipe do Departamento Jurídico XI de Agosto (inestimável associação prestadora de assistência judiciária, administrada por idealistas estudantes da Faculdade de Direito da Universidade de São Paulo), desejando que a obra possa, de algum modo, colaborar para o deslinde de desafios processuais nas numerosas controvérsias familiares ali presentes.

SOBRE A AUTORA

Doutora e Mestra em Direito Processual pela USP. Professora no Programa de Mestrado da Escola Paulista de Direito (EPD), onde é coordenadora e professora em cursos de especialização. Vice-Presidente do Centro de Estudos Avançados de Processo (Ceapro). Presidente das Comissões de Processo Civil do Instituto Brasileiro de Direito de Família (IBDFAM), de Soluções Consensuais da Ordem dos Advogados de São Paulo (gestão 2022/2024) e de Mediação do Instituto Brasileiro de Direito Contratual (IBDCont). Vice-Presidente da Comissão de Mediação do Instituto Brasileiro de Direito Processual (IBDP). Membra do Instituto dos Advogados de São Paulo (IASP) e da Associação Brasileira Elas no Processo (ABEP). Advogada, mediadora, árbitra e autora de publicações jurídicas.

AGRADECIMENTOS

Agradeço a Deus, antes e sempre, por tudo.

Agradeço à Giselda Hironaka e ao Flávio Tartuce por me apresentarem o valoroso Instituto Brasileiro de Direito de Família e pelos primeiros convites para lecionar sobre temas processuais no curso de especialização em Direito de Família e Sucessões na Escola Paulista de Direito, em São Paulo.

Agradeço a cada aluna(o) que fomentou – e segue fomentando! –, com perguntas e observações, reflexões sobre temas palpitantes.

Meu obrigada, também, às equipes de estagiárias, advogadas e funcionárias do Departamento Jurídico XI de Agosto, associação de alunas(os) da Faculdade de Direito da USP que, desde 1919, presta assistência judiciária na capital paulista. Já na graduação percebi quanto aprendizado estava disponível ali; até hoje, anos após o doutorado, sigo aprendendo em cada plantão semanal – tanto pelas incríveis histórias de vida como pelos desafios inerentes aos casos difíceis de defender (sem contar os nomes "curiosos" de partes e testemunhas, que sempre homenageio em meus escritos).

APRESENTAÇÃO

Como nascem os livros? Essa pergunta encontra diferentes respostas a depender de quem a responde, do momento do questionamento, da seara literária em que o autor se insere...

Hoje eu a respondo assim: os livros técnico-jurídicos nascem de demandas acadêmicas (para divulgar monografias, dissertações e teses), de exigências do ensino (para facilitar, por exemplo, esforços didáticos) e de pedidos de alunos (que provocam seus mestres a publicar o resultado de suas ponderações).

Esta obra, precisamente, nasceu por esta última via: sua redação foi estimulada por alunas do curso de pós-graduação *lato sensu* da Escola Paulista de Direito, especialização em Direito de Família e das Sucessões, onde leciono temas ligados a aspectos processuais familiares e sempre sou recebida com vivo interesse por quem ali estuda e/ou milita no foro e quer melhorar especializando-se.

O momento do início da concepção do livro, portanto, foi o melhor possível: em sala de aula, após debates e reflexões, em uma conversa entre professora e alunos.

A gestação da obra, porém, levou certo tempo; estava para vir a lume minha tese de doutorado, que precisava ter prioridade.

Na semana seguinte à defesa da tese, em reunião com Vauledir (então Editor do GEN) para falar sobre novos projetos, foi apresentada por mim e prontamente acolhida por ele a proposta de escrever este livro. À época, comentei que não havia obra com tal conteúdo no mercado, o que era impressionante, dada a relevância do tema. Empolgada pela aceitação do desafio, combinamos o prazo de seis meses para a entrega dos manuscritos à Editora.

Aqui a vivência em escritos anteriores mais uma vez funciona: o primeiro prazo combinado, como a expressão indica, é o que antecede outros. É muito difícil que o primeiro lapso seja observado sem ressalvas.

Constatei, ao longo dos meses que se seguiram, as razões para não haver até então, no mercado, obra sobre a temática: considerável amplitude de assuntos, falta de material bibliográfico, escassa sistematização dos temas, enorme variação jurisprudencial...

O índice, por conta disso, foi alterado inúmeras vezes para incluir assuntos que se mostravam relevantes a cada página escrita, a cada pesquisa engendrada e a cada conversa sobre o livro.

Não havia facilidade nem sob o aspecto teórico, nem sob o prisma prático. Inúmeros desafios iam se acumulando enquanto a reflexão sobre os temas ia se verificando; como finalizar uma temática se ela tinha tantos desdobramentos?

Nesse ponto, a experiência anterior ajudou: o estudo de um assunto jurídico não é finalizado, mas suspenso por certo tempo; muitas vezes não acabamos, mas precisamos abandonar a pesquisa...

Para apimentar, notícias sobre o advento de um então novo Código de Processo Civil tumultuaram o cenário a partir de 2014. Apesar de todos esses pontos, escrever este livro foi muito bom. Identificar, ler, aprender, apreender, constatar, rechaçar, enfrentar, refutar, confrontar, duvidar... eis alguns dos verbos que conjuguei inúmeras vezes enquanto escrevia.

Para finalizar – e deixar que o(a) leitor(a) confira o resultado de tantas ações –, compartilho meus melhores desejos; espero que esta obra, verdadeiro "mosaico de impressões processuais", possa fomentar resultados satisfatórios e contribuir para a compreensão sobre relevantes aspectos das demandas familiares.

A Autora

NOTA À 8.ª EDIÇÃO

A recepção da sétima edição, assim como das anteriores, foi excelente; agradeço a cada leitor(a) que as prestigiou e permitiu a presente publicação!

O preparo para esta oitava edição demandou atualizações a partir de novos conteúdos jurisprudenciais e legislativos.

O advento da Lei n. 14.713/2023, que incluiu regras no Código Civil e no CPC sobre guarda em contextos de violência familiar/doméstica, ensejou mudanças significativas no livro para a inclusão da temática: 1.ª na parte I, o capítulo 1, item 1.3 (O perfil dos conflitos familiares), ganhou o tópico "1.3.3. Potencial ocorrência de violências doméstica e familiar" para tratar de noções relevantes e da conjuntura que envolve crianças e adolescentes; 2.ª ainda na parte I, o capítulo 3 ganhou o item "3.4.8.6. Apuração sobre violência em casos de guarda" para expor o novo art. 699-A do CPC; 3.ª na parte II, o capítulo 5, no item "5.2. Guarda e regime de relacionamento familiar", teve acréscimos referentes ao novo art. 1.584, § 2.º, do CC.

A fixação da tese 1.053 pelo STF, que, em 08.11.2023, reconheceu a exclusão da separação judicial do ordenamento brasileiro, gerou mudanças: a) na parte I, capítulo 1, o tópico "5.4.2. Casos apreciados pelo STF" conta agora com mais um item (g) para tratar do assunto; b) na parte II, capítulo 3, os tópicos iniciais que explicavam a celeuma foram consolidados em apenas um, que restou sensivelmente reduzido.

Na medida do possível, foi também empreendida atualização jurisprudencial com a inserção de novas decisões sobre os temas analisados.

Desejo a cada leitor(a) uma proveitosa leitura!

SUMÁRIO

PARTE II
DEMANDAS FAMILIARES EM ESPÉCIE

ABREVIATURAS E SIGLAS USADAS

§	parágrafo
art.	artigo
CC	Código Civil
CDC	Código de Defesa do Consumidor
CF	Constituição Federal
CPC	Código de Processo Civil
CPC/1973	Código de Processo Civil de 1973
CPC/2015	Código de Processo Civil de 2015
NCPC	Novo Código de Processo Civil
DF	Distrito Federal
EC	Emenda Constitucional
EOAB	Estatuto da Ordem dos Advogados do Brasil
ex.	exemplo
g.n.	grifos nossos
IBDFAM	Instituto Brasileiro de Direito de Família
MP	Ministério Público
n.	número
p. ex.	por exemplo
STF	Supremo Tribunal Federal
STJ	Superior Tribunal de Justiça
TJ	Tribunal de Justiça
TRF	Tribunal Regional Federal
v.	volume

Parte I

PROCESSO CIVIL E CAUSAS FAMILIARES

1. PROCESSO, FAMÍLIA E ESTADO

1.1. Advocacia e causas familiares

Atuar em demandas familiares é fácil? A resposta pode ser positiva ou negativa a depender do ângulo em que for concebida – como, aliás, acontece em face de tantas perguntas...

Atuar em causas de família é fácil enquanto oportunidade: desde o início dos estudos jurídicos é fácil encontrar alguém sofrendo tensão ou enfrentando conflitos em tal seara. Assim, é frequente ser consultado (às vezes em horários inoportunos) para apresentar olhares jurídicos sobre impasses familiares vivenciados por parentes, amigos, colegas, vizinhos, conhecidos e até mesmo transeuntes.

Para a pessoa consultada é fácil orientar, estudar e/ou advogar nesse ramo? Nem sempre; na realidade, muitas vezes a resposta tende a ser negativa (sobretudo no início da carreira advocatícia), havendo dificuldades de operar tanto o direito material quanto a sistemática processual.

Interações familiares envolvem elementos subjetivos que, embora pareçam ser desconsiderados por alguns, têm impacto e relevância substanciais nos relacionamentos familiares e na gestão de controvérsias: são exemplos de tais sentimentos o amor, a angústia e o ressentimento.

O legislador processual não costuma considerar tais fatores subjetivos. Ainda assim, muitas especificidades dos conflitos familiares verificam-se fora do juízo, mas acabam se projetando neste (como desentendimentos comprometedores da confiança e do cumprimento de acordos celebrados). Como teremos oportunidade de observar, ainda que o CPC tenha reconhecido certa especificidade às demandas familiares – com certas adaptações procedimentais –, as mudanças podem ser vistas como tímidos passos iniciais, já que há um considerável caminho a percorrer.

Apesar de haver um panorama normativo relativamente detalhado, não é ele o único elemento determinante do rumo de uma causa: os Tribunais muitas vezes reconhecem especificidades na aplicação das regras e na concepção dos institutos processuais, sendo importante realizar pesquisas para conhecer entendimentos aplicáveis em cada caso nas diferentes localidades.

Diante de tal panorama, as perplexidades são muitas; atuar em conflitos ligados ao Direito de Família, definitivamente, não é simples.

Sob a perspectiva do jurisdicionado, como cliente, desconfianças podem ser sentidas em relação ao advogado por conta de contatos deste com o procurador da parte contrária. Como exemplo, considere que, mesmo em grandes centros, os advogados "familiaristas" (que atuam, por exemplo, em lides familiares de estratos favorecidos economicamente) acabam formando um grupo reduzido que costuma se encontrar em audiências e reuniões com diferentes clientes.

A percepção sobre haver alguns *atores repetidos (repeat players)* é ocorrência comum já sinalizada no sistema americano em outras experiências (como na arbitragem). É importante, em tal cenário, explicar ao cliente que conhecer o advogado da parte adversa absolutamente não compromete a isenção nem complica a situação – pelo contrário: quanto mais canais de comunicação estiverem disponíveis, melhores serão as chances de perceber elementos aptos a favorecer a composição dos conflitos.

Outro ponto que pode ensejar desconfiança é o fomento ao consenso: quando o advogado estimula a autocomposição, alguns clientes se confundem acreditando que tal postura enseja comprometimento na defesa. O advogado, com serenidade e segurança, deve explicar que a via consensual pode ser, estratégica e praticamente, a melhor saída (se comparada com a terceirização da decisão promovida pela solução judicial); pela mediação, por exemplo, podem ser construídos consensos genuínos e sustentáveis.

A confirmar tal assertiva, vale conferir como o ordenamento jurídico fomenta a busca de saídas consensuais: segundo o art. 3.º, § 3.º, do CPC, a adoção de meios consensuais deve ser estimulada não só por advogados, mas também por magistrados e membros do Ministério Público, inclusive no curso do processo judicial. Como se nota, a lei sinaliza a relevância de que o advogado converse com os clientes sobre possíveis ajustes antes de eventual audiência para, caso seja perquirido pelo juiz, comente sobre a pertinência (ou não) da adoção de saídas conjuntas no momento do debate.

Com relação a resistências para se compor com a outra parte, pode ser que o cliente afirme estar plenamente certo e não concorde que tenha agido mal, nada tendo feito que o desabonasse. Pode ser importante lembrar-lhe que nem sempre é possível manter a calma e deixar de perder a razão; diante de uma ofensa, a retaliação pode surgir como a pretensão de configurar "legítima defesa" e acabar gerando excessos[1]...

Além disso, é necessário trabalhar as expectativas em relação aos resultados da demanda familiar. Em boa parte das causas familiares, o magistrado opera com princípios de conteúdo indeterminado; como exemplo, em demanda envolvendo menores, atua à luz do "melhor interesse da criança" – diretriz que obviamente dá margem a considerável subjetividade e resulta em fatores como a imprevisibilidade da decisão.

Ante a falta de previsibilidade, o advogado não pode assegurar ao cliente que certamente ocorrerá determinado resultado; embora o desejo de oferecer algum conforto a quem se sente

---

1 Essa assertiva lembra a afirmativa de um experiente professor e advogado: "sou muito favorável ao acordo porque em tantos anos de atuação nunca encontrei um cliente que estivesse 100% correto". Em muitas causas a chance de se identificar com este advogado é grande.

emocionalmente vulnerável seja compreensível, projetar resultados enseja o risco de aumentar expectativas que, uma vez frustradas, poderão ensejar situações ainda mais desfavoráveis.

A obrigação do advogado é prestar ao cliente informações objetivas sobre o panorama normativo e as tendências jurisprudenciais conhecidas; se possível, será útil reportar elementos sobre como atua o juízo onde tramita a demanda, com a advertência sobre a possibilidade de surgirem variáveis impactantes (inclusive no quadro probatório).

O advogado que atua no Direito de Família precisa lidar não só com o instrumental de direito material e com as expectativas dos clientes, mas também com o tratamento das demandas em juízo; entram em cena então o processo civil e suas dinâmicas.

A proposta deste livro é ampliar a percepção sobre como os institutos processuais podem ser adequadamente aplicados no enfrentamento das lides familiares.

1.2. Processo civil: objeto e aplicação a diferentes perfis de conflitos

1.2.1. *Objeto das normas processuais*

As normas que compõem um ordenamento jurídico podem ser divididas em primárias (substanciais, materiais) e secundárias (de segundo grau, formais, instrumentais).

As normas materiais regulam as relações travadas pelas pessoas na vida social[2]; assim, são materiais as leis de direito substancial que definem e regulam relações criando direitos, tutelando interesses e compondo conflitos[3]; é o caso das normas do Código Civil que abordam o Direito de Família[4].

Já as normas instrumentais disciplinam as formas pelas quais o Estado deve fazer valer as leis materiais[5], referindo-se "às condutas inerentes à realização do processo"[6]; são exemplos de tais normas as previsões do Código de Processo Civil sobre cumprimento de sentença e execução de alimentos[7].

As normas processuais civis têm um grande espectro de aplicação, incidindo sobre diversas searas da vida privada. Conflitos diversos podem decorrer, por exemplo, de liames contratuais, de relações familiares, de situações danosas, de polêmicas sucessórias, de relações de vizinhança e de controvérsias relativas a relações de consumo; todas essas controvérsias, uma vez objeto de processos judiciais, têm o andamento de seus feitos pautado pelo Código de Processo Civil.

Lembre-se, no entanto, de que a localização das normas em um ou em outro código são indicativos apenas da natureza prevalente de seu conteúdo normativo: há normas instrumentais no Código Civil e normas materiais no Código de Processo.

---

[2] LIEBMAN, Enrico Tullio. *Manual de direito processual civil.* 3. ed. Tradução e notas de Cândido Rangel Dinamarco. São Paulo: Malheiros, 2005, p. 59.

[3] SANTOS, Moacyr Amaral. *Primeiras linhas de direito processual.* 27. ed. São Paulo: Saraiva, 2010, v. 1, p. 23.

[4] Código Civil, Livro IV, arts. 1.511-1.783.

[5] SANTOS, Moacyr Amaral. *Primeiras linhas de direito processual*, cit., p. 24; para o autor, as leis processuais civis se situam entre as normas formais de atuação.

[6] DINAMARCO, Cândido Rangel. *Instituições de direito processual civil.* 9. ed. São Paulo: Malheiros, 2017, v. I, p. 103.

[7] CPC , arts. 528 a 533 e 911 a 913.

Sobre as repercussões das alterações legislativas nos diferentes Códigos quanto a matérias que se projetam em diversas esferas de conhecimento, especialmente nos países em que vige o sistema da *civil law*, bem esclarece José Carlos Barbosa Moreira:

> [...] ainda quando o Código de Processo Civil não contenha apenas normas aplicáveis a processos relacionados com litígios civis em sentido estrito – e é o que se dá no Brasil –, pode acontecer que surjam questões atinentes à distribuição da matéria entre os referidos diplomas. Nem sempre é fácil determinar a melhor localização de tal ou qual dispositivo. Daí a ocorrência de intromissões e de superposições: regras pertinentes ao Direito Civil insinuam-se em códigos processuais, ou vice-versa (a doutrina chama-lhes heterotópicas), ou então certos assuntos se veem tratados a um só tempo no Código Civil e no Código de Processo Civil[8].

Além da presença de normas heterotópicas, no Brasil contamos com leis que, veiculadas em instrumentos próprios, muitas vezes formam microssistemas ao conjugar regras tanto materiais como processuais (a exemplo do Código de Defesa do Consumidor).

À falta de Códigos próprios, também lides tributárias e previdenciárias são regradas pelo Código de Processo Civil.

Finalmente, por força da aplicação subsidiária do CPC a outras legislações, ele pode incidir também em conflitos trabalhistas[9] e penais[10].

Como aponta Eduardo Talamini, no Brasil, a jurisdição civil costuma ser "assim qualificada em contraposição à jurisdição 'criminal' – e abrange toda e qualquer causa alheia à persecução penal, seja de direito público ou privado"[11].

Revela-se importante, contudo, questionar: é apropriado continuar defendendo a incidência de uma norma processual única para reger os conflitos de todos os ramos de Direito Material e preconizar sua aplicação homogênea? É possível sustentar um modo único de interpretação das regras processuais, seja qual for o conflito subjacente? A questão é mencionada em doutrina como atinente à transubstancialidade do processo civil e merece análise mais detida.

---

8 BARBOSA MOREIRA, José Carlos. O novo Código Civil e o direito processual. Disponível em: http://www.tex.pro.br/home/artigos/59-artigos-nov-2008/5866-o-novo-codigo-civil-e-o-direito-processual. Acesso em: 7 out. 2019.

9 CLT, art. 769. Nos casos omissos, o direito processual comum será fonte subsidiária do direito processual do trabalho, exceto naquilo em que for incompatível com as normas deste Título.

10 Tal interpretação é extraída do art. 3.º do Código de Processo Penal ("a lei processual penal admitirá interpretação extensiva e aplicação analógica, bem como o suplemento dos princípios gerais de direito"), segundo doutrina e jurisprudência (como exemplo, considere-se o precedente do TJSC, 3.ª Câmara Criminal, ACr 490963, Rel. Torres Marques, j. 08.11.2010). Além disso, é possível encontrar dispositivos no CPP que remetem ao regramento do CPC (eis alguns deles: CPP, art. 362. Verificando que o réu se oculta para não ser citado, o oficial de justiça certificará a ocorrência e procederá à citação com hora certa, na forma estabelecida nos arts. 227 a 229 da Lei n. 5.869, de 11 de janeiro de 1973 – Código de Processo Civil – esses artigos correspondem hoje aos arts. 252 a 254 do CPC de 2015); art. 790. O interessado na execução de sentença penal estrangeira, para a reparação do dano, restituição e outros efeitos civis, poderá requerer ao Supremo Tribunal Federal a sua homologação, observando-se o que a respeito prescreve o Código de Processo Civil).

11 TALAMINI, Eduardo. Tutela de urgência contra a Fazenda Pública. Porto Alegre: TRF-4.ª Região, 2009 (Caderno de Direito Processual Civil, módulo 7). Disponível em: http://www.trf4.jus.br/trf4/upload/editor/rlp_EDUARDO_TALAMINI.pdf. Acesso em: 10 out. 2017.

1.2.2. *Caráter transubstancial do processo*

Transubstancial é aquilo "que se transubstancia; que se muda completa e essencialmente noutra substância"[12]. O verbo transubstanciar remete a "converter ou mudar (uma substância em outra)", "transformar-se (uma substância em outra)"[13].

Destacar o "caráter transubstancial do processo" é aludir à sua vocação para atender a uma grande gama de situações controvertidas com diferentes perfis independentemente das vicissitudes dos conteúdos substanciais por ele veiculados; como o processo tende à generalidade, "situações fáticas de grande disparidade podem ser submetidas à mesma disciplina legal e estudadas sob uma mesma perspectiva"[14].

Como exemplo de tal escolha normativa, o CPC destaca a aplicação subsidiária, no processo de conhecimento, do procedimento comum a todas as causas[15].

Como método de solução de conflitos, o processo civil deve ser desenvolvido com base nas carências peculiares a cada área de atuação: primeiro verificam-se as necessidades e detectam-se os problemas e depois se procura desenvolver instrumentos adequados[16].

Em tal perspectiva, a instrumentalidade do processo pode ser invocada com o intuito de buscar facilitar a observância do direito material[17]. Como bem destaca Helena Najjar Abdo,

> [...] sob o ponto de vista da instrumentalidade, o processualista, preocupado com os *resultados* de sua atividade, não vê razão para restringir o estudo do processo civil aos respectivos institutos. Há que se entender o processo em toda a sua instrumentalidade e também em harmonia com os demais ramos do direito. É notório que a separação das disciplinas, tal como se as estuda nas universidades, justifica-se apenas por motivos didáticos. O direito, porém, é um só e assim deve ser estudado e operado[18].

Carlos Alberto de Salles concebe uma nova visão sobre a instrumentalidade do processo: mais do que uma forma de interpretação do direito, ela deve pautar a maneira de estudar o processo atuando como uma *instrumentalidade metodológica*: é preciso dirigir-se ao próprio

---

12 TRANSUBSTANCIAL. MICHAELIS. *Moderno dicionário da língua portuguesa*. Disponível em: http://michaelis.uol.com.br/moderno-portugues/busca/portugues-brasileiro/transubstancial/. Acesso em: 26 set. 2022.

13 TRANSUBSTANCIAR. MICHAELIS. *Moderno dicionário da língua portuguesa*. Disponível em: http://michaelis.uol.com.br/moderno-portugues/busca/portugues-brasileiro/transubstanciar/. Acesso em: 26 set. 2022.

14 SALLES, Carlos Alberto de. *A arbitragem na solução de controvérsias contratuais da administração pública*. 2010. Tese (Livre-docência em Direito Processual Civil) – Faculdade de Direito da Universidade de São Paulo, São Paulo, 2010, p. 40.

15 CPC, art. 318. Aplica-se a todas as causas o procedimento comum, salvo disposição em contrário deste Código ou de lei. Parágrafo único. O procedimento comum aplica-se subsidiariamente aos demais procedimentos especiais e ao processo de execução.

16 BEDAQUE, José Roberto dos Santos. *Direito e processo*: influência do direito material sobre o processo. 3. ed. São Paulo: Malheiros, 2003, p. 21.

17 Esta assertiva foi feita pela autora em artigo sobre a reparação decorrente de contrato de seguro; segue transcrição do trecho para melhor compreensão do leitor: "O princípio da instrumentalidade do processo é invocado para buscar a facilitação da observância do direito material, simplificando o recebimento do valor por quem de direito" (ABDO, Helena Najjar. Intervenção de terceiros e contrato de seguro: novas perspectivas em face da atual codificação civil. In: HIRONAKA, Giselda Maria Fernandes Novaes; TARTUCE, Flávio (org.). *Direito contratual*: temas atuais. São Paulo: Método, 2007, v. 1, p. 725-743).

18 ABDO, Helena Najjar. *Abuso do processo*. São Paulo: RT, 2007, p. 17.

direito material e às situações controvertidas próprias de áreas específicas para apreender as características, as premissas e os problemas que lhes são próprios com o objetivo de construir uma resposta processual adequada às situações a elas peculiares[19].

Como se percebe, o entendimento do autor reconhece a existência de peculiaridades inerentes ao direito material e as valoriza a ponto de influenciar o trâmite processual. Pode-se concluir, então, que o tratamento processual hoje existente está equivocado?

A pergunta é muito relevante; tem razão Clilton Guimarães dos Santos ao apontar a necessidade de "averiguar se há um diálogo adequado entre a realidade do processo e a realidade da relação familiar"[20].

Carlos Alberto de Salles esclarece que a estratégia atual do processo civil não está errada – já que, caso não tendesse à generalidade, a lei processual se perderia em uma imensa variedade de procedimentos especiais e tal situação poderia quebrar a coerência do sistema a ponto de dificultar a atuação de seus operadores[21].

A instrumentalidade metodológica propugnada pelo autor pretende resolver tal problema não por uma solução legislativa, mas pela forma de produção do conhecimento em direito processual. Segundo tal proposta, esse ramo do direito deve ser estudado "a partir de um campo específico, de maneira a propiciar melhores condições para avaliação da resposta processual dada em situações de grande especificidade, permitindo uma interpretação e aplicação mais abalizada das normas processuais"[22].

Nessa linha, assevera o autor que "há de se esperar mais do processualista, mais do que a simples aplicação das normas procedimentais, a capacitação para construir arranjos ou desenhos procedimentais aptos a atender às necessidades de situações de grande especificidade"[23].

Por fim, assinala que é "a partir das características, condicionantes e peculiaridades de uma área que se avaliará e constituirá a resposta processual. Fácil perceber a disparidade de situações envolvidas em áreas tão díspares como família, tributário, comercial e administrativo"[24].

A pertinência da construção do autor é claramente perceptível. Reconhecer que características específicas de certas situações de direito material precisam ser consideradas para a adequação da atividade processual é ocorrência tradicional no sistema processual – afinal, procedimentos especiais sempre foram engendrados com base em tal justificação.

O que se propugna, atualmente, é dar um passo além: ampliar os limites de atuação jurisdicional mesmo diante da lacuna legal, mesmo que não haja regra especial. Se o legislador pretérito não conseguiu antecipar a necessidade de certo tipo de previsão abstrata, o juiz

---

19 SALLES, Carlos Alberto de. *A arbitragem na solução de controvérsias contratuais da administração pública*, cit., p. 34.

20 GUIMARÃES DOS SANTOS, Clilton. *Tutela jurisdicional ao direito a alimentos*. 2009. Dissertação (Mestrado em Direito Processual) – Faculdade de Direito, Universidade de São Paulo, São Paulo, 2009. Disponível em: http://www.teses.usp.br/teses/disponiveis/2/2137/tde-23042010-145528/pt-br.php. Acesso em: 2 jan. 2019.

21 SALLES, Carlos Alberto de. *A arbitragem na solução de controvérsias contratuais da administração pública*, cit., p. 41-42.

22 SALLES, Carlos Alberto de. *A arbitragem na solução de controvérsias contratuais da administração pública*, cit., p. 44.

23 SALLES, Carlos Alberto de. *A arbitragem na solução de controvérsias contratuais da administração pública*, cit., p. 45.

24 SALLES, Carlos Alberto de. *A arbitragem na solução de controvérsias contratuais da administração pública*, cit., p. 46.

atual precisa decidir da melhor forma possível ao criar a norma concreta para o caso que lhe é submetido à apreciação. Afinal, como reconhecem Marinoni, Arenhart e Mitidiero, "é preciso partir dos direitos, passar pelas suas necessidades, para então encontrar as formas capazes de atendê-las"[25]. Nos últimos tempos, em vez de investir intensamente em procedimentos especiais, o legislador tem trabalhado com normas abertas que permitem a construção da ação e do procedimento em moldes adequados à tutela do direito material no caso concreto[26].

Nessa linha, destaca Humberto Theodoro Júnior que se impõe "ao juiz de nossos tempos adequar os instrumentos processuais antigos e, às vezes, anacrônicos às necessidades do direito material de hoje, já que, reconhecidamente, o direito processual não é um fim em si mesmo e só se justifica como instrumento de acesso e garantia da realização plena dos direitos que emergem da ordem jurídica material"[27].

Incumbe ao processualista colaborar para tal árdua tarefa.

Ao abordar a tutela familiar, Clilton Guimarães dos Santos lembra que, embora as técnicas processuais sejam bem-dotadas de recursos sancionatórios, elas pecam no que tange "à melhor aproximação com o ideário do justo e efetivo processo, que, obviamente, não hão de ser focados sob os *standards* gerais em situações de conflito de natureza tão particular". Segundo o autor,

> [...] reafirmá-los nesse campo implica em eleger um processo *flexível*, com um *sistema adversarial* suavizado pelo emprego necessário de *técnicas de resolução parajudiciais*, pré ou incidentalmente instituídas, sem embargo de um conceito de decisão que não negue espaço ao *princípio da proporcionalidade*, e, sobretudo, fazendo presentes os postulados do *processo cooperativo*, em que juiz e partes se portem como parceiros, colaboradores, no afã do encontro da solução mais adequada à situação conflituosa posta em questão[28].

Como se percebe, é imperiosa a necessidade de revisitar diversas premissas na aplicação dos institutos processuais na seara do Direito de Família focando a flexibilidade. Antes, porém, é importante analisar alguns pontos do sistema processual para compreender seu perfil, suas possibilidades e seus limites.

Afinal, como bem destaca Carlos Alberto de Salles, pode ser vista como contrapartida da adoção do modelo propugnado "uma maior liberdade ao intérprete na aplicação da norma ao caso concreto e, por via de consequência, a abertura de maiores possibilidades de contradições entre decisões"[29].

---

25 MARINONI, Luiz Guilherme; ARENHART, Sérgio Cruz; MITIDIERO, Daniel. *Novo curso de processo civil*: tutela dos direitos mediante procedimentos diferenciados. São Paulo: RT, 2015, v. 3, p. 31.

26 MARINONI, Luiz Guilherme; ARENHART, Sérgio Cruz; MITIDIERO, Daniel. *Novo curso de processo civil*: tutela dos direitos mediante procedimentos diferenciados, cit., p. 54.

27 THEODORO JÚNIOR, Humberto. Prova – Princípio da verdade real – Poderes do juiz – Ônus da prova e sua eventual inversão – Provas ilícitas – Prova e coisa julgada nas ações relativas à paternidade (DNA). *Revista de Direito Privado*, São Paulo, v. 5, n. 17, p. 9-28, jan./mar. 2004. Disponível em: https://bdjur.stj.jus.br/jspui/handle/2011/88331. Acesso em: 27 set. 2022.

28 GUIMARÃES DOS SANTOS, Clilton. *Tutela jurisdicional ao direito a alimentos.*, cit.

29 SALLES, Carlos Alberto de. *A arbitragem na solução de controvérsias contratuais da administração pública*, cit., p. 41-42.

1.2.3. Tipicidade e flexibilidade no processo civil

Ao abordar a adequação do aparato processual, percebe-se que a temática tangencia temas como a tipicidade e a forma dos atos processuais.

A tipicidade dos atos processuais deve ser considerada sob o ângulo da instrumentalidade das formas e sob o prisma da garantia do contraditório[30], não podendo o juiz pura e simplesmente alterar as regras do procedimento sob pena de violar a garantia da legalidade[31].

É necessário que advogadas(os) e jurisdicionadas(os) possam se preparar para a prática dos atos processuais a partir do que consta no regramento, sendo deletérios os "elementos-surpresa" que inviabilizem a ciência oportuna e o debate qualificado.

O CPC vigente contribui para tal desiderato ao impedir a prolação de "decisões-surpresa"; há regras[32] expressas no sentido de que a magistratura deve viabilizar o contraditório, ouvindo as partes e dando-lhes oportunidade de se manifestar e poder interferir no convencimento judicial. Dar oportunidade às partes antes de decidir é também uma decorrência da aplicação do princípio da boa-fé[33], diretriz que também alcança o magistrado[34].

Em termos de procedimento, o sistema brasileiro optou pela legalidade das formas para que todas as etapas procedimentais sejam previstas na lei; como bem destaca Fernando Gajardoni, nosso sistema filiou-se "quase que integralmente" a tal modelo, "sendo vedado ao juiz ou às partes, a não ser que haja permissivo legal, variar o procedimento (elegendo, alterando, adequando ou mesclando-o)"[35].

A razão do respeito ao procedimento legal é garantir tratamento isonômico a todos os jurisdicionados; como bem pontua Leonardo Greco, nos rituais previstos nas normas encontram-se "as escolhas do legislador que procuram compor *in abstracto* de modo equilibrado as variadas situações subjetivas que nele se defrontam"[36].

Apesar de tal premissa, Flávio Luiz Yarshell reconhece ser possível que o juiz estabeleça "alguma alteração no modelo procedimental traçado pelo legislador"; em suas palavras:

> A questão é relevante e surge em um contexto de reforço dos poderes diretivos (de impulso) e instrutórios do juiz, como agente do Estado interessado em atuar o direito objetivo por aquele editado, empenhado em fazê-lo com o menor custo (em sentido amplo) possível e, desde que possível, pela superação da controvérsia mediante a conciliação das partes[37].

---

30 YARSHELL, Flávio Luiz. *Tutela jurisdicional*. São Paulo: DPJ, 2006, p. 184-185.

31 YARSHELL, Flávio Luiz. *Tutela jurisdicional*, cit., p. 185.

32 CPC, art. 9.º Não se proferirá decisão contra uma das partes sem que ela seja previamente ouvida; art. 10. O juiz não pode decidir, em grau algum de jurisdição, com base em fundamento a respeito do qual não se tenha dado às partes oportunidade de se manifestar, ainda que se trate de matéria sobre a qual deva decidir de ofício.

33 Nos termos do art. 5.º do CPC, aquele que de qualquer forma participa do processo deve comportar-se de acordo com a boa-fé.

34 TARTUCE, Fernanda; DELLORE, Luiz. *1.001 dicas sobre o Novo CPC*. 2. ed. Indaiatuba: Foco, 2016, p. 4.

35 GAJARDONI, Fernando da Fonseca. *Flexibilidade procedimental*: um novo enfoque para o estudo do procedimento em matéria processual. 2007. Tese (Doutorado em Direito Processual) – Faculdade de Direito, Universidade de São Paulo, São Paulo, 2007. Disponível em: http://www.teses.usp.br/teses/disponiveis/2/2137/tde-06082008-152939/. Acesso em: 27 set. 2022.

36 GRECO, Leonardo. Os atos de disposição processual – primeiras reflexões. *Revista Eletrônica de Direito Processual*, v. 1, n. 1, p. 7-28, dez. 2007. Disponível em: http://www.e-publicacoes.uerj.br/index.php/redp/article/view/23657/16714. Acesso em: 2 jan. 2019.

37 YARSHELL, Flávio Luiz. *Tutela jurisdicional*, cit., p. 185.

Como se percebe, o processo e o procedimento (como instrumentos de exercício da jurisdição para obter os "resultados desejados pela ordem material") se submetem a modelos (sendo típicos por força da legalidade e do contraditório). Mas é preciso reconhecer que processo e procedimento também se sujeitam a certa *atipicidade*: esta, aliás, é comum em outros institutos processuais porque "o sistema deve predispor um processo e um procedimento adequados a cada uma das situações carentes de tutela situadas no plano material"[38].

É natural, assim, que haja alguma flexibilidade na aplicação das regras processuais, sendo a magistratura dotada de certa liberdade para tanto.

Como bem destaca Marcos André Franco Montoro, "flexibilidade é tanto a qualidade de algo que pode ser moldado (a criação do procedimento) quanto a qualidade de ser modificado, já que não se trata de coisa rígida (a adaptação do procedimento)"[39].

Para Leonardo Greco, embora se deseje a homogeneidade genérica, não há como dispensar certa flexibilidade para concretamente assegurar a igualdade, a ampla defesa e fazer valer a instrumentalidade dos atos do processo; destaca ainda que "a prática de atos processuais pelas partes, sem a rigorosa observância dos requisitos estabelecidos pela lei, é fato do cotidiano forense, que não prejudica a validade da maioria dos atos assim praticados, na medida em que a sua finalidade foi atingida ou em que os requisitos inobservados não eram essenciais"[40].

A flexibilização foi objeto de profunda análise por Fernando Gajardoni, para quem o estudo do processo em nosso Estado democrático e de direito "não pode se fundar na aceitação de uma verdade incondicional construída através dos tempos, como a de que o procedimento processual é rígido e que não cabe às partes ou ao Estado dispor da sua forma, predicado indispensável da segurança jurídica"[41]. Em suas palavras,

> [...] as regras de forma devem ser moldadas judicialmente quando sua utilização torna estéril e dissipa os fins do processo. Não têm elas um fim próprio. A segurança e a previsibilidade do sistema são garantidas pelo conhecimento prévio das regras do jogo, e não pela rigidez do procedimento, eis que a flexibilização pode se dar pela participação e ciência das partes, ainda que as regras não sejam cogentes e tampouco preestabelecidas[42].

Para quem sente temor quanto à concessão de maior liberdade ao juiz na interpretação, vale considerar a mensagem de Mauro Cappelletti:

> O reconhecimento de que é intrínseco em todo ato de interpretação certo grau de criatividade – ou, o que vem a dar no mesmo, de um elemento de discricionariedade e assim de escolha – não deve ser confundido com a afirmação de total *liberdade* do intérprete. Discricionariedade não quer dizer necessariamente arbitrariedade, e o juiz, embora inevitavelmente criador do direito, não é necessariamente um criador completamente

---

38 YARSHELL, Flávio Luiz. *Tutela jurisdicional*, cit., p. 206.

39 FRANCO MONTORO, Marcos André. *Flexibilidade do procedimento arbitral*. 2010. Tese (Doutorado em Direito Processual Civil) – Faculdade de Direito da Universidade de São Paulo, 2010. Disponível em: www.teses.usp.br/teses/disponiveis/2/2137/tde-16082011-161411/publico/tese_parcial_final.pdf. Acesso em: 27 set. 2022.

40 GRECO, Leonardo. Os atos de disposição processual – primeiras reflexões, cit.

41 GAJARDONI, Fernando da Fonseca. *Flexibilidade procedimental*: um novo enfoque para o estudo do procedimento em matéria processual, cit.

42 GAJARDONI, Fernando da Fonseca. *Flexibilidade procedimental*: um novo enfoque para o estudo do procedimento em matéria processual, cit., conclusões 12 e 13.

livre de vínculos. Na verdade, todo sistema jurídico civilizado procurou estabelecer e aplicar certos *limites à liberdade judicial*, tanto *processuais* quanto *substanciais*[43].

Tem plena razão o autor: o magistrado, em sua atividade criadora, é vinculado não só ao ordenamento, mas também a princípios e garantias inerentes ao sistema jurídico.

Não há como negar que "a *dimensão objetiva* do direito fundamental à tutela jurisdicional adequada, efetiva e célere torna imperiosa a interpretação do direito processual civil à luz da Constituição"[44], devendo-se então promover a "*filtragem constitucional* dos dispositivos do Código de Processo Civil para se extrair a interpretação que dê *maior efetividade* às garantias processuais fundamentais"[45].

Essa abertura à flexibilidade do procedimento, já consagrada em modelos legislativos estrangeiros[46], foi albergada pelo CPC vigente em alguns dispositivos, especialmente: a) no art. 139, VI, que reconhece ao juiz o poder de "dilatar os prazos processuais e alterar a ordem de produção dos meios de prova, adequando-os às necessidades do conflito de modo a conferir maior efetividade à tutela do direito"; b) no art. 190, que faculta às partes a celebração de negócios jurídicos relativos ao procedimento[47]; c) no art. 327, § 2.º, que permite ao autor cumular pedidos em um procedimento comum no qual se valha de técnicas processuais próprias ao procedimento especial correspondente a um ou alguns dos pedidos[48]. Como se percebe, há auspicioso alargamento da flexibilidade procedimental, algo plenamente compatível com o princípio da instrumentalidade das formas abraçado pelo Código.[49]

Nessa linha, como bem apontou o Ministro do Superior Tribunal de Justiça Luis Felipe Salomão, o novo diploma processual adotou a flexibilização procedimental como tônica, razão pela qual deve ser autorizada a ampla utilização de técnicas a fim de se concretizarem normas fundamentais[50].

Também, com base em tal diretriz, o Tribunal de Justiça gaúcho proferiu interessante decisão. Em uma demanda de guarda, a autora não conseguiu localizar o endereço do réu e solicitou ao Poder Judiciário a expedição de ofícios na busca de lograr êxito; o pleito foi negado, tendo sido proferida sentença de extinção. Ao dar provimento ao recurso interposto, o Tribunal reconheceu a "possibilidade de flexibilização da exigência de esgotamento das diligências prévias para a expedição de ofícios pelo juízo nas hipóteses em que evidenciada a dificuldade

---

43 CAPPELLETTI, Mauro. *Juízes legisladores? Porto Alegre: Fabris,* 1999, p. 23-24.

44 TARTUCE, Fernanda. *Igualdade e vulnerabilidade no processo civil.* Rio de Janeiro: Forense, 2012, p. 111.

45 CAMBI, Eduardo. Neoprivatismo e neopublicismo a partir da Lei 11.690/2008. *ABDPC.* Disponível em: http://www.abdpc.org.br/abdpc/artigos/ARTIGO%20-%20Neoprivatismo.pdf. Acesso em: 2 jan. 2019.

46 Como exemplo, consta no art. 547 do Código de Processo Civil português que "o juiz deve adotar a tramitação processual adequada às especificidades da causa e adaptar o conteúdo e a forma dos atos processuais ao fim que visam atingir, assegurando um processo equitativo".

47 CPC, art. 190. Versando o processo sobre direitos que admitam autocomposição, é lícito às partes plenamente capazes estipular mudanças no procedimento para ajustá-lo às especificidades da causa e convencionar sobre os seus ônus, poderes, faculdades e deveres processuais, antes ou durante o processo.

48 CPC, art. 327, § 2.º. Quando, para cada pedido, corresponder tipo diverso de procedimento, será admitida a cumulação se o autor empregar o procedimento comum, sem prejuízo do emprego das técnicas processuais diferenciadas previstas nos procedimentos especiais a que se sujeitam um ou mais pedidos cumulados, que não forem incompatíveis com as disposições sobre o procedimento comum.

49 CPC, art. 188. Os atos e os termos processuais independem de forma determinada, salvo quando a lei expressamente a exigir, considerando-se válidos os que, realizados de outro modo, lhe preencham a finalidade essencial.

50 REsp 1.930.593/MG, Rel. Min. Luis Felipe Salomão, j. 09.08.2022, *DJe* 26.08.2022.

da parte autora na localização do réu, sobretudo quando assistida pela defensoria pública, beneficiária de justiça gratuita e a questão envolver direitos de crianças e adolescentes"[51].

A instrumentalidade das formas insere-se no contexto maior da instrumentalidade do processo ao revelar o aspecto negativo desta: por tal viés, constata-se que o processo é um instrumento destinado a produzir efeitos externamente[52]; há de ser rechaçada, portanto, a visão do processo como uma finalidade em si mesma, merecendo repúdio o culto servil à técnica processual a ponto de se tornar uma fonte de exageros e injustiças[53].

Como se percebe, a proposta de reler os institutos e as regras processuais de forma *personalizada e adaptada* aos conflitos familiares não é simples. Mais que isso, tal concepção pode ensejar resistências e incompreensões... tais potenciais ocorrências, aliás, podem ser tidas como naturais – afinal, como bem pontuou Mario de Andrade, "ninguém pode se libertar duma só vez das teorias-avós que bebeu"[54].

1.3. O perfil dos conflitos familiares

Para compreender a melhor forma de enfrentar controvérsias, é importante conhecer sua configuração. Para aprofundar o exame, é preciso analisar: os impasses familiares são essencialmente diferentes de outros conflitos?

1.3.1. *Configuração peculiar*

Conflitos, acontecimentos recorrentes nas relações interpessoais, são considerados na linguagem jurídica como embates, oposições, pendências, pleitos[55].

A ocorrência de conflitos costuma inspirar ideias negativas; como as pessoas buscam a preservação de equilíbrio (sobretudo na integridade psicofísica e nas posses), os conflitos são vistos como ameaças ao seu *status quo*[56].

Por envolver o Direito de Família elementos subjetivos como o afeto e a proteção, a visão sobre como tais valores se configuram pode ensejar muitas controvérsias.

Para Roberto Berizonce, os conflitos familiares apresentam típicas diferenciações e demandam o aprofundamento da análise das causas que os ensejaram; afinal, retratam controvérsias coexistenciais que envolvem ampla gama de relações e situações[57].

---

[51] TJRS, AC 5001933-05.2021.8.21.0105, Ibirubá, Sétima Câmara Cível, Rel. Des. Carlos Eduardo Zietlow Duro, j. 08.09.2022, *DJERS* 08.09.2022.

[52] TARTUCE, Fernanda. Técnica, vícios e princípios processuais em tempos de aceleração no julgamento. In: CARVALHO, Milton Paulo de; CASTRO, Daniel Penteado de (org.). *Direito processual civil*. São Paulo: Quartier Latin, 2011, v. 2, p. 110.

[53] DINAMARCO, Cândido Rangel. *A instrumentalidade do processo*. 8. ed. São Paulo: Malheiros, 2000, p. 273 e ss.

[54] ANDRADE, Mário de. Prefácio. *Pauliceia desvairada*. São Paulo: [s. n.], 2016, p. 2-11. Disponível em: http://veja.abril.com.br/idade/estacao/modernismo/pauliceia.html. Acesso em: 2 jan. 2019.

[55] TARTUCE, Fernanda. *Mediação nos conflitos civis*. 6. ed. rev. atual. e ampl., São Paulo: Método, 2020, p. 3.

[56] VEZZULLA, Juan Carlos. *Mediação, teoria e prática*: guia para utilizadores e profissionais. Lisboa: Ministério da Justiça, 2005, p. 21.

[57] "Las controversias familiares, es bien sabido, presentan particularidades *típicas*, que requieren penetrar, ahondar y atender a las verdaderas causas que las generan, no sólo las formales o superficiales sino más precisamente las que de común anidan en lo más profundo – y por ello tan difíciles de aprehender – de las relaciones, vínculos y conductas de los partícipes. Son conflictos típicos de 'coexistencialidad', en la

Tem plena razão o autor: como destaca Luiz Edson Fachin, "a vida em família não é apenas um dado da vida, como se fosse algo que vem pronto e acabado, à disposição nas lojas do destino; é, isso sim, um construído, um caminhar árduo e constante de abrigo e compreensão, de diálogo e de respeito"[58].

Na mesma linha se manifesta Ursula Basset ao expressar a presença de dificuldades: é verdade universal que a família se debate, invariavelmente, entre o céu e o inferno; muitas vezes são enganosas as crenças no mito do progresso, e o homem acaba retrocedendo – o direito também, já que nada é linear[59].

Como os componentes da família têm uma relação contínua, problemas nos reiterados contatos podem desgastar o relacionamento e deteriorar a comunicação a ponto de criar uma espiral de incompreensões e mal-entendidos.

São exemplos de conflitos familiares a situação em que pai e mãe controvertem sobre guarda e convivência com seus filhos e a existência, na dissolução da união, de divergências do casal quanto a divisão de bens e/ou sobre o pagamento de pensão alimentícia, entre outros.

Para evitar ilusões, de um lado, e inconformismo, de outro, vale questionar: é possível conceber um relacionamento sem conflitos?

Segundo Maria Tereza Maldonado, a resposta é negativa: como as pessoas são diferentes, há divergências que resultam em conflitos[60] por algumas razões: 1) os envolvidos acham que não há como satisfazer suas necessidades simultaneamente; 2) ambos querem o mesmo, mas o acesso a ele é muito desigual; 3) há diferenças de valores[61], estruturas[62], papéis, tempo, dinheiro, relações[63] e informação[64].

Eis algumas perguntas relevantes que podem contribuir para que se entendam melhor certos conflitos: as causas de resistência são puramente objetivas e/ou jurídicas? O que ensejou as violações (em uma visão retrospectiva)? O que os envolvidos desejam para o futuro (visão prospectiva)?

---

medida en que casi siempre envuelven e inciden en una amplia y compleja gama de relaciones y situaciones, que reconocen su centro de gravedad en un vínculo o atadura inicial – *v.g.*, el matrimonio o la relación de parentesco –, que se proyecta y expande al instalarse el entredicho hacia otros sujetos secundarios (formalmente) que, sin encontrarse involucrados en aquél vínculo originario, ni ser responsables del entuerto, se ven alcanzados directa o indirectamente pero siempre de modo principal" (BERIZONCE, Roberto Omar. El acceso a la justicia a traves de los tribunales y el proceso de familia. *Revista de Processo*, São Paulo, v. 29, n. 113, p. 363-380, jan. 2004, p. 363).

58 FACHIN, Luiz Edson. O Senado, as famílias e o tamanho de Golias. *ARPEN.SP*, São Paulo, 4 fev. 2010. Disponível em: http://www.arpensp.org.br/?pG=X19leGliZV9ub3RpY2lhcw==&in=MTA5NDQ=. Acesso em: 2 jan. 2019.

59 BASSET, Ursula C. El Derecho de Familia en Argentina: ¿Qué es Familia para el Derecho? *Revista Nacional de Direito de Família e Sucessões*, Porto Alegre, v. 4, p. 69-86, jan./fev. 2015, p. 70.

60 MALDONADO, Maria Tereza. *O bom conflito*. São Paulo: Integrare Editora, 2008, p. 17.

61 "Diferentes visões de certo/errado, diferentes estilos de vida, religiões, cultura."

62 "Desigualdade na distribuição de recursos, de poder, de autoridade."

63 "Comunicação ruim, emoções fortes, comportamento, percepções, falta de confiança."

64 "Por falta ou erro, interpretação, métodos de avaliação, interesses" (MALDONADO, Maria Tereza. *O bom conflito*, cit., p. 19).

As causas de resistência não costumam ser originariamente identificadas como jurídicas – até porque muitas vezes as pessoas envolvidas nem sequer conhecem detalhadamente as regras jurídicas que incidem em sua situação[65].

Vale ainda destacar a perspectiva apresentada por Giselle Câmara Groeninga: "sob a ótica da Psicologia e da Psicanálise[66], o conflito é mola propulsora da vida e das relações familiares, sobretudo nas crises decorrentes das mudanças em seu ciclo vital"[67].

Ademais, as percepções dos envolvidos podem estar confusas. É frequente verificar em divórcios litigiosos que o caos no relacionamento entre os genitores acaba turvando a visão sobre a solução que possa prioritariamente atender aos interesses dos filhos[68].

Quando o conflito não é elaborado, pode se transformar em sintoma com diversas consequências, sendo uma delas o litígio judicial[69]; relações familiares disfuncionais podem acabar gerando desdobramentos sintomáticos em processos judiciais[70].

Por tais razões, é preciso aprofundar a análise não só do que é dito expressamente e aparece de forma clara quando o conflito é apresentado, mas estar atento para considerar o que, embora tenha sido omitido, pode estar na base das controvérsias de forma latente.

1.3.2. Controvérsia real x controvérsia apresentada a terceiros

Em exercícios de simulação realizados em treinamentos sobre meios consensuais de composição de controvérsias, é comum que os participantes recebam um histórico do conflito apresentado formalmente pelos envolvidos e, separadamente, uma nota com informações confidenciais sobre interesses, desejos e preocupações que a pessoa ainda não revelou para a outra.

Tal metodologia didática é utilizada porque na prática isto geralmente se verifica: nem sempre a primeira narração sobre o conflito revela as reais intenções e os verdadeiros desejos das pessoas envolvidas.

---

65 Para Mauro Cappelletti, "as dificuldades de informação constituem, em particular, obstáculo ao pleno acesso ao direito, em todos os sistemas jurídicos, o que se mostra especialmente verdadeiro para os indivíduos e grupos menos privilegiados" (CAPPELLETTI, Mauro. *Juízes legisladores?* Porto Alegre: Fabris, 1999, p. 84).

66 A autora traça interessante distinção entre as visões jurídica e psicanalítica: "Em linhas gerais, para o Direito, o conflito que alcança a esfera judicial ganha o nome de lide e, de uma forma ou de outra, deve ser resolvido; já para a Psicanálise, ele se transforma. Nesse sentido, a atuação do Judiciário cinge-se às manifestações tanto mais pontuais como restritas do conflito e à análise de suas motivações conscientes, enquanto a Psicanálise pretende compreender a dinâmica mais ampla que alimenta o conflito. O instrumental da Psicanálise pode colaborar para compreender as motivações *inconscientes* do conflito, mas esta não é a contribuição interdisciplinar que interessa ao Direito. Seu valor reside em resgatar o sentido e a forma de atuação das motivações inconscientes na dinâmica das relações sociais e jurídicas" (GROENINGA, Giselle Câmara. *Direito a convivência entre pais e filhos*: análise interdisciplinar com vistas a eficácia e sensibilização de suas relações no Poder Judiciário. 2011. Tese (Doutorado em Direito Civil) – Faculdade de Direito da Universidade de São Paulo, São Paulo, 2011, p. 65).

67 GROENINGA, Giselle Câmara. *Direito a convivência entre pais e filhos*: análise interdisciplinar com vistas a eficácia e sensibilização de suas relações no Poder Judiciário, cit., p. 63.

68 OLIVEIRA, Euclides de. Direito de visita e direito à visita: integração dos filhos na comunidade familiar. *Revista do Advogado* – AASP, São Paulo, ano 31, v. 112, p. 40-52, jul. 2011, p. 40.

69 GROENINGA, Giselle Câmara. *Direito a convivência entre pais e filhos*: análise interdisciplinar com vistas a eficácia e sensibilização de suas relações no Poder Judiciário, cit., p. 64.

70 GROENINGA, Giselle Câmara. *Direito a convivência entre pais e filhos*: análise interdisciplinar com vistas à eficácia e sensibilização de suas relações no Poder Judiciário, cit., p. 16.

Algumas vezes certa controvérsia existe, mas nem sequer chega a ser reconhecida como tal: o conflito latente, porém, "transparece no clima de tensão e insatisfação, intensificando a frustração, a desconfiança e a desarmonia nos vários níveis em que ele se instala (intrapessoal, interpessoal ou organizacional)"[71].

Assim, é relevante perquirir: os conflitos são de ordem puramente objetiva? Resumem-se a questões econômicas? Podem existir temores, queixas, mágoas, sentimentos confusos de amor e ódio? As respostas costumam variar bastante, sendo importante aprofundar a análise das controvérsias e dos comportamentos das partes.

Como exemplo, imagine a situação de um filho que quer investigar o vínculo genético com o possível genitor. Ao abordar os interesses envolvidos, um diagnóstico rápido tende a crer que os valores buscados são essencialmente patrimoniais (alimentos, herança...). Mas vale perquirir: qual é o papel de elementos como pertencimento e reconhecimento? Há interesse no estabelecimento de uma relação de convivência com as pessoas envolvidas na situação direta e indiretamente (com o pai e/ou parentes da linha paterna...)? Como o afeto deve ser levado em conta nesse contexto?

É importante ainda considerar, no que tange à constatação de fatos (que tenderia a ser mais "objetiva"), que a mesma situação costuma ser percebida de modo diverso pelos participantes: a forma como cada um encara os acontecimentos irá impactar decisivamente na interpretação das ocorrências e talvez na confiança em relação ao outro.

Assim, por exemplo, se a genitora, no passado, deixou de comunicar ao pai da criança que estava grávida (alegando querer preservá-lo da obrigação de assumir um filho que já manifestara não desejar), essa omissão poderá ser interpretada depois como fonte de desconfiança sobre o vínculo biológico.

Eis por que, como conclui a doutrina, "por mais útil que seja buscar a realidade objetiva, é a realidade tal como cada lado a vê que, em última instância, constitui o problema de uma negociação e abre caminho para uma solução"[72].

A confiança configura um fator de grande relevância na concepção do indivíduo brasileiro sobre família. É muito difundido na sociedade brasileira o familismo[73], devotando o homem médio um extremo crédito na instituição familiar; eis dados que expressam essa realidade:

> 84% dos brasileiros confiam na família, percentual ainda mais significativo quando comparado à confiança nas pessoas fora do grupo familiar – os mais próximos, amigos e colegas de trabalho, estão a uma distância quilométrica na opinião pública: 54 pontos percentuais abaixo! Somente 30% das pessoas confiam neles[74].

---

71 MALDONADO, Maria Tereza. *O bom conflito*, cit., p. 23.

72 FISHER, Roger; URY, William; PATTON, Bruce. *Como chegar ao sim*: a negociação de acordo sem concessões. 2. ed. Rio de Janeiro: Imago, 1994, p. 41.

73 No dicionário, "familismo" significa "tudo o que se refere à organização da família" (FAMILISMO. *MICHAELIS. Moderno dicionário da língua portuguesa.* Disponível em: https://michaelis.uol.com.br/moderno-portugues/busca/portugues-brasileiro/familismo/. Acesso em: 19 nov. 2018). Em um guia dos valores culturais referentes à população latina, assim consta: "Familismo is the preference for maintaining a close connection to the family. Latinos/Hispanics, in general, are socialized to value close relationships, cohesiveness, and cooperativeness with other family members. These close relationships are typically developed across immediate and extended family members, as well as close friends of the family (Marín & Triandis, 1985)" (Cultural values. Disponível em: https://pt.scribd.com/document/90841843/Latino-Cultural-Values. Acesso em: 19 jul. 2021).

74 ALMEIDA, Alberto Carlos. *A cabeça do brasileiro*. Rio de Janeiro: Record, 2007, p. 115.

Tal situação explica o fato de haver entre nós tantas empresas familiares; eventual perda da eficiência pela contratação de um parente para cuidar da "caixa registradora" nos pequenos negócios da família é compensada pelo ganho de confiança; "imagine-se entregar o 'caixa' a um amigo, conhecido, ou mesmo a um profissional"[75]...

Ainda que superadas questões quanto à falta de confiança, é preciso considerar que muitas vezes as principais causas de controvérsias são a falta de respeito com as diferenças e a busca por reconhecimento. Como se percebe, situações pessoais existenciais repercutem significativamente na elaboração do conflito e na manifestação das disputas.

Segundo a ex-magistrada e jurista francesa Danièle Ganancia, apenas a partir do resgate do respeito e da consideração pelo outro será possível que os acordos não sejam baseados nas posições jurídicas, mas sim em opções de equidade que considerem a "expressão das necessidades de cada um e sobretudo as necessidades das crianças [...]"[76].

Todas essas considerações são importantes para pautar a conduta de magistradas(os) e auxiliares na interação com as partes em juízo – especialmente nas audiências... exige-se, assim, especial cuidado para lidar com pessoas em crise em seus relevantes direitos de personalidade.

1.3.3. *Potencial ocorrência de violências doméstica e familiar*

Nos últimos tempos, o tema vem ganhando cada vez mais destaque. O assunto violência aparece já em uma regra sobre competência e permeia outras temáticas; apesar das previsões, uma vez mais o legislador precisa tratar de cenários violentos para proteger pessoas vulneráveis. Prova disso é que a Lei n. 14.713/2023 veio a lume para destacar o zelo necessário em situações de violências doméstica e familiar verificadas no contexto de disputas de guarda.

O que é violência? Como toda expressão, ela é equívoca e pode ser considerada a partir de vários significados.

Para os efeitos desta obra, violência é o uso intencional de força ou de poder, real ou em ameaça, contra si próprio, outra pessoa ou grupo/comunidade "que resulte ou tenha possibilidade de resultar em lesão, morte, dano psicológico, deficiência de desenvolvimento ou privação[77]".

Por se tratar de fenômeno multicausal, a violência (em suas diferentes formas e contextos) "deve ser enfrentada de forma conjunta por todos os setores a ela ligados: saúde, educação e justiça, que serão parceiros nessa empreitada"[78].

Violência doméstica e/ou familiar

> Tendo em vista o recorte desta obra, considera-se a definição da Lei Maria da Penha como ponto de partida. Segundo seu art. 5.º, violência doméstica e familiar contra a

---

75 ALMEIDA, Alberto Carlos. *A cabeça do brasileiro,* cit., p. 115-116.

76 GANANCIA, Danièle. Justiça e mediação familiar: uma parceria a serviço da parentalidade. *Revista do Advogado,* São Paulo, n. 62, p. 7-15, mar. 2001, p. 12.

77 Organização Mundial da Saúde. Relatório Mundial de Violência e Saúde. Genebra: OMS, 2002. ONU – Organização das Nações Unidas. Disponível em https://opas.org.br/wp-content/uploads/2015/09/relatorio-mundial-violencia-saude-1.pdf. Acesso 18 nov. 2023.

78 JORGE, Maria Helena Prado de Mello et al. Formas de violência contra a criança e o adolescente. In: WAKSMAN, Renata Dejtiar; HIRSCHHEIMER, Mário Roberto; PFEIFFER, Luci (coord.). *Manual de atendimento às crianças e adolescentes vítimas de violência.* 2. ed. Brasília, DF: Conselho Federal de Medicina, 2018, p. 45.

> mulher é qualquer ação ou omissão baseada no gênero que lhe cause morte, lesão, sofrimento físico, sexual ou psicológico e dano moral ou patrimonial:
>
> I – no âmbito da unidade doméstica, compreendida como o espaço de convívio permanente de pessoas, com ou sem vínculo familiar, inclusive as esporadicamente agregadas;
>
> II – no âmbito da família, compreendida como a comunidade formada por indivíduos que são ou se consideram aparentados, unidos por laços naturais, por afinidade ou por vontade expressa;
>
> III – em qualquer relação íntima de afeto, na qual o agressor conviva ou tenha convivido com a ofendida, independentemente de coabitação.

Essa regra é muito relevante e seu uso repercute no sistema normativo nacional ressaltando que violências doméstica e familiar contra mulheres não mais serão aceitas como componentes "naturais" e "admissíveis" das relações entre homens e mulheres[79].

Nesse sentido, o STF reconheceu ser inadmissível a "legítima defesa da honra", odiosa tese invocada em casos de feminicídio ou agressões contra mulheres para justificar o comportamento do acusado quando as condutas das vítimas supostamente ferissem a honra do agressor. Como bem entendeu nossa Suprema Corte, o uso da tese contrariava os princípios constitucionais da dignidade humana, da proteção à vida e da igualdade de gênero[80].

Por que vivemos o incremento da violência contra as mulheres? A absurda situação causa espécie e comoção.

Será mesmo que houve aumento de casos ou estamos mais cientes e conseguimos reconhecer os atos violentos?

Sobre a identificação da violência, há dificuldades consideráveis.

A violência psicológica apenas passou a ser reconhecida como prática criminosa a partir da Lei n. 14.188/2021, que incluiu, no Código Penal, o art. 147-B para assim tipificá-la:

> [...] dano emocional à mulher que a prejudique e perturbe seu pleno desenvolvimento ou que vise a degradar ou a controlar suas ações, comportamentos, crenças e decisões, mediante ameaça, constrangimento, humilhação, manipulação, isolamento, chantagem, ridicularização, limitação do direito de ir e vir ou qualquer outro meio que cause prejuízo à sua saúde psicológica e autodeterminação.

A regra é muito importante: precisamos, cada vez mais, contar com elementos para superar a falta de conhecimento sobre as diversas formas de violações em face das mulheres.

Analisando dados e escritos, conclui-se que ambos os fatores estão presentes: os casos de violência contra mulheres aumentaram e elas vêm conseguindo reconhecer cada vez mais os abusos. De todo modo, é difícil responder, de forma definitiva, sendo o aumento da violência uma ocorrência multifatorial.

Como apontado, o familismo é uma característica da sociedade brasileira. Em certa medida,

---

79 PASINATO, Wânia. Acesso à justiça e violência doméstica e familiar contra as mulheres: as percepções dos operadores jurídicos e os limites para a aplicação da Lei Maria da Penha. *Revista Direito GV*, v. 11, p. 414, 2015. Disponível em: https://www.scielo.br/j/rdgv/a/5sWmchMftYHrmcgt674yc7Q/. Acesso em: 17 nov. 2023.

80 Tese da legítima defesa da honra é inconstitucional. Disponível em: https://portal.stf.jus.br/noticias/verNoticiaDetalhe.asp?idConteudo=511556&ori=1. Acesso em: 4 dez. 2023.

> [...] a manutenção da lógica familista alia-se aos motivos aparentemente desencadeadores da violência e que são sempre frequentes nas conciliações dos conflitos domésticos e intrafamiliar, cabendo à mulher: reatar a relação afetivo-conjugal, rejeitar o pedido de separação, abdicar-se da independência econômica (mulher em processo de ascensão social), aceitar a violência como expressão de ciúmes, entre outros[81].

Esses elementos ajudam a entender por que vítimas de violência seguem convivendo com os agressores, já que alguns dos motivos que dificultam o rompimento da relação violenta são: a) atos e sentimentos apreendidos culturalmente; b) esperança de que o agressor mude o comportamento; c) medo de represálias e de novas agressões; d) medo de perder a guarda dos filhos; e) censura da família e da comunidade; f) dependência afetiva e econômica[82].

Ressalta Wânia Pasinato:

> Suspeitar da ocorrência da violência e desrespeitar a mulher que tenta reivindicar seus direitos significa mover a mulher do lugar de sujeito de direitos que ela deve ocupar, fortalecida e capaz de tomar decisões. A pouca informação que conseguem captar e que incorporam às narrativas que apresentam nos serviços policiais não é reconhecida como parte de seu processo de empoderamento, mas como usurpação de um discurso (de um lugar e de um direito) que não é reconhecido como seu[83].

Como se nota, visões simplistas e atitudes julgadoras em relação a vítimas de violência não devem ter lugar; é árdua e complexa a situação vivenciada no âmbito doméstico, espaço em que toda pessoa precisa(ria) poder descansar.

No ambiente familiar, a abertura para a falta de rompimento com o abusador ganha um agravante: a coparentalidade – afinal, no contexto de obrigatoriedade do vínculo, principalmente por condutas do Poder Judiciário, emerge a continuidade da perpetração das violências[84].

Violência contra crianças e adolescentes

> A violência contra mulheres vem ocorrendo cada vez mais cedo na vida das meninas; em novo estudo, a Organização Mundial da Saúde (OMS) revelou que 25% de adolescentes e jovens, de 15 a 24 anos, já foram vítimas da violência de gênero[85].

O tema é tão importante que não escapou a outros movimentos legislativos. A Lei n. 14.679/2023 alterou a Lei n. 9.394/1996 (Lei de Diretrizes e Bases da Educação Nacional) e a Lei n. 8.080/1990 (Lei Orgânica da Saúde) para incluir a proteção integral dos direitos de crianças e adolescentes entre os fundamentos da formação dos profissionais da educação,

---

81 BANDEIRA, Lourdes Maria. Violência de gênero: a construção de um campo teórico e de investigação. *Sociedade e Estado*, v. 29, n. 2, 2014, p. 457. Disponível em: https://www.scielo.br/j/se/a/QDj3qKFJdHL-jPXmvFZGsrLq/. Acesso em: 17 nov. 2023.

82 BANDEIRA, Lourdes Maria. Violência de gênero: a construção de um campo teórico e de investigação, cit., p. 461.

83 PASINATO, Wânia. Acesso à justiça e violência doméstica e familiar contra as mulheres: as percepções dos operadores jurídicos e os limites para a aplicação da Lei Maria da Penha, cit., p. 423.

84 ZAGO, Camila Torres. Lei nº 14.713/2023: um bom pai, mas um mau marido. Disponível em: https://www.conjur.com.br/2023-nov-10/camila-zago-bom-pai-mau-marido/. Acesso em: 17 nov. 2023.

85 O relatório se chama "Estimativas Globais, Regionais e Nacionais sobre Violência de Parceiros Próximos a Mulheres e Estimativas Globais e Regionais de Violência Sexual advinda de Não-Parceiros" (NAÇÕES UNIDAS. *ONU*: 25% das mulheres a partir de 15 anos são vítimas da violência de gênero. Disponível em: https://news.un.org/pt/story/2021/03/1743912. Acesso em: 17 nov. 2023).

assim como para incluir a proteção integral dos direitos humanos e a atenção à identificação de maus-tratos, de negligência e de violência sexual contra crianças e adolescentes entre os princípios do Sistema Único de Saúde (SUS).

Além da conhecida violência física, há essencialmente mais 3 (três) formas de violência que crianças e adolescentes podem sofrer por parte dos familiares:

1.1. violência psicológica: "conduta ou situação recorrente em que a criança ou o adolescente é exposta" e que pode comprometer seu desenvolvimento psíquico e emocional, incluindo:
1.2. atos de discriminação, depreciação ou desrespeito mediante ameaça, constrangimento, humilhação, manipulação, isolamento, agressão verbal e xingamento, ridicularização, indiferença, exploração ou intimidação sistemática (*bullying*);
1.3. atos de alienação parental;
2. "conduta que exponha a criança ou o adolescente, direta ou indiretamente, a crime violento contra membro de sua família ou de sua rede de apoio, independentemente do ambiente em que cometido, particularmente quando isto a torna testemunha.
3. violência sexual: conduta que constranja criança/adolescente a praticar ou presenciar conjunção carnal ou qualquer outro ato libidinoso, inclusive exposição do corpo em foto ou vídeo por meio eletrônico ou não;
4. negligência e abandono: omissão de cuidados básicos e de proteção diante de agravos evitáveis que gera o não atendimento de necessidades físicas e emocionais prioritárias; por exemplo: deixar de oferecer alimentação, medicamentos, cuidados de higiene, proteção a alterações climáticas, vestimentas e educação[86].

Tais situações são gravíssimas e afetam toda a sociedade. Afinal, crianças que crescem em famílias em que há violência podem sofrer uma série de transtornos comportamentais e emocionais; tais ocorrências também podem ser associadas à perpetração da violência adiante ou ao sofrimento com atos violentos em fases posteriores da vida[87].

Como será apontado adiante, houve mudança recente no regramento da guarda compartilhada para tratar de repercussões geradas pela violência nas demandas que versam sobre tal tema.

1.4. Direito de Família e intervenção estatal

Como se pode notar, é importante perquirir o limite entre os espaços público e privado nas relações familiares. As expressões "ordem pública", "indisponibilidade de direitos" e "intervenção estatal", que aparecem de forma recorrente em argumentações e decisões, merecem análise detida.

1.4.1. *Ordem pública*

O tema envolve significativas dificuldades pelos variados contornos que pode assumir, devendo se preparar o intérprete para localizar diferentes concepções sobre o assunto; a ordem

---

86 Tipos de violência contra crianças e adolescentes. Disponível em: https://www.infanciasegura.pr.gov.br/Pagina/Tipos-de-Violencia-Contra-Criancas-e-Adolescentes#:~:text=Atos%20de%20discrimina%C3%A7%C3%A3o%2C%20deprecia%C3%A7%C3%A3o%20ou,ou%20intimida%C3%A7%C3%A3o%20sistem%C3%A1tica%20(bullying)%3B. Acesso em: 18 nov. 2023.

87 ORGANIZAÇÃO PAN-AMERICANA DA SAÚDE. *Violência contra as mulheres*. Disponível em: https://www.paho.org/pt/topics/violence-against-women. Acesso em: 17 nov. 2023.

pública é pautada por valores tidos em certa época como relevantes e de interesse geral, sendo variáveis conforme o tempo e o lugar[88].

Após empreender interessante análise sobre a origem da expressão em nosso sistema jurídico, Nathaly Campitelli Roque conclui que "a ideia atual de *ordem pública* expressada pela Carta de 1988, fruto que foi de ampla participação popular, compreende o atendimento dos interesses coletivos e a realização do primado da dignidade da pessoa humana, devendo as instituições públicas servir à realização dos objetivos"[89].

É preciso compreender, antes de avançar, qual é a posição ocupada pela noção de ordem pública no ordenamento jurídico.

No direito privado, certas normas têm reconhecido caráter impositivo a ponto de afastar a vontade das partes e poder ver reclamada sua observância por terceiros (como o Ministério Público); tal situação é albergada pela justificativa de preservação da ordem pública e "seu conteúdo está vinculado a direitos de personalidade (como o direito ao nome e à filiação), à proteção à família (regulação do casamento e de sua dissolução) e à dignidade da pessoa humana (limitações à disposição da herança e direito irrenunciável a alimentos), todos eles chamados de direitos indisponíveis"[90].

São ainda exemplos de normas de direito material que aludem à ordem pública as regras referentes ao Código do Consumidor, ao direito ambiental, à proteção aos idosos, às mulheres em situação de violência e às crianças e adolescentes[91].

Segundo Cândido Rangel Dinamarco, as relações de direito de família são geralmente "regidas por fundamentos de ordem pública relacionados com as repercussões que os resultados do processo podem projetar na própria estrutura da sociedade"[92].

No plano de direito material, as leis imperativas limitam e condicionam a autonomia privada, ensejando significativas restrições à liberdade das partes[93] – que não podem, em certas situações, escolher a legislação aplicável às suas relações nem praticar atos que violem normas imperativas sobre interesses sociais fundamentais[94].

Daniel Amorim Assumpção Neves destaca haver matérias de ordem pública processual e substancial, registrando divergência doutrinária sobre seu tratamento (se homogêneo ou heterogêneo)[95]. É preciso, portanto, aprofundar a compreensão sobre o tema sob o prisma do processo civil.

---

88 APRIGLIANO, Ricardo de Carvalho. *Ordem pública e processo*: o tratamento das questões de ordem pública no direito processual civil. São Paulo: Atlas, 2011, p. 12. A obra traz aprofundado estudo sobre o tema e merece integral leitura.

89 ROQUE, Nathaly Campitelli. A ordem pública e seu regime jurídico do direito processual civil – as questões de ordem pública. *Revista dos Tribunais*, São Paulo, v. 908, p. 263-291, 2011, p. 266.

90 ROQUE, Nathaly Campitelli. A ordem pública e seu regime jurídico do direito processual civil – as questões de ordem pública, cit., p. 264.

91 APRIGLIANO, Ricardo de Carvalho. *Ordem pública e processo*: o tratamento das questões de ordem pública no direito processual civil, cit., p. 6.

92 DINAMARCO, Cândido Rangel. *Instituições de direito processual civil.* 2. ed. São Paulo: Malheiros, 2002, v. III, p. 52.

93 APRIGLIANO, Ricardo de Carvalho. *Ordem pública e processo*: o tratamento das questões de ordem pública no direito processual civil, cit., p. 16.

94 APRIGLIANO, Ricardo de Carvalho. *Ordem pública e processo*: o tratamento das questões de ordem pública no direito processual civil, cit., p. 105.

95 TARTUCE, Flávio; NEVES, Daniel Amorim Assumpção. *Manual de direito do consumidor*: direito material e processual. Rio de Janeiro: Forense, 2012, p. 688.

Segundo Leonardo Greco, ordem pública processual é "o conjunto de requisitos dos atos processuais, impostos de modo imperativo para assegurar a proteção de interesse público precisamente determinado, o respeito a direitos fundamentais e a observância de princípios do devido processo legal, quando indisponíveis pelas partes"[96].

Para Ricardo Aprigliano, ela pode ser definida como "o conjunto de regras técnicas que o sistema concebe para o controle tempestivo da regularidade do processo, necessariamente voltadas para o objetivo maior de permitir que seus escopos sejam atingidos, com rapidez, economia e racionalidade, regras que devem ser suscitadas pelas partes ou pelo magistrado com obrigatória observância do contraditório, e que apenas excepcionalmente devem conduzir à extinção anômala do processo ou impedir que se realize o julgamento quanto ao mérito do litígio"[97].

Segundo o autor, como a observância da ordem pública está ligada ao controle da regularidade processual, objetiva *salvar processos* para permitir a apreciação do mérito: é contraditório, portanto, que magistrados dela se valham para, em toda e qualquer situação em que seja violada, extinguir processos[98].

Assiste-lhe plena razão: o(a) juiz(juíza), ao constatar um problema técnico-processual, deve promover oportunidades para que ocorra a superação da falha e o processo possa avançar rumo à apreciação do mérito da causa.

O CPC contempla uma sistematização inovadora sobre o aproveitamento, a repetição e o saneamento de atos reputados nulos: sempre que pronunciar a ocorrência de uma nulidade, a magistratura indicará quais são os atos atingidos por ela e quais providências devem ser tomadas para a repetição ou a retificação (saneamento)[99]. Além disso, consta no Código que o erro de forma do processo só acarreta a anulação dos atos que não possam ser aproveitados, devendo ser praticados os que forem necessários a fim de se observarem as prescrições legais, ou seja, repetidos ou saneados[100].

Ademais, o Código contempla a *primazia da decisão de mérito*, exemplificadamente, nos arts. 4.º[101], 6.º[102] e 1.013, § 3.º, I[103]; segundo tal relevante diretriz, o processo deve se orientar para uma decisão de mérito pacificadora com a superação, sempre que possível, de nulidades e irregularidades que não prejudiquem as partes.

Outro ponto importante diz respeito à ação e à inércia das partes.

---

96 GRECO, Leonardo. Os atos de disposição processual – primeiras reflexões, cit.

97 APRIGLIANO, Ricardo de Carvalho. *Ordem pública e processo*: o tratamento das questões de ordem pública no direito processual civil, cit., p. 106.

98 APRIGLIANO, Ricardo de Carvalho. *Ordem pública e processo*: o tratamento das questões de ordem pública no direito processual civil, cit., p. 65.

99 Art. 282. Ao pronunciar a nulidade, o juiz declarará que atos são atingidos e ordenará as providências necessárias a fim de que sejam repetidos ou retificados. § 1.º O ato não será repetido nem sua falta será suprida quando não prejudicar a parte. § 2.º Quando puder decidir o mérito a favor da parte a quem aproveite a decretação da nulidade, o juiz não a pronunciará nem mandará repetir o ato ou suprir-lhe a falta.

100 Art. 283. O erro de forma do processo acarreta unicamente a anulação dos atos que não possam ser aproveitados, devendo ser praticados os que forem necessários a fim de se observarem as prescrições legais. Parágrafo único. Dar-se-á o aproveitamento dos atos praticados desde que não resulte prejuízo à defesa de qualquer parte.

101 Art. 4.º As partes têm o direito de obter em prazo razoável a solução integral do mérito, incluída a atividade satisfativa.

102 Art. 6.º Todos os sujeitos do processo devem cooperar entre si para que se obtenha, em tempo razoável, decisão de mérito justa e efetiva.

103 Art. 1.013. § 3.º Se o processo estiver em condições de imediato julgamento, o tribunal deve decidir desde logo o mérito quando: I – reformar sentença fundada no art. 485.

Como as matérias de ordem pública no plano processual são marcadas pela indisponibilidade, a existência de interesse público costuma tirar dos litigantes boa parte de seu poder de disposição[104].

Galeno Lacerda destacou que a preclusão no processo depende, em última análise, da disponibilidade das partes em relação à matéria decidida: se indisponível, "a ausência de recurso não impede o reexame pelo juiz. Se disponível, a falta de impugnação importa concordância tácita à decisão"[105].

Como se nota, há certa intersecção entre os planos processual e material. Nessa linha, como a vontade não prevalece sobre o direito em jogo, agir ou não acaba sendo, muitas vezes, indiferente.

Como exemplo, afirmou-se em certa decisão que inexistia preclusão porque, como as questões relativas a alimentos têm a natureza de direitos indisponíveis, são de ordem pública e podem ser alegadas em qualquer juízo e grau de jurisdição; além disso, nas demandas sobre alimentos são inaplicáveis os efeitos da revelia – por versar a causa sobre direitos indisponíveis, seria afastada a presunção de veracidade dos fatos narrados na inicial[106].

Em demandas de investigação de paternidade em que o pleito de produção de provas foi feito de forma precária[107] ou intempestiva[108], entendeu o STJ, em acórdãos relatados pelo Ministro Sálvio de Figueiredo Teixeira, dispor o julgador de "iniciativa probatória quando presentes razões de ordem pública e igualitária, como, por exemplo, quando se esteja diante

---

104 APRIGLIANO, Ricardo de Carvalho. *Ordem pública e processo*: o tratamento das questões de ordem pública no direito processual civil, cit., p. 10.

105 Tal elucidativo excerto do autor, constante de sua obra *Despacho saneador*, foi citado em julgamento no plenário do STF, em *RTJ* 100/7, segundo consta no *Código comentado* de Theotonio Negrão (NEGRÃO, Theotonio. *Código de Processo Civil e legislação processual em vigor*. 40. ed. São Paulo: Saraiva, 2008, p. 582, nota 4b ao art. 473).

106 TJPI, AC 07.002003-5/Teresina, 3.ª Câmara Especializada Cível, Rel. Des. Francisco Landim, *DJPI* 08.01.2009, p. 4. Eis trechos de decisões similares: "APELAÇÃO CÍVEL. Alimentos. [...] Revelia cujos efeitos não se operam neste caso, por versar a lide acerca de interesses indisponíveis [...]" (TJSP, AC 0008432-44.2019.8.26.0001, Ac. 16057005, São Paulo, 6.ª Câmara de Direito Privado, Rel. Des. Christiano Jorge, j. 19.09.2022, *DJESP* 22.09.2022, p. 1574); "APELAÇÃO CÍVEL. FAMÍLIA. ALIMENTOS. [...] A revelia não conduz, automaticamente, no acolhimento integral dos pedidos do demandante quando o litígio versar acerca de direitos indisponíveis, caso dos autos, na forma do art. 345 do código de processo civil [...]" (TJRS, AC 5010610-86.2019.8.21.0010, Caxias do Sul, 8ª Câmara Cível, Rel. Des. Mauro Caum Gonçalves, j. 21.07.2022, *DJERS* 22.07.2022).

107 REsp 192.681/PR, 4.ª Turma, Rel. Min. Sálvio de Figueiredo Teixeira, j. 02.03.2000, *DJ* 24.03.2003, p. 223.

108 "Direitos civil e processual civil. Investigação de paternidade. Prova genética. DNA. Requerimento feito a destempo. Validade. Natureza da demanda. Ação de estado. Busca da verdade real. Preclusão. Instrução probatória. Inocorrência para o juiz. Processo civil contemporâneo. Cerceamento de defesa. [...] I – Tem o julgador iniciativa probatória quando presentes razões de ordem pública e igualitária, como, por exemplo, quando está diante de causa que tenha por objeto direito indisponível (ações de estado), ou quando, em face das provas produzidas, encontra-se em estado de perplexidade ou, ainda, quando há significativa desproporção econômica ou sociocultural entre as partes. II – Além das questões concernentes às condições da ação e aos pressupostos processuais, a cujo respeito há expressa imunização legal [...], a preclusão não alcança o juiz em se cuidando de instrução probatória. III – Diante do cada vez maior sentido publicista que se tem atribuído ao processo contemporâneo, o juiz deixou de ser mero espectador inerte da batalha judicial, passando a assumir uma posição ativa, que lhe permite, dentre outras prerrogativas, determinar a produção de provas, desde que o faça com imparcialidade e resguardando o princípio do contraditório. IV – Na fase atual da evolução do Direito de Família, não se justifica inacolher a produção de prova genética pelo DNA, que a ciência tem proclamado idônea e eficaz" (REsp 222.445/PR, 4.ª Turma, Rel. Min. Sálvio De Figueiredo Teixeira, j. 07.03.2002, *DJ* 29.04.2002, p. 246).

de causa que tenha por objeto direito indisponível (ações de estado), ou quando o julgador, em face das provas produzidas, encontre-se em estado de perplexidade ou, ainda, quando haja significativa desproporção econômica ou sociocultural entre as partes"[109].

A análise dos temas, como se percebe, é complexa e exige atenção do intérprete quanto a vários fatores. Leonardo Greco explicita assim a situação:

> A definição dos limites entre os poderes do juiz e a autonomia das partes está diretamente vinculada a três fatores: a) à disponibilidade do próprio direito material posto em juízo; b) ao respeito ao equilíbrio entre as partes e à paridade de armas, para que uma delas, em razão de atos de disposição seus ou de seu adversário, não se beneficie de sua particular posição de vantagem em relação à outra quanto ao direito de acesso aos meios de ação e de defesa; e c) à preservação da observância dos princípios e garantias fundamentais do processo no Estado Democrático de Direito[110].

É preciso ainda destacar o liame entre a ordem pública e a noção de direitos indisponíveis porque ambas retratam o interesse público; este, conquanto variável no tempo, "deve ser encarado como o núcleo de interesses que são tutelados pelo ordenamento jurídico a partir de sua matriz constitucional"[111].

1.4.2. *Disponibilidade e indisponibilidade*

A indisponibilidade dos direitos costuma ser invocada como argumentação recorrente em diversas manifestações ligadas a temas familiares; é preciso, portanto, compreender o tema[112].

Ao se afirmar, no campo do direito e do processo civil, que uma pessoa pode dispor de certo direito, indica-se que a parte tem liberdade de, por sua única e exclusiva vontade, usá-lo ou não[113].

Conceitua-se o direito disponível como aquele que pode ou não ser exercido por seu titular, não existindo norma cogente a impor o cumprimento do preceito sob pena de nulidade ou anulabilidade do ato praticado com sua infringência[114].

Invocando a raiz latina *disponere* (que significa dispor, pôr em vários lugares, regular), consideram-se disponíveis os bens que podem ser livremente alienados ou negociados por se encontrarem desembaraçados, dispondo o alienante de plena capacidade jurídica para tanto[115].

---

109 REsp 140.665/MG, 4.ª Turma, Rel. Min. Sálvio de Figueiredo Teixeira, j. 17.09.1998, *DJ* 03.11.1998, p. 147.

110 GRECO, Leonardo. Os atos de disposição processual – primeiras reflexões, cit.

111 APRIGLIANO, Ricardo de Carvalho. *Ordem pública e processo*: o tratamento das questões de ordem pública no direito processual civil, cit., p. 17.

112 O tema foi desenvolvido por mim com vagar na obra *Mediação nos conflitos civis* (2020); o trecho aqui exposto reproduz, em parte, o que ali consta.

113 PORTANOVA, Rui. *Princípios do processo civil*. 8. ed. Porto Alegre: Livraria do Advogado, 2013, p. 70.

114 MENDONÇA LIMA, Alcides. *Dicionário do Código de Processo Civil*. São Paulo: RT, 1986, p. 225.

115 CARMONA, Carlos Alberto. *Arbitragem e processo:* comentário à Lei n. 9.307/96. 3. ed. São Paulo: Malheiros, 2009, p. 38. Prossegue o autor: "De maneira geral, não estando no âmbito do direito disponível as questões relativas ao direito de família – e em especial ao estado das pessoas (filiação, pátrio poder, casamento, alimentos) –, aquelas atinentes ao direito de sucessão, as que têm por objeto as coisas fora do comércio, as obrigações naturais, as relativas ao direito penal, entre tantas outras, já que ficam estas matérias todas fora dos limites em que pode atuar a autonomia da vontade dos contendentes. Essas conotações não são suficientes, porém, para excluir de forma absoluta do âmbito da arbitragem toda e

Havendo, portanto, poder de disposição por parte do titular do direito, nada obsta a verificação da autocomposição, seja no campo de família, patrimonial, obrigacional ou de qualquer outro ramo[116].

Apesar de tal ampla noção, já houve resistência em considerar a possibilidade de transação quando a causa versasse sobre relações jurídicas com objeto personalíssimo ou de significativo relevo público; nessa toada, tradicionalmente considerava-se que temas afeitos aos direitos de personalidade e ao direito de família não pudessem ser objeto de transação[117].

Contudo, tal exclusão pura e simples não é coerente com as criativas saídas que podem ser encetadas para os litígios, que apresentam diversos espaços para ajustes. Muitas causas sobre tais matérias revelam-se aptas a serem eficazmente extintas pela autocomposição (unilateral, pelo reconhecimento jurídico do pedido ou bilateral, por acordo entre os envolvidos). Tal circunstância revela a complexidade do assunto, que deve receber tratamento cuidadoso[118] e será objeto de maior detalhamento adiante.

Até porque, como já exposto em outra oportunidade[119], em uma composição consensual de litígios não há, necessariamente, "concessões recíprocas" de direitos ou interesses; essa relação não é necessária. Por consequência, não há relação necessária entre "solução consensual" e "transação" em sua definição legal, o que implica dizer que existem formas de composição que não envolvem renunciar a direitos e interesses.

Destaca Rui Portanova não haver uma regra, um rol, tampouco uma situação clara e isenta de confusão sobre quais são os direitos disponíveis e os indisponíveis, ou do que seja estritamente de direito público ou privado: como bem pondera, "a indisponibilidade não se discrimina. A indisponibilidade e o interesse público prevalente sobre determinado direito vão surgir da interpretação do caso concreto conjugada com a valorização dada pelo legislador. Tanto pode ser indisponível o direito privado como o direito público"[120].

Embora não se possa hoje contar com norma expressa sobre o assunto na seara familiar, a perspectiva normativa tende a alterar tal situação. O Estatuto das Famílias, legislação projetada a partir da contribuição do Instituto Brasileiro de Direito de Família, aborda assim o

---

qualquer demanda que tanja o direito de família ou o direito penal, pois as consequências patrimoniais tanto num caso como noutro podem ser objeto de solução extrajudicial. Dizendo de outro modo, se é verdade que uma demanda que verse sobre o direito de prestar e receber alimentos trata de direito indisponível, não é menos verdadeiro que o *quantum* da pensão pode ser livremente pactuado pelas partes (e isto torna arbitrável esta questão) [...]".

116 FADEL, Sergio Sahione. *Código de Processo Civil comentado*: arts. 1.º a 1.220. 7. ed. atual. por J. E. Carreira Alvim. Rio de Janeiro: Forense, 2004. p. 408, nota 331 do atualizador.

117 Por todos, seguem as lições de Carlos Alberto Dabus Maluf: "De fato, não podem ser transacionados os direitos personalíssimos e as coisas inalienáveis, quer por sua natureza, quer em virtude da vontade humana quando a lei lhe dá eficácia. E também não podem ser negociadas situações de direito de família, de caráter não patrimonial, como p. ex., a guarda de filhos em troca de pagamento em dinheiro, ou a confissão em desquite (hoje separação judicial) obtida por compensação, ou ainda em troca de determinadas vantagens pecuniárias" (MALUF, Carlos Alberto Dabus *A transação no direito civil*. São Paulo: Saraiva, 1985, p. 56).

118 TARTUCE, Fernanda. *Mediação nos conflitos civis*, cit., p. 29.

119 BERGAMASCHI, André Luís; TARTUCE, Fernanda. A solução negociada e a figura jurídica da transação: associação necessária? In: MEDEIROS NETO, Elias Marques de; SIMÃO FILHO, Adalberto. *Direito dos negócios aplicado*: do direito processual. São Paulo: Almedina, 2016. v. II. Disponível em: http://www.fernandatartuce.com.br/wp-content/uploads/2016/07/Solucao-negociada-transacao-Bergamaschi-Tartuce.pdf. Acesso em: 2 jan. 2019.

120 PORTANOVA, Rui. *Princípios do processo civil*, cit.

tema: "são indisponíveis os direitos das crianças, dos adolescentes e dos incapazes, bem como os direitos referentes ao estado e capacidade das pessoas[121] (art. 6.º)".

Ainda que se reconheça a indisponibilidade de certos direitos, não há como excluir a possibilidade de atuação das partes como protagonista dos rumos do processo.

Ao ponto, merecem destaque as palavras de Leonardo Greco sobre o crescente reconhecimento do poder das partes no processo civil: elas são

> [...] destinatárias da prestação jurisdicional, têm também interesse em influir na atividade-meio e, em certas circunstâncias, estão mais habilitadas do que o próprio julgador a adotar decisões sobre os seus rumos e a ditar providências em harmonia com os objetivos publicísticos do processo, consistentes em assegurar a paz social e a própria manutenção da ordem pública[122].

Para o autor, "o conteúdo dos atos de disposição processual pode compor-se de questões substantivas – relativas ao direito material das partes – ou de questões tipicamente processuais – relativas a pressupostos processuais, impulso processual, admissão ou não de provas etc. Pouco importa. Umas e outras são questões do processo, suscitadas na relação processual, nela apreciadas e destinadas a produzir efeitos, sem prejuízo de eventualmente também produzirem efeitos fora do processo"[123].

Exemplo de tal assertiva diz respeito à possibilidade de desejarem as partes, consensualmente, suspender o processo para tentar a autocomposição; ainda que o magistrado não entenda adequada a momentânea paralisação do feito, os litigantes são as pessoas mais aptas para perceber a possibilidade de alcançar o consenso naquela oportunidade.

Há situações em que é totalmente plausível a realização de acordos envolvendo relações jurídicas de cunho indisponível, assim como pode ocorrer que, por meio da transação, direitos absolutamente indisponíveis venham a ser relativizados... Tais fatos se justificam porque há diferentes graus de disponibilidade de direitos[124].

Atentando para tal situação, ainda que o direito seja, em alguma medida, indisponível, é imperioso reconhecer que ele pode ter aspectos quantitativos negociáveis. Como pondera Rodolfo de Camargo Mancuso, mesmo quando o interesse é indisponível (por exemplo, o direito a alimentos), o efeito pecuniário da sentença condenatória pode, não obstante, ser objeto de transação entre as partes (o que, aliás, ocorre frequentemente)[125].

---

121 SENADORA Lídice da Mata (PSB-BA). *Estatuto das Famílias* – Apresentação do PLS 470/2013 para debates. Brasília, DF: Senado Federal, 2013. Disponível em: http://ibdfam.org.br/assets/img/upload/files/Estatuto%20das%20Familias_2014_para%20divulgacao.pdf. Acesso em: 3 ago. 2021.

122 Completa o autor: "Afinal, se o processo judicial não é apenas coisa das partes, são elas as destinatárias da tutela jurisdicional e são os seus interesses que a decisão judicial diretamente atinge, e, através deles, os seus fins últimos, embora remotos e abstratos, de tutela do interesse geral da coletividade, do bem comum e da paz social" (GRECO, Leonardo. Os atos de disposição processual – primeiras reflexões, cit.).

123 GRECO, Leonardo. Os atos de disposição processual – primeiras reflexões, cit.

124 WAMBIER, Luiz Rodrigues; WAMBIER, Teresa Arruda Alvim. *Breves comentários à 2.ª fase da reforma do Código de Processo Civil*. São Paulo: RT, 2002, p. 88.

125 O plano piloto de conciliação em segundo grau de jurisdição, do Egrégio Tribunal de Justiça de São Paulo, e sua possível aplicação aos feitos de interesse da Fazenda Pública. (MANCUSO, Rodolfo de Camargo. O plano-piloto de conciliação em segundo grau de jurisdição, do Egrégio Tribunal de Justiça de São Paulo, e sua possível aplicação aos feitos de interesse da Fazenda Pública. *Revista dos Tribunais*, ano 93, v. 820, p. 29, fev. 2004.)

Também em ações de estado (como o divórcio) e em causas relativas a interesses de incapazes (como a guarda de filhos) é possível que os envolvidos se conscientizem sobre direitos e obrigações recíprocas e celebrem acordos válidos. Exemplo disso é que o pai pode reconhecer voluntariamente o vínculo de filiação; como se percebe, também em conflitos familiares é possível conceber a autocomposição, seja ela unilateral (por reconhecimento jurídico do pedido ou renúncia em certos casos), seja ela bilateral (pela realização de acordos)[126].

1.4.3. *Regramento do Código Civil sobre a interferência estatal*

Em primorosa lição, João Baptista Villela destaca que a visão atual de família "está profundamente permeada não por aquilo que ela é, em sua essência, senão por aquilo que o sagrado e o político tentaram e tentam dela fazer", de sorte que "o que chamamos *direito de família é*, na verdade, *direito da versão* de família: um construto elaborado sob a filtragem política e sagrada sob que captamos a instituição"[127].

Embora o Estado possa projetar uma visão idealizada da família disciplinada, no plano fático multifacetadas situações podem conduzir os núcleos familiares a realidades bem diferentes da concebida pelo legislador.

Eis uma questão importante: a quem compete decidir sobre os rumos da família? Ao Estado ou aos seus componentes maiores e capazes?

Sob o aspecto normativo, o ordenamento conduz o intérprete à segunda alternativa.

Nos termos da Constituição Federal, "fundado nos princípios da dignidade da pessoa humana e da paternidade responsável, o planejamento familiar é livre decisão do casal, competindo ao Estado propiciar recursos educacionais e científicos para o exercício desse direito, vedada qualquer forma coercitiva por parte de instituições oficiais ou privadas"[128].

A interferência também é vedada no Código Civil: "é defeso a qualquer pessoa, de direito público ou privado, interferir na comunhão de vida instituída pela família" (art. 1.513). No mesmo sentido, reproduzindo a dicção constitucional, dispõe o Código no art. 1.565, § 2.º, que "o planejamento familiar é de livre decisão do casal, competindo ao Estado propiciar recursos educacionais e financeiros para o exercício desse direito, vedado qualquer tipo de coerção por parte de instituições privadas ou públicas".

A partir da lição do dicionário, depreende-se que planejamento representa "determinação dos objetivos ou metas de um empreendimento, como também da coordenação de meios e recursos para atingi-los"[129].

Obviamente as pessoas maiores e capazes devem ser as protagonistas de seus destinos no exercício da autodeterminação inerente à sua dignidade.

---

[126] É lógico, porém, que não se pode conceber a circunstância de que os acordos celebrados acarretem a negociação pecuniária das relações de estado envolvidas, barganhando, por exemplo, o reconhecimento do vínculo de filiação e a renúncia de herança.

[127] VILLELA, João Baptista. Repensando o direito de família. *Cadernos Jurídicos da Escola Paulista da Magistratura*, São Paulo, v. 3, n. 7, p. 95-106, jan./fev. 2002. Disponível em: https://bdjur.stj.jus.br/jspui/bitstream/2011/118885/repensando_direito_familia_villela.pdf. Acesso em: 2 jan. 2019.

[128] CF, art. 226, § 7.º.

[129] PLANEJAMENTO. *MICHAELIS. Moderno dicionário da língua portuguesa.* Disponível em: http://michaelis.uol.com.br/busca?id=ZNDAK. Acesso em: 19 nov. 2018.

No Estado Democrático de Direito, a dignidade da pessoa humana é a característica intrínseca e distintiva de cada indivíduo, este deve ter asseguradas "condições existenciais mínimas para uma vida saudável" e poder participar de modo ativo e corresponsável "nos destinos da própria existência e da vida em comunhão com os demais seres humanos"[130].

Como bem destaca Flávio Tartuce, a diretriz da não intervenção se baseia no respeito à liberdade e à autonomia privada[131].

A intensa valorização da autonomia privada vem gerando transformações nas relações familiares.

A possível decretação de divórcios consensuais (não havendo filhos incapazes) sem a passagem obrigatória pelo Poder Judiciário é uma substancial prova da valorização da autonomia. Quando ainda estava em discussão no Parlamento brasileiro o projeto de lei que possibilitou tal atuação extrajudicial para finalizar casamentos, afirmava-se na exposição de motivos não haver "motivo razoável de ordem jurídica, de ordem lógica ou de ordem prática que indique a necessidade de que atos de disposição de bens, realizados entre pessoas capazes", devessem "ser necessariamente processados em juízo, ainda mais onerando os interessados e agravando o acúmulo de serviço perante as repartições forenses"[132].

Sob as perspectivas social e jurídica, vem sendo reconhecida a importância de ampliar os campos da liberdade e da autonomia.

Como bem destacam Maria Celina Bodin de Moraes e Renata Vilela Multedo,

> propõe-se uma nova reflexão acerca da amplitude, maior ou menor, da incidência do direito fundamental da liberdade, isto é, do exercício da autonomia existencial nas relações conjugais e convivenciais, considerando a contextualização e a eventual compatibilização entre a liberdade de escolha para a constituição do projeto familiar e as justificativas para tão minuciosa heteronomia estatal encontrada ainda hoje na legislação infraconstitucional[133].

Sob o aspecto pessoal, não há como negar a grande importância de que cada pessoa seja o protagonista principal na definição de seus destinos. No ponto, vale lembrar a máxima: "se você não tem uma estratégia, é parte da estratégia de alguém"...

Pelo prisma do núcleo familiar, como bem destaca Águida Barbosa, "é importante disponibilizar elementos para que os membros da família possam reforçar tal instituição de forma que ela mesma supra suas necessidades, sem precisar delegar a solução de suas crises a terceiros"[134].

---

130 SARLET, Ingo Wolfgang. *Dignidade da pessoa humana e direitos fundamentais na Constituição Federal de 1988*. 6. ed. Porto Alegre: Livraria do Advogado, 2008, p. 63.

131 TARTUCE, Flávio. Novos princípios do direito de família brasileiro. *Instituto Brasileiro de Direito de Família*, Belo Horizonte. 27 jun. 2007. Disponível em: https://ibdfam.org.br/artigos/308/Novos+princ%C3%ADpios+do+Direito+de+Fam%C3%ADlia+Brasileiro+(1). Acesso em: 19 nov. 2018.

132 PL 4.725. Disponível em: http://www.camara.gov.br/proposicoesWeb/fichadetramitacao?idProposicao=274429. Acesso em: 2 jan. 2019.

133 BODIN DE MORAES, Maria Celina; VILELA MULTEDO, Renata. A privatização do casamento. *Revista Civilística*: revista eletrônica de direito civil, ano 5, n. 2, p. 1-21, 2016. Disponível em: http://civilistica.com/wp-content/uploads/2016/12/Multedo-e-Bodin-de-Moraes-civilistica.com-a.5.n.2.2016.pdf. Acesso em: 2 jan. 2019.

134 BARBOSA, Águida Arruda. *Mediação familiar*: instrumento transdisciplinar em prol da transformação dos conflitos decorrentes das relações jurídicas controversas. 2003. Dissertação (Mestrado em Direito Civil) – Faculdade de Direito da Universidade de São Paulo, São Paulo, 2003, p. 61. (orientador Roberto João Elias).

Nos casos em que se identifica a necessidade de intervenção estatal, o Código Civil viabiliza a promoção de demanda para que o juiz decida eventual impasse na situação familiar. Segundo seu art. 1.690, parágrafo único, "os pais devem decidir em comum as questões relativas aos filhos e a seus bens; havendo divergência, poderá qualquer deles recorrer ao juiz para a solução necessária".

Vale aqui a advertência de Flávio Tartuce: o *princípio da não intervenção* deve ser lido e ponderado perante outros princípios –, por exemplo, o *do melhor interesse da criança*[135].

Como bem expôs Giselda Hironaka, as relações familiares podem ser pautadas por uma constante tensão porque os vínculos ora são considerados como relações de poder, ora como de afeto; para a jurista, "ao civilista compete abordar a temática com especial atenção a valores subjetivos importantes, como o afeto e a proteção"[136].

Nota-se, portanto, que na gestão dos conflitos familiares é preciso devotar redobrada atenção e considerável sensibilidade no trato das questões humanas que permeiam as discussões.

Nos casos em que os membros da família não conseguem se comunicar diretamente e não aceitam a promoção do diálogo por um facilitador da comunicação (mediador ou conciliador), fazendo-se necessária a promoção de demanda judicial, é preciso que o advogado oriente seu cliente sobre as limitações inerentes a tal meio de composição de conflitos.

Como bem pondera Luiz Edson Fachin, "o Juiz não pode nem deve substituir os pais nas relações familiares"[137].

Em interessante precedente do STF (datado de 1967), o Ministro Cândido Motta Filho reconheceu sua limitação afirmando precisar se submeter aos limites do pedido e da coisa julgada (que limitava a visita da mãe ao filho), dizendo não ser "possível ir além daí, muito embora a solução para o caso seja sempre uma falsa solução dada a condição irremediável do casal, que fere a fundo a formação do filho"[138]. Consta ainda na decisão o interessante entendimento do Ministro Eloy da Rocha:

---

135 TARTUCE, Flávio. Novos princípios do direito de família brasileiro. Disponível em: http://ambitojuridico.com.br/site/index.php/?n_link=revista_artigos_leitura&artigo_id=1036&revista_caderno=14. Acesso em: 2 jan. 2019.

136 HIRONAKA, Giselda. Responsabilidade civil na relação paterno-filial. In: CONGRESSO BRASILEIRO DE DIREITO DE FAMÍLIA – FAMÍIA E CIDADANIA: O NOVO CÓDIGO CIVIL BRASILEIRO E A 'VACATIO LEGIS', 3., 2001, Ouro Preto. Anais [...]. Ouro Preto: IBDFAM, 2001. Disponível em: http://www.ibdfam.org.br/_img/congressos/anais/210.pdf. Acesso em: 2 jan. 2019.

137 Prossegue o autor: "Nada obstante, as portas que foram abertas não podem ser fechadas por decreto, lei ou portarias. Um dos caminhos possíveis é separar, de vez, o campo das questões financeiras e econômicas do terreno dos aspectos pessoais e não patrimoniais da família" (FACHIN, Luiz Edson. A família fora de lugar. *Instituto Brasileiro de Direito de Família,* Belo Horizonte, 16 fev. 2009. Disponível em: https://ibdfam.org.br/artigos/487/A+fam%C3%ADlia+fora+de+lugar. Acesso em: 29 dez. 2011).

138 A decisão recebeu a seguinte ementa: "Recurso extraordinário. Desquite e manutenção de relações com o filho do casal. O juiz, ao dirimir divergência entre pai e mãe, não se deve restringir a regular as visitas, estabelecendo limitados horários em dia determinado da semana, o que representa medida mínima. Preocupação do juiz, nesta ordenação, será propiciar a manutenção das relações dos pais com os filhos. É preciso fixar regras que não permitam que se desfaça a relação afetiva entre pai e filho, entre mãe e filho. Em relação à guarda dos filhos, em qualquer momento, o juiz pode ser chamado a revisar a decisão, atento ao sistema legal. O que prepondera é o interesse dos filhos, e não a pretensão do pai ou da mãe. Recurso extraordinário provido" (STF, RE 60.265/RJ, Rel. Min. Eloy da Rocha, j. 12.05.1967, *DJU* 20.12.1967, p. 04406).

> [...] o Juiz, ao dirimir divergência entre pai e mãe, não se deve restringir a regular as visitas, estabelecendo limites horários em dia determinado da semana, o que representa medida mínima. Preocupação do juiz, nesta ordenação, será propiciar a manutenção das relações dos pais com os filhos. É preciso fixar regras que não permitam se desfaça a relação afetiva entre pai e filho, entre mãe e filho. Será desacertada a decisão que desatender a esse critério[139].

Ao mencionar o problema da distância geográfica,[140] após reconhecer tratar-se de natural obstáculo, afirmou que "o juiz tem o poder, esse poder enorme, de intervir em tais relações, para acudir a seus problemas. Ele deve impor condições que favoreçam as relações entre pais e filhos"[141].

A ideia, porém, de que uma pessoa externa à família atue para impor condições deve ser considerada como última opção.

Como bem destacou Danièle Ganancia, "na maioria dos casos, não se pede ao juiz para dizer o direito, mas remediar uma disfunção da comunicação, porque os ex-cônjuges não querem, não sabem, ou não podem mais falar entre si como pais dos problemas que definitivamente lhes cabem: a organização da vida de seu filho"[142].

Para Giselle Câmara Groeninga, é importante resgatar a noção de família como "um sistema com grande capacidade autopoiética – a de regenerar-se e a de encontrar o equilíbrio que lhe é próprio"[143].

É essencial que o magistrado demonstre sensibilidade e promova a comunicação com respeito e paciência. Em algumas situações, infelizmente certos juízes, parecendo frustrados pela dificuldade de comunicação entre os familiares, acabam se valendo de sua autoridade para intimidar os litigantes e promover sua anuência a um tipo de "consenso" claramente forjado.

Acordos *fakes*[144] ("pseudoacordos") são falsos, improvisados e certamente ensejarão problemas posteriores...

2. VIA CONSENSUAL COMO OPÇÃO À RESPOSTA CONTENCIOSA

Como alternativa à solução imposta pelo julgamento do pedido por um juiz estatal, há instrumentos de autocomposição de ampla aplicação em contextos familiares controvertidos: caso falhe a negociação direta entre os envolvidos, eles poderão se valer da contribuição de um terceiro facilitador que promova conciliação ou mediação.

---

139 STF, RE 60.265/RJ, Rel. Min. Eloy da Rocha, j. 12.05.1967, *DJU* 20.12.1967, p. 04406.

140 No caso a mãe se encontrava em São Paulo e o filho residia com o pai no Rio de Janeiro.

141 STF, RE 60.265/RJ, Rel. Min. Eloy da Rocha, j. 12.05.1967, *DJU* 20.12.1967, p. 04406.

142 GANANCIA, Danièle. Justiça e mediação familiar: uma parceria a serviço da parentalidade, cit., p. 9.

143 GROENINGA, Giselle Câmara. Guarda compartilhada: considerações interdisciplinares. *Consulex*: revista jurídica, Brasília, v. 12, n. 275, p. 31-33, jun. 2008. Disponível em: https://slidex.tips/download/guarda-compartilhada-consideraoes-interdisciplinares. Acesso em: 19 nov. 2018.

144 "Fake: 1 fraude, algo ou alguém que é falso, falsificação. 2 impostor, charlatão, farsante. *he's a fake* / ele é um farsante. • *vt+vi* 1 falsificar, imitar falsificando. 2 fingir, disfarçar. 3 improvisar. • *adj Amer* falso, falsificado, afetado. *a fake passport* / um passaporte falso" (FAKE. MICHAELIS. *Moderno dicionário de inglês*. Disponível em: http://michaelis.uol.com.br/moderno-ingles/busca/ingles-portugues-moderno/fake/. Acesso em: 13 out. 2017).

Embora alguns considerem a mediação e a conciliação como meios idênticos, elas configuram mecanismos distintos. A principal diferença entre as duas modalidades está centrada na formulação – ou não – de propostas pela pessoa imparcial que facilita a conversação.

O mediador não induz as pessoas a um acordo: ele contribui para o restabelecimento da comunicação de modo que os envolvidos gerem novas formas de equacionamento de controvérsias. A atuação do mediador gera oportunidades de reflexão e encaminhamentos; se tais chances forem aproveitadas pelos envolvidos, eles protagonizarão a elaboração de propostas.

Segundo Adolfo Braga Neto e Lia Regina Castaldi Sampaio, a conciliação "é um procedimento mais célere e, na maioria dos casos, restringe-se a uma reunião entre as partes e o conciliador"; trata-se de "mecanismo muito eficaz para conflitos em que inexiste entre as partes relacionamento significativo o passado ou contínuo no futuro" e que é "mais fortemente ligada ao Judiciário"[145].

Para Francisco Cahali, a conciliação se revela mais apropriada para a resolução de conflitos objetivos em que as partes não tiveram convivência nem qualquer vínculo pessoal: "o conflito é circunstancial, sem perspectiva de gerar ou restabelecer uma relação continuada envolvendo as partes"[146].

Diferentemente, na mediação costuma-se trabalhar relacionamentos de meses, anos ou mesmo décadas; como lembram os autores, "a mediação não visa pura e simplesmente ao acordo, mas a atingir a satisfação dos interesses e das necessidades dos envolvidos no conflito", de forma que "um de seus objetivos é estimular o diálogo cooperativo entre elas para que alcancem a solução das controvérsias em que estão envolvidos"[147].

O CPC, ao regrar as funções do conciliador e do mediador, consagra legislativamente essa distinção.

Segundo o art. 165, § 2.º, o conciliador "atuará preferencialmente nos casos em que não houver vínculo anterior entre as partes" e "poderá sugerir soluções para o litígio, sendo vedada a utilização de qualquer tipo de constrangimento ou intimidação para que as partes conciliem".

Já o mediador, segundo o art. 165, § 3.º, "atuará preferencialmente nos casos em que houver vínculo anterior entre as partes" para auxiliar os "interessados a compreender as questões e os interesses em conflito, de modo que eles possam, pelo restabelecimento da comunicação, identificar, por si próprios, soluções consensuais que gerem benefícios mútuos".

Como exemplo, imagine o impasse dos pais quanto à guarda do filho após o divórcio. Com a contribuição de uma mediadora, eles serão provocados a refletir sobre a melhor forma de garantir não a simples prevalência de suas posições (como defender que ter a criança consigo é a melhor saída), mas sim o interesse comum em gerar melhores situações para o filho. A mediadora não irá sugerir soluções, mas promover a conversa para que as próprias pessoas vislumbrem as possibilidades viáveis. Diferentemente, se estiver atuando um conciliador, este poderá formular propostas, por exemplo, de tentativa de guarda compartilhada por certo período[148].

---

145 SAMPAIO, Lia Regina Castaldi; BRAGA NETO, Adolfo. *O que é mediação de conflitos?* São Paulo: Brasiliense, 2007, p. 18.

146 CAHALI, Francisco. *Curso de arbitragem*. 5. ed. São Paulo: RT, 2011, p. 37.

147 SAMPAIO, Lia Regina Castaldi; BRAGA NETO, Adolfo. *O que é mediação de conflitos?*, cit., p. 19.

148 TARTUCE, Fernanda. *Mediação nos conflitos civis.*, cit., p. 46.

Não obstante a conciliação seja tradicionalmente usada no cotidiano forense, a mediação vem ganhando espaço crescente; seu potencial é considerável porque ela viabiliza o respeito à autonomia das partes em alto grau (por contar com a elaboração de propostas pelos próprios envolvidos). De todo modo, a tendência verificada já há alguns anos (não só no Brasil, como em diversos países) é o incremento na adoção dos meios consensuais.

A Resolução n. 125 do Conselho Nacional de Justiça, ao estabelecer a política pública de tratamento adequado de resolução de conflitos, propugna desde 2010 a criação da estrutura necessária para viabilizar que a mediação e a conciliação tenham tratamento apropriado no cenário brasileiro de composição de conflitos.

O CPC e a Lei de Mediação vieram reforçar a promoção dos meios consensuais no plano normativo; é essencial hoje que as pessoas em conflito e seus advogados conheçam os limites e as possibilidades inerentes à autocomposição.

Em relação aos limites, vale o alerta de que é preciso ter cuidado em defender a autocomposição; tal fomento não deve ser aplicado a qualquer tempo e a todo custo sem critérios. Em cenários de má-fé, por exemplo, faz-se necessária a intervenção estatal para repelir a torpeza.

Apesar de tal situação, em diversas campanhas na mídia e em suas rotinas, o Poder Judiciário tem promovido fortemente a realização de conciliação e mediação sem atentar para esse tipo de alerta.

Como argumento para a adequação da via consensual, muitas vezes mencionam-se as dificuldades de obter uma decisão de mérito em razão da crise do aparelho jurisdicional. Há, então, que se perquirir: é apropriado fomentar os meios consensuais para aliviar o volumoso acervo de causas em trâmite no Poder Judiciário?

A resposta é negativa: este não deve ser o principal fator para a tentativa de uma saída consensual. Caso o acordo configure um objetivo a ser alcançado a qualquer custo – em detrimento do melhor atendimento aos interesses dos envolvidos –, haverá perda da legitimidade e comprometimento da adesão ao pacto. Mais ainda: quem descumpre as normas poderá se valer do Poder Judiciário para ganhar tempo e pagar menos do que deve com o auxílio de eventual conciliador que, conhecendo superficialmente o histórico dos envolvidos, qualifique como "boa" a proposta de valor.

Como exemplo, considere o caso do genitor que descumpre o regime de convivência combinado, não paga totalmente as prestações alimentícias aos filhos, descumpre a obrigação de partilhar os bens com a ex-esposa; intentadas ações judiciais, o demandado inadimplente se mostra, de forma oportunista, "sempre disposto" a fazer novos acordos oferecendo menos do que fora definido em ajustes anteriores – que, aliás, foram descumpridos. Deve o Poder Judiciário colaborar para que o consenso seja atingido a todo custo, a despeito da resistência da ex-esposa (que não mais confia nas palavras do ex-marido e deseja ver cumprido o que fora antes decidido)? A resposta é negativa.

Ao estimular o acordo, é preciso ter cuidado com manobras protelatórias e atitudes eivadas de má-fé – sob pena de o Poder Judiciário acabar se tornando um poderoso aliado de quem descumpre as normas para impor a outrem menos do que o ordenamento jurídico lhe confere. No fomento à autocomposição, o magistrado deve estar atento para não acabar impondo à parte favorecida pelo ordenamento uma situação de desvantagem com a qual não precisa compactuar.

Com base nessa ideia, uma proposição da autora desta obra foi aprovada no Fórum Permanente de Processualistas Civis: "no emprego de esforços para a solução consensual do litígio familiar, são vedadas iniciativas de constrangimento ou intimidação para que as partes conciliem, assim como as de aconselhamento sobre o objeto da causa" (Enunciado 187).

Como se percebe, a situação é delicada; deve-se ter cuidado para analisar a pertinência da adoção de meios consensuais atentando para as vantagens e as desvantagens em cada caso sob análise.

2.1. Possíveis vantagens da via consensual

É possível que o meio consensual seja promovido antes da instauração de uma demanda judicial; nesse cenário, evita-se a interferência nociva da "linguagem contenciosa" – que acaba incrementando a indignação, o senso de injustiça, a falta de reconhecimento e outras percepções negativas.

Em alguns casos, o casal em crise está participando de terapia e recebe a recomendação de buscar um(a) mediador(a) para tratar de certas controvérsias – por exemplo, quanto ao tempo de convivência de cada genitor com as crianças. Não havendo ainda demanda de divórcio em juízo, esse casal pode participar de sessões extrajudiciais valendo-se de um(a) mediador(a) independente.

Vale lembrar que o facilitador da comunicação pode não ser um profissional dotado de formação jurídica, mas sim alguém originário de outra área do conhecimento. No contexto da política pública de facilitação da autocomposição, em vários setores judiciais de mediação e/ou conciliação, "pode haver intervenção pré-processual, ou seja, antes de iniciada a ação, ou no curso do processo, com a atuação de profissionais de diversas áreas, inclusive psicólogos, compondo ou não o quadro de servidores"[149].

A tentativa de promover a conversação costuma ser célere: sendo bem gerida e contando com o engajamento dos participantes, ela se desenvolve em alguns encontros. Uma vez restabelecida a comunicação, logo se perceberá se há espaço real para encontrar interesses mútuos a serem contemplados pelos envolvidos ou se não há chance de construírem saídas conjuntas.

É difícil estabelecer *a priori* o número necessário de reuniões para a promoção da comunicação. A experiência demonstra que, geralmente, a restauração da comunicação demanda alguns encontros – embora nada impeça que logo no primeiro as partes voltem a se comunicar bem.

Aguida Arruda Barbosa informa que normalmente são realizadas cinco sessões com duração, em média, de uma hora cada assentada; embora em princípio não se deva ultrapassar dez encontros, cada caso tem peculiaridades que devem ser avaliadas[150].

Há experiências exitosas em que basta uma reunião com duração estendida (de duas a três horas), assim como há casos em que são necessários mais encontros. A partir de certo número de reuniões, é possível concluir se há ou não perspectiva de avançar na via consensual. Como se percebe, a rapidez deve ser vista de forma coerente: quando se fala em celeridade, cogitar alguns encontros de poucas horas (que podem ser divididos entre duas ou várias semanas) é um quadro bem otimista (especialmente levando em conta que as controvérsias devem ter se consolidado ao longo de considerável tempo).

---

149 CORTEZ, Luis Francisco Aguillar. A inserção do psicólogo no Poder Judiciário: o direito e a função legal do perito e do assistente técnico. In: CONSELHO REGIONAL DE PSICOLOGIA DA 6ª REGIÃO (org.). *Psicólogo judiciário nas questões de família*: a ética própria da psicologia: mudanças na relação assistente técnico e perito. São Paulo: CRPSP, 2010, p. 19. (*Caderno temático* 10).

150 BARBOSA, Águida Arruda. *Mediação familiar interdisciplinar*. São Paulo: Atlas, 2015, p. 113.

O número de sessões não é limitado a priori porque depende da vontade dos envolvidos; eles podem combinar um espaçamento menor entre as sessões e uma duração alongada de cada uma para que possam ter resultados mais rápidos, por exemplo.

Acreditar que a designação de uma sessão judicial de conciliação com 15 minutos de duração seja suficiente não faz sentido. A autocomposição não é um meio "instantâneo" de composição de conflitos. É preciso conhecer suas possibilidades e seus limites com discernimento.

O melhor cenário é aquele em que as pessoas comparecem às sessões consensuais devidamente preparadas; se elas já se comunicaram antes (diretamente ou por meio de advogados) e têm em mente pelo menos uma proposta de encaminhamento, certamente o encontro será mais produtivo.

Alcançar consensos demanda tempo e paciência. Para que as pessoas possam perceber o espectro do conflito com maior amplitude, elas precisam expor seus pontos de vista, escutar a parte contrária, identificar os interesses em jogo, refletir sobre as possibilidades de contemplá-los...

Caso seja bem engendrada a adoção do meio consensual, imaginemos que no recorte de sete encontros de uma hora (semanalmente agendados), em pouco tempo – menos de dois meses! –, a resposta será definida... trata-se, sem dúvida, de significativa e desejável celeridade.

Outra vantagem da saída consensual é que as pessoas voltem a ser protagonistas de seus destinos.

É essencial disponibilizar elementos para que os membros da família possam reforçar tal instituição de forma que ela mesma supra suas necessidades sem precisar delegar a solução de suas crises a terceiros[151].

Se as pessoas não conseguem definir elementos importantes de sua convivência e do destino de seus familiares, certamente o núcleo tende a se tornar cada vez mais dependente de elementos externos (como a autoridade pública). Imagine o que acontecerá se a cada 15 dias (época programada para a convivência do pai com o filho) houver controvérsia judicial sobre as horas de retirada e entrega da criança...

No Direito de Família, o aspecto continuativo da relação jurídica recomenda que haja uma eficiente e respeitável comunicação entre os indivíduos, despontando os meios consensuais como importantes instrumentos para viabilizá-la. A relação familiar, afinal, é muito significativa: a participação de pessoas nesse núcleo tão importante sempre fará parte da história e deixará marcas[152].

Além disso, como contatos reiterados costumam ser necessários (por ex., por pendências patrimoniais ou situações ligadas a outros familiares próximos), quanto menos ruído na conversa acontecer, maior a chance de haver uma comunicação eficiente para lidar com eventuais problemas.

Nessa medida, a restauração das condições para dialogar pode prevenir futuros conflitos. Saber se comunicar com respeito e objetividade evita confusões, mal-entendidos e complicações que podem embasar mais impasses.

---

151 BARBOSA, Águida Arruda. *Mediação familiar*, cit., p. 61.

152 TARTUCE, Fernanda. *Mediação nos conflitos civis*, cit., p. 360.

A adequada adoção de um mecanismo consensual colabora para que os indivíduos entendam o sentido de seus direitos e deveres no nível legal, traduzindo-os para a esfera das relações familiares[153].

Quando uma pessoa está em crise e tem dúvidas, é importante que ela consiga dar voz a seus questionamentos; ao obter respostas, ela poderá perceber melhor os desejos e as expectativas que ostenta em relação a si e ao outro.

Sobre as expectativas e as frustrações com o casamento, merecem transcrição as interessantes palavras do sociólogo português João Pereira Coutinho:

> Na conjugalidade, o casal não conhece limites em seus desejos contraditórios. Reclama doses homéricas de paixão e de razão; de aventura permanente, mas também de segurança permanente; de estabilidade emocional e de excitação emocional; de beleza física e de intelecto apurado. Haverá relação que aguente o peso dessas expectativas? Dificilmente[154].

A dissonância de expectativas e desejos costuma gerar dificuldades de compreensão.

Se uma pessoa não deseja o fim da união, mas a outra sim, é importante haver um ambiente de escuta recíproca que permita ampliar a conscientização quanto à vontade de cada uma. Talvez a pessoa resistente a aceitar o término possa perceber, a partir da escuta ativa, alguns fatores importantes de divergência (como, por exemplo, o exagero em relação a certas expectativas) e tornar-se apta a compreender a inviabilidade de o relacionamento dar certo atualmente.

Além disso, pela adequada aplicação de um meio consensual de composição de controvérsias as pessoas têm oportunidade de distinguir os lados emocional e econômico da situação:

> [...] a mediação serve para diminuir o descompasso entre o nível jurídico da distribuição de direitos e deveres, o nível sociopsicológico dos papéis e funções, bem como o desequilíbrio econômico e psicológico dos afetos. Contribuindo para a conscientização do par, resta facilitada a execução dos acertos feitos, diminuindo a distância entre a sentença e o que é negociado entre as partes[155].

Também é relevante humanizar a comunicação porque eventual impressão de abuso ou de superioridade pode desaparecer a partir do discernimento das possibilidades e das limitações de cada um.

Resgatar o respeito e a consideração pelo outro[156] é um dos possíveis efeitos do apropriado desenvolvimento dos meios consensuais.

---

153 DIAS, Maria Berenice; GROENINGA, Giselle Câmara. A mediação no confronto entre direitos e deveres. *Revista do Advogado*, São Paulo, v. 62, p. 59-63, 2001. Disponível em: http://www.egov.ufsc.br/portal/sites/default/files/anexos/9411-9410-1-PB.pdf. Acesso em: 17 out. 2017.

154 COUTINHO, João Pereira. Expectativas extravagantes. *Folha de S.Paulo*, São Paulo, [2011]. Disponível em: http://www1.folha.uol.com.br/fsp/ilustrada/17014-expectativas-extravagantes.shtml. Acesso em: 17 out. 2017.

155 DIAS, Maria Berenice; GROENINGA, Giselle Câmara. A mediação no confronto entre direitos e deveres, cit.

156 "A mediação é, assim, um trabalho sobre o reconhecimento e a reabilitação do outro, *um lugar de alteridade* e de respeito mútuo reencontrado: ela opera então um fenômeno de 'conversão' dos estados de espírito: ao escutar as vivências e os sofrimentos do outro, a raiva decai, a confiança tem possibilidade de ser restaurada" (GANANCIA, Danièle. Justiça e mediação familiar: uma parceria a serviço da parentalidade, cit., p. 12).

O consenso pode acelerar a definição da relação jurídica em bases satisfatórias, ensejando cumprimentos espontâneos com salutar harmonia.

Como bem destaca Danièle Ganancia,

> [...] bem mais que uma técnica, a mediação familiar é uma filosofia, um passo ético: ela coloca o diálogo, restituindo aos interessados seu poder de decisão, como ponto de partida de todas as soluções duradouras. Porque ela vai ao cerne do conflito para tratá-lo, ela constitui um instrumento privilegiado de pacificação [...] São poucos os casos tratados em mediação que retornam aos Tribunais; este processo instaura um efeito dinâmico relacional que permite aos protagonistas gerenciar, eles mesmos, seus eventuais conflitos ulteriores[157].

2.2. Possíveis desvantagens da via consensual

Podem ser invocados como argumentos contrários ao fomento ao consenso: a) a privatização da justiça; b) a falta de controle e de confiabilidade dos procedimentos; c) a exclusão de certos cidadãos pelo seu direcionamento ao contexto de uma "justiça de segunda classe"; d) a frustração do jurisdicionado; e) o enfraquecimento do Direito e das leis.

Pelo primeiro argumento, afirma-se que a adoção de meios consensuais promove uma deletéria privatização da justiça e retira do Estado, a ponto de enfraquecê-lo, uma de suas funções essenciais e naturais: a administração do sistema de Justiça. Acontece, porém, que a via jurisdicional é apenas uma das possibilidades de composição de controvérsias; nos últimos tempos vem sendo proposta a existência de variadas possibilidades em sistema pluriprocessual apto a incluir vários meios para viabilizar diferentes respostas aos impasses verificados no tecido social.

Também se costuma invocar a falta de controle e confiabilidade dos procedimentos consensuais (que não seriam dotados de transparência nem de lisura). Sobre controle, porém, não há como imputar a ele a eficiência de um meio: mesmo decisões judiciais podem gerar soluções indesejáveis – a despeito do suposto controle inerente ao método.

No que tange à transparência e à lisura, apenas se pode afirmar que "pseudoautocomposições" não contam com sua presença: um meio consensual apropriadamente aplicado conta com explicitações, equalização de oportunidades, discrição e todos os elementos necessários para o apropriado gerenciamento da comunicação.

Argumenta-se ainda a suposta exclusão de certos cidadãos ao relegá-los ao contexto de uma "justiça de segunda classe". Para aceitar tal argumento, é preciso conceber que a prestação jurisdicional estatal de mérito, proferida após considerável tempo, configuraria o resultado de uma "justiça de primeira classe". Nem sempre, porém, isso se faz sentir. Em alguns casos, o consenso construído pelos envolvidos em um ambiente de respeito à sua autonomia gera resultados profícuos que atendem melhor aos reclamos de justiça.

A frustração do jurisdicionado pode se verificar na medida em que espera uma decisão do juiz e acaba sendo instado a ter que ele mesmo decidir. Ao ouvir do juiz a pergunta "há possibilidade de acordo?", pode pensar em responder: "se sim, eu não precisaria estar aqui". Ante a falta de confiança na boa-fé e na disposição do outro, invocar o Estado-juiz traz serenidade a quem se sente necessitado de proteção e de forte decisão para o cumprimento do que entende devido.

---

157 GANANCIA, Danièle. Justiça e mediação familiar: uma parceria a serviço da parentalidade, cit., p. 13.

Finalmente, o enfraquecimento do Direito e das leis é uma argumentação esposada por quem se mostra contrário ao incremento da autocomposição. Contudo, há que se questionar: o cumprimento espontâneo ensejado pela assunção de responsabilidades não pode justamente fortalecer a observância do sistema jurídico?

É preciso, porém, não exagerar na dose de otimismo em relação à autocomposição. Há quem afirme que conciliar ou mediar é a melhor saída para todos os jurisdicionados. Será verdadeira essa premissa[158]?

A resposta é negativa: não há como responder positivamente, *a priori*, sem conhecer a postura dos indivíduos, os meandros do conflito e os interesses envolvidos na disputa.

Pode ser que sim: se apropriadamente conduzida, a autocomposição auxiliará as pessoas a resgatar seus interesses e suas responsabilidades, colaborando para a geração conjunta de saídas proveitosas.

Talvez não: o litigante mais fraco, que não consegue suportar o tempo natural do processo, precisará acordar para receber qualquer valor (ainda que ínfimo). O que ocorre então com a máxima segundo a qual o processo deve dar ao litigante tudo e exatamente aquilo a que faz jus receber, segundo o ordenamento? Esta diretriz é perversamente esvaziada: a autocomposição acaba sendo usada com má-fé, seja para pagar menos do que se deveria, seja para ganhar tempo[159].

Assim, caso não seja pertinente a adoção do meio consensual, ou caso este seja tentado, mas não enseje a composição da controvérsia, é importante que o Poder Judiciário esteja preparado para receber os litigantes em conflito nesse delicado momento de crise.

3. JURISDIÇÃO NOS CONFLITOS FAMILIARES: PECULIARIDADES

Pelo fato de os conflitos familiares apresentarem características próprias, é natural que a projeção das diferenciações seja sentida nos processos judiciais em que eles são abordados. Assim, é importante realizar uma visão panorâmica dos institutos e das regras processuais para identificar em que pontos algumas considerações customizadas serão importantes para que o direito material possa encontrar espaço para sua observância.

O objetivo é buscar contemplar a premissa fundamental expressa na máxima de Giuseppe Chiovenda: "o processo deve dar, quando for possível praticamente, a quem tenha um direito, tudo aquilo e exatamente aquilo que ele tenha direito de conseguir".

3.1. Ações de estado e ações de família

O assunto demanda a consideração da codificação anterior porque a tradição jurídica quanto a certas formas de contemplação normativa forja a mentalidade dos operadores e embasa a aplicabilidade de regras, mesmo décadas depois de seu advento.

---

158 O tema foi desenvolvido pela autora no artigo "Conciliação em juízo: questionamentos relevantes". Disponível em: http://www.fernandatartuce.com.br/conciliacao-em-juizo-questionamentos-relevantes/. Acesso em: 2 jan. 2019.

159 TARTUCE, Fernanda. Conciliação em juízo: questionamentos relevantes. *Fernanda Tartuce*. [*S. l.*], c2015. Disponível em: http://www.fernandatartuce.com.br/conciliacao-em-juizo-questionamentos-relevantes/. Acesso em: 2 jan. 2020.

O legislador processual do CPC/1973 não revelou preocupação em sistematizar de forma ampla os procedimentos ligados a conflitos familiares: não havia uma estrutura voltada a abordá-los, deixando diversos temas de contar com previsões especiais.

Se um pesquisador buscasse o vocábulo "família" no CPC/1973, encontraria poucas regras, localizando o termo em dispositivos sobre capacidade processual dos cônjuges, citação por hora certa, exibição de documento/coisa, conciliação e impenhorabilidade de bens[160]. Não eram estas, porém, as únicas previsões destinadas a abordar temas ligados a demandas familiares, já que estas podiam ser referidas como "ações de estado".

Procurando então pelo vocábulo "estado" na acepção supraexposta, eram localizadas previsões sobre Ministério Público, competência, citação, suspensão, rito sumário, depoimento, exibição, testemunho, coisa julgada e primeiras declarações no inventário[161].

Finalmente, se na busca o leitor usasse a expressão "parentes", encontraria previsões sobre parcialidade, exibição e prova testemunhal.

Como se percebe, havia regras esparsas sobre o assunto em diferentes partes do CPC/1973. O tema aparecia incidentalmente em searas diferentes de normatividade dentro do Código, mas não havia sistematização em relação ao procedimento das demandas familiares.

A aprovação do CPC/2015 mudou esse panorama. De toda forma, ainda que nele haja previsão específica de procedimento especial para ações de família, continua havendo menção às "ações de estado". O que essa expressão revela? Será que o poder familiar se insere nessa classificação?

Ensina De Plácido e Silva que as ações de estado e de capacidade, personalíssimas, tendem a estabelecer ou modificar o estado ou a capacidade das pessoas; são exemplos as demandas de: a) investigação de paternidade/maternidade; b) anulação de casamento/nulidade; c) separação; d) revogação da adoção; d) interdição e levantamento[162].

Como o autor fala em revogação da adoção, a discussão sobre a inclusão de discussões sobre o poder familiar se mostra pertinente.

Para alguns autores realmente as "ações de estado" versam sobre questões relativas ao estado, abordando o *status familiae* ou o *status civitatis*[163]; os objetos de tais demandas, assim, dizem respeito a temas como capacidade, estado civil, filiação e o poder familiar[164].

3.2. "Procedimento especial" no Código de Processo Civil

A primeira versão do projeto do CPC/2015 (PLS 166/2010) inicialmente não previu alterações significativas no tratamento de demandas familiares, repetindo a tradição de contemplar o tema em esparsas regras ou, quando muito, prever procedimentos especiais para demandas específicas (como a separação consensual).

---

160 As regras se encontravam no CPC/1973, respectivamente, nos arts. 10, 227, 363, 447 e 649.

161 As regras se encontravam no CPC/1973, respectivamente, nos arts. 82, 222, 265, 275, 347, 363, 405, 406, 414, 472 e 993.

162 DE PLÁCIDO E SILVA. *Vocabulário jurídico*. 31. ed. Rio de Janeiro: Forense, 2014.

163 VIGLIAR, José Marcelo Menezes. Comentário ao art. 472. In: MARCATO, Antonio Carlos (org.). *Comentários ao Código de Processo Civil*. São Paulo: Atlas, 2008, p. 1.531.

164 TELÓ, Felipe Garcia; SOUZA, Gelson Amaro de. Coisa julgada em relação a terceiros nas ações de estado: artigo 472 do Código de Processo Civil. Disponível em: http://intertemas.toledoprudente.edu.br/index.php/ETIC/article/view/2404/1929. Acesso em: 23 nov. 2019.

Durante a tramitação do projeto na Câmara, porém, houve expressivas mudanças, tendo passado a haver uma seção, entre os procedimentos especiais, destinada às ações de Direito de Família.

A previsão prosperou e, ao longo da tramitação, o capítulo X foi efetivamente inserido no Título III ("Dos Procedimentos Especiais") do Livro I ("Do Processo de Conhecimento e do Cumprimento de Sentença"), da Parte Especial. Além disso, um trabalho de localização de normas relativas ao Direito de Família no CPC/2015 revela que, de fato, há mais atenção ao tema mesmo em normas esparsas.

Embora composto por poucos artigos, o capítulo sobre ações de família contempla previsões aptas a ensejar substancial impacto no trâmite das lides familiares.

Os sete artigos de tal capítulo no CPC (arts. 693 a 699) não tratam majoritariamente da adaptação de mecanismos processuais aos processos que envolvem demandas familiares (com exceção dos arts. 698 e 699), mas especialmente do fomento ao consenso e da inserção de algumas regras peculiares a esse tipo de demanda. É possível discutir se, tal como desenhadas as regras, houve realmente o estabelecimento de um procedimento especial para as ações de família[165].

Pode-se, em uma primeira abordagem, entender que um conjunto de regras constitui um procedimento especial quando contém atos processuais que não fazem parte do procedimento comum ou quando organiza diversamente as fases do procedimento (como ocorre na ação monitória).

Por tal critério, não é possível enquadrar o disposto nos arts. 693 a 699 como procedimento especial, já que suas previsões se resumem a:

1. prever a realização de audiência prévia de autocomposição (arts. 693 a 697), ocorrência presente no procedimento comum (art. 334) – embora com requisitos diferenciados quanto à citação (arts. 695, §§ 1.º a 3.º) e maior ênfase no emprego do meio consensual;
2. prever um critério para a intervenção do Ministério Público (art. 698) – o que se dá pela qualidade do direito envolvido e não pela diferenciação do procedimento; e
3. disciplinar a tomada de depoimento de crianças e adolescentes quando há discussão sobre fato relacionado a abuso ou alienação parental – o que também não se dá em razão de um procedimento diferenciado, mas sim (novamente) por elementos próprios da demanda (que podem estar presentes, inclusive, em ações que não sejam exclusivamente de família, como a de reparação de danos causados por terceiros a uma criança, por exemplo, nas quais a regra será igualmente aplicável[166]).

Há quem adote, por outro lado, uma concepção mais ampla de "procedimento especial". Para tal vertente, não há elemento comum para identificar um procedimento especial, já que sua criação tem como objetivo apenas excluir o procedimento comum de alguns casos especiais: a especialidade pode residir na limitação da cognição, na combinação de atividades (que seriam, cada uma, exercidas em procedimento próprio), no encurtamento do rito, no acréscimo ou

---

165 TARTUCE, Fernanda. Comentário ao art. 693. In: BUENO, Cassio Scarpinella (coord.). *Comentários ao Código de Processo Civil*: arts. 539 a 925. São Paulo: Saraiva, 2017, v. 3, p. 693. O trecho aqui exposto reproduz o que ali consta.

166 Nesse sentido: MEDINA, José Garcia Miguel. *Direito processual civil moderno*. São Paulo: RT, 2015, p. 803.

na supressão de uma fase ou, ainda, na especificidade de uma prova; sob tal prisma pode-se considerar existente um efetivo procedimento especial para as ações de família[167].

É digna de adesão esta última vertente: o critério de identificação de um procedimento especial é, de fato, o estabelecimento de regras próprias para promover a adequação de instrumentos processuais de acordo com as necessidades de direito material; assim, as regras diferenciadas que regem a realização da audiência de conciliação ou mediação nas ações de família (com prazos diferenciados, possibilidade de suspensão para atendimento multidisciplinar e possibilidade de realização em várias sessões) confirmam a existência de um procedimento especial[168].

A existência desta especialidade, como dito, dá-se em razão da identificação de peculiaridades em relação ao direito material tutelado à luz da adequação do processo para seu atendimento mais efetivo. A nota é, portanto, a da efetividade processual.

Segundo o art. 693 do CPC[169], as previsões específicas são aplicáveis aos processos litigiosos de divórcio, separação, reconhecimento e extinção de união estável, guarda, visitação e filiação.

De acordo com o Enunciado 72 do Fórum Permanente dos Processualistas Civis, o rol previsto em tal dispositivo não seria exaustivo, "sendo aplicáveis os dispositivos previstos no Capítulo X a outras ações de caráter contencioso envolvendo o Direito de Família". No mesmo sentido, o Enunciado 19 do IBDFAM (aprovado no X Congresso Nacional do Instituto em 24.10.2015) dispôs que "o rol do art. 693 do Novo CPC é meramente exemplificativo, e não taxativo".

Assim, demandas relativas à nulidade do casamento, por exemplo, também sofrem a incidência das regras do Código. Além disso, caso o resultado de soluções consensuais relativas aos conflitos familiares seja submetido à homologação judicial (como no caso da mudança de guarda unilateral para guarda compartilhada), deve ser aplicado o procedimento de jurisdição voluntária previsto entre os arts. 731 e 734.

Alguns temas foram excluídos da incidência do "procedimento especial" do CPC. Demandas sobre alimentos e interesses de crianças ou adolescentes continuam seguindo os ritos previstos nas leis específicas, aplicando-se o disposto no CPC quando seu regramento for compatível.

Além dessas exceções, José Miguel Garcia Medina explica que o procedimento é incompatível com a execução de alimentos, que passa a ser regida pelo art. 911 do CPC; como o executado é citado para em três dias cumprir a obrigação, provar que o fez ou justificar a impossibilidade de fazê-lo, não cabe citação para comparecimento em audiência de conciliação[170].

Por outro lado, não há óbice a que a audiência de conciliação ou mediação, em ações de alimentos ou demandas que versam sobre interesses de crianças e adolescentes, possa, desde que seja da vontade das partes, contar com mais de uma sessão (nos termos do art. 696 do

---

167 CUNHA, Leonardo Carneiro da. *Procedimento especial para as ações de família no Projeto do Novo Código de Processo.* [*S. l.*]: [*s. n.*], [20-?]. Disponível em: https://www.academia.edu/9253216/PROCEDIMENTO_ESPECIAL_PARA_AS_A%C3%87%C3%95ES_DE_FAM%C3%8DLIA_NO_PROJETO_DO_NOVO_C%C3%93DIGO_DE_PROCESSO_CIVIL. Acesso em: 2 fev. 2016.

168 TARTUCE, Fernanda. Comentário ao art. 693, cit., p. 335.

169 Art. 693. As normas deste Capítulo aplicam-se aos processos contenciosos de divórcio, separação, reconhecimento e extinção de união estável, guarda, visitação e filiação. Parágrafo único. A ação de alimentos e a que versar sobre interesse de criança ou de adolescente observarão o procedimento previsto em legislação específica, aplicando-se, no que couber, as disposições deste Capítulo.

170 MEDINA, José Garcia Miguel. *Direito processual civil moderno*, cit., p. 803-804.

CPC[171]) ou a que haja suspensão do processo para realização de mediação extrajudicial ou atendimento multidisciplinar (CPC, art. 694, parágrafo único[172]).

3.3. Outras disposições sobre família no CPC

Ao buscar o termo "família" no Código, repete-se a impressão sentida em face do CPC/1973: há normas esparsas sobre temas diversos, como legitimidade dos cônjuges[173], citação (do enfermo[174] e por hora certa[175]), obrigação de depor sobre quaisquer fatos em ações de família (mesmo que configurem exceções ao dever de depor em demandas comuns[176]), exceção ao dever de exibir de documentos[177] e impenhorabilidade do salário e da pequena propriedade rural[178].

De todas essas previsões, a que mais se aproxima de uma autêntica adaptação do processo às demandas de família é a referente ao depoimento pessoal.

Nos termos do art. 388 do CPC, a parte, quando convocada para depoimento pessoal sob pena de confissão, não será obrigada a depor sobre fatos: I. criminosos ou torpes que lhe forem imputados; II. a cujo respeito, por estado ou profissão, deva guardar sigilo; III. acerca dos quais não possa responder sem desonra própria, de seu cônjuge, de seu companheiro ou de parente em grau sucessível; IV. que coloquem em perigo a vida do depoente ou das mesmas pessoas previstas na hipótese anterior.

---

171 Art. 696. A audiência de mediação e conciliação poderá dividir-se em tantas sessões quantas sejam necessárias para viabilizar a solução consensual, sem prejuízo de providências jurisdicionais para evitar o perecimento do direito.

172 Art. 694. Parágrafo único. A requerimento das partes, o juiz pode determinar a suspensão do processo enquanto os litigantes se submetem a mediação extrajudicial ou a atendimento multidisciplinar.

173 Art. 73. O cônjuge necessitará do consentimento do outro para propor ação que verse sobre direito real imobiliário, salvo quando casados sob o regime de separação absoluta de bens. § 1.º Ambos os cônjuges serão necessariamente citados para a ação: [...] III – fundada em dívida contraída por um dos cônjuges a bem da família.

174 Art. 245. Não se fará citação quando se verificar que o citando é mentalmente incapaz ou está impossibilitado de recebê-la. [...] § 2.º Para examinar o citando, o juiz nomeará médico, que apresentará laudo no prazo de 5 (cinco) dias. § 3.º Dispensa-se a nomeação de que trata o § 2.º se pessoa da família apresentar declaração do médico do citando que ateste a incapacidade deste.

175 Art. 252. Quando, por 2 (duas) vezes, o oficial de justiça houver procurado o citando em seu domicílio ou residência sem o encontrar, deverá, havendo suspeita de ocultação, intimar qualquer pessoa da família ou, em sua falta, qualquer vizinho de que, no dia útil imediato, voltará a fim de efetuar a citação, na hora que designar.

176 Art. 388. A parte não é obrigada a depor sobre fatos: I – criminosos ou torpes que lhe forem imputados; II – a cujo respeito, por estado ou profissão, deva guardar sigilo; III – acerca dos quais não possa responder sem desonra própria, de seu cônjuge, de seu companheiro ou de parente em grau sucessível; IV – que coloquem em perigo a vida do depoente ou das pessoas referidas no inciso III. Parágrafo único. Esta disposição não se aplica às ações de estado e de família.

177 Art. 404. A parte e o terceiro se escusam de exibir, em juízo, o documento ou a coisa se: I – concernente a negócios da própria vida da família; [...] III – sua publicidade redundar em desonra à parte ou ao terceiro, bem como a seus parentes consanguíneos ou afins até o terceiro grau, ou lhes representar perigo de ação penal;

178 Art. 833. São impenhoráveis: [...] IV – os vencimentos, os subsídios, os soldos, os salários, as remunerações, os proventos de aposentadoria, as pensões, os pecúlios e os montepios, bem como as quantias recebidas por liberalidade de terceiro e destinadas ao sustento do devedor e de sua família, os ganhos de trabalhador autônomo e os honorários de profissional liberal, ressalvado o § 2.º; [...] VIII – a pequena propriedade rural, assim definida em lei, desde que trabalhada pela família;

O parágrafo único de tal dispositivo prevê que tais exceções não serão aplicadas às ações de estado ou de direito de família; assim, ao prestar depoimento pessoal em demanda de cunho familiar a parte é obrigada a expor fatos a respeito dos quais, em demandas comuns, não precisaria se manifestar. Eis uma demonstração de como os valores atinentes ao Direito de Família relativizam determinadas normas processuais, sobrepondo-se a outros. Nos casos indicados pelo art. 388 do CPC, a parte poderá silenciar – exceção feita aos casos elencados no parágrafo único, em que a demanda verse sobre ações de estado e em ações de família, o que demonstra haver diferença entre tais tipos de demanda: nesses casos, o depoente precisará se manifestar.

As ações de estado são ainda mencionadas no Código em outros dois dispositivos: há impedimento à citação por correio em tais ações, sendo necessária a citação pessoal[179], assim como há a possibilidade de contar com o depoimento de certas testemunhas nessas ações[180].

As demandas sobre litígios familiares muitas vezes também são enquadradas naquelas que versam sobre "direitos indisponíveis". Não obstante a nomenclatura soe equivocada (conforme já exposto no item sobre disponibilidade), é certo que o Código traz previsões próprias a tais demandas que, com temperamentos, aplicam-se às ações de família, sendo elas: a) a regra que impede a ocorrência de presunção de veracidade no caso de revelia[181]; b) a previsão sobre inadmissão da confissão em juízo nesses casos[182]; c) a regra que veda a distribuição do ônus da prova por convenção[183].

Não obstante, como ainda há lacunas no tratamento específico das demandas familiares, são insuficientes as previsões do procedimento especial e as demais previsões esparsas sobre o tema no CPC. De todo modo, na esteira da instrumentalidade metodológica proposta por Carlos Alberto de Salles (exposta no início deste capítulo), nem seria desejável que a lei cobrisse todas as particularidades de conflitos atinentes a determinada área do direito, prevendo mecanismos processuais. Assim, o intérprete deve analisar o sistema processual vigente em uma perspectiva apropriada com vistas a desenvolver as potencialidades do processo de família na perspectiva de uma interpretação finalista e sistemática.

3.4. Visão panorâmica: olhar diferenciado no processamento de demandas familiares em prol da efetividade?

O que é um processo efetivo? Um processo rápido, como quando há a concessão de uma medida liminar? Ou efetivo é um processo eficaz por dar às partes o que elas deveriam conseguir sozinhas?

---

[179] Art. 247. A citação será feita por meio eletrônico ou pelo correio para qualquer comarca do país, exceto: I – nas ações de estado, observado o disposto no art. 695, § 3.º.

[180] Art. 447. Podem depor como testemunhas todas as pessoas, exceto as incapazes, impedidas ou suspeitas. [...] § 2.º São impedidos: I – o cônjuge, o companheiro, o ascendente e o descendente em qualquer grau e o colateral, até o terceiro grau, de alguma das partes, por consanguinidade ou afinidade, salvo se o exigir o interesse público ou, tratando-se de causa relativa ao estado da pessoa, não se puder obter de outro modo a prova que o juiz repute necessária ao julgamento do mérito.

[181] Art. 345. A revelia não produz o efeito mencionado no art. 344 se: [...] II – o litígio versar sobre direitos indisponíveis.

[182] Art. 392. Não vale como confissão a admissão, em juízo, de fatos relativos a direitos indisponíveis.

[183] Art. 373. § 3.º A distribuição diversa do ônus da prova também pode ocorrer por convenção das partes, salvo quando: I – recair sobre direito indisponível da parte;

Quando se fala em processo efetivo, vêm à mente ideias sobre uma tramitação rápida, eficiente, segura e munida de instrumentos adequados de proteção. Como se percebe, a expectativa em torno da efetividade é elevada.

Ao abordar o tema sob a perspectiva das demandas familiares, bem esclarece Clilton Guimarães dos Santos: não basta produzir uma decisão que resolva apenas um ponto sobre o qual grassa discussão sobre a culpa; é preciso não só reconhecer o direito ao seu titular, mas, principalmente, proporcionar "uma solução capaz de delimitar, o tanto quanto possível, condições de eliminação real e concreta da erupção de novos conflitos, sem dissolução dos vínculos pessoais, ou, pelo menos, sem agravar as repercussões dos rompimentos virtualmente já ocorridos"[184].

Tem plena razão o autor; a tarefa para alcançar tais desideratos, porém, é hercúlea e demanda apurado uso da técnica processual.

A partir das lições de José Carlos Barbosa Moreira, podem ser identificados cinco requisitos para que um processo seja efetivo: 1) ele deve ser munido de instrumentos de tutela adequados a todos os direitos contemplados no ordenamento jurídico; 2) os instrumentos devem ser praticamente utilizáveis; 3) com a finalidade de assegurar o convencimento do julgador, devem ser garantidas condições propícias à exata e completa reconstituição dos fatos; 4) o resultado do processo deverá assegurar à parte vitoriosa o gozo pleno da específica utilidade a que faz jus segundo o ordenamento; 5) deve-se atingir o resultado com o mínimo de dispêndio de tempo e de energia[185].

À luz de tal valiosa explanação, é possível identificar alguns mecanismos que podem ser usados para buscar a efetividade nos processos de família: para a rapidez, pedidos de liminares e tutelas de urgência; para a efetividade no resultado, cominação de *astreintes* (multas periódicas para estimular o cumprimento); para usar eficientes instrumentos, procedimentos especiais (como o rito da ação de alimentos); para a reconstituição de fatos passados, ampla admissão de provas; para resultados úteis e céleres, celebrar acordo e homologá-lo judicialmente.

O atual CPC conferiu explicitamente ao juiz poderes que, se bem utilizados, podem bem servir a tais propósitos: de acordo com o art. 139, IV, ao juiz incumbe "determinar todas as medidas indutivas, coercitivas, mandamentais ou sub-rogatórias necessárias para assegurar o cumprimento de ordem judicial, inclusive nas ações que tenham por objeto prestação pecuniária". A previsão, que vem despertando polêmicas, voltará a ser mencionada oportunamente.

A proposta deste livro é analisar os institutos processuais clássicos, abrindo-os a uma interpretação consoante com a necessidade de buscar efetividade na prestação jurisdicional adequada ao enfrentamento dos conflitos familiares. Como se perceberá, adaptações podem ser sugeridas em múltiplos pontos, estendendo-se desde a análise dos pressupostos processuais até o final da fase de execução.

3.4.1. *Competência*

As regras de competência revelam atribuições conferidas pelo ordenamento jurídico para que órgãos julgadores possam exercer a atividade judicante em casos concretos[186].

Na seara familiar, algumas situações peculiares apontam para problemas diferenciados.

---

[184] GUIMARÃES DOS SANTOS, Clilton. *Tutela jurisdicional ao direito a alimentos*, cit.

[185] BARBOSA MOREIRA, José Carlos. Efetividade do processo e técnica processual. *Revista de Processo*, São Paulo, v. 20, n. 77, p. 168-176, jan./mar. 1995, p. 168.

[186] TARTUCE, Fernanda. *Processo civil*: estudo didático. São Paulo: Método, 2011, p. 59.

3.4.1.1. Especialização de juízos e normatização pelos tribunais

Sob a perspectiva judiciária, há juízos especializados segundo a matéria; os tribunais costumam regulamentar o assunto.

O poder de julgar dos juízes de primeiro grau é disciplinado no Código de Processo Civil, enquanto a competência dos tribunais é regida pelas normas da Constituição da República e de organização judiciária[187]. Trata-se de temática concernente à competência *funcional* (de natureza absoluta).

Os temas de Direito de Família são geralmente afetos à competência da Justiça Estadual. Dentro desta, é importante verificar se há lei local de organização judiciária prevendo a existência de varas especializadas para o trato de certos temas; além de Varas de Família e Sucessões, podem existir, por exemplo, varas destinadas a tratar de violência doméstica ou a atender jurisdicionados carentes (Varas de Violência Doméstica e Assistência Judiciária, respectivamente).

Ao abordar a existência de órgãos e foros de família, pontua Roberto Berizonce que "la atención preferente de los conflictos familiares y la tutela del interés público comprometido, requiere necesariamente de la conformación de órganos especializados que integran un fuero singular, donde actúan personal idóneo y formado para este tipo de problemática"[188].

É interessante notar que o autor aponta a necessidade não só de existirem órgãos especializados: é preciso que o pessoal que ali trabalha seja preparado para atender os jurisdicionados envolvidos em demandas familiares.

No Brasil não se tem notícia de um treinamento peculiar dos servidores lotados em juízos de família. Investe-se apenas no plano normativo para assegurar a especialização pela matéria.

Em São Paulo, por exemplo, o Decreto-lei n. 158/1969 criou na capital as Varas Especializadas da Família e Sucessões vinculadas ao Foro Central[189]. A Lei n. 3.947/1983, por sua vez, previu a existência de varas especializadas também nos foros regionais[190].

A matéria, como se percebe, é pautada pela legislação local, contando com normas em leis variadas. É importante, assim, conhecer as normas locais de organização judiciária para aferir a delimitação do poder de julgar e a eventual distribuição dos feitos a varas especializadas. Em geral, as normas afirmam competir às Varas de Família processar e julgar as causas relativas ao estado das pessoas e ao Direito de Família.

Pode ainda ocorrer que a normatização local preveja a existência de foros regionais e/ou distritais competentes segundo a distribuição geográfica; apesar de parecer informada pelo critério territorial de competência, entende-se que a natureza da competência nesses casos é funcional e, portanto, absoluta. Como exemplo, em São Paulo há, além do foro central da capital[191], diversos foros regionais cuja competência, segundo abalizado e dominante entendimento, tem índole absoluta.

---

187 O CPC/1973 previa tal texto em seu art. 93; embora tal regra não tenha sido repetida no CPC/2015, o teor do dispositivo revogado permanece verdadeiro.

188 BERIZONCE, Roberto Omar. El acceso a la justicia atraves de los tribunales y el proceso de familia, cit.

189 Repertório de legislação. Disponível em: https://www.al.sp.gov.br/repositorio/legislacao/decreto.lei/1969/decreto.lei-158-28.10.1969.html. Acesso em: 2 jan. 2019.

190 Repertório de legislação. Disponível em: https://www.al.sp.gov.br/repositorio/legislacao/lei/1983/lei-3947-08.12.1983.html. Acesso em: 2 jan. 2019.

191 O foro central localiza-se atualmente no Fórum João Mendes (localizado na Praça João Mendes, no centro da capital paulista).

Vale ainda apontar que certos juízos de primeira instância têm se organizado para informar e uniformizar critérios de distribuição de feitos.

Como exemplo, juízes das Varas da Família e das Sucessões do interior de São Paulo realizaram encontro[192] em 2006 e emitiram enunciados sobre as matérias de sua competência. O Enunciado 10 assevera que "distribuem-se por dependência em relação à separação judicial as demandas de regulamentação de guarda e de visitas, bem como o pedido de modificação de cláusula". O tema, porém, é controvertido e merece análise detida.

3.4.1.2. Distribuição de novos processos

É possível reconhecer a competência de um juízo universal apto a atrair todas as demandas familiares posteriormente ajuizadas para o juízo que recebeu o primeiro processo (portanto, tornando-se prevento)?

O tema costuma suscitar dúvidas, sendo comum que advogados entendam como natural a distribuição por dependência dos futuros processos relacionados ao mesmo núcleo familiar ao juízo em que tramitam (ou tramitaram) anteriores demandas.

Há, porém, quem responda negativamente: não existe prevenção nem distribuição por dependência. Considera-se competente o juízo natural que recebe a demanda por força da distribuição aleatória, não havendo qualquer liame de identificação entre diferentes demandas (ainda que os envolvidos sejam os mesmos)[193].

É possível, porém, divisar resposta diferente a partir da distribuição por dependência prevista no CPC[194] – especialmente considerando a inovação operada em relação ao sistema anterior: passou-se a prever a reunião para julgamento conjunto de "processos que possam gerar risco de prolação de decisões conflitantes ou contraditórias caso decididos separadamente, mesmo sem conexão entre eles" (art. 55, § 3.º).

Pela regra, é possível reunir processos semelhantes para julgamento conjunto; como a finalidade é evitar a prolação de decisões conflitantes caso os processos sejam "decididos separadamente", a previsão tem base no princípio da igualdade. Por ser a regra citada muito

---

192 Eis a justificação para este 1.º Encontro de Juízes: "Reunidos em Piracicaba (SP), no dia 10 de novembro de 2006, os juízes das Varas da Família e das Sucessões do Interior de São Paulo deliberaram, por maioria de 2/3 dos presentes e após extensos debates, emitir os seguintes enunciados a fim de nortear sua atuação futura" (Enunciados do I Encontro dos Juízes de Família do Interior de São Paulo. Disponível em: http://jurisfree.blogspot.com/2007/01/enunciados-do-i-encontro-dos-juzes-de.html. Acesso em: 25 nov. 2019).

193 "Muito embora envolvam as mesmas partes, não se verifica a conexão entre a ação revisional de alimentos em que instaurado o presente conflito de competência e a demanda em que foi acordada a pensão alimentícia, por não lhes ser comum a causa de pedir. Mesmo em casos em que a conexão é verificada, não há como determinar-se a reunião das ações quando uma delas já foi julgada, pois desaparece o liame ensejador da junção, ou seja, a finalidade de serem decididas simultaneamente, impedindo, assim, decisões eventualmente conflitantes (Súmula n. 235 do STJ). Ainda, devendo a ação revisional de alimentos ser proposta no foro do domicílio do alimentante (art. 53, II, CPC/2015), não se verifica a prevenção do juízo que julgou a causa em que se fixou a verba alimentar [...]" (TJSC, CC 0002315-65.2017.8.24.0000, 4.ª Câmara de Direito Civil, Rel. Des. Joel Figueira Júnior, *DJSC* 04.05.2018, p. 119).

194 CPC, art. 286. Serão distribuídas por dependência as causas de qualquer natureza: I – quando se relacionarem, por conexão ou continência, com outra já ajuizada; II – quando, tendo sido extinto o processo sem resolução de mérito, for reiterado o pedido, ainda que em litisconsórcio com outros autores ou que sejam parcialmente alterados os réus da demanda; III – quando houver ajuizamento de ações nos termos do art. 55, § 3.º, ao juízo prevento. Parágrafo único. Havendo intervenção de terceiro, reconvenção ou outra hipótese de ampliação objetiva do processo, o juiz, de ofício, mandará proceder à respectiva anotação pelo distribuidor.

sucinta, a tendência é que haja dificuldades na aplicação do dispositivo. De todo modo, parece ser aplicável tal reunião sem conexão: a) apenas em situações pontuais e não multitudinárias (que não envolvam muitos processos ou partes); b) por determinação de ofício ou a requerimento da parte; c) somente se os processos estiverem no mesmo grau de jurisdição[195].

Sob tal prisma, a previsão pode ser considerada adequada levando em conta que um conflito familiar pode se manifestar em diferentes demandas judiciais e terem a mesma causa (por ex., inviabilidade de comunicação eficiente entre o casal). Nesses casos, o conflito necessita de soluções harmoniosas e não conflitantes, sendo interessante atuar para dar um encaminhamento unificado e coeso para as controvérsias da família. Sob esse ponto de vista, o art. 55, § 3.º, CPC pode justificar a existência de um "juízo universal".

Merece destaque o exemplo dado pelo Tribunal de Justiça do Distrito Federal, que considerou conexas as demandas de exoneração de alimentos e de divórcio nos seguintes termos:

> [...] Considerando que as ações de divórcio direto e de alimentos, que ensejaram o presente conflito de competência, estão fundamentadas na mesma causa de pedir remota, deve ser reconhecida a conexão entre as mencionadas demandas e, por conseguinte distribuído o feito por prevenção, nos termos do art. 55 do CPC. 2. Na verdade, é importante deixar ressaltado que a moderna doutrina defende a existência de conexão mesmo que o objeto e a causa de pedir sejam diferentes, adotando a Teoria Materialista da Conexão, segundo a qual não se identifica a conexão apenas pelo pedido ou causa de pedir, mas também por outros fatos que possam vincular uma demanda à outra, por prejudicialidade[196].

Vale destacar que mesmo antes do CPC atual já eram encontradas decisões nesse sentido. Exemplo da aplicação deu-se no Superior Tribunal de Justiça, que decidiu reunir no mesmo juízo (a despeito da falta dos requisitos caracterizadores da conexão) as disputas referentes à regulamentação de visitas proposta pela avó paterna e à modificação de guarda e regulação de visitas de autoria do pai da criança[197].

Também podem ser invocadas como razões para a manutenção no mesmo juízo das demandas da família em crise a ausência de prejuízo para as partes e o atendimento aos princípios da *perpetuatio jurisdicionis* e da duração razoável do processo[198].

---

195 TARTUCE, Fernanda; DELLORE, Luiz. *1.001 dicas sobre o Novo CPC*, cit., p. 15.

196 TJDFT, Proc. 07026091120218070000, Rel. Des. João Egmont, j. 26.04.2021.

197 Eis o trecho da decisão: "[...] 6. Embora, na hipótese, não haja perfeita identidade das causas de pedir, ambas guardam íntima relação com o componente do afeto, da convivência familiar, da importância do estabelecimento de uma relação entre a criança e família paterna. E os fatos que dão suporte aos pedidos, em ambas as ações são os mesmos, ou seja, as alegadas dificuldades, criadas pela mãe da criança, para impedir que ela tenha convívio direto com a família paterna. 7. O reconhecimento da conexão e o julgamento conjunto evitará a realização de dois procedimentos instrutórios distintos, com eventual estudo psicológico e social para verificação das alegações dos autores de que a mãe da criança vem dificultando o seu convívio com a família paterna. 8. Poderá ser proferida uma única decisão válida para todos, que considerará todos os aspectos e condições familiares para que haja a visitação, evitando que haja conflito entre os dias e horários de visitas do pai e da avó. 9. Fica reconhecida a existência de um liame causal que torna os processos passíveis de uma decisão unificada em observância, outrossim, do melhor interesse da criança [...]" (REsp 1.413.016/RJ, 3.ª Turma, Rel.ª Min.ª Nancy Andrighi, j. 04.02.2014, *DJe* 17.02.2014).

198 Eis decisão nesse sentido: "[...] Nos moldes do art. 55, § 3.º, do Código de Processo Civil, é possível que em razão da conexão entre as ações um determinado juízo atraia a competência para processar e julgar uma ação não apenas com base no pedido ou na causa de pedir, mas também com fundamento na rela-

Há ainda uma linha argumentativa que enfoca a unidade da família e da jurisdição. Representante de tal concepção, Águida Arruda Barbosa defende a implantação do juízo universal para fixar a competência *ratione materiae* por se tratar de "critério que valoriza o conflito familiar como um sistema vivo em vez de apequenar o conflito de família, ao tratá-lo apenas como lide. A consequência dessa mudança é que a prestação jurisdicional passa a ter outra natureza jurídica, qual seja, a reparadora"[199]. Para a autora, o conflito tem natureza relacional e é uno, devendo se configurar assim a jurisdição do Estado, que, aliás,

> [...] só pode se esgotar quando o jurisdicionado tiver a reorganização do sistema – *autopoiesis* – para retornar à ordem natural possível para aquele núcleo, retomando papéis e funções. No entanto, a realização da proteção do Estado só se legitima se expressar esta unidade, impondo-se, assim, a universalidade do juízo especializado para cuidar dos conflitos de família. O juízo de família deve ser universal e o representante do Estado deve ter uma formação universal – interdisciplinar – para compreender e dialogar com o ser universal, portador de toda a humanidade em si, expressa na dignidade da pessoa humana [...][200].

Ressalte-se, porém, que, ainda que se entenda aplicável a tese do juízo universal, se uma das causas já foi sentenciada, haverá óbice ao encaminhamento ao juízo que já decidiu[201]. Por tal razão, há entendimento segundo o qual, se a demanda de alimentos foi arquivada antes da propositura da ação revisional, não há que se cogitar encaminhamento ao juízo prevento[202].

O projeto de Estatuto das Famílias acolhe a proposta de estabelecer um juízo universal[203].

ção jurídica de direito material que é discutida em cada ação, desde que tal relação jurídica faça existir um vínculo entre as demandas, capaz de tornar necessário o julgamento de ambas por um único juiz, a fim de evitar decisões contraditórias. [...] De fato, como alega o juízo suscitante, o pedido em uma ação de alimentos é diferente do pedido em uma ação de regularização de guarda e de visitas, uma vez que uma objetiva a fixação de verba alimentícia enquanto a outra tem por finalidade o estabelecimento da guarda e regulamentação da visitação. Porém, o dever de pagar alimentos é imposto a quem não detém a guarda, logo, verifica-se que para a fixação dos alimentos é necessário observar quem, de direito, possui a guarda da criança. 5. Destarte, considerando que ambas as ações se encontram em fase de conhecimento e que há risco de decisões conflitantes já que para fixar alimentos cumpre observar quem é o guardião ou guardiã do infante, reconhece-se a conexão da ação de alimentos com a regularização de guarda e visitação e como juiz competente para processar ambas as ações, o juízo suscitante, para quem foi inicialmente distribuída a ação de alimentos" (TJCE, CC 0001767-07.2018.8.06.0000, 2.ª Câmara de Direito Privado, Rel.ª Des.ª Maria de Fátima de Melo Loureiro, *DJCE* 21.02.2019, p. 93).

199 BARBOSA, Águida Arruda. *Construção dos fundamentos teóricos e práticos do código de família brasileiro*. 2007. Tese (Doutorado em Direito Civil) – Faculdade de Direito da Universidade de São Paulo, São Paulo, 2007. Disponível em: http://www.teses.usp.br/teses/disponiveis/2/2131/tde-02082007-115632/pt-br.php. Acesso em: 1.º ago. 2016.

200 BARBOSA, Águida Arruda. *Construção dos fundamentos teóricos e práticos do código de família brasileiro*, cit.

201 STJ, Súmula n. 235: A conexão não determina a reunião de processos, se um deles já foi julgado.

202 Eis a decisão nesse sentido: "[...] O feito em que restaram definidos os valores a título de alimentos, alvo da ação revisional, encontra-se devidamente sentenciado e arquivado, razão pela qual não há que se falar em prevenção, cuja finalidade é afastar a possibilidade de decisões contraditórias deflagradoras de insegurança jurídica, devendo incidir no particular o conteúdo do verbete da Súmula n. 235 do STJ, segundo o qual 'a conexão não determina a reunião dos processos, se um deles já foi julgado'. [...]" (TJAM, CC 0000287-60.2018.8.04.6301, Câmaras Reunidas, Rel.ª Des.ª Maria do Perpétuo Socorro Guedes Moura, *DJAM* 20.12.2018, p. 5).

203 Estatuto das Famílias, art. 143. As ações relativas ao mesmo núcleo familiar devem ser distribuídas ao mesmo juízo, ainda que não haja identidade de partes.

Sob a perspectiva do jurisdicionado, é interessante que o magistrado conheça os litigantes e com eles trave o contato necessário para formar sua convicção. Se a mesma juíza que conduziu a audiência na ação de alimentos atuar em outra demanda com os mesmos litigantes (por ex., sobre "regulamentação de visitas"), poderá haver maior eficiência estatal – inclusive no sentido de cobrar coerência do jurisdicionado que não manteve a palavra, incitando-o a realizar concretamente os compromissos assumidos.

Sob o aspecto processual, além do embasamento no mencionado art. 55, § 3.º do CPC, a tese do juízo universal de família revela coerência a partir de uma concepção sistemática do ordenamento, que abrange o princípio da identidade física do juiz.

No CPC/1973, o art. 132[204] preconizava que o juiz condutor da instrução deveria proferir a sentença pela chance de melhor qualidade de sua decisão (por ter tido contato direto com os elementos de convencimento)[205]; pela mesma lógica, obviamente o magistrado que decidira o pleito familiar referente àqueles indivíduos seria preferível para analisar futuras demandas envolvendo causas de pedir ligadas ao mesmo núcleo familiar.

A previsão, contudo, deixou de ser repetida no CPC atual, o que gera discussão sobre a manutenção ou não do princípio da identidade física do juiz no sistema. Parece ter razão a corrente que enxerga a manutenção de tal diretriz a despeito da falta de regra por se tratar de princípio ínsito ao Código. Como bem destaca João Batista Lopes, o direito brasileiro estabelece, "como regra geral, a identidade física do juiz, ou seja, deve julgar quem atuou na instrução"[206]. Além disso, há uma regra que parece fomentá-la: segundo o art. 366, "encerrado o debate ou oferecidas as razões finais, o juiz proferirá sentença em audiência ou no prazo de 30 dias".

3.4.1.3. Escolha de foro

Identificada a competência da Justiça Estadual, em que comarca a demanda deve tramitar? A questão enfoca a delimitação da competência territorial (de foro).

Em diversas oportunidades, buscando facilitar o acesso à justiça de certos litigantes, o legislador os favorece com a escolha de foro ao liberá-los de critérios clássicos, como o local do domicílio do réu ou o local dos fatos. Nesses casos, o jurisdicionado pode optar por demandar em seu próprio domicílio, já que o legislador atua em atenção à (suposta) maior conveniência de seus interesses.

É importante que o juiz reconheça que o litigante é quem melhor pode conhecer as dificuldades para encontrar a parte contrária e atuar para superá-las, identificando (com seu advogado) a melhor estratégia para demandar.

---

204 CPC/1973, art. 132. O juiz, titular ou substituto, que concluir a audiência julgará a lide, salvo se estiver convocado, licenciado, afastado por qualquer motivo, promovido ou aposentado, casos em que passará os autos ao seu sucessor. Parágrafo único. Em qualquer hipótese, o juiz que proferir a sentença, se entender necessário, poderá mandar repetir as provas já produzidas.

205 Como já abordado alhures, "Pela *imediação*, deve o juiz travar contato direto com as partes e as provas, para ter acesso, sem intermediários, aos elementos que formarão sua convicção. Tal postulado coaduna-se com o da *identidade física do juiz*, segundo o qual o magistrado atuante no processo deve ser o mesmo, do início ao fim da instrução, salvo casos excepcionais. A ideia é que julgue o mesmo magistrado que já teve contato direto com os elementos de convencimento" (TARTUCE, Fernanda. *Processo civil*: estudo didático, cit., p. 25).

206 LOPES, João Batista. Artigo 377. In: BUENO, Cassio Scarpinella (coord.). *Comentários ao Código de Processo Civil:* arts. 372 a 538. São Paulo: Saraiva, 2017, v. 2, p. 265.

Uma regra[207] facilitadora do regime do CPC/1973 vinha sendo questionada desde o advento da Constituição de 1988: a previsão favorável à esposa que lhe possibilitava demandar em seu domicílio em demandas relativas ao fim da união era sustentável à luz da igualdade contemplada no texto constitucional?

Embora a regra não tenha sido repetida no CPC atual, a discussão tem pertinência porque, por fatores diversos (como a morosidade processual), há inúmeros casos pendentes de resolução no País em que o tema segue sendo tratado.

No cenário do CPC/1973 havia quem afirmasse peremptoriamente que a regra favorável à esposa não teria sido recepcionada pela Constituição Federal, não merecendo prevalecer por violar a premissa igualitária entre os cônjuges[208]; diversas decisões[209] corroboraram esse entendimento.

Houve julgados, contudo, que aplicaram normalmente a regra do domicílio da esposa[210] sem questionamentos sobre sua aplicabilidade, assim como havia defensores da incidência do dispositivo em certas situações concretas. Este último posicionamento, aliás, soava o mais apropriado: para aferir a real igualdade entre os cônjuges, era preciso analisar o contexto e o momento em que viviam para aferir se a mulher era (ou estava) vulnerável.

Ainda hoje é importante lançar um olhar detido sobre a condição da mulher para aferir se realmente há igualdade ou se esta é apenas formal; afinal, é natural, em ajustes familiares (especialmente por força da gestação e do cuidado à prole), que a mulher se dedique aos filhos comprometendo suas atividades profissionais e, em certa medida, também a vida pessoal; nessa situação, ela pode ser ou estar vulnerável em razão de uma peculiar situação vivenciada[211].

Ainda sob a égide do CPC/1973, após anos de debates e variações a discussão contou com o olhar da Corte Suprema do País, que se manifestou sob o prisma da isonomia. Em novembro de 2011, o STF reconheceu a constitucionalidade da regra então vigente: segundo o Ministro Joaquim Barbosa, a norma sobre escolha de foro pela esposa não afrontava o princípio da igualdade entre homens e mulheres nem a isonomia entre os cônjuges, tendo sido recepcionada pela Constituição Federal, "marco histórico no processo de proteção dos direitos e garantias individuais e, por extensão, dos direitos das mulheres".

---

207 CPC/1973, art. 100.

208 Por todos, citamos Yussef Cahali, para quem o foro não mais prevalece por conflitar com o princípio da igualdade entre os cônjuges explicitado na Lei Maior (CAHALI, Francisco. Divórcio e separação. 12. ed. São Paulo: RT, 2011. p. 527).

209 "O art. 100, 'caput', I, do CPC/1973 não foi recepcionado pela Constituição Federal de 1988, e resolve-se a matéria pela regra geral do art. 94, importando apenas perquirir qual o foro de domicílio do réu, aqui incontroverso" (TJSP, Agravo de Instrumento 328.152-4/0, Campinas, 9.ª Câmara de Direito Privado, Rel. Sérgio Gomes, j. 11.05.2004, v.u.); no mesmo sentido: "o foro privilegiado da mulher não mais subsiste, ante a atual Constituição Federal" (TJSP, Agravo de Instrumento 358.2502-4/1, 9.ª Câmara de Direito Privado, Rel. Marco César, j. 15.03.2005, v.u.).

210 Eis um exemplo: "[...] 3. Conquanto atualmente os direitos e deveres conjugais estejam postados em parâmetros igualitários por força de mandamento constitucional (CF, art. 226, § 5.º), a regra de competência estabelecida pelo legislador processual que privilegia o foro de residência da mulher para o processamento das ações que enumera não encerra nenhuma dicotomia com o princípio da igualdade consagrado, revelando simples opção legislativa para a delimitação da competência [...]" (TJDF, Rec. 2009.00.2.001884-8, Ac. 356.129, 2.ª Turma Cível, Rel. Des. Teófilo Caetano, *DJDFTE* 21.05.2009, p. 93).

211 "Máximas de experiência permitem perceber a fragilidade da esposa quando se verifica o término do relacionamento; isso pode ocorrer, *v.g.*, quando ela fica com a guarda dos filhos e não exerce atividade remunerada, dedicando-se exclusivamente à família sem contar ainda com provimento judicial ou acordo para fixação de pensão; nesses casos, ela encontra-se vulnerável sob o aspecto econômico" (TARTUCE, Fernanda. *Igualdade e vulnerabilidade no processo civil*, cit., p. 246).

Seguiu então asseverando não reconhecer na previsão um privilégio em favor das mulheres, mas sim "norma que visaria a dar tratamento menos gravoso à parte que, em regra, encontrava-se e, ainda hoje se encontraria, em situação menos favorável do ponto de vista econômico e financeiro". Por tal razão, propor a demanda para decretar o fim da união no foro do domicílio da mulher "seria medida que melhor atenderia ao princípio da isonomia, consistente em 'tratar desigualmente os desiguais na medida em que se desigualam'".

Por fim, o Ministro Joaquim Barbosa reconheceu tratar a hipótese de competência relativa, de sorte que, "se a mulher não apresentasse exceção de incompetência em tempo hábil, a competência prorrogar-se-ia; ou a própria mulher poderia ajuizar a ação no foro do domicílio do ex-marido, de forma a inexistir óbice legal a que a ação prosseguisse"[212].

Tinha razão o Ministro; sem dúvida não havia (e não há ainda hoje) como defender que a mulher tem plena igualdade no plano dos fatos em relação ao homem. A regra, assim, pode ter pertinência em inúmeros casos pendentes de resolução no País; que se busque facilitar, então, a situação a quem mais pode apresentar dificuldades nesse momento de crise interpessoal.

No entanto, a normatização foi alterada na redação original do CPC/2015: pelo art. 53, nas ações envolvendo casamento e união estável constou inicialmente que havia três foros competentes, de forma subsidiária: a) foro do domicílio de quem detém a guarda do filho incapaz; b) não havendo filho incapaz, foro do último domicílio do casal; c) se ambos os cônjuges tiverem mudado de domicílio, foro do domicílio do réu.

Nota-se que o CPC neutralizou o critério de diferenciação que havia sido considerado na norma anterior para beneficiar a mulher, qual seja, sua reconhecida vulnerabilidade em face do homem, estabelecendo critérios que desconsideram as diferenças entre os gêneros – guarda dos filhos, último local de residência do casal e domicílio do réu. A neutralidade, nesse caso, não parece acertada, pois a desigualdade entre os gêneros permanece na sociedade brasileira e a defesa em juízo da mulher média ainda soa dificultada por suas condições pessoais.

Também José Fernando Simão assim entende:

> O novo CPC traz uma visão de futuro e não de presente. Ainda que a situação da mulher frente ao homem tenha evoluído para se afastarem discriminações e injustiças, ainda, em termos de remuneração, a mulher ganha menos que o homem e tem situação econômica menos favorável. Ademais, não se pode esquecer, que em parte sensível da população, cabem apenas à mulher os serviços domésticos, o que reduz seu tempo de trabalho fora do lar conjugal. Assim, o novo CPC antecipa uma tendência, mas não espelha uma realidade em que a igualdade é formal, mas não material[213].

Vale lembrar que, em caso de violência doméstica, a regra[214] favorável à mulher segue sendo aplicável. Nessas hipóteses, a situação protetiva é regra porque a mulher efetivamente necessita dela: "invocadas as situações da Lei Maria da Penha, não há que se discutir igualdade ou desigualdade, pois é patente a vulnerabilidade de quem a invoca"[215].

---

212 *Informativo* n. 649 do STF, 01.12.2011, RE 227.114/SP, Rel. Min. Joaquim Barbosa, j. 22.11.2011.

213 SIMÃO, José Fernando. A não manutenção do foro privilegiado para mulher casada no novo CPC. ConJur. São Paulo, 3 maio 2015. Disponível em: http://www.conjur.com.br/2015-mai-03/processo-familiar-nao-manutencao-foro-privilegiado-mulher-casada-cpc. Acesso em: 27 set. 2022.

214 Lei n. 11.340/2006, art. 15. É competente, por opção da ofendida, para os processos cíveis regidos por esta Lei, o Juizado: I – do seu domicílio ou de sua residência; II – do lugar do fato em que se baseou a demanda; III – do domicílio do agressor.

215 SIMÃO, José Fernando. A não manutenção do foro privilegiado para mulher casada no novo CPC, cit.

Assim, o CPC foi alterado em 2019 para contemplar expressamente a mulher em tal drástica situação. Em ações sobre casamento e união estável, além dos foros competentes já mencionados (do domicílio de quem detém a guarda do filho incapaz; o do último domicílio do casal, se não há filho incapaz e do domicílio do réu se ambos mudaram), cabe propor a demanda no foro do domicílio da vítima de violência doméstica e familiar, nos termos da Lei Maria da Penha (CPC, art. 53, d). Essa nova previsão do foro é positiva por permitir que a mulher em situação de violência, que se encontra vulnerável por força da grave situação vivida, possa demandar em um local mais acessível.

A Lei n. 13.894/2019, além de promover tal mudança no CPC, alterou a lei Maria da Penha para prever a competência dos Juizados de Violência Doméstica e Familiar contra a Mulher para também realizar divórcios, separações, anulações de casamento e dissoluções de união estável de casais envolvidos em tal tipo de violência[216].

Essa ampliação da competência é relevante por viabilizar maior proteção à vítima. No cenário anterior, era comum exigir que ela tomasse iniciativas sucessivas em locais diversos para defender seus direitos: com esse reconhecimento da competência, ela poderá atuar em um único juízo.

Também poderá haver maior coerência sob o ponto de vista decisório. Em situações antes vivenciadas, uma magistrada dos Juizados de Violência deferia uma medida protetiva (com ordem de afastamento) e na sequência um juiz de família (provocado pelo ofensor) designava data para audiência/sessão consensual na ação de divórcio. Com a apreciação por um(a) único(a) magistrado(a) em primeiro grau, serão exigidas da vítima menos iniciativas e haverá maior chance de decisões compatíveis em relação à sua árdua situação de vulnerabilidade.

3.4.2. *Capacidade processual dos litigantes*

Para que a garantia constitucional do devido processo legal se concretize, o ordenamento processual prevê pressupostos processuais, requisitos essenciais para que o processo possa existir, desenvolver-se e produzir efeitos validamente ao criar uma norma concreta para vigorar entre as partes.

Os pressupostos processuais são *requisitos de admissibilidade* da tutela jurisdicional, de sorte que sua presença deve ser verificada antes da análise do pedido da demanda (preliminarmente em relação ao mérito); como sua presença é considerada matéria de ordem pública, eventual problema em sua configuração pode ser reconhecido pelo juiz independentemente de alegação da parte.

Embora haja na doutrina divergências sobre sua extensão e classificação, a capacidade dos litigantes aparece como requisito em todas as propostas de apresentação dos pressupostos processuais.

Primeiramente, deve-se compreender que qualquer pessoa ou grupo de sujeitos tem *capacidade para ser parte*: é possível promover uma demanda contra qualquer indivíduo ou

---

[216] Lei n. 11.340/2006, art. 14-A. A ofendida tem a opção de propor ação de divórcio ou de dissolução de união estável no Juizado de Violência Doméstica e Familiar contra a Mulher. § 1.º Exclui-se da competência dos Juizados de Violência Doméstica e Familiar contra a Mulher a pretensão relacionada à partilha de bens. § 2.º Iniciada a situação de violência doméstica e familiar após o ajuizamento da ação de divórcio ou de dissolução de união estável, a ação terá preferência no juízo onde estiver.

entidade, sem distinções. Até mesmo o nascituro pode demandar, por exemplo, alimentos[217] (devidamente representado por sua genitora ou por procurador desta); como se percebe, o ordenamento brasileiro favorece o acesso à justiça ao não exigir do litigante uma personalidade já plenamente formada ou regularizada[218].

É essencial verificar a capacidade de exercício da pessoa; segundo o art. 70 do CPC, toda pessoa que se encontra no exercício de seus direitos tem capacidade para estar em juízo. É preciso então verificar a interface do direito substancial; ao regular a capacidade de direito, o Código Civil afirma que, para exercer pessoalmente os atos da vida privada, é preciso ser capaz. Havendo incapacidade absoluta (CC, art. 3.º), será essencial representação; existindo incapacidade relativa, deverá haver assistência (CC, art. 4.º).

Capacidade processual é a aptidão para estar em juízo e exercer pessoalmente direitos e obrigações processuais.

Sua presença é tão relevante que sua ausência enseja a invalidade do processo por falta de pressuposto processual[219]. O incapaz, portanto, deverá atuar em conformidade com os institutos da representação ou da assistência, consoante seu grau de incapacidade seja absoluto ou relativo.

Finalmente, a capacidade *postulatória* diz respeito à aptidão para praticar atos técnicos dentro do processo; segundo o art. 103 do CPC, a parte será representada em juízo por advogado regularmente inscrito na Ordem dos Advogados do Brasil.

Consideremos então a situação de crianças e adolescentes que precisam demandar por força de um conflito familiar: como podem e devem atuar?

Elas devem atuar como autoras ou rés em nomes próprios mediante representação (se absolutamente incapazes) ou assistência de um responsável (se relativamente incapazes).

Importante lembrar que a Lei n. 13.146/2015 (Estatuto da Pessoa com Deficiência) alterou a redação dos arts. 3.º e 4.º do Código Civil: os absolutamente incapazes agora se restringem aos menores de 16 (dezesseis) anos. O rol dos relativamente incapazes foi remodelado e compreende, além dos maiores de dezesseis e menores de dezoito anos, também "os ébrios habituais e os viciados em tóxico", "aqueles que, por causa transitória ou permanente, não puderem exprimir sua vontade" e "os pródigos".

---

217 Há considerável tempo os Tribunais reconhecem tal possibilidade, havendo vários julgados nesse sentido. Merece transcrição, por sua clareza, excerto de antiga decisão do tribunal mineiro: "Investigação de paternidade. Nascituro. Ação proposta pela mãe, menor púbere representada por sua genitora. Admissibilidade. Legitimidade *ad causam*. Direitos subordinados à condição de nascer com vida" (TJMG, Ap 71.200, Rel. Guimarães Mendonça, j. 22.10.1987).

218 TARTUCE, Fernanda. *Processo civil*: estudo didático, cit., p. 43.

219 Segundo o art. 76 do CPC, "verificada a incapacidade processual ou a irregularidade da representação da parte, o juiz suspenderá o processo e designará prazo razoável para que seja sanado o vício. § 1.º Descumprida a determinação, caso o processo esteja na instância originária: I – o processo será extinto, se a providência couber ao autor; II – o réu será considerado revel, se a providência lhe couber; III – o terceiro será considerado revel ou excluído do processo, dependendo do polo em que se encontre. § 2.º Descumprida a determinação em fase recursal perante tribunal de justiça, tribunal regional federal ou tribunal superior, o relator: I – não conhecerá do recurso, se a providência couber ao recorrente; II – determinará o desentranhamento das contrarrazões, se a providência couber ao recorrido".

Caso não haja responsável apto a atuar, deve haver a nomeação de um curador especial para o incapaz[220] ou a verificação da substituição processual[221] nos casos previstos em lei.

Embora esta seja a resposta-padrão, na prática, surgem questões polêmicas que merecem análise detida.

a) *É viável que a mãe da criança outorgue procuração em seu próprio nome para que o advogado promova ação de alimentos em prol dos filhos?*

A resposta majoritária é negativa: ao constatar que a procuração foi outorgada pela mãe em nome próprio (em vez de constar que a criança, menor impúbere representada pela genitora), o juiz costuma determinar que a parte providencie a regularização da representação processual[222].

Tais decisões soam, em certa medida, corretas: como os casos envolvem irregularidades, a solução não é extinguir os processos, mas permitir a sanatória do problema[223].

Dada a urgência, porém, do pleito alimentar, a melhor saída seria proceder à análise do pedido liminar e então determinar a regularização formal; assim o juiz priorizaria o valor mais importante, não sendo a regra processual perturbadora do acesso à justiça.

Apesar de a regularidade da representação ser objeto de atenção na maior parte das decisões, podem ser encontrados julgados pontuais admitindo que a mãe conste como outorgante dos poderes ao advogado porque, como o menor não teria capacidade para negociar, exigir sua presença na procuração configuraria "formalismo exacerbado"[224].

---

220 CPC, art. 72. O juiz nomeará curador especial ao: I – incapaz, se não tiver representante legal ou se os interesses deste colidirem com os daquele, enquanto durar a incapacidade [...] Parágrafo único. A curatela especial será exercida pela Defensoria Pública, nos termos da lei. Na mesma linha dispõe o parágrafo único do art. 142 da Lei n. 8.069/1990: "a autoridade judiciária dará curador especial à criança ou adolescente, sempre que os interesses destes colidirem com os de seus pais ou responsável, ou quando carecer de representação ou assistência legal ainda que eventual".

221 CPC, art. 18. Ninguém poderá pleitear direito alheio em nome próprio, salvo quando autorizado pelo ordenamento jurídico.

222 O fundamento invocado costuma ser a regra sobre a necessária regularização de falhas na representação (CPC, art. 76).

223 Nesse sentido decidiu o Superior Tribunal de Justiça: "Não há que se falar em nulidade na representação processual quando o Tribunal de origem, analisando os autos ao julgar o recurso de Apelação, afirmou que, quando menores, os autores foram corretamente representados por sua genitora, e que, uma vez atingida a maioridade, foram trazidas aos autos as devidas procurações. 2. Ademais, a jurisprudência do STJ é firme em reconhecer que eventual equívoco na representação processual pode ser regularizado posteriormente, nas instâncias ordinárias, concedendo-se prazo às partes para que o façam. Assim, estando o acórdão recorrido em consonância com a jurisprudência desta Corte, incide, na espécie, o óbice contido na Súmula 83/STJ. Precedente: AgRg no AREsp 695.534/GO, Rel. Min. Luis Felipe Salomão, *DJe* 28.08.2015" (STJ, AgRg no AREsp 200.207/BA, Rel. Min. Napoleão Nunes Maia Filho, j. 24.11.2015).

224 Eis decisões neste sentido: "Agravo de instrumento. Direito de família. Cumprimento de sentença. Alimentos. Representação processual. Irregularidade. Inexistência [...] 1. É válida a procuração outorgada pelo representante legal, em nome próprio, para perseguir interesses do filho, menor impúbere, em demanda processual. [...]" (TJPR, Proc. 0058622-56.2020.8.16.0000, Rel. Des. Fabio Haick Dalla Vecchia, j. 30.03.2021); "Agravo de instrumento. Ação de reconhecimento de paternidade cumulada com alimentos, guarda. [...] Preliminar de regularização da representação processual. Não há falar em irregularidade da representação judicial J.C., tendo em vista que a procuração foi subscrita por sua genitora, no pleno exercício do poder familiar [...]" (TJRS, Agravo de Instrumento 50005489520218217000, 8.ª Câmara Cível, Rel. José Antônio Daltoe Cezar, j. 10.06.2021); "Apelação cível. Ação de exoneração de alimentos. Preliminar de defeito na representação da demandada afastada. Incapacidade absoluta

Há quem afirme, em contraponto, que não haveria prejuízo em que apenas a mãe assinasse o instrumento do mandato, sendo assim dispensável que a filha assinasse a procuração[225]. Em certa medida faz sentido esse entendimento; afinal, na prática, é a genitora guardiã quem pratica os atos em nome da filha incapaz.

b) *É possível que um adolescente (assistido pela mãe) outorgue procuração ao advogado por instrumento particular ou exige-se instrumento público?*

A questão só tem relevo se estamos diante de menores púberes: por terem entre 16 e 18 anos, sua vontade têm relevância jurídica e eles devem assinar a procuração com seus assistentes. No caso dos menores púberes (entre 0 a 15 anos), sua vontade não tem significado jurídico: o(a) representante é quem age em seu nome[226] e pode outorgar procuração por instrumento particular para representar seus interesses. Tal entendimento decorre da inteligência de regra expressa do Código Civil[227].

No caso dos menores púberes, há quem exija a outorga de poderes em procuração por instrumento público, com base na interpretação *a contrario sensu* do art. 654 do Código Civil[228], que regula o contrato de mandato em geral. É possível que o relativamente incapaz se depare com tal exigência[229].

Prevalece, contudo, o entendimento de que o Código Civil regula o mandato *ad negotia* e que o mandato judicial é regulado pelo Código de Processo Civil: como este não diferencia

---

da requerida. Demandada representada por sua genitora. Validade da procuração acostada aos autos" (TJSE, AC 201600725459, Ac. 24314/2016, 1.ª Câmara Cível, Rel.ª Des.ª Elvira Maria de Almeida Silva, *DJSE* 16.12.2016); "O fato de não constar na procuração ad judicia o nome do menor impúbere, mas apenas o de sua representante legal, não enseja irregularidade da representação processual, tendo em vista que o instrumento de mandato não é outorgado pelo menor impúbere, mas por sua representante legal, que tem condições para tanto" (TJMS, AC-LEsp 2011.017701-3/0000-00, Corumbá, 4.ª Turma Cível, Rel. Des. Josué de Oliveira, *DJEMS* 08.08.2011, p. 31).

225 Eis decisões nesse sentido: "a procuração outorgada pela mãe da menor não traz prejuízos à representação desta, mesmo porque a menor está sendo representada por sua mãe, que tem o poder familiar sobre ela, além de que a menor se encontra sob sua guarda. Assim, não há que se falar sobre a necessidade de procuração outorgada pela menor nem enseja nulidade insanável o fato de não ter constado o nome da menor na procuração, como adequadamente figurou na inicial da ação executiva" (TJCE, AC 45-27.2000.8.06.0045/1, 3.ª Câmara Cível. Rel. Des. Antônio Abelardo Benevides Moraes, j. 01.02.2010); "Direito civil. Família. Preliminar: nulidade da sentença. Procuração outorgada pela representante legal da criança em nome próprio. Validade. Inteligência do art. 71 do Código de Processo Civil [...]" (TJRN, AC 2014.021111-8, Pau dos Ferros, 2.ª Câmara Cível, Rel. Des. Ibanez Monteiro, *DJRN* 07.04.2017).

226 Segundo o art. 1.630 do Código Civil, "os filhos estão sujeitos ao poder familiar, enquanto menores". Situado no regramento do exercício do poder familiar, o art. 1.634, VII, dispõe competir aos pais representar os filhos menores até os dezesseis anos nos atos da vida civil e assisti-los, após essa idade, nos atos em que forem partes, suprindo-lhes o consentimento.

227 CC, art. 1.690. Compete aos pais, e na falta de um deles ao outro, com exclusividade, representar os filhos menores de dezesseis anos, bem como assisti-los até completarem a maioridade ou serem emancipados.

228 CC, art. 654. Todas as pessoas capazes são aptas para dar procuração mediante instrumento particular, que valerá desde que tenha a assinatura do outorgante.

229 "1. [...] Eis trecho de decisão nesse sentido: "Tratando-se de demanda que discute direito pleiteado por relativamente incapaz, necessária a outorga de procuração por meio de instrumento público, nos termos do art. 4.º, I, do Código Civil c/c art. 654 do mesmo diploma legal. [...]" (TJRS, AC 0188933-20.2018.8.21.7000, Pelotas, 15.ª Câmara Cível, Rel.ª Des.ª Adriana da Silva Ribeiro, j. 08.08.2018, *DJERS* 14.08.2018).

os menores púberes dos impúberes, é possível a outorga de procuração por instrumento particular pelo relativamente incapaz assistido pelo seu responsável[230].

Esse entendimento se revela apropriado também por evitar ônus desnecessários ao menor púbere[231].

Em elucidativo julgado, o Tribunal de Justiça de São Paulo afirmou, citando referências doutrinárias e jurisprudenciais, que "não obstante a matéria não esteja pacificada, há julgados no sentido de ser despicienda a outorga de procuração *ad judicia* por instrumento público"[232].

Como argumentos adicionais, é possível a outorga de procuração por instrumento particular porque assim se contempla a presunção de boa-fé no Direito de Família e se promove economia em prol da facilitação do acesso à justiça.

O ordenamento jurídico, aliás, promove a facilitação do acesso à justiça ao propugnar a redução de custos: destaca o Estatuto da Criança e do Adolescente, no art. 141, § 2.º, que "as ações judiciais da competência da Justiça da Infância e da Juventude são isentas de custas e emolumentos, ressalvada a hipótese de litigância de má-fé". Outras questões polêmicas sobre capacidade e representação serão expostas na Parte II deste livro.

3.4.3. *Legitimidade para agir*

A legitimidade *ad causam* é condição da ação que retrata a pertinência subjetiva para a demanda; em princípio, o próprio titular do direito deve, em seu nome (ou por um procurador devidamente constituído para representá-lo), buscar em juízo a situação favorável a seus interesses.

---

230 "[...] É válida a procuração ad judicia outorgada por instrumento particular por representante legal de menor impúbere para a defesa, em juízo, de seus interesses, sendo certo que apenas o mandato com fins ad negocia deve guardar observância ao disposto no art. 654 do Código Civil, que exige necessariamente a forma pública" (TJMG, APCV 0704881-48.2015.8.13.0702, Uberlândia, 13.ª Câmara Cível, Rel. Des. José de Carvalho Barbosa, j. 14.02.2019, *DJEMG* 22.02.2019); " [...] Assistência. Genitora. Instrumento público. Prescindibilidade. Instrumento particular. Suficiência. Alimentos. [...] É válida a procuração *ad judicia* outorgada por instrumento particular pelo representante de menor em seu favor. [...]" (STJ, REsp 1.598.228, Proc. 2016/0115605-3/BA, 3.ª Turma, Rel. Min. Ricardo Villas Bôas Cueva, j. 11.12.2018, *DJe* 17.12.2018, p. 2.187); "Execução de alimentos. [...] 1. Embora se verifique vício de representação, ele é perfeitamente sanável, pois a credora era menor púbere e estava apenas assistida pela mãe, e não representada, motivo pelo qual deveria também ter firmado o instrumento particular de procuração. [...]" (TJRS, AC 0079510-62.2017.8.21.7000, Guaporé, 7.ª Câmara Cível, Rel. Des. Sérgio Fernando de Vasconcellos Chaves, j. 31.05.2017, *DJERS* 05.06.2017).

231 Assim entendeu o STJ: "É válida a procuração *ad judicia* outorgada por instrumento particular pelo representante de menor em seu favor.[...]" (REsp 1598228/BA, Rel. Min. Ricardo Villas Bôas Cueva, *DJe* 17.12.2018). No mesmo sentido: "Ação de investigação de paternidade cumulada com alimentos. Agravo retido. Saneador. Preliminares. Carência de ação e defeito de representação. Recurso improvido. Não é inepta a petição inicial que, descrevendo a causa de pedir, menciona expressamente as provas com as quais deseja demonstrar os fatos alegados, atendendo ao disposto no inc. VI, do art. 282, do Código de Processo Civil. A procuração do menor absolutamente incapaz pode ser validamente outorgada por instrumento particular [...]" (TJSC, Apelação Cível 1988.081791-1, Itajaí, Rel. Paulo Gallotti).

232 "[...] Representação processual. O art. 654 do Código Civil se refere à procuração ad negotia, e não à procuração ad judicia. Esta é regulada pelo art. 105 do CPC que não veda que menor relativamente incapaz, devidamente assistida por sua representante legal, outorgue procuração a advogado por meio de instrumento particular [...]" (TJSP, AC 1075973-08.2018.8.26.0100, Ac. 13085834, São Paulo, 7.ª Câmara de Direito Privado, Rel. Des. Miguel Brandi, j. 13.11.2019, *DJESP* 26.11.2019, p. 1.685).

Assim, na demanda de investigação de paternidade, quem são as pessoas legitimadas para ocupar os polos ativo e passivo do processo? Certamente o filho que investiga o liame parental e o suposto pai. A mãe da criança não é parte neste processo, mas tão somente representa ou assiste o filho se for sua guardiã.

Como em ações relativas ao Direito de Família muitas vezes crianças e adolescentes (total ou parcialmente incapazes pelo critério etário) são titulares de direitos, é natural que a atuação processual acabe sendo centralizada na pessoa que cuida do menor – especialmente a genitora.

Assim, é importante perquirir: a mãe da criança pode, em seu próprio nome, ajuizar demanda em favor dos filhos? Ou são estes que precisam acionar a parte contrária, atuando mediante representação/assistência?

A resposta mais clara à luz do ordenamento é a segunda. Contudo, como visto no item acima sobre capacidade processual, alguns magistrados aceitam que a própria genitora outorgue procuração, assim como podem ser também localizadas decisões pontuais que reconhecem sua legitimidade para atuar.

Como exemplo, em ação revisional de alimentos, entendeu o Tribunal catarinense que "regularizar a representação processual do menor credor dos alimentos revela-se providência desnecessária, visto que, na prática, este já é representado pela genitora autora na ação de alimentos e, ademais, a verba alimentar é repassada à genitora e por ela administrada em favor da prole, de modo que sequer há se falar em prejuízo"[233].

Outro tema controvertido diz respeito à cumulação de demandas. Imagine que ao fim de uma união estável a companheira precise demandar o ex-convivente para ver reconhecida e dissolvida a união, além de pleitear alimentos para os filhos do casal.

O sistema processual permite a cumulação de pedidos. A mensagem, portanto, é clara: cumular pedidos de alimentos em favor dos filhos do casal é medida que atende à economia processual e à celeridade[234]. Há diversas decisões nesse sentido[235].

---

233 "[...] Legitimidade da genitora para postular, em nome próprio, alimentos em favor das filhas. Observância e prevalência do princípio da prioridade absoluta e da doutrina da proteção integral insculpidos na Carta Magna (art. 227). [...] 1. Em tema de alimentos não há mais espaço para o rigorismo da norma processual acerca da representatividade ou assistência de filhos. De consequência é perfeitamente aceitável que a genitora postule em nome próprio alimentos para a prole. Desta forma, estar-se-á dando vigor aos princípios da prioridade absoluta e da proteção integral insculpidos na Carta Magna. [...]" (TJSC, AI 4007144-21.2017.8.24.0000, Joinville, 3.ª Câmara de Direito Civil, Rel. Des. Marcus Túlio Sartorato, *DJSC* 21.03.2018, p. 109).

234 Esses princípios costumam ser expressamente invocados, como se percebe na seguinte ementa: "Agravo de instrumento. Investigação de paternidade. Decisão que entendeu pela impossibilidade de cumulação da investigação de paternidade com os pedidos de alimentos, guarda e visitas. Inconformismo da autora/menor. Cumulação de pedidos que é perfeitamente possível e juridicamente recomendável. Incompatibilidade de procedimentos que pode ser superada com a adoção do procedimento comum. Inteligência do art. 327, § 2.º, do CPC. Regra que se harmoniza com os princípios da celeridade, da economia processual e da efetividade da prestação jurisdicional. Precedentes deste E. Tribunal de Justiça. Decisão reformada para admitir o processamento da ação de investigação de paternidade cumulativamente com os pedidos de guarda e alimentos e determinar, de ofício, a emenda à inicial, para incluir a genitora da agravante no polo ativo da demanda. [...]" (TJSP, AI 2116200-95.2019.8.26.0000, Ac. 13108066, São Paulo, 6.ª Câmara de Direito Privado, Rel.ª Des.ª Ana Maria Baldy, j. 04.10.2013, *DJESP* 28.11.2019, p. 2.621).

235 Eis outro exemplo: "Agravo de instrumento. Ação de alimentos cumulada com pedido de regulamentação de guarda e visitas. Decisão que determinou a emenda da inicial para exclusão do pedido de alimentos, o qual deverá ser deduzido em ação autônoma. Desnecessidade de ajuizamento de várias demandas. Os pedidos são compatíveis entre si, o juízo é competente para deles conhecer, e a incompatibilidade de procedimentos é superada pela adoção do rito ordinário. Presentes os requisitos exigidos pelo art.

O Enunciado 672 do Fórum Permanente de Processualistas Civis é expresso sobre a possibilidade: "é admissível a cumulação do pedido de alimentos com os pedidos relativos às ações de família, valendo-se o autor desse procedimento especial, sem prejuízo da utilização da técnica específica para concessão de tutela provisória prevista na Lei de Alimentos".

Ademais, há situações em que a cumulação enseja a fixação de alimentos em um só valor para todos os componentes: fixada a verba alimentar em prol da mulher e filhos sem individualização da quota-parte de cada beneficiário, entende-se que ela foi fixada *intuitu familiae*, e a alteração de seu montante exige a participação de todos os alimentandos na lide, sendo caso de litisconsórcio passivo necessário"[236].

Para Maria Berenice Dias, como o valor foi fixado em prol de todos, cada um tem legitimidade para cobrar a integralidade do valor: "se um ou mais filhos atinjam a maioridade, pode a genitora propor a execução para cobrança da totalidade do débito"[237].

Assim, enquanto não houver reconhecimento da exoneração em relação a algum dos credores, perdura a obrigação em sua totalidade[238].

Como se percebe, faltando indicação sobre a divisão de valor entre os credores[239], o entendimento é favorável a eles, podendo cada um buscar o total[240].

---

327 do Código de Processo Civil para a cumulação. Celeridade e economia processual. [...]" (TJSP, AI 2203082-60.2019.8.26.0000, Ac. 13060995, Carapicuíba, 6.ª Câmara de Direito Privado, Rel. Des. José Roberto Furquim Cabella, j. 08.11.2019, *DJESP* 12.11.2019, p. 1.827).

236 "Apelação cível. Ação revisional de alimentos. Título alimentar fixado intuitu familiae. Litisconsórcio necessário entre os beneficiários. Desconstituição da sentença. 1. No caso, a pensão alimentícia foi fixada intuitu familiae, de modo que há litisconsórcio necessário, sendo imperiosa a participação no processo de todos os alimentados beneficiários da verba alimentar. 2. Assim, impõe-se a desconstituição da sentença, para que o outro alimentado integre a demanda. [...] " (TJRS, APL 0233037-63.2019.8.21.7000, Proc. 70082611286, Sapiranga, 8.ª Câmara Cível, Rel. Des. Ricardo Moreira Lins Pastl, j. 31.10.2019, *DJERS* 07.11.2019).

237 DIAS, Maria Berenice. *Manual de direito das famílias*, 2016, p. 593.

238 Eis ementas nesse sentido: "[...] Nos casos de alimentos fixados intuitu familiae, como ocorrido no intitulado Termo Declaratório ajustado entre as partes, ocorre a solidariedade entre os credores, razão pela qual não se pode falar ou cogitar em simples divisão matemática do valor devido e proceder-se à redução automática do quantum alimentar, bem como na impossibilidade de oposição de exceções pessoais de um credor com relação ao outro, e, portanto, ao menos em princípio, não é fato que retira das alimentadas o direito de perceber todo o estipulado. [...]" (TJES, AI 0021651-56.2019.8.08.0024, 4.ª Câmara Cível, Rel. Des. Robson Luiz Albanez, j. 04.11.2019, *DJES* 11.11.2019); "[...] Alimentos anteriormente fixados intuitu familiae. Exoneração da obrigação em relação aos réus maiores. Pleito de redução da pensão alimentícia devida à filha menor que não comporta acolhida, diante da presunção de necessidade decorrente da menoridade e da ausência de elementos probatórios acerca da alegada diminuição da capacidade contributiva [...]. Sentença confirmada. Recurso não provido" (TJSP, AC 1020138-07.2018.8.26.0562, Ac. 12944055, Santos, 2.ª Câmara de Direito Privado, Rel. Des. José Carlos Ferreira Alves, j. 03.10.2019, *DJESP* 11.10.2019, p. 1.573).

239 "[...] Fixados os alimentos, sem individualização da parte de cada beneficiário, entende-se que o encargo foi estabelecido na modalidade intuitu familiae. Assim, qualquer modificação em seu montante exige a citação de todos os alimentados, em face do litisconsórcio passivo necessário. [...]" (TJRS, AC 102257-35.2019.8.21.7000, Viamão, 8.ª Câmara Cível, Rel. Des. Luiz Felipe Brasil Santos, j. 30.05.2019, *DJERS* 05.06.2019).

240 Eis decisão nesse sentido: " [...] Se os alimentos são estipulados em favor de dois ou mais beneficiários e não houve a individualização da quota que cabe a cada um deles, entende-se que tal fixação se deu na modalidade intuitu familiae, a ensejar a solidariedade entre os credores, razão pela qual qualquer dos beneficiários pode cobrar o débito alimentar integralmente, na linha da jurisprudência deste Tribunal. [...]" (TJRS, AI 0134023-09.2019.8.21.7000, Proc. 70081621146, Santa Cruz do Sul, 8.ª Câmara Cível, Rel. Des. Luiz Felipe Brasil Santos, j. 26.09.2019, *DJERS* 01.10.2019).

E se houver exoneração em relação a um dos credores de alimentos? O Tribunal de Justiça de Santa Catarina, ao apreciar a exoneração da pensão do filho e o direito de acrescer da ex-esposa, assim se manifestou:

> "O montante dos alimentos é estabelecido em prol de todos os familiares, e quando um deles deixa de ser credor dos alimentos pode até ocorrer uma pequena redução da pensão, mas não uma divisão proporcional ao número de alimentandos, sucedendo, se for o caso, um ajuste com a simples readequação do valor dos alimentos" (MADALENO, Rolf. *Curso de direito de família*. 4. ed. Rio de Janeiro: GEN/Forense, 2011. p. 946). A maioridade civil não impede que os filhos permaneçam na condição de credores de alimentos, agora não mais por vínculo do poder familiar, e da presunção absoluta de necessidade que daí advém, mas em razão de uma obrigação condicional de alimentos decorrente do vínculo de parentesco (art. 1.696, do CC) e da permanência de sua necessidade alimentar. Fixados os alimentos *intuitu familiae*, não deve a exoneração se dar em proporção aritmética, vez que doutrina e jurisprudência têm reconhecido o direito de acrescer àquele cujo benefício subsiste[241].

Quem é o réu nas demandas familiares? Geralmente o esposo, o filho, o pai... pela regra da legitimidade ordinária, estes devem atuar em nome próprio. Vale aqui, obviamente, a mesma regra sobre a regularidade da representação caso sejam incapazes.

Dúvida pode haver em caso de falecimento do demandado no curso do feito.

Se a ação tem objeto de índole personalíssima – como a finalização do vínculo entre o casal, por exemplo –, o falecimento faz com que a demanda perca o objeto e seja extinta sem resolução do mérito[242]. Essa é a resposta-padrão se considerarmos que o interesse seja apenas o reconhecimento do fim da união (que pode se dar pelo divórcio ou pela morte); contudo, pode haver outros interesses que ensejam questionamentos maiores. O tema será abordado com maior detalhamento na Parte II do livro (mais precisamente no item 3.2.2).

Pode ocorrer que a demanda familiar seja intentada após o falecimento de uma das pessoas envolvidas – por exemplo, para investigar a paternidade, para executar alimentos... em tais casos, como fica a configuração do polo passivo?

Nas ações que investigam paternidade, pacificou-se o entendimento de que devem compor o polo passivo os herdeiros do falecido[243], e não seu espólio.

---

241 TJPR, Proc. 0023504-19.2020.8.16.0000, Rel. Luciano Carrasco Falavinha Souza, j. 09.12.2020.

242 CPC/2015, art. 485. O juiz não resolverá o mérito quando: [...] IX – em caso de morte da parte, a ação for considerada intransmissível por disposição legal; CPC/1973, art. 267. Extingue-se o processo sem resolução do mérito: [...] VIII – quando a ação for considerada intransmissível por disposição legal.

243 STJ, *Informativo* n. 0133, 06 a 10.05.2002, 3.ª Turma. [...] Na ação de investigação de paternidade *post mortem*, as partes legítimas passivas são os herdeiros e não o espólio. REsp 331.842/AL, Rel. Min. Antônio de Pádua Ribeiro, j. 06.05.2002. Segundo consta em decisão posterior, "o espólio, por não se constituir afetado pela aspiração investigadora, não pode ser demandado passivamente, porque lhe falta interesse no deslinde da polêmica"; "[...] Por se tratar de ação de estado e de natureza pessoal, a ação de investigação de paternidade em que o pretenso genitor biológico é pré-morto deve ser ajuizada somente em face dos herdeiros do falecido e não de seu espólio, sendo irrelevante o fato de se tratar de rediscussão da matéria no âmbito de ação rescisória, para a qual igualmente são legitimados passivos os sucessores do pretenso genitor biológico, na medida em que são eles as pessoas aptas a suportar as pretensões rescindente e rescisória deduzidas pelos supostos filhos. 4. Em homenagem aos princípios da efetividade do processo, da economia processual e da instrumentalidade das formas, é admissível a emenda à petição inicial para modificação do polo passivo, sem alteração do pedido ou da causa de pedir, mesmo após a contestação do réu. Precedentes. [...]" (STJ, REsp 1.667.576, Proc. 2017/0077797-4/PR, 3.ª Turma, Rel.ª Min.ª Nancy Andrighi, j. 10.09.2019, *DJe* 13.09.2019).

Há ainda precedente do STJ no sentido de que "é essencial, sob pena de nulidade, a integração à lide, nas ações de investigação de paternidade, como litisconsorte necessário, do pai registral, ou de seus herdeiros, caso já falecido"[244].

No que tange aos alimentos, se antes do falecimento não houve o ajuizamento de ação contra o alimentante, entendeu o STJ que o espólio até seria legitimado para a discussão; contudo, no mérito, não seria procedente o pedido alimentar contra o espólio porque o dever de prestar alimentos seria do falecido, tendo índole personalíssima e intransmissível[245].

Diversamente, se houve a fixação de alimentos enquanto vivia o devedor, a transmissão da obrigação para o espólio existe, sendo ele o legitimado para a execução dos alimentos[246].

Como o espólio reúne o patrimônio do falecido, ele responde pela obrigação alimentar nas exatas condições em que respondia o devedor. Como esclarece José Fernando Simão:

> O espólio paga integralmente os alimentos vencidos e vincendos. É o patrimônio do falecido que arca com suas dívidas. Contudo, pode-se imaginar que o falecido vivia de seu salário e com ele pagava os alimentos devidos. Se com a morte há sensível redução patrimonial, o espólio tem legitimidade para pleitear, por ação revisional, a redução do valor dos alimentos, levando-se em conta a alteração de um dos polos do binômio: a possibilidade do devedor (art. 1.694, § 1.º)[247].

---

244 "[...] 1. A jurisprudência desta Corte é pacífica no sentido de que é essencial, sob pena de nulidade, a integração à lide, nas ações de investigação de paternidade, como litisconsorte necessário, do pai registral, ou de seus herdeiros, caso já falecido. 2. Contudo, *in casu*, há que ser afastada a referida nulidade, tendo em vista as peculiaridades do caso concreto, quais sejam, o fato de que os herdeiros do pai registral, apesar de não citados, manifestaram por escrito sua concordância com a pretensão do autor, a ausência de bens deixados pelo pai registral e a existência de exame genético não refutado comprovando a paternidade ora pleiteada. 3. Nos termos da jurisprudência do STJ, não deve ser declarada nulidade processual se não houver demonstração de prejuízo às partes (*pas de nullité sans grief*). [...]" (STJ, AgInt-EDcl-REsp 1.734.515, Proc. 2018/0081858-7/RN, 4.ª Turma, Rel. Min. Raul Araújo, j. 07.02.2019, *DJe* 19.02.2019).

245 "'Os alimentos ostentam caráter personalíssimo, por isso, no que tange à obrigação alimentar, não há falar em transmissão do dever jurídico (em abstrato) de prestá-los' (REsp 1130742/DF, Rel. ministro Luis Felipe Salomão, Quarta Turma, julgado em 04.12.2012, *DJe* 17.12.2012). 3. Assim, embora a jurisprudência desta Corte Superior admita, nos termos dos artigos 23 da Lei do Divórcio e 1.700 do Código Civil, que, caso exista obrigação alimentar preestabelecida por acordo ou sentença – por ocasião do falecimento do autor da herança –, possa ser ajuizada ação de alimentos em face do Espólio – de modo que o alimentando não fique à mercê do encerramento do inventário para que perceba as verbas alimentares –, não há cogitar em transmissão do dever jurídico de prestar alimentos, em razão de seu caráter personalíssimo e, portanto, intransmissível. Precedentes das duas Turmas que compõem a Segunda Seção, mas com ressalvas por parte de integrantes da Quarta Turma [...]" (REsp 1.337.862/SP, Rel. Min. Luis Felipe Salomão, j. 11.02.2014).

246 Eis decisão do STJ a respeito: "[...]. 1. A obrigação de prestar alimentos, por ter natureza personalíssima, extingue-se com o óbito do alimentante, cabendo ao espólio recolher, tão somente, eventuais débitos não quitados pelo devedor quando em vida, ressalvada a irrepetibilidade das importâncias percebidas pela alimentada (REsp 1354693/S, Rel. p/ o acórdão o ministro Antônio Carlos Ferreira, Segunda Seção, julgado em 26/11/2014 *DJe* 20.02.2015). 2. Excepcionalmente e desde que o alimentado seja herdeiro do falecido, é admitida a transmissão da obrigação alimentar ao espólio, enquanto perdurar o inventário e nos limites da herança. 3. Possibilidade de ser pleiteada pela alimentanda ajuda alimentar de outros herdeiros ou demais parentes com base no dever de solidariedade decorrente da relação de parentesco, conforme preceitua o art. 1.694, do Código Civil, ou, ainda, de postular a sua habilitação no inventário e lá requerer a antecipação de recursos eventualmente necessários para a sua subsistência até ultimada a partilha, advindos da sua meação. [...]" (REsp 1835983/PR, Rel. Min. Paulo de Tarso Sanseverino, j. 02.02.2021, *DJe* 05.03.2021).

247 SIMÃO, José Fernando. Transmissibilidade dos alimentos: a lei, a doutrina e STJ (parte 4). *ConJur*, São Paulo, 3 jul. 2016. Disponível em: http://www.conjur.com.br/2016-jul-03/transmissibilidade-alimentos--lei-doutrina-stj-parte. Acesso em: 27 set. 2022.

3.4.4. *Causa de pedir e limitações quanto a dados relevantes*

A causa de pedir (*causa petendi*) constitui a razão do pedido e vem retratada na petição inicial na fundamentação exposta pelo litigante para formular seu pleito.

Como destaca José Rogério Cruz e Tucci ao abordar as teorias sobre o conteúdo da *causa petendi*, a questão fulcral analisada cinge-se ao conteúdo mínimo necessário à demanda judicial[248].

Composta pelo conjunto de elementos levado a juízo pelo autor, costuma ser objeto de divisão na doutrina[249] em duas espécies: próxima e remota. A descrição dos fatos que geraram o conflito compõe a causa de pedir *remota*, enquanto os fundamentos jurídicos (alegações sobre como o Direito ampara o pedido do autor) dizem respeito à causa de pedir *próxima*.

É importante que o demandante tenha conhecimento suficiente dos fatos para poder apresentar bem a causa de pedir e formular seus pedidos de forma apropriada.

Sob a perspectiva do réu, também é essencial que a causa de pedir esteja bem delimitada para que ele possa saber o que é objeto de alegação para poder refutar a versão exposta pelo autor e aportar novos elementos. Na perspectiva do processo, é previsto um limite para a alteração da *causa petendi*[250].

Há, porém, que se perquirir: nas causas de Direito de Família este regramento incide sem qualquer ressalva?

A causa de pedir é composta pelos fatos constitutivos do direito do autor; estes podem gerar direitos absolutos/autodeterminados (como direitos de personalidade e direitos reais de gozo) ou embasar direitos relativos/heterodeterminados (como direitos de crédito e direitos reais de garantia)[251].

Como bem explana Leonardo Greco, "os direitos autodeterminados podem ser gerados pelos fatos inicialmente propostos ou por quaisquer outros, desde que possuam as mesmas características jurídicas"[252]. Assim,

> [...] nos direitos absolutos, embora tenha o autor o ônus de enunciar os fatos geradores do seu direito na petição inicial, se ele não circunscrever expressamente a sua postulação apenas a esses fatos, poderá o juiz a qualquer tempo tomar conhecimento de ofício de quaisquer outros fatos com as mesmas características e, com base neles, julgar o pedido

---

248 CRUZ E TUCCI, José Rogério. *A* causa petendi *no processo civil*. 3. ed. São Paulo: RT, 2009, p. 93.

249 Embora grande parte da doutrina considere útil a distinção, alguns entendem ser a causa de pedir remota a que outros denominam como próxima – e vice-versa.

250 CPC, art. 329. O autor poderá: I – até a citação, aditar ou alterar o pedido ou a causa de pedir, independentemente de consentimento do réu; II – até o saneamento do processo, aditar ou alterar o pedido e a causa de pedir, com consentimento do réu, assegurado o contraditório mediante a possibilidade de manifestação deste no prazo mínimo de 15 (quinze) dias, facultado o requerimento de prova suplementar. Parágrafo único. Aplica-se o disposto neste artigo à reconvenção e à respectiva causa de pedir.

251 GRECO, Leonardo. Os atos de disposição processual – primeiras reflexões. *Revista Eletrônica de Direito Processual*, n. 1, dez. 2007, cit.

252 GRECO, Leonardo. Os atos de disposição processual – primeiras reflexões. *Revista Eletrônica de Direito Processual*, n. 1, dez. 2007, cit.

(CPC, art. 462 [1973][253]), como poderá o próprio autor, depois da citação e do saneador alegá-los. Os fatos produzirão efeitos no processo desde a sua alegação ou revelação[254].

Como se percebe, há grande espectro de atuação do magistrado porque os direitos de personalidade são reputados absolutos.

A utilidade de tal constatação nas demandas familiares é significativa porque muitas vezes faltam informações relevantes a uma das partes por conduta dolosa da parte contrária.

Nesse quadro, não há como negar que, em demandas de alimentos contra genitores que atuam como profissionais liberais ou trabalhadores autônomos, há significativa dificuldade para conhecer e/ou comprovar sua renda[255].

Em casos em que o filho (e/ou sua representante legal) não conhece a renda auferida pelo pai demandado a pagar alimentos, em vez de focar nos vencimentos, que integram o item *possibilidade* de quem paga (geralmente abordada em termos de pressuposição ou em porcentagem padrão de até 30%), o autor deve dedicar-se a mostrar o requisito *necessidade*, demonstrando quais itens integram suas despesas.

A Lei de Alimentos corrobora tal assertiva ao trazer regra interessante: pelo art. 2.º, o credor exporá suas necessidades, provando, apenas o parentesco ou a obrigação de alimentar do devedor, sendo dispensada a produção inicial de documentos probatórios: I – quando existente em notas, registros, repartições ou estabelecimentos públicos e ocorrer impedimento ou demora em extrair certidões; II – quando estiverem em poder do obrigado, as prestações alimentícias ou de terceiro residente em lugar incerto ou não sabido.

Tratando-se de profissionais liberais, indícios e presunções precisam ser considerados na seara processual com significativo valor; a exteriorização do padrão socioeconômico pode configurar suporte suficiente para uma apreciação liminar[256].

Em caso julgado pela Corte catarinense, a genitora (representante do filho na ação de alimentos) não tinha informações sobre os rendimentos nem sobre o local do trabalho do alimentante, tendo apresentado sua petição inicial sem tais dados. O magistrado determinou a emenda para que estes fossem apresentados e, dada a desinformação da representante, indeferiu a petição inicial. Interposta apelação, a esta foi dado provimento em atenção aos princípios da economia e da celeridade processual; além disso, afirmou-se a excepcionalidade

---

253 A menção foi feita ao CPC/1973 (Art. 462. Se, depois da propositura da ação, algum fato constitutivo, modificativo ou extintivo do direito influir no julgamento da lide, caberá ao juiz tomá-lo em consideração, de ofício ou a requerimento da parte, no momento de proferir a sentença). No CPC/2015 há previsão semelhante no art. 493 ("se, depois da propositura da ação, algum fato constitutivo, modificativo ou extintivo do direito influir no julgamento do mérito, caberá ao juiz tomá-lo em consideração, de ofício ou a requerimento da parte, no momento de proferir a decisão").

254 GRECO, Leonardo. Os atos de disposição processual – primeiras reflexões. *Revista Eletrônica de Direito Processual*, n. 1, dez. 2007, cit.

255 O exemplo é de Caetano Lagrasta Neto, para quem, em tais casos, é preciso considerar diferentemente a incidência das regras do ônus da prova; o tema será mais bem desenvolvido adiante (LAGRASTA NETO, Caetano. Diálogos de um juiz. In: LAGRASTA NETO, Caetano; TARTUCE, Flávio; SIMÃO, José Fernando. *Direito de família*: novas tendências e julgamentos emblemáticos. São Paulo: Atlas, 2011, p. 286).

256 A ponderação é de Karin Wolf, para quem "as rendas balizadoras do arbitramento judicial da pensão não são apenas aquelas provadas em seus mínimos detalhes, ou apenas documentalmente, pois podem também ser as presumidas diante da natureza da profissão ou da atividade desempenhada, assim como pelo nível de vida do alimentante e de sua família" (WOLF, Karin. Reconvenção e revisional de alimentos. In: PEREIRA Rodrigo da Cunha; MADALENO, Rolf (org.). *Direito de família*: processo, teoria e prática. Rio de Janeiro: Forense, 2008, p. 85).

da gravíssima medida de indeferimento da inicial e declarou-se expressamente serem os requisitos prescindíveis ao ajuizamento da ação[257].

Em interessante decisão, o STJ assim se posicionou sobre a impertinência do indeferimento da petição inicial se houver um quadro fático apto a permitir ao réu se defender:

> 1. Suficiente a exposição dos fatos, claro o fito do autor, evidenciado que a parte ré, bem compreendendo a demanda, sem prejuízo e com amplitude, exercitou a defesa, estabelecendo-se o contraditório, a petição inicial não deve ser reconhecida como inepta. [...]. 3. O indeferimento sumário destrói a esperança da parte e obstaculiza o acesso a via judicial, constituindo desprestígio para o Judiciário [...][258].

Como se perceberá adiante (quando da análise de aspectos probatórios), houve evolução sobre o tema especialmente pela contemplação da distribuição dinâmica do ônus da prova: um de seus efeitos é que uma parte deverá apresentar prova de alegação feita pela outra segundo "uma intervenção judicial, pontual e concreta" que altera a distribuição legal"[259].

É importante ainda salientar o caráter sucessivo e dinâmico das relações familiares: muitas vezes, é impossível a demanda se limitar a uma "fotografia" tirada no momento da elaboração da petição inicial. Durante a tramitação dos processos que envolvem direito de família, é comum a ocorrência de fatos que repercutem nas qualificações jurídicas e influam no julgamento, constituindo novos fundamentos para sustentar a pretensão autoral ou a defesa.

Como exemplo, considere uma demanda para modificação de guarda sob a alegação de que o postulante atende melhor aos interesses da criança; se durante a demanda ele passa a praticar atos de alienação parental, afeta negativamente sua própria causa de pedir.

Outro caso pode se verificar em ação revisional de alimentos: a alegada queda da renda do alimentante pode se acentuar ainda mais durante a tramitação do processo, passando a se revelar pertinente a exoneração. Tais fatos, obviamente, não escaparão à apreciação da magistratura.

3.4.5. *Pedido*

Solicitação de providência ao juiz, o pedido representa o objeto da ação em duplo aspecto: retrata o tipo de provimento judicial pretendido (objeto imediato – ex.: declaratório) e o bem da vida perseguido pelo jurisdicionado (objeto mediato – ex.: paternidade).

---

257 "[...] Ação de separação litigiosa cumulada com pedido de alimentos para o filho. Determinação de emenda à inicial para apresentação de informações acerca dos rendimentos e do local de trabalho do alimentante. Fatos desconhecidos pela requerente. [...] O indeferimento da petição inicial é medida excepcionalíssima, cuja aplicação deve limitar-se aos casos em que a gravidade do vício obstaculize a defesa do réu ou a prestação jurisdicional. Assim, não pode o magistrado exigir em emenda à inicial informações acerca do local de trabalho e dos rendimentos do demandado ao pagamento de alimentos ao filho, de paradeiro desconhecido, mormente porque não se trata de requisito imprescindível ao ajuizamento da ação" (TJSC, AC 2008.035318-7, Joinville, 2.ª Câmara de Direito Civil, Rel. Des. Luiz Carlos Freyesleben, *DJSC* 05.02.2009, p. 65).

258 STJ, REsp 30.735/SP, 1.ª Turma, Rel. Min. Milton Luiz Pereira, j. 21.09.1994, *DJ* 10.10.1994, p. 27.109.

259 ZUFELATO, Camilo. Novas tendências sobre o ônus da prova e o Projeto de Novo CPC – Parte II (conclusão). *Jornal Carta Forense*, 12 fev. 2012. Disponível em: http://www.cartaforense.com.br/conteudo/artigos/novas-tendencias-sobre-o-onus-da-prova-e-o-projeto-de-novo-cpc---parte-ii-conclusao/8276. Acesso em: 2 jan. 2019.

Em regra, aplica-se ao processo civil o *princípio da congruência*, segundo o qual a decisão do juiz deve ser proferida nos limites dos pedidos das partes. Sua positivação vem expressa no CPC em diversos dispositivos[260] visando a garantir aos litigantes valores como segurança e previsibilidade.

Em torno da aplicação desse princípio nas causas familiares, os tribunais precisaram enfrentar questões como a seguinte: em uma demanda alimentar, pode o juiz fixar a pensão alimentícia em valor superior ao pleiteado na inicial? Ou, se o fizer, proferirá decisão *ultra petita* e, portanto, nula?

Em clássica decisão datada de 1965 (cujo teor foi referenciado em outros acórdãos muitos anos depois), o STF entendeu não ser *ultra petita* a decisão que ultrapassa o *quantum* pedido na ação de alimentos pelos seguintes motivos: 1. a ação envolve interesse de menor; 2. a fixação do valor dos alimentos pode ser revista a qualquer tempo, assim como o juiz pode se negar a homologar acordos desfavoráveis ao interesse da criança; 3. O objeto do pedido de alimentos não pode ser uma quantia certa, podendo esta "flutuar" para mais ou para menos; 4. O juiz pode adotar o melhor critério para atender aos interesses das partes, mormente quando em jogo interesse de menores[261].

Também o Superior Tribunal de Justiça assim entende há considerável tempo, afirmando que em demandas de caráter alimentar "as regras pertinentes ao julgamento *ultra petita* merecem exegese menos rigorosa, constituindo o pedido inicial mera estimativa"[262].

Alinhados a esse posicionamento, alguns Tribunais afirmam não ensejar a hipótese um julgamento *ultra petita*[263] porque o valor postulado na petição inicial a título de pensão é meramente estimativo[264] e não vincula o juiz na fixação definitiva dos alimentos. O montante da

---

260 CPC/2015, art. 2.º O processo começa por iniciativa da parte e se desenvolve por impulso oficial, salvo as exceções previstas em lei; art. 141. O juiz decidirá o mérito nos limites propostos pelas partes, sendo-lhe vedado conhecer de questões não suscitadas a cujo respeito a lei exige iniciativa da parte; art. 492. É vedado ao juiz proferir decisão de natureza diversa da pedida, bem como condenar a parte em quantidade superior ou em objeto diverso do que lhe foi demandado.

261 STF, RE 56.792/PE, Rel. Min. Evandro Lins, j. 31.08.1965.

262 "II – Em ação de cobrança de alimentos, objetivando os autores receberem pensão com base em percentual sobre os vencimentos totais do alimentante, não constitui julgamento *extra* ou *ultra petita* a decisão que o fixa sobre os vencimentos obtidos por promotor, inclusive pelo exercício da função junto à Justiça Eleitoral. III – Consoante precedentes deste Superior Tribunal de Justiça, nas demandas de caráter alimentar, as regras pertinentes ao julgamento *ultra petita* merecem exegese menos rigorosa, constituindo o pedido inicial mera estimativa [...]" (STJ, REsp 182.681/TO, 3.ª Turma, Rel. Min. Castro Filho, j. 21.11.2002, *DJ* 19.12.2002, p. 360). Em decisões mais recentes, a visão tem sido mantida: "[...] 2. O Superior Tribunal de Justiça já firmou o entendimento de que, 'na ação de alimentos, a sentença não se subordina ao princípio da adstrição, podendo o magistrado arbitrá-los com base nos elementos fáticos que integram o binômio necessidade/capacidade, sem que a decisão incorra em violação dos arts. 128 e 460 do CPC' (REsp 1.290.313/Al, Rel. ministro Antonio Carlos Ferreira, Quarta Turma, julgado em 12/11/2013, *DJe* de 7/11/2014) [...]" (STJ, AgRg-AREsp 603.597, Proc. 2014/0275643-0/RJ, 4.ª Turma, Rel. Min. Raul Araújo, *DJe* 03.08.2015).

263 "Alimentos. Julgamento *ultra petita*. Não configuração. Arbitramento da verba alimentar. Juiz que não está vinculado à estimativa constante da petição inicial. Adequação da base de cálculo da pensão alimentícia que não cabe à parte. Precedentes. Inexistência de violação ao princípio da congruência. Tese rejeitada. [...]" (TJSP, AC 1014301-84.2018.8.26.0007, Ac. 12974124, Bragança Paulista, 7.ª Câmara de Direito Privado, Rel. Des. Rômolo Russo, j. 14.10.2019, *DJESP* 16.10.2019, p. 2.541).

264 "[...] Nas ações de alimentos, o pedido inicial constitui mera estimativa a depender da instrução processual quanto às possibilidades do alimentante e necessidades do alimentando, sendo mitigado o princípio da adstrição para que o juiz estabeleça os alimentos de acordo com as peculiaridades do caso concreto,

pensão deve ser fixado com base no binômio "necessidades do alimentando – possibilidade do alimentante"[265], como preconiza o art. 1.694, § 1.º, do CC[266].

Como contraponto, merece destaque a existência de decisões que afirmam ser essencial adequar a concessão ao pedido formulado na inicial[267].

Vale destacar que esse entendimento não tem sido aplicado apenas em demandas com pleitos alimentares; também em discussões judiciais sobre guarda[268] ele vem sendo aplicado.

O tema, percebe-se, é polêmico. Sob a perspectiva das garantias processuais da ampla defesa, do contraditório e do devido processo legal, não se pode compactuar com um processo "flutuante", que mude ao alvedrio das partes em inapropriadas alterações de seu curso. As partes precisam contar com um recorte processual que evite excessivas surpresas.

Por outro lado, afirmar que não há hipótese de mudança implica passar uma mensagem complicadora do acesso à justiça do autor. Imagine a situação em que a criança e sua guardiã não conhecem o potencial econômico do genitor que delas o oculta; se a filha deixa de pleitear, por exemplo, os pagamentos de escola privada e plano de saúde (por estarem fora de

---

não havendo falar em julgamento *ultra petita* [...]" (TJDFT, Proc. 07303782820208070000, Rel. Fábio Eduardo Marques, j. 03.02.2021).

265 "CIVIL. DIREITO DE FAMÍLIA. [...] Em ação de alimentos o julgador pode arbitrar o valor da obrigação à luz dos elementos fáticos que integram o binômio x capacidade, sem que tal decisão incorra em violação ao princípio da adstrição e em julgamento *extra* ou *ultra petita* [...]" (TJDFT, Proc. 07347977720198070016, Rel. Getúlio de Moraes Oliveira, j. 09.12.2020); "Agravo de instrumento. Alimentos provisórios. Decisão *ultra petita*. Inocorrência. No pedido de alimentos, o magistrado não fica adstrito ao valor postulado pelo autor. Arbitramento que se dá em atenção ao binômio necessidade-possibilidade. [...]" (TJSP, AI 2208538-88.2019.8.26.0000, 10.ª Câmara de Direito Privado, Rel. Des. J.B. Paula Lima, j. 21.11.2019, *DJESP* 27.11.2019, p. 2.060).

266 "[...] O pedido inicial em ação de alimentos, mesmo quando indica o percentual exato da condenação pretendida, não será considerado para definir os limites da lide, eis que a pensão deve ser fixada considerando os elementos do caso concreto. Assim, eventual decisão que ultrapassa o pedido inicial, não incorre em nulidade por vício de julgamento *ultra petita*. 2. Nos termos do art. 1.694, § 1.º, do Código Civil, os alimentos devem ser fixados considerando a necessidade do alimentando e a possibilidade do alimentante, respeitando a proporcionalidade e razoabilidade. Atendidos tais requisitos, deve ser mantido o valor estipulado na sentença a título de pensão alimentícia" (TJMG, AC 1.0000.21.110921-0/001, Rel. Des. Wagner Wilson, j. 16.09.2021); "[...] Alegada ocorrência de decisão *ultra petita*. Insubsistência. Fixação de alimentos provisórios em montante superior ao pretendido na exordial pela parte autora que não possui o condão de configurar julgamento *ultra petita*. Observância ao disposto contido no art. 1.694, § 1.º, do Código Civil. 'Nas ações de oferta de alimentos, o valor da pensão alimentícia pode ser arbitrada em quantia superior à ofertada sem que isso implique em sentença *ultra petita*. A fixação da verba alimentar deve observar a regra preconizada no art. 1.694, § 1.º, do Código Civil' (AC n. 2007.019385-6, Des. Fernando Carioni). [...]" (TJSC, AI 4032779-33.2019.8.24.0000, Rio Negrinho, 1.ª Câmara de Direito Civil, Rel. José Maurício Lisboa, j. 23.07.2020).

267 Eis exemplo de decisão: "1. Consoante dispõe o art. 492 do Código de Processo Civil, é vedado ao juiz proferir decisão de natureza diversa da pedida, bem como condenar a parte em quantidade superior ou em objeto diverso do que lhe foi demandado. 2. *In casu*, a decisão recorrida revelou-se ultra petita, na medida em que fixou a pensão alimentícia em patamar superior ao requerido pela alimentada, ora agravada [...]" (TJDF, AGI 2016.00.2.045646-2, Ac. 100.1832, 8.ª Turma Cível, Rel.ª Des.ª Nídia Corrêa Lima, j. 09.03.2017, *DJDFTE* 17.03.2017).

268 Eis um trecho de decisão a respeito do assunto: "A jurisprudência desta egrégia Corte de Justiça desenvolveu-se no sentido de que, em função do primado da proteção e do princípio do melhor interesse do menor, não se verifica vício de congruência no *decisum* que estabelece o regime de convivência de forma diversa da que foi requerida pelo autor. Desse modo, o provimento jurisdicional que, acolhendo parecer ministerial, determina regime de convivência desvinculado do pleito inicial não ultrapassa os limites do pedido. Preliminar de nulidade por vício de julgamento *ultra petita* rejeitada [...]" (TJDFT, Proc. 07171721020218070000, j. 18.08.2021).

sua precária realidade até então), faz sentido que, a partir do cenário probatório delineado, tais pagamentos sejam determinados. Nessa medida, faz sentido o teor de decisões segundo as quais "não ocorre julgamento *ultra petita* se o Tribunal local decide questão que é reflexo do pedido na exordial"[269]. O tema, como se percebe, exige atenção.

Caroline Pomjé, ao aprofundar-se sobre o assunto, concluiu ser viável que o Poder Judiciário aprecie situações não requeridas pelas partes, respeitando a garantia do contraditório e "considerando a necessidade de que o juiz indique previamente às partes quais questões serão objeto de enfrentamento e possibilite que os litigantes se manifestem sobre os temas"[270].

Para evitar problemas, alguns cuidados podem ser tomados com proveito. Em cenários de falta de informação, é importante expor na petição inicial a ignorância sobre fatores relevantes e focar em elementos que permitam ao juiz perceber a boa-fé e a extensão do pedido do autor.

Suporta tal posição o inovador art. 322, § 2.º, do CPC, segundo o qual "a interpretação do pedido considerará o conjunto da postulação e observará o princípio da boa-fé". Essa regra permite uma leitura menos rígida do pedido formulado textualmente na petição inicial. Se a boa-fé deve ser observada – aqui também entendidas tanto a boa-fé subjetiva como a objetiva –, em uma demanda de alimentos, por exemplo, o estado de desconhecimento da real situação do alimentante é suficiente para justificar eventual alteração do *quantum* demandado a partir de elementos que venham a ser descobertos no curso do processo.

Será interessante destacar a chance de uma possível mudança; por exemplo, se a criança estuda em escola pública porque só com os rendimentos da mãe não é possível pagar uma instituição privada, é importante apontar já na petição inicial que, caso o pai tenha condições de arcar com tal despesa, há interesse em que a criança estude em escola particular. O mesmo pode acontecer em termos de atendimento médico (SUS e plano de saúde) e situações similares: é relevante haver o máximo de transparência e não deixar aquele que alija seu filho de informações importantes livre de arcar com o que deve. A partir da formulação de um pedido genérico em relação a tais pretensões, será possível ampliar o objeto da demanda e deixar claro que, sendo viável, haverá deferimento de verbas relacionadas a ensino e saúde; a ideia é que tal interpretação considere o atendimento da proteção integral a crianças e adolescentes.

3.4.6. *Citação*

As garantias constitucionais do *contraditório* e da *ampla defesa*[271] asseguram a litigantes e acusados em geral a possibilidade de ciência e manifestação sobre todos os atos do processo;

---

[269] "Apelação cível. Ação de adoção unilateral. Sentença que reconheceu a paternidade socioafetiva. [...]. Assim, 'Consoante entendimento sedimentado no STJ, não ocorre julgamento ultra petita se o Tribunal local decide questão que é reflexo do pedido na exordial. O pleito inicial deve ser interpretado em consonância com a pretensão deduzida na exordial como um todo, sendo certo que o acolhimento da pretensão extraída da interpretação lógico-sistemática da peça inicial não implica julgamento *extra petita*. [...]' (AGRG no AREsp n. 322.510/BA, Rel. Min. Herman Benjamin, j. 11.06.2013) (TJSC, Apelação Cível n. 0008501-29.2013.8.24.0038/Joinville, Rel. Des. Rubens Schulz, Segunda Câmara de Direito Civil, j. 28.09.2017) [...] Sentença mantida. Recurso conhecido e desprovido" (TJSC, AC 0302161-47.2017.8.24.0008, Blumenau, 5.ª Câmara de Direito Civil, Rel.ª Des.ª Cláudia Lambert de Faria, *DJSC* 09.01.2019, p. 240).

[270] POMJÉ, Caroline. *O direito de família no processo*: um estudo sobre a aplicação do princípio dispositivo em sentido material e do princípio da congruência em ações de família. 2020. Dissertação (Mestrado em Direito Civil) – Faculdade de Direito da Universidade Federal do Rio Grande do Sul, Porto Alegre, 2020, p. 173.

[271] As duas garantias foram previstas pelo constituinte no mesmo dispositivo da CF (art. 5.º, LV).

a partir do binômio "ciência necessária-reação possível", todos os meios e recursos podem ser invocados para que as partes defendam seus interesses de forma a poder influir efetivamente no convencimento do juiz.

3.4.6.1. Análise do art. 695, § 1.º, do CPC

Como o exercício do contraditório pressupõe a informação e a chance de reação, as partes devem ser comunicadas de todos os atos verificados no processo para que possam intervir em prol de seus interesses.

Daniel Amorim Assumpção Neves afirma que fere o princípio do contraditório qualquer previsão ou ato do juiz que exija um comportamento da parte sem instrumentalizar formas para que tome conhecimento da situação processual[272].

Acrescente-se a essa observação o fato de que a *reação* deve ser possibilitada não só pela efetivação formal da comunicação, mas pelo emprego de meio apto a garantir a compreensão da informação por parte do destinatário.

O demandado pode integrar a relação processual pelo comparecimento espontâneo[273] ou por meio da citação[274]; nos dois cenários, é essencial que conte com a adequada informação sobre os termos do processo para que, a partir da ciência sobre as imputações que lhe são feitas, possa se manifestar.

Em relação ao comparecimento espontâneo, merece transcrição interessante decisão: em uma ação de alimentos, o réu compareceu voluntariamente à audiência de conciliação designada e realizada no feito – mas não constituiu advogado nem lhe fora aberto prazo para apresentação de defesa. No caso, "não constando que o réu tenha estabelecido advogado nem sido cientificado formalmente e a contento acerca dos seus direitos quando compareceu voluntariamente para a audiência de conciliação, recomendava-se que o rito fosse ordinarizado, ao menos, para que lhe fosse oportunizada a apresentação de defesa, evitando-se prejuízos processuais. Não o sendo, *data venia*, há *error in procedendo* a macular a regularidade do processo; na hipótese, a ausência de regularidade na citação do réu acarretou-lhe evidente violação de suas garantias constitucionais, sendo o dano patente, devendo essa irregularidade então ser saneada"[275].

A regra geral é que o réu, ao receber a citação, receba também cópias da petição inicial e da decisão do juiz no caso; exceção a essa previsão se encontra nas regras das ações de família.

Com o propalado intuito de evitar despertar sentimento de acirramento no réu, o § 1.º do art. 695 do CPC dispõe que o mandado de citação "conterá apenas os dados necessários à audiência e deverá estar desacompanhado de cópia da petição inicial, assegurado ao réu o direito de examinar seu conteúdo a qualquer tempo". A previsão é própria do procedimento

---

272 NEVES, Daniel Amorim Assumpção. *Manual de direito processual civil – volume único*. 8. ed. Salvador: JusPodivm, 2016, p. 115.

273 CPC, art. 239. Para a validade do processo é indispensável a citação do réu ou do executado, ressalvadas as hipóteses de indeferimento da petição inicial ou de improcedência liminar do pedido. § 1.º O comparecimento espontâneo do réu ou do executado supre a falta ou a nulidade da citação, fluindo a partir desta data o prazo para apresentação de contestação ou de embargos à execução.

274 Nos termos do art. 238 do CPC, citação é o ato pelo qual são convocados o réu, o executado ou o interessado para integrar a relação processual.

275 TJDF, AC 2015.01.1.044902-7, Ac. 943.496, 1.ª Turma Cível, Rel. Des. Alfeu Machado, j. 25.05.2016, *DJDFTE* 03.06.2016.

especial das ações de família, não encontrando paralelo no art. 334 (que dispõe sobre a audiência de conciliação ou mediação no procedimento comum).

A regra, porém, desafia a Constituição Federal: ao permitir que apenas uma parte tenha ciência do que foi apresentado ao juiz, ela promove um desequilíbrio anti-isonômico no processo; se uma parte apresentou sua versão em juízo, é decorrência do contraditório que haja cientificação da outra. Além disso, um dos princípios regentes dos meios consensuais é o da decisão informada, expresso pela Resolução n. 125/2010 do CNJ como o dever de manter os envolvidos cientes sobre o contexto fático em que estão inseridos.

Como bem lembra Zulmar Duarte, "a publicidade inerente aos atos processuais determina que as partes tenham integral conhecimento dos mesmos, sendo vedada, por inconstitucional, qualquer exceção a tal compartilhamento de conhecimento sobre seu conteúdo"[276].

Para Daniel Amorim Assumpção Neves, a regra é criticável por contrariar um princípio fundamental dos meios consensuais de solução de conflito: o pleno conhecimento das pretensões e resistências: "como, exatamente, o legislador pretende que o réu vá à audiência preparado para uma mediação e conciliação, se não tem conhecimento do alegado pelo autor na petição inicial?"[277]

Já José Miguel Garcia Medina entende que a norma não é inconstitucional por não vedar completamente o acesso do réu aos termos da demanda; contudo, em relação ao objetivo de não aumentar o estado de animosidade entre as partes, a regra tem alcance prático reduzido, pois dificilmente o réu ou seu advogado deixarão de realizar a consulta antes de comparecer à audiência[278].

Espera-se que os magistrados deixem de dar atenção à regra e promovam a citação atendendo ao padrão tradicional de fazer constar a contrafé junto ao mandado. Para tanto, poderão se valer, além do amparo das garantias constitucionais de isonomia, contraditório e ampla defesa, do teor da Lei n. 13.140/2015: na Lei de Mediação, não há previsão semelhante quanto a tal omissão de informações, o que comprova a impertinência de sua adoção.

Vale destacar que a parte autora poderá, na petição inicial, requerer que o mandado de citação venha acompanhado da contrafé, adotando iniciativa alinhada aos princípios da cooperação e da decisão informada.

3.4.6.2. Citação pessoal

A citação válida configura ato processual primordial para a observância de garantias constitucionais – sobretudo do devido processo legal e de suas derivações diretas, o contraditório e a ampla defesa (CF, art. 5.º, LV).

Tradicionalmente, as ações de estado e as causas em que incapazes eram réus sempre tiveram tratamento diferenciado. Em tais hipóteses, na época em que a citação postal era a regra, vedava-se tal ocorrência porque o legislador buscava maior segurança e preferia a realização da citação por um servidor do Poder Judiciário.

---

276 DUARTE, Zulmar. A contrafé nas "Ações de Família": inconstitucionalidade do artigo 695, § 1.º, do Novo CPC. *Revista Nacional de Direito de Família e Sucessões*, v. 1, n. 5, p. 5-31, mar./abr. 2015.

277 NEVES, Daniel Amorim Assumpção. *Novo CPC – Código de Processo Civil (Lei n. 13.105/2015)*: inovações, alterações e supressões comentadas. São Paulo: Método, 2015, *e-book*, item 44.10.

278 MEDINA, José Garcia Miguel. *Direito processual civil moderno*, cit., p. 804.

A preferência do sistema processual pela via postal foi alvo de críticas pelo fato de o Brasil ter milhões de analfabetos; apesar de sérias e consistentes ressalvas, costuma-se afirmar que na prática não têm sido verificados prejuízos relevantes aos réus[279].

Esta assertiva é difícil de ser aferida concretamente por faltarem pesquisas qualitativas sobre as razões da ausência dos réus nos processos; ademais, se o réu analfabeto não acessou o teor da comunicação oficial com auxílio de alguém, certamente não participou do processo e não se sabe o grau de seu prejuízo em detalhes[280].

A citação é ato essencial para a observância de garantias constitucionais ao demandado e precisa ser realizada de forma apta a viabilizar o pleno conhecimento e a reação possível das pessoas que tenham debilidades na saúde ou déficit de informação[281].

Assim, havendo notícias sobre a vulnerabilidade do litigante, o juiz deve determinar a citação por oficial de justiça e recomendar a este que proceda à diligência atentando para eventuais dificuldades do jurisdicionado.

Nas demandas que envolvem Direito de Família, o legislador processual anteviu situações que necessitam de maior adequação à forma de efetuar a citação e garantir a informação do citando, razão pela qual vedou a citação postal nas causas de estado e naquelas em que o réu for pessoa incapaz. Vale ressaltar que a incapacidade a que alude o artigo é tanto a relativa quanto a absoluta e se estende ao representante ou assistente do réu[282].

A interpretação dessas exceções era feita de forma restritiva no cenário do CPC/1973, sendo amplamente admitida a citação postal em outras causas de família que não envolvessem diretamente ações de estado ou réus incapazes. Assim, foi reconhecida como válida a citação postal em hipóteses como alimentos contra réu capaz e guarda; nesses casos, todavia, a validade da citação postal da pessoa física fica condicionada ao recebimento da correspondência pelo próprio citando, segundo jurisprudência pacificada do STJ[283].

Eis o entendimento jurisprudencial predominante no regime do CPC/1973 em relação à citação de pessoa física nas causas cíveis: ela somente era reputada válida se recebida pelo próprio réu. Assim, se o mandado de citação via AR fosse recebido pelo porteiro ou algum parente do réu (ainda que no próprio endereço deste), em regra não era considerado válido (por isso era considerada mais conveniente, nos casos que envolvessem pessoa física, requerer expressamente a citação com aviso de recebimento de mão própria – ARMP)[284].

Inovando no sistema e trazendo teor distinto do que vinha sendo decidido pelo STJ, o CPC atual menciona especificamente a citação de pessoas físicas residentes em condomínios

---

279 DINAMARCO, Pedro. Comentários ao art. 222, nota 1. In: MARCATO, Antônio Carlos (coord.). *Código de Processo Civil interpretado*. 2. ed. São Paulo: Atlas, 2008, p. 628.

280 TARTUCE, Fernanda. *Igualdade e vulnerabilidade no processo civil*, cit., p. 292.

281 TARTUCE, Fernanda. *Igualdade e vulnerabilidade no processo civil*, cit., p. 293.

282 DINAMARCO, Pedro. Comentários ao art. 222, nota 1, cit., p. 629.

283 A questão foi apreciada nos Embargos de Divergência 117.949, de relatoria do ministro Carlos Alberto Menezes Direito, julgado pela Corte Especial em 03.08.2005: "[...] 1. A citação de pessoa física pelo correio deve obedecer ao disposto no art. 223, parágrafo único, do Código de Processo Civil [1973], necessária a entrega direta ao destinatário, de quem o carteiro deve colher o ciente. 2. Subscrito o aviso por outra pessoa que não o réu, o autor tem o ônus de provar que o réu, embora sem assinar o aviso, teve conhecimento da demanda que lhe foi ajuizada [...]". A decisão foi citada em julgados subsequentes: REsp 712.609, 5.ª Turma, Rel. Min. Arnaldo Esteves Lima, j. 15.03.2007; REsp 884.164, 3.ª Turma, Rel. Min. Castro Filho, j. 27.03.2007; REsp 1.073.369, 2.ª Turma, Rel. Min. Mauro Campbell Marques, j. 21.10.2008.

284 TARTUCE, Fernanda; DELLORE, Luiz. *Manual de prática civil*. 13. ed. São Paulo: Método, 2017, p. 125.

edilícios ou loteamentos com controle de acesso: nesses casos, a carta de citação poderá ser entregue a funcionário da portaria responsável pelo recebimento de correspondência e será válida. O porteiro, contudo, poderá negar-se a recebê-la se declarar, por escrito e sob as penas da lei, que o destinatário da correspondência está ausente (art. 248, § 4.º).

Ao dispor que a citação por ARMP não mais é necessária em relação a citandos residentes em apartamentos ou loteamentos, a exceção é evidente; a entrega aos citandos segue sendo necessária quando eles residirem em casas[285].

Vale destacar que o CPC prevê expressamente que nas ações de família a citação será feita na pessoa do réu (art. 695, § 3.º).

3.4.6.3. Comunicação processual por meio eletrônico (WhatsApp e e-mail)

a) Citação e intimação por WhatsApp

As pessoas vêm usando cada vez mais os aplicativos de mensagens para se informar, comunicar-se com indivíduos e empresas, organizar equipes, criar grupos de suporte/redes de assistência, buscar atendimento e realizar conferências; essa lista, longe de ser exaustiva, demonstra como passamos a realizar por meios eletrônicos várias atividades antes realizadas por discagem telefônica, *e-mail* ou encontros presenciais[286].

Apesar de ser essa a realidade de muita gente, uma parte considerável da população brasileira permanece sem conexão à internet – ou então é dotada de acesso insuficiente, não conseguindo usar majoritariamente os meios digitais nas atividades cotidianas.

Em 2021, 28,2 milhões de pessoas no Brasil não usaram a internet, de acordo com o Instituto Brasileiro de Geografia e Estatística (IBGE); esse número representa 15,3% da população com mais de 10 anos de idade. Além disso, 1,5 milhão de domicílios do país (ou 2,2% do total) não tinha qualquer das três formas de acesso à TV digital (conversor, parabólica ou assinatura) e 80,6% deles estavam em área urbana[287].

Diante do fenômeno da exclusão digital, muitas dificuldades poderão se impor não só à pessoa desprovida de computador e aparatos adjacentes, mas também a quem, apesar de dispor desses equipamentos, revela dificuldade de usá-los.

A pandemia da covid-19 promoveu a ampliada virtualização das atividades e acabou escancarando a exclusão digital de parcela da população.

O funcionamento das instituições de justiça como um todo, e do Poder Judiciário, especificamente, não ficou alheio às discussões. A partir de abril de 2020 os Tribunais começaram a usar meios eletrônicos em larga escala para a prática de atos que não poderiam ser realizados presencialmente por força de restrições sanitárias, como audiências e sessões de julgamento.

O processo civil brasileiro vinha se preparando para tal movimento, já que vem incorporando meios eletrônicos para a prática de atos processuais nas últimas duas décadas; o

---

285 TARTUCE, Fernanda; DELLORE, Luiz. *Manual de prática civil*. 16. ed. São Paulo: Método, 2021. p. 111.

286 A abordagem exposta nos itens *a)* e *b)* foi publicada em: TARTUCE, Fernanda; BERGAMASCHI, André Luís. Citação mediante envio ao endereço eletrônico da parte (Lei n. 14.195/2021). In: PINHO, Anna Carolina (coord.). *Discussões sobre o Direito na era digital*. Rio de Janeiro: GZ, 2021, p. 65-87.

287 Mais de 28 milhões de pessoas no Brasil não usaram a internet em 2021, diz IBGE. Disponível em: https://www.correiobraziliense.com.br/brasil/2022/09/5037286-mais-de-28-milhoes-de-pessoas-nao-usaram-a-internet-em-2021-aponta-ibge.html. Acesso em: 12 out. 2022.

marco mais relevante desse movimento foi a Lei n. 11.419, primeiro diploma legal a prever, em 2006, o processo judicial informatizado e a comunicação eletrônica de atos processuais.

A ideia de que toda forma de comunicação processual possa ser realizada digitalmente tem propalado o objetivo de eliminar dificuldades e formalidades que, muitas vezes, dificultam a prestação jurisdicional tanto em termos de manifestação das partes (por seus advogados/defensores) como em relação à comunicação interna entre os órgãos do Poder Judiciário[288].

De todo modo, além dos meios legalmente previstos de uso da informatização, despontam decisões que, inseridas nesse contexto, discutem a validade de citações e intimações realizadas por meios não previstos em Lei, como o aplicativo WhatsApp.

A Lei n. 11.419/2006 estabelece, no art. 1.º, § 1.º, sua aplicabilidade em quaisquer graus de jurisdição, aos processos civil, penal, trabalhista e aos juizados especiais. Os atos processuais devem ser praticados – por exemplo, mediante o envio de petição – contando com a assinatura eletrônica do subscritor. O art. 2.º da Lei exige ainda prévio cadastramento do advogado no Poder Judiciário, segundo disciplina editada pelos respectivos órgãos.

Aqui desponta a potencial incompatibilidade dos atos processuais comunicados por WhatsApp com o modelo legal brasileiro: a participação das pessoas não poderá ser aferida em termos de assinatura eletrônica[289], elemento reputado como essencial pela Lei da Informatização.

A Lei n. 11.419/2006 devota especial atenção à "identificação inequívoca" do signatário do ato processual, apenas admitindo duas formas de aferição da identidade: a) mediante cadastro do usuário no Judiciário; b) pelo uso de assinatura digital baseada em certificado digital emitido por Autoridade Certificadora credenciada (art. 1.º, § 2.º, III). A exigência de identificação inequívoca se estende aos atos de comunicação processual (citações, intimações e notificações) previstos na Lei.

Além disso, é problemática a vinculação de empresas privadas, sobretudo quando não credenciadas, às práticas processuais, que são de índole pública. Nos termos do art. 14 da Lei n. 11.419/2006, "os sistemas a serem desenvolvidos pelos órgãos do Poder Judiciário deverão usar, preferencialmente, programas com código aberto, acessíveis ininterruptamente por meio da rede mundial de computadores, priorizando-se a sua padronização".

Conforme o atual arcabouço legal, portanto, a informatização do processo passa, necessariamente, pelos ditames da identificação inequívoca e do uso de sistemas que observem o art. 14 da Lei n. 11.419/2006.

É certo que novas diretrizes normativas poderão conduzir à incorporação de diferentes tecnologias no processo eletrônico e dinamizar sua evolução. Afinal, segundo o art. 196 do CPC, compete "ao Conselho Nacional de Justiça e, supletivamente, aos tribunais, regulamentar a prática e a comunicação oficial de atos processuais por meio eletrônico e velar pela compatibilidade dos sistemas, disciplinando a incorporação progressiva de novos avanços tecnológicos e editando, para esse fim, os atos que forem necessários, respeitadas as normas fundamentais" processuais.

Sob o prisma técnico, a abertura excessiva sobre a extensão de tal previsão poderá causar estranhamento, já que a competência para legislar sobre procedimentos é atribuída, pela

---

288 TARTUCE, Fernanda; DELLORE, Luiz. *Manual de prática civil.* 17. ed., cit., p. 222.

289 Lei n. 11.419/2006, art. 1.º [...] § 2.º Para o disposto nesta Lei, considera-se: [...] III – assinatura eletrônica as seguintes formas de identificação inequívoca do signatário: a) assinatura digital baseada em certificado digital emitido por Autoridade Certificadora credenciada, na forma de lei específica; b) mediante cadastro de usuário no Poder Judiciário, conforme disciplinado pelos órgãos respectivos.

Constituição Federal, à União. Assim, a competência normativa atribuída ao CNJ e aos tribunais pelo art. 196 está necessariamente limitada à regulação do uso de novas tecnologias desde que estas atendam às previsões legais sobre comunicação de atos processuais por meio eletrônico.

Tais parâmetros legais são tanto os já mencionados requisitos da Lei n. 11.419/2006 quanto aqueles trazidos pelo CPC no art. 195: "o registro de ato processual eletrônico deverá ser feito em padrões abertos, que atenderão aos requisitos de autenticidade, integridade, temporalidade, não repúdio, conservação e, nos casos que tramitem em segredo de justiça, confidencialidade, observada a infraestrutura de chaves públicas unificada nacionalmente, nos termos da lei". Nessa linha, não parece adequado sustentar que o CNJ e os tribunais poderão dispensar, na regulamentação, qualquer característica exigida pela Lei.

Alterações legais poderiam, em tese, autorizar o uso de tecnologias com características diferentes. De todo modo, enquanto a normatização genérica não vem, alguns tribunais tomaram a frente ao buscar criar elementos mínimos para o uso do aplicativo WhatsApp.

Exemplo de tal iniciativa é a Portaria Conjunta n. 67/2016 do Tribunal de Justiça do Distrito Federal: a facultatividade de adesão à intimação por aplicativo de envio de mensagens nos processos que tramitam no Juizado Especial é expressa no art. 3.º; a partir de tal manifestação de vontade, porém, uma série de obrigações é atribuída à parte[290].

Várias dificuldades poderão ser vivenciadas. Imagine que uma pessoa idosa, litigante naquele Tribunal, aderiu a tal procedimento de intimação e, algum tempo depois, perdeu o aparelho celular. Na sequência, resolveu adquirir um novo aparelho e mudar o número. Será que ela se lembrará de que precisa imediatamente reportar a mudança ao juízo em que tramita seu processo? A resposta tende a ser negativa. Ao demorar a comunicar a serventia judicial sobre a alteração, ela poderá sofrer consequências negativas caso alguma intimação seja enviada nesse ínterim? Infelizmente, sim.

Vale ressaltar que a doutrina processualista brasileira sempre compreendeu a citação válida como corolário da garantia constitucional do devido processo legal e de suas derivações diretas, contraditório e ampla defesa (CF, art. 5.º, LV), reputando-a ainda como ato essencial para formação da relação jurídica processual entre autor, juiz e réu.

Como a citação válida é pressuposto de validade do processo – a partir do momento em que deveria ter sido realizada – e de eficácia da sentença (em face do réu), a pessoa prejudicada em processo que transcorreu sem sua integração pela citação possui amplos meios para deduzir a ocorrência de tal vício – sendo este de tal gravidade que não se convalida com o transcurso do tempo. Portanto, embora o uso de WhatsApp possa gerar animação pela eventual produção de resultados imediatos, é preciso ter cautela por força de potenciais efeitos comprometedores à higidez processual.

Valer-se da citação por aplicativo pode ser profícuo? Para alguns entendedores, sim. Como exemplo, em certa ação de alimentos entendeu-se que a citação via WhatsApp "não

---

290 Art. 3.º [...] § 2.º Se houver mudança do número do telefone, o aderente deverá informá-lo de imediato à serventia e assinar novo termo; § 3.º Ao aderir ao procedimento de intimação por aplicativo de envio de mensagens eletrônicas, o aderente declarará que: I – concorda com os termos da intimação por meio de aplicativo de envio de mensagens eletrônicas; II – possui aplicativo de envio de mensagens eletrônicas instalado em seu celular, *tablet* ou computador, e que manterá ativa, nas opções de privacidade, a opção de recibo/confirmação de leitura; III – foi informado do número que será utilizado pela serventia judicial para o envio das intimações; [...] V – foi cientificado de que as dúvidas referentes à intimação deverão ser tratadas, exclusivamente, no cartório da serventia que expediu o ato, e que, na hipótese de intimação para comparecimento, deverá dirigir-se às dependências do fórum localizado na respectiva circunscrição judiciária.

constitui, por si só motivo de nulidade processual, já que o réu não comprovou prejuízo e compareceu espontaneamente ao processo[291]".

O Tribunal de Justiça do Acre entendeu de forma similar: em uma ação de guarda, a alegada nulidade da citação/intimação por WhatsApp (feita ao arrepio das formalidades necessárias) foi rejeitada porque: 1. restou "incontroverso que o ato citatório/intimatório alcançou sua finalidade ("dar conhecimento inequívoco à parte sobre a decisão); 2. Houve preclusão consumativa porque o réu "não se insurgiu sobre o ponto na primeira oportunidade que teve para falar nos autos"[292].

Apesar de haver casos de sucesso, há também situações em que o uso de WhatsApp foi rechaçado.

Em uma demanda investigatória de paternidade, a citação do réu por meio de aplicativo foi indeferida sob o entendimento de que, por se tratar de ação de estado, a citação deve ser pessoal, conforme inteligência dos arts. 247 e 695 do CPC[293].

Na mesma linha, em uma ação exoneratória de alimentos a comunicação via WhatsApp foi reputada "informal, em desatenção ao princípio do devido processo legal" pelo Tribunal de Justiça do Paraná[294]. Este também determinou, em ação de modificação de guarda, a renovação da citação antes formalizada por tal aplicativo de mensagens: como o processo estava em fase inicial e a parte requerida não havia se manifestado nos autos, a renovação do ato foi vista como "medida de cautela e não importa em prejuízo às partes"[295].

E se a parte ré for analfabeta? Sobre o tema merece destaque decisão do Tribunal de Justiça do Ceará, onde o Provimento n. 10/2020 do TJ prevê, no art. 2.º, autorização para que oficiais de justiça realizem intimação por meio de aplicativo de mensagens "nos casos de risco de contágio ou dificuldade no cumprimento de diligência presencial, reputando-se realizada a cientificação com a confirmação de leitura, aferida pelo ícone correspondente do aplicativo, mediante o envio de resposta ou outro meio idôneo que comprove a ciência da parte da ordem constante do mandado ou ofício". Pois bem: em uma ação de alimentos houve a citação via WhatsApp de um réu analfabeto – que obviamente não sabia ler nem escrever, além de "não possuir o discernimento necessário para entender como o aparato judicial funciona". Consta no voto que, além de não terem sido atendidos os requisitos previstos no Provimento e em precedente do STJ[296], o recorrente comprovou ser analfabeto e era necessária a leitura do mandado pelo oficial de justiça:

> Assim, embora o réu/apelante não negue ter recebido a mensagem de whatsapp, a sua condição de analfabeto impediu que ele obtivesse real ciência do conteúdo do documento que lhe foi direcionado e da necessidade de constituição de advogado para sua defesa, de modo que a finalidade do ato não restou atingida, configurando-lhe prejuízo de ordem

---

[291] TJSP; AC 0001650-75.2020.8.26.0004; Ac. 15013693; São Paulo; Quarta Câmara de Direito Privado; Rel. Des. Enio Santarelli Zuliani; j. 15.09.2021; DJESP 20.09.2021; p. 1652.

[292] TJAC; AI 1001443-67.2020.8.01.0000; Ac. 9.580; Rio Branco; Segunda Câmara Cível; Rel.ª Des.ª Waldirene Cordeiro; DJAC 30.12.2020; p. 12.

[293] TJSP; AI 2084074-84.2022.8.26.0000; Ac. 15827524; São Paulo; Segunda Câmara de Direito Privado; Rel. Des. José Carlos Ferreira Alves; j. 05.07.2022; DJESP 13.07.2022; p. 2269.

[294] TJPR; Rec 0020228-03.2017.8.16.0188; Curitiba; Décima Primeira Câmara Cível; Rel. Des. Ruy Muggiati; j. 09.05.2022; DJPR 11.05.2022.

[295] TJPR; Rec 0075878-75.2021.8.16.0000; Campina Grande do Sul; Décima Primeira Câmara Cível; Rel. Des. Ruy Muggiati; j. 02.05.2022; DJPR 07.05.2022.

[296] Foi citado o AGRG no RHC 141.245/DF, Rel. Min. Ribeiro Dantas, 5.ª Turma, j. 13.04.2021, DJE 16.04.2021.

processual, vez que deixou de apresentar contestação, consequentemente sendo decretada sua revelia, além de inexistir fase instrutória e ter sido proferida sentença desfavorável aos seus interesses, malferindo os princípios do contraditório e da ampla defesa[297].

Houve, por fim, negativa em aceitar a citação via whatsapp por parte do Tribunal mineiro pelos seguintes fundamentos:

> Conforme a Resolução n. 455, de 27.04.2022, do Conselho Nacional de Justiça, as comunicações processuais em meio eletrônico ocorrerão na plataforma digital do Poder Judiciário, de uso unificado e obrigatório por todos os tribunais. No caso, como até o momento não houve a implementação da nova ferramenta nesse tribunal de justiça, bem como a integração dos sistemas PJE com o domicílio judicial eletrônico, não se mostra possível a citação por meio eletrônico, nos moldes do artigo 246, do código de processo civil, e à luz da atual Resolução vigente[298].

Recentemente, a mídia jurídica reportou decisão favorável do STJ à citação por tal aplicativo em uma demanda familiar. Segundo consta na notícia, entendeu a 3.ª Turma que a citação por WhatsApp, em regra, é nula - mas pode ser validada se cumprir o papel de dar plena e inequívoca ciência ao destinatário sobre a ação de que é alvo por meio de conteúdo límpido e inteligível, de modo que não suscite dúvidas.

A conclusão da relatora, Ministra Nancy Andrighi, foi de que o objetivo essencial da citação (ciência do destinatário sobre a existência da ação) foi alcançado e a citação por WhatsApp devia ser validada. Como o TJ do Pará anulou a citação por ausência de previsão legal sem investigar se ela cumpriu seu objetivo, o provimento do recurso devolveu o processo à corte estadual para que ela faça o rejulgamento[299].

b) Citação mediante envio ao endereço eletrônico

A Lei n. 14.195/2021 inseriu novas regras no CPC para priorizar o uso de endereço eletrônico para citar as partes demandadas.

Fruto da conversão da Medida Provisória n. 1.040 – que versava sobre temas empresariais –, a Lei promoveu tais inclusões de forma comprometedora. Como as matérias de cunho processual não constavam no texto original da MP e foram integradas ao final por uma emenda, a constitucionalidade é discutível em relação à matéria estranha à proposta original, nos termos de decisão do Supremo Tribunal Federal na ADI (ação declaratória de inconstitucionalidade) n. 5.127[300]. Apesar do vício, o conteúdo da lei segue em vigor até eventual reconhecimento da inconstitucionalidade.

---

[297] TJCE; AC 0050321-88.2020.8.06.0133; Primeira Câmara de Direito Privado; Rel. Des. Emanuel Leite Albuquerque; j. 29.09.2021; DJCE 06.10.2021; p. 82.

[298] TJMG; AI 0048896-71.2022.8.13.0000; Quarta Câmara Cível Especializada; Rel. Des. Moreira Diniz; j. 25.08.2022; DJEMG 26.08.2022.

[299] O REsp 2.030.887, pelo que consta, está em segredo de justiça (VITAL, Danilo. Citação por WhatsApp pode ser validada se alcançar seu objetivo, reafirma STJ. *Revista Consultor Jurídico*, 24 out. 2023. Disponível em: https://www.conjur.com.br/2023-out-24/citacao-whatsapp-validada-alcancar-objetivo. Acesso em: 31 out. 2023).

[300] NUNES, Dierle; ALMEIDA, Catharina. Lei n. 14.195/2021: a nova citação eletrônica através do *legal design*. *ConJur*, São Paulo, 3 set. 2021. Disponível em: https://www.conjur.com.br/2021-set-03/opiniao-citacao-eletronica-atraves-legal-design. Acesso em: 17 set. 2021.

A primeira mudança deu-se com a inserção de um novo dever para partes, procuradores e todos aqueles que, de qualquer modo, participem do processo: informar e manter atualizados seus dados cadastrais perante os órgãos do Poder Judiciário (e, no caso do § 6.º do art. 246 do Código[301], da Administração Tributária), para recebimento de citações e intimações (CPC, art. 77, VII).

A efetivação da regra, se realmente alcançar todos os participantes, vai sobrecarregar o banco de dados do Poder Judiciário[302]. Imagine que uma pessoa, ao testemunhar em certo processo, forneça seu endereço eletrônico; o registro será útil se ela precisar ser citada adiante em outro processo – caso contrário, não. No mais, se ela alterar o *e-mail* anos depois, será que se recordará de comunicar o Judiciário sobre a mudança? Não o fazendo, deverá ser considerado tal lapso de memória como justa causa? O tempo dirá.

No mais, antes da alteração promovida pela Lei n. 14.195/2021, o CPC previa, no art. 246, cinco modalidades de citação: por correio, por oficial de justiça, por ato do escrivão ou chefe de secretaria (se o citando comparecesse em cartório), por edital (art. 256) e por meio eletrônico.

Tal dispositivo foi alterado pela Lei de 2021, para que passasse a constar que "a citação será feita preferencialmente por meio eletrônico, no prazo de até 2 (dois) dias úteis, contado da decisão que a determinar, por meio dos endereços eletrônicos indicados pelo citando no banco de dados do Poder Judiciário, conforme regulamento do Conselho Nacional de Justiça".

A Resolução n. 234/2016 do CNJ mencionou a Plataforma de Comunicações Processuais do Poder Judiciário; em 2020 a Resolução n. 335 do CNJ instituiu a política pública para governança e gestão de processo judicial eletrônico, integrando todos os tribunais do país com a criação da Plataforma Digital do Poder Judiciário Brasileiro (PDPJ-Br). Como bem pontuaram Dierle Nunes e Catharina Almeida,

> [...] a eficácia prática da medida dependerá, principalmente, do modo como será regulamentada a base de dados do Poder Judiciário pelo CNJ, e seu sucesso também ficará condicionado à recepção do bom uso da ferramenta pelas partes, servidores, bem como pelos magistrados, isto é, os reais beneficiados pela implantação do novo mecanismo[303].

A regulamentação do CNJ veio a lume na Resolução n. 455/2022[304], que institui o Portal de Serviços do Poder Judiciário (PSPJ), na Plataforma Digital do Poder Judiciário (PDPJ-Br),

---

301 CPC, art. 246 [...] § 5.º As microempresas e as pequenas empresas somente se sujeitam ao disposto no § 1.º deste artigo quando não possuírem endereço eletrônico cadastrado no sistema integrado da Rede Nacional para a Simplificação do Registro e da Legalização de Empresas e Negócios (Redesim). § 6.º Para os fins do § 5.º deste artigo, deverá haver compartilhamento de cadastro com o órgão do Poder Judiciário, incluído o endereço eletrônico constante do sistema integrado da Redesim, nos termos da legislação aplicável ao sigilo fiscal e ao tratamento de dados pessoais.

302 NEVES, Professor Daniel. *Live* "Alteração do CPC pela Lei 14.195, de 26 de agosto de 2021", com Caio Cytrangulo. *Youtube*, 3 set. 2021. Disponível em: https://www.youtube.com/watch?v=YSJUlUDRaig. Acesso em: 16 set. 2021.

303 NUNES, Dierle; ALMEIDA, Catharina. Lei n. 14.195/2021: a nova citação eletrônica através do *legal design*, cit.

304 Segundo o art. 24, "a partir da disponibilização do Domicílio Judicial Eletrônico e do Portal de Serviços na PDPJ" – prevista para ocorrer em dezembro/2022 (conforme consta no site do CNJ – https://www.cnj.jus.br/cnj-estuda-novo-cronograma-de-disponibilizacao-do-domicilio-judicial-eletronico/) – "os interessados terão prazo de 90 (noventa) dias para atualização dos dados cadastrais a serem utilizados pelo sistema".

para usuários externos. Segundo seu art. 15, o Domicílio Judicial Eletrônico (originalmente criado pela Resolução CNJ n. 234/2016) constitui o ambiente digital integrado ao Portal de Serviços para a comunicação processual entre os órgãos do Poder Judiciário e os destinatários que sejam ou não partes na relação processual; pelo parágrafo único, "é obrigatória a utilização do Domicílio Judicial Eletrônico por todos os tribunais".

Dispõe o art. 16 § 2.º da Resolução: "as pessoas físicas, nos termos do art. 77, VII, do CPC, poderão realizar cadastro no Domicílio Judicial Eletrônico para efetuar consultas públicas, bem como para o recebimento de citações e intimações, por meio: I – do Sistema de Login Único da PDPJ-Br, via autenticação no serviço "gov.br" do Poder Executivo Federal, com nível de conta prata ou ouro; e II – de autenticação com uso de certificado digital".

Em uma primeira análise, constata-se o fato positivo de ser facultativa[305] a adesão das pessoas físicas ao cadastramento de domicílio eletrônico.

Por outro lado, enseja preocupação a conjuntura brasileira em que informações jurídicas de qualidade costumam ser desconhecidas pela maioria da população. Imagine que uma pessoa física desavisada, em um impulso ou incentivada por alguém, realize tal cadastramento. Ela precisará saber que: a) a citação por meio eletrônico será realizada exclusivamente pelo Domicílio Judicial Eletrônico[306]; b) a identificação no Domicílio Judicial Eletrônico será feita pelo número do CPF mantido junto à Secretaria da Receita Federal do Brasil (art. 19); c) a comunicação processual por meio eletrônico será aperfeiçoada e haverá a correspondente abertura de prazo no momento em que o destinatário, por meio do Portal de Serviços, ou por integração automatizada via consumo de API[307], obtiver acesso ao conteúdo da comunicação (art. 20[308] da Resolução).

---

305 Para pessoas jurídicas, consta na realização o seguinte: "art. 16. O cadastro no Domicílio Judicial Eletrônico é obrigatório para a União, para os Estados, para o Distrito Federal, para os Municípios, para as entidades da administração indireta e para as empresas públicas e privadas, para efeitos de recebimento de citações e intimações [...]"; art. 17. O disposto no art. 16 não se aplica às microempresas e às empresas de pequeno porte que possuírem endereço eletrônico cadastrado no sistema integrado da Rede Nacional para a Simplificação do Registro e da Legalização de Empresas e Negócios (Redesim) [...]".

306 O art. 18 da Resolução n. 455/2022 do CNJ destaca ser exceção a citação por edital, que será realizada via Diário de Justiça Eletrônico Nacional (DJEN).

307 API é abreviação de *Application Programming Interface* – que, traduzida para o português, significa Interface de Programação de Aplicação, e retrata o conjunto de instruções, rotinas e padrões de programação utilizados em conjunto para permitir a construção de uma interface inteligente – que se torna o meio pelo qual dois sistemas interagem. É por meio da integração via API que dados são trocados entre sistemas distintos; isso permite que tarefas automatizadas sejam pré-definidas e quando determinada informação de um sistema for obtida, outra ação será iniciada automaticamente. A integração via API é usada para que aplicativos interligados pela internet conversem entre si sem a necessidade da intervenção humana no abastecimento desses dados (SILVA, Douglas da. O que é integração API? Entenda como usar essa tecnologia. *Blog da Zendesk*, 6 maio 2021. Disponível em: https://www.zendesk.com.br/blog/o-que-e-integracao-via-api/#:~:text=Basicamente%2C%20a%20integra%C3%A7%C3%A3o%20via%20API,humana%20no%20abastecimento%20desses%20dados. Acesso em: 12 out. 2022).

308 Resolução n. 455/2022 do CNJ, art. 20. § 1.º Quando a consulta ocorrer em dia não útil, a comunicação processual será considerada realizada no primeiro dia útil subsequente. § 2.º Efetuado o acesso de que trata o § 1.º, o sistema registrará o fato. § 3º Para os casos de citação por meio eletrônico, não havendo aperfeiçoamento em até 3 (três) dias úteis, contados da data do envio da comunicação processual ao Domicílio Judicial Eletrônico, o sistema gerará automaticamente a informação da ausência de citação para os fins previstos no § 1.º-A do art. 246 do CPC/2015. § 4.º Para os demais casos, não havendo aperfeiçoamento da comunicação processual em até 10 (dez) dias corridos contados da data do envio da comunicação processual ao Domicílio Judicial Eletrônico, considerar-se-á automaticamente realizada

Voltando à breve visão panorâmica sobre a Lei, vale ressaltar a mudança em uma clássica regra: antes se considerava preferencial citar por correio, mas agora o art. 246 do CPC dispõe que a citação será feita preferencialmente por meio eletrônico.

De todo modo, lembremos: nas demandas familiares[309], que configuram ações de estado[310] (por ex., divórcios) e em que pessoas incapazes figuram como rés (por ex., investigatórias de paternidade), o legislador, na busca de maior segurança, sempre preferiu a citação por oficial de justiça. Nessas ações, assim como a regra da citação postal – preferencial até a incidência da Lei n. 14.195/2021 – não era aplicável, também a citação mediante envio de comunicação ao endereço eletrônico não será cabível[311].

Como apontado, por ser a citação um ato primordial para assegurar garantias constitucionais, ela precisa ser realizada de forma a viabilizar o pleno conhecimento e a ampla chance de reação de todas as pessoas – inclusive as que, por exemplo, padeçam de debilidades na saúde, déficit de informação ou sofram com o analfabetismo[312].

Não foram localizadas, nas pesquisas empreendidas para a presente edição, decisões sobre o uso de *e-mail* para citação em demandas familiares.

3.4.7. *Resposta do demandado*

A temática envolve questões relevantes no que tange ao prazo para responder (especialmente quando este coincide com a designação de audiência) e a algumas peculiaridades das modalidades específicas de reação.

3.4.7.1. Tempo razoável para a audiência

Além da informação, constitui elemento importante na efetivação do contraditório a existência de *tempo razoável* para reagir ao ato processual.

No caso da resposta do réu, o prazo deve ser adequado à necessidade de se desincumbir dos diversos ônus que incidem no momento da resposta: a) impugnar especificamente todos

---

na data do término desse prazo, nos termos do art. 5.º, § 3.º, da Lei n. 11.419/2006, não se aplicando o disposto no art. 219 do CPC/2015 a esse interstício.

309 Nas ações de família a citação será feita na pessoa do réu (CPC, art. 695, § 3.º).

310 Nas ações de estado, busca-se "adquirir, modificar ou extinguir um direito relacionado ao estado civil da pessoa, especialmente no que concerne ao estado familiar. [...] ações que versam sobre guarda não alteram o estado familiar da criança ou do adolescente porque disciplinam o exercício de um atributo do poder familiar, apenas. O poder familiar não é alterado. Se a discussão fosse sobre a destituição ou suspensão do poder familiar, seria ação de estado. A mesma lógica deve ser aplicada ao exercício da convivência familiar, costumeiramente chamada de 'direito de visitas'. Essa afirmação merece esclarecimento, porque genitores não devem ser visitadores, mas cuidadores, convivendo com seus filhos intensamente, na medida do possível, para poderem educar, independentemente de vínculo conjugal – já que a relação é meramente parental, norteada pelo especial interesse da criança e do adolescente e pelo princípio da parentalidade responsável (arts. 227 e 226, § 7.º, da CF)" (TARTUCE, Fernanda; BRANDÃO, Débora. Discussões sobre guarda e convivência à luz do equívoco entre ações de família e ações de estado. *Revista Nacional de Direito de Família e Sucessões*, v. 36, p. 42-55, 2020, 47.).

311 CPC, art. 247. A citação será feita por meio eletrônico ou pelo correio para qualquer comarca do País, exceto: I – nas ações de estado, observado o disposto no art. 695, § 3.º; II – quando o citando for incapaz [...].

312 TARTUCE, Fernanda. *Igualdade e vulnerabilidade no processo civil.* 2. ed. Rio de Janeiro: Forense (no prelo).

os fatos alegados pelo autor; b) opor eventuais fatos impeditivos, extintivos ou modificativos do direito do autor; c) reunir toda a prova documental disponível; d) apresentar elementos para uma eventual reconvenção; e) trazer subsídios para impugnar o valor da causa e o deferimento de gratuidade processual.

No procedimento comum do Código de Processo Civil, o legislador entendeu suficiente o prazo de 15 dias para a apresentação de resposta[313].

Tratando-se de causas de família, há procedimento especial, não sendo seguido o procedimento comum: o juiz designa audiência em que o réu deve comparecer para a tentativa de autocomposição ou, em se tratando de alimentos, também para apresentar resposta.

No regime do CPC/1973, no processo de rito sumário, o juiz, ao despachar a inicial, designava audiência de conciliação (art. 277); caso não fosse celebrado acordo, o réu deveria apresentar todas as modalidades de resposta cabíveis que entendesse pertinentes. A contestação deveria vir acompanhada de rol de testemunhas, requerimento de perícia, formulação de quesitos e nomeação de assistente técnico, além de trazer a formulação de eventual pedido contraposto. Por se tratar de ônus considerável, para garantir que houvesse tempo hábil para proporcionar atuação em termos tão amplos, o Código anterior dispunha que a citação devia ser feita com um prazo mínimo de dez dias antes da audiência (art. 277).

Ao abordar a disposição relativa ao rito sumário, Ada Pellegrini Grinover aduzia a possibilidade de haver violação ao contraditório a ponto de inviabilizar o exercício da ampla defesa pelo demandado a depender das peculiaridades do caso "dada a exiguidade do prazo reservado pela lei, cabendo ao magistrado designar" a data da audiência "em prazo que permita ao réu desempenhar amplamente seus direitos processuais"[314]. Como visto, o prazo de dez dias era reputado como sendo *mínimo*. Portanto, diante de causa complexa ou de situação de vulnerabilidade do réu, o juiz deveria ter a sensibilidade de reservar um lapso temporal maior entre a citação e a audiência.

Qual é a pertinência de tais ponderações se não há demandas de família que correm pelo procedimento sumário (extinto, aliás, pelo CPC vigente)?

O tema segue sendo relevante porque o atual Código dispõe que a citação nas ações de família ocorrerá com antecedência mínima de quinze dias em relação à audiência (art. 695, § 2.º). O prazo é reduzido em relação ao procedimento comum, no qual a previsão de antecedência mínima em relação à citação é de 20 (vinte) dias (art. 334, *caput*).

Além disso, a técnica legislativa de determinar a prática de diversos atos em audiência se verifica. Na Lei de Alimentos, a previsão é parecida, mas apresenta algumas modificações: ao despachar a inicial, o juiz agenda a audiência de conciliação, instrução e julgamento na qual deverá ser apresentada toda a resposta do réu – que deverá também levar suas testemunhas independentemente de arrolamento (arts. 5.º e 8.º da Lei de Alimentos).

---

313 CPC, art. 335. O réu poderá oferecer contestação, por petição, no prazo de 15 (quinze) dias, cujo termo inicial será a data: I – da audiência de conciliação ou de mediação, ou da última sessão de conciliação, quando qualquer parte não comparecer ou, comparecendo, não houver autocomposição; II – do protocolo do pedido de cancelamento da audiência de conciliação ou de mediação apresentado pelo réu, quando ocorrer a hipótese do art. 334, § 4.º, inciso I; III – prevista no art. 231, de acordo com o modo como foi feita a citação, nos demais casos.

314 GRINOVER, Ada Pellegrini. *Os princípios constitucionais e o Código de Processo Civil*. São Paulo: J. Bushatsky, 1975, p. 112.

A Lei de Alimentos não fixa um prazo mínimo, mas dispõe: "na designação da audiência, o juiz fixará o prazo razoável que possibilite ao réu a contestação da ação proposta e a eventualidade de citação por edital"[315].

Augusto Marcacini adverte com propriedade que alguns dias a menos de prazo para resposta podem impactar negativamente perante o demandado pobre e/ou o litigante não habitual; são muito perversos os prazos curtos que começam a fluir após a citação da parte – afinal, diversamente do grande e habitual demandante, o litigante eventual não dispõe de advogado já escolhido e pronto para defendê-lo; caso seja desprovido de recursos financeiros – tendo dificuldade de contratar um advogado –, muito provavelmente não conseguirá responder no prazo[316].

O autor salienta que "a fixação de prazos muito curtos para resposta do réu afronta o princípio da utilidade dos prazos processuais"; "prazos inferiores a dez dias, para litigantes não habituais, podem ser considerados bastante exíguos e insuficientes para o oferecimento de defesa segura"[317].

Como já afirmado em outra oportunidade, assiste-lhe plena razão:

> [...] se o juiz percebe que determina a citação em ação de alimentos para que compareça à audiência de conciliação e apresentação de resposta um réu pobre, idoso e com dificuldades de locomoção por razões de saúde, o prazo a ser fixado não deve ser exíguo, mas apropriado à situação do litigante vulnerável; embora se compreenda a urgência do alimentando autor, a situação do demandado também precisa ser vislumbrada, realizando o magistrado um juízo de ponderação à luz das circunstâncias concretas[318].

No caso das ações de alimentos pelo rito especial, diversas decisões (ainda impactadas pela tradição processual referente ao antigo rito sumário) revelavam a adoção do parâmetro de prazo razoável como sendo dez dias[319].

É possível ainda encontrar julgados que coíbem a fixação de prazo exíguo entre a citação e a audiência, reconhecendo que um dia – obviamente, aliás – não se revela lapso razoável[320].

---

315 Teor do art. 5.º, § 1.º, da Lei n. 5.478/1968.

316 MARCACINI, Augusto Rosa Tavares. *Estudo sobre a efetividade do processo civil*. 1999. Tese (Doutorado em Direito Processual Civil) – Faculdade de Direito da Universidade de São Paulo, São Paulo, 1999, p. 123.

317 MARCACINI, Augusto Rosa Tavares. *Estudo sobre a efetividade do processo civil*, cit., p. 123.

318 TARTUCE, Fernanda. *Igualdade e vulnerabilidade no processo civil*, cit., p. 297.

319 Eis dois exemplos: "[...]. 2. O art. 27, da Lei de alimentos, determina a aplicação supletiva das disposições do código de processo civil. Destarte, inexistindo preceito legal na Lei n. 5.478/68 e ante a ausência de fixação do prazo pelo douto magistrado singular, deve-se observar os prazos previstos pelo Estatuto Processual civil [...]. 3. Resta prejudicada a defesa do réu se não houve cumprimento do prazo mínimo estabelecido no art. 277 do CPC [1973] (10 dias) entre a citação do réu e a audiência de conciliação, instrução e julgamento" (TJDF, Rec 2015.01.1.008852-0, Ac. 886.835, 5.ª Turma Cível, Rel. Des. Silva Lemos, *DJDFTE* 18.08.2015, p. 385); "Apelação Cível. Ação de alimentos. Audiência de conciliação. Inobservância do prazo de dez dias previsto no art. 277 do CPC [1973]. Cerceamento de defesa. Ocorrência. Caso concreto em que não restou observado o prazo de dez dias entre a citação da parte ré e a data da realização da audiência de conciliação, nos termos do art. 277 do CPC [1973], o que acarreta a nulidade da solenidade" (TJRS, AC 0004436-70.2015.8.21.7000, Tramandaí, 7.ª Câmara Cível, Rel.ª Des.ª Liselena Schifino Robles Ribeiro, j. 20.01.2015, *DJERS* 23.01.2015).

320 "[...] 2. Ocorre cerceamento de defesa quando a citação do alimentante é realizada na data da audiência, inviabilizando o exercício do contraditório" (TJPB, APL 0014425-20.2014.815.0011, 4.ª Câmara Especializada Cível, Rel. Des. Romero Marcelo da Fonseca Oliveira, *DJPB* 19.04.2016, p. 14); "I. Forçoso admitir o cerceamento do direito de defesa do recorrente quando teve exíguo lapso temporal. Menos de

A partir da constatação de que a audiência da ação de alimentos abordará temas de grande relevância, é preciso reconhecer à parte ré um prazo razoável para se preparar – iniciativa que demandará tempo para conseguir informações, acesso à advocacia (ou à Defensoria, se o caso). Localizada a pessoa para defendê-la, a ré precisará arregimentar argumentos e documentos. O prazo razoável, portanto, deve ser considerado com proporcionalidade pela magistratura.

Sob a perspectiva de quem representa judicialmente a parte demandada, vale lembrar a potencial complexidade da atuação profissional; além de se preocupar com o conteúdo da defesa (arregimentando argumentos para contrapor àqueles apresentados pelo autor), será preciso estudar a legislação incidente, as contribuições doutrinárias e o panorama jurisprudencial para alegar certas matérias (como defesas preliminares e argumentações de mérito).

O padrão de resposta em 15 dias previsto genericamente no CPC revela-se o mais apropriado; afinal, esse é o prazo para apresentar as modalidades básicas de resposta – ademais, o réu na ação de alimentos também precisará se preparar para a conciliação e a instrução.

Destaque-se que esse prazo não deve ser contado da efetiva citação, mas da juntada aos autos de seu comprovante[321].

Caso se entenda pertinente a analogia com o prazo de dez dias do antigo procedimento sumário – o que se admite apenas para argumentar –, é essencial que pelo menos este prazo seja computado da comprovação da cientificação e não efetivação desta; isto é importante para que a advocacia/Defensoria possa ter pleno acesso aos autos sem qualquer comprometimento, de sorte que o prazo seja concretamente razoável ao exercício da ampla defesa.

Por fim, vale ressaltar um ponto importante: se, no mandado de citação, consta uma informação sobre o prazo errôneo de defesa, a parte não pode ser prejudicada; afinal, a boa-fé rege a participação dos sujeitos processuais em juízo – incluindo, obviamente, o magistrado e seus auxiliares – e o réu não pode ser surpreendido com parâmetro diverso de atuação que o prejudique.

Eis dois exemplos: a) se do mandado de citação na ação de alimentos constou tão somente que o réu teria o prazo de 15 (quinze) dias para contestar – contado da audiência de conciliação, sem a advertência do art. 7.º da Lei Federal n. 5.748/1968 –, "não pode o magistrado, diante da ausência do demandado, proferir sentença aplicando-lhe os efeitos da revelia, sob pena de ofensa aos princípios da ampla defesa e do contraditório"[322]; b) se o juiz designou audiência

---

24 (vinte e quatro) horas – entre a citação/intimação e a audiência de conciliação, instrução e julgamento realizada nos autos de origem e que culminou com a posterior decretação de sua revelia [...] " (TJSE, AI 201600801674, Ac. 4302/2016, 2.ª Câmara Cível, Rel.ª Des.ª Iolanda Santos Guimarães, j. 15.03.2016, *DJSE* 22.03.2016); "Incumbe ao juiz assinalar a data da audiência com espaço de tempo suficiente que possibilite ao réu a preparação de sua defesa. Hipótese em que a ré foi citada na véspera do ato, sem condições de reunir os elementos necessários ao resguardo de seus interesses" (STJ, REsp 58.249/PI, 4.ª Turma, Rel. Min. Barros Monteiro, j. 26.09.1995, *DJ* 20.11.1995, p. 39.601).

321 CPC, art. 231. Salvo disposição em sentido diverso, considera-se dia do começo do prazo: I – a data de juntada aos autos do aviso de recebimento, quando a citação ou a intimação for pelo correio; II – a data de juntada aos autos do mandado cumprido, quando a citação ou a intimação for por oficial de justiça [...].

322 TJMG, APCV 1.0183.14.004548-9/001, Rel. Des. Darcio Lopardi Mendes, j. 29.01.2015, *DJEMG* 05.02.2015. No mesmo sentido: "APELAÇÃO CÍVEL. PROCESSUAL CIVIL E LEI ESPECIAL (LEI N. 5.478/68). AÇÃO DE ALIMENTOS. RÉU DECLARADO REVEL. SENTENÇA DE PROCEDÊNCIA PARCIAL PROFERIDA EM AUDIÊNCIA. INSURGÊNCIA RECURSAL. Revelia decretada pelo não comparecimento à audiência conciliatória. Mandado citatório sem a advertência quanto ao artigo 7º da Lei n. 5.478/1968. Ressalva apenas em relação à não apresentação de contestação. Defesa apresentada a tempo e modo pela defensoria pública. Revelia afastada. [...]" (TJSC; AC 0308053-38.2016.8.24.0018; Chapecó; Quinta Câmara de Direito Civil; Rel. Des. Jairo Fernandes Gonçalves; DJSC 05.04.2017).

de conciliação e julgamento como termo final para a apresentação da contestação, "revela-se contraditória a decisão que modifica esse marco e declara, no mesmo ato, a revelia do réu, violando não só os princípios do contraditório e da ampla defesa, mas também o princípio da boa-fé objetiva, materializado na máxima *nemo potest venire contra factum proprium*, expressamente positivado no art. 5.º do CPC/2015"[323].

Para arrematar, vale perquirir: se violado o prazo de antecedência de 15 dias previsto no CPC[324], qual deverá ser a consequência?

O Tribunal de Justiça do Distrito Federal respondeu a essa questão em dois acórdãos que merecem destaque.

Em certa demanda de alimentos, diante da inobservância de tal prazo, concluiu-se pela anulação da sentença e o retorno dos autos à origem para regular processamento, tendo em vista a ocorrência de cerceamento de defesa[325]. Em outra situação, assim se manifestou o Tribunal:

> Conquanto a Lei de Alimentos (Lei n. 5.478/68) consigne expressamente a necessidade de um prazo razoável para que o réu se cientifique sobre a audiência objeto da intimação e sobre os termos dispostos na ação proposta contra si, inexiste nela qualquer delimitação acerca deste termo, competindo, assim, ao julgador a análise casuística para devida aplicação da norma. 2. Fato é que o art. 693, parágrafo único, do Código de Processo Civil determinou a aplicação supletiva deste regramento, razão pela qual o interstício de quinze dias previsto em seu art. 695, § 2.º, revela-se aplicável às ações de alimentos, ante a omissão legislativa específica sobre este prazo existente entre o ato citatório e a audiência designada. 3. Restando evidenciado o prejuízo causado aos réus em decorrência de inobservância de norma processual específica, a r. sentença não merece ser mantida, especialmente quando verificada clara ofensa ao princípio constitucional do contraditório e da ampla defesa[326].

---

323 TJGO, AI 0032789-70.2016.8.09.0000, Goiânia, 4.ª Câmara Cível, Rel.ª Des.ª Elizabeth Maria da Silva, *DJGO* 04.05.2016, p. 174. No mesmo sentido: "[...] 1. Cinge-se a controvérsia ao exame da nulidade da sentença em virtude de ofensa ao princípio do contraditório e da ampla defesa, ante a decretação da revelia antes do termo final do prazo para contestação. 5. Sucede que, *in casu*, não restou consignado no mandado de citação o prazo para o promovido apresentar contestação e em razão dessa omissão, aplica-se, subsidiariamente, o prazo previsto no artigo 335, do Código de Processo Civil, o qual estipula que 'o réu o réu poderá oferecer contestação, por petição, no prazo de 15 (quinze) dias, cujo termo inicial será a data: I – da audiência de conciliação ou de mediação, ou da última sessão de conciliação, quando qualquer parte não comparecer ou, comparecendo, não houver autocomposição;' 6. Desse modo, houve cerceamento de defesa em razão da decretação da revelia do promovido/apelante, antes mesmo de findado o prazo para a apresentação de contestação, razão pela qual desconstitui-se a sentença hostilizada e determina-se o retorno dos autos ao juízo de origem para o regular processamento da demanda, cujo prazo contestatório deve ser reaberto a partir da audiência de conciliação. [...]" (TJCE; AC 0052201-76.2021.8.06.0167; Segunda Câmara de Direito Privado; Rel.ª Des.ª Maria de Fátima de Melo Loureiro; DJCE 30.03.2022).

324 Art. 695. [...] § 2.º A citação ocorrerá com antecedência mínima de 15 (quinze) dias da data designada para a audiência.

325 TJDFT, Proc. 07011655620208070006, 5.ª Turma Cível, Rel.ª Des.ª Ana Cantarino, j. 17.03.2021.

326 TJDFT, Proc. 07004804920208070006, 1.ª Turma Cível, Rel.ª Des.ª Simone Lucindo, j. 29.04.2020. No mesmo sentido: "[...] 3. Nas ações de Direito de Família, a inobservância do prazo mínimo de 15 dias úteis entre a citação e a audiência de conciliação, instrução e julgamento enseja em cerceamento de defesa, impondo a anulação da sentença e o retorno dos autos à origem para o seu regular processamento, à luz do art. 695, § 2º, do CPC combinado com o art. 27 da Lei nº 5.478/68" (TJDF, Rec 07011.65-56.2020.8.07.0006, Ac. 132.7029, 5.ª Turma Cível, Rel.ª Des.ª Ana Cantarino, j. 17.03.2021, publ. *PJe* 25.03.2021).

3.4.7.2. Alegações de suspeição e impedimento

O CPC atual é pautado pela diretriz da simplificação no tocante às respostas do réu: se antes diversas petições eram necessárias conforme o tipo de defesa veiculada, hoje basicamente tudo consta na contestação em diversos tópicos. Vale ressaltar, porém, que restaram mantidas fora da contestação as alegações de impedimento e/ou de suspeição do magistrado.

É indubitável que o processo, para solucionar conflitos, deve contar com a imparcialidade do órgão julgador. Por vezes, o magistrado pode ter algum relacionamento pessoal com as partes do processo ou com seus advogados, o que o coloca em uma situação de dúvida quanto à isenção para o julgamento da causa; para superar tal situação e evitar máculas no processo, incidem as regras do impedimento e da suspeição[327].

O impedimento caracteriza situações objetivas em que é absolutamente incompatível o julgamento da causa pelo magistrado em razão do seu envolvimento concreto com um dos participantes do processo ou com a causa em debate. São exemplos: a) os casos em que é parte na causa o próprio juiz, seu cônjuge, ou parente até o terceiro grau; b) as situações em que o desembargador atuou na causa quando era juiz; c) as demandas em que é parte um cliente do escritório de advocacia de seu cônjuge, companheiro ou parente até o terceiro grau (CPC, art. 144).

Já a suspeição ocorre em situações de cunho subjetivo em que as máximas de experiência demonstram não ser conveniente que o juiz julgue determinada causa. São exemplos: a) a situação em que o juiz é amigo ou inimigo das partes; b) o juiz é credor ou devedor de uma das partes, cônjuge ou parente até o terceiro grau (CPC, art. 145).

Vale aqui, porém, um alerta sobre a suposta quebra de imparcialidade de magistrados.

Alguns advogados identificam – às vezes equivocadamente – em certas posturas de julgadores(as) sinais de suspeição por força de alguma conduta por eles tida como favorecedora da parte contrária. Tal percepção pode se verificar porque, como em demandas familiares são trabalhados elementos subjetivos, a advocacia e a Defensoria podem vislumbrar algum tipo de comprometimento nas iniciativas do juiz.

Aqui vale lembrar a lição do casal Nery: "a simples malquerença, antipatia ou inconformidade de opiniões ou de sentimentos não constituem motivos de suspeição de parcialidade do juiz [...]. Da mesma forma, a simpatia devotada entre juiz e parte não enseja suspeição do magistrado"[328].

Para exemplificar, em certa ação de alimentos, o advogado arguiu a suspeição do juiz por duas razões: 1. diante da ausência da autora ele não extinguiu o feito, mas adiou a audiência; 2. ele quis inverter a ordem da pauta em razão de contato telefônico da autora com a secretaria. Afirmou então que "diante desses fatos é bem prudente se imaginar que existe – embora não se afirme isso – alguma espécie de vínculo carismático entre o excepto e a autora, o que leva a indefectível e desagradável sensação de que tenha ele interesse na causa a favor da autora".

O Tribunal de Justiça carioca rejeitou a suspeição alegando nada haver no comportamento do magistrado que caracterizasse suspeição; ademais, o descontentamento da parte com decisões desfavoráveis não poderia servir para o acolhimento da alegação de suspeição

---

327 TARTUCE, Fernanda; DELLORE, Luiz. *Manual de prática civil*, cit., p. 199.

328 NERY JUNIOR, Nelson; NERY, Rosa Maria de Andrade. *Código de Processo Civil comentado*. 17. ed. rev. atual. e ampl. São Paulo: Revista dos Tribunais, 2018, p. 530.

e inexistiria "prova de qualquer indício de vantagem material, moral ou jurídica a justificar o suposto interesse do arguido no desfecho da causa em favor de uma das partes"[329].

No mesmo sentido, manifestou o Tribunal de Justiça do Espírito Santo em caso análogo:

> Os fatos imputados ao magistrado visando reconhecimento de suspeição devem ser convincentes e se enquadrar nas hipóteses expressamente previstas em Lei, não bastando para tanto simples afirmações, destituídas de lastro probatório, por implicar a suspeição em afastamento do juiz natural da causa, matéria de ordem pública e de alta relevância[330].

O Tribunal de Justiça de Pernambuco, em demanda de guarda e regulamentação de visitas, afirmou que "a orientação efetuada pelos juízes que atuam na vara de família, principalmente quando trata de interesse de incapazes, tem por objetivo o estabelecimento de condições mínimas de relacionamento no ambiente em que vivem os menores, não se caracterizando como orientação jurídica a respeito do objeto da lide"[331].

Por fim, vale lembrar que: a) será necessário, ao alegar suspeição, caracterizá-la segundo as hipóteses previstas na Lei[332]; b) o perfil das causas de suspeição tem reconhecido viés restritivo, não sendo possível sua ampliação para cotejar circunstância não prevista na Lei[333].

---

329 TJRJ, IncSusp 0216696-95.2018.8.19.0001/Rio de Janeiro, 19.ª Câmara Cível, Rel. Des. Ferdinaldo do Nascimento, *DORJ* 21.12.2018, p. 95.

330 TJES, IncSusp 0004895-31.2018.8.08.0048, 3.ª Câmara Cível, Rel. Des. Dair José Bregunce de Oliveira, j. 18.06.2019, *DJES* 28.06.2019.

331 TJPE, Rec. 0010237-26.2015.8.17.0000, 4.ª Câmara Cível, Rel. Des. Tenório dos Santos, j. 09.06.2016, *DJEPE* 05.07.2016.

332 Diversas decisões afirmam ser insuficientes alegações genéricas, como, por exemplo: "Para que seja configurada a suspeição do magistrado é imprescindível que haja demonstração inequívoca da ocorrência de uma das hipóteses elencadas no art. 145, do CPC, não sendo suficiente mera ilação subjetiva das partes ao alegar referida parcialidade. [...]" (TJDFT, Proc. 07101492920208070006, Rel. Josaphá Francisco dos Santos, j. 01.09.2021); "Exceção de suspeição suscitada em ação de reconhecimento e dissolução de união estável com partilha de bens c/c guarda e alimentos. Alegada parcialidade da juíza no julgamento do processo, sob o argumento de que, desde que o requerido passou a se manifestar nos autos, os desdobramentos tomados no processo demonstram favoritismo capaz de macular sua imparcialidade. Insubsistência. Mero inconformismo da excipiente decorrente de decisão desfavorável. [...] O acolhimento do incidente de exceção de suspeição do juiz está condicionado a dois fatores: subsunção do fato a uma das hipóteses enumeradas no rol taxativo do art. 145 do Estatuto Processual Civil e existência de prova inequívoca de sua eficácia para causar abalo à imparcialidade do julgador. [...]" (TJSC, Incidente de Suspeição 0001846-48.2019.8.24.0000, Gaspar, 5.ª Câmara de Direito Civil, Rel.ª Cláudia Lambert de Faria, j. 01.09.2020); "[...] Alegada parcialidade da magistrada atuante na ação revisional de alimentos. Suposta relação de amizade entre a juíza excepta e a genitora das autoras. Insubsistência. Falta de prova neste sentido. Meros encontros ocasionais em eventos promovidos por amigos em comum. Situação que não configura amizade. Insinuações pontualmente refutadas de maneira fundamentada pela magistrada. Inexistência de qualquer interesse na causa capaz de comprometer as funções jurisdicionais da excepta. [...] A imparcialidade da jurisdição é um dos atributos próprios do magistrado e basilar para o devido processo legal. Incumbe-lhe atuar com imparcialidade e independência em todas as causas que vier a presidir. A partir do momento que esta imparcialidade é colocada em dúvida, pela gravidade que representa na vida não só profissional, mas sobretudo pessoal e social do julgador, a parte que a deduzir, o fará com responsabilidade e haverá que se louvar de provas claras, escorreitas e convincentes, não bastando meras suspeitas ou abstrações" (TJSC, Incidente de Suspeição 0000106-19.2019.8.24.0012, Caçador, 3.ª Câmara de Direito Civil, Rel. Marcus Tulio Sartorato, j. 02.07.2019).

333 "[...] A relação de proximidade dos auxiliares da justiça com as partes não está entre as hipóteses taxativas de suspeição do juiz arroladas no 145 do CPC. 2.2. A suspeição de serventuário não causa suspeição de magistrado e vice-versa. 2.3. O fato descrito pelo agravado não indica qualquer comprometimento do julgador para decidir a causa em determinada direção, a fim de favorecer ou prejudicar uma das partes.

3.4.7.3. Contestação

Enquanto, na petição inicial, o autor busca a procedência do pedido, na contestação, o réu apresentará impugnações e exceções ao pleito formulado; assim, enquanto na petição inicial o autor pede, na contestação o réu impede. Caso o réu pretenda também pedir algo contra o autor (formulando pedido em seu favor), deverá se valer da reconvenção – que, no CPC, é apresentada na própria contestação (e será oportunamente objeto de considerações).

Se na petição inicial o objetivo único do autor é a procedência do pedido, na contestação não se fala somente em improcedência. Pode o réu pleitear não só a rejeição do pedido, como também a extinção do processo sem resolução de mérito, conforme o argumento de defesa[334].

a) Alegação de incompetência

Como exposto, no sistema do CPC vigente as alegações sobre suspeição e impedimento são apresentadas de forma apartada à contestação, ao passo que a incompetência relativa é apontada em preliminar de contestação.

A alegação de incompetência relativa será veiculada quando a parte interessada arguir a necessidade da observância da norma violada pela conduta do autor (que teria ajuizado a demanda em local errôneo).

Como o juiz estará diante de hipótese de competência relativa, não deverá atuar de ofício para remeter o processo à comarca supostamente devida: competirá à parte interessada arguir a ocorrência[335].

2.4. Jurisprudência: As hipóteses de suspeição do juiz encontram-se previstas em rol taxativo do art. 145 do CPC, norma de direito estrito que, por sua própria natureza, não comporta interpretação ampliativa nem aplicação analógica. Daí serem imprescindíveis a comprovação e a indicação objetiva de uma das situações legalmente previstas para que haja o reconhecimento da parcialidade do juiz. 3. O reconhecimento da suspeição, por importar o afastamento do juiz natural da causa, exige a demonstração de um prévio comprometimento do julgador para decidir a causa em determinada direção, a fim de favorecer ou prejudicar uma das partes, situação que não se identifica na hipótese. [...]" (TJDFT, Proc. 07287085220208070000, Rel. João Egmont, j. 04.11.2020); "Incidente de suspeição. Execução de alimentos. Aventada inimizade entre os procuradores do excipiente e o togado. Reclamação disciplinar contra o magistrado perante o Conselho Nacional de Justiça instaurada pelos advogados. Circunstância que, isolada, não pressupõe a alegada suspeição. Provocação da parte. Ilegitimidade do incidente (art. 145, § 2.º, I, do CPC/15). [...] 'As meras conjecturas expendidas pela excipiente, de viés unicamente subjetivo, sem nenhum vínculo com a realidade, revelam-se incapazes de afastar o juiz natural da causa. [...]. Nesse aspecto, de todo relevante assentar que as hipóteses taxativas de cabimento da exceção de suspeição, previstas no art. 135 do CPC/1973 (atual art. 145) devem ser interpretadas de forma restritiva, sob pena de comprometimento da independência funcional assegurada ao magistrado no desempenho de suas funções (ExSusp 000183, rel. Min. Marco Aurélio Bellizze, *DJe* 15.10.2018)' (IS n. 0019130-06.2018.8.24.0000, rel. Des. Stanley da Silva Braga, j. 04.12.2018). [...]" (TJSC, Incidente de Suspeição 0019141-35.2018.8.24.0000, Itapiranga, 1.ª Câmara de Direito Civil, Rel. Gerson Cherem II, j. 09.05.2019).

334 TARTUCE, Fernanda; DELLORE, Luiz. *Manual de prática civil*, cit., p. 171.

335 Como exemplo de tal conclusão (que é recorrente nos Tribunais), eis trecho de ementa: "[...] 1. É relativa a competência para o processamento e julgamento de ação de execução de alimentos. 2. Tratando-se de competência relativa, aplica-se ao caso o Enunciado Sumular n. 33 do Colendo Superior Tribunal de Justiça, segundo o qual a incompetência relativa não pode ser declarada de ofício. 3. Segundo o art. 53, inc. II, do CPC/2015, o foro do domicílio do alimentando é o competente para a ação em que se pedem alimentos e, ainda, nos termos do que dispõe art. 528, § 9.º, do mesmo diploma legal, o credor pode promover no juízo de seu domicílio, o cumprimento da sentença que determinou o pagamento de alimentos. 4. A vedação da redistribuição encontra respaldo na regra de perpetuação da jurisdição (art. 43 do Código de Processo Civil de 2015); no princípio do juiz natural; no art. 70 da Lei de Organização

Tratando-se de alimentos, a situação enseja entendimento diferenciado? A questão pode ter duas respostas.

À luz do regramento do CPC e das assertivas acima, se o alimentando, por exemplo, a despeito da regra favorável de que dispõe, optar por demandar o genitor no domicílio deste, não haverá incompetência; como o alimentando optou por não se valer da facilitação prevista na lei, o magistrado não deverá suscitar a matéria por sua própria iniciativa.

No STJ, contudo, houve entendimento diferenciado quando o alimentante foi demandado fora de seu foro; pela diretriz acima, ele deveria ter arguido a incompetência, mas o Tribunal entendeu que, sendo o alimentando menor de idade, sua proteção (por ser parte vulnerável) era indisponível, sendo considerada absoluta a competência – que podia ser conhecida de ofício pelo juiz[336].

b) *Reconvenção*

A reconvenção, instrumento processual que veicula o contra-ataque da parte demandada em relação à autora, já despertou intensa polêmica no tocante à sua possível utilização em demandas alimentares.

Embora algumas decisões tenham afirmado a inviabilidade de reconvenção em ações sobre alimentos[337], têm predominado acórdãos admitindo a via reconvencional para que o

---

Judiciária do Distrito Federal; e na Portaria Conjunta 66, de 14 de junho de 2019, do Tribunal de Justiça, que suspendeu a distribuição de novos feitos à Primeira Vara de Família, Órfãos e Sucessões de Águas Claras. [...] " (TJDF, Proc 07173.41-65.2019.8.07.0000, Ac. 121.6227, 1.ª Câmara Cível, Rel.ª Des.ª Maria de Lourdes Abreu, j. 11.11.2019, *DJDFTE* 27.11.2019).

336 "[...] Ação revisional de alimentos. Foro competente. Domicílio do alimentando. 1. Conforme jurisprudência assente nesta Corte, a regra de competência prevista no art. 147 do Estatuto da Criança e do Adolescente, que tem por objetivo a proteção do interesse do menor, é absoluta e deve ser declarada de ofício, mostrando-se inadmissível sua prorrogação. 2. Ademais, tendo em conta o caráter absoluto da competência ora em análise, em discussões como a dos autos, sobreleva o interesse do menor hipossuficiente, devendo prevalecer o foro do alimentando e de sua representante legal como o competente tanto para a ação de alimentos como para aquelas que lhe sucedem ou lhe sejam conexas. 3. "A competência para processar e julgar as ações conexas de interesse de menor é, em princípio, do foro do domicílio do detentor de sua guarda" (Súmula 383/STJ) (STJ, AgRg no AREsp 240.127/SP, Rel. Min. Luis Felipe Salomão, 4.ª Turma, j. 03.10.2013, *DJe* 14.10.2013). No mesmo sentido: "[...] Ação de guarda c/c exoneração de alimentos. Menor. Art. 147 do ECA. Competência absoluta. Declínio de ofício. Possibilidade. 1. No confronto entre a regra geral da *perpetuatio jurisdictionis*, que impõe a estabilização da competência (art. 43 do CPC), e a regra especial (art. 147, inc. I, do ECA), que estabelece o princípio do juiz imediato, esta deve prevalecer, observadas as peculiaridades do caso. 2. A regra inserta no art. 147 do ECA é cogente, porque respalda o melhor interesse da criança, em sintonia com a proteção integral insculpida no art. 227 da Constituição Federal, revestindo-se, pois, de natureza absoluta, o que atrai a excepcionalidade constante do art. 43, *in fine*, do Código de Processo Civil. Precedentes do STJ. 3. O magistrado pode declinar de ofício da competência absoluta. 4. A competência para processar e julgar ação de regulamentação de guarda já exercida de fato é o domicílio do seu detentor, onde o menor mantém convivência familiar e comunitária. Inteligência da Súmula n. 383 do STJ. [...]" (TJDF, Proc. 07103.15-16.2019.8.07.0000, Ac. 121.4271, 2.ª Câmara Cível, Rel. Des. Mario Zam Belmiro Rosa, j. 04.11.2019, *DJDFTE* 04.12.2019).

337 "[...] 1 – Acertada a inadmissão do processamento da reconvenção na ação de alimentos que tramita sob o rito especial da Lei n. 5.478/68, pois, do contrário, seria necessária a conversão para o rito ordinário, medida que se contrapõe à celeridade e urgência buscadas pelo legislador, no aludido diploma legal, no propósito de agilizar o atendimento das necessidades daquele que postula alimentos. [...]" (TJDF, Proc. 07009533520208070006, 5.ª Turma Cível, Rel. Des. Angelo Passareli, j. 30.09.2020, *DJDFTE* 09.10.2020).

réu pleiteie a majoração[338], a minoração do *quantum* ou mesmo a exoneração[339] da obrigação alimentar.

Havia, já no regime do CPC/1973, quem sustentasse a viabilidade de veicular o pleito de contra-ataque na própria contestação[340].

Apreciemos a dúvida com precisão técnica: é realmente necessário que o demandado se valha de reconvenção ou ele pode formular o pleito na contestação por meio de simples pedido contraposto? Considerando que no CPC atual a reconvenção passou a ser formulada na contestação (art. 343), há sentido em seguir falando em ação dúplice?

A resposta é positiva: o ordenamento jurídico segue repetindo regras[341] sobre o tema; além disso, é preciso atentar para algumas peculiaridades.

Nas demandas dúplices, tanto o autor como o réu têm posições similares, de sorte que ambos podem formular pedidos; como bem explica Juliana Demarchi, em tais ações

> [...] a discussão instaurada irá possibilitar a tutela de um bem da vida a ambas as partes, independentemente de suas posições processuais de autor ou réu. Não é necessário que o réu formule pedido de fixação dos limites aquém ou além do que foi deduzido

---

338 Eis julgados sobre o tema: "Revisional de alimentos. Obrigação anteriormente acordada em nove salários mínimos. Reconvenção para majoração da pensão. Improcedência de ambos os pleitos. Filhos que, há muito, já atingiram a maioridade. Julgamento antecipado da lide. [...]" (TJSP, AC 0011391-03.2012.8.26.0625, Ac. 13146712, Taubaté, 5.ª Câmara de Direito Privado, Rel. Des. Moreira Viegas, j. 04.12.2019, *DJESP* 13.12.2019, p. 1.911); "Apelação cível. Família. Alimentos. Ação revisional de alimentos ajuizada pelo genitor em face da filha menor. Pretendida a redução do encargo alimentar. Contestação e reconvenção, em que pretendida a majoração da verba alimentar. [...]" (TJSP, AC 1006157-46.2017.8.26.0302, Ac. 13130602, Jaú, 2.ª Câmara de Direito Privado, Rel. Des. José Carlos Ferreira Alves, j. 29.11.2019, *DJESP* 04.12.2019, p. 2.435).

339 "Apelação cível. Ação de majoração de alimentos. Reconvenção visando à exoneração julgada procedente. Filha maior de idade. Alteração do binômio necessidade/possibilidade comprovada. Prova da necessidade. Ônus da alimentanda. Exoneração do encargo. Cabimento. [...] Caso concreto em que a alimentanda conta 32 (trinta e dois) anos de idade, é saudável, não estuda e não trabalha, não logrando êxito em demonstrar que persiste a necessidade de receber auxílio financeiro do genitor. Inaceitável admitir a persistência dos alimentos na situação em exame, sob pena de estimular o ócio e desincentivar a busca pelo autossustento. Sentença de improcedência da ação e procedência da reconvenção confirmada. [...] " (TJRS, AC 374865-81.2018.8.21.7000, Passo Fundo, 7.ª Câmara Cível, Rel.ª Des.ª Sandra Brisolara Medeiros, j. 27.03.2019, *DJERS* 02.04.2019).

340 Eis julgados exemplificativos: "Processual Civil. Apelação Cível. Ação declaratória de reconhecimento de união estável e dissolução cumulada com partilha de bens. Procedência. Pedido de alimentos deduzido na contestação. Possibilidade. [...] A pretensão de alimentos provisionais pode ser deduzida na contestação, sem necessidade de ajuizamento de ação própria ou de reconvenção, tendo em vista os princípios da efetividade e da economia processual. [...]" (TJPB, APL 0000013-41.2015.815.0111, 2.ª Câmara Especializada Cível, Rel. Des. Abraham Lincoln da Cunha Ramos, *DJPB* 29.06.2016, p. 16); "1. Tendo em vista a natureza dúplice da ação de divórcio, o réu, na contestação, pode arrolar os bens que a parte autora omitiu, sendo desnecessária a apresentação de reconvenção para essa finalidade [...]" (TJDF, APC 2013.07.1.010141-2, Ac. 948.238, 2.ª Turma Cível, Rel.ª Des.ª Gislene Pinheiro de Oliveira, j. 15.06.2016, *DJDFTE* 22.06.2016); "1. Na ação de divórcio, o réu, na contestação, pode arrolar os bens ou as dívidas que a parte autora omitiu, tendo em vista a natureza dúplice dessa ação, sendo desnecessária a apresentação de reconvenção para essa finalidade [...]" (TJDF, APC 2014.06.1.005530-4, Ac. 949.699, 5.ª Turma Cível, Rel.ª Des.ª Maria Ivatônia Barbosa dos Santos, j. 22.06.2016, *DJDFTE* 28.06.2016).

341 A clássica previsão de possível formulação de pedido contraposto na ação possessória foi repetida no Código vigente: é lícito ao réu, na contestação, alegando que foi o ofendido em sua posse, demandar a proteção possessória e a indenização pelos prejuízos resultantes da turbação ou do esbulho cometido pelo autor (CPC, art. 556).

pelo autor: sua simples defesa implicará a improcedência, ao menos parcial, do pedido do autor, e esta improcedência do pedido do autor corresponderá a atendimento da pretensão do réu[342].

Nas ações dúplices, basta a simples contraposição do réu à pretensão inicial, não sendo necessária a formulação de pedido contraposto na contestação; o réu não exerce direito de ação nessas demandas, já que sua pretensão "está inserida no objeto do processo desde a propositura da demanda pelo autor devido à própria natureza do direito material discutido"[343].

Vale destacar que a técnica do pedido contraposto não se identifica com a das ações dúplices. Concebida para promover simplificação e celeridade, a técnica da contraposição implica formulação de pedido pelo réu, na mesma oportunidade de oferecimento da defesa, sem precisar usar o procedimento próprio da reconvenção; desse modo, ele exerce o direito de ação sem as exigências formais inerentes à demanda reconvencional[344].

Vale ainda lembrar que no pedido contraposto o demandado somente pode ter por base os mesmos fatos referidos na inicial, sendo sua incidência mais restrita[345].

Apesar de tais aspectos técnicos, é comum a formulação de pedidos contrapostos em contestações a demandas reputadas dúplices; nas ações sobre guarda isso se verifica, embora não haja propriamente duplicidade nem a mesma base fática[346].

Sob o prisma processual, a resposta sobre a pertinência de mera alegação na contestação, de veiculação de pedido contraposto ou da apresentação de reconvenção sempre teve amparo no ordenamento: quando a lei reconhece caber o pedido contraposto (por exemplo, em ritos especiais), este é formulado. Quando não há previsão específica, é apropriado valer-se da reconvenção.

A reconvenção configura iniciativa do réu contra o autor no mesmo processo, constituindo verdadeiro instrumento de "contra-ataque". Sua grande vantagem é a autonomia: ainda que haja, por qualquer razão, extinção da demanda originária, a reconvenção prosseguirá.

Há quem se valha da reconvenção para intentar os pleitos de guarda, não encontrando óbices em seus caminhos[347].

---

342 DEMARCHI, Juliana. Ações dúplices, pedido contraposto e reconvenção. In: DIDIER JUNIOR, Fredie (org.). *Processo Civil*: leituras complementares. Salvador: JusPodivm, 2006. Disponível em: https://edisciplinas.usp.br/pluginfile.php/2458354/mod_resource/content/0/DEMARCHI%2C%20 Juliana.%20A%C3%A7%C3%B5es%20d%C3%BAplices%2C%20pedido%20contrapostoe%20%20 reconven%C3%A7%C3%A3o.pdf.pdf. Acesso em: 9 jan. 2020.

343 DEMARCHI, Juliana. Ações dúplices, pedido contraposto e reconvenção, cit.

344 DEMARCHI, Juliana. Ações dúplices, pedido contraposto e reconvenção, cit.

345 MARINONI, Luiz Guilherme; ARENHART, Sérgio Cruz. *Processo de conhecimento*. 12. ed. São Paulo: RT, 2014, p. 147.

346 O tema foi abordado no artigo "Breves reflexões sobre a atuação advocatícia e o pedido formulado pelo demandado na ação de guarda" (In: DELGADO, Mario Luiz; COLTRO, Antonio Carlos Mathias (org.). *Guarda compartilhada*. 2. ed. São Paulo: Método, 2016, v. 1, p. 103-119). Alguns trechos aqui expostos reproduzem, em parte, o que ali consta.

347 Eis caso em que a reconvenção foi acolhida: "Apelação cível. Ação cautelar de busca e apreensão de menor. Sentença de improcedência do pedido inicial e procedência da reconvenção para conceder a guarda do menor ao genitor. Inconformismo da genitora. Tese recursal que debate o mérito da demanda principal. Pleito de modificação da guarda. Não acolhimento. Matéria já decidida na ação principal. Fixação da guarda em favor do genitor. Manutenção do *decisum* por este órgão fracionário na análise do recurso referente àquela demanda. Improcedência do pedido de busca e apreensão mantida. [...]" (TJSC, AC 0302577-93.2016.8.24.0058, São Bento do Sul, 7.ª Câmara de Direito Civil, Rel.ª Des.ª Haidée Denise Grin, *DJSC* 04.11.2019, p. 284).

Outros, porém, encontram resistência. Como exemplo, em divórcio no qual se discutiam partilha, guarda dos filhos menores e visitas, afirmou-se a desnecessidade da propositura de ação autônoma ou reconvencional para o exame de tais temas em homenagem ao princípio da economia e celeridade processual; só seria pertinente a reconvenção se houvesse pretensão do réu de ver reconhecida a culpa da cônjuge que deduziu o pedido de separação litigiosa[348].

Ocorre, porém, que faltam previsões sobre ser a guarda uma ação dúplice e sobre a alegada adequação da formulação de pedido contraposto.

Haveria mesmo o caráter de duplicidade nas demandas de guarda? Reflitamos.

O poder familiar pertence juridicamente a ambos os genitores, que são reputados oficialmente guardiães. Pode ocorrer, porém, que a guarda de fato esteja com um deles e a situação enseje confusões, havendo então necessidade de demanda para haver reconhecimento jurídico da guarda exercida de fato.

Se a demanda proposta pela genitora para reconhecer sua guarda unilateral tem o pedido julgado improcedente, pode-se afirmar que a guarda unilateral passa a ser então do réu[349]?

Obviamente não; a situação, por mais incômoda que possa parecer, resta inalterada: a guarda não fica sendo da mãe, mas tampouco passa a ser do pai. Eles seguem "compartilhando-a" juridicamente e será necessária outra demanda para que a situação seja definida.

Imaginemos que, no caso da disputa de guarda da filha Silzete, sua genitora Marizete peça a guarda unilateral da menina e Silvaney apenas conteste o pedido sem nada formular. Em caso de improcedência do pedido, Silvaney terá a guarda? Com a sentença de improcedência, ele poderá se dirigir, por exemplo, ao diretor da escola e exigir que Marizete não mais retire Silzete do estabelecimento, sendo ele o titular da guarda unilateral? As respostas são obviamente negativas.

Assim, tecnicamente, para evitar a necessidade do processamento de nova demanda, a melhor conduta é promover reconvenção para que a guarda seja reconhecida em favor do demandado, seja sua pretensão direcionada ao perfil unilateral ou ao compartilhamento.

Outro fator que corrobora tal conclusão é a base fática: não há como dizer que os fatos alegados na defesa são os mesmos expostos na inicial. Ao tecer alegações para mostrar quem tem melhores condições de exercer a guarda, o demandado irá ampliar a base fática até então delineada nos autos pela demandante, o que não é tecnicamente admissível à luz das clássicas lições sobre o pedido contraposto.

Por fim, a autonomia da reconvenção revela-se uma vantagem que poderá fazer toda a diferença em demandas de guarda altamente controvertidas.

---

348 TJDF, Rec. 2011.01.1.068680-7, Ac. 814.092, 3.ª Turma Cível, Rel. Des. Silva Lemos, *DJDFTE* 28.08.2014, p. 134. No mesmo sentido: "DIVÓRCIO. [...] As ações envolvendo direito de família possuem caráter dúplice, permitindo que ambas as partes formulem pretensões no intuito de resolver todos os aspectos da relação familiar, em respeito também ao princípio da econômica processual, de modo que se impõe a flexibilização das regras processuais a se permitir a realização de pedidos contrapostos, sem a necessidade de apresentação de reconvenção. Anulação de parte da r. Sentença para que os autos retornem à origem para conhecimento do pedido contraposto de alimentos formulado pela ex-mulher em contestação, permitida, inclusive dilação probatória acerca das necessidades e possibilidades dos envolvidos. [...]" (TJSP; AC 1000311-74.2022.8.26.0075; Ac. 16100327; Bertioga; Oitava Câmara de Direito Privado; Rel. Des. Salles Rossi; j. 29.09.2022; DJESP 04.10.2022).

349 No ponto, vale lembrar a lição: "O caráter dúplice de determinados pedidos de tutela decorrem de peculiaridades do direito material, no sentido de que a simples improcedência do pedido do autor confere provimento jurisdicional que assegura um bem da vida ao réu" (DEMARCHI, Juliana. *Ações dúplices, pedido contraposto e reconvenção*, cit.).

Imagine que, no caso relatado, o genitor Silvaney formule pretensão de guarda compartilhada no bojo da contestação. Percebendo que o juiz se inclina a fixá-la, a autora Marizete poderá, estrategicamente, provocar a extinção da ação originária de guarda sem resolução do mérito – por exemplo, desconstituindo seu patrono e deixando de nomear outro.

Nesse cenário, se tivesse sido apresentada reconvenção por Silvaney, esta poderia seguir, tendo o juiz condições de reconhecer a guarda compartilhada no julgamento. Como tal pleito, porém, foi simplesmente veiculado na contestação, não há a autonomia inerente à reconvenção e o destino será a extinção do processo... Nesse caso, será preciso intentar nova demanda para pedir guarda compartilhada. Nem é preciso ser muito criativo para imaginar as potenciais dificuldades de citação da demandada (outrora autora), que atuará para evitar o andamento do processo a fim de não ser reconhecida a guarda compartilhada.

Como se percebe, além de tecnicamente ser mais apropriada a reconvenção, ela ainda tem a vantagem de evitar que eventual estratégia extintiva seja engendrada com êxito por quem não mais quer ver definida a guarda em juízo por receio de derrota.

Apesar de tais vantagens, há algum tempo, com base na efetividade do processo e em diretrizes como a economia, a celeridade e a instrumentalidade, tem ganhado espaço no foro a veiculação de pedidos na própria contestação. O CPC atual se alinha a essa tendência ao concentrar a apresentação da reconvenção no bojo da contestação.

Na seara familiar, outro argumento costumeiramente invocado para sustentar tal possibilidade é o de que as ações de alimentos teriam natureza dúplice: decisões podem ser encontradas nesse sentido[350].

Embora se compreenda a positiva intenção que alberga o entendimento sobre o cabimento de pedido contraposto, há razões para dela discordar. A reconvenção representa não uma mera formalidade, mas o ambiente apropriado para veicular nova pretensão; ela tem autonomia (podendo persistir ainda que extinta a ação originária), viabiliza o contraditório (há intimação para responder), delimita bem a atuação das partes e do magistrado no procedimento... estas são vantagens decorrentes do devido processo legal, que assegura a observância das garantias constitucionais.

Como exemplo, cito situação vivenciada na assistência judiciária. Cornelio moveu ação de divórcio contra Norbertina; esta concordou com o fim da união (pois estavam separados de fato há oito anos), mas na contestação pleiteou alimentos. Em réplica, o autor rechaçou a veiculação naquela via e, no mérito, trouxe subsídios para a rejeição da pretensão.

A prova do processo apenas focou a (então necessária) separação de fato do casal; não houve instrução quanto ao binômio possibilidade-necessidade. Na sentença, porém, o juiz decretou o divórcio e condenou o autor a pagar alimentos à ré. Interpostos todos os recursos, sob a alegação do Tribunal paulista de que seria cabível o pedido contraposto, não foi possível reverter a condenação – que foi pleiteada de forma simples, em um simples parágrafo na contestação e não contou com a devida instrução.

---

[350] Eis trecho de acórdão: "Agravo de instrumento. Ação revisional de alimentos. [...] Natureza da ação de alimentos que é materialmente dúplice, bem como trata-se os alimentos de direito indisponível. Assim o sendo, não pode a parte deles abrir mão em sua integralidade, uma vez provocado o Judiciário, sem a análise adequada do binômio necessidade *x* possibilidade. [...]" (TJSP, AI 2074451-98.2019.8.26.0000, Ac. 13092585, Paulínia, 7.ª Câmara de Direito Privado, Rel.ª Des.ª Maria de Lourdes Lopez Gil, j. 13.11.2019, *DJESP* 26.11.2019, p. 1.686).

Como se percebe, há grave comprometimento do contraditório; quando há reconvenção, o pedido vem bem delineado e fica mais claro para os participantes o recorte temático discutido na demanda.

Não há como negar, porém, que há grande tendência doutrinária e jurisprudencial[351] de reconhecer, cada vez mais, o pedido contraposto como viável por assegurar maiores economia e celeridade. Caso então seja adotado o entendimento sobre sua viabilidade, devem os participantes ficar atentos quanto à observância das garantias constitucionais do processo em relação a todos os pleitos deduzidos em juízo.

3.4.8. *Mediação e conciliação*

3.4.8.1. Direitos em disputa

Haveria restrição à autocomposição em causas familiares por conta da indisponibilidade inerente a muitos dos interesses em disputa? As causas sobre direito de família costumam envolver direitos relativos à dignidade humana, à convivência familiar, a direitos de personalidade...

Embora muitas vezes veiculem direitos de personalidade, em certas hipóteses as causas familiares podem se resumir a disputas patrimoniais (por exemplo, sobre a partilha de bens ao final da união estável)[352]. Nesses casos, a pertinência de meios consensuais na busca da obtenção de acordos é evidente – especialmente se o casal não tem filhos incapazes, a possibilidade de ajustar o fim da união com base na autonomia da vontade é ampla (desde que ambos se engajem, ainda que por meio de advogadas(os), a tentar resolver a situação consensualmente).

Cogitemos, porém, sobre hipóteses em que a demanda trate de direitos de personalidade; há vedação à transação?

Audiências de conciliação ocorrem, há tempos e com grande frequência, em toda sorte de demandas familiares. Mesmo em execuções de alimentos, a despeito da falta de previsão de tal ato no regramento específico, é comum a designação de sessões para que as partes tentem encontrar saídas consensuais[353]. Seria o agendamento de todas essas audiências revelador de prática errônea, equivocada e causadora de nulidade dos processos?

No cenário normativo do CPC/1973 reconhecia-se expressamente a possibilidade de conciliação em causas relativas à família nos casos e para os fins em que a lei consentia a transação (art. 447, parágrafo único).

No CPC vigente, embora esse dispositivo não tenha sido repetido, houve específico incentivo ao consenso nas lides familiares[354]. No mesmo sentido reconhece a Lei n. 13.140/2015

---

351 Eis decisão que aponta tal tendência: "[...] Partilha de bens. Ação declaratória de existência e dissolução de união estável. Natureza dúplice. Pedido de partilha formulado na contestação. Possibilidade. Desnecessidade de reconvenção ou ação própria. [...]" (TJSC, Apelação Cível 0053495-13.2014.8.24.0005, Balneário Camboriú, 4.ª Câmara de Direito Civil, Rel. José Agenor de Aragão, j. 27.08.2020).

352 THEODORO JÚNIOR, Humberto. O agravo de instrumento e as causas de direito de família. In: PEREIRA, Rodrigo da Cunha; MADALENO, Rolf (coord.). *Direito de família*: processo, teoria e prática. Rio de Janeiro: Forense, 2008, p. 273.

353 Para justificar a realização de tais sessões consensuais, costuma ser invocado o dever do magistrado de promover a autocomposição a qualquer tempo no processo.

354 Nos termos do art. 694 do CPC, nas ações de família todos os esforços serão empreendidos para a solução consensual da controvérsia, devendo o juiz dispor do auxílio de profissionais de outras áreas de conhecimento para a mediação e conciliação.

que pode ser objeto de mediação o conflito que verse sobre: a) direitos disponíveis; ou b) direitos indisponíveis que admitam transação (art. 3.º).

Pela relevância do tema, abordemos mais ideias sobre a transação. Todos os direitos podem ser considerados suscetíveis de transação desde que envolvam um objeto física e juridicamente apto a constituir objeto de contrato, certo, determinado e preciso[355].

Quando o titular do direito tem poder de disposição sobre ele, é viável a autocomposição, seja o objeto desta inerente à seara familiar, patrimonial, obrigacional ou de qualquer outro ramo[356].

A indisponibilidade de direitos acabou sendo tratada por tempo considerável como verdadeiro "tabu" impeditivo da celebração de acordos, razão pela qual é preciso estar atento para não resvalar em preconceitos, dogmas e opiniões sem embasamentos aptos a limitar a dimensão conciliatória; a disponibilidade é um conceito legal indeterminado, de modo que se revela mais útil destacar suas características do que fixar sua definição[357].

Atentando para tal situação, ainda que seja o direito, em alguma medida, indisponível, pode ter aspectos quantitativos negociáveis. Como pondera Rodolfo de Camargo Mancuso, mesmo quando o interesse é indisponível (por exemplo, o direito a alimentos), o efeito pecuniário da sentença condenatória pode, não obstante, ser objeto de transação entre as partes (o que, aliás, ocorre frequentemente)[358].

Percebe-se, portanto, que no Direito de Família também é possível conceber a autocomposição, seja esta unilateral pela via do reconhecimento jurídico do pedido ou pela renúncia (livre e isenta de vícios, ressalte-se), seja bilateral pela realização de acordos.

Assim, em ações de estado (como o divórcio) e em causas relativas a interesses de incapazes (como a guarda de filhos), as partes podem celebrar acordos válidos.

Imagine uma situação de investigação de paternidade: durante a demanda (de índole personalíssima) o pai pode reconhecer voluntariamente o vínculo. Eventual acordo, porém, encontrará limites, sendo descabida a negociação de aspectos da relação de estado: não cabe barganhar, por exemplo, o reconhecimento da filiação em troca da renúncia de herança.

No mesmo sentido se manifesta Fabio Tabosa, para quem é certo não poder "haver negociação em torno de direitos indisponíveis como os direitos à vida, à liberdade, à honra, à integridade física e psíquica, ao nome, à capacidade civil, entre outros[359]".

Um caso interessante foi julgado pelo Tribunal Gaúcho a respeito do nome do filho. O Ministério Público recorreu da homologação de acordo contendo reconhecimento da paternidade, fixação de alimentos e ajuste para que o adolescente continuasse a usar somente o sobrenome da genitora. Para o MP, um dos efeitos da investigação de paternidade é atribuir

---

355 LOPES, Miguel Maria de Serpa. *Curso de direito civil:* obrigações em geral. Rio de Janeiro: Freitas Bastos, 1953, v. 2, p. 305.

356 FADEL, Sergio Sahione. *Código de Processo Civil comentado*: arts. 1.º a 1.220, cit., p. 408, nota 331 do atualizador.

357 MANCUSO, Rodolfo de Camargo. O plano-piloto de conciliação em segundo grau de jurisdição, do Egrégio Tribunal de Justiça de São Paulo, e sua possível aplicação aos feitos de interesse da Fazenda Pública. *Separata da Revista dos Tribunais,* ano 93, v. 820, p. 38, fev. 2004.

358 MANCUSO, Rodolfo de Camargo. O plano-piloto de conciliação em segundo grau de jurisdição, do Egrégio Tribunal de Justiça de São Paulo, e sua possível aplicação aos feitos de interesse da Fazenda Pública, cit., p. 29.

359 TABOSA, Fabio. Comentário ao art. 447 do CPC. In: MARCATO, Antônio Carlos (org.). *Código de Processo Civil interpretado*. 2. ed. São Paulo: Atlas, 2008, p. 1.416.

ao nome do investigante o patronímico do investigado, não havendo nos autos qualquer elemento indicativo de que a adoção do sobrenome paterno ao nome do autor pudesse trazer prejuízo. O adolescente, porém, sustentou que a alteração do sobrenome nessa fase da vida (estando com 15 anos) representaria constrangimento por fazê-lo rememorar o fato de ter sido abandonado quando criança e de que só está tendo a paternidade reconhecida em virtude de um processo judicial (e não por livre e espontânea vontade do pai). O Tribunal deu razão ao MP pelas seguintes razões:

> Com o reconhecimento da paternidade, impõe-se a inclusão do nome do pai e dos avós paternos no assento de nascimento do investigante, conforme dispõe o art. 54, 7.º e 8.º, da Lei de Registros Públicos. Do mesmo modo, impõe-se a inclusão do patronímico paterno no assento de nascimento, como forma de identificar a ancestralidade paterna, de acordo com o art. 55 da referida legislação. Assim, não deve prevalecer o acordo firmado entre as partes, de que o investigado permanecerá sem o patronímico paterno, por se tratar de direito da personalidade e, portanto, indisponível[360].

O caso é interessante e apto a promover reflexão: a adoção do nome de um familiar é mesmo decorrência lógica que não comporta consideração sobre a vontade dos envolvidos? Ao serem registradas, muitas crianças recebem apenas o patronímico de um dos genitores; além disso, no casamento a esposa pode optar por não usar o nome da família do marido.

A valorização da autonomia privada, como se nota, vem pautando as experiências jurídicas.

Em reforço a tal diretriz, a Lei n. 14.382/2022 reconhece às pessoas capazes a possibilidade, nos casos ali previstos, de realizar procedimentos para alterações de nome/sobrenome diretamente na esfera extrajudicial; tal iniciativa revela a importância dada ao nome civil enquanto elemento identificador da pessoa e atributo indissociável de sua personalidade[361].

Como bem destaca Marcia Fidelis Lima, um fator importante para a gradativa flexibilização das regras sobre mudança no nome diz respeito justamente ao aspecto psicológico que faz dele "um atributo da personalidade (quanto mais o cidadão se apega ao seu nome maior a necessidade de se identificar com ele e, quando isso não ocorre, a tendência é desejar alterar")[362].

O tema, como se percebe, desafia paradigmas. Aguardemos cenas dos próximos capítulos...

3.4.8.2. Limites à luz das "fases da perda"

Embora seja viável cogitar sobre a autocomposição, nem sempre a tentativa de promover o consenso terá êxito. Como destaca a magistrada francesa Danièle Ganancia, nas demandas familiares, "na maioria dos casos, *não se pede ao juiz para dizer o direito, mas remediar uma disfunção da comunicação,* porque os ex-cônjuges não querem, não sabem, ou não podem

360 TJRS, AC 461634-68.2013.8.21.7000, Ijuí, 7.ª Câmara Cível, Rel.ª Des.ª Liselena Schifino Robles Ribeiro, j. 04.12.2013, *DJERS* 09.12.2013.

361 ARPEN BRASIL. Considerações acerca da Lei n. 14.382/2022. p. 6 Disponível em: https://infographya.com/files/Cartilha_Arpen_BR_(1).pdf. Acesso em: 28 set. 2022.

362 LIMA, Márcia Fidelis. Lei nº 14.382-2022 – Primeiras Reflexões Interdisciplinares do Registro Civil das Pessoas Naturais e o Direito das Famílias. *Instituto Brasileiro de Direito da Família*, 1 jul. 2022. Disponível em: https://ibdfam.org.br/artigos/1841/Lei+n%C2%BA+14.382-2022+%E2%80%93+Primeiras+Reflex%C3%B5es+Interdisciplinares+do+Registro+Civil+das+Pessoas+Naturais+e+o+Direito+das+Fam%C3%ADlias. Acesso em: 28 set. 2022.

mais falar entre si como pais dos problemas que definitivamente lhes cabem: a organização da vida de seu filho"[363].

As pessoas em conflito podem ter desenvolvido uma comunicação eivada de ruídos e comprometimentos de diversas ordens. A depender da situação, nem sempre será viável que a comunicação seja restaurada em apenas um encontro: a deterioração do diálogo (e talvez até mesmo da relação) pode ter sido intensa.

A vivência[364] de perdas significativas – como as decorrentes do fim de uma união – pode ser sentida como "morte" e ensejar um processo de luto (reação emocional a uma perda significativa[365]). Tal processo, embora doloroso, pode propiciar um novo modo para o sujeito ser e estar no mundo.

O interessante modelo delineado pela médica suíça Klüber-Ross[366] aponta as cinco fases da perda (ou do processo de luto): negação, raiva, depressão, barganha e aceitação. Tais estágios nem sempre ocorrem nessa ordem nem precisam ser todos experimentados, mas as pessoas sempre passam por pelo menos dois deles[367].

A negação implica na recusa em assumir a perda. A pessoa pode não crer na informação recebida, tentar esquecê-la, deixar de refletir sobre ela ou buscar provas ou argumentos de que ela não retrata a realidade[368]. A negação funciona como um para-choque após notícias chocantes e inesperadas, sendo útil para permitir que a pessoa se recupere com o tempo[369].

Como é fácil perceber, nesse estágio é muito difícil trabalhar o conflito, já que o indivíduo nem sequer assume a ocorrência dos fatos que o ensejaram.

Comumente a negação configura uma defesa temporária que acaba sendo substituída por uma aceitação parcial[370]. No mais, não sendo possível viver (ao menos por muito tempo) no mundo do "faz de conta", a partir do momento em que não é viável manter a negação, ela é substituída pela raiva[371]. Tal etapa é marcada pelo aparecimento de emoções como revolta, inveja e ressentimento; a pessoa se sente inconformada e vê a situação como injusta[372].

---

363 GANANCIA, Danièle. Justiça e mediação familiar: uma parceria a serviço da parentalidade, cit., p. 9.

364 O tema foi tratado com vagar na obra *Mediação nos conflitos civis*; o trecho aqui exposto reproduz o que ali consta.

365 O luto é visto como um processo natural, uma forma de recuperação emocional diante da perda. Essa reação ocorre em diversos tipos de privações, incluindo: a morte de alguém importante; o fim de um relacionamento significativo; a vivência, por alguém próximo, de uma doença crônica ou terminal; a perda de fatores relevantes como a segurança econômica, o emprego ou um curso apreciado; a morte de um animal de estimação; a mudança negativa na saúde ou no funcionamento psicofísico (The Student Counseling Virtual Pamphet Collection. *O luto*. Trad. e adap. Iolanda Boto. Disponível em: https://www.fc.ul.pt/sites/default/files/fcul/institucional/gapsi/O_luto.pdf. Acesso em: 17 dez. 2019).

366 Atribui-se à psiquiatra suíça Elisabeth Kübler-Ross a pesquisa inicial sobre o tema e a descrição dos cinco estágios do luto (Modelo de Kübler-Ross. Disponível em: http://pt.wikipedia.org/wiki/Modelo_de_K%C3%BCbler-Ross. Acesso em: 17 out. 2021).

367 Modelo de Kübler-Ross, cit.

368 PETROFF, Thaís. Processo de perda e luto possui cinco fases. *Vya Estelar*, São Paulo, 1 jan. 2016. Disponível em: https://www.vyaestelar.com.br/post/8383/processo-de-perda-e-luto-possui-cinco-fases. Acesso em: 17 dez. 2019.

369 KÜBLER-ROSS, Elisabeth. *Sobre a morte e o morrer*. São Paulo: Martins Fontes, 2012, p. 44.

370 KÜBLER-ROSS, Elisabeth. *Sobre a morte e o morrer*, cit., p. 45.

371 KÜBLER-ROSS, Elisabeth. *Sobre a morte e o morrer*, cit., p. 63.

372 PETROFF, Thaís. Processo de perda e luto possui cinco fases, cit.

Também aqui a abordagem consensual do conflito pode ser infrutífera, já que dificilmente são trabalhadas com eficiência as responsabilidades recíprocas nessa árdua fase de indignação.

Na fase de barganha, a pessoa busca "algum tipo de acordo que adie o desfecho inevitável"[373]; há uma sorte de negociação, buscando-se algum pacto para que as coisas possam voltar a ser como antes. Essa barganha geralmente se verifica internamente no indivíduo, que pode se voltar à sua espiritualidade; promessas e pactos são comuns nesse estágio, ainda que ocorram em segredo[374].

Se a pessoa estiver em condições de se comunicar bem com o outro, pode ser proveitoso o início de tratativas para ajustar novas fases adiante, desde que ela tenha clareza sobre o fim. Na realidade, porém, ela precisará aceitá-lo para poder negociar uma nova configuração em sua vida.

Na fase da depressão[375], há sofrimento profundo, sendo comum sentir tristeza, desolamento, culpa, desesperança e medo; grande introspecção e necessidade de isolamento são percebidas nesse momento[376].

Finalmente, a última etapa é a da aceitação, que pode ser expressa pela frase "tudo vai acabar bem"[377]. Esse é o estágio em que efetivamente a pessoa tem condições de seguir adiante; a partir de tal consciência, poderá buscar uma nova configuração para sua situação e abrir-se a saídas consensuais de modo produtivo.

É importante, contudo, considerar: quanto tempo pode demorar até que alguém alcance esse estágio? Não há como prever, mas pode demorar anos para alguns, enquanto para outros pode nem terminar...[378].

A razão dessa pequena digressão sobre as fases da perda foi promover uma breve reflexão sobre como o tempo pode variar para cada um e como é importante respeitar o processo interno de cada pessoa, não impondo qualquer tipo de pressão para que ela busque ou atue em prol de uma suposta pacificação.

3.4.8.3. Mediação extrajudicial

Para que as pessoas em crise possam ampliar a percepção sobre os impasses que as envolvem, o facilitador da comunicação precisará de tempo para adotar técnicas apropriadas. Promover conversações proveitosas entre familiares beligerantes exige ainda paciência e serenidade.

---

373 KÜBLER-ROSS, Elisabeth. *Sobre a morte e o morrer*, cit., p. 95.

374 PETROFF, Thaís. Processo de perda e luto possui cinco fases, cit.

375 A depressão pode acabar ensejando atos suicidas. Recentemente, vieram a lume dois instrumentos normativos para tratar do tema: a) a Lei n. 13.819/2019 instituiu a Política Nacional de Prevenção da Automutilação e do Suicídio, a ser implementada pela União, em cooperação com os Estados, o Distrito Federal e os Municípios; b) o Decreto Federal n. 10.225/2020 instituiu o Comitê Gestor da Política Nacional de Prevenção da Automutilação e do Suicídio, regulamentando a Política Nacional de Prevenção e estabelecendo normas relativas à notificação compulsória de violência autoprovocada.

376 PETROFF, Thaís. Processo de perda e luto possui cinco fases, cit.

377 KÜBLER-ROSS, Elisabeth. Modelo de Kübler-Ross, cit.

378 ZAPPAROLLI, Celia Regina; KRÄHENBÜHL, Mônica Coelho. Instrumentos não adjudicatórios de gestão de conflitos em meio ambiente. *Revista do Advogado*, São Paulo, ano 34, n. 123, p. 170-181, ago. 2014, p. 176. Como destacam as autoras, o luto pode ser normal ou patológico: "O luto patológico permanece tão intenso e duradouro que não permite ao sujeito a vitalização, a disposição necessária para uma aceitação e ressignificação ao novo contexto vivido, acorrentando-se ao passado. Já no luto normal o impacto da perda pode ser diminuído em breve espaço de tempo, pela formação de novos vínculos afetivos substitutivos, de investimentos produtivos em uma nova situação ou atividade e da aceitação do apoio social" (p. 176).

Essa situação é compreensível; se a crise na relação interpessoal dura há considerável período, como imaginar que a intervenção pontual de alguém possa dissolver a carga emocional instalada e consiga, de pronto, ensejar harmonia e acordo? Especialmente quando a carga sentimental é a mola propulsora mais intensa do conflito, a dificuldade é imensa...

Sobejam casos em que as pessoas não se falam nem se escutam eficientemente há considerável lapso temporal. Embora elas se recusem a conversar, podem acabar sendo intimadas para uma audiência conciliatória judicial com previsão de poucos minutos de duração. Nesse contexto, espera-se que elas ajam – rapidamente! – superando as resistências e engajando-se em negociações que gerem transações aptas a extinguir o processo. Como cogitar que em situações assim o resgate da comunicação e o alcance do consenso sejam viáveis? Haja otimismo!

É praxe em muitos juízos programar que as sessões conciliatórias durem pouco tempo. Confirmando tal realidade, consta no CPC que "a pauta das audiências de conciliação ou de mediação será organizada de modo a respeitar o intervalo mínimo de 20 (vinte) minutos entre o início de uma e o início da seguinte" (art. 334, § 12).

Esse período é insuficiente para facilitar a comunicação entre pessoas em disputa, especialmente quando elas têm histórico marcado por intensa falta de comunicação, desse modo, o tempo soa insuficiente. Um recorte tão exíguo é apto a permitir, quando muito, o "arremate" de acordos já estruturados pelos envolvidos antes da sessão (por negociações diretas) ou, ainda, a simples apresentação de propostas sem espaço para a reflexão adequada sobre seus termos.

Por esses motivos, os intervalos mínimos de 20 minutos previstos em lei devem ser considerados um "piso" para as sessões – e devem poder, naturalmente, ser estendidos sempre que necessário. Ademais, nada impede que o organizador da pauta de estabeleça intervalos maiores, como é prática de alguns juízos, e, ainda, considerando as particularidades dos casos, estabelecer intervalos diferentes.

Mauro Cappelletti e Bryan Garth destacaram que o processo dirigido para a conciliação oferece a possibilidade de que as causas profundas do conflito sejam apreciadas a ponto de propiciarem a restauração de um relacionamento complexo e prolongado de forma diversa daquela promovida pelo processo judicial (que em regra reconhece uma parte "vencedora" e a outra "vencida")[379].

Ao ponto, bem destaca Francisco Cahali que a restrita disponibilidade de tempo no Poder Judiciário acaba limitando as sessões de conciliação e mediação a uma ou poucas oportunidades[380].

Além de problemas quanto ao tempo, pode haver problemas em relação ao espaço físico. No ambiente judicial em que as audiências ocorrem presencialmente, o terceiro facilitador do diálogo precisará considerar a estrutura fornecida pelo fórum para viabilizar não só sessões conjuntas entre os participantes, como também sessões separadas com cada um deles (que porventura se revelem necessárias durante as conversações).

Pelas dificuldades que podem ocorrer na mediação judicial e, principalmente, pelo maior nível de autonomia assegurado aos envolvidos, a participação em sessões extrajudiciais de negociação, conciliação e/ou mediação tem se revelado uma opção interessante para as pessoas em conflito.

---

[379] CAPPELLETTI, Mauro; GARTH, Bryant. *Acesso à justiça*. Porto Alegre: Fabris, 1988, p. 83-84.

[380] CAHALI, Francisco. *Curso de arbitragem*, cit., p. 41.

A mediação pode ser realizada por mediadores independentes ou por instituições voltadas à sua realização; por ser operada sem o auxílio de componentes dos quadros jurisdicionais, ela é denominada mediação privada ou extrajudicial[381].

Caso as partes decidam tentar conversar valendo-se do favorecimento de uma pessoa imparcial, poderão encontrar espaço para o restabelecimento do diálogo em serventias extrajudiciais. A realização de conciliação e mediação em cartórios foi referenciada no art. 42 da Lei de Mediação[382].

Em atendimento ao que consta na lei, o CNJ regulamentou a atuação das serventias extrajudiciais por meio do Provimento 67/2018; segundo tal ato normativo, a adesão dos cartórios ao desempenho de atividades consensuais é facultativa e o processo de autorização deverá ser regulamentado pelos Núcleos Permanentes de Métodos Consensuais de Solução de Conflitos (NUPEMEC) e pelas Corregedorias de Justiça dos Estados.

Como se nota, é importante que cada pessoa busque conhecer a realidade normativa de seu Estado. Em São Paulo, a Corregedoria-Geral de Justiça do Estado publicou, em 17.12.2018, o Provimento CGJ 42/2018[383], instrumento que reforça muitas regras presentes na Lei de Mediação, no CPC e na Resolução n. 125/2010 do CNJ. Com relação a conflitos familiares, tema deste livro, são relevantes as seguintes regras (referenciadas na seção referente ao objeto):

> Os direitos disponíveis e os indisponíveis que admitam transação poderão ser objeto de conciliação e de mediação, que poderá versar sobre todo o conflito ou parte dele" (Item 103);
>
> A conciliação e a mediação que envolvam direitos indisponíveis, mas transigíveis, deverão ser homologadas em Juízo, na forma do art. 725, VIII, do CPC e do art. 3.º, § 2.º, da Lei n. 13.140/2015" (Subitem 103.1);
>
> Na hipótese do subitem anterior, o responsável pela delegação de notas e de registro encaminhará ao Juízo competente o termo de conciliação ou de mediação e os documentos que instruíram o procedimento e, posteriormente, em caso de homologação, entregará o termo homologado diretamente às partes" (Subitem 103.2);
>
> O juiz competente poderá determinar a prestação de esclarecimentos pelo responsável pela delegação de notas ou de registro ou por qualquer das partes, ou a apresentação de outros documentos que considerar necessários, como requisito para a homologação da conciliação ou da mediação (Subitem 103.4).

O CPC destaca que, a requerimento das partes, o juiz pode determinar a suspensão do processo enquanto os litigantes se submetem a mediação extrajudicial ou a atendimento multidisciplinar (art. 694, parágrafo único).

A participação em mediações extrajudiciais é uma opção que vem ganhando proeminência. Caso o facilitador imparcial de confiança atue fora do Poder Judiciário, as partes podem combinar que essa pessoa conduza as reuniões de mediação extrajudicial. A atuação fora do âmbito judiciário é interessante por permitir o pleno exercício da autonomia dos envolvidos.

---

381 TARTUCE, Fernanda. *Mediação nos conflitos civis*, cit., p. 307.

382 Lei n. 13.140/2015, art. 42. Aplica-se a lei de mediação, no que couber, às outras formas consensuais de resolução de conflitos (como mediações comunitárias e escolares) e àquelas levadas a efeito nas serventias extrajudiciais, desde que no âmbito de suas competências.

383 Provimento CGJ 42/2018. Disponível em: https://www.extrajudicial.tjsp.jus.br/pexPtl/visualizarDetalhesPublicacao.do?cdTipopublicacao=3&nuSeqpublicacao=251. Acesso em: 2 jan. 2019.

Logo no primeiro encontro da mediação extrajudicial, eles podem compor o calendário dos encontros e se programar para a rodada de conversações. No âmbito do Poder Judiciário, esse tipo de iniciativa pode ser complicada, já que os centros judiciais têm uma agenda abarrotada que precisa contemplar uma grande gama de litígios.

Importa informar que a mediação extrajudicial conta com uma regulação mínima em seu marco legal, a Lei n. 13.140/2015 (mais especificamente os arts. 9.º, 10 e 21 a 23), de forma que as normas lá previstas devem ser observadas também nas mediações extrajudiciais realizadas no período de suspensão do processo judicial.

A suspensão também é possível quando as partes se submeterem ao "atendimento multidisciplinar". Segundo o art. 29 da Lei Maria da Penha, a equipe multidisciplinar é integrada por profissionais das áreas psicossocial, jurídica e de saúde[384].

O atendimento multidisciplinar é orientado a casos que demandem acompanhamento psicossocial e/ou até médico, como os que envolvem patologias sociais (ligados a violência doméstica e maus-tratos) e médicas (como problemas psiquiátricos)[385].

A suspensão do processo para que as partes negociem ou se valham de outras tentativas para composição do conflito é corrente na prática forense, bastando pedido conjunto nesse sentido[386]. Embora haja prazo máximo estipulado para a pausa[387], o lapso deve atender a critérios de razoabilidade, o que pode significar um tempo um pouco mais dilatado, em se tratando de mediação (já que o tempo *das partes* pode variar) e, especialmente, de atendimento multidisciplinar.

Como exposto, a lei processual ressalta a *possibilidade* de suspensão do processo enquanto houver mediação extrajudicial ou atendimento multidisciplinar. A Lei de Mediação, por seu turno, destaca ser imperiosa a suspensão: havendo processo em curso, as partes poderão submeter-se à mediação, hipótese em que requererão ao juiz a suspensão do feito por prazo suficiente para a solução consensual do litígio (Lei n. 13.140/2015, art. 16).

À luz da autonomia da vontade das partes, princípio basilar da mediação (reconhecido no art. 166 do CPC e no art. 2.º, IV, da Lei de Mediação), por força da aplicação da teoria do diálogo das fontes, deve-se considerar prevalecente a previsão do Código: pode o juiz, entendendo ser adequado, estimular que as partes reflitam sobre a pertinência da suspensão do processo (com vistas a evitar, por exemplo, que decisões publicadas enquanto a negociação acontece impactem negativamente nas tratativas).

Após dispor ser irrecorrível a decisão que suspende o processo nos termos requeridos de comum acordo pelas partes, a Lei ressalta que a suspensão não obsta o deferimento de medidas urgentes pelo juiz (Lei n. 13.140/2015, art. 16, §§ 1.º e 2.º)[388].

---

384 Compete a tal equipe, segundo o art. 30 da Lei n. 11.340, entre outras atribuições que lhe forem reservadas pela legislação local, fornecer subsídios por escrito ao juiz, ao Ministério Público e à Defensoria Pública, mediante laudos ou verbalmente em audiência, e desenvolver trabalhos de orientação, encaminhamento, prevenção e outras medidas, voltados para a ofendida, o agressor e os familiares, com especial atenção às crianças e aos adolescentes.

385 TARTUCE, Fernanda. Processos judiciais e administrativos em Direito de Família. In: PEREIRA, Rodrigo da Cunha (coord.). *Tratado de Direito das Famílias*. Belo Horizonte: IBDFAM, 2019, p. 904.

386 As partes podem pedir a suspensão do feito, convencionalmente (CPC, art. 313, II e § 4.º).

387 O CPC, no art. 313, § 4.º, dispõe que o prazo de suspensão do processo nunca poderá exceder 6 (seis) meses na hipótese de convenção das partes.

388 TARTUCE, Fernanda; DELLORE, Luiz. *1.001 dicas sobre o Novo CPC*. 2. ed. Indaiatuba: Foco, 2016, p. 119.

3.4.8.4. Estímulo por magistrados

É tradicional no ordenamento brasileiro a existência de regras sobre o estímulo judicial à autocomposição. Para bem compreender o tema[389], é importante entender a diferença entre as lógicas condutoras dos meios adjudicatórios e dos meios consensuais.

Na lógica de julgamento inerente à via contenciosa, as partes atuam em contraposição, disputando posições de vantagens; a análise dos fatos foca o passado, e um terceiro é chamado a decidir com caráter impositivo.

Diversamente, na lógica consensual (coexistencial/conciliatória) o clima é colaborativo: as partes se dispõem a dialogar sobre a controvérsia, e a abordagem não é centrada apenas no passado, mas inclui o futuro como perspectiva a ser avaliada. Por prevalecer a autonomia dos envolvidos, o terceiro não intervém para decidir, mas para facilitar a comunicação e viabilizar resultados produtivos.

Nessa medida, constitui pressuposto da mediação a relativização da dicotomia certo/errado que funda o sistema legal[390]; dá-se atenção mais ao futuro da relação (em termos de restauração de harmonia) do que propriamente à retrospectiva do conflito em si; assim, por exemplo, o debate sobre quem deixou de cumprir a obrigação pode até ocupar certo espaço, mas não chega a merecer maior destaque[391] do que a busca de uma solução futura.

O CPC preconiza, dentre suas normas fundamentais, que a realização de meios consensuais deverá ser estimulada por magistrados, advogados, defensores públicos e membros do Ministério Público, inclusive no curso do processo judicial[392]. Mais adiante a iniciativa reaparece: os centros judiciários de solução de conflitos e cidadania, criados pelos Tribunais, serão responsáveis não só por realizar sessões de conciliação e mediação, como também por desenvolver programas destinados a auxiliar, orientar e estimular a autocomposição[393].

O fomento ao consenso já é previsto entre nós há muito tempo no Código de Ética do Advogado, sendo dever do patrono estimular a adoção de meios consensuais entre os litigantes e prevenir, sempre que possível, a instauração de litígios[394].

---

389 O estímulo aos meios consensuais foi desenvolvido com maior detalhamento em outra oportunidade; parte do que aqui consta foi ali desenvolvido inicialmente (TARTUCE, Fernanda. Mediação no Novo CPC: questionamentos reflexivos. *Fernanda Tartuce*, [*S. l.*], c2015. Disponível em: www.fernandatartuce.com.br/artigosdaprofessora. Acesso em: 17 dez. 2019).

390 CAPPELLETTI, Mauro. *Access to Justice*. Milano: Giuffrè/Alphen aan den Rijn: Sijthoff/Noordhoff, 1978, v. II, book 1, p. 97.

391 CAPPELLETTI, Mauro. *Access to Justice*. Milano: Giuffrè/Alphen aan den Rijn: Sijthoff/Noordhoff, 1978, v. 2, p. 54-55 e 84; VEZZULLA, Juan Carlos. A mediação. O mediador. A justiça e outros conceitos. In: OLIVEIRA, Ângela (coord.). *Mediação*: métodos de resolução de controvérsias. São Paulo: LTr, 1999, n. 1, p. 114.

392 Art. 3.º § 3.º A conciliação, a mediação e outros métodos de solução consensual de conflitos deverão ser estimulados por juízes, advogados, defensores públicos e membros do Ministério Público, inclusive no curso do processo judicial.

393 Art. 165. Os tribunais criarão centros judiciários de solução consensual de conflitos, responsáveis pela realização de sessões e audiências de conciliação e mediação e pelo desenvolvimento de programas destinados a auxiliar, orientar e estimular a autocomposição.

394 A previsão consta no art. 2.º, parágrafo único, VI, do Código; na versão de 1995, há menção apenas à conciliação, enquanto no Código de Ética (Resolução n. 02/2015 da OAB) consta referência também à mediação.

Por força de seu destaque na nova legislação processual e pelo contexto de distribuição de justiça em que nos encontramos, merece considerações detidas o verbo "estimular"; eis possíveis significados:

> 1. dar incentivo a; despertar o ânimo, o interesse, o brio de; encorajar, incentivar, incitar; 2. empenhar-se para que (algo) seja criado, realizado, ou intensificado; impulsionar, promover; 3. submeter à ação de um estímulo; ativar, excitar; 4. tornar(-se) ofendido ou agastado; ofender(-se); aborrecer(-se); 5. picar animal com aguilhão ou aguilhada, para incitá-lo; aguilhoar[395].

Como se percebe, "estimular" é um vocábulo equívoco: por permitir mais de uma interpretação, dá origem a julgamentos morais diferentes e desperta suspeitas, podendo ser entendido em dois ou mais sentidos diferentes[396].

Ao promover o meio consensual e encontrar resistências à adoção do método, quem intervém em prol do consenso pode se frustrar e degenerar em insistências excessivas e inoportunas. Especialmente quando quem protagoniza a tentativa de abordagem consensual é o juiz, a situação pode se tornar ainda mais perigosa por força da autoridade com que está acostumado a agir.

O "estímulo" poderá ser problemático em face de quem resiste à adoção do meio consensual: nesse cenário, ao se deparar com a recusa à adoção do meio consensual, como a conduta de estimular vai se verificar? Será que ela restará limitada às primeiras acepções do vocábulo, persistindo as noções de impulsionar, promover e ativar? Ou se aproximará do sentido de ofender-se, aborrecer-se?

Ao fomentar a mediação e a conciliação, o magistrado não deve se valer da autoridade de julgador para intimidar e provocar temor, mas revelar-se isento, sereno e despreocupado quanto a eventual julgamento de mérito; seu foco deve ser somente promover clareza sobre como a comunicação pode fluir de modo proveitoso nos meios consensuais.

Como bem ponderou Barbosa Moreira, "na tentativa de conciliação, em especial, põe-se à prova no juiz uma aptidão que nem mesmo a mais completa preparação técnica lhe proporciona necessariamente"[397].

Caso perceba que as partes não têm condições de chegar a um acordo naquele momento – por exemplo, por não acreditarem na boa-fé uma da outra e/ou por desejarem o cumprimento pleno de uma situação antes avençada –, o condutor da sessão consensual deverá respeitar as manifestações de vontade e não insistir em tentativas exageradas.

Como expressou Athos Gusmão Carneiro, "o juiz deve-se manter em linha de compostura e correção, sem insistir em demasia, nem forçar as partes a uma recalcitrante transação

---

395 "Estimular". *Dicionário Houaiss*. Disponível em: http://houaiss.uol.com.br/busca?palavra=estimular. Acesso em: 7 fev. 2016.

396 Equívoco: 1 que pode ter mais de um sentido, de uma interpretação; que se pode tomar por outra coisa; ambíguo; 2 que não se percebe facilmente; que é difícil de classificar; 3 que dá origem a julgamentos morais diferentes; dúbio, duvidoso; 4 que desperta suspeita(s); 5 *lóg* que, embora apresente um único significante linguístico, pode ser entendido em dois ou mais sentidos diferentes (diz-se de um conceito propositalmente polissêmico no interior de uma determinada doutrina filosófica). *Dicionário Houaiss*. Disponível em: http://houaiss.uol.com.br/busca?palavra=equ%25C3%25ADvoco. Acesso em: 7 fev. 2013.

397 BARBOSA MOREIRA, José Carlos. O processo civil brasileiro e o procedimento por audiências. São Paulo: Saraiva, 1997, p. 101-102. (Temas de direito processual: sexta série.)

quando estiverem elas desejosas de lutar pela realização integral do que consideram como o seu direito"[398].

Sim, é preciso reconhecer que em certos casos há limites intransponíveis à atuação conciliatória[399]. Há conflitos que são intratáveis: destrutivos e duradouros, eles resistem à resolução[400].

Muitas vezes o facilitador do consenso só terá condições de desenvolver um bom trabalho se as partes já tiverem se preparado para negociar – seja refletindo sobre possibilidades, seja tendo alguma comunicação prévia ou mesmo despendido tempo para aparar eventuais arestas... infelizmente, porém, fatores favoráveis como esses muitas vezes não se verificam.

Receia-se que o verbo "estimular" enseje posturas "encorajadoras" inapropriadas (especialmente mediante a exploração de mazelas da prestação judiciária quanto a tempo, dúvidas sobre possível julgamento de mérito...).

Uma iniciativa isenta e esclarecedora sobre os meios de composição de conflito (e não sobre o mérito do caso, para evitar comprometimento da imparcialidade) é mais produtiva para angariar adesão legítima aos mecanismos consensuais.

É imperioso relembrar que, durante a sessão consensual, não se atua segundo a lógica de julgamento em que há imposição de resultado pela autoridade estatal: a lógica conciliatória demanda o reconhecimento da dignidade e da autonomia privada, rechaçando condutas autoritárias por força do respeito recíproco que deve pautar a atuação de todos.

A experiência revela, porém, que infelizmente alguns juízes, ao encontrarem óbices ao consenso, buscam removê-los fazendo prognósticos ameaçadores. Essa situação, infelizmente recorrente, precisa mudar: intimidações comprometem negativamente a credibilidade do Poder Judiciário e ainda geram desconfianças em relação à utilidade e à vantagem de se valer dos meios consensuais.

É essencial que o condutor do meio consensual seja preparado, técnica e psicologicamente, para promovê-lo, tudo aconselhando que não seja ele o próprio juiz togado a quem toca julgar contenciosamente o conflito[401].

Confrontado com as impossibilidades, o magistrado, em vez de mergulhar em algum tipo de sentimento ligado à frustração, deve adotar uma postura serena: não são admissíveis iniciativas ligadas a arrogantes imposições, como tentar forçar a adesão a qualquer proposta! São essenciais tanto sua aceitação sobre a situação das partes como a consciência de que não houve desrespeito à sua atuação; não é apropriado reafirmar seu poder nesse momento. Sua autoridade será usada não naquele momento para forjar propostas de acordo, mas sim para instruir e julgar a causa quando oportuno.

Afinal, "no Direito de Família, a intenção é oferecer tratamento diferenciado, notadamente diante das novas configurações familiares e instabilidade dos vínculos, permitindo

---

398 CARNEIRO, Athos Gusmão. Audiência de instrução e julgamento e audiências preliminares. 15. ed. São Paulo: Gazeta Jurídica, 2014, p. 68.

399 Nessa linha, a ex-magistrada francesa Danièle Ganancia afirma que "a cada audiência o juiz de família depara-se com os limites de sua intervenção e, muitas vezes, defronta-se com sua impotência" (GANANCIA, Danièle. Justiça e mediação familiar: uma parceria a serviço da parentalidade, cit., p. 9).

400 MALDONADO, Maria Tereza. *O bom conflito*, cit., p. 28.

401 THEODORO JÚNIOR, Humberto. Celeridade e efetividade da prestação jurisdicional. Insuficiência da reforma das leis processuais. Academia Brasileira de Direito Processual Civil. Disponível em: http://www.abdpc.org.br/abdpc/artigos/Humberto%20Theodoro%20J%C3%BAnior(5)%20-formatado.pdf. Acesso em: 2 jan. 2019.

acompanhamento e composição do litígio sem a imposição da decisão judicial, que nem sempre é desejável ou mesmo possível"[402].

Ao ponto vale o alerta da magistrada francesa Danièle Ganancia: o papel do juiz nas demandas familiares deve ser objeto de reflexão, já que dados estatísticos franceses revelaram que, anos após as separações judiciais, em muitos casos os filhos perderam contato (total ou parcialmente) com seus pais, tendo sido marcados por desgastes psicológicos e sociais. Para a autora, o "dizer" o Direito do juiz

> [...] permanecerá letra morta se não for acompanhado pelo despertar da consciência dos pais, de suas próprias responsabilidades. O juiz está dividido entre o dever de tomar decisões no lugar dos pais e, ao mesmo tempo, a necessidade imperiosa de lhes restituir a responsabilidade primeira, com o duplo objetivo de desatar, com a possível doçura, as ligações conflitivas da conjugalidade, para participar da reconstrução de outras ligações centradas na parentalidade[403].

Segundo a autora, a impotência dos juízes abala a credibilidade de seus julgamentos e resulta em insatisfação e ressentimento dos jurisdicionados que haviam acreditado "na 'magia' do julgamento, como remédio a todos os seus sofrimentos: seu reflexo primeiro, em caso de conflito, é agarrar-se ao juiz, 'deus ex machina', 'superpai', que vai lhes ditar as suas soluções, sem compreender que nenhuma decisão da justiça poderá solucionar de forma duradoura seu conflito nem substituí-los em suas responsabilidades parentais"[404].

Conclui, então, ser de *importância capital* que o juiz trabalhe *a responsabilização* dos pais, fazendo-os tomar consciência sobre a necessidade absoluta de investimento pessoal na busca de soluções e explicando-lhes que eles próprios devem trabalhar as suas opções; esta conscientização configura a única forma de garantir a aplicabilidade das decisões[405]...

3.4.8.5. Possível dispensa da sessão consensual

Parece predominar na doutrina o entendimento de que, ao contrário do procedimento comum do CPC (que admite exceções à obrigatoriedade de uma sessão consensual inicial), a redação do art. 695[406] não dá margem para a aplicação das mesmas exceções, sendo compulsória a realização da audiência em todas as demandas familiares. Nesse sentido, enquanto no procedimento comum seria possível a dispensa da audiência, no procedimento especial das ações de família não haveria tal possibilidade[407].

---

402 CORTEZ, Luis Francisco Aguillar. A inserção do psicólogo no Poder Judiciário: o direito e a função legal do perito e do assistente técnico, cit., p. 19.

403 GANANCIA, Danièle. Justiça e mediação familiar: uma parceria a serviço da parentalidade, cit., p. 8.

404 GANANCIA, Danièle. Justiça e mediação familiar: uma parceria a serviço da parentalidade, cit.

405 GANANCIA, Danièle. Justiça e mediação familiar: uma parceria a serviço da parentalidade, cit.

406 "Recebida a petição inicial e, se for o caso, tomadas as providências referentes à tutela provisória, o juiz ordenará a citação do réu para comparecer à audiência de mediação e conciliação, observado o disposto no art. 694".

407 CUNHA, Leonardo Carneiro da. Procedimento especial para as ações de família no Projeto do Novo Código de Processo, cit.

Para Daniel Amorim Assumpção Neves, o silêncio do dispositivo permite concluir que a audiência deve acontecer independentemente da vontade das partes[408].

Apesar do respeito a essa visão, ela não merece prevalecer por força de uma interpretação sistemática dos dispositivos que regem os meios consensuais; tais previsões contemplam, em mais de uma oportunidade um princípio essencial à autocomposição: a autonomia da vontade.

O vocábulo "vontade" expressa interessantes significados: 1. faculdade que tem o ser humano de querer, escolher, livremente praticar ou deixar de praticar certos atos; 2. força interior que impulsiona o indivíduo a realizar aquilo a que se propôs, a atingir seus fins ou desejos – ânimo, determinação e firmeza; 3. grande disposição em realizar algo por outrem – empenho, interesse, zelo; 4. capacidade de escolher, de decidir entre alternativas possíveis – volição; 5. sentimento de desejo ou aspiração motivado por um apelo físico, fisiológico, psicológico ou moral – querer; 6. deliberação, determinação, decisão que alguém expressa no intuito de que seja cumprida ou respeitada[409].

A autonomia, também entendida como autodeterminação, é um valor essencial para a proveitosa fluência das conversações que pautam os meios consensuais de composição de conflitos.

A mediação permite que as pessoas em conflito decidam os rumos da controvérsia e sejam agentes determinantes de condutas favoráveis ao encontro de saídas consensuais: a consideração do sujeito como importante ator na abordagem da disputa é iniciativa que valoriza sua percepção e respeita seu senso de justiça.

A autonomia remete a um tema importante: a voluntariedade. Conversações só podem acontecer quando os participantes se engajam; eles devem escolher o caminho consensual do início ao fim do procedimento. Para quem leva a autonomia a sério, a voluntariedade é objeto de considerável atenção, já que ela se conecta com a disposição das partes em se engajar nas conversas.

Ao abordar o tema no cenário da autocomposição judicial, a Resolução n. 125/2010 do CNJ reconhece ser a autonomia da vontade o dever de respeitar os diferentes pontos de vista dos envolvidos, assegurando-lhes que cheguem a uma decisão voluntária e não coercitiva com liberdade para tomar as próprias decisões durante ou no final do processo, podendo interrompê-lo a qualquer momento (Anexo III, art. 2.º, II).

A autonomia da vontade implica no reconhecimento do princípio da liberdade: com base na autodeterminação, os participantes da mediação têm o poder de definir e protagonizar o encaminhamento da controvérsia, o que inclui desde a opção pela adoção do meio compositivo até a responsabilidade pelo resultado final.

O princípio da liberdade individual consubstancia a possibilidade de realizar, sem interferências de qualquer natureza, as próprias escolhas; cada um deve poder concretizar seu projeto de vida como melhor lhe convier em uma perspectiva de privacidade, intimidade e livre exercício da vida privada[410].

A dignidade é considerada em seu aspecto dinâmico na mediação, que reputa essencial a atuação da pessoa sobre os rumos de seu destino e o encaminhamento de seus conflitos. Durante o procedimento consensual, não há imposição externa. O consentimento para aderir

---

408 NEVES, Daniel Amorim Assumpção. *Novo CPC – Código de Processo Civil (Lei n. 13.105/2015)*: inovações, alterações e supressões comentadas, cit., item 44.10.

409 "Vontade". *Dicionário Houaiss da Língua Portuguesa*. Disponível em: http://houaiss.uol.com.br. Acesso em: 13 jul. 2018.

410 BODIN DE MORAES, Maria Celina. *O princípio da dignidade humana*. In: BODIN DE MORAES, Maria Celina (coord.). *Princípios do direito civil contemporâneo*. Rio de Janeiro: Renovar, 2006, p. 43.

à via consensual deve ser genuíno, assim como deve haver veracidade na concordância quanto ao resultado obtido a partir da mediação[411].

Como o poder de definição do conflito pertence aos envolvidos, o mediador atua como facilitador do diálogo. Após o restabelecimento da comunicação, os participantes tendem a estar aptos a decidir a controvérsia sem induções[412] do mediador quanto ao mérito da avença[413].

Considerando tais premissas, a partir da redação do caput do art. 695, pode-se entender que, após apreciar a petição inicial e deferir a medida liminar, o juiz, se for o caso, determinará a realização de sessão consensual.

Considerando a perspectiva de promover o respeito à autonomia da vontade, a expressão "se for o caso" remeterá diretamente às exceções à realização da sessão consensual presentes no art. 334, § 4.º: (i) desinteresse manifestado por ambas as partes quanto à composição consensual; e (ii) inadmissão da autocomposição. Por tal percepção, apenas "será o caso" de designar data para audiência de autocomposição nas demandas de família quando não incidirem essas duas exceções.

A oposição de ambas as partes à realização da audiência é um fator essencial a ser considerado: a voluntariedade tem um peso primordial na adoção do método consensual, devendo-se buscar evitar a prática de atos processuais infrutíferos quando o cenário evidenciar a ausência de qualquer possibilidade de autocomposição (pelo menos naquele momento).

A segunda exceção diz respeito à impertinência da solução consensual no caso em análise; nessa perspectiva, a expressão "composição inadmissível" pode retratar tanto a vedação jurídica da autocomposição quanto a sua inadequação à situação concreta.

Em demandas familiares, a via consensual pode, sim, ser o meio adequado para que a família se reorganize, soando óbvio que a solução construída pelos envolvidos é preferível à imposição de um terceiro.

Por outro lado, há situações críticas em que o uso da técnica consensual se revela inadequado. Como exemplo, cabe perquirir: no conflito marcado por violência doméstica em que a esposa precisou obter uma medida protetiva contra o marido violento, deve-se, na posterior demanda de divórcio litigioso, designar a realização de uma sessão inicial de autocomposição mesmo que ela expresse não ter condições de com ele conversar?

Nesses casos, em que resta patente a inadequação da sessão consensual para tentativa de autocomposição do conflito, ainda que uma das partes não manifeste sua oposição à realização da audiência, esta não deve ser designada.

Afinal, como bem dispõe o art. 3.º, § 2.º, do CPC, o Estado promoverá a solução consensual "sempre que possível"; não sendo viável a autocomposição, porquanto inadmissível no caso sub judice, a parte tem direito ao julgamento do mérito de sua pretensão em prazo razoável.

---

411 TARTUCE, Fernanda. *Mediação nos conflitos civis*, cit., p. 205-206.

412 Nas palavras de Lília Sales, "as partes é que decidirão todos os aspectos do problema sem intervenção do mediador, no sentido de induzir as respostas ou as decisões, mantendo a autonomia e controle das decisões relacionadas ao conflito. O mediador facilita a comunicação, estimula o diálogo, auxilia na resolução dos conflitos, mas não os decide" (SALES, Lília Maia de Morais. *Justiça e mediação de conflitos*. Belo Horizonte: Del Rey, 2003, p. 47).

413 Nas palavras de Warat, "o que o mediador faz é ajudar na interpretação das partes, elas é que devem interpretar no entre-nós de seu vínculo, de seus corações, interpretar para se encontrar no entre-nós de seus vínculos, consigo mesmas" (WARAT, Luis Alberto. *Surfando na pororoca: o ofício do mediador*. Florianópolis: Fundação Boiteux, 2004, p. 64-65).

Ao ponto, merece destaque decisão do Tribunal paulista. O acórdão foi proferido no julgamento de agravo de instrumento[414] interposto contra a decisão que, no início de um divórcio litigioso, designou data para a realização de audiência de conciliação ou mediação, "embora a requerente tenha manifestado seu desinteresse na realização do ato, tendo em vista o disposto no art. 695, do CPC".

Segundo consta no relatório da decisão, a recorrente insurgiu-se alegando ter sido vítima de violência doméstica e não desejar encontrar o agravado, aduzindo que o encontro das partes poderia causar a sua "revitimização" e ensejar violação ao princípio da dignidade da pessoa humana.

Foi concedida a liminar de efeito suspensivo ao recurso para suspender a realização da sessão consensual.

Ao dar parcial provimento ao recurso, o relator destacou que a agravante alegava ser vítima de violência doméstica e que o encontro com o agravado lhe causaria constrangimento e abalo psicológico. Em seu sentir:

> [O] ideal buscado pelo Novo Código Processo Civil, no sentido de evitar os litígios, prestigiando as conciliações, não pode se sobrepor aos princípios consagrados pela Constituição Federal, relativos à dignidade da pessoa humana e dele derivados. 7. Assim, ao menos em princípio, não se mostra plausível obrigar a autora a comparecer a audiência de conciliação e encontrar o réu, se alega ser vítima de violência doméstica por ele praticada. 8. Faltaria a ela, pela debilidade demonstrada, o necessário empoderamento, tão necessário para que uma conciliação ou mediação possa, com efetividade, resolver a crise de direito material instalada. 9. Não se trata de estabelecer uma medida protetiva ou de restrição, a qual deverá ser buscada na esfera criminal, e sim, de evitar um constrangimento desnecessário à agravante.

A decisão menciona o termo "empoderamento", neologismo da língua inglesa (*empowerment*) criado pelo psicólogo norte-americano Julian Rappaport entre o fim da década de 1970 e o início da década de 1980; a noção sugere "que nosso objetivo deveria ser aumentar as possibilidades de que as pessoas controlem suas próprias vidas"[415]. No Brasil, Paulo Freire se valeu do conceito traduzindo-o como "empoderamento" (em conjugação com a sua pedagogia do oprimido)[416]. Vale destacar que essa palavra foi objeto do maior número de pesquisas ao dicionário Aurélio em 2016[417].Para compreender bem como o tema do fortalecimento se

---

414 TJSP, Agravo de Instrumento 2215265-68.2016.8.26.0000, Campinas, 2.ª Câmara de Direito Privado, Rel. Des. José Carlos Ferreira Alves, j. 12.12.2016, v.u. Há decisões nesse mesmo sentido em outros tribunais; eis um exemplo: "[...] AUDIÊNCIA DE CONCILIAÇÃO. Autora vítima de violência doméstica. A autora/agravante foi vítima de violência doméstica, tendo, inclusive, medida protetiva em seu favor, impedindo a aproximação do demandado/agravado. Diante desta circunstância, não se pode obrigá-la a ter contato, mesmo que visual, com o ofensor, em audiência de conciliação. Destaca-se que embora o art. 695 do CPC preveja a realização de audiência de conciliação em ações de família, a jurisprudência está relativizando essa obrigatoriedade, quando, como no caso, a autora expressamente manifesta-se no sentido de não estar disposta a tentar a conciliação [...]". (TJRS; AI 5146422-77.2022.8.21.7000; Rio Grande; Oitava Câmara Cível; Rel. Des. Luiz Felipe Brasil Santos; j. 29.07.2022; DJERS 29.07.2022).

415 RAPPAPORT, Julian. In Praise of Paradox: a social policy of empowerment over prevention. *American Journal of Community Psychology*, v. 9, n. 1, p. 1-25, 1981, p. 15.

416 FREIRE, Paulo; SHOR, Ira. *Medo e ousadia*. Rio de Janeiro: Paz e Terra, 1986.

417 Disponível em: http://virgula.uol.com.br/comportamento/empoderamento-e-a-palavra-mais-buscada-no-aurelio-em-2016/#img=1&galleryId=927871. Acesso em: 14 maio 2017.

relaciona com a mediação, é interessante considerar a perspectiva da mediação transformativa. Para os cultores desta, a principal meta desse meio consensual é dar aos participantes a oportunidade de aprender ou de mudar,[418] ajudando as partes a aproveitarem as oportunidades que o conflito apresenta para promover o exercício de autodeterminação e a empatia[419].

Pelo prisma transformativo, mediação é um processo em que um terceiro ajuda as pessoas em conflito a agirem com maior grau de autodeterminação e responsividade enquanto debatem e exploram vários tópicos e possibilidades de resolução[420].

O conflito, como crise na interação humana, tende a desestabilizar a vivência dos envolvidos – que acabam se sentindo mais vulneráveis e autocentrados do que antes do início da contenda[421].

Essas pessoas vivenciam, então, sensações de fragilidade (padecendo de confusão, medo, desorganização, vulnerabilidade, enfraquecimento, insegurança e/ou indecisão) e autocentramento (sentindo-se necessitadas de proteção, indefesas, desconfiadas, hostis e com as mentes fechadas); como as dinâmicas negativas sempre se retroalimentam, há um ciclo vicioso que intensifica o sentimento de fragilidade de cada um, degenerando a interação entre as pessoas e gerando posições mutuamente destrutivas, alienantes e desumanas[422].

Para os cultores da mediação transformativa, "apesar do impacto potencialmente destrutivo do conflito, as pessoas possuem capacidade de voltar para seu senso pessoal de estrutura ou autoconfiança (a mudança pelo empoderamento) e seu senso de abertura e responsabilidade com relação ao outro (a mudança pelo reconhecimento)"[423].

O mediador transformativo atuará então para promover esses dois fatores: o "empoderamento" (senso de "autofortalecimento" do indivíduo) e o reconhecimento (valorização do ponto de vista do outro, se a pessoa assim o desejar).

A partir da restauração da conversa promovida pela mediação, é possível alcançar uma sorte de evolução moral ou "transformação" por meio do aprimoramento da autonomia (o "empoderamento", visto como capacidade de decidir sobre os problemas da própria vida[424]) e de "identificação" (como capacidade de reconhecer e simpatizar com a condição alheia)[425].

---

418 RISKIN, Leonard L. Compreendendo as orientações, estratégias e técnicas do mediador: um mapa para os desnorteados. Tradução Henrique Araújo Costa. *Estudos de Arbitragem Mediação e Negociação*, Brasília, v. 1, p. 26, 2001.

419 FOLGER, Joseph P.; BUSH, Robert A. A mediação transformativa e intervenção de terceiros: as marcas registradas de um profissional transformador. In: SCHNITMAN, Dora Fried; LITTLEJOHN, Stephen (org.). *Novos paradigmas em mediação*. Porto Alegre: ArtMed, 1999, p. 85.

420 FOLGER, Joseph P.; BUSH, Robert A. A mediação transformativa e intervenção de terceiros: as marcas registradas de um profissional transformador, cit., p. 86.

421 INSTITUTE FOR THE STUDY OF CONFLICT TRANSFORMATION; INSTITUTO DE MEDIAÇÃO E ARBITRAGEM DO BRASIL. *Mediação*: princípios & prática – a estrutura transformativa. Apostila de curso. 2012.

422 INSTITUTE FOR THE STUDY OF CONFLICT TRANSFORMATION; INSTITUTO DE MEDIAÇÃO E ARBITRAGEM DO BRASIL, *Mediação*: princípios & prática – a estrutura transformativa, cit.

423 INSTITUTE FOR THE STUDY OF CONFLICT TRANSFORMATION; INSTITUTO DE MEDIAÇÃO E ARBITRAGEM DO BRASIL, *Mediação*: princípios & prática – a estrutura transformativa, cit.

424 Para Fabiana Spengler, "o princípio do empoderamento propõe um caráter pedagógico que pretende fomentar no cidadão a capacidade/habilidade de se tornar agente de tratamento dos seus conflitos atuais e futuros, a partir da experiência que viveu no âmbito da mediação/conciliação" (SPENGLER, Fabiana Marion. *Mediação de conflitos*: da teoria à prática. 2. ed. Porto Alegre: Livraria do Advogado, 2017, p. 96).

425 RISKIN, Leonard L. *Compreendendo as orientações, estratégias e técnicas do mediador*: um mapa para os desnorteados, cit., p. 26.

Marco Antônio Garcia Lopes Lorencini explica que a expressão empowerment transmite uma noção oposta à ideia de dependência: "empoderar-se" pressupõe deixar de entregar a solução do impasse para outra pessoa e participar ativamente da solução – "e, por consequência, do seu próprio destino"[426].

Voltando à decisão em análise, cabe perquirir: uma mulher inserida em um grave cenário de violência está em plenas condições de conversar em igualdade de condições com o agressor? A resposta, obviamente, é negativa quando ela expressa essa percepção.

Corroborando tal entendimento, destaca o Enunciado 639 do Fórum Permanente de Processualistas Civis que "o juiz poderá, excepcionalmente, dispensar a audiência de mediação ou conciliação nas ações em que uma das partes estiver amparada por medida protetiva". Como destacado, para bem trabalhar com um mecanismo consensual é importante considerar suas possibilidades e seus limites.

Ao ponto, vale destacar que a mediação até pode ser um caminho para lidar com casos de violência familiar – mas o programa de mediação deve ser apropriado para lidar com os envolvidos, sendo pautado por critérios apropriados para propiciar uma interação adequada entre os eles (após constatar que o diálogo não violento será viável).

Em São Paulo, é exemplo de mediação especializada em contextos de violência o projeto Íntegra – Gênero e Família, desenvolvido na capital no Foro Regional de Santana sob a coordenação de Célia Regina Zapparolli. A iniciativa promove "mediação e atendimento integral em sistemas familiares e relações continuadas, em contextos de violência e de crime"[427].

Para tanto, vale-se de metodologia esmerada que se desenvolve em etapas concatenadas: 1. os processos são estudados por equipe técnica interdisciplinar (com mediadores, advogados, assistentes sociais e psicólogos); 2. as partes processuais são chamadas por carta e participam de sensibilização em grupo – com separação dos denominados vítima e autor(a) processual – para terem acesso a informações sobre mediação, adesão voluntária e encaminhamentos necessários; 3. quando aderem, passam por entrevista psicossocial individual; 4. Participam, então, de quatro grupos de pré-mediação mistos (de núcleos familiares distintos); 5. sendo possível, as partes do processo original são reunidas para sessões conjuntas de mediação[428].

Como se percebe, há esmero no desenho do programa; não é simples conseguir entabular conversações proveitosas quando a relação é marcada por um histórico de interações violentas. Assim, simplesmente designar a ocorrência de uma sessão inicial conjunta de mediação ou conciliação em juízo pode ser comprometedor para a segurança de todos os envolvidos.

A decisão comentada merece aplausos pelo respeito ao perfil vulnerável da parte e por considerar relevante sua vontade. Seria no mínimo insuficiente a abordagem em uma audiência designada no fórum sem qualquer cuidado e preparo.

Decisões como a analisada são essenciais para evitar que o desrespeito às pessoas em conflito passe a errônea impressão de que a mediação não respeita sua dignidade e viola sua autonomia.

---

426 LORENCINI, Marco Antonio Garcia Lopes. "Sistema multiportas": opções para tratamento de conflitos de forma adequada. In: SALLES, Carlos Alberto; LORENCINI, Marco Antonio Garcia Lopes; SILVA, Paulo Eduardo Alves (coord.). *Negociação, mediação e arbitragem*: curso básico para programas de graduação em Direito. São Paulo: Método, 2013, p. 60.

427 Disponível em: http://rimiinternacional.weebly.com/iacutentegra---gecircnero-e-famiacutelia.html. Acesso em: 17 dez. 2019.

428 Para mais detalhes, merece leitura a descrição do Projeto Íntegra disponível em: http://www.premioinnovare.com.br/proposta/projeto-integra-mediacao-em-crimes-de-genero-e-familia-leis-113402006--e-90991995-1782/print. Acesso em: 17 dez. 2019.

Ao ponto, merece atenção o comentário de Kimberlee Kovach sobre a ampliação da mediação judicial nos Estados Unidos; em certo momento,

> [...] emergiram preocupações com a integração da mediação ao sistema das cortes. Um primeiro dilema é que os objetivos da mediação mudaram: passou-se a considerar mais a eficiência e a economia de tempo e de dinheiro em detrimento da comunicação e colaboração. De certa forma, a mediação foi modificada para se adequar ao processo legal, e alguns valores como o empoderamento e a solução criativa de problemas podem ter se perdido[429].

Espera-se que os gestores do sistema brasileiro de justiça estejam atentos para evitar que situação similar ocorra no Brasil; afinal, a adequada gestão de meios consensuais, pautada pelo respeito à dignidade das pessoas, é essencial para a mudança de mentalidade em termos de preferência pelo sistema consensual (em oposição ao prisma contencioso de composição de conflitos).

A resistência à ideia de que, na designação de sessão consensual em demandas familiares seja imperativo respeitar a voluntariedade na adesão ao procedimento, indica o quanto é preciso avançar para que os fundamentos da autocomposição sejam compreendidos por quem atua no sistema de justiça brasileiro.

3.4.8.6. Apuração sobre violência em casos de guarda

Segundo o novo art. 699-A do CPC, "nas ações de guarda, antes de iniciada a audiência de mediação e conciliação de que trata o art. 695 deste Código, o juiz indagará às partes e ao Ministério Público se há risco de violência doméstica ou familiar, fixando o prazo de 5 (cinco) dias para a apresentação de prova ou de indícios pertinentes".

Havendo, portanto, demanda autônoma de guarda ou ação em que haja cumulação com tal pedido, o zelo quanto ao risco de violência deverá ser abordado pela magistratura com prioridade.

Vale lembrar que a mesma lei que alterou o CPC trouxe hipótese de guarda unilateral ao inserir, no Código Civil, o art. 1.584, § 2.º: não havendo acordo entre os pais quanto à guarda do filho e estando ambos "aptos a exercer o poder familiar, será aplicada a guarda compartilhada, salvo se um dos genitores declarar ao magistrado que não deseja a guarda da criança ou do adolescente ou quando houver elementos que evidenciem a probabilidade de risco de violência doméstica ou familiar".

O sistema jurídico, que já prevê diversas regras para punir violência contra mulheres, agora revela preocupação maior com atos violentos dirigidos a crianças e adolescentes também no contexto das ações de guarda.

A iniciativa é salutar e preenche uma lacuna importante. Afinal, como bem esclarece Ana Espozel, embora não haja dúvida de que promover o contato dos filhos com ambos os pais seja extremamente importante, "a presunção da guarda compartilhada como modelo preferencial não pode impedir a análise do histórico de violência"[430].

---

429 KOVACH, Kimberlee K. *Mediation*: principles and practice. 3. ed. Minneapolis-St. Paul: Thomson West, 2004, p. 34.

430 ESPOZEL, Ana Gabriela Fernandes Blacker. A guarda compartilhada em casos de violência doméstica no Brasil e a necessária adoção da perspectiva de gênero. *Revista do Ministério Público do Estado do Rio de*

A autora relata que, em 2019, o Conselho Nacional de Justiça (CNJ) e o Instituto de Pesquisa Econômica Aplicada (Ipea) publicaram um relatório sobre o Poder Judiciário brasileiro e o tratamento da violência da mulher nos tribunais; segundo a pesquisa, "os Juízes são muito cautelosos em suspender o contato com as crianças porque não querem afetar a relação entre filhos e pais":

Além disso, mostra que os Juízes dão mais importância ao contato e não consideram os efeitos da violência doméstica nas crianças, o que pode estar afetando a qualidade dos cuidados que as crianças recebem, bem como sua segurança[431].

Infelizmente, é comum que homens violentos pratiquem agressões contra os filhos para atingir a ex-parceira: "trata-se da chamada violência vicária, amplamente noticiada em outros países, mas que no Brasil, por ora, não encontra uma clara definição legal ou doutrinária[432]".

Como apontado, crianças e adolescentes podem sofrer por parte de familiares essencialmente 4 (quatro) formas de violência: 1. física; 2. psicológica (por atos de discriminação, alienação parental ou exposição a crimes violentos); 3. sexual; 4. negligência e abandono.

Combinando as novas regras do Código Civil e do CPC, conclui-se que a proposta é viabilizar que a presença de "elementos que evidenciem a probabilidade de risco de violência doméstica ou familiar", se ainda não constar nos autos, seja destacada.

Causa preocupação, contudo, o fato de que a dificuldade de demonstração tende a ser considerável – como, aliás, tanto acontece em conflitos familiares...

Além disso, a violência psicológica é mais difícil de ser identificada "por não conter provas materiais, embora deixe marcas psíquicas no indivíduo que podem ser permanentes, interferindo na sua formação subjetiva e no desenvolvimento biopsicossocial"[433]. Tal modalidade também é a mais difícil de ser conceituada e diagnosticada porque

> muitas vezes resulta do despreparo dos pais para educar seus filhos, valendo-se de ameaças, humilhações ou desrespeito como formas culturalmente aprendidas de educar. Por sua sutileza e muitas vezes pela falta de evidências físicas, esse tipo de violência é de difícil detecção, muito embora, com frequência, permeie os demais tipos[434].

Efeitos comportamentais tendem a ocorrer quando a criança está sofrendo violência psicológica; ela mostra sinais de ansiedade, comportamento mais obsessivo, tiques e manias:

> "[...] Ela pode ficar sonolenta, letárgica, muito introspectiva ou então extremamente agitada, irritada. Pode mudar o comportamento de um dia para o outro. Por exemplo, uma criança que é super alegre de repente começa a ficar triste, apática, agressiva" [...].

Janeiro, n. 89, jul.-set. 2023, p. 29. Disponível em: https://www.mprj.mp.br/documents/20184/4409950/Ana+Gabriela+Fernandes.pdf. Acesso em: 17 nov. 2023.

431 ESPOZEL, Ana Gabriela Fernandes Blacker. A guarda compartilhada em casos de violência doméstica no Brasil e a necessária adoção da perspectiva de gênero, cit.

432 FERNANDES, Valéria Diez Scarance; CUNHA, Rogério Sanches. *Nova Lei 14.713/2023*: breves considerações. Disponível em: https://meusitejuridico.editorajuspodivm.com.br/2023/11/02/nova-lei-14-713-2023-breves-consideracoes/. Acesso em: 17 nov. 2023.

433 Tipos de violência contra crianças e adolescentes. Disponível em https://www.infanciasegura.pr.gov.br/Pagina/Tipos-de-Violencia-Contra-Criancas-e-Adolescentes#:~:text=Atos%20de%20discrimina%C3%A7%C3%A3o%2C%20deprecia%C3%A7%C3%A3o%20ou,ou%20intimida%C3%A7%C3%A3o%20sistem%C3%A1tica%20(bullying)%3B. Acesso em: 18 nov. 2023.

434 In: *Manual de atendimento às crianças e adolescentes vítimas de violência.* SP: 2018, p. 37.

> Mudanças como essas, que exigem um conhecimento prévio do comportamento cotidiano da criança, podem ser melhor (sic) reconhecidas por professores, por exemplo[435].

Quando pesquisamos decisões para analisar o reconhecimento da violência psicológica em demandas familiares, é recorrente lermos sobre falta de prova da ocorrência, mesmo quando a vítima é pessoa adulta (quando, em tese, seria menos difícil conseguir demonstrar os acontecimentos).

Como exemplo, em demanda de divórcio com pedido reconvencional de indenização por danos morais por violências psicológica e financeira assim entendeu o TJMG:

> [...] muito embora a apelante declare que seu relacionamento amoroso era abusivo e que sofria abalo emocional, inexiste comprovação das lesões psicológicas sofridas. Não há, nos autos, nenhum registro ou queixa anterior, seja documentalmente (boletim de ocorrência), seja por relato de algum familiar ou testemunha e/ou histórico confirmado de agressão. Há, nos autos, apenas a fala unilateral da apelante. Sequer prova do alegado controle financeiro existe nos autos. A apelante é cirurgiã-dentista, pessoa instruída, não podendo "apenas" seu relato ser utilizado para fins de fixação do suposto dano moral requerido[436].

O TJDF assim se manifestou, em demanda de reconhecimento de união estável, sobre a alegação de violência psicológica: embora diversos documentos demonstrassem que a parte sofria de enfermidades psicológicas – inclusive sendo acompanhada em ambulatório de psiquiatria –, não havia documentos médicos ou de outras autoridades (judiciárias, policiais) que indicassem "situação de violência doméstica como possível causa do quadro alegadamente vivido"[437].

Em demandas de guarda, também há decisões que demonstram a valorização da prova documental.

Eis um exemplo: o TJRS rechaçou a tentativa do genitor de mudar a guarda compartilhada estabelecida consensualmente três meses antes sob a alegação de que a filha sofreria maus-tratos por parte do padrasto e testemunharia violência doméstica. Segundo constou no acórdão, "nenhum documento aportou ao feito dando conta de que a menina estaria em situação de vulnerabilidade e/ou em risco na companhia da mãe[438]".

Em outro caso, este apreciado pelo TJMG, as provas documentais demonstraram maus-tratos à genitora e ao menor, motivo pelo qual a convivência com o pai foi tida como prejudicial à criança no momento; na narrativa, houve destaque ao relatório do colégio que demonstrava oscilação no comportamento do infante[439].

---

435 Como reconhecer e agir ao suspeitar de violência contra crianças. Disponível em https://drauziovarella.uol.com.br/reportagens/como-reconhecer-e-agir-ao-suspeitar-de-violencia-contra-criancas/. Acesso em: 18 nov. 2023.

436 TJMG, APCV 5000392-02.2021.8.13.0511, 8.ª Câmara Cível Especializada, Rel. Des. Delvan Barcelos Júnior, j. 24.08.2023, *DJEMG* 29.08.2023.

437 TJDF, Rec 07302.25-24.2022.8.07.0000, 169.7794, 5.ª Turma Cível, Rel. Des. João Luís Fischer Dias, j. 04.05.2023, *PJe* 18.05.2023.

438 TJRS, AI 5195277-53.2023.8.21.7000, Teutônia, 8.ª Câmara Cível, Rel. Des. Luiz Felipe Brasil Santos, j. 20.07.2023, *DJERS* 20.07.2023.

439 TJMG, AI 0084196-60.2023.8.13.0000, 8.ª Câmara Cível Especializada, Rel. Des. Delvan Barcelos Júnior, j. 04.05.2023, *DJEMG* 05.05.2023.

A escassez probatória também pode se verificar na hipótese de violência pautada por negligência e abandono, que têm por base condutas omissivas.

Em certo caso, a genitora sustentou prejuízo às filhas, se continuassem recebendo visitas livremente por parte do pai, "tendo em vista a possibilidade de risco à saúde física e psicológica das filhas, decorrente da ausência de prestação de cuidados mínimos a elas, quando na companhia" dele. No acórdão do TJMG, o pleito foi rechaçado:

> [...] não foi apresentado qualquer impeditivo para a regular convivência entre o genitor e as suas filhas. Isto porque não foi comprovada, ainda que por indícios, a ocorrência de qualquer violência física ou psicológica, que tenha sido praticada pelo agravado contra as suas filhas. É dizer, não foram apresentadas provas seguras que possam desabonar a conduta do pai, no sagrado exercício do direito de convivência com as filhas[440].

Como se nota, a dificuldade de trazer provas é significativa. Passou da hora de valorizar os indícios e saber aplicá-los dando as devidas consequências jurídicas. Além disso, é crucial valorizar a palavra da vítima em contextos de árdua demonstração como os aqui abordados.

No ponto, explicam Valéria Diez Scarance Fernandes e Rogério Sanches Cunha:

> Fala-se em "probabilidade de risco", o que significa ser dispensável a efetiva ocorrência da violência ou mesmo a certeza do seu risco. Deve ser provável, revelando alta chance de acontecer ou ser real, embora não seja garantido. A probabilidade de que algo ocorra é maior do que a probabilidade de que não ocorra. É a avaliação da chance de um evento ter realmente acontecido ou que pode acontecer com base nas evidências apresentadas. A probabilidade aqui é legal, portanto, subjetiva e baseada na persuasão[441].

Os autores, que têm plena razão, apresentam elementos aptos a demonstrar a possibilidade de risco de violência doméstica e familiar:

- Formulário Nacional de Avaliação de Risco (FONAR);
- existência de investigação ou processo em andamento por violências praticadas contra pessoas vulneráveis (mulheres em situação de violência, crianças ou adolescentes, pessoas com deficiência, idosos);
- existência de decisão concedendo medidas protetivas com base na Lei Maria da Penha, Lei Henry Borel ou outro estatuto protetivo;
- relatório da rede de atendimento, Conselho Tutelar ou outro órgão noticiando situação de risco de violência[442].

Em certo caso, havia relatos de que o pai era agressivo e submetia "as filhas a um lar desarmônico, praticando constantes ameaças, insultos, ofensas e humilhações" que prejudicavam

---

440 TJMG, AI 0876320-55.2022.8.13.0000, 4.ª Câmara Cível Especializada, Rel.ª Juíza Conv. Eveline Mendonça, j. 02.03.2023, *DJEMG* 02.03.2023.

441 FERNANDES, Valéria Diez Scarance; CUNHA, Rogério Sanches. *Nova Lei 14.713/2023*: breves considerações, cit.

442 FERNANDES, Valéria Diez Scarance; CUNHA, Rogério Sanches. *Nova Lei 14.713/2023*: breves considerações, cit.

"a saúde emocional de todos, "podendo terminar em tragédia". Eis trechos de interessante decisão que reconheceu a importância das narrativas:

> Havendo relatos da prática de violência psicológica e submissão das crianças a um lar desarmônico e hostil, prudente se faz a concessão de medida cautelar com vistas ao afastamento do agravado do lar conjugal, sem que se exija, para a imposição da medida, prova efetiva da ocorrência de dano à integridade física de qualquer membro da família, justamente o que se busca evitar[443].

Realmente esse tipo de decisão precisa ser mais recorrente!

Consideremos uma situação hipotética para entender os caminhos que podem ser trilhados na aplicação das novas regras.

A guarda de Graciete é disputada em demanda movida pela mãe Cledionice. Até o momento da propositura, a situação era regular, mas, após ser citado, Edercio passou a praticar violência psicológica contra a menina (por exemplo, tentando, em diversas oportunidades, manipulá-la emocionalmente e/o promovendo atos de ridicularização ou indiferença).

Deverá a advogada reportar tal fato antes da audiência ou aguardar tal ato processual?

Em prol dos princípios do superior interesse de crianças/adolescentes e da efetividade processual, o ideal é informar as ocorrências o quanto antes.

No caso, a advogada deve orientar a genitora a buscar declarações de pessoas que atestem eventual mudança comportamental da criança – como professoras... Nem sempre, porém, elas estarão dispostas a se envolver e atestar por escrito tal situação. De todo modo, caberá à advocacia orientar a cliente para que possa buscar as demonstrações possíveis.

Na petição sobre a ocorrência de violência doméstica e/ou familiar, a advogada: 1. reportará a(s) violência(s); 2. juntará os documentos que demonstrem sua ocorrência; 3. poderá alterar o pedido: se este versava sobre o regime compartilhado, caberá requerer a mudança para guarda unilateral com base no art. 1.584, § 2.º, do CC; 4. poderá requerer o cancelamento da audiência designada, se entendê-la inadequada no momento (pelo risco de exasperação ainda maior do genitor violento, por exemplo, em prejuízo da criança).

Após vista à parte contrária e remessa ao MP, a magistrada apreciará os pleitos. Nesse contexto, ela poderá cancelar a designação da sessão consensual por entendê-la impertinente ante a situação ou manter a realização para que possa conversar diretamente com os envolvidos e apurar a situação.

3.4.9. *Audiências de instrução*

No desenrolar do processo, podem ser necessários comparecimentos ao fórum para participar de audiências junto ao magistrado e ao membro do Ministério Público atuante no feito.

Em dicionário de larga circulação, a palavra "audiência" vem definida como "atenção que se presta a quem fala", "recepção dada por qualquer autoridade a pessoas que lhe desejam falar"; no sentido jurídico, pode ser vista como "sessão do tribunal em que o juiz interroga as partes, ouve os advogados e pronuncia o julgamento"[444].

---

443 TJMG, AI 0608022-29.2021.8.13.0000, 5.ª Câmara Cível, Rel.ª Des.ª Áurea Brasil, j. 02.12.2021, *DJEMG* 03.12.2021.

444 AUDIÊNCIA. MICHAELIS. *Moderno dicionário da língua portuguesa*. Disponível em: http://michaelis.uol.com.br/busca?id=Yd1d. Acesso em: 2 jan. 2019.

Oportunidade para a concretização do princípio da oralidade, a audiência permite ao juiz manter contato direto e pessoal com os sujeitos do contraditório, com os advogados e, conforme o caso, com o perito, os assistentes técnicos e as testemunhas[445].

As audiências, além de se prestarem às finalidades previstas no Código de Processo Civil, representam um importante momento na percepção de que o litigante efetivamente está tendo acesso à justiça. Sob a perspectiva do magistrado, é importante que este se comprometa a "personalizar o tratamento às partes, propiciar-lhes benéfica e indispensável oportunidade de disporem de 'um dia na Corte'"[446].

Merecem destaque as palavras do magistrado Lourival de Jesus Serejo Sousa sobre ocorrências possíveis na experiência forense:

> No gabinete de um juiz de família há manifestações das mais variadas: lágrimas reprimidas, lágrimas despejadas, lágrimas revoltadas. Homens e mulheres choram. Há separações frias, há separações puramente técnicas, separações doloridas e, o que é mais surpreendente, há separações amorosas. Lembro-me de um casal que se separou consensualmente, demonstrando tanto carinho um pelo outro que mais pareciam noivos. Instados à conciliação, deram um "não dá mais" pensativo, sereno... mas decidido. Alguns, após a audiência, saem juntos como namorados[447].

Segundo Caetano Lagrasta, "a audiência é uma experiência que se renova a cada dia e não se conhecem fórmulas e muito menos soluções mágicas que possam resolvê-la ou torná-la menos árdua"[448].

Mesmo em demandas nas quais o consenso pode ser alcançado sem a participação do magistrado, o advogado às vezes constata certa ansiedade do jurisdicionado para estar na presença do juiz e dar voz a suas percepções. É papel do advogado, por isso, preparar o cliente para a audiência explicando sua finalidade, a possível atuação do juiz, seus limites e suas possibilidades.

Como bem lembra Caetano Lagrasta, "é anseio do cidadão e dever do Poder Judiciário permitir este encontro entre o que postulam ou são acionados e o seu juiz, não como mero expediente a cumprir, mas ensejando-lhes a possibilidade de serem ouvidos, mesmo que suas razões possam parecer irrelevantes à solução da causa"[449].

É essencial que o juiz, ao travar contato com as partes, prepare-se para esse momento, abrindo seus canais de percepção – sobretudo de escuta – e municiando-se de paciente sensibilidade para que possa abordar de forma apropriada a situação das pessoas em crise.

Como bem pontua João Baptista Villela, a crise da Justiça de Família é uma crise de escuta:

> As crianças e os adolescentes, cujos conflitos os tenham levado à presença do juiz, têm o sagrado direito de encontrar na pessoa do magistrado o pai ou a mãe que não puderam ter ou que, se tiveram, não souberam ou não puderam bem exercer as suas

---

445 TABOSA, Fabio. Comentário ao art. 444 do CPC. In: MARCATO, Antônio Carlos (org.). *Código de Processo Civil interpretado*. 2. ed. São Paulo: Atlas, 2008. p. 1.409.

446 LAGRASTA NETO, Caetano. Diálogos de um juiz, cit., p. 34.

447 SOUSA, Lourival de Jesus Serejo. O tormento dos juízes de família. *Revista dos Tribunais*, v. 81, n. 685, p. 261-263, nov. 1992, p. 263.

448 LAGRASTA NETO, Caetano. Diálogos de um juiz, cit., p. 28.

449 LAGRASTA NETO, Caetano. Diálogos de um juiz, cit., p. 34.

funções. Ora, ser pai ou ser mãe é, em larga medida, saber ouvir. Finalmente, quanto aos cônjuges desavindos: se há algum sentido em que compareçam perante a autoridade judiciária, só pode ser o de que nela identifiquem os ouvidos atentos da empatia e a voz serena do bom conselho[450].

Por mais que o fim da união seja consensual e pareça simples, costuma haver momentos de dor e sofrimento (pelo menos para uma das partes); constatado o desamparo, "afloram-se medos, inseguranças, decepções. Fantasmas de solidão. Desmonta-se uma estrutura conjugal. É o fim de um sonho. É preciso aprender a separar sem briga"[451].

Nessa mesma linha, Lourival Serejo Sousa assim retrata o cenário nos juízos de família:

> Cada mulher que senta defronte de um juiz de família, aflitada por seu fracasso matrimonial, quer uma atenção especial. Para ela o seu caso é único e original, por isso merece uma atenção redobrada de alguém, especialmente da autoridade. Talvez, por esse estado, é que algumas se tornam exigentes e, até, agressivas. E a tudo isso suporta – deve suportar – o magistrado[452].

Audiências nos juízos de família podem proporcionar experiências emocionantes, marcantes e surpreendentes. Compete ao advogado e ao juiz, técnicos jurídicos com maior informação, propiciar aos jurisdicionados um ambiente pautado pela urbanidade e pelo enfoque sobre fatos relevantes.

Vale aqui resgatar, porém, a ciência sobre as limitações temporais pelo volume significativo de feitos a cargo de cada magistrado. Como bem pondera João Baptista Villela, como chegar "a esse ideal de escuta e de expressão, se o magistrado não dispõe de tempo, porque os autos se empilham sobre sua mesa e as partes se acotovelam na antessala das audiências? Não serve, pois, à Justiça de Família uma política expansionista"[453].

Recomenda-se, assim, que o magistrado e sua equipe preparem a pauta de audiências considerando fatores como a complexidade da causa, os perfis dos contendores e de seus advogados (perceptíveis por suas manifestações) e o número de testemunhas a serem ouvidas, entre outros elementos que possam se revelar significativos para a boa programação dos trabalhos.

3.4.10. Prova: dificuldades e possibilidades peculiares

O regramento dos meios de prova encontra guarida tanto no Código Civil como no Código de Processo Civil[454].

---

450 VILLELA, João Baptista. Repensando o direito de família. *Cad. Jur.*, São Paulo, v. 3, n. 7, p. 95-106, jan./fev. 2002. Disponível em: http://www.gontijo-familia.adv.br/2008/artigos_pdf/Joao_Baptista_Villela/RepensandoDireito.pdf. Acesso em: 17 dez. 2019.

451 PEREIRA, Rodrigo da Cunha. Separação e divórcio judicial – reflexão sobre a prática. In: PEREIRA, Rodrigo da Cunha; MADALENO, Rolf (org.). *Direito de família*: processo, teoria e prática. Rio de Janeiro: Forense, 2008, p. 3.

452 SOUSA, Lourival de Jesus Serejo. O tormento dos juízes de família, cit.

453 VILLELA, João Baptista. Repensando o direito de família, cit.

454 Tive oportunidade de abordar o tema em artigo específico sobre a multiplicidade normativa da matéria probatória: TARTUCE, Fernanda. Meios de prova no Código de Processo Civil e no Código Civil. In: NEVES, Daniel Amorim Assumpção (org.). *Provas*: aspectos atuais do direito probatório. São Paulo: Método, 2009, p. 139-159.

Como destaca Rolf Madaleno, "a função da prova processual é fornecer ao juiz os elementos e argumentos de sua decisão, afastando suas dúvidas e inquietações, para que possa concluir com convicção e segurança"[455]. O autor ainda lembra que só precisará ser provada a alegação contestada pela parte contrária: sua "exatidão e verossimilhança precisarão ser comprovadas, de regra, pela iniciativa das partes interessadas na sua demonstração processual, com influência no resultado da sentença"[456].

Na seara processual, merecem especial destaque, nas demandas familiares, determinações sobre o encargo de provar e a grande amplitude dos meios probatórios.

3.4.10.1. Ônus de provar e distribuição dinâmica do encargo

Se crermos, como Aristóteles, que "a dúvida é o princípio da sabedoria", poderemos considerar que as demandas familiares constituem fonte importante para o alcance de tão almejada virtude[457].

Em processos de família, a dificuldade probatória tende a ser marcante. Além de haver a natural ocultação de fatos desfavoráveis pelos causadores (como ocorre em toda lide), há ainda obstáculos adicionais: nem sempre é possível demonstrar o que ocorreu na intimidade do lar; quando há testemunhas, por exemplo, elas costumam ser impedidas, suspeitas ou incapazes.

O assunto, portanto, merece atenção por parte dos jurisdicionados e dos aplicadores do direito, já que alegar e não provar conduz à improcedência do pedido, consequência drasticamente negativa para o litigante.

Pelo *princípio do ônus da prova*, cada parte deve provar suas afirmações para vencer a causa (ou ao menos não ficar em demasiada desvantagem ao final do processo). A quem alega o fato incumbe prová-lo em juízo, sendo tal premissa a responsável pela distribuição estática dos encargos de provar[458].

Nessa perspectiva clássica, o ônus da prova sempre foi estabelecido considerando-se a liberdade do indivíduo de realizar (ou não) atos previstos na norma jurídica para satisfazer seu próprio interesse[459]. Quando se fala em ônus, considera-se que o onerado escolhe entre satisfazê-lo ou não[460]. Caso seja omisso e não faça todo o possível para produzir a prova, ele deve "suportar os riscos decorrentes de sua inatividade, ainda que, com isso, excepcionalmente, a decisão não corresponda à verdadeira situação substancial"[461].

Como bem lembra Camilo Zufelato, ao considerar a distribuição estática do ônus da prova "parte-se da premissa de que as partes litigam em condições equânimes de acesso à prova",

---

455 MADALENO, Rolf. A prova ilícita no direito de família e o conflito de valores. *Madaleno*, Porto Alegre, c2022. Disponível em: https://www.rolfmadaleno.com.br/web/artigo/a-prova-ilicita-no-direito-de-familia-e-o-conflito-de-valores. Acesso em: 17 dez. 2019.

456 MADALENO, Rolf. A prova ilícita no direito de família e o conflito de valores, cit.

457 O tema foi desenvolvido com maior detalhamento em outra oportunidade; parte do que aqui consta foi ali apresentado. TARTUCE, Fernanda. Prova nos processos de família na perspectiva do Novo CPC. In: DIDIER JR., Fredie; JOBIM, Marco; FERREIRA, William Santos (org.). *Direito probatório*. Salvador: JusPodivm, 2015, p. 927-946. (Coleção Grandes Temas do Novo CPC, v. 5).

458 CPC, art. 373. O ônus da prova incumbe: I – ao autor, quanto ao fato constitutivo de seu direito; II – ao réu, quanto à existência de fato impeditivo, modificativo ou extintivo do direito do autor.

459 CAMBI, Eduardo. *A prova civil:* admissibilidade e relevância. São Paulo: RT, 2006, p. 315.

460 PORTANOVA, Rui. *Princípios do processo civil*. 8. ed. Porto Alegre: Livraria do Advogado, 2013, p. 213.

461 CAMBI, Eduardo. *A prova civil:* admissibilidade e relevância, cit., p. 331.

sendo "oneradas de modo formalmente equilibrado, sem qualquer compensação substancial, decorrente de uma desigualdade substancial"[462].

Ocorre, porém, que nem sempre querer é poder: frequentemente o litigante não consegue se desincumbir do ônus de provar por faltarem condições para tanto.

Quando no processo atua um litigante vulnerável, ele pode acabar não produzindo a prova em razão de suas dificuldades pessoais. Nesse caso, não descumpre o ônus por opção, mas por óbices aos quais não deu causa, não decorrendo sua inércia de um ato livre, mas de circunstâncias[463] inevitáveis. Nesse cenário, distribuir os encargos de provar a partir dos critérios clássicos não colabora para que se descubra a verdade e se alcance um resultado justo, inviabilizando o acesso da parte à justiça[464]; no ponto, questiona Susana Cremasco:

> [...] o que o jurisdicionado pode esperar de um instrumento que não só não dispõe de mecanismos aptos a revelar a verdade, como não o auxilia e não o socorre nessa função e, ainda, impõe-lhe um resultado desfavorável mesmo quando é ele – e só ele – quem, à luz fatos ocorridos, pode ter razão no conflito ajuizado?[465].

É relevante, assim, considerar um sistema processual em que não haja apenas distribuição clássica do ônus da prova, mas no qual o jurisdicionado possa contar, para a descoberta dos fatos relevantes para a causa, com a contribuição de quem tem melhores condições de comprová-los.

Felizmente importantes avanços sobre a temática da prova vêm marcando a ciência processual nos últimos tempos, merecendo destaque o advento da teoria denominada *cargas probatorias dinámicas*, desenvolvida por Jorge Peyrano na Argentina; tal teoria

> [...] sustenta a necessidade de definição casuística e pontual de qual parte será onerada, segundo as condições de produzir a prova de cada uma delas e também pela proximidade da prova. Essa teoria é fortemente calcada na ideia de desigualdade das partes, e portanto sugere um sistema que as iguale segundo a dinâmica do caso concreto e das peculiaridades da capacidade probatórias das partes[466].

Pela distribuição dinâmica do ônus da prova, a parte com melhores condições de provar os fatos pertinentes deve aportar a juízo os elementos de que dispõe, colaborando com a Justiça[467]. Como afirma Camilo Zufelato, um de seus efeitos é que uma das partes deverá apresentar prova de alegação feita pela outra parte, segundo "uma intervenção judicial, pontual e concreta, alterando uma distribuição legal"[468].

---

462 ZUFELATO, Camilo. Novas tendências sobre o ônus da prova e o Projeto de Novo CPC – Parte I. *Jornal Carta Forense*, São Paulo, 3 jan. 2012.

463 TARTUCE, Fernanda. *Igualdade e vulnerabilidade no processo civil*, cit., p. 318.

464 CREMASCO, Susana Santi. *A distribuição dinâmica do ônus da prova*. São Paulo: GZ, 2009, p. 80.

465 Prossegue a autora: "Para o jurisdicionado, o fim natural do processo não pode ser outro senão o alcance da verdade e a obtenção de uma sentença justa, condizente com a realidade dos fatos que ele viveu, jamais um jogo no qual se ganha pela astúcia e se perde pela desídia ou pela dificuldade técnica e probatória do outro litigante" (CREMASCO, Susana Santi. *A distribuição dinâmica do ônus da prova*, cit., p. 80).

466 ZUFELATO, Camilo. Novas tendências sobre o ônus da prova e o Projeto de Novo CPC – Parte I, cit.

467 TARTUCE, Fernanda. *Igualdade e vulnerabilidade no processo civil*, cit., p. 207.

468 ZUFELATO, Camilo. Novas tendências sobre o ônus da prova e o Projeto de Novo CPC – Parte II (conclusão), cit.

Evidentemente referida consideração parte da ideia de um modelo processual publicista e colaborativo, já que a visão liberal do processo repudia a interferência judicial no processo para suprir "problemas" das partes.

Como destaca Eduardo Cambi, facilitar a demonstração da prova com base em argumentos técnicos promove adequadamente a *isonomia* entre os litigantes e realça o princípio da *solidariedade*, presente no dever de colaboração para a *descoberta da verdade*, de litigar de boa-fé e de prevenir/reprimir atos contrários à dignidade da justiça[469].

A teoria se concretizou no Brasil a partir da doutrina e de decisões proferidas em diversas demandas, como as que envolvem responsabilidade de médicos[470] e contratos bancários[471].

Obviamente a distribuição dinâmica do ônus da prova não precisa ficar reduzida às hipóteses indicadas, tendo potencial para colaborar "em outras situações concretas em que a tutela do direito material não pode ser prejudicada pela dificuldade ou impossibilidade de prova, sob pena de valorizar mais o meio (prova) do que o fim (proteção dos direitos)"[472].

O CPC vigente repete a regra sobre distribuição clássica e estática[473] do ônus da prova. Enseja considerável inovação, contudo, ao trazer regra sobre a possível distribuição diversa do ônus da prova nos seguintes termos:

> Nos casos previstos em lei ou diante de peculiaridades da causa relacionadas à impossibilidade ou à excessiva dificuldade de cumprir o encargo nos termos do caput ou à maior facilidade de obtenção da prova do fato contrário, poderá o juiz atribuir o ônus da prova de modo diverso, desde que o faça por decisão fundamentada, caso em que deverá dar à parte a oportunidade de se desincumbir do ônus que lhe foi atribuído[474].

---

469 CAMBI, Eduardo. *A prova civil:* admissibilidade e relevância, cit., p. 342.

470 Cf. TJRS, Embargos Infringentes n. 70017662487 RS, 5.º Grupo de Câmaras Cíveis, Rel. Odone Sanguiné, j. 31.08.2007; "Agravo de instrumento. Responsabilidade civil. Erro odontológico. Ação indenizatória. Inversão do ônus da prova. Possibilidade. Teoria da distribuição dinâmica do ônus da prova. 1. O Código de Processo Civil manteve a distribuição do ônus probatório entre autor (quanto ao fato constitutivo de seu direito) e réu (quanto à existência de fato impeditivo, modificativo ou extintivo do direito do autor), possibilitando ao juízo, porém, no § 1.º do seu art. 373, a aplicação da Teoria da Distribuição Dinâmica do Ônus da Prova. 2. No caso em comento, deve ser mantida a decisão agravada pois é possível exigir que os profissionais de odontologia – implantodontista e cirurgião dentista –, que detêm melhores condições de atender ao comando judicial, demonstrem ter procedido de acordo com a boa técnica, por força da teoria da carga dinâmica das provas e, em atenção ao princípio da isonomia e da cooperação das partes. 3. A inversão do ônus da prova não atribui aos agravantes prova diabólica, porquanto não têm de demonstrar a inexistência de dano, mas sim que os atendimentos prestados à agravada atenderam à melhor técnica médica e foram conscienciosos. [...]" (TJRS, AI 70083819920, 9.ª Câmara Cível, Rel. Carlos Eduardo Richinitti, j. 05.06.2020).

471 TJSP, Agravo de Instrumento 01450042020138260000, 19.ª Câmara de Direito Privado, Rel. Mario de Oliveira, j. 16.12.2013; "Apelação cível – Procedimento comum – Ação de cobrança – Prescrição – Inadimplemento de contrato bancário [...] Pela teoria da distribuição dinâmica do ônus da prova, o 'ônus [da prova] recai sobre quem tiver melhores condições de produzir a prova, conforme as circunstâncias fáticas de cada caso' (REsp 1286704/SP). 'Nos contratos bilaterais, nenhum dos contratantes, antes de cumprida a sua obrigação, pode exigir o implemento da do outro' (CC, art. 476)" (TJMG, Apelação Cível 1.0056.10.013262-2/001, 12.ª Câmara Cível, Rel. Des. Marcelo Pereira da Silva (JD Convocado), j. 15.09.2021, publicação 20.09.2021).

472 CAMBI, Eduardo. *A prova civil:* admissibilidade e relevância, cit., p. 346.

473 Nos termos do art. 373 do CPC, "o ônus da prova incumbe: I – ao autor, quanto ao fato constitutivo do seu direito; II – ao réu, quanto à existência de fato impeditivo, modificativo ou extintivo do direito do autor".

474 Eis o teor do art. 373, § 1.º, do CPC.

Preocupada com eventuais dificuldades geradas pela aplicação do dispositivo, afirma o § 2.º do art. 373 do CPC que a distribuição dinâmica do ônus da prova não pode gerar situação em que a desincumbência do encargo pela parte seja impossível ou excessivamente difícil.

Como bem pontua Camilo Zufelato, o processo civil encontra-se em um momento de expansão dos poderes do juiz na condução do processo, seguindo tendência observada em países como a Inglaterra; o dispositivo concede poder ao juiz para definir, caso a caso, o ônus da prova – e tal poder não se revela excessivo porque busca promover o equilíbrio de forças entre os litigantes[475].

Por outro lado, cuidados processuais devem cercar a aplicação da teoria; felizmente, eles foram previstos pelo legislador. É necessário haver decisão fundamentada sobre a distribuição do ônus com a indicação de motivos concretos e precisos para que ela se opere: só assim será cumprida a exigência constitucional da fundamentação e se possibilitará que a pessoa incumbida de provar possa questionar esse dever em grau recursal. Temos, assim, uma regra de procedimento, e não apenas de julgamento, que observa o respeito ao contraditório e à ampla defesa[476].

Em demandas familiares pode haver a aplicação diferenciada do ônus de prova em diversas situações.

Caetano Lagrasta aponta a relevância da distribuição dinâmica da prova em demandas familiares quando constatada a hipossuficiência econômica ou técnica de algum dos litigantes com vistas a concretizar a isonomia entre eles[477].

O autor aponta como exemplos de circunstâncias em que enorme dificuldade probatória pode se verificar as demandas sobre apuração da paternidade (em que há limitada atuação das partes para a descoberta da verdade), de alimentos em face de genitores com renda desconhecida (como profissionais liberais e trabalhadores autônomos) e de litigantes pobres que necessitam de alimentos provisórios para propor e sustentar a demanda[478].

Há precedentes sobre ações de alimentos em que o magistrado se sensibilizou ante a dificuldade probatória, reconheceu a dificuldade insuperável do litigante e aplicou diferenciadamente a distribuição do encargo instrutório. Como bem consta em julgado relatado por Raduan Miguel Filho, "as necessidades do filho menor de idade são presumidas, competindo aos genitores lhes prestar assistência", constituindo "encargo do alimentante provar que não reúne as condições de prestar os alimentos no percentual fixado"[479]. Na mesma linha assim restou decidido em acórdão do Tribunal mineiro:

---

475 ZUFELATO, Camilo. Novas tendências sobre o ônus da prova e o Projeto de Novo CPC – Parte II (conclusão), cit.

476 ZUFELATO, Camilo. Novas tendências sobre o ônus da prova e o Projeto de Novo CPC – Parte II (conclusão), cit.

477 LAGRASTA NETO, Caetano. Diálogos de um juiz, cit., p. 283.

478 LAGRASTA NETO, Caetano. Diálogos de um juiz, cit., p. 284-288, *passim*.

479 "Apelação cível. Direito de família. Ação revisional de alimentos. Sentença de procedência. Recurso do réu/alimentante. Manutenção ou limitação do encargo. Impossibilidade. Verba alimentar estabelecida em acordo, com limitação temporal, quando a alimentanda tinha cerca de 2 (dois) anos de idade (50% do salário mínimo). Necessidades presumíveis que cresceram ao longo do desenvolvimento da menor. Possibilidades do apelante, sócio-proprietário de empresa de considerável porte, que também sofreram aumento significativo no decorrer dos anos. Pró-labore apontado inverossímil. Apelada que demonstrou a alteração da capacidade financeira das partes. Ônus do apelante de comprovar os efetivos rendimentos. Dever de sustento da prole que, apesar de ser comum, deve ser proporcional. Padrão de vida dos genitores. Majoração para 2 (dois) salários mínimos razoável. Efeitos a partir da citação. Inteligência do

> O alimentando não pode ficar à mercê da disposição do réu em contribuir com a comprovação das suas reais possibilidades, havendo o Julgador, nesses casos, de se orientar pelos elementos existentes nos autos, e com base em seu prudente critério, equalizar a pensão no valor que melhor se compatibilizar com a realidade das partes[480].

Por fim, merece apontamento a iniciativa do Tribunal de Justiça gaúcho que se posicionou de forma mais ampla, elaborando, como uma das conclusões de seu Centro de Estudos, o Enunciado de n. 37: "em ação de alimentos é do réu o ônus da prova acerca de sua impossibilidade de prestar o valor postulado".

3.4.10.2. Provas ilícitas em demandas familiares

As causas familiares veiculam temas de direito indisponível e personalíssimo, de forma que a atuação do magistrado deve ser a mais completa possível na formação do panorama instrutório[481].

À luz do sistema processual, são vedadas no processo civil as provas obtidas por meios ilícitos e moralmente ilegítimos. A previsão infraconstitucional é coerente com a Constituição Federal, que cria restrições à atividade probatória para proteger a privacidade, a intimidade e o devido processo legal[482].

Na instrução dos processos de família, porém, pode ser necessário reconstituir situações que se verificaram na intimidade do lar (como atos de alienação parental) ou ter acesso a dados ocultados deliberadamente por seus detentores (como aqueles ligados à sua possibilidade financeira).

Para descobrir e/ou revelar o que efetivamente aconteceu, há iniciativas como a contratação de detetive particular, a instalação de escuta telefônica, a provocação de flagrantes... tais ocorrências ensejam questionamento relevante: até que ponto essas provas podem ser aceitas no juízo da família?

---

art. 1.699 do Código Civil e art. 13, § 2.º, da Lei n. 5.478/1968. Sentença mantida. Recurso conhecido e desprovido. [...] 'Em se tratando de ação em que se pleiteia alimentos, ante a dificuldade de acesso do alimentando às informações acerca dos rendimentos do alimentante, é deste o ônus de comprovar sua impossibilidade financeira de prestar a verba alimentar' (TJSC, AC n. 0300584-28.2017.8.24.0010, Rel. Des. Jorge Luis Costa Beber, j. 07.02.2019). [...]" (TJSC, AC 0301217-41.2014.8.24.0011, Brusque, 2.ª Câmara de Direito Civil, Rel. Des. Rubens Schulz, *DJSC* 28.08.2019, p. 152).

480 TJMG, 1.0433.12.003241-5/001, Rel. Des. Eduardo Andrade, 1.ª Câmara Cível, p. 28.02.2013. No mesmo sentido: "Agravo de instrumento – Ação revisional de alimentos – Decisão agravada que determinou a quebra de sigilos bancário e fiscal – Insurgência do autor-alimentante – Alegada violação de garantia constitucional – Proteção de dados sigilosos que não possui caráter absoluto – Possibilidade de quebra por decisão judicial quando constatada a necessidade das informações para solucionar a controvérsia quanto à capacidade financeira do devedor de alimentos – Caso concreto – Redução liminar da pensão alimentícia – Iniciativa probatória conferida ao magistrado – art. 370 c/c 373, § 1.º, CPC c/c com o art. 19 da Lei de Alimentos – Dificuldade da requerida-agravada em produzir prova da capacidade financeira do genitor – Inércia do autor-agravante em indicar sua renda atual e documentos que a comprovem e a possível omissão de fontes de renda que podem ser importantes – Convencimento judicial motivado – Art. 371, CPC – Situação concreta que justifica a quebra de dados sigilosos, por serem necessários para o julgamento da causa [...]" (TJPR, Proc. 0048849-84.2020.8.16.0000, Rel.ª Des.ª Rosana Amara Girardi, j. 12.07.2021).

481 TARTUCE, Fernanda. A ampliação da noção de paternidade e sua prova no processo. In: CARVALHO NETO, Inácio de (org.). *Novos direitos após seis anos de vigência do Código Civil de 2002*. Curitiba: Juruá, 2009, p. 367-400.

482 TARTUCE, Fernanda. *Processo civil aplicado ao direito de família*. Rio de Janeiro: Forense, 2012, p. 95.

Como a dignidade desponta como valor maior digno de proteção nas demandas de família, com razão Rolf Madaleno consigna a "possibilidade de relativização da garantia constitucional de vedação da prova ilícita, quando estiver em risco a supremacia dos direitos da pessoa humana, sua honra e sua dignidade"[483].

Ao abordar a dura temática do uso da prova ilícita no Direito de Família, para alguns doutrinadores, principalmente em caso de guarda, seria admissível a excepcional utilização de meios usualmente rechaçados por envolver a demanda questão de "alta carga de valores"[484].

Assim, em diversos casos da prática processual familiar os magistrados têm permitido o uso de meios de prova reputados inicialmente vedados na busca da necessária verdade, valendo-se da compreensível relativização da proibição constitucional de uso da prova dita ilícita, especialmente no juízo familiarista, sempre que se mostrarem relevantes para a justa solução da demanda"[485].

Para exemplificar tal tipo de situação, vale a pena considerar a polêmica situação de quebra do sigilo bancário para obter dados indisponíveis a uma das partes a partir de decisões sobre o tema.

A Lei de Alimentos dispõe, no art. 20, que "as repartições públicas, civis ou militares, inclusive do Imposto de Renda, darão todas as informações necessárias à instrução dos processos previstos nesta lei e à execução do que for decidido ou acordado em juízo". Como se nota, há amparo normativo para excepcionar a proteção da intimidade do devedor diante da proteção do credor alimentar.

Invocando tal dispositivo, o Tribunal de Justiça do Distrito Federal decidiu que "na ação de alimentos há franquia legal para que o juiz requisite documentos e informações compreendidas no sigilo de dados"[486].

No mesmo sentido decidiu o Tribunal de Justiça do Pará: não é absoluta a inviolabilidade dos dados bancários, cabendo sua flexibilização em casos excepcionais:

> [...] É sabido que tanto o direito ao sigilo bancário quanto o direito aos alimentos constituem valores protegidos pela nossa Carta Magna, contudo deve prevalecer o bem jurídico maior, que é o direito aos alimentos, à saúde e à educação. Se o alimentante não faz prova dos seus efetivos ganhos como no caso vertente, a quebra dos sigilos fiscal e bancário é possível, podendo o magistrado requerer o deferimento das medidas de ofício ou a requerimento da parte, nos termos do que preceitua o art. 370 do CPC/2015 e arts. 19 e 20 da Lei n. 5.478/68 que dispõe sobre a ação de alimentos[487].

---

483 MADALENO, Rolf. A prova ilícita no direito de família e o conflito de valores, cit.

484 TARTUCE, Fernanda. *Processo civil aplicado ao direito de família*, cit., p. 95.

485 MADALENO, Rolf. A prova ilícita no direito de família e o conflito de valores, cit.

486 TJDF, Proc 0701.37.0.742018-8070000, Ac. 111.3221, 4.ª Turma Cível, Rel. Des. James Eduardo Oliveira, j. 01.08.2018, *DJDFTE* 23.08.2018. No mesmo sentido: "[...] 1. O sigilo bancário é um direito assegurado pela Constituição Federal de 1988. Todavia, não é absoluto e pode ser quebrado em situações excepcionais, a fim de se verificar a real situação financeira do alimentante, mormente se a documentação por ele apresentada não se mostra hábil a comprovar sua real capacidade contributiva e se há divergência entre os fatos relatados pelas partes e os direitos indisponíveis da criança ou adolescente à vida, educação e saúde. 2. Desse modo, não se pode privilegiar o princípio da inviolabilidade dos dados pessoais em detrimento dos princípios da dignidade da pessoa humana e do melhor interesse da criança [...]" (TJDFT, Proc. 07073595620218070000, Rel. Getúlio de Moraes Oliveira, j. 25.08.2021).

487 TJPA, AI 0002927-79.2017.8.14.0000, Ac. 199292, 1.ª Turma de Direito Privado, Rel.ª Des.ª Gleide Pereira de Moura, j. 11.12.2018, *DJPA* 18.12.2018, p. 595.

A excepcionalidade da medida costuma ser destacada em diversas decisões; como exemplo, o Tribunal do Distrito Federal fez constar em acórdão o seguinte: "A quebra de sigilo bancário e fiscal é medida excepcional, que somente pode ser deferida se não existirem outros meios de comprovar a capacidade econômica do alimentante ou se a parte se recusar a prestar as informações [...]"[488].

Vale destacar que tal tipo de medida pode ser encontrado não só em demandas alimentares, como também em ações sobre o fim de entidades familiares. Assim decidiu o Tribunal de Sergipe em caso de separação:

> Segundo entendimento do STJ, é imprescindível que a ordem de quebra de sigilo fiscal seja precedida de fundamentação, e que seja ela consistente em demonstrar que se revele essencial à instrução ou necessária à eficácia dos atos executórios. Ou seja, tal medida só deve ser levada a termo se houver fortes indícios de que a parte está sonegando informações relevantes ao deslinde do feito. [...] É imprescindível para um julgamento justo da ação de divórcio e partilha dos bens, que todo o patrimônio constituído pelo casal seja equanimemente dividido, após a devida apuração do quantum, a fim de evitar enriquecimento ilícito de um dos cônjuges. Ademais, a quebra do sigilo fiscal, além de elucidar os fatos, com o intuito de garantir uma partilha correta nos moldes legais, não trará prejuízo para o agravado, já que os documentos deverão ser protegidos em segredo de justiça[489].

Em causa sobre a dissolução de união estável (com pedidos de partilha e alimentos), o Tribunal de Justiça mineiro decidiu ser legítima a pretensão da parte autora de ver quebrado o sigilo fiscal e bancário do companheiro por se tratar de via apta a resguardar seu direito à partilha[490].

Vale anotar que a versão inicial do Projeto do CPC previa que a inadmissão de provas obtidas por meio ilícito seria apreciada pelo juiz à luz da ponderação dos princípios e dos direitos fundamentais envolvidos[491]. Contudo, na versão final tal previsão foi suprimida, mantendo-se o *caput* do artigo renumerado para 369: "as partes têm direito de empregar todos os meios legais bem como os moralmente legítimos, ainda que não especificados neste Código, para provar a verdade dos fatos em que se funda o pedido ou a defesa e influir eficazmente na convicção do juiz".

---

488 TJDF, Proc. 07194889320218070000, 6.ª Turma Cível, Rel. Des. Esdras Neves, j. 04.08.2021, *DJDFTE* 23.08.2021.

489 TJSE, AI 201800730644, Ac. 299/2019, 1.ª Câmara Cível, Rel.ª Des.ª Elvira Maria de Almeida Silva, j. 28.01.2019, *DJSE* 31.01.2019.

490 TJMG, AGIN 1.0702.08.520833-9/001, Rel. Des. Edgard Penna Amorim, j. 04.07.2013, *DJEMG* 15.07.2013. No mesmo sentido: "Agravo de instrumento – Ação de divórcio c/c partilha de bens [...] Os sigilos bancário e fiscal são direitos individuais não absolutos, podendo ser quebrados em casos excepcionais, em que se busca aferir o real patrimônio do casal, para efetivar a partilha dos bens amealhados durante o matrimônio. – O processo corre em segredo de justiça e não se está, no caso em tela, a buscar informações sobre a privacidade de terceiros, mas, sim, sobre o direito da própria agravante, uma vez que é titular de metade do patrimônio amealhado pelo recorrido durante a constância do casamento. Além disso, deve ser interesse do próprio agravado auxiliar na correta partilha dos bens amealhados durante o matrimônio. – Recurso parcialmente provido" (TJMG, AI 1.0000.21.042621-9/001, Rel. Des. Carlos Levenhagen, j. 27.05.2021).

491 PLS n. 166/2010: A inadmissibilidade das provas obtidas por meio ilícito será apreciada pelo juiz à luz da ponderação dos princípios e dos direitos fundamentais envolvidos.

Apesar de tal norma não ter constado, a admissão de provas ilícitas é tema a ser apreciado pelo juiz; nos termos do art. 489, § 2.º, do CPC, "no caso de colisão entre normas, o juiz deve justificar o objeto e os critérios gerais da ponderação efetuada, enunciando as razões que autorizam a interferência na norma afastada e as premissas fáticas que fundamentam a conclusão".

Para Flávio Tartuce, a ponderação configura mecanismo argumentativo de grande relevo para a solução das mais complexas situações problemáticas nos dias de hoje; esse "relevante artifício de lógica jurídica é associado à visão civil-constitucional do sistema, pois é a partir da Constituição Federal que são resolvidos problemas essencialmente privados"[492].

Sem dúvida as causas familiares trazem desafios consideráveis para os julgadores; estes se defrontam com ordenamentos anacrônicos se comparados com a riqueza das novidades vivenciadas pelas pessoas. A ponderação de valores precisará, sem dúvida, ser utilizada para gerar decisões adequadas.

3.4.10.3. Questões polêmicas

a) É admissível o uso de dossiê produzido por detetive particular?

Inicialmente, é de questionar se o exercício da atividade de detetive particular é viável no País. A resposta é sim porque, instado a se manifestar sobre o tema, o STF, em julgado de 1978, afastou a conclusão negativa[493].

Deve-se destacar, assim, que a contratação do detetive particular, por si só, não é prática ilícita. Nesse sentido, a decisão do Tribunal de Justiça carioca rechaçou a pretensão ao recebimento de indenização por dano moral em virtude da contratação de detetive particular por entender natural a utilização de tal profissional no contexto de uma dissolução de união litigiosa[494].

A contratação de tais profissionais pode ser crucial em casos de ocultação patrimonial.

Há que se destacar, porém, que a contratação de detetive pode se inserir em um contexto altamente danoso de perturbação e intimidação; em casos assim, o Tribunal de Justiça mineiro entendeu que a vítima fazia jus à indenização[495]. No caso, o ex-marido, inconformado por ter que pagar pensão, agiu, segundo os Desembargadores, com perversidade; em suas palavras:

---

492 TARTUCE, Flávio. *O Novo CPC e o direito civil*: impactos, diálogos e interações. São Paulo: Método, 2015.

493 "Liberdade de profissão. Detetive particular. Ilegitimidade da interdição imposta a tal atividade por autoridade policial, porque arrimada em preceitos regulamentares (Decreto n. 50.532/1961) que exorbitaram dos limites da Lei tida como aplicável (Lei n. 3.099/1957). Segurança concedida. Recurso extraordinário conhecido e provido" (STF, RE 84.955/SP, 1.ª Turma, Rel. Min. Xavier de Albuquerque, j. 23.05.1978, *DJU* 16.06.1978, p. 04396).

494 "Ação de indenização. Separação judicial. Investigado casado. Violação do direito da personalidade. Inexistência. Inocorrência de dano moral. Apelação. Indenizatória. Detetive particular. Contratação. Atitude previsível quando se trata de relacionamento conjugal em via de dissolução. [...]" (TJRJ, AC 19082/2005, Rio de Janeiro, 1.ª Câmara Cível, Rel. Des. Mauro Dickstein, j. 23.08.2005).

495 "[...] Ameaças perpetradas pelo ex-marido. Propósito de exonerar-se da pensão alimentícia. Assédio por intrusão ou *stalking*. Contratação de detetive particular. Violação da privacidade e intimidade. Conduta ilícita reconhecida. Responsabilidade civil mantida. A despeito de já ter sido decretada o término da sociedade conjugal, o réu, inconformado com a obrigação de prestar alimentos à autora, passou a importuná-la de forma agressiva e ostensiva, promovendo o que a doutrina vem denominando de assédio por intrusão ou *stalking*. O apelante agiu com perversidade minando a apelada, na tentativa de desqualificá-la perante o seu círculo, com o propósito de compeli-la a desistir dos alimentos fixados na ação de separação judicial. Tais condutas comprovam a violação da privacidade e intimidade da apelada e constrangimento por ela suportados com consequente dano psicológico emocional. Impossível acolher a tese de que o apelante

Não se nega que a falência da relação conjugal acarreta danos e prejuízos aos ex-cônjuges, mas não implica necessariamente que deve vir acompanhada de desrespeito e agressões, sejam elas de ordem física ou moral. No caso dos autos, a despeito de já ter sido decretado o término da sociedade conjugal, o réu, inconformado com a obrigação de prestar alimentos à autora, passou a importuná-la de forma agressiva e ostensiva, promovendo o que a doutrina vem denominando de assédio por intrusão ou "stalking"[496].

A jurisprudência está pronta para aceitar a prova decorrente da atuação de detetive particular? O tema é polêmico.

Em causa apreciada pelo Tribunal mineiro, a resposta foi negativa[497]. Em demanda sobre união estável, o réu contratou um detetive particular e juntou aos autos o dossiê de investigação particular; a autora alegou que a prova seria ilícita: embora não comprometesse sua conduta, seria totalmente ilegal e inadmissível por violar seu direito à intimidade.

O réu ponderou que a hipótese dos autos se encaixaria nas exceções contempladas em doutrina e jurisprudência dos nossos Tribunais, não sendo justo nem razoável exigir dele outra conduta senão a de permitir que buscasse, pelos meios possíveis e impossíveis, fazer prova cabal da união entre a ex-companheira e outro homem para defender legitimamente seus direitos, notadamente o de não prestar alimentos a quem não lhes faria jus. Eis trechos da decisão:

> Os documentos que foram juntados aos autos e decorrentes da investigação particular produzida unilateralmente pelo réu, configuram, realmente, violação ao direito à intimidade da recorrente, não podendo o princípio da verdade real, invocado pelo ilustre Juiz, sobrepor-se, neste caso, aos direitos fundamentais da privacidade e dignidade da pessoa. *Data venia*, entendo não assistir razão ao agravado, não sendo admitida a prova por ele pretendida. [...] Ora, a investigação particular, promovida à revelia da agravante, sem observância do contraditório e da ampla defesa, não é meio admitido de prova lícita.

---

agiu no exercício regular do seu direito, porquanto deveria ter se valido dos meios que o ordenamento jurídico lhe faculta a fim de ver-se exonerado da obrigação que lhe foi imposta. Em nenhum momento, o ordenamento jurídico lhe autoriza a agir da forma inoportuna como agiu, ofendendo e ameaçando a apelada, praticando assédio moral inaceitável e que não prescinde da devida sanção" (TJMG, APCV 8414263-43.2008.8.13.0024, Belo Horizonte, 13.ª Câmara Cível, Rel. Des. Alberto Henrique, j. 31.03.2011, *DJEMG* 13.04.2011). Na sentença – que foi confirmada em segundo grau –, a Juíza julgou procedente o pedido para condenar o réu a pagar indenização por danos morais no importe de R$ 5.000,00 (cinco mil reais). No mesmo sentido: "[...] Requerido que em seu depoimento pessoal admitiu haver instalado câmera no interior de apartamento em que residia a ex-esposa com a filha do casal, com a finalidade de monitorar sua rotina, reconhecendo inclusive que contratou detetive particular para tanto e diligenciou a obtenção de imagens da demandante junto à administração do condomínio onde residia. 3. Conteúdo gravado e disponibilizado sem a anuência da autora, que soube de sua existência após sua juntada em autos de distintos processos em que litigavam as partes, relacionados em especial à filha do casal e ao direito a alimentos. Ofensa ao direito de imagem. Art. 5.º, inciso X da Constituição da República. Ato ilícito caracterizado. [...]" (TJPR, Proc. 0004456-03.2017.8.16.0090, Rel.ª Elizabeth de Fatima Nogueira Calmon de Passos, j. 20.04.2020).

496 "*In casu*, não somente as provas documentais como as testemunhas ouvidas por ocasião da audiência de instrução e julgamento comprovaram que o apelante ultrapassou os limites do seu direito, perseguindo a apelada com o propósito de que ela desistisse dos alimentos que lhe foram concedidos por ocasião da ação de separação judicial. Não bastassem as humilhações, ofensas e ameaças perpetradas por telefone e comparecimento ao seu local de trabalho, o apelante invadiu a esfera da privacidade e intimidade da apelada ao contratar um detetive particular que vigiava todos os seus passos" (TJMG, APCV 8414263-43.2008.8.13.0024, Belo Horizonte, 13.ª Câmara Cível, Rel. Des. Alberto Henrique, j. 31.03.2011, *DJEMG* 13.04.2011).

497 "Ação de separação judicial c/c alimentos. Contratação de detetive particular. Ilicitude de prova obtida. [...] A investigação particular, feita à revelia da agravante, sem observância do contraditório e da ampla defesa, não é meio admitido de prova lícita" (TJMG, AGIN 0430941-45.2011.8.13.0000, Belo Horizonte, 7.ª Câmara Cível, Rel. Des. Wander Paulo Marotta Moreira, j. 04.10.2011, *DJEMG* 11.11.2011).

Obviamente a investigação é feita sem que o investigado tenha acesso à informação. Mas como poderia o réu demonstrar, no caso, que a ex-companheira tem nova união estável? Especialmente no caso em tela, ele residia em outra cidade – mas ainda que assim não fosse, como deveria se comportar caso a ex-convivente deliberadamente escondesse informações? Como se percebe, a temática é desafiadora.

O cenário normativo foi contemplado com um novo instrumento para tratar do tema: a Lei n. 13.432/2017 dispõe sobre o exercício da profissão de detetive particular, "profissional que, habitualmente, por conta própria ou na forma de sociedade civil ou empresarial, planeje e execute coleta de dados e informações de natureza não criminal, com conhecimento técnico e utilizando recursos e meios tecnológicos permitidos, visando ao esclarecimento de assuntos de interesse privado do contratante" (art. 1.º).

Vale destacar que um dispositivo, vetado pelo Presidente da República, mencionava a aplicabilidade da lei a litígios familiares: pela redação original do art. 4.º, o detetive particular poderia realizar coleta de dados e informações ou pesquisa científica sobre suspeitas ou situações: "IV – relacionadas a questões familiares, conjugais e de identificação de filiação". Nas razões do veto constou que a redação seria inadequada por não explicitar "o caráter exaustivo ou exemplificativo do rol de atividades, bem como ao não aclarar se o mesmo contempla atividades privativas ou compartilháveis com outros profissionais, gerando insegurança jurídica".

A lei destaca ser dever do detetive particular "respeitar o direito à intimidade, à privacidade, à honra e à imagem das pessoas" (art. 11, II); a previsão sinaliza, portanto, que a coleta de informações precisará ser feita de forma lícita.

b) É válido o exame de DNA realizado pelo pai que levou a criança para a coleta do material genético independentemente da vontade da mãe?

Quando há dúvida sobre o vínculo genético, um dos genitores pode insistir na realização de exame biológico e encontrar resistência na postura do outro. Se feita a prova unilateralmente, sem comunicação, pode-se considerar que a prova é moralmente legítima ou ilegítima? Neste último caso, a prova pode ser desconsiderada?

A resposta a tal indagação variará conforme o olhar de quem a formula.

A prova pode ser reputada moralmente ilegítima por violação da boa-fé, sendo reputada desleal a pessoa que agiu unilateralmente; ademais, submeter a criança ou o adolescente a um exame não é simples; deixar de explicar-lhe o porquê, mentir ou mesmo contar a verdade pode ser traumático e ensejar comprometimentos morais com violação ao princípio da proteção integral. Haveria ainda violação ao poder familiar por parte de quem não foi comunicado sobre a realização do teste.

Por outro lado, a prova pode ser considerada moralmente legítima porque a parte que se recusa a inviabilizar o conhecimento sobre a situação genética age de má-fé buscando sonegar a revelação da verdade; ademais, muitas vezes as crianças nem têm discernimento sobre a situação – e, ainda que o tenham, também têm o direito de conhecer sua origem biológica. Sob a perspectiva do poder familiar, realizar o exame seria exercício inerente a este; longe de ser atribuição unilateral, é pertencente a ambos os pais.

Como se percebe, a situação não é simples.

Já houve a submissão ao Judiciário de tal *quaestio iuris*, e causa com tal discussão tramitou na Justiça paranaense. Tanto a primeira como a segunda instâncias deram respostas positivas: o pai agiu legitimamente ao levar a criança para fazer o exame.

A parte prejudicada tentou submeter a questão à apreciação do STJ via recurso especial, mas infelizmente não houve posicionamento sobre seu mérito: alegando tratar a questão de matéria de fato, sob o escudo do Enunciado 7 de sua Súmula, uma vez mais o STJ deixou de se manifestar sobre a apropriada interpretação de dispositivo processual[498].

c) Acesso a correspondência.

Nos dias atuais, o acesso a mensagens e a serviços de comunicação eletrônica pode propiciar elementos de convicção relevantes para a causa de pedir versada nos autos (por exemplo, sobre alienação parental, descumprimento de obrigações de fazer...).

Pode ser então, nesse contexto, elaborada a seguinte questão: em uma demanda judicial litigiosa proposta pelo marido, o juízo *a quo* determinou o desentranhamento de documentos obtidos mediante violação de sigilo de correspondência eletrônica; agiu bem o magistrado?

Instado a se manifestar, o Tribunal de Justiça paulista entendeu que a prova documental foi idoneamente produzida porquanto extraída de arquivos de computador da família; neste caso ele vislumbrou haver presunção de compartilhamento de dados apta a mitigar o sigilo do seu conteúdo[499].

A situação não se confunde com aquela em que há indevida retenção de aparelho celular da ex-cônjuge: em demanda pautada por tal ocorrência, o Tribunal de Justiça de São Paulo reconheceu ser a prova ilícita.[500]

d) Gravações telefônicas podem ser admitidas como fontes de prova em demandas familiares?

Escutas são gravações promovidas por um dos interlocutores sem o conhecimento do outro); já as interceptações são as gravações feitas por terceiro estranho à conversa sem o conhecimento dos interlocutores. Escutas e interceptações podem ser admitidas como fontes de prova em demandas familiares?

No panorama normativo brasileiro[501] consta que a interceptação telefônica tem permissão restrita ao âmbito penal. Não se considera possível, portanto, contar com gravações de conversas cujos interlocutores não estejam cientes do registro de tal ato[502].

---

498 "[...] no tocante à alegação de afronta ao art. 332 do Código de Processo Civil, anoto não haver como analisar eventual ilicitude de prova apresentada nos autos, como almejado pela recorrente, porquanto inadmissível, nesta seara, adentrar em exame de material fático-probatório. Incide, na hipótese, a Súmula 07/STJ" (REsp 224.912/PR, Rel. Min. Jorge Scartezzini, 4.ª Turma, j. 10.08.2004, *DJ* 17.12.2004, p. 547).

499 TJSP, AI 640.441.4/4, Ac. 3704758, São Paulo, 9.ª Câmara de Direito Privado, Rel. Des. Grava Brasil, j. 16.06.2009, *DJESP* 11.08.2009.

500 "[...] Dano moral. Troca de mensagens entre as rés, privativamente, que, embora com conteúdo ofensivo à honra da autora, não foi divulgada de modo algum a terceiros. Aparelho celular indevidamente retido pelo cônjuge da autora, ex-cônjuge da ré Roberta, que resultou na ciência do conteúdo das mensagens, violando frontalmente o direito da correquerida Ivonete à intimidade e à privacidade. Prova ilícita e alterada em pontos substanciais. Ausência de lesão a direito da personalidade passível de indenização" (TJSP, APL 1011979-84.2015.8.26.0011, Ac. 10649966, São Paulo, 4.ª Câmara de Direito Privado, Rel. Des. Maia da Cunha; j. 27.07.2017, *DJESP* 21.08.2017, p. 2723).

501 CF, art. 5.º, XII, e Lei n. 9.296/1996.

502 "1. Não são admissíveis em juízo provas obtidas por meio ilícito, como a gravação de conversas telefônicas sem que os interlocutores tivessem conhecimento disso (precedentes do STF). Incensurável a decisão do juiz que desconsidera tal prova, formando seu convencimento exclusivamente com base na prova oral colhida em audiência [...]" (TJDF, APC 4134196, Ac. 101174/DF, 4.ª Turma Cível, Rel. Des. Waldir Leôncio Junior, j. 24.11.1997, *DJU* 04.02.1998, p. 65).

E quando um dos participantes grava a conversa? A admissibilidade da prova consistente em gravação de conversa telefônica em que um dos participantes registra o teor da conversa encontra defensores e detratores.

Como argumentos para a inadmissão das gravações, invocam-se a clandestinidade caracterizadora da ilicitude da prova[503], a imoralidade pela falta de conhecimento de um dos participantes da conversa[504] e a proteção constitucional do sigilo das comunicações[505].

A favor da admissão das gravações alega-se que o resguardo do sigilo das comunicações telefônicas previsto na Constituição limita tão somente a realização da interceptação, não da escuta[506]; ademais, quem conversa assume o risco de que o interlocutor queira registrar o diálogo.

A posição predominante é de que a gravação por um dos interlocutores sem o conhecimento do outro é possível, mormente para o resguardo de direitos. Assim, asseveram Ada Pellegrini Grinover, Antônio Scarance e Antônio Magalhães Gomes Filho que "a gravação em si, quando realizada por um dos interlocutores que queira documentar a conversa tida com terceiro, não configura nenhum ilícito, ainda que o interlocutor não tenha conhecimento de sua ocorrência"[507].

Atualmente, predomina no STF ser a escuta possível (especialmente para o resguardo de direitos)[508], considerando-se que não há violação de intimidade quando um dos interlocutores é que promove a gravação.

---

503 "Separação judicial. Decisão que, reconsiderando pronunciamento anterior, indefere a realização de prova pericial. Fitas magnéticas. Gravações clandestinas. Prova ilícita e impertinente na espécie. [...]" (TJRJ, AI 311/96, 5.ª Câmara Cível, Rel. Des. Marcus Faver, j. 02.04.1996).

504 *RTJ* 110/807.

505 CF, art. 5.º, XII – é inviolável o sigilo da correspondência e das comunicações telegráficas, de dados e das comunicações telefônicas, salvo, no último caso, por ordem judicial, nas hipóteses e na forma que a lei estabelecer para fins de investigação criminal ou instrução processual penal.

506 "Gravação telefônica feita pela própria autora de conversa sua com testemunha apresentada pelo marido em ação de separação judicial litigiosa. Possibilidade [...]. Testemunha que teria sido companheiro em suposto adultério da mulher. Os fatos da intimidade do lar e do casal podem ser gravados sem o conhecimento do outro interlocutor ou de um dos cônjuges e apresentado pelo outro em processo sob o sigilo da justiça. Agravo de instrumento provido" (TJSP, AI 385.265-4/2, Itu, 8.ª Câmara de Direito Privado, Rel. Des. Silvio Marque Neto, j. 14.12.2005). No mesmo sentido: "*Habeas corpus*. [...] Ilicitude das provas decorrentes da gravação ambiental e da gravação de conversa realizadas por um dos interlocutores. Ilegalidade do indeferimento de prova requerida pela defesa. Ausência de prova pré-constituída. Coação ilegal não configurada. [...] 5. Pacificou-se neste Sodalício o entendimento de que a gravação ambiental realizada por um dos interlocutores é válida como prova no processo penal, independentemente de autorização judicial. 6. Da mesma forma, a gravação de conversa realizada por um dos interlocutores é considerada prova lícita, não se confundindo com interceptação telefônica. Precedentes" (STJ, AgRg no HC 549821/MG, Rel. Min. Jorge Mussi, j. 17.12.2019, *DJe* 19.12.2019); "No caso vertente ocorreu a gravação ambiental, na qual um dos interlocutores grava a conversa mantida com outro indivíduo que desconhece o procedimento empregado, o que se mostra perfeitamente legítimo, eis que não há violação à intimidade do indivíduo que está sendo gravado sem a sua ciência, porquanto não se caracteriza como terceiro alheio à conversação, na medida em que dela participou. [...] Não há que se falar, também, em sigilo, tendo em vista que, se houvesse, seria para proteção do cliente, assim como ocorre na medicina, em que o sigilo é para preservar o paciente, observando-se que a gravação não teve como objetivo a violação da intimidade dos agravantes, mas a comprovação e até mesmo eventuais afirmações da agravada [...]" (TJSP, Agravo de Instrumento 2210308-82.2020.8.26.0000, Rel. Des. L. G. Costa Wagner, j. 30.11.2020).

507 GRINOVER, Ada Pellegrini; FERNANDES, Antônio Scarance; GOMES FILHO, Antônio Magalhães. *As nulidades no processo penal*. 8. ed. São Paulo: RT, 2004, p. 237.

508 Além de posicionamentos doutrinários consistentes nesse sentido, também o STF vem assim entendendo há um bom tempo. Eis trecho de decisão: "[...] Conversa telefônica. Gravação clandestina, feita por um dos interlocutores, sem conhecimento do outro. Juntada da transcrição em inquérito policial, onde o interlocutor requerente era investigado ou tido por suspeito. Admissibilidade. Fonte lícita de prova.

Superada a questão da escuta, é de questionar: está absolutamente vedada a interceptação telefônica no Direito de Família? Não há qualquer circunstância em que a privacidade ceda espaço a um valor constitucional que mereça ser contemplado em primeiro lugar?

É polêmica a gravação realizada por um interessado em conversas ou situações das quais ele não participa. O Tribunal de Justiça do Rio Grande do Sul não admitiu como provas de alienação parental as gravações feitas por gravador instalado pelo pai na residência da mãe da criança:

> O agravante reconhece, na inicial deste recurso, que instalou um gravador no apartamento da agravada para monitorar o modo como ela conduzia a educação da filha e, na sequência, segundo refere, foi surpreendido com diálogos contendo atos de alienação parental, confissão de imputação falsa de conduta criminosa ao agravante pela agravada (fl. 04). Obtidas tais informações, procedeu-se a degravação em ata notarial e a postulação de juntada nos autos, o que foi indeferido pelo magistrado, com o consequente desentranhamento.
>
> Ora, efetivamente, a gravação trazida pelo genitor da menor foi obtida de forma clandestina, tendo em vista que ele mesmo confessa que, deliberadamente, colocou o agravador na casa da ex-companheira para obter informações de como ela educava a filha. Além da violação contida no art. 5.º, inc. X, da Constituição Federal, o procedimento realizado pelo agravante o foi sem qualquer autorização judicial, o que torna a prova inadmissível[509].

Não obstante tal julgado, já houve pronunciamentos judiciais que, ponderando valores em jogo, admitiram, em casos excepcionais, a interceptação telefônica.

Como destacou Humberto Theodoro Júnior, a inviolabilidade das comunicações não é o único princípio entre as garantias constitucionais; ele pode ser superado em situação de confrontos, por exemplo, com princípios que tutelam o direito à vida, à liberdade e à honra. Em suas palavras:

> [...] o próprio acesso à justiça e a garantia processual máxima do devido processo legal podem se inutilizar quando o juiz tiver de desprezar a prova ilícita para conscientemente proferir uma sentença injusta, por desamparar o direito subjetivo evidente e tutelar o seu violador inconteste. Em semelhantes conflitos, a melhor orientação jurídica é a que encara a vedação constitucional à quebra da inviolabilidade de comunicação com certa flexibilidade, conferindo ao juiz "a liberdade de avaliar a situação em seus diversos aspectos"[510].

Inexistência de interceptação, objeto de vedação constitucional. Ausência de causa legal de sigilo ou de reserva da conversação. Meio, ademais, de prova da alegada inocência de quem a gravou. Improvimento ao recurso. Inexistência de ofensa ao art. 5.º, incs. X, XII e LVI, da CF. Precedentes. Como gravação meramente clandestina, que se não confunde com interceptação, objeto de vedação constitucional, é lícita a prova consistente no teor de gravação de conversa telefônica realizada por um dos interlocutores, sem conhecimento do outro, se não há causa legal específica de sigilo nem de reserva da conversação, sobretudo quando se predestine a fazer prova, em juízo ou inquérito, a favor de quem a gravou" (RE 402.717, 2.ª Turma, Rel. Min. Cezar Peluso, j. 02.12.2008, *DJe-030*).

509 TJRJ, Agravo de Instrumento 0439779-33.2013.8.21.7000, 8.ª Câmara Cível, Rel. Luiz Felipe Brasil Santos, j. 12.12.2013.

510 "Assim, como aliás em todo o terreno dos princípios fundamentais, sempre presente e atuante tem de estar a força harmonizadora dos princípios da proporcionalidade e da razoabilidade" (THEODORO JÚNIOR, Humberto. Prova – Princípio da verdade real – Poderes do juiz – Ônus da prova e sua eventual inversão – Provas ilícitas – Prova e coisa julgada nas ações relativas à paternidade (DNA). *Revista Brasileira de Direito de Família*, v. 3, p. 5-23, 1999).

Em lapidar precedente, o jurista Barbosa Moreira foi instado a analisar a questão em um *hard case* enquanto atuava como Desembargador no Tribunal de Justiça carioca. A situação envolvia um médico que, desconfiado do estado em que encontrava os filhos quando retornava de viagem, providenciou a interceptação das comunicações telefônicas da esposa. Como resultado, descobriu que esta, junto de seu amante (também médico), drogava as crianças para que estas dormissem e não atrapalhassem seus encontros. O entendimento do julgador foi positivo em relação à admissão das gravações[511]. Na lapidar decisão, asseverou que a prova obtida por meio de interceptação e gravação de conversas telefônicas não é ilegal "e pode ser moralmente legítima se as circunstâncias do caso justificam a adoção, pelo outro cônjuge, de medidas especiais de vigilância e fiscalização"[512]. Outra importante questão precisa ser formulada para desafiar os limites da restrição: em execução de alimentos, esgotadas as vias para localizar o executado, cabe interceptação telefônica para tentar encontrá-lo?

Embora o julgado de primeira instância tenha entendido que não, o Tribunal gaúcho, em acórdão de relatoria de Maria Berenice Dias, afirmou que sim pelos seguintes argumentos: 1. Prevalência do princípio da proteção integral a crianças e adolescentes sobre o direito à intimidade; 2. Ponderação de princípios revela supremacia do direito à vida dos adolescentes; 3. Possibilidade de prisão civil revela esforço do sistema para a realização do direito aos alimentos; 4. A medida tem caráter pedagógico e envia mensagem para que outros devedores não invistam neste tipo de subterfúgios para fugirem às suas obrigações[513].

Por tal entendimento, deve-se empreender um juízo de ponderação entre as garantias constitucionais da intimidade e da proteção integral a crianças e adolescentes, prevalecendo a segunda de forma a permitir a interceptação telefônica[514].

Em sentido contrário, o Tribunal de Santa Catarina entendeu ser impossível tal medida, por ser o sigilo das comunicações cláusula pétrea que encontra ressalva apenas para fins de investigação criminal e instrução processual penal[515].

Revela-se mais consistente no atual cenário submeter a admissão de tais provas a um exercício de ponderação dos valores em jogo – o que, sabe-se, vale não apenas para questões de admissão de prova, mas para todos os casos em que valores constitucionais entrem em conflito.

---

511 "Prova obtida por meio de interceptação e gravação de conversas telefônicas do cônjuge suspeito de adultério: não é ilegal, quer à luz do Código Penal, quer do Código Brasileiro de Telecomunicações, e pode ser moralmente legítima, se as circunstâncias do caso justificam a adoção, pelo outro cônjuge, de medidas especiais de vigilância e fiscalização" (TJRJ, Ag-7.111, Barbosa Moreira, *RBDP* 43/137).

512 TJRJ, Ag-7.111, *RBDP* 43/137.

513 "Execução de alimentos. Interceptação telefônica do devedor de alimentos. Cabimento. Tentada a localização do executado de todas as formas, residindo este em outro Estado e arrastando-se a execução por quase dois anos, mostra-se cabível a interceptação telefônica do devedor de alimentos. Se por um lado a Carta Magna protege o direito à intimidade, também abarcou o princípio da proteção integral a crianças e adolescentes. Assim, ponderando-se os dois princípios sobrepõe-se o direito à vida dos alimentados. A própria possibilidade da prisão civil no caso de dívida alimentar evidencia tal assertiva. Tal medida dispõe inclusive de cunho pedagógico para que outros devedores de alimentos não mais se utilizem de subterfúgios para safarem-se da obrigação. [...] " (TJRS, AI 70018683508, 7.ª Câmara Cível, Rel. Maria Berenice Dias, j. 28.03.2007).

514 Posteriormente, o mesmo Tribunal aplicou tal entendimento: "Embargos de declaração. Efeitos infringentes. Família. Execução de alimentos. Interceptação telefônica. Possibilidade. Direito à sobrevivência digna das alimentandas que se sobrepõe ao direito à intimidade do devedor. Execução que tramita há mais de 12 anos, sem êxito na localização do executado nos endereços declinados (mais de oito locais). [...]" (TJRS, ED 70050246891/RS, 7.ª Câmara Cível, Rel. Roberto Carvalho Fraga, j. 08.08.2012, *DJ* 10.08.2012).

515 TJSC, AC 245.041/SC 2009.024504-1, 3.ª Câmara de Direito Civil, Rel. Fernando Carioni, j. 13.08.2009.

Tem razão Rolf Madaleno: "a própria natureza das questões processuais debatidas no âmbito do Direito de Família é peculiar e deve ser vista com um evidente e indissociável juízo de ponderação"[516].

Como aplicação desta assertiva, merece destaque precedente do Tribunal de Justiça gaúcho no qual o Desembargador relator afirmou: "ao examinar gravação clandestina de conversa providenciada pela mulher com o ex-marido, utilizei-me do critério da proporcionalidade, valorando mais o direito à prova que o sacrifício da intimidade. É o único critério razoável, no âmbito do direito de família, capaz de permitir o uso de prova proibida"[517].

3.4.10.4. Ata notarial

Diante da efemeridade de dados e do crescente uso de comunicações eletrônicas, é de suma relevância registrar elementos de prova colhidos no suporte digital como vídeos, mensagens e imagens postados na internet. Nesse cenário, registrar a ocorrência de fatos por atas notariais é um eficiente modo de perenizar informações que podem desaparecer[518].

Como ressalta Leonardo Brandelli, ata notarial é "o instrumento público mediante o qual o notário capta, por seus sentidos, uma determinada situação, um determinado fato, e o traslada para seus livros de notas ou para outro documento. É a apreensão de um ato ou fato, pelo notário, e a transcrição dessa percepção em documento próprio"[519].

Por meio da ata notarial, o notário certifica ocorrências e acontecimentos com imparcialidade e autenticidade, pré-constituindo prova sobre páginas eletrônicas, *sites* ou outros documentos eletrônicos (como *e-mails* ou mensagens de celular), fixando um fato. Por esse meio também é possível provar fatos caluniosos, injúrias e difamações[520].

Como se percebe, trata-se de uma forma interessante de registro – sobretudo por ser robustecida pela fé pública com que é constituída. A presunção de veracidade *juris tantum* tem o condão de transferir o ônus da prova àquele que pretender provar o equívoco contido no documento público; tal inversão do ônus probatório, por si só, é causa suficiente para tirar dos cobiçosos o desejo de, na esperança de sucesso, deduzirem demandas infundadas[521].

---

516 MADALENO, Rolf. A prova ilícita no direito de família e o conflito de valores, cit.

517 AGI 70005183561, Rel. José Carlos Teixeira Georgis.

518 TARTUCE, Fernanda; BARBOSA E SILVA, Erica. *Previsões sobre a via extrajudicial no novo CPC*. In: FREIRE, Alexandre; DANTAS, Bruno; NUNES, Dierle; DIDIER JR., Fredie; MEDINA, José; FUX, Luiz; VOLPE, Luiz; MIRANDA, Pedro (org.). *Novas tendências do processo civil*: estudos sobre o projeto do novo CPC. Salvador: JusPodivm, 2014.

519 FERREIRA, Paulo Roberto Gaiger; RODRIGUES, Felipe Leonardo. *Teoria geral do direito notarial*. São Paulo: Saraiva, 2011, p. 249. Também para Paulo Roberto Gaiger Ferreira e Felipe Leonardo Rodrigues, "a ata notarial é o instrumento público pelo qual o tabelião, ou preposto autorizado, a pedido de pessoa interessada, constata fielmente os fatos as coisas, pessoas ou situações para comprovar sua existência, ou o seu estado" (FERREIRA, Paulo Roberto Gaiger; RODRIGUES, Felipe Leonardo. *Ata notarial*: doutrina, prática e teoria. São Paulo: Quartier Latin, 2010, p. 98).

520 TARTUCE, Fernanda; BARBOSA E SILVA, Erica. *Previsões sobre a via extrajudicial no novo CPC*, cit.

521 TARTUCE, Fernanda; BARBOSA E SILVA, Erica. *Previsões sobre a via extrajudicial no novo CPC*, cit.

No capítulo sobre provas no CPC/2015, há uma seção[522] específica para contemplar o tema; a previsão representa avanço[523], já que a ata notarial é um valioso instrumento probatório para conferir autenticidade aos fatos que o notário afirma terem ocorrido em sua presença[524].

Antes mesmo da existência de norma expressa, a jurisprudência vinha reconhecendo a validade do uso da ata notarial para a comprovação de ofensas perpetradas no meio eletrônico, como se depreende do seguinte julgado:

> Divulgação de mensagem com conteúdo ofensivo em página pessoal de rede social (Facebook). Comprovação das alegações em ata notarial. [...] Com o avanço da tecnologia e dos meios de investigação, é possível identificar de qual computador a mensagem teria sido postada, somado a todos os meios legítimos de prova admitidos em direito, em especial a prova testemunhal[525].

Embora tal decisão tenha sido proferida em um litígio da seara eleitoral, nada impede que suas conclusões sejam consideradas em uma demanda familiar.

A realidade das famílias, especialmente no fim do ciclo conjunto, pode acabar sendo marcada por ofensas, traições e fatos que demonstram a inaptidão de um dos genitores para manter a guarda do filho.

A ata notarial pode vir em socorro daqueles que, ante a fragilidade probatória, pensem em desistir de reconhecer situações de vantagens a que fazem jus, situação que afronta a efetividade do direito[526].

Nesse ponto, a ata notarial pode ser útil para gerar prova pré-constituída com boa qualidade sem a parte precisar ir a juízo mover uma demanda cautelar de produção antecipada de provas[527].

Em ações de alimentos, a ata notarial pode ser importante porque muitas vezes o cenário econômico exposto pelo alimentante é inveridicamente revelado; havendo atos de ostentação patrimonial difíceis de provar *a posteriori*, mas exibidos no plano digital (que podem ser passíveis de modificação a qualquer momento), a ata notarial será útil.

---

522 Seção III – Da ata notarial. Art. 384. A existência e o modo de existir de algum fato podem ser atestados ou documentados, a requerimento do interessado, mediante ata lavrada por tabelião. Parágrafo único. Dados representados por imagem ou som gravados em arquivos eletrônicos poderão constar da ata notarial.

523 Há quem diga que a previsão não chega a tipificar a ata notarial como meio probatório no ordenamento porque ela já tinha previsão na Lei n. 8.935/94; de todo modo, o dispositivo projetado serve para indicar o conteúdo da ata notarial (MOREIRA, Alberto Caminã. Ata notarial. In: LOPES, João Batista; MEDEIROS NETO, Elias Marques; LOPES, Ricardo Augusto de Castro; OLIVEIRA NETO, Olavo (coord.). *A prova no direito processual civil*: estudos em homenagem ao professor João Batista Lopes. São Paulo: Verbatim, 2013, p. 15).

524 TARTUCE, Fernanda; BARBOSA E SILVA, Erica. *Previsões sobre a via extrajudicial no novo CPC*, cit.

525 TRE-ES, RE 256-48.2012.6.08.0047, Ac. 169, Rel. Juiz Gustavo César de Mello Calmon Holliday, j. 03.04.2013, *DJe-TREES* 12.04.2013, p. 16.

526 PINTO DE CASTRO, Mário. Ata Notarial como meio de prova no Direito de Família. *Revista de Direito Notarial*, São Paulo, ano 5, v. 5, p. 45, dez. 2013.

527 SILVA, João Teodoro. Ata notarial. Disponível em: http://www.6oficiobh.com.br/ata_notarial.pdf. Acesso em: 23 jun. 2014.

Para tanto, poderá a parte requerer uma ata de constatação em meio eletrônico; por tal "ata da internet", será possível comprovar a integridade e a veracidade de fatos em meio digital[528].

Configura outro exemplo de ata notarial útil o atestado de recebimento de uma mensagem eletrônica; para tanto, será lavrada "ata de verificação de mensagem eletrônica" (*e-mail*) com vistas a que o tabelião confirme que a mensagem existia em certo disco rígido em determinada data e com certos caracteres[529].

Em um caso interessante de regulamentação de visitas, a ata notarial foi crucial: embora a mãe acusasse o pai de abusos à enteada, pelo teor das mensagens trocadas entre o (ex)casal e registradas na ata percebeu-se que sempre abordavam a relação amorosa frustrada, não havendo qualquer menção a abusos (que apenas "surgiram" no processo judicial); aliando-se tal ata ao estudo social formou-se um robusto conjunto probatório, assegurando-se o direito do pai e da filha à convivência familiar[530].

A ata notarial também pode servir para registrar o teor do diálogo telefônico em sistema de viva voz[531]; tal conduta será muito importante para registrar situações em que um dos genitores perpetre atos de alienação parental (por exemplo, ameaçando fugir com o filho do casal).

Há muitos outros fatos que foram e poderão ser objeto de ata notarial, como a constatação de mensagem de texto em telefone móvel celular e a existência de mensagens em programa de comunicação pessoal na internet[532].

A inventividade dos advogados sempre será essencial para imaginar e concretizar novas possibilidades de uso da ata notarial em prol do direito de seus clientes e da concretização das normas de Direito de Família.

3.4.10.5. Prova por meio de estudos e exames

No plano processual civil, quando a causa exige a constatação e a comprovação de situações que envolvem conhecimentos técnicos não jurídicos, o juiz determina que um *expert* (o perito) realize o exame, a vistoria ou a avaliação pertinente[533].

Como bem destaca Rolf Madaleno, nas demandas familiares, a "realização de estudos interdisciplinares ordenados para subsidiar o processo dos meios científicos probatórios" é imprescindível em busca de avançar rumo "ao melhor e mais justo desfecho processual"[534].

Por força do caráter existencial inerente a demandas que envolvem direitos de personalidade, abordagens psicológicas ou psicanalíticas revelam-se essenciais para permitir a compreensão ampliada de diversos elementos relevantes nas disputas familiares.

Nas famílias estabelecem-se relações de complementaridade e "todos sofrem, sendo que o bem-estar de um significa o bem-estar dos demais"; eis porque, segundo Giselle Câmara

---

528 FERREIRA, Paulo Roberto Gaiger; RODRIGUES, Felipe Leonardo. *Ata notarial*: doutrina, prática e teoria, cit., p. 163.

529 FERREIRA, Paulo Roberto Gaiger; RODRIGUES, Felipe Leonardo. *Ata notarial*: doutrina, prática e teoria, cit., p. 166.

530 PINTO DE CASTRO, Mário. Ata Notarial como meio de prova no Direito de Família, cit., p. 51.

531 FERREIRA, Paulo Roberto Gaiger; RODRIGUES, Felipe Leonardo. *Ata notarial*: doutrina, prática e teoria, cit., p. 170.

532 FERREIRA, Paulo Roberto Gaiger; RODRIGUES, Felipe Leonardo. *Ata notarial*: doutrina, prática e teoria, cit., p. 166.

533 TARTUCE, Fernanda. *Processo civil*: estudo didático, cit., p. 121.

534 MADALENO, Rolf. *Direito de família em pauta*. Porto Alegre: Livraria do Advogado, 2004, p. 50.

Groeninga, "do ponto de vista da Psicologia, cabe levar aos operadores jurídicos o conhecimento de que a família é um sistema de relações interdependentes, e que estas têm aspectos conscientes e inconscientes"[535].

3.4.10.5.1. Abordagem da psicologia

Muitas vezes as razões dos conflitos e impasses envolvem problemas ligados à integridade psicofísica e/ou psíquica dos membros da família. Nem sempre, porém, o litigante e seu advogado estão preparados para identificar possíveis distúrbios – sobretudo de ordem psicológica e/ou psiquiátrica – que podem ser decisivos para a compreensão e o deslinde das situações controvertidas.

Segundo Sidney Shine, a abordagem da psicologia caracteriza-se pela dimensão intersubjetiva, sendo seu objeto "sempre pertinente ao sujeito"; assim, "toda a questão técnica implica, necessariamente, em uma posição ética em relação ao sujeito-objeto da avaliação e ao demandante dela (sujeito-objeto: quem vai ser avaliado; demandante: quem solicita a avaliação")[536].

Em muitos juízos, psicólogos têm sido nomeados para o exercício do papel de perito porque a Psicologia, como outras ciências, "detém um conhecimento específico capaz de oferecer aos Operadores do Direito elementos para uma decisão justa, abalizada por verdades competentes construídas na perspectiva do método científico"[537].

Sob a perspectiva do advogado, é essencial que, sempre que possível, conte com um profissional da área para identificar pontos importantes a serem enfrentados. É importante orientar o litigante sobre a pertinência e a oportunidade de contratar um assistente técnico o mais rápido possível para que toda a atuação possa contar com esse olhar qualificado. Não há como negar que a presença de um bom assistente técnico pode ser determinante para se ganhar ou perder a demanda[538].

Quanto ao magistrado, a participação de psicólogos em processos judiciais relacionados às famílias fornece-lhe "bases mais sólidas e completas, além das questões exclusivamente jurídicas, para a tomada das decisões"[539]. Vale lembrar, porém, que, como o juiz é o destinatário da prova ele pode ou não determinar a realização da perícia[540] – decidindo, obviamente, com a exposição da devida fundamentação.

---

535 GROENINGA, Giselle Câmara. O papel profissional do assistente técnico na relação cliente/perito/juiz. CONSELHO REGIONAL DE PSICOLOGIA DA 6ª REGIÃO (org.). *Psicólogo judiciário nas questões de família*: a ética própria da psicologia: mudanças na relação assistente técnico e perito. São Paulo: CRPSP, 2010, p. 23. (Caderno temático 10).

536 SHINE, Sidney. A atuação do psicólogo no Poder Judiciário: interfaces entre a Psicologia e o Direito. In: CONSELHO REGIONAL DE PSICOLOGIA DA 6.ª REGIÃO (org.). *Psicólogo judiciário nas questões de família*: a ética própria da psicologia: mudanças na relação assistente técnico e perito. São Paulo: CRPSP, 2010, p. 10. (Caderno temático 10.)

537 BERNARDI, Dayse César Franco. O percurso histórico da inserção da Psicologia no Tribunal de Justiça do Estado de São Paulo. CONSELHO REGIONAL DE PSICOLOGIA DA 6ª REGIÃO (org.). *Psicólogo judiciário nas questões de família*: a ética própria da psicologia: mudanças na relação assistente técnico e perito. São Paulo: CRPSP, 2010, p. 16. (Caderno temático 10.)

538 HOOG, Wilson Alberto Zappa. *Prova pericial contábil*: aspectos práticos e fundamentais. 5. ed. Curitiba: Juruá, 2008, p. 51.

539 CORTEZ, Luis Francisco Aguillar. A inserção do psicólogo no Poder Judiciário: o direito e a função legal do perito e do assistente técnico, cit., p. 19.

540 Eis exemplo que comprova tal afirmação: "Intervenção do Ministério Público. Art. 204, ECA. Ausência de prejuízo. Não acarreta nulidade. Adoção. Estudo psicossocial da família biológica. Desnecessário.

Pela perspectiva do jurisdicionado, a perícia pode ter um valor importante para que haja maior clareza sobre a perspectiva de futuro da criança inclusive em termos de prevenção. Como "muitas vezes a dinâmica processual repete a situação traumática vivida pela família e no sentido da quebra de um padrão", a intervenção dos profissionais da Psicologia pode ter um importante valor preventivo[541].

Apesar da relevância da contribuição, "a Psicologia Jurídica é um ramo da psicologia ainda em construção"[542]. Assim, há consideráveis dúvidas sobre sua extensão, sua aplicabilidade, seus limites... falta sobretudo abordagem profunda sobre o tema na formação universitária; ainda assim, porém, sua relevância em processos de família é evidente.

Nas palavras do magistrado Luis Francisco Aguillar Cortez,

> [...] nas varas de Família, o laudo psicológico pode fornecer, ainda, ao Juiz a sensibilidade que, muitas vezes, não aflora no procedimento formal da ação ou no curto tempo de uma audiência. Sua valoração como meio de prova é muito forte, o que aumenta a responsabilidade dos profissionais quanto ao comprometimento ético e embasamento técnico de seus trabalhos[543].

Como em grande parte dos processos judiciais não atuam assistentes técnicos (por fatores como a falta de condições econômicas dos litigantes, o medo do esclarecimento de certos fatos ou mesmo a desvalorização dispensada a psicólogos), a responsabilidade do perito judicial se torna ainda maior[544].

Vale destacar, porém, que há limites importantes para sua intervenção: o psicólogo não é chamado a julgar as partes e definir quem tem razão, mas sim a emitir seu laudo com o conteúdo científico específico que pode aportar ao convencimento do magistrado.

Consentimento da genitora. [...] 2. Se há consentimento da genitora no processo de adoção, *não se mostra obrigatória a realização de estudo psicossocial da família biológica* [...]" (TJDF, Rec. 2008.01.3.001161-4, Ac. 365.849, 4.ª Turma Cível, Rel. Des. Hector Valverde Santana, *DJDFTE* 16.07.2009, p. 28) (g.n). No mesmo sentido: "Apelação cível. Ação de regulamentação de guarda. Preliminares. Incompetência. Menor. Guardiã fática. Mudança de domicílio. *Perpetuatio jurisdicionis*. Prestação jurisdicional. Celeridade e eficiência. Tratamento não igualitário. Estudo psicossocial do lar materno. Desnecessidade. Guarda compartilhada. Requerimento. Contestação. Exercício. Sucumbência recíproca. Inocorrência. [...] Não há que se falar em tratamento não isonômico das partes, em razão da não realização de estudo psicossocial no lar materno, quando demonstrado que é nele que a menor reside desde tenra idade, sem qualquer embargo ou impugnação da parte contrária. Demonstrado nos autos que ambos os genitores estão engajados em atender e proporcionar o bem-estar e desenvolvimento saudável da filha, bem como que o apelado deseja conviver e participar das questões a ela inerentes, não obstante a distância geográfica que os separa, a definição da guarda na modalidade compartilhada, fixação do lar materno como referência e regime livres de visitas não se mostra passível de reparos". (TJDFT, Proc. 00105813020188070016, Rel. Esdras Neves, j. 30.10.2019).

541 GROENINGA, Giselle Câmara. O papel profissional do assistente técnico na relação cliente/perito/juiz, cit., p. 23.

542 GROENINGA, Giselle Câmara. O papel profissional do assistente técnico na relação cliente/perito/juiz, cit., p. 22.

543 CORTEZ, Luis Francisco Aguillar. A inserção do psicólogo no Poder Judiciário: o direito e a função legal do perito e do assistente técnico, cit., p. 18.

544 GROENINGA, Giselle Câmara. O papel profissional do assistente técnico na relação cliente/perito/juiz, cit., p. 22.

É importante que não haja dúvida sobre o papel do perito e a extensão de suas conclusões: sua avaliação "não deve responder à questão final do julgamento, já que o perito é auxiliar da justiça, e não substituto do juiz. O parecer não é sentença, mas fonte de informação ao juiz"[545].

3.4.10.5.2. A relação entre juízes, peritos e assistentes técnicos

Deferida a produção de prova pericial para que seja aprofundado o conhecimento sobre certa matéria técnica (não jurídica), é importante assegurar a participação dos litigantes no desenvolvimento do meio de prova.

A partir da nomeação do perito, o CPC indica que as partes poderão indicar quesitos e assistente técnico[546]. Como já abordado, "a participação do assistente técnico (profissional qualificado na área objeto da perícia contratado para prestar assessoria ao litigante[547]) dá maior segurança à parte por garantir a fiscalização da produção da prova"[548].

Não há como negar que a atuação nas varas de família exige conhecimento e experiência dos profissionais que nela atuam; como, porém, em grande parte das faculdades não é lecionada a disciplina Psicologia Jurídica, é fortemente aconselhável que peritos e assistentes técnicos tenham formação específica para que atuem em juízo[549].

Para atuar como perito psicólogo no Brasil, bastam a formação e o registro; é fundamental, contudo, "ter um modelo teórico, conhecer e comprometer-se com parâmetros essenciais para o desenvolvimento da criança, valorizar a subjetividade e a individualidade"[550].

Além disso, é imperiosa a necessidade de conhecer a legislação e a dinâmica processual para que haja clareza sobre os limites e as possibilidades de sua atuação[551].

---

545 SHINE, Sidney. A atuação do psicólogo no Poder Judiciário: interfaces entre a Psicologia e o Direito, cit., p. 12.

546 CPC, art. 465. O juiz nomeará perito especializado no objeto da perícia e fixará de imediato o prazo para a entrega do laudo. § 1.º Incumbe às partes, dentro de 15 (quinze) dias contados da intimação do despacho de nomeação do perito: I – arguir o impedimento ou a suspeição do perito, se for o caso; II – indicar assistente técnico; III – apresentar quesitos.

547 A afirmação é de Fabio Tabosa, para quem "o assistente terá, nesse sentido, a incumbência de não só lhes possibilitar um contato mais próximo com técnico versado na matéria como também de acompanhar o desenvolvimento da perícia e de detectar eventuais falhas que a maculem, ou explorar questões omitidas pelo vistor oficial, tratando de questões que as partes ou seus procuradores, como leigos, dificilmente teriam como abordar, e contribuindo dessa forma para complementar o conjunto de informações técnicas postas à disposição do juiz" (TABOSA, Fabio. Comentário ao art. 421, cit., p. 1.362).

548 MOURA, Henrique Luiz de Lucena; SANTOS, Larissa Medeiros. A prova pericial: agilização processual e direito de defesa – um conflito de interesses. *PeríciaBR*, Curitiba, 24 fev. 2022. Disponível em: https://periciabr.com.br/a-prova-pericial-agilizacao-processual-e-direito-de-defesa-um-conflito-de-interesses/. Acesso em: 17 dez. 2019.

549 CASTRO, Lídia Rosalina Folgueira. A inserção e o papel do psicólogo no Poder Judiciário. In: CONSELHO REGIONAL DE PSICOLOGIA DA 6ª REGIÃO (org.). *Psicólogo judiciário nas questões de família*: a ética própria da psicologia: mudanças na relação assistente técnico e perito. São Paulo: CRPSP, 2010, p. 9. (Caderno temático 10).

550 MARQUES DA SILVA, Evani Zambon. A função do Psicólogo Perito e os limites de sua atuação no âmbito do Poder Judiciário. In: CONSELHO REGIONAL DE PSICOLOGIA DA 6ª REGIÃO (org.). *Psicólogo judiciário nas questões de família*: a ética própria da psicologia: mudanças na relação assistente técnico e perito. São Paulo: CRPSP, 2010, p. 20. (Caderno temático 10).

551 GROENINGA, Giselle Câmara. O papel profissional do assistente técnico na relação cliente/perito/juiz, cit., p. 23.

Como elemento complicador do panorama, Lidia Castro aponta não haver qualquer legislação "nacional e internacionalmente, até onde se sabe, sobre como o Perito e o Assistente Técnico devem atuar conjuntamente, de modo a garantir a ética e o debate científico"[552].

Como os litigantes muitas vezes apresentam em juízo reflexos de conflitos internos não solucionados, há o risco de que peritos e assistentes técnicos reproduzam entre si "os conflitos que originalmente são das partes"[553].

Para Giselle Groeninga, a dinâmica processual pode contaminar sobremaneira as funções profissionais; então afirma, se alguns magistrados podem sofrer de "juizite", também podem os peritos sofrer de "peritite" e os assistentes técnicos serem acometidos por "advocatite"[554].

Nesse sentido a autora bem pondera: identificando que a abordagem do conflito que chega ao Judiciário muitas vezes o cronifica, "a dinâmica que o processo judicial imprime a um conflito requer um olhar crítico da Psicologia para que os Peritos e Assistentes Técnicos, quando nomeados, não repitam a dinâmica adversarial que é estranha à sua formação e mesmo ética profissional. Pelo contrário, o importante é que estes profissionais possam imprimir uma outra dinâmica à abordagem dos conflitos"[555].

Por ser essencial a colaboração entre os profissionais da Psicologia, assevera Giselle Groeninga que a relação entre assistente técnico e perito deve ser pautada na ética e no conhecimento técnico de cada um – o que não quer dizer que precisem concordar[556]; afinal, em sua seara são tratadas "questões altamente subjetivas, em que vários olhares devem somar à compreensão da dinâmica familiar. Dada sua posição privilegiada em termos de carga de trabalho e acesso às partes, o assistente técnico pode ter condições de aportar dados que o perito não tenha acesso. Ou ainda esse pode na discussão do caso contribuir com uma interpretação que some àquela do Perito"[557].

Destaca a autora que muitas vezes acaba-se verificando uma imitação caricata da dinâmica entre o juiz e os advogados; é essencial, porém, que o perito, "que ocupa uma posição de poder legitimada pelo sistema, possa colaborar de maneira aberta com o trabalho do Assistente Técnico, e cabe refletir não só a respeito da postura do Assistente Técnico, como também de que forma poderia este ser acolhido pelo Perito Judicial quando presente no processo"[558].

---

552 CASTRO, Lídia Rosalina Folgueira. A inserção e o papel do psicólogo no Poder Judiciário, cit., p. 9.

553 CASTRO, Lídia Rosalina Folgueira. A inserção e o papel do psicólogo no Poder Judiciário, cit., p. 9.

554 GROENINGA, Giselle Câmara. O papel profissional do assistente técnico na relação cliente/perito/juiz, cit., p. 23.

555 GROENINGA, Giselle Câmara. O papel profissional do assistente técnico na relação cliente/perito/juiz, cit., p. 22. Completa a autora: "O Assistente Técnico não pode ter como cliente o Advogado, mas os indivíduos, as relações familiares, considerando ainda o Sistema Judicial. Deve mostrar ao cliente o que esta observando, resgatar sua responsabilidade e ampliar a consciência do significado das demandas e sua consequência" (p. 23).

556 "[...] é fundamental que os conflitos naturais entre os profissionais que exercem papéis diversos, como é o caso dos Assistentes Técnicos e Peritos Judiciais, não se transformem em impasses, pondo em risco os avanços obtidos quanto ao valor dos profissionais da Psicologia. Vejo a relação entre o Assistente Técnico e o Perito como sendo de colaboração, e a nomeação dos Assistentes Técnicos pode, na realidade, em muito colaborar para o fortalecimento e devida consideração dos pareceres e laudos dos profissionais da Psicologia nos processos judiciais" (GROENINGA, Giselle Câmara. O papel profissional do assistente técnico na relação cliente/perito/juiz, cit., p. 23).

557 Completa a autora que esta tem, em muitos casos, sido sua vivência, o que a faz crer ser fundamental a dinâmica de colaboração entre os profissionais da Psicologia (GROENINGA, Giselle Câmara. O papel profissional do assistente técnico na relação cliente/perito/juiz, cit., p. 23).

558 GROENINGA, Giselle Câmara. O papel profissional do assistente técnico na relação cliente/perito/juiz, cit., p. 23.

É preciso atentar, assim, para que posturas competitivas e destrutivas presentes no processo judicial não venham a afetar os profissionais da Psicologia a ponto de permear a dinâmica entre eles; afinal, "o papel do Psicólogo perito e do Assistente Técnico é não só de fornecer subsídios ao Juiz, como também a de uma intervenção terapêutica no sistema, a de transformação dos conflitos e resolução do impasse, e não a de fomentar sua repetição ou mesmo fazer eco às partes de suas situações não resolvidas"[559].

O que se pode dizer sobre o liame entre os assistentes técnicos das partes e o magistrado? Embora se trate de uma relação indireta, é de esperar, obviamente, que o juiz considere suas ponderações "no mínimo com a mesma atenção que deve dar aos outros elementos trazidos ao processo, no entanto, diferenciando as funções profissionais. O trabalho do Assistente Técnico não pode ser tomado como o do advogado que, por definição, obedece a outra lógica e ética"[560].

Sem dúvida é importante que o juiz não veja o assistente técnico como um profissional parcial cujas conclusões estariam comprometidas em razão da contratação do cliente. Muitas vezes no laudo por ele elaborado há elementos esclarecedores sobre pontos essenciais ou complementares que serão muito úteis para a formação do convencimento.

Para confirmar tal assertiva, merece destaque estudo científico realizado na área cível: ao investigar a atuação de assistentes em demandas revisionais de contrato, pesquisadores constataram que o parecer técnico foi decisivo em algumas ações, especialmente quando dirimiu dúvida técnica/contábil deixada pelo laudo pericial: "a pesquisa identificou que 66,66% dos trabalhos elaborados pelos peritos assistentes técnicos resultaram em ganhos para a instituição financeira pela qual foram contratados para elaborar o parecer técnico para constar como prova no processo de ação revisional de contrato"[561].

Tais ganhos podem ser justificados pela construção do parecer, por sua fundamentação e pela abordagem do assistente técnico "efetuando contestações ao laudo do perito oficial e até apresentando informações complementares para o magistrado, auxiliando na tomada de decisões inerentes à lide"[562].

3.4.10.5.3. Estudo psicossocial

Sob o aspecto probatório, vem sendo reconhecida em muitos processos a necessidade de realizar estudo psicossocial com os membros da família para aferir sua atuação no desenvolvimento do vínculo parental[563].

---

559 GROENINGA, Giselle Câmara. O papel profissional do assistente técnico na relação cliente/perito/juiz, cit., p. 23.

560 GROENINGA, Giselle Câmara. O papel profissional do assistente técnico na relação cliente/perito/juiz, cit., p. 24.

561 NEVES JÚNIOR, Idalberto José das; OLIVEIRA, Diego Silva de. A relevância do trabalho de perícia contábil desenvolvida por assistente técnico nas ações revisionais de contratos: uma análise documental dos processos da Caixa Econômica Federal (CEF). *Revista Brasileira de Contabilidade*, Brasília, DF, n. 184, p. 73, jul./ago. 2010. Disponível em: http://www.congressousp.fipecafi.org/web/artigos102010/an_resumo.asp?con=1&cod_trabalho=40&titulo=A+relev%E2ncia+do+trabalho+de+per%EDcia+cont%E1bil+desenvolvida+por+assistente+t%E9cnico+nas+a%E7%F5es+revisiona. Acesso em: 3 ago. 2016.

562 NEVES JÚNIOR, Idalberto José das; SILVA DE OLIVEIRA, Diego. A relevância do trabalho de perícia contábil desenvolvida por assistente técnico nas ações revisionais de contratos: uma análise documental dos processos da Caixa Econômica Federal (CEF), cit.

563 "[...] Ação de regulamentação de visitas. Melhor interesse do infante. Imputação de fato grave a membro da família onde a criança será deixada. Necessidade de realização de estudo psicossocial e investigação social. [...] 1. Em que pese o direito à visita pelos avós aos netos (1.589, pár. único), a jurisprudência

Inicialmente, vale destacar que a nomenclatura varia: fala-se em estudo, perícia ou sindicância psicossocial (ou apenas social)[564].

Recente uma mudança normativa fez constar expressamente as expressões "estudo psicológico, biopsicossocial ou qualquer outra espécie de avaliação técnica exigida" (Lei n. 12.318/2010, art. 5.º, § 4.º – parágrafo incluído pela Lei n. 14.340/2022).

Seria a realização de tal tipo de avaliação essencial no processo ou sua produção é uma faculdade do magistrado?

Essa discussão é recorrente e acaba surgindo em muitos processos nos quais se questionam a pertinência e o cabimento da prova pericial.

Em casos de alegada alienação parental, como a Lei[565] aborda expressamente a possível elaboração do laudo, fica mais clara a relevância de sua realização[566]; contudo, a própria norma traz a locução "se necessário". Assim, a decisão sobre a suficiência ou não das demais provas e a pertinência da realização do estudo caberá, como acontece nas demandas em geral, ao juiz da causa[567].

---

entende que, para questões afetas à alteração de guarda ou modificação de regime de visitas, devem ser decididas com extremo zelo, porquanto envolve o melhor interesse do menor, sendo indispensável a produção de prova pericial com elaboração de laudo psicossocial. 2. No caso, há relato de grave situação que colocaria em sério risco a integridade física e psicológica da pessoa vulnerável. Sendo impossível a formulação de juízo sobre a correção da sentença sem a elaboração do estudo psicossocial e até uma investigação social, cabível a anulação da decisão e a devolução do processo à origem para melhor elucidação dos graves fatos informados, tudo para preservar o melhor interesse do incapaz. [...]" (TJDFT, Proc. 07181934620208070003, Rel. Luís Gustavo B. de Oliveira, j. 18.08.2021). Em certa decisão chegou-se a mencionar a necessidade do estudo para aferir o vínculo socioafetivo: "Apelação cível. Ação negatória de paternidade c/c anulação de registro civil e exoneração de alimentos. [...] 1. Considerando que não foi realizado estudo psicossocial, não sendo as provas constantes nos autos suficientes para atestar o grau do vínculo socioafetivo entre a parte autora e a demandada, por cautela, a medida que se impõe é a anulação da sentença, a fim de que o magistrado de primeira instância determine a realização do mencionado estudo [...]" (TJAC, APL 0001621-73.2015.8.01.0011, Sena Madureira, 2.ª Câmara Cível, Rel. Des. Roberto Barros, j. 30.10.2018, *DJAC* 05.11.2018, p. 5).

564 Como exemplo desta última expressão (menos comum), merecem destaque trechos da ementa de decisão proferida em ação de guarda cumulada com pedido de retificação de registro civil: "III. O fato de a criança, atualmente, estar sob os cuidados da autora, sua avó materna, não exclui aquela situação de risco evidenciada no início do trâmite processual e, consequentemente, não exclui a competência do juízo especializado; IV. Não fosse o bastante, o declínio da competência, após mais de 3 (três) anos de trâmite processual, com realização de audiências e perícia psicossocial, implica verdadeira violação aos princípios norteadores do ECA, causando verdadeiro prejuízo à criança" (TJSE, AI 201500809888, Ac. 12336/2015, 2.ª Câmara Cível, Rel.ª Des.ª Iolanda Santos Guimarães, j. 28.07.2015, *DJSE* 03.08.2015).

565 Lei n. 12.318/2010, art. 5.º Havendo indício da prática de ato de alienação parental, em ação autônoma ou incidental, o juiz, se necessário, determinará perícia psicológica ou biopsicossocial.

566 Este foi o entendimento do Tribunal do Distrito Federal: "[...] 1. Em processo de guarda em que não estão bem elucidados os fatos, mormente havendo, ainda, alegação de prática de alienação parental atribuída ao pai, quem está exercendo a guarda de fato no momento, deve ser dada a oportunidade às partes de produzirem provas, sob pena de cerceamento de defesa. 2. O estudo psicossocial é peça de extrema importância para subsidiar a decisão do Julgador em processos de guarda quando os fatos não estão suficientemente esclarecidos, como no caso em comento. [...]" (TJDFT, Proc. 07029504820198070019, Rel. Sérgio Rocha, j. 29.07.2021).

567 "Civil. Apelação. Ação de guarda e responsabilidade. Assistência material e desenvolvimento psicológico da menor. [...] 5. O magistrado singular justificou o fato de não ter sido tomado o depoimento da menor, o que foi reforçado pela declaração da psicóloga que acompanha a criança no sentido de não ser recomendável que se cobre dela a tomada de qualquer decisão sobre o caso. 6. O estudo psicossocial, apesar de ser uma prova técnica importante, não é indispensável, ainda mais havendo outros elementos de convicção nos autos aptos a fundamentar o convencimento do juiz. [...]" (TJDF, Proc. 00119.70-26.2017.8.07.0003, Ac. 118.3425, 2.ª Turma Cível, Rel. Des. Sandoval Oliveira, j. 03.07.2019, *DJDFTE* 09.07.2019).

Apenas não poderá deixar de ocorrer tal elaboração por conta da falta de recursos humanos: faltando serventuários aptos a realizar estudo psicológico, biopsicossocial ou outra espécie de avaliação técnica exigida pela lei por determinação judicial, "a autoridade judiciária poderá proceder à nomeação de perito com qualificação e experiência pertinentes ao tema" (Lei n. 12.318/2010, art. 5.º, § 4.º – parágrafo incluído pela Lei n. 14.340/2022).

Essa mudança foi importante para ajudar a elucidar outro ponto: qual é a natureza de tal estudo? As partes poderão participar ativamente da realização? Sendo reputada perícia, por exemplo, as partes poderão indicar assistente técnico e formular quesitos?[568].

A questão é pertinente porque em muitos processos o juiz simplesmente encaminha os autos ao setor competente, não designa perito nem viabiliza às partes a chance de acompanhar a elaboração do estudo, possibilitando-lhes apenas manifestação sobre o resultado.

Em certa decisão do Tribunal de Justiça do Distrito Federal, constou que o estudo psicossocial não configura perícia, mas somente "uma forma de orientação do juízo"[569].

Em outro acórdão, constou entendimento semelhante:

> O estudo social ou a prévia avaliação psicológica não é, tecnicamente, uma perícia, posto que representa um subsídio apto a identificar eventuais atos de alienação parental ou de questões relacionadas à dinâmica familiar, como também para fornecer indicações das melhores alternativas de intervenção do Judiciário, de maneira que sua designação, sem a prévia cientificação das partes em nada representa prejuízo processual, não se vislumbrando, portanto, qualquer risco para o deslinde da causa e para o regular processamento do feito a ausência de intervenção dos genitores, através da indicação de quesitos ou de assistentes técnicos para fins da avaliação psicossocial determinada, esta que, tecnicamente, não se considera perícia e, mesmo que se assim não fosse e se desse ao caso o tratamento pretendido pelo agravante, há que se considerar que a avaliação em referência fora determinada em abril/2014 e reiterada com remessa dos autos ao setor competente em dez./2014, ao tempo em que o autor peticionou para indicação de assistente técnico em set./2015, deixando, portanto, de observar o prazo de cinco dias para indicação de assistente técnico e de quesitos, nos moldes preceituados no art. 421, *caput* e § 1.º do CPC/1973, vigente à época. 4. Logo, entende-se justificada a negativa da pretensão formulada em grau singular e por tais razões conhece-se do recurso, mas para desprovê-lo[570].

---

568 CPC, art. 465. O juiz nomeará perito especializado no objeto da perícia e fixará de imediato o prazo para a entrega do laudo. § 1.º Incumbe às partes, dentro de 15 (quinze) dias contados da intimação do despacho de nomeação do perito: I – arguir o impedimento ou a suspeição do perito, se for o caso; II – indicar assistente técnico; III – apresentar quesitos.

569 "[...] Independentemente do nome atribuído à ação ajuizada, o magistrado tem o dever de observar a pretensão deduzida pelo autor e, nos termos do art. 322, § 2.º, do CPC, a interpretação do pedido considerará o conjunto da postulação e observará o princípio da boa-fé. Consoante a jurisprudência desta Corte, o estudo psicossocial objetiva garantir o melhor interesse da criança e não admite indicação de assistente técnico e a apresentação de quesitos: A elaboração de estudo psicossocial não se constitui na realização de prova pericial, mas uma forma de orientação do juízo, razão pela qual não deve ser admitida a indicação de assistente técnico e a apresentação de quesitos (Acórdão n. 924875, 20150020313574AGI, Relator: Gislene Pinheiro 2.ª Turma Cível, Data de Julgamento: 02.03.2016, Publicado no *DJe* 09.03.2016) [...]" (TJDF, APC 2013.07.1.042566-4, Ac. 110.9721, 2.ª Turma Cível, Rel.ª Desig. Des.ª Carmelita Brasil, j. 11.07.2018, *DJDFTE* 24.07.2018).

570 TJCE, AI 0628697-18.2015.8.06.0000, 1.ª Câmara de Direito Privado, Rel. Des. Heraclito Vieira de Sousa Neto, j. 26.10.2016, *DJCE* 08.11.2016, p. 71.

Tais decisões ensejam questionamentos: ao reconhecer que o estudo social é um subsídio para a identificação de elementos da causa de pedir, como afirmar que não configura prova? Ora, sob o prisma processual a prova configura para as partes o instrumento disponível para demonstrar a veracidade de fatos e convencer o julgador. Como não vislumbrar "risco ao deslinde da causa" se as partes não puderem interferir na produção do estudo, que certamente vai gerar efeitos sobre a convicção dos magistrados que vierem a decidir (em primeiro e/ou segundo grau)?

Revelam-se mais coerentes com o sistema processual as decisões que reconhecem no estudo psicossocial a presença de caracteres de verdadeira perícia, sendo permitidas a elaboração de quesitos e a participação de assistente técnico[571]. Nessa esteira, havendo necessidade de produzir outros meios de prova, deve-se reconhecer a possibilidade de ampliação do aspecto probatório[572].

Afirmar que o estudo é "somente um meio de formar convicção" revela "modéstia" infundada e retira a importância deste essencial instrumento; remeter sua função à colaboração para a formação da convicção do juiz deixa clara sua qualificação como elemento probatório.

Em face da garantia constitucional do devido processo legal, especificamente no tocante ao contraditório e à ampla defesa, deve-se reconhecer que o regramento atinente à perícia tem adequação à espécie. Entender de forma diversa pode ensejar a ocorrência de uma considerável sequência de atos processuais sem qualquer regulação – a despeito de sua imensa importância –, impedindo-se a possibilidade de participação dos interessados, em evidentes violações às garantias processuais.

---

571 "[...] 1. A Lei Federal 12.318/2010 prevê, como meio probatório, a possibilidade de o juízo de primeiro grau determinar a produção de perícia psicológica ou biopsicossocial (artigo 5º). Ampla defesa atrelada a essa produção de prova significa a possibilidade de as partes envolvidas participarem de tal produção, inclusive mediante de quesitos para orientar aspectos relevantes a serem examinados pelo setor técnico designado. Irrelevância da categorização de tal meio probatório como documental ou pericial" (TJSP, AI 2230139-82.2021.8.26.0000, Ac. 15386181, São Vicente, 9.ª Câmara de Direito Privado, Rel. Des. Piva Rodrigues, j. 10.02.2022, *DJESP* 16.02.2022, p. 2368).

572 "[...] A jurisprudência entende que, para questões afetas à alteração de guarda ou modificação de regime de visitas, devem ser decididas com extremo zelo, porquanto envolve o melhor interesse do menor, sendo indispensável a produção de prova pericial com elaboração de laudo psicossocial: 3.6. Jurisprudência: [...] 3. As questões afetas à alteração da guarda, ou da fixação do lar de referência, devem ser decididas com extrema acuidade, com o objetivo de atender ao melhor interesse da criança. Para essa finalidade, é indispensável atentar para os elementos de prova produzidos nos autos, com especial atenção ao exame psicossocial forense. [...] 3.7. Apesar de o laudo psicossocial não vincular o Juízo e, por conseguinte, mostre-se possível que o novo juízo sentenciante adote as mesmas conclusões da sentença vergastada após a realização do estudo, não se olvida que as conclusões elucidativas da equipe técnica deste e. Tribunal poderão influir no convencimento do magistrado e, em razão da importância que permeia a avaliação para casos desta estirpe, faz-se imperioso, por zelo, determinar sua produção, além de impedir eventual alegação de violação ao princípio do contraditório e da ampla defesa. 3.8. Assim, necessário a cassação da sentença para determinar o retorno dos autos à vara de origem para abertura de instrução probatória com o objetivo de elaboração do laudo psicossocial acerca da questão, ouvindo-se, ainda, as partes e testemunhas, caso arroladas [...]" (TJDFT, Proc. 07011992620198070019, Rel. João Egmont, j. 22.04.2021); "[...]. 1. Nas situações que envolvem família e o interesse do menor, ao Juízo é necessário proceder com intensa cautela. A intensa e extensa dilação probatória é medida imperiosa, inclusive com a realização de estudo psicossocial para definição do melhor arranjo para convivência e integração do menor a uma estrutura familiar saudável, além de definição do regime de guarda e convivência" (TJDFT, Proc. 07405831920208070000, Rel. Eustáquio de Castro, j. 05.05.2021).

Tal possibilidade não deve se concretizar, já que os processos que tramitam em Varas de Família, a despeito da potencial complexidade (coerente, aliás, com a crescente diversidade das estruturas familiares), precisam ser transparentes e garantir o pronunciamento das partes[573].

Além dessa argumentação de extração constitucional, essa conclusão também pode ser retirada da Lei n. 12.318/2010, que menciona a realização de estudo psicossocial e a proclamação de seu resultado por meio do laudo pericial[574].

Ao abordar a temática das perícias psicológicas, posicionando-as em relação ao contraditório no regime do Código de Processo Civil, afirma Lídia Castro que tal princípio implica a possibilidade, dada a cada parte do processo, de "discutir todos os documentos produzidos", o que significa "debater tanto a conclusão a que o *expert* chegou quanto as operações realizadas durante a perícia"[575].

Infelizmente, nem sempre esse reconhecimento é feito pela magistratura; assim, o exame acaba sendo realizado sem a participação dos assistentes técnicos indicados pela parte.

Se a prova já foi produzida, perde o interesse recursal o litigante que se insurge quanto a tal situação? É preciso aferir elementos como o momento[576] da interposição do recurso para responder de modo adequado. Caso o litigante tenha adotado todas as medidas apropriadas oportunamente, o entendimento de que houve preclusão não deve prevalecer.

No mais, a importância de que o resultado siga retratando a realidade do contexto vivido pelas partes foi ressaltado por recente alteração promovida pela Lei n. 14.340/2022: "o acompanhamento psicológico ou o biopsicossocial deve ser submetido a avaliações periódicas, com a emissão, pelo menos, de um laudo inicial, que contenha a avaliação do caso e o indicativo da metodologia a ser empregada, e de um laudo final, ao término do acompanhamento" (Lei n. 12.318/2010, art. 6.º, § 2.º).

3.4.10.6. Prova oral

A prova oral costuma ser composta pelo depoimento das partes e pela oitiva de testemunhas. Sua produção se verifica no curso da audiência de instrução e julgamento, para a qual, sendo necessário, perito e assistentes técnicos serão intimados a comparecer com o intuito de elucidar pontos obscuros do laudo[577].

---

573 CASTRO, Lídia Rosalina Folgueira. A inserção e o papel do psicólogo no Poder Judiciário, cit., p. 9.

574 Art. 5.º Havendo indício da prática de ato de alienação parental, em ação autônoma ou incidental, o juiz, se necessário, determinará perícia psicológica ou biopsicossocial. § 1.º O laudo pericial terá base em ampla avaliação psicológica ou biopsicossocial, conforme o caso, compreendendo, inclusive, entrevista pessoal com as partes, exame de documentos dos autos, histórico do relacionamento do casal e da separação, cronologia de incidentes, avaliação da personalidade dos envolvidos e exame da forma como a criança ou adolescente se manifesta acerca de eventual acusação contra genitor.

575 CASTRO, Lídia Rosalina Folgueira. A inserção e o papel do psicólogo no Poder Judiciário, cit., p. 9.

576 Pode faltar interesse recursal, como se percebe na seguinte decisão: "Nos autos originários foi proferida decisão que determinou a realização de estudo psicossocial. Comprovada a perda do objeto em relação ao pedido de realização de estudo psicossocial, em razão do proferimento de decisão que determinou sua realização, há falta superveniente do interesse recursal. [...]" (TJCE, AI 0624510-59.2018.8.06.0000, 4.ª Câmara de Direito Privado, Rel. Des. Raimundo Nonato Silva Santos, j. 10.09.2019, *DJCE* 19.09.2019, p. 116).

577 CPC, art. 361. As provas orais serão produzidas em audiência, ouvindo-se nesta ordem, preferencialmente: I – o perito e os assistentes técnicos, que responderão aos quesitos de esclarecimentos requeridos no prazo e na forma do art. 477, caso não respondidos anteriormente por escrito; II – o autor e, em seguida, o réu, que prestarão depoimentos pessoais; III – as testemunhas arroladas pelo autor e pelo réu, que serão inquiridas. Parágrafo único. Enquanto depuserem o perito, os assistentes técnicos, as partes e as testemunhas, não poderão os advogados e o Ministério Público intervir ou apartear, sem licença do juiz.

A prova testemunhal consiste na oitiva de pessoa estranha à relação processual que saiba sobre fatos relevantes para a causa; para que possa aportar elementos úteis, a pessoa não poderá ser incapaz, impedida ou suspeita[578].

Caso, contudo, seja estritamente necessário, o juiz poderá ouvir as testemunhas com tais características como "informantes": elas não terão o compromisso de dizer a verdade, e o juiz atribuirá ao seu depoimento o valor que merecer[579].

Em muitas demandas familiares, verificar-se-á tal situação; afinal, diversas situações controvertidas ocorrem na privacidade do âmbito familiar em que estão presentes, naturalmente, parentes e amigos íntimos.

Como bem ponderado em precedente do Tribunal paulista, seria inadmissível invalidar um testemunho colhido "sob compromisso" por tratar-se de cunhado e genro da parte demandada; reconheceu-se então ser necessário levar em conta tal testemunho porque "em direito de família os bens são prestados justamente por pessoas que têm parentesco com os envolvidos" e há "impossibilidade de escolha das testemunhas, devendo ser ouvidos os que presenciaram os fatos, ainda que impedidos, conferindo o Juiz ao depoimento o valor que possa merecer"[580].

Considerada então a possibilidade de contar com a oitiva das pessoas próximas, há que se perquirir: a produção da prova oral sempre será necessária nas causas familiares?

Segundo Rolf Madaleno, "nas demandas sobre alimentos é, em regra, fundamental a prova oral, não obstante também haja a comunicação escrita, mas pesará e muito sobre o julgamento final do juiz o princípio da oralidade, tendo ele colhido as provas produzidas de viva voz perante sua presidência na instrução da demanda"[581].

Os Tribunais costumam definir caso a caso a pertinência das provas. É do juiz o poder de exigir, das partes e de terceiros, a apresentação das provas relevantes para o esclarecimento de elementos da causa. Após a produção instrutória, o juiz poderá considerar seu teor da maneira que entender adequada para formar seu convencimento e proferir sua decisão, desde que utilize para tanto os elementos constantes nos autos e motive o *decisum*[582].

Para compreender a questão sob a perspectiva de demandas familiares, consideremos, a título exemplificativo, algumas ações em que se discutiu a dissolução de união estável.

---

578 TARTUCE, Fernanda. *Processo civil*: estudo didático, cit., p. 118.

579 CPC, art. 447, § 4.º Sendo necessário, pode o juiz admitir o depoimento das testemunhas menores, impedidas ou suspeitas. § 5.º Os depoimentos referidos no § 4.º serão prestados independentemente de compromisso, e o juiz lhes atribuirá o valor que possam merecer.

580 TJSP, AC 141.905-1, São Paulo, Rel. Des. Flávio Cesar de Toledo Pinheiro, j. 07.05.1991. No mesmo sentido: "[...] 6. Em ações em que se discute o reconhecimento e dissolução de união estável não é incomum que a formação do convencimento do julgar acerca dos fatos narrados tenha por base, em grande medida, depoimentos prestados por pessoas próximas às partes envolvidas, e com razoável grau de intimidade. Isso se dá, evidentemente, uma vez que o objeto da prova nessa espécie de demanda recai sobre a natureza do relacionamento vivenciado pelas partes, o que, na maioria das vezes, somente pode ser testemunhado por amigos ou parentes. 7. Tal circunstância, ou seja, a oitiva das testemunhas arroladas na qualidade de informantes, dada a impossibilidade de se tomar o compromisso em virtude do grau de intimidade, obviamente não inviabiliza a prova, mas apenas orienta o julgador a lhe atribuir valor de acordo com o seu livre convencimento, à vista dos demais elementos de prova produzidos nos autos [...]" (TJDF; Rec 07009.14-47.2020.8.07.0003; Ac. 142.0900; Sétima Turma Cível; Rel.ª Des.ª Gislene Pinheiro; j. 04.05.2022; Publ. PJe 13.05.2022).

581 MADALENO, Rolf. Alimentos processuais. *Revista Magister de Direito das Famílias e Sucessões*, Porto Alegre, n. 5, ago./set. 2008.

582 TARTUCE, Fernanda. A ampliação da noção de paternidade e sua prova no processo, cit.

Em causa que tramitou no Rio Grande do Sul, entendeu o Tribunal ser essencial deferir prova oral para a demonstração da origem dos recursos utilizados para a aquisição de um terreno[583] que era disputado em demanda de dissolução de união estável.

Já em certo feito apreciado pelo Tribunal de Justiça do Distrito Federal entendeu-se não ser o caso de falar em cerceamento do direito de defesa pelo julgamento antecipado do mérito se a prova oral requerida era desnecessária para o deslinde da controvérsia[584].

A decisão que limita a produção probatória poderá ser objeto de recurso especialmente se o juiz julgar antecipadamente o mérito por falta de provas, omitindo-se de permitir que a parte traga elementos de convicção; afinal, dentre as garantias inerentes ao devido processo legal, é de suma relevância a ampla defesa na perspectiva probatória.

Nesse sentido ponderou o desembargador do Rio Grande do Sul André Luiz Planella Villarinho: sem permitir a produção de prova oral, "como *dizer* que improcede o pleito? Pode até não restar, afinal, caracterizado, mas tal conclusão somente será possível após o exame da prova que a autora deverá produzir"[585].

3.5. Participação do Ministério Público

Dentre as regras relativas ao procedimento especial das ações de família, consta que "o Ministério Público somente intervirá quando houver interesse de incapaz, devendo ser ouvido previamente à homologação de acordo" (CPC, art. 698).

---

583 "[...] Considerando as explicitações da parte demandada quanto à necessidade de oitiva de testemunhas. Tentativa de comprovação de que o terreno, objeto da controvérsia, foi adquirido com recursos financeiros que possuía antes da união estável, bem como que parte das benfeitorias havidas no imóvel ali construído foi efetuada exclusivamente por ele após o término do relacionamento havido entre as partes. Possível compreender a plausibilidade da prova para a efetiva apuração das alegações. Deste modo, tem-se que o deferimento da prova oral, no presente caso, apresenta-se imprescindível para o deslinde do feito [...]" (TJRS, AC 127430-42.2011.8.21.7000, Carlos Barbosa, 7.ª Câmara Cível, Rel. Des. Roberto Carvalho Fraga, j. 09.11.2011, *DJERS* 14.11.2011). No mesmo sentido: "Processual civil e família. Apelação cível. Ação de reconhecimento e dissolução de união estável e partilha. [...] Arguição de cerceamento de defesa. Acolhimento. Deferimento de produção da prova testemunhal posteriormente indeferido. Sentença que indefere a partilha com base na ausência de provas sobre a aquisição da posse. Viabilidade de investigação mediante prova oral. [...]" (TJPR, Proc. 0001820-77.2018.8.16.0139, Rel.ª Des.ª Ivanise Maria Tratz Martins, j. 28.06.2021).

584 "[...] Alimentos. Fixação. Apelação. Preliminar de não conhecimento. Intempestividade. Rejeição. Preliminar de nulidade. Cerceamento de defesa. Rejeição. [...] É pacífico o entendimento jurisprudencial no sentido de que o julgamento antecipado da lide não implica cerceamento de defesa, na hipótese em que as provas requeridas são prescindíveis para o julgamento da lide, ou ainda estando os autos devidamente aparelhados com todos os elementos de convicção necessários para o julgamento do feito. Na hipótese, o juiz sentenciante indeferiu o pedido de produção de prova oral por dois motivos. Primeiro por ser o réu revel e ter se manifestado intempestivamente. Segundo porque entendeu desnecessária a produção da prova oral diante da suficiência dos documentos constantes nos autos em razão da quebra de sigilo bancário do genitor Requerido. [...]" (TJDFT, Proc. 07017199820198070014, Rel. Arquibaldo Carneiro Portela, j. 10.03.2021).

585 TJRS, AC 49562-85.2011.8.21.7000/São Leopoldo, 7.ª Câmara Cível, Rel. Des. Roberto Carvalho Fraga, j. 24.08.2011, *DJERS* 08.09.2011. No mesmo sentido: "AÇÃO DE RECONHECIMENTO E DISSOLUÇÃO DE UNIÃO ESTÁVEL E PARTILHA. [...] Sentença que promoveu o julgamento antecipado do mérito, com fundamento em declarações extrajudiciais juntadas aos autos pela autora e em razão de informação contida no laudo técnico. Réu que havia controvertido o termo inicial da união, tendo requerido a produção de prova oral. Declarações juntadas pela autora, que foram colhidos sem contraditório. Cerceamento de defesa configurada. Prova oral requerida por ambas as partes. Sentença anulada, para que seja colhida a prova oral requerida[...]" (TJSP, AC 1009485-43.2019.8.26.0292, Ac. 16092198, Jacareí, 6.ª Câmara de Direito Privado, Rel. Des. Marcus Vinicius Rios Gonçalves, j. 28.09.2022, *DJESP* 04.10.2022, p. 1751).

a) Presença de incapazes

A previsão se alinha a entendimento já consolidado na jurisprudência no sentido que o Ministério Público somente deve participar de demandas familiares quando presente interesse de incapaz.

O dispositivo demonstra que o legislador atualizou a visão exposta no art. 82 do CPC/1973, que previa como necessária a participação do Ministério Público em quaisquer demandas familiares.

No regime do CPC, o MP será intimado para intervir como fiscal da ordem jurídica, nas hipóteses previstas em lei ou na Constituição Federal e nos processos que envolvam: "I – interesse público ou social; II – interesse de incapaz; III – litígios coletivos pela posse de terra" (art. 178).

Há tempos vinha prevalecendo o entendimento de que a intervenção do Ministério Público em causas sem interesse de incapaz configuraria ingerência indevida na vida privada, razão pela qual a instituição passou a se negar a participar. O dispositivo segue o teor delimitado pela Recomendação n. 16/2010[586] do Conselho Nacional do Ministério Público, que dispensa a atuação do órgão nos casos de família (divórcio, separação, declaratória de união estável e alimentos) sem interesse de incapaz.

Quando há um incapaz ocupando uma posição processual, é claro o intuito protetor da previsão sobre o Ministério Público: considera-se que a presença de membro da instituição irá garantir que os interesses daquele que pode sofrer por sua condição de vulnerabilidade não sejam sacrificados por eventual comprometimento no trâmite da demanda.

O Tribunal piauiense reconheceu a nulidade de certa sentença porque faltou a intimação do MP[587] na ação de alimentos proposta por menor de idade.

Também houve decreto de nulidade em ação de alimentos extinta por abandono da causa, sem dar vista prévia dos autos ao Ministério Público[588].

Uma dúvida pode surgir: o MP deve atuar apenas quando há incapacidade absoluta ou também se esta for relativa?

---

586 Disponível em: http://www.cnmp.mp.br/portal_2015/images/stories/Normas/Recomendacoes/Recomendao_n_16._alterada_pela_Recomendao_n_19.pdf. Acesso em: 17 dez. 2019.

587 "[...] 1. Quando a ação versa sobre alimentos com interesse de menor e conforme dicção do art. 82 do Código de Processo Civil é obrigatória a intervenção ministerial no caso em tela. 2. É prerrogativa do Ministério Público intervir no processo sendo a ele concedida vistas dos autos e intimação de todos os atos do processo, sob pena de nulidade em obediência ao art. 246 do CPC. Decisão desconstituída" (TJPI, AC 2016.0001.009275-3, 2.ª Câmara Especializada Cível, Rel. Des. Brandão de Carvalho, *DJPI* 29.10.2019, p. 63).

588 "[...] Na hipótese de ação visando à proteção de interesse de incapaz é nula a sentença que extingue o processo sem resolução do mérito por abandono da causa, em razão de desídia do representante legal do incapaz, sem dar vista prévia dos autos ao Ministério Público, mormente quando configurada a existência de prejuízo ao menor. O Código de Processo Civil e o Estatuto da Criança e do Adolescente protegem os direitos do incapaz concedendo-lhe proteção integral por meio da atuação obrigatória do *Parquet* em todos os feitos em que haja interesse afeto, prevendo, inclusive, a possibilidade de requerer diligências e medidas judiciais cabíveis. Constatada a ausência de encaminhamento dos autos para vista pessoal pelo órgão do Ministério Público, anteriormente à sentença de extinção, ocasionando grave prejuízo a direito indisponível da menor exequente, verifica-se a ocorrência de *error in procedendo,* devendo a sentença ser cassada" (TJDF, Proc 00023.91-76.2016.8.07.0007, Ac. 116.9435, 6.ª Turma Cível, Rel. Des. Esdras Neves, j. 09.05.2019, *DJDFTE* 17.05.2019).

Há entendimento dominante de que ele deve atuar em ambos os casos[589].

A ideia é que a atuação do *Parquet* colabore para que não haja prejuízos ao incapaz; assim se, apesar da ausência do Ministério Público, o incapaz ganhar a causa, não haverá razão para arguir a nulidade do julgamento.

Esse entendimento é tradicional na jurisprudência[590] pátria e encontra muitos precedentes no Superior Tribunal de Justiça; eis trecho de julgado representativo: "não se declara a nulidade, por falta de audiência do Ministério Público, se o interesse dos menores se acha preservado, posto que vitoriosos na demanda"[591].

E em caso de procedência parcial? É preciso, nesta hipótese, verificar a extensão do prejuízo para aferir se a ocorrência viabiliza a anulação de todo o feito[592].

Se a criança ou o adolescente alcançar a maioridade durante a tramitação do processo, o MP segue legitimado para recorrer em seu favor?

Entendeu a Terceira Turma do STJ que nas ações negatórias de paternidade o Ministério Público mantém a legitimidade como custos legis (fiscal da legislação) mesmo quando a parte

---

589 "Relativa ou absolutamente incapazes, pouco importa" (*RT* 503/87).

590 "[...] I – O reconhecimento da nulidade do processo por ausência de intervenção do Ministério Público, quando há interesse de incapaz, fica condicionado à existência de prejuízo, o que não ocorreu no caso dos autos. Precedentes do STJ. II – Os genitores optaram conjuntamente que o filho ficaria sob a guarda e responsabilidade do pai, bem como arbitraram pensão alimentícia de 11,36% do salário mínimo à outra filha, considerando tanto a necessidade das crianças quanto a possibilidade do pai, afastando o suposto prejuízo alegado pelo apelante. [...]" (TJMA, AC 0002256-29.2016.8.10.0024, Ac. 242232/2019, 3.ª Câmara Cível, Rel.ª Des.ª Cleonice Silva Freire, j. 28.02.2019, *DJEMA* 08.03.2019).

591 STJ, REsp 26.898-2-SP-EDcl, 3.ª Turma, Rel. Min. Dias Trindade, j. 10.11.1992, *DJU* 30.11.1992. Em julgados posteriores o entendimento continua sendo observado, como se depreende das decisões seguintes: "Esta Corte já se posicionou na linha da necessidade de demonstração de prejuízo, para que seja acolhida a nulidade por falta de intimação do Ministério Público, em razão da existência de interesse de incapaz" (STJ, EDREsp 449.407/PR, 2.ª Turma, Rel. Des. Mauro Campbell Marques, j. 28.10.2008). "[...] 2. Esta Turma tem reiteradamente decidido que não se declara a nulidade, por falta de intimação do Ministério Público, se o interesse do menor se acha preservado, sem demonstração objetiva de qualquer prejuízo, caso em que indispensável a intervenção do *Parquet*. [...]" (STJ, REsp 721.564/PE, 4.ª Turma, j. 06.03.2007, Rel. Min. Hélio Quaglia Barbosa).

592 Eis exemplos: "AÇÃO DE OBRIGAÇÃO DE FAZER COM PEDIDO DE ANTECIPAÇÃO DE TUTELA. Plano de saúde. Menor portadora de Transtorno de Espectro Autista. TEA com necessidade de tratamento multidisciplinar. Sentença de procedência parcial que excluiu os tratamentos de equoterapia, musicoterapia, hidroterapia e a disponibilidade de educador físico. Apelo da ré pleiteando a reforma da sentença. Parecer da Procuradoria Geral de Justiça que opinou pela anulação do processo, diante da não intimação do Ministério Público em primeiro grau. Prejuízo evidente diante da negativa de grande parte do tratamento. Parecer que se acolhe. Necessidade de manifestação do Ministério Público em primeiro grau. [...]". (TJSP; AC 1003450-95.2020.8.26.0045; Ac. 15625709; Arujá; Quarta Câmara de Direito Privado; Rel. Des. Fábio Quadros; j. 28.04.2022; DJESP 09.05.2022; p. 1921); "[...] Conforme expressa previsão legal (artigo 279 do CPC), o processo se torna nulo quando a participação do MP seja obrigatória e este órgão não for intimado para acompanhar a sua instrução; todavia, para o Superior Tribunal de Justiça, em virtude do princípio do *pas de nullité sans grief*, a nulidade por ausência de intervenção do Ministério Público, como exigido legalmente, somente se justifica se caracterizado o efetivo e concreto prejuízo às partes. Precedentes. IV – Verificou-se não se tratar de mera ausência de intimação do Ministério Público para se manifestar ou praticar determinado ato, eis que durante todo o tramitar do feito, sua intervenção limitou-se ao petitório no qual pugnou pelo prosseguimento do feito mediante seu saneamento e intimação das partes para especificação de provas. V – Não tendo sido oportunizado ao órgão ministerial a intervenção preconizada no art. 178, II, do CPC, o qual poderia, inclusive, influenciar no deslinde da demanda, aliada à procedência apenas parcial dos pleitos iniciais (prejuízo ao menor), impositiva a nulidade aventada. [...]". (TJES; AC 0031122-34.2016.8.08.0014; Terceira Câmara Cível; Rel. Des. Jorge Henrique Valle dos Santos; j. 08.03.2022; DJES 08.04.2022).

alcança a maioridade no curso do processo, podendo praticar diversos atos (como recorrer). Segundo o relator ministro Paulo de Tarso Sanseverino, os processos de investigação de paternidade constituem ações de estado com indissociável interesse público[593] – diferentemente das demandas alimentícias (nas quais, geralmente, não se discute o estado da pessoa, mas apenas as necessidades do alimentando e as possibilidades do alimentante). Em suas palavras,

> O relevantíssimo âmbito dos direitos individuais indisponíveis – e aqui se insere a particularíssima ação em que se investiga estado familiar consistente na filiação entre as partes litigantes – comanda a legitimidade do Ministério Público, pois assim é reconhecido já na Constituição Federal, segundo a qual (art. 127) o Ministério Público é "instituição permanente, essencial à função jurisdicional do Estado, incumbindo-lhe a defesa da ordem jurídica, do regime democrático e dos interesses sociais e individuais indisponíveis"[594].

Cabe ainda perquirir se o Ministério Público precisa participar do processo mesmo quando há consenso entre as partes – por exemplo, em uma "ação de modificação de guarda" dos pais para os avós paternos, estando todos concordes e assinando juntos a petição. A resposta que vem prevalecendo é positiva, seja porque se pressupõe que a defesa do incapaz é limitada[595], seja porque no próprio regramento da jurisdição voluntária (usada para a homologação de acordos) a presença do MP é entendida como imperiosa[596].

Se o MP foi intimado a participar da audiência e a se manifestar nos autos mas restou inerte, há entendimento maciço no sentido de não haver vício a ser sanado (seja quanto à validade do acordo, seja no tocante às provas produzidas sem sua participação)[597].

Tal entendimento vai ao encontro da ideia de que o excessivo rigor processual atua, muitas vezes, em desserviço da efetividade da justiça. Nas palavras da ministra do STJ Nancy Andrighi, "o processo tem de correr. O aparato judiciário é muito caro para a sociedade e cada processo representa um custo altíssimo. Anulá-lo, portanto, é medida de exceção"[598].

---

593 O relator fundamenta que a atuação do MP decorre principalmente do art. 82, II, do CPC/1973, regra que prevê a participação da instituição em caso de interesse social; a mesma previsão consta no art. 178, I, do CPC/2015.

594 MP não perde legitimidade para recorrer em ação de paternidade quando parte se torna maior. Disponível em: http://www.stj.jus.br/sites/STJ/default/pt_BR/Comunica%C3%A7%C3%A3o/noticias/Not%C3%ADcias/MP-n%C3%A3o-perde-legitimidade-para-recorrer-em-a%C3%A7%C3%A3o-de--paternidade-quando-parte-se-torna-maior. Acesso em: 18 dez. 2019.

595 Em certo precedente fala-se em debilidade da defesa: "Processual civil. Homologação. Transação. Interesses de menores. Ministério Público. Intervenção. I – Necessária é a intervenção do Ministério Público quando o acordo que se homologa judicialmente versa também direitos referentes a menores. Habitualmente a defesa do incapaz é débil e o ordenamento jurídico obriga a manifestação do *Parquet* nas causas em que houver interesses de menores, sob pena de nulidade. II – Legítima é a providência requerida pelo *Parquet* promovida para o saneamento de irregularidade" (REsp 88.021/SP).

596 CPC, art. 721. Serão citados todos os interessados, bem como intimado o Ministério Público, nos casos do art. 178, para que se manifestem, querendo, no prazo de 15 (quinze) dias.

597 "Recurso especial. Processual civil. Ação de alimentos. Menores. Incapazes. Ministério Público. Audiência. Intimação. Ausência injustificada. Homologação. Acordo judicial. Possibilidade. Prejuízo. Inexistência. [...] 2. Compete ao Ministério Público intervir em causas nas quais há interesses de incapazes. 3. A inércia do Ministério Público em atuar em audiência de conciliação quando devidamente intimado não impõe a nulidade de acordo celebrado entre as partes e homologado em juízo, especialmente na ausência de demonstração de prejuízo. [...]" (STJ, REsp 1.831.660, Proc. 2019/0233926-6/MA, 3.ª Turma, Rel. Min. Ricardo Villas Bôas Cueva, j. 10.12.2019, *DJe* 13.12.2019).

598 REsp 880844/SP, j. 16.09.2008.

E se não houve manifestação do MP em primeira instância, mas no segundo grau o representante da instituição se manifestou, é possível considerar suprida a ausência, evitando-se o decreto de nulidade de atos processuais?

É possível encontrar muitas decisões com resposta positiva[599].

Vale ainda destacar que a presença do Ministério Público é um forte elemento para evitar a extinção do processo sem resolução de mérito.

Em demanda investigatória de paternidade, entendeu o Tribunal de Justiça do Distrito Federal ser prematura a extinção do feito por desídia da genitora do menor[600]; se o MP atua no feito e pode até mesmo assumir o polo ativo, a ideia é evitar que o feito seja extinto sem definir o direito indisponível centrado na dignidade da pessoa humana.

b) Acordos entabulados pelas partes

O art. 698 do CPC expressa a essencialidade da oitiva do Ministério Público antes da homologação de acordo celebrado entre as partes. Há previsão similar na Lei de Mediação: o consenso das partes sobre temática que envolve direitos indisponíveis (mas transigíveis) deve ser homologado em juízo, sendo exigida a oitiva do Ministério Público (Lei n. 13.140/2015, art. 3.º, § 2.º).

---

599 Eis algumas: "[...] 1. Ambas as Turmas de Direito Público do STJ se posicionaram no sentido de que a declaração de nulidade, nos casos de ausência de intimação do Ministério Público nas ações em que se busca a concessão de benefício assistencial, depende da demonstração do efetivo prejuízo, o que não se atinge pela simples improcedência da ação, ainda mais quando afirma o Tribunal de origem, como no caso concreto, que o postulante não preenche os requisitos legais à concessão do benefício. 2. Considera-se sanada a nulidade decorrente da falta de intervenção, em primeiro grau, do Ministério Público, se posteriormente o *Parquet* intervém no feito em segundo grau de jurisdição. Precedentes" (STJ, AgInt-REsp 1.496.689, 1.ª Turma, Rel. Min. Napoleão Nunes Maia Filho, j. 25.10.2018, *DJe* 19.11.2018, p. 2.277); "Embora a norma exija a intervenção obrigatória do Ministério Público em demandas de interesse de incapaz, a sua ausência não gera automática nulidade da decisão, pois a posterior manifestação do Ministério Público oficiante na segunda instância supre o suposto vício de nulidade, eis que não restou demonstrado o efetivo prejuízo e houve manifestação quanto ao mérito. Inteligência do art. 279, § 2.º, do CPC. Nulidade que se afasta. [...]" (TJRJ, APL 0033321-59.2016.8.19.0002, Niterói, 20.ª Câmara Cível, Rel. Desig. Des. Ricardo Alberto Pereira, *DORJ* 23.11.2018, p. 287).

600 Eis trecho relevante da ementa da decisão: "[...] 1. As demandas de investigação de paternidade e alimentos estão no cerne da tutela que o ordenamento jurídico pátrio confere à dignidade da pessoa humana, remetendo a direitos fundamentais indisponíveis, irrenunciáveis e imprescritíveis, perseguindo o conhecimento acerca de elemento essencial à construção de identidade e prestações para satisfação das necessidades vitais, de maneira que a eventual omissão da representante legal da menor que ocupa a angularidade ativa da ação, com o abandono do processo, exige, por parte do juiz da causa, a intimação do Ministério Público para atuação como fiscal da ordem jurídica e defensor dos direitos indisponíveis da infante, que está revestido de legitimidade para impulsionar o trânsito processual e até mesmo assumir a titularidade da ação, independentemente de o infante se encontrar em situação de risco (CPC, arts. 178, 179 etc.; ECA, arts. 98 e 201, inc. III; Lei n. 8.560/92, art. 2.º, § 4.º). [...] 3. A despeito de a representante da autora ter permanecido inerte ao ser instada a impulsionar a marcha da ação de investigação de paternidade cumulada com prestação alimentar aviada em seu nome, a interseção do Ministério Público demandando o prosseguimento da ação mediante a realização da citação editalícia do réu deixa carente de lastro e legitimidade a colocação de termo ao processo, sem resolução do mérito, sob o prisma do abandono, frustrando o esperado da jurisdição, notadamente porque o *parquet* está legitimado para impulsionar a marcha processual como fiscal da ordem jurídica e defensor dos direitos indisponíveis titularizados pela menor e, quiçá, assumir a angularidade ativa como substituto processual da infante (CPC, arts. 178 e 179). [...]" (TJDF, APC 2013.06.1.011750-8, Ac. 100.9959, 1.ª Turma Cível, Rel. Des. Teófilo Caetano, j. 05.04.2017, *DJDFTE* 04.05.2017).

Eis uma pergunta pertinente: há obrigatoriedade da participação do Ministério Público nas audiências de conciliação ou mediação presididas por leigos? Como bem destaca Eduardo Francisco dos Santos Junior, "a questão é muito relevante e certamente o impulso idealista levará alguns a concluírem num primeiro momento pela resposta afirmativa"; o autor responde negativamente:

> [...] o representante do Ministério Público que atua junto a vara da família jamais conseguiria acompanhar as audiências e sessões quando simultâneas. Daí por que, a solução é, se frutífera a tentativa de solução amigável, bastará que, redigido o acordo ou minuta de acordo, seja dada oportunidade para a manifestação Ministerial antes da redação definitiva ou da sua homologação[601].

Tem razão o autor: a ideia é que o promotor verifique a adequação do acordo em relação aos interesses dos incapazes por ele afetados.

Um importante princípio regente dos meios consensuais é a confidencialidade. Para que os participantes da sessão consensual possam se expressar com abertura e transparência, é essencial que se sintam protegidos em suas manifestações e contem com a garantia de que o que disserem não será usado contra eles em outras oportunidades[602].

Vale ainda destacar que, ao celebrar ajustes, as partes exercem sua autonomia e elaboram um plano customizado para buscar atender às premências dos componentes do núcleo familiar.

Como exemplo, se na demanda de "regulamentação de visitas" constata-se que o não guardião trabalha aos fins de semana, é natural que o ajuste de convivência familiar se afaste do padrão jurisprudencial que considera pertinente a convivência quinzenal aos sábados e domingos. É de suma importância que o representante do Ministério Público reconheça que cada família tem suas peculiaridades, estando o *Parquet* pronto para valorizar o consenso (muitas vezes arduamente) alcançado pelas partes.

Essa percepção é partilhada por Hermes Zaneti Junior, para quem o novo Código efetivamente reconhece o dever do MP de superar os rígidos padrões de obrigatoriedade: "o MP não defenderá, necessariamente, a solução legal, mas aquela solução que, em conformidade com o ordenamento jurídico, for construída pelas partes"[603].

No ponto, vale lembrar que a lei não traz parâmetros detalhados sobre a convivência familiar; a consideração do superior interesse da criança é cláusula aberta que envolve diversos componentes atinentes ao caso concreto.

---

601 "Claro que a praxe forense definirá a melhor rotina, pois isso variará conforme a realidade local e a estrutura do Ministério Público na Comarca. Realmente, se houver proximidade geográfica, estrutura adequada e colaboração de seus auxiliares (quando a Promotoria de Justiça funciona dentro do Fórum), é possível, para otimizar, na prática, de modo que após o acordo e antes da sua redação definitiva, o Promotor de Justiça verifique os seus termos, com alguma contribuição, e já emita seu parecer e o Juiz, conforme o caso, homologue imediatamente" (SANTOS JUNIOR, Eduardo Francisco dos. Intervenção do Ministério Público nas ações de família segundo o Novo Código de Processo Civil. *Revista Nacional de Direito de Família e Sucessões*, Porto Alegre, v. 10, p. 119-120, jan./fev. 2016).

602 TARTUCE, Fernanda. *Mediação nos conflitos civis*, cit., p. 227.

603 ZANETI JR., Hermes. Código de Processo Civil 2015: ruptura do paradoxo entre o Ministério Público da legalidade e o Ministério Público Constitucional. In: GODINHO, Robson Renault; COSTA, Susana Henriques da (org.). *Ministério Público*. Salvador: JusPodivm, 2015, p. 57. (Coleção Repercussões do Novo CPC, v. 6).

Neste ponto, vale também recomendar que quaisquer acordos extrajudiciais que envolvam interesse de menor sejam levados à homologação judicial: o STJ possui precedente (proferido na vigência do CPC/1973) no sentido de que são nulos acordos que transacionam interesse patrimonial de menor se praticados sem a fiscalização do Poder Judiciário e do Ministério Público[604].

Com mais razão, a nulidade soa evidente quando o acordo envolve interesses indisponíveis. Não há nada no CPC/2015 que abale o precedente, pelo contrário: a seletividade em relação à atuação do Ministério Público reforça a necessidade de sua intervenção obrigatória nos casos para os quais foi reservada.

3.6. Segredo de justiça

Nos termos do inciso IX do art. 93 da Constituição da República, "todos os julgamentos dos órgãos do Poder Judiciário serão públicos, e fundamentadas todas as decisões, sob pena de nulidade, podendo a lei limitar a presença, em determinados atos, às próprias partes e a seus advogados, ou somente a estes, em casos nos quais a preservação do direito à intimidade do interessado no sigilo não prejudique o interesse público à informação".

O *princípio constitucional da publicidade dos atos processuais*[605] incide nas causas familiares com ressalvas, sendo garantido o amplo conhecimento sobre os atos processuais apenas aos litigantes e aos seus procuradores.

O art. 189 do CPC determina o trâmite em segredo de justiça de causas que versam sobre: I. interesse público ou social; II. casamento, separação de corpos, divórcio, separação, união estável, filiação, alimentos e guarda de crianças ou adolescentes; III. dados protegidos pelo direito constitucional à intimidade; IV. arbitragem (inclusive cumprimento de carta arbitral quando a confidencialidade estipulada na arbitragem é comprovada perante o juízo)[606].

---

604 STJ, REsp 293.874/SP, 4.ª Turma, Rel. Min. Barros Monteiro, j. 21.09.2004. Em decisão mais recente: "[...] O STJ já decidiu que o acordo estabelecido e subscrito pelos cônjuges no tocante ao regime de bens, de visita e de alimentos em relação ao filho menor do casal assume o viés de mera proposição submetida ao Poder Judiciário, que haverá de sopesar outros interesses, em especial, o preponderante direito da criança, podendo, ao final, homologar ou não os seus termos e que, em se tratando, pois, de mera proposição ao Poder Judiciário, qualquer das partes, caso anteveja alguma razão para se afastar das disposições inicialmente postas, pode, unilateralmente, retratar-se (REsp 1.756.100/DF, Rel. ministro Marco Aurélio Bellizze, Terceira Turma, *DJe* 11.10.2018). 5. Acordo de alimentos firmado em sede extrajudicial, cujo direito a eles é de caráter indisponível, demanda a necessária intervenção do órgão do Ministério Público para resguardar os direitos da criança, ainda que a alimentada estivesse representada por sua genitora. 6. No mister de tutelar e de proteger os interesses indisponíveis da criança e do adolescente, cabe ao Ministério Público alertar o Juiz na causa que diz respeito a alimentos, que antes de homologar eventual acordo, deve verificar se o valor acordado entre os genitores prejudica a subsistência do menor envolvido, considerando sempre o binômio necessidade/possibilidade, de modo a impedir e velar para que o processo não acarrete perdas desvantajosas ao menor. [...]" (STJ, REsp 1609701/MG, Rel. Min. Moura Ribeiro, j. 18.05.2021, *DJe* 20.05.2021).

605 A publicidade é prevista na Constituição da República tanto no âmbito nos procedimentos administrativos (art. 37, *caput*) como nos processos judiciais (art. 5.º, LX).

606 CPC, art. 189. Os atos processuais são públicos, todavia tramitam em segredo de justiça os processos: I – em que o exija o interesse público ou social; II – que versem sobre casamento, separação de corpos, divórcio, separação, união estável, filiação, alimentos e guarda de crianças e adolescentes; III – em que constem dados protegidos pelo direito constitucional à intimidade; IV – que versem sobre arbitragem, inclusive sobre cumprimento de carta arbitral, desde que a confidencialidade estipulada na arbitragem seja comprovada perante o juízo.

Vale dizer que, se, por um lado, os atos processuais são protegidos pelo sigilo quanto ao seu teor, por outro lado, a existência do processo é pública[607].

Acredita-se que a jurisprudência formada anteriormente quanto à não taxatividade do rol sobre causas em que incide o sigilo (considerada sob a égide do art. 155 do CPC/1973) será preservada, admitindo-se a decretação de segredo de justiça em hipóteses não previstas expressamente na norma[608].

Cabe destacar que, enquanto na hipótese de interesse público ou social (CPC, art. 189, I) é preciso que o juiz fundamente a decisão de restrição à publicidade, nas demandas familiares inexiste dúvida de que, por força da lei, o sigilo deva ser decretado[609]. Não há discricionariedade judicial, portanto, no que tange à matéria. Trata-se, aliás, de um tema no qual há unanimidade: todos concordam que demandas sobre estado da pessoa devem tramitar sigilosamente[610].

Vale ainda destacar que o CPC, ao dispor sobre cumprimento de sentença e execução de alimentos, contempla medida que dá publicidade ao processo afastando o segredo: o protesto do nome do devedor[611].

A negativação do nome é um elemento adicional de coerção para que o executado, por temer constrangimentos no mercado de consumo, anime-se a pagar o montante devido. O CPC realmente investe na possibilidade de protesto de decisões judiciais na busca de resultados efetivos às execuções. Tratando-se, no entanto, de execução de alimentos, o protesto da decisão não violaria o segredo de justiça?

A questão chegou ao Superior Tribunal de Justiça. Ao recorrer ao Tribunal mineiro, o executado conseguiu o afastamento do protesto por violação a tal sigilo; interposto recurso especial, o STJ reformou a decisão com base os seguintes argumentos: 1. o segredo de justiça não se sobrepõe, em uma ponderação de valores, ao direito à sobrevivência e dignidade do menor; 2. o rito da execução de alimentos prevê medida mais gravosa (a prisão do devedor), não havendo justificativa para impedir meio menos oneroso de coerção; 3. a medida é admitida mediante ordem judicial; 4. não deve haver divulgação de dados do processo ou do alimentando envolvido: o registro deve se dar de forma sucinta, com a publicação ao comércio e afins apenas do fato de que o genitor é devedor numa execução em curso.

---

607 Como expôs Egas Moniz de Aragão, "o Código não explica a extensão do segredo, que afeta todos os atos praticados no processo, como acima ficou dito. Cumpre distinguir, porém, entre o sigilo sobre o conteúdo do processo, que a lei impõe, e o segredo quanto à existência mesma do processo, de que a lei não cogita" (MONIZ DE ARAGÃO, Egas Dirceu. *Comentários ao Código de Processo Civil*. Rio de Janeiro: Forense, 1998, v. 2, p. 16-17).

608 GAJARDONI, Fernando. Comentário ao art. 188. In: DELLORE, Luiz; DUARTE, Zulmar; ROQUE, André; GAJARDONI, Fernando. *Teoria geral do processo*: comentários ao CPC de 2015. Rio de Janeiro: Forense, 2015, p. 607-608.

609 GOMES JUNIOR, Luiz Manoel; FERREIRA, Jussara Suzi Assis Borges Nasser; CHUEIRI, Miriam Fecchio. Segredo de justiça. Aspectos processuais controvertidos e liberdade de imprensa. Revista Magister de Direito Civil e Processual Civil, Porto Alegre, v. 4, n. 22, p. 86-101, jan./fev. 2008. Disponível em: http://www.unifafibe.com.br/revistasonline/arquivos/revistajuridicafafibe/sumario/5/14042010170941.pdf. Acesso em: 3 ago. 2016.

610 FREITAS, Vladimir Passos de. Segunda leitura: falta regulamentação de segredo de Justiça. *ConJur*, São Paulo, 20 jul. 2008. Disponível em: http://www.conjur.com.br/2008-jul-20/segredo_justica_ainda_carece_regulamentacao. Acesso em: 3 ago. 2016.

611 CPC, art. 528 [...] § 3.º Se o executado não pagar ou se a justificativa apresentada não for aceita, o juiz, além de mandar protestar o pronunciamento judicial na forma do § 1.º, decretar-lhe-á a prisão pelo prazo de 1 (um) a 3 (três) meses.

Concluiu o relator, por fim, que, como "os alimentos devidos exigem urgentes e imediatas soluções – a fome não espera –, mostram-se juridicamente possíveis os pedidos da recorrente, ora exequente, de protesto e de inclusão do nome do devedor de alimentos nos cadastros de proteção ao crédito (SPC e Serasa)"[612].

4. O TEMPO E A DEMANDA FAMILIAR

No Direito de Família, a urgência para compor conflitos faz-se sentir mais intensamente em razão do aspecto personalíssimo natural a essas contendas.

Para Carlos Alberto Álvaro de Oliveira, é de grande relevância o alcance rápido da solução do litígio porque o Direito de Família envolve, em regra, "valores sensíveis e de grande significado emocional, às vezes materiais, vinculados à realização de necessidades íntimas do ser humano, que exige no plano processual uma pronta resposta da jurisdição"[613].

Além disso, como a relação é continuada, a família pode, ao longo do tempo, considerar de forma diferente as ocorrências que envolvem as controvérsias; o fator tempo, portanto, merece um olhar atencioso.

Nesse sentido bem enfatiza Rolf Madaleno:

> [...] no campo da ação do Direito de Família, mostram-se, sobremaneira, sensíveis as reivindicações por um processo com tramitação eficiente, capaz de responder com rapidez às angústias pessoais, causa frequente de abalos e desgastes pelo inclemente influxo do tempo, especialmente quando se trata de buscar o alimento necessário à vida[614].

Também Luiz Fux destaca a íntima ligação da tutela de urgência com a tutela dos direitos de família: como esse ramo versa sobre direitos fundamentais (indisponíveis) constitui "um campo onde a urgência se faz presente a exigir uma pronta atuação do Poder Judiciário"[615].

Por tais razões – somadas a posturas estratégicas de advogados (que tentam alterar situações desfavoráveis reportadas pelos jurisdicionados) –, proliferam pedidos de medidas liminares para que, atuando logo no início do processamento dos feitos, o magistrado possa promover a mudança de certa situação em atendimento a alguma ocorrência reputada urgente pelo requerente.

---

612 STJ, REsp 1.533.206, 4.ª Turma, Rel. Luis Felipe Salomão, j. 17.11.2015. Embora a decisão tenha sido proferida com base em legislação anterior ao CPC/2015 (que veio referenciado apenas como argumento de reforço), assim se manifestou o ministro Raul Araújo no voto-vogal: "como essa autorização legal já vem agora no Novo Código de Processo Civil, penso que podemos avançar alguns meses e já admiti-la neste caso que chega ao Superior Tribunal de Justiça. Assim, já poderá representar o primeiro precedente no sentido de acolher a previsão constante do Código que, afinal, já é lei, embora se encontre ainda em *vacatio legis*".

613 ALVARO DE Oliveira, Carlos Alberto. *A tutela de urgência e o direito de família*. 2. ed. São Paulo: Saraiva, 2000, p. 1.

614 MADALENO, Rolf. Execução de alimentos pela coerção pessoal. In: TESHEINER, José Maria Rosa; MILHORANZA, Mariângela Guerreiro; PORTO, Sérgio Guilherme (coord.). *Instrumentos de coerção e outros temas de direito processual civil*: estudos em homenagem aos 25 anos de docência do Professor Dr. Araken de Assis. Rio de Janeiro: Forense, 2007. p. 617.

615 FUX, Luiz. A tutela de urgência na jurisdição de família: cautelares, tutela antecipada. *Revista da EMERJ*, Rio de Janeiro, v. 4, n. 14, 2001. Disponível em: https://bdjur.stj.jus.br/jspui/bitstream/2011/73647/tutela_urgencia_jurisdicao_fux.pdf. Acesso em: 2 jan. 2019.

Muitas vezes a premência é clara: se não houver alteração no regime de visitas com a máxima brevidade, a perda de contato do genitor com a criança irá se aprofundar, assim como eventual alienação parental por ele sofrida... Ao buscar o Poder Judiciário, a pessoa sente que precisa da proteção jurisdicional em sua modalidade mais expedita e eficiente. Sentindo-se necessitados da premente atuação judicial, muitos clientes exigem de seu advogado máxima brevidade, repetindo a ideia exposta há considerável tempo por Rui Barbosa: "justiça tardia não é justiça, senão injustiça manifesta".

Na prática, contudo, percebe-se certa tendência dos juízes de família em manter o *status quo* até dispor de elementos probatórios adicionais que reputem suficientes para promover a alteração pleiteada. Como exemplo, em certa demanda de modificação da guarda decidiu-se que, como a tutela de urgência implicaria em "mudança no lar e na rotina das crianças", por estarem "ausentes provas cabais de eventual conduta desabonadora ou negligente do pai guardião, pertinente a manutenção da guarda em favor do genitor até melhor instrução do feito, com a realização de estudo social e apuração dos fatos alegados na peça inicial"[616].

Assim, não costuma ser tão frequente (quanto apreciariam os advogados e as partes) a concessão de medidas de urgência; alterar o que se reputa equivocadamente configurado é uma árdua missão.

---

616 TJSC, AI 4017000-43.2016.8.24.0000, Bom Retiro, 2.ª Câmara de Direito Civil, Rel. Des. João Batista Góes Ulysséa, *DJSC* 11.07.2017, p. 152. No mesmo sentido: "[...]. 1. Agravo de instrumento contra decisão que indeferiu o pedido de tutela de urgência formulado pela genitora, ora agravante, visando a imposição da guarda unilateral da parte infante em seu favor, com o estabelecimento do regime de convivência paterna sob supervisão materna, sem pernoite, até que a criança complete cinco anos de idade. [...] 3. Em que pesem os fundamentos externados pela agravante, inexistem elementos probatórios suficientes para alterar a guarda compartilhada e o regime de visitas fixados recentemente em sentença proferida aos 25/01/2021, que homologou o acordo firmado entre as partes. 4. Com efeito, acolher o pleito da agravante importa em necessária incursão probatória, incompatível com o rito do agravo por instrumento. É dizer, considerando-se a fase incipiente da ação, não há demonstração suficiente da relevância da fundamentação, que justifique a modificação da guarda e do regime de visitação paterna atualmente vigente. 5. Além disso, inexiste a urgência do pleito, porquanto as visitas paternas, segundo o regime atual, deverão ocorrer na residência materna, sem previsão de pernoite, até que ocorra o processo do desmame, estabelecido pelas partes a partir dos 2 (dois) anos de idade, que serão atingidos pela criança apenas em 15.03.2022. 6. Destaca-se, nesse sentido, trecho do Parecer do Ministério Público: '[...] apesar dos argumentos deduzidos no presente recurso, não se constata fato novo relevante capaz de alterar o regime de convivência em vigor. Sobre o tema, esse Egrégio Tribunal de Justiça tem o posicionamento no sentido de que a modificação da situação fática na vida do menor deve ser medida excepcional, sendo possível apenas quando plenamente comprovados os motivos relevantes. *In casu*, pelos documentos carreados ao feito não é possível discernir se as alterações pretendidas propiciarão a melhoria no desenvolvimento da infante, resguardando sua higidez mental e emocional. Em se tratando de questões de família, deve o julgador adotar a solução que melhor resguarde os interesses da criança, os quais suplantam quaisquer outros juridicamente tutelados, sendo, por conseguinte, esse o princípio basilar do Estatuto da Criança e do Adolescente. Nesse passo, num momento de cognição sumária, mostra-se prudente ao caso a dilação probatória, aguardando-se a instrução do processo, oportunidade em que o Juízo recorrido poderá aferir se é recomendável a alteração do regime de guarda e de visitação anteriormente convencionado'. 7. Precedente: [...] 3. Salienta-se que o instituto da guarda deve observar o melhor interesse das crianças e sua alteração deve ocorrer apenas se seu detentor não estiver prestando a devida assistência moral, educacional e material ao infante, o que demanda dilação probatória. 4. Ressalta-se que não se evidenciam circunstâncias fáticas que indiquem risco iminente ao bem-estar dos filhos, o que não autoriza a modificação da guarda provisória fixada pelo Juízo de origem. [...]" (TJDFT, Proc. 07128738720218070000, Rel. João Egmont, j. 18.08.2021).

Não deveria ser assim: a tutela provisória se contrapõe à tutela definitiva justamente por permitir a prolação de decisões com base em cognição sumária: por não ser exauriente a análise do mérito, não há como exigir provas cabais para a concessão de medidas liminares.

Ademais, é preciso considerar com ressalvas a afirmação de que manter a situação reflete a melhor forma de equacionar a controvérsia; afinal, "o juiz que se omite é tão nocivo quanto o juiz que julga mal"[617]. Omitir é deixar de apreciar adequadamente o pedido e proceder a um mau julgamento.

O risco de decidir está presente tanto na concessão liminar como na sentença; exigem-se do magistrado atenção e comprometimento no exercício da função judicante para que possa decidir da melhor forma possível a partir dos subsídios trazidos pelos litigantes.

Como bem destaca Luiz Guilherme Marinoni, "prudência e equilíbrio não se confundem com medo"[618].

Por outro lado, compete à advocacia (e/ou à Defensoria) aportar elementos de forma completa e convincente. Na prática, sobejam petições em que são expostas longas razões (muitas vezes transcrevendo inúmeros trechos de ementas de decisões), mas o requerimento de concessão de medida liminar é sucinto: uma linha ou duas ao final da petição...

Obviamente, em tais casos, será dificultada a apreciação do pedido; como boa técnica, recomenda-se que o advogado dê destaque ao pleito de tutela de urgência e exponha detidamente os requisitos exigidos na espécie.

Nessa medida, é interessante que, ao fim da exposição da fundamentação jurídica, o redator dedique-se a demonstrar a presença dos requisitos da tutela de urgência: a) presença de elementos que evidenciem a probabilidade do direito; b) existência de perigo de dano ou risco ao resultado útil do processo (CPC, art. 300)[619].

Como exemplo, na petição inicial de demanda com pedido de tutela de urgência deverão constar de forma completa as razões para tal concessão no momento de elaboração da causa de pedir, valendo aqui a diretriz segundo a qual não deve haver formulação de pedido sem anterior exposição da causa de pedir[620].

No ponto, merecem destaque as palavras de Luiz Fux no sentido de que o profissional precisa atentar para os requisitos de cada espécie:

> [...] se o que a parte quer é uma providência cautelar, ela até pode se contentar em levar elementos superficiais ao juízo, prometendo em ação futura uma discussão mais vertical. Mas, se o que a parte pretende é uma providência de cunho satisfativo, ela precisa levar muito mais que *fumus boni iuris* para que o juiz possa dar a ela aquilo que só daria no final do processo se ela vencesse. Observem como é diferente a capacidade de persuasão que o profissional tem que ostentar através de elementos objetivos para obter a tutela de satisfação e para obter a tutela cautelar[621].

Como se percebe, há diversas possibilidades a serem engendradas pelo advogado ao postular sua tutela de urgência na demanda familiar, razão pela qual o tema merece análise detida.

---

617 MARINONI, Luiz Guilherme. *A antecipação da tutela*. 6. ed. São Paulo: Malheiros, 2009, p. 22.

618 MARINONI, Luiz Guilherme. *A antecipação da tutela*, cit., p. 22.

619 DELLORE, Luiz; TARTUCE, Fernanda. *Manual de prática civil*. 12. ed. São Paulo: Método, 2016, p. 166.

620 DELLORE, Luiz; TARTUCE, Fernanda. *Manual de prática civil*. 12. ed., cit., p. 167.

621 FUX, Luiz. A tutela de urgência na jurisdição de família: cautelares, tutela antecipada, cit.

4.1. Tutelas provisórias de urgência

4.1.1. *Espectro de possibilidades no sistema processual*

A tutela do Direito de Família, por estar relacionada a relações continuadas e valores sensíveis ao jurisdicionado, demanda soluções rápidas para crises de segurança[622].

No regime do CPC/1973, as tutelas de urgência estavam assim sistematizadas: a) existiam (como ainda existem) procedimentos especiais com previsão expressa de medida liminar; b) não existindo procedimento especial, as ações de família seguiam o procedimento comum, em que as medidas de urgência se dividiam, ao menos conceitualmente, em "tutela antecipada" (com base nos arts. 273 e 461) e "tutela cautelar" (fundada nos arts. 796 e seguintes).

Para compreendermos bem o sistema do CPC vigente, é útil conhecer o percurso até seu advento.

O sistema do CPC/1973 passou por diferentes fases. Inicialmente vocacionado para assegurar o resultado de outros processos, o processo cautelar foi concebido com escopo mais restrito do que o de acobertar necessidades prementes; tendo na *cautelaridade* a característica principal, sua missão sempre foi "assegurar a futura eficácia da tutela definitiva satisfativa". Assim, seu intuito era conservar o objeto do processo para que a parte pudesse fruir, *no futuro*, uma tutela *satisfativa* que atendesse à necessidade buscada em juízo[623]. Seu objetivo tradicional sempre foi garantir o resultado prático do processo principal (em cujo bojo se buscaria a satisfação do direito, a tutela *satisfativa*).

Em regramento peculiar, o CPC/1973 previu a propositura de medidas provisionais para atender a interesses das partes de forma satisfativa[624].

Por considerável tempo, foram veiculados em medidas cautelares pedidos satisfativos, como os de separação de corpos, alimentos, entrega de bens de uso pessoal, posse provisória de filhos, guarda e regulamentação de visitas.

Antes de 1994, diante da ausência de previsões sobre liminares específicas que garantissem a imediata fruição do direito, o processo cautelar foi utilizado para atender a demandas prementes das partes de maneira antecipada.

A partir de 1994, com o advento da tutela antecipada genérica, passou-se a propugnar que o adequado seria propor demanda principal e nela veicular pedido de antecipação de efeitos da tutela para obter o resultado pretendido logo no início da tramitação.

A medida cautelar, então, deixou de ser a via adequada para deduzir pretensões satisfativas, como, por exemplo, o afastamento do cônjuge do domicílio comum?

---

622 O tema foi desenvolvido com vagar na obra de nossa autoria *Tratado de Direito das Famílias* (2. ed. Belo Horizonte: Ed. IBDFAM, 2016); diversos trechos aqui expostos reproduzem o que ali consta.

623 DIDIER JÚNIOR, Fredie; BRAGA, Paula Sarno; OLIVEIRA, Rafael. Distinção entre tutela antecipada e tutela cautelar. In: CIANCI, Mirna *et al.* (coord.). *Temas atuais das tutelas diferenciadas:* estudos em homenagem ao Professor Donaldo Armelin. São Paulo: Saraiva, 2009, p. 265-281.

624 CPC/1973, art. 888. O juiz poderá ordenar ou autorizar, na pendência da ação principal ou antes de sua propositura: I – obras de conservação em coisa litigiosa ou judicialmente apreendida; II – a entrega de bens de uso pessoal do cônjuge e dos filhos; III – a posse provisória dos filhos, nos casos de separação judicial ou anulação de casamento; IV – o afastamento do menor autorizado a contrair casamento contra a vontade dos pais; V – o depósito de menores ou incapazes castigados imoderadamente por seus pais, tutores ou curadores, ou por eles induzidos à prática de atos contrários à lei ou à moral; VI – o afastamento temporário de um dos cônjuges da morada do casal; VII – a guarda e a educação dos filhos, regulado o direito de visita; VII – a guarda e a educação dos filhos, regulado o direito de visita que, no interesse da criança ou do adolescente, pode, a critério do juiz, ser extensivo a cada um dos avós [...].

A resposta foi divisada como positiva por certos juízos, enquanto outros foram mais abertos em termos de aceitação de diferentes formatos[625]. O que passou a ocorrer, então, quando a parte veiculava no bojo de uma demanda um pedido de antecipação de tutela em que o juiz entendia tratar a medida de uma pretensão cautelar? E vice-versa?

O CPC/1973 foi reformado em 2002 para contemplar a regra da fungibilidade entre as medidas: se o autor, a título de antecipação de tutela, requeresse providência de natureza cautelar, poderia o juiz, quando presentes os respectivos pressupostos, deferir a medida cautelar em caráter incidental do processo ajuizado (art. 273, § 6.º).

A lei era explícita em estipular a fungibilidade "regressiva", isto é, a que se operava da tutela antecipada para a cautelar. A questão que remanesceu duvidosa foi se era possível a fungibilidade também no sentido contrário, ou seja, quando o pleito foi formulado como medida cautelar e o juiz entendia se tratar de antecipação de tutela.

Havia séria discussão a tal respeito, havendo posições divergentes tanto em doutrina[626] quanto em jurisprudência[627]. Sobre o tema, houve inclusive aposição no sentido de que, havendo possibilidade de concessão de tutela antecipada no lugar da cautelar, deveria converter-se o procedimento para o rito comum e intimar-se o autor para emendar a inicial[628].

Acabou prevalecendo em doutrina e jurisprudência[629], porém, a fungibilidade em mão dupla; o tema será retomado adiante.

O legislador do CPC/2015 criou o Livro V, "Da Tutela Provisória", em contraposição à tutela definitiva e disciplinou conjuntamente as hipóteses de decisão provenientes de cognição sumária (não exauriente).

O CPC vigente aparta as tutelas provisórias com fundamento em *evidência* daquelas baseadas em *urgência*, bem salientando que a tutela provisória de urgência pode ser cautelar ou antecipada (satisfativa), sendo pleiteada em caráter antecedente (preparatório) ou incidental (no curso do processo principal ou juntamente à sua instauração) (art. 294, parágrafo único).

---

625 Em certo caso, o Tribunal de Justiça Paulista considerou ser a medida cautelar também uma via adequada, revertendo a sentença de extinção sem julgamento de mérito por falta de interesse de agir por eleição da via inadequada, permitindo a tramitação do feito cautelar para a questão (TJSP, AC 552.621.4.0, 8.ª Câmara de Direito Privado, Rel. Caetano Lagrasta, j. 28.05.2008).

626 Pela fungibilidade de mão única: THEODORO JÚNIOR, Humberto. Tutela de emergência: antecipação de tutela e medidas cautelares. In: THEODORO JÚNIOR, Humberto. *O processo civil no limiar do novo século.* Rio de Janeiro: Forense, 1999, p. 94. Pela fungibilidade de mão dupla: DINAMARCO, Cândido Rangel. *A reforma da reforma.* 4. ed. São Paulo: Malheiros, 2002, p. 92.

627 Eis entendimentos: a) pela fungibilidade de mão única: TJMG, AI 1.0024.05.736865-6.001, 7.ª Câmara Cível, Rel. Des. Armando Pinheiro Lago, j. 08.11.2005; b) pela fungibilidade de mão dupla, o STJ tem entendimento sedimentado: AgRG no REsp 1.003.667, 2.ª Turma, Rel. Min. Humberto Martins, j. 19.05.2009.

628 JORGE, Flávio Cheim; DIDIER JR., Fredie; RODRIGUES, Marcelo Abelha. *A nova reforma processual.* 2. ed. São Paulo: Saraiva, 2003, p. 92.

629 Eis decisão representativa desse entendimento: "Civil. Processual Civil. Agravo Regimental. Agravo em Recurso Especial. Família. Guarda de menor. Apelo nobre. (1) Recurso manejado sob a égide do CPC/73. [...] Medida cautelar preparatória recebida como antecipação de tutela. Possibilidade. Aplicação do princípio da fungibilidade. Acórdão em conformidade com a orientação firmada nesta Corte. Súmula n. 83 do STJ [...] 3. O acórdão recorrido se encontra em conformidade com a orientação firmada nesta Corte no sentido da 'admissão da fungibilidade entre os institutos da medida cautelar e da tutela antecipada, desde que presentes os pressupostos da medida que vier a ser concedida' (AgRg no REsp 1.003.667/RS, Rel. Min. Humberto Martins, 2.ª Turma, *DJe* 01.06.2009) [...]" (AgRg no AREsp 614.229/SP, 3.ª Turma, Rel. Min. Moura Ribeiro, j. 23.06.2016, *DJe* 01.07.2016).

Os requisitos das medidas de urgência cautelares e satisfativas também foram unificados: "existência de elementos que evidenciem a probabilidade do direito e perigo de dano ou o risco ao resultado útil do processo" (art. 300). Trata-se de requisitos mais fluidos e abertos à interpretação judicial do que aqueles previstos no CPC anterior para as tutelas antecipada (prova inequívoca convincente da verossimilhança das alegações e fundado receio de dano irreparável ou de difícil reparação ou abuso de direito de defesa ou manifesto propósito protelatório do réu – CPC/1973, art. 273) e cautelar (exposição sumária do direito ameaçado e receio de lesão – CPC/1973, art. 801, IV).

Outra modificação trazida pelo CPC atual foi a supressão de requisitos para procedimentos cautelares específicos como o arresto, o sequestro, a exibição e outros que eram previstos a partir do art. 813 do CPC/1973. Tais medidas, antes efetivadas por procedimentos específicos, constam no atual CPC como *formas de efetivação da tutela de urgência* (art. 301), com "qualquer outra medida idônea para asseguração do direito"; mantém-se, assim, a atipicidade das medidas de urgência.

Não obstante, muitas medidas de urgência de caráter cautelar tornaram-se recorrentes no Direito de Família. Apesar da falta de regulamentação como procedimentos específicos com requisitos próprios, elas foram moldadas pela jurisprudência, existindo uma casuística rica que pode ser aproveitada em prol da melhor atuação no processo de família.

Apesar do propalado intuito de promover simplificação, o CPC atual trouxe uma regulamentação complexa para a tutela de urgência antecedente. Para evitar maiores dificuldades, recomenda-se atuar de forma conservadora com vistas a evitar prejuízos no caso concreto por questões processuais[630].

4.1.2. *Diferença e fungibilidade*

Apesar de aproximar os pontos de contato entre as medidas de urgência, o CPC segue diferenciando as tutelas cautelar e antecipada. Ao referir-se à antecipação, o legislador menciona o "direito que se busca realizar" (art. 303), enquanto, ao regrar a tutela cautelar, destaca o direito que o requerente "visa assegurar" (art. 305). Como se percebe, o legislador manteve a diferenciação presente no sistema anterior em relação ao objetivo da medida[631].

Embora, teoricamente, a diferenciação entre as medidas cabíveis pareça simples, na prática nem sempre o operador do direito tem certeza sobre qual é a medida pertinente. Ainda que tenha alguma ideia sobre a adequada formulação do pedido, pode acabar tendo dúvidas – especialmente pela prática já consolidada de utilização de tutelas cautelares. Em determinadas situações no cenário do CPC/1973, diante da diversidade de concepções, não se sabia com segurança se a medida tinha a finalidade de "realizar" ou de "assegurar" o direito; a dúvida deve seguir persistindo no cenário do atual CPC[632].

Se o autor requer uma tutela provisória como tutela cautelar e o juiz entende que o caso demandaria a promoção de uma tutela provisória antecipada, como deve proceder: indeferir o pedido porque a parte empregou a via inadequada ou deve, presentes os requisitos inerentes à tutela provisória, deferi-la com base na fungibilidade?

---

630 TARTUCE, Fernanda; DELLORE, Luiz. *1.001 dicas sobre o Novo CPC*, cit., p. 63.

631 DELLORE, Luiz; TARTUCE, Fernanda. *Manual de prática civil*, cit., p. 152.

632 DELLORE, Luiz; TARTUCE, Fernanda. *Manual de prática civil*, cit., p. 152.

Como exposto, no regime do CPC/1973 vinha sendo reconhecida ampla fungibilidade entre as medidas de urgência com vistas a assegurar ao jurisdicionado que fizesse jus à proteção judiciária e não fosse afetado negativamente por uma suposta falha técnica.

À luz do CPC atual, como os requisitos das tutelas de urgência cautelares e satisfativas foram unificados, era de se esperar que se tornasse desnecessária a discussão sobre a fungibilidade entre as medidas. O Código, porém, trouxe regra que pode ensejar polêmica.

No regramento da tutela provisória cautelar antecedente do Código consta o seguinte: se o juiz entender que o pedido tem natureza antecipada, deverá observar o regramento relativo à tutela antecipada (CPC, art. 305, parágrafo único). A regra reconhece a fungibilidade nessa parte, mas não há previsão específica no sentido inverso quanto à antecipação de tutela[633].

Como exemplo, consideremos a situação de um casal em crise que não consegue mais conviver sob o mesmo teto. A medida de separação de corpos de casais beligerantes tem natureza controvertida, devendo para alguns ser veiculada como cautelar antecedente e para outros como tutela antecipada. Se a esposa promove uma tutela cautelar antecedente de urgência para obter a separação de corpos, o juiz, acreditando que o pedido deveria ter sido veiculado já na ação de divórcio (com pedido de tutela provisória antecipada para obter a imediata separação), observará o regramento referente à antecipação[634].

Estando presentes os requisitos de urgência, o magistrado, em vez de indeferir a petição inicial por erro formal, deverá analisar o teor da petição; em vez, portanto, de focar no aparente "erro formal", o juiz aproveitará o processo e promoverá a proteção do litigante em situação de urgência.

Em caso julgado pelo Tribunal de Justiça do Distrito Federal, houve adequada compreensão sobre a variedade de iniciativas existentes. Pedido nos autos da ação de divórcio o afastamento do cônjuge do lar, o juiz indeferiu o pleito afirmando que ele deveria ter sido formulado perante o Juizado de Violência Doméstica e Familiar contra Mulher. O Tribunal reformou a decisão: "não há óbice para que o juízo da Vara de Família decida sobre pedido de tutela de urgência, consistente no afastamento do cônjuge do lar, formulado na inicial de Ação de Divórcio Litigioso, ao fundamento de que o réu seria pessoa violenta, ainda que essa mesma circunstância possa ser objeto do pleito de medida protetiva de urgência prevista na Lei Maria da Penha"[635].

Por fim, vale destacar a existência de uma situação polêmica: embora haja previsão de fungibilidade no bojo da tutela cautelar, não há um dispositivo específico no sentido inverso para prevê-la quanto à antecipação de tutela: falta, portanto, previsão legal quanto à possibilidade de o juiz receber a antecipação de tutela como cautelar.

No sistema do Código anterior, mesmo faltando norma expressa, jurisprudência e doutrina dominante, manifestaram-se no sentido de ser a fungibilidade "de mão dupla". Assim, presentes os requisitos, o juiz deveria deferir a tutela de urgência, importando-se menos com a forma e mais com o conteúdo[636]. No cenário atual tal entendimento merece ser mantido? Certamente sim; há diversas decisões nesse sentido[637].

---

633 DELLORE, Luiz; TARTUCE, Fernanda. *Manual de prática civil*, cit., p. 161.

634 DELLORE, Luiz; TARTUCE, Fernanda. *Manual de prática civil*, cit., p. 163.

635 TJDF, AI 20160020385166, 2.ª Turma Cível, Rel. Des. Cesar Loyola, *DJe* 15.02.2017.

636 DELLORE, Luiz; TARTUCE, Fernanda. *Manual de prática civil*, cit., p. 153.

637 Eis exemplos: "[...] A fungibilidade ou convertibilidade é uma via de mão dupla (pode ser obtida da antecipada para a cautelar – fungibilidade regressiva – e da cautelar para a antecipada – fungibilidade progressiva) e pode ocorrer com quaisquer cautelares, inclusive com as cautelares anteriormente co-

4.1.3. *Falta de propositura da demanda principal: extinção ou conservação da cautelar?*

Requerida tutela cautelar de separação de corpos do casal, foi deferida a liminar para o afastamento do marido do lar conjugal, mas não houve formulação do pedido principal de divórcio no prazo de 30 dias[638]. Qual é a consequência?

Em uma leitura rápida do Código de Processo Civil, pode-se afirmar que ocorre a cessação da eficácia da tutela[639].

Contudo, é preciso lembrar que esse tipo de previsão foi engendrado pelo legislador processual tendo por base demandas de índole patrimonial[640].

Alguns precedentes judiciais afirmam prevalecer a separação de corpos mesmo sem haver pedido principal, porque o afastamento do casal atenderia a ambas as partes[641] e preveniria conflitos[642].

---

nhecidas como típicas ou nominadas e com as antecedentes. IV – Por se tratar de situação na qual os documentos postulados pelo Recorrente eram essenciais para o aditamento da exordial, somente a partir da juntada deles seria possível exigir uma postura propositiva do Autor. Em outras palavras, antes de acostados os documentos o Demandante permanece de mãos atadas, pois depende do acervo documental para traçar, exatamente, a estratégia processual que empregará. V – A extinção precoce levada a efeito pelo Órgão a quo equivalera a dar com uma mão e retirar com a outra, porque a sentença terminativa fora prolatada antes mesmo que o Autor tivesse a oportunidade de examinar a documentação que lhe permitiria formalizar o aditamento da sua exordial. [...]" (TJES; Apl 0001915-19.2018.8.08.0014, 4.ª Câmara Cível, Rel. Des. Jorge do Nascimento Viana, j. 27.05.2019, *DJES* 07.06.2019); "AGRAVO DE INSTRUMENTO. DIREITO DE FAMÍLIA. AÇÃO DE INVESTIGAÇÃO DE PATERNIDADE [...] Quando o pedido formulado pela parte não for de antecipação de tutela, pode-se conhecer do mesmo como medida cautelar incidental, prevista no art. 273, § 7.º do CPC/73, vigente à época da prolação da decisão recorrida, diante do princípio da fungibilidade. No exercício de seu poder geral de cautela, pode o magistrado conceder medida diversa daquela pleiteada pela parte, para resguardar a eficácia da prestação jurisdicional. [...] Comprovada o risco de dilapidação e esvaziamento patrimonial resta autorizada a concessão da tutela de natureza cautelar". (TJMG; AI 1.0105.13.039476-7/001; Rel. Des. Moacyr Lobato; j. 12.04.2018; DJEMG 18.04.2018).

638 CPC, art. 308. Efetivada a tutela cautelar, o pedido principal terá de ser formulado pelo autor no prazo de 30 (trinta) dias, caso em que será apresentado nos mesmos autos em que deduzido o pedido de tutela cautelar, não dependendo do adiantamento de novas custas processuais.

639 CPC, art. 309. Cessa a eficácia da tutela concedida em caráter antecedente, se: I – o autor não deduzir o pedido principal no prazo legal [...].

640 "[...] a preclusão do art. 806 abrange as cautelas que importam segurança quanto a bens materiais, destinada a garantir execução [...]" (LACERDA, Galeno. *Comentários ao Código de Processo Civil.* 2. ed. Rio de Janeiro: Forense, 1981, v. 8, t. 1, p. 372).

641 "[...] Separação de corpos. Medida cautelar efetivada. Ajuizamento da ação principal no prazo de 30 dias. Desnecessidade. Demanda de natureza satisfativa. Manutenção da sentença de procedência parcial dos pedidos. Sucumbência recíproca. Distribuição proporcional correta. É assente na jurisprudência que as demandas cautelares de separação de corpos possuem natureza satisfativa, razão pela qual não é aplicável ao caso o prazo decadencial previsto nos arts. 806 e 808, I, do CPC/1973, vigente à época em que a medida foi concedida. [...]" (TJSC, AC 0862841-32.2013.8.24.0023, Florianópolis, 2.ª Câmara de Direito Civil, Rel. Des. João Batista Góes Ulysséa, *DJSC* 20.02.2018, p. 151).

642 "O não ajuizamento da ação no prazo legal certamente não leva à cessação da eficácia da aludida liminar, por entender ao interesse de ambas as partes e prevenir ulteriores litígios. Sem prejuízo real ou potencial, não se incide o disposto nos artigos 806 e 808 do CPC" (TJSP, Apelação Cível 252.330-4/4-00, 8.ª Câmara de Direito Privado, 3.º Juiz, j. 03.12.2002).

Em sede doutrinária, apreciando a situação à luz do Código anterior, Galeno Lacerda defendeu a não aplicação do prazo decadencial em demandas familiares: aí temos "providências que implicam antecipação provisória da prestação jurisdicional". Em suas palavras:

> Se o juiz, cautelarmente, decretou a separação de corpos, a prestação de alimentos à mulher e ao filho abandonados, o resguardo do menor contra o castigo imoderado ou contra a guarda nociva, a regulamentação do direito de visita, a destituição provisória de pátrio poder ou de tutor ou curador, é de evidência meridiana que o não ingresso da ação principal no prazo de trinta dias não pode importar, respectivamente, na reunião de corpos que se odeiam, no desamparo e na fome da mulher e da criança, na eliminação da visita, no retorno do indigno ao pátrio poder, à tutela e à curatela. Façamos justiça ao art. 806, que jamais visou objetivos odiosos e nefandos. Interpretemo-lo com inteligência e com bom senso[643].

No mesmo sentido se manifestou Luiz Fux – que exemplificou, com viva imagem, eventual cenário em que uma parte obteve liminar de separação de corpos, mas se descuidou em relação ao pedido principal:

> Imaginem a cena daquele cônjuge varão com mala e cuia voltando para casa, dizendo que voltou porque a medida perdeu a eficácia. O outro cônjuge, que não entende de direito, não saberá nem o que significa aquela alegação. Mas na verdade não se pode imaginar que nenhum juiz de família determine que um cônjuge retorne ao lar litigioso pelo fato de a ação principal não ter sido proposta. Não é só porque perdeu prazo ou porque o Direito de Família é peculiar, mas porque a medida não é cautelar, a medida é satisfativa. Por outro lado, se não propuser a ação principal no prazo legal, nenhum juiz de família vai deixar ao abandono um incapaz nem vai mandar unir corpos que se odeiam[644].

Sob a égide do CPC/1973, tratando-se de tutela cautelar envolvendo o Direito de Família, a doutrina majoritária vinha afastando a aplicabilidade da regra processual que previa a extinção do processo diante da falta de apresentação do pedido principal[645].

Esse entendimento ainda vem sendo aplicado.

Proposta pela genitora das crianças uma demanda com pleito cautelar para regular visitas, houve extinção por falta de apresentação do pedido principal no trintídio seguinte; interposta apelação, deu-lhe provimento o Tribunal de Justiça de Santa Catarina porque "na ação de separação de corpos, bem como em outros procedimentos que envolvam o Direito de Família, o processo cautelar, pelo princípio da razoabilidade, tem caráter autônomo"; por tal razão, entendeu-se não aplicável o prazo previsto na lei processual para cogitar de caducidade da medida[646].

---

643 GALENO LACERDA. *Comentários ao Código de Processo Civil*, cit., p. 380.

644 FUX, Luiz. A tutela de urgência na jurisdição de família: cautelares, tutela antecipada, cit.

645 RHC 33.395/MG, 3.ª Turma, Rel. Min. Paulo de Tarso Sanseverino, j. 04.10.2012, *DJe* 05.10.2012. No mesmo sentido entendeu o Tribunal mineiro: "Em se tratando de direito de família, principalmente no que diz respeito a visitação dos filhos, o art. 806, do CPC deve ser aplicado de forma flexibilizada" (TJMG, AI 10024120680111003/MG, 6.ª Câmara Cível, Rel. Antônio Sérvulo, j. 13.08.2013, publicação 23.08.2013).

646 Esse entendimento foi indicado como decorrente de decisões prolatadas em 2003 e 2014 (TJSC, AC 0011633-37.2012.8.24.0036, Jaraguá do Sul, 6.ª Câmara de Direito Civil, Rel. Des. Stanley Braga, *DJSC* 13.03.2017, p. 117).

Vale destacar, por questão lógica, que, se é viável afirmar a permanência da cautelar mesmo em hipóteses de ausência da demanda principal, obviamente não cabe exegese rigorosa em caso de propositura demorada[647].

4.1.4. *Sequestro, arrolamento e bloqueio de bens*

O CPC/2015 deixou de contemplar requisitos específicos para medidas cautelares recorrentes em litígios familiares (como o sequestro e o arrolamento de bens).

A menção vaga a essas figuras (antes procedimentos cautelares nominados) sem a respectiva previsão de pressupostos insere-as em um rol aberto de formas de efetivação da tutela de urgência; o art. 301 do CPC admite "qualquer outra medida idônea para asseguração do direito", o que reforça a atipicidade das medidas de urgência[648].

Surge, então, uma considerável dificuldade: ao promover uma dessas medidas, quais são os requisitos e os procedimentos pertinentes a elas?

A lei é absolutamente omissa. A única menção a elas está no mencionado art. 301 do CPC, havendo total ausência de regulamentação das medidas – que, mencionadas expressamente, poderão seguir sendo utilizadas.

Diante da ausência de regulamentação, o procedimento será aberto, cabendo ao juiz decidir não só o mérito (definindo os requisitos para sua concessão), mas também a forma de tramitação (o procedimento). De todo modo, para melhor compreender os institutos, lições doutrinárias são úteis.

A tutela cautelar de sequestro assegura futura execução para entrega de coisa certa; para tanto, promove a apreensão de bem determinado, objeto do litígio, para assegurar sua entrega, em bom estado, ao vencedor da causa.

Os requisitos específicos de seu cabimento estavam previstos no art. 822 do CPC/1973. Como exemplo, se um dos cônjuges decidia se divorciar e o outro resistia ao fim ameaçando seriamente a integridade de bens comuns como vingança, era importante promover o sequestro de tais bens.

A probabilidade do direito decorria do interesse na preservação da situação de fato enquanto não adviesse a solução de mérito. No caso, o cônjuge prejudicado tinha interesse em assegurar a integridade do bem (que poderia ser seu quando da partilha na dissolução da sociedade conjugal).

Já o perigo de lesão era verificado pelo temor de iminente prejuízo, havendo riscos de destruição e dissipação dos bens ou dos rendimentos; a prova de tais ocorrências podia ser feita por documentos ou oralmente (com a oitiva de testemunhas em audiência de justificação)[649].

---

647 "Direito de Família. Ação cautelar de arrolamento de bens. Ação principal, contudo, não ajuizada no trintídio legal. Pedido de declaração de caducidade da medida. Inaplicabilidade das regras previstas nos art. 806 C/C 808, I, do CPC [1973] Recurso desprovido. 1. O rigorismo do lapso de trinta dias para a propositura da ação principal não se aplica às medidas meramente conservativas, preparatórias ou antecipatórias de prova, mormente quando, em se tratando de direito de família, não atinge, com fim satisfativo, a esfera jurídica e patrimonial da parte adversária. [...]" (TJSC, AI 757553/SC 2009.075755-3, 4.ª Câmara de Direito Civil, Rel. Eládio Torret Rocha, j. 04.06.2010).

648 DELLORE, Luiz; TARTUCE, Fernanda. *Manual de prática civil*, cit., p. 148.

649 DELLORE, Luiz; TARTUCE, Fernanda. *Manual de prática civil*, cit., p. 169.

Ainda, atualmente é possível encontrar decisões com base nesses parâmetros. Como exemplo, em algumas demandas o sequestro restou indeferido devido à "ausência de início de prova da alegada dissipação dos bens móveis comuns do casal"[650].

Por outro lado, há decisões que se contentam com os requisitos gerais indicados no art. 300 do CPC; eis duas delas:

> [...] A concessão de tutela de urgência, de natureza cautelar ou antecipatória, tem como pressupostos a verossimilhança do direito alegado e o perigo de dano ou risco ao resultado útil do processo (artigo 300 do código de processo civil). Quando evidente a ausência de probabilidade do direito invocado, é de rigor o indeferimento da constrição cautelar de imóvel (sequestro) particular, por não estar sujeito a partilha[651].
>
> [...] DIVÓRCIO. NULIDADE. NÃO OCORRÊNCIA. ADMINISTRAÇÃO DOS BENS COMUNS. REPASSE DE METADE DOS FRUTOS. AUSÊNCIA. BLOQUEIO DOS VALORES CORRESPONDENTES. [...]. 1. Presentes os requisitos do artigo 300 do CPC, a medida cautelar pleiteada, por ser caráter de urgência, pode ser deferida sem a oitiva da parte contrária, conforme artigo 9.º, parágrafo único, I, do CPC. 2. Demonstrado que um dos ex-consortes está na administração dos imóveis pertencentes ao casal, sem o repasse da cota pertencente ao outro, correta a decisão que determinou o sequestro do valor correspondente. [...][652].

A medida cautelar de arrolamento de bens vinha prevista no art. 855 do CPC/1973, tendo como pressupostos: a) o receio de perda ou dissipação de bens (*periculum in mora*); b) o interesse na conservação dos bens (*fumus boni iuris*). O requerente pedia que os bens em perigo fossem arrolados em juízo, nos termos do art. 856; convencido das razões, o juiz deferia a medida e nomeava um depositário para os bens, sendo lavrado um auto que descrevesse

---

650 TJRS, AI 0113530-79.2017.8.21.7000, Giruá, 7.ª Câmara Cível, Rel.ª Des.ª Sandra Brisolara Medeiros, j. 28.06.2017, *DJERS* 03.07.2017. No mesmo sentido: "[...] 2. A tutela de urgência de natureza cautelar de arrolamento de bens exige fundado receio de extravio ou dissipação do patrimônio comum. O fundado receio deve representar risco objetivo, que configure ameaça atual ou futura, não se prestando o simples temor desassociado de circunstâncias fáticas relevantes. 3. Ausente prova da ocorrência de atos de dilapidação ou de depredação do patrimônio que denote risco ao resultado útil do processo, não é possível o deferimento da medida. 4. Eventual partilha decorrente de divórcio incide apenas sobre os bens adquiridos na constância da união e de propriedade comum do casal, em conformidade com o regime de casamento. Em razão disso, não há como deferir o pedido de arrolamento de todos os bens em nome do agravado e de suas empresas. 5. A necessidade de cognição exauriente afasta a probabilidade do direito pleiteado. [...]" (TJDFT, Proc. 07133761120218070000, Rel. Diaulas Costa Ribeiro, j. 15.09.2021); "[...] Da medida cautelar de sequestro de bens. Não provimento. Ausência de risco de dilapidação do patrimônio comum. Alienação de um dos bens móveis pelo recorrido que não configura, por ora, risco à pretensão de meação da recorrente. [...]" (TJPR, Rec 0073455-45.2021.8.16.0000, Marilândia do Sul, 11.ª Câmara Cível, Rel.ª Des.ª Lenice Bodstein, j. 06.06.2022, *DJPR* 08.06.2022); "AGRAVO DE INSTRUMENTO. DIVÓRCIO LITIGIOSO C/C GUARDA E ALIMENTOS. [...]. Ausência também de elementos que evidenciem a alegação de dilapidação de bens pelo Réu, observado ainda que o veículo que teria sido vendido foi adquirido antes do casamento e eventual partilha é condicionada ao reconhecimento da alegada antecedente união..." (TJSP, AI 2266126-82.2021.8.26.0000, Ac. 15293294, São Paulo, 3.ª Câmara de Direito Privado, Rel. Des. João Pazine Neto, j. 17.12.2021, *DJESP* 26.01.2022, p. 4230).

651 TJRS; AI 5126122-94.2022.8.21.7000; São Leopoldo; Sétima Câmara Cível; Rel.ª Des.ª Vera Lucia Deboni; j. 30.08.2022; DJERS 31.08.2022.

652 TJPR; Rec 0007002-34.2022.8.16.0000; Curitiba; Décima Primeira Câmara Cível; Rel. Des. Fábio Haick Dalla Vecchia; j. 09.05.2022; DJPR 10.05.2022.

minuciosamente todos eles e alertasse sobre ocorrências que pudessem comprometer sua conservação (arts. 858 e 859).

Eis um exemplo de concessão: em demanda com pedidos de dissolução de união estável e arrolamento de bens, foi reconhecido o receio de dissipação dos bens e a liminar concedida foi mantida. Assim consta na ementa do acórdão: "visando proteger o patrimônio a ser partilhado em ação de divórcio, é cabível a concessão de liminar determinando o arrolamento de bens, desde que a parte demonstre o receio de extravio ou dissipação dos bens"[653].

Ao final do arrolamento, o juiz proferia sentença homologando o auto de arrolamento, cuja eficácia perdurava até o fim de eventual ação principal que discuta a titularidade dos bens.

Apesar de não haver previsão expressa sobre o bloqueio efetivo de bens, tal requerimento consta em alguns pedidos e encontra deferimento.

Requerida tutela cautelar em caráter antecedente de arrolamento de bens com pedido de liminar em face do marido, houve deferimento: além do arrolamento pleiteado pela esposa, foram concedidas outras medidas de urgência, destacando-se a requisição a gerentes de diversos bancos para proceder ao "bloqueio, até ulterior determinação judicial, na proporção de 50% do saldo total", ali depositado sob qualquer título (como "conta-corrente, poupança, aplicações financeiras, previdência privada, consórcios, investimentos e quaisquer outros sob a titularidade do requerido, da requerente ou ambos").

Interposto recurso contra a decisão, não houve provimento: segundo consta, foram consideradas razoáveis as medidas de urgência determinadas "ante a necessidade de se garantir a existência de patrimônio para a partilha", sendo a decisão conforme às provas existentes nos autos[654].

---

653 TJMG, AI 1.0040.14.004490-6/002, Rel.ª Des.ª Vanessa Verdolim Hudson Andrade, j. 16.07.2015, *DJEMG* 24.07.2015. No mesmo sentido: "[...] Imperiosa a confirmação da liminar deferida no processo cautelar, no sentido do lançamento de impedimento de transferência/alienação nos imóveis descritos, considerando o direito da ex-companheira à metade deles, como salientado, denotando-se a fumaça do bom direito da autora, que não reside no Brasil, e o perigo na demora, decorrente do receio da dissipação do patrimônio registrado unicamente em nome do réu. [...]" (TJMG, Apelação Cível 1.0024.13.079647-7/001, Rel.ª Des.ª Teresa Cristina da Cunha Peixoto, j. 09.05.2019).

654 TJSP, AI 2186782-28.2016.8.26.0000, 9.ª Câmara de Direito Privado, Rel. Min. Alexandre Lazzarini, j. 14.03.2017. No mesmo sentido: "[...]. É bem verdade que, de acordo com os arts. 308 e 309, I, do CPC, compete à autora ingressar com as ações principais contra os três demandados nesta ação no prazo de 30 dias a contar da efetivação da medida cautelar, isto é, promover a ação de divórcio em face do varão e a ação de dissolução de sociedade em face das pessoas jurídicas. Aliás, como acenado na inicial da demanda de que iria fazê-lo. Não obstante, ao que consta, a demandante ajuizou, até o momento, apenas a ação de divórcio, na qual, porém, não se cogita de dissolução das sociedades constituídas pelo casal, tampouco de partilha dos bens das empresas, já que o patrimônio da pessoa jurídica não se confunde com os bens da pessoa física dos sócios e o tema diz com o direito empresarial, devendo, portanto, ser tratado em ação própria. Contudo, a autora/agravada é sócia das empresas agravantes e pretende ver partilhados os direitos e ações, na proporção de 50% para cada litigante, conforme arrolado na inicial da ação de divórcio. Prudente, então, que se mantenha, pelo menos por ora, o bloqueio de valores, dada a flagrante confusão patrimonial, a fim de resguardar eventual e futuro direito de meação da mulher sobre as quotas sociais e evitar possível frustração da partilha. De mais a mais, a restrição é de 50% das quantias existentes em conta, não se vislumbrando maiores prejuízos à atividade empresarial. Mesmo que os litigantes tenham contraído matrimônio pelo regime da separação total de bens, ambos trabalham como advogados no mesmo escritório de advocacia, a sugerir que a mulher contribuiu para a constituição do patrimônio durante os 22 anos de vida em comum. Aliás, todo o patrimônio amealhado pelo casal estaria registrado exclusivamente em nome do varão ou das empresas, e por ele é administrado, o que evidencia mais um motivo para se manter a medida restritiva levada a efeito na origem. [...]" (TJRS, Agravo de Instrumento 50361228220218217000, 8.ª Câmara Cível, Rel. Luiz Felipe Brasil Santos, j. 10.06.2021).

4.1.5. Periculum in mora *inverso/reverso*

Assim que a crise gerada pelo coronavírus se instalou no Brasil, pleitos de tutela de urgência para assegurar convivência familiar ganharam destaque: como ela poderia ocorrer de forma segura nessa inédita conjuntura[655]?

Como já salientado, quando as pessoas conseguem conversar de forma construtiva, a negociação de novas condições pode ocorrer; contudo, muitas vezes o histórico de interações envolve desconfianças, ressentimentos e dificuldades[656], de modo que a conversação é percebida como inviável. A situação acaba sendo levada ao Poder Judiciário, geralmente precisa decidir a situação já em sede liminar.

A título ilustrativo, consideremos o caso da "visita à matriarca". Seis familiares (filhos, netos e nora) desejavam visitar a Sra. Helena (82), que havia sofrido um AVC e estava na casa da filha Cátia; como esta impedia a aproximação, eles promoveram ação de regulamentação de visitas com pedido de tutela de urgência antes da pandemia se instalar. A decisão de primeiro grau postergou a apreciação do pedido para o dia da audiência conciliatória; inconformados, os familiares interpuseram agravo de instrumento com pedido de antecipação dos efeitos da tutela recursal[657]. No acórdão do Tribunal de Justiça do Rio de Janeiro constou a seguinte motivação:

> A população idosa, mais vulnerável aos gravíssimos efeitos da doença, deve ser ainda mais resguardada e protegida. Significa dizer que, no presente momento, o pedido recursal representa *periculum in mora* inverso, pois a visitação de 06 (seis) pessoas distintas a uma pessoa idosa, com 82 anos de idade e vítima de AVC, juntas ou separadas, é absolutamente incompatível com o distanciamento social que o coronavírus vem impondo em todos os países [...][658].

Analisemos o argumento do *periculum in mora* reverso (inverso). Segundo Reis Friede, após apreciar os demais requisitos para o deferimento da tutela urgência cabe ao magistrado

> [...] o imperativo e criterioso exame do requisito *periculum in mora* inverso ou, mais especificamente, a verificação de sua "não produção", consistente, exatamente, no afastamento, por seu turno, da eventual concretização de grave risco de ocorrência de dano irreparável (ou de difícil reparação) contra o réu ou terceiros, como consequência direta da própria concessão da medida liminar pleiteada pelo ao autor[659].

---

[655] TARTUCE, Fernanda; TASSINARI, Simone. Exigências de maior responsabilidade parental e ajustes sobre convivência familiar no contexto da pandemia. In: NEVARES, Ana Luiza Maia; XAVIER, Marilia Pedroso; MARZAGÃO, Silvia Felipe (coord.). *Coronavírus*: impactos no direito de família e sucessões. Indaiatuba: Foco, 2020, p. 163.

[656] TARTUCE, Fernanda; TASSINARI, Simone. Exigências de maior responsabilidade parental e ajustes sobre convivência familiar no contexto da pandemia, cit., p. 163.

[657] TARTUCE, Fernanda; TASSINARI, Simone. Exigências de maior responsabilidade parental e ajustes sobre convivência familiar no contexto da pandemia, cit., p. 164.

[658] TJRJ, AI 0015225-60.2020.8.19.0000, 7.ª Câmara Cível, Rel. Desembargador Luciano Saboia Rinaldi de Carvalho, j. 18.03.2020.

[659] FRIEDE, Reis. Do *periculum in mora* inverso (reverso). *Revista EMERJ*, Rio de Janeiro, v. 17, n. 66, p. 249 - 286, set./dez. 2014 Disponível em: https://www.emerj.tjrj.jus.br/revistaemerj_online/edicoes/revista66/revista66_249.pdf. Acesso em: 17 jul. 2020.

Em outras palavras, o *periculum in mora* reverso se verifica "quando o deferimento da medida de urgência, ao afastar o perigo de dano irreparável enfrentado pelo requerente, acaba por impor ao requerido que suporte risco igual ou maior, como consequência imediata da própria providência emergencial decretada"[660].

No contexto pandêmico houve destaque sobre a necessária tutela dos direitos das pessoas mais vulneráveis.

Como bem destacou Silvia Marzagão, sendo possível o convívio físico com segurança, ele deveria ser mantido em relação aos filhos para viabilizar o cuidado equilibrado da prole pelos genitores[661]. Na mesma linha ponderou Rolf Madaleno:

> Resulta tudo de um juízo de ponderação, quando sabido que a vida comunitária e o exercício da plena formação do infante se encontram em suspenso para que não só a vida dos filhos seja plenamente protegida, mas para que também possa pôr a salvo as vidas dos que em tempos de pandemia por enfermidade do coronavírus são tanto ou até mais vulneráveis pelo grupo de risco em que se encontram (pessoas mais idosas ou enfermas) e que também precisam ser preservadas[662].

Vale destacar que algumas decisões utilizam tal argumento não apenas em relação ao contexto gerado pela covid-19.

Em demandas de exoneração de alimentos muitas vezes a tutela antecipada é negada sob a alegação de que, além de faltar a demonstração da aptidão de sustento do alimentando, a decisão poderia impor *periculum in mora inverso em relação ao réu*[663].

Em uma ação rescisória contra acórdão proferido em demanda investigatória de paternidade, o STJ reconheceu a ocorrência de *periculum in mora* inverso devido ao risco de dano grave aos interesses da menor caso deferida tutela para suspender a obrigação de prestar alimentos[664].

---

660 THEODORO JÚNIOR, Humberto. Tutelas provisórias segundo o novo Código de Processo Civil: tutela de urgência e tutela de evidência. *Revista Jurídica de Seguros*, Rio de Janeiro, n. 6, p. 12-51, maio 2017, p. 30.

661 MARZAGÃO, Silvia Felipe. Direito de família e pandemia: tempo de reflexão e transformação. *Migalhas*, São Paulo, 15 abr. 2020. Disponível em: https://www.migalhas.com.br/depeso/324495/direito-de-familia-e-pandemia-tempo-de-reflexao-e-transformacao. Acesso em: 27 abr. 2020.

662 MADALENO, Rolf. Guarda compartilhada e regulação de visitas (pandemia ou pandemônio). *GenJurídico*, São Paulo, 20 mar. 2020. Disponível em: http://genjuridico.com.br/2020/03/20/guarda-compartilhada-visitas-pandemia/. Acesso em: 27 abr. 2020.

663 TJSP, AI 2072132-26.2020.8.26.0000, Ac. 13531647, São Paulo, 3.ª Câmara de Direito Privado, Rel. Des. Donegá Morandini, *DJESP* 08.05.2020, p. 2.253. Eis casos similares: "[...] Filho que, apesar de emancipado, conta com dezessete anos, ainda em fase de formação educacional e profissional, o qual sequer se manifestou nos autos. Impossibilidade de exoneração inaudita altera parte, nos termos da Súmula n. 358 do STJ. Periculum in mora inverso que favorece o alimentado. Ausência dos requisitos da probabilidade do direito e a urgência, nos termos do art. 300, *caput*, do CPC, impedindo a concessão da tutela de urgência almejada" (TJSC, AI 4027765-68.2019.8.24.0000, Itajaí, 6.ª Câmara de Direito Civil, Rel. Des. André Luiz Dacol, *DJSC* 26.11.2019, p. 270); "[...]. Isso não bastasse, a presença de *periculum in mora* inverso (art. 300, § 3.º, do CPC) justifica o afastamento da possibilidade de concessão da tutela emergencial, tendo em vista que os alimentos visam assegurar ao alimentando o suprimento das necessidades humanas básicas, que compõem o mínimo vital, garantindo-lhe existência digna" (TJMS, AI 1400327-86.2019.8.12.0000, 1.ª Câmara Cível, Rel. Des. Geraldo de Almeida Santiago, *DJMS* 04.10.2019, p. 96).

664 STJ, AgInt-PedTutProv 1.009, Proc. 2017/0266558-3/AM, 3.ª Turma, Rel. Min. Paulo de Tarso Sanseverino, j. 12.12.2017, *DJe* 01.02.2018, p. 4.584).

Em uma ação de guarda, o genitor, que havia descumprido a sentença, pediu tutela provisória para o restabelecimento das visitas prolongadas (com concordância da genitora). Decidiu o TJDFT, ao negar o pedido que, "por se tratar de interesse e segurança do menor, recomenda-se cautela quanto ao regime de visitas anteriormente proposto sob pena de ocasionar o *periculum in mora* inverso"[665].

Como se nota, a situação familiar será apreciada a juízo também sob o prisma da proteção da outra parte e/ou de pessoas incapazes envolvidas no conflito. Para evitar uma derrota pública que poderá piorar a relação entre as partes, será importante considerar esse fator na gestão da controvérsia: o magistrado poderá negar a tutela de urgência com base no *periculum in mora* inverso (reverso).

5. RECURSOS: PONDERAÇÕES ESPECIAIS

O regramento dos recursos – como, aliás, grande parte das previsões do CPC – não foi cogitado para atender especificamente aos litigantes familiares (nem, aliás, de qualquer seara). O Processo Civil, em sua abstração e transubstancialidade, deve ser apto a atender a qualquer situação inerente aos conflitos para os quais foi destinado a incidir.

Como exposto no início desta obra, o processo tem caráter transubstancial pela vocação de atender grande gama de situações controvertidas com diferentes perfis (independentemente das particularidades dos conteúdos substanciais por ele veiculados), tendendo à generalidade[666]. Sabedor do caráter transubstancial do processo, um passo à frente essencial a ser dado

---

665 "3. Muito embora a genitora tenha se manifestado no sentido de confiar na veracidade das informações aduzidas pelo médico do agravante, concordando com o pedido de reestabelecimento das visitas prolongadas, tal fato não é suficiente para aferir a real capacidade do genitor em cuidar do filho menor. 4. Enquanto houver incerteza quanto ao tratamento e o reestabelecimento da saúde psíquica do genitor, prevalece a vontade estatal, já que se encontra esta respaldada tanto na ausência das provas determinadas e não arroladas aos autos, como em pareceres do órgão ministerial" (TJDFT, Proc. 0703.39.3.272017-8070000, Ac. 104.4108, 6.ª Turma Cível, Rel. Des. Carlos Rodrigues, j. 04.09.2017, *DJDFTE* 18.09.2017). No mesmo sentido: "Como já salientado na decisão monocrática, da análise das provas até então produzidas nos autos, não se evidencia, ao que tudo indica, os fatos narrados, sendo certo que a matéria demanda ampla dilação probatória, em atenção aos princípios da ampla defesa e do contraditório. Isto porque, não restou evidenciado a existência de qualquer ato capaz de desabonar a conduta da genitora e infirmar os cuidados despendidos por ela e seu esposo à infante. Ademais, a circunstância de mudança de cidade pela mãe da menor não constitui motivo hábil, *per se*, a ensejar a alteração da guarda e da responsabilidade da menor. Além do que, o argumento de que não detém condições financeiras de arcar com os novos valores a título de mensalidade escolar da filha desserve a justificar a medida pretendida, devendo, se for o caso, ser discutida na via judicial adequada. Logo, ao menos em sede de cognição sumária, e em posse do conjunto probatório fornecido pelo agravante, não se mostra razoável a alteração, *inaudita autera pars*, nesse momento, da modalidade da guarda da menor, impondo-se, pois, a manutenção do *decisum* atacado. Não fosse isso o bastante, a tutela de urgência de natureza antecipada não será concedida quando houver perigo de irreversibilidade dos efeitos da decisão, na exata dicção do § 3.º do art. 300, do CPC. Logo, o julgador não pode se olvidar do exame do *periculum in mora* inverso ou reverso, ou seja, dos riscos que o provimento antecipatório poderá acarretar à parte recorrida, como na hipótese em tela. Isto porque, conforme consignado no *decisum* atacado, 'tal medida poderá trazer mais danos do que aqueles que se visa evitar, pois determinar que a filha retorne a Palmas, sem que a mãe tenha sido ao menos citada da ação, é no mínimo temerário', até porque a infante já se encontra devidamente matriculada em instituição de ensino regular nesta Capital [...]" (TJDFT, AI 0704328-62.2020.8.07.0000, Rel. Des. Arnoldo Camanho, j. 12.08.2021).

666 SALLES, Carlos Alberto de. *A arbitragem na solução de controvérsias contratuais da administração pública*, cit., p. 40.

é verificar as necessidades e detectar os problemas de uma área especial de atuação e, em seguida, desenvolver instrumentos adequados[667].

Há peculiaridades, portanto, que merecem ser destacadas em relação aos recursos interpostos contra decisões proferidas em demandas familiares e ao olhar que o magistrado deve dirigir a tais pretensões recursais.

5.1. A pertinência do agravo de instrumento em demandas familiares

As decisões proferidas no curso do processo podem solucionar pendências essenciais ao andamento do feito e ao encaminhamento de pontos definitivos da causa. As decisões que resolvem pontos controvertidos não são meros despachos (decisões irrecorríveis proferidas para o regular andamento do feito), mas sim decisões interlocutórias (destinadas a resolver questões incidentes no processo e passíveis de impugnação se errôneas e prejudiciais).

Certas decisões interlocutórias desafiam o recurso de agravo de instrumento: propõe o CPC que tal recurso seja utilizado em certas hipóteses eleitas pelo legislador[668]. Como exemplo, o art. 1.015, I, do CPC afirma caber agravo de instrumento contra decisão sobre tutela provisória. Como já exposto, são requisitos da tutela de urgência: a) a presença de elementos que evidenciem a probabilidade do direito; b) a existência de perigo de dano ou risco ao resultado útil do processo (CPC, art. 300).

Em demandas familiares é comum a formulação de pedidos liminares; havendo seu indeferimento, a parte autora poderá interpor agravo de instrumento, assim como poderá o réu recorrer em caso de deferimento.

Vale lembrar que também cabe agravo de instrumento contra decisões proferidas durante as atividades jurisdicionais executivas e relativas ao cumprimento de sentença[669].

O problema trazido pelo CPC/2015 foi o seguinte: como proceder com relação às decisões interlocutórias excluídas do rol expresso de cabimento do art. 1.015?

Logo que o CPC entrou em vigor, havia duas respostas: a) fora das hipóteses previstas não seria cabível recurso imediato (mas também não ocorreria preclusão, devendo haver impugnação preliminarmente à apelação, nos termos do art. 1.009, § 1.º, do CPC); b) se a decisão interlocutória envolvesse situação de urgência, deveria existir alguma forma de imediata impugnação (não somente a apelação)[670].

Com relação a esta última hipótese, situações envolvendo matérias relevantes – como a discussão quanto à incompetência (especialmente a absoluta) – ficaram de fora do rol de

---

[667] BEDAQUE, José Roberto dos Santos. *Direito e processo*: influência do direito material sobre o processo, cit., p. 21.

[668] CPC, art. 1.015. Cabe agravo de instrumento contra as decisões interlocutórias que versarem sobre: I – tutelas provisórias; II – mérito do processo; III – rejeição da alegação de convenção de arbitragem; IV – incidente de desconsideração da personalidade jurídica; V – rejeição do pedido de gratuidade da justiça ou acolhimento do pedido de sua revogação; VI – exibição ou posse de documento ou coisa; VII – exclusão de litisconsorte; VIII – rejeição do pedido de limitação do litisconsórcio; IX – admissão ou inadmissão de intervenção de terceiros; X – concessão, modificação ou revogação do efeito suspensivo aos embargos à execução; XI – redistribuição do ônus da prova nos termos do art. 373, § 1.º; XII – (vetado); XIII – outros casos expressamente referidos em lei.

[669] CPC, art. 1.015, parágrafo único. Também caberá agravo de instrumento contra decisões interlocutórias proferidas na fase de liquidação de sentença ou de cumprimento de sentença, no processo de execução e no processo de inventário.

[670] DELLORE, Luiz; TARTUCE, Fernanda. *Manual de prática civil*, cit., p. 353.

cabimento do agravo de instrumento e geraram muitos debates. Para esses casos, questionou-se: 1. seria cabível agravo de instrumento de forma ampliativa (portanto, o rol do art. 1.015 não seria taxativo?); 2. Seria adequado o uso de mandado de segurança (ação de impugnação e não recurso)?

A questão ensejou grande polêmica no campo doutrinário[671]. Sendo o prazo para agravar (15 dias) inferior ao prazo decadencial do MS (120 dias), recomendou-se inicialmente, do ponto de vista prático, ser melhor interpor inicialmente tal recurso e, caso este não fosse conhecido, impetrar mandado de segurança (ao menos até que houvesse resposta segura para a questão)[672].

Em 2017, o assunto foi apreciado pelo STJ uma única vez de forma colegiada (por acórdão, portanto). Por unanimidade de votos (5 ministros), a 4.ª Turma admitiu o agravo de instrumento em situação envolvendo competência, dando o primeiro sinal de que o rol de cabimento do agravo de instrumento não era visto como taxativo[673].

Em 2018, a Corte Especial do Superior Tribunal de Justiça manifestou-se sobre o tema ao julgar a afetação ao rito de recursos repetitivos de dois processos[674] em que se questionava o cabimento do recurso contra decisões sobre valor da causa e competência. Assim foi delimitada a controvérsia: "definir a natureza do rol do art. 1.015 do CPC/15 e verificar possibilidade de sua interpretação extensiva, para se admitir a interposição de agravo de instrumento contra decisão interlocutória que verse sobre hipóteses não expressamente versadas nos incisos de referido dispositivo do Novo CPC".

Prevaleceu, por 7 votos a 5, a orientação da relatora ministra Nancy Andrighi com a fixação da seguinte tese: "o rol do art. 1.015 do CPC/15 é de taxatividade mitigada, por isso admite a interposição de agravo de instrumento quando verificada a urgência decorrente da inutilidade do julgamento da questão no recurso de apelação"[675].

No voto, a ministra relatora citou um exemplo útil a demandas familiares: a necessária pertinência do cabimento de agravo contra a decisão que nega o segredo de justiça requerido pela parte. Em suas palavras, sendo o sigilo indeferido "ter-se-ia pela letra do artigo uma decisão irrecorrível que somente seria contestada em preliminar de apelação, quando seria inútil, pois todos os detalhes da intimidade do jurisdicionado teriam sido devassados pela publicidade".

Ao tratar a configuração do perigo de lesão apto a justificar a interposição do agravo de instrumento no regime do CPC anterior, Humberto Theodoro Júnior referia-se à situação em que não era possível à parte prejudicada esperar pela oportunidade de uma futura apelação para enfim obter a tutela buscada "sem sofrer perda ou redução significativa em sua situação jurídica": era preciso que da decisão interlocutória decorressem "efeitos imediatos sobre o bem da vida ou o interesse jurídico de que a parte se afirma titular"; concluiu o autor não

---

[671] Para Flávio Yarshell, a (discutível) opção da lei de prever taxativamente as hipóteses de cabimento do agravo de instrumento poderia "dar margem ao excepcional emprego de mandado de segurança", se o prejuízo gerado pela decisão fosse imediato e não houvesse "interesse processual em suscitar a questão apenas ao ensejo da apelação" (COÊLHO, Marcus Vinicius Furtado. Apelação. In: COÊLHO, Marcus Vinicius Furtado; MEDEIROS NETO, Elias Marques de; YARSHELL, Flávio Luiz; PUOLI, José Carlos Baptista. *O novo CPC*: breves anotações para a advocacia. Brasília: OAB, Conselho Federal, 2016, p. 106).

[672] DELLORE, Luiz; TARTUCE, Fernanda. *Manual de prática civil*, cit., p. 353.

[673] REsp 1.679.909, 4.ª Turma.

[674] A decisão foi proferida em sede de recurso especial repetitivo (REsp 1.696.396 e REsp 1.704.520) e teve o julgamento finalizado em 05.12.2018.

[675] Na decisão constou nota sobre a modulação dos efeitos da tese jurídica, destacando-se que esta "somente se aplicará às decisões interlocutórias proferidas após a publicação do acórdão" que a fixou.

ser preciso que a lesão fosse irremediável, mas que fosse grave e que, no futuro, fosse "muito onerosa ou muito problemática a restauração respectiva"[676].

À luz de tais ponderações, pensemos nos objetos das demandas familiares: situações relativas ao estado da pessoa, a direitos de personalidade, a condenação em obrigações de fazer e/ou pagar quantias que envolvem a subsistência de muitos dos envolvidos... quem são os formuladores de tais pleitos? Muitos dos pedidos têm por cotitulares pessoas incapazes e/ou vulneráveis.

A gravidade e a premência das situações inerentes às demandas familiares indicam a pertinência da imediata devolução das decisões consideradas equivocadas ao Tribunal; em tal contexto, a modalidade apropriada de recurso será o agravo de instrumento, devendo ser reconhecido como lesivo "qualquer risco que afeta os direitos fundamentais como a vida, a liberdade, a dignidade humana"[677].

Merecem assim um "cuidado maior" as causas de estado "porque nelas frequentes são as exposições de direitos da personalidade a perigo de lesão, durante a marcha de processos como os de alimentos, de guarda de filhos ou incapazes, de investigação de paternidade, de separação ou divórcio e outros do mesmo gênero"[678].

Ao defender a pertinência do agravo de instrumento no contexto das demandas familiares sob a égide do CPC/1973, assim se manifestou Jones Figueiredo Alves:

> Consabido que as ações de família, diante do contexto de dirimir problemas que envolvem questões complexas e urgentes do drama conjugal/convivencial, devem ser resolvidas dialeticamente a sugerir resolver também pessoas, e não apenas os processos, as decisões interlocutórias nela proferidas tendem, de regra, a desafiarem o agravo de instrumento. A esse respeito merece considerar que dever-se-á, em comum, ser exercida tal modalidade, porquanto o regime de retenção nem sempre atenderá os reclamos que carecem de uma pronta solução jurisdicional[679].

Não há como discordar também de Carlos Alberto Alvaro de Oliveira: "a urgência está no cerne mesmo do direito de família"[680]. A falta de satisfação antecipada das pretensões de índole não patrimonial inerentes ao direito de família "acarretaria, por hipótese, *prejuízo irreparável*, revelando-se quase sempre impossível ou inadequado o ressarcimento mediante equivalente monetário"[681].

Vale apontar, contudo, que não basta a urgência ínsita ao tema de direito material para ser cabível o agravo de instrumento no regime do CPC atual: nos termos da decisão da Corte Especial do STJ, a urgência precisa ser justificada pela inutilidade da invocação do tema na apelação.

---

676 THEODORO JÚNIOR, Humberto. O agravo de instrumento e as causas de direito de família, cit., p. 271.

677 THEODORO JÚNIOR, Humberto. O agravo de instrumento e as causas de direito de família, cit., p. 271.

678 THEODORO JÚNIOR, Humberto. O agravo de instrumento e as causas de direito de família, cit., p. 271.

679 ALVES, Jones Figueiredo. O novo regime de agravo: exceções ao regime de retenção obrigatória. In: DUARTE, Bento Herculano; DUARTE, Ronnie Preuss (org.). *Processo civil*: aspectos relevantes. São Paulo: Método, 2007, v. 1, p. 589.

680 ALVARO DE OLIVEIRA, Carlos Alberto. A urgência e o direito de família (as chamadas medidas provisionais do art. 888 do CPC). *Direito de Família*, Belo Horizonte, 2020. Disponível em:https://www.direitodefamilia.adv.br/2020/wp-content/uploads/2020/06/a-urgencia.pdf. Acesso em: 3 ago. 2016.

681 ALVARO DE OLIVEIRA, Carlos Alberto. *A tutela de urgência e o direito de família*, cit., p. 30.

Imagine, por exemplo, que uma esposa vítima de violência promova ação de divórcio e afirme não ter interesse em participar de audiência conciliatória: se mesmo assim o juiz designar a sessão consensual para que ela compareça sob pena de multa, haverá sentido em recorrer por meio de eventual futura apelação? A resposta é claramente negativa: já terá havido a audiência...

Merece destaque outro caso em que o recurso foi admitido por essa mesma lógica (ainda que não expressamente se tenha falado em taxatividade mitigada, já que a decisão é anterior ao acórdão do STJ). Em ação de reconhecimento e dissolução de união estável, foi indeferido em primeiro grau o requerimento para que a ex-companheira apresentasse talões de nota de produtora rural e indicasse eventual lucro auferido por certo lapso temporal; decidiu a relatora:

> A determinação da apresentação dos referidos documentos constitui, por si, questão elementar para a apuração dos bens que integram o patrimônio do casal, e, se as partes estão em vias de separação com certa beligerância, é plenamente justificável a determinação de exibição de documentos, o que não acarreta gravame para a parte e tem o condão de assegurar a partilha equânime dos bens, sendo suficiente a existência do risco potencial[682].

Como se percebe, mesmo antes da decisão da Corte Especial do STJ reconhecendo a taxatividade mitigada do rol do art. 1.015 do CPC, advogadas(os) e defensores(as) já interpunham agravos de instrumento contra decisões em relação às quais haveria inutilidade de apreciação em apelação. Em casos assim, caberá recorrer mostrando a urgência na apreciação.

Em relação a demandas que versam sobre o fim da união, um apontamento é útil: o legislador buscou conferir maior celeridade à efetivação da dissolução do vínculo conjugal (objetivo que norteou, inclusive, a Emenda n. 66/2010) com a previsão de que, mesmo que não havendo consenso em relação à partilha de bens, esta será feita após homologação do divórcio[683].

A técnica, que, como veremos, também é aplicada ao divórcio litigioso, consagra a possibilidade de cisão de decisões: em um primeiro momento, declara-se, em caráter definitivo, a dissolução do vínculo conjugal; em um segundo, assumindo o feito caráter contencioso, discute-se a partilha dos bens. Não há óbice para que as duas etapas se deem na mesma relação processual, desde que isso seja proposto pelos cônjuges na oferta de homologação de divórcio.

A lei consagrou possibilidade de decisões parciais em divórcio, situação que já vinha sendo aventada tanto na doutrina[684] quanto nos tribunais.[685]

---

682 TJRS, AI 0026954-49.2018.8.21.7000, Torres, 7.ª Câmara Cível, Rel.ª Des.ª Liselena Schifino Robles Ribeiro, j. 07.02.2018. *DJERS* 14.02.2018. Vale ressaltar que esta decisão é anterior ao acórdão do STJ sobre a taxatividade mitigada do rol do art. 1.015 do CPC, que foi publicado em dezembro de 2018.

683 CPC/1973, art. 1.121, § 1.º Se os cônjuges não acordarem sobre a partilha dos bens, far-se-á esta, depois de homologada a separação consensual, na forma estabelecida neste Livro, Título I, Capítulo IX. CPC/2015, art. 731. Parágrafo único. Se os cônjuges não acordarem sobre a partilha dos bens, far-se-á esta depois de homologado o divórcio, na forma estabelecida nos arts. 647 a 658.

684 TARTUCE, Flávio. A Emenda Constitucional 66/2010 e os alimentos pós-divórcio. *Instituto Brasileiro de Direito de Família*, Belo Horizonte, 18 jan. 2011. Disponível em:https://ibdfam.org.br/index.php/artigos/704/novosite. Acesso em: 18 dez. 2019.

685 "[...] Divórcio. Julgamento antecipado parcial de mérito. Decisão decretou divórcio do casal e determinou o prosseguimento da lide, em relação à partilha de bens, observando que não cabe ao Juízo que cuidará da partilha determinar à requerida o pagamento de imposto e obrigação *propter rem*. Agravada alega união estável anterior ao casamento e aquisição do imóvel nesse período, tornando controvertido o

Em reforço a tais decisões, destaca o enunciado 18 do IBDFAM: "nas ações de divórcio e de dissolução da união estável, a regra deve ser o julgamento parcial do mérito (art. 356 do CPC/2015), para que seja decretado o fim da conjugalidade, seguindo a demanda com a discussão de outros temas".

O sistema engendrado pelo CPC permite o julgamento *parcial* do mérito quando houver "cumulação de pedidos" e um deles ou mostrar-se incontroverso, ou estiver em condições de imediato julgamento[686]. Em boa técnica, há previsão expressa de que tal julgamento poderá ser atacado por agravo de instrumento[687]. No que tange especificamente aos alimentos liminarmente reconhecidos a um litigante, merecem transcrição as palavras de Rolf Madaleno:

> [...] a fixação dos alimentos liminares desafia o recurso do agravo de instrumento, com a eventual retratação do juiz singular se entender pertinentes os argumentos do alimentante, o que não é impossível e difícil de acontecer quando o valor inicial foi fixado sem a audiência do requerido e com suporte exclusivo nas informações unilaterais do alimentando. É corriqueiro ocorrerem exageros nas informações de renda, notadamente no caso de empresários, profissionais liberais e autônomos, induzindo o decisor em equívoco, senão no tocante às supostas rendas do provedor alimentar, por vezes no que respeita à existência de outros compromissos financeiros do devedor alimentar, como a existência de outros dependentes omitidos na petição inicial[688].

5.2. Apelação

5.2.1. *Cabimento*

Nos termos do art. 1.009 do CPC, da sentença cabe apelação. Segundo o art. 203, § 1.º, do mesmo Código, "sentença" é "o pronunciamento por meio do qual o juiz, com fundamento nos arts. 485 e 487, põe fim à fase cognitiva do procedimento comum, bem como extingue a execução".

O processo poderá ser de conhecimento (de qualquer procedimento: comum ou especial) ou de execução.

---

quinhão pleiteado pelo agravante. Somente após a definição do quinhão cabível a cada uma das partes e consequente partilha de bens é que se verificará a responsabilidade de cada condômino pelos tributos e encargos incidentes sobre o imóvel partilhado. Necessidade de observância das regras estatuídas nos incisos do art. 648, CPC/2015, notadamente a prevenção de litígios futuros. [...]" (TJSP, AI 2180358-62.2019.8.26.0000, Ac. 13169666, São Paulo, 9.ª Câmara de Direito Privado, Rel. Des. Edson Luiz de Queiroz, j. 10.12.2019, *DJESP* 18.12.2019, p. 3255).

686 CPC, art. 356. O juiz decidirá parcialmente o mérito quando um ou mais dos pedidos formulados ou parcela deles: I – mostrar-se incontroverso; II – estiver em condições de imediato julgamento, nos termos do art. 355.

687 CPC, art. 356. § 5.º A decisão proferida com base neste artigo é impugnável por agravo de instrumento.

688 MADALENO, Rolf. Alimentos processuais, cit.

Verificando-se uma das circunstâncias dos arts. 485[689] ou 487[690] do CPC, estaremos diante de uma sentença contra a qual cabe apelação.

Há de se atentar para a possibilidade de julgamento parcial de mérito.

O art. 356[691] do CPC contempla a possibilidade de prolação de sentenças parciais: será possível cindir a resolução do mérito em mais de um provimento caso um pedido ou a parte de um pedido se mostrar incontroversa ou estiver em condições de imediato julgamento. Nesse caso, haverá verdadeira decisão (parcial) de mérito que não configurará sentença (porque não findará o processo), mas sim decisão interlocutória.

Ainda que, nesse caso, haja apreciação de mérito (art. 487, I), por expressa previsão legal, o recurso cabível será o agravo de instrumento (art. 356, § 5.º). Assim, por exemplo, se na demanda de divórcio litigioso (em que há cumulação com pedidos de guarda e regulação da convivência familiar) houver decisão incidental de decreto do divórcio, caberá agravo de instrumento contra tal decisão[692].

Vale lembrar que esse recurso não é dotado de efeito suspensivo automático no regime do CPC– diferentemente da apelação: esta, em regra, tem efeito suspensivo)[693].

---

689 Art. 485. O juiz não resolverá o mérito quando: I – indeferir a petição inicial; II – o processo ficar parado durante mais de 1 (um) ano por negligência das partes; III – por não promover os atos e as diligências que lhe incumbir, o autor abandonar a causa por mais de 30 (trinta) dias; IV – verificar a ausência de pressupostos de constituição e de desenvolvimento válido e regular do processo; V – reconhecer a existência de perempção, de litispendência ou de coisa julgada; VI – verificar ausência de legitimidade ou de interesse processual; VII – acolher a alegação de existência de convenção de arbitragem ou quando o juízo arbitral reconhecer sua competência; VIII – homologar a desistência da ação; IX – em caso de morte da parte, a ação for considerada intransmissível por disposição legal; e X – nos demais casos prescritos neste Código.

690 Art. 487. Haverá resolução de mérito quando o juiz: I – acolher ou rejeitar o pedido formulado na ação ou na reconvenção; II – decidir, de ofício ou a requerimento, sobre a ocorrência de decadência ou prescrição; III – homologar: a) o reconhecimento da procedência do pedido formulado na ação ou na reconvenção; b) a transação; c) a renúncia à pretensão formulada na ação ou na reconvenção.

691 Art. 356. O juiz decidirá parcialmente o mérito quando um ou mais dos pedidos formulados ou parcela deles: I – mostrar-se incontroverso; II – estiver em condições de imediato julgamento, nos termos do art. 355.

692 Eis trechos de decisões que retratam a ocorrência: "Direito de família. Agravo de instrumento. Ação de divórcio c/c partilha de bens, alimentos e regulamentação de visitas. Decisão que decretou o divórcio e extinguiu o feito neste tocante, com resolução de mérito. Insurgência da autora. Intenção de desfazimento do vínculo conjugal manifestada em contestação. Matéria incontroversa. Possibilidade de prolação de sentença parcial de mérito (art. 356, I, CPC/15). [...]" (TJPR, Ag. Instr. 1636526-5, Curitiba, 11.ª Câmara Cível, Rel. Des. Ruy Muggiati, j. 14.06.2017, *DJPR* 28.06.2017, p. 156); "Agravo de instrumento. Ação de divórcio com partilha de bens e guarda e alimentos. [...] 1. Caso concreto em que restou indeferido, em sentença parcial de mérito, o reconhecimento do direito à convivência com os filhos. 2. Em que pese as alegações do agravante, a pretensão por ele perquirida, no momento processual, não merece prosperar, sendo indispensável a instrução probatória na origem, a fim de averiguar a modalidade de guarda que mais se adeque ao interesse dos menores. 3. Havendo notícias de que o agravante está impedido de se aproximar da genitora dos menores, em razão de suposta violência doméstica, não é recomendável o deferimento da guarda compartilhada, sob pena de prejudicar o melhor interesse da criança e do adolescente. [...]" (TJDFT, Proc. 07007623720218079000, Rel. Josaphá Francisco dos Santos, j. 08.09.2021).

693 DELLORE, Luiz; TARTUCE, Fernanda. *1.001 dicas sobre o novo CPC*, cit., p. 76.

5.2.2. *Efeitos da apelação*

Como regra, a apelação é recebida nos efeitos devolutivo e suspensivo – ou seja, no duplo efeito[694], conforme se vê do art. 1.012 do CPC. As exceções (sobre situações em que não há efeito suspensivo) estão previstas em lei – tanto no CPC[695] como em legislação extravagante.

Merecem destaque, por força da pertinência temática com esta obra, as sentenças: a) que condenam a pagar alimentos; b) que confirmam, concedem ou revogam tutela provisória; c) que decretam a interdição.

Quando o recurso interposto é recebido apenas no efeito devolutivo, é viável a execução provisória da decisão recorrida: publicada a sentença, poderá a parte interessada pleitear o cumprimento provisório após a publicação da decisão (CPC, art. 1.012, § 2.º).

Inova o CPC atual ao deixar de prever o exame de admissibilidade da apelação na origem[696]: há simplesmente o encaminhamento do recurso ao Tribunal após as contrarrazões. Sendo assim, não há apreciação sobre a admissão do recurso em primeiro grau[697] nem a indicação de quais são os efeitos do recurso de apelação. Por essa razão, caso a parte recorrente pretenda a atribuição de efeito suspensivo a uma apelação (que usualmente só é dotada de efeito devolutivo), não o fará em 1.º grau de jurisdição (como fazia no regime do CPC/1973), mas formulará tal pleito diretamente ao Tribunal[698].

Para lograr a atribuição excepcional do efeito suspensivo à apelação, o recorrente deverá demonstrar a presença de um dos requisitos previstos no Código[699]: a) probabilidade de provimento do recurso; ou b) sendo relevante a fundamentação, risco de dano grave ou de difícil reparação.

Quanto à última hipótese, não há grandes novidades, já que tais elementos constavam no art. 558 do CPC/1973. O risco de dano de grave, difícil ou impossível reparação é facilmente constatável porque a premência do tempo é logicamente percebida nas demandas familiares. O direito de conviver com os filhos menores, por exemplo, não mais terá como ser exercido se, antes de a decisão ser proferida, eles se tornarem maiores; os alimentos não mais terão pertinência se não forem supridos enquanto a criança ainda vive...

A relevância da fundamentação, por sua vez, é evidente em demandas familiares: elas abordam direitos de personalidade e valores fundamentais como a dignidade, a solidariedade, o direito ao conhecimento da ascendência genética.

---

694 CPC, art. 1.012. A apelação terá efeito suspensivo.

695 CPC, art. 1.012. § 1.º Além de outras hipóteses previstas em lei, começa a produzir efeitos imediatamente após a sua publicação a sentença que: I – homologa divisão ou demarcação de terras; II – condena a pagar alimentos; III – extingue sem resolução do mérito ou julga improcedentes os embargos do executado; IV – julga procedente o pedido de instituição de arbitragem; V – confirma, concede ou revoga tutela provisória; VI – decreta a interdição.

696 CPC, art. 1.010, § 3.º Após as formalidades previstas nos §§ 1.º e 2.º, os autos serão remetidos ao tribunal pelo juiz, independentemente de juízo de admissibilidade.

697 Deixou de existir, no CPC/2015, a hipótese de inadmissão da apelação caso ela impugnasse súmula de Tribunal Superior (o art. 518, § 1.º, do CPC/1973 dizia que o juiz não receberia o recurso de apelação quando a sentença estivesse em conformidade com súmula do STJ ou do STF) (DELLORE, Luiz; TARTUCE, Fernanda. *Manual de prática civil*. 15. ed. São Paulo: Método, 2020, p. 394).

698 DELLORE, Luiz; TARTUCE, Fernanda. *Manual de prática civil*, cit., p. 339.

699 CPC, art. 1.012 § 4.º Nas hipóteses do § 1.º, a eficácia da sentença poderá ser suspensa pelo relator se o apelante demonstrar a probabilidade de provimento do recurso ou se, sendo relevante a fundamentação, houver risco de dano grave ou de difícil reparação.

Como bem destaca Giselda Hironaka, um "surto de transformações ocorreu, de modo significativamente contundente, na estrutura sociojurídica do Direito de Família, de sorte que estes direitos passaram a ser tidos e entendidos como *direitos fundamentais*, constitucionalmente protegidos"[700].

O CPC contempla a probabilidade de provimento como pressuposto para a atribuição de efeito suspensivo ao recurso. O recorrente pode demonstrar tal ocorrência, por exemplo, afirmando que a decisão atacada afronta jurisprudência sumulada ou firmada em julgamento de recurso repetitivo; sendo reputada evidente a chance de êxito no recurso, a suspensão será deferida[701].

Ao pesquisar o tema nos tribunais, o leitor constatará como é difícil encontrar decisões reconhecendo a incidência do duplo efeito a apelações contra sentenças concessivas de alimentos; quando isso acontece, o magistrado tende a reconhecer a excepcionalidade do caso[702].

Vale destacar que um argumento usual não foi suficiente para que o recorrente lograsse êxito em recurso apreciado pelo Tribunal mineiro[703]. Alegou o recorrente que o recebimento da apelação apenas no efeito devolutivo implicaria "imensurável prejuízo para o agravante, pois, em caso de eventual reforma da sentença", não poderia "ser ressarcido dos valores pagos face ao caráter irrestituível dos alimentos". Mas a fundamentação não sensibilizou os julgadores, tendo assim prevalecido no voto vencedor:

> Constato que a magistrada *a quo*, ao sentenciar, tratou das circunstâncias que envolvem o caso concreto, inclusive da situação de saúde do agravante, bem como do fato de a agravada ter alcançado a maioridade e possuir dois empregos, tendo arbitrado os alimentos, a princípio, em valor razoável, certo que tal matéria somente poderá ser examinada com mais profundidade quando do julgamento da apelação. Nesse cenário, não vislumbro risco de lesão grave ou de difícil reparação a amparar o pleito de recebimento da apelação no seu efeito suspensivo [...].

---

700 Prossegue a autora: "As alterações, nesta sede, passaram pela igualdade entre homem e mulher, pela igualdade entre filhos de qualquer origem, protegidos sem discriminação, pela união estável como entidade equiparada ao casamento e, enfim, pela família como cerne da sociedade" (HIRONAKA, Giselda Maria Fernandes Novaes. Família e casamento em evolução. *Instituto Brasileiro de Direito de Família*, Belo Horizonte, 21 out. 2001. Disponível em: http://www.ibdfam.org.br/artigos/14/novosite. Acesso em: 18 dez. 2019).

701 LICASTRO, Rogério. Comentário ao art. 1.012. In: ARRUDA ALVIM, Teresa Alvim; DIDIER JR., Fredie; TALAMINI, Eduardo; DANTAS, Bruno (coord.). *Breves comentários ao Novo CPC*. 2. ed. São Paulo: RT, 2016, p. 2.344.

702 Eis exemplos: "[...]. APELAÇÃO. AÇÃO DE ALIMENTOS. EX-CÔNJUGE. PRELIMINAR. EFEITO SUSPENSIVO. [...]. 2.2. A despeito dos fundamentos expostos pelo apelante, não restou comprovada a excepcionalidade necessária para a concessão do efeito suspensivo vindicado. 2.3. Jurisprudência: [...]" (TJDF, Rec 07217.83-89.2020.8.07.0016, Ac. 132.9198, 2.ª Turma Cível, Rel. Des. João Egmont, j. 24.03.2021, publ. *PJe* 12.04.2021); "CIVIL, FAMÍLIA E PROCESSUAL CIVIL. APELAÇÃO. AÇÃO DE OFERTA DE ALIMENTOS. [...] 2. Conforme consta do art. 1.012 do CPC, a atribuição de efeito suspensivo à apelação é uma exceção, na medida em que, começa a produzir efeitos imediatamente após a sua publicação a sentença que condena ao pagamento de alimentos (§ 1º, II). [...]" (TJDF, Rec 07077.43-09.2018.8.07.0005, Ac. 123.4697, 2.ª Turma Cível, Rel. Des. João Egmont, j. 04.03.2020, publ. *PJe* 16.03.2020).

703 TJMG, AGIN 0509948-23.2010.8.13.0000, Alfenas, 1.ª Câmara Cível, Rel. Des. Eduardo Guimarães Andrade, j. 30.11.2010, *DJEMG* 04.02.2011.

Algumas vezes não há êxito porque os julgadores entendem que o recorrente não demonstrou a relevância da fundamentação e, a partir do cotejo entre os fundamentos da sentença condenatória com as razões recursais, restou "evidenciado que a verdadeira intenção do agravante é discutir desde logo, em sede de agravo, o mérito da própria apelação interposta". *In casu*, tampouco se vislumbrou a chance de resultar lesão grave e de difícil por haver "risco de dano inverso, caso a agravada não obtenha a prestação judicialmente fixada após regular processamento da ação de alimentos"[704].

A lesão inversa, aliás, é argumento que aparece em acórdãos de outros tribunais[705] para rechaçar a aplicação do efeito suspensivo.

5.2.3. *Novas alegações*

Um ponto importante diz respeito a uma peculiaridade normalmente verificada em causas familiares: a obtenção de informações relevantes no curso da demanda (depois de proferida a sentença, por exemplo).

Vale aqui lembrar o teor do art. 493 do CPC: se, depois da propositura da ação, algum fato constitutivo, modificativo ou extintivo do direito influir no julgamento do mérito, caberá ao juiz tomá-lo em consideração, de ofício ou a requerimento da parte, no momento de proferir a decisão.

---

[704] TJMT, RAI 68151/2006, Alto Araguaia, 1.ª Câmara Cível, Rel. Des. Rodrigo Roberto Curvo, j. 27.11.2006. No mesmo sentido: "AGRAVO INTERNO. Decisão monocrática do Relator que nega o requerimento de atribuição de efeito suspensivo ao recurso de apelação. Manutenção. Ação revisional de alimentos regularmente processada, com a juntada de provas suficientes a respeito da capacidade financeira do alimentante e das necessidades dos alimentados. Momento inadequado para reexame aprofundada da prova. Risco de dano inverso aos credores" (TJSP, AgInt 2134163-14.2022.8.26.0000/50000, Ac. 15885061, São José dos Campos, 1.ª Câmara de Direito Privado, Rel. Des. Francisco Loureiro, j. 27.07.2022, *DJESP* 15.08.2022, p. 1758); "AGRAVO INTERNO EM APELAÇÃO. FIXAÇÃO DE ALIMENTOS. REDUÇÃO. PEDIDO DE EFEITO SUSPENSIVO. IMPOSSIBILIDADE. PERICULUM IN MORA INVERSO. [...]. 3. Destaco ademais que entre os requisitos expressamente exigidos para a concessão da antecipação dos efeitos da tutela, encontra-se a possibilidade de reversão da medida, como condição inarredável, concluindo-se então que sua denegação é sempre obrigatória quando irreversíveis os efeitos do deferimento ou quando os efeitos sejam nefastos para quem sofre a antecipação da tutela. Isto quer dizer que não será possível restabelecer a situação anterior, caso a decisão antecipada seja reformada. 4. Na hipótese em exame, temos que são duas as alimentandas, ambas menores impúberes, sabidamente pessoas vulneráveis em estágio de desenvolvimento, cuja necessidade alimentar é presumida, de forma que qualquer alteração no quantum já fixado pelo magistrado de plano, após a devida instrução processual, carece de maior cautela a fim de não lhes causar dano irreparável, principalmente diante das possibilidades do alimentante, este servidor público que aufere renda mensal em torno de R$ 18.000,00 (dezoito mil reais). Precedente" (TJCE, AgInt 0628047-58.2021.8.06.0000/50000, 2.ª Câmara de Direito Privado, Rel. Des. Carlos Alberto Mendes Forte, j. 11.08.2021, *DJCE* 18.08.2021, p. 198).

[705] Como exemplo, eis *decisum* do Tribunal estadual cearense: "[...] 1. A irresignação insiste na incapacidade financeira do alimentante, ora agravante, pagar alimentos provisórios no valor fixado. 2. No presente caso, tanto o juízo de primeira instância quanto este relator convergem (1) na conclusão, em cognição sumária, de que há perigo de dano inverso; e (2) há sinais exteriores de riqueza apontando padrão de vida superior ao defendido pelo alimentante, ora agravante. 3. Verificou-se, em parte, a probabilidade de provimento do recurso através do confronto das despesas do alimentando com os sinais exteriores de riqueza do alimentante, ficando evidente a necessidade de readequar o valor dos alimentos provisórios. 4. O fundamento sobre a presença do perigo de dano inverso, consubstanciado no comprometimento da subsistência do alimentando, sequer foi impugnado na peça de agravo interno, sendo suficiente, por si só, para a manutenção da decisão agravada. No caso, não há razão para modificar a decisão interlocutória que concedeu parcialmente o efeito suspensivo ativo pleiteado pelo alimentando, ora agravado. [...]" (TJCE, AG 0625752-53.2018.8.06.0000/50000, 2.ª Câmara de Direito Privado, Rel. Des. Teodoro Silva Santos, j. 31.10.2018, *DJCE* 06.11.2018, p. 61).

Como se percebe, a lei fixa um marco para a consideração dos fatos relevantes porventura supervenientes.

A preocupação do legislador, porém, não cessou aí. Como regra, o apelante não deve inovar em sua argumentação; nos termos do art. 1.014 do CPC, as questões de fato não alegadas no juízo inferior só poderão ser suscitadas na apelação se a parte provar que deixou de fazê-lo por motivo de força maior.

Conforme esclarece o Tribunal catarinense, a inovação em sede recursal é inadmissível por violar "os princípios da estabilização da lide e do duplo grau de jurisdição" e configurar deslealdade processual "na medida em que obstaculiza a defesa da parte adversa"[706].

Embora este seja o *standard*, há que se permitir a análise de situações diversas em que haja um perfil peculiar a ser considerado.

Como ensinou Athos Gusmão Carneiro, a apreciação de fatos novos no julgamento da apelação é regrada não só pela regra acima, como também pelo dispositivo que aborda a devolução inerente ao recurso[707].

Assim, o Código não limita a apreciação de questões de direito cuja apreciação é viável de ofício a qualquer tempo nem a análise de questões de fato que o Juízo de origem poderia abordar independentemente de manifestação da parte interessada[708].

Segundo Barbosa Moreira, a alegação de fatos novos é possível em duas hipóteses: a) quando o fato ainda não tinha ocorrido até o último momento em que a parte poderia tê-lo arguido no primeiro grau de jurisdição; b) quando o fato já tinha ocorrido, mas a parte não tinha ciência – ou, apesar de tê-la, não podia argui-la (por si ou por seu advogado); provada a força maior, adviria a possibilidade de produzir prova dos fatos arguidos, sendo possível ainda a conversão do julgamento em diligência[709].

Para Athos Gusmão Carneiro, quando o legislador dispõe sobre a amplitude do efeito devolutivo, duas opções podem ser identificadas: (i) a apelação pode viabilizar o irrestrito reexame da causa, permitindo que sejam suscitadas no juízo recursal quaisquer questões não apresentadas perante o juízo *a quo*; ou (ii) admite-se um juízo recursal que apenas revise o trabalho da primeira instância, considerando-se preclusas as questões não suscitadas. No primeiro caso, serão sempre possíveis alegações de direito e admissíveis novas provas que, por erro, negligência ou ignorância, não tenham sido produzidas na primeira instância. No

---

706 "[...] 1. Salvo as matérias de ordem pública e aquelas não propostas por motivo de força maior, é defeso no segundo grau a apreciação de questões não suscitadas ou debatidas no primeiro grau, por constituírem inovação recursal (CPC, art. 1.013). 2. 'A inovação, em sede recursal, é inadmissível, violando os princípios da estabilização da lide e do duplo grau de jurisdição, além de configurar deslealdade processual, na medida em que obstaculiza a defesa da parte adversa, salvo comprovação da parte de que deixou de fazê-lo por motivo de força maior, inocorrente na hipótese' (AC n. 2011.075196-7, Des. Carlos Adilson da Silva). [...]" (TJSC, AC 0007460-53.2015.8.24.0039, Lages, 5.ª Câmara de Direito Civil, Rel. Des. Luiz Cézar Medeiros, *DJSC* 26.07.2019, p. 186).

707 O autor referiu-se ao CPC/1973, art. 515 ("a apelação devolverá ao tribunal o conhecimento da matéria impugnada") e § 1.º ("serão, porém, objeto de apreciação e julgamento pelo tribunal todas as questões suscitadas e discutidas no processo, ainda que a sentença não as tenha julgado por inteiro"); tais dispositivos foram repetidos no CPC/2015, sendo objeto dos arts. 1.013 e § 1.º (CARNEIRO, Athos Gusmão. O juízo recursal e as novas questões de fato. *Ajuris*, Porto Alegre, v. 21, n. 62, p. 5-10, nov. 1994, p. 6).

708 BARBOSA MOREIRA, José Carlos. *Comentários ao Código de Processo Civil*: arts. 476-565. 14. ed. Rio de Janeiro: Forense, 2008, v. 5, p. 455.

709 BARBOSA MOREIRA, José Carlos. *Comentários ao Código de Processo Civil*: arts. 476-565, cit., p. 456.

segundo, o tribunal julgará apenas com base no material apresentado em primeiro grau, sendo inadmissíveis novos pedidos, novas defesas, novas provas[710].

Conclui então o autor que a aparente rigidez do efeito devolutivo do recurso é atenuada ante a ocorrência de fatos novos, que devem ser considerados sob prisma consentâneo com as características de cada caso concreto[711].

Para ilustrar tal hipótese, merece destaque precedente do Tribunal estadual mineiro[712]. Em investigação de paternidade *post mortem*, o magistrado julgou improcedente o pedido sob o argumento de não ter sido possível a realização do exame de DNA ante a precariedade financeira da genitora do investigante; além disso, os depoimentos não teriam comprovado os fatos narrados. Reformando a decisão, assim entenderam os Desembargadores:

> No caso, a prova testemunhal, a única produzida nos autos, não permite concluir pela paternidade alegada. É verdade, todavia, que o exame de DNA só não foi realizado, durante a instrução processual, porque, à época, a família do menor investigante não possuía condições financeiras para arcar com as custas da referida prova pericial, o que, agora, não mais ocorre, pelo que pleiteou a conversão do julgamento em diligência para que possa ser submetido àquele exame, juntamente com as pessoas necessárias, quais sejam o investigante e os avós paternos.

Fundamentando sua decisão no (então vigente) art. 517 do CPC/1973 e em alguns precedentes judiciais, entenderam os julgadores ser o caso de acolher o parecer da procuradora para admitir a preliminar e dar provimento ao recurso para anular a sentença e determinar o retorno dos autos à comarca de origem para a realização do exame pericial.

Merece ainda destaque situação em que não se conseguiu superar o óbice de tal dispositivo processual. Em demanda de exoneração de alimentos, como o pai alegou apenas a desnecessidade da alimentanda (e não a impossibilidade de pagamento), deixou de lograr êxito em conseguir abrir tal discussão em sede de apelação[713].

---

710 CARNEIRO, Athos Gusmão. O juízo recursal e as novas questões de fato, cit., p. 8.

711 CARNEIRO, Athos Gusmão. O juízo recursal e as novas questões de fato, cit., p. 8.

712 "Investigação de paternidade. Ausência de prova. Pedido julgado improcedente. Ação de estado. Exame de DNA realizado após a instrução processual, e por isso desprezado. Busca da verdade real. Direito de família. Evolução. Recurso provido. 1. Em se tratando de ação de Estado, de direito personalíssimo, indisponível e imprescritível do ser humano, não se justifica desprezar, mesmo que tardia, a juntada da prova genética (DNA), pois o primado da verdade real sobressai sobre o formalismo, às vezes inócuo, ou inconveniente. 2. 'As questões de fato, não propostas no juízo inferior, poderão ser suscitadas na apelação, se a parte provar que deixou de fazê-lo por motivo de força maior' [...]" (TJMG, AC 1.0317.02.011054-8/001, Itabira, 5.ª Câmara Cível, Rel. Des. José Nepomuceno Silva, j. 29.09.2005, *DJMG* 14.10.2005).

713 "[...] inviável a dedução de questão nova em sede recursal quando não demonstrado que essa não foi anteriormente suscitada em razão de força maior, o que não é o caso dos autos. Veja-se que a causa de pedir constante da inicial é a desnecessidade da alimentada, não a impossibilidade de pagamento do alimentante. [...]" (TJRS, AC 359184-18.2011.8.21.7000, Passo Fundo, 8.ª Câmara Cível, Rel. Des. Luiz Felipe Brasil Santos, j. 15.09.2011, *DJERS* 22.09.2011). No mesmo sentido: "PROCESSO CIVIL E CIVIL. FAMÍLIA. ALIMENTOS. [...] No caso dos autos, cabia ao genitor produzir a prova de seu desemprego nos autos no devido prazo (artigos 435 e 1.014 do Código de Processo Civil). Entretanto, nota-se que não o fez no momento oportuno. Isto porque o desligamento pelo empregador ocorreu em momento anterior à prolação da sentença (mais de um mês), sem que o genitor tenha peticionado para informar a alteração de sua situação de emprego. 4. Ademais, a alegada condição de desemprego, por si só, não consubstancia motivo apto a afastar a obrigação alimentar, tampouco reduzi-la da forma pretendida, sobretudo considerando-se a sua fixação em valor razoável e em atenção à situação financeira do alimentante, que se encontra em plena idade produtiva. 5. Tendo em vista a notícia de término do vínculo

Já em uma causa de guarda e exoneração de alimentos, o problema referente à incapacidade de um dos filhos foi assim tratado:

> O alcance da maioridade faz perecer o interesse processual no debate a respeito da guarda de filho menor, eis que cessado o exercício do poder familiar. A discussão sobre eventual incapacidade civil de um dos filhos, conquanto extremamente relevante diante do quadro de saúde dele apresentado no caderno processual (portador de paralisia cerebral), deve se operar em ação de curatela própria, a qual possui procedimento especial [...] e, portanto, não se equipara à pretensão de guarda, como a que foi deduzida neste caso [...][714].

Como se percebe, a noção sobre fatos novos é bastante interessante e pode permitir a ampliação do objeto da análise do juiz quanto a dados relevantes para o deslinde da causa desde que devidamente configurada a incidência do art. 1.014 do CPC.

5.3. Recurso especial

O recurso especial, ao lado do extraordinário, integra a recorribilidade excepcional, sendo objetivo de ambos contribuir para a uniformização da aplicação das normas (federais e constitucionais, respectivamente) no país.

O STJ e o STF não são considerados uma "terceira instância recursal": por força de sua vocação uniformizadora, há limites para que apreciem certas temáticas. A devolução de matérias para seu reexame não é ampla, mas delimitada pela Constituição Federal; entende-se, assim, que não cabe a tais tribunais rever matérias de fato (como expõem as Súmulas n. 7[715] do STJ e 279[716] do STF).

Teresa Arruda Alvim abordou o tema do recurso especial na seara familiar de forma completa e aprofundada, merecendo seu trabalho ampla referência. Relata a autora que muitos recursos especiais interpostos contra decisões proferidas em causas familiares são barrados no juízo de admissibilidade recursal sob o argumento de que abordariam questão de fato[717].

Em uma breve pesquisa são encontrados precedentes confirmando tal afirmativa.

---

e buscando garantir a efetividade da prestação alimentar e facilitar a forma de cálculo, prudente realizar a adequação do percentual ao salário mínimo, porém sem alteração do valor final" (TJDF, Rec 07053.58-71.2021.8.07.0009, Ac. 142.7465, 8.ª Turma Cível, Rel. Des. Arquibaldo Carneiro Portela, j. 31.05.2022, publ. *PJe* 13.06.2022).

714 TJMG, APCV 5176453-83.2019.8.13.0024, 4.ª Câmara Cível Especializada, Rel.ª Des.ª Ana Paula Caixeta, j. 30.06.2022, *DJEMG* 01.07.2022.

715 A Súmula n. 7 do STJ afirma que "a pretensão de simples reexame de prova não enseja recurso especial".

716 A Súmula n. 279 do STF assevera: "para simples reexame de prova não cabe recurso extraordinário".

717 WAMBIER, Teresa Arruda Alvim. Recurso especial e ações de família. *Revista jurídica*: doutrina, legislação, jurisprudência, Porto Alegre, v. 58, n. 388, p. 11-23, fev. 2010. Disponível em: https://www.paginasdedireito.com.br/index.php/artigos/41-artigos-set-2010/3686-recurso-especial-e-acoes-de-familia. Acesso em: 18 dez. 2019.

Recursos contra decisões sobre reconhecimento de união estável[718], poder familiar[719], investigação de paternidade[720] e revisão de alimentos[721], entre outras matérias, não foram admitidos pela vedação do reexame de matéria fática.

Em uma primeira apreciação, à luz da relevância dos precedentes judiciais consagrada pelo CPC (especialmente nos arts. 926 e 927), os Enunciados de Súmula (como o Enunciado 7 do STJ) devem ser lidos à luz dos precedentes que lhes deram origem – que confirmam ser vedada a "pretensão de simples reexame de prova" na dicção do Enunciado[722]. Em outros termos, proíbe-se pretensão a que apenas e tão somente (e não conjuntamente as questões jurídicas relevantes) reexaminem-se as provas (documentos, testemunhos, laudos etc.), e não a narrativa fática e cada um de seus componentes tais como constam na decisão impugnada. Tais distinções são relevantes na medida em que buscam reconduzir o Enunciado em questão aos seus justos limites, que não são nem podem ser o de excluir toda e qualquer apreciação

---

718 "[...]. 1. Reconhecidos os requisitos necessários para a caracterização da união estável, com fundamento nas provas produzidas nos autos, a modificação do entendimento adotado no acórdão recorrido demandaria, necessariamente, o revolvimento do conjunto fático-probatório dos autos. Incidência da Súmula n. 7/STJ. [...]" (STJ, AgInt-AREsp 1.496.721, Proc. 2019/0124429-6/MS, 4.ª Turma, Rel. Min. Raul Araújo, j. 08.10.2019, *DJe* 21.10.2019).

719 "[...] Ação de destituição do poder familiar. Negativa de prestação jurisdicional. Não ocorrência. Ausência dos vícios elencados nos arts. 489 e 1.022 do CPC/2015. Reexame de provas. Súmula n. 7/STJ. Decisão mantida. [...] 3. No caso concreto, o Tribunal de origem, com base na prova dos autos, concluiu pela presença dos requisitos para a destituição do poder familiar. Dessa forma, inviável alterar tal conclusão em recurso especial, ante o óbice da mencionada Súmula. [...]" (STJ, AgInt-AREsp 1.457.135, Proc. 2019/0047302-2/MS, 4.ª Turma, Rel. Min. Antonio Carlos Ferreira, j. 23.09.2019, *DJe* 27.09.2019).

720 "[...] Investigação de paternidade. Relativização da coisa julgada. Inadmissibilidade. Exame de DNA realizado. Conclusão segura pela exclusão do vínculo de parentesco. Apreciação de todas as questões relevantes da lide pelo tribunal de origem. [...] 3. No caso concreto, o Tribunal de origem concluiu pela suficiência do exame de DNA realizado na ação de investigação de paternidade. Alterar esse entendimento demandaria o reexame das provas produzidas nos autos, o que é vedado em recurso especial. [...]" (STJ, AgInt-REsp 1.721.283, Proc. 2018/0021763-2/PR, 4.ª Turma, Rel. Min. Antonio Carlos Ferreira, j. 29.10.2019, *DJe* 06.11.2019).

721 "[...] Ação revisional de alimentos. Pensão alimentícia. Ex-cônjuge. Binômio necessidade e possibilidade. Alteração. Não demonstração. Reexame de provas. Inviabilidade. Súmula n. 7/STJ. [...] 2. Tendo ambas as instâncias de cognição plena concluído, à luz da prova dos autos, pela ausência de evidências do aumento das despesas da autora ou do incremento da capacidade financeira do réu que autorizasse a majoração do valor da obrigação alimentar, inviável a inversão do julgado por força da Súmula n. 7/STJ. [...]" (STJ, REsp 1.824.214, Proc. 2019/0113522-8/DF, Rel. Min. Ricardo Villas Bôas Cueva, j. 10.09.2019, *DJe* 13.09.2019); "[...] Alteração da capacidade financeira do alimentante. Não comprovação. Reexame do conjunto fático-probatório. Súmula n. 7/STJ. Nascimento de novos filhos. Circunstância que não possibilita, por si só, a alteração da obrigação de alimentos. Precedentes" (STJ, AgInt-AREsp 1.287.619, Proc. 2018/0102994-3/SP, 3.ª Turma, Rel. Min. Paulo de Tarso Sanseverino, j. 01.07.2019, *DJe* 02.08.2019).

722 Exemplificativamente: "**Descabe o recurso especial para simples reexame de provas**, ainda que interposto sob invocação de suposta infringência de norma processual (Súmula 279/STF). [...] Como não se trata de examinar o critério legal da valorização da prova e sim de se **reapreciar circunstâncias de fato que não são certas** e que levariam à pronúncia do agravado, incide, a meu ver, o óbice da Súmula 279 do E. STF" (AgRg no Ag 148/MS, 6.ª Turma, Rel. Min. Carlos Thibau, j. 05.12.1989, *DJ* 19.03.1990, p. 1.952); "Concubinato. Sociedade de fato. Perquirir se houve ou não sociedade de fato, se o patrimônio resultou ou não de esforço comum, exige **a análise e o exame das provas, insuscetível de renovação em Recurso Especial**. Tal decorre da própria natureza e finalidades do Recurso Extraordinário, tanto do Extraordinário propriamente dito, como do Recurso Especial. Sucumbência recíproca. Art. 21 do Código de Processo Civil. Se a demandante pede participação meeira, e lhe são deferidos trinta por cento, ocorreu sucumbência recíproca, impondo a imposição a ambos, e compensação, da verba honorária" (REsp 1.412/RJ, 4.ª Turma, Rel. Min. Athos Carneiro, j. 07.11.1989, *DJ* 27.11.1989, p. 17.573) (g.n.).

do fato – o que seria absurdo até porque, a teor do art. 1.029 do CPC, a peça recursal conterá "a exposição do fato e do direito".

Retomando as lições de Teresa Arruda Alvim, eis seus exemplos:

> Assim ocorre quando o que está em jogo é saber, por exemplo, se a decisão atendeu os interesses de um menor ou se A e B estavam vivendo em regime de união estável. À primeira vista, estas decisões surpreendem. Como? Então saber-se se A e B viviam em união estável ou se a decisão está de acordo com o interesse do menor não são questões de direito? Sob certo aspecto, são. Sob outro, não[723].

A autora lembra a complexa distinção entre questões fáticas e de direito por diferentes prismas: podem-se verificar no *decisum* questões de direito que, por razões de ordem técnica, não serão reavaliadas pelo tribunal superior, ficando fora de controle:

> Para efeito de reexame por recurso especial, estaremos diante de uma questão de fato. Este fenômeno ocorre em muitos dos casos em que o processo gira em torno de questões de família. Os fatos subjacentes à decisão são normalmente complexos e a eles tem de voltar-se a atenção do órgão julgador para reavaliar o erro ou o acerto da decisão do órgão *a quo*. Trata-se, via de regra, de um universo complexo de fatos interligados, que dificilmente são abrangidos integralmente, na sua amplitude horizontal e no plano de sua profundidade, pela descrição feita na fundamentação do acórdão impugnado[724].

A autora destaca então a importância de serem opostos embargos de declaração para que o Tribunal "descreva *minuciosamente* os *fatos* subjacentes à demanda, apontando aqueles que servem de base à decisão propriamente dita, e aqueles que não considerou relevantes"[725]. Hoje tal pleito encontra guarida nos *standards* de motivação das decisões judiciais estabelecidos no CPC[726].

À época do CPC/1973, havia dificuldade adicional no processamento do recurso excepcional. Com fundamento no art. 105, II, da Constituição Federal, há tempos vem-se entendendo ser necessário que a questão levada à apreciação do STJ tenha sido prequestionada (previamente apreciada pela instância inferior). Ocorre que, em diversos casos, o acórdão silenciava sobre o ponto que se pretendia arguir em sede excepcional, levando aquele que objetivava interpor recurso especial a ter que opor embargos de declaração contra acórdão com fins de prequestionamento (expediente respaldado pela Súmula n. 98 do STJ). Ocorre que, por vezes, mesmo após a oposição dos embargos, o tribunal de origem continuava sem se pronunciar – e não foram poucas as decisões de inadmissão de recursos especiais proferidas em casos assim. De forma salutar, o CPC, no art. 1.025, busca contornar o problema ao entender prequestionados os dispositivos suscitados nos embargos de declaração, mesmo que não tenham sido apreciados pelo tribunal[727].

---

723 WAMBIER, Teresa Arruda Alvim. Recurso especial e ações de família, cit.

724 WAMBIER, Teresa Arruda Alvim. Recurso especial e ações de família, cit.

725 WAMBIER, Teresa Arruda Alvim. Recurso especial e ações de família, cit.

726 CPC, arts. 11 e 489, § 1.º.

727 CPC, art. 1.025. Consideram-se incluídos no acórdão os elementos que o embargante suscitou, para fins de prequestionamento, ainda que os embargos de declaração sejam inadmitidos ou rejeitados, caso o tribunal superior considere existentes erro, omissão, contradição ou obscuridade.

Merece destaque interessante precedente da ministra Fátima Nancy Andrighi no sentido de que "não há reexame de provas nas situações em que, mediante a leitura do próprio acórdão recorrido, é possível extrair informações suficientes para que se promova seu controle de mérito"[728].

Por fim, destaca Teresa Arruda Alvim haver brechas importantes a serem consideradas: quando o caso envolve matéria relevante para o país a ponto de transcender veementemente os interesses das partes envolvidas, poderão ser analisadas provas "para, por exemplo, fixar os contornos de um conceito novo no sistema positivo e 'orientar' os outros órgãos do Judiciário"[729].

A autora exemplifica lembrando os julgamentos sobre o conceito de união estável (logo após o advento da Constituição em 1988), sobre o *quantum* de danos morais e honorários... em tais casos, "refaz-se, sim, a subsunção, até com exame do quadro fático subjacente à demanda independentemente do que consta como descrição, na decisão"[730].

Espera-se que as lições tão bem engendradas encontrem acolhida na prática dos Tribunais locais (para que votem detalhadamente ou, pelo menos, acolham embargos de declaração para efetivamente bem fundamentarem suas decisões) e do STJ (para que não se escude na alegação de tratar-se de "simples questão de fato" a ponto de deixar de apreciar matérias relevantes aos direitos de personalidade).

Afinal, como bem pontuado por Barbosa Moreira, "é inevitável o travo de insatisfação deixado por decisões de não conhecimento; elas lembram refeições em que, após os aperitivos e os *hors d'oeuvre*, se despedissem os convidados sem o anunciado prato principal"[731].

Vale lembrar que a fome é grave em certas causas alimentares; sua ocorrência é tão preocupante que levou o legislador constitucional a cominar com prisão o inadimplente que age de forma voluntária e inescusável.

5.4. Recurso extraordinário

5.4.1. *Visão geral*

O recurso extraordinário configura recurso excepcional cujo objetivo não é promover a simples rediscussão da matéria objeto do recurso; diferentemente do que se verifica na apelação e em outros recursos ordinários, sua finalidade é promover a observância e a unidade na aplicação da Constituição por todos os Tribunais pátrios. Pode-se concluir, portanto, que, com o recurso extraordinário, o Supremo Tribunal Federal busca zelar pela supremacia da Constituição em todo o território nacional[732].

Incidem aqui, portanto, as ressalvas quanto à apreciação de recursos excepcionais interpostos contra decisões que impliquem, segundo os julgadores, análise de provas.

Merece destaque, para exemplificar, o destino do recurso extraordinário interposto contra decisão proferida em demanda de ressarcimento por danos morais advindos do abandono

---

728 AgRg no Ag 1.121.907/SP, 3.ª Turma, Rel. Min. Sidnei Beneti, Rel. p/ Acórdão Min. Nancy Andrighi, j. 05.05.2009, *DJe* 03.06.2009.

729 WAMBIER, Teresa Arruda Alvim. Recurso especial e ações de família, cit.

730 WAMBIER, Teresa Arruda Alvim. Recurso especial e ações de família, cit.

731 BARBOSA MOREIRA, José Carlos. Restrições ilegítimas ao conhecimento dos recursos. *Revista da Escola Nacional de Magistratura*, Brasília, DF, v. 1, n. 1, p. 38-52, abr. 2006. Disponível em: https://bdjur.stj.jus.br/jspui/bitstream/2011/21184/restricoes_ilegitimas_conhecimento.pdf. Acesso em: 10 jan. 2020.

732 TARTUCE, Fernanda; DELLORE, Luiz. *Manual de prática civil*, cit., p. 372.

familiar. A ministra Ellen Gracie negou seguimento ao recurso[733] alegando que a matéria era de índole infraconstitucional[734] e envolvia matéria probatória[735], incidindo no caso a Súmula 279[736] do STF. Apesar de interposto recurso, a decisão foi mantida pelo STF[737].

Com a Emenda Constitucional n. 45, passou-se a exigir que a tese do recurso extraordinário tivesse *repercussão geral*; trata-se de evidente filtro para que o STF julgue apenas causas de relevância do ponto de vista econômico, político, social ou jurídico, que ultrapassem os interesses subjetivos da causa.

À luz de tantos requisitos e filtros para a admissão de recursos, cabe perquirir: a decisão final sobre os rumos jurídicos de uma família em conflito pode ser definida pelo Supremo Tribunal Federal? Pode haver, na demanda, relevância da questão constitucional em debate que extravase os interesses pessoais dos envolvidos de modo que a decisão da Suprema Corte brasileira possa gerar um impacto nacional[738]? Qual é a chance de o STF adentrar o mérito de um recurso extraordinário que versa sobre Direito de Família? E mais: o que leva o STF a reconhecer a repercussão geral em um recurso extraordinário nesses casos?

Poder-se-ia imaginar que o caráter muito específico e casuísta que marca os casos de família seria uma dificuldade para o implemento desse requisito de admissibilidade – a não ser que o caso suscitasse um recorte jurídico claro, observável em outros casos.

A resposta exata a tais perguntas será construída a partir das decisões da Corte Constitucional sobre a existência ou não de repercussão geral nos recursos extraordinários interpostos em demandas que versam sobre Direito de Família.

O Direito de Família está inserido na perspectiva constitucional. Flávio Tartuce bem destaca a necessidade de revisitar os institutos do Direito de Família sob o prisma da Constituição

---

733 STF, RE 567.164, 14.05.2009.

734 Em suas palavras: "O apelo extremo é inviável, pois esta Corte fixou o entendimento segundo o qual a análise sobre a indenização por danos morais (art. 5.º, V e X, da Carta Magna) limita-se ao âmbito de interpretação de matéria infraconstitucional, inatacável por recurso extraordinário".

735 "Ademais, o acórdão recorrido asseverou que a legislação pertinente prevê a punição específica – perda do poder familiar – nos casos de abandono do dever de guarda e educação dos filhos. Assim, afastou a possibilidade de reparação pecuniária por abandono moral, a partir da análise dos fatos e das provas constantes dos autos e da legislação infraconstitucional que disciplina a matéria (Código Civil e Estatuto da Criança e do Adolescente), cujo reexame não tem lugar nesta via recursal, considerados, respectivamente, o óbice da Súmula STF 279 e a natureza reflexa ou indireta de eventual ofensa ao texto constitucional".

736 "Para simples reexame de prova não cabe recurso extraordinário".

737 "[...] Abandono afetivo. Art. 229 da Constituição Federal. Danos extrapatrimoniais. Art. 5.º, V e X, CF/88. Indenização. Legislação infraconstitucional e Súmula STF 279. [...] 2. A análise da indenização por danos morais por responsabilidade prevista no Código Civil, no caso, reside no âmbito da legislação infraconstitucional. Alegada ofensa à Constituição Federal, se existente, seria de forma indireta, reflexa. Precedentes. 3. A ponderação do dever familiar firmado no art. 229 da Constituição Federal com a garantia constitucional da reparação por danos morais pressupõe o reexame do conjunto fático-probatório, já debatido pelas instâncias ordinárias e exaurido pelo Superior Tribunal de Justiça. 4. Incidência da Súmula STF 279 para aferir alegada ofensa ao art. 5.º, V e X, da Constituição Federal" (ED RE 567.164, 2.ª Turma, 01.12.2009).

738 O tema foi tratado no artigo "Repercussão geral da questão constitucional em demandas familiares", escrito em coautoria com André Bergamaschi (In: FUX, Luiz; FREIRE, Alexandre; DANTAS, Bruno (org.). *Repercussão geral da questão constitucional*. Rio de Janeiro: Forense, 2014, v. 1, p. 53-70). Alguns trechos aqui expostos reproduzem, em parte, o que ali consta.

Federal, a ensejar uma nova dimensão de tratamento dessa disciplina tendo como *ponto de origem* a Constituição Federal de 1988[739].

Há, em nossa Constituição, previsões específicas voltadas ao Direito de Família[740] que constituem importantes fontes normativas, frequentemente de cunho principiológico, notadamente as previsões de proteção à "entidade familiar[741]", da união estável[742], da igualdade entre cônjuges[743], da proteção integral à criança e ao adolescente[744] e de assistência ao idoso[745].

Não obstante se defenda que a hermenêutica constitucional, entendida em um sentido mais amplo como colocação da norma na realidade pública, é também exercida por cidadãos e grupos, órgãos estatais, sistema público e opinião pública, é certo que permanece a responsabilidade do STF de dizer a última palavra sobre a Constituição[746].

É de se lembrar, ainda, que as inconstitucionalidades perpetradas em decisões judiciais, em regra e na ordem comum da marcha processual, apenas chegam ao STF por meio do *recurso extraordinário*, não mais podendo ser revistas após a formação da coisa julgada (ressalvada a limitada tese da coisa julgada inconstitucional[747]).

---

739 TARTUCE, Flávio. Novos princípios do Direito de Família brasileiro, cit. No mesmo sentido se manifesta FARIAS, Cristiano Chaves de. Redesenhando os contornos do casamento (casar e permanecer casado): eis a questão. In: FARIAS, Cristiano Chaves de (coord.). *Temas atuais de direito e processo de família*: primeira série. Rio de Janeiro: Lumen Juris, 2004, p. 191.

740 CF, arts. 226 e 227.

741 CF, art. 226, § 4.º.

742 Art. 226, § 3.º.

743 Art. 226, § 5.º.

744 Art. 227, *caput*.

745 Art. 230.

746 HÄBERLE, Peter. *Hermenêutica constitucional*: a sociedade aberta dos intérpretes da Constituição. Porto Alegre: Fabris, 1997, p. 14.

747 "[...] Com efeito, o Supremo Tribunal Federal no julgamento da ADI 2.418/DF, de Relatoria do ministro Teori Zavascki, *DJe* 17.11.2016, na qual se objetivava a declaração de inconstitucionalidade do art. 741, parágrafo único, do CPC/1973, com a redação dada pela Medida Provisória n. 2.102-2001, firmou a orientação de que o referido dispositivo agregou 'ao sistema processual brasileiro um mecanismo com eficácia rescisória de sentenças revestidas de vício de inconstitucionalidade qualificado, assim caracterizado nas hipóteses em que (a) a sentença exequenda esteja fundada em norma reconhecidamente inconstitucional – seja por aplicar norma inconstitucional, seja por aplicar norma em situação ou com um sentido inconstitucionais; ou (b) a sentença exequenda tenha deixado de aplicar norma reconhecidamente constitucional; e (c) desde que, em qualquer dos casos, o reconhecimento dessa constitucionalidade ou a inconstitucionalidade tenha decorrido de julgamento do STF realizado em data anterior ao trânsito em julgado da sentença exequenda' (grifei). Tal entendimento foi ratificado pela Suprema Corte no julgamento do RE 611.503/SP, Relator Min. Teori Zavascki, Relator p/ Acórdão: Min. Edson Fachin, Tribunal Pleno, *DJe* 19.3.2019, em que foi reconhecida a repercussão geral da matéria. [...] O STJ, 'alinhando-se ao entendimento exarado no STF, firmou compreensão no sentido de que o parágrafo único do art. 741 do CPC/1973 não tem incidência nas hipóteses em que superveniente decisão do STF determina a interpretação de Lei em sentido contrário à que foi dada em decisão transitada em julgado. O parágrafo único do art. 741 do CPC/1973 somente tem incidência nas execuções em que o título judicial é posterior à decisão do STF que declara a inconstitucionalidade de Lei ou ato em sentido contrário àquele considerado no julgado em execução' (EARESP 409.096/RJ, Rel. ministro Napoleão Nunes Maia Filho, Primeira Seção, *DJe* 24.9.2018). No mesmo sentido: REsp 1.663.630/MG, Rel. ministro Herman Benjamin, Segunda Turma, *DJe* 16.6.2017; AgInt no REsp 1.610.003/DF, Rel. Ministra Regina Helena Costa, Primeira Turma, *DJe* 9.6.2017; REsp 1.237.895/ES, Rel. ministro Og Fernandes, Segunda Turma, *DJe* 12.2.2016; REsp 1.353.324/ES, Rel. ministro Mauro Campbell Marques, Segunda Turma, *DJe* 18.12.2015" (STJ, EDcl-AgRg-AgRg-REsp 1.369.742, Proc. 2013/0046345-2/DF; 2.ª Turma, Rel. Min. Herman Benjamin, j. 07.11.2019, *DJe* 25.11.2019).

Assim, se o litigante não logra êxito em obter uma aplicação entendida como constitucional das normas que regem o Direito de Família nas instâncias ordinárias, outra via não lhe resta senão o recurso extraordinário. Não resta dúvida, portanto, quanto à importância do instrumento na tutela constitucional do Direito de Família.

Como assinala Rodolfo de Camargo Mancuso, a repercussão geral surgiu no contexto da Reforma do Judiciário com o intuito declarado de ser um *elemento de contenção* dos recursos extraordinários que afluem ao STF – a chamada "jurisprudência defensiva" –, sendo uma das respostas à sobrecarga de trabalho com vistas também à racionalização de julgamento de recursos que versam sobre a mesma questão constitucional; para o autor, não há, portanto, que cogitar que a repercussão geral tenha surgido como um elemento facilitador do acesso ao STF[748].

O art. 102, § 3.º, da CF relega à Lei a definição da repercussão geral. O art. 1.035, § 1.º, atendendo ao comando constitucional, prevê: "para efeito de repercussão geral, será considerada a existência ou não de questões relevantes do ponto de vista econômico, político, social ou jurídico que ultrapassem os interesses subjetivos do processo".

O que marca a repercussão geral de um recurso extraordinário é a previsão de que sua resolução vá "além do interesse direto e imediato das partes, assim o transcendendo, para alcançar, em maior ou menor dimensão ou intensidade, um expressivo segmento da sociedade"[749]. Assim, "o que realmente interessa é que a repercussão da matéria constitucional discutida tenha amplo espectro, vale dizer, abranja um expressivo número de pessoas"[750].

Contudo, é de se levar em conta a advertência feita por Gláucia Mara Coelho: mesmo em demandas individuais pode haver questões que repercutem socialmente a ponto de merecer análise pelo STF; para tanto, basta que a questão jurídica tenha potencial para afetar a vida de várias outras e mereça, por isso, uma expressa posição da Corte Superior; exemplo disso é o conceito relativo ao binômio "necessidade x capacidade" em uma demanda sobre alimentos[751].

5.4.2. *Casos apreciados pelo STF*

a) Bem de família

Ainda que mais afeto ao Direito Civil em sentido amplo do que ao Direito de Família, o primeiro caso com reconhecimento de repercussão geral que se vincula à proteção da família (ou da unidade familiar) diz respeito à penhorabilidade do bem de família do fiador do contrato de locação[752].

Versava o recurso sobre a incompatibilidade da penhorabilidade do bem de família do fiador com o art. 6.º, *caput*, da Constituição Federal, mormente o direito à habitação.

---

748 MANCUSO, Rodolfo de Camargo. *Recurso extraordinário e recurso especial*. 12. ed. São Paulo: RT, 2013, p. 187.

749 MANCUSO, Rodolfo de Camargo. *Recurso extraordinário e recurso especial*, cit., p. 196.

750 CRUZ E TUCCI, José Rogério. Anotações sobre a repercussão geral como pressuposto de admissibilidade do recurso extraordinário: Lei n. 11.418/2006. *Revista Magister de Direito Civil e Processual Civil*, n. 16, jan./fev. 2007.

751 COELHO, Gláucia Mara. *Repercussão geral da questão constitucional no processo civil brasileiro*. São Paulo: Atlas, 2009, p. 99.

752 Tema 295; o recurso representativo foi o Recurso Extraordinário 612.360.

O assunto já havia sido apreciado em reiterados recursos extraordinários em que se entendia pela constitucionalidade da disposição do art. 3.º, VII, da Lei n. 8.009/1990, mas não em sistemática abrangente como a da repercussão geral. A relatora, ministra Ellen Gracie, levou em conta critério numérico para reconhecer a repercussão geral do ponto de vista econômico, político, social e jurídico porque "o assunto afeta, certamente, grande número de famílias"[753].

O mérito da repercussão geral, contudo, não foi julgado, tendo a relatora posteriormente negado seguimento ao recurso por entender que o recurso estava em desconformidade com a jurisprudência da Corte, simplesmente ratificando-a (decisão de 23.09.2010).

b) Repropositura de demanda sobre paternidade

Tema afeto ao Direito de Família cuja repercussão geral foi apreciada é a possibilidade de propositura de nova ação de investigação de paternidade em decorrência de novas condições de viabilidade de realização de exame de DNA (Tema 392).

No *leading case* (Recurso Extraordinário RE 363.889/DF), o pedido da primeira investigação de paternidade havia sido julgado improcedente por falta de provas, não tendo o Estado custeado o exame de DNA à época. A segunda demanda de investigação foi extinta sem julgamento de mérito por violação à coisa julgada. O recurso em questão fundava-se no direito à paternidade responsável (art. 226, § 7.º) e abordava também a violação de acesso à justiça em termos de direito à assistência judiciária gratuita. As especificidades do caso levaram alguns ministros, a exemplo do ministro Luiz Fux, a questionar a existência de repercussão geral:

> [...] é uma causa com tantas características próprias, que talvez não fosse a melhor hipótese de se dar repercussão geral a esse caso, porque ele é muito particular. Quer dizer, o grande anseio é a discussão genérica, aqui, basicamente há essas duas questões. A parte inclusive invoca a violação do artigo da Constituição com relação à gratuidade de Justiça.

No caso, os ministros não tinham dúvidas quanto à admissibilidade do recurso – que, por ser anterior à Emenda Constitucional n. 45, não se submeteria à exigência da repercussão geral. Contudo, fixou-se a conveniência de reconhecer repercussão geral ao caso para que outros casos análogos também fossem admitidos na Corte; a despeito do questionamento, foi admitido por ser a discussão relevante do ponto de vista social e jurídico.

A repercussão geral ainda ficou limitada "à discussão acerca da incidência dos artigos 5.º, incisos XXXVI e LXXIV e 227, § 6.º, ambos da Constituição Federal, aos casos de ação de paternidade julgada improcedente por falta de condições materiais para a realização da prova", ou seja, o caso específico abordado pelo recurso[754].

Diferentemente do caso anterior, o Tribunal houve por bem julgar o mérito do recurso, dando-lhe provimento e reconhecendo a possibilidade de relativizar a coisa julgada em ações de investigação de paternidade em que a parte não pôde comprovar o vínculo biológico por força da inviabilidade material da realização do exame de DNA, devendo prevalecer o direito fundamental à identidade genética, o direito à igualdade entre filhos e o princípio da paternidade responsável.

---

753 BRASIL. Supremo Tribunal Federal. Recurso Extraordinário 612360 – Repercussão Geral – SP. Órgão Julgador: Plenário. Relator(a): ministra Ellen Gracie. j. 13.08.2010. *DJe* 03.09.2010.

754 Supremo Tribunal Federal. Recurso Extraordinário 363.889/DF. Órgão Julgador: Tribunal Pleno. Relator: ministro Dias Toffoli. j. 02.06.2011. *DJe* 16.12.2011.

c) União homoafetiva e sucessão

O terceiro tema ligado ao Direito de Família cuja repercussão geral foi apreciada pelo STF diz respeito ao direito do companheiro homoafetivo[755] à sucessão legítima (Tema 498).

Segundo o acórdão recorrido (do Tribunal de Justiça gaúcho), sendo o vínculo entre companheiros de mesmo sexo classificado como *união estável*, a sucessão deveria seguir o disposto no art. 1.790 do Código Civil (sucessão do companheiro), e não a sucessão legítima prevista no art. 1.837, que seria reservada ao cônjuge. A decisão ainda afirmava que a Constituição não teria igualado os institutos do casamento e da união estável, segundo o art. 226, § 3.º, da Constituição da República.

O recurso extraordinário divisava que a aplicação do art. 1.790 prejudicaria os companheiros homoafetivos e constituiria discriminação indireta, devendo-lhes ser reconhecida a sucessão legítima (art. 1.837) com fundamento nos princípios da igualdade e da dignidade independentemente da orientação sexual. O ministro Marco Aurélio assim reconheceu a existência de repercussão geral: "Cumpre ao Supremo definir o alcance do art. 226 da Constituição Federal, presente a limitação do art. 1.790 do Código Civil. O tema alusivo à sucessão, à união estável homoafetiva e a suas repercussões jurídicas está a reclamar o crivo do Supremo"[756].

O tema 498 da repercussão geral foi apreciado junto ao tema 809, tendo sido para ambos definida a seguinte tese: "é inconstitucional a distinção de regimes sucessórios entre cônjuges e companheiros prevista no art. 1.790 do CC/2002, devendo ser aplicado, tanto nas hipóteses de casamento quanto nas de união estável, o regime do art. 1.829 do CC/2002" (tema 809 da repercussão geral, julgado em 10.05.2017).

d) Uniões simultâneas e efeitos previdenciários

No âmbito do Direito Previdenciário, mas tocando diretamente questões de Direito de Família, reconheceu-se a repercussão geral de recurso extraordinário sobre o reflexo no Direito Previdenciário da existência de "concubinato" paralelo ao casamento legalmente constituído em que não havia separação de fato. A "concubina", no caso, evocou a proteção do art. 226, § 3.º, da Constituição Federal deferida à união estável.

A controvérsia cingia-se à possibilidade de rateio entre esposa e "concubina" da pensão por morte paga pelo INSS em decorrência do falecimento de varão, do qual ambas dependiam economicamente. O ministro Luiz Fux considerou existente a repercussão do ponto de vista social e econômico:

> Sob o ângulo da repercussão geral, afirma ultrapassar o tema o interesse subjetivo das partes, mostrando-se relevante do ponto de vista social e econômico, porquanto a decisão impugnada, caso mantida, implica obrigar o INSS ao pagamento de pensão por morte à esposa e à concubina, ainda que de forma rateada, sendo necessário o estabelecimento da extensão e do alcance da união estável no direito brasileiro[757].

---

755 Para melhor compreensão do tema, recomenda-se a leitura da obra de Marianna Chaves: *Homoafetividade e direito: proteção constitucional, uniões, casamento e parentalidade.* 3. ed. Curitiba: Juruá, 2015.

756 STF, Recurso Extraordinário 646.721 – Repercussão Geral – SP, Plenário, Rel. Min. Marco Aurélio, j. 10.11.2011, *DJe* 07.12.2011.

757 STF, Recurso Extraordinário 669.465 – Repercussão Geral – ES, Plenário, Rel. Min. Luiz Fux, j. 08.03.2012, *DJe* 16.10.2012.

O feito, porém, sofreu uma reviravolta. O relator, analisando os autos, constatou a presença de pedido de uniformização de jurisprudência ainda pendente de julgamento pelo órgão judiciário *a quo*. Reconhecendo ser inviável o julgamento do recurso extraordinário pelo STF (porquanto não exauridas as instâncias recursais ordinárias), remeteu os autos à Turma Recursal dos Juizados Especiais Federais da Seção Judiciária do Espírito Santo para que o recurso fosse julgado.

Em outro caso também sobre benefício previdenciário reconheceu-se a repercussão geral em caso no qual o recorrente pretende reconhecer a união estável homoafetiva com homem que concomitantemente mantinha outra união estável, com a consequente possibilidade de rateio da pensão por morte.

No recurso extraordinário, afirmava-se a existência de repercussão geral pela "importância social do tema, por referir-se a situação cada vez mais comum em todo o país": "a existência de uniões estáveis entre pessoas do mesmo sexo, ou não, em período coincidente, e os efeitos previdenciários originados desses casos".

As questões jurídicas recortadas pelo ministro Ayres Britto foram (i) a existência de união estável homoafetiva e (ii) a possibilidade de uniões estáveis concomitantes. Ao apreciar a presença de repercussão geral, ele afirmou que se encaixavam positivamente na previsão legal sobre a repercussão geral "as questões constitucionais discutidas no caso (possibilidade de reconhecimento jurídico de união estável homoafetiva e possibilidade de reconhecimento jurídico de uniões estáveis concomitantes)[758].

Ao julgar tal recurso extraordinário (RE n. 1.045.273/SE), o Supremo Tribunal Federal entendeu que a preexistência de casamento ou de união estável constitui fator impeditivo para o reconhecimento de outra união conjugal, inclusive para fins de repartição de benefícios previdenciários, em razão da consagração do dever de fidelidade e da monogamia no ordenamento jurídico brasileiro[759].

Infelizmente, tal decisão acaba favorecendo a irresponsabilidade de quem possui impedimento matrimonial e constitui outra união; a outra pessoa, identificada pejorativamente

---

758 STF, Agravo no Recurso Extraordinário 656.298 – Repercussão Geral – ES, Plenário, Rel. Min. Ayres Britto, j. 08.03.2012, *DJe* 02.05.2012.

759 Eis trechos da ementa: [...] 3. É vedado o reconhecimento de uma segunda união estável, independentemente de ser hétero ou homoafetiva, quando demonstrada a existência de uma primeira união estável, juridicamente reconhecida. Em que pesem os avanços na dinâmica e na forma do tratamento dispensado aos mais matizados núcleos familiares, movidos pelo afeto, pela compreensão das diferenças, respeito mútuo, busca da felicidade e liberdade individual de cada qual dos membros, entre outros predicados, que regem inclusive os que vivem sob a égide do casamento e da união estável, subsistem em nosso ordenamento jurídico constitucional os ideais monogâmicos, para o reconhecimento do casamento e da união estável, sendo, inclusive, previsto como deveres aos cônjuges, com substrato no regime monogâmico, a exigência de fidelidade recíproca durante o pacto nupcial (art. 1.566, I, do Código Civil). 4. A existência de uma declaração judicial de existência de união estável é, por si só, óbice ao reconhecimento de uma outra união paralelamente estabelecida por um dos companheiros durante o mesmo período, uma vez que o artigo 226, § 3º, da Constituição se esteia no princípio de exclusividade ou de monogamia, como requisito para o reconhecimento jurídico desse tipo de relação afetiva inserta no mosaico familiar atual, independentemente de se tratar de relacionamentos hétero ou homoafetivos. 5. Tese para fins de repercussão geral: "A preexistência de casamento ou de união estável de um dos conviventes, ressalvada a exceção do artigo 1723, § 1º, do Código Civil, impede o reconhecimento de novo vínculo referente ao mesmo período, inclusive para fins previdenciários, em virtude da consagração do dever de fidelidade e da monogamia pelo ordenamento jurídico-constitucional brasileiro" (STF, RE 1045273/SE, Rel. Min. Alexandre de Moraes, j. 21.12.2020, publicado em 09.04.2021).

como amante, acaba não tendo qualquer proteção (como direitos à meação, aos alimentos e ao rateio de eventual pensão por morte)[760].

e) Coabitação e separação de fato

Outra questão levada ao STF que teve a repercussão geral apreciada foi a necessidade de provar a ausência de coabitação dos cônjuges como prova da separação de fato (Tema 560). Segundo a recorrente, o tema da necessária ausência de coabitação para caracterizar a separação de fato de um casal apresenta nítida relevância social e jurídica. A alegação foi acolhida pelo ministro Luiz Fux, para quem

> A questão constitucional versada nos autos apresenta repercussão geral, posto a orientação a ser firmada por esta Corte definirá se a necessidade de ausência de coabitação dos cônjuges, para comprovar a separação de fato está de acordo com o art. 226 da Constituição Federal, mormente quando os cônjuges residem sob o mesmo teto e estão separados de fato. Portanto, sob os ângulos social e jurídico (CPC, art. 543-A, § 1.º), a matéria – coabitação dos cônjuges e separação de fato – extravasa evidentemente os interesses subjetivos da causa, notadamente pela aptidão para se multiplicar para além do caso concreto posto em julgamento.

Contudo, o Tribunal, por maioria, entendeu não haver repercussão geral no caso, por se tratar de matéria infraconstitucional, e a repercussão geral deveria se dar em relação a questão constitucional[761].

f) Prevalência da paternidade socioafetiva sobre a biológica

O STF reconheceu a relevância do assunto "prevalência da paternidade socioafetiva em detrimento da paternidade biológica" (Tema 622).

No primeiro caso que mereceu destaque, foi julgado procedente o pedido de investigação de paternidade do filho que, registrado pelos avós (por "adoção à brasileira"), promoveu demanda em face de quem, ao longo do processo, provou ser seu pai biológico. As decisões em ambas as instâncias determinaram a averbação do nome do réu no registro civil do autor.

No STJ, o Recurso Especial não foi conhecido; proclamou aquela Corte a "imprescritibilidade da pretensão de investigação de paternidade cumulada com a anulação do registro de nascimento no qual conste o nome de outrem que não o pai biológico". Consignou ainda que, "em se tratando de adoção à brasileira, o filho adotado possui o direito de, a qualquer momento, buscar judicialmente a nulidade do registro e fazer prevalecer a paternidade sanguínea, independentemente da existência de vínculo socioafetivo". O acórdão do STJ ensejou Recurso Extraordinário com base no art. 226, *caput*, da Constituição Federal.

O relator, ministro Luiz Fux entendeu que "a prevalência da paternidade socioafetiva em detrimento da paternidade biológica é relevante sob os pontos de vista econômico, jurídico e social"[762]; posteriormente, porém, foi negado seguimento ao recurso.

---

760 TARTUCE, Fernanda; NOLACIO, Cleverson. (In)compreensão judiciária de novas relações familiares: diálogo entre os direitos de família e previdenciário. *Revista Brasileira de Direito Previdenciário* (no prelo).

761 STF, Recurso Extraordinário 633.981/DF, Plenário, Rel. Min. Luiz Fux, j. 29.06.2012.

762 STF, Agravo no Recurso Extraordinário 692.186 – Repercussão Geral – DF, Plenário, Rel. Luiz Fux, j. 29.11.2012, *DJe* 21.02.2013.

O assunto, porém, chegou novamente à análise do STF por força do RE 898060/SC. Por ocasião do nascimento, uma pessoa foi registrada como filha de um pai afetivo, que cuidara dela por diversos anos. Posteriormente, ela buscou o reconhecimento da condição de filha biológica em relação a outrem, invocando, entre outros elementos, a igualdade entre os filhos. O vínculo biológico foi demonstrado em exames de DNA, razão pela qual a paternidade biológica foi reconhecida. O pai demandado, inconformado, recorreu ao STF.

Foi relator do caso Luiz Fux, que desenvolveu em suas razões o direito à busca da felicidade como essencial no ordenamento jurídico e negou provimento ao recurso. Restaram vencidos: a) Edson Fachin, para quem o parentesco socioafetivo não seria prioritário ou subsidiário em relação à paternidade biológica: por ser tal liame dotado da mesma dignidade jurídica da adoção constituída judicialmente, afastaria o parentesco jurídico daqueles que detêm apenas vínculo biológico; b) Teori Zavascki, para quem a paternidade biológica não gera, necessariamente, a relação de paternidade do ponto de vista jurídico; como havia, no caso, uma paternidade socioafetiva que persistiu e persiste, ela não pode ser reputada menos importante do que outra forma e merecia ser preservada.

O recurso extraordinário teve o pedido rejeitado em 21.09.2016 por maioria, tendo sido fixada a seguinte tese: "a paternidade socioafetiva, declarada ou não em registro público, não impede o reconhecimento do vínculo de filiação concomitante baseado na origem biológica, com os efeitos jurídicos próprios".

A análise desses casos demonstra a trilha percorrida para finalmente chegar ao Supremo; admitida a repercussão geral, porém, a pausa é longa. O Tribunal não tem conseguido julgar as causas em tempo meramente razoável, avolumando-se casos para julgamento; a média de tempo transcorrido para que um caso com repercussão geral seja julgado tem sido de 5 (cinco) anos[763].

g) Insubsistência da separação judicial no ordenamento brasileiro

Em 08.11.2023, o STF julgou o Recurso Extraordinário (RE) 1.167.478, definindo que a separação judicial não mais subsiste no ordenamento jurídico, não sendo cabível de forma autônoma nem configurando requisito para o divórcio.

A decisão foi importante porque a celeuma sobre a subsistência da separação se instalou a partir da mudança no texto constitucional pela Emenda n. 66/2010, em razão da qual o art. 226, § 6.º[764], da CF passou a dispor que o casamento civil podia ser dissolvido pelo divórcio.

O que ensejava polêmica não era, ressalte-se, a exigência de separação como requisito. Todos reconheciam que tal dispensa atendia ao fim de facilitar a regularização do término da união por parte dos interessados, proporcionando celeridade e eficiência em valorização à autonomia e ao consenso.

O que ensejava controvérsias era a subsistência da separação judicial como possibilidade autônoma para os casais.

---

763 RECONDO, Felipe. Novo CPC e o fim da Repercussão Geral. Disponível em: http://jota.uol.com.br/novo-cpc-e-o-fim-da-repercussao-geral. Acesso em: 3 ago. 2016.

764 Antes assim versava tal dispositivo: "O casamento civil pode ser dissolvido pelo divórcio, após prévia separação judicial por mais de um ano nos casos expressos em lei, ou comprovada separação de fato por mais de dois anos".

Havia quem afirmasse que a eliminação de requisitos pela CF não teria o condão de eliminar os dispositivos do CC sobre a separação, sendo necessária alteração legislativa no plano infraconstitucional para tanto.

Entendimento diverso, porém, reconhecia que a norma constitucional era dotada de eficácia plena e imediata: como a intenção do legislador foi facilitar a atuação dos interessados ao retirar as exigências até então existentes, as disposições normativas do plano infraconstitucional foram revogadas, não havendo mais que se cogitar sobre separação.

Pois bem, o STF decidiu definitivamente sobre a situação: ainda que de modo não unânime – a decisão tomada pelo Plenário do STF por 7 × 3 –, reconheceu a supressão da separação judicial como figura autônoma no ordenamento jurídico brasileiro. Eis a tese 1.053 então fixada:

> Após a promulgação da EC nº 66/2010, a separação judicial não é mais requisito para o divórcio nem subsiste como figura autônoma no ordenamento jurídico. Sem prejuízo, preserva-se o estado civil das pessoas que já estão separadas, por decisão judicial ou escritura pública, por se tratar de ato jurídico perfeito (art. 5.º, XXXVI, da CF).

5.5. Julgamento de recursos em bloco

Ante o massivo volume de feitos em trâmite no Poder Judiciário, a análise personalizada de cada processo acaba sendo comprometida. A ideia de julgar vários processos de uma só vez foi estimulada e institucionalizada nos últimos anos, já que o legislador infraconstitucional inseriu no CPC[765] dispositivos consagradores de técnicas de "julgamento por amostragem".

Segundo consta no sítio eletrônico do Superior Tribunal de Justiça, "a sistemática de julgamento desafoga o Tribunal de milhares de recursos repetitivos, e os demais processos ficam suspensos até o pronunciamento definitivo do STJ. Em 2009, um levantamento da Corte concluiu que o volume de processos que chegaram ao Tribunal diminuiu 30%"[766].

Das últimas mudanças engendradas[767] essa foi, segundo muitos, a que mais se aproximou da igualdade por promover a uniformização de entendimentos.

Eduardo Cambi critica o fenômeno da "jurisprudência lotérica": à luz da isonomia, situações jurídicas similares merecem a mesma aplicação da lei; ocorrência inversa enseja falta de certeza do direito e crise, não sendo "justo nem razoável que uns possam obter imediatamente a tutela jurisdicional, enquanto outros, em igual situação, tenham que arcar com maiores ônus para conseguir a proteção jurídica adequada"[768]. Para o autor, o uso de meca-

---

765 CPC, art. 1.036. Sempre que houver multiplicidade de recursos extraordinários ou especiais com fundamento em idêntica questão de direito, haverá afetação para julgamento de acordo com as disposições desta Subseção, observado o disposto no Regimento Interno do Supremo Tribunal Federal e no do Superior Tribunal de Justiça.

766 SUPERIOR TRIBUNAL DE JUSTIÇA. Três novas teses são destacadas como repetitivas na Corte Especial. *JusBrasil*, 2010. Disponível em: http://stj.jusbrasil.com.br/noticias/2586310/tres-novas-teses-sao-destacadas-como-repetitivas-na-corte-especial. Acesso em: 2 ago. 2016.

767 Como bem pontua Arruda Alvim, a "tendência continuada dos legisladores, de tentarem agilizar a Justiça, tem sido a resposta correspondente ao grande aumento do acesso à Justiça, mercê do qual o aparato estatal tradicional, seja tendo em vista o seu tamanho, a sua eficiência, não tem logrado atender com a rapidez desejável" (ARRUDA ALVIM. *Manual de direito processual civil*, v. 2, 2006, p. 388).

768 Jurisprudência lotérica. *RT* 786, abr. 2001, 90.º ano, p. 112.

nismos de uniformização e a aplicação das normas pelos Tribunais garantem a possibilidade de utilização uniforme do direito federal e constitucional[769].

Na mesma linha, ressalta Barbosa Moreira, ao abordar a uniformização de jurisprudência, tratar-se "pura e simplesmente de evitar, na medida do possível, que a sorte dos litigantes, e afinal a própria unidade do sistema jurídico vigente, fiquem na dependência exclusiva da distribuição do feito ou do recurso a este ou aquele órgão"[770].

Como exemplo de aplicação da técnica em demandas familiares, houve apreciação de recurso especial repetitivo quanto à incidência da pensão alimentícia sobre o décimo terceiro salário e o terço constitucional de férias[771].

A aplicação parece interessante; causa preocupação, porém, a forma de triagem e seleção do recurso "piloto" (o paradigma que servirá como base para a análise e cujo resultado servirá, ao final, para todos os demais feitos). É essencial que se proceda a uma análise criteriosa de modo a inserir o caso no grupo apropriado; se ele não apresentar plena semelhança com o caso paradigma, o processo não deve ser suspenso e sim julgado separadamente.

Do mesmo modo, é essencial agir com esmero na seleção do recurso representativo da controvérsia, devendo ser escolhido o que contém mais e melhores argumentos para a análise dos temas pertinentes ao deslinde da controvérsia.

Como se percebe, a plena identidade entre as demandas e suas causas de pedir é essencial para que o julgamento em bloco se mostre adequado; tudo recomenda, portanto, sua aplicabilidade em matérias puramente jurídicas. Em causas com grande presença de elementos fáticos será complicado identificar ampla similaridade.

Em causas familiares, é preciso dar atenção particularizada a cada conflito, evitando a padronização especialmente porque os casos tendem a ser fundamentalmente distintos em suas bases fáticas. Assim, a generalização da aplicação de um entendimento pode acabar violando a isonomia material dos jurisdicionados e comprometendo seu acesso à justiça em pleitos muito sensíveis.

A aplicação de entendimentos consolidados a partir de realidades pretéritas tende a liberar a magistratura de proceder à análise customizada da relação controvertida; contudo, novos olhares podem ser determinantes para que se proceda a julgamentos apropriados nos dinâmicos contextos familiares.

6. EXECUÇÃO E CUMPRIMENTO DE SENTENÇA

A atuação nas partes em cumprimentos de sentença e processos executivos não visa discutir quem é o titular de determinada posição de vantagem reconhecida pelo direito, mas

769 Jurisprudência lotérica. *RT* 786, abr. 2001, 90.º ano, p. 112. No mesmo sentido: "A ideia de duas verdades é de difícil compreensão e por vezes abala a credibilidade do Judiciário. Como aceitar que dois casos absolutamente idênticos tenham resultados diametralmente opostos se a jurisdição é una, se a lei aplicável é a mesma? Não se pode alcançar o justo, quando se tolera que conflitos iguais recebam soluções diversas, senão contraditórias" (PEÑA, Eduardo Chemale Selistre. Reforma do Judiciário: a polêmica em torno da adoção das súmulas vinculantes e a solução oferecida pelas súmulas impeditivas de recursos. Disponível em: https://www.paginasdedireito.com.br/index.php/artigos/114-artigos-abr-2004/5062-reforma-do--judiciario-a-polemica-em-torno-da-adocao-das-sumulas-vinculantes-e-a-solucao-oferecida-pelas--sumulas-impeditivas-de-recursos. Acesso em: 18 dez. 2019).

770 BARBOSA MOREIRA, José Carlos. *Comentários ao Código de Processo Civil*: arts. 476-565, cit., p. 5.

771 "[...] 1. Consolidação da jurisprudência desta Corte no sentido da incidência da pensão alimentícia sobre o décimo terceiro salário e o terço constitucional de férias, também conhecidos, respectivamente, por gratificação natalina e gratificação de férias [...]" (REsp 1.106.654/RJ, 2.ª Seção, Rel. Min. Paulo Furtado (Desembargador Convocado do TJBA), j. 25.11.2009, *DJe* 16.12.2009).

efetivar o adimplemento de direito já reconhecido e descumprido. A finalidade, portanto, é a satisfação do direito do exequente.

Inicialmente, o CPC/1973 tratava o processo de execução como um processo distinto do processo de conhecimento: somente seria possível iniciar a execução se a parte dispusesse de um título executivo judicial (ex. sentença) ou extrajudicial (ex. título de crédito). Se detivesse um título executivo judicial (proferido em processo de conhecimento), o credor precisaria dar início a outro processo, de execução, inclusive com nova citação.

Após uma sucessão de reformas, culminando com a Lei n. 11.232/2005, passou a ser realidade a execução de sentença como uma fase final do processo de conhecimento, não mais se exigindo a instauração de um processo autônomo. Essa fase é denominada na lei cumprimento de sentença. O CPC atual reproduz esse sistema com poucas alterações[772].

Para acessar o sistema de responsabilidade inerente ao cumprimento de sentença e à execução, é preciso que o jurisdicionado seja dotado de título executivo.

Os títulos executivos judiciais (aptos a ensejar cumprimento de sentença) estão previstos no art. 515, enquanto os títulos extrajudiciais (que serão objeto de execução autônoma) constam no art. 784. Os títulos executivos extrajudiciais são criados pela vontade das partes sem prévia participação do Poder Judiciário e têm previsão na legislação; são exemplos os títulos de crédito e a confissão de dívida assinada por duas testemunhas.

Em relações familiares críticas, muitos títulos são formados em juízo.

É interessante destacar a possibilidade de conseguir o consenso fora do Poder Judiciário e contar com este para a homologação dos termos da avença.

6.1. Acordo e título executivo

A execução não pode ser realizada sem que haja título executivo reconhecendo a obrigação.

Em prol de melhores resultados, as partes que celebram uma transação podem escolher dar a ela a feição de título executivo extrajudicial ou extrajudicial, respeitadas algumas diretrizes básicas.

a) Título executivo extrajudicial

Os títulos executivos extrajudiciais são criados pela vontade das partes e independem de prévia participação do Poder Judiciário, devendo estar previstos na legislação[773]; a lista básica de tais títulos consta no art. 784 do CPC.

As hipóteses do Código que têm pertinência com ajustes familiares são os títulos executivos extrajudiciais decorrentes de: a) atos de reconhecimento de dívida consubstanciados em escritura pública ou outro documento público assinado pelo devedor; b) documento particular assinado pelo devedor e por duas testemunhas; c) instrumento de transação referendado pelo Ministério Público, pela Defensoria Pública, pela Advocacia Pública, pelos advogados dos transatores ou por conciliador ou mediador credenciado por tribunal (CPC, art. 784, II a IV).

Sendo as partes maiores e capazes, não há limitação quanto ao reconhecimento de direitos em tais instrumentos; os acordos poderão consubstanciar títulos executivos judiciais ou extrajudiciais.

---

[772] De uma forma geral, ainda que existam novidades relativas ao processo executivo e ao cumprimento de sentença, esses foram os temas em que houve menos alteração no CPC/2015 em relação ao previsto no CPC/1973 (DELLORE, Luiz; TARTUCE, Fernanda. *Manual de prática civil*, cit., p. 268).

[773] TARTUCE, Fernanda; DELLORE, Luiz. *Manual de prática civil*, cit., p. 228.

Havendo incapacidades, porém, a situação muda de figura. Como exposto no tópico referente ao Ministério Público, entende-se há tempos que, havendo incapazes, o MP precisa ser ouvido antes da homologação dos acordos; essa posição foi consagrada no CPC[774] e na Lei de Mediação[775].

Há, porém, quem questione tal visão; representando essa vertente, afirma Rafael Miguel Delfino:

> Deixar de conceder eficácia ao instrumento de transação referendado pelos advogados dos transatores envolvendo direitos indisponíveis transigíveis em razão da falta de manifestação do Ministério Público e de homologação judicial é ofender o princípio constitucional que garante o acesso digno à justiça por meio dos métodos adequados de tratamento dos conflitos, a exemplo da mediação, da conciliação, da negociação e demais técnicas de composição e administração de disputas, como as práticas colaborativas[776].

Apesar de a visão ser interessante por se afinar com as tendências de valorizar a autonomia e de "desjudicialização" de conflitos, a escolha legislativa é clara e ir contra sua lógica tende a gerar resultados questionáveis.

Como exemplo, vale destacar um caso em que a Terceira Turma do STJ entendeu possível o ajuizamento de ação de alimentos mesmo havendo acordo extrajudicial vigente porque os valores pagos pelo alimentante deixaram de atender às necessidades da criança. Afinal, é direito indisponível da criança ver analisada a possibilidade de receber alimentos de forma proporcional às necessidades e prestados de acordo com as possibilidades reais do genitor, em atendimento ao seu melhor interesse – o que autoriza o arrependimento dos termos do acordo extrajudicial.

Os ministros deram provimento ao recurso interposto pela mãe da criança após o TJMG rejeitar a alegação de que o acordo extrajudicial firmado antes não seria interessante para a menor. Para o relator, ministro Moura Ribeiro, diferentemente da conclusão do tribunal, o arrependimento e a insatisfação com os termos do acordo extrajudicial caracterizaram potencial interesse processual. O ministro ressaltou que o interesse em análise é da criança – que, quando do ajuizamento da ação de alimentos, tinha só cinco anos:

> Por se tratar de alimentos insuficientes para a sua sobrevivência – logo, direito indisponível –, a questão deveria ser examinada com cuidado e sob a ótica dos princípios do melhor interesse, da proteção integral do menor e, principalmente, da dignidade da pessoa humana[777].

---

[774] CPC, art. 698. Nas ações de família, o Ministério Público somente intervirá quando houver interesse de incapaz e deverá ser ouvido previamente à homologação de acordo.

[775] Lei n. 13.140/2015, art. 3.º [...] § 2.º O consenso das partes envolvendo direitos indisponíveis, mas transigíveis, deve ser homologado em juízo, exigida a oitiva do Ministério Público.

[776] DELFINO, Rafael Miguel. A (des)necessidade de oitiva do Ministério Público e de homologação judicial do instrumento de transação referendado pelos advogados dos transatores envolvendo direitos indisponíveis transigíveis. *Revista do IBDFAM*, v. 34, p. 115, jul./ago. 2019.

[777] SUPERIOR TRIBUNAL DE JUSTIÇA. Acordo extrajudicial não impede ajuizamento de ação de alimentos se o valor não é suficiente para o menor. *STJ*, 6 ago. 2021. Disponível em: https://www.stj.jus.br/sites/portalp/Paginas/Comunicacao/Noticias/06082021-Acordo-extrajudicial-nao-impede-ajuizamento-de-acao-de-alimentos-se-o-valor-nao-e-suficiente-para-o-menor.aspx. Acesso em: 25 out. 2021.

Segundo o ministro relator, a situação envolve não apenas interesse patrimonial, como também a dignidade da menor; por ser sujeito de direitos e não objeto, ela deve receber alimentos suficientes para o atendimento das suas necessidades básicas (que são presumidas, considerada sua pouca idade). Para ele, não há necessidade de esperar a alteração do binômio necessidade/possibilidade para a promoção de ação de alimentos ou até mesmo ação revisional, uma vez que o acordo no Cejusc não faria coisa julgada material.

O ministro também lembrou que o argumento primordial trazido na ação de alimentos é o de que o acordo foi prejudicial aos interesses da menor (insuficiência da verba alimentar), questão de mérito; assim, o processo não poderia ter sido extinto de forma precoce. Por fim, ele destacou a necessidade de participação do Ministério Público em acordos extrajudiciais de alimentos para evitar situações desvantajosas para os menores envolvidos.

b) Homologação judicial

Se, por razões de segurança jurídica, elas quiserem dar ao acordo a feição de título executivo judicial, é possível pedir a homologação da avença em juízo.

Segundo o art. 515, III, do CPC, é título executivo judicial "a decisão homologatória de autocomposição extrajudicial de qualquer natureza". Tal dispositivo indica que qualquer matéria pode ser objeto de pedido de homologação – inclusive temas de índole familiar.

A mesma conclusão pode ser tirada a partir da Lei de Mediação: o consenso das partes sobre tema que envolve direitos indisponíveis (mas transigíveis) deve ser homologado em juízo, exigida a oitiva do Ministério Público (Lei n. 13.140/2015, art. 3.º, § 2.º).

É possível pedir a homologação em juízo de um acordo de guarda de menor em que estejam de acordo os pais e avós da criança? A resposta negativa da primeira instância foi revista pelo TJ do Distrito Federal: entenderam os desembargadores não ser caso inépcia da inicial, havendo interesse de agir de pais e avós em ver regulamentada a guarda de menor tendo em vista o princípio da proteção integral do incapaz[778].

O mesmo Tribunal, ao apreciar a homologação de divórcio, partilha, guarda e alimentos, entendeu ser desnecessário o reconhecimento de firma das assinaturas das partes[779].

Eis uma questão polêmica: é possível a homologação de acordo para promover mudanças referentes à parentalidade, sendo trocado o pai registral pelo (agora revelado) pai biológico? Para responder, considere o cenário seguinte.

Sheryde, hoje com um ano de idade, foi registrada como filha de Vanderlon logo após nascer; sua mãe, porém, revelou agora que o pai da criança é Wewerson. Este pretende ser reconhecido como pai e Vanderlon concordou em ser excluído, estando todos os envolvidos de acordo. É cabível a propositura de ação de homologação de acordo extrajudicial, procedimento de jurisdição voluntária, para tanto?

---

778 "[...] 2 – Há interesse de agir de pais e avós em ver regulamentada a guarda de menor, tendo em vista o princípio da proteção integral do incapaz" (TJDF, Rec. 2011.12.1.002997-9, Ac. 536.917, 3.ª Turma Cível, Rel. Des. João Mariosi, *DJDFTE* 27.09.2011, p. 69). No mesmo sentido: "Apelação cível. Pedido de homologação judicial de acordo sobre guarda, convivência e alimentos devidos a filha menor, referendado pelo Ministério Público. [...] Existência de título extrajudicial que não afasta a pretensão de obtenção de título de natureza judicial. Inteligência do art. 785 do CPC. Jurisdição voluntária, na forma do art. 725, VIII, do CPC. Interesse de agir configurado [...]" (TJPR, Proc. 0000131-76.2020.8.16.0155, Rel. Alexandre Gomes Goncalves, j. 03.08.2020).

779 "[...] 2. O Novo CPC não prevê a necessidade de reconhecimento de firma para homologação de acordo do fim da sociedade conjugal" (TJDFT, Proc. 07043015320198070020, Rel. Sérgio Rocha, j. 24.09.2020).

Em alguns casos idênticos a esse, a resposta dos Tribunais foi negativa: por tratar a causa de um direito indisponível, ela não seria passível de transação[780]. Na mesma linha, decidiu o Tribunal de Justiça gaúcho ao afirmar ser inadmissível a celebração de acordo em que se transaciona sobre direito da personalidade por ser este indisponível[781].

Houve, porém, reconhecimento da possibilidade por parte de alguns julgadores. Como constou em acórdão do Tribunal do Mato Grosso, o art. 1.604 do Código Civil permite que o registro civil seja anulado comprovando-se a falsidade: "não há como ignorar a relevância do princípio da dignidade da pessoa humana, em prestígio da eternização de uma inverdade, impondo-se, como medida de justiça, a regularização da situação narrada nos autos e vivenciada pelas partes"[782].

O Tribunal mineiro assim decidiu:

> Instruída a demanda com exame de DNA que comprova a ausência de liame biológico entre as partes e confirmada a inexistência de vínculo afetivo, não há óbice na homologação do acordo, entabulado entre pessoas maiores e capazes, para fins de exclusão da paternidade, alterando, por conseguinte, o registro civil, cujos dados foram inseridos por força da sentença proferida nos autos da ação investigatória, fundada exclusivamente em prova testemunhal, haja vista a preponderância do princípio da dignidade da pessoa humana sobre a coisa julgada[783].

Como formar o título judicial?

Imagine que duas pessoas negociem certa situação e decidam promover a homologação do pacto. Embora possam compor um título executivo extrajudicial, elas preferem, por cautela, ter a homologação judicial do ajuste. Para tanto, devem promover uma "ação de homologação de acordo extrajudicial", procedimento de jurisdição voluntária, com fundamento no art. 515, III, e no art. 719 do CPC[784]. Para tanto, atuarão como se estivessem em um divórcio consensual: exporão na petição os fatos e os fundamentos, o pedido de homologação e os interessados assinarão a petição com seus advogados.

---

780 TJMG, APCV 0665868-15.2010.8.13.0024/Belo Horizonte, 7.ª Câmara Cível, Rel. Des. Wander Paulo Marotta Moreira, j. 22.11.2011, *DJEMG* 20.01.2012.

781 "[...] 1. Tratando-se de direito indisponível, é inválido o acordo entabulado entre os genitores acerca do estado de filiação do infante (art. 104, II, do CCB). Matéria que sequer não comporta confissão, na esteira do art. 392 do CPC. 2. Considerando que o ordenamento jurídico protege a posição do incapaz, autorizando a desconstituição do vínculo paternal somente em casos específicos, elencados pela Lei (vício de consentimento ou falsidade no registro), os quais não foram prontamente comprovados, valendo destacar que sequer há prova acerca da indigitada inexistência de liame biológico, pois não produzida a prova pericial (exame de DNA), a desconstituição da sentença para fins de reabertura da fase instrutória é medida que se impõe. [...]" (TJRS, AC 0161666-10.2017.8.21.7000, Vera Cruz, 8.ª Câmara Cível, Rel. Des. Ricardo Moreira Lins Pastl, j. 28.09.2017, *DJERS* 04.10.2017); "[...] 1. Tratando-se a paternidade de direito indisponível, o reconhecimento do pedido pela parte ré (no caso o genitor) não implica em acordo apto a ser homologado. A concordância do réu com o pedido inicial após a realização do exame pericial de DNA serve para subsidiar o julgamento o mérito do pedido, mas não pode ser objeto de homologação. Logo, é de rigor a reforma da sentença para, alterando-se o dispositivo sentencial, julgar procedente a demanda investigatória. [...]" (TJRS, AC 0234466-36.2017.8.21.7000, Porto Alegre, 8.ª Câmara Cível, Rel. Des. Rui Portanova, j. 09.11.2017, *DJERS* 16.11.2017).

782 TJMT, APL 158.417/2014, Capital, Rel. Des. Sebastião Barbosa Farias, j. 12.05.2015, *DJMT* 18.05.2015, p. 54.

783 APCV 4537657-87.2008.8.13.0079, Contagem, 2.ª Câmara Cível, Rel. Des. Afrânio Vilela, j. 02.08.2011, *DJEMG* 09.08.2011.

784 DELLORE, Luiz; TARTUCE, Fernanda. *Manual de Prática Civil*, cit., p. 323.

Segundo o art. 720 do CPC, o procedimento terá início por provocação do interessado, do Ministério Público ou da Defensoria Pública, cabendo-lhes formular o pedido devidamente instruído com os documentos necessários e com a indicação da providência judicial.

A petição inicial não exige grandes dilações: a lei determina que as partes formulem o pedido instruindo-o com os documentos necessários e com a indicação da providência judicial. De todo modo, é interessante indicar a fundamentação, ainda que de forma sucinta, para expor boa técnica.

Vale lembrar que as partes devem refletir bem sobre a proposta de homologação e respeitar seus termos tal como consta no acordo, não estando aberta a via recursal pura e simplesmente por conta de uma das partes não apreciar, *a posteriori*, os termos do ajuste.

A título de exemplo, entendeu o Tribunal de Justiça cearense não prosperar o inconformismo de quem entendeu excluída do acordo a pensão alimentícia referente a certos meses; após elucidar que a verba estaria incluída por versar a causa sobre a integralidade do débito, afirmou o Tribunal na decisão que "celebrado o acordo dos alimentos vencidos em valor fixo, não há mais como modificar a verba homologada"[785].

Assim, caso haja algum problema na celebração do acordo, é preciso aferir a possibilidade de invocação e demonstração de vício de consentimento para então promover a apropriada ação anulatória[786].

6.2. Aplicação de medidas diferenciadas para a efetivação de ordens judiciais

Um dos mecanismos mais eficientes para buscar a efetividade dos comandos decisórios é a fixação de multas em caso de descumprimento.

Rolf Madaleno desenvolve o tema com grande clareza, e suas lições merecem destaque. Na jurisdição familiar, como a insana vingança prevalece, "seus personagens estão psicologicamente desassociados da lógica compreensão, que compete às pessoas a atenderem ao comando judicial"; em tal quadro, "a ordem judicial vira mero conselho, quase sempre ignorado[787]":

> Resistências geram tumulto afetivo, e a reiterada desobediência agride o senso comum, apontando assim para as *astreintes*, que talvez carreguem em sua gênese a força mandamental capaz de reorientar os rumos dos processos e de restabelecer uma razoável pacificação familiar[788].

---

785 "[...] de uma análise do instrumento de acordo mencionado, verifica-se que não encontra guarida a alegação apresentada pelos apelantes, pois, dos termos constantes no terceiro parágrafo do acordo homologado, observa-se claramente que a verba alimentícia objeto da negociação em atraso compreendeu a integralidade dos alimentos executados [...] (TJCE, 2.ª Câmara Cível, Ap. Cív. 45218341200080600000, Rel. Francisco de Assis Filgueira Mendes, *DJ* 25.08.2010)" (TJCE, APL 23859-93.2006.8.06.0001/1, 1.ª Câmara Cível, Rel. Des. Francisco Sales Neto, *DJCE* 25.02.2011).

786 "[...] não restou comprovada a existência de qualquer vício de consentimento na audiência em que homologado o acordo entabulado entre as partes, que estavam devidamente representadas. Outrossim, ainda que houvesse, esta não seria a via adequada para a irresignação, devendo a parte ingressar com ação anulatória" (TJRS, APL 0112513-37.2019.8.21.7000, Proc. 70081406043, Feliz, 8.ª Câmara Cível, Rel. Des. José Antônio Daltoe Cezar, j. 28.11.2019, *DJERS* 10.12.2019).

787 MADALENO, Rolf. *Direito de família em pauta*, cit., p. 46.

788 MADALENO, Rolf. *Direito de família em pauta*, cit., p. 46.

O autor exemplifica hipóteses de pertinente aplicação de multas: exercício do direito de visita (em substituição à drástica busca e apreensão de menores[789]); deveres de entrega de coisa ou pagamento em dinheiro, de prestar contas e de devolver bens/valores indevidamente subtraídos do acesso da parte adversária[790]; dever de comparecer a exames, perícias e avaliações em juízo[791].

Apesar de tal ampla exposição de possibilidades, há resistência à aplicação por parte de alguns julgadores. Eis o que entendeu Desembargador do Tribunal de Justiça do Distrito Federal:

> 4. Não se concebe que as multas cominatórias previstas nos §§ 4.º e 5.º do art. 461 do CPC tenham aplicabilidade indistinta às relações de família, seja pela imprecisão ou impossibilidade de averiguação material de cada alegação de descumprimento que enseje o seu pagamento ou mesmo por compreender ser imprópria a fixação de multa destinada a compelir ao exercício de relação de afeto, entendida como aquela que não ostente conteúdo patrimonial. 5. O cumprimento dos termos assentados em juízo quanto à visitação de filhos menores há de ser compelido mediante a perspectiva de aplicação das medidas previstas no art. 129 da Lei n. 8.069/90 e de incursão nas penas dos arts. 248 e 330 do Código Penal Brasileiro. Agravo de Instrumento parcialmente provido[792].

Mais questões pertinentes à execução e ao cumprimento de sentença serão analisadas na segunda parte do livro quando forem tratadas certas demandas familiares.

Antes de finalizar esta parte, porém, cabe destacar uma previsão do CPC que desperta intensa controvérsia: segundo o art. 139, IV, o juiz dirigirá o processo conforme as disposições deste Código, incumbindo-lhe: [...] IV – determinar todas as medidas indutivas, coercitivas, mandamentais ou sub-rogatórias necessárias para assegurar o cumprimento de ordem judicial, inclusive nas ações que tenham por objeto prestação pecuniária.

---

789 Em suas palavras, "a aplicação de multa passa a ser importante instrumento jurídico para substituir de uma vez por todas a abjeta e drástica medida compreendida pela busca e apreensão de menores, palco de inesgotáveis traumas contra indefesas e desprotegidas crianças – subtraídas a fórceps por uma ordem judicial de convívio afetivo do genitor não guardião, que se descurou do tempo de permanência permitida ao salutar exercício do seu amor parental, tisnado por cenas dantescas e traumáticas de indescritível e dispensável violência processual" (MADALENO, Rolf. *Direito de família em pauta*, cit., p. 47).

790 O autor exemplifica: "Fácil perceber que o consorte constrangido a render contas ou devolver bens ou papéis indevidamente retidos pode preferir apressar-se se for processualmente admoestado com relevante multa pecuniária, capaz de realmente persuadi-lo a desistir de eternizar-se na posse e na administração de bens, valores e documentos do outro cônjuge, tirando proveito econômico da lentidão da demanda" (MADALENO, Rolf. *Direito de família em pauta*, cit., p. 49).

791 "Não seriam as *astreintes* um eficiente instrumento para a pronta realização dos estudos interdisciplinares ordenados para subsidiar o processo dos meios científicos probatórios imprescindíveis ao melhor e mais justo desfecho processual" (MADALENO, Rolf. *Direito de família em pauta*, cit., p. 49).

792 TJDF, Rec. 2010.00.2.001245-3, Ac. 441.705, 5.ª Turma Cível, Rel. Des. Angelo Passareli, *DJDFTE* 31.08.2010, p. 119. No mesmo sentido: "[...]. Cominação de multa para garantir a realização das visitas pelo genitor. Impossibilidade. Direito de visitação do pai à criança que não pode ser, *a priori*, imposto por meio de sanção. Interlocutória mantida por fundamento diverso. A imposição de multa em caso de descumprimento do dever de visita não constitui a forma mais adequada de garantir o direito do filho ao convívio com o pai, eis que o relacionamento entre ambos deve se desenvolver a partir da livre e espontânea vontade das partes (TJRS, AI n. 70016868333, Rel. Des. Claudir Fidelis Faccenda, j. 01.11.2006). Recurso conhecido e desprovido" (TJSC, AG 4015649-35.2016.8.24.0000/50000, Florianópolis, Câmara Civil Especial, Rel. Des. Gerson Cherem II, *DJSC* 13.09.2017).

À luz de tal dispositivo, será possível ao magistrado determinar medidas como suspensão do direito de dirigir, proibição de uso de passaporte e penhora da restituição do Imposto de Renda?[793]

Sob certo prisma, adotar medidas diferenciadas (como a suspensão do direito de dirigir, a restrição ao uso de passaporte e a penhora de certos montantes) contribui para a efetividade da prestação jurisdicional. Por outro lado, o patrimônio – e não a pessoa do devedor – responde por dívidas; além disso, o exercício de amplos poderes pelo juiz sem balizas específicas pode ensejar medidas inadequadas. Nessa linha, suspender o direito de dirigir e restringir o uso de passaporte são iniciativas problemáticas por atingirem a pessoa do devedor, enquanto a penhora da restituição de imposto de renda soa viável por afetar seu patrimônio.

Para quem defende sua incidência, é importante que a medida diferenciada se revele proporcional e seja aplicada após o exaurimento de outros meios previstos no ordenamento. Como a proposta é aumentar a eficiência processual, intentar medidas ineficazes, inexequíveis e/ou de difícil fiscalização pode acabar ensejando o efeito contrário.

No contexto pandêmico da covid-19 houve limitação à coerção máxima possível: a prisão do devedor de alimentos, até então fixada predominantemente em regime fechado, passou a ser domiciliar (ou suspensa por alguns julgadores). Nesse cenário, o que caberia ao credor? Aguardar sem qualquer iniciativa enquanto padece de fome? A adoção de medidas atípicas, nesse cenário, passou a se revelar adequada.

Vale destacar que na vigência do CPC/1973 o art. 461 previa que em ação cujo objeto era o cumprimento de obrigação de fazer ou não fazer, o juiz concederia a tutela específica da obrigação ou, se procedente o pedido, determinaria providências que assegurassem o resultado prático equivalente ao do adimplemento. Apesar de tal previsão, por que vários magistrados não admitiam o protesto por dívidas alimentares? O dispositivo também permitiria a adoção das medidas diferenciadas acima indicadas?

No regime do CPC/1973 prevalecia o entendimento sobre a necessidade de haver previsão legal para que medidas diferenciadas fossem adotadas. As dívidas alimentares não eram regidas pelo art. 461, mas pelos arts. 732 e seguintes do CPC/1973, que contavam com outras estratégias executivas sem contemplar o protesto.

Mesmo assim, o art. 19 da Lei de Alimentos permitia ampla atuação do magistrado em prol de resultados efetivos: pela regra, ele pode tomar todas as providências necessárias para o esclarecimento ou o cumprimento do julgado/acordo. De todo modo, a compreensão prevalecente, sob a égide do CPC anterior, era de que medidas diferenciadas só poderiam ser aplicadas em relação a obrigações de fazer, não fazer e entregar coisa, sendo impertinentes em relação a obrigações de pagar quantia.

Poder-se-ia ainda questionar: para haver restrição ao direito de dirigir, seria necessária uma reforma no Código de Trânsito Brasileiro por força do princípio da legalidade?

Para os defensores da iniciativa, não; a previsão do CPC é suficiente por configurar regra geral sobre meios executivos atípicos: ela amplia os poderes do magistrado para permitir a efetivação de suas decisões independentemente de previsões específicas sobre as formas executivas.

Em diversas decisões a pretensão vem sendo acolhida. Como exemplo, decidiu o Tribunal gaúcho ser cabível a apreensão da CNH e do passaporte porque: a) os exequentes já tomaram todas as providências que estavam ao alcance no intuito de receberem o débito alimentar

---

793 O tema foi objeto de entrevista formulada pelo IBDFAM em agosto de 2016.

sem sucesso; b) na seara alimentar admite-se a adoção de medidas até mais drásticas que as questionadas – como "a prisão civil, que, extrapolando as segregações de natureza penal, encontra conformidade não só na lei, como no pacto de São José da Costa Rica, de que o Brasil é signatário"; c) não haveria imposição de pena perpétua, *data maxima venia*, porque se examina matéria de natureza civil, providência tendente a assegurar efetividade à decisão que condenou o devedor ao pagamento de pensão, e que se justifica plenamente na singular situação enfrentada; ademais, a medida cessará tão logo adimplida a obrigação do devedor.

Por fim, vale lembrar que a aplicação do art. 139, IV, do CPC pode ser discutida em segundo grau de jurisdição: embora o tema não esteja previsto expressamente no rol de cabimento do agravo de instrumento, esse recurso é cabível se a medida diferenciada for concedida em relação à tutela provisória, ao mérito da causa, a fases de liquidação/cumprimento de sentença, à execução e a inventário (CPC, art. 1.015, I, II e parágrafo único).

7. PRECEDENTES E LITÍGIOS FAMILIARES

7.1. Relevância do tema

Um dos objetivos proclamados pelo legislador durante a tramitação do projeto que gerou o CPC/2015 foi valorizar a jurisprudência, tema que ganhou significativo destaque na nova codificação. Os tribunais deverão dar publicidade aos seus precedentes, organizando-os por questão jurídica decidida e divulgando-os, preferencialmente, na rede mundial de computadores (art. 927, § 5.º)[794].

A decisão judicial passou a transcender as fronteiras da resolução do caso específico apreciado no Poder Judiciário, gerando um ponto de referência para quem atua na seara jurídica e para a população em geral[795]. Por servirem como "faróis orientadores", os precedentes, mesmo nos sistemas das grandes codificações – como o Brasil – passaram a desempenhar um grande e crescente papel.

Precedentes são decisões pretéritas que operam como paradigmas para soluções posteriores[796]. Aplicar as vivências e os ensinamentos do passado para resolver questões do presente e do futuro é essencial no raciocínio prático humano[797]. O corpo de precedentes disponível para análise em qualquer sistema jurídico representa (se adequadamente compreendido e utilizado) um acúmulo da sabedoria do passado. Nessa lógica, há quem afirme não existir maneira melhor de chegar ao coração de um sistema jurídico do que observando a forma como o ordenamento trata os precedentes[798].

---

794 DELLORE, Luiz; TARTUCE, Fernanda. *1.001 dicas sobre o novo CPC*, cit., p. 144.

795 A abordagem apresentada neste tópico foi feita, de modo mais completo, no artigo escrito em coautoria com Marianna Chaves: Precedentes e litígios familiares: primeiras reflexões. *Revista Pensamento Jurídico*, v. 11, n. 1, p. 193-213, 2017. Disponível em: http://www.fadisp.com.br/revista/ojs/index.php/pensamentojuridico/issue/view/5/showToc. Acesso em: 31 out. 2017.

796 Nesse sentido, deve-se evitar a utilização indiscriminada do termo precedente para toda e qualquer decisão prévia, possivelmente relevante para o caso a ser decidido. Deve-se buscar uma utilização mais técnica da terminologia, restringindo o seu uso aos precedentes considerados vinculantes ou obrigatórios.

797 Sobre a questão já se afirmou: "Today is not only yesterday's tomorrow; it is also tomorrow's yesterday. A system of precedent therefore involves the special responsibility accompanying the power to commit the future before we get there" (SCHAUER, Frederick. Precedent. *Stanford Law Review*, v. 39, n. 3, p. 571-606, 1987, p. 573).

798 Como advertem D. Neil Maccormick e Robert S. Summers (Introduction. In: MACCORMICK, D. Neil; SUMMERS, Robert S. (ed.). *Interpreting precedents*: a comparative study. New York: Routledge, 1997. p. 1).

Como há muitos anos asseverou Benjamin Cardozo, o sistema ideal seria aquele em que um Código, muito flexível e minucioso ao mesmo tempo, pudesse fornecer antecipadamente a regra justa e apropriada para cada situação possível; todavia, a vida é demasiado complexa e multifacetada para alcançar esse ideal[799].

Segundo Mauro Cappelletti, a tendência de desenvolvimento do direito jurisprudencial (*case law*) deve-se a duas razões substanciais: 1. Ao volume descomunal da atividade legislativa: mesmo as leis mais cuidadosas e bem elaboradas podem conter lacunas a serem colmatadas, assim como obscuridades e ambivalências que devem ser resolvidas pela interpretação; 2. À tendência de adoção e implementação de declarações judiciais de direitos fundamentais[800].

O ordenamento jurídico brasileiro está baseado na ideia de codificação. Assim, a priori, a inexistência de precedentes não geraria qualquer problema, podendo o juiz interpretar a legislação com ou sem o auxílio deles. O problema emerge na ausência de lei ou norma que regule a situação *sub judice* ou quando se observa a necessidade de uma nova interpretação legal em virtude de alterações das circunstâncias, que podem ser técnicas, econômicas, sociais. Essa janela existe, afinal, pela ausência de certeza do ajustamento constante das leis a essas conjunturas. Nessa lógica, as Cortes laboram, de maneira legítima, no sentido do progresso e melhoria da legislação[801].

No âmbito do Direito das Famílias, são exemplos da tendência de declaração judicial de direitos fundamentais não regulados o reconhecimento das uniões homoafetivas, do casamento civil entre pessoas do mesmo sexo e da multiparentalidade jurídica.

Com a entrada em vigor do CPC/2015, a contemplação de precedentes ensejou um misto de animação e temor entre os juristas. O entusiasmo deveu-se ao fato de haver um mecanismo apto a promover a tão perseguida celeridade na prestação jurisdicional[802] por meio da solidez e estabilidade jurisprudencial, com a consequente confiança no sistema e segurança jurídica[803]. Por outro lado, temia-se que a sistemática dos precedentes fosse utilizada

---

799 CARDOZO, Benjamin. *The Nature of the Judicial Process*. New Haven: Yale University Press, 1921, p. 143.

800 CAPPELLETTI, Mauro. *The Judicial Process in Comparative Perspective*. Oxford: Clarendon Press, 1989, p. 10-16.

801 ALEXY, Robert; DREIER, Ralf (ed.). Precedent in the Federal Republic of Germany. In: MACCORMICK, D. Neil; SUMMERS, Robert S. (ed.). *Interpreting precedents*: a comparative study. New York: Routledge, 1997, p. 25-26.

802 Há muitas décadas a doutrina afirma que certeza e rapidez na administração da justiça são valores imprescindíveis. Como adverte o ministro Luiz Fux, com base nas lições de Eduardo Couture, justiça atrasada nada mais é do que "justiça denegada" (FUX, Luiz. Segurança jurídica no novo Código de Processo Civil. In: RÊGO, Werson (coord.). *Segurança jurídica e protagonismo judicial*: desafios em tempos de incertezas – estudos jurídicos em homenagem ao ministro Carlos Mário da Silva Velloso. Rio de Janeiro: GZ, 2017, p. 545). A celeridade, todavia, não pode vir a qualquer preço, posto que o processo não é apenas um mecanismo de reserva de decisão e método de obtenção de resultados. Nesse sentido, ver GAJARDONI, Fernando da Fonseca *et al. Teoria geral do processo*: comentários ao CPC de 2015 – parte geral. São Paulo: Forense, 2015, p. 26.

803 Como esclarece Canotilho, as pessoas necessitam de segurança para conduzirem, planejarem e conformarem autonomamente as suas vidas; por isso, considera "os princípios da segurança jurídica e da proteção da confiança como elementos constitutivos do Estado de direito". Sustenta ainda que "a segurança jurídica está conexionada com elementos objetivos da ordem jurídica – garantia de estabilidade jurídica, segurança de orientação e realização do direito – enquanto a protecção da confiança se prende mais com as componentes subjectivas da segurança, designadamente a calculabilidade e previsibilidade dos indivíduos em relação aos efeitos jurídicos dos actos dos poderes públicos" (CANOTILHO, José Joaquim Gomes. *Direito constitucional e teoria da Constituição*. 7. ed. Coimbra: Almedina, 2003, p. 257).

de forma equivocada ou pouco técnica a ponto de fazer com que o sistema desembocasse em uma "loteria judiciária"[804].

Por força da valorização dos precedentes e do incremento da sua autoridade, a prática jurídica deve se tornar cada vez mais sofisticada e minuciosa – sob pena de colocar em xeque o sistema de precedentes e instalar-se o caos em um aparelho judiciário já moroso e descompassado.

Para que o sistema de precedentes funcione de maneira adequada, é preciso haver mudanças em diversas facetas da cultura jurídica brasileira. Além disso, é necessário que se respeite invariavelmente o disposto no art. 489, II, do CPC; afinal, da fundamentação da decisão é que são retirados os elementos que conformam o precedente judicial que vinculará os juízes e os tribunais, segundo preconiza o art. 927 do CPC.

Como há muito já advertia Edgard de Moura Bittencourt, a arte de julgar reside na descoberta da justiça no extenso domínio do Direito, que a legislação "traça na extensão do necessário e do conhecido. A doutrina aclara; a jurisprudência orienta e define"[805]. Cumpre analisar, portanto, os pressupostos para a edificação dos precedentes jurisprudenciais que, em certa medida, terminam por definir e orientar o próprio sentido de justiça.

7.2. Formação do precedente: importância das circunstâncias fáticas e necessidade de boa fundamentação

No Brasil, a mudança empreendida pelo CPC/2015 exigirá um grande esforço dos aplicadores do Direito para "compreender e aclarar as diferenças entre os conceitos de jurisprudência, súmula, súmula vinculante e precedente, o que não foi feito pelo CPC"[806].

O art. 926 do CPC é enfático ao determinar que os tribunais devem equalizar sua jurisprudência mantendo-a "estável, íntegra e coerente". Esse dispositivo revela a patente preocupação do legislador com a segurança jurídica, buscando garantir aos operadores do Direito e aos jurisdicionados um mínimo de previsibilidade, salvaguardando as expectativas legítimas de um resultado similar para situações fáticas e jurídicas análogas.

Como adverte certa doutrina, "o respeito aos precedentes estratifica a confiança legítima"[807], tendo em vista que os cidadãos passam a confiar nas decisões tomadas pelos tribunais, considerando que situações similares terão a mesma abordagem e as decisões serão idênticas para situações iguais. Há quase um século, Benjamin Cardozo[808] já sustentava que a adesão aos precedentes deveria ser a regra, e não a exceção.

---

[804] Onde se exigiria uma espécie de "dom premonitório do jurisdicionado", como adverte SALOMÃO, Luis Felipe. Segurança jurídica e o sistema de precedentes no novo Código de Processo Civil: desafios em tempos de incerteza. In: RÊGO, Werson (coord.). *Segurança jurídica e protagonismo judicial*: desafios em tempos de incertezas – estudos jurídicos em homenagem ao ministro Carlos Mário da Silva Velloso. Rio de Janeiro: GZ, 2017, p. 533.

[805] BITTENCOURT, Edgard de Moura. *O juiz*. 3. ed. Campinas: Millennium, 2002, p. 159.

[806] PUOLI, José Carlos Baptista. Precedentes. In: COÊLHO, Marcus Vinicius Furtado; MEDEIROS NETO, Elias Marques de; YARSHELL, Flávio Luiz; PUOLI, José Carlos Baptista. *O novo CPC*: breves anotações para a advocacia. Brasília: OAB, Conselho Federal, 2016, p. 88-89.

[807] CUNHA, Leonardo Carneiro da. O processo civil no estado constitucional e os fundamentos do projeto do novo Código de Processo Civil. *Revista do Instituto do Direito Brasileiro*, Lisboa, v. 2, n. 9, p. 9293-9327, 2013. Disponível em: https://blook.pt/publications/publication/d6d08166f791/. Acesso em: 6 nov. 2022.

[808] CARDOZO, Benjamin. *The Nature of the Judicial Process*, cit., p. 149.

Nessa perspectiva, os órgãos do Poder Judiciário devem necessariamente respeitar os próprios precedentes[809] (precedentes horizontais), e as decisões previstas nos incisos do art. 927 são vinculantes aos órgãos jurisdicionais a eles subordinados (precedentes verticais), como indicam os enunciados 169[810] e 170[811] do Fórum Permanente de Processualistas Civis.

Portanto, o precedente pode atuar em dois sentidos: vertical e horizontal. Os magistrados de primeiro grau estão limitados ou vinculados às decisões dos tribunais de justiça (operação vertical), mesmo quando o juízo de primeira instância estiver certo em presumir que a corte irá superar o seu precedente anterior. Não cabe ao magistrado de primeiro grau antecipar o que o tribunal irá fazer. Além disso, os tribunais de justiça, assim como o STJ e o STF, estão vinculados às suas decisões pretéritas, enquanto o precedente não for superado (*overruled*) (operação horizontal do precedente). Os tribunais de justiça também podem considerar as decisões de outros tribunais, já que são cortes do mesmo nível. Essa perspectiva horizontal, entretanto, é considerada precedente no sentido lato, já que não existe um efeito vinculante de um precedente de um tribunal de justiça em relação a outro. Há, nesse caso, uma "autoridade persuasiva"[812].

A ideia de estabilidade e continuidade no Direito se associa a uma "fidelidade judicial ao precedente"[813]. Essa fidelidade, entretanto, não se dá simplesmente pelo fato de a decisão existir, mas de ela carregar valores como neutralidade, consistência, igualdade e solidez na construção jurisprudencial.

Um passo essencial no caminho proporcionado pelos precedentes é o cumprimento integral do dever de fundamentação das decisões judiciais, que implica na dissecação de todas as questões de fato e de direito apresentadas, nos termos do art. 489, II, do CPC. Na interpretação dos precedentes, é impossível apreender a sua essência e, portanto, a sua *ratio decidendi*, sem a devida vinculação à questão concreta posta em juízo e, portanto, aos fatos (da questão que formou o precedente e daquela que está por decidir).

Como adverte Calamandrei, a fundamentação das decisões judiciais é "uma grande garantia de justiça", quando consegue retratar, como em um mapa, o roteiro racional que o magistrado ou o colegiado seguiu para alcançar o seu juízo. Nessa lógica, se a deliberação estiver equivocada, pode-se constatar facilmente, investigando-se a fundamentação, em que ponto daquele itinerário o magistrado "perdeu o rumo"[814]. Nesse sentido, todas as decisões proferidas em território brasileiro deverão ser fundamentadas sob pena de ser decretada sua nulidade (CPC, art. 11, e CF, art. 93, IX).

---

809 De acordo com o Enunciado 316 do Fórum Permanente de Processualistas Civis, a estabilidade da jurisprudência do tribunal depende também da observância de seus próprios precedentes, inclusive por seus órgãos fracionários. O Enunciado 453 indica que a estabilidade a que se refere o caput do art. 926 consiste no dever de os tribunais observarem os próprios precedentes. Uma das dimensões da coerência a que se refere o *caput* do art. 926 consiste em os tribunais não ignorarem seus próprios precedentes (dever de autorreferência), como prescreve o Enunciado 454.

810 "Os órgãos do Poder Judiciário devem obrigatoriamente seguir os seus próprios precedentes, sem prejuízo do disposto nos § 9.º do art. 1.037 e § 4.º do art. 927".

811 "As decisões e precedentes previstos nos incisos do *caput* do art. 927 são vinculantes aos órgãos jurisdicionais a eles submetidos".

812 TAI, Eric Tjong Tjin; TEUBEN, Karlijn. European Precedent Law. *European Review of Private Law*, [*S. l.*] v. 16, p. 827-841, 2008.

813 GERHARDT, Michael J. The Pressure of Precedent: A Critique of the Conservative Approaches to Stare Decisis in Abortion Cases. *Constitutional Commentary*, Chapel Hill, v. 10, n. 1, p. 67-86, 1993, p. 70.

814 CALAMANDREI, Piero. *Eles, os juízes, vistos por um advogado*. Tradução de Eduardo Brandão. São Paulo: Martins Fontes, 2015, p. 115.

Para Canotilho, o dever constitucional de fundamentação das decisões judiciais radica em três fundamentos essenciais: a) controle da administração da justiça; b) supressão da índole voluntarista e subjetiva da realização da atividade jurisdicional e transparência relativamente à racionalidade e lógica argumentativa dos magistrados; c) melhor elaboração dos eventuais recursos, permitindo às partes uma análise mais definida e detalhista dos vícios das sentenças ou acórdãos recorridos[815].

Quem exercita um poder deve explicar a maneira pela qual o faz, submetendo-se, assim, a um controle externo difuso dos fundamentos que sustentaram o exercício daquela forma. Assim, o dever de fundamentação das decisões constitucionalmente previsto assume a feição de "valor político fundamental", como afirma Michele Taruffo; nas palavras do processualista italiano, trata-se do instrumento que possibilita que a sociedade conheça e analise "as razões pelas quais o poder jurisdicional é exercitado, de modo determinado, no caso concreto"[816].

7.3. As circunstâncias fáticas e os precedentes em litígios familiares

Diversos fatores conspiram para que o conflito familiar, ao chegar ao Poder Judiciário, seja retratado em um grande emaranhado fático marcado por contornos complexos e fronteiras nem sempre claras. A relação familiar é não apenas continuada como também, nos termos de Roberto Berizonce, coexistencial: ela quase sempre envolve e incide "em uma ampla e complexa gama de relações e situações, que reconhecem seu centro de gravidade em um vínculo ou ligação inicial..., que se projete e se expande..., sem encontrar-se involucrado naquele vínculo originário"[817].

Não é por outra razão que o CPC previu, em meio aos procedimentos especiais de jurisdição contenciosa, regras próprias às demandas familiares entre os arts. 693 e 699 – com destaque para o uso de meios consensuais para possibilitar a ampliação do debate sobre as diversas facetas envolvidas na eclosão do conflito familiar.

Evidentemente a especificidade das causas familiares tem profundo impacto sobre a disciplina dos precedentes. Afinal, são tantas as variáveis envolvidas na construção de uma decisão que não é particularmente simples determinar, diante de todos os fatos verificados no processo – muitas vezes fragmentários em face da amplitude do conflito familiar –, o que foi e o que não foi considerado determinante para a solução da controvérsia na sentença.

Na clássica distinção entre questões de fato e questões de direito – de particular importância em nosso sistema, tendo em vista a disciplina dos recursos excepcionais –, a possibilidade de prover uma distinção estrita se torna escassa em matéria de família.

Na dicção de Teresa Arruda Alvim e Bruno Dantas, embora "o fenômeno jurídico não ocorra senão diante de *fato e de norma*, o aspecto problemático desse fenômeno pode estar lá ou cá, assim como pode dizer respeito à subsunção"[818].

Nas demandas familiares, o aspecto problemático parece estar, em geral, lá *e* cá; em litígios coexistenciais, o problema passa pela multiplicação e pela especificação do direito em função das particularidades fáticas mais que o de subsunção do direito, como se os fatos, por mais variados que fossem, devessem se conformar à norma sempre já especificada.

---

815 CANOTILHO, José Joaquim Gomes. *Direito constitucional e teoria da Constituição*, cit., p. 667.

816 TARUFFO, Michele. *A motivação da sentença civil*. Tradução de Daniel Mitidiero, Rafael Abreu e Vitor de Paula Ramos. São Paulo: Marcial Pons, 2015, p. 21.

817 BERIZONCE, Roberto Omar. El acceso a la justicia a traves de los tribunales y el proceso de familia. *Revista de Processo*, São Paulo, v. 29, n. 113, p. 363-380, jan./fev. 2004, p. 363.

818 WAMBIER, Teresa Arruda Alvim; DANTAS, Bruno. *Recurso especial, recurso extraordinário e a nova função dos tribunais superiores no direito brasileiro*. 3. ed. São Paulo: RT, 2016, p. 348.

Assim, ao lidar com litígios familiares, é de se esperar que haja certa dificuldade específica em entender, no novelo interminável de fatos envolvidos, quais foram aqueles que efetivamente contaram para a tomada de decisão. Daí a importância em se diferenciar entre *ratio decidendi* e *obiter dictum*, como se passa a expor.

a) Dissecando um precedente: ratio decidendi e obiter dictum

Como adverte o art. 10 do CPC, não é possível solucionar um litígio, em qualquer grau de jurisdição, com base em fundamento sobre o qual não se tenha concedido às partes oportunidade de se manifestar (mesmo que se trate de matéria que possa solucionada de ofício pelo juiz). Assim, para a formação do precedente, somente podem ser usados argumentos submetidos ao contraditório, como elucida o enunciado 2 do Fórum Permanente de Processualistas Civis.

Para que o precedente seja utilizado de maneira tecnicamente ajustada, é indispensável que o ator processual (seja advogado/defensor, membro do MP ou juiz) consiga retirar do julgado a *ratio decidendi*, isto é, a razão generalizável de uma decisão judicial que, no futuro, vem a ser utilizada como base para outras decisões. A diferenciação entre *ratio decidendi* e *obiter dictum* é de alta relevância para o uso do precedente como fonte do Direito. Na prática forense brasileira, é perceptível a utilização equivocada desse sistema, ao recorrer-se apenas às ementas dos julgados[819] sem o cuidado de assinalar a *ratio decidendi*[820].

A relevância da *ratio decidendi* não foi olvidada pelo Código de Processo Civil. Ao indicar que os tribunais editarão enunciados de súmula correlatos à sua jurisprudência dominante (art. 926, § 1.º), o CPC dá sinais da valorização dos precedentes. Ao prescrever que as cortes devem se restringir às circunstâncias fáticas que motivaram a sua edição, o diploma ressalta, mais uma vez, o relevo da *ratio decidendi*.

De acordo com o Enunciado 173 do FPPC, cada fundamento decisivo empregado na solução como apto a resolver de forma autônoma o problema jurídico produz os efeitos de precedente obrigatório, nos termos do CPC. No julgamento de casos repetitivos, a Corte deverá analisar e responder a todos os argumentos favoráveis e contrários à tese jurídica *sub judice*, inclusive os levantados pelos interessados, como indica o Enunciado 305.

O Enunciado 315 do Fórum assevera o óbvio: Nem todas as decisões formam precedentes vinculantes. A decisão do julgamento nem sempre se origina de uma base lógica partilhada por todos os componentes do colegiado. O critério de anúncio da solução e da *ratio decidendi* possui dois planos diversos: o primeiro se preocupa em deliberar a solução outorgada ao recurso; o segundo esclarece se os votos proferidos estão aptos a gerar *ratio decidendi*. Assim, só haverá *ratio decidendi* e, consequentemente, precedente quando a maioria do colegiado adotar um fundamento comum para a resolução da questão[821].

---

[819] Essa não é uma preocupação unicamente brasileira. Michele Taruffo e Massimo La Torre, quando falam sobre a *massima* do sistema italiano, afirmam que, não raras vezes, a enunciação é elaborada sem qualquer conexão efetiva com os fatos do caso e com as especificidades daquele litígio específico. Assim, advertem que pode acontecer que a *massima* contenha a *ratio decidendi* do caso, mas normalmente a obiter dicta também é incluída nesse extrato de julgamento (TARUFFO, Michele; LA TORRE, Massimo. Precedent in Italy. In: MACCORMICK, D. Neil; SUMMERS, Robert S. (ed.). *Interpreting precedents*: a comparative study. New York: Routledge, 1997, p. 148-149).

[820] Essa crítica é compartilhada por SILVA, Rodrigo Medeiros. Quantidade *versus* qualidade: perspectivas de uma jurisdição atrelada a precedentes vinculantes. *Revista Jurídica Luso-Brasileira*, ano 2, n. 5, p. 1409-1427, 2016, p. 1.415.

[821] Nesse sentido, ver MARINONI, Luiz Guilherme. O julgamento colegiado nas Cortes Supremas. *Revista Jurídica Luso-Brasileira*, ano 2, n. 5, p. 881-882, 2016.

Para Arthur L. Goodhart, o primeiro e talvez mais importante passo para se determinar a *ratio decidendi* (que ele denomina como *principle of a case*) é verificar os fatos nos quais o magistrado fundamentou a sua decisão[822]. Se o relatório não contiver uma declaração dos fatos, então se deve supor que todos os fatos dados no relatório são materiais. Assim, os fatos sobre pessoas, tempo, lugar, espécie e quantidade são presumivelmente imateriais, a menos que sejam declarados materiais por inserção no relatório ou voto[823].

Segundo Luiz Guilherme Marinoni[824], para reconhecer os pontos de direito que possuem força imperativa, é preciso investigar, desde logo, a apresentação do caso pelo Tribunal. Assim, deve-se observar o que foi dito sobre as alegações das partes, relativamente às provas produzidas e aos fatos que conformam o litígio, ou seja, a matéria de direito. Nessa lógica, os pontos de direito substancialmente relevantes são aqueles que estão vinculados aos fatos, de maneira a edificarem a base para a resolução da contenda.

No plano factual, tendo em consideração a ideia de que os fatos não se repetem e, por conseguinte, não podem ser reputados idênticos, deve-se buscar uma maior aproximação do cenário factual para poder decidir sobre a aplicação ou não de um precedente. Importa ressaltar que os fatos do precedente podem estar encaixados em um determinado grupo ou espécie (mais amplo ou restrito), em harmonia com as razões que pavimentaram a decisão. Esse enquadramento depende de lógica jurídica, ou seja, deve ser justificado[825].

No âmbito das ações de controle concentrado de constitucionalidade perante o Supremo Tribunal Federal, a *ratio decidendi* – que possuirá efeito vinculante para todos os órgãos jurisdicionais – é identificada na análise dos fundamentos determinantes da decisão, como indica o Enunciado 168 do Fórum Permanente de Processualistas Civis.

No âmbito das decisões do Superior Tribunal de Justiça, a *ratio decidendi* pode ser identificada nos fundamentos determinantes da decisão ou no sentido atribuído ao texto normativo em sede recursal. *Obiter dictum* é constituído pelo que não se revelar autossuficiente – em termos de base racional ou argumentativa – para sustentar a decisão. Nessa lógica, *obiter dictum* é "tudo que não diz respeito à atribuição de sentido ao direito ou às suas razões justificadoras"[826]; é o que alguns autores denominam como "observações acessórias ou laterais de cunho argumentativo"[827].

Assim, somente a *ratio decidendi* é vinculante para os casos *a posteriori*, já que é o que concretamente configura o que foi fixado. Nesse sentido, o *obiter dictum* é aquilo que é considerado contingencial àquela situação[828].

---

822 GOODHART, Arthur L. Determining the *Ratio Decidendi* of a Case. *Yale Law Journal*, v. 40, n. 2, p. 161-183, 1930, p. 169.

823 O autor adverte ainda que uma decisão fundamentada em um fato cuja existência não foi determinada pelo tribunal não constituirá *ratio decidenti*, mas *obiter dictum* (GOODHART, Arthur L. Determining the *Ratio Decidendi* of a Case, cit., p. 179).

824 MARINONI, Luiz Guilherme. *Precedentes obrigatórios*. 6. ed. São Paulo: RT, 2019, p. 248.

825 Cf. MARINONI, Luiz Guilherme. *Precedentes obrigatórios*, cit., p. 249-250.

826 MARINONI, Luiz Guilherme. O julgamento colegiado nas Cortes Supremas, cit., p. 887.

827 SANSEVERINO, Paulo de Tarso. O princípio da segurança jurídica e a força vinculante dos precedentes no novo Código de Processo Civil. In: RÊGO, Werson (coord.). *Segurança jurídica e protagonismo judicial:* desafios em tempos de incertezas – estudos jurídicos em homenagem ao ministro Carlos Mário da Silva Velloso. Rio de Janeiro: GZ, 2017, p. 822.

828 Nesse sentido, ver RAMIRES, Maurício. *Crítica à aplicação de precedentes no direito brasileiro*. Porto Alegre: Livraria do Advogado, 2010, p. 68-69.

Portanto, os fundamentos contingentes ou secundários para o alcance do resultado estabelecido no dispositivo da decisão (*obiter dicta*), ainda que nela presentes, não produzem o efeito de precedente obrigatório, como adverte o Enunciado 318 do FPPC. De igual maneira, não fazem parte da *ratio decidendi* os fundamentos não ratificados pela maioria do colegiado.

b) Ratio decidendi e obiter dictum nas demandas familiares

Têm aparência de *ratio decidendi*, por se formularem em enunciados abstratos, os enunciados das súmulas dos tribunais superiores que, nos termos do art. 927 do CPC, geram um dever de observância ao Poder Judiciário. No entanto, é preciso prudência: o enunciado da súmula não é um novo texto legal, mas certa interpretação da *ratio decidendi* de um conjunto de julgados que embasam o enunciado. É com referência a eles que o enunciado tem de ser lido – nesse caso, muito mais do que quando se interpreta o texto legal, importa a *mens legis* – ou, no caso, a *mens iudicis*.

É conveniente que os sítios eletrônicos dos tribunais superiores contenham uma listagem dos casos concretos que fundamentaram a edição de determinada súmula para facilitar a compreensão do caso. A dificuldade, porém, segue sendo extrair das decisões os fatos que importam para caracterizar o suporte fático suficiente para a incidência de determinada norma.

Vale destacar que muitos dos enunciados traduzem ideias negativas (ao invés de positivas); eis exemplos: não pode a pensão alimentícia ser cancelada apenas pelo atingimento da maioridade sem decisão judicial (STJ, Enunciado 358) e a coabitação sob o mesmo teto não é necessária para a caracterização da união estável (STF, Enunciado 382).

Em outros casos, a adequação da situação fática é muito difícil de ser estabelecida. Pense-se no Enunciado 364 da Súmula do STJ: "o conceito de impenhorabilidade de bem de família abrange também o imóvel pertencente a pessoas solteiras, separadas ou viúvas". Nesse caso, se remontarmos ao REsp 139.012 – um dos precedentes (*lato sensu*) que deram origem ao Enunciado –, verificaremos que se tratava de imóvel de pessoa solteira contra quem foi proposta ação de cobrança, vindo a pessoa a se casar depois. Já outro dos precedentes evocados na edição do Enunciado (REsp 450.989) fundamentava a decisão no direito de moradia. Havia decisões que chegavam a entender que mesmo o bem de família indicado pelo devedor à constrição era impenhorável, mas o STJ (por exemplo, no REsp 1.461.301) vem matizando esse entendimento (especialmente em casos de acordo homologado judicialmente).

Desse modo, em situações como as inerentes aos contextos familiares, que envolvem um espectro muito amplo de situações da vida, como definir o que é pertinente? Evidentemente, o trabalho deverá ser minucioso para confrontar as decisões pretéritas, em cada aspecto, com a decisão a ser tomada no caso presente.

c) Ultrapassando um precedente: distinção e modificação

Como esclarece a jurisprudência alemã[829], os valores da segurança jurídica e da tutela da confiança exigem uma adesão à linha de raciocínio jurídico escolhida. Um desvio de continuidade de julgamento só poderá ser aceito como exceção diante da existência de razões absolutamente convincentes a favor de outro entendimento; os precedentes devem ser observados e possuem efeito vinculante, podendo, entretanto, ser superados[830]. Nessa lógica, ao deixar de seguir súmula ou precedente vinculante indicado por uma das partes, o magistrado

---

829 Cf. *Entscheidungen des Bundesgerichtshofs in Zivilsachen*: BGHZ, 85, 64 (66); 87, 150 (155); 125, 218 (222).

830 ALEXY, Robert; DREIER, Ralf. Precedent in the Federal Republic of Germany, cit., p. 30.

deverá evidenciar a existência de distinção no caso *sub judice* ou a superação do juízo, nos termos do art. 489, VI, do CPC.

Por vincular magistrados e tribunais, é preciso que exista um perfeito ajustamento da causa ao precedente, a possibilidade da modulação temporal da alteração jurisprudencial como meio de obstar a "surpresa" jurídica, assim como uma abertura para eventual modificação (*overruling*)[831]. O processo de comparação, confronto e distinção entre os fatos significativos – ou materiais, nas palavras de Goodhart – do precedente firmado e o caso sob julgamento é denominado de *distinguishing* e serve para averiguar a aplicabilidade ou não da tese fixada ao novo caso.

A função de solucionar os casos concretos, *grosso modo*, passa a ser dos juízes de primeira instância e dos tribunais de justiça. A técnica do *distinguishing* consiste em diferenciar o caso *sub judice* daqueles que deram origem ao precedente. Esse mecanismo permite que o direito se desenvolva mediante a edificação de precedentes que abarcam singularidades diversas ou, ainda, por meio da aplicação extensiva do precedente a outras situações[832].

Portanto, chegando à conclusão de que o precedente se diferencia do caso em análise, o magistrado terá duas hipóteses: operar um *restrictive distinguishing* ao entender que as singularidades da situação concreta obstam a aplicação da tese jurídica fixada, solucionando o caso sem subordinação ao precedente; aplicar um *ampliative distinguishing*, estendendo ao processo atual a solução atribuída ao precedente, não obstante as particularidades evidenciadas entre um e outro[833].

As Cortes poderão sinalizar aos jurisdicionados sobre a probabilidade de alteração no seu entendimento, com a possível superação ou a criação de exceções ao precedente para casos futuros, como prescreve o Enunciado 320 do FPPC.

Independentemente dos efeitos benéficos de um *overruling*, a mudança judicial continua a ser uma força potencialmente disruptiva; nessa lógica, deve-se assegurar que os impactos disruptivos da superação do precedente sejam adequadamente identificados e entendidos[834]. É preciso notar que, quase invariavelmente, o caso *sub judice* será semelhante a algum precedente em determinados aspectos. A outro giro, qualquer caso pode ser distinguido do caso precedente por algum motivo factual. Assim, deve-se determinar quais diferenças são relevantes e quais não são em termos da obrigatoriedade do precedente[835].

Mais uma vez e sempre, regressa-se à temática da fundamentação das decisões, que indica a razão da adoção de determinada direção jurídica no caso que formou o precedente. A base lógica assume uma maior relevância nas situações em que uma ou ambas as partes buscam expandir a doutrina de um caso específico além dos limites fixados por esse caso[836]. Essa é uma situação recorrente no âmbito do Direito das Famílias.

---

831 Cf. FUX, Luiz. Segurança jurídica no novo Código de Processo Civil, cit., p. 556.

832 Cf. MARINONI, Luiz Guilherme. El precedente interpretativo. *Revista Jurídica Luso-Brasileira*, Lisboa, ano 3, n. 2, p. 423-451, 2017, p. 445-446.

833 Nesse sentido, ver BRAGA, Nelson Tomaz. Segurança jurídica e o sistema de precedentes judiciais no novo Código de Processo Civil (Lei 13.105/2015). In: RÊGO, Werson (coord.). *Segurança jurídica e protagonismo judicial:* desafios em tempos de incertezas – estudos jurídicos em homenagem ao ministro Carlos Mário da Silva Velloso. Rio de Janeiro: GZ, 2017, p. 802-803.

834 KOZEL, Randy J. Precedent and Reliance. *Emory Law Journal*, Atlanta, v. 62, n. 6, p. 1459-1508, 2013, p. 1.496.

835 Como adverte MALTZ, Earl. The Nature of Precedent. *North Carolina Law Review*, Chapel Hill, v. 66, n. 2, p. 367-394, 1988, p. 372.

836 Nesse sentido, ver MALTZ, Earl. The Nature of Precedent, cit., p. 379.

7.4. Distinção e modificação em conflitos familiares

Nos litígios familiares, o procedimento de distinção (*distinguishing*) ganha relevância acrescida: é plausível que certos advogados, no afã de encontrar "precedentes" que sustentem suas razões, passem por cima de elementos que deveriam ser tomados como parte da *ratio decidendi*, e que isso se replique ao longo da marcha processual, de um lado a outro. Nem se mencione a dificuldade que a prática tende a gerar para o julgador: ele precisará, diante da letra do art. 489 do CPC, indicar com a devida fundamentação porque determinada decisão não se amolda ao caso.

Mais que isso, no entanto, é de se esperar também um mais ativo emprego da noção de modificação (*overruling*). Afinal, o caráter aberto do Direito das Famílias, que ecoa de perto as transformações de valores da sociedade, imporá não raro que se dê por insustentável determinada conclusão extraída do conjunto fático de um caso pretérito mesmo diante de conjunto fático equiparável.

É aqui talvez que as cortes exercerão um papel mais impactante no sistema jurídico ao potencialmente introduzirem quebras de expectativa com relação ao que antes estava – ou continua – posto. Nessa seara, provavelmente as cortes chegarão mais perto de produzir Direito, como se verificou nas importantes decisões recentes sobre homoafetividade e multiparentalidade (para citar apenas dois pontos de grande relevância e impacto). É o que Hermes Zaneti Junior chama de "atividade reconstrutiva do ordenamento jurídico pelos juízes e tribunais"[837] – atuação que encontra em litígios relativos ao Direito das Famílias um terreno privilegiado.

Como se percebe, o sistema de precedentes inaugurado pelo CPC traz consigo uma carga de responsabilidade acrescida para os atores processuais em razão dos próprios valores inaugurados pelo Diploma. No domínio do Direito das Famílias, diante das singularidades que são inerentes aos casos em discussão, esse compromisso deve ser intensificado.

Dos julgadores espera-se esmero, detalhamento e técnica na construção dos precedentes judiciais.

Aos advogados impõe-se tarefa de maior complexidade: não basta saber que existe uma ou outra decisão favorável (ou desfavorável) ao cliente. Aos advogados cabe a meticulosa missão de compreender o entendimento do tribunal, as razões que levaram a Corte a decidir de determinada maneira e optar por uma interpretação jurídica em desfavor de outra. Só assim, analisando minuciosamente os elementos de fato e de direito enfrentados e assentados no precedente firmado, o advogado poderá saber, mediante a similitude constatada, que o precedente é aplicável ao caso que patrocina.

Igualmente, apenas ao fazer esse exercício, será possível sinalizar os pontos substanciais de diferenciação que serão capazes de fundamentar a distinção ou mesmo a superação do precedente.

Ao mesmo tempo, é importante lembrar, com Rodolfo Mancuso, que a filiação de nosso sistema jurídico ao tronco romano-germânico não permite que as inovações do CPC façam tábula rasa do sistema jurídico existente; assim, a existência ou não de um sistema de precedentes (em construção) no Brasil se dá no interior de um ordenamento estabelecido[838].

Aos operadores do Direito caberá a laboriosa missão de empregar a indispensável (boa) técnica processual para a estruturação de um sistema de precedentes judiciais preciso, coerente e funcional.

---

837 ZANETI JR., Hermes. Precedentes normativos formalmente vinculantes. In: DIDIER JR., Fredie *et al.* (coord.). *Precedentes*. Salvador: JusPodivm, 2015, p. 421. (Coleção Grandes Temas do Novo CPC, v. 3).

838 MANCUSO, Rodolfo de Camargo. *Sistema Brasileiro de Precedentes*: natureza, eficácia, operacionalidade. São Paulo: RT, 2014, p. 596.

Parte II

DEMANDAS FAMILIARES EM ESPÉCIE

1. DEMANDAS FAMILIARES ESPECÍFICAS: CONSIDERAÇÕES INICIAIS

Algumas situações controvertidas contam com previsões processuais específicas para regrar o debate familiar em juízo. Além de haver procedimentos especiais e regras esparsas no CPC, para certas causas há procedimentos específicos previstos em legislação extravagante (como, por exemplo, para as demandas referentes a alimentos).

É plenamente compreensível a tendência legislativa de, ao abordar certo assunto, contemplar tanto normas materiais como processuais; como há uma significativa interdependência entre ambas[1], o tratamento associado[2] é importante para imprimir maior eficiência às previsões normativas.

Esta segunda parte da obra abordará dados relativos a causas recorrentes em juízos familiares: demandas sobre alimentos, direito à convivência familiar ("visita"), parentalidade, divórcio e reconhecimento/dissolução de união estável merecerão destaque.

Em relação a cada demanda, serão abordados aspectos relevantes sobre competência, legitimidade das partes, elementos probatórios, decisão, aspectos recursais e cumprimento

---

1 Uma viva analogia comparou os direitos material ao esqueleto e o processual à musculatura: "Se o direito civil, segundo a linguagem pinturesca de Von Ihering, é o *ossamento* do organismo jurídico, bem pode-se continuar a imagem e dizer que o seu processo é uma espécie de *musculatura*, por meio da qual se executam as acções e reacções mais comuns da vida do direito. Já se vê que elles são inseparáveis, como a funcção é inseparável do órgão. O primeiro sem o segundo, uma theoria estéril; o segundo sem o primeiro, uma pratica perniciosa, similhante a dos curandeiros na esphera da medicina" (BARRETO, Tobias. *Estudos de direito*. Brasília, DF: Senado Federal; STJ, 2004, p. 200-201).

2 Segundo Rodolfo Mancuso, a contribuição de Liebman – para quem sem o processo o direito (material) estaria relegado apenas à boa-vontade dos homens, correndo o risco de não ser atuado, assim como o processo sem o direito (material) seria um mecanismo fadado a cair no vazio, privado de conteúdo e objetivo – revela o encontro do "ponto de equilíbrio entre direito e processo, como dois polos que, sem se sobreporem, antes se implicam e se complementam" (A coisa julgada e sua recepção no Código Civil. In: FILOMENO, José Geraldo Brito (org.). *O Código Civil e sua interdisciplinaridade*: os reflexos do Código Civil nos demais ramos do Direito. Belo Horizonte: Del Rey, 2004, p. 288).

de sentença. Sempre que possível, serão enfrentadas situações controvertidas verificadas em doutrina e jurisprudência.

Foram selecionados aspectos importantes sobre cada tema, já que esgotar os assuntos constituiria missão praticamente impossível. Priorizou-se a análise de aspectos práticos ligados às demandas em apreço, não sendo a proposta realizar uma densa discussão teórica.

2. ALIMENTOS

Embora de incidência recorrente no foro, a abordagem do tema não é fácil, já que ela exige do operador do Direito o enfrentamento de complexas dificuldades de distintas ordens.

Esta obra foca nas situações controvertidas verificadas no território brasileiro. A título de colaboração, contudo, faço um destaque sobre situações envolvendo pessoas em diferentes fronteiras.

Quando o requerente da pensão alimentícia está no Brasil e o requerido no exterior (ou vice-versa), é preciso consultar a Convenção sobre a Cobrança Internacional de Alimentos para Crianças e Outros Membros da Família (Decreto n. 9.176/2017), cuja proposta é facilitar pedidos de pensões alimentícias requeridos entre pessoas presentes nas localidades signatárias[3]. Em função de tal Decreto, também entrou em vigor o Protocolo da Haia sobre Lei Aplicável a Alimentos, tratado que complementa a Convenção com regras internacionais uniformes para determinar a lei aplicável a pedidos de alimentos[4].

Vale ressaltar que no âmbito de homologação de decisão estrangeira sobre pensão alimentícia é inviável discutir aspectos como a capacidade financeira do alimentante; contudo, tal homologação não impede que o executado ajuíze ação revisional do valor tendo em vista a disparidade entre as realidades econômicas do Brasil e do país em que foi estabelecido o pensionamento[5].

2.1. Ampla normatização

A amplitude de mecanismos para facilitar o recebimento de alimentos é tradicional no Direito pátrio: previsões para a efetivação do direito aos alimentos estão presentes na

---

3 Até 27.10.2023 integravam a Convenção, além do Brasil, Albânia, Alemanha, Áustria, Azerbaijão, Bélgica, Bielorrússia, Bósnia e Herzegovina, Botswana, Bulgária, Burkina Fasso, Canadá, Cazaquistão, Chipre, Croácia, Equador, Eslováquia, Eslovênia, Espanha, Estados Unidos, Estônia, Filipinas, Finlândia, França, Geórgia, Grécia, Guiana, Honduras, Hungria, Irlanda, Itália, Letônia, Lituânia, Luxemburgo, Malta, Montenegro, Nicarágua, Noruega, Nova Zelândia, Países Baixos, Polônia, Portugal, Reino Unido da Grã-Bretanha e Irlanda do Norte, República Tcheca, Romênia, Sérvia, Suécia, Turquia e Ucrânia (*Assinaturas e ratificações*. Disponível em: https://www.hcch.net/pt/instruments/conventions/status-table/?cid=131. Acesso em: 27 out. 2023).

4 As informações constam no sítio eletrônico do Ministério da Justiça: "a efetiva prestação internacional de alimentos é garantida pela Convenção por meio de um sistema eficiente de cooperação entre os países e da possibilidade de envio de pedidos de obtenção e modificação de decisões de alimentos, bem como do seu reconhecimento e execução, além de medidas de acesso à Justiça" (*Convenção facilita pedidos de pensão alimentícia do exterior*. Disponível em: http://www.justica.gov.br/noticias/convencao-facilita-pedidos-de-pensoes-alimenticias-do-exterior. Acesso em: 26 set. 2023).

5 Homologação de decisão estrangeira não impede ação revisional do valor da pensão alimentícia. Disponível em: https://www.stj.jus.br/sites/portalp/Paginas/Comunicacao/Noticias/18112021-Homologacao-de-decisao-estrangeira-nao-impede-acao-revisional-do-valor-da-pensao-alimenticia.aspx. Acesso em: 27 out. 2022.

Constituição Federal[6], em lei específica, no Código Civil, no Estatuto do Idoso e no Código de Processo Civil[7].

No contexto pandêmico, o tema foi considerado relevante a ponto de ser um dos assuntos regrados pela Lei n. 14.010/2020 (que dispôs sobre o Regime Jurídico Emergencial e Transitório das relações jurídicas de Direito Privado – RJET – que vigorou até 30.10.2020).

O tratamento normativo privilegiado dado aos alimentos se justifica pelos valores que o ordenamento procura resguardar: vida com dignidade, urgência e solidariedade são os principais fundamentos do direito aos alimentos.

A dignidade é contemplada porque, sem contar com um patrimônio mínimo que assegure o acesso a bens essenciais, as pessoas não podem exercer de modo eficiente o direito à autodeterminação.

A urgência é evidente, já que o pagamento da pensão alimentícia serve para suprir as necessidades cotidianas da pessoa dependente.

Por fim, a solidariedade humana, como amparo e dever assistencial, é uma exigência do sistema jurídico porque, infelizmente, nem sempre há espontaneidade no devotamento de cuidado aos necessitados.

Em razão da elevação de tais valores, o ordenamento jurídico e seus intérpretes buscam tutelar o dependente alimentar com a maior efetividade possível, buscando respostas céleres e úteis para dirimir seus conflitos[8].

Como se percebe, valores como a dignidade, a urgência e a solidariedade humana são vetores interpretativos primordiais para o adequado delineamento de respostas a eventuais dúvidas surgidas na aplicação das normas sobre o tema.

Os alimentos compreendem prestações ligadas ao sustento cotidiano das pessoas para atender às suas necessidades[9].

As causas jurídicas da obrigação alimentar são diversas e podem repercutir na forma de seu tratamento pelo ordenamento. São quatro as principais fontes da obrigação alimentícia: vínculo familiar, testamento, responsabilidade civil e convenção.

A principal origem da obrigação alimentar é o vínculo familiar estabelecido entre certas pessoas[10].

---

6 A Constituição prevê, no art. 5.º, LXVII, que não haverá prisão civil por dívida – a não ser em caso de inadimplemento voluntário e inescusável de obrigação alimentícia.

7 Regras específicas sobre cumprimento de sentença e execução de alimentos vêm previstas nos arts. 528-533 e 911-913 do CPC.

8 TARTUCE, Fernanda; DELLORE, Luiz G. P. Alimentos provisionais: atualidades polêmicas. In: MACHADO, Antonio Claudio da Costa; VEZZONNI, Marina (org.). *Processo cautelar*: estudos avançados. Barueri: Manole, 2010. v. 1, p. 163.

9 "No sentido jurídico, os alimentos podem ser conceituados como as prestações direcionadas à sobrevivência de uma pessoa, devendo ter aptidão para proporcionar sua manutenção cotidiana mediante o atendimento de suas necessidades. Seu valor deve abranger verbas para que o alimentando tenha moradia, alimentação, saúde, vestuário, transporte, educação e lazer" (TARTUCE, Fernanda; DELLORE, Luiz G. P. Alimentos provisionais: atualidades polêmicas, cit., p. 164).

10 Dispõe o art. 1.694 do CC que "podem os parentes, os cônjuges ou companheiros pedir uns aos outros os alimentos de que necessitem para viver de modo compatível com a sua condição social, inclusive para atender às necessidades de sua educação".

Para além dessa hipótese mais corriqueira, é possível (embora pareça rara a ocorrência no Brasil) a estipulação da obrigação alimentar em testamento pela previsão de legado de alimentos[11].

A responsabilidade civil também pode gerar a obrigação de pagar alimentos. Perpetrado um ato ilícito danoso, seu causador precisa reparar a vítima integralmente[12]; se a vítima de lesões à saúde[13] sofreu danos que ensejam a perda (total ou parcial) da capacidade laboral ou se houve o homicídio[14] do familiar que sustentava a família, uma pensão alimentícia pode ser fixada para ressarcir tal ordem de prejuízos materiais[15]. A obrigação alimentar, nesses casos, pode ser reconhecida em sentença judicial ou em acordo.

É possível pleitear cumprimento de sentença/execução sob pena de prisão apenas pela inadimplência de alimentos baseados em vínculos familiares ou também por falta de pagamento de pensões fixadas em demandas indenizatórias por ato ilícito?

Embora perguntas simples possam inspirar respostas do mesmo tipo, vale lembrar que nem sempre todos os pontos relevantes do questionamento são considerados em abordagens singelas: uma forma que pode contribuir para uma melhor análise é contextualizar a dúvida à luz de certo caso, perspectiva valiosa por concretizar a hipótese e permitir uma apreciação humanizada da situação[16].

Considere que Jodeilde, aos 8 anos de idade, restou órfã após seus pais falecerem no acidente de veículos causado por Lupércio; este foi posteriormente condenado, em demanda indenizatória, a pagar alimentos de dois salários mínimos mensais à criança. Diante da inadimplência dos alimentos, cabe executar Lupércio sob pena de prisão?

A Constituição Federal prevê, no art. 5.º LXVII, que não haverá prisão civil por dívida – salvo a do responsável pelo inadimplemento voluntário e inescusável de obrigação alimentícia.

A regra se justifica porque, como destacado, o instituto dos alimentos tem por base valores importantes: dignidade, urgência e solidariedade humana são vetores interpretativos primordiais para o adequado delineamento de respostas a eventuais dúvidas surgidas na aplicação das normas sobre o tema.

A resposta, então, deve ser positiva: é cabível o pleito de execução, sob pena de prisão, pelo descumprimento da obrigação alimentar reconhecida em demandas indenizatórias.

---

[11] CC, art. 1.920. O legado de alimentos abrange o sustento, a cura, o vestuário e a casa, enquanto o legatário viver, além da educação, se ele for menor.

[12] A diretriz da reparação integral é expressa no art. 944 do Código Civil: a indenização mede-se pela extensão do dano.

[13] CC, art. 949. No caso de lesão ou outra ofensa à saúde, o ofensor indenizará o ofendido das despesas do tratamento e dos lucros cessantes até ao fim da convalescença, além de algum outro prejuízo que o ofendido prove haver sofrido.

[14] CC, art. 948. No caso de homicídio, a indenização consiste, sem excluir outras reparações: I – no pagamento das despesas com o tratamento da vítima, seu funeral e o luto da família; II – na prestação de alimentos às pessoas a quem o morto os devia, levando-se em conta a duração provável da vida da vítima.

[15] CC, art. 950. Se da ofensa resultar defeito pelo qual o ofendido não possa exercer o seu ofício ou profissão, ou se lhe diminua a capacidade de trabalho, a indenização, além das despesas do tratamento e lucros cessantes até ao fim da convalescença, incluirá pensão correspondente à importância do trabalho para que se inabilitou, ou da depreciação que ele sofreu.

[16] TARTUCE, Fernanda. *Prisão civil em alimentos indenizatórios*: posição favorável. Disponível em: http://www.cartaforense.com.br/m/conteudo/artigos/prisao-civil-em-alimentos-indenizatorios-posicao-favoravel/16600. Acesso em: 2 jan. 2021.

A dignidade será contemplada porque, sem condições de contar com um patrimônio mínimo que assegure o acesso a bens essenciais, não há como exercer de modo eficiente o direito à autodeterminação. A urgência é evidente: o pagamento da pensão alimentícia serve para suprir necessidades cotidianas da pessoa dependente. A solidariedade humana, enquanto amparo e dever assistencial, é uma exigência do sistema jurídico porque, infelizmente, nem sempre há espontaneidade no devotamento de cuidado aos necessitados. Se o ordenamento jurídico reforça a solidariedade dos parentes (em relação a quem, por haver vínculo, há maior chance de auxílio mútuo), obviamente deve haver ainda maior estímulo quando não há proximidade que estimule o devedor a auxiliar o credor da obrigação alimentar[17].

À luz de tais considerações, Jodeilde precisa que a norma constitucional incida em seu favor. Para atender à sua dignidade com urgência, considerando que é remota a chance de Lupércio mostrar solidariedade em relação a uma órfã com quem não tem liame parental, a resposta é positiva[18].

Quando a Constituição Federal menciona a possibilidade de prisão por inadimplemento voluntário e inescusável de obrigação alimentar, não faz distinção quanto à fonte; revela-se essencial, portanto, considerar o conteúdo (obrigação alimentar inadimplida voluntária e sem escusas) e não a origem (relação familiar ou ato ilícito).

No plano infraconstitucional, os dispositivos que preveem prisão por inadimplemento de pensões alimentícias não apresentam restrições à incidência do encarceramento; não há expressa diferenciação em relação aos casos ligados à seara familiar[19].

Não configura objeto de tradição normativa a limitação da incidência da prisão à execução de alimentos referentes a contextos familiares. Confirmando tal tendência, o CPC atual refere-se a hipóteses ligadas à pensão alimentícia como sendo referentes à exigibilidade da obrigação de prestar alimentos; a expressão, que é ampla, não expressa qualquer distinção em relação à fonte da obrigação.

O CPC traz ainda mais um ponto em favor da posição aqui defendida: o art. 533, ao mencionar a possibilidade de constituição de capital em demandas reparatórias que preveem alimentos indenizatórios, foi inserido no capítulo regente da execução de prestações alimentares em geral; percebe-se, portanto, que o legislador, longe de diferenciar pensões alimentícias, atuou no sentido de aproximar seus regimes executivos. No mais, o Código buscou incrementar ainda mais a efetividade da execução alimentícia ao prever o protesto do nome do executado e afirmar que a justificativa do executado precisa expor a comprovação de fato gerador da impossibilidade absoluta de pagar a pensão devida (art. 528, §§ 1.º e 2.º).

Não há, no ordenamento, portanto, norma que justifique a exclusão da possibilidade de prisão no inadimplemento de obrigações alimentares fixadas a título de reparação por ato ilícito; interpretação diversa prejudica indevidamente as vítimas de atos ilícitos ao retirar a eficácia potencializada pela coerção inerente à execução sob pena de prisão. A execução de alimentos engendrada no sistema jurídico brasileiro, como autêntica tutela diferenciada, visa a propiciar maior efetividade à proteção de um direito considerado especial pelo ordenamento[20].

---

17 TARTUCE, Fernanda. *Prisão civil em alimentos indenizatórios*: posição favorável, cit.

18 TARTUCE, Fernanda. *Prisão civil em alimentos indenizatórios*: posição favorável, cit.

19 TARTUCE, Fernanda. *Prisão civil em alimentos indenizatórios*: posição favorável, cit.

20 TARTUCE, Fernanda. *Prisão civil em alimentos indenizatórios*: posição favorável, cit.

Apesar disso, há quem negue a possibilidade de prisão. Em diversas decisões[21] os julgadores se limitam a afirmar, sem maiores digressões, que a chance de executar sob pena de prisão deve ser vista de modo restritivo, segundo jurisprudência dominante[22], sendo pertinente apenas em casos de inadimplemento verificados em contextos familiares[23].

É possível crer, porém, em mudança no cenário jurisprudencial[24]? Em segundo grau, após o advento do CPC/2015 diversos acórdãos contemplaram tal possibilidade[25] prestigiando a concretização de compreensões que conduzam a um "processo civil de resultados".

A Quarta Turma do Superior Tribunal de Justiça, ao apreciar o tema, contudo, decidiu de forma restritiva. No HC 523.357/MG[26], relatado pela Ministra Isabel Gallotti, foi concedida ordem de *habeas corpus* de ofício a paciente contra uma ordem de prisão civil decretada em execução de alimentos de cunho indenizatório em virtude da prática de ato ilícito. Para a Ministra relatora, apesar de o art. 528 do CPC/2015 (assim como o art. 733 do CPC/1973) não diferenciar o tipo de obrigação alimentar ao estabelecer a possibilidade de prisão civil pelo inadimplemento injustificado de pensão, é preciso diferenciar os alimentos legítimos dos indenizatórios:

> Com efeito, os "alimentos" indenizatórios são arbitrados em quantia fixa, pois são medidos pela extensão do dano, de forma a ensejar, na medida do possível, o retorno ao *status quo ante*. Ao contrário, os alimentos civis/naturais devem necessariamente

---

21 Eis um exemplo: em caso de dívida alimentar reconhecida em ação indenizatória por acidente de trabalho (houve queda no interior do estabelecimento comercial da executada), entendeu o Tribunal ser a "segregação civil restrita ao inadimplemento dos alimentos por relação de parentesco", "não sendo extensiva ao encargo oriundo de ato ilícito, inclusive inaplicável o rito procedimental previsto nos arts. 528 a 532 do Código de Processo Civil ao cumprimento de sentença da condenação ao pagamento de pensão vitalícia advinda de sinistro automobilístico" (TJSC, HC 4018118-02.2018.8.24.0900) (TJSC, AI 4027424-13.2017.8.24.0000, Barra Velha, 4.ª Câmara de Direito Civil, Rel. Des. José Agenor de Aragão, *DJSC* 16.09.2019, p. 221).

22 "Conforme entendimento jurisprudencial deste colegiado, o procedimento executivo do art. 528 do NCPC, que prevê pena de prisão em caso de inadimplemento, não se aplica aos casos em que o pensionamento se originou de ato ilícito" (TJRS, AI 0144388-59.2018.8.21.7000, Bento Gonçalves, 12.ª Câmara Cível, Rel. Des. Umberto Guaspari Sudbrack, j. 16.08.2018, *DJERS* 22.08.2018).

23 "No caso, a obrigação alimentar decorre de reparação por ato ilícito, o que implica na inviabilidade da prisão civil do devedor" (TJSP, HC 2134622-21.2019.8.26.0000, Ac. 12674784, General Salgado, 26.ª Câmara de Direito Privado, Rel. Des. Bonilha Filho, j. 15.07.2019, *DJESP* 18.07.2019, p. 2.855); "[...] Não se admite a prisão civil do devedor de alimentos originados em ação indenizatória por ato ilícito, sendo hipótese coercitiva restrita apenas ao inadimplemento de obrigações alimentares estabelecidas no âmbito do direito de família" (TJRS, AI 0150617-35.2018.8.21.7000, Santa Cruz do Sul, 12.ª Câmara Cível, Rel.ª Des.ª Ana Lúcia Carvalho Pinto Vieira Rebout, j. 18.09.2018, *DJERS* 24.09.2018).

24 "Responsabilidade civil em acidente de trânsito. Pedido de cumprimento de sentença de alimentos fixados por ato ilícito. Prisão civil. Possibilidade de processar a execução de alimento por ato ilícito sob pena de prisão civil. Inteligência do art. 5.º, LXVII, da Constituição Federal e dos arts. 139, IV e 528 do CPC [...]" (TJRS, AC 0308675-39.2018.8.21.7000, Erechim, 11.ª Câmara Cível, Rel.ª Des.ª Katia Elenise Oliveira da Silva, j. 07.11.2018, *DJERS* 17.12.2018); "[...]Prisão civil que não se restringe às hipóteses de dívida de alimentos legítimos, sendo também aplicável aos casos de dívida decorrente de alimentos indenizatórios" (TJRJ, AI 0036707-35.2018.8.19.0000, Rio de Janeiro, 17.ª Câmara Cível, Rel. Des. Wagner Cinelli de Paula Freitas, *DORJ* 20.09.2018, p. 331).

25 TARTUCE, Fernanda. *Prisão civil em alimentos indenizatórios*: posição favorável, cit.

26 "[...] 2. Os alimentos devidos em razão da prática de ato ilícito, conforme previsão contida nos arts. 948, 950 e 951 do Código Civil, possuem natureza indenizatória, razão pela qual não se aplica o rito excepcional da prisão civil como meio coercitivo para o adimplemento [...]" (STJ, HC 523.357/MG, Rel.ª Min.ª Maria Isabel Gallotti, j. 01.09.2020, *DJe* 16.10.2020).

levar em consideração o binômio necessidade-possibilidade para a sua fixação, estando sujeitos à reavaliação para mais ou para menos, a depender das vicissitudes ocorridas na vida dos sujeitos da relação jurídica.

Segundo tal Ministra, estender a hipótese de prisão civil a todos os credores de alimentos (negociais ou indenizatórios) enfraqueceria "a dignidade excepcional, a força coercitiva extrema, que o ordenamento jurídico, ao vedar como regra geral a prisão por dívida, concedeu à obrigação alimentar típica, decorrente de direito de família".

Há decisão também da Terceira Turma do STJ no sentido de ser restritiva a interpretação sobre a prisão por inadimplemento da obrigação alimentar, não sendo tal medida cabível no caso de fixação em contexto indenizatório[27].

Com todo respeito a quem pensa de forma diversa, impossibilitar a execução sob pena de prisão em caso de alimentos decorrentes de ato ilícito acaba distanciando o intérprete da missão protetora do processo. A tutela jurisdicional precisa funcionar bem, incidindo seus ditames de modo eficiente em prol de quem vive a árdua situação de precisar exigir alimentos em juízo. Espera-se que a triste situação de vítimas como a órfã Jodeilde – que precisará recompor sua vida em um cenário marcado por tão significativas ausências – não seja piorada pela falta de efetividade da execução alimentícia que precisará promover em face do devedor que, de modo voluntário e inescusável, restar inadimplente[28].

Finalmente, a obrigação alimentar pode decorrer de *convenção* entre as partes (ex.: contrato de doação, "mesadas"...).

Em atenção ao propósito desta obra, enfoca-se a obrigação alimentícia decorrente de vínculo familiar.

Para analisar a técnica processual sob a perspectiva da premência no pleito alimentício, a abordagem do tema será iniciada a partir das tutelas provisórias de urgência que envolvem o pedido inicial e costumam ser frequentemente pleiteadas pelo alimentando.

2.2. Situação de urgência e medida liminar

A urgência é naturalmente intrínseca aos alimentos. Como bem ressalta um clássico brocardo latino, a pressa é inerente aos alimentos: *venter non patitur dilatonionem* ("a barriga não admite demora"). Se a prestação alimentícia não for tempestivamente fornecida, o credor de alimentos sofrerá danos significativos.

Atento a tal peculiaridade do direito material, o legislador municiou o sistema processual com diversos instrumentos para atender à premência inerente aos alimentos. A celeridade processual, afinal, é um princípio que deve orientar o trâmite de toda e qualquer demanda sobre alimentos.

Há diversas tutelas de urgência relacionadas ao pedido de pensão alimentícia que recebem diferentes denominações e normatizações: são comuns no foro pleitos de alimentos provisórios, alimentos provisionais, tutela antecipada e alimentos gravídicos. Para atender à boa técnica e evitar percalços na tramitação processual, é preciso distingui-los para saber qual se revela o instrumento adequado em cada caso.

---

27 Falta de pagamento de alimentos indenizatórios não gera prisão civil, confirma Terceira Turma. Disponível em https://www.stj.jus.br/sites/portalp/Paginas/Comunicacao/Noticias/18052022-Falta-de-pagamento-de--alimentos-indenizatorios-nao-gera-prisao-civil--confirma-Terceira-Turma.aspx. Acesso em: 27 out. 2022.

28 TARTUCE, Fernanda. *Prisão civil em alimentos indenizatórios*: posição favorável, cit.

Em primeiro lugar, é importante lembrar a clássica diferenciação quanto à *finalidade* que distingue entre alimentos "provisórios *lato sensu*" e "definitivos". Os alimentos definitivos são aqueles fixados por sentença após *cognição exauriente*[29], enquanto os provisórios são concedidos liminarmente após *cognição sumária*.

Não deve haver dificuldade de compreensão: os alimentos definitivos são decididos após o juiz aprofundar a análise do trinômio "possibilidade-necessidade-proporcionalidade"; já os alimentos provisórios não exigem tanto, bastando ao juiz vislumbrar a plausibilidade das alegações que constam na petição inicial para deferir o pedido liminarmente.

A distinção que mais gerava confusão no CPC/1973 era a que apartava os alimentos provisionais (previstos dentre as medidas cautelares) dos alimentos provisórios *stricto sensu* (contemplados na Lei de Alimentos). Esta dualidade se deu pelo fato de a Lei de Alimentos ser datada de 1968, enquanto o CPC era de 1973[30].

O CPC/2015 abandonou a previsão de medida cautelar de alimentos provisionais; além disso, reconheceu que a demanda de alimentos deve observar o regramento da lei especifica, sendo a aplicação do Código processual apenas subsidiária[31].

De todo modo, como a matéria segue sendo relevante (tanto pela tradição no uso como pela menção existente na Lei Maria da Penha[32]), será feita menção à noção de alimentos provisionais[33].

---

29 Como explica Enio Santarelli Zuliani, "os alimentos *definitivos* são aqueles fixados na sentença que resolve um embate sobre a constituição do vínculo obrigacional [no caso em que se define, previamente, a relação de parentesco ou de união estável] ou sobre o valor deles. Portanto, quer tenha o pedido fundamento na Lei n. 5.478/1968 [Lei de Alimentos], na ação prevista na Lei n. 8.560/1992 [Lei da Investigação de Paternidade], como causa as Leis ns. 8.971/1994 e 9.278/1996 [união estável], pela Lei n. 10.741/03 [Lei do Idoso], pela Lei n. 11.340/2006 [Lei Maria da Penha] ou por fato típico do rito ordinário, o julgador fixará o *quantum* ajustado e equilibrado diante do binômio do art. 1.694, § 1.º, do CC. Essa prestação será permanente enquanto acomodar os interesses das partes, pois, se acontecerem alterações que modifiquem a base que serviu para a mensuração, o valor poderá ser revisto [diminuído ou majorado], conforme deflui do art. 1.699 do CC. Nada obsta, se necessário for, a própria exoneração" (Alimentos. *Revista Magister de Direito Civil e Processual Civil*, v. 5, n. 29, mar./abr. 2009).

30 TARTUCE, Fernanda; DELLORE, Luiz G. P. Alimentos provisionais: atualidades polêmicas, cit., p. 165.

31 CPC, art. 693. As normas deste Capítulo aplicam-se aos processos contenciosos de divórcio, separação, reconhecimento e extinção de união estável, guarda, visitação e filiação. Parágrafo único. A ação de alimentos e a que versar sobre interesse de criança ou de adolescente observarão o procedimento previsto em legislação específica, aplicando-se, no que couber, as disposições deste Capítulo.

32 Lei n. 11.340/2006, art. 22. Constatada a prática de violência doméstica e familiar contra a mulher, nos termos desta Lei, o juiz poderá aplicar, de imediato, ao agressor, em conjunto ou separadamente, as seguintes medidas protetivas de urgência, entre outras: [...] V – prestação de alimentos provisionais ou provisórios.

33 "Agravo de instrumento em medida protetiva de urgência fundada em violência doméstica e familiar. Lei Federal n. 11.340/2006. [...] Os alimentos provisionais fixados como medida protetiva possuem caráter de urgência, são concedidos no curso da lide e devem valer até que cesse a situação de violência doméstica e familiar relatada nos autos. Portanto, considerando, ainda, a natureza da lide originária e a necessidade de garantir a dignidade e a segurança da Agravada, então ofendida, as medidas protetivas devem ter validade enquanto perdurar a situação de violência doméstica e familiar relatada nos autos, circunstância que mantém a competência do juízo de origem para processar e julgar o feito até que sobrevenha decisão fundamentada sobre a cessação da violência. Ressalte-se, por relevante, que os alimentos provisórios fixados nos autos da Ação de Alimentos, para os filhos menores, possui natureza jurídica, bem como, beneficiários diversos, assim, não há que se falar em revogação dos alimentos em favor da Agravada" (TJBA, AI 0025015-97.2016.8.05.0000, Salvador, 3.ª Câmara Cível, Rel. Des. José Cícero Landin Neto, j. 24.09.2019, *DJBA* 27.09.2019, p. 442). Há decisões que reconhecem semelhanças entre os tipos de alimentos; eis um exemplo: "Agravo de instrumento. Obrigação de prestar alimentos

Os alimentos provisórios estão previstos na Lei de Alimentos; pela leitura do art. 2.º, *caput*[34], depreende-se que o rito desta lei se aplica apenas nos casos em que há *prova pré-constituída* da obrigação alimentar. Os alimentos provisórios, previstos no art. 4.º, *caput*, da Lei, apenas serão fixados pelo juiz se o autor trouxer, em seu pedido, prova pré-constituída do parentesco ou da obrigação alimentar.

Em que situações há prova pré-constituída? Em casos de parentesco (provado por certidões de nascimento), de tutela (provada por documento que a demonstre), de matrimônio (certidão de casamento), de contrato firmado por companheiros (pacto), de sentença declaratória de união estável etc.

Nesses casos, não se exige a demonstração de necessidade premente (porque esta é presumida) nem se demanda prova cabal dos rendimentos do réu[35]. O juiz fixará o valor dos alimentos de acordo com as necessidades do autor; a intimação para o pagamento dos alimentos fixados pelo magistrado já constará do próprio mandado de citação.

Sobreleva destacar que a fixação dos alimentos provisórios dispensa requerimento expresso, devendo o juiz fixá-los mesmo no silêncio do autor: apenas se este o dispensar expressamente, não haverá o deferimento de medida liminar[36].

Não havendo prova pré-constituída do vínculo (por exemplo, não tendo o filho sido voluntariamente reconhecido pelo pai), não será possível ao litigante valer-se do procedimento especial da Lei. Ele precisará propor uma ação de alimentos pelo procedimento comum – no caso do filho, cumulada com investigação de paternidade.

Ante a falta de previsão de medida liminar na hipótese, restava à parte, no regime do CPC/1973[37], promover medida cautelar de alimentos provisionais[38] para assegurar a subsistência do alimentando durante o trâmite da ação que definitivamente resolveria a crise sobre o dever alimentar[39].

Como não havia o requisito da prova pré-constituída, os alimentos provisionais se submetiam aos requisitos gerais das cautelares (presença de *fumus boni iuris* e *periculum in mora*). A medida cautelar típica que era prevista no art. 852 do CPC/1973 podia ser proposta em processo próprio (preparatório e antecedente) ou no curso da ação principal de alimentos.

---

provisórios/provisionais entre ex-cônjuges. [...] 2. Ausente a prova inequívoca referente à verossimilhança das alegações quanto à necessidade dos alimentos provisórios/provisionais pleiteados por pessoa com plena capacidade laborativa, aliado aos fortes indícios de que esta já possui renda suficiente, a decisão que fixou liminarmente a obrigação alimentar entre ex-cônjuges deve ser reformada" (TJDF, Proc. 07162.17-81.2018.8.07.0000, Ac. 114.1466, 6.ª Turma Cível, Rel. Des. Carlos Rodrigues, j. 05.12.2018, *DJDFTE* 24.01.2019).

34 Art. 2.º O credor, pessoalmente, ou por intermédio de advogado, dirigir-se-á ao juiz competente, qualificando-se, e exporá suas necessidades, *provando, apenas o parentesco ou a obrigação de alimentar do devedor*, indicando seu nome e sobrenome, residência ou local de trabalho, profissão e naturalidade, quanto ganha aproximadamente ou os recursos de que dispõe (grifo nosso).

35 Segundo o art. 2.º da Lei de Alimentos, bastará ao credor indicar quanto ganha aproximadamente ou os recursos de que dispõe o devedor.

36 Lei de Alimentos, art. 4.º, ao despachar o pedido, o juiz fixará desde logo alimentos provisórios a serem pagos pelo devedor, salvo se o credor expressamente declarar que deles não necessita.

37 CPC/1973, art. 852. É lícito pedir alimentos provisionais: I – nas ações de desquite e de anulação de casamento, desde que estejam separados os cônjuges; II – nas ações de alimentos, desde o despacho da petição inicial; III – nos demais casos expressos em lei.

38 TARTUCE, Fernanda; DELLORE, Luiz G. P. Alimentos provisionais: atualidades polêmicas, cit., p. 169.

39 TARTUCE, Fernanda; DELLORE, Luiz G. P. Alimentos provisionais: atualidades polêmicas, cit., p. 164.

É certo que muitas das hipóteses daquele dispositivo descreviam casos com prova pré-constituída que já estavam, portanto, abrangidas pela previsão dos alimentos provisórios da Lei n. 5.478/1968, mais recomendáveis pela sua simplicidade. Contudo, a medida cautelar seguia tendo utilidade quando não havia prova pré-constituída – como em casos de união estável não reconhecida ou investigação de paternidade com recusa ao reconhecimento espontâneo.

Havia quem questionasse[40] a utilidade da previsão da cautelar de alimentos provisionais ante a superveniência da Lei n. 8.952/1994, que aperfeiçoou o sistema das medidas de urgência e deu regramento à tutela antecipada.

A forte tendência de pleitear alimentos como medida liminar antecipatória na ação condenatória (dita "principal") tendia a se prodigalizar a ponto de prejudicar o uso da técnica cautelar.

Sem dúvida era possível requerer a antecipação dos alimentos. Sob o ponto de vista prático, porém, o requerente precisaria demonstrar os requisitos exigidos para fazer jus à tutela antecipada, sendo seu ônus, no regime do CPC/1973, apontar a existência de prova inequívoca da verossimilhança da alegação e do perigo de dano irreparável ou de difícil reparação. Presentes tais pressupostos, decisões de diversos tribunais reconheciam a possibilidade de concessão de tutela antecipada de alimentos.

De todo modo, a coexistência dos dois institutos era possível, cabendo ao autor escolher a saída processual que entendesse conveniente. A medida cautelar parecia mais fácil de ser deferida, mas demandava um processo autônomo que requeria recolhimento de custas e citação, elementos que precisariam estar novamente presentes quando da propositura da ação principal de alimentos; a tutela antecipada, por outro lado, promovia economia por ser formulada já nos autos da demanda alimentar e não exigir adicionais iniciativas.

Além disso, o CPC/1973 passou a admitir a fungibilidade no requerimento de antecipação de tutela para a concessão de medida cautelar. Considerando-se recíproca a fungibilidade entre as medidas de urgência, podia o juiz deferir uma em lugar da outra, caso presentes os requisitos daquela.

Para quem, contudo, entendia ser a fungibilidade uma via de mão única, a partir da literalidade do dispositivo legal apenas podia ser deferida a cautelar quando fosse feito pedido de tutela antecipada, e não o contrário. Embora o entendimento tenha restado minoritário no regime do CPC/1973, ele pautava certas decisões, razão pela qual o advogado precisava – e ainda precisa – estar preparado para sua aplicação.

Embora o CPC/2015 tenha deixado de prever a medida cautelar de alimentos provisionais, a matéria segue sendo relevante – seja pela tradição no uso, seja pela menção que persiste vigente na Lei Maria da Penha.

No CPC atual, a hipótese outrora contemplada pela cautelar específica foi absorvida pela tutela provisória de urgência e seus respectivos requisitos (probabilidade do direito e perigo de dano ou risco ao resultado útil do processo, nos termos do art. 300).

Cecília Asperti adverte sobre a necessidade de atentar ao enquadramento do pedido provisório de urgência de alimentos no procedimento das tutelas de urgência antecipadas ou cautelares; por um lado, apenas as tutelas antecipatórias podem se tornar estáveis, e, por outro, tratando-se de tutela cautelar, o CPC optou pela cessação da eficácia da tutela provisória

---

40 Como exemplo, a partir de tal regramento não haveria mais necessidade de a parte promover autonomamente alimentos provisionais: "propõe-se ação de alimentos e uma liminar para se fixarem os alimentos provisionais" (FUX, Luiz. A tutela de urgência na jurisdição de família: cautelares, tutela antecipada. *Revista da EMERJ*, Rio de Janeiro, v. 4, n. 14, 2001. Disponível em: https://bdjur.stj.jus.br/jspui/bitstream/2011/73647/tutela_urgencia_jurisdicao_fux.pdf. Acesso em: 2 jan. 2019).

cautelar caso o pedido principal não seja formulado em 30 dias ou a liminar não seja efetivada nesse prazo[41].

Para a autora, tal enquadramento depende do caráter satisfativo da medida: as tutelas de urgência que versam sobre relações familiares vêm sendo consideradas satisfativas por gerarem antecipação do direito em si – e não mera cautela contra o risco de perecimento do direito, sendo acertado tal entendimento no caso de alimentos. Portanto, estaríamos diante de uma tutela antecipada, que poderia eventualmente ser revogada ou revista após cognição exauriente sobre a obrigação alimentar, a necessidade do alimentado e a possibilidade do alimentante[42].

Deve-se aplicar, ainda, a regra de fungibilidade prevista no art. 305, parágrafo único[43], do CPC. A autora salienta que a mudança significa uma simplificação do sistema em relação ao anterior, tornando desnecessário o ajuizamento de ação cautelar autônoma com o respectivo pagamento de custas e consequentes verbas sucumbenciais[44].

Os alimentos gravídicos envolvem certas nuances que justificam seu tratamento em apartado.

2.3. Alimentos gravídicos: destaques

Em 2008, foi editada a Lei n. 11.804 para disciplinar o direito da gestante de receber alimentos e a forma de exercê-lo.

Antes do advento da lei, já se reconhecia a possibilidade de o nascituro atuar em juízo em prol de seus interesses; a jurisprudência há tempos vinha admitindo, em seu favor, formas de proteção não expressamente previstas na lei[45].

Para Maria Berenice Dias, embora a jurisprudência assegurasse tal viabilidade, a previsão foi importante para "vencer a injustificável resistência de alguns juízes em deferir direitos não claramente expressos"[46].

Para Enio Zuliani, com a lei

> [...] a família se fortalece contra o abandono precoce e, ainda que não seja alentador, vale a pena apostar que o futuro cidadão protegido pela nova lei, sentindo que o Direito, ao contrário do pai biológico que resistiu ao dever de voluntariamente prestar alimentos, prestou-lhe solidariedade em fase difícil, certamente terá razões para aprimorar sua civilidade[47].

---

41 ASPERTI, Cecília. Processo e conflito: os desafios da efetivação das tutelas provisórias em conflitos de família e o novo Código de Processo Civil. *Revista Nacional de Direito de Família e Sucessões*, Porto Alegre, v. 2, n. 7, p. 43-62, jul./ago. 2015.

42 ASPERTI, Cecília. Processo e conflito: os desafios da efetivação das tutelas provisórias em conflitos de família e o novo Código de Processo Civil, cit.

43 CPC, art. 305. Parágrafo único. Caso entenda que o pedido a que se refere o *caput* tem natureza antecipada, o juiz observará o disposto no art. 303.

44 ASPERTI, Cecília. Processo e conflito: os desafios da efetivação das tutelas provisórias em conflitos de família e o novo Código de Processo Civil, cit.

45 "O velho Código [Civil], tal como o novo, não previa *expressis verbis* a propositura da ação de investigação de paternidade em nome do *nondum natus*. Não obstante, em acórdão de 24.04.1984, o Tribunal de Justiça do Rio Grande do Sul, ao julgar a Apelação Cível n. 583052204, decidiu que 'ao nascituro assiste, no plano do direito processual, capacidade para ser parte', podendo a mãe, como sua representante, exercitar a ação investigatória" (BARBOSA MOREIRA, José Carlos. O direito do nascituro à vida. *Revista Brasileira de Direito de Família*, São Paulo, ano VII, n. 34, p. 148, fev./mar. 2006).

46 DIAS, Maria Berenice. Alimentos gravídicos: alimentos para a vida. *Revista Magister de Direito Civil e Processual Civil*, v. 5, n. 27, p. 87-88, nov./dez. 2008.

47 ZULIANI, Enio Santarelli. Alimentos. *Revista Magister de Direito Civil e Processual Civil*, n. 29, mar.-abr. 2009.

Sob a perspectiva do jurisdicionado, a inserção legislativa pode ter caráter educacional e estimular maior número de pedidos a título de alimentos gravídicos em razão do ampliado conhecimento sobre a possibilidade de tal pleito.

Obviamente as hipóteses e os requisitos para a concessão liminar de alimentos gravídicos não foram alteradas pela superveniência do CPC atual. Assim, foi mantida a possibilidade de concessão liminar de alimentos quando verificada a existência de indícios de paternidade (Lei n. 11.804/2008, art. 6.º), devendo a tutela provisória ser concedida independentemente dos requisitos exigidos no CPC[48].

O que pode ser pleiteado? Obviamente tudo que se fizer necessário para que a gestante e o feto se desenvolvam de modo saudável durante a gravidez.

O tema foi debatido na IX Jornada de Direito Civil (realizada pelo Conselho da Justiça Federal em maio de 2022), tendo sido aprovado o Enunciado 675: "as despesas com doula e consultora de amamentação podem ser objeto de alimentos gravídicos, observando o trinômio da necessidade, possibilidade e proporcionalidade para a sua fixação".

Por fim, destaca-se que a Lei n. 14.721/2023 alterou o Estatuto da Criança e do Adolescente (ECA) para: a) ampliar a assistência à gestante e à mãe nos períodos de gravidez, pré-natal e puerpério; b) prever a obrigação de que hospitais e outros estabelecimentos de atenção à saúde de gestantes (tanto públicos como particulares) desenvolvam atividades de educação, conscientização e esclarecimentos sobre a saúde mental nos períodos de gravidez (ECA, arts. 8.º, § 11, e 10, VII).

2.3.1. Legitimidade

A redação do art. 1.º da Lei n. 11.804/2008 não dispôs expressamente a respeito da titularidade do nascituro para pleitear alimentos, o que reacendeu a discussão sobre sua personalidade jurídica.

A primeira questão posta nesse cenário concerne à legitimidade para pedir alimentos gravídicos. Como compor o polo ativo: a mãe deve pedir os alimentos em seu próprio nome ou deve figurar como representante do nascituro, sendo este o autor da demanda?

A lei sinaliza para a titularidade da mãe do nascituro.

Alguns entendem dessa forma até por negarem ao nascituro o *status* de sujeito de direito. Os adeptos dessa corrente afirmam que a criança apenas passa a deter a titularidade dos alimentos (e, portanto, legitimidade para requerê-los) a partir do nascimento, a teor do que dispõe o art. 6.º, parágrafo único, da Lei[49], havendo assim uma "transferência da legitimidade".

Na doutrina, a discussão centra-se no real alcance do art. 2.º do Código Civil[50].

---

48 ASPERTI, Cecília. Processo e conflito: os desafios da efetivação das tutelas provisórias em conflitos de família e o novo Código de Processo Civil, cit.

49 Art. 6.º Convencido da existência de indícios da paternidade, o juiz fixará alimentos gravídicos que perdurarão até o nascimento da criança, sopesando as necessidades da parte autora e as possibilidades da parte ré. Parágrafo único. Após o nascimento com vida, os alimentos gravídicos ficam convertidos em pensão alimentícia em favor do menor até que uma das partes solicite a sua revisão.

50 "A personalidade civil da pessoa começa com o nascimento com vida; mas a lei põe a salvo, desde a concepção, os direitos do nascituro."

Para a corrente dos denominados *natalistas*, a redação do artigo é clara ao dizer que a personalidade civil começa com o nascimento com vida, de forma que o nascituro tem proteção apenas em casos taxativamente previstos[51].

Já para os *concepcionistas*, a interpretação sistemática e principiológica do sistema enseja o reconhecimento da personalidade jurídica desde a concepção. Segundo Silmara Juny Chinelato (jurista representante da vertente do concepcionismo puro), o nascituro já tem direitos reconhecidos e exercíveis antes mesmo do nascimento (vida, integridade física, saúde etc.); há, certamente, outro grupo de direitos garantidos ao nascituro que ficam condicionados ao nascimento com vida, mas estes, segundo a autora, são unicamente patrimoniais (como receber doação e herança)[52].

O art. 2.º do CC ainda possibilita que os direitos do nascituro não se esgotem naqueles taxativamente previstos, mas que outros sejam extraídos do ordenamento, como o direito a alimentos[53].

Há ainda uma corrente intermediária a que se convencionou dar o nome de *teoria concepcionista da personalidade condicional*: seus partidários reconhecem a personalidade jurídica do nascituro, mas a veem condicionada por uma cláusula suspensiva: o nascimento com vida[54].

A teoria, porém, é considerada relativa por alguns porque os direitos ficam divididos entre os condicionados (patrimoniais) e os não condicionados (direitos de personalidade).

Logo após o advento da Lei dos Alimentos Gravídicos, começou a ser admitida a propositura da ação pela grávida com atribuição da legitimidade à criança apenas após o seu nascimento[55] para os assuntos referentes à pensão nos termos estritos da lei[56].

---

51 Flávio Tartuce cita como adeptos de tal corrente na doutrina tradicional Sílvio Rodrigues, Caio Mário da Silva Pereira e San Tiago Dantas: "na doutrina contemporânea, filia-se a essa corrente Sílvio de Salvo Venosa. Partem esses autores de uma interpretação literal e simplificada da lei, que dispõe que a personalidade jurídica começa com o nascimento com vida, o que traz a conclusão de que o nascituro não é pessoa, e ponto final" (*Direito Civil*: Lei de Introdução e Parte Geral. 12. ed. Rio de Janeiro: Forense, v. 1, item 3.1, a).

52 CHINELATO, Silmara Juny. *Tutela civil do nascituro*. São Paulo: Saraiva, 2000, p. 22.

53 "Apenas certos efeitos de certos direitos, isto é, os direitos patrimoniais materiais, como a herança e a doação, dependem do nascimento com vida. A plenitude da eficácia desses direitos fica resolutivamente condicionada ao nascimento sem vida. O nascimento com vida, enunciado positivo de condição suspensiva, deve ser entendido ao reverso, como enunciado negativo de uma condição resolutiva, isto é, o nascimento sem vida, porque o Código Civil, bem como outros de seus dispositivos, reconhecem direitos (não expectativas de direitos) e estados ao nascituro, não do nascimento com vida, mas desde a concepção" (CHINELATO, Silmara Juny. *Tutela civil do nascituro*, cit., p. 23-24).

54 "A teoria da personalidade condicional é aquela pela qual a personalidade civil começa com o nascimento com vida, mas os direitos do nascituro estão sujeitos a uma condição suspensiva, ou seja, são direitos eventuais [...]. No caso, a condição é justamente o nascimento daquele que foi concebido. Como fundamento da tese e da existência de direitos sob condição suspensiva, pode ser citado o art. 130 do atual Código Civil. Como entusiastas desse posicionamento cite-se Washington de Barros Monteiro, Miguel Maria de Serpa Lopes [...]" (TARTUCE, Flávio. *Direito Civil*: Lei de Introdução e Parte Geral. 12. ed. Rio de Janeiro: Forense; São Paulo: Método, v. 1, item 3.1, b).

55 Para Maria Berenice Dias, "a garantia de alimentos desde a concepção não significa a consagração da teoria concepcionista, eis que os alimentos não são assegurados ao nascituro, mas à gestante [...] Descabe cumular a ação de alimentos gravídicos com alimentos a favor do nascituro, uma vez que ocorre a transformação dos encargos quando do nascimento. A genitora pode optar: pleitear que o genitor atenda as despesas da gravidez ou pedir alimentos ao nascituro, hipótese em que precisas cumular o pedido de alimentos à investigação de paternidade" (*Manual de direito das famílias*. 11. ed. São Paulo: RT, 2016, p. 574).

56 Art. 6.º, parágrafo único. Após o nascimento com vida, os alimentos gravídicos ficam convertidos em pensão alimentícia em favor do menor até que uma das partes solicite a sua revisão.

Deixando de lado as discussões sobre a personalidade jurídica do nascituro, verifica-se que, ao menos para efeitos de aplicação da Lei n. 11.804/2008, a titularidade dos alimentos é da gestante, sendo o polo ativo da demanda composto por ela; após o nascimento, a criança assume a titularidade da ação, sendo evidente sua legitimidade.

Isso significa negar personalidade jurídica do nascituro ou impedir o pleito de alimentos em seu nome? Entender assim não soa adequado. A jurisprudência há tempos[57] reconhecia a legitimidade do nascituro para a promoção da ação investigatória de paternidade[58].

A Lei veio para facilitar a percepção de alimentos, e não piorar a situação de genitoras e crianças. Portanto, não se deve negar a possibilidade de que o nascituro, representado pela genitora, pleiteie alimentos no bojo de uma ação de investigação de paternidade. Deve-se considerar viável esta via como alternativa à propositura da ação de alimentos gravídicos.

Vale destacar, porém, que, caso opte por tal forma de demandar, o nascituro não poderá utilizar as disposições da Lei de Alimentos Gravídicos (reservadas à gestante) nem da Lei de Alimentos (por falta de prova pré-constituída). Para as medidas de urgência, deverá recorrer ao regramento da tutela provisória previsto no CPC, submetendo-se aos requisitos inerentes a essa ordem de medidas.

2.3.2. *Indícios e carga dinâmica da prova*

Dispõe o art. 6.º da Lei de Alimentos Gravídicos que, "*convencido da existência de indícios da paternidade*, o juiz fixará alimentos gravídicos que perdurarão até o nascimento da criança, sopesando as necessidades da parte autora e as possibilidades da parte ré".

Os Tribunais não vêm admitindo a simples imputação da paternidade: é necessário que a gestante demonstre[59] a presença de indícios de paternidade por ser considerada impossível a prova negativa por parte do suposto pai[60].

---

57 Em acórdão representativo dessa visão, decidiu o Tribunal de Justiça mineiro serem legitimados ativamente para a ação de investigação de paternidade e alimentos o investigante, o Ministério Público, e também o nascituro representado pela mãe gestante (TJMG, Apelação Cível 1.0024.04.377309-2/001, Rel. Des. Duarte de Paula, j. 10.03.2005).

58 "Ação de investigação de paternidade c/c alimentos gravídicos. Insurgência em face da decisão que determinou a exclusão do pedido de investigação de paternidade pela agravante, por ausência de legitimidade ativa para a propositura da ação em nome do nascituro, sob pena de indeferimento da petição inicial. Hipótese em que não há previsão de legitimidade extraordinária. Direito ao reconhecimento da paternidade que é exclusivo do filho, ainda que representado pela mãe. Autora que não pode postular o reconhecimento em nome próprio. Direito personalíssimo [...]" (TJSP, AI 2204838-07.2019.8.26.0000, Ac. 12940266, São Paulo, 6.ª Câmara de Direito Privado, Rel. Des. Marcus Vinicius Rios Gonçalves, j. 02.10.2019, *DJESP* 07.10.2019, p. 1.950).

59 "A Lei n. 11.804/2008 regulamenta o direito de alimentos à gestante. Contudo, embora possível a fixação de alimentos, em se tratando de ação de alimentos gravídicos, imperioso que a demanda esteja instruída com elementos de prova que conduzam à reclamada paternidade. Na ausência de qualquer prova acerca da paternidade, inviável a fixação de alimentos" (TJRS, AC 35716-20.2019.8.21.7000, Panambi, 7.ª Câmara Cível, Rel. Des. Jorge Luís Dall'Agnol, j. 20.03.2019, *DJERS* 22.03.2019); "Agravo de instrumento. Ação de alimentos gravídicos. Decisão que indeferiu a tutela de urgência. Insurgência da autora. Alimentos gravídicos. Art. 2.º da Lei n. 11.804/2008. Possibilidade de arbitramento, mediante prova do estado gestacional e indícios de paternidade. Art. 6.º da norma supra-apontada. Existência de dúvidas sobre a paternidade da criança no caso concreto. Ônus da gestante, nos termos do art. 373, inciso I, do Código de Processo Civil" (TJSC, AI 4027204-15.2017.8.24.0000, Tubarão, 4.ª Câmara de Direito Civil, Rel.ª Des.ª Rosane Portella Wolff, *DJSC* 19.06.2018, p. 290).

60 "Agravo de instrumento [...] 1. A Lei que disciplina o direito a alimentos gravídicos (Lei n. 11.804/2008) estabelece que a obrigação somente será fixada quando existirem indícios de paternidade. 2. Não se

Que elementos podem configurar *indícios de paternidade*?

Indícios não encontram definição no Código de Processo Civil; segundo o art. 239 do Código de Processo Penal, "considera-se indício a circunstância conhecida e provada, que, tendo relação com o fato, autorize, por indução, concluir-se a existência de outra ou outras circunstâncias".

Como se nota, indícios são elementos que levam a conclusões a partir do contexto em que se inserem e do quadro que sugerem. Não há como exigir demais em termos probatórios: a intenção do legislador foi justamente ampliar o acesso à justiça da gestante ao liberá-la da necessidade de produzir provas ao dizer que bastam indícios. Como bem consta em decisão do Tribunal cearense,

> Com efeito, não cabe ao julgador exigir provas robustas para a fixação dos alimentos gravídicos, sob pena de a Lei perder sua eficácia, notadamente para as pessoas mais humildes, as quais mais necessitam desse auxílio material. Contudo, cabe à gestante carrear aos autos indícios da existência de relacionamento amoroso com o suposto pai, exemplificando, cito: Fotografias, cartões, cartas de amor, mensagens em redes sociais, entre outros. Ainda, é possível a designação de audiência de justificação, para oitiva de testemunhas acerca do relacionamento mantido pelas partes[61] [...].

Eis outros exemplos de indícios reconhecidos em decisões judiciais: a) demonstração de diálogo travado entre as partes com teor indicativo da paternidade[62]; b) declarações de três pessoas no sentido de que conheciam pessoalmente as partes e tinham conhecimento de que elas mantiveram relacionamento[63]; c) confissão do suposto pai de ter mantido relações sexuais com a gestante[64]; d) declarações, mensagens eletrônicas e fotografias dando conta do relacionamento amoroso das partes[65].

---

desincumbindo a autora do ônus de indicar a probabilidade do seu direito através de elementos constitutivos de início de prova, deve ser indeferido o pedido liminar de fixação de alimentos gravídicos. [...]" (TJMG, AI 1.0000.21.078618-2/001, Rel. Des. Afrânio Vilela, j. 05.10.2021).

61 TJCE, AI 0626165-03.2017.8.06.0000, 2.ª Câmara de Direito Privado, Rel.ª Des.ª Maria de Fátima de Melo Loureiro, *DJCE* 11.03.2019, p. 137.

62 "Como se vê, a lei de regência não reclama sequer a verossimilhança da alegação da paternidade, mas a simples existência de indícios nesse sentido, conceito jurídico mais brando que a verossimilhança, porquanto se basta na simples existência de elementos que levantem dúvida razoável sobre a potencial paternidade do menor pela parte acionada. [...] No caso, tal como bem anotado pelo Representante Ministerial, pelos diálogos por escrito e em áudio acostado aos autos, a paternidade em momento algum foi efetivamente descartada pelo requerido/agravado, que inclusive se manifestou a respeito da preferência pelo sexo do filho em potencial (fls. 93 e 133 do processo principal) e nas conversas abertas sobre o mobiliário do quarto (fls. 132 do processo principal). Some-se a isso a assunção pelo requerido de que as partes mantiveram relações sexuais, e tem-se o preenchimento dos indícios de paternidade exigido pela lei de alimentos gravídicos" (TJSP, Agravo de Instrumento 2177873-55.2020.8.26.0000, Rel. Des. Miguel Brandi, j. 10.12.2020); "Havendo mensagens de celular mantidas entre a gestante e o alimentante cujo teor demonstram o prévio envolvimento amoroso e o assentimento deste com a paternidade que lhe foi atribuída, evidente a possibilidade de impor o pagamento de alimentos gravídicos. [...]". (TJMS, AI 1403254-20.2022.8.12.0000, Rel. Des. Alexandre Raslan, *DJMS* 19.05.2022).

63 TJRS, AI 0078189-26.2016.8.21.7000, Venâncio Aires, 8.ª Câmara Cível, Rel. Des. Rui Portanova, j. 28.04.2016, *DJERS* 03.05.2016.

64 TJSP, AI 2059932-16.2022.8.26.0000, Ac. 15627565, Santos, Quinta Câmara de Direito Privado, Rel. Des. Erickson Gavazza Marques, j. 29.04.2022, *DJESP* 05.05.2022.

65 TJSC, AI 4028414-04.2017.8.24.0000, Itapema, 4.ª Câmara de Direito Civil, Rel.ª Des.ª Rosane Portella Wolff, *DJSC* 19.06.2018, p. 291. No mesmo sentido: "A recorrente narrou viver em união estável com

Vale ainda destacar que a Lei não qualifica os indícios de paternidade como "fundados", "fortes" ou algo que o valha. Há exigência excessiva se assevera que apenas a presença de fortes indícios é apta a autorizar o deferimento de alimentos gravídicos.

Constate a dificuldade que tal entendimento enseja. Em certo caso, a autora fundou o pedido de alimentos gravídicos em: a) trocas de mensagens via WhatsApp que demonstrariam a existência de relacionamento amoroso entre as partes; b) inúmeras fotografias em que elas se mostram em relacionamento amoroso (inclusive perante amigos e familiares). Contudo, entendeu o Tribunal gaúcho que, para a fixação de alimentos gravídicos, deveria "existir forte indício de paternidade para embasar o convencimento, o que não restou evidenciado pelos documentos juntados"[66].

Mas e se a gestante não dispuser nem mesmo de indícios da paternidade? Isso pode ocorrer, por exemplo, quando o casal é discreto e não registra os encontros amorosos nem compartilha notícias sobre eles com pessoas próximas.

Para Enio Santarelli Zuliani, cabe ao réu, de acordo com o contexto, realizar prova, por sua conta, dos fatos extintivos do direito do autor. Enquanto isso não se verifica,

> [...] é jurídico conceder pensão ao nascituro. Autoriza-se, inclusive, admitir a presunção de paternidade com base em correspondência eletrônica [*e-mail*], por ser natural que, nesses diálogos francos ou possessivos, se assumam relações que respondem pela concepção[67].

Caetano Lagrasta destaca a importância do depoimento pessoal da genitora, afirmando que outras provas existirão – como o recebimento de presentes (bens duráveis, doação de empréstimos em dinheiro), a convivência com parentes ou amigos, a exposição pública do relacionamento etc. – para embasar a decisão liminar do magistrado[68]. Para a aferição dos "indícios da paternidade", aponta o autor que a prova "estará sob o influxo da apreciação da prova dinâmica":

> [...] é notório que a mãe padeça de hipossuficiência econômica e, no âmbito restrito da Família e do Consumo, técnica, o que a impede de conhecer os próprios direitos, as provas ou indícios em favor do nascituro e da concepção, ou de que aciona o verdadeiro pai, a forma correta de sua defesa etc. A hipossuficiência econômica, diante das

---

o réu, tendo carreado aos autos um registro de ocorrência de lesões corporais, a obtenção de medida protetiva prevista na Lei Maria da Penha e um laudo de exame de ultrassonografia realizado dias antes das agressões relatadas. 3. Não constam dos autos qualquer fotografia, mensagem trocada pelo suposto casal, cartas, bilhetes ou outros indícios que possam confirmar a relação amorosa que eventualmente existiu entre as partes [...]" (TJRJ, AI 0080762-66.2021.8.19.0000, Rel. Des. José Carlos Paes, *DORJ* 13.05.2022); "Embora ainda não se tenha provas concretas da paternidade do alimentante em relação às alimentadas, a parte agravante acostou, já com a petição inicial, *print screens* de conversas em aplicativo de troca de mensagens, nas quais está demonstrada a existência de relacionamento afetivo e sexual entre as partes, na época da concepção. Tais documentos são indícios suficientes para fins de fixação de alimentos provisórios liminares, razão pela qual é de se encaminhar acolhimento ao pleito recursal da parte, inclusive porque o quantum postulado não é excessivo, já que é em prol de gêmeos [...]" (TJRS, AI 5048406-59.2020.8.21.7000, São Pedro do Sul, Rel. Des. Rui Portanova, j. 10.03.2022, *DJERS* 11.03.2022).

66 TJRS, AI 0296690-10.2017.8.21.7000, Frederico Westphalen, 7.ª Câmara Cível, Rel.ª Des.ª Liselena Schifino Robles Ribeiro, j. 26.09.2017, *DJERS* 02.10.2017.

67 ZULIANI, Enio Santarelli. Alimentos. *Revista Magister de Direito Civil e Processual Civil*, cit.

68 LAGRASTA NETO, Caetano. Diálogos de um juiz. In: LAGRASTA NETO, Caetano; TARTUCE, Flávio; SIMÃO, José Fernando. *Direito de família*: novas tendências e julgamentos emblemáticos. São Paulo: Atlas, 2011, p. 315.

> condições da mulher, em nosso país, é evidente, nada obstante a pletora de leis que a dizem protegida. Sem condições de perceber os – hoje – seis meses de licença, sob pena de dispensa, sequer tem condições de ver garantida a existência[69].

A previsão da carga dinâmica da prova foi contemplada pelo CPC[70]. Como destacado na Parte I, sua aplicação pode colaborar sobremaneira para que o litigante vulnerável não seja vítima de suas impossibilidades e conte com auxílio em situações nas quais há consideráveis dificuldades para a descoberta da verdade[71].

A compreensão das cargas probatórias dinâmicas, contudo, deve se pautar pela cautela. Se é certo que a hipossuficiência (vulnerabilidade econômica) da mulher verifica-se frequentemente na realidade atual, é forçoso considerar que ela não está presente em todos os casos. A vulnerabilidade é um conceito que deve ser aplicado com cuidado, e os critérios para aferi-la devem guardar relação com as dificuldades enfrentadas pela pessoa vulnerável para que seja legítimo o tratamento diferenciado.

Pode haver significativo acerto na dinamização do ônus da prova no caso dos indícios de paternidade. Contudo, isso não quer dizer que a gestante será sempre a beneficiada: a distribuição dinâmica busca atribuir o ônus probatório a quem esteja em melhores condições de dele se desincumbir no *caso concreto*, e não em casos típicos predeterminados.

O juiz deve conduzir adequadamente a instrução probatória e distribuir fundamentadamente os respectivos ônus, evitando a imposição ao réu da *probatio diabolica*[72]. Portanto, verificando que a autora trouxe suficiente início de prova e que encontra relevantes dificuldades de instruir mais amplamente a causa, o juiz pode exigir do réu uma complementação da prova.

Apresentados os principais pontos relativos às tutelas de urgência, passo a expor com detalhes outros aspectos processuais das demandas alimentares, ainda pertinentes à fase de conhecimento.

2.4. Competência

A competência para as ações de alimentos é do local do foro do alimentando[73]. O legislador entendeu apropriado favorecê-lo com a prerrogativa de poder litigar em seu domicílio para facilitar sua atuação em juízo.

Mesmo quando cumulado o pedido de alimentos com outro, prevalece a prerrogativa de foro do alimentando, tendo a matéria já sido sumulada pelo STJ no que tange às ações de investigação de paternidade[74].

---

69 LAGRASTA NETO, Caetano. Diálogos de um juiz, cit., p. 287.

70 CPC, art. 373, § 1.º Nos casos previstos em lei ou diante de peculiaridades da causa relacionadas à impossibilidade ou à excessiva dificuldade de cumprir o encargo nos termos do *caput* ou à maior facilidade de obtenção da prova do fato contrário, poderá o juiz atribuir o ônus da prova de modo diverso, desde que o faça por decisão fundamentada, caso em que deverá dar à parte a oportunidade de se desincumbir do ônus que lhe foi atribuído.

71 TARTUCE, Fernanda. Prova nos processos de família e no projeto do CPC: ônus da prova, provas ilícitas e ata notarial. *Revista Nacional de Direito de Família e Sucessões*, v. 2, p. 38-53, 2014.

72 CPC, art. 373, § 2.º A decisão prevista no § 1.º deste artigo não pode gerar situação em que a desincumbência do encargo pela parte seja impossível ou excessivamente difícil.

73 Lei n. 5.478/1968, art. 2.º, e CPC, art. 53, II.

74 Súmula n. 1: "o foro do domicílio ou da residência do alimentando é o competente para a ação de investigação de paternidade, quando cumulada com a de alimentos".

Como afirmado, demandar em seu domicílio é uma prerrogativa; assim, o alimentando pode optar por exercê-la[75], já que a competência é reputada relativa; caso entenda apropriado demandar no domicílio do requerido, assim poderá proceder sem restrições[76].

Vale destacar que, embora o CPC[77] mencione ação "em que se pedem alimentos", prevalece o entendimento de que o domicílio do alimentando é o critério de competência não só para os processos em que ele pleiteia a pensão, como também para aqueles em que ele consta como demandado (como demandas de revisão, exoneração e oferta de alimentos)[78].

Uma pergunta recorrente sobre a competência diz respeito a demandas revisionais e exoneratórias da obrigação alimentar: tendo já havido decisão sobre alimentos, subsequentes ações para questionar a persistência da obrigação ou buscar reduzir o valor da pensão devem ser distribuídas por dependência ao juízo que já apreciou a fixação da pensão?

Como abordado na Parte I, o tema da conexão entre demandas familiares é polêmico. A tramitação de ação de alimentos em certo juízo (ensejando a prevenção para futuras demandas como revisionais) é tema sobre o qual há diversos entendimentos.

Quem entende ser devida a reunião de feitos no mesmo juízo apoia-se em argumentos como: 1. "acessoriedade"[79]; 2. identidade de elementos da ação[80]; 3. conveniência probatória[81] e 4. tentativa de evitar decisões contraditórias[82]. Esse entendimento, no CPC/2015, pode ser sustentado pelo já mencionado art. 55, § 3.º[83].

---

75 Para Yussef Said Cahali, a regra sobre a competência favorável ao alimentando "é de alternatividade da escolha, e não de subsidiariedade, competindo ao alimentando a opção" (CAHALI, Yussef Said. Dos alimentos. 6. ed. São Paulo: RT, 2009. p. 550).

76 CARNEIRO, Athos Gusmão. *Jurisdição e competência*. 18. ed. São Paulo: Saraiva, 2012, p. 174.

77 Art. 53. É competente o foro: [...] II – de domicílio ou residência do alimentando, para a ação em que se pedem alimentos; [...].

78 PIZZOL, Patrícia Miranda. *A competência no processo civil*. São Paulo: RT, 2003, p. 197.

79 "[...] extrai-se dos autos que o conflito negativo de competência em epígrafe deve ser provido, já que a ação de exibição de contas é acessória à demanda de divórcio litigioso, já que nela foram fixados os alimentos em favor dos filhos do ex-casal. Desta forma, há a acessoriedade e conexão entre as demandas, o que enseja a incidência dos arts. 61 e 286, I, do CPC/2015 [...]" (TJCE, CC 0001841-61.2018.8.06.0000, 2.ª Câmara de Direito Privado, Rel. Des. Carlos Alberto Mendes Forte, j. 23.01.2019, *DJCE* 30.01.2019, p. 62).

80 "[...] O caso em exame não se trata de hipótese de continência processual, mas sim de conexão, isto porque as demandas discutem fatos e objetos jurídicos comuns (guarda e alimentos do menor) e o resultado de uma tem o potencial de interferir no julgamento da outra. [...]" (TJCE, APL 0012784-51.2017.8.06.0137, 1.ª Câmara de Direito Privado, Rel. Des. Francisco Mauro Ferreira Liberato, j. 21.08.2019, *DJCE* 29.08.2019, p. 19).

81 "[...] 2. Em que pese ser o pedido revisional de alimentos autônomo e independente do anterior em que foi fixada a pensão alimentícia, e mais ainda independente em relação ao cumprimento da execução de alimentos já em curso, em observância ao princípio da convergência da prova e celeridade processual, é de manifesta conveniência de ordem prática que a execução da pretensão revisional tenha curso no juízo da mesma Vara em que já tramita o pedido de execução de parte dos créditos, unificando em um só feito o cálculo dos alimentos devidos" (TJDF, Proc. 07108.15-82.2019.8.07.0000, Ac. 120.0045, 6.ª Turma Cível, Rel. Des. Carlos Rodrigues, j. 12.09.2019, *DJDFTE* 23.09.2019).

82 "[...] Ação de guarda que já tramitava naquela, através da qual se busca a guarda compartilhada do menor. Acessoriedade da ação de alimentos, já que o desfecho da ação de guarda é imprescindível para definição sobre quem recairá o ônus alimentar. Risco de decisões conflitantes ou contraditórias. Necessidade de observância dos arts. 55, § 3.º e 61 do Código de Processo Civil. [...]" (TJAL, CC 0801834-81.2017.8.02.0000, 1.ª Câmara Cível, Rel. Des. Otávio Leão Praxedes, *DJAL* 31.07.2019, p. 98).

83 Art. 55. § 3.º Serão reunidos para julgamento conjunto os processos que possam gerar risco de prolação de decisões conflitantes ou contraditórias caso decididos separadamente, mesmo sem conexão entre eles.

Quem considera apropriada a distribuição livre dos novos processos pauta-se em alegações como: a) falta de identidade de pedido e causa de pedir[84]; b) caráter autônomo e principal das demandas posteriores[85]; c) inexistência de risco de decisões conflitantes[86].

Patrícia Miranda Pizzol delineia interessante entendimento ao afirmar que as ações exoneratória e revisional têm relativa autonomia: se houve mudança de domicílio do alimentando, incide o foro de prerrogativa deste, que segue podendo demandar ou devendo ser demandado no local de sua residência; mas se o foro permanece o mesmo, ele é competente para a revisão, a exoneração e a execução de alimentos[87].

A autora merece ser acompanhada nesse posicionamento: como explicitado na Parte I do livro, é altamente recomendável, em atenção à unidade e ao tratamento personalizado das demandas familiares, que o juízo que lidou com um núcleo familiar seja o mesmo a atuar em demandas posteriores sobre os conflitos daquele grupo.

Ademais, o risco de decisões contraditórias, no âmbito das ações de família, deve ser considerado de forma ampla: os casos envolvendo as mesmas relações familiares não devem sofrer diferentes instruções, com diferentes julgadores e variadas percepções, enunciando diferentes entendimentos fáticos e dando rumos diversos aos membros da família. Falta de unidade e incoerência não geram uma boa mensagem quando se pensa no melhor tratamento a ser dispensado no trato de situações sensíveis como as que pautam as lides familiares.

Diante da diversidade de decisões, não resta ao advogado alternativa senão realizar pesquisa no foro em que distribuirá a ação para, conhecendo o posicionamento ali existente, direcionar ou não a petição inicial à distribuição por dependência.

Vale ainda lembrar a possível existência de varas especializadas: havendo na comarca vara de família (cumulada ou não com sucessões), para lá será direcionada a demanda; caso não haja tal especialização, a petição será endereçada a uma das varas cíveis da Comarca (ou à vara única, se o caso).

---

84 "[...] Na hipótese vertente, não se depreende do cotejo entre esta ação de guarda e aquela primeira que previu pensionamento alimentício, elementos que apontem para a existência de conexão ou continência, já que não há comunhão entre as questões deduzidas em ambas as ações. [...]" (TJAC, CC 0100565-41.2018.8.01.0000, Ac. 20.389, Rio Branco, 1.ª Câmara Cível, Rel. Des. Luís Camolez, j. 07.05.2019, *DJAC* 10.05.2019, p. 5).

85 "A ação de alimentos é uma nova ação, contempla nova causa de pedir e é fundada em relação jurídica de direito material independente da ação de divórcio dos pais da alimentanda. Ademais, nos autos do divórcio, ficou decidido apenas o fim da sociedade conjugal, a guarda da filha do casal, a visitação paterna e o processo se encontra arquivado desde 09 de maio de 2011. 4. Porquanto, inexiste conexão entre a ação de alimentos e a ação de divórcio, em razão da distinção da causa de pedir e em virtude da incidência do § 1.º, do art. 55, do CPC e da Súmula n. 235 do Superior Tribunal de Justiça, a qual dispõe: 'a conexão não determina a reunião dos processos, se um deles já foi julgado'. [...]" (TJCE, CC 0000514-18.2017.8.06.0000, 2.ª Câmara de Direito Privado, Rel.ª Des.ª Maria de Fátima de Melo Loureiro, *DJCE* 17.08.2017, p. 42).

86 "[...] Duas ações de alimentos, envolvendo irmãos e mesmos genitores. Relação de prejudicialidade. Ação ajuizada primeiramente julgada. Ausência de risco de decisões conflitantes. Incidência do parágrafo 1.º, do art. 55, do CPC. Aplicação da Súmula n. 235 do Superior Tribunal de Justiça. [...] Mesmo entendendo que entre os feitos há uma relação de prejudicialidade, que a reunião dos mesmos traria maior efetividade e economia processual, de modo a favorecer a prolatação de uma decisão única, uniforme e justa para com as partes, não é caso de determinar a reunião, eis que não há mais risco de serem proferidas decisões conflitantes, posto que, em consulta ao SAJ, a Ação de Alimentos n. 0114347-74.2018.8.06.0001 encontra-se julgada. [...]" (TJCE, CC 0001348-50.2019.8.06.0000, 1.ª Câmara de Direito Privado, Rel. Des. Francisco Mauro Ferreira Liberato, j. 23.10.2019, *DJCE* 31.10.2019, p. 104).

87 PIZZOL, Patrícia Miranda. *A competência no processo civil*, cit., p. 602-603.

Por fim, merece destaque a previsão de que, uma vez proposta a demanda, eventuais alterações de endereço são irrelevantes[88]. Esta regra se aplica a ações e cumprimentos de sentença referentes a alimentos?

A dúvida justifica-se à luz do art. 147, I, do Estatuto da Criança e do Adolescente, segundo o qual a competência será determinada pelo domicílio dos pais ou responsável. Há decisões que invocam tal dispositivo para reconhecer a possível mudança de competência, como esta:

> Embora o art. 43 do CPC disponha que a competência é determinada no momento do registro ou da distribuição da petição inicial, sendo irrelevantes as modificações do estado de fato ou de direito ocorridas posteriormente, salvo quando suprimirem órgão judiciário ou alterarem a competência absoluta, considerando que o objeto da presente demanda (guarda e alimentos) diz respeito a interesse de menor, deve ser aplicado o conteúdo do art. 147, inciso I, do ECA, segundo o qual a competência será determinada pelo domicílio dos pais ou responsável. Na mesma linha, orientação contida no Enunciado sumular n. 383 do STJ: A competência para processar e julgar as ações conexas de interesse de menor é, em princípio, do foro do domicílio do detentor de sua guarda. Adoção do entendimento do Superior Tribunal de Justiça, no sentido da relativização da regra da *perpetuatio jurisdictionis*, estabelecendo-se a competência na Comarca onde a criança/adolescente passou a residir, em observância ao seu melhor interesse[89].

Embora compreensível tal entendimento, ele não soa apropriado. Como bem exposto em acórdão do Tribunal de Justiça gaúcho, demandas que discutem alimentos não configuram procedimentos afetos ao Estatuto da Criança e do Adolescente, não se podendo então falar em mitigação das regras sobre competência[90]. Soa mais adequada a conclusão de que não há razão para cogitar solução diversa em relação às ações que versam sobre obrigação alimentar.

2.5. Legitimidade

2.5.1. *Parentes próximos*

A gama de legitimados para propor ação de alimentos fundada em Direito de Família pode ser extraída do art. 1.694 do Código Civil[91].

Assim, cônjuges e companheiros que não comunguem mais da vida em comum (por estarem divorciados ou separados de fato) podem pedir alimentos uns aos outros desde que demonstrem falta de condições de prover a própria sobrevivência[92].

---

88 CPC, art. 43. Determina-se a competência no momento do registro ou da distribuição da petição inicial, sendo irrelevantes as modificações do estado de fato ou de direito ocorridas posteriormente, salvo quando suprimirem órgão judiciário ou alterarem a competência absoluta.

89 TJRS, CC 0200347-15.2018.8.21.7000, Esteio, 8.ª Câmara Cível, Rel. Des. José Antônio Daltoé Cezar, j. 04.10.2018, *DJERS* 11.10.2018.

90 "[...] Dispõe o art. 43 do NCPC que a competência é fixada no momento do registro ou da distribuição da petição inicial. Sendo assim, a mudança de endereço da parte exequente, ainda que menor de idade, após o ajuizamento, não enseja a alteração da competência, mormente considerando que não se trata de procedimento previsto no estatuto menorista. [...]" (TJRS, AI 0236224-16.2018.8.21.7000/Soledade, 7.ª Câmara Cível, Rel.ª Des.ª Sandra Brisolara Medeiros, j. 31.10.2018, *DJERS* 08.11.2018).

91 CC, art. 1.694. Podem os parentes, os cônjuges ou companheiros pedir uns aos outros os alimentos de que necessitem para viver de modo compatível com a sua condição social, inclusive para atender às necessidades de sua educação.

92 "[...] Os alimentos entre ex-cônjuges fundamentam-se no dever de solidariedade familiar e de mútua assistência, objetivando garantir o mínimo existencial quando demonstrada a efetiva necessidade e

Em razão do panorama constitucional e dos avanços interpretativos, obviamente o direito a alimentos está presente nas uniões estáveis homoafetivas. Como bem expressou o STJ,

> O direito a alimentos do companheiro que se encontra em situação precária e de vulnerabilidade assegura a máxima efetividade do interesse prevalente, a saber, o mínimo existencial, com a preservação da dignidade do indivíduo, conferindo a satisfação de necessidade humana básica. O projeto de vida advindo do afeto, nutrido pelo amor, solidariedade, companheirismo, sobeja obviamente no amparo material dos componentes da união, até porque os alimentos não podem ser negados a pretexto de uma preferência sexual diversa... Ocorre que uma relação homoafetiva rompida pode dar azo ao pensionamento alimentar e, por conseguinte, cabível, em processo autônomo, que o necessitado requeira sua concessão cautelar com a finalidade de prover os meios necessários ao seu sustento durante a pendência da lide[93].

O Código Civil é claro ao afirmar que o dever de alimentos é recíproco entre pais e filhos[94]. A regra ainda prevê que o direito é extensivo a todos os ascendentes. Assim, a reciprocidade é ampla, cabendo alimentos entre netos e avós, bisnetos e bisavós etc., respeitando-se a ordem de proximidade de parentesco.

Diante da abrangência do art. 1.694 do Código Civil, é passível de deferimento o pedido de alimentos, de forma subsidiária, a parentes colaterais e transversais até o quarto grau?[95]

---

dependência econômica – na forma prevista no art. 1.694 do Código Civil. – Existindo prova da necessidade e da incapacidade para suprir por esforço próprio o seu sustento, a concessão de alimentos ao ex-cônjuge/companheiro tem amparo legal" (TJMG, Agravo de Instrumento-Cv 1.0000.21.098823-4/001, Rel. Des. Renato Dresch, j. 07.10.2021); "[...]2. O princípio constitucional da solidariedade (art. 3.º, I) impõe o dever jurídico de cuidado e responsabilidade mútuos entre os componentes de um mesmo núcleo familiar, no que concerne à assistência moral e material. 3. No âmbito do direito de família, o dever de solidariedade não se encerra com a separação ou divórcio, uma vez que é dada aos cônjuges a oportunidade de pedirem os alimentos ou de ajustarem a obrigação entre si. 4. O Superior Tribunal de Justiça entende que os alimentos devidos entre ex-cônjuges devem ter caráter excepcional, transitório e devem ser fixados por prazo determinado, exceto quando um dos cônjuges não possua mais condições de reinserção no mercado do trabalho ou de readquirir sua autonomia financeira (edição 65 de *Jurisprudência em Teses*). 5. A situação retratada nos autos é excepcional e demanda prova razoável da necessidade da alimentanda com os alimentos a justificar a fixação do encargo, o que não se vislumbra pelo fato da alimentanda possuir qualificação profissional e não apresentar doença incapacitante para o trabalho [...]" (TJDFT, Proc. 00037121320168070019, Rel. Roberto Freitas, j. 31.08.2021).

93 "9. As condições do direito de ação jamais podem ser apreciadas sob a ótica do preconceito, da discriminação, para negar o pão àquele que tem fome em razão de sua opção sexual. Ao revés, o exame deve-se dar a partir do ângulo constitucional da tutela da dignidade humana e dos deveres de solidariedade e fraternidade que permeiam as relações interpessoais, com o preenchimento do binômio necessidade do alimentário e possibilidade econômica do alimentante. 10. A conclusão que se extrai no cotejo de todo ordenamento é a de que a isonomia entre casais heteroafetivos e pares homoafetivos somente ganha plenitude de sentido se desembocar no igual direito subjetivo à formação de uma autonomizada família (ADI n. 4.277/DF e ADPF 132/RJ), incluindo-se aí o reconhecimento do direito à sobrevivência com dignidade por meio do pensionamento alimentar". Vale destacar que, no caso, o pedido de alimentos provisionais, com apoio em ação principal de reconhecimento e dissolução de união estável homoafetiva, havia sido extinto ao entendimento de impossibilidade jurídica do pedido uma vez que não haveria "obrigação legal de um sócio prestar alimentos ao outro" (STJ, REsp 1.302.467, Proc. 2012/0002671-4/SP, 4.ª Turma, Rel. Min. Luis Felipe Salomão, *DJe* 25.03.2015).

94 Art. 1.696. O direito à prestação de alimentos é recíproco entre pais e filhos, e extensivo a todos os ascendentes, recaindo a obrigação nos mais próximos em grau, uns em falta de outros.

95 CC, art. 1.592. São parentes em linha colateral ou transversal, até o quarto grau, as pessoas provenientes de um só tronco, sem descenderem uma da outra.

José Fernando Simão nega de forma veemente a possibilidade[96]: não havendo ascendentes ou não podendo eles pagar alimentos, incide o art. 1.697 do Código Civil: "na falta dos ascendentes cabe a obrigação aos descendentes, guardada a ordem de sucessão e, faltando estes, aos irmãos, assim germanos como unilaterais".

Em pesquisa de decisões, constata-se que grande parte dos tribunais não vem reconhecendo a fixação de obrigação alimentar a parentes situados a partir do segundo grau[97]; o STJ[98] vem há tempos rechaçando a pretensão alimentar de sobrinhos em relação a tios e tias.

Em contraponto relevante, Nelson Rosenvald pondera ser possível o deferimento excepcional de alimentos de modo a que o tio ampare o sobrinho[99].

A discussão é interessante e traz à mente a advertência de Nancy Andrighi sobre o risco de assumir máximas e posições absolutas em Direito de Família:

> [...] considerando a cautela que não pode deixar jamais de acompanhar o Juiz em decisões como a dos autos, porquanto os processos circunscritos ao âmbito do Direito de Família batem às portas do Judiciário povoados de singularidades, de matizes irrepetíveis, que absorvem o julgador de tal forma, a ponto de uma jurisprudência formada em sentido equivocado ter o condão de afetar de forma indelével um sem-número de causas similares com particularidades diversas, cujos desdobramentos poderão inculcar nas almas cicatrizes irremediáveis[100].

---

96 SIMÃO, José Fernando. Tios devem pagar pensão alimentícia a sobrinhos? Não! Disponível em: http://www.cartaforense.com.br/conteudo/colunas/tios-devem-pagar-pensao-alimenticia-a-sobrinhos-nao/17004. Acesso em: 2 jan. 2021.

97 "[...] Inexistindo prova da impossibilidade de prestação de alimentos pelos parentes mais próximos, bem como da obrigação legal do parente colateral de terceiro grau, impõe-se o indeferimento da tutela de urgência" (TJDF, Proc. 0701.20.5.272018-8070000, Ac. 110.9464, 8.ª Turma Cível, Rel.ª Des.ª Ana Cantarino, j. 18.07.2018, *DJDFTE* 25.07.2018); "[...] Na linha da jurisprudência do Colendo STJ: 'a obrigação alimentar decorre da lei, que indica os parentes obrigados de forma taxativa e não enunciativa, sendo devidos os alimentos, reciprocamente, pelos pais, filhos, ascendentes, descendentes e colaterais até o segundo grau, não abrangendo, consequentemente, tios e sobrinhos (CC, art. 1.697)' [...]" (TJMG, Apelação Cível 1.0000.21.081272-3/001, Rel.ª Des.ª Ana Paula Caixeta, j. 24.06.2021); "[...] A imputação do custeio das despesas decorrentes da institucionalização da idosa à família traduz, em última análise, o reconhecimento do dever de prestar alimentos, o que não se estende aos tios e sobrinhos, conforme entendimento consolidado no Superior Tribunal de Justiça e nesta Corte de Justiça. [...]" (TJRS, Agravo de Instrumento 70083130005, Rel. Ricardo Moreira Lins Pastl, j. 16.12.2019).

98 "I – A obrigação alimentar decorre da Lei, que indica os parentes obrigados de forma taxativa e não enunciativa, sendo devidos os alimentos, reciprocamente, pelos pais, filhos, ascendentes, descendentes e colaterais até o segundo grau, não abrangendo, consequentemente, tios e sobrinhos" (STJ, 4.ª Turma, HC 12079/BA, Rel. Min. Sálvio de Figueiredo Teixeira, j. 12.09.2000, *DJU* 16.10.2000, p. 00312); "Ação de alimentos ajuizada pelos sobrinhos menores, representados pela mãe, em face das tias idosas. [...] A manutenção do entendimento firmado, neste Tribunal, que nega o pedido de alimentos formulado contra os tios, deve permanecer [...]" (STJ, 3.ª Turma, REsp 1.032.846/RS, Rel.ª Min.ª Nancy Andrighi, j. 18.12.2008); "Segundo o entendimento deste tribunal, a obrigação alimentar decorre da Lei, que indica os parentes obrigados de forma taxativa e não enunciativa, sendo devidos os alimentos, reciprocamente, pelos pais, filhos, ascendentes, descendentes e colaterais até o segundo grau, não abrangendo, consequentemente, tios e sobrinhos (CC, art. 1.697)" (STJ, AgRg-REsp 1.305.614, Proc. 2012/0016182-1/DF, 3.ª Turma, Rel. Min. Sidnei Beneti, *DJe* 02.10.2013, p. 426).

99 ROSENVALD, Nelson. Tios devem pagar pensão alimentícia a sobrinhos? Sim! Disponível em: http://www.cartaforense.com.br/conteudo/artigos/tios-devem-pagar-pensao-alimenticia-a-sobrinhos-sim/17003. Acesso em: 2 jan. 2021.

100 STJ, 3.ª Turma, REsp 1032846/RS, Rel.ª Min.ª Nancy Andrighi, j. 18.12.2008.

A posição majoritária da jurisprudência atual, portanto, não deve desanimar quem precisa pleitear alimentos a outros colaterais quando as particularidades do caso puderem apresentar um quadro favorável ao pleito.

2.5.2. *Legitimidade e obrigação alimentar de avôs/avós*

O art. 1.698 do CC[101] contempla a importante regra da subsidiariedade: havendo um parente de grau mais próximo, os outros ficam excluídos da obrigação alimentar – salvo se aquele não puder suprir totalmente o encargo. Assim, a princípio, a ação de alimentos deve ser proposta contra o parente mais próximo (normalmente um dos genitores).

Nos últimos tempos vem prevalecendo em diversas decisões a seguinte diretriz: por ter natureza complementar e subsidiária, a obrigação alimentar dos avós somente se configura quando pai e mãe não dispõem de meios para prover as necessidades básicas dos filhos; há que se demonstrar, portanto, a impossibilidade dos dois genitores de prover alimentos aos filhos[102].

Como o tema suscitava debates jurisprudenciais, o STJ tratou do tema na Súmula 596: "a obrigação alimentar dos avós tem natureza complementar e subsidiária, somente se configurando no caso da impossibilidade total ou parcial de seu cumprimento pelos pais".

Para maior compreensão do tema, imagine uma demanda alimentar a ser proposta por Purcino (filho incapaz) contra o pai Anidracir; sabendo-se que este se encontra em situação econômica precária, seus pais Claudemir e Valeska (avô e avó paternos) podem também ser acionados?

Quando há conhecimento prévio ou dúvida sobre a capacidade econômica do parente mais próximo, a ação pode ser proposta contra este e o familiar de grau imediatamente seguinte. A hipótese encerra litisconsórcio *passivo facultativo* (não sendo obrigatória tal inclusão) e *eventual* (o pedido contra um réu só será atendido na medida em que não atendido o formulado contra o outro).

É possível que apenas o parente de grau mais próximo seja condenado, caso se conclua que este tem plena capacidade de arcar com todo o valor necessário para o sustento do requerente.

Caso a capacidade seja apenas parcial, ambos serão condenados: o de grau mais próximo será condenado a arcar com o valor correspondente à sua possibilidade e o de grau mais distante será condenado a *complementar* o valor até que se atinja o necessário para suprir as necessidades do alimentando.

Por fim, caso se constate a absoluta falta de condições do parente mais próximo, apenas o parente de grau mais distante será condenado a pagar alimentos.

Percebe-se, a partir de diversas discussões existentes no plano jurisprudencial, haver certa confusão sobre se a participação de avôs e avós na demanda é ponto ligado às condições da ação ou ao mérito.

À luz do sistema pátrio, sem dúvida estão presentes as condições da ação – interesse e legitimidade – na demanda proposta contra os avós do alimentante. Há interesse do alimentando no provimento (ante a utilidade e a necessidade) e há pertinência subjetiva de avôs e avós (que têm relação jurídica com o neto e podem ser instados a pagar-lhe alimentos segundo o direito material).

---

[101] Art. 1.698. Se o parente, que deve alimentos em primeiro lugar, não estiver em condições de suportar totalmente o encargo, serão chamados a concorrer os de grau imediato; sendo várias as pessoas obrigadas a prestar alimentos, todas devem concorrer na proporção dos respectivos recursos, e, intentada ação contra uma delas, poderão as demais ser chamadas a integrar a lide.

[102] AgInt no AREsp 1.223.379/BA, 4.ª Turma, Rel. Min. Lázaro Guimarães, j. 26.06.2018, *DJe* 29.06.2018.

Presentes as condições da ação (e havendo também juízo positivo quanto aos pressupostos processuais), passar-se-á à análise do mérito[103].

A existência (ou não) da obrigação alimentar dos avós, portanto, será aferida posteriormente, com o avanço do quadro probatório.

Eis uma hipótese recorrente: quando configurar "fato incontroverso nos autos" que o genitor se encontra em local incerto e não sabido, restando "comprovada a ausência conforme certificado na ação de alimentos anteriormente contra ele ajuizada"[104], será possível acionar os avós[105].

Outro caso merece citação: "a total ausência de amparo financeiro pelo pai, que reside fora do País, em local incerto, autoriza a busca dos alimentos em desfavor do avô paterno, mormente quando este não fornece informações precisas a respeito da localização do genitor no continente europeu"[106].

O Tribunal catarinense também reconheceu a possibilidade de acionar os avós quando o genitor não foi encontrado para cumprir a obrigação alimentar, havendo mandado de prisão já expedido[107].

---

103 Nesse sentido entendeu o Tribunal catarinense: a legitimidade passiva dos avós, "a fim de aferir a procedência do pleito alimentício, deve ser relegada à fase de instrução probatória, porquanto questão eminentemente de mérito é indispensável à procedência do pedido, mas não atinente à admissibilidade do processo"; "relatado, na inicial, quadro fático de que se possa retirar a presença de alguma das situações impedientes à satisfação da obrigação alimentar pelo genitor, premissa indispensável à configuração da obrigação alimentar dos progenitores, deve-se ter por presente a legitimidade passiva *ad causam* dos avós. A efetiva comprovação de tal cenário, por sua vez, a fim de aferir a procedência do pleito alimentício, deve ser relegada à fase de instrução probatória, porquanto questão eminentemente de mérito e indispensável à procedência do pedido, mas não atinente à admissibilidade do processo, pelo que descabida a sua exigência de plano, em flagrante inversão procedimental, de sorte a tornar inadequada, portanto, sentença prematura de extinção do feito, sem resolução de mérito, por cerceamento de defesa, em violação ao devido processo legal" (TJSC, AC 2015.011607-9, Capital, 5.ª Câmara de Direito Civil, Rel. Des. Henry Petry Junior, j. 28.05.2015, *DJSC* 11.06.2015, p. 272).

104 TJSC, AC 2009.004674-2/Urussanga, Rel. Des. Joel Dias Figueira Júnior, j. 14.02.2010, *DJSC* 18.04.2011, p. 109. No mesmo sentido: "[...] A pretensão de fixação de alimentos em desfavor de avós encontra respaldo no ordenamento jurídico vigente, nos exatos termos do art. 1.696 do Código Civil de 2002. O dever de prestar alimentos aos filhos é, primordialmente, dos pais, podendo ser transferido aos seus ascendentes quando os progenitores não puderem prestá-los por razoável motivo. – O dever de prestar alimentos pelos ascendentes de grau mais elevado tem caráter complementar e subsidiário, somente podendo ser fixado quando impossibilitado ou ausente o alimentante naturalmente obrigado, ou quando se mostrar precária a contribuição. [...]" (TJMG, Apelação Cível 1.0000.19.099025-9/002, Rel. Des. Júlio Cezar Guttierrez, j. 22.06.2021).

105 "Prova nos autos de abandono material pelo pai. Diversas tentativas de citação para o cumprimento da obrigação de prestar alimentos fixada judicialmente, todas frustradas. Genitor que está em local incerto e não sabido. Arts. 1.696 e 1.698 do Código Civil. Particularidades da hipótese que autorizam, excepcionalmente, o reconhecimento do dever dos avós de contribuir para o sustento do alimentando. Princípio da solidariedade. [...]" (TJSC, AI 4012595-61.2016.8.24.0000, Içara, 6.ª Câmara de Direito Civil, Rel. Des. Stanley Braga, *DJSC* 28.03.2018, p. 167). No mesmo sentido: "[...] A necessidade dos alimentos pelo menor mostra-se evidente, na medida em que, além ser incapaz de prover seu próprio sustento, possui necessidades especiais, eis que, segundo os relatórios médicos juntados à inicial, é portador de transtorno do espectro autista nível 1, associado a deficiência intelectual, conhecido como Síndrome de Asperger. 4. Assim, na falta do genitor para prestar alimentos ao menor, eis que em lugar incerto e não sabido e, considerando-se a atual condição (do menor) e suas necessidades evidentes, o estabelecimento da obrigação alimentar complementar e subsidiária da avó paterna, ora agravante, é medida que se impõe. [...]" (TJDFT, Proc. 07153029520198070000, Rel. João Egmont, j. 06.11.2019).

106 TJSC, AC 2012.059483-4, Araranguá, 2.ª Câmara de Direito Civil, Rel. Des. João Batista Góes Ulysséa, j. 12.03.2014, *DJSC* 19.03.2014, p. 168.

107 TJSC, AI 0033705-87.2016.8.24.0000, Sombrio, 2.ª Câmara de Direito Civil, Rel. Des. João Batista Góes Ulysséa, *DJSC* 20.04.2017, p. 95. No mesmo sentido: "[...] A responsabilidade dos avós, em relação aos

Não têm razão, portanto, as decisões que obstam o prosseguimento do feito ao indeferir a petição inicial sob a alegação de que os avós seriam partes ilegítimas *prima facie*. Ora, se a lei civil os menciona como passíveis de suportar de forma subsidiária o encargo, eles têm pertinência subjetiva para a demanda, e o alimentando tem direito de demonstrar em juízo que eles devem contribuir para seu sustento. Nesse sentido, manifesta-se Yussef Cahali:

> [...] a questão atinente à ausência de prova inequívoca da incapacidade econômica do pai é matéria de mérito, devendo, pois, ser certificada durante a instrução do processo, e não ser indeferida da pretensão *initio litis*; somente se ficar demonstrado no curso do processo que o autor pode ser sustentado pelo seu genitor é que seus avós serão excluídos da lide[108].

Também o Tribunal mineiro assim entendeu: "a questão relativa à existência ou não da impossibilidade da prestação de alimentos por parte dos pais, constitui matéria a ser dirimida na seara meritória, podendo ensejar a procedência ou improcedência do pedido em relação ao parente demandado, e não a extinção do processo sem resolução do mérito"[109].

Esta decisão, porém, afirma algo preocupante: "os avós somente poderão ser acionados para prestar alimentos ao neto de forma 'restritiva', ou seja, na hipótese de os pais já terem sido anteriormente instados a tanto, sem sucesso"[110], com o que não podemos concordar, por ilegítima restrição do direito à demanda, visto que o alimentando pode, perfeitamente, demonstrar que o parente de grau mais próximo absolutamente não tem condições de prover seu sustento.

Ora, exigir que o alimentando demande o pai primeiro para só então poder acionar avôs e avós compromete as garantias constitucionais de acesso à justiça e duração razoável do processo.

Voltando ao exemplo: se Purcino sabe que o genitor Anidracir está internado em estabelecimento para dependentes químicos, precisará acioná-lo, comprovar nesta demanda a

---

alimentos, é subsidiária ou complementar, e não solidária. Caso em que restou comprovado nos autos, a incessante busca de prestação alimentícia pelo genitor, inclusive sendo ele preso por dívida alimentar, e, atualmente, em lugar incerto e não sabido. Genitora que se encontra desempregada, passando por sérias restrições financeiras, necessitando assistir ao filho de forma integral, o qual faz tratamentos contínuos de fisioterapia e fonoaudiologia. Avô paterno que não comprovou a impossibilidade de arcar com o encargo estabelecido, que já se mostra bastante diminuto. Percentual fixado de 30% do salário mínimo nacional, para atender as necessidades presumidas de seus dois netos, um deles com gastos extraordinários, que não incorre em sobrecarga e atende ao binômio alimentar [...]" (TJRS, Apelação Cível 70081712945, Rel. José Antônio Daltoe Cezar, j. 31.10.2019).

108 CAHALI, Yussef Said. *Dos alimentos*. 6. ed., cit., p. 706-707.

109 TJMG, APCV 1.0525.09.158101-3/0011, Pouso Alegre, 4.ª Câmara Cível, Rel. Desig. Des. Darcio Lopardi Mendes, j. 25.02.2010, *DJEMG* 17.03.2010.

110 Eis trecho do acórdão: "Havendo pais vivos, a obrigação de prestar alimentos é deles; e tal responsabilidade se transfere para os avós – e não apenas para os avós paternos – somente no caso de ausência ou de impossibilidade de prestação dos alimentos por parte dos pais. Isso é condição da ação, e, como tal, deve vir, de plano, demonstrada pela parte autora, na petição inicial, e com prova pré-constituída. A simples afirmação lançada na petição inicial não é prova. É alegação a ser comprovada, e de plano, por dizer respeito à condição da ação. Assim, não obstante a afirmação do avô dos menores, de que seu filho – pai dos menores 'não tem condição de alimentar as crianças por causa de problemas com drogas' (fl. 48), era indispensável que isso restasse comprovado em ação proposta contra o pai. Ademais, outra situação é também relevante, qual seja, a composição do polo passivo da ação, porque, ainda que se admitisse a propositura da ação contra parente mais remoto, esta não poderia ser ajuizada apenas contra o avô paterno, mas contra todos os avós, vivos, evidentemente".

impossibilidade de pagar alimentos para só então poder acionar Claudemir e Valeska (avós paternos)? Até o fracasso anunciado se configurar, como o filho incapaz será alimentado? A exigência de "esgotar as vias" alimentícias contra o pai, obviamente, é inconstitucional por prejudicar o acesso à justiça do alimentando e a efetividade do processo.

Para evitar que esse ilegítimo óbice se verifique, é imperioso admitir o processamento de ação direta contra os avós; caso se entenda necessária a presença do pai, que se decida pela formação do litisconsórcio passivo[111].

Ademais, é pertinente nesses casos invocar o art. 338 do CPC: sempre que o réu alegar, na contestação, ser parte ilegítima ou não ser responsável pelo prejuízo invocado, o juiz facultará ao autor, em 15 dias, a alteração do pedido inicial para promover a substituição do réu.

Em uma compreensão mais ampla do dispositivo, nas ações de alimentos contra os avós, caso estes apontem os pais como responsáveis, ao autor deve ser facultada a substituição do polo passivo ou, em atenção à especificidade da relação de direito material em questão, a inclusão dos pais, mantendo-se os avós no polo passivo para que respondam subsidiariamente pelos alimentos. Ficam ressalvados, contudo, os casos em que já se conhece de antemão a impossibilidade dos genitores, foi comprovada a incapacidade dos pais e/ou há desconhecimento do seu paradeiro.

Ainda é possível que, diante da existência de vários obrigados, o réu acionado chame outros potenciais demandados para concorrer ao pagamento da pensão na proporção dos respectivos recursos[112].

É pacífico que não há solidariedade entre os parentes de mesmo grau: os alimentos não podem ser exigidos completamente de apenas um devedor (principal característica da solidariedade), mas de cada um conforme sua possibilidade de concorrer para o valor total; esta é a regra, sendo exceção a situação do idoso que pleiteia alimentos e pode cobrar de apenas um dos codevedores todo o montante devido[113] (o tema será mais bem desenvolvido adiante).

Voltando a situações que não envolvam filhos menores, cabe perquirir: se proposta ação de alimentos apenas contra o pai da criança, caso se deseje incluir avô e avó, como atuar? Se a demanda for dirigida ao avô paterno, este poderá provocar a inclusão da avó materna no polo passivo? Caso as respostas sejam positivas, quais serão os mecanismos apropriados para promover tais ampliações subjetivas da demanda?

Maria Berenice Dias afirma que a integração não cabe em qualquer das modalidades típicas previstas no Código de Processo Civil[114].

Para Cassio Scarpinella Bueno, é possível e desejável ampliar a noção de solidariedade[115] inerente ao chamamento ao processo para viabilizar a utilização desta modalidade interventiva, não havendo qualquer prejuízo ao autor da demanda[116].

---

111 CPC, art. 114. O litisconsórcio será necessário por disposição de lei ou quando, pela natureza da relação jurídica controvertida, a eficácia da sentença depender da citação de todos que devam ser litisconsortes.

112 Tal atuação terá por fundamento o já citado art. 1.698 do CC.

113 Lei n. 10.741/2003, art. 12. A obrigação alimentar é solidária, podendo o idoso optar entre os prestadores.

114 DIAS, Maria Berenice. *Manual de direito das famílias*, cit., p. 614-615.

115 CPC, art. 130. É admissível o chamamento ao processo, requerido pelo réu: [...] III – dos demais devedores solidários, quando o credor exigir de um ou de alguns o pagamento da dívida comum.

116 "Possível – e desejável, à luz do direito material [...] – fazer ampliar o termo 'solidariedade' empregado no [...] Código de Processo Civil para nele admitir, pelo menos na hipótese a que aqui me refiro, também o chamamento de devedores comuns. Além de não ver qualquer prejuízo para o processo – muito menos para o autor, principal interessado em ampliar a possibilidade concreta da efetivação da tutela

Segundo Humberto Theodoro Junior, ainda que não se trate de obrigação solidária, há comunhão de devedores que justifica a identificação da hipótese com o chamamento ao processo: há dívida comum a diversos responsáveis pela satisfação do débito alimentar[117].

Há, contudo, quem não admita que o réu chame ao processo outros coobrigados: não se trata de obrigação solidária e, portanto, não cabe o chamamento ao processo, sendo a integração dos demais coobrigados uma simples faculdade do autor mediante a provocação da formação de litisconsórcio ulterior[118].

Sem dúvida, revela-se mais apropriado cogitar que o autor, a partir da informação da defesa sobre a impossibilidade de pagamento total da pensão pela impossibilidade do genitor, possa aditar a inicial para incluir no polo passivo os devedores subsidiários, possibilidade reforçada pelo já mencionado art. 338 do CPC.

Não foi esse, contudo, o entendimento inicial do STJ em certa oportunidade, ao entender não haver óbice legal a que o demandado, expondo circunstanciadamente não ser o único devedor, adote a iniciativa de chamamento de outro potencial devedor para integrar a lide[119]. Prevaleceu, portanto, a pertinência do chamamento ao processo.

Contudo, posteriormente foi prolatada interessante decisão reconhecendo a formação de litisconsórcio facultativo interior:

> [...] Mecanismo de integração posterior do polo passivo pelos coobrigados a prestar alimentos previsto no art. 1.698 do Código Civil. [...] Natureza jurídica do mecanismo. Litisconsórcio facultativo ulterior simples, com a peculiaridade de ser formado não apenas pelo autor, mas também pelo réu ou pelo Ministério Público[120].

---

jurisdicional a seu favor – as diversas obrigações alimentares manifestam-se de forma bastante próxima à solidariedade. A prova do autor, em substância, sequer se altera porque, diante de um ou mais de um obrigado bastará, a ele, demonstrar a necessidade dos alimentos. Ademais, se o magistrado verificar que o expediente vem a ser usado de forma protelatória (o chamamento ao processo suspende o processo) pode ele sancionar o litigante de má-fé" (BUENO, Cassio Scarpinella. Chamamento ao processo e o devedor de alimentos: uma proposta de interpretação para o art. 1.698 do Novo Código Civil. Disponível em: www.scarpinellabueno.com/images/textos-pdf/007.pdf. Acesso em: 10 jan. 2020).

117 THEODORO JÚNIOR, Humberto. O NCC e as regras heterotópicas de natureza processual. In: DIDIER JR., Fredie; MAZZEI, Rodrigo (org.). *Reflexos do Novo Código Civil no direito processual*. 2. ed. Salvador: JusPodivm, 2007, p. 154.

118 Assim se manifestaram, ao menos em certa oportunidade, Yussef Said Cahali e Fredie Didier Junior (Intervenção de terceiro – Artigo 1.698, Código Civil – Decisão recente do STJ. *Revista Magister de Direito Civil e Processual Civil*, n. 41, mar./abr. 2011).

119 "[...] 1. A obrigação alimentar é de responsabilidade dos pais e, no caso de a genitora dos autores da ação de alimentos também exercer atividade remuneratória, é juridicamente razoável que seja chamada a compor o polo passivo do processo a fim de ser avaliada sua condição econômico-financeira para assumir, em conjunto com o genitor, a responsabilidade pela manutenção dos filhos maiores e capazes. 2. Segundo a jurisprudência do STJ, 'o demandado [...] terá direito de chamar ao processo os corresponsáveis da obrigação alimentar, caso não consiga suportar sozinho o encargo, para que se defina quanto caberá a cada um contribuir de acordo com as suas possibilidades financeiras' (REsp 658.139/RS, 4.ª T., Rel. Min. Fernando Gonçalves, *DJ* 13.03.2006). 3. Não obstante se possa inferir do texto do art. 1.698 do CC – norma de natureza especial – que o credor de alimentos detém a faculdade de ajuizar ação apenas contra um dos coobrigados, não há óbice legal a que o demandado exponha, circunstanciadamente, a arguição de não ser o único devedor e, por conseguinte, adote a iniciativa de chamamento de outro potencial devedor para integrar a lide" (STJ, 4.ª Turma, REsp 964.866/SP, Rel. Min. João Otávio de Noronha, j. 01.03.2011, *DJe* 11.03.2011).

120 STJ, REsp 1715438/RS, Rel.ª Min.ª Nancy Andrighi, j. 13.11.2018.

De todo modo, como o Código Civil criou possibilidade de participação sem formato específico, revela-se importante haver abertura à diversidade de iniciativas porventura adotadas na prática; a falta de forma própria não pode impedir o direito material de se realizar, devendo ser admitida a adoção de figura mais próxima (como o litisconsórcio), o chamamento ao processo ou, até mesmo, um simples requerimento na contestação.

Outra questão relevante é a seguinte: se o menor, representado pela genitora, acionou avó e avô paternos, estes podem trazer ao processo avó e avô maternos?

Logo após o advento da regra parecia prevalecer a resposta negativa. Como exemplo dessa linha de entendimento, entendeu o Tribunal gaúcho que o ajuizamento da ação contra os avós paternos não autorizava o chamamento ao processo dos avós maternos porque

> [...] não há litisconsórcio passivo obrigatório entre avós maternos e paternos. Afinal, o art. 1.698 do Código Civil dispõe que nas ações de alimentos entre parentes "poderão as demais ser chamadas a integrar a lide". Note-se, a expressão possibilidade não se confunde com a obrigatoriedade de os avós serem demandados em conjunto[121].

Há também decisões recentes que perfilham esse entendimento[122].

A possibilidade de integração dos demais parentes já foi admitida pelo Tribunal de Justiça de São Paulo, para quem seria viável acolher o pedido do chamamento ao processo no polo passivo dos avós maternos; como demonstração de "fim do paternalismo", os avós maternos também deveriam integrar a lide[123].

---

121 TJRS, 8.ª Câmara Cível, AI 70040975120, Rel. Des. Alzir Felippe Schmitz, j. 09.06.2011.

122 Eis um exemplo: "[...] Decisão que defere pedido do genitor para chamamento ao processo da genitora da alimentanda/autora (maior de idade) – Ausência de solidariedade processual entre os genitores em ação de alimentos – Obrigação que deve ser aferida observando o trinômio alimentar entre os litigantes, tendo em vista que a fixação da obrigação se dá de acordo com as possibilidades do alimentante – Impossibilidade, ademais, de se obrigar a parte a litigar contra quem não deseja – Inteligência dos arts. 264 e 1.698 do Código Civil – entendimento moderno da jurisprudência desta Corte e também do Superior Tribunal de Justiça [...]" (TJPR, Proc. 0032171-57.2021.8.16.0000, Rel.ª Sandra Bauermann, j. 06.10.2021); "[...] O ajuizamento da ação em face da avó paterna do menor prestigia o caráter divisível da obrigação alimentar, não havendo qualquer solidariedade apta a promover o chamamento ao processo dos ascendentes maternos. – A pretensão de fixação de alimentos em desfavor de avós encontra guarida no ordenamento jurídico vigente, à luz do art. 1.696 do Código Civil. [...]Nos termos da mais recente jurisprudência do STJ, à luz do Novo Código Civil, há litisconsórcio necessário entre os avós paternos e maternos na ação de alimentos complementares" (TJMG, Agravo de Instrumento-Cv 1.0000.20.444123-2/001, Rel. Des. Dárcio Lopardi Mendes, j. 30.06.2021).

123 TJSP, 8.ª Câmara de Direito Privado, AI 571061420, Rel. Des. Ribeiro da Silva, j. 02.11.2008. No mesmo sentido: "Apelação cível. Ação de alimentos avoengos ajuizada em face do avô paterno. Sentença de parcial procedência. Irresignação do requerido. Pretendido chamamento ao processo da avó paterna. Alimentos avoengos. Obrigação subsidiária que pode ser invocada na hipótese em que os genitores não estiverem em condições de suportar totalmente o encargo. Polo passivo que deve ser composto pelos avós paternos e maternos. Litisconsórcio passivo necessário que se pauta no melhor interesse da criança. Garantia do maior provisionamento, em razão da pluralidade de demandados. Precedentes do Superior Tribunal de Justiça e desta Corte. Sentença cassada para determinar a inclusão não apenas da avó paterna, mas também dos avós maternos no polo passivo da lide [...]" (TJSC, Apelação Cível 0023925-88.2015.8.24.0023, Rel.ª Rosane Portella Wolff, j. 21.05.2020); "[...] Na ação de alimentos que verse sobre obrigação avoenga complementar, em que um dos avós figure no polo passivo, é permitido ao interessado chamar ao processo os demais avós do alimentando, em litisconsórcio passivo necessário (CC, art. 1.698; REsp n. 1.736.596-RS, Min. Marco Aurélio Bellizze, *DJe* 05.06.2018). 4. É necessário oportunizar a manifestação dos avós não incluídos na demanda originária para viabilizar a análise quanto à eventual contribuição material já prestada ao neto, além de permitir-lhes o exercício do contraditório, da ampla defesa, e evitar eventual alegação de nulidade. [...]" (TJDFT, Proc. 07170300620218070000, Rel. Diaulas Costa Ribeiro, j. 23.09.2021).

A variedade de decisões sobre o tema é considerável. Embora haja decisões contemplando a faculdade da formação plural do polo passivo[124], outras têm destacado a necessidade de trazer todos os avôs e avós[125].

Por fim, vale reiterar a peculiar situação em que o idoso é o credor alimentar. O Estatuto do Idoso traz disposição diferenciada reconhecendo que a obrigação alimentar é legalmente solidária[126].

---

124 "[...] A natureza jurídica do mecanismo de integração posterior do polo passivo previsto no art. 1.698 do CC/2002 é de litisconsórcio facultativo ulterior simples, com a particularidade, decorrente da realidade do direito material, de que a formação dessa singular espécie de litisconsórcio não ocorre somente por iniciativa exclusiva do autor, mas também por provocação do réu ou do Ministério Público, quando o credor dos alimentos for incapaz. 10 – No que tange ao momento processual adequado para a integração do polo passivo pelos coobrigados, cabe ao autor requerê-lo em sua réplica à contestação; ao réu, em sua contestação; e ao Ministério Público, após a prática dos referidos atos processuais pelas partes, respeitada, em todas as hipóteses, a impossibilidade de ampliação objetiva ou subjetiva da lide após o saneamento e organização do processo, em homenagem ao contraditório, à ampla defesa e à razoável duração do processo. 11 – Na hipótese, a credora dos alimentos é menor emancipada, possui capacidade processual plena e optou livremente por ajuizar a ação somente em face do genitor, cabendo a ela, com exclusividade, provocar a integração posterior do polo passivo, devendo a sua inércia em fazê-lo ser interpretada como a abdicação, ao menos neste momento, da quota-parte que lhe seria devida pela genitora coobrigada, sem prejuízo de eventualmente ajuizar, no futuro, ação de alimentos autônoma em face da genitora" (STJ, REsp 1.715.438, Proc. 2017/0322098-7/RS, 3.ª Turma, Rel.ª Min.ª Nancy Andrighi, j. 13.11.2018, *DJe* 21.11.2018; p. 2600); "[...] De acordo com o entendimento sufragado pelo STJ, embora não seja solidária a obrigação alimentar avoenga, o art. 1.698 do Código Civil permite que haja o chamamento dos avós não demandados para integrar o feito, a pedido daquele(s) coobrigado(s) que já figura(m) do polo passivo. Não se trata de litisconsórcio necessário, mas da formação de um litisconsórcio facultativo ulterior simples, forma especial de intervenção de terceiro não prevista na legislação processual, criada no atual Código Civil como meio de tornar mais efetiva a prestação jurisdicional em situações como esta, em que, embora não havendo solidariedade, há uma obrigação conjunta que deve ser rateada entre os coobrigados, na proporção de suas possibilidades" (TJRS, AI 284170-81.2018.8.21.7000, Porto Alegre, 8.ª Câmara Cível, Rel. Des. Luiz Felipe Brasil Santos, j. 28.02.2019, *DJERS* 13.03.2019); "I. O litisconsórcio passivo em ações de alimentos avoengos é facultativo, já que a obrigação alimentar é divisível e não solidária. Tratando-se, portanto, de faculdade, e não de obrigatoriedade de os outros avós serem chamados a integrar a lide, não se evidenciando quaisquer das hipóteses previstas no art. 130 do NCPC, deve ser negado provimento ao recurso" (TJSE, AI 201900825915, Ac. 36362/2019, 2.ª Câmara Cível, Rel. Des. Alberto Romeu Gouvei Aleite, *DJSE* 20.12.2019); "[...] Obrigação alimentar avoenga que é de natureza subsidiária e complementar em relação aos pais. Chamamento dos demais coobrigados pela alimentante que é medida excepcional, justificando-se apenas quando comprovada peremptoriamente a impossibilidade financeira do parente próximo que fora acionado para arcar com o débito. Inteligência do art. 1.698 do Código Civil" (TJSP, AI 2186871-46.2019.8.26.0000, Ac. 13162618, Araraquara, 2.ª Câmara de Direito Privado, Rel.ª Des.ª Rosangela Telles, j. 09.12.2019, *DJESP* 16.12.2019, p. 1.685).

125 "[...] No caso em tablado, observa-se que, em se tratando de ação de alimentos que verse sobre obrigação avoenga complementar, figurando a avó paterna no polo passivo, a demandada tem o direito de chamar ao processo os demais avós do alimentando, conforme disposto no art. 1.698 do CC/2002, tendo inclusive a jurisprudência do Superior Tribunal de Justiça já proclamado que há litisconsórcio passivo necessário entre os avós paternos e maternos na ação de alimentos complementares (RESP n. 658.139/RS, Relator Ministro Fernando Gonçalves, Quarta Turma, *DJ* 13.03.2006). No mesmo sentido: EDCL no AREsp n. 1.073.008/SP, Ministra Maria Isabel Gallotti, *DJe* 21.05.2018; REsp 1.711.199/DF, Relator Ministro Moura Ribeiro, *DJe* 09.05.2018). [...]" (TJCE, AI 0621396-15.2018.8.06.0000, 4.ª Câmara de Direito Privado, Rel. Des. Francisco Bezerra Cavalcante, j. 17.09.2019, *DJCE* 25.09.2019, p. 94); "[...] Nos termos do Código Civil e da mais recente jurisprudência do STJ, há litisconsórcio necessário entre os avós paternos e maternos na ação de alimentos complementares (STJ, AgInt nos EDCL no AREsp 1.073.088/SP, Rel. Ministra Maria Isabel Gallotti, j. em 25-9-2018)" (TJSC, AI 4023785-16.2019.8.24.0000, Joinville, 7.ª Câmara de Direito Civil, Rel.ª Des.ª Haidée Denise Grin, *DJSC* 09.12.2019, p. 270).

126 Lei n. 10.741/2003, art. 12. A obrigação alimentar é solidária, podendo o idoso optar entre os prestadores.

Imaginemos o caso em que o pai Zelito acione apenas o filho Oteir. À primeira vista, parece óbvia a possibilidade de o demandado promover o chamamento ao processo dos demais codevedores (seus irmãos Oeslei e Ornelina). Contudo, há inúmeros julgados que negam tal possibilidade por entenderem: 1. que a escolha cabe ao autor idoso; 2. que o processo deve ser célere; 3. que ele não é obrigado a litigar contra todos os filhos[127].

Esse entendimento se revela apropriado para viabilizar a eficiência da demanda alimentar do idoso, que precisa ser tutelado com máxima urgência[128]. Sendo um dos filhos condenado a pagar-lhe a totalidade da pensão, fica-lhe assegurada a promoção de demanda autônoma em face dos demais irmãos para o pertinente acerto de contas.

2.6. Atuação do Ministério Público no polo ativo

Pode o Ministério Público atuar em prol do alimentando para que este veja reconhecida em seu favor a obrigação alimentar?

A legitimidade ordinária para pedir alimentos compete ao alimentando por si mesmo; se for incapaz, deverá estar representado ou assistido pela pessoa responsável.

Segundo clássica lição de Yussef Said Cahali, o Ministério Público só pode atuar em alimentos por força da legitimação conferida por lei nos casos de paternidade não reconhecida[129].

---

127 "A obrigação alimentar é divisível e não solidária, o que permite à idosa-alimentanda demandar contra qualquer das pessoas, em princípio, obrigadas a prestar alimentos" (TJRS, AI 0335104-48.2015.8.21.7000, Santa Cruz do Sul, 7.ª Câmara Cível, Rel.ª Des.ª Sandra Brisolara Medeiros, j. 02.12.2015, *DJERS* 10.12.2015); "[...] Ação proposta por idosa, representada por seu curador, em face dos seus descendentes. Procedência. Inconformismo de uma das corrés que alega o tratamento desigual aos que figuraram no polo passivo da relação, excluindo uma das filhas de suportar o encargo. Descabimento. Obrigação solidária. Hipótese de litisconsórcio facultativo. Previsão expressa no art. 12 do Estatuto do Idoso de que o idoso pode optar entre os prestadores. [...]" (TJSP, AC 1001820-96.2017.8.26.0695, Ac. 12964157, Nazaré Paulista, 8.ª Câmara de Direito Privado, Rel. Des. Pedro de Alcântara da Silva Leme Filho, j. 09.10.2019, *DJESP* 21.10.2019, p. 1.723); "Intervenção de terceiros em ação de alimentos. Ação ajuizada por idosa em face de dois de seus quatro filhos. Decisão que determina o chamamento ao processo dos filhos não incluídos no polo passivo pela autora. [...] Inadequada a aplicação, no caso concreto, da técnica de chamamento ao processo prevista no inciso III do art. 130 da Lei Processual. Litisconsórcio passivo entre os filhos alimentantes é meramente facultativo. Se pode o idoso optar livremente pelo filho que suportará integralmente a prestação alimentar nesta sede, não se deve promover o chamamento ao processo dos filhos não incluídos pela agravante no polo passivo. Eventual procedência do pedido inicial possibilita aos filhos incluídos pela genitora idosa no polo passivo o exercício de direito de regresso em face dos outros dois irmãos, mas em ação própria, e não mediante chamamento ao processo, pena de embaraçar o andamento desta ação de alimentos que tem por objeto prestação de natureza existencial. Conforme precedente do STJ, impertinente travar discussão acerca do ingresso dos demais devedores não escolhidos pelo credor idoso para figurarem no polo passivo, a fim de garantir prestação jurisdicional mais célere e sem delongas decorrentes da intervenção dos demais codevedores. Determinado o prosseguimento imediato da ação de alimentos apenas em face das rés, sem chamamento ao processo dos outros dois irmãos" (TJSP, AI 2183919-94.2019.8.26.0000, Ac. 12916376, Jundiaí, 1.ª Câmara de Direito Privado, Rel. Des. Francisco Loureiro, j. 26.09.2019, *DJESP* 04.10.2019).

128 Reafirmando a premissa de urgente proteção, adveio em 2017 a Lei n. 13.466 para alterar o Estatuto de Idoso de modo a reconhecer prioridades especiais a idosos maiores de 80 anos.

129 Lei n. 8.560/1992, art. 2.º Em registro de nascimento de menor apenas com a maternidade estabelecida, o oficial remeterá ao juiz certidão integral do registro e o nome e prenome, profissão, identidade e residência do suposto pai, a fim de ser averiguada oficiosamente a procedência da alegação. § 4.º Se o suposto pai não atender no prazo de trinta dias, a notificação judicial, ou negar a alegada paternidade, o juiz remeterá os autos ao representante do Ministério Público para que intente, havendo elementos suficientes, a ação de investigação de paternidade.

Fora das hipóteses legais, não tem legitimidade para promover demandas alimentícias de conhecimento nem de execução[130].

Na mesma linha, o Tribunal de Justiça do Distrito Federal entendeu que o MP, "como fiscal da ordem jurídica e defensor dos direitos indisponíveis titularizados pela menor", está legitimado para impulsionar a marcha processual ou atuar como substituto processual da infante em ação de investigação de paternidade cumulada com alimentos[131].

Embora louvável tal entendimento, é preciso considerar a atuação do MP em bases mais amplas. Algumas vezes o responsável legal pelo incapaz, por não ter condições econômicas de promover demanda em favor do alimentando, precisa se valer da assistência judiciária. Embora esta seja geralmente prestada pela Defensoria Pública ou por advogado a ela conveniado, se faltar ao hipossuficiente esta possibilidade de acesso à justiça, o Ministério Público poderá atuar em seu favor. Foi este o entendimento do Tribunal de Justiça do Mato Grosso, que considerou viável o pleito ajuizado pelo MP em favor de pessoas carentes[132].

Tal visão merece prevalecer: embora a Defensoria Pública seja a entidade naturalmente vocacionada para agir em prol da população economicamente vulnerável, nos locais em que ela não atua (por não estar instalada, por exemplo, em certo município[133]), é preciso assegurar acesso à justiça aos hipossuficientes.

Merece destaque a existência de entendimento ainda mais amplo sobre a possibilidade de atuação:

---

130 CAHALI, Yussef Said. *Dos alimentos*. 6. ed., cit., p. 711.

131 TJDF, APC 2013.06.1.011750-8, Ac. 100.9959, 1.ª Turma Cível, Rel. Des. Teófilo Caetano, j. 05.04.2017, *DJDFTE* 04.05.2017. No mesmo sentido: "[...] Ação de investigação de paternidade c/c alimentos proposta pelo Ministério Público como substituto processual. Manutenção da legitimidade do Ministério Público. Alimentando que atingiu a maioridade civil no curso da lide. Irrelevante. Ausência de prejuízo ao requerido. Princípio 'pas de nullité sans grief'. Precedentes da Corte Superior. [...]" (TJPR, Proc. 0000055-17.2018.8.16.0157, Rel.ª Des.ª Lenice Bodstein, j. 05.11.2020); "Recurso especial. Processo civil. Direito de família. Ação negatória de paternidade combinada com anulatória de registro de nascimento. Interesse público. Ministério Público. Fiscal da ordem jurídica. Legitimidade. Incapaz. [...] O Ministério Público, ao atuar como fiscal da ordem jurídica, possui legitimidade para requerer provas e recorrer em processos nos quais oficia, tais como os que discutem direitos de incapazes em ação de investigação de paternidade com manifesto interesse público primário e indisponível (art. 2.º, §§ 4.º e 6.º, da Lei n. 8.560/1992) [...]" (STJ, REsp 1664554/SP, Rel. Min. Ricardo Villas Bôas Cueva, j. 05.02.2019).

132 TJMT, 1.ª Câmara Cível, RAC 62465/2007/Barra do Bugres, Rel. Des. João Ferreira Filho, j. 18.02.2008, *DJMT* 28.02.2008, p. 14. No mesmo sentido: "[...] Ação de execução de alimentos. Demanda extinta sem resolução de mérito por inércia da parte. Magistrado de origem que indeferiu pedido do Ministério Público de prosseguimento da demanda, assumindo a tutela dos exequentes. Recurso do Ministério Público. Aventada legitimidade ativa do órgão. Tese que merece ser acolhida, sobretudo porque houve a notícia nos autos de que a genitora compareceu à procuradoria de justiça e manifestou interesse no prosseguimento do feito. Em se tratando de direito personalíssimo de criança, legalmente fundamentado o interesse e o dever do Ministério Público em reivindicar a tutela do direito, atuando como substituto processual dos interessados" (TJSC, AC 0004878-45.2013.8.24.0041, Mafra, 7.ª Câmara de Direito Civil, Rel. Des. Osmar Nunes, *DJSC* 29.07.2019, p. 221).

133 "Atualmente, o território brasileiro possui 2.598 comarcas regularmente instaladas. Diante do insuficiente quantitativo de Defensores(as) Públicos(as), apenas 1.231 comarcas são regularmente atendidas pela Defensoria Pública, representando 47,4% do quantitativo total" (ESTEVES, Diogo *et al. Cartografia da Defensoria Pública no Brasil 2022*. Brasília: DPU, 2022, p. 30. Disponível em: https://pesquisanacional-defensoria.com.br/download/cartografia-da-defensoria-publica-no-brasil-2022-ebook.pdf. Acesso em: 26 set. 2022).

> 1. O Ministério Público tem legitimidade para figurar no polo ativo de ação de alimentos em prol de menor e na qualidade de substituto processual, independentemente da situação fática referente ao exercício do poder familiar dos pais, da condição em que se encontra esse menor ou ainda da existência ou eficiência da defensoria pública na Comarca onde reside o menor[134].

Após apreciar o tema em diversas oportunidades, finalmente o Superior Tribunal de Justiça aprovou a Súmula 594:

> O Ministério Público tem legitimidade ativa para ajuizar ação de alimentos em proveito de crianças e adolescentes independentemente do exercício do poder familiar dos pais ou do fato de o menor se encontrar nas situações de risco descritas no art. 98 do ECA ou de quaisquer outros questionamentos acerca da existência ou eficiência da Defensoria Pública na comarca.

2.7. Capacidade processual

Como abordado na primeira parte da obra, a presença de incapazes no processo pode gerar questionamentos sobre a capacidade processual, razão pela qual merecem análise detida algumas situações polêmicas.

a) *Com a mudança da capacidade (relativa ou plena, pelo advento da maioridade), é necessária a juntada de nova procuração do litigante?*

Seguindo regra do Código Civil[135], a resposta geralmente é positiva nos feitos de índole privada, sendo tal resposta adotada por alguns juízes com base na visão de que tal sistemática é aplicável sem restrições às demandas familiares.

Em relação à maioridade, há quem ressalte que o litigante, ao atingi-la, deve passar nova procuração ao advogado, substituindo a anterior (passada por sua mãe)[136]. Não cabe à mãe pedir em nome próprio a fixação de alimentos à filha maior de idade[137].

---

[134] A ementa destaca que tal legitimidade ativa do Ministério Público foi reconhecida na orientação consolidada no Recurso Especial repetitivo n. 1.265.821/BA (STJ, REsp 1.415.375, Proc. 2013/0363778-0/BA, 3.ª Turma, Rel. Min. João Otávio de Noronha, *DJe* 08.03.2016).

[135] CC, art. 654. Todas as pessoas capazes são aptas para dar procuração mediante instrumento particular, que valerá desde que tenha a assinatura do outorgante.

[136] "[...] Ação de alimentos. Ausência de regularização da representação. A apelante implementou a maioridade no curso da ação, razão pela qual foi determinado que regulamentasse a representação processual, juntando procuração em nome próprio outorgando poderes para o advogado que subscreve a apelação, visto que a juntada foi subscrita por sua genitora. Contudo, intimada, a apelante não de desincumbiu de tal encargo. Assim, com fundamento no art. 76, § 2.º, inc. I, do CPC, não é de ser conhecida a apelação" (TJRS, AC 286226-87.2018.8.21.7000, Vera Cruz, 8.ª Câmara Cível, Rel. Des. Luiz Felipe Brasil Santos, j. 26.02.2019, *DJERS* 06.03.2019).

[137] "[...] Coagravantes que alcançaram a maioridade civil, de sorte que a matéria atinente à representação/assistência perdeu o objeto, cabendo a eles, se o caso, outorgarem procuração em nome próprio para o regular prosseguimento da demanda. Genitora que não tem legitimidade ativa para postular em nome próprio direito alheio. Inteligência do art. 18 do CPC. Alimentos que têm caráter personalíssimo. Eventual cobrança das despesas suportadas pela genitora que poderá ser efetivada pelas vias próprias e não em sede de cumprimento de sentença. Precedentes jurisprudenciais" (TJSP, AI 2116996-86.2019.8.26.0000, Ac. 13181880, São Paulo, 2.ª Câmara de Direito Privado, Rel. Des. José Joaquim dos Santos, j. 13.12.2019, *DJESP* 20.12.2019, p. 625).

No passado era comum encontrar decisões que exigiam, no caso de adolescente assistido pela genitora (por ser relativamente incapaz), a procuração por instrumento público[138]; nos últimos tempos, em atenção à simplificação e à desburocratização, vem sendo dispensado o formato público da procuração.

Há, porém, quem afirme não ser adequado exigir que o filho assine procuração (com sua mãe, se relativamente incapaz, ou sozinho, se já capaz) diante da possível ocorrência de alguns problemas: 1. o genitor (a mãe, em regra) deixa de assistir o filho a partir dos 18 anos; 2. pode acontecer que o devedor (pai, em regra) venha a coagir ou persuadir o filho credor a não firmar o instrumento procuratório para impedir a propositura da execução ou acarretar sua extinção.

Qual seria a solução em tal caso?

Segundo Rolf Madaleno, a melhor saída é dispensar outorga ou regularização da procuração por pessoas relativamente incapazes e economicamente dependentes[139]. Tem razão o autor, já que entender de forma diversa pode estimular manipulações indevidas e gerar conflitos entre os membros da família.

Além disso, a demanda há tempos proposta diz respeito à obrigação referente a uma época pretérita; enquanto a vontade do alimentando não era juridicamente relevante, o valor devido foi se avolumando e não pode deixar de ser considerado depois – sob pena de penalizar (ainda mais) a guardiã que precisou se endividar e acabou empobrecendo por força da falta de contribuição do outro genitor.

Há decisão entendendo ser apropriado conferir à mãe legitimidade[140] para executar valores anteriores ao advento da maioridade[141], assim como não admitir a quitação ou a desistência firmada pelo alimentando relativa a esse período.

---

[138] "[...] o legislador, visando proteger o menor que, como regra, tem diminuída sua capacidade intelectiva e é mais afeito a ter sua vontade viciada, seja por indução, seja por coação, impôs que o mandato observe a forma pública, afastando ou pelo menos diminuindo o risco da viciação da vontade do menor, na medida em que ela será manifestada ao notário público que não realizará o ato se perceber a presença de vício na manifestação da vontade do menor. Entretanto, só o menor púbere é que, pessoalmente, manifesta a sua vontade, sendo susceptível de ter sua vontade viciada. O menor impúbere, ao contrário, embora ele manifeste a sua vontade, o faz através de seu representante legal que, necessariamente, tem que ser maior, não havendo, assim, como ter, o menor impúbere, a sua vontade viciada, sendo possível, dessa forma, que ele outorgue procuração por instrumento particular. Precedente jurisprudencial: AR 484/SP, ação rescisória 1995/0048630-0 da terceira turma do STJ [...]" (TJRJ, AI 19321/2002/RJ, 11.ª Câmara Cível, Rel. Des. Maurilio Passos Braga, j. 19.02.2003).

[139] MADALENO, Rolf. A execução de alimentos do relativamente incapaz. Disponível em: http://patriciafontanella.adv.br/wp-content/uploads/2011/01/A-execuo-de-alimentos-do-relativamente-incapaz.pdf. Acesso em: 1.º nov. 2017.

[140] Na realidade, a discussão não se localiza no plano da legitimidade (pertinente para demandar é o filho), mas sim na seara da capacidade processual (mediante representação ou assistência).

[141] "[...] Exequente que atingiu a maioridade civil no curso do processo e requereu a desistência da demanda. Decisão que rejeitou a impugnação do devedor e determinou a continuidade da execução. Irresignação do agravante ao argumento que a demanda deve ser extinta, sem resolução do mérito, pois a genitora não tem legitimidade para figurar no polo ativo. Demanda ajuizada antes do executado completar a maioridade civil. Verba alimentar devida ao tempo da menoridade do filho. Recurso conhecido e desprovido. 'Conforme entendimento doutrinário e jurisprudencial, a genitora possui legitimidade para cobrar a dívida de alimentos de filho menor que detém sob sua guarda e, mesmo que o alimentado atinja a maioridade, permanece ela legitimada no que se refere à cobrança de verba alimentar devida ao tempo da menoridade daquele' (TJSC, AI 2014.058009-9, de Curitibanos, Rel. Des. Sebastião César evangelista, j. 14.05.2015)" (TJSC, AI 0018301-93.2016.8.24.000, Florianópolis, 1.ª Câmara de Direito Civil, Rel. Des. Saul Steil, *DJSC* 02.09.2016, p. 103); "A genitora das exequentes que atingiram a maioridade no curso da ação de execução possui legitimidade para cobrar as verbas alimentares devidas pelo executado durante a menoridade das beneficiárias, sob pena de enriquecimento ilícito do alimentante" (TJMT, AI 151098/2014, Lucas do Rio Verde, Rel. Des. Dirceu dos Santos, j. 17.06.2015, *DJMT* 26.06.2015, p. 47).

Para alguns magistrados, exigir a regularização da representação não encontra amparo legal porque o instrumento antes juntado aos autos, que atendia às exigências legais à época de sua apresentação, segue eficaz enquanto não revogado, continuando válido mesmo após a maioridade do alimentando; segundo tal entendimento, "a exigência de nova procuração vai de encontro ao princípio da celeridade, da economia processual e da instrumentalidade das formas, devendo-se privilegiar a efetividade do processo"[142].

b) Se o menor credor de alimentos não mais se encontra sob a guarda fática da mãe, pode ela (oficialmente ainda guardiã) promover demanda alimentar como representante do alimentando?

A situação pode se verificar por fatores diversos – por exemplo, se o adolescente resolveu morar com outro familiar ou fugiu de casa e está em lugar ignorado.

Um problema, logo de início, tende a gerar dificuldades: como saber se a situação é transitória? A duração tende a ser desconhecida: se o jovem passou alguns dias na casa da avó, como concluir que esta deverá ser a guardiã dali em diante? A mãe deverá, então, desmontar a estrutura estabelecida para os cuidados com o filho? A situação é delicada e respostas açodadas não soam apropriadas.

De todo modo, quando os casos chegam aos tribunais, aspectos como esses acabam muitas vezes não sendo abordados, ou então a mudança de guarda já está consolidada no plano fático.

Como exemplo, o Tribunal de Justiça de São Paulo, sem entrar no mérito sobre a durabilidade da situação de afastamento do menor, entendeu que quando a mãe – guardiã oficial (sem a guarda fática) promove demanda, há irregularidade de representação porque o crédito é da criança, e não da genitora[143].

A argumentação, porém, soa confusa: o problema diria respeito à legitimidade, pertinência para demandar, e não propriamente à capacidade processual.

Em outro precedente do Tribunal paulista, embora tenha sido constatada a mudança da guarda do alimentando (que deixou a casa do pai e passou a viver com a genitora demandada), entendeu-se que subsistia a representação do menor exequente pelo pai por se tratar de prerrogativa do poder familiar; prevaleceram então o débito e a execução em curso[144].

Curioso que o mesmo Tribunal entendeu de formas diametralmente opostas em situações que só variam em relação ao gênero das pessoas guardiãs: se foi a mãe quem deixou ter a guarda, não mais pode receber o crédito – contudo, se foi o pai, segue podendo receber. Como

---

142 TJMG, 6.ª Câmara Cível, APCV 1997348-86.2008.8.13.0024/Belo Horizonte, Rel. Des. Sandra Fonseca, j. 23.11.2010, *DJEMG* 14.01.2011; "[...] Maioridade. Acordo entre exequente e executado. Seguimento da execução relativamente às parcelas anteriores à maioridade do alimentante. Legitimidade da guardiã. A genitora do exequente, que atingiu a maioridade no curso da ação de execução, possui legitimidade para cobrar as verbas alimentares devidas pelo executado durante a menoridade do beneficiário, sob pena de enriquecimento ilícito do alimentante. A mãe possui poderes para administrar os bens do filho sob sua autoridade, até a maioridade, nos termos do inc. II do art. 1.689 do CCB" (TJRS, AG 148548-74.2011.8.21.7000, Porto Alegre, 7.ª Câmara Cível, Rel. Des. André Luiz Planella Villarinho, j. 11.05.2011, *DJERS* 25.05.2011).

143 TJSP, AgIn 482.634-4/4-00, 3.ª Câmara de Direito Privado, Rel.ª Maria Olívia Alves, j. 17.04.2007.

144 "Execução de alimentos. Agravo de instrumento. Mudança de guarda do menor alimentando, do genitor para a genitora executada. Inocorrência de confusão. Subsistência da representação do menor exequente pelo pai, já que se trata de prerrogativa do poder familiar. Subsistência do débito alimentar e da execução já em curso" (TJSP, AI 556.001.4/0, Ac. 3193469, Araçatuba, 9.ª Câmara de Direito Privado, Rel. Des. Piva Rodrigues, j. 29.07.2008, *DJESP* 17.09.2008).

explicar? Nesse ponto, merece transcrição interessante trecho do *Protocolo para julgamento com perspectiva de gênero* divulgado pelo CNJ:

> [...] a construção de estereótipos de gênero relacionados aos papéis e expectativas sociais reservados às mulheres como integrante da família pode levar à violação estrutural dos direitos da mulher que, não raras vezes, deixa a relação (matrimônio ou união estável) com perdas financeiras e sobrecarga de obrigações, mormente porque precisa recomeçar a vida laboral e, convivendo com dificuldades financeiras, deve destinar cuidados mais próximos aos filhos, mesmo no caso de guarda compartilhada. Ao lado do ideal romântico da figura materna, o gênero feminino, sempre que não se encaixa na expectativa social, é rotulado com estereótipos como o da vingativa, louca, aquela que aumenta ou inventa situações para tirar vantagem, ou seja, a credibilidade da palavra e intenções da mulher sempre são questionadas[145].

É importante, em casos de mudança fática da guarda, analisar o período a que se refere o inadimplemento; não há como desconsiderar o débito de todo o período anterior pelo fato de o alimentando posteriormente passar a residir com outrem. Em cenários como esse, a mudança pode repercutir no montante no que tange a prestações vincendas, não quanto a prestações vencidas em que o cenário era diverso.

O STJ decidiu dessa forma ao ser chamado a decidir "se a genitora tem ou não legitimidade para prosseguir na execução de débitos alimentares pretéritos, ainda que no curso da ação executiva a guarda tenha sido transferida ao executado". O Ministro relator, após salientar que a demanda foi proposta em abril de 2006 e a mudança de guarda ocorreu em fevereiro de 2011, concluiu:

> [...] a modificação das credoras e do estado das partes verificado no curso da lide já aforada (autor, réu e Estado) não pode ser imposto à representante das alimentadas que, por sua vez, bancou as prestações alimentícias de responsabilidade exclusiva do executado, e agora, sob a égide do princípio da economia processual, do agrupamento dos atos processuais e tendo em vista a nova orientação do CPC/2015, pretende se ver ressarcida dos valores dispendidos para o sustento das filhas, cuja obrigação – à época – cabia ao executado/recorrido[146].

Realmente, a situação anterior deve ser considerada com cuidado: se a pessoa dispendeu recursos para fazer frente às despesas da pessoa necessitada que com ela morava, precisa

---

[145] CNJ. Conselho Nacional de Justiça. *Protocolo para julgamento com perspectiva de gênero*. [recurso eletrônico]. Brasília: Conselho Nacional de Justiça – CNJ; Escola Nacional de Formação e Aperfeiçoamento de Magistrados – Enfam, 2021, p. 32. Disponível em: https://www.cnj.jus.br/wp-content/uploads/2021/10/protocolo-18-10-2021-final.pdf. Acesso em: 26 set. 2022.

[146] Eis trecho útil da ementa do acórdão: "2. A genitora possui legitimidade para prosseguir na execução de débitos alimentares proposta à época em que era guardiã das menores, visando a satisfação de prestações pretéritas, até o momento da transferência da guarda. 2.1. A mudança da guarda das alimentandas em favor do genitor no curso da execução de alimentos, não tem o condão de extinguir a ação de execução envolvendo débito alimentar referente ao período em que a guarda judicial era da genitora, vez que tal débito permanece inalterado. 2.2. Não há falar em ilegitimidade ativa para prosseguimento da execução, quando à época em que proposta, e do débito correspondente, era a genitora a representante legal das menores. Ação de execução que deve prosseguir até satisfação do débito pelo devedor, ora recorrido" (STJ, REsp 1.410.815, Proc. 2013/0339730-7/SC, 4.ª Turma, Rel. Min. Marco Buzzi, *DJe* 23.09.2016).

receber o valor gasto. Nesse sentido, como bem expresso em certo acórdão do Tribunal de Santa Catarina (que inclusive menciona o acórdão acima do STJ),

> Possui legitimidade para prosseguir na execução da prestação alimentícia a genitora que, à época de ajuizamento da execução e durante parte do trâmite processual, era guardiã do menor alimentando, até o momento em que houve a transferência da guarda para o pai alimentante. É que "a mudança da guarda [...] em favor do genitor no curso da execução de alimentos, não tem o condão de extinguir a ação de execução envolvendo débito alimentar referente ao período em que a guarda judicial era da genitora, vez que tal débito permanece inalterado"[147].

No mesmo sentido entendeu o Tribunal gaúcho:

> A genitora dos alimentandos possui legitimidade para executar os alimentos, no período em que foi guardiã dos filhos/alimentados e arcou sozinha com as despesas. Em se tratando de crédito preexistente, relativo a período em que a apelante detinha a guarda dos filhos, a alteração posterior da guarda não tem o condão de interferir na dívida já existente[148].

Há várias decisões nesse sentido[149].

É adequado permitir que a antiga guardiã possa seguir no processo com vistas a receber valores referentes ao período em que pagou as despesas do alimentando[150], não sendo apropriado excluí-la do processo e remetê-la a outra demanda para receber o que é devido[151].

---

[147] TJSC, AC 0050972-96.2012.8.24.0005, Balneário Camboriú, 5.ª Câmara de Direito Civil, Rel. Des. Luiz Cézar Medeiros, *DJSC* 03.05.2019, p. 320.

[148] TJRS, AC 0270914-08.2017.8.21.7000, Sapucaia do Sul, 7.ª Câmara Cível, Rel. Des. Jorge Luís Dall'Agnol, j. 12.12.2017, *DJERS* 18.12.2017.

[149] "[...] 1. A extinção súbita do processo enquanto havia diligência pendente de resposta não se coaduna com os princípios da primazia do julgamento de mérito e da cooperação, dispostos nos arts. 4.º e 6.º do CPC e prejudica o resultado efetivo, adequado e em tempo razoável do provimento jurisdicional. Precedentes deste Tribunal. 2. Embora a alteração da guarda dos filhos do casal para o pai cesse as obrigações alimentares, persiste o dever do alimentante em adimplir a dívida alimentar pretérita, durante o período em que a mãe exercia a guarda das crianças, sobretudo porque suportou, sozinha, todas as despesas. 3. A continuidade da ação de execução de alimentos com a presença apenas da mãe no polo ativo não ofende o caráter personalíssimo do direito aos alimentos não pagos no tempo devido, pois, como arcou com a dívida que era do pai das crianças, tem o direito de cobrá-la nos mesmos autos, em sub-rogação ao credor originário (art. 857, § 2.º do CPC). É de se reconhecer o interesse processual da mãe das crianças e sua legitimidade ativa. Precedente do STJ (REsp 1410815/SC/STJ). [...]" (TJDFT, Proc. 00109708720148070005, Rel. Diaulas Costa Ribeiro, j. 27.05.2020).

[150] "Conforme entendimento do Superior Tribunal de Justiça, o antigo guardião possui legitimidade para receber o valor referente aos alimentos inadimplidos no interregno em que a criança estava sob sua guarda. *In casu*, não obstante ter agido com acerto o Magistrado em determinar a regularização da representação processual do infante, uma vez que atualmente se encontra sob a guarda dos avós maternos, a genitora deve permanecer integrada ao polo ativo da execução, na medida em que a quantia concernente ao tempo em que a criança permaneceu aos seus cuidados é de sua titularidade, pois foi quem supriu as necessidades do menor neste período" (TJSC, AI 4007401-80.2016.8.24.0000, Itajaí, 4.ª Câmara de Direito Civil, Rel. Des. Joel Figueira Júnior, *DJSC* 18.12.2018, p. 230).

[151] "1. A modificação da guarda do menor em favor do genitor no curso da demanda não o desonera do acordo firmado em relação à dívida alimentar pretérita, permanecendo inabalada sua obrigação quanto ao cumprimento, posto que o débito refere-se ao período em que a genitora suportou exclusivamente as necessidades do filho. 2. Não se mostra razoável imputar à genitora a comprovação das despesas reali-

c) *Quando o alimentando morre no curso do processo, sua representante tem legitimidade para prosseguir na execução referente aos alimentos vencidos na condição de herdeira ou em nome próprio(por sub-rogação)?*

Essa questão foi apreciada pelo STJ e teve resposta, lamentavelmente, negativa. No caso houve polêmica sobre a forma de pagamento: o executado alegou que a prestação alimentar, por conta do estado de saúde do filho, foi fixada *in natura* (devendo pagar plano de saúde, exames, sessões de fisioterapia, terapia ocupacional e fonoaudiologia) e houve adimplemento. A genitora, contudo, requereu a execução de certo valor em dinheiro referente às despesas do filho. Não ficou clara, no acórdão do STJ, a composição do montante, mas restou reconhecido que valores deveriam ser pagos à credora.

Segundo o relator, como não há transmissão nem sub-rogação, "remanesce, eventualmente, a pretensão da genitora de, em nome próprio, ser ressarcida integralmente pelos gastos despendidos no cuidado do alimentando que eram da responsabilidade do genitor, propiciando-lhe um enriquecimento sem causa"[152].

A decisão infelizmente não contempla a melhor resposta, segundo o ordenamento jurídico. Já que a credora não poderia seguir cobrando os valores naquele processo, qual seria o caminho? Por tal conclusão, uma pessoa enlutada e batalhadora, após 11 anos de litígio, foi instada a começar uma nova "cruzada" no Poder Judiciário para receber valores considerados devidos. A mensagem que o Poder Judiciário pode passar é a de que vale alongar ao máximo o tempo do processo para que o devedor venha a se beneficiar da morte de credores que não resistirem à demora, ficando o prejuízo econômico – inclusive de promover mais uma demanda – com quem cuidou do incapaz[153].

2.8. Defesa

Para a plena efetivação da garantia do contraditório, é necessário que a possibilidade de apresentação de resposta pelo réu se dê em prazo hábil a viabilizar real chance de reação.

Consta na Lei de Alimentos que "na designação da audiência, o juiz fixará o prazo razoável que possibilite ao réu a contestação da ação proposta e a eventualidade de citação por edital"[154].

Especialmente em ações de alimentos, é necessário que o prazo para responder se revele compatível com a atuação exigida; afinal, durante tal lapso o advogado/defensor precisará identificar os ônus dos quais o demandado precisará se desincumbir para evitar efeitos deletérios.

Pelo procedimento da Lei de Alimentos, o réu será citado para comparecer à audiência de conciliação; caso as partes não celebrem um acordo, o réu deverá apresentar sua resposta.

---

zadas com o menor, vez que suas necessidades são presumidas, mormente pelo fato de ser portador de autismo, bem como incabível condicionar seu recebimento ao ajuizamento de ação autônoma" (TJDF, Proc. 07068.51-81.2019.8.07.0000, Ac. 120.3095, 7.ª Turma Cível, Rel. Des. Fábio Eduardo Marques, j. 25.09.2019, *DJDFTE* 11.10.2019).

152 REsp 1.681.877/MA, Rel. Min. Marco Aurélio Bellizze, j. 19.02.2019, *DJe* 26.02.2019.

153 Apresentei esses argumentos em entrevista dada ao IBDFAM (STJ reconhece ilegitimidade de mãe para prosseguir com execução de alimentos após morte do filho, 24 abr. 2019. Disponível em: http://www.ibdfam.org.br/noticias/6921/STJ+reconhece+ilegitimidade+de+m%C3%A3e+para+prosseguir+com+execu%C3%A7%C3%A3o+de+alimentos+ap%C3%B3s+morte+do+filho. Acesso em: 22 jan. 2021).

154 Lei n. 5.478/1968, art. 5.º, § 1.º Na designação da audiência, o Juiz fixará o prazo razoável que possibilite ao réu a contestação da ação proposta e a eventualidade de citação por edital.

Como se percebe, o jurisdicionado e o advogado/defensor precisarão se preparar para a audiência porque ali diversos aspectos relevantes serão abordados.

Como a Lei de Alimentos não especificou prazo determinado para a designação de audiência, mencionando apenas que o lapso de tempo seja razoável, resta saber quando este se configura. A delimitação desse fator temporal é de extrema relevância porque a falta de prazo razoável entre a citação e a audiência de alimentos é causa de nulidade por ensejar cerceamento da defesa do réu.

Na vigência do CPC/1973, a jurisprudência utilizava o parâmetro de dez dias de lapso entre a citação e a audiência, valendo-se da analogia para chegar ao critério delineado na norma então existente sobre rito sumário[155]. A analogia se revelava pertinente, já que realmente as audiências do rito sumário e da ação de alimentos tinham similitudes: ambas eram pautadas pela concentração de atos processuais e viabilizavam a apresentação da resposta naquela oportunidade.

No CPC – que prevê a realização de audiência consensual logo no início das ações de família –, o art. 695, § 2.º dispõe que a citação ocorrerá com antecedência de 15 (quinze) dias da data designada para a audiência.

O procedimento das demandas familiares previsto no CPC não se aplica, em princípio, à ação de alimentos pela expressa exclusão operada pelo art. 693, parágrafo único, de tal Código[156]. No entanto, como o dispositivo ressalva que à ação de alimentos prevista em lei específica serão aplicados os dispositivos do procedimento especial das ações de família naquilo que for cabível, o prazo previsto no art. 695, § 2.º, pode ser aplicado como parâmetro. Ademais, se o Código julga que o réu precisa de no mínimo 15 dias para se preparar para a sessão consensual nas demais ações de família, com igual razão deve-se designar prazo semelhante para preparação para a audiência que envolva potencialmente, além da atividade conciliatória, a apresentação de defesa.

Para as causas que não sejam de família, o CPC prevê uma antecedência ainda maior: a citação deve ocorrer 20 (vinte) dias antes da realização da audiência de conciliação ou mediação prevista no art. 334.

Aliás, até mesmo na esteira da previsão do art. 334 do CPC, não parece inviável (e em alguns casos até seria adequada, como veremos abaixo), a fixação de prazo maior. Geralmente, porém, prefere-se cogitar de prazos menores em razão da premência inerente aos dependentes de alimentos.

---

155 CPC/1973, art. 277. O juiz designará a audiência de conciliação a ser realizada no prazo de trinta dias, citando-se o réu com a antecedência mínima de dez dias e sob advertência prevista no § 2.º deste artigo, determinando o comparecimento das partes. Sendo ré a Fazenda Pública, os prazos contar-se-ão em dobro. Eis decisão representativa desta vertente: "Processo civil. Civil. Ação de revisão de alimentos. Citação. Antecedência mínima de dez dias para audiência. Aplicação do art. 277 do CPC. Prazo contado a partir da juntada aos autos do mandado cumprido. Pedido de gratuidade nas razões de apelação. Possibilidade. O parágrafo 1.º do art. 5.º da Lei n. 5.478/1968 prevê que, na designação da audiência, o juiz fixará o prazo razoável que possibilite ao réu contestar a ação. Não tendo a Lei fixado esse prazo, aplica-se o prazo de 10 dias previsto no art. 277 do Código de Processo Civil. De acordo com o art. 241, inciso II, da Lei de Ritos, inicia-se a contagem desse prazo com a juntada aos autos do mandado de citação cumprido" (TJDF, Rec. 2013.01.1.032209-2, Ac. 763.370, 6.ª Turma Cível, Rel. Des. Esdras Neves, *DJDFTE* 26.02.2014, p. 198).

156 Art. 693, parágrafo único. A ação de alimentos e a que versar sobre interesse de criança ou de adolescente observarão o procedimento previsto em legislação específica, aplicando-se, no que couber, as disposições deste Capítulo.

A consideração de lapso maior será justificável especialmente quando verificadas particularidades no caso em análise. Como bem destaca o art. 139, VI, do CPC, o juiz dirigirá o processo conforme as disposições do Código, incumbindo-lhe dilatar os prazos processuais e alterar a ordem de produção dos meios de prova, adequando-os às necessidades do conflito de modo a conferir maior efetividade à tutela do direito.

O critério para aumentar o prazo de resposta pode ser geográfico: a diferenciação pode se dar pela maior dificuldade de acesso físico ao processo e de comparecimento à audiência (fato que demandará maior planejamento de quem mora longe e dispõe de precários serviços de transporte). Assim, justifica-se o prazo estendido quando, por exemplo, o réu reside em outro Estado ou em cidade muito distante ou mesmo quando a ação tenha sido proposta em comarca de difícil acesso.

O critério também pode ser organizacional[157]: cabe estender o prazo quando se aferir uma situação concreta do réu que o impossibilite de organizar meios e recursos em tempo hábil para preparar uma defesa consistente. É a situação, por exemplo, de quem acaba de ser retirado do lar por força de uma tutela provisória e, logo em seguida, deve comparecer à audiência de alimentos.

O juiz deve considerar atentamente a situação do litigante sem residência ou que desta foi despojado? Ou o contexto é indiferente ao órgão jurisdicional, que deve apenas analisar o aspecto legal, objetivo e formal das manifestações em juízo sem atentar para tal circunstância?

A resposta que pressupõe isonomia em bases reais e cooperação do juiz em relação aos demais sujeitos do processo exige percepção da realidade e reação comprometida com as garantias constitucionais do acesso à justiça, da isonomia e do efetivo contraditório[158].

Revela-se obviamente difícil que alguém consiga procurar e ser atendido por advogado(a) ou defensor(a), juntar documentação e tomar todas as medidas necessárias para a sua adequada defesa enquanto tenta se estabelecer em um novo endereço.

Também pode haver vulnerabilidade do alimentante acometido por problemas de saúde. Por força da garantia constitucional da isonomia, o magistrado deve atentar para a situação a fim de garantir o contraditório em bases realistas. Assim, por exemplo, se um familiar do litigante ou do advogado sofre grave problema de saúde e aquele que deveria estar em juízo não tem condições de comparecer por precisar cuidar da pessoa enferma, sendo inviável sua substituição – perante o doente ou na representação do cliente –, a magistratura deve reconhecer a ocorrência de justa causa (por força da vulnerabilidade momentânea) e permitir a dilação de prazo a fim de evitar o comprometimento dos atos processuais[159].

Voltando ao tema da audiência de alimentos, o lapso mínimo de quinze dias entre a citação e a audiência se revela apto a pautar a razoabilidade prevista na lei. Nesse sentido decidiu o Tribunal de Justiça do Distrito Federal:

> 1. Não observado o prazo específico mínimo entre a citação e a realização de audiência de conciliação/instrução em ação de alimentos, deve ser adotado critério de razoabilidade e aplicadas, supletivamente, as disposições do Código de Processo Civil, como prevê o art. 27 da Lei n. 5.478/68. 2. Nos termos do art. 695, § 2.º c/c art. 334, ambos do

[157] Vulnerável organizacional é a pessoa que não consegue mobilizar recursos e estruturas para sua própria organização pessoal e encontra restrições logísticas para sua atuação (TARTUCE, Fernanda. *Igualdade e vulnerabilidade no processo civil.* Rio de Janeiro: Forense, 2012, p. 208).

[158] TARTUCE, Fernanda. *Igualdade e vulnerabilidade no processo civil*, cit., p. 213.

[159] TARTUCE, Fernanda. *Igualdade e vulnerabilidade no processo civil*, cit., p. 197.

> CPC/2015, o réu, nas ações de alimentos, deve ser citado com antecedência mínima de pelo menos 15 dias úteis da data designada para a audiência de conciliação/instrução. 3. Se o lapso temporal transcorrido entre a citação e a audiência foi inferior a 15 dias úteis, há cerceamento de defesa do réu[160].

Apesar disso, é preciso noticiar que na vigência no CPC/1973 constava, em algumas decisões restritivas, a pertinência da fixação em cinco dias antes da audiência[161]. A nota é relevante porque o peso da tradição, aliado ao conforto de usar decisões prontas, pode fazer que esse entendimento seja novamente invocado.

Infelizmente, isso ocorreu em decisão do Tribunal gaúcho; em ação de alimentos na qual o réu restou revel, afirmou o relator não ter havido cerceamento de defesa porque, citado, o réu não teria oferecido contestação porque não quis. Por tal entendimento, era irrelevante o fato de a citação ter ocorrido dois dias antes da audiência: o réu "deveria ter contratado advogado dentro do prazo de quinze dias e poderia contestar ou pedir a devolução de prazo e designação de nova audiência, mas se manteve indiligente"[162].

Foram consideradas cerceadoras da defesa (ainda bem!) as situações em que: a) a citação do alimentante foi realizada na data da audiência, inviabilizando o exercício do contraditório[163]; b) houve citação com antecedência de apenas dois dias e o mandado foi juntado aos autos no dia da audiência[164]; c) a citação da ré foi realizada menos de quarenta e oito horas antes da

---

160 TJDF, APC 2016.10.1.003838-6, Ac. 988.317, 8.ª Turma Cível, Rel. Des. Diaulas Costa Ribeiro, j. 14.12.2016, *DJDFTE* 25.01.2017.

161 "Direito processual civil. Ação de alimentos. Preliminar de cerceamento de defesa. Falta de prazo razoável entre a citação e a audiência. [...] Acolhida a preliminar de cerceamento de defesa deve-se cassar a r. sentença, declarando a nulidade dos atos processuais posteriores à citação, determinando o retorno dos presentes autos para a instância *a quo* para o regular processamento, abrindo-se novo prazo para defesa, com a marcação de prazo razoável a ser fixado pelo magistrado, de, no mínimo, 5 (cinco) dias, nos termos do art. 5.º, § 1.º, da Lei Federal n. 5.478/1968, bem como do art. 185 do Código de Processo Civil" (TJDF, Rec 2008.05.1.002747-0, Ac. 331.751, 6.ª Turma Cível, Rel.ª Desig. Des.ª Ana Maria Duarte Amarante Brito, *DJDFTE* 04.12.2008, p. 151).

162 TJRS, AC 0421356-20.2016.8.21.7000, Bagé, 7.ª Câmara Cível, Rel. Des. Sérgio Fernando de Vasconcellos Chaves, j. 22.02.2017, *DJERS* 02.03.2017.

163 TJPB, APL 0014425-20.2014.815.0011, 4.ª Câmara Especializada Cível, Rel. Des. Romero Marcelo da Fonseca Oliveira, *DJPB* 19.04.2016, p. 14. Eis outra decisão que se refere a menos de um dia de prazo: "Forçoso admitir o cerceamento do direito de defesa do recorrente quando teve exíguo lapso temporal. Menos de 24 (vinte e quatro) horas entre a citação/intimação e a audiência de conciliação, instrução e julgamento realizada nos autos de origem e que culminou com a posterior decretação de sua revelia" (TJSE, AI 201600801674, Ac. 4302/2016, 2.ª Câmara Cível, Rel.ª Des.ª Iolanda Santos Guimarães, j. 15.03.2016, *DJSE* 22.03.2016).

164 "Apelação cível. Ação de alimentos. Designação de audiência de conciliação. Citação do requerido. Inobservância do prazo mínimo legal de 15 dias. Art. 695, § 2.º, do NCPC. Revelia decretada. Procedência do pedido. Cerceamento de defesa verificado. Sentença anulada. Retorno dos autos à origem para nova audiência e citação. Recurso conhecido e provido. 1. Nos termos do art. 695, § 2.º, do NCPC, nas ações de família, designada audiência de mediação e conciliação, a citação ocorrerá com antecedência mínima de 15 dias da data designada para a audiência. 2. O prazo de 15 dias de antecedência para citação do requerido tem várias finalidades, tais como possibilitar que tome conhecimento da demanda para fins de composição, já que a carta de citação deve ser desacompanhada da petição inicial (art. 695, § 1.º, do NCPC), bem como permitir que apresente defesa, caso não haja composição, sob pena de revelia (Lei de Alimentos). Frise-se, ademais, que o não comparecimento das partes na audiência é considerado ato atentatório à dignidade da justiça, sancionado com multa, nos termos do art. 334, § 8.º, do NCPC. 3. Assim, no presente caso, tendo sido citado o requerido com antecedência de apenas 2 dias da audiência, cujo mandado de citação foi juntado aos autos no dia da audiência, imperiosa a nulidade da sentença, por

data designada para a audiência[165]; d) que não concede prazo para contestar mesmo com o comparecimento espontâneo do réu na audiência[166]; e) a citação que determinou que o réu, residente em outra comarca, apresentasse a contestação até a data da audiência, e não no prazo de 15 (quinze dias)[167]; f) o réu foi citado/intimado da audiência em um intervalo mínimo de um dia útil[168]; g) o ato citatório se consumou apenas após a realização da audiência[169].

Por último, mais uma questão prática: o prazo de "antecedência mínima de 15 (quinze) dias" entre citação e audiência deve considerar a efetivação da citação ou a juntada do mandado aos autos?

Analisando a regra do rito sumário do CPC/1973, Rosa Maria de Andrade Nery e Nelson Nery Junior afirmavam que o termo inicial (*dies a quo*) do prazo era "o dia da efetiva citação e não o da juntada do mandado de citação cumprido ou do aviso de recebimento do correio nos autos"[170]. As redações dos arts. 334 e 695, § 2.º do CPC/2015 não são muito diferentes no tocante à ideia de que *a citação* é que deverá ser realizada com antecedência.

Este entendimento doutrinário foi citado em decisão do Tribunal paulista[171].

Apesar de compreensível tal concepção, é mais apropriada a regra pela qual o prazo começa a contar a partir da juntada aos autos do comprovante da citação[172]. A previsão evita que o litigante seja prejudicado por providências cartoriais e/ou outras situações alheias à sua atuação.

Imaginemos o caso em que a criança é representada pela genitora que vai ao cartório e, exercitando o *jus postulandi*, formula pedido de alimentos. O juiz defere o pedido de alimentos provisórios e determina que a representante junte documentos adicionais. Estando tudo devidamente juntado, a advogada do réu poderá fazer a defesa de forma completa.

Vale destacar que essa premissa é pertinente mesmo quando há informatização do processo judicial. Será importante, também nesse cenário, que o jurisdicionado e a advogada possam ingressar no sistema eletrônico para ter acesso às informações. Tratando-se de processos de família, que correm em segredo de justiça, a situação poderá ser complicada; ainda que receba a citação e sua realização seja comunicada pelo oficial nos "autos", será necessário obter uma senha de acesso (é assim que os jurisdicionados têm conseguido verificar feitos sigilosos em foros digitais na Capital de São Paulo, por exemplo).

---

cerceamento de defesa, com o retorno dos autos à origem para designação de nova data para a audiência de conciliação, devendo o requerido ser citado com observância do prazo mínimo legal" (TJMS, APL 0801532-29.2016.8.12.0026, 5.ª Câmara Cível, Rel. Des. Sideni Soncini Pimentel, *DJMS* 09.06.2017, p. 107).

165 TJPA, APL 0002703-94.2015.8.14.0006, Ac. 172294, Ananindeua, 1.ª Turma de Direito Privado, Rel. Juiz Conv. José Roberto Pinheiro Maia Bezerra Junior, j. 27.03.2017, *DJPA* 28.03.2017, p. 220.

166 TJDF, Proc 07113.68-39.2018.8.07.0009, Ac. 120.7221, Terceira Turma Cível, Rel.ª Des.ª Maria de Lourdes Abreu, j. 09.10.2019, *DJDFTE* 15.10.2019.

167 TJCE, AI 0621997-21.2018.8.06.0000, Quarta Câmara de Direito Privado, Rel. Des. Durval Aires Filho, j. 21.05.2019, *DJCE* 27.05.2019; p. 134.

168 TJPA, AC 0804898-04.2021.8.14.0040, Ac. 8533244, Belém, Segunda Turma de Direito Privado, Rel.ª Des.ª Maria de Nazaré Saavedra Guimarães, j. 08.03.2022, *DJPA* 15.03.2022.

169 TJCE, AC 0015996-81.2009.8.06.0001, Primeira Câmara de Direito Privado, Rel. Des. Francisco Mauro Ferreira Liberato, j. 17.08.2022, *DJCE* 30.08.2022, p. 100.

170 NERY JUNIOR, Nelson; NERY, Rosa Maria de Andrade. *Código de Processo Civil comentado*. 10. ed. São Paulo: RT, 2008, p. 471.

171 "Audiência. Prazo. Não é nula audiência realizada onze dias depois da citação. Prazo que se conta da citação, não da juntada do mandado" (TJSP, APL-SRev 582.299.5/7, Ac. 2557188, Ribeirão Preto, 10.ª Câmara de Direito Público, Rel. Des. Torres de Carvalho, j. 31.03.2008, *DJESP* 23.04.2008).

172 CPC, art. 231. Salvo disposição em sentido diverso, considera-se dia do começo do prazo: [...] II – a data de juntada aos autos do mandado cumprido, quando a citação ou a intimação for por oficial de justiça.

É essencial que a senha de acesso ao processo eletrônico esteja disponível – sob pena de nulidade da citação.

Como bem entendeu o Tribunal de Justiça da Bahia, será possível a citação desacompanhada de cópia da inicial se o mandado estiver acompanhado da senha para acesso aos autos: "se os autos tramitam em meio digital, o que exigirá dos advogados habilitação no sistema e-SAJ, não há nulidade em que a citação se dê sem a cópia da petição inicial, mas acompanhada de senha que permita o acesso à integralidade dos autos"[173]. Assim, merece prevalecer entendimento esposado pelo STJ no sentido de cômputo do prazo a partir da juntada do mandado aos autos[174].

2.9. Questões probatórias: binômio necessidade/capacidade

A diretriz que guia os processos de conhecimento sobre alimentos (para discutir sua fixação, revisão e exoneração) vem inscrita no Código Civil[175]. À luz de tal previsão, são três os elementos a serem provados nas demandas alimentícias: a obrigação alimentar, as necessidades do credor e as possibilidades do devedor.

A prova da obrigação alimentar não costuma causar dúvidas por ser geralmente pré-constituída. Quando isso não se verifica (por exemplo, em casos de união estável e paternidade não reconhecidas oficialmente), será necessário maior desenvolvimento instrutório durante o processo.

Quanto aos outros dois pontos, um tratamento diferenciado merece destaque.

Andou muito bem a Lei de Alimentos[176] ao prever que cabe ao credor: a) expor suas necessidades; b) provar apenas o parentesco ou a obrigação de alimentar do devedor; c) indicar, além da qualificação do demandado, quanto ele ganha aproximadamente (ou então de que recursos dispõe).

Sob o prisma processual, o sistema tradicional de ônus da prova é aquele em que o autor prova os fatos constitutivos do seu direito e o réu prova os fatos impeditivos, extintivos ou modificativos do direito do autor[177].

Por tal sistema, o requerente dos alimentos deveria provar tanto sua necessidade quanto a capacidade do devedor, já que ambos são fatos constitutivos do direito aos alimentos.

Em relação à capacidade, a prova nem sempre é simples: é comum que o requerente tenha pouco ou nenhum contato com o requerido e padeça de significativo desconhecimento quanto à sua real capacidade econômica. É forçoso reconhecer ainda que demonstrar a

---

173 TJBA, AP 0500847-62.2015.8.05.0079, Salvador, 1.ª Câmara Cível, Rel. Des. Mário Augusto Albiani Alves Junior, j. 14.05.2018, *DJBA* 04.06.2018, p. 404.

174 "O parágrafo 1.º, do art. 5.º, da Lei n. 5.478/1968 prevê que na designação da audiência, o juiz fixará o prazo razoável que possibilite ao réu contestar a ação. Não tendo a Lei fixado esse prazo, aplica-se o prazo de 10 dias [...] inicia-se a contagem desse prazo com a juntada aos autos do mandado de citação cumprido" (TJDF, Rec 2013.01.1.032209-2, Ac. 763.370, 6.ª Turma Cível, Rel. Des. Esdras Neves, *DJDFTE* 26.02.2014, p. 198).

175 CC, art. 1.694, § 1.º Os alimentos devem ser fixados na proporção das necessidades do reclamante e dos recursos da pessoa obrigada.

176 Lei n. 5.478/1968, art. 2.º O credor, pessoalmente, ou por intermédio de advogado, dirigir-se-á ao juiz competente, qualificando-se, e exporá suas necessidades, provando, apenas o parentesco ou a obrigação de alimentar do devedor, indicando seu nome e sobrenome, residência ou local de trabalho, profissão e naturalidade, quanto ganha aproximadamente ou os recursos de que dispõe.

177 CPC, art. 373, *caput*.

capacidade do alimentante é encargo especialmente árduo quando ele é profissional liberal ou trabalhador autônomo.

Em decisões do Tribunal de Justiça do Distrito Federal, atribuiu-se ao alimentante o ônus de provar sua incapacidade financeira, "sobretudo quando se tratar de profissional autônomo, cujos rendimentos variáveis sequer podem ser apontados com segurança pelo alimentado"[178], sendo "invertida a divisão tarifada dos ônus probatórios"[179].

Para superar tais óbices, é imperioso reconhecer a aplicabilidade da Lei de Alimentos (menos exigente em relação à demonstração pela parte credora quando afirma que basta menção de quanto aproximadamente o réu ganha) ou então da distribuição dinâmica do ônus da prova[180].

Nessa linha, ressalta o Tribunal de Justiça do Distrito Federal que "a Lei n. 5.478/1968 exige apenas a exposição da necessidade dos alimentos provisórios pelo credor, a prova do parentesco e a indicação de quanto o devedor ganha aproximadamente"[181].

Pela distribuição dinâmica do ônus da prova, a parte com melhores condições de provar os fatos pertinentes deve aportar a juízo os elementos de que dispõe, colaborando com a Justiça[182].

Mesmo antes de se concretizar em previsão legal, a teoria vinha sendo aplicada no Brasil a partir da doutrina e de decisões proferidas em diversas demandas (como as que envolviam responsabilidade médica[183] e os casos em que era mais fácil para o réu provar o fato constitutivo do direito)[184].

O CPC facilita expressamente a situação de quem tem dificuldade instrutória ao prever a possível distribuição dinâmica do ônus da prova.

Por fim, vale destacar que a Lei de Alimentos foi pioneira ao atribuir amplos poderes probatórios ao juiz – antes até que a doutrina e as decisões judiciais ampliassem gradativamente a compreensão dos poderes instrutórios do juiz. O art. 19 da Lei determina que "o juiz, para instrução da causa ou na execução da sentença ou do acordo, poderá tomar todas as providências necessárias para seu esclarecimento [...]". O comando legal, ao permitir que a magistratura exerça iniciativa probatória ampla, pode hoje ser lido em consonância com a previsão de distribuição dinâmica do ônus da prova de modo que, entre "todas as providências" que o juiz pode tomar para esclarecimento da causa, assume peculiar relevo a realocação dos encargos probatórios.

---

178 "[...] 2. Compete ao alimentante o encargo de provar não dispor de meios de prestar o valor determinado, sobretudo quando se tratar de profissional autônomo, cujos rendimentos variáveis sequer podem ser apontados com segurança pelo alimentado. 3. Diante das necessidades presumidas dos filhos, que devem ser supridas por ambos os pais, consistindo responsabilidade comum, a teor do que estabelece o art. 229 da Constituição Federal e o art. 1.703 do Código Civil, a condenação do apelante ao pagamento de alimentos em favor do menor na importância fixada pelo Juízo de origem revela-se razoável e atende ao binômio necessidade/possibilidade, nos termos do art. 1.694, § 1.º, do Código Civil" (TJDF, Proc. 07089.24-42.2018.8.07.0006, Ac. 120.6261, 2.ª Turma Cível, Rel.ª Des.ª Sandra Reves, j. 09.10.2019, *DJDFTE* 18.10.2019).

179 "[...] 1. Mostra-se inviável impor ao alimentando que comprove os rendimentos do alimentante, em especial, quando este é profissional autônomo. Ficou consolidado o entendimento que nas ações de alimentos deve ser invertida a divisão tarifada dos ônus probatórios. [...]" (TJDF, Proc. 00011.08-11.2013.8.07.0011, Ac. 120.8496, 7.ª Turma Cível, Rel.ª Des.ª Leila Arlanch, j. 09.10.2019, *DJDFTE* 31.10.2019).

180 O tema foi desenvolvido com maior detalhamento na Parte I da obra, para a qual remetemos quem desejar resgatar os principais pontos da teoria em relação às demandas familiares.

181 TJDF, AGI 2016.00.2.007559-4, Ac. 968.810, 6.ª Turma Cível, Rel.ª Des.ª Ana Maria Amarante, j. 28.09.2016, *DJDFTE* 05.10.2016.

182 TARTUCE, Fernanda. *Igualdade e vulnerabilidade no processo civil*, cit., p. 207.

183 TJRS, Embargos Infringentes 70017662487/RS, 5.º Grupo de Câmaras Cíveis, Rel. Odone Sanguiné, j. 31.08.2007.

184 CAMBI, Eduardo. *A prova civil:* admissibilidade e relevância. São Paulo: RT, 2006, p. 344.

A aplicação diferenciada do ônus de provar é muito relevante quando tratamos de pessoas vulneráveis sob o prisma processual (que têm dificuldade de promover a proteção de seus interesses em juízo por razões de ordem técnica, econômica, informacional, organizacional, geográfica ou de saúde).

A exemplo do que ocorre no CDC[185], em que o consumidor é considerado parte vulnerável e pode ter a defesa facilitada com a inversão do ônus da prova (técnica diversa, mas próxima à distribuição dinâmica), a parte vulnerável nas ações de alimentos deve ser contemplada com a facilitação de atuação em juízo.

Esta foi a saída preconizada por Caetano Lagrasta: por ser de difícil comprovação a renda do profissional liberal ou autônomo que consta como alimentante, estamos diante de caso de "imperiosa determinação de inversão do ônus da prova para que o réu apresente seus rendimentos"[186].

Entende-se então que, pela impossibilidade do alimentado de produzir a prova, o ônus deve ser completamente atribuído ao alimentante, que deverá trazer aos autos toda a documentação referente a seus rendimentos. Pode-se afirmar que o mesmo raciocínio se aplica ao alimentante que desenvolve atividades *comerciárias* ou *empresárias*, hipótese na qual deverão ser trazidos os documentos que demonstrem o rendimento ou o faturamento da empresa.

A determinação para que o réu produza a prova é aplicada na jurisprudência tanto em ações de alimentos quanto em demandas revisionais e exoneratórias. Nessa linha, precedente do Tribunal de Justiça gaúcho afirmou incumbir ao réu o encargo de provar a impossibilidade de pagar os alimentos pleiteados[187].

Aliás, o Tribunal de Justiça gaúcho se posicionou inclusive de forma mais ampla elaborando, como uma das conclusões de seu Centro de Estudos, o enunciado de n. 37: "em ação de alimentos é do réu o ônus da prova acerca de sua impossibilidade de prestar o valor postulado".

Também merece destaque um julgado do Tribunal de Santa Catarina, segundo o qual, "necessidades básicas do alimentando podem ser presumidas em razão da sua idade"; sendo do "alimentante o encargo de provar seus rendimentos"[188].

---

185 Lei n. 8.078/1990, art. 6.º São direitos básicos do consumidor: [...] VIII – a facilitação da defesa de seus direitos, inclusive com a inversão do ônus da prova, a seu favor, no processo civil, quando, a critério do juiz, for verossímil a alegação ou quando for ele hipossuficiente, segundo as regras ordinárias de experiências.

186 LAGRASTA NETO, Caetano. Diálogos de um juiz, cit., p. 286-287.

187 "[...] A verba alimentar deve ser fixada em forma a ser suportada por quem a presta, e suprir as necessidades de quem a recebe. Alimentanda/apelada conta com 2 anos de idade, razão pela qual suas necessidades são as presumidas. Alimentante/apelante não produziu quaisquer provas a elucidar a extensão de seus rendimentos, limitando-se a afirmar estado de desemprego. E, em se tratando se ação de alimentos, o ônus da prova acerca de eventual impossibilidade em suportar a verba pleiteada, é do alimentante (conclusão n. 37 do centro de estudos deste egrégio Tribunal de Justiça). Não tendo comprido com o ônus que lhe incumbiam, não há razões para presumir-se que o alimentante não possa suportar a verba fixada em sentença" (TJRS, AC 0267093-59.2018.8.21.7000, Guaíba, 8.ª Câmara Cível, Rel. Des. Rui Portanova, j. 22.11.2018, *DJERS* 28.11.2018).

188 "[...] As necessidades básicas do alimentando podem ser presumidas em razão da sua idade. Em se tratando de criança/adolescente em fase de pleno desenvolvimento, os gastos básicos com alimentação, educação, transporte, vestuário, lazer, entre outros, são presumidos, porquanto inerentes à sua assistência e educação. Não há como impor ao alimentando a prova dos ganhos do réu, pessoa com quem não vive, muitas vezes, nem convive, o que torna quase impossível o acesso a informações sobre seus rendimentos. É do alimentante o encargo de provar seus rendimentos, eis não dispor o credor de acesso a tais dados, porquanto gozam de sigilo e integram direito constitucional à privacidade e à inviolabilidade da vida privada (CF 5.º X). (DIAS, Maria Berenice. *Manual de direito das famílias*. 10. ed. São Paulo: Editora Revista dos Tribunais, 2015, p. 614-615). Com relação à capacidade do alimentante, quando este é profissional autônomo, é difícil a produção da prova dos seus ganhos pelo credor. Nessa hipó-

A partir da diferenciada distribuição do ônus da prova, ante a dificuldade do alimentado de comprovar os rendimentos do alimentante, a este será imposto o ônus de demonstrá-los.

É claro que a apresentação da prova pelo próprio alimentante, ainda que seja a alternativa mais simples para o processo, não é medida apta a superar ignorâncias e deficiências. É possível, por exemplo, que o réu omita fontes de renda importantes, das quais nenhum dos outros participantes do processo tenha conhecimento. Há solução para tal situação?

Caetano Lagrasta reconhece que a prova produzida pelo réu "nem sempre corresponde à verdade dos seus ganhos", razão pela qual "impõe-se ao Magistrado aferir da plausibilidade daqueles valores apresentados, valendo-se, dentre outros fatores, de sinais exteriores de riqueza para saber da possibilidade de pagamento do encargo, de qualquer modo interferindo na dinâmica da prova, sempre na busca do justo"[189].

Vale destacar ainda que, sendo conhecida a situação do alimentante com vínculo formal de emprego, a produção da prova dos rendimentos será mais simples: no momento oportuno do requerimento de provas, será requerida a exibição da carteira de trabalho (CTPS) e dos contracheques do alimentante[190].

2.10. Efeitos da sentença de alimentos

A Lei n. 5.478/1968 trata dos efeitos da sentença que fixa alimentos[191] ao prever eficácia *retroativa* aos alimentos definitivos fixados por sentença após cognição plena.

2.10.1. Análise da Súmula n. 277 do STJ[192]

A disciplina dos efeitos da citação válida merece papel de destaque no ordenamento, visto que é por ela que a relação processual se completa e passa a caminhar em direção à sentença.

Seus traços gerais estão disciplinados no art. 240 do CPC, que indica os efeitos de induzir litispendência, tornar litigiosa a coisa e constituir em mora o devedor; a eles se somam outros (como o de produzir a estabilização da demanda – art. 329, I).

A disciplina geral da matéria diz respeito a situações particulares que, se não implicam a derrogação das regras gerais estabelecidas na parte geral do CPC, desafiam o intérprete a verificar o modo peculiar de produção de resultados e a integrar, para cada espécie de relação processual, os efeitos materiais da citação válida e o que mais puder incidir conjuntamente a depender do que for apurado em juízo.

---

tese, se nem mesmo aquele o fornece, ainda que minimamente, informações sobre seus rendimentos, pode o juiz fixar a pensão com base nos indícios que evidenciem o seu padrão de vida (CPC, art. 375) (TJSC, Apelação Cível n. 0300449-28.2016.8.24.0082, Rel. Des. Sebastião César Evangelista)" (TJSC, AC 0304519-27.2017.8.24.0091, Florianópolis, 2.ª Câmara de Direito Civil, Rel. Des. Rubens Schulz, *DJSC* 16.07.2019, p. 221).

189 LAGRASTA NETO, Caetano. Diálogos de um juiz, cit., p. 287.

190 Lei n. 5.478/1968, art. 5.º, § 7.º O juiz, ao marcar a audiência, oficiará ao empregador do réu, ou, se ele for funcionário público, ao responsável por sua repartição, solicitando o envio, no máximo até a data marcada para a audiência, de informações sobre o salário ou os vencimentos do devedor, sob as penas previstas no art. 22 dessa Lei.

191 Art. 13, § 2.º Em qualquer caso, os alimentos fixados retroagem à data da citação.

192 A presente abordagem consta no tratamento da Súmula n. 277 do STJ desenvolvido para compor a obra *Teses Jurídicas dos Tribunais Superiores* – tomo Direito Civil –, sob coordenação de José Manuel Arruda Alvim (publicada pela Editora Revista dos Tribunais em 2017).

A citação válida marca o momento a partir do qual se produz uma série de efeitos não apenas por necessidade lógica, mas sobretudo porque, cientificando o réu e integrando a relação processual, permitir-se-á que os sujeitos parciais do processo, em paridade de armas, possam defender seus interesses e adotar as atitudes que julgarem consentâneas com seus objetivos – cientes da imperatividade da decisão que emergirá do processo.

Um dos casos em que esse momento foi singularizado para a produção de efeitos específicos é aquele em que há, em cumulação própria sucessiva, um pedido declaratório de paternidade (típico de "ação de investigação de paternidade") seguido do pedido condenatório de alimentos (próprio da "ação de alimentos").

A cumulação de pedidos declaratório e condenatório (sendo este decorrente daquele) levanta um problema relevante de direito temporal. Como pontuado por Pontes de Miranda, "os efeitos de direito material somente podem derivar da relação jurídica a que se refere a declaração pedida... [S]e, ao ser proposta a ação declarativa, ainda não havia exigibilidade, a citação não põe em mora o devedor, porque a mora supõe falta de adimplemento"[193].

Os atos processuais – máxime no caso das ações declaratórias, em que o processo não modifica, mas apenas reconhece a existência de certa relação jurídica –, como a citação ou a sentença, embora constituam marcos relevantes no desenrolar de uma relação entre os sujeitos parciais do processo, podem ceder espaço a outras balizas temporais para a produção de efeitos.

Assim, se ao fim do processo chegar-se à declaração judicial de que existe relação filial entre o réu (pai) e a filha (autora), coloca-se o problema de saber a partir de quando e de que modo os diferentes efeitos da relação filial se produzirão.

O problema do tempo é agudamente sentido no caso da demanda de alimentos por força da essencialidade da prestação pretendida. É por isso que, segundo o art. 4.º, *caput*, da Lei de Alimentos, há um pedido implícito, em cúmulo simples com os pedidos principais, de fixação de alimentos provisórios – que só será excluído se o autor se manifestar explicitamente de modo contrário (o que, na prática, tende a não se verificar).

Imaginemos a sentença de procedência em que haja discrepância dos valores fixados a título de alimentos provisórios e definitivos.

Se os alimentos provisórios foram fixados em valor mais alto que o montante dos definitivos, as prestações subsequentes adotarão o novo valor e não caberá discutir o que já foi pago porque, em matéria de alimentos, o valor é reputado irrestituível (irrepetível).

Mas e se os alimentos definitivos foram fixados em valor maior – com ou sem fixação de alimentos provisórios? Adotaria o processo a mesma atitude de esquecimento do passado em prol da produção estritamente *ex nunc* dos efeitos da sentença?

A situação de procedência do cúmulo de pedidos declaratório de paternidade e condenatório de alimentos apresenta ao menos três marcos temporais distintos: 1. o início da relação de filiação, tendo em vista a eficácia preponderante declaratória do primeiro pedido; 2. o momento da citação válida; 3. o momento em que a decisão de procedência dos pedidos se torna irrecorrível.

Se o momento a partir do qual o réu é reconhecido como pai implica a máxima retroação, o que dizer do direito à percepção da prestação alimentícia no valor reconhecido devido ao final? Deveriam os efeitos da decisão retroagir ao momento do início da filiação ou apenas passar a incidir quando do trânsito em julgado da sentença?

---

193 PONTES DE MIRANDA, Francisco Cavalcanti. *Tratado das ações*. Ações declarativas. São Paulo: RT, 1971, t. II, p. 60.

Eis o problema de direito positivo precisamente enfrentado pelo Superior Tribunal de Justiça quando ao editar a Súmula 277: "julgada procedente a investigação de paternidade, os alimentos são devidos a partir da citação".

O STJ não editou o verbete em face de um vácuo legislativo de qualquer ordem; muito ao contrário. Foi relativamente aos alimentos provisórios justamente que, já em 1949, a Lei n. 883 reviu a regra do art. 5.º – definitivamente revogada quando da ab-rogação desse diploma pela Lei n. 12.004/2009 –, segundo a qual, "na hipótese de ação investigatória de paternidade terá direito o autor a alimentos provisionais desde que lhe seja favorável a sentença de primeira instância, embora se haja desta interposto recurso".

Note-se que esse diploma foi editado à época de vigência do CPC/1939, cujo art. 166 previa os efeitos da citação de modo mais amplo que o atual Código (incluindo, no entanto, todos os efeitos deste). Naquele momento, no entanto, a data da citação foi reputada irrelevante para o cômputo da prestação devida, tendo-se introduzido uma proteção mais tímida do que a fornecida pelo supracitado art. 4.º da Lei de Alimentos, já que apenas a prolação da sentença, ainda que recorrível, gerava a obrigação de pagar alimentos provisórios.

Nesse sentido, o advento da Lei de Alimentos assumiu um caráter marcadamente mais protetor para o alimentando, já que o art. 13, § 2.º determina explicitamente que, "em qualquer caso, os alimentos fixados retroagem à data da citação".

No julgamento do REsp 218.119/MG, a mais antiga decisão do STJ invocada para a edição da Súmula 277, o Ministro relator Eduardo Ribeiro consignou no voto que o dispositivo seria desnecessário:

> À existência desse vínculo acrescendo-se a necessidade do alimentando e a possibilidade do alimentante, tem-se presente a obrigação de pensionar. Solicitado que o fizesse, haveria de adimplir a obrigação de imediato. Formalizada a demanda e aperfeiçoada a citação, o alimentante está em débito desde esse momento, embora só o trânsito em julgado da sentença permita afirmá-lo com certeza. Supérfluo, a rigor, o dispositivo da lei específica, a determinar que os alimentos sejam devidos a partir da citação. Entendo que foi inserido apenas para espancar possíveis dúvidas[194].

Trata-se, no entanto, de notável exagero, tendo em vista que uma coisa é a existência do dever e outra é a sua conformação específica. Afinal, o dever de contribuir existe desde o nascimento – mas nem por isso a legislação adotou a retroação do dever de pagar alimentos, no valor fixado pela sentença irrecorrível, ao momento da nascença. Assim, também não havia previsão de retroação – fora os alimentos provisórios – até o advento da Lei de Alimentos.

Há uma série de valores que permitem entender as razões dessas opções legislativas.

Deixar de retroagir o dever de pagar alimentos no valor fixado pela sentença irrecorrível à data de nascimento do filho, além de outras ponderáveis razões (ligadas sobretudo à previsibilidade), ampara-se na relação estreita entre a prestação alimentícia e as necessidades presentes do momento atual; a retroação desmedida poderia ensejar enriquecimento sem causa em face da obviedade de que, se o autor está vivo anos depois, é porque de fato se alimentou.

Do mesmo modo, explica-se a retroação específica ao momento de citação – quando a coisa se torna litigiosa – por outro ponderável conjunto de razões. É o que explica em seu voto, no REsp 240.954/MG, o Min. Aldir Passarinho Júnior, em decisão incluída entre as que

---

194 STJ, REsp 218.119/MG, 3.ª Turma, Rel. Min. Eduardo Ribeiro, j. 14.12.1999, *DJ* 24.04.2000.

deram origem ao enunciado 277. Como esclarece o Ministro, trata-se de forma de coibir a má-fé do réu, desestimulando-o de se valer de artifícios para alongar indevidamente o processo:

> Embora para muitos seja a paternidade encarada como uma surpresa, salvo hipóteses excepcionais há que se convir que dificilmente o réu pode ignorar, por completo, que se colocou em determinada situação, que não depende apenas dele, pois são duas as pessoas envolvidas, que poderia, em tese, gerar uma prole. A ignorância, portanto, nunca é absoluta. E se assim é, razoável esperar que o réu, de boa-fé, não retarde a solução da questão, submetendo-se, de logo, aos exames técnicos pertinentes, o que torna pouco significante o lapso temporal entre a citação e a conclusão pericial. Já a tese oposta permite ao réu, de má-fé, utilizar-se de expedientes processuais para retardar a prestação jurisdicional, criando incidentes e utilizando-se até o último dia dos prazos legais para protelar o momento da sentença, que marcaria o início da prestação alimentar[195].

Este fundamento já se encontra explícito no REsp 78.563/GO[196], ao qual se acrescentam as ponderadas razões do Min. Sidnei Benetti:

> 9. Esse entendimento, por certo, reflete a principiologia de todo o sistema jurídico pátrio no que concerne à necessidade de proteção dos interesses do menor, notadamente em relação ao direito de sustento, porque indispensável à sua própria sobrevivência. 10. Justifica-se, outrossim, o acolhimento dessa tese, considerando que, em relação ao filho menor e incapaz, a obrigação alimentar dos genitores decorre de imposição legal, como decorrência do poder familiar (CC, art. 1.634), situação em que a necessidade aos alimentos é presumida, por se tratar de direito de natureza indisponível, irrenunciável e imprescritível[197].

O advento da súmula foi interessante porque havia certa dissonância no plano jurisprudencial. No sentir de Maria Berenice Dias, a Súmula 277 veio em boa hora porque a jurisprudência custava a fixar o marco temporal e a tendência era estabelecer o pagamento somente a partir da data da sentença[198].

O Enunciado 277 da Súmula do STJ especificou um caso específico de aplicação do art. 13, § 2.º, da Lei de Alimentos: aquele em que a condenação à prestação alimentícia é corolário de um pedido cumulado de declaração de filiação.

A especificação teve lugar porque a combinação entre um pedido declaratório – que retroage ao início da vida do autor – e um pedido condenatório – que, a princípio, irradiaria efeitos a partir da irrecorribilidade da decisão – gera potencial tensão entre interesses dignos de tutela e valores a serem protegidos pelo ordenamento. O STJ singularizou o momento da realização da citação válida levando em consideração tanto a centralidade desse momento da economia processual, por permitir que ambos os sujeitos parciais atuem em paridade de armas, quanto a necessidade de tutelar a boa-fé processual.

---

195 STJ, REsp 240.954/MG, 4.ª Turma, Rel. Min. Aldir Passarinho Junior, j. 14.03.2000, *DJ* 15.05.2000.

196 A decisão foi proferida pela 3.ª Turma do STJ (Relator Min. Waldemar Zveiter, DJ 16.12.1996).

197 STJ, REsp 1.349.252/SP, 3.ª Turma, Rel. Min. Sidnei Benetti, j. 24.09.2013, *DJe* 02.10.2013.

198 DIAS, Maria Berenice. *Alimentos desde e até quando?* Disponível em: http://www.mariaberenice.com.br/manager/arq/(cod2_536)4__alimentos_desde_e_ate_quando.pdf. Acesso em: 5 jun. 2019.

2.10.2. Decisões proferidas em demandas revisionais e exoneratórias

Nos termos do *caput* do art. 13, o disposto na Lei de Alimentos aplica-se, igualmente, no que couber, à revisão de sentenças proferidas em pedidos de alimentos e respectivas execuções.

Nas demandas revisionais que aumentam o valor dos alimentos, a retroação é amplamente admitida[199].

A aplicação do mesmo raciocínio em ações revisionais para diminuir a pensão e exoneratórias requer, segundo o entendimento dominante, que seja sempre respeitada a irrepetibilidade dos alimentos pagos outrora em valor mais alto.

No plano doutrinário, Yussef Said Cahali[200] assim concluiu: a sentença de exoneração ou de redução dos alimentos contém o mesmo efeito retroativo da sentença de alimentos, mas os montantes já pagos no valor original serão sempre poupados pela regra da irrepetibilidade; contudo, o novo valor ou a exoneração reconhecidos em sentença atingirão as prestações que, por algum motivo, não tenham sido recebidas pelo credor. O Superior Tribunal de Justiça tem decisões que acompanham esse entendimento; eis decisão que representa essa vertente de entendimento:

> Segundo o entendimento da Segunda Seção, "os efeitos da sentença proferida em ação de revisão de alimentos – seja em caso de redução, majoração ou exoneração – retroagem à data da citação (Lei 5.478/68, art. 13, § 2.º), ressalvada a irrepetibilidade dos valores adimplidos e a impossibilidade de compensação do excesso pago com prestações vincendas" (EREsp 1.181.119/RJ, Rel. Ministro Luis Felipe Salomão, Rel. p/ acórdão Ministra Maria Isabel Gallotti, Segunda Seção, julgado em 27.11.2013, *DJe* de 20.06.2014). [...][201].

O posicionamento, porém, não é pacífico. Se, por um lado, essa interpretação decorre da letra da lei, por outro lado, ela afrontaria o aspecto teleológico da Lei de Alimentos no que tange à proteção do alimentando.

Parte da jurisprudência passou a propugnar que tal entendimento prestigia o inadimplemento da pensão e abre espaço para estratégias inapropriadas por parte do alimentante: este pode identificar nessa interpretação a oportunidade de, sem autorização judicial, deixar de pagar a pensão na expectativa de sobrevir uma sentença exoneratória ou de redução do valor da pensão com efeitos retroativos.

---

199 Eis exemplo de acórdão nesse sentido: "[...] os alimentos devidos aos exequentes, redimensionados na ação revisional para UM salário mínimo, já com trânsito em julgado, retroagem à data da citação dos alimentados naquele feito. Quer dizer, *a pensão não é mais de 80% do SM, como quer fazer crer o executado, com base em decisão liminar, e sim no valor equivalente a UM salário mínimo. Assim, havendo diferenças a serem adimplidas pelo executado, nenhum reparo merece a decisão ora atacada.* [...]" (TJRS, AI 0116236-30.2020.8.21.7000, Rel. Des. Luiz Felipe Brasil Santos, j. 12.03.2021).

200 "Tratando-se de ação exoneratória ou de redução, os alimentos pagos até a sentença são irrepetíveis; quanto aos alimentos ou às diferenças não pagas pelo alimentante vitorioso, parece razoável e mesmo equitativo também reconhecer o efeito retroativo da sentença, para liberar o mesmo pagamento da pensão ou das diferenças pretéritas" (CAHALI, Yussef Said. *Dos alimentos*. 2. ed. São Paulo: RT, 1993, p. 738-739).

201 STJ, AgInt-REsp 1.783.773, Proc. 2018/0320332-4/SP, 4.ª Turma, Rel. Min. Raul Araújo, j. 07.05.2019, *DJe* 22.05.2019.

Por tais motivos, uma outra vertente do Superior Tribunal de Justiça se inclinou para a direção oposta, não admitindo efeito retroativo às sentenças que diminuem os valores dos alimentos provisórios, às revisionais de alimentos para diminuição e às exoneratórias[202].

Embora se possa considerar louvável a preocupação do STJ em prestigiar o cumprimento das decisões judiciais, este posicionamento acaba gerando situação injusta e desproporcional.

Imagine a fixação de pensão entre cônjuges em que a alimentante sabidamente só pode pagar um salário mínimo a título de pensão. Seu (quase ex) marido, porém, obtém liminarmente a fixação de pensão no valor de dois salários. A alimentante paga apenas o que pode e, para não ser presa, tenta realizar empréstimos bancários (sem êxito). Embora reste parcialmente inadimplente, o ex-marido não a executa sob pena de prisão por querer vê-la trabalhando e receber pelo menos uma parte do valor. Ao final da demanda, o juiz conclui que o valor devido realmente era um salário mínimo. Soa correto que a ex-esposa seja condenada então a pagar o montante "devido" no período em que vigorava o valor de dois salários (revisto porquanto errôneo), tendo que suprir as diferenças com que não conseguiu (e ainda não tem como) arcar? E que tal condenação seja imposta sob pena de prisão?

A resposta é negativa: como houve "falha" na fixação liminar pelo magistrado, a alimentante não pode arcar com o custo disso a ponto de perder patrimônio e até liberdade em nome da preservação do prestígio da decisão judicial anterior (nesse caso errônea, diga-se de passagem).

Pois bem, a divergência de posicionamentos travada no STJ culminou em Embargos de Divergência no âmbito da Segunda Seção, tendo prevalecido o entendimento da Ministra Isabel Gallotti de que "os efeitos da sentença proferida em ação de revisão de alimentos – seja em caso de redução, majoração ou exoneração – retroagem à data da citação (Lei 5.478/1968, art. 13, § 2.º), ressalvada a irrepetibilidade dos valores adimplidos e a impossibilidade de compensação do excesso pago com prestações vincendas"[203].

---

202 "[...] 3. A jurisprudência deste Tribunal Superior é na vertente de possuir efeitos imediatos a decisão que arbitra os alimentos provisórios, integrando tal direito temporário o patrimônio do alimentando, de sorte que a sentença a qual altera, posteriormente, esse provimento precário, fixando alimentos definitivos em valores inferiores, não tem o condão de retroagir em prejuízo daquele que recebe a aludida prestação. Assim, a sentença que arbitra alimentos definitivos opera *ex nunc*, não podendo ser usada para beneficiar o alimentante inadimplente. Destarte, o valor dos alimentos provisórios é devido desde a data em que foram fixados até a data em que proferida a sentença que os reduziu (AgRg no REsp 1042059/SP, Rel. Min. Vasco Della Giustina (Desembargador convocado do TJRS), 3.ª Turma, j. 26.04.2011, *DJe* 11.05.2011). '[...] III. Ofende o princípio da irrepetibilidade a retroação, à data da citação, dos efeitos da sentença que fixou os alimentos definitivos em valor inferior ao dos provisórios, anteriormente estabelecidos. Precedentes. [...]' (REsp 905.986/RJ, 4.ª Turma, Rel. Min. Aldir Passarinho Junior, j. 23.11.2010, *DJe* 06.12.2010.). No caso concreto, deve ser atribuído efeito *ex nunc* ao acórdão recorrido – que reduziu os alimentos fixados na sentença para três salários mínimos –, determinando que, desde a citação até a publicação do acórdão, o recorrido efetue o pagamento no valor de 5 salários mínimos" (STJ, REsp 1445641, Rel. Min. Antonio Carlos Ferreira, j. 19.11.2015, *DJe* 1.º.12.2015); "A Segunda Seção desta Corte, no que se refere a melhor interpretação do art. 13, § 2.º, da Lei n. 5.478/1968, aos 27.11.2013, concluiu, por maioria, no julgamento do EREsp n. 1.181.119/RJ, que os alimentos provisórios não integram o patrimônio jurídico subjetivo do alimentando, podendo ser revisto a qualquer tempo, já que não produz coisa julgada material. [...] Contudo, não obstante a aparente divergência entre a decisão recorrida e o referido julgado, no que se refere aos efeitos da sentença, verifica-se que a decisão está em consonância com a jurisprudência desta Corte no sentido de que o efeito *ex tunc* só se aplica para os casos de majoração de alimentos, sendo que no caso de redução ou exoneração, em razão da irrepetibilidade dos alimentos, atribui-se à sentença os efeitos *ex nunc* [...]" (STJ, REsp 1513613, Rel. Min. Moura Ribeiro, j. 03.08.2015, *DJe* 06.08.2015).

203 STJ, EREsp 1.181.119/RJ, 2.ª Seção, Rel. Min. Luis Felipe Salomão, Rel. p/ o acórdão Min. Maria Isabel Gallotti, j. 27.11.2013.

Restou vencido o relator Ministro Luis Felipe Salomão, que se alinhava à corrente avessa à retroação dos efeitos das sentenças de revisão e exoneração: em seu entender, se prevalecente o entendimento contrário, "partindo da premissa que todo alimentante cumpre seu dever de alimentar nos termos fixados, não haverá resultado prático; salvo se houver concessão de liminar ou antecipação de tutela, ou quando o alimentante, contrariando o título judicial já existente (que fixou os alimentos), deixar de cumprir com o seu dever – o que constitui estímulo a inadimplência".

Em pesquisa de decisões recentes identifica-se a prevalência de julgados[204] proferidos no sentido vencedor – inclusive com acompanhamento do entendimento pelo antes resistente Ministro Salomão[205].

Confirmando tal entendimento, em dezembro de 2018 prevaleceu a visão acima exposta (de relatoria da Ministra Isabel Galotti) e o STJ aprovou o enunciado da Súmula 621 para assentar que "os efeitos da sentença que reduz, majora ou exonera o alimentante do pagamento retroagem à data da citação, vedadas a compensação e a repetibilidade".

2.11. Questões recursais

Não há grande debate quanto ao recurso cabível contra a sentença que fixa alimentos definitivos: trata-se da apelação, recurso expressamente previsto no art. 14 da Lei de Alimentos.

Como a apelação é recebida apenas no efeito devolutivo[206], a eficácia da decisão não fica suspensa pela interposição do recurso e o credor reconhecido na sentença pode executar o valor da obrigação alimentar[207].

Pela regra, as sentenças atacadas por apelação recebida apenas no efeito devolutivo são executadas *provisoriamente*. Contudo, no caso da sentença de alimentos, incide o cumprimento de sentença especial previsto para esse tipo de obrigação (regulado nos arts. 528 e seguintes

---

204 Eis um exemplo: "1. Os efeitos da sentença proferida em ação de revisão de alimentos, seja em caso de redução, majoração ou exoneração, retroagem à data da citação (Lei n. 5.478/1968, art. 13, § 2.º), ressalvada a irrepetibilidade dos valores adimplidos e a impossibilidade de compensação do excesso pago com prestações vincendas. [...]" (STJ, REsp 1.676.874, Proc. 2015/0276180-8/SP, 3.ª Turma, Rel. Min. Paulo de Tarso Sanseverino, *DJe* 04.09.2017). No mesmo sentido: "[...] 1. 'Os efeitos da sentença proferida em ação de revisão de alimentos – seja em caso de redução, majoração ou exoneração – retroagem à data da citação (Lei 5.478/1968, art. 13, § 2.º), ressalvada a irrepetibilidade dos valores adimplidos e a impossibilidade de compensação do excesso pago com prestações vincendas' (EREsp n. 1.181.119/RJ, Relatora p/ acórdão Min. Maria Isabel Gallotti, Segunda Seção, julgado em 27.11.2013, *DJe* 20.06.2014). 2. 'Os efeitos da sentença que reduz, majora ou exonera o alimentante do pagamento retroagem à data da citação, vedadas a compensação e a repetibilidade' (Súmula n. 621/STJ). [...]" (STJ, AgInt no REsp 1911598/SP, Rel. Min. Antonio Carlos Ferreira, j. 09.08.2021, *DJe* 13.08.2021).

205 "Recurso ordinário em *habeas corpus*. Execução de alimentos. Decreto prisional válido em relação à parcela incontroversa da dívida alimentar. Sentença de procedência em revisional minoratória que retroage à data da citação. Precedentes. [...] 2. Os efeitos da sentença proferida em ação de revisão de alimentos – seja em caso de redução, majoração ou exoneração – retroagem à data da citação (Lei n. 5.478/1968, art. 13, § 2.º), ressalvada a irrepetibilidade dos valores adimplidos e a impossibilidade de compensação do excesso pago com prestações vincendas. Precedentes" (STJ, RHC 104.124, Proc. 2018/0267952-6/SP, Rel. Min. Luis Felipe Salomão, j. 17.12.2018, *DJe* 19.12.2018, p. 13.291).

206 Lei n. 5.478/1968, art. 14. Da sentença caberá apelação no efeito devolutivo.

207 O CPC prevê, no art. 1.012, § 1.º, II, que a sentença que condena a pagar alimentos começa a produzir efeitos imediatamente após a sua publicação.

do CPC). Ora, se nos termos do art. 531 do CPC[208] os alimentos fixados em tutela provisória podem ser executados por tal rito, com mais razão cabe valer-se desse instrumento para executar os alimentos definitivos fixados após cognição plena e exauriente.

Resta saber em quais ações de alimentos, especificamente, aplica-se a limitação dos efeitos da apelação: recebe-se a apelação no efeito simplesmente devolutivo apenas em demandas de fixação de alimentos ou também em revisionais (para diminuir ou aumentar o valor) e exoneratórias?

A partir da compreensão de que o objetivo da regra é proteger quem tem o direito de receber pensão alimentícia, por certo tempo foram aplicadas as seguintes soluções:

> a) a sentença que majora o valor dos alimentos também está sujeita a apelação sem efeito suspensivo e, assim, produz efeito imediatamente; b) as sentenças que reduzem o valor dos alimentos ou extinguem a obrigação de pagá-los (exoneração) estão sujeitas a apelação com efeito suspensivo e, assim, não têm eficácia imediata. Nestas duas hipóteses, o devedor (autor da ação de redução ou de exoneração de alimentos), malgrado a sentença de procedência, continuará com a obrigação de pagar no valor integral que estava fixado antes da sentença. Somente se estas duas sentenças confirmarem, concederem ou revogarem tutela provisória a apelação não terá, quanto a estes capítulos, efeito suspensivo[209].

Este parecia ser o entendimento consolidado na vigência do revogado CPC/1973. Como a alteração na legislação foi apenas redacional (o CPC/2015 não alterou significativamente o conteúdo), a expectativa seria de manutenção de tal orientação.

Entretanto, ventos de mudança vêm sendo percebidos, como se nota pela seguinte decisão: "a jurisprudência do STJ se consolidou no sentido de que recurso de apelação interposto contra sentença que discute pedido revisional de alimentos, tanto para majorar, diminuir ou exonerar o alimentante do encargo, deve ser recebido apenas no efeito devolutivo"[210].

---

208 Art. 531. O disposto neste Capítulo aplica-se aos alimentos definitivos ou provisórios. § 1.º A execução dos alimentos provisórios, bem como a dos alimentos fixados em sentença ainda não transitada em julgado, se processa em autos apartados. § 2.º O cumprimento definitivo da obrigação de prestar alimentos será processado nos mesmos autos em que tenha sido proferida a sentença.

209 FERREIRA FILHO, Manoel Caetano. Comentário ao art. 1.012. In: CRUZ E TUCCI, José Rogério; APRIGLIANO, Ricardo; FERREIRA FILHO, Manoel Caetano; MARTINS, Sandro; DOTTI, Rogéria (org.). *Código de Processo Civil Anotado*. São Paulo: AASP/OABPR, 2015, p. 1.574.

210 STJ, AREsp 1.159.950, Proc. 2017/0214538-5/SP, 3.ª Turma, Rel.ª Min.ª Nancy Andrighi, *DJe* 23.10.2017. No mesmo sentido: "Petição. Ação revisional de alimentos cumulada com regulamentação de guarda e visitas. Sentença que reduziu a verba alimentar. Incidente de atribuição de efeito suspensivo ao recurso de apelação. Inviabilidade. A regra é o recebimento da apelação no efeito suspensivo, havendo expressa previsão dos casos de recebimento do recurso apenas no efeito devolutivo, hipótese dos autos, nos termos do inciso II do § 1.º do artigo 1.012 do CPC. É autorizada a concessão de efeito suspensivo aos apelos recebidos apenas no efeito devolutivo em caráter excepcional, impondo-se a necessidade de prova da probabilidade de provimento do recurso ou, em sendo relevante a fundamentação, do risco de dano grave ou de difícil reparação, o que não se evidencia. [...]" (TJRS, PES 5094800-56.2022.8.21.7000, Novo Hamburgo; Oitava Câmara Cível, Rel. Des. José Antônio Daltoe Cezar, j. 18.05.2022, *DJERS* 18.05.2022); "[...] Manejado recurso de apelação contra sentença de parcial procedência do pedido inicial de revisão de alimentos, prevê o Estatuto Processual expressamente seu recebimento apenas no efeito devolutivo (Inciso II do § 1.º do artigo 1012 do CPC). Situação autorizadora de afastamento da regra geral não evidenciada nos autos. Hipótese concreta em que ausente pressuposto fático de incidência da norma de exceção prevista no § 4.º do art. 1.012 do CPC que admite a possibilidade de suspensão de eficácia da sentença pelo relator se o apelante demonstrar a probabilidade de provimento do recurso ou se,

Situações excepcionais merecem ser lembradas: como exposto na Parte I, ainda que a lei atribua à apelação apenas efeito devolutivo, é possível que o recurso também seja recebido no efeito suspensivo[211]. Para tanto, o apelante poderá formular, diretamente ao Tribunal, o pedido de concessão de tal efeito ao recurso[212].

2.12. Cumprimento de sentença

2.12.1. *Evolução e destaques sobre o rito*

Em razão da existência de título executivo que reconhece obrigação, em caso de inadimplemento do devedor o juiz poderá ser provocado a atuar para transformar o direito reconhecido em fatos para satisfazer o crédito ali apontado[213].

O regime executivo relativo à obrigação de pagar alimentos foi amplamente remodelado no CPC/2015 em razão das inúmeras discussões que emergiam das poucas e sucintas previsões até então existentes. O Código, no fim das contas, consolidou muito do desenvolvimento jurisprudencial construído nas lacunas do regime do Código anterior.

No CPC/1973 havia dois ritos para executar alimentos entre os arts. 732 e 735. O "rito do art. 732" era o da execução tradicional (baseada na constrição de bens), enquanto o "rito do art. 733" decorria da proteção especial dada ao alimentado e, com a autorização do art. 5.º, inciso LXVII, da CF possibilitava a prisão civil do devedor.

---

sendo relevante a fundamentação, houver risco de dano grave ou de difícil reparação. [...]" (TJDF, Rec 07473.36-75.2019.8.07.0016, Ac. 136.9238, Primeira Turma Cível, Rel.ª Des.ª Diva Lucy de Faria Pereira, j. 01.09.2021, Publ. PJe 15.09.2021); "Apelação cível. Alimentos. Exoneratória/revisional movida por genitor em face de dois filhos universitários (25 e 23 anos de idade). Pretensão de limitação temporal ao pensionamento. Sentença de improcedência. Efeito processamento do recurso. Aplicação da regra do art. 1.012, § 1.º, inciso II, do CPC/2015. Efeito devolutivo. [...]" (TJSP, AC 1001934-56.2019.8.26.0439, Ac. 13719836, Pereira Barreto, Nona Câmara de Direito Privado, Rel. Des. Edson Luiz de Queiroz, j. 06.07.2020, *DJESP* 16.07.2020; p. 2205); "[...] Ação Revisional de Alimentos que reduziu a pensão alimentícia. Recurso de apelação recebido somente no efeito devolutivo, nos termos do art. 14, da Lei n. 5.478/68. Acórdão que reformou a r. Sentença, julgando improcedente a ação revisional. [...] Até que publicado o V. Acórdão que julga o recurso de apelação, reformando a r. Sentença, permanece devido o percentual reduzido da pensão alimentícia. Inexistência de diferença nos alimentos a ser executada. [...]" (TJSP, AC 0002587-05.2019.8.26.0236, Ac. 13353183, Ibitinga, Sétima Câmara de Direito Privado, Rel. Des. Luiz Antonio Costa, j. 24.03.2014, *DJESP* 04.03.2020, p. 2206); "[...] Nos termos do artigo 1.012, § 1.º, inciso II do CPC, a sentença que condena a pagar alimentos produz efeitos imediatos após sua publicação. 2.1. Precedente do STJ: Deve ser recebido apenas no efeito devolutivo o recurso de apelação interposto contra sentença que decida pedido revisional de alimentos, seja para majorar, diminuir ou exonerar o alimentante do encargo" (REsp 595.209/MG, Rel. Ministra Nancy Andrighi, *DJ* 02.04.2007, p. 263). [...]" (TJDF, Proc 07024.71-98.2018.8.07.0016, Ac. 115.6924, Segunda Turma Cível, Rel. Des. João Egmont, j. 11.03.2019, *DJDFTE* 19.03.2019).

[211] CPC, art. 1.012, § 4.º Nas hipóteses do § 1.º, a eficácia da sentença poderá ser suspensa pelo relator se o apelante demonstrar a probabilidade de provimento do recurso ou se, sendo relevante a fundamentação, houver risco de dano grave ou de difícil reparação.

[212] CPC, art. 1.012, § 3.º O pedido de concessão de efeito suspensivo nas hipóteses do § 1.º poderá ser formulado por requerimento dirigido ao: I – tribunal, no período compreendido entre a interposição da apelação e sua distribuição, ficando o relator designado para seu exame prevento para julgá-la; II – relator, se já distribuída a apelação.

[213] O tema a seguir exposto foi desenvolvido em artigo escrito em coautoria com Luiz Dellore. (Alimentos via cumprimento de sentença: novo regime de execução? In: BRUSCHI, Gilberto Gomes; SHIMURA, Sérgio (org.). *Execução civil e cumprimento de sentença*, São Paulo: Método, 2007, v. 2, p. 164.

Muitas discussões emergiam da distinção entre os ritos: quando se aplicava um ou outro? A leitura dos dispositivos[214] parecia indicar que os alimentos definitivos fixados por sentença seguiriam a execução por constrição de bens, enquanto os alimentos provisionais seriam executados sob pena de prisão.

Contudo, a análise literal quanto à possibilidade de prisão civil tornava a execução restrita demais (os alimentos provisionais eram fixados por meio da cautelar inominada prevista nos arts. 852 e seguintes do CPC/1973).

Assim, em razão de mandamentos (constitucional[215] e infraconstitucionais[216]) que autorizavam a prisão civil do devedor de alimentos, doutrina e jurisprudência passaram a admitir a execução sob pena de prisão em casos de prestações recentes nas quais é evidente a urgência. Portanto, tal rito se aplicava também a alimentos definitivos, provisórios e fixados em antecipação de tutela.

O CPC atual unifica, no art. 528, as regras sobre o cumprimento da decisão que fixa alimentos – que é aplicável também à execução de alimentos previstos em título extrajudicial (art. 911, parágrafo único).

O Código[217] confirmou o teor da jurisprudência que restringiu o horizonte temporal dos alimentos que podiam ser executados por meio de prisão civil ao contemplar entendimento já há muito tempo sedimentado no Enunciado 309 da Súmula[218] do STJ.

Desse modo, dividem-se os alimentos em: (i) "novos/recentes" (referentes às três últimas prestações inadimplidas mais as parcelas vincendas), que podem ser executados sob pena de prisão; (ii) "antigos" (anteriores às três últimas parcelas), que devem ser executados por constrição de bens (sob pena de penhora).

Afirmam as decisões que originaram a súmula que os alimentos antigos teriam perdido o caráter de urgência alimentar[219]. Esse entendimento, porém, merece ser questionado. Por que apenas o último trimestre de inadimplência autoriza a pena de prisão? O débito perderia o caráter alimentar no quarto mês, por exemplo?

---

214 CPC/1973, art. 732. A execução de sentença, que condena ao pagamento de prestação alimentícia, far-se-á conforme o disposto no Capítulo IV deste Título. Parágrafo único. Recaindo a penhora em dinheiro, o oferecimento de embargos não obsta a que o exequente levante mensalmente a importância da prestação; art. 733. Na execução de sentença ou de decisão, que fixa os alimentos provisionais, o juiz mandará citar o devedor para, em 3 dias, efetuar o pagamento, provar que o fez ou justificar a impossibilidade de efetuá-lo.

215 CF, art. 5.º, inciso LXVII – não haverá prisão civil por dívida, salvo a do responsável pelo inadimplemento voluntário e inescusável de obrigação alimentícia.

216 Art. 19 da Lei de Alimentos. O juiz, para instrução da causa ou na execução da sentença ou do acordo, poderá tomar todas as providências necessárias para seu esclarecimento ou para o cumprimento do julgado ou do acordo, inclusive a decretação de prisão do devedor até 60 (sessenta) dias.

217 CPC, art. 528, § 7.º O débito alimentar que autoriza a prisão civil do alimentante é o que compreende até as 3 (três) prestações anteriores ao ajuizamento da execução e as que se vencerem no curso do processo.

218 STJ, Súmula n. 309: "O débito alimentar que autoriza a prisão civil do alimentante é o que compreende as três prestações anteriores ao ajuizamento da execução e as que vencerem no curso do processo".

219 Eis exemplo de decisão: "Trata-se de prestações em atraso, já remotas. A prisão civil é para forçar o devedor a cumprir, de imediato, sua obrigação, não deixando seus alimentos ao desabrigo. Ora, essa fase aguda já passou. Assim, os credores terão que se utilizar de outro meio que não o da prisão, ainda que o devedor tenha concorrido para tal situação" (STJ, REsp 39.829/SP, 6.ª Turma, Rel. Min. Adhemar Maciel, j. 15.12.1993, *DJ* 07.03.1994, p. 3.683).

Decisões do Supremo Tribunal Federal[220] e do Superior Tribunal de Justiça[221] (anteriores à súmula) reconheceram a persistência do caráter alimentar – logo, de urgência – da obrigação.

Seria interessante que em cada caso concreto fosse analisada a razão da demora em acionar o devedor: se este agiu de má-fé iludindo a genitora do alimentando sobre a intenção de pagar, pedindo-lhe tempo e paciência, ele deve ser premiado pela presunção de perda da urgência em razão da demora que ensejou? Se a parte alimentanda teve dificuldade de acessar a justiça, deve ser penalizada com maior dificuldade para receber o valor devido? Será que após quatro ou seis meses de inadimplência a urgência não será ainda maior porque a guardiã da criança já se valeu de todos os recursos disponíveis e não tem mais a quem recorrer?

Como se percebe, vários fatores deveriam ser analisados na situação familiar para permitir a melhor aplicação dos instrumentos processuais. Contudo, a limitação quanto ao número de prestações alimentares não pagas (prevista primeiro na súmula e depois no CPC/2015) em muito facilita a situação dos julgadores; dificilmente o litigante conseguirá ter espaço para alegar e demonstrar as situações acima descritas.

a) Polêmicas situações

Pode a ex-cônjuge executar, sob pena de prisão, os alimentos recentes que não foram pagos? A resposta é positiva: a Constituição Federal, ao prever a prisão por inadimplemento da obrigação alimentar, não faz distinção em relação a quem seja a parte credora.

Em certa decisão, porém, entendeu de modo diverso a Ministra Nancy Andrighi:

> I. O texto constitucional e os comandos infraconstitucionais que lhe detalham somente admitem a prisão civil de devedor de alimentos quando o inadimplemento colocar em risco a própria vida do credor-alimentado. II. A prisão civil por dívida de alimentos não está atrelada a uma possível punição por inadimplemento, ou mesmo à forma de remição da dívida alimentar, mas tem como primário, ou mesmo único escopo, coagir o devedor a pagar o quanto deve ao alimentado, preservando, assim, a sobrevida deste, ou em termos menos drásticos, a qualidade de vida do alimentado. III. Se não há risco iminente à vida do credor de alimentos, ou mesmo se ele pode, por meio de seu esforço próprio, afastar esse risco, não se pode aplicar a restrita e excepcional opção constitucional, porque não mais se discute a sublimação da dignidade da pessoa humana, em face da preponderância do direito à vida. IV. Seguindo a linha desse entendimento, a prisão civil só se justifica se: i) for indispensável à consecução dos alimentos inadimplidos; ii) atingir o objetivo teleológico perseguido pela prisão civil. Garantir, pela coação extrema da prisão do devedor, a sobrevida do alimentado; e iii) for a fórmula que espelhe a máxima efetividade com a mínima restrição aos direitos do devedor. V. Em se tratando de prole menor ou incapaz, a iminência e impossibilidade de superação do risco alimentar é presunção que raramente pode ser desafiada. VI. No entanto, quando o credor de débito

---

220 "Os débitos atrasados, valor de pensões alimentícias, não perderam, por força do inadimplemento de obrigações de prestar alimentos, o caráter da causa de que provieram. Os efeitos, quaisquer que sejam, têm o mesmo caráter ou natureza da causa. No caso, a dívida continuou sendo de alimentos, não de outro caráter ou natureza" (STF, HC 59.628/RJ, 2.ª Turma, Rel. Min. Firmino Paz, j. 02.03.1982).

221 "A natureza do débito não se altera em virtude do inadimplemento do devedor. A dívida de alimentos continua sendo de alimentos. O decurso do tempo não retira o caráter alimentar da prestação que, não satisfeita oportunamente, repercute no padrão de subsistência do alimentando" (HC 11.163/MG, 4.ª Turma, Rel. Min. Cesar Asfor Rocha, j. 11.04.2000, *DJ* 12.06.2000, p. 112).

alimentar for maior e capaz, e a dívida se prolongar no tempo, atingindo altos valores, exigir o pagamento de todo o montante, sob pena de prisão civil, é excesso gravoso que refoge aos estreitos e justificados objetivos da prisão civil por dívida alimentar, para desbordar e se transmudar em sanção por inadimplemento, patrocinada pelo Estado, mormente na hipótese, quando é sabido que o alimentante tem patrimônio passível de expropriação, fórmula até hoje não cogitada para a satisfação do crédito perseguido[222].

Esse entendimento não foi repetido em ulterior decisão do STJ de relatoria do Ministro Luis Felipe Salomão: em sua visão, é possível a prisão de ex-cônjuge que deve alimentos à ex-esposa (no caso, idosa) porque "a lei não faz distinção, para fins de prisão, entre a qualidade da pessoa que necessita de alimentos – maior, menor, capaz, incapaz, cônjuge, filho, neto –, mas, tão somente, se o débito é atual ou pretérito"[223].

Em outra decisão polêmica, desta vez enfocando a necessidade de demonstrar urgência para o recebimento, o STJ, em entendimento peculiar, entendeu que nem sempre ela é pressuposta – ainda que o credor esteja cobrando parcelas recentes com outras que se acumularam.

Segundo o relator do acórdão, Ministro Marco Aurélio Bellizze, a prisão civil por débito alimentar só é justificável quando cumpridos alguns requisitos, como nas hipóteses: a) em que for indispensável à consecução do pagamento da dívida; b) em que visa garantir, pela coação extrema, a sobrevida do alimentando; c) quando a prisão representar a medida de maior efetividade com a mínima restrição aos direitos do devedor. Em seu entendimento, a ausência desses requisitos retiraria o caráter de urgência da prisão civil, que possui natureza excepcional.

Em sua visão, ainda que mantida a natureza alimentar do crédito em aberto, com relação às prestações vencidas, não existiria mais o caráter de urgência que integra o chamado "risco alimentar", elemento indissociável da prisão civil. Ao conceder o *habeas corpus*, o Ministro Bellizze também destacou precedentes do STJ nos quais houve a flexibilização da Súmula 309 a fim de afastar a necessidade da prisão civil do devedor de alimentos[224].

---

222 STJ, HC 392.521, Proc. 2017/0058916-6/SP, 3.ª Turma, Rel.ª Min.ª Nancy Andrighi, *DJe* 1.º.08.2017.

223 Quarta Turma decide que é possível prisão civil por pensão alimentícia devida a ex-cônjuge. Disponível em: http://www.stj.jus.br/sites/STJ/default/pt_BR/Comunica%C3%A7%C3%A3o/noticias/Not%C3%ADcias/Quarta-Turma-decide-que-%C3%A9-poss%C3%ADvel-pris%C3%A3o-civil-por-pens%C3%A3o-aliment%C3%ADcia-devida-a-ex%E2%80%93c%C3%B4njuge. Acesso em: 2 jan. 2019.

224 O entendimento foi invocado pela Terceira Turma do STJ ao determinar o recolhimento de mandado de prisão contra homem que, apesar de inicialmente não ter quitado as dívidas alimentares, teve a totalidade do patrimônio atingido por penhoras determinadas judicialmente, inclusive sobre imóvel que lhe serve de moradia. Ao conceder o pedido de *habeas corpus*, o colegiado também considerou que o alimentando já atingiu a maioridade, faz faculdade e exerce atividade remunerada. A situação do jovem motivou sentença que reduziu em 60% a pensão alimentícia devida a ele. O alimentante responde a duas ações de execução por atraso no pagamento da pensão. Em um dos processos, houve a penhora de mais R$ 147 mil por débitos acumulados entre 1997 e 2007, além da constrição de sua residência. No pedido de *habeas corpus*, o devedor alegou que, em virtude dos créditos oriundos da penhora e dos pagamentos voluntários, o exequente não estaria desamparado, de forma que a prisão não atenderia mais à sua função no processo (Prisão por dívida alimentar exige demonstração da urgência na prestação dos alimentos. Disponível em: http://www.stj.jus.br/sites/STJ/default/pt_BR/Comunica%C3%A7%C3%A3o/noticias/Not%C3%ADcias/Pris%C3%A3o-por-d%C3%ADvida-alimentar-exige-demonstra%C3%A7%C3%A3o-da-urg%C3%AAncia-na-presta%C3%A7%C3%A3o-dos-alimentos. Acesso em: 2 jan. 2019). No mesmo sentido: "[...] 1. De acordo com a jurisprudência desta Corte, é admissível, excepcionalmente, a suspensão da ordem de prisão do devedor de alimentos quando verificada a inadequação da medida coativa extrema em razão da notória ausência de atualidade e urgência dos alimentos, como na hipótese em que o credor é maior, capaz e desenvolve atividade profissional remunerada" (STJ, AgInt no HC 505348/RJ, Rel.ª Min.ª Nancy Andrighi, j. 07.12.2020, *DJe* 11.12.2020).

Embora digno de respeito, o entendimento não merece prevalecer: a urgência de receber as três parcelas anteriores ao pleito executivo, somadas às parcelas vencidas durante a tramitação processual, é presumida. Como exigir que a parte credora, já onerada pelas necessidades que lhe acometem por força da omissão do devedor, ainda precise argumentar e demonstrar a presença de requisitos não expressos na lei? A exigência de incremento do ônus argumentativo desfavorece o efetivo acesso à justiça.

Havia uma dúvida recorrente no cenário do CPC/1973: para promover a execução sob pena de prisão, seria necessário aguardar o vencimento de três prestações? Obviamente não: relegar um dependente a um período longo de privação obstando seu acesso à justiça não fazia sentido.

Com o CPC atual a dúvida não deve persistir: o art. 528, § 7.º, esclarece que o débito que pode ser cobrado sob pena de prisão é o que compreende "até" as últimas três prestações.

É possível promover cumprimento de sentença ou execução sob pena de prisão havendo apenas o inadimplemento de uma prestação ou mesmo inadimplementos alternados (ex. 1.º e 3.º meses, apenas 2.º mês etc.). Entendimento contrário ensejaria excessivo ônus para o credor e deixaria de considerar a urgência e a imprescindibilidade inerentes aos alimentos; como exigir que o alimentado precise "passar fome" por três meses?

Confirmando tal entendimento, foi aprovado em 2018 na II Jornada de Direito Processual Civil do Conselho da Justiça Federal o Enunciado 147: "basta o inadimplemento de uma parcela, no todo ou em parte, para decretação da prisão civil prevista no art. 528, § 7.º, do CPC".

Outra novidade trazida pelo CPC vigente é a possibilidade positivada de que, para além do desconto em folha das parcelas vincendas, também as parcelas vencidas de alimentos possam ser descontadas – desde que o valor total, somando a dívida pretérita e a prestação presente, não ultrapasse 50% do rendimento líquido do executado[225].

Sob a vigência do CPC/1973, o STJ já havia afirmado ser admissível essa constrição, consignando ser "possível o desconto em folha de pagamento do devedor de alimentos, inclusive quanto a débito pretérito" contanto que fosse feito em montante razoável e sem impedir a própria subsistência[226].

Há na medida uma ponderação entre a responsabilidade patrimonial do devedor e a preservação de seu sustento, de modo que o CPC atual consolida "o entendimento de que a modalidade do desconto em folha também se aplica aos alimentos pretéritos, mas sempre de modo a não prejudicar o sustento do devedor"[227].

Como esclarece Thiago Ferreira Siqueira, o limite no montante aparece como forma de equilibrar a proteção aos interesses do credor e do devedor, não podendo o desconto atingir a totalidade dos vencimentos deste "sob pena de privar o executado e sua família dos meios necessários à sua sobrevivência. Por tal razão, na linha do que já se defendia na doutrina, e já vinha sendo aplicado na jurisprudência, o CPC/2015 estabeleceu limite máximo para a penhora dos vencimentos do executado" em 50% dos rendimentos, como se extrai dos art. 833, § 2.º, c/c 529, § 3.º[228].

---

225 Art. 529, § 3.º Sem prejuízo do pagamento dos alimentos vincendos, o débito objeto de execução pode ser descontado dos rendimentos ou rendas do executado, de forma parcelada, nos termos do *caput* deste artigo, contanto que, somado à parcela devida, não ultrapasse cinquenta por cento de seus ganhos líquidos.

226 STJ, REsp 997.515/RJ, 4.ª Turma, Rel. Min. Luis Felipe Salomão, j. 18.10.2011, *DJ* 26.10.2011.

227 VASCONCELLOS, Rita de Cássia Corrêa de. Comentário ao art. 529. In: WAMBIER, Teresa Arruda Alvim; DIDIER JR., Fredie; TALAMINI, Eduardo; DANTAS, Bruno (coord.). *Breves comentários ao novo Código de Processo Civil.* São Paulo: RT, 2015, p. 1.380.

228 SIQUEIRA, Thiago Ferreira. *A responsabilidade patrimonial no novo sistema processual civil.* São Paulo: RT, 2016, p. 167-168.

A partir da entrada em vigor do atual CPC foram encontradas decisões positivas sobre a aplicabilidade da previsão mesmo em relação a dívidas anteriores à entrada em vigor de tal Código; o Tribunal paulista, por exemplo, entendeu tratar-se de "simples positivação de entendimento jurisprudencial já consolidado", cuja aplicação seria de rigor[229].

2.12.2. *Requerimento, cumulação e flexibilidade procedimental*

É possível cumular mecanismos executivos diversos no mesmo procedimento – requerendo, por exemplo, prisão e expropriação de bens? O tema ensejava controvérsias antes do contexto pandêmico considerando períodos diversos de inadimplência; após as dificuldades geradas em tal crise, é possível cogitar em cumulação de técnicas executivas em relação ao mesmo período de inadimplemento?

Além disso, a crise gerada pelo coronavírus, iniciada em março de 2020, ensejou grande tensão quanto ao recebimento de pensões alimentícias. Os temas merecem análise detida.

a) Cumulação de requerimentos de prisão e expropriação nos mesmos autos

Imagine que o genitor Roranj não pagou, nos últimos seis meses, as pensões alimentícias fixadas judicialmente em favor da filha Lenysgy. Será cabível a tramitação concomitante, nos mesmos autos, de pedidos de cumprimento de sentença por meio da coerção pessoal (sob pena de prisão para os meses mais recentes) e da coerção patrimonial (sob pena de penhora quanto às prestações "antigas")?

A resposta é negativa para alguns pelos seguintes argumentos: 1. a cumulação ensejaria tumulto processual; 2. há previsão legal sobre a inviabilidade de cumulação de procedimentos executivos diversos[230].

No Tribunal paranaense há decisões nesse sentido. Como exemplo, um acórdão modificou a decisão que admitira, em cumprimento de sentença, a tramitação concomitante (nos mesmos autos) de execução de alimentos por meio da coerção pessoal (prisão) e da coerção patrimonial (penhora). Segundo o relator, o CPC/2015 manteve a histórica separação dos ritos da coerção pessoal e da expropriação patrimonial; além disso a cumulação, além de não contar com previsão legal, tumultuaria a tramitação processual[231]. Há decisão do Tribunal paulista no mesmo sentido[232].

---

229 TJSP, AI 2158814-3.2016.8.26.0000, 28.ª Câmara de Direito Privado, Rel. Des. Gilson Delgado Miranda, j. 19.09.2016, *DJe* 19.09.2016.

230 Segundo o art. 780 do CPC, o exequente pode cumular várias execuções, ainda que fundadas em títulos diferentes, quando o executado for o mesmo e desde que para todas elas seja competente o mesmo juízo e idêntico o procedimento.

231 TJPR, Ag Instr 1664417-2/Curitiba, 12.ª Câmara Cível, Rel. Juiz Conv. Domingos Ramina, j. 13.09.2017, DJPR 22.09.2017, p. 214. No mesmo sentido: "[...] Execução de alimentos. Rito da coerção pessoal. Decisão que indeferiu o pedido de expropriação de bens do devedor, sem a conversão do procedimento. Insurgência pela exequente. Alegação de que, durante a pandemia da covid-19, enquanto não efetivada a prisão, os bens do executado possam ser alcançados. Não acolhimento. Impossibilidade de cumulação de ritos incompatíveis entre si. Utilização de diversos procedimentos que pode ocasionar tumulto processual e prejuízos ao contraditório e à ampla defesa. Norma que obstava o cumprimento da prisão civil do devedor de alimentos em regime fechado que perdeu sua eficácia em 31.10.2020. [...]" (TJPR, Proc. 0061300-44.2020.8.16.0000, Rel. Luis Cesar de Paula Espindola, j. 20.09.2021).

232 "[...] Cumprimento de sentença de alimentos sob o rito da prisão civil. Decisão indeferindo os demais pedidos da exequente, porque adotado o rito da constrição pessoal. Decisão mantida. Indeferimento de

Também em Minas Gerais[233] e no Rio Grande do Sul[234] há decisões negando a possibilidade de cumulação.

Discordando de tais olhares, sustento que a resposta é positiva por força de princípios e regras incidentes sobre o assunto.

Pelo desenho procedimental do CPC, o art. 528 é o dispositivo que trata do assunto em diversos parágrafos: o § 8.º é claro ao expor a opção do credor sobre a adoção do procedimento que a parte entender pertinente. Ali é clara a menção quanto a poder escolher, em relação ao mesmo período, um ou outro procedimento; como exemplo, se há dois meses de inadimplemento, a credora pode escolher executar sob pena de prisão ou de penhora... se houver período maior de inadimplemento, por que ela não pode escolher cumular os requerimentos nos mesmos autos?

Nos termos do art. 531, § 2.º, de tal Código, o cumprimento definitivo da obrigação de prestar alimentos será processado nos mesmos autos em que tenha sido proferida a sentença. Como se nota, o dispositivo não faz menção a diferenças relativas a períodos de cobrança.

Depreende-se então, por uma interpretação sistemática, que o procedimento passa a abranger, na mesma relação processual, as possibilidades de prisão civil (art. 528, § 4.º) e de constrição patrimonial (art. 530), incluindo, ainda, a viabilidade de protesto da decisão (art. 528, § 1.º). Essa conclusão favorece a economia processual, a celeridade e a efetividade do processo, alinhando-se ao princípio da instrumentalidade das formas.

Há decisões favoráveis em diversos tribunais. Segundo o Tribunal de Justiça do Mato Grosso,

> [...] não há qualquer impedimento legal para a cumulação de ritos. Não se pode perder de vista que o objetivo da demanda é sempre a satisfação do crédito alimentar, e não a prisão do devedor de alimentos. Portanto, possível o deferimento de penhora *on-line*, tendo em vista os interesses do menor alimentando, resguardado remanescente direito de defesa ao executado quanto à apresentação de justificativa ou de impugnação à penhora[235].

---

determinados pedidos que não importam em ausência de apreciação. Cumulação de ritos. Inviabilidade, sob pena de tumulto processual. Inteligência, ademais, do art. 780 do CPC [...]" (TJSP, AI 2270776-80.2018.8.26.0000, Ac. 12309004, Mogi das Cruzes, 2.ª Câmara de Direito Privado, Rel. Des. José Joaquim dos Santos, j. 15.03.2019, *DJESP* 22.03.2019, p. 2.001).

233 "[...] 1. Em que pese a suspensão do mandado de prisão em razão da pandemia e ainda que se reconheça que compete ao exequente escolher livremente entre os diferentes meios executivos previstos em lei para execução de alimentos, podendo, inclusive, requerer a conversão do rito, entendo não ser possível cumular os meios executivos (prisão e expropriação) em um único procedimento, sob pena de violação ao art. 528, § 8.º, CPC/2015 e de tumultuar o processar. [...]" (TJMG, Agravo de Instrumento-Cv 1.0000.21.105844-1/001, Rel.ª Des.ª Teresa Cristina da Cunha Peixoto, j. 09.09.2021).

234 "Execução de alimentos. Forma procedimental da coerção pessoal. Descabimento de constrição patrimonial. Considerando que a forma procedimental escolhida pelo credor na ação de execução de alimentos é a da coerção pessoal não é possível o deferimento do pleito de reserva de valores em ação trabalhista, pois não é cabível a cumulação de ritos na mesma execução já que acarretaria tumulto processual. [...]" (TJRS, Agravo de Instrumento 50651953620208217000, Rel. Sérgio Fernando de Vasconcellos Chaves, j. 04.08.2021).

235 TJMT, AI 19920/2015, Capital, Rel. Des. Sebastião Barbosa Farias, j. 22.09.2015, *DJMT* 25.09.2015, p. 2. No mesmo sentido: "[...] 1. Pretendido regular prosseguimento do feito na origem com a possibilidade de cumulação da execução de valores anteriores pelo rito expropriatório e de valores recentes pelo rito da prisão no mesmo processo. Tese acolhida. Recente entendimento do superior tribunal de justiça no mesmo sentido. [...] 'O entendimento adotado pelo Tribunal estadual não se apresta consentâneo com a orientação jurisprudencial desta Corte Superior de Justiça no sentido de que é possível a cumulação

O Tribunal de Justiça do Piauí reconheceu a possibilidade de cumulação de ritos com fundamento na celeridade e na economia processual[236].

Também no Tribunal de Justiça de São Paulo houve decisão favorável[237].

O Tribunal de Justiça do Amazonas admitiu o processamento de incidente de resolução de demandas repetitivas (IRDR)[238] sobre o tema: este instrumento foi previsto no CPC/2015 para buscar a isonomia de resultados processuais em lides similares e otimizar a atuação dos tribunais em processos de massa[239]. O incidente foi brilhantemente suscitado pela Defensoria Pública do Estado para fixar tese jurídica pela Corte sobre "a possibilidade de cumprimento de sentença de alimentos com cumulação de ritos de prisão e expropriação nos mesmos autos do processo que a sentença foi proferida, nos termos do art. 531, § 2.º, do Código de Processo Civil"[240]. O pleito de tutela provisória restou deferido nos seguintes termos:

> A probabilidade do direito encontra ressonância na disciplina do § 2.º do art. 531 do CPC, que é claro ao dispor que o cumprimento da sentença que concede alimentos deve ser processado nos mesmos autos em que tenha sido proferida a sentença que se busca o cumprimento, inexistindo mandamento, no dispositivo em indicado, quanto a necessária escolha de determinado procedimento em detrimento de outro.
>
> Quanto ao risco de dano grave, este resta patente, haja vista se tratar de cumprimento de sentença que concede alimentos, essenciais, pois, para atender as necessidades mais básicas do ser humano que deles necessita.
>
> [...] inolvidável que o não prosseguimento da fase de cumprimento de sentença em razão da discussão quanto a possibilidade de cumulação dos ritos da prisão e da expropriação implica flagrante prejuízo ao alimentado, que se vê privado do recebimento do direito que lhe foi conferido por sentença transitada em julgado, atingindo, por via de con-

---

dos ritos previstos em tais dispositivos, sendo o do art. 733 do CPC/1973 destinado à cobrança das três últimas prestações e o do art. 732 do CPC/73 dirigido às parcelas pretéritas. [...] Ademais, a hipótese vertente não se refere à cumulação de ritos sobre um mesmo valor, mas sim de duas execuções distintas em um mesmo processo. Tal providência é perfeitamente possível, principalmente em atendimento ao princípio da economia processual. Na verdade, dita cumulação não acarreta qualquer dificuldade processual, apenas requer adequação dos termos de ambas as citações, uma vez que deverão ser expedidos dois mandados distintos: um para a dívida nova, de acordo com o rito do art. 733; outro para a dívida antiga, de conformidade com o art. 732' (STJ, REsp n. 1.798.605/PR, Rel. Min. Marco Buzzi, *DJe* 13.12.2019, grifo acrescido)" (TJSC, Agravo de Instrumento 4033439-27.2019.8.24.0000, Capital, Rel. Raulino Jacó Brüning, j. 02.07.2020).

236 TJPI, AI 2015.0001.006463-7, 3.ª Câmara Especializada Cível, Rel. Des. Francisco Antônio Paes Landim Filho, *DJPI* 20.03.2018, p. 69.

237 "[...] Cumprimento de sentença. Alimentos. Insurgência contra decisão que determinou a conversão do rito de execução. Efeito ativo deferido. Possibilidade de cumulação dos ritos de execução. Jurisprudência desta C. Câmara. Ademais, o cumprimento de sentença prosseguiu por mais de dois anos cumulando ambos os ritos previstos no CPC, afigurando-se incoerente a conversão *ex officio*. Cabe ao credor de alimentos optar pelo rito da execução. Inteligência do art. 528, § 3.º, do CPC [...]" (TJSP, AI 2235302-14.2019.8.26.0000, Ac. 13095655, Carapicuíba, 10.ª Câmara de Direito Privado, Rel. Des. J. B. Paula Lima, j. 21.11.2019, *DJESP* 27.11.2019, p. 2.063).

238 Segundo o art. 976 do CPC, cabe a instauração do incidente quando há, simultaneamente: I – efetiva repetição de processos que contenham controvérsia sobre a mesma questão unicamente de direito; II – risco de ofensa à isonomia e à segurança jurídica.

239 TARTUCE, Fernanda; DELLORE, Luiz. *1.001 dicas sobre o Novo CPC*. 2. ed. Indaiatuba: Foco, 2016, p. 150.

240 O IRDR 0004232-43.2018.8.04.000 foi admitido em setembro de 2018.

> sequência, o acesso à justiça, consagrado na disciplina do inciso XXXV do art. 5.º da Constituição Federal. [...] Concedo a tutela provisória requerida, a fim de determinar aos Juízos de Família desta Corte que processem cumulativamente os pedidos de cumprimento de sentença que concede alimentos pelos ritos da prisão e da expropriação, cindindo-se os procedimentos.

Após tal decisão, o Tribunal amazonense já decidiu em favor da possibilidade[241]. No mérito, o pedido de IRDR para ele direcionado foi julgado procedente: após confirmar a tutela provisória, tal Tribunal firmou a seguinte tese "é possível a cumulação, nos mesmos autos, dos ritos da prisão e da expropriação para o cumprimento de sentença que reconhece a exigibilidade de obrigação de prestar alimentos, nos termos do art. 531, § 2.º, do Código de Processo Civil"[242]. Eis fundamentos da decisão:

> – A autorização para o processamento conjunto, nos mesmos autos, dos pleitos pelo cumprimento de sentença que reconhece a exigibilidade de obrigação de prestar alimentos, tanto pelo rito da expropriação como da prisão, não viola a disciplina dos arts. 780 e 798, II, do Código de Processo Civil, porquanto estes se relacionam com o procedimento autônomo para execução de títulos executivos extrajudiciais, sendo certo que a questão controvertida diz respeito a dispositivos inseridos em capítulo diverso da lei adjetiva civil e que disciplinam especificamente o procedimento de cumprimento de sentença. – O art. 531, § 2.º, do CPC dispõe que "o cumprimento definitivo da obrigação de prestar alimentos será processado nos mesmos autos em que tenha sido proferida a sentença". – Dada a natureza *sui generis* do crédito alimentar, teve por bem o legislador ofertar ao alimentando algumas formas para promover a eficácia da decisão que lhe conferiu o direito, dentre as quais se inserem o rito da expropriação e o rito da prisão. – Desde o processo de conhecimento a legislação vigente já admite a cumulação de pedidos cujos ritos guardam diferenças entre si, observando-se as peculiaridades das técnicas processuais diferenciadas, conforme se extrai do art. 327, § 2.º, do CPC. – Sendo autorizada tal cumulação já no processo de conhecimento, não há motivo idôneo para se obstar o pleito cumulativo na fase de cumprimento de sentença, notadamente quando o comando que se busca implementar diz respeito a direito alimentício. – A delimitação do alcance de cada pleito se demonstra suficiente para a equilibrada instrução dos pedidos cumulados, sem que haja confusão processual.

---

[241] "Apesar da existência de procedimentos diversos para a cobrança de pensões alimentícias pretéritas e para a cobrança das prestações vencidas no trimestre anterior ao ajuizamento da ação, doutrina e jurisprudência autorizam que ambas as pretensões executivas sejam perseguidas nos mesmos autos, desde que se determine a cisão dos procedimentos da prisão civil e da expropriação!" (TJAM, AI 4003876-77.2018.8.04.0000, 3.ª Câmara Cível, Rel. Des. João de Jesus Abdala Simões, j. 12.11.2018, *DJAM* 28.11.2018, p. 14); "I – Em atenção ao modelo de processo sincrético e aos princípios da celeridade e economia processual, defende-se a possibilidade de o cumprimento de sentença de alimentos ocorrer concomitantemente pelos ritos da expropriação para os débitos antigos e da prisão civil para os atuais (referente às 3 prestações anteriores à execução e as que se vencerem durante). II. A Jurisprudência reconhece tal possibilidade, operando-se a cisão dos procedimentos nos mesmos autos processuais. III. Neste sentido foi concedida a tutela provisória nos autos do Incidente de Resolução de Demandas Repetitivas n. 0004232-43.2018.8.04.0000 admitida pelo Pleno do Tribunal de Justiça do Estado do Amazonas, que excepcionou a regra do art. 982, I, do CPC, obstacularizando a suspensão dos processos afetos à matéria em julgamento" (TJAM, AI 4003504-31.2018.8.04.0000, 2.ª Câmara Cível, Rel. Des. Délcio Luís Santos, j. 01.07.2019, *DJAM* 25.07.2019, p. 27).

[242] TJAM, IRDR 0004232-43.2018.8.04.0000, Pleno, Rel. Des. Aristóteles Lima Thury, j. 15.10.2019.

O STJ também se manifestou sobre o assunto, destacando ser "possível a cumulação dos ritos previstos nos arts. 732 e 733 do CPC/1973, sendo o do art. 733 do CPC/1973 destinado à cobrança das três últimas prestações e o do art. 732 do CPC/1973 dirigido às parcelas pretéritas"[243]. O acórdão transcreve o seguinte trecho de parecer do Ministério Público Federal:

> [...] a hipótese vertente não se refere à cumulação de ritos sobre um mesmo valor. Mas de duas execuções distintas em um mesmo processo. Tal providência é perfeitamente possível, principalmente em atendimento ao princípio da economia processual. Na verdade, dita cumulação não acarreta qualquer dificuldade processual, apenas requer adequação dos termos de ambas as citações, uma vez que deverão ser expedidos dois mandados distintos, um para a dívida nova, de acordo com o rito do art. 733, e o outro para a dívida antiga, de conformidade com o art. 732.

Merece destaque o fato de que, mesmo mais de dois anos depois, a menção aos "famosos" arts. 732 e 733 do CPC/1973 permaneceu sendo feita em muitas decisões, o que demonstra como o peso da tradição pauta atitudes e interpretações (já que mentalidades custam a mudar). Será que a separação histórica dos procedimentos executivos para receber alimentos ainda tem espaço?

A vedação à cumulação de execuções por procedimentos diversos, destaque-se, consta no livro destinado à execução de título extrajudicial; no cumprimento de sentença para receber alimentos toda a previsão consta em parágrafos do art. 528 do CPC com diversas ferramentas executivas.

A versatilidade, decididamente, é virtude inerente a quem assume o árduo desafio de lidar com quem precisa executar pensões alimentícias.

No mais, não há por que antever tumulto processual que comprometa a atuação dos sujeitos processuais. Basta que as pessoas atuantes estejam atentas à "linha do tempo" do andamento processual para haver clareza sobre os atos e sua destinação. Como exemplo, cabe em cada decisão ou petição separar por itens as manifestações sobre os temas – para tanto, podem-se destacar argumentações sobre a) prisão; b) expropriação de bens.

Por acreditar realmente ser esta a medida mais eficiente para o recebimento de créditos alimentares, apresentei proposta de verbete e vi aprovado o enunciado 32 do IBDFAM: "é possível a cobrança de alimentos, tanto pelo rito da prisão como pelo da expropriação, no mesmo procedimento, quer se trate de cumprimento de sentença ou de execução autônoma".

Instado mais uma vez a se manifestar, o Superior Tribunal de Justiça, em decisão[244] unânime da 4.ª Turma (relatada pelo Ministro Luis Felipe Salomão), posicionou-se favoravelmente a tal possibilidade porque: a) o novo diploma processual adotou a flexibilização procedimental como tônica, devendo-se autorizar o amplo uso de técnicas para concretizar normas fundamentais; b) não se podem baralhar os conceitos de técnica executiva e de procedimento executivo, pois os instrumentos executivos servem, nos limites da faculdade do credor e da condução processual do magistrado, justamente para trazer eficiência ao rito procedimental; c) não se pode presumir eventual prejuízo decorrente da cumulação de ritos e muito menos pressupor a ocorrência de tumulto processual.

---

243 STJ, REsp 1.604.735, Proc. 2016/0146476-1/PB, Rel. Min. Luis Felipe Salomão, j. 12.09.2018, *DJe* 27.09.2018, p. 7.675.

244 REsp 1.930.593/MG, Rel. Min. Luis Felipe Salomão, j. 09.08.2022, *DJe* 26.08.2022.

Em razão da flexibilidade procedimental do sistema processual e da relevância do bem jurídico tutelado, o Min. Relator propugnou um posicionamento conciliatório entre as correntes divergentes, conferindo-se concretude à opção procedimental do credor sem descuidar de eventual infortúnio prático a ser sopesado no caso, trazendo adequação e efetividade à tutela jurisdicional e tendo sempre como norte a dignidade do credor necessitado. Assim, entendeu ser cabível a cumulação das medidas executivas de coerção pessoal e expropriação no mesmo procedimento executivo, desde que não haja prejuízo ao devedor (a ser devidamente comprovado por este) nem ocorra tumulto processual, ambos a serem avaliados pelo magistrado no caso.

Por outro lado, recomendou que o credor especifique, em tópico próprio, a pretensão ritual em relação a cada requerimento, assim como o mandado de citação/intimação deverá prever as diferentes consequências conforme as diferentes prestações. A defesa do requerido, por sua vez, poderá dar-se em tópicos ou separadamente, com a justificação em relação às prestações atuais e impugnação/embargos quanto às prestações pretéritas. A delimitação do alcance de cada pedido seria apta a afastar, em tese, algum embaraço processual, cindindo-se o feito diante das técnicas executivas pleiteadas de forma a permitir que a parte adversa tenha conhecimento do que e de como se defender.

Tal solução atenderia, a um só tempo, os princípios da celeridade, da economia, da eficiência e da proporcionalidade, atendendo aos fins sociais e às exigências do bem comum, resguardando e promovendo a dignidade da pessoa humana, nos termos exigidos pelo art. 8.º do CPC, prestigiando o alimentando na busca pelo recebimento do seu crédito alimentar (indispensável à sua sobrevivência), exatamente o ser vulnerável a quem o procedimento executivo visa socorrer. Por conseguinte, entendeu ser possível, em princípio, o processamento em conjunto dos requerimentos de prisão e de expropriação, devendo os respectivos mandados citatórios/intimatórios se adequar a cada pleito executório. Apenas em se demonstrando eventual prejuízo ou em se constatando a possibilidade, em concreto, de tumulto processual é que deveria haver a cisão do feito, com o apensamento em apartado de um dos requerimentos.

Como se vê, a questão é controvertida, considerando-se períodos diferentes de inadimplemento. Que tal avançar para questionar a possibilidade de cumulação referente ao mesmo período? Voltando ao exemplo inicial: se Gesilei nada pagou nos últimos três meses, sendo infrutífera a possibilidade de prisão (por ser domiciliar, por exemplo), cabe pleitear medidas expropriatórias?

b) *Flexibilidade procedimental*

Sendo ainda mais árduo o recebimento de créditos alimentares em contextos críticos, a gestão adequada da controvérsia deve considerar a possibilidade de negociação. Sendo viável, o direito a alimentos pode e deve ser objeto de ajustes entre as pessoas interessadas. Havendo disputas, são importantes iniciativas de comunicação respeitosa entre os envolvidos para a explanação sobre necessidades e possibilidades (em caprichadas tentativas de negociação direta). Sendo inviável a conversa produtiva, valerá considerar a possível atuação de uma pessoa imparcial (mediadora ou conciliadora) para facilitar a comunicação. No cenário negocial, será importante questionar: quais são as opções? Insistir nos termos ajustados anteriormente ou delinear um plano B (ou mesmo C)?

Revelando-se inviável ou infrutífera a negociação (direta ou facilitada por outrem), será essencial demandar em juízo para contar com a força estatal, cabendo à parte credora tomar decisões relevantes sobre os caminhos processuais.

Indo a juízo, será preciso considerar o quadro existente. O que poderá ser pedido? O requerimento de pagamento sob pena de prisão poderá ser formulado, havendo crédito recente que permita tal pleito. No entanto, e se a ameaça de encarceramento não for apta a gerar efeitos coercitivos?

Voltando ao exemplo inicial: se Gesilei nada pagou nos últimos três meses, sendo infrutífera a possibilidade de prisão (por ser domiciliar, por exemplo), cabe pleitear medidas expropriatórias?

No contexto pandêmico, houve não só decisões como também a promulgação de um dispositivo legal estabelecendo a prisão domiciliar como regime apropriado. O art. 15 da Lei n. 14.010/2020 dispôs que, até 30.10.2020, a prisão civil por dívida alimentícia deveria ser cumprida exclusivamente no regime domiciliar "sem prejuízo da exigibilidade das respectivas obrigações".

A combinação de técnicas processuais é viável a partir do reconhecimento de que multifacetadas iniciativas podem ser intentadas em contemplação da dignidade da pessoa necessitada de alimentos.

Em outros julgados constou determinação do decreto da prisão em regime fechado com suspensão do cumprimento da pena para momento posterior ao fim das restrições geradas pela pandemia[245].

Vale lembrar que, se não considerar interessante a coerção psicológica gerada pelo risco de prisão, a parte credora poderá optar pela adoção do procedimento focado na busca de bens (penhora/expropriação), com base nos arts. 528, § 8.º, ou 913 do CPC.

Nesse ponto, merece destaque o seguinte entendimento do STJ:

> É possível a inclusão das prestações alimentícias vencidas no curso da execução, ainda que o credor opte pelo procedimento da coerção patrimonial, previsto no art. 528, § 8.º, do CPC/2015, em observância dos princípios da efetividade, da celeridade e da economia processual.

Segundo o Min. Relator, a inclusão de prestações a vencer no curso da execução não deve ser restrita ao rito da coerção pessoal porque tal entendimento induziria o exequente a optar pelo procedimento mais gravoso (da prisão). Se o credor for obrigado a promover nova iniciativa cada vez que a prestação vencer e não for paga, para ele muito mais célere e menos dispendiosa será a execução dos alimentos pelo rito da prisão[246].

É possível considerar a conversão e a flexibilização de procedimentos em execução e cumprimentos de sentença em alimentos? A parte credora pode começar com requerimento de prisão e requerer a mudança para o regime da penhora? E depois voltar a prisão?

---

245 Eis um exemplo: "[...] 1. Impossibilidade de afastamento do rito de prisão civil. Adequação procedimental do pleito de cumprimento de sentença, indicadas as três prestações vencidas imediatamente anterior à propositura do cumprimento. 2. Fato novo (art. 493, CPC/2015), determinação do STJ para conversão em prisão domiciliar de todas as prisões civis por dívida de obrigação alimentar em andamento no território nacional, torna possível a saída tomada pelo juízo de primeiro grau, superveniente à interposição do agravo, de suspender o cumprimento do Decreto de prisão civil, até futura reavaliação dos fatos em decorrência da pandemia da covid-19 [...]" (TJSP, AI 2038420-45.2020.8.26.0000, Rel. Des. Piva Rodrigues, *DJESP* 17.04.2020).

246 REsp 1.846.966, Rel. Min. Antonio Carlos Ferreira, 4.ª Turma, j. 12.09.2023.

Sob o prisma legal não há limite: o sistema normativo é pautado por um bom nível de flexibilidade procedimental. Não há regra que impeça a mudança de procedimento, especialmente considerando-se que o art. 528 do CPC congrega diversas técnicas executivas. Sendo possível cumular desconto em folha e protesto com prisão ou penhora, por que gerar uma limitação interpretativa onde a lei não restringe?

Há decisões favoráveis[247] à flexibilidade. Pode-se reconhecer inclusive uma tradição jurisprudencial nesse sentido: inúmeras decisões[248] reconhecem a convolação da execução iniciada sob o rito de prisão para o sistema expropriatório quando a inadimplência persiste.

Mas atenção: quando iniciado o cumprimento ou a execução pelo rito da expropriação de bens, pode-se buscar depois o rito da prisão? O Tribunal de Justiça do Mato Grosso do Sul entendeu, no início da pandemia, que não[249].

Já em outro acórdão do Tribunal paulista a resposta foi negativa com base em argumento já exposto na discussão sobre cumulação de técnicas executivas: seria inviável "cumular tutela expropriatória com medida coercitiva da custódia civil, sob pena de se criar procedimento híbrido e ensejar previsível tumulto processual"[250].

Merece destaque outra interessante decisão do mesmo Tribunal em que a Desembargadora relatora adotou uma visão intermediária – apesar de entender inadmissível a adoção de medidas constritivas na execução que tramita pelo rito da prisão civil, ela afirmou que pesquisas patrimoniais seriam viáveis; em suas palavras,

> [...] o óbice temporário a tal providência enseja a excepcional possibilidade de realização de pesquisas visando tão somente à identificação de recursos ou patrimônio do devedor aptos à satisfação do montante exequendo, sem prévia conversão ao rito da penhora. Pesquisas que não se confundem com atos constritivos, não implicando qualquer prejuízo ao executado, ao mesmo tempo em que dão maiores subsídios ao exequente para optar futuramente pela conversão procedimental, caso realmente seja identificado patrimônio apto à satisfação do crédito perseguido[251].

---

247 "[...] Art. 528, § 3.º do CPC (prisão civil). Credora que requereu a conversão para o rito processual correspondente a execução por quantia certa. Possibilidade, sem cumulação. Arts. 528, § 8.º, c.c. 523, e 530, todos do CPC. Opção da agravante que se revela menos gravosa aos devedores-agravados [...]" (TJSP, AI 2231800-67.2019.8.26.0000, Rel.ª Des.ª Lidia Conceição, j. 05.02.2020, *DJESP* 14.04.2020, p. 2.615).

248 Eis um exemplo: "[...] A ação de execução de alimentos ajuizada pelo rito da prisão, na forma do art. 528 do Código de Processo Civil pode ser convolada em execução para rito da penhora (art. 530 do CPC), caso a obrigação alimentar não seja cumprida após o decurso do prazo do Decreto prisional. [...]" (TJRJ, APL 0044594-80.2013.8.19.0021, Rel. Des. Edson Aguiar de Vasconcelos, *DORJ* 07.05.2020).

249 "Agravo de instrumento. Cumprimento de sentença. Pensão alimentícia. Rito da expropriação. Apresentação de justificativas que, não sendo aceitas pelo exequente, requereu a decretação da prisão civil do executado. Não conversão de rito. [...] Cabe ao credor dos alimentos a escolha do rito do cumprimento de sentença. Porém, tendo sido escolhido o cumprimento sob o rito da expropriação, não será possível optar pela coerção (art. 528, § 8.º)" (TJMS, AI 1413416-79.2019.8.12.0000, Rel. Des. Vladimir Abreu da Silva, *DJMS* 27.02.2020).

250 "Possibilidade, porém, de conversão do rito, ante a expressa manifestação do exequente nesse sentido, notadamente porque o objetivo da execução é a satisfação da obrigação, daí se concluir que os atos expropriatórios se desenvolvem em proveito do credor. Expropriação de bens que no caso se mostra mais vantajosa. Conversão da execução a fim de manter a constrição de bem imóvel já consumada e permitir o prosseguimento dos demais atos expropriatórios" (TJSP, AI 2252170-67.2019.8.26.0000, Rel. Des. José Eduardo Marcondes Machado, *DJESP* 05.05.2020).

251 Eis o início da ementa do acórdão: "Agravo de instrumento. Execução de alimentos pelo rito da prisão civil. Decisão que indeferiu pleito do exequente de realização de pesquisa de ativos financeiros de titularidade do

Atualizada a pesquisa para a presente edição, constata-se que ainda há divergências quanto ao tema[252].

Uma das primeiras decisões encontradas foi do Tribunal de Justiça paulista. A decisão recorrida suspendeu a ordem de prisão de devedor de alimentos e indeferiu o pedido de penhora *on-line*. A irresignação do exequente foi considerada fundada: entendeu o Desembargador Carlos Alberto de Salles ser possível a tentativa de pagamento por penhora *on-line*; eventuais valores penhorados deveriam ser descontados do remanescente, se existente, e a decisão sobre o prosseguimento da execução por prisão poderia ser objeto de decisão futura[253].

Em 2021 mais decisões expressam tal conteúdo; eis interessante trecho de acórdão do Tribunal de Justiça do Distrito Federal:

> No quadro extraordinário ora vivenciado no país, em que as relações jurídicas foram amplamente impactadas, torna-se imperiosa, sobremaneira, que a atuação do Judiciário

---

executado junto ao sistema Bacenjud. Inconformismo do exequente, que pleiteia seja permitida a prática de medidas de constrição patrimonial, com a manutenção do Decreto de prisão civil, ora suspenso, para cumprimento após afastado o estado pandêmico da covid-19, se não saldado o valor devido [...]" (TJSP, AI 2062278-08.2020.8.26.0000, Rel.ª Des.ª Maria de Lourdes Lopez Gil, *DJESP* 05.05.2020).

252 "[...] O credor de alimentos pode promover um único cumprimento de sentença pretendendo a cobrança de prestações antigas e recentes (inteligência do art. 780 do CPC). A exigência processual é apenas quanto à impossibilidade de se admitir prisão civil concomitantemente ao cumprimento de sentença pelo rito da expropriação de bens, se ambas versarem sobre a mesma verba exequenda, o que não é o caso dos autos" (TJMS, AI 1410166-33.2022.8.12.0000, Segunda Câmara Cível, Rel. Juiz Vitor Luis de Oliveira Guibo, *DJMS* 03.10.2022, p. 119); "Execução de alimentos. Decisão que, considerando que não se admite a cumulação de ritos em uma mesma execução, indeferiu o pedido de realização de pesquisas eletrônicas visando à penhora de ativos do devedor. Além de a pretensão encontrar amparo na regra do art. 530 do cpc2015, que permite que parte do débito alimentar tramite pelo rito prisional e parte pelo rito da penhora, o cenário da pandemia atrelada à covid-19 também autoriza a pretensão recursal. Garantia da efetividade do processo executivo. Precedentes. Agravo de instrumento provido para determinar a manutenção da execução sob o rito da prisão civil, bem como para autorizar a prática excepcional de atos de constrição patrimonial, sem a necessidade de conversão ao rito da expropriação de bens" (TJSP, AI 2100361-59.2021.8.26.0000, Ac. 15626120, Avaré, 8.ª Câmara de Direito Privado, Rel. Des. Theodureto Camargo, j. 29.04.2022, *DJESP* 04.05.2022, p. 2412); "[...] SISTEMA HÍBRIDO DE CUMPRIMENTO DE SENTENÇA DE ALIMENTOS. POSSIBILIDADE. [...] 1. O § 8.º do art. 528, do CPC, prevê que a opção pelo rito do cumprimento da sentença que reconhece a exigibilidade de obrigação de pagar quantia certa impede a prisão do executado. Desse modo, em situações ordinárias, o CPC impede a cumulação dos procedimentos, o que inviabiliza a utilização dos mecanismos do rito expropriatório sem a conversão procedimental. 2. Ocorre que o processo não é um fim em si mesmo e a observância estrita do rito não pode se sobrepor ao fim a que se destina, qual seja, proteger o menor que precisa receber alimentos para sobreviver, esse direito fundamental. 3. De forma excepcional e transitória, haja vista a pandemia e a suspensão da ordem de prisão civil, deve ser autorizada a adoção de sistema híbrido de cumprimento de sentença deferindo medidas expropriatórias de bens e valores sem que isso importe na conversão do rito da prisão para o da penhora. [...]" (TJDF, Rec 07365.76-47.2021.8.07.0000, Ac. 141.4125, Sexta Turma Cível, Rel. Des. Arquibaldo Carneiro Portela, j. 30.03.2022, Publ. PJe 22.04.2022); "[...]. 3. O Superior Tribunal de Justiça reconheceu a possibilidade de penhora de bens sem que haja a conversão do rito processual da prisão civil para o da constrição patrimonial, enquanto durar a impossibilidade de prisão civil do devedor de alimentos no Distrito Federal, em razão da pandemia da Covid-19. 4. [...] conquanto a cumulação de procedimentos possa dar azo a um tumulto processual, sobreleva o direito de a criança, ora recorrente, receber seu crédito alimentar, indispensável à sua sobrevivência, especialmente em razão do período de anormalidade vivenciado, que justificou o sobrestamento do encarceramento do devedor alimentar, o que justifica, pelas mesmas razões, a adoção de medidas expropriatórias de bens ou valores, dado o esvaziamento momentâneo do principal elemento coercitivo da execução pelo rito da prisão. [...]" (TJDF, Rec 07357.07-84.2021.8.07.0000, Ac. 140.6056, Sétima Turma Cível, Rel.ª Des.ª Leila Arlanch, j. 09.03.2022, Publ. PJe 30.03.2022).

253 TJSP, AI 2242814-14.2020.8.26.0000, Ac. 14236643, Avaré, 3.ª Câmara de Direito Privado, Rel. Des. Carlos Alberto de Salles, j. 15.12.2020, *DJESP* 21.12.2020, p. 1.122.

seja pautada de forma a que as decisões proferidas possam assegurar a observância dos princípios e garantias constitucionais. Conquanto a cumulação de procedimentos possa dar azo a tumulto processual, sobreleva-se o direito de a criança, ora recorrente, receber seu crédito alimentar, indispensável à sua sobrevivência, especialmente em razão do período de anormalidade vivenciado e o esvaziamento momentâneo do principal elemento coercitivo da execução pelo rito da prisão, sem que isso implique na conversão do rito procedimental da prisão para o de penhora[254].

O Superior Tribunal de Justiça também entendeu dessa forma:

> [...] 3. Considerando a suspensão de todas as ordens de prisão civil, seja no regime domiciliar, seja em regime fechado, no âmbito do Distrito Federal, enquanto durar a pandemia do coronavírus, impõe-se a realização de interpretação sistemático-teleológica dos dispositivos legais que regem a execução de alimentos, a fim de equilibrar a relação jurídica entre as partes. 3.1. Se o devedor está sendo beneficiado, de um lado, de forma excepcional, com a impossibilidade de prisão civil, de outro é preciso evitar que o credor seja prejudicado com a demora na satisfação dos alimentos que necessita para sobreviver, pois ao se adotar o entendimento defendido pelo ora recorrente estaria impossibilitado de promover quaisquer medidas de constrição pessoal (prisão) ou patrimonial, até o término da pandemia. 3.2. Ademais, tratando-se de direitos da criança e do adolescente, como no caso, não se pode olvidar que o nosso ordenamento jurídico adota a doutrina da proteção integral e do princípio da prioridade absoluta, nos termos do art. 227 da Constituição Federal. Dessa forma, considerando que os alimentos são indispensáveis à subsistência do alimentando, possuindo caráter imediato, deve-se permitir, ao menos enquanto perdurar a suspensão de todas as ordens de prisão civil em decorrência da pandemia da covid-19, a adoção de atos de constrição no patrimônio do devedor, sem que haja a conversão do rito [...][255].

O Tribunal de Justiça mineiro tem acórdão que cita essa decisão do STJ – referenciando-a como precedente – e conclui ser "viável a penhora de bens do devedor de alimentos, sem que haja a conversão de ritos, enquanto durar a impossibilidade da prisão civil em razão da pandemia do coronavírus"[256]; isso ocorre também em decisão do Tribunal de Justiça paulista[257].

Apesar de tais decisões, ainda há quem resista ao entendimento[258].

---

254 TJDF, Rec. 07095.38-94.2020.8.07.0000, Ac. 131.3046, 6.ª Turma Cível, Rel. Des. Esdras Neves, j. 27.01.2021, *PJe* 16.02.2021.

255 STJ, REsp 1.914.052/DF, 3.ª Turma, Rel. Min. Marco Aurélio Bellizze, j. 22.06.2021, *DJe* 28.06.2021.

256 TJMG, Agravo de Instrumento-Cv 1.0000.21.082894-3/001, Rel. Des. Carlos Henrique Perpétuo Braga, j. 29.07.2021.

257 "Execução de alimentos. Decisão que indeferiu a cumulação inicial dos ritos de prisão e de penhora de bens. Agravo de instrumento. Insurgência da menor exequente. Acolhimento. Em regra, seria inviável a cumulação dos ritos de prisão e de expropriação de bens por quantia certa. Todavia, tendo em vista as medidas adotadas em decorrência da pandemia da covid-19, a prisão civil do devedor de alimentos encontra-se suspensa, o que dificulta a satisfação do débito. Deste modo, como alternativa, mostra-se viável que, deste já, sejam adotadas buscas no patrimônio do devedor, sem que haja a conversão dos ritos. Precedente do STJ. Jurisprudência desta Corte. [...]" (TJSP, AI 2149941-58.2021.8.26.0000, Rel.ª Des.ª Maria Salete Corrêa Dias, j. 13.10.2021).

258 "[...] 1. O credor de alimentos possui a faculdade de ajuizar execução em face do devedor por meio de dois ritos, o da constrição patrimonial ou o da prisão civil, havendo vedação legal à cumulação de ritos, por força da parte final do artigo 780, CPC. 2. Cabe a eleição do rito de prisão para a cobrança das três últimas parcelas dos alimentos, além daquelas que se vencerem no curso da demanda. Se afigura

Em acórdão do TJDF – tribunal, aliás, de onde veio a decisão objeto do citado REsp 1.914.052 –, após mencionar-se a vedação à cumulação de ritos ante a provável ocorrência de tumulto processual, constou que a situação pandêmica vivenciada por todos, "não pode ser fundamento para o desvirtuamento da lei processual civil no que toca à execução de obrigação alimentar"[259].

Esse entendimento foi também esposado pelo Tribunal de Justiça paranaense, para quem "a excepcional situação da pandemia da covid-19 não modifica a regra processual quanto à impossibilidade de cumulação de ritos"[260].

O Tribunal de Justiça de Minas Gerais decidiu na mesma linha:

> Em que pese a suspensão do mandado de prisão em razão da pandemia e ainda que se reconheça que compete ao exequente escolher livremente entre os diferentes meios executivos previstos em lei para execução de alimentos, podendo, inclusive, requerer a conversão do rito, entendo não ser possível cumular os meios executivos (prisão e expropriação) em um único procedimento, sob pena de violação ao art. 528, § 8.º, CPC/2015 e de tumultuar o processar[261].

Como se percebe, mesmo após o REsp 1.914.052/DF (publicado em 28.06.2021), o tema ainda não foi pacificado; como o assunto não foi decidido pela Corte Especial (órgão deliberativo máximo do STJ), falta decisão vinculante.[262]

---

inadequada a execução conjunta dos alimentos não pagos por meio dos dois ritos previstos, sobretudo sem a cobrança em separado dos valores, consoante as prescrições legais e entendimentos firmados pelas Cortes de Justiça. [...]" (TJDF, Rec 07074.28-50.2019.8.07.0003, Ac. 161.6886, Rel.ª Des.ª Gislene Pinheiro, Publ. PJe 22.09.2022); "[...] Em sede de cumprimento de sentença de alimentos, mesmo diante do cenário nacional e mundial de excepcionalidade em decorrência da pandemia do novo Coronavírus (covid-19), não há que se falar em cumulação provisória de ritos da prisão civil com constrição patrimonial (penhora), sob pena de afronta ao que preceituam os artigos 528, *caput*, e 528, § 8.º, do CPC. [...]" (TJDF, Rec 07382.91-27.2021.8.07.0000, Ac. 160.4373, Sétima Turma Cível, Rel. Des. Cruz Macedo, j. 10.08.2022, Publ. PJe 03.09.2022); "AGRAVO DE INSTRUMENTO. Cumprimento de sentença. Alimentos. Decisão que deferiu a cumulação de ritos, penhora e prisão civil, no mesmo processo. Inadmissibilidade. Cumulação que traria tumulto processual. [...]" (TJSP, AI 2124764-58.2022.8.26.0000, Ac. 15906251, São Paulo, Segunda Câmara de Direito Privado, Rel. Des. José Carlos Ferreira Alves, j. 01.08.2022, *DJESP* 15.08.2022, p. 1891); "Agravo de instrumento. Alimentos. Cumprimento de sentença. Pandemia. Covid-19. Cumulação de ritos processuais. Prisão e penhora. Impossibilidade. 1. Na execução de alimentos é inadmissível a cumulação dos ritos processais da prisão e da penhora, mesmo durante a pandemia da covid-19. Precedentes do C. STJ e E. TJDFT. [...]" (TJDF, Rec 07365.78-17.2021.8.07.0000, Ac. 143.3831, Quarta Turma Cível, Rel. Des. Sérgio Rocha, j. 23.06.2022, Publ. PJe 05.07.2022).

259 TJDFT, Proc. 07073128220218070000, Rel. João Egmont, j. 29.09.2021. Também nesse sentido, do mesmo Tribunal: Proc. 07195157620218070000, Rel. Teófilo Caetano, j. 25.08.2021 e Proc. 07165762620218070000, Rel. Angelo Passareli, j. 01.09.2021.

260 TJPR, Proc. 0025232-61.2021.8.16.0000, Rel.ª Des.ª Lenice Bodstein, j. 27.09.2021.

261 TJMG, Agravo de Instrumento-Cv 1.0000.21.105844-1/001, Rel.ª Des.ª Teresa Cristina da Cunha Peixoto, j. 09.09.2021.

262 "Processo civil. Recurso especial. Execução de alimentos. Cumulação de técnicas executivas. Coerção pessoal (prisão) e coerção patrimonial (penhora). Possibilidade, desde que não haja prejuízo ao devedor nem ocorra nenhum tumulto processual *in concreto*. 1. Diante da flexibilidade normativa adotada pelo CPC/2015 e do tratamento multifacetado e privilegiado dos alimentos, disponibilizou o legislador diversas medidas executivas em prol da efetividade da tutela desse direito fundamental. 2. Cabe ao credor, em sua execução, optar pelo rito que melhor atenda à sua pretensão. A escolha de um ou de outro rito é opção que o sistema lhe confere numa densificação do princípio dispositivo e do princípio da disponibilidade, os quais regem a execução civil. 3. É cabível a cumulação das técnicas executivas da coerção pessoal

De todo modo, o Superior Tribunal de Justiça proferiu mais uma decisão no mesmo sentido.

2.12.3. *Cientificação do devedor*

Nos termos do art. 528 do CPC, o juiz, a requerimento do exequente, mandará intimar o executado pessoalmente para, em 3 (três) dias, pagar o débito, provar que o fez ou justificar a impossibilidade de efetuá-lo.

Infelizmente, na prática, pode ser muito difícil localizar o paradeiro do devedor (especialmente quando ele busca, deliberadamente, evitar ser encontrado).

Se a parte credora tem dificuldades para localizar o demandado, pode contar com a colaboração do Poder Judiciário para encontrar seu endereço?

A resposta foi positiva em acórdão do Tribunal de Justiça do Rio Grande do Sul: "tendo o autor dificuldades para descobrir o endereço do réu, é possível a expedição de ofícios no sentido de localizá-lo"[263].

Outra interessante possibilidade foi reconhecida pelo STJ: é válida a intimação pessoal fictamente efetivada no local declinado pela parte que não comunicou ao juízo a posterior mudança de seu endereço. Segundo a ministra relatora do caso, Nancy Andrighi, apesar de o art. 528, *caput*, do CPC prever a intimação pessoal do devedor no cumprimento da sentença condenatória de alimentos, aplica-se o art. 513, § 4.º[264], do CPC no caso, por se tratar de regra situada nas "disposições gerais" do cumprimento de sentença – que disciplina, indistintamente, todas as suas modalidades.

Em sua visão, inexistindo regra na disciplina do cumprimento de sentença condenatória à obrigação de pagar alimentos (arts. 528 e seguintes, do CPC) que impeça a aplicação do art. 513, § 4.º, do CPC, deve-se concluir pela validade da intimação pessoal fictamente realizada no endereço informado pelo devedor na fase de conhecimento, mesmo após o período de um ano contado do trânsito em julgado da sentença condenatória de alimentos. O art. 513, § 4.º, do CPC alinha-se às normas fundamentais da nova legislação processual que tratam dos

---

(prisão) e da coerção patrimonial (penhora) no âmbito do mesmo processo executivo de alimentos, desde que não haja prejuízo ao devedor (a ser devidamente comprovado) nem ocorra nenhum tumulto processual no caso em concreto (a ser avaliado pelo magistrado). 4. Traz-se, assim, adequação e efetividade à tutela jurisdicional, tendo sempre como norte a dignidade da pessoa do credor necessitado. No entanto, é recomendável que o credor especifique, em tópico próprio, a sua pretensão ritual em relação aos pedidos, devendo o mandado de citação/intimação prever as diferentes consequências de acordo com as diferentes prestações. A defesa do requerido, por sua vez, poderá ser ofertada em tópicos ou separadamente, com a justificação em relação às prestações atuais e com a impugnação ou os embargos a serem opostos às prestações pretéritas. 5. Na hipótese, o credor de alimentos estabeleceu expressamente a sua "escolha" acerca da cumulação de meios executivos, tendo delimitado de forma adequada os seus requerimentos. Por conseguinte, em princípio, é possível o processamento em conjunto dos requerimentos de prisão e de expropriação, devendo os respectivos mandados citatórios/intimatórios se adequar a cada pleito executório. 6. Recurso Especial provido" (STJ, REsp 1.930.593, Proc. 2021/0096607-4, MG, Quarta Turma, Rel. Min. Luis Felipe Salomão, j. 09.08.2022, *DJE* 26.08.2022).

263 TJRS, AI 0256030-37.2018.8.21.7000/Panambi, 8.ª Câmara Cível, Rel.ª Des.ª Liselena Schifino Robles Ribeiro, j. 27.08.2018, *DJERS* 30.08.2018. No mesmo sentido e ainda invocando a flexibilidade procedimental em uma demanda sobre guarda: TJRS, AC 5001933-05.2021.8.21.0105, Ibirubá, Sétima Câmara Cível, Rel. Des. Carlos Eduardo Zietlow Duro, j. 08.09.2022, *DJERS* 08.09.2022.

264 Segundo tal regra, a intimação pessoal deverá ser encaminhada ao endereço constante dos autos e será considerada válida a intimação fictamente efetivada naquele endereço se o devedor não comunicou ao juízo eventual alteração.

deveres de boa-fé e de cooperação (arts. 5.º e 6.º), de modo que o devedor está verdadeiramente obrigado a comunicar ao juízo qualquer modificação de endereço de modo a facilitar a sua célere localização, mesmo após o trânsito em julgado da sentença e, sobretudo, nas relações de trato sucessivo, como é a hipótese da pensão alimentícia.

A ministra relatora ainda ressaltou ser irrelevante, na hipótese, o fato de a sentença condenatória ter transitado em julgado em 2014 (ainda na vigência do CPC/1973, que não continha regra semelhante ao art. 513, § 4.º, do CPC/2015), na medida em que, criada a obrigação à parte devedora pela nova legislação processual, a incidência da nova regra era imediata, especialmente diante das particularidades existentes no cumprimento de sentença condenatória ao pagamento de alimentos – que, como se sabe, é suscetível de reiterados desarquivamentos e reaberturas, a depender do inadimplemento do devedor. O Tribunal, por unanimidade, nos termos do voto da ministra relatora, revogou a liminar anteriormente concedida e reconheceu a validade da intimação fictamente efetivada no endereço declinado pelo devedor na fase de conhecimento[265].

Com relação ao prazo, merece destaque o Enunciado 146 aprovado em 2018 na II Jornada de Direito Processual Civil do Conselho da Justiça Federal: "o prazo de 3 (três) dias previsto pelo art. 528 do CPC conta-se em dias úteis e na forma dos incisos do art. 231 do CPC, não se aplicando seu § 3.º"[266].

O Enunciado é importante porque: a) esclarece que a contagem do lapso temporal desprezará feriados e fins de semana – dias em que é difícil que o executado consiga atuar com total proveito em prol de sua defesa –, só sendo computados os dias úteis; b) destaca que o dia do começo do prazo não será contado a partir do dia da comunicação, mas da juntada aos autos do comprovante da comunicação.

Para compreender, consideremos um exemplo: Givaldo foi intimado nos termos do art. 528 do CPC no dia 12.11 e o mandado de intimação só foi juntado aos autos no dia 19.11. O prazo será computado em dias úteis a partir do primeiro dia útil seguinte ao dia 19: se dia 20.11 for feriado na comarca, o prazo começará a contar em 21.11 (se este não cair em sábado ou domingo).

Por fim, um entendimento (no mínimo peculiar) esposado pelo STJ merece destaque: "havendo inequívoca ciência do devedor acerca de débito alimentar objeto de execução, não é ilegal a intimação de instauração de um segundo cumprimento de sentença na pessoa do seu advogado referente ao mesmo título judicial".

No caso, entendeu-se que, como o devedor teve ciência inequívoca da execução da dívida alimentar – tanto que chegou a ser preso no primeiro cumprimento de sentença –, o fato de ter sido instaurado um segundo cumprimento não exige que o paciente seja novamente intimado pessoalmente por se tratar "do mesmo título judicial executado", mudando-se apenas o período correspondente ao débito executado: "somente se fosse instaurado um novo cumprimento de sentença referente a outro título judicial, é que seria necessária nova intimação pessoal do devedor")[267].

---

265 STJ, HC 691.631 / PR, Rel.ª Min.ª Nancy Andrighi, j. 29.03.2022, *DJe* 01.04.2022.

266 CPC, art. 231, § 3.º Quando o ato tiver de ser praticado diretamente pela parte ou por quem, de qualquer forma, participe do processo, sem a intermediação de representante judicial, o dia do começo do prazo para cumprimento da determinação judicial corresponderá à data em que se der a comunicação.

267 Processo em segredo de justiça, Rel. Min. Marco Aurélio Bellizze, 3.ª Turma, por unanimidade, j. 24.10.2023, *DJe* 26.10.2023.

2.12.4. *Reações do executado*

Cientificado para pagar o débito alimentar sob pena de prisão, o executado, no prazo de três dias, poderá efetuar o pagamento do débito, comprovar que já o fez ou justificar a impossibilidade de pagamento. Embora o art. 528 do CPC se refira a tais iniciativas de modo alternativo, nada impede que ele apresente justificativa trazendo demonstrativos de pagamento atuais e pretéritos.

a) Pagamento

Prevê o Código de Processo Civil que, "paga a prestação alimentícia, o juiz suspenderá o cumprimento da ordem de prisão"[268].

O pagamento parcial afasta a possibilidade de prisão? Pagas, por exemplo, as três prestações anteriores ao pedido, sem pagamento das pensões vencidas ao longo do processo, o juiz deve afastar a prisão?

A jurisprudência dominante entende há tempos que apenas a quitação integral do débito elide a prisão[269].

Assim, é equivocado orientar o devedor a pagar as três prestações anteriores ao requerimento esperando obstar a expedição de mandado de prisão. Havendo mais prestações vencidas ao longo do processo (o que é comum ante o lapso entre o pleito e o recebimento da citação), a iniciativa não será eficiente para evitar a ordem de encarceramento.

É possível, contudo, encontrar interpretações peculiares. Em certa decisão, entendeu o STJ que a exigência do pagamento total de dívida alimentar sob pena de prisão civil seria medida de coação extrema nos casos em que o credor é pessoa maior e capaz, e a dívida se acumula por muito tempo e alcança altos valores[270]. De acordo com o Ministro Luis Felipe Salomão, a concessão da liminar seria prudente: o réu vinha pagando parcialmente e havia promovido ação exoneratória de alimentos. Com base em precedentes da 3.ª Turma e na comprovação das alegações, concedeu a liminar – mas determinou que o executado comprovasse o pagamento das três últimas parcelas da pensão sob pena de revogação da ordem[271].

---

268 CPC, art. 528, § 6.º Paga a prestação alimentícia, o juiz suspenderá o cumprimento da ordem de prisão.

269 "Há 'jurisprudência firme do Superior Tribunal de Justiça no sentido de que o descumprimento de acordo firmado entre alimentante e alimentado, nos autos de ação de execução de alimentos, pode ensejar o decreto de prisão, bem como que o pagamento parcial não produz o efeito de liberar o devedor do restante do débito ou, tampouco, afastar o decreto prisional'" (HC 350.101/MS, Rel. Min. Paulo de Tarso Sanseverino, 3.ª Turma, j. 14.06.2016, *DJe* 17.06.2016). Eis outras decisões no mesmo sentido: ". [...] O STJ já proclamou que o pagamento parcial da verba alimentar não afasta a possibilidade da prisão civil. Precedentes. 12. O decreto de prisão proveniente da execução de alimentos na qual se visa o recebimento integral de até três parcelas anteriores ao ajuizamento da execução e das que se vencerem no seu curso não é ilegal. Inteligência da Súmula n. 309 do STJ [...]" (STJ, RHC 151180/ES, Rel. Min. Moura Ribeiro, j. 28.09.2021, *DJe* 04.10.2021); "[...] É pacífico, no âmbito desta eg. Corte Superior, o entendimento de que o pagamento parcial do débito alimentar não é suficiente para afastar a ordem de prisão civil, pois, nos termos da Súmula n. 309 do STJ, somente o pagamento integral das três parcelas anteriores ao ajuizamento da execução e das que se vencerem no curso da ação é que pode fazê-lo. Precedentes [...]" (STJ, AgInt nos EDcl no REsp 1856976/SC, Rel. Min. Moura Ribeiro, j. 19.10.2020, *DJe* 22.10.2020).

270 O entendimento foi proferido pela 4.ª Turma ao conceder liminar em *habeas corpus* a um homem que havia sido preso em razão do não pagamento de alimentos à ex-mulher; o débito acumulado alcançou o valor de quase R$ 64.000,00. O número do processo não foi divulgado em razão de segredo judicial.

271 Quarta Turma concede liminar contra excesso em prisão civil de alimentante. Disponível em: http://www.stj.jus.br/sites/STJ/default/pt_BR/Comunica%C3%A7%C3%A3o/noticias/Not%C3%ADcias/Quarta-Turma-concede-liminar-contra-excesso-em-pris%C3%A3o-civil-de-alimentante. Acesso em: 2 nov. 2017.

Em outro caso, o devedor acumulou dívida superior a R$ 30.000,00 (trinta mil reais) no decorrer de 3 anos e teve contra si decretada a prisão civil. Impetrou, então, *habeas corpus* alegando que cumpria parcialmente o acordo, que esteve por longo período desempregado e que recebia valores incompatíveis com a obrigação alimentar. O TJ carioca denegou a ordem. Em recurso, o devedor requereu a concessão argumentando que o inadimplemento foi involuntário. O STJ reverteu a decisão porque: a) em situações assim, de real incompatibilidade entre o valor inicialmente fixado dos alimentos e a capacidade econômico-financeira do paciente, o inadimplemento não se apresenta inescusável e voluntário; b) a manutenção da prisão, "além de não se mostrar legítima, também não parece ser o melhor caminho, inclusive para a própria alimentada, ante a possibilidade de nova interrupção do pagamento, comprometendo o equilíbrio finalmente alcançado entre as partes[272]".

Eis outra questão que enseja debate: é possível o parcelamento previsto no art. 916[273] do CPC em casos de inadimplemento alimentar?

Até o início do contexto pandêmico, a resposta majoritária era negativa com base em argumentos como: a) o art. 916, § 7.º, do CPC veda expressamente o parcelamento no cumprimento de sentença[274]; b) tal parcelamento, ao contrário do que se dá na execução de título extrajudicial, dependeria de prévia anuência[275] (muitas vezes inexistente); c) a credora não é obrigada a receber o débito parcelado[276].

Decisões favoráveis costumavam invocar como fundamentos: 1. ainda que se trate de execução de alimentos, preenchidos os requisitos legais para o deferimento do pedido de parcelamento da dívida e comprovado o pagamento da totalidade do crédito, deve ser reformada a decisão que decretou a prisão civil do devedor[277]; 2. o parcelamento do débito pode ser considerado desde que haja concordância do credor[278].

---

272 STJ, RHC 176.091/RJ, Rel. Min. Raul Araújo, j. 27.04.2023, *DJe* 04.05.2023.

273 CPC, art. 916. No prazo para embargos, reconhecendo o crédito do exequente e comprovando o depósito de trinta por cento do valor em execução, acrescido de custas e de honorários de advogado, o executado poderá requerer que lhe seja permitido pagar o restante em até 6 (seis) parcelas mensais, acrescidas de correção monetária e de juros de um por cento ao mês.

274 TJSP, AI 2283859-32.2019.8.26.0000, Ac. 13380910, Aparecida, 1.ª Câmara de Direito Privado, Rel. Des. Rui Cascaldi, j. 06.03.2020, *DJESP* 11.03.2020, p. 2.643; TJDFT, Proc 07103.32-52.2019.8.07.0000, Rel.ª Des.ª Nídia Corrêa Lima, j. 06.11.2019, *DJDFTE* 21.11.2019; TJSC, AI 4022645-44.2019.8.24.0000, Rel.ª Des.ª Denise Volpato, *DJSC* 12.09.2019.

275 TJSP, AI 2274635-70.2019.8.26.0000, Rel. Des. Vito José Guglielmi, j. 12.03.2020. Como bem consta em acórdão do TJDF, "é certo que ao titular da execução de alimentos cabe, se for o caso, efetuar concessões, permitindo o pagamento parcelado do débito, não estando ele obrigado a receber a dívida em partes, salvo anuência expressa do Exequente" (TJDFT, AGI 2016.00.2.007346-8, Rel. Des. Ângelo Canducci Passareli, j. 01.02.2017, *DJDFTE* 14.02.2017).

276 TJSP, AI 2195478-48.2019.8.26.0000, Rel. Des. Costa Netto, j. 19.12.2019, *DJESP* 22.01.2020.

277 TJDFT, AGI 2015.00.2.033679-3, Rel. Des. Cruz Macedo, j. 17.11.2016, *DJDFTE* 15.12.2016. No mesmo sentido: "[...] 3 – Havendo justificativa do devedor quanto à impossibilidade de arcar com o pagamento da prestação alimentícia e, ainda, demonstrando a intenção de adimplir a obrigação, apresentando proposta de parcelamento do débito, não há razões que justifiquem a privação de sua liberdade (art. 528, § 3.º, CPC). 4 – No entanto, no caso dos autos, o genitor, ora agravante, apesar de devidamente intimado, não comprovou o pagamento do débito alimentar, não apresentou justificativa plausível para a atual situação de inadimplência, e, nem sequer demonstrou interesse na realização de acordo para parcelamento da dívida. [...]" (TJDFT, Proc. 07005906620208070000, Rel. Gilberto Pereira de Oliveira, j. 03.06.2020).

278 TJSP, AI 2111571-83.2016.8.26.0000, Rel. Des. João Carlos Saletti, j. 13.12.2016, *DJESP* 08.03.2018. No mesmo sentido: "[...] Pedido de parcelamento do débito alimentar. Medida que necessita expressa anuência da parte exequente" (TJSC, AI 4017291-38.2019.8.24.0000, Brusque, 2.ª Câmara de Direito Civil, Rel. João Batista Góes Ulysséa, j. 06.08.2020).

Em 2022, entendeu o STJ que o parcelamento do débito na execução de título judicial foi expressamente vedado pelo CPC, com a ressalva de que credor e devedor podem transacionar em sentido diverso da lei em virtude da natureza de direito patrimonial disponível. Segundo o Min. Relator Marco Aurélio Bellizze, o princípio da menor onerosidade ao devedor constitui exceção à regra conforme a qual o processo executivo visa, principalmente, à satisfação do crédito e deve ser promovido no interesse do credor[279].

Vale destacar o entendimento de que, havendo anuência em relação ao parcelamento do débito alimentar, a execução deve ser sobrestada pelo prazo conferido ao devedor para satisfazer a obrigação, não se justificando a extinção do feito[280].

Uma questão que pode surgir em sede de cumprimento de sentença ou execução refere-se ao teor do art. 1.698 do Código Civil[281]: sendo um dos pais condenado por sentença a pagar alimentos ao filho, se ele descumprir a obrigação, será possível direcionar a execução contra os avós?

Não: falta título executivo em relação aos avós. Por força do respeito ao contraditório e aos limites subjetivos da coisa julgada, a decisão é indiscutível e imutável *entre as partes* do processo e não pode impor obrigações a terceiros que não participaram da definição da obrigação em juízo. Portanto, não se admite a promoção da execução contra os avós se eles não participaram da formação do título executivo[282]. A única forma de promover a execução dos avós é proceder antes à formação de título contra eles valendo-se do processo de conhecimento ou então mediante a celebração de acordo (consubstanciado em título executivo) em que eles se reconheçam como devedores da obrigação.

O Tribunal mineiro bem rechaçou a execução em pleito peculiar no qual os avós, que figuraram como simples testemunhas no acordo, foram indevidamente acionados[283].

---

279 REsp 1.891.577-MG, j. 24.05.2022, *DJe* 14.06.2022.

280 "Diante da celebração de acordo entre as partes para parcelamento do débito, deve ser suspensa a execução, como preceitua o art. 922 do Código de Processo Civil, não sendo possível a extinção prematura do feito" (TJMG, Apelação Cível 1.0521.15.002846-7/001, Rel. Des. Moacyr Lobato, j. 09.05.2019).

281 CC, art. 1.698. Se o parente, que deve alimentos em primeiro lugar, não estiver em condições de suportar totalmente o encargo, serão chamados a concorrer os de grau imediato; sendo várias as pessoas obrigadas a prestar alimentos, todas devem concorrer na proporção dos respectivos recursos, e, intentada ação contra uma delas, poderão as demais ser chamadas a integrar a lide.

282 "A obrigação dos progenitores em relação aos netos é subsidiária e complementar, isto é, inicialmente respondem os pais e, se estes encontrarem-se em situação de impossibilidade, poderá então ser proposta a ação alimentar contra os avós; na hipótese, a avó paterna não figura no título executivo em cobrança, o que inviabiliza, pelo menos, neste momento processual, o chamamento da mesma para compor a lide" (TJCE, AI 0623969-94.2016.8.06.0000, 1.ª Câmara de Direito Privado, Rel. Des. Heraclito Vieira de Sousa Neto, j. 15.02.2017, *DJCE* 23.02.2017, p. 23). No mesmo sentido: "[...] Preliminar de ilegitimidade passiva. Citação dos avós paternos. Obrigação alimentar constituída em título executivo judicial em nome do genitor da alimentária. Ausência de liame com os avós. Necessidade de prévia ação de conhecimento. Citação na execução inviável. Decisão reformada. 'É incabível a inclusão dos avós paternos no polo passivo de execução de alimentos amparada em título executivo que estabelece como devedor alimentar apenas o genitor do exequente. Eventual obrigação alimentar dos avós deve ser requerida em ação própria, com observância aos princípios do contraditório e ampla defesa (TJSC, AI n. 4013389-48.2017.8.24.0000, de Itapiranga, Rel. Des. Monteiro Rocha, 6.ª Câmara de Direito Civil, j. 27-02-2018)' (AI n. 4013980-10.2017.8.24.0000, Rel. Des. André Carvalho, j. em 09.04.2019)" (TJSC, AI 4008877-56.2016.8.24.0000, Campo Belo do Sul, Rel. Gerson Cherem II, j. 31.10.2019).

283 "[...] se a ação de refere à execução de acordo de alimentos proposta por filho contra os pais, não pode a execução tornar-se extensiva aos avós, pois estes apenas figuram no instrumento do acordo como testemunhas. Ademais, a ação de alimentos foi proposta unicamente contra os pais e, em consequência, sua execução não poderia estender-se a eles, por faltar-lhes legitimidade passiva para tanto" (TJMG, AC 1.0024.97.125404-0/001, Belo Horizonte, 4.ª Câmara Cível, Rel. Des. Hyparco de Vasconcellos Immesi, j. 02.09.2004, *DJMG* 28.10.2004).

b) Justificativa

O devedor pode justificar porque não adimpliu o débito.

Merece destaque, ao ponto, o seguinte entendimento: em se tratando de execução de alimentos, não há que se falar em dilação probatória, devendo a impossibilidade do pagamento da verba alimentícia ser demonstrada de plano em vista da presunção de liquidez e certeza que reveste o título exequendo[284]. Assim, será importante que o devedor demonstre por meio de documentos a alegada impossibilidade de adimplir o débito alimentar.

Aceita a justificativa pelo juiz, não haverá determinação de prisão civil. Nesse caso, afasta-se a pena de prisão e opera-se o seguimento da execução na busca de bens para penhora e outros atos constritivos para adimplir as parcelas devidas.

O que tem sido aceito pela jurisprudência como justificativa apta a afastar a prisão?

Tradicionalmente, a alegação de desemprego não costuma lograr sucesso como justificativa para afastar a prisão civil; tampouco a propositura de ações revisionais e exoneratórias vem sendo admitida pela jurisprudência como justificativa plausível para escusar o inadimplemento[285].

No entanto, merece destaque a decisão da Segunda Turma do STF no julgamento de *habeas corpus* que assim consignou:

> A Constituição apenas permite prisão por dívida decorrente de pensão alimentícia quando a não prestação é voluntária e inescusável. Com base nessa orientação, a Segunda Turma não conheceu o *habeas corpus*, porém, concedeu a ordem de ofício. Na espécie, o paciente demonstrou encontrar-se desempregado[286].

O CPC vigente, conforme se demonstrará, adotou entendimento mais detalhado e severo em relação ao que é considerado inadimplemento justificável.

---

284 TJCE, HC 0625208-02.2017.8.06.0000, 3.ª Câmara de Direito Privado, Rel.ª Des.ª Lira Ramos de Oliveira, DJCE 03.10.2017, p. 50. No mesmo sentido: "[...]. 2. Demonstrada que a obrigação alimentar se encontra inadimplida, bem como a ausência de comprovação de impossibilidade absoluta em arcar com o pagamento, não há que se falar em ilegalidade da decisão que ordenou o pagamento, sob pena de decretação da prisão civil do genitor. 3. A impugnação deve ser apresentada com prova pré-constituída e com justificativa demonstrada de plano. A necessidade de dilação probatória impede o reconhecimento do alegado e desafia a propositura de ação em via adequada" (TJDFT, Proc. 07033534020208070000, Rel. Romulo de Araujo Mendes, j. 08.07.2020).

285 Eis exemplo: "[...] Decisão que acolhe as justificativas da executada e indefere a decretação de sua prisão civil. Irresignação da credora quanto ao acolhimento da justificativa apresentada. Somente a comprovação de fato que gere a impossibilidade absoluta de pagar justificará o inadimplemento. § 2.º, art. 528 do CPC. Desemprego e constituição de nova família não são suficientes para justificar a inadimplência do débito alimentar. Procedimento de execução que, ademais, não deve ser utilizado como sucedâneo de demanda revisional de alimentos. [...] 'A desculpa para livrar-se da prisão tem que ser absoluta (CPC 528, § 2.º): que se encontre em situação tal que esteja sem aferir renda por fato que não tenha dado causa. Não serve a alegação de desemprego, a constituição de outra família ou o nascimento de outros filhos. Em vez de não pagar, deveria ter buscado a redução do encargo' (DIAS, Maria Berenice. *Manual de Direito das Famílias*...) [...]" (TJPR, Proc. 0071874-29.2020.8.16.0000, Rel.ª Des.ª Ivanise Maria Tratz Martins, j. 28.06.2021).

286 O caso foi julgado em 15.12.2015 e repercutiu no *Informativo* n. 812 do STF; o processo tramita em segredo de justiça. Disponível em: https://www.stf.jus.br/arquivo/informativo/documento/informativo812.htm. Acesso em: 8 out. 2016.

Voltando aos exemplos, em certa causa a existência de diversas execuções em trâmite tampouco foi aceita pelo STJ como justificativa[287]. A alegação também não convenceu os julgadores do Tribunal gaúcho[288].

Em um caso extremo, o acolhimento da justificativa foi inquestionável por envolver um avô idoso, doente e dependente financeiramente de terceiros[289]; esse indivíduo provavelmente não moveu demanda exoneratória por falta de informação ou de orientação jurídica.

Há ainda julgados que reconhecem como justificativas plausíveis a prisão criminal[290], a internação por dependência química[291] e a situação de rua[292].

Em relação à prisão criminal, porém, é primordial promover a análise da situação concreta do devedor preso, conforme ressaltou o STJ:

---

287 "*Habeas corpus*. Execução de alimentos. Prisão. Liminar indeferida em outro *habeas corpus*. Inocorrência de ilegalidade manifesta. [...]. 2. Hipótese em que tramitam três execuções de alimentos contra o paciente [...]" (HC 146155/DF, 4.ª Turma, Rel. Min. Maria Isabel Gallotti, j. 14.12.2010, *DJe* 07.02.2011).

288 "4. Ainda que algumas prestações alimentares que estão sendo cobradas sejam reclamadas em outra ação de execução de alimentos que busca a constrição patrimonial, inexiste óbice ao curso desta ação, que é prioritária, diante da urgência da verba alimentar e basta que o devedor pague o valor devido neste feito, para que seja procedido o abatimento na outra ação, não havendo risco de pagamento em duplicidade" (TJRS, AI 0049472-67.2017.8.21.7000, Santa Maria, 7.ª Câmara Cível, Rel. Des. Sérgio Fernando de Vasconcellos Chaves, j. 27.09.2017, *DJERS* 29.09.2017).

289 "Se a execução é dirigida a avô, com obrigação alimentar complementar, tendo este apresentado justificativa, informando acerca de sua idade avançada, problemas de saúde e dependência material de terceiros, mostra-se razoável a revogação do Decreto prisional" (TJMG, AG 1.0105.06.187915-8/001, Governador Valadares, 1.ª Câmara Cível, Rel. Des. Eduardo Guimarães Andrade, j. 31.07.2007, *DJMG* 14.08.2007). No mesmo sentido: "[...] Executado que possui 80 anos de idade e é acometido por diversas deficiências próprias da idade e doenças degenerativas. Agravado que justificou inadimplemento em razão de dissolução de sociedade com filho comum e, por consequência, o fechamento da empresa. Executado que se mantém apenas com os descontos de seus vencimentos junto ao inss. Comprovada a impossibilidade absoluta e temporária de pagar o débito. Inadimplemento que não decorreu de má-fe ou mera vontade de não arcar com a obrigação. Prisão civil que se revela medida extrema. [...] Alegação de onerosidade da penhora e de risco à sua subsistência digna [...] condição de idoso com problemas de saúde que deve ser sopesada frente à condição socioeconômica do agravante e do agravado [...]" (TJPR, 12.ª c. Cível. 67283-87.2021.8.16.0000) [...]" (TJPR, Rec 0005865-17.2022.8.16.0000, Curitiba, 12.ª Câmara Cível, Rel. Des. Luis Cesar de Paula Espindola, j. 08.08.2022, *DJPR* 09.08.2022).

290 "[...] 3. No caso, foi demonstrado que o período da inadimplência dos alimentos coincide com o tempo em que o paciente, autônomo, ficou preso em decorrência de sentença penal condenatória, tendo voltado a pagar a pensão a partir do mês posterior à progressão de regime penal, e, ainda que, antes disso, o compromisso alimentar foi honrado por mais de 6 anos, o que indica ser verdadeira a alegação de ausência de recursos para adimplir a obrigação ao tempo da reclusão [...]" (STJ, HC 381.095, Proc. 2016/0318912-6/SP, 4.ª Turma, Rel.ª Min.ª Maria Isabel Gallotti, j. 20.08.2019, *DJe* 26.08.2019).

291 "Justificativa plausível para o inadimplemento de obrigação alimentar, a exemplo de situação de desemprego e internação por dependência química, impede o Decreto de prisão do alimentante. Precedentes. [...]" (TJCE, AC 045017154.2000.8.06.0000, 7.ª Câmara Cível, Rel. Des. Francisco Bezerra Cavalcante, *DJCE* 02.10.2012, p. 128, Fortaleza, ano III, Edição 573). No mesmo sentido: "[...] Prisão civil. Afastamento. Justificativa aceita. Circunstância excepcional e temporária. Dependência química do devedor e internação para realização de desintoxicação. Suspensão do decreto prisional até que a causa excepcional e temporária não mais persista. Possibilidade de prosseguimento da execução pelo rito expropriatório que depende da anuência da parte credora. [...]" (TJRS, Agravo de Instrumento 70081476343, Rel.ª Sandra Brisolara Medeiros, j. 31.07.2019).

292 "[...] Decisão que decretou a prisão civil do paciente. Justificativa plausível apresentada – Alimentante que se encontra em situação de rua – Absoluta incapacidade econômica demonstrada – Inadimplemento involuntário caracterizado. Situação excepcional – Determinação de prisão incapaz de constranger a vontade do executado ao pagamento da obrigação alimentícia. Ordem concedida" (TJPR, Proc. 0030742-89.2020.8.16.0000, Rel. Des. Mario Nini Azzolini, j. 16.08.2020).

> [...] 2. A mera circunstância de o devedor de alimentos estar recolhido à prisão pela prática de crime não afasta a sua obrigação alimentar, tendo em vista a possibilidade de desempenho de atividade remunerada na prisão ou fora dela, a depender do regime prisional do cumprimento da pena. 3. É imprescindível aferir a possibilidade financeira do réu preso tanto no regime prisional fechado como no semiaberto ou aberto, em que é possível, inclusive, o trabalho externo. 4. Na espécie, o tribunal de origem, ao não acolher o pedido do recorrente, afastou de plano a obrigação por se encontrar custodiado, sem o exame específico da condição financeira do genitor, circunstância indispensável à solução da lide. 5. A mera condição de presidiário não é um alvará exoneratório da obrigação alimentar, especialmente em virtude da independência das instâncias cível e criminal[293].

Ao analisar caso de um devedor que estava em situação de rua, entendeu o Tribunal de Justiça de Minas Gerais:

> [...] 1. Considerando que a alegação é de impossibilidade de pagamento em razão da ausência de capacidade financeira/econômica do alimentante, a medida coercitiva não trará qualquer benefício para o exequente. 2. Conduzido o devedor à prisão, ficará impedido de exercer qualquer atividade remunerada, o que incrementará reflexos diretos na prole, mesmo que, de forma parcial, vinha efetuando pagamentos alimentícios. 3. Tendo em conta que a impontualidade no pagamento dos alimentos não é voluntária e, de fato, que no momento a renda do devedor é insuficiente para cumprir obrigação originariamente fixada, a justificativa deve ser acolhida[294].

Como se percebe, não é fácil conseguir ver acolhida uma justificativa. O CPC atual complica ainda mais a situação do executado ao prever, no art. 528, § 2.º, que "somente a comprovação de fato que gere a impossibilidade absoluta de pagar justificará o inadimplemento".

Em um primeiro momento, a previsão causou espanto por ensejar dificuldade considerável. Enquanto a Constituição Federal menciona apenas "inadimplemento voluntário e inescusável" do devedor de alimentos, o CPC qualifica a impossibilidade com absolutismo e ainda exige sua "comprovação de fato".

Pensando, porém, nas dificuldades constatadas na jurisprudência, parece que realmente o legislador se alinhou a entendimentos existentes sobre o tema.

Na busca de decisões (ainda no cenário em que não havia menção legal à impossibilidade absoluta) foram encontradas três que aplicavam essa conclusão.

Em certo, o Tribunal de Justiça gaúcho entende que "a escusa possível seria a ocorrência de algum fato novo, superveniente, grave e excepcional, que pudesse ter determinado o inadimplemento momentâneo e involuntário do encargo alimentar"[295].

---

293 STJ, AgInt-REsp 1.882.798, Proc. 2020/0165598-1, DF, Terceira Turma, Rel. Min. Ricardo Villas Boas Cueva, *DJE* 10.06.2022.

294 TJMG, AI 2460612-30.2021.8.13.0000, 4.ª Câmara Cível Especializada, Rel. Des. Pedro Aleixo, j. 14.07.2022, *DJEMG* 15.07.2022.

295 TJRS, AI 261490-44.2014.8.21.7000, São Gabriel, 7.ª Câmara Cível, Rel. Des. Sérgio Fernando de Vasconcellos Chaves, j. 16.07.2014, *DJERS* 23.07.2014). No mesmo sentido: "[...] o acolhimento da justificativa em demanda executiva de alimentos pressupõe a ocorrência de situação excepcional, verdadeira força maior que, modo inesperado, venha a retirar a possibilidade de pagamento ao devedor. [...]" (TJRS, Agravo de Instrumento 70081806291, Rel. Luiz Felipe Brasil Santos, j. 07.08.2019).

O Tribunal de Santa Catarina também decidiu de modo rigoroso. Não acreditando que seria possível que o executado auferisse renda tão baixa (e ainda precisasse pagar aluguel)[296], afirmou que ele, mesmo trabalhando informalmente, poderia "comprovar sua absoluta impossibilidade de pagar o débito alimentar pela juntada de sua declaração de imposto de renda, ou, sendo isento, por meio de certidões negativas de bens móveis e imóveis, além de demonstrativos de gastos mensais ordinários e extraordinários".

Por fim, em outra decisão do mesmo tribunal o tema veio a lume e ensejou resultado diverso. A execução tinha por base o montante de um salário mínimo mensal e o executado trabalhava como pedreiro com carteira assinada; como os alimentos empenhavam mais de 70% dos rendimentos, havia claro comprometimento da subsistência: "cabalmente demonstrada a absoluta impossibilidade de o alimentante adimplir a pensão alimentícia, não se mostra viável a segregação corporal para forçá-lo ao pagamento de quantia absolutamente insuportável"[297].

Sob a égide do CPC, na busca de decisões sobre o tema constata-se a presença de diversas fundamentações genéricas que simplesmente afirmam não ter sido demonstrada a impossibilidade absoluta. Como exemplo, consta em decisão do Tribunal de Santa Catarina que somente o pagamento integral da dívida alimentar ou a impossibilidade absoluta em arcar com o valor fixado a título de alimentos, desde que acompanhada de prova pré-constituída, afastam a possibilidade de decretação da prisão[298].

A alegação de ser "um empresário falido" também não foi reputada suficiente[299]. Em algumas decisões consta o seguinte: "Somente a impossibilidade atual, momentânea e absoluta de adimplir o encargo alimentar é que constitui justificativa apta a afastar a incidência da prisão civil (art. 528, § 2.º do CPC/15)"[300].

---

296 "[...] Aventada impossibilidade de pagamento. Justificativa que não se apresenta plausível. Paciente que alega perceber apenas R$ 700,00 (setecentos reais) mensais, mas paga R$ 450,00 (quatrocentos e cinquenta reais) de aluguel. Situação a indicar que o alimentante recebe valor superior ao asseverado. Ausência de outras provas da absoluta inviabilidade de arcar com a quantia estipulada a título de verba alimentar. Filho que não recebe a contento a pensão alimentícia desde os 12 anos de idade. Remédio constitucional, ademais, instruído com parca documentação. Segregação compulsória que não se afigura ilegal ou abusiva [...]" (TJSC, HC 2013.031073-6, Balneário Piçarras, 1.ª Câmara de Direito Civil, Rel. Des. Raulino Jacó Brüning, j. 11.06.2013, *DJSC* 24.06.2013, p. 155).

297 "*Habeas corpus*. Execução de alimentos devidos à ex-companheira. Prisão civil decretada. Liminar deferida, com expedição de alvará de soltura. 1. Aventada impossibilidade de pagamento. Justificativa plausível. Paciente que exerce a profissão de pedreiro. Pensão alimentícia que equivale a aproximadamente 70% (setenta por cento) de seus rendimentos. Situação peculiar que revela a absoluta inviabilidade de arcar com a quantia estipulada judicialmente, cuja decisão encontra-se pendente de recurso de apelação. Segregação compulsória não recomendada na espécie. Constrangimento ilegal configurado. [...] 'A prisão do devedor de pensão alimentícia é medida coercitiva objetivando o cumprimento da obrigação. Não caracteriza punição, mas maneira de forçar o devedor ao pagamento. Se este é impossível, a segregação perde sentido'. (TJSC, *Habeas Corpus* n. 2011.010218-8, de Indaial, Rel. Des. Victor Ferreira, j. 31-03-2011)" (TJSC, HC 2013.013607-5, Capivari de Baixo, 1.ª Câmara de Direito Civil, Rel. Des. Raulino Jacó Brüning, j. 23.04.2013, *DJSC* 30.04.2013, p. 36).

298 TJSC, HC 4014722-35.2017.8.24.0000, Itajaí, 2.ª Câmara de Direito Civil, Rel. Des. Sebastião César Evangelista, *DJSC* 05.10.2017, p. 83.

299 "É cediço que em sede de execução de alimentos, não cabe discussão acerca do binômio necessidade-possibilidade e que a alegação do alimentante de que é um 'empresário falido', não constitui justificativa apta a livrar-lhe do Decreto prisional, uma vez que a impossibilidade absoluta do pagamento do débito alimentar está adstrito à ocorrência de caso fortuito ou força maior, devidamente comprovada, o que não se verifica na espécie [...]" (TJCE, AI 0629238-46.2018.8.06.0000, Rel.ª Des.ª Maria de Fátima de Melo Loureiro, *DJCE* 30.08.2019).

300 TJDF, Proc. 07056.13-27.2019.8.07.0000, Ac. 118.6167, 2.ª Turma Cível, Rel. Des. César Loyola, j. 17.07.2019, *DJDFTE* 24.07.2019.

Nesse sentido, considera-se que "o exame da impossibilidade absoluta do pagamento do débito alimentar está adstrito na ocorrência de caso fortuito ou força maior"[301]. Respondendo de forma a exemplificar a hipótese legal, assim decidiu o STJ:

> O delicado estado de saúde do recorrente, portador de diabetes com grave insuficiência renal, fartamente documentado nos autos, também constitui circunstância relevante, por si só, capaz de afastar o inadimplemento voluntário e inescusável, requisitos essenciais para a excepcional prevalência da prisão civil do devedor de alimentos[302].

Outro exemplo de justificativa aceita para afastar o decreto prisional foi a alteração na capacidade contributiva do alimentante após exoneração de cargo comissionado, mediante pagamento parcial da pensão e ajuizamento de ação revisional de alimentos[303].

Segundo o Tribunal de Justiça paranaense, "a alegação de impossibilidade de pagar *deve ser temporária, como, por exemplo, moléstia grave incapacitante para o trabalho*. O desemprego, no entanto, não serve como justificativa para o devedor livrar-se da prisão"[304].

---

301 TJCE, APL 0138107-86.2017.8.06.0001, 2.ª Câmara de Direito Privado, Rel.ª Des.ª Maria de Fátima de Melo Loureiro, *DJCE* 30.08.2019, p. 112. Seguindo o mesmo entendimento: "[...] 'A arguição de ausência de condições financeiras de arcar com o encargo alimentar no percentual fixado deve ser objeto de ação própria, respeitando-se o contraditório e a ampla defesa, cabendo ao recorrente nesta fase recursal honrar com o pagamento das prestações alimentícias vencidas e vincendas, ou apresentar escusa legítima para não fazê-lo, cuja justificativa entende-se aquela decorrente de caso fortuito ou força maior, não servindo para tanto, a redução da capacidade econômica do alimentante' (TJSC, Agravo de Instrumento n. 2015.010865-6, de Araranguá, Rel. Des. Saul Steil, Terceira Câmara de Direito Civil, j. em 21-7-2015)" (TJSC, AI 4009653-51.2019.8.24.0000, Florianópolis, 3.ª Câmara de Direito Civil, Rel. Des. Fernando Carioni, *DJSC* 06.09.2019, p. 163); "[...] O acolhimento de justificativa de não pagamento da pensão em demanda executiva pressupõe a ocorrência de situação excepcional, verdadeira força maior que, de modo inesperado, venha a retirar a possibilidade de o devedor cumprir sua obrigação. [...]" (TJDF, Proc. 07007.95-32.2019.8.07.0000, Ac. 118.3365, 3.ª Turma Cível, Rel.ª Des.ª Fátima Rafael, j. 03.07.2019, *DJDFTE* 10.07.2019).

302 STJ, RHC 105.198, Proc. 2018/0298107-1/MG, 4.ª Turma, Rel. Min. Raul Araújo, j. 19.03.2019, *DJe* 22.03.2019.

303 "[...]. 2. *In casu*, houve alteração na capacidade contributiva do Paciente, na medida em que foi exonerado do anterior cargo comissionado, não sendo, portanto, voluntária a ausência de pagamento. 3. Ademais, o Paciente comprovou estar pagando quantia mensal na proporção possível, tendo ajuizado ação revisional para rever o montante da obrigação, o que constitui justificativa plausível para afastar a fundada ameaça de segregação" (TJAM, HC 4000356-91.2019.8.04.0900, 1.ª Câmara Cível, Rel.ª Des.ª Maria das Graças Pessoa Figueiredo, j. 20.05.2019, *DJAM* 28.05.2019, p. 23).

304 Na ementa ainda consta que o pagamento poderia ter sido feito de forma parcial, mormente em decorrência dos termos do acordo oferecido pelo paciente (TJPR, HC Cível 1641007-8, Maringá, 12.ª Câmara Cível, Rel. Juiz Conv. Luciano Carrasco Falavinha Souza, j. 17.05.2017, *DJPR* 05.06.2017, p. 283). No mesmo sentido: "Agravo de instrumento. Execução alimentícia. Decisão agravada que rejeitou a justificativa apresentada, determinou a atualização do cálculo e intimação do executado para pagamento, sob pena de prisão. [...] Alegação de decréscimo de sua condição financeira a lastrar a negativa de pagamento. Afirmação de que ficou desempregado e vive de bicos. Inviabilidade de argumentar o tema em sede de execução. Impossibilidade total de pagamento que requer aforamento da ação de revisão de alimentos. [...] Ademais, consoante acentuam Pontes de Miranda e Celso Neves, a impossibilidade alegável é a temporária (*v.g.*, o desemprego; moléstia própria ou de familiares). Da impossibilidade definitiva, implicando o desfazimento do título, só em ação própria pode ser discutida eficazmente (ASSIS, Araken de. *Da execução de alimentos e prisão do devedor*. 7. ed. rev. atual e ampl. São Paulo: Revista dos Tribunais, 2011. p. 187). [...]" (TJSC, Agravo de Instrumento 4002588-68.2020.8.24.0000, Urubici, Rel. Saul Steil, j. 23.06.2020).

Uma hipótese de evidente impossibilidade absoluta para pagar verifica-se quando a pessoa se encontra no chamado "limbo previdenciário", período em que há divergência de visões entre o INSS e o empregador sobre sua aptidão para trabalhar. Como ela não recebe qualquer valor, obviamente é inviável realizar pagamentos nesse período.

A crise gerada pelo coronavírus ensejou precariedade econômica generalizada. Apesar desse fato notório, muitos julgados registram a rejeição da alegação e o decreto da prisão[305].

Em caso apreciado pelo Tribunal de Justiça gaúcho, o paciente pediu a revogação da prisão por dívida alimentar "lançando mão, de forma absolutamente genérica, da Resolução n. 62 do CNJ e das medidas de contenção para disseminação da covid-19". Sua pretensão foi rejeitada diante da "inexistência de qualquer justificativa concreta e particular, a flexibilizar ordem de prisão, restando nítida a intenção de locupletamento pessoal do paciente, em razão da pandemia, sem sinalizar pagamento dos alimentos que deve ao filho menor, frente ao qual se mostra devedor contumaz"[306].

Eis outra decisão que abordou o tema, desta vez valorizando o consenso entre as partes:

> [...] no atual do estágio de pandemia, por força da covid-19, é inegável reconhecer a dificuldade do recorrente em buscar emprego, considerando a própria restrição ao exercício da atividade econômica imposta pelos governos estaduais, como medida para evitar a propagação do vírus. Não por outro motivo, aliás, tem o Conselho Nacional de Justiça orientado os órgãos do Poder Judiciário a evitarem medidas de aprisionamento carcerário, para que também não se dissemine o novo corona vírus pelo ambiente prisional, entendimento que, com maior razão, deve ser aplicado ao devedor de alimentos. 6. Evidentemente, não se há de descuidar para as necessidades alimentares dos ora agravados, que subsistem independentemente de qualquer cenário de pandemia. Desse modo, a alternativa que melhor atende às necessidades dos menores é a preservação da liberdade do recorrente e o cumprimento da proposta de acordo formulada pelo executado/agravante e devidamente aceita pelos alimentandos[307].

c) *Recurso e habeas corpus*

Não aceita a justificativa nem efetuado o pagamento integral, o juiz decretará a prisão[308]. Qual é o recurso cabível contra tal decisão?

---

305 Eis um exemplo: "[...] Justificativa de impossibilidade de pagamento que deve ser absoluta e não fundada em pretensa revisão de valores. Inadimplência da obrigação alimentar iniciada em agosto de 2018. Impossibilidade de justificar a ausência de pagamento apenas com base na dificuldade econômica causada pela pandemia. Prisão civil que deve ser mantida. [...]" (TJPR, Rec 0004678-71.2022.8.16.0000, Curitiba, Décima Segunda Câmara Cível, Rel. Des. Luis Cesar de Paula Espindola, j. 15.08.2022, *DJPR* 15.08.2022).

306 "Ausência de ilegalidade na decisão atacada que, no caso concreto, não constatou hipótese para seguir a orientação (e não determinação), contida na Recomendação n. 62 do CNJ. Denegaram a ordem" (TJRS, HC 0053781-29.2020.8.21.7000, Proc. 70084154228, Farroupilha, 8.ª Câmara Cível, Rel. Des. Rui Portanova, j. 28.05.2020, *DJERS* 10.06.2020).

307 TJDFT, Rec. 07081.41-97.2020.8.07.0000, Ac. 125.9391, 7.ª Turma Cível, Rel.ª Des.ª Gislene Pinheiro, j. 01.07.2020, *DJe* 03.07.2020.

308 CPC, art. 528, § 3.º Se o executado não pagar ou se a justificativa apresentada não for aceita, o juiz, além de mandar protestar o pronunciamento judicial na forma do § 1.º, decretar-lhe-á a prisão pelo prazo de 1 (um) a 3 (três) meses.

A decisão interlocutória pode ser atacada por agravo de instrumento[309]. Por outro lado, se atentar ilegalmente contra a liberdade de locomoção do devedor, poderá dar margem à impetração do *habeas corpus*.

O fato de ser viável a interposição de recurso contra a decisão não impede o ataque da ordem de prisão por meio de *habeas corpus* em vista do *status* de garantia individual dessa medida[310]. Embora ambas as vias sejam admitidas, há diferenças práticas que influenciam na decisão sobre adotar uma ou outra.

O *habeas corpus*, remédio constitucional[311] e garantia individual contra arbitrariedades praticadas por autoridades, é medida mais simples que o agravo de instrumento. Por tal motivo, o acesso formal e materialmente irrestrito a ele é privilegiado pelo ordenamento. Assim, não há prazo para impetração.

Qualquer pessoa pode impetrar o *habeas corpus* em favor de quem teve a liberdade cerceada, independentemente de *jus postulandi*. Por outro lado, apenas o executado tem legitimidade para interpor agravo de instrumento, o que deve ser feito por advogado legalmente constituído e portador de instrumento de mandato sob pena de inadmissão do recurso.

O *habeas corpus* não tem forma específica exigida em lei, enquanto o agravo de instrumento deve ser interposto em petição escrita dirigida ao Presidente do Tribunal no prazo legal.

Não há exigência de juntada de cópias para a formação do *habeas corpus*. Evidentemente, caso o impetrante queira que o remédio tenha trâmite rápido e eficaz, deve colaborar com o julgador e fornecer o máximo de informações e documentos possíveis (incluindo cópia dos autos) que viabilizem uma rápida e lúcida decisão sobre a ilegalidade da coerção. Tradicionalmente, o agravo de instrumento vinha acompanhado de certas cópias previstas no Código de Processo Civil[312]; embora a informatização do processo tenha facilitado a interposição do recurso e o CPC afirme ser facultativa a juntada[313], pode ser interessante promovê-la para facilitar a apreciação por parte do órgão julgador.

Outra diferença – esta de grande importância na abordagem dos alimentos – reside na amplitude da cognição. O julgador do *habeas corpus* pode analisar questionamentos referentes à legalidade da prisão civil, enquanto o julgador do agravo de instrumento pode reexaminar as situações decididas pelo juiz e devolvidas pelo agravante.

É preciso tomar cuidado, ademais, com a *profundidade* da cognição do *habeas corpus*: ela é sumária e não comporta dilação probatória[314].

---

309 Cabe agravo de instrumento contra decisões proferidas em fases de cumprimento de sentença e em processos executivos (CPC, art. 1.015, parágrafo único).

310 "*Habeas corpus* (garantia constitucional) e tutela ordinária (recurso cível). Prisão civil. A previsão de agravo de instrumento como meio bastante para impedir a prisão civil do devedor de alimentos não lhe suprime o direito ao *habeas corpus*, que é garantia constitucional, insuscetível a limitações de prazo. [...]" (RHC 19.521/MG, 3.ª Turma, Rel. Min. Ari Pargendler, j. 20.06.2006, *DJ* 30.06.2006, p. 213).

311 CF, art. 5.º, LXVIII.

312 CPC, art. 1.017.

313 CPC, art. 1.017, § 5.º Sendo eletrônicos os autos do processo, dispensam-se as peças referidas nos incisos I e II do *caput*, facultando-se ao agravante anexar outros documentos que entender úteis para a compreensão da controvérsia.

314 "*Habeas corpus*. Cumprimento de sentença que fixou alimentos em favor de menor. Inadimplemento de obrigação alimentar. Prisão civil decretada. [...] A teor da jurisprudência desta eg. Corte Superior, a real capacidade financeira do paciente não pode ser verificada em *habeas corpus* que, por possuir cognição sumária, não comporta dilação probatória e não admite a análise aprofundada de provas e fatos controvertidos. Precedentes. [...]" (STJ, HC 682185/SP, Rel. Min. Moura Ribeiro, j. 28.09.2021, *DJe* 04.10.2021).

Em relação a demandas de revisão e exoneração[315] da obrigação alimentar, se não for concedida tutela liminar nos processos que as discutem, sua mera existência tem efeito nulo em relação à execução?

A resposta tende a ser positiva, já que que a mera propositura de demandas não tem o condão de afetar a execução[316].

O STJ, contudo, entendeu em certo caso que era ilegal a prisão por dívida alimentar pretérita após a homologação de acordo exoneratório. A execução proposta em 2013 se referia, inicialmente, às verbas alimentares vencidas nos três primeiros meses daquele ano; após o trâmite processual foi expedido, em 2022, mandado de prisão pelo inadimplemento da obrigação (que somava cerca de R$ 50.000,00 [cinquenta mil reais]).

O Min. Relator, Paulo de Tarso Sanseverino, afirmou que a medida extrema não se justificava no caso porque o devedor não tinha obrigação atual de prestar alimentos: no curso da execução, o alimentando atingiu a maioridade, ingressou no mercado de trabalho e adquiriu autonomia financeira – tendo, inclusive, concordado com a exoneração da obrigação alimentar em acordo homologado judicialmente. Ao conceder, de ofício, a ordem de *habeas corpus*, o magistrado apontou que os valores não pagos ainda são exigíveis e podem ser buscados pelo rito expropriatório[317].

Também não se admite a análise complexa de fatos e provas no julgamento do *habeas corpus*, devendo haver simplicidade fática e comprovação documental. Discussões sobre a falta de capacidade do executado que demandem dilação probatória, por exemplo, não são admitidas[318].

Por fim, uma vez interposto o agravo de instrumento, opera-se a preclusão consumativa, sendo impossível atacar novamente por meio de recurso a mesma decisão. Por outro lado, a existência de diversos *habeas corpus* contra um mesmo ato não causa litispendência, haja vista a grande gama de legitimados a impetrá-lo.

---

315 Eis decisão sobre o tema: ". 1. O ordenamento jurídico pátrio autoriza a prisão civil pelo inadimplemento voluntário e inescusável de obrigação alimentícia, permitida a constrição pessoal do devedor pelo rito da prisão quando o débito compreende até as 3 (três) prestações anteriores ao ajuizamento da execução, bem com as que se vencerem no curso do processo. 2. Nos termos do art. 528, §§ 1.º e 2.º, do Código de Processo Civil, só se admite o afastamento do decreto prisional pela prova do pagamento ou da absoluta impossibilidade de o fazer. 3. O *habeas corpus* não é a via adequada para discussões acerca do dever em si de prestação de alimentos nem da análise da real capacidade financeira do paciente, cuja aferição demandaria dilação probatória, incabível no *writ*. [...]" (TJDFT, Proc. 07082111720208070000, Rel.ª Maria de Lourdes Abreu, j. 28.04.2020).

316 CPC, art. 784, § 1.º A propositura de qualquer ação relativa a débito constante de título executivo não inibe o credor de promover-lhe a execução.

317 É ilegal prisão por dívida alimentícia pretérita depois de homologado acordo exoneratório. Disponível em: https://www.stj.jus.br/sites/portalp/Paginas/Comunicacao/Noticias/23082022-E-ilegal-prisao-por--divida-alimenticia-preterita-depois-de-homologado-acordo-exoneratorio.aspx. Acesso em: 27 out. 2022.

318 "*Habeas corpus*. [...] A verificação da incapacidade financeira do alimentante e a revisão das justificativas apresentadas para o inadimplemento da obrigação demandam dilação probatória, não se mostrando o *writ* a via adequada para este mister. Precedentes' (STJ, HC n. 428.973/RJ, Rel. Min. Moura Ribeiro, 3.ª Turma, j. em 6-2-2018, *DJe* 20-2-2018) (HC n. 4002302-61.2018.8.24.0000, Rel. Des. Fernando Carioni, j. em 06.03.2018). [...]" (TJSC, HC 4028533-91.2019.8.24.0000, Joinville, 1.ª Câmara de Direito Civil, Rel. Des. Gerson Cherem II, *DJSC* 13.01.2020, p. 88); "[...] O *habeas corpus* é medida judicial que autoriza tão somente o resguardo ao direito de ir e vir, quando violado ou ameaçado por ato ilegal ou praticado com abuso de poder (CF, art. 5.º, inc. LXVIII), não permitida a dilação probatória. Rito do art. 528, § 3.º, do Código de Processo Civil, em consonância com a Súmula n. 309 do Superior Tribunal de Justiça. Situação fática que demonstra inadimplemento das prestações de caráter alimentar. Dificuldade financeira que deve ser discutida em eventual revisional ou exoneratória de alimentos..." (TJSP, HC 2252947-52.2019.8.26.0000, Ac. 13194840, Piracicaba, 7.ª Câmara de Direito Privado, Rel. Des. José Rubens Queiroz Gomes, j. 17.12.2019, *DJESP* 19.12.2019, p. 2.528).

Embora o *habeas corpus* pareça ser mais interessante, na prática sua impetração não costuma gerar êxito para liberar o alimentante quando a análise da justificativa envolve fatos ligados à capacidade econômica; como mencionado, os tribunais costumam afirmar que a limitação de cognição inerente a este remédio constitucional inviabiliza maiores dilações.

Por tal razão, a interposição do agravo de instrumento (com pedido de efeito suspensivo[319]) tem se revelado a via mais apropriada para reverter decisões errôneas quanto à apreciação da justificativa.

2.12.5. *Prisão*

a) Prazo

Por quanto tempo pode durar a prisão civil por dívida alimentar?

A Lei de Alimentos e o CPC trazem previsões conflitantes: enquanto na primeira o prazo máximo é de 60 dias[320], no Código o prazo da prisão vai de um a três meses[321].

Para Barbosa Moreira, a disposição da Lei de Alimentos teria sido revogada pelo então vigente CPC/1973[322]. A discussão existente em relação ao regime anterior pode ser feita com proveito atualmente, já que o CPC/2015 repetiu a regra pretérita.

Soa apropriado abordar o conflito normativo pelos métodos tradicionais: o CPC é posterior à Lei de Alimentos, mas esta configura lei específica sobre o tema e merece prevalecer. Sob o prisma finalista, a ideia da prisão é pressionar o devedor a cumprir a obrigação; ficar preso mais tempo não colabora para tal desiderato, já que a melhor situação se verifica quando a ameaça de prisão é suficiente para o cumprimento. Em realidade, ficar preso por tempo elevado afeta negativamente a capacidade do alimentante de auferir renda para poder pagar a verba devida.

Vale destacar a lição doutrinária segundo a qual, à luz do texto do CPC/1973, o prazo deste apenas se aplicaria aos alimentos provisionais[323], enquanto o prazo para a prisão por inadimplência dos alimentos definitivos seguiria os 60 dias da Lei dos Alimentos[324].

---

319 Segundo o art. 1.019 do CPC, recebido o agravo de instrumento no tribunal e distribuído imediatamente, se não for o caso de aplicação do art. 932, incisos III e IV, o relator, no prazo de 5 (cinco) dias: I – poderá atribuir efeito suspensivo ao recurso ou deferir, em antecipação de tutela, total ou parcialmente, a pretensão recursal, comunicando ao juiz sua decisão.

320 Art. 19 da Lei de Alimentos.

321 CPC, art. 528, § 3.º Se o executado não pagar ou se a justificativa apresentada não for aceita, o juiz, além de mandar protestar o pronunciamento judicial na forma do § 1.º, decretar-lhe-á a prisão pelo prazo de 1 (um) a 3 (três) meses.

322 BARBOSA MOREIRA, José Carlos. *Novo processo civil brasileiro*. 22. ed. Rio de Janeiro: Forense, 2002, p. 261.

323 O art. 733, § 1.º, do CPC/1973 mencionava a expressão "alimentos provisionais".

324 Nesse sentido, segundo Humberto Theodoro Júnior, "o prazo de duração da prisão, todavia, é diferente: na execução da prestação de alimentos provisionais, pode variar de um até três meses (CPC, art. 733, § 1.º); e no caso de alimentos definitivos, só poderá ir até o máximo de sessenta dias (Lei n. 5.478/68, art. 19)" (THEODORO JÚNIOR, Humberto. *Curso de direito processual civil*: processo de execução e processo cautelar, 19. ed., 1997, v. II, p. 267).

Tal entendimento, porém, que já era questionável[325], deixou de ter aplicabilidade no regime do CPC atual (que não fala em alimentos provisórios ou provisionais no dispositivo sobre a prisão).

Isso foi reconhecido em decisão do STJ[326] – que, contudo, externou visão diversa quanto ao prazo máximo, considerando serem adequados o referencial de três meses do CPC, por ser posterior à Lei de Alimentos, e a ocorrência da revogação tácita do art. 19 desta última[327].

b) Regimes diferenciados

A prisão civil por dívida alimentar, do ponto de vista teórico, sempre foi vista no Brasil como sanção justa e apta a atender aos interesses do alimentado com vistas a garantir a tão desejada efetividade processual.

A iminência de uma prisão civil surte coação psicológica que pode influenciar a conduta do devedor contumaz ou daquele que dispõe de recursos para efetuar o pagamento. O bom funcionamento do caráter *coercitivo* é observado no cotidiano de quem lida com tais demandas.

Entendemos que é esse o caráter que deve preponderar, de sorte que a efetividade da prisão civil deve ser apreciada em cada caso segundo tal finalidade. Se ela for pensada como *punição* a ser aplicada automaticamente, haverá problemas de efetividade da tutela em inúmeros casos.

A magistratura deverá analisar, por exemplo, se a decretação da prisão civil irá atrapalhar a obtenção de rendimentos por parte do executado com poucos recursos – quando, após tanto tempo no mercado informal, finalmente arrumou emprego, frustrando qualquer possibilidade de o alimentado fruir do bem da vida que quer ver satisfeito. Para evitar tal efeito nefasto, o TJ do Rio Grande do Sul encontrou uma solução louvável: a cominação de prisão sob regimes diferenciados.

Em certo caso, o genitor que devia alimentos teve reconhecida a adequação da prisão sob o regime aberto para poder continuar trabalhando[328].

A prisão em regime aberto ou domiciliar pode ser interessante no sentido de conciliar o caráter coercitivo[329] com a realização de trabalhos[330] pelo executado para a obtenção de proventos – via natural para realizar o pagamento da pensão.

---

325 Não parecia justificável aplicar prazo mais longo de prisão para os alimentos fixados provisoriamente do que para os fixados definitivamente.

326 "Qualquer que seja a espécie de alimentos (provisórios, provisionais ou definitivos), a prisão civil constitui procedimento singular, não se legitimando a discriminação entre o prazo máximo de constrição aplicável em uma ou outra situação".

327 STJ, HC 808.009/PB, Rel. Min. Marco Aurélio Bellizze, j. 25.04.2023.

328 TJRS, HC 0149026-72.2017.8.21.7000, Garibaldi, 7.ª Câmara Cível, Rel.ª Des.ª Sandra Brisolara Medeiros, j. 26.07.2017, *DJERS* 01.08.2017.

329 "[...] 2. A prisão civil decorrente de inadimplência de obrigação alimentícia cumprida em regime semiaberto mantém seu caráter coercitivo ao mesmo tempo em que confere a possibilidade de o devedor buscar os meios necessários para o pagamento dos alimentos" (TJDF, Rec 2014.00.2.001576-9, Ac. 816.472, 3.ª Turma Cível, Rel. Des. Mario-Zam Belmiro, *DJDFTE* 09.09.2014, p. 186).

330 "O fim último a que se destina a prisão civil pelo débito alimentar não é o de punir o devedor, mas coagi-lo a realizar o pagamento dos alimentos em atraso. Portanto, se o objetivo é o recebimento dos valores, deve ser concedido o regime aberto ao executado, conciliando-se, assim, o objetivo da prisão civil, que é forçar o pagamento com a possibilidade de que aquele possa pagar, ante a manutenção do exercício de seu trabalho [...]" (TJMS, AI 1414609-71.2015.8.12.0000, 5.ª Câmara Cível, Rel. Des. Vladimir Abreu da Silva, *DJMS* 06.05.2016, p. 89).

A prisão domiciliar também já teve aplicação quando a dignidade do executado podia ser afetada de forma desproporcional (por ser ele pessoa doente[331] ou idosa com problemas de saúde[332]). Voltaremos ao tema adiante.

Como mencionado, o CPC/2015 buscou contemplar entendimentos jurisprudenciais sobre muitos temas. Talvez animado pela jurisprudência mencionada, logo no início da tramitação o projeto de Código contemplou a possibilidade de regimes diferenciados (semiaberto na ocasião do primeiro inadimplemento)[333].

A notícia de tal perspectiva legislativa chegou a ser invocada por julgadores que aplicavam tal regime. A previsão, porém, não resistiu aos debates legislativos, e o novo teor ficou ainda mais rígido do que o existente no CPC/1973: enquanto neste não havia menção a regime, o CPC atual refere-se expressamente a regime fechado[334].

A contemplação imperativa de cumprimento de prisão em regime fechado atendeu aos reclamos de quem via na aplicação de regimes diferenciados um grave comprometimento ao caráter coercitivo da prisão[335].

Instado a se manifestar sobre a inconstitucionalidade de tal regime, assim entendeu o Tribunal de Justiça do Distrito Federal:

> A previsão de regime fechado para a prisão civil por dívida de alimentos tem como objetivo a coação para pagamento da verba alimentícia, não se tratando do cumprimento de pena propriamente, e busca salvaguardar o direito de se alimentar, direito tão caro ao ser humano que a Constituição Federal prevê a restrição da liberdade àquele que deixa de fornecer os alimentos. Por tal motivo, não há inconstitucionalidade na previsão

---

331 "[...] 1. A prisão civil imposta ao devedor de alimentos visa constrangê-lo ao adimplemento da obrigação alimentar e só pode ser admitida em hipóteses excepcionais. 2. É possível o cumprimento da reprimenda em regime domiciliar se restar comprovado que o devedor está acometido por doença grave. [...]" (TJMG, Agravo de Instrumento-Cv 1.0427.16.001179-2/001, Rel. Des. Caetano Levi Lopes, j. 26.03.2019).

332 "*Habeas corpus*. Ação de execução de alimentos. Prisão domiciliar. Possibilidade, em face das peculiaridades do caso. Precedente STJ. Verificado que o executado possui idade avançada, tratando-se de pessoa idosa, com problemas de saúde, mostra-se possível o cumprimento da prisão civil em regime domiciliar. Concedida a ordem" (TJRS, *Habeas Corpus* Cível 70084113257, Rel. Afif Jorge Simões Neto, j. 07.04.2020).

333 PL 8.046/2010, art. 542 § 3.º A prisão será cumprida em regime semiaberto; em caso de novo aprisionamento, o regime será o fechado. Em qualquer caso, o preso deverá ficar separado dos presos comuns; sendo impossível a separação, a prisão será domiciliar.

334 Art. 528, § 4.º A prisão será cumprida em regime fechado, devendo o preso ficar separado dos presos comuns.

335 A maior parte das decisões expressa tal visão; eis exemplos: "Nos regimes aberto ou semiaberto não há verdadeiro 'sacrifício' da liberdade do alimentante. Via de consequência, não há 'garantia efetiva para a vida do alimentado. Ademais, se a justificativa do alimentante/devedor foi rejeitada, quando decretada a prisão dele, é porque ficou assentado o entendimento de que ele pode pagar imediatamente o que deve. E se ele pode pagar agora e ainda não pagou, então talvez a segregação total nos moldes do regime fechado seja justamente a medida necessária para coagi-lo a adimplir o débito. De forma que a prisão civil por dívida de alimentos atuais deve ser cumprida com segregação total, nos moldes do regime fechado [...]" (TJRS, AI 103650-68.2014.8.21.7000, Gravataí, 8.ª Câmara Cível, Rel. Des. Rui Portanova, j. 08.05.2014, *DJERS* 14.05.2014); "O regime de cumprimento da prisão civil deve imprimir máxima coerção sobre o devedor para estimulá-lo ao célere cumprimento da obrigação alimentar, diretamente ligada à subsistência do credor de alimentos. Somente em hipóteses excepcionais, nas quais fique cabalmente demonstrada a fragilidade do estado de saúde do devedor de alimentos ou sua idade avançada é possível o cumprimento da prisão civil em regime semiaberto, circunstâncias não demonstradas no caso concreto [...]" (TJMS, AI 1410390-15.2015.8.12.0000, 4.ª Câmara Cível, Rel. Des. Claudionor Miguel Abss Duarte, *DJMS* 20.01.2016, p. 9);

do art. 528, § 4.º, do CPC. 4. As medidas alternativas à prisão previstas no art. 319 do Código de Processo Penal não se aplicam ao caso diante da natureza diversa da prisão civil que não se sujeita às regras que regulam o processo penal e a execução de pena[336].

Decisões sobre a aplicação de regimes diferenciados de prisão do devedor alimentar seguirão sendo encontradas nos tribunais brasileiros? Acredita-se que sim; afinal, a regra (do regime fechado) admite exceções (como o semiaberto ou o aberto). Eis exemplos de tal consideração:

> [...] a prisão civil deve ser cumprida em regime aberto, a fim de que o devedor possa sair para trabalhar e, dessa forma, reunir recursos para honrar o encargo alimentar. Sendo assim, havendo proposta de acordo acerca do pagamento dos alimentos, é induvidosa a existência da dívida, por outro lado, tendo em vista o já apreciado anteriormente, é cabível, no caso, o cumprimento da prisão no regime aberto[337].
>
> A prisão civil por débito alimentar encontra compatibilidade com o ordenamento vigente, eis que os arts. 5.º, LXVII, da Constituição Federal, 7.º, 7, do Pacto de San José da Costa Rica respaldam o Decreto prisional em sua integralidade. V. Porém, concede-se o regime aberto na prisão do devedor de alimentos, pois este se mostra mais adequado, possibilitando ao inadimplente auferir recursos para o pagamento da pensão alimentícia, mormente quando demonstrado que o regime fechado acarretaria a impossibilidade do exercício laborativo[338].

Ao julgar recurso especial contra acórdão do TJ do Mato Grosso do Sul, entendeu o STJ que tal decisão destoa do art. 528, § 4.º, do CPC, que prevê, expressamente, que, no caso de inadimplemento alimentar, "a prisão será cumprida em regime fechado, devendo o preso ficar separado dos presos comuns"[339].

Pois justamente em relação à separação de presos é que o STJ provavelmente terá que se manifestar em breve; afinal, a falta de vagas no sistema carcerário pode impactar o entendimento sobre o regime ser diverso do fechado.

Isso já ocorreu no Rio Grande do Sul: na comarca de Bento Gonçalves, o juízo da vara de execuções criminais informou inexistirem vagas em regime fechado para presos por débito alimentar. Apesar disso, a magistrada decretou a prisão no regime mais gravoso. Na decisão reformadora, o Tribunal gaúcho expressou que, apesar de a "recente normatização de prisão civil por dívida de alimentos a ser cumprida em regime fechado no novo Código de Processo Civil, aliada a atual realidade dos estabelecimentos carcerários", seria razoável que

---

336 TJDF, Proc. 0711.58.1.092017-8070000, Ac. 105.0191, 7.ª Turma Cível, Rel.ª Des.ª Gislene Pinheiro, j. 27.09.2017, *DJDFTE* 10.10.2017.

337 Eis a ementa: "Agravo de instrumento. Execução de alimentos. Inviabilidade da alteração do regime de prisão aplicado. Novo Código de Processo Civil. 1. Sendo a dívida alimentar líquida, certa e exigível, não restando demonstrada a impossibilidade absoluta do devedor de pagar os alimentos devidos e não aceita a justificativa por ele apresentada, é cabível o Decreto de prisão civil. 2. Havendo proposta de acordo acerca do pagamento dos alimentos, é induvidosa a existência da dívida, por outro lado, tendo em vista o já apreciado anteriormente, é cabível, no caso, o cumprimento da prisão no regime aberto [...]" (TJRS, AI 0338376-16.2016.8.21.7000, Dois Irmãos, 7.ª Câmara Cível, Rel.ª Des.ª Liselena Schifino Robles Ribeiro, j. 30.11.2016, *DJERS* 06.12.2016).

338 TJMS, HC 1409577-17.2017.8.12.0000, 3.ª Câmara Criminal, Rel. Des. Francisco Gerardo de Sousa, *DJMS* 26.09.2017, p. 111.

339 REsp 1.557.248/MS, Rel. Min. Ricardo Villas Bôas Cueva, j. 06.02.2018.

a medida segregatória fosse cumprida em regime aberto "a fim de possibilitar ao alimentante a continuação do exercício da atividade laboral exercida no mercado formal de trabalho"[340].

Mas em outro acórdão do mesmo Tribunal houve entendimento diametralmente oposto:

> [...] A determinação do cumprimento da prisão civil em regime domiciliar, instituto aplicado em excepcionais hipóteses previstas em lei, nenhuma, por certo, verificada no caso telado, desvirtua sua finalidade, considerando que a intenção do legislador é justamente compelir o devedor de alimentos ao cumprimento da obrigação alimentar, não podendo a problemática estatal interferir no comando legal. Ausente fundamento para o indeferimento da busca de vagas em outro presídio estadual, cabendo ao juízo da execução realizar as medidas jurisdicionais que se entenderem pertinentes ao caso concreto diante da situação carcerária, de modo a dar efetividade à pretensão executória, conforme constou no Ofício-Circular n. 055-2016-CGJ[341].

Há também decisão do STJ sobre caso em que a mãe devedora alegou: (i) ser responsável pela guarda de outro filho (de 5 anos), dependente integralmente dela, mãe solo e desempregada; (ii) ser aplicável, por analogia, o art. 318, V, do CPP, convertendo-se a prisão do regime fechado para o domiciliar. Segundo a Min. Relatora Nancy Andrighi, essa regra também pode ser aplicada às mães encarceradas em virtude de dívida de natureza alimentar – observada a necessidade de adaptação desse entendimento às particularidades dessa espécie de execução:

> [...] essa restrição ao direito de ir e vir deve ser compatibilizada com a necessidade de obter recursos financeiros aptos não apenas a quitar a dívida alimentar em relação ao exequente, mas também suprir as necessidades básicas do filho que se encontra sob a sua guarda. Por esse motivo, deve ser desde logo autorizada a realização de atividades profissionais pela devedora de alimentos em prisão domiciliar e resguardada a possibilidade de ausentar-se de sua residência, especificamente para o atendimento de necessidades vitais e emergenciais do filho sob a sua guarda, desde que tais situações sejam devidamente comprovadas perante o juízo da execução de alimentos[342].

A Ministra ainda destacou que a conversão da prisão, de regime fechado para regime domiciliar, autoriza a aplicação, inclusive cumulativa e combinada, de medidas indutivas, coercitivas, mandamentais ou sub-rogatórias, nos termos do art. 139, IV, do CPC, com vistas a estimular o cumprimento da obrigação de natureza alimentar.

Por fim, a lei processual[343] esclarece que o cumprimento da prisão não exime o devedor do pagamento das prestações vencidas e vincendas. Como muitas pessoas se equivocam quanto a tal situação, ele configura advertência de praxe a ser feita a quem está sendo executado (preferencialmente desde o primeiro atendimento isto deve ficar claro).

c) Renovação do requerimento de prisão nos mesmos autos

Predomina o entendimento doutrinário e jurisprudencial de que o executado não pode ser preso duas vezes pelo mesmo débito. É necessário o inadimplemento de outras prestações

---

340 TJRS, AI 0062418-71.2017.8.21.7000, Bento Gonçalves, 8.ª Câmara Cível, Rel. Des. Luiz Felipe Brasil Santos, j. 17.08.2017, *DJERS* 23.08.2017.

341 TJRS, Agravo de Instrumento 70081761710, 8.ª Câmara Cível, Rel. José Antônio Daltoé Cezar, j. 22.08.2019.

342 STJ, HC 770.015/SP, Rel.ª Min.ª Nancy Andrighi, j. 07.02.2023, *DJe* 09.02.2023.

343 CPC, art. 528, § 5.º O cumprimento da pena não exime o executado do pagamento das prestações vencidas e vincendas.

para que o exequente possa requerer nova ordem de prisão, a fim de que não se configure *bis in idem*[344].

Cabe indagar, porém, se débitos posteriores à prisão podem continuar sendo cobrados no mesmo processo e originar novos mandados de prisão, ou se deve ser intentada nova iniciativa executiva para cada débito.

Segundo decisão do STJ de relatoria da Ministra Nancy Andrighi, a distribuição de várias execuções sob pena de prisão contra o mesmo devedor por períodos diferentes não pode ocorrer por gerar a expedição de inúmeros mandados de prisão. O cumprimento cumulativo dos mandados atenta contra o fim simplesmente coercitivo da prisão civil e impossibilita o uso racional da medida.

A ministra concluiu que as ações devem ser reunidas em um mesmo processo, não havendo prejuízo para o alimentante por ser admissível a expedição, no mesmo processo, de diferentes mandados de prisão. Em suas palavras,

> [...] é preciso esclarecer que a impossibilidade de cumulação de prazos de prisões decretadas em processos distintos não impede que o juiz renove o decreto prisional. Este Tribunal, em outra oportunidade, já entendeu que, na hipótese de ter se esgotado o prazo de sessenta dias estabelecido no primeiro decreto prisional sem que a dívida alimentar tenha sido paga, é possível a expedição de novo decreto prisional, fundado no mesmo fato gerador, para estender a pena até o limite de três meses [...][345].

A orientação soa correta. De fato, a expedição de vários mandados de prisão concomitantes para cumprimento cumulativo converte o que seria uma coerção em uma autêntica pena a ser cumprida por prazo superior ao previsto em lei. O ideal é que se reúnam as execuções a fim de se possibilitar o uso racional e ponderado da medida.

Em certa decisão, esse entendimento foi externado, como se nota pela seguinte ementa:

> 2. O propósito recursal é definir se a prisão civil, meio coercitivo típico adotado para assegurar o cumprimento das obrigações de conteúdo alimentar, comporta modificação ou prorrogação de prazo, observando-se o teto fixado em lei, especialmente nas hipóteses

---

344 Assim entendeu, por exemplo, o TJDF: "[...] 2. Se preso pelo tempo fixado pelo juiz, o devedor continua inadimplente, não se mostra razoável uma nova constrição pessoal, pois estará impossibilitado de exercer regularmente atividade laborativa para satisfação do débito. A renovação da prisão contraria a própria finalidade da norma. [...]" (Proc. 07194120620208070000, Rel. Getúlio de Moraes Oliveira, j. 03.03.2021); "[...] 2. A renovação do decreto de prisão civil de devedor contumaz, no mesmo feito executivo, pressupõe a existência de débitos vencidos que não sejam aqueles relacionados à dívida alimentar pela qual o alimentante já esteve preso e desde que observado o prazo máximo fixado na legislação de regência, sob pena de configurar *bis in idem*. [...]" (Proc. 07245400720208070000, Rel.ª Simone Lucindo, j. 27.01.2021).

345 "[...]. Propostas sucessivas execuções de alimentos, todas pelo procedimento do art. 733 do CPC, mostra-se inviável o cumprimento cumulativo dos decretos prisionais, expedidos em cada um dos processos, pois, nesta hipótese, estaria configurado *bis in idem*, considerando que as prestações que se vencerem no curso da primeira execução e, portanto, abrangidas pelo primeiro decreto prisional serão, justamente, o objeto das execuções posteriores. O cumprimento cumulativo dos decretos prisionais expedidos em processos distintos frustra a finalidade da prisão que deve ser decretada, excepcionalmente, apenas como meio de coagir o devedor a adimplir o débito alimentar e não como mecanismo de punição pelo não pagamento. No entanto, nosso ordenamento jurídico não veda a possibilidade de o juiz, renovar, no mesmo processo de execução de alimentos, o decreto prisional, após analisar a conveniência e oportunidade e, principalmente, após levar em conta a finalidade coercitiva da prisão civil do alimentante" (HC 39.902/MG, 3.ª Turma, Rel.ª Min.ª Nancy Andrighi, j. 18.04.2006, *DJ* 29.05.2006, p. 226).

> em que a renitência do devedor não foi superada pelo primeiro decreto prisional. 3. O estabelecimento de prazo mínimo e máximo para a prisão civil do devedor de alimentos visa, a um só tempo, conferir a necessária efetividade da tutela jurisdicional e, ainda, descaracterizar a medida coercitiva como espécie de pena aplicada ao devedor inadimplente. 4. Não há óbice legal para que a prisão civil, técnica de coerção típica disponível para assegurar o cumprimento tempestivo das obrigações de conteúdo alimentar, seja modulada ou ajustada, quanto à forma ou ao prazo, para atender às suas finalidades essenciais. 5. Dado que a efetividade da medida coercitiva depende da postura do devedor de alimentos, nada impede que, decretada inicialmente no prazo mínimo legal, seja posteriormente objeto de prorrogação, observando-se o prazo máximo fixado em lei, se demonstradas a recalcitrância e a desídia do devedor de alimentos[346].

Cabe lembrar que não pode haver prisão pelo mesmo período sob pena de configurar indevido *bis in idem*. A Terceira Turma do STJ, por unanimidade, concedeu ordem de *habeas corpus* a um devedor de alimentos para afastar prisão relativa à dívida pela qual já havia cumprido a pena de prisão. Em cumprimento de sentença relativa a alimentos não pagos pelo paciente à ex-esposa, o alimentante foi preso por 30 dias e então solto. A ex-mulher reiterou o pedido de prisão pela mesma dívida, tendo o pedido deferido pelo juízo da execução e confirmado pelo Tribunal de Justiça, que determinou a medida restritiva de liberdade por mais 30 dias.

No STJ, o Ministro relator Villas Bôas Cueva concedeu a ordem: embora fosse possível prorrogar o pedido de prisão em curso como meio eficaz de coação para a quitação do débito (desde que observado o limite temporal), como o ex-marido já havia cumprido o período prisional fixado, a segunda prisão corresponderia a uma sobreposição de pena, um verdadeiro *bis in idem*[347].

2.12.6. *Protesto e cadastros de restrição ao crédito*

Como mencionado na Parte I (na exposição sobre o segredo de justiça), a negativação do nome do executado configura um elemento adicional de coerção para que o devedor, temendo sofrer constrangimentos no mercado de consumo, anime-se a pagar o montante devido.

Partindo dessa premissa, o CPC investe na possibilidade de protestar decisões judiciais para incrementar a efetividade dos resultados.

Na execução de alimentos, o protesto da decisão deve ser determinado de ofício ou exige requerimento da parte interessada?

Segundo o art. 517 do CPC, a decisão judicial transitada em julgado poderá ser levada a protesto, nos termos da lei, depois de transcorrido o prazo para pagamento voluntário previsto no art. 523[348].

---

346 STJ, REsp 1698719 SP 2015/0293523-1, 3.ª Turma, Rel.ª Min.ª Nancy Andrighi, j. 23.11.2017, *DJe* 28.11.2017.

347 De acordo com o ministro relator, tendo o paciente "cumprido integralmente a pena fixada pelo juízo da execução, não há falar em renovação pelo mesmo fato, não se aplicando a Súmula n. 309 do STJ, que apenas autoriza a prisão civil do alimentante relativa às três prestações anteriores ao ajuizamento da execução, bem como àquelas que vencerem no curso do processo" (Devedor de alimentos não pode ser preso novamente por não pagamento da mesma dívida. Disponível em: http://www.stj.jus.br/sites/STJ/default/pt_BR/Comunica%C3%A7%C3%A3o/noticias/Not%C3%ADcias/Devedor-de-alimentos-n%C3%A3o-pode-ser-preso-novamente-por-n%C3%A3o-pagamento-da-mesma-d%C3%ADvida. Acesso em: 1.º nov. 2019).

348 Segundo o § 1.º do art. 517 do CPC, é de incumbência do exequente, para efetivar o protesto, apresentar certidão de teor da decisão.

A iniciativa de protestar consta especificamente no regramento do cumprimento de sentença para pagar alimentos em regra que menciona a forma imperativa: o juiz mandará protestar o pronunciamento judicial ao constatar a inércia do executado[349].

A partir desse panorama normativo, Luiz Dellore assevera que, enquanto nos processos executivos em geral o protesto é feito a requerimento da parte, na execução da dívida alimentar ele é determinado de ofício pelo juiz[350].

Apresenta posição divergente Rafael Calmon Rangel, para quem o protesto não pode ser ordenado de ofício:

> [...] como toda e qualquer medida constritiva, esta também se encontra na esfera de disponibilidade da parte credora, que, por razões diversas, pode não ter interesse em sua implementação assim como pode dela desistir a qualquer momento (art. 775). Basta imaginar que o executado-alimentante possa estar inadimplindo o pagamento em pecúnia da pensão, mas estar adimplente com outras obrigações alimentares "in natura" que dependam da higidez de seus cadastros perante órgãos de proteção ao crédito, que poderiam restar seriamente comprometidas com sua "negativação", como o financiamento de despesas diversas em prol do alimentado por meio de cheque ou cartão de crédito, por exemplo. A suspensão desses pagamentos, por óbvio, pode não ser do interesse do credor[351].

A polêmica é interessante, e os dois estudiosos apresentam pontos de vista altamente defensáveis. Soa como mais coerente com o ordenamento, porém, a posição de Luiz Dellore: se o legislador não quisesse dar um regramento diferenciado para o protesto, não precisaria prevê-lo novamente no regramento referente ao cumprimento de sentença para receber alimentos. A expressão legal "mandará protestar" (prevista no art. 528, § 1.º) configura uma ordem clara ao magistrado no sentido de imprimir maior efetividade ao comando decisório.

Como se percebe, o tema é desafiador e enseja um potencial considerável de posições diferenciadas.

O Tribunal de Justiça do Mato Grosso do Sul decidiu que o protesto deve ser decretado pelo magistrado:

> Tratando-se de cumprimento de sentença de obrigação atinente à exigibilidade de prestar alimentos, se o ordenamento admite providência *ex officio* mais gravosa ao executado como o protesto da decisão judicial (art. 528, § 3.º/CPC), com muito mais razão está em se admitir a expedição de ofício na busca de bens penhoráveis do agravado[352].

---

349 CPC, art. 528, § 1.º Caso o executado, no prazo referido no *caput*, não efetue o pagamento, não prove que o efetuou ou não apresente justificativa da impossibilidade de efetuá-lo, o juiz mandará protestar o pronunciamento judicial, aplicando-se, no que couber, o disposto no art. 517.

350 DELLORE, Luiz. O que acontece com o devedor de alimentos no Novo CPC? *GenJurídico*, São Paulo, 27 out. 2015. Disponível em: http://genjuridico.com.br/2015/10/27/o-que-acontece-com-o-devedor-de-alimentos-no-novo-cpc/. Acesso em: 3 out. 2022.

351 RANGEL, Rafael Calmon. Apontamentos sobre o rito de cumprimento da sentença de alimentos. *Revista Nacional de Direito de Família e Sucessões*, Porto Alegre, v. 2, n. 10, p. 1.340, jan./fev. 2016.

352 Eis outros trechos interessantes da ementa: "Agravo de instrumento. Cumprimento de sentença. Alimentos à criança. Possibilidade de expedição de ofício às entidades públicas e instituições privadas no intuito de localizar bens passíveis de penhora. Recurso provido. 1. A orientação perfilhada pelo CPC/2015 indica a prevalência do princípio da cooperação sobre todo o processo civil, nos termos de seu art. 6.º, em especial sobre o feito executivo onde almeja-se a pronta satisfação do crédito do exequente, de modo que é possível ao magistrado atender ao pedido da parte de expedição de ofício à entidades públicas

No mesmo sentido se manifestou o Tribunal gaúcho:

> A previsão legal de protesto do título é autorização para medida a ser cumulada com a possibilidade de execução pelo rito da prisão. Inclusive, pela disposição legal, quem deve mandar protestar o título é o próprio juiz, não a parte. A parte pode protestar, se quiser. Mas protestando ou não, não está obstada de ajuizar de logo a execução pelo rito da prisão, em face do inadimplemento de alimentos atuais"[353].

Por fim, vale perquirir: é cabível, além do protesto, a negativação do nome do devedor em serviços de proteção ao crédito?

A resposta tem sido positiva há tempos na jurisprudência do STJ, como se nota na seguinte decisão:

> 1. Apesar da inexistência de previsão legal expressa de inscrição do devedor de alimentos contumaz nos órgãos de proteção ao crédito, com base no princípio do melhor interesse da criança e do adolescente, bem como da tutela do direito social à alimentação, viável a adoção desse modo alternativo de coação para cobrança de dívidas alimentares, diante de tentativas infrutíferas de adimplemento, compelindo-se o devedor de alimentos a adimplir a dívida. 2. Precedentes da Terceira e da Quarta Turma desta Corte Superior no sentido de que, "considerando-se que os alimentos devidos exigem urgentes e imediatas soluções. A fome não espera, mostram-se juridicamente possíveis os pedidos da recorrente, ora exequente, de protesto e de inclusão do nome do devedor de alimentos nos cadastros de proteção ao crédito (SPC e Serasa), como medida executiva a ser adotada pelo magistrado para garantir a efetivação dos direitos fundamentais da criança e do adolescente"[354].

2.12.7. Abandono material

Em pioneira previsão, o art. 532 do CPC prevê: "verificada a conduta procrastinatória do executado, o juiz deverá, se for o caso, dar ciência ao Ministério Público dos indícios da prática do crime de abandono material".

A possibilidade de promover o reconhecimento do abandono material existe há tempos no ordenamento jurídico brasileiro[355]. Como a atribuição de promover os atos para vê-lo apu-

---

e instituições privadas no intuito de localizar bens passíveis de penhora (art. 772, III e art. 773/CPC). [...] 3. Sendo discussão afeta a alimentos destinados à criança, deve-se obrigatoriamente preservar seus interesses (art. 227/CF), em detrimento de mera formalidade. Como a possibilidade de requisição de informações diretamente pela Defensoria Pública (art. 44, X, da LC n. 80/94) –, que em nada contribui à satisfação prioritária de seu direito à alimentação" (TJMS, AI 1407453-27.2018.8.12.0000, 5.ª Câmara Cível, Rel. Des. Vladimir Abreu da Silva, *DJMS* 16.10.2018, p. 133).

353 TJRS, AI 0294086-42.2018.8.21.7000, Farroupilha, 8.ª Câmara Cível, Rel. Des. Rui Portanova, j. 22.11.2018, *DJERS* 28.11.2018.

354 O acórdão cita o REsp 1.533.206/MG, Rel. Min. Luis Felipe Salomão, 4.ª Turma, julgado em 17.11.2015, *DJe* 01.02.2016 (STJ, REsp 1.602.446, Proc. 2016/0135942-9/MT, 3.ª Turma, Rel. Min. Paulo de Tarso Sanseverino, *DJe* 02.10.2017).

355 Código Penal, art. 244. Deixar, sem justa causa, de prover a subsistência do cônjuge, ou de filho menor de 18 (dezoito) anos ou inapto para o trabalho, ou de ascendente inválido ou maior de 60 (sessenta) anos, não lhes proporcionando os recursos necessários ou faltando ao pagamento de pensão alimentícia judicialmente acordada, fixada ou majorada; deixar, sem justa causa, de socorrer descendente ou ascendente, gravemente enfermo. Pena – detenção, de 1 (um) a 4 (quatro) anos e multa, de uma a dez

rado dependia de iniciativa do filho representado pela guardiã – que, diga-se de passagem, já precisava se ocupar de outras atuações para buscar receber o que era devido –, muitas vezes não se entendia pertinente a busca de tal mecanismo sancionatório na via penal.

Merece destaque uma decisão em que foi percorrido o caminho criminal. O pai pediu absolvição alegando atipicidade da conduta porque teria adimplido parcialmente a obrigação, não tendo quitado o débito por falta de condições financeiras de fazê-lo sem comprometer o seu sustento e o dos demais filhos. A tese, porém, não foi acolhida: a prova produzida nos autos (especialmente a documental) demonstrou estar o pai empregado no período da inadimplência. Seu filho, que tinha encefalopatia crônica da infância, precisou promover diversos processos e execuções de alimentos no juízo de família, tendo o genitor realizado acordos que não cumpria. Ao final, este foi condenado a cumprir dois anos de detenção, em regime fechado, além de pagar multa no valor de 5 (cinco) salários mínimos; a pena privativa de liberdade, porém, foi substituída por duas penas restritivas de direitos[356].

E como o tema era tratado na seara cível antes da entrada em vigor do CPC/2015?

O único caso encontrado em pesquisa sobre o assunto, coube ao Tribunal gaúcho. Como a execução de alimentos tramitava sem êxito há dez anos, a exequente (filha menor) requereu o encaminhamento dos autos ao MP para averiguação da existência de crime de abandono material em face da existência de elemento subjetivo (justa causa). Asseverou então que: a) o executado era devedor contumaz, já tendo sido preso outras vezes por débito alimentar; b) ele negligenciava a obrigação alimentar, o que caracterizava abandono material; c) a prisão do devedor de alimentos seria temporária; d) a Oficial de Justiça certificou haver suspeitas de que ele estaria se ocultando.

Após citar o parecer do MP, o Desembargador relator negou provimento ao recurso e afirmou ser recomendável que a parte efetuasse o registro de ocorrência para que a autoridade policial verificasse a configuração ou não da prática criminosa. Na fundamentação consta que, em se tratando de ação de alimentos em que a intervenção do Ministério Público é obrigatória,

> [...] o representante do parquet por certo foi intimado de todos os atos do processo de execução, de forma a ter conhecimento da situação, sendo, pois, desnecessário o envio dos autos para fins de avaliação da possibilidade da existência do delito de abandono material, pois, se assim entendesse, já teria tomado as devidas providências[357].

Sob certa perspectiva – similar a esta, aliás –, também a previsão do CPC seria desnecessária. A Lei de Contravenções Penais, no art. 66, I, afirma que quem deixa de comunicar à autoridade competente um crime de ação pública incondicionada de que teve conhecimento no exercício de função pública comete contravenção penal; sendo o crime de abandono material um desses crimes, ao que parece, o CPC apenas reforçou uma obrigação já existente para o magistrado[358].

---

vezes o maior salário mínimo vigente no País. Parágrafo único. Nas mesmas penas incide quem, sendo solvente, frustra ou ilide, de qualquer modo, inclusive por abandono injustificado de emprego ou função, o pagamento de pensão alimentícia judicialmente acordada, fixada ou majorada.

356 TJRJ, ACr 2007.050.02139, Nova Friburgo, Rel.ª Des.ª Leila Maria Rodrigues Pinto de Carvalho e Albuquerque, j. 19.06.2007, *DORJ* 24.10.2007.

357 TJRS, AI 0044406-77.2015.8.21.7000, Não-Me-Toque, 8.ª Câmara Cível, Rel. Des. Luiz Felipe Brasil Santos, j. 23.04.2015, *DJERS* 30.04.2015.

358 CORRÊA, Guilherme Augusto Bittencourt. Arts. 528 a 533. In: TUCCI, José Rogério Cruz e; APRIGLIANO, Ricardo; FERREIRA FILHO, Manoel Caetano; MARTINS, Sandro; DOTTI, Rogéria (org.). *Código de Processo Civil anotado*. São Paulo: AASP/OABPR, 2015. v. 1, p. 883.

Nessa perspectiva, a regra talvez acabe realmente não tendo efeitos; no art. 532 do CPC consta a expressão "se for o caso"– que remete à necessária apreciação, pelo magistrado, da adequação do encaminhamento (percepção não recorrente em nossa tradição judiciária).

De todo modo, a previsão pode colaborar para que haja um interessante cunho pedagógico: perguntada sobre as consequências do inadimplemento alimentar, a advogada/defensora que representa o devedor deverá orientá-lo sobre a existência da regra, salientando que o legislador quis relembrar que o ordenamento brasileiro prevê graves consequências ao abandono material.

Para Arlete Aurelli, a importante novidade revela que a prática de atos de má-fé, com claro objetivo de retardar o trâmite do processo, poderá gerar a expedição de ofício judicial ao MP. A autora indaga: tal ato poderá embasar futura ação de reparação de danos por força do abandono material perpetrado? Sua resposta é positiva[359].

Ao tratar do tema sob a perspectiva da violência patrimonial, também Mario Delgado reconhece que o CPC promove um relevante incentivo à apuração e punição do crime; esclarece, no entanto, não bastar o mero inadimplemento: é preciso que falte justa causa ao devedor, decorrendo o não pagamento "da intenção livre e deliberada de inadimplir"[360].

Ao que tudo indica, há uma longa trilha a ser percorrida para que o art. 532 do CPC seja objeto de substanciosa efetivação.

Cumprindo seu papel de promover a reflexão e as melhores práticas familiares, em reforço à aplicabilidade da regra, o IBDFAM aprovou o enunciado 23: "havendo atraso ou não pagamento da verba alimentar e indícios de que o devedor dispõe de recursos econômicos, o juiz cientificará ao Ministério Público para apurar a prática do crime de abandono material".

2.13. Execução fundada em título executivo extrajudicial

2.13.1. Escritura pública e obrigação alimentar

Nos termos do art. 911 do CPC, "na execução fundada em título executivo extrajudicial que contenha obrigação alimentar, o juiz mandará citar o executado para, em 3 (três) dias, efetuar o pagamento das parcelas anteriores ao início da execução e das que se vencerem no seu curso, provar que o fez ou justificar a impossibilidade de fazê-lo". O parágrafo único do dispositivo esclarece que se aplicam, no que couber, os §§ 2.º a 7.º do art. 528.

Tais previsões são importantes porque houve, por considerável tempo, resistência em reconhecer a possibilidade de prisão na hipótese de inadimplemento de obrigação alimentar prevista em título executivo extrajudicial.

O CPC aperfeiçoou o sistema executivo da obrigação alimentar ao reconhecer plena efetividade ao resultado da atuação extrajudicial das partes[361]. No atual regime, não há óbices para aceitar que obrigações alimentícias reconhecidas em títulos extrajudiciais (*como* escrituras

---

359 AURELLI, Arlete Inês. Art. 532. In: BUENO, Cassio Scarpinella (org.). *Comentários ao Código de Processo Civil*. São Paulo: Saraiva, 2017. v. 2, p. 737.

360 DELGADO, Mário Luiz. A violência patrimonial contra a mulher nos litígios de família. In: PEREIRA, Rodrigo da Cunha (coord.). *Famílias nossas de cada dia*. Belo Horizonte: IBDFAM, 2015, p. 110.

361 O assunto foi previamente tratado pela autora no Código de Processo Civil Anotado AASP/OAB PR (TARTUCE, Fernanda. Comentários aos artigos 911 a 913. In: CRUZ E TUCCI, José Rogério; APRIGLIANO, Ricardo; FERREIRA FILHO, Manoel Caetano; MARTINS, Sandro; DOTTI, Rogéria (org.). *Código de Processo Civil anotado*. São Paulo: AASP/OABPR, 2015, v. 1, p. 1.408-1.414). O teor que aqui consta foi apresentado primeiramente naquela publicação.

de divórcio) deixem de ser executadas sob pena de prisão: o art. 911, no parágrafo único, pretendeu equiparar os alimentos fixados judicial e extrajudicialmente.

O sistema processual civil vigente, contudo, gera dúvida preocupante em relação à garantia de amplos meios de acesso à justiça aos pobres na acepção jurídica do termo.

Constava no art. 1.124-A, § 3.º, do CPC/1973 que a escritura e os demais atos notariais eram gratuitos a quem se declarasse pobre sob as penas da lei. O art. 733 do CPC atual, porém, é omisso quanto à gratuidade. Tampouco o art. 98 arrola entre as situações abrangidas pela gratuidade da justiça a escritura de divórcio: ele se limita (no inciso IX) a garantir a gratuidade a atos notariais decorrentes da necessidade de efetivação de sentença judicial ou continuidade de processo judicial.

A falta de previsão expressa representa um retrocesso em termos de ampliação do acesso à justiça, de facilitação aos mais vulneráveis e de fomento dos meios consensuais de abordagens de conflitos (esta última, aliás, diretriz que constitui uma das espinhas dorsais do Código).

Como deve ser interpretado tal movimento legislativo? Por força da proibição do retrocesso, a interpretação mais correta é a que concebe que a gratuidade da via extrajudicial está contida na garantia de acesso à justiça e no rol dos direitos fundamentais conquistados com base na previsão constitucional de assistência jurídica integral e gratuita aos necessitados.

Chamado a se manifestar sobre o tema, o Conselho Nacional de Justiça assim entendeu. Para o relator do processo, conselheiro Arnaldo Hossepian, mesmo sem a declaração explícita do benefício em Lei, a gratuidade de Justiça deve ser estendida para viabilizar o cumprimento da previsão constitucional de acesso à jurisdição e a prestação plena aos atos extrajudiciais de notários e de registradores. Em suas palavras:

> É inafastável a conclusão de que a assistência jurídica é integral, e, mais que isso, a assistência gratuita àqueles que dela necessitem deve ser vista como um direito fundamental a concretizar, envolvendo também as vias extrajudiciais de efetivação do acesso à ordem jurídica, sendo qualquer lacuna ou regramento em contrário inadmissível configuração de retrocesso, vedado por princípios constitucionais [...] Não é possível frustrar expectativas, criadas pelo Estado, destinadas a concretizar direitos fundamentais[362].

2.13.2. *Desconto em folha*

a) Visão geral

Segundo os arts. 529 e 912 do CPC, quando o executado for funcionário público, militar, diretor, gerente de empresa ou empregado sujeito à legislação trabalhista, o exequente poderá requerer o desconto em folha de pagamento de pessoal da importância da prestação alimentícia.

Os dispositivos apresentam forte similaridade com previsão do Código anterior[363], mas o modo imperativo da regra antiga reconhecia ser dever do juiz promover a ordem de desconto, enquanto hoje consta que tal medida depende de iniciativa do exequente (que deve requerê-la expressamente).

---

362 CNJ confirma gratuidade de divórcio consensual extrajudicial. Disponível em: http://www.cnj.jus.br/noticias/cnj/86651-cnj-confirma-gratuidade-de-divorcio-consensual-extrajudicial-2. Acesso em: 2 jan. 2019.

363 CPC/1973, art. 734. Quando o devedor for funcionário público, militar, diretor ou gerente de empresa, bem como empregado sujeito à legislação do trabalho, o juiz mandará descontar em folha de pagamento a importância da prestação alimentícia.

A mudança é coerente com a valorização da autonomia privada, diretriz que permeia significativamente o CPC atual. Como cabe à parte decidir qual é a melhor estratégia para a gestão de seu conflito, se entender pertinente o desconto, ela o requererá à autoridade judicial; se, contudo, entender que deve investir tempo e recursos em outras iniciativas que lhe pareçam mais produtivas, não o fará.

Embora já houvesse decisões reconhecendo que a decisão sobre a via executiva pertencia ao credor[364], é importante haver o reforço de tal entendimento pela regra processual.

Assim, o entendimento de que o desconto em folha é a medida preferencial[365] no ordenamento jurídico tende a deixar de prevalecer.

Vale destacar, aliás, que o CPC/2015 revogou o art. 16 da Lei de Alimentos (segundo o qual na execução de sentença ou acordo seria observado o art. 734 e parágrafo único do CPC/1973), que costumava ser citado em decisões que afirmavam a preferência do ordenamento pelo desconto[366].

De todo modo, tende a ser recorrente o requerimento de exequentes para haver desconto em folha, já que tal medida costuma ser vista como prática, eficiente e segura.

O CPC também aperfeiçoa a sistemática do abatimento em folha das parcelas alimentícias: no ofício à autoridade, à empresa ou ao empregador constará a determinação para proceder ao desconto sob pena de crime de desobediência[367].

No regime do CPC/1973, infelizmente era comum saber de casos em que o empregador (por fatores diversos, como solidariedade ao empregado) deixava de registrar o recebimento do ofício judicial e de lhe dar operacionalidade[368].

A situação lembrava a advertência de Márcio Thomaz Bastos; ao mencionar, ainda em 2004, a necessidade de "passarmos do pensamento à ação em tema de melhoria dos procedimentos executivos", apontava que a execução permanecia o "calcanhar de Aquiles"

---

364 STJ, HC 128.229/SP, 3.ª Turma, Rel. Min. Massami Uyeda, j. 23.04.2009.

365 Eis decisões nesse sentido: "Atende aos princípios da economia processual, pela praticidade do desconto diretamente junto à fonte pagadora e o da segurança jurídica Percentual que se mostra adequado" (TJSP, AI 2112029-71.2014.8.26.0000, Ac. 7744131, Matão, 5.ª Câmara de Direito Privado, Rel. Des. Moreira Vicgas, j. 06.08.2014, *DJESP* 21.08.2014); "O desconto em folha da pensão alimentícia é a melhor forma de assegurar o pagamento pontual do encargo alimentar, evitando mais litígios entre alimentante e alimentado" (TJRS, AI 0033872-74.2015.8.21.7000, Santa Cruz do Sul, 7.ª Câmara Cível, Rel. Des. Sérgio Fernando de Vasconcellos Chaves, j. 27.03.2015, *DJERS* 02.04.2015).

366 TJGO, AI 0344638-34.2014.8.09.0000, 3.ª Câmara Cível, Rel. Des. Walter Carlos Lemes, *DJGO* 28.01.2015.

367 CPC, art. 529, § 1.º Ao proferir a decisão, o juiz oficiará à autoridade, à empresa ou ao empregador, determinando, sob pena de crime de desobediência, o desconto a partir da primeira remuneração posterior do executado, a contar do protocolo do ofício; o art. 912, § 1.º, possui o mesmo teor.

368 Eis trecho de uma decisão sobre o tema: "o imbróglio teve início após ter sido certificado que o empregador não deu retorno acerca do cumprimento da determinação de desconto em folha, de forma que caberia ao juízo renovar o pedido de informação ou, até mesmo, dar efetividade à advertência feita no despacho da folha 117, de que a falta de informação solicitada poderia caracterizar crime de desobediência, ou, até mesmo, determinar o cumprimento da decisão extintiva, com arquivamento e baixa do processo [...]. Certo é que o feito não poderia ter sido extinto, como o foi, pois já assim se encontrava! Desta forma, medida outra não resta senão desconstituir a decisão atacada, para que a julgadora se manifeste acerca da renovação ou não do pedido de informações ao empregador ou dê efetividade à advertência feita no despacho da folha 117 ou, ainda alternativamente, determine o arquivamento e baixa do processo (sem extinção, pois extinto já se encontra), independente de novas informações" (TJRS, AC 347681-29.2013.8.21.7000, Cruz Alta, 8.ª Câmara Cível, Rel. Des. Luiz Felipe Brasil Santos, j. 28.11.2013, *DJERS* 05.12.2013).

do processo e nada era mais difícil, "com frequência, do que impor no mundo dos fatos os preceitos abstratamente formulados no mundo do direito"[369].

As previsões do CPC, ao detalharem[370] elementos para a adequada efetivação da ordem, cumprem o papel de aprimorar o sistema executivo na busca de prover melhores resultados em execuções de alimentos.

Em interessante decisão, a determinação de ordem sob pena de desobediência alcançou a Caixa Econômica Federal. No caso, uma criança promoveu execução de alimentos pelo rito da prisão; como a segregação não surtiu o efeito desejado, houve conversão para o rito da execução por expropriação de bens. Deferida a penhora de valores na conta do FGTS do executado (que concordou com a medida), a Caixa resistiu à transferência de valores alegando que: a) eles seriam impenhoráveis; b) na condição de gestora do FGTS, cumpria-lhe dar fiel cumprimento à lei; c) haveria competência da Justiça Federal para a discussão do litígio. Como o magistrado revogou a decisão anterior, a exequente recorreu alegando ser possível a penhora de FGTS para fins de pagamento de pensão alimentícia; ademais, sendo a CEF mera gestora dos valores, não seria legitimada para recorrer, nem seria competente a Justiça Federal (já que a CEF não é, nem pode ser, parte na ação).

O agravo foi provido, tendo sido afastadas as alegações da Caixa. Ao final, determinou-se o imediato cumprimento da ordem de transferência dos valores pela instituição sob pena de configurar-se crime de desobediência por parte dos administradores responsáveis, sem prejuízo da aplicação de multa[371].

b) Pode o credor de alimentos cuja obrigação está expressa em título executivo extrajudicial requerer desconto em folha de pagamento no curso da execução mesmo que tal forma de adimplemento não esteja expressamente prevista no acordo celebrado entre as partes?

A questão é relevante porque, em atenção ao princípio da decisão informada (diretriz essencial na autocomposição), é essencial saber exatamente quais são as consequências da celebração de acordos sobre alimentos, inclusive atentando para quais assuntos precisam estar expressamente contemplados no título executivo em que o ajuste foi reconhecido[372].

---

369 Subchefia de assuntos parlamentares, EM n. 120/MJ. Disponível em: http://www.planalto.gov.br/ccivil_03/Projetos/EXPMOTIV/MJ/2004/120.htm. Acesso em: 11 jul. 2015.

370 CPC, art. 912, § 2.º O ofício conterá os nomes e o número de inscrição no Cadastro de Pessoas Físicas do exequente e do executado, a importância a ser descontada mensalmente, a conta na qual deve ser feito o depósito e, se for o caso, o tempo de sua duração.

371 Eis a ementa: "Agravo de instrumento. Execução de alimentos. Penhora do FGTS. Oposição da CEF. Considerando que a Caixa Econômica Federal é mera gestora dos valores depositados no FGTS e que a competência para a ação de execução de alimentos é da Justiça Estadual, não prospera a alegação de que a Justiça Federal seria a competente para apreciar a questão acerca de levantamento de valores existentes naquele fundo. Frise-se que tal entendimento está consolidado inclusive no Superior Tribunal de Justiça (RMS 26.540/SP). Assim, eventual renitência da CEF em acolher a determinação judicial poderá dar ensejo à aplicação de multa e configuração do crime de desobediência por parte dos administradores responsáveis. Deram provimento. Unânime" (TJRS, AI 70073373052, 8.ª Câmara Cível, Rel. Luiz Felipe Brasil Santos, j. 17.08.2017).

372 O assunto foi desenvolvido em artigo escrito em coautoria com Ana Beatriz Presgrave intitulado "Título executivo extrajudicial, obrigação alimentar e desconto em folha" (publicado na *Revista Magister de Direito Civil e Processual Civil*, v. 92, p. 5-22, 2019. Disponível em: www.fernandatartuce.com.br/artigosdaprofessora. Acesso em: 7 jan. 2020).

Considerando a postura institucional de evidente incentivo à autocomposição, como deve se portar o Poder Judiciário quando o fruto de negociações chegar à sua apreciação consubstanciando um título executivo? Deve interferir de forma intensa considerando um olhar restritivo sobre o que ali consta ou considerar a boa-fé à luz do ordenamento vigente?

A resposta deve se embasar nessa última diretriz. Descumprida a obrigação alimentar prevista em título executivo extrajudicial, a parte credora pode, no curso da execução, requerer o desconto do montante devido na folha de pagamento do devedor e o juiz poderá determinar o desconto mesmo sem este estar previsto no título executivo em que foi prevista a obrigação alimentar.

Apesar dessa resposta, houve negativa em alguns tribunais; eis exemplo:

> "Dissolução de união estável. Alimentos. Acordo homologado judicialmente. Forma de cumprimento. Pedido de desconto em folha de pagamento. Remessa às vias próprias. [...] 2. Mesmo entendendo que o crédito alimentar é preferencial em relação a qualquer outro, não é possível determinar o desconto em folha de pagamento, pois o acordo homologado não estabeleceu tal forma de cumprimento da obrigação, e a implementação desse desconto poderá acarretar grave prejuízo ao alimentante. 3. Caso a obrigação não esteja sendo cumprida regularmente deverá a credora manejar a cabível ação de execução pleiteando a constrição patrimonial ou cumprimento sob pena de prisão"[373].

Apesar de compreensível – por focar estritamente nos termos acordados pelas partes –, a decisão não contempla a melhor resposta que o ordenamento jurídico oferece. A satisfação do credor com a menor onerosidade ao devedor é uma equação que deve ser feita no caso concreto.

Percebe-se que, nesse caso, deixou o Tribunal de aplicar outro dispositivo inovador do CPC no que toca ao adimplemento de obrigações: o art. 139, IV[374], que estabelece a possibilidade de adoção de medidas atípicas para fins de obtenção de cumprimento de obrigações.

Mesmo a Lei de Alimentos contém previsão sobre a variedade de opções[375]: o art. 19 permite ao juízo "tomar todas as providências necessárias para seu esclarecimento ou para o cumprimento do julgado ou do acordo, inclusive a decretação de prisão do devedor até 60 (sessenta) dias".

É certo que a utilização de medidas menos onerosas ao devedor deve ser considerada neste caso. De todo modo, é importante que eventual iniciativa diferenciada se revele proporcional e seja aplicada após o exaurimento de outros meios previstos no ordenamento; como a proposta do CPC é aumentar a eficiência processual, intentar providências ineficazes, inexequíveis e/ou de difícil fiscalização pode ensejar o efeito contrário e piorar a situação entre as pessoas em conflito.

---

373 TJRS, AI 0458388-93.2015.8.21.7000, São Borja, 7.ª Câmara Cível, Rel. Des. Sérgio Fernando de Vasconcellos Chaves, j. 18.05.2016, *DJERS* 02.06.2016.

374 CPC, art. 139. O juiz dirigirá o processo conforme as disposições deste Código, incumbindo-lhe: [...] IV – determinar todas as medidas indutivas, coercitivas, mandamentais ou sub-rogatórias necessárias para assegurar o cumprimento de ordem judicial, inclusive nas ações que tenham por objeto prestação pecuniária.

375 Nesse sentido, afirma Marcelo de Faria Camara, fazendo referência ao art. 16 da Lei de Alimentos, que "o desconto em folha sempre foi uma modalidade de execução de alimentos" (Art. 529. In: STRECK, Lenio Luiz; NUNES, Dierle; CUNHA, Leonardo (Org.). *Comentários ao Código de Processo Civil*. São Paulo: Saraiva, 2016, p. 765).

Não se olvide que a prisão é a *ultima ratio* quando se fala em execução de alimentos. Segundo Candido Rangel Dinamarco, a prisão do devedor de alimentos é de extrema excepcionalidade diante do veto constitucional geral e severo à prisão por dívida. Nas palavras do autor, "como é notório, essa exceção está no sistema em nome de um valor que nesses limites supera o dogma da liberdade do devedor, a saber, as necessidades vitais do alimentando"[376].

Em interessante julgado do TJDFT consta que "a determinação do magistrado para que as parcelas vencidas sejam averbadas diretamente na folha de pagamento do apelante, sem prejuízo do desconto mensal dos alimentos devidos, não está condicionada ao consentimento ou autorização do devedor".

No caso, as partes haviam acordado o parcelamento do débito vencido, tendo o magistrado de 1.º grau determinado o desconto em folha de pagamento do executado. O executado insurgiu-se contra essa determinação – que não foi acordada com a exequente-, requerendo que os descontos se limitassem a 30% dos rendimentos, considerando o desconto mensal dos alimentos devidos.

O Tribunal rejeitou o pedido afirmando que o art. 529 do CPC estabelece a possibilidade de averbação do desconto em folha dos valores devidos a título de pensão alimentícia "sem que disso resulte qualquer abuso ou ilegalidade". Os descontos das parcelas vencidas e das vincendas só não poderiam ultrapassar 50% dos vencimentos líquidos do devedor, nos termos do § 3.º do referido artigo[377].

Como se observa, o Tribunal decidiu que o desconto dos alimentos em folha de pagamento do executado decorre de lei, dispensando a expressa previsão dessa modalidade de pagamento no acordo homologado em juízo.

Não há fundamento, assim, para se impedir a utilização do permissivo legal de execução de alimentos por meio do desconto em folha, nos limites estabelecidos pelo art. 529, § 3.º, do CPC, quando a avença não é cumprida pelo alimentante, ainda que ausente expressa permissão de tal providência no acordo celebrado pelas partes.

Em outro caso, a exequente requereu o desconto dos alimentos em folha de pagamento – forma não prevista no pacto -; entendeu o 1.º grau que tal pedido implicaria "em alteração das regras do acordo" e, para tanto, deveria "ser aviado por meio de ação própria". A decisão foi reformada pelo TJDFT nos seguintes termos:

> [...] considerando que a própria execução alimentar possui características próprias, admitindo a penhora de verbas salariais, e excepcionalmente a própria prisão do alimentante, impõe-se reconhecer a possibilidade de, nos próprios autos em que fixada a obrigação alimentar em caráter definitivo, alterar a forma de cumprimento, de depósito bancário ou pagamento direto para desconto em folha de pagamento do benefício previdenciário, em virtude da notícia de inadimplemento da obrigação devida pelo agravado à agravante, uma vez que o procedimento não importa majoração da prestação e confere efetividade ao provimento – além de ser menos gravoso que a deflagração do início de atos constritivos, bem como eventual restrição de liberdade[378].

---

376 DINAMARCO, Cândido Rangel. *Instituições do direito processual civil.* 4. ed. São Paulo: Malheiros, 2019, v. IV, p. 680.

377 TJDF, Proc. 07024.71-98.2018.8.07.0016, Ac. 115.6924, 2.ª Turma Cível, Rel. Des. João Egmont, j. 11.03.2019, *DJDFTE* 19.03.2019.

378 TJDF, Proc. 0713.53.4.082017-8070000, Ac. 106.7185, 2.ª Turma Cível, Rel. Des. César Loyola, j. 14.12.2017, *DJDFTE* 20.12.2017. No mesmo sentido: "[...]. 1. O deferimento pelo juízo de origem da substituição

O acórdão citou julgados semelhantes, demonstrando que naquele tribunal muitos entendem não existir óbice para a modificação da forma de pagamento prevista no acordo[379].

Esse entendimento também já foi adotado pelo Superior Tribunal de Justiça, inclusive na vigência do Código Processual anterior:

> A forma de execução da sentença de alimentos mediante desconto em folha ou da renda é prioritária a benefício do alimentando pela sua eficiência prática, proclamando-se que sobre ela não tem precedência a penhora de bens oferecidos pelo executado, esta apenas fica como alternativa se embaraçado o desconto em folha, do mesmo modo, o desconto em folha sobrepõe-se inclusive à coação pessoal [...]. E, não implicando a sua concessão em nenhum agravamento da responsabilidade a cargo do devedor, não obsta à sua determinação judicial o fato de nada haver sido convencionado a respeito no acordo, ou fixado na sentença; em se tratando de servidor público, basta para a execução do acordo a determinação judicial de desconto em folha, mediante simples ofício, dispensada a prévia citação do devedor, não sendo alterada pela mudança de emprego... Portanto, há possibilidade de alteração da forma de pagamento da pensão alimentícia para o desconto em folha, sendo preferível, inclusive, esse modo de adimplemento da obrigação alimentar[380].

Nos casos abordados, embora não houvesse expressa autorização para desconto em folha, não havia igualmente expressa vedação para o uso dessa técnica executiva. A existência de cláusula no sentido de que não será utilizado o desconto em folha como forma de adimplemento da pensão ensejaria a impossibilidade da utilização dessa forma de expropriação, em atenção ao respeito da liberdade das partes na formulação de acordos.

Assim, percebe-se que as concessões feitas pelas partes nos acordos sobre alimentos têm um impacto severo na forma de execução de tais valores, sendo imperativa a assistência das partes por advogado/a para a perfeita compreensão do conteúdo e das consequências dos ajustes.

De outra parte, há entendimento de que somente se pode falar em mudança da forma de pagamento prevista no acordo em caso de descumprimento. Segundo o TJDFT, pelo fato de o desconto em folha estar previsto no capítulo "Do Cumprimento de Sentença que Reconheça a Exigibilidade de Obrigação de Prestar Alimentos", somente poderia ser adotado "em razão do não cumprimento dos termos fixados em sentença"[381].

---

do depósito em conta corrente pelo desconto em folha de pagamento referente à verba alimentar não implica em modificação do acordo anteriormente homologado. 2. Não há violação da coisa julgada na mera modificação da forma de desconto dos alimentos, quando não houve alteração no valor da pensão. [...]" (TJDFT, Proc. 07183246420198070000, Rel. Carlos Rodrigues, j. 11.12.2019).

379 No mesmo sentido: "[...] 1. Em que pese constar do termo de acordo homologado em Juízo que o valor dos alimentos seria depositado mensalmente pelo Alimentante em conta de titularidade da representante dos menores, nada impede que, obtendo o Alimentante um emprego após a celebração do acordo, pleiteiem os Alimentandos que a quantia passe a ser descontada em folha de pagamento, pois tal forma de pagamento se afigura mais eficaz a promover o cumprimento da obrigação, uma vez que permite maior regularidade e certeza no recebimento dos valores. 2. A obrigação em si, que é o pagamento do valor acordado, não resta alterada em face de tal determinação e não há, portanto, qualquer violação ao título judicial, mas sim mera adoção de medida voltada ao seu melhor cumprimento" (TJDF, Proc. 0700.20.4.072018-8070000, Ac. 109.0287, 5.ª Turma Cível, Rel. Des. Ângelo Passareli, j. 19.04.2018, *DJDFTE* 26.04.2018).

380 REsp 1.136.655/DF, Rel. Min. Paulo de Tarso Sanseverino, j. 20.05.2014.

381 "Compulsando os autos verifico que não há, no presente caso, sequer notícias de descumprimento, por parte do alimentante, ora agravado, dos termos acordados entre as partes, razão pela qual o procedimen-

Ao entender que não caberia desconto em folha do acordo de alimentos extrajudicial por não se enquadrar no art. 529 do CPC, haja vista não se tratar de "cumprimento de sentença", a decisão deixa de considerar um ponto extremamente relevante: a previsão contida no art. 912 do CPC traz basicamente a mesma dicção do art. 529.

Aliás, no caso da execução de título executivo extrajudicial que contenha obrigação alimentar, o CPC prevê a possibilidade de desconto em folha mediante pedido do credor e não faz limitações de percentuais para tais descontos (não há reprodução do § 3.º do art. 529), o que poderia ensejar situação ainda mais privilegiada ao credor de alimentos pautado em título extrajudicial.

É certo, entretanto, que a leitura do dispositivo não pode ser realizada de maneira isolada, devendo-se utilizar os balizadores existentes no art. 529 do CPC (possibilidade de desconto de até 50% dos ganhos líquidos, juntando-se as parcelas de alimentos vencidos e vincendos), por significarem respeito à dignidade do devedor de alimentos.

Em outro caso julgado pelo TJDFT, o órgão colegiado admitiu a possibilidade de extensão dos termos do acordo para incluir outros rendimentos do executado não previstos no ajuste. No caso, as partes haviam estabelecido o desconto em folha de pagamento junto ao órgão empregador de alimentos fixados em 25% dos rendimentos brutos obtidos a qualquer título; entendeu o Tribunal que:

> Em que pese constar do termo respectivo que o valor seria descontado em folha de pagamento junto ao Órgão empregador, nada impede que, vindo o Alimentante a aproveitar acréscimo em seus rendimentos advindo de outra fonte pagadora, também sobre estes valores incida o percentual de 25%, tendo em vista que o desconto em folha é apenas a forma de pagamento dos valores devidos, assim determinada porque se mostra mais segura aos Alimentados. [...] Ora, veja-se que, se assim não fosse, deveria estar explícito no acordo celebrado no feito do divórcio que os 25% incidiriam sobre aquela fonte pagadora especificamente, e não apenas dispor sobre a forma de pagamento[382].

A decisão é importante por destacar não haver vinculação necessária a um determinado empregador com relação ao desconto em folha, esclarecendo que se trata da forma de pagamento da quantia avençada, e que qualquer limitação a essa forma de pagamento – prevista em lei – deverá estar explícita no acordo.

Essa constatação é fundamental para responder à pergunta inicialmente proposta: a previsão legal é suficiente para tornar exigível o desconto em folha na hipótese de descumprimento, independentemente de haver previsão expressa no acordo sobre a forma de pagamento. O que impede a utilização da providência é a previsão expressa no acordo de que não haverá desconto em folha.

---

to dos autos originários não se enquadra naquele definido nos arts. 528 e seguintes do CPC. Ademais, o acordo foi firmado espontaneamente entre as partes, constando expressamente da ata de audiência que a verba alimentar seria depositada em conta bancária de titularidade da genitora. Assim, não se verificando qualquer vício de vontade, tampouco havendo nos autos notícias de descumprimento, por parte do alimentante, dos termos acordado, tenho por desnecessária a medida pleiteada, devendo prevalecer, portanto, as disposições acordadas, sob pena de violação ao princípio da autonomia da vontade" (TJDF, Proc. 07132.14-55.2017.8.07.0000, Ac. 113.6971, 7.ª Turma Cível, Rel.ª Des.ª Gislene Pinheiro, j. 14.11.2018, *DJDFTE* 19.11.2018).

[382] TJDF, Proc. 0708.51.6.692018-8070000, Ac. 111.8690, 5.ª Turma Cível, Rel. Des. Ângelo Passareli, j. 22.08.2018, *DJDFTE* 29.08.2018.

Em um caso julgado no Paraná, o acordo de alimentos foi alterado de ofício pelo juízo de primeiro grau para alterar a forma de pagamento e a base de cálculo do débito alimentar considerando a realidade dos fatos[383]. Tem guarida no ordenamento jurídico tal tipo iniciativa judicial?

Não: o acordo entabulado não pode ser alterado de ofício pelo juízo, sendo primordial que ele retrate plena concordância das partes; além disso, a decisão homologatória não poderia ser atacada na fase de cumprimento de sentença por meio de simples agravo de instrumento.

A defesa de incapazes no processo não deve ser realizada pela magistratura, mas sim pelo Ministério Público, de modo que eventual alteração na forma como as partes acordaram o adimplemento dos alimentos deveria ser levantada pelas próprias partes ou pelo MP[384].

Conclui-se, portanto, ser plenamente possível o desconto em folha de pagamento nas execuções de alimentos decorrentes de títulos extrajudiciais – desde que não haja vedação expressa no acordo celebrado entre as partes.

A solução pacífica de controvérsias tem sido estimulada pelo CNJ e pelo Judiciário não apenas como forma de eliminação dos milhares de processos pendentes de julgamento, mas também porque a solução consensual maior potencial de proveito para as pessoas.

Quando o teor do acordo está reconhecido em título executivo extrajudicial, eventual inadimplemento enseja execução diversa do modelo referente ao cumprimento de sentença. Não obstante, é preciso evitar excessiva desvantagem ao credor que se alinhou à tal solução consensual de conflitos.

Podem ser extraídas então as seguintes conclusões em resposta à pergunta formulada: a) é possível haver o desconto em folha de pagamento de débito alimentar, esteja ele previsto em título executivo judicial ou extrajudicial; b) o fato de não estar expresso no acordo o desconto em folha como forma de adimplemento da verba alimentar não impede que ele seja realizado, no caso de inadimplemento do pactuado; c) a existência de cláusula expressa que vede o desconto em folha impede que tal forma de pagamento da verba alimentar seja adotada; d) é vedado ao juízo, de ofício, alterar cláusula de acordo que trata da forma como deve ser realizado o pagamento de alimentos[385].

c) Nota ao art. 913 do CPC

Por fim, consta no art. 913 do CPC que, não requerida a execução sob pena de prisão, será observado o regramento da execução por quantia – com a ressalva de que, recaindo a

[383] "[...] Realização de acordo em audiência de conciliação, estipulando o valor dos alimentos e determinando o desconto em folha de 15% do valor líquido, calculado subtraindo-se dos rendimentos brutos o valor do imposto de renda, do INSS e o montante do financiamento de imóvel. Renúncia ao prazo recursal com trânsito em julgado. Posterior informação noticiando que o desconto sob a rubrica alegadamente relativa a financiamento, em verdade, trata-se da soma de diversos empréstimos consignados em folha. Alteração do acordo, de ofício, pela julgadora singular, determinando que o valor dos alimentos seja calculado levando-se em consideração o real valor do financiamento e que seja o montante depositado diretamente na conta da genitora do alimentante. Decisão que restou irrecorrida. Pleito do agravante para que o anterior acordo fosse afastado e que fosse decisão agravada que indefere o pedido, em razão da coisa julgada, e determina o arquivamento do feito. Decisão mantida. Em que pese a julgadora singular não pudesse modificar de ofício o que restou acordado, em razão da coisa julgada, a decisão que o fez restou irrecorrida, de maneira que a questão se tornou preclusa. Logo, inviabiliza-se a pretensão de rediscutir a questão" (TJPR, AI 1718640-4, Curitiba, 12.ª Câmara Cível, Rel.ª Des.ª Ivanise Maria Tratz Martins, j. 23.05.2018, *DJPR* 06.06.2018, p. 828).

[384] TARTUCE, Fernanda; PRESGRAVE, Ana Beatriz. *Título executivo extrajudicial, obrigação alimentar e desconto em folha*, cit.

[385] TARTUCE, Fernanda; PRESGRAVE, Ana Beatriz. *Título executivo extrajudicial, obrigação alimentar e desconto em folha*, cit.

penhora em dinheiro, a concessão de efeito suspensivo aos embargos à execução não obsta a que o exequente levante mensalmente a importância da prestação.

O dispositivo tem forte similaridade com o art. 528, § 8.º, do CPC[386]. Coerente com a premissa de que a decisão sobre o rito executivo pertence ao titular do direito, a regra prevê que o exequente pode optar pela execução sob pena de expropriação de bens e renunciar ao rito executivo que possibilita a prisão.

A previsão é importante porque no regime do CPC anterior alguns magistrados convertiam de ofício o regime executivo, sendo necessário então que os executados recorressem para que os tribunais competentes reformassem tal tipo de decisão.

No mais, a previsão final sobre a possibilidade de levantamento mensal das prestações demonstra a preocupação do legislador com a subsistência do exequente.

Vale destacar que a possibilidade de que o exequente realize levantamentos mensais esvazia, em certa medida, o efeito suspensivo porventura atribuível à defesa do executado; a opção legislativa, contudo, é acertada por atender ao desiderato de garantir a subsistência do alimentando.

3. DISSOLUÇÃO DO VÍNCULO CONJUGAL

Como bem expôs Flávio Gikovate, "o grande dilema dos vínculos contemporâneos deriva da dualidade entre o amor (integração) e a individualidade; essa última hoje prevalece. Se no passado se achava que o vínculo ideal deveria ser do tipo complementar (a tampa e a panela), hoje temos que pensar mais em afinidades"[387].

Enquanto os casais trabalham novos modos de se relacionar e equacionar diferenças, muitas uniões acabam dissolvidas, razão pela qual se revela importante analisar como o tema tem evoluído na seara jurídica nos últimos tempos.

3.1. Extinção da separação judicial

A partir da mudança no texto promovido pela Emenda n. 66/2010, o art. 226, § 6.º[388], da CF passou a dispor que o casamento civil pode ser dissolvido pelo divórcio.

Apesar da clareza do dispositivo, por algum tempo persistiu polêmica se subsistia, no ordenamento brasileiro, a separação judicial ou se a finalização do casamento poderia se realizar apenas por meio do divórcio.

Não obstante o respeito à primeira posição, sempre me alinhei à última visão: com a mudança, o divórcio passou a ser possível tão logo o casal decidisse extinguir o casamento sem precisar demonstrar os requisitos outrora exigidos, inexistindo interesse jurídico na separação judicial.

---

[386] O exequente pode optar por promover o cumprimento da sentença ou decisão desde logo, nos termos do disposto neste Livro, Título II, Capítulo III, caso em que não será admissível a prisão do executado, e, recaindo a penhora em dinheiro, a concessão de efeito suspensivo à impugnação não obsta a que o exequente levante mensalmente a importância da prestação.

[387] Página do Facebook de Flávio Gikovate (*in memoriam*). Disponível em: https://www.facebook.com/FGikovate/posts/506853642678570. Acesso em: 7 jan. 2020.

[388] Antes assim versava tal dispositivo: "O casamento civil pode ser dissolvido pelo divórcio, após prévia separação judicial por mais de um ano nos casos expressos em lei, ou comprovada separação de fato por mais de dois anos".

Sob o prisma processual, havia ainda utilidade na separação? Se uma pessoa quisesse se divorciar e a outra recusasse, consentindo apenas com separação, seria possível que esta ganhasse a causa mantendo a outra ligada a si?

A resposta era negativa. O direito de requerer o divórcio passou a ser potestativo e nada poderia a parte ré fazer ou alegar para impedir sua concretização; isso provava inexistir utilidade jurídica na separação judicial – e, embora pudesse ser invocada a presença de interesse moral ou religioso, o processo judicial não tutela tais ordens de interesse.

Consolidando esse entendimento, o IBDFAM aprovou o Enunciado n. 1, segundo o qual "[a] Emenda Constitucional 66/2010, ao extinguir o instituto da separação judicial, afastou a perquirição da culpa na dissolução do casamento e na quantificação dos alimentos"[389].

O advento do CPC poderia ter trazido elementos adicionais para a discussão: o procedimento especial para as ações da família é aplicável, segundo o *caput* do art. 693, aos processos de "separação"; os arts. 731 a 734, por sua vez, ainda preveem expressamente um procedimento especial consensual para "divórcio e separação consensuais".

De todo modo, cada vez mais a separação foi caindo em desuso: na prática, casais em dúvida sobre manter a união ou dissolvê-la afastavam-se de fato para identificar se a crise era passageira de modo a decidir sobre os rumos a serem tomados.

Eis outras questões pertinentes: não havendo mais separação, o que deve ocorrer com as separações em trâmite antes da emenda que a excluiu? Ou propostas depois, apesar da emenda?

Uma resposta possível era a extinção: se não havia mais separação, o feito devia ser extinto sem resolução de mérito por falta de interesse[390]. Contudo, preconizava-se outra conclusão: a chance de conversão. Nos processos de separação em trâmite, o juiz devia instar as partes a se manifestar sobre a conversão da separação em divórcio.

Tal posição revelava-se interessante e atendia bem a princípios processuais; não há dúvida de que, havendo anuência das partes, o processo possa ser adaptado – ocorrência, aliás, que já se verificava antes mesmo da mutação constitucional[391].

Pois bem: como exposto na parte I, o STF reconheceu a supressão da separação judicial como figura autônoma no ordenamento jurídico brasileiro ao fixar a tese 1.053:

> Após a promulgação da EC nº 66/2010, a separação judicial não é mais requisito para o divórcio nem subsiste como figura autônoma no ordenamento jurídico. Sem prejuízo, preserva-se o estado civil das pessoas que já estão separadas, por decisão judicial ou escritura pública, por se tratar de ato jurídico perfeito (art. 5.º, XXXVI, da CF).

3.2. Aspectos procedimentais do divórcio

Qual procedimento adotarão as demandas de divórcio: o procedimento especial previsto na lei específica (Lei n. 6.515/1977) ou os procedimentos especiais para as ações de família previstos no art. 693 e seguintes (se litigiosa) e 731 e seguintes (quando consensuais) do CPC?

---

389 Disponível em: http://www.ibdfam.org.br/noticias/5819/IBDFAM+aprova+Enunciados+++. Acesso em: 10 fev. 2016.

390 CPC, art. 485. O juiz não resolverá o mérito quando: [...] VI – verificar ausência de legitimidade ou de interesse processual.

391 Em processos de primeira instância, reporto experiência pessoal vivenciada em São Paulo: já nos idos de 1999 eram comuns situações em que, como a separação litigiosa se arrastava por anos, antes de julgar o magistrado questionava se as partes tinham interesse em converter o pedido em divórcio para que este já fosse decretado.

A Lei n. 6.515/1977 traz previsões processuais sobre o divórcio consensual, mas não sobre o litigioso. Na vigência do CPC/1973, as disposições procedimentais da Lei do Divórcio seguiam vigentes com base no art. 2.043 do Código Civil[392]. Entendiam-se, assim, aplicáveis os arts. 34 e 40, § 2.º, da Lei do Divórcio[393] com as adaptações necessárias: se o pedido fosse de homologação de acordo para o fim da união, seguia-se o procedimento previsto para os pleitos consensuais; se a demanda envolvesse litígio, a via contenciosa seria processada pelo procedimento comum do CPC. Ambos os artigos, no entanto, faziam referência ao procedimento de "separação consensual" previsto no revogado CPC/1973.

Com o advento do CPC/2015, os arts. 731 e seguintes passaram a prever procedimento mais simplificado para a homologação de divórcio e "separação" consensuais. O Código previu apenas os requisitos da petição inicial, suprimindo, em relação ao Código anterior, algumas etapas de utilidade questionável no sistema: (i) a realização de audiência preliminar para o juiz ouvir as partes sobre os motivos da separação e explicar as consequências do ato; (ii) a designação de audiência de ratificação, realizada caso o juiz não se convencesse, na audiência preliminar, de que os cônjuges manifestaram a intenção de se separar livremente e sem hesitações.

A supressão normativa das audiências – que, na prática, já eram dispensadas por grande parte dos juízos – é muito bem-vinda, refletindo a tendência de menor intervenção estatal na vontade declarada das pessoas em determinar os rumos de seus relacionamentos[394]. O STJ já havia se pronunciado a respeito, indeferindo pedido de decretação de nulidade de processo em que a audiência fora suprimida; em trecho do voto, assentou o Ministro Moura Ribeiro:

> Por tudo acima explicitado, por entender que não é mais necessária a referida audiência, por não haver nenhum prejuízo às partes no caso em fomento, pelo princípio da mínima intervenção do Estado em Direito de Família, ou pela simples não recepção dos artigos infraconstitucionais tidos como ofendidos pela nova letra do art. 226, § 6.º, da CF/88, inexiste a alegada ofensa trazida pelo Ministério Público Estadual, apta a modificar o acórdão gaúcho[395].

---

392 O entendimento tem por base o art. 2.043 do CC: "até que por outra forma se disciplinem, continuam em vigor as disposições de natureza processual, administrativa ou penal, constantes de leis cujos preceitos de natureza civil hajam sido incorporados a este Código".

393 Art. 34. A separação judicial consensual se fará pelo procedimento previsto nos arts. 1.120 e 1.124 do Código de Processo Civil, e as demais pelo procedimento ordinário. Art. 40. No caso de separação de fato, e desde que completados 2 (dois) anos consecutivos, poderá ser promovida ação de divórcio, na qual deverá ser comprovado decurso do tempo da separação. § 2.º No divórcio consensual, o procedimento adotado será o previsto nos arts. 1.120 a 1.124 do Código de Processo Civil, observadas, ainda, as seguintes normas: I – a petição conterá a indicação dos meios probatórios da separação de fato, e será instruída com a prova documental já existente; II – a petição fixará o valor da pensão do cônjuge que dela necessitar para sua manutenção, e indicará as garantias para o cumprimento da obrigação assumida; III – se houver prova testemunhal, ela será produzida na audiência de ratificação do pedido de divórcio a qual será obrigatoriamente realizada; IV – a partilha dos bens deverá ser homologada pela sentença do divórcio.

394 TARTUCE, Fernanda. Artigos 694 a 699 e art. 731. In: BUENO, Cássio Scarpinella (coord.). *Comentários ao novo Código de Processo Civil*: arts. 539 a 925. São Paulo: Saraiva, 2017, v. 3, p. 397.

395 "[...] 3. A audiência de conciliação ou ratificação passou a ter apenas cunho eminentemente formal, sem nada produzir, e não havendo nenhuma questão relevante de direito a se decidir, nada justifica na sua ausência, a anulação do processo. 4. Ainda que a CF/1988, na redação original do art. 226, tenha mantido em seu texto as figuras anteriores do divórcio e da separação e o CPC tenha regulamentado tal estrutura, com a nova redação do art. 226 da CF/1988, modificada pela EC 66/2010, deverá também haver nova interpretação dos arts. 1.122 do CPC [1973] e 40 da Lei do Divórcio, que não mais poderá ficar à margem da substancial alteração. Há que se observar e relembrar que a nova ordem constitucional prevista no art. 226 da Carta Maior alterou os requisitos necessários à concessão do Divórcio Consensual Direto [...]" (STJ, REsp 1.483.841, 2.ª Turma, Rel. Min. Moura Ribeiro, j. 17.03.2015, *DJe* 27.03.2015).

O projeto a dois acabou e é necessária a regularização da nova situação jurídica. É mais vantajoso o método consensual ou valer-se do sistema contencioso?

Obviamente a via consensual propicia a regularização da situação de forma mais expedita e menos desgastante; ela pressupõe, contudo, boa-fé, disposição para uma eficiente comunicação e algum senso de civilidade, elementos que nem sempre estão presentes no fim do projeto conjugal.

Vale destacar, porém, que nada impede que uma demanda inicie sob a vertente litigiosa e posteriormente seja convertida para a via consensual.

3.2.1. Competência

Tradicional dispositivo processual do CPC/1973 contemplava prerrogativa de foro à mulher: nas demandas sobre o fim da união, era competente o foro da residência da esposa[396].

O CPC/2015 acabou com o foro de prerrogativa da mulher, estabelecendo, como já exposto na Parte I, critérios dissociados do gênero. Segundo o art. 53, nas ações envolvendo casamento e união estável, é competente: a) o foro do domicílio de quem detém a guarda do filho incapaz; b) o foro do último domicílio do casal, se não há filho incapaz; c) o foro do domicílio do réu se ambos os cônjuges mudaram de domicílio; d) o foro do domicílio da vítima de violência doméstica e familiar, nos termos da Lei Maria da Penha.

Como exposto na Parte I, a neutralização do foro de prerrogativa da mulher não foi acertada à luz da necessidade de reequilíbrio entre litigantes (sobretudo se um deles é vulnerável) na busca da igualdade material. Revela-se importante destinar um olhar detido sobre a condição da mulher para aferir se realmente há igualdade ou se esta é apenas formal. Ainda é natural, em grande parte dos ajustes familiares, que a mulher se dedique aos filhos e com isso comprometa as atividades profissionais por certo tempo (o que afeta, em alguma medida, também sua vida pessoal). Ela pode, portanto, ser ou estar vulnerável em razão de uma peculiar situação vivenciada.

Máximas de experiência permitem perceber a fragilidade da esposa quando se verifica o término do relacionamento logo após o nascimento do filho, podendo se encontrar vulnerável sob o aspecto econômico e/ou por condições de saúde (se, por exemplo, sofre de depressão pós-parto).

A esse propósito, Antonio Cláudio da Costa Machado aduz que a prerrogativa de foro se justificava porque, no Brasil, as mulheres normalmente ficavam "em situação de grande penúria econômica com o término de um casamento fracassado"[397].

Pode ainda ocorrer que a mulher seja compelida a abandonar o lar conjugal por sofrer agressões de ordem física ou moral, precisando retornar para a casa de parentes por não ter mais moradia. Nessa hipótese, ela sofre vulnerabilidade também sob o aspecto da organização pessoal. Ao ponto andou bem o legislador: a Lei n. 13.894/2019 inseriu nova alínea no art. 53 do CPC, destacando que passou a ser competente para demandas de separação e divórcio o foro do domicílio da vítima de violência doméstica e familiar, nos termos da Lei Maria da Penha.

---

396 CPC/1973, art. 100: é competente o foro: I – da residência da mulher, para a ação de separação dos cônjuges e a conversão desta em divórcio, e para anulação de casamento.

397 MACHADO, Antonio Cláudio da Costa. *Código de Processo Civil interpretado e anotado.* São Paulo: Manole, 2010, p. 412-413.

Em casos assim, diante da fragilidade de condições, o foro de prerrogativa revela-se mais apto a realizar a devida proteção contra sua vulnerabilidade.

Não se deve esquecer, por fim, que não apenas a mulher pode ficar desamparada no final do relacionamento. Uma situação clara de vulnerabilidade organizacional é a do réu que, por força de provimento cautelar de separação de corpos, acabou sendo retirado de casa. Muitas vezes ele não consegue mobilizar imediatamente seus recursos – quando presentes – para preparar a defesa em prazo exíguo, já que sua preocupação precípua nessa situação será, evidentemente, providenciar um teto para morar.

No que tange à pessoa afastada do lar, afigura-se adequado reconhecer sua dificuldade de defesa e viabilizar que sua resposta tenha prazo maior ou seja posteriormente completada, sempre tendo em mente o razoável para a reorganização dos seus recursos.

Assim, entendemos que, não obstante a prerrogativa de foro ter sido suprimida do CPC, ela ainda deve ser considerada sempre que constatada a situação de vulnerabilidade da mulher. Destaque-se, ainda, que algumas situações de possível vulnerabilidade da mulher encontram-se amparadas em outros dispositivos: a mulher que pede alimentos terá em seu favor o foro do alimentante (art. 53, II), assim como aquela que fica com a guarda dos filhos tem em seu favor o foro de domicílio do guardião (art. 53, I, *a*).

3.2.2. *Partes*

Não costuma haver dúvida sobre as pessoas legitimadas para o divórcio: obviamente precisará atuar o próprio cônjuge no polo ativo para promover a demanda.

Se ele falecer no curso da demanda, seus sucessores poderão/precisarão assumir o processo?

A resposta é, em regra, negativa. Como a morte é suficiente para a finalização da sociedade e do vínculo entre os cônjuges[398], não há necessidade de seguir tramitando o processo. Ainda que assim não ocorresse no plano de direito material, haveria óbice no CPC por se tratar de ação intransmissível[399] (por envolver direito de personalidade); portanto, o feito seria extinto de todo modo.

Essa é a resposta-padrão se considerarmos que o interesse seja apenas o reconhecimento do fim da união (que pode se dar pelo divórcio ou pela morte); contudo, a presença de outros interesses pode ensejar adicionais questionamentos.

O Tribunal de Justiça mineiro deparou-se com um caso peculiar: o marido, após promover ação de divórcio, faleceu no curso de feito. Sua mãe, enquanto inventariante do espólio, pediu o reconhecimento do divórcio, mas o juiz de primeiro grau extinguiu o feito sem resolução de mérito por força da morte, sendo a ação intransmissível.

A inventariante recorreu alegando, quanto ao mérito, que: a) a sentença extinguiu o processo sem considerar o pedido de partilha de bens; b) é cabível a declaração do divórcio *post mortem* ante a concordância das partes, aplicando-se, por analogia, os fundamentos da adoção *post mortem*; c) a esposa incorreria na vedação de comportamento contraditório porque no curso do processo já se encontrava em outro relacionamento e se declarara solteira em boletim de ocorrência policial.

---

398 CC, art. 1.571. A sociedade conjugal termina: I – pela morte de um dos cônjuges. [...] § 1.º O casamento válido só se dissolve pela morte de um dos cônjuges ou pelo divórcio, aplicando-se a presunção estabelecida neste Código quanto ao ausente.

399 CPC, art. 485. O juiz não resolverá o mérito quando: [...] IX – em caso de morte da parte, a ação for considerada intransmissível por disposição legal.

Como resposta, afirmou a esposa: a) que não estava em qualquer relacionamento, de modo que a inventariante distorcia a realidade dos fatos e acontecimentos processuais,; b) ainda que fosse o caso de julgamento imediato, o feito não estava maduro por se encontrar na fase de instrução; c) a ação de divórcio é de natureza personalíssima e intransmissível por disposição legal, de modo que questões patrimoniais são de competência do juízo da sucessão; d) distintos os institutos da adoção e do divórcio, não cabe a analogia pretendida; e) a qualquer momento as partes poderiam se reconciliar – mesmo porque o marido continuava a pagar-lhe as contas; f) a morte do autor da ação pôs fim ao casamento, de modo que ela ficou viúva.

Como destacado pelo relator do acórdão, a controvérsia residia em dizer qual motivo – a manifestação de vontade das partes de se divorciarem, ainda sem a chancela judicial, ou a morte – ocorreu primeiro. Isso importa porque a dissolução do casamento por uma ou outra causa surte efeitos jurídicos próprios e distintos: a morte do cônjuge gera direitos sucessórios e previdenciários, enquanto do divórcio decorrem direitos à partilha de bens e à pensão alimentícia.

Entendeu-se que houve divórcio pelos seguintes fundamentos: 1. Não há que se cogitar de intransmissibilidade porque ambas as partes requereram, nos autos, a declaração do divórcio (a esposa concordou na contestação); II. Desde o início o autor pediu a antecipação de efeitos da tutela para que fosse imediatamente decretado o divórcio das partes, tendo depois pleiteado a concessão de tutela de evidência ou julgamento parcial de mérito; III. A esposa qualificou-se como "separada de fato" nos autos e havia prova nos autos de outro relacionamento; IV. Em audiência conciliatória constatou a impossibilidade de consenso; V. "a tese da subsistência do casamento até a morte do requerente tem motivação exclusivamente previdenciária e sucessória. Repugna ao princípio geral de direito da boa-fé processual"[400].

No mais, um representante do cônjuge pode propor a demanda?

Nos termos do Código Civil, a resposta é positiva em caso de falta de capacidade: segundo seu art. 1.576, parágrafo único, "o procedimento judicial da separação caberá somente aos cônjuges, e, no caso de incapacidade, serão representados pelo curador, pelo ascendente ou pelo irmão"[401].

O STJ apreciou caso em que a curadora provisória nomeada no processo de "interdição" requereu o divórcio da incapaz (acometida da doença de Alzheimer). A Ministra relatora Nancy Andrighi rechaçou a possibilidade porque não haveria como equiparar, para tal fim, o curador provisório ao definitivo – "especialmente diante da potencial irreversibilidade dos efeitos concretamente produzidos com a eventual procedência da ação de dissolução de vínculo conjugal ajuizada pelo curador provisório, inclusive no que diz respeito a terceiros"; eis a síntese constante no acórdão:

> (i) a ação em que se pleiteia a dissolução do vínculo conjugal, por possuir natureza personalíssima, deve ser ajuizada, em regra, pelo próprio cônjuge; (ii) excepcionalmente, admite-se a representação processual do cônjuge por curador, ascendente ou irmão; (iii) justamente em virtude de se tratar de representação de natureza absolutamente excepcional, a regra que autoriza terceiros a ajuizarem a ação de dissolução de vínculo conjugal deverá ser interpretada restritivamente, limitando-se a sua incidência apenas à hipótese de curatela definitiva; (iv) em situações ainda mais excepcionais, poderá o

---

400 TJMG, Apelação Cível 1.0000.17.071266-5/001, 7.ª Câmara Cível, Rel. Des. Osvaldo Oliveira Araujo Firmo, v.u., j. 26.05.2018.

401 A regra já constava na Lei do Divórcio, Lei n. 6.515/1977. Art. 24. O divórcio põe termo ao casamento e aos efeitos civis do matrimônio religioso. Parágrafo único. O pedido somente competirá aos cônjuges, podendo, contudo, ser exercido, em caso de incapacidade, por curador, ascendente ou irmão.

curador provisório ajuizar a ação de dissolução do vínculo conjugal em representação do cônjuge potencialmente incapaz, desde que expressa e previamente autorizado pelo juiz após a oitiva do Ministério Público[402].

Em caso de capacidade plena, mas de maior conveniência para os cônjuges, cabe divórcio por procuração? Um procurador pode atuar no divórcio?

O Tribunal de Justiça de Goiás foi chamado a se manifestar em caso no qual um cônjuge situava-se fora do País e o outro estava em local ignorado. O relator invocou os seguintes argumentos: 1. existência do direito material da cônjuge que deseja divorciar-se, mas que, por residir no exterior, não está em condições de se deslocar até o Brasil e, ainda por não saber o paradeiro do outro cônjuge, mesmo quando está convicta da intenção de não mais permanecer casada; 2. não permitir o divórcio faria com que o casamento passasse a ser uma pena ou um empecilho a novo casamento; 3. não são mais cabíveis normas que exijam a presença física de seres humanos em um certo lugar para a prática de um ato judicial, quando este pode ser praticado por representação; 4. neste caso, negar a procedência do divórcio para uma brasileira extraditada economicamente a outro País pelo simples fato de apego ao formalismo processual é negar a tutela jurisdicional a quem dela precisa e submete[403].

Esta decisão é interessante e merece prevalecer por demonstrar como a inadmissão da representação afeta a autonomia do litigante que, a despeito de dificuldades de comparecimento, tem direito de regularizar situação jurídica ligada ao seu direito de personalidade. A pertinência do entendimento exposto na decisão é reforçada pelo fato de que, no atual CPC, as audiências que demandavam a presença dos cônjuges foram suprimidas.

Eis caso semelhante ocorrido em Minas Gerais, em que o juiz de primeiro grau extinguiu uma ação de divórcio, sem resolução do mérito, porque o divórcio seria uma ação personalíssima e seria dever do juiz tentar conciliar as partes. O relator do curso afirmou que a decisão se afigura desarrazoada: havendo separação de fato das partes há mais de três anos, não é razoável exigir a vinda do requerente dos Estados Unidos: "o instrumento de procuração, que concede poderes específicos para propositura da ação de divórcio, autoriza o pleito do apelante"[404].

3.2.3. *Atuação do MP*

A leitura do dispositivo do CPC/1973[405] sobre a atuação do MP no Código de Processo Civil levava à conclusão de que o *Parquet* devia atuar em todas as ações de divórcio (não apenas nos casos em que havia interesse de incapaz envolvido, mas em todas as ações de estado).

---

402 STJ, REsp 1.645.612/SP, Rel.ª Min.ª Nancy Andrighi, j. 16.10.2018, *DJe* 12.11.2018. A decisão foi publicada no *Informativo* n. *0637*, publicado em 07.12.2018.

403 TJGO, Apelação Cível 89409-3/188-200501172496, j. 30.03.2006.

404 TJMG, AC 1.0486.06.012073-1/001, Peçanha, 5.ª Câmara Cível, Rel.ª Desig. Des.ª Maria Elza de Campos Zettel, j. 30.08.2007, *DJMG* 14.09.2007. Eis outra decisão do mesmo tribunal: "Ação de divórcio consensual direto. Cônjuges residentes no exterior. Separação ocorrida no Brasil. Competência da autoridade judiciária brasileira. Audiência de conciliação. Presença dos autores. Prescindibilidade. Procurador munido de poderes especiais para o ato. Extinção do processo, sem resolução do mérito. Impossibilidade, no caso específico. Recurso provido para anular a sentença e determinar o retorno dos autos ao juízo de origem para o regular prosseguimento" (TJMG, APCV 1.0396.08.035666-2/0011, Mantena, 5.ª Câmara Cível, Rel. Des. Nepomuceno Silva, j. 06.11.2008, *DJEMG* 25.11.2008).

405 CPC/1973, art. 82. Compete ao Ministério Público intervir: I – nas causas em que há *interesses de incapazes*; II – nas causas concernentes ao *estado da pessoa*, pátrio poder, tutela, curatela, interdição, casamento, declaração de ausência e disposições de última vontade.

A questão que se colocava era: a previsão de intervenção do MP nas causas em que não havia interesse de incapazes se legitimava diante da pauta constitucional e das diretrizes norteadoras do moderno Direito de Família?

A visão clássica propugnava que, sendo interesse do Estado a preservação da família, havia interesse público que justifica a intervenção do MP como "fiscal da Lei".

Muitos julgados se alinhavam a esse entendimento e reconheciam a *nulidade* dos processos em que o MP não intervinha, mesmo não havendo interesse de menor. Em divórcios consensuais, fundamentavam tal necessidade nos arts. 82 e 1.122 do CPC/1973, este exigia a presença da instituição em ações de *separação* consensual e podia ser aplicado subsidiariamente aos divórcios consensuais com base no art. 40, § 2.º, da Lei n. 6.515/1977[406].

Algumas correntes mais moderadas aplicavam o princípio do *pas de nullité sans grief*, ou seja, não reconheciam a nulidade por ausência do MP se desta não tivesse decorrido prejuízo para as partes[407].

Havia ainda julgados que, com base no princípio da economia processual, conservavam os atos processuais de primeiro grau realizados sem a presença do Ministério Público, suprindo tal ausência mediante a fiscalização do Procurador de Justiça em segundo grau[408].

Contudo, jurisprudência ainda mais moderada vinha afirmando ser desnecessária a atuação do MP, não gerando sua ausência qualquer nulidade quando ausente interesse de incapaz. Representando esta corrente, mencionamos julgado do Tribunal de Justiça do Rio Grande do Norte, segundo o qual a nulidade advinha da *falta de intimação* do MP, cabendo a ele a decisão de intervir ou não[409].

A posição vinha ganhando destaque: nesse sentido, o MPS baixou o Ato de Racionalização n. 313/2003 para facultar aos membros a intervenção nos processos de divórcio em que há ausente interesse de incapaz.

No entanto, nenhuma das posições afirmava a desnecessidade da intimação do MP para que manifestasse seu interesse de intervir na causa; agir com mais ou menos intervencionismo era facultado ao representante do órgão intimado no processo.

---

406 Eis julgado representativo: "I – Tratando-se o divórcio de causa concernente ao estado da pessoa, é nula, face à expressa dicção do art. 82, II, c/c art. 246 do CPC [1973], sentença proferida em ação de divórcio direto consensual em que ausente a notificação do Ministério Público para intervir. [...]" (TJMA, AC 42352007, Rel. Cleones Carvalho Cunha, j. 31.07.2007).

407 "Apelação cível. Ação de divórcio consensual. [...].. 2. Inexistente a demonstração de prejuízo decorrente da ausência de intimação do Ministério Público, no 1.º grau, e havendo a manifestação da procuradoria de justiça, suprindo tal falta, e, também, em respeito ao princípio da instrumentalidade das formas, não há falar-se em nulidade da sentença" (TJGO, AC 0305748-07.2014.8.09.0168, Águas Lindas de Goiás, 5.ª Câmara Cível, Rel. Des. Delintro Belo de Almeida Filho, *DJGO* 28.04.2015, p. 265).

408 "Não se deve negar que em sede de divórcio consensual direto, de rigor é a presença do Ministério Público em primeiro grau de jurisdição. Entretanto, égide de aproveitamento dos atos desde que não resulte prejuízo as partes e devidamente suprida esta falta pelo Ministério Público que oficia em segundo grau de jurisdição, não detectando este qualquer irregularidade e pugnando pela manutenção da sentença de piso, malgrado esta situação, que deixa de ser relevante ou pertinente, a sentença deve ser mantida integralmente" (TJMT, APL 48352/2011, Rosário Oeste, 5.ª Câmara Cível, Rel. Des. Sebastião de Moraes Filho, j. 05.10.2011, *DJMT* 11.10.2011, p. 43).

409 "O Ministério Público, embora tenha legitimidade para recorrer de sentença proferida em causa concernente ao casamento, não pode se sobrepor à vontade das partes, manifestada em acordo homologado pelo Juiz, especialmente quando, intimado pessoalmente para os atos do processo, deixou de exercitar seu *munus* e não indica, no recurso, efetivo prejuízo decorrente da transação" (TJRN, AC 21534, 3.ª Câmara Cível, Des. João Rebouças, j. 23.06.2005, *DJ* 06.08.2005).

O CPC atual não mais prevê as "ações de estado" como hipótese de intervenção do MP como fiscal da ordem jurídica. O art. 178 prevê, no entanto, que o MP intervirá quando houver interesse público e social (inc. I) e de incapaz (inc. II). O inciso I não deve fundamentar a intervenção do MP em casos de dissolução do vínculo conjugal: não há como sustentar que pela simples presença de casamento haveria interesse público ou social. Assim, pelas hipóteses do art. 178, não há fundamento para intervenção do MP em ações de divórcio e extinção de união estável em que há ausente interesse de incapaz.

A corroborar, o art. 698 do CPC prevê que, nas ações de família, o *Parquet* apenas intervirá em dois casos: a) quando houver interesse de incapaz, devendo ser ouvido antes da homologação de acordo; b) em casos marcados por violência doméstica.

A Lei n. 13.894/2019 alterou o CPC para trazer essa nova causa de intervenção obrigatória: nos termos do art. 698, parágrafo único, o MP intervirá, quando não for parte, nas ações de família em que figure vítima de violência doméstica e familiar, nos termos da Lei Maria da Penha.

A inovação é positiva. Ao exercer o papel de experiente fiscal da ordem jurídica nas demandas em que a violência pautou a vivência do casal, a(o) representante do *Parquet* poderá contribuir para a adoção de medidas adequadas em prol dos envolvidos (sobretudo os mais vulneráveis).

Há também um potencial aspecto pedagógico: a presença do(a) promotor(a), assim como a prioridade na tramitação agora prevista,[410] salienta a gravidade da conduta do ofensor e deixa ainda mais clara a existência de uma rede de apoio institucional para que a vítima possa superar a árdua situação e retomar sua força.

Superada a exposição das hipóteses em que intervirá, pode-se questionar o seguinte: tendo o MP atuado como fiscal em uma demanda de divórcio, ele tem legitimidade para recorrer da sentença mesmo na ausência de recurso das partes?

O STJ tem interessante precedente a respeito elaborado à luz do CPC/1973. O Ministro Ruy Rosado Aguiar reconheceu a legitimidade do MP para recorrer de sentença que entendia danosa ao interesse dos menores envolvidos; anotou o relator que "o interesse em zelar pela garantia alimentar dos filhos menores do casal e de sua moradia é também público"[411].

Esse entendimento foi confirmado posteriormente pelo STJ. Homologado por sentença um acordo firmado pelo pai-alimentante e pela mãe (representante da alimentada) em que havia transação de parte dos valores devidos à filha impúbere, o MP recorreu e viu questionado seu interesse em recorrer. A relatora reconheceu tal interesse (por exercer a função de fiscal), mas no mérito negou o pleito recursal "pelo reconhecimento de que o acordo, tal qual homologado em 1.º grau, não desbordou dos limites possíveis de atuação da representante legal da menor, posto que fruto de equilibrado exercício do poder familiar"[412].

Parece correta a orientação do STJ, desde que limitada a legitimidade do MP aos casos em que há efetivo interesse público ou de incapaz que justifique seja assumida a defesa desse interesse.

---

410 A Lei n. 13.894/2019 alterou o CPC para fazer constar no art. 1.048, III, a prioridade de tramitação aos processos em que figure como parte a vítima de violência doméstica e familiar, nos termos da Lei Maria da Penha.

411 "MP. Legitimidade. Separação judicial. Atuando como fiscal da lei em ação de separação judicial, o Ministério Público tem legitimidade para recorrer, ainda que não o faça qualquer das partes (art. 499, § 2.º, do CPC [1973]). O interesse em zelar pela garantia alimentar dos filhos menores do casal e de sua moradia é também público" (REsp 176.632/MG, 4.ª Turma, Rel. Min. Ruy Rosado, j. 19.10.2000).

412 STJ, REsp 1.246.711, Proc. 2011/0052280-9/MG, 3.ª Turma, Rel.ª Min.ª Nancy Andrighi, *DJe* 28.02.2014.

Nos processos em que há apenas interesses de pessoas maiores e capazes não há justificativa para a atuação do MP porquanto ausente interesse público. A confirmar tal assertiva, basta lembrar que casais sem filhos incapazes podem atuar diretamente em tabelionatos de notas para ajuste consensual sobre o divórcio, obviamente sem qualquer intervenção do Ministério Público.

Finalmente, vale ressaltar que, se o MP atua na demanda familiar por força da menoridade de um dos participantes, deixará de fazê-lo quando ele alcançar a maioridade[413].

3.2.4. *Citação*

Em geral, a citação nas ações de divórcio segue a regra do atual CPC[414] (já presente no sistema anterior), que veda a citação postal em ações de estado; assim, a cientificação da parte ré ocorre por oficial de justiça[415].

A solução técnica de citação eleita pelo Código tem sua razão de ser: prevenir a falta de compreensão sobre efeitos da demanda para quem poderá ter seu estado civil alterado, garantindo o máximo de contraditório no sentido de fornecer a informação mais precisa possível.

Sendo a citação um ato essencial para a observância de garantias constitucionais ao demandado, ela precisa ser realizada de forma apta a viabilizar o pleno conhecimento e a reação possível de todas as pessoas – inclusive as que tenham debilidades na saúde, déficit de informação ou sofram com o analfabetismo[416].

Como bem aduz Augusto Tavares Rosa Marcacini, é preciso haver certo grau de formalidade no ato de citação, buscando o sistema atuar de forma "suficiente para assegurar a real ciência do citando". Afinal, como o ato de comunicação "se dirige à parte *leiga* e, por vezes, de pouca cultura e possibilidades econômicas", esses fatores "não lhe permitem compreender plenamente a importância do ato e as consequências dele decorrentes, ou que em muito limitam sua ação. Daí ver com certo temor a citação postal, quando dirigida à camada mais pobre da população"[417].

Assim, a regra da citação por oficial é norma que deve ser seguida e merece ser respeitada, não podendo ser ignorada pelo juiz e pelos serventuários.

---

413 AMENDOEIRA JR., Sidnei. *Direito processual civil*: teoria geral do processo e processo de conhecimento (procedimento em primeiro grau de jurisdição). São Paulo: Atlas, 2007, p. 227.

414 CPC, art. 247. A citação será feita por meio eletrônico ou pelo correio, para qualquer comarca do país, exceto: a) nas ações de estado, observado o disposto no art. 695, § 3.º.

415 CPC, art. 249. A citação será feita por meio de oficial de justiça nas hipóteses previstas neste Código ou em lei, ou quando frustrada a citação pelo correio.

416 TARTUCE, Fernanda. *Igualdade e vulnerabilidade no processo civil*, cit.

417 MARCACINI, Augusto Rosa Tavares. *Estudo sobre a efetividade do processo civil*. 1999. Tese (Doutorado em Direito Processual Civil) – Faculdade de Direito da Universidade de São Paulo, São Paulo, 1999, p. 99. Anota o autor: "Minha experiência na prestação de assistência jurídica à população carente é a principal fonte desta desconfiança. Muitas vezes, tive a oportunidade de verificar que o réu só 'descobriu' a existência do serviço de assistência jurídica gratuita por meio de indicação do Oficial de Justiça, que lhe anotava no mandado o endereço de alguns órgãos prestadores, favor que dependia, por certo, da sensibilidade do meirinho. Entretanto, o mero fato de ser a citação entregue pelo Oficial, que lerá o mandado e, por certo, trocará algumas palavras com o citando, já é fator para atenuar a sua desigualdade social e cultural. A questão que me preocupa é: como uma pessoa analfabeta ou semialfabetizada compreende a citação que lhe é enviada por carta?".

Merece destaque notícia sobre ação rescisória por violação literal a dispositivo legal julgada procedente pelo Tribunal de Justiça do Rio Grande do Norte: o réu não foi citado por oficial de justiça na ação de divórcio – como ele apenas foi cientificado por correio e, posteriormente, por edital, acabou não se defendendo[418]. Consignou o Pleno do Tribunal que: "A razão de ser da norma que, efetivamente, foi violada, é garantir às partes, especialmente ao demandado em ação que versa sobre o estado, da forma mais verdadeira possível, o direito de defesa, não fazendo concessão à presunção de ciência, exatamente pela relevância das matérias que são discutidas nessas ações".

Assim, tanto a pura técnica quanto o propósito da norma indicam a necessidade de citação por oficial de justiça. Como já apontado na Parte I do livro, é preciso cautela para evitar nulidades potenciais caso adotadas formas eletrônicas de citação.

Por outro lado, se frustrada a citação pessoal por falta de localização da parte contrária, abre-se a possibilidade para a citação por edital[419].

Obviamente, o requerimento de tal forma de citação deve se dar de forma idônea sob pena de nulidade[420].

A regra sobre citação por edital menciona falta de informações sobre o paradeiro da pessoa demandada, que pode estar em lugar ignorado, incerto ou inacessível.

Pode a parte autora do divórcio, afirmando que ignora a localização da parte ré, requerer na petição inicial sua citação por edital?

Predomina o entendimento de que, antes de se tomar como incerta a localização da parte ré, devem ser esgotadas as diligências para sua localização, incluindo a citação pessoal em possíveis endereços e a expedição de ofícios para entidades que possam dispor do endereço atual[421].

---

418 TJRN, Ação Rescisória 38200, Tribunal Pleno, Rel. Des. Osvaldo Cruz, j. 14.12.2009.

419 CPC, art. 256. A citação por edital será feita: [...] II – quando ignorado, incerto ou inacessível o lugar em que se encontrar o citando.

420 "[...] 1 – Ao se lançar mão da citação por edital de forma indevida, isto é sem a presença dos requisitos ensejadores, vez que não esgotados todos os meios para localizar o réu, incorre-se em total ausência de citação. 2 – A citação, como ato essencial ao devido processo legal, a garantia e segurança do processo como instrumento de jurisdição, deve observar os requisitos legais, pena de nulidade absoluta. 3 – Se o autor do divórcio direto omite o endereço de sua ex-cônjuge, dando azo à ineficaz citação por edital. Ação Rescisória procedente" (TJPI, AR 06.003049-6, Tribunal Pleno, Rel. Des. José Ribamar Oliveira, *DJPI* 15.03.2010, p. 7). No mesmo sentido: "[...] AÇÃO DE DIVÓRCIO LITIGIOSO. CITAÇÃO POR EDITAL. MEDIDA EXCEPCIONAL. NULIDADE. INOCORRÊNCIA. SENTENÇA CONFIRMADA. 1. A citação por edital é medida de *ultima ratio*, somente admitida nas hipóteses legalmente previstas, como, por exemplo, quando desconhecido ou incerto o citando, quando ignorado, incerto ou inacessível o lugar em que se encontrar o citando, o que se justifica uma vez que se trata, em verdade, de uma citação presumida que afeta diretamente o contraditório e a ampla defesa (art. 5.º, LV, da CF/1988). 2. Diante do esgotamento das tentativas de localização do requerido, que se encontra em local incerto e não sabido, inexiste qualquer nulidade na citação editalícia[...]" (TJMG, APCV 5007090-93.2020.8.13.0079, Oitava Câmara Cível Especializada, Rel.ª Des.ª Teresa Cristina da Cunha Peixoto, j. 23.09.2022, *DJEMG* 29.09.2022).

421 "Apelação cível. Ação de divórcio. Nulidade de citação. Citação por edital. Ausência de esgotamento dos meios necessários à localização do réu. Mostra-se inviável a citação por edital quando não esgotados os meios necessários para localização do réu. [...]" (TJRS, AC 0376043-70.2015.8.21.7000, Santo Ângelo, 7.ª Câmara Cível, Rel. Des. Jorge Luís Dall'Agnol, j. 16.12.2015, *DJERS* 18.12.2015); "Divórcio. Citação. Edital. Nulidade. Ocorrência. Hipótese em que não esgotados os meios possíveis para localizar o requerido. Citação por edital que se mostrou inadequada. Figura ficta que deve ser reservada às hipóteses de esgotamento dos meios de localização pessoal. Precedentes do STJ. [...]" (TJSP, APL 0003515-41.2009.8.26.0127, Ac. 8663916, Carapicuíba, 6.ª Câmara de Direito Privado, Rel. Des. Vito Guglielmi, j. 30.07.2015, *DJESP* 10.08.2015); "Processual civil. Apelação cível. Ação de divórcio litigioso c/c partilha de bens, regulamentação de visitas e alimentos. Sentença de parcial procedência. Insurgência da curadora

Esse foi o entendimento esposado pelo legislador do CPC atual – que menciona que a pesquisa pode se limitar a cadastros de órgãos públicos ou de concessionárias de serviços públicos[422].

Cabe, contudo, mencionar julgado divergente do Tribunal de Justiça do Rio Grande do Sul, de relatoria do Desembargador Rui Portanova, afirmando a desnecessidade de esgotamento da busca do réu quando a ação versar somente sobre a decretação de divórcio (sem pleitos secundários como partilha e alimentos). O relator justifica sua posição afirmando que, após a Emenda n. 66/2010, o direito a requerer o divórcio passou a ser potestativo, nada havendo que a parte ré possa fazer ou alegar para impedir tal concretização. Segundo o relator, a citação por edital não gerou prejuízos à parte ré pois, ainda que tivesse sido citada de forma real, não teria como impedir a decretação do divórcio[423].

Vale ainda destacar a existência de decisão segundo a qual a citação postal não deve ser declarada nula caso não resulte prejuízo algum ao réu – especialmente quando este comparecer e exercer de forma consistente sua defesa[424].

3.2.5. *Revelia e julgamento antecipado*

Havendo revelia do réu, cabem a aplicação de seus efeitos e o julgamento antecipado do mérito?

---

especial quanto a nulidade da citação por edital. Ausência de esgotamento dos meios de localização do endereço da apelante. [...] Necessidade de esgotamento das diligências na busca pelo endereço da genitora. Apelado que concorda com a nulidade apontada e traz a informação de que obteve o novo endereço da genitora. [...]" (TJPR, Proc. 0077576-79.2018.8.16.0014, 12.ª Câmara Cível, Rel.ª Des.ª Ivanise Maria Tratz Martins, j. 15.12.2020).

422 CPC, art. 256, § 3.º O réu será considerado em local ignorado ou incerto se infrutíferas as tentativas de sua localização, inclusive mediante requisição pelo juízo de informações sobre seu endereço nos cadastros de órgãos públicos ou de concessionárias de serviços públicos.

423 "Apelação cível. Divórcio direto. Citação por edital. Desnecessário o pleno esgotamento das vias ordinárias para proceder-se à citação da parte ré em ação de divórcio. O direito ao divórcio tem natureza potestativa. E em face às recentes mudanças trazidas pela EC 66, não há mais exigência de prazo de separação para sua concessão. Logo, a impugnação ao pedido de divórcio resta esvaziada, de forma que se mostra desproporcional exigir que a parte postulante do divórcio permaneça no estado de casada até que se ultime a busca pela citação real da parte ré. Diante disso, é cabível a citação do réu por edital quando não localizado para ser citado pelos meios ordinários" (TJRS, AC 70044818680, 8.ª Câmara Cível, Rel. Rui Portanova, j. 06.10.2011, *DJ* 11.10.2011).

424 "Ausente prejuízo na citação pelo correio do réu da ação de conversão de separação judicial em divórcio, quando opõe exceção de incompetência, pois configurado o comparecimento espontâneo [...]" (TJMG, AC 1.0090.03.000033-6/001, 3.ª Câmara Cível, Rel. Des. Nilo Schalcher Ventura, j. 17.11.2005, *DJMG* 16.12.2005). No mesmo sentido: APELAÇÃO. AÇÃO DE DIVÓRCIO C/C PARTILHA, ALIMENTOS E REGULAMENTAÇÃO DE VISITAS. [...] Alegação de nulidade da citação e julgamento do feito com violação ao contraditório e ampla defesa. Acolhimento. Ação de família que, a teor do art. 695, § 3.º, do CPC, exigia a citação na pessoa do réu. Impossibilidade de fluência do prazo para contestação da juntada aos autos da citação postal recepcionada por terceira pessoa, e não pelo réu. Nulidade da citação que restou suprida pelo comparecimento espontâneo subsequente, decorrente da juntada de procuração, quando teve início o prazo para defesa. Sentença que foi prolatada antes do esgotamento desse prazo, com aplicação dos efeitos da revelia. Impossibilidade. Violação ao devido processo legal que autoriza a anulação do julgado, com reabertura do prazo que restava a fluir para a contestação ao tempo da prolação da sentença. [...]" (TJSP, AC 1003056-51.2020.8.26.0704, Ac. 14762429, São Paulo, Nona Câmara de Direito Privado, Rel.ª Des.ª Mariella Ferraz de Arruda Pollice Nogueira, j. 28.06.2021, *DJESP* 02.07.2021, p. 3056).

No panorama do CPC/1973, podia-se afirmar que, por ser o divórcio uma ação de estado, os efeitos da revelia não seriam aplicáveis[425]: os fatos não eram presumidos verdadeiros e o autor devia demonstrar sua veracidade, não cabendo o julgamento antecipado.

Como bem destacava Sidnei Amendoeira Junior, a matéria já era controvertida, havendo quem sustentasse a incidência de revelia e julgamento antecipado do mérito e quem rechaçasse tais possibilidades[426].

O CPC atual é dotado de melhor técnica ao prever que a presunção de veracidade dos fatos em decorrência de revelia não incide quando o litígio versa sobre direitos indisponíveis (art. 345, II). O Código, portanto, dispõe de forma mais coerente com o que já foi defendido na presente obra: a norma que impede os efeitos da revelia em certas causas diz mais respeito ao tipo de interesse que se quer tutelar do que à espécie de demanda em que se veicula tal interesse. Assim, a ação de divórcio pode ter facetas que não podem ser atingidas pela revelia, como as ligadas a interesses de incapazes (guarda, alimentos, visitas etc.). Há, contudo, situações tratadas no divórcio que são eminentemente patrimoniais (como fatos ligados à partilha de bens). Segundo nossa sistemática processual civil, elas podem ser atingidas pelos efeitos da revelia.

É preciso destacar, porém, a existência de entendimento contrário do STJ exposto na vigência do CPC/1973:

> As consequências da separação judicial com pedido de decretação de culpa, em especial aquelas a envolver os interesses dos filhos do casal, ainda menores, sobrepõem-se, necessariamente, à disponibilidade dos direitos restritos à esfera dos cônjuges, e não permitem que os graves efeitos da revelia preponderem ante a imprescindibilidade da instrução processual[427].

Como se percebe, a decisão menciona caso de separação em que se discute culpa, e o cenário atual dispensa esse tipo de discussão ao facilitar o divórcio.

Quanto à não incidência de efeitos da revelia, se ausente o demandado na ação de divórcio, há que salientar que, com a Emenda n. 66/2010, tornou-se vazia a previsão: como não há mais requisitos nem fatos a serem provados pela parte autora (que tem direito de se divorciar sem precisar explicar suas razões), não há sobre o que produzir prova, não havendo também sobre o que incidir qualquer efeito da revelia. A única questão que não deve deixar de ser comprovada é, evidentemente, a existência de casamento.

3.2.6. *Contestação*

É possível ao réu impedir a decretação do divórcio? Afinal, existe alguma alegação de mérito que inviabilize a sentença de procedência?

A Lei do Divórcio, em previsões defasadas, dispunha, no art. 36, parágrafo único, que a contestação só podia se fundar em: "I – falta do decurso de 1 (um) ano da separação judicial; II – descumprimento das obrigações assumidas pelo requerente na separação".

---

425 Art. 320, II, CPC/1973.

426 AMENDOEIRA JR., Sidnei. *Direito processual civil*: teoria geral do processo e processo de conhecimento (procedimento em primeiro grau de jurisdição), cit., p. 402.

427 STJ, REsp 686.978/RS, 3.ª Turma, Rel.ª Nancy Andrighi, j. 29.11.2005.

É certo que o legislador de 1977 tinha em mente a *conversão da separação em divórcio*, pois o divórcio direto (decretado independentemente de procedimento prévio de separação) tinha caráter emergencial e submetia-se a inúmeros requisitos[428].

Portanto, a aparente simplicidade da defesa no divórcio se devia ao fato de que quaisquer matérias de defesa já teriam sido discutidas à exaustão na ação de separação, na qual era possível abordar aspectos da causa da separação (ou de sua ausência) como a culpa, entre outros.

Após a Constituição de 1988, o divórcio direto passou a ser admitido de forma irrestrita, bastando ser comprovado o prazo de dois anos de separação de fato. Passou a afirmar a doutrina, com o aval da jurisprudência, que a única forma de se defender o pedido de divórcio direto seria provar que o casal não se encontrava separado de fato pelo tempo exigido.

Como já mencionado, a Emenda Constitucional n. 66/2010 deixou de prever tal prazo e abriu a via para a decretação imediata do divórcio direto. Sendo assim, a doutrina passou a afirmar categoricamente que não cabe mais defesa alguma contra o pedido de divórcio[429], e nessa esteira seguiu a jurisprudência[430].

Obviamente havendo outros pedidos cumulados (como partilha de bens, guarda e alimentos), a contestação poderá versar amplamente sobre eles, seguindo todas as regras processuais. Quanto ao divórcio, porém, tais alegações não terão força para impedir a decretação; a interpretação do ordenamento se encaminhou no sentido de possibilitar a decretação do divórcio antes da discussão das demais situações envolvidas – possibilidade consagrada no CPC vigente, como veremos.

3.2.7. *Ampliação objetiva e reconvenção na ação de divórcio*

Se não é mais possível se defender de forma eficaz do pedido quanto ao fim do vínculo conjugal, é viável a defesa em relação a outros pleitos eventualmente cumulados (como partilha de bens, guarda dos filhos e alimentos)[431].

Se o pedido de divórcio é formulado em termos simples, sem cumulação, pode o réu, entendendo haver questões relativas à guarda, visitas, alimentos (dos filhos e/ou entre cônjuges), partilha de bens e danos morais, deduzi-las como matéria de defesa na contestação? Ou deve promover reconvenção para tanto?

E se o próprio autor cumula os pedidos na inicial e exerce pretensões contra o réu, poderá este deduzir pretensões contra o autor dentre as matérias de defesa na contestação ou deverá promover reconvenção (como incluir mais um bem na partilha ou, sendo demandado por alimentos, exigi-los)?

---

428 O divórcio direto já existia na Lei do Divórcio anteriormente à Constituição, mas tinha caráter emergencial e necessitava da implementação de três condições: (a) separação de fato por cinco anos; (b) implementação do prazo anteriormente à alteração constitucional (28.06.1977); e (c) comprovação da causa da separação – art. 40 da Lei do Divórcio.

429 DIAS, Maria Berenice. *Manual de direito das famílias*, cit., p. 228.

430 "Hipótese em que o demandado, citado pessoalmente, não ofertou contestação, mantendo-se inerte. Prosseguimento da ação deduzido pela autora, dispensando a produção probatória. Divórcio do casal decretado ante a comprovação da separação fática por período superior a dois anos. Requisito temporal, aliás, prescindível, face à nova redação do art. 226, § 6.º, da CF, com o advento da EC n. 66/2010" (TJRS, AC 70037359692, Teutônia, 8.ª Câmara Cível, Rel. Des. Luiz Ari Azambuja Ramos, j. 02.09.2010, *DJERS* 13.09.2010).

431 TARTUCE, Fernanda. Processos judiciais e administrativos em direito de família. In: PEREIRA, Rodrigo da Cunha (coord.). *Tratado de direito das famílias*. 3. ed. Belo Horizonte: IBDFAM, 2019, p. 1.079.

Para tais questionamentos, cabe um esclarecimento. No regime do CPC/1973 (art. 278, § 1.º), a pretensão do réu contra o autor podia ser deduzida em pedido contraposto ou reconvenção. O pedido contraposto, formulado na própria contestação, era objeto de previsões legais específicas[432]. Em certos casos, tal pedido só podia ser formulado se fundado nos mesmos fatos contidos na inicial, ou seja, não era possível que o réu inovasse quanto à matéria fática discutida no processo.

A reconvenção, mais ampla, cabia sempre que a pretensão do réu contra o autor fosse conexa com a ação principal ou com o fundamento da defesa[433], ou seja, quando o pedido ou a causa de pedir fossem comuns. Assim, não há dúvida de que as situações envolvidas no divórcio, que vão além do simples término do vínculo conjugal, podiam ser deduzidas em reconvenção[434] no sistema do CPC/1973 (já que a ação tramitava pelo rito ordinário do procedimento comum).

No CPC vigente, o pedido contraposto deixou de ser mencionado e a reconvenção passou a ser apresentada na própria contestação sempre que a pretensão do réu contra o autor seja conexa com a ação principal ou com o fundamento da defesa[435]. Assim, diversos pedidos podem ser deduzidos pelo réu contra o autor na contestação.

Os alimentos entre cônjuges constituem pedido comumente formulado em ações de divórcio.

Há julgados assentando que os alimentos ao cônjuge contestante ou aos filhos podem ser deduzidos em simples pedido na contestação, dispensando a reconvenção formal[436].

Se a formalidade da reconvenção apartada era sustentada em alguns julgados que se negavam a apreciar o pedido deduzido simplesmente em contestação[437], a discussão ficou superada pela nova conformação da peça de resposta do réu, que congrega contestação e reconvenção.

Saliente-se que é cabível a propositura de ação autônoma para a discussão de tal matéria quando nem autor nem réu a abordam no divórcio, o que parece alinhado com a tendência de permitir que o divórcio seja decretado independentemente da pendência da solução de outras questões.

---

432 No CPC/1973, ele era previsto, por exemplo, entre as regras do rito sumário (art. 278) e da ação possessória (art. 922).

433 CPC/1973, art. 315.

434 Também assim entende Maria Berenice Dias, que esclarece ser viável a via reconvencional para que o réu, ainda que concorde com o divórcio, possa resolver questões ligadas à guarda dos filhos, visitas, alimentos e partilha dos bens; também é possível a reconvenção para requerer o reconhecimento da união estável anterior ao casamento (DIAS, Maria Berenice. *Manual de direito das famílias*, cit., p. 231).

435 CPC/2015, art. 343. Sobreleva mencionar que o conceito de conexão permanece sendo o mesmo (CPC/1973, art. 103; CPC/2015, art. 55).

436 "Agravo de instrumento. Alimentos entre cônjuges. Possibilidade de requerimento em contestação apresentada em ação de divórcio. Desnecessidade de reconvenção. Efeito possível da decretação do divórcio" (TJSP, AI 2175665-35.2019.8.26.0000, Ac. 12894666, Bebedouro, 1.ª Câmara de Direito Privado, Rel. Des. Claudio Godoy, j. 19.09.2019, *DJESP* 27.09.2019, p. 1.690); "Apelação cível. Divórcio litigioso. Juntada extemporânea de documento. Não conhecimento. Nulidade. Sentença. Violação aos arts. 9.º e 10 do CPC. Não surpresa. Ausência. Pedido de alimentos. Ex-cônjuge. Contestação. Viabilidade. [...] Em homenagem aos princípios da economia e da celeridade processual, entende-se pela possibilidade de formulação de pleito de alimentos em sede de contestação na ação de divórcio, mesmo sem reconvenção, de modo a realizar a efetiva entrega da prestação jurisdicional ante o término da sociedade conjugal, evitando postergar a solução da controvérsia. Precedentes. [...]" (TJDFT, Proc. 07103958520178070020, Rel. Arquibaldo Carneiro Portela, j. 27.05.2020).

437 TJRS, AC 70051579373, 7.ª Câmara Cível, Rel. Sérgio Fernando de Vasconcellos Chaves, j. 12.12.2012; TJRJ, AC 63276520108190208, 14.ª Câmara Cível, Rel. Nascimento Povoas Vaz, j. 14.12.2010.

A possibilidade já foi admitida em julgados de diversos tribunais, como os de São Paulo[438], Distrito Federal[439], Minas Gerais[440], Alagoas[441] e Ceará[442].

Contudo, essa parece ser a opção que menos protege o cônjuge que necessita dos alimentos: há quem reconheça a impossibilidade de pedir alimentos entre cônjuges após a decretação do divórcio[443] e outros que exigem que se ressalve na contestação ou na petição inicial do divórcio que os alimentos serão pedidos em ação própria[444].

---

438 "Apelação. Divórcio. Decretação. Inconformismo da ré. Descabimento. Discussão da culpa pelo rompimento do vínculo. Inadmissibilidade. Divórcio tem decretação imediata, bastando a vontade de um deles. Direito potestativo. Relegada discussão patrimonial para ação autônoma. [...]" (TJSP, AC 1007992-59.2018.8.26.0003, Ac. 13087589, São Paulo, 8.ª Câmara de Direito Privado, Rel. Des. Pedro de Alcântara da Silva Leme Filho, j. 13.11.2019, *DJESP* 28.11.2019, p. 2.726).

439 "[...]. 1. Cuida-se de apelação interposta por ex-cônjuge em face da sentença que, na ação de alimentos proposta após a decretação do divórcio, julgou extinto o feito sem resolução de mérito, indeferindo a petição inicial, com fundamento no art. 485, incisos I e VI, e art. 330, inciso II, ambos do CPC. 2. Não tendo o Juízo *a quo* decidido sobre o pedido liminar de fixação de alimentos provisórios e manutenção da autora no plano de saúde do requerido, vedada sua apreciação nesta instância revisora, sob pena de configurar supressão de instância e violação ao duplo grau de jurisdição. 3. Mesmo após o divórcio, se um dos ex-cônjuges não dispuser dos meios para satisfazer a própria sobrevivência, por incapacidade para o trabalho ou insuficiência de bens, poderá requerê-los, desde que, presentes os requisitos legais, não tenha renunciado aos alimentos. Precedentes STJ. 4. Considerando que no caso dos autos, a apelante fora casada com o apelado durante 46 anos e, por ocasião da decretação do divórcio consensual do casal, constou da ata de audiência que 'os cônjuges se reservam o direito de postularem alimentos para si posteriormente em ação autônoma', patente a sua legitimidade para o ajuizamento da ação de alimentos, bem como manifesto seu interesse processual. [...]" (TJDFT, Proc. 07138382720198070003, Rel. Cesar Loyola, j. 12.02.2020).

440 "[...] 1. Consoante enunciado da Súmula 197 do Superior Tribunal de Justiça, a realização do divórcio não carece de prévia partilha de bens, pelo que inexiste acessoriedade entre as ações. 2. Diversamente do entendimento defendido pelo Juízo Suscitado, não se trata de demanda acessória, constituindo a partilha de bens questão independente, sendo despicienda sua análise pelo mesmo Juízo que julgou o processo de divórcio" (TJMG, Conflito de Competência 1.0000.21.113877-1/000, 1.ª Câmara Cível, Rel. Des. Washington Ferreira, j. 05.10.2021).

441 "Na ação de divórcio, cujo objeto é a dissolução do vínculo matrimonial, a partilha de bens revela-se como consequência do fim da relação conjugal. Se em razão da veemente discordância entre as partes acerca da partilha dos bens, ou diante da complexidade que a envolve, pode ser ela discutida posteriormente, em ação própria. 02 frise-se que a possibilidade da decretação do divórcio sem a prévia partilha de bens é expressamente prevista no art. 1.581 Código Civil de 2002 [...]" (TJAL, APL 0000977-39.2013.8.02.0055, 1.ª Câmara Cível, Rel. Des. Fernando Tourinho de Omena Souza, *DJAL* 11.06.2018, p. 163).

442 "[...] o divórcio pode ser decretado sem que haja prévia partilha de bens, consoante dispõem o art. 1.581 do Código Civil e a Súmula n. 197 do STJ: 'o divórcio direto pode ser concedido sem que haja prévia partilha dos bens'" (TJCE, AgRg 0213581-05.2013.8.06.0001/50000, 1.ª Câmara de Direito Privado, Rel. Des. Emanuel Leite Albuquerque, j. 31.10.2018, *DJCE* 08.11.2018, p. 74).

443 "[...] Decretação do divórcio do casal, sem ressalvas quanto ao dever alimentar. Hipótese que põe fim não só à sociedade conjugal, mas também ao dever de mútua assistência. Impossibilidade jurídica do pedido. Recurso não provido. O divórcio põe fim à sociedade conjugal e, por consequência, ao dever de mútua assistência existente entre os cônjuges, nos termos do art. 1.566, III c/c art. 1.571, IV, ambos do CC/2002. Assim, salvo casos excepcionais, se até a decretação do divórcio um cônjuge não requer ao outro alimentos de que necessite, após extinto o vínculo conjugal tal direito não mais pode ser exercido" (TJMG, APCV 6644141-29.2009.8.13.0024, Belo Horizonte, 5.ª Câmara Cível, Rel. Des. Mauro Soares de Freitas, j. 02.12.2010, *DJEMG* 12.01.2011). [...] 1. Os alimentos foram estipulados em favor da demandada por ocasião da dissolução de união estável. Consequentemente, com a dissolução dessa entidade familiar, tal como ocorre no caso de divórcio, cessou o dever de mútua assistência entre o ex-casal, não sendo, a partir daí, mais viável postular a majoração da verba, por falta de amparo legal, pois não há mais vínculo conjugal. 2. A reconvenção não foi recebida, tendo sido, inclusive, baixada, pois o magistrado *a quo* entendeu que, em face da natureza dúplice da ação, desnecessária a reconvenção visando à majoração da verba. [...]" (TJRS, Apelação Cível 70081967929, Rel. Luiz Felipe Brasil Santos, j. 12.12.2019).

444 "[...]. Decretado o divórcio, opera-se o rompimento dos vínculos legais entre os cônjuges, descabendo à mulher receber alimentos se tal direito não veio estipulado ou ressalvado na separação judicial ou na conversão em divórcio" (TJMG, AC 1.0456.06.040573-9.001, Rel. Carreira Machado, j. 10.06.2008).

Assim, a dedução de alimentos pelo cônjuge em demanda autônoma deve ser feita com cautelas: deve-se ressalvar na ação de divórcio que se tomará tal iniciativa a fim de evitar a possível interpretação de que teria havido renúncia aos alimentos entre cônjuges, além de contestar qualquer alegação fática no sentido de que os cônjuges não necessitam de alimentos.

Ademais, o art. 356 do CPC, combinado com o art. 355[445], inovou ao prever a possibilidade de julgamento parcial do mérito quando um ou mais pedidos se mostrarem em condições de imediato julgamento por não haver necessidade de produção de outras provas.

A solução prestigia, a um só tempo, a economia processual e a efetividade do processo, reconhecendo a opção de concentrar todos os pedidos em uma única relação processual – seja sua formulação decorrente de iniciativa do autor ou do réu-reconvinte; ao magistrado incumbe ir decidindo o mérito tão logo cada pedido possa ser apreciado. Quanto aos alimentos dos filhos incapazes, já se reconheceu possível deduzir tal pedido em reconvenção[446] à ação de divórcio, bem como, havendo oferta de alimentos na ação de divórcio[447], que se pleiteasse em reconvenção sua alteração (majoração[448] ou redução[449]).

A variedade de soluções é salutar; no sistema do CPC, o pedido de alimentos para os filhos menores, assim como sua majoração quando há oferta de alimentos, pode ser realizado em reconvenção na própria peça de contestação.

Há posição, por outro lado, de que o cônjuge, em nome próprio, não tem legitimidade para deduzir em reconvenção os alimentos dos menores[450].

---

445 Art. 355. O juiz julgará antecipadamente o pedido, proferindo sentença com resolução de mérito, quando: I – não houver necessidade de produção de outras provas; II – o réu for revel, ocorrer o efeito previsto no art. 344 e não houver requerimento de prova, na forma do art. 349. Art. 356. O juiz decidirá parcialmente o mérito quando um ou mais dos pedidos formulados ou parcela deles: I – mostrar-se incontroverso; II – estiver em condições de imediato julgamento, nos termos do art. 355.

446 "Agravo de instrumento. Ação de reconhecimento e dissolução de união estável, guarda, regulamentação de visitas, partilha de bens c/c antecipação de tutela. Reconvenção proposta pela ex-companheira. Fixação de alimentos em favor da filha menor do casal em 1 salário mínimo. Recurso do genitor. Pleito de minoração da verba alimentar para 30% do salário mínimo. Insuficiência financeira do alimentante comprovada. Binômio necessidade *x* possibilidade que deve ser readequado. Redução para 50% do salário mínimo [...]" (TJSC, AI 4020028-82.2017.8.24.0000, Laguna, 2.ª Câmara de Direito Civil, Rel. Des. João Batista Góes Ulysséa, *DJSC* 13.02.2019, p. 145).

447 TJRS, AI 70047783048, 7.ª Câmara Cível, Rel. Roberto Carvalho Fraga, j. 08.08.2012. No mesmo sentido: "[...] Ação de divórcio com partilha de bens e oferta de alimentos. Reconvenção. [...] Obrigação alimentar em favor da ex-esposa que não trabalha e possui problemas de saúde. Pedido de majoração. Cabimento. Pedido de redução que não merece amparo. [...]" (TJRS, Agravo de Instrumento 50595320920208217000, Rel. Roberto Arriada Lorea, j 25.08.2021).

448 TJRS, AI 70061381125, 7.ª Câmara Cível, Rel.ª Sandra Brisolara Medeiros, j. 01.09.2014. No mesmo sentido: "Apelação cível. Ação de divórcio c/c oferta de alimentos e regulamentação de visitas. Inicial pela decretação do divórcio, fixação de alimentos à menor em 40% (quarenta por cento) do salário mínimo nacional e regulamentação de regime de convivência paterno-filial. Reconvenção pela majoração dos alimentos para 45% (quarenta e cinco por cento) dos rendimentos do genitor, acrescido de metade das despesas médicas. [...]" (TJPR, Proc. 0002671-58.2019.8.16.0050, 11.ª Câmara Cível, Rel.ª Des.ª Lenice Bodstein, j. 22.03.2021).

449 "[...] 4. Civil. Direito de família. Majoração de pensão alimentícia. Reconvenção. Redução. Não demonstrada a modificação da necessidade/possibilidade. Sentença reformada (TJCE, Apelação 4171082200580600011, Relator(a): Clécio Aguiar de Magalhães, Comarca: Fortaleza, Órgão julgador: 5.ª Câmara Cível, Data de registro: 24/08/2011) [...]" (TJCE, AI 0628210-43.2018.8.06.0000, 2.ª Câmara de Direito Privado, Rel. Des. Carlos Alberto Mendes Forte, j. 06.02.2019, *DJCE* 22.02.2019, p. 63).

450 TJDF, AC 20060610015807, 5.ª Turma Cível, Rel. Donizete Aparecido, j. 19.09.2007; "[...] A legitimidade ativa para a propositura da ação de divórcio ou de reconhecimento e dissolução de união estável somente compete aos cônjuges/companheiros, nos termos do artigo 1.582 do Código Civil... Já para pleitear o pagamento de alimentos dos genitores, a legitimidade ativa é exclusiva dos filhos. Tratando-se de pedidos

Ora, o sistema jurídico admite expressamente a discussão conjunta: há regra sobre a dissolução consensual do vínculo conjugal que reconhece a possibilidade do pleito de alimentos aos filhos[451]. Por uma interpretação sistemática, portanto, soa evidente que a intenção do ordenamento é facilitar a abordagem do tema, não sendo adequada uma visão excessivamente técnica e formalista que restrinja a dedução do pleito.

Eis um interessante caso: proposta ação de dissolução de união estável, foram pedidos alimentos provisórios para a ex-companheira e para o filho do casal; este era menor púbere no início da demanda, mas implementou a maioridade em seu curso. Assim entendeu o julgador:

> Relembro que as ações de divórcio/reconhecimento e dissolução de união estável/divórcio, por serem personalíssimas, admitem nos polos ativo e passivo apenas os cônjuges/companheiros, ressaltando que quando há filhos menores de idade, são questionados os alimentos a eles devidos porque vigente o poder familiar, exercido por ambos os genitores, discutindo-se a guarda e a regulamentação de visitas. Assim, quando o filho então menor implementa a maioridade, imperativa a propositura de ação própria caso pretenda sejam fixados alimentos em seu favor, vez que com a maioridade a necessidade não é mais presumida, mostrando-se indispensável a sua comprovação. Entretanto, considerando que quando a ação e a reconvenção foram propostas o filho era menor púbere, ou seja, ainda em vigência o poder familiar, a fim de evitar que fique totalmente desassistido, pertinente a fixação de alimentos em seu favor, os quais serão exigíveis pelo prazo de 02 (dois) meses, oportunizando ao alimentando, nesse ínterim, o ajuizamento de ação de alimentos em face do genitor[452].

Vale lembrar que eventual omissão da abordagem na ação de divórcio não pode prejudicar o direito dos incapazes. Os alimentos a eles devidos podem ser pedidos a qualquer momento, e seu guardião não tem legitimidade para deles renunciar. Ademais, a ação de alimentos autônoma em favor dos filhos é uma via célere; por seguir o rito da Lei n. 5.478/1968 e contar com medida liminar especial, em princípio, a sua propositura costuma ser considerada mais adequada do que a dedução na ação de divórcio.

---

aos quais a legislação atribui ritos distintos, a cumulação é possível desde que o autor opte pelo rito ordinário, que sejam compatíveis entre si, seja competente para conhecer deles o mesmo juízo e seja possível a adequação procedimental. A legislação específica atinente à ação de alimentos confere ao destinatário da norma determinadas prerrogativas que são incompatíveis como procedimento comum e que, em virtude do caráter indisponível do direito material tutelado, não podem ser descartadas..." (TJMG, AI 2579387-04.2021.8.13.0000, Oitava Câmara Cível Especializada, Rel.ª Des.ª Teresa Cristina da Cunha Peixoto, j. 06.05.2022, *DJEMG* 30.06.2022); "[...] 3. Na ação em que se pleiteia alimentos em favor de filhos menores, é destes a legitimidade ativa, devendo o genitor assisti-los ou representá-los, conforme a idade. A formulação, porém, de pedido de alimentos pela mãe, em nome próprio, em favor dos filhos, em que pese representar má-técnica processual, consubstancia mera irregularidade, não justificando o pedido de anulação de todo o processo, se fica claro, pelo teor da inicial, que o valor solicitado se destina à manutenção da família. Ilegitimidade ativa afastada" (REsp 1046130/MG, Rel.ª Min.ª Nancy Andrighi, Terceira Turma, julgado em 06.10.2009, *DJE* 21.10.2009). [...]" (TJCE, AI 0628168-28.2017.8.06.0000, Segunda Câmara de Direito Privado, Rel. Des. Carlos Alberto Mendes Forte, j. 23.05.2018, *DJCE* 28.05.2018; p. 79).

451 CPC, art. 731. A homologação do divórcio ou da separação consensuais, observados os requisitos legais, poderá ser requerida em petição assinada por ambos os cônjuges, da qual constarão: [...] IV – o valor da contribuição para criar e educar os filhos.

452 TJRS, AI 0394400-30.2017.8.21.7000, Viamão, 7.ª Câmara Cível, Rel.ª Des.ª Sandra Brisolara Medeiros, j. 28.03.2018, *DJERS* 04.04.2018.

Já o pedido de guarda e visitas é considerado, tradicionalmente, como de caráter dúplice, ou seja, uma vez formulado o pedido de atribuição de guarda em favor de um genitor, o outro poderá pleitear a fixação da guarda de forma diversa na própria contestação, sem necessidade de reconvenção[453]. Já no caso de petição inicial silente sobre a guarda, a ampliação do objeto da ação deve ser feita por meio de pedido reconvencional juntamente com a contestação, conforme o atual sistema.

Aqui valem também as observações feitas em relação aos alimentos para filhos menores: a fixação da guarda ou a sua modificação podem ser deduzidas a qualquer momento em ação autônoma, não havendo preclusão caso o assunto deixe de ser abordado na ação de divórcio. O mesmo pode ser dito em relação à fixação do regime de "visitas" e sua alteração.

Quanto à partilha de bens, sob a égide do CPC/1973, alguns julgados admitiam ser possível a dedução em sede de reconvenção, ainda que o autor não a tivesse incluído na petição inicial. Em contemplação à economia processual, o pedido poderia ser formulado pelo réu na ação de divórcio[454]. Havia também posição no sentido de que a inclusão na partilha de bem não arrolado na inicial pelo autor podia se dar em sede de contestação[455]. No sistema do Código processual atual, tais possibilidades permanecem com as devidas adequações de forma.

Em um caso interessante julgado pelo Tribunal paulista, a ré reconvinte pretendia provar a existência de fraude patrimonial na ação de divórcio sob o fundamento de que o ex-cônjuge adquiriu bens em nome dos genitores para preteri-la em eventual partilha de bens; segundo o Desembargador relator:

> Em que pese a relevância dos argumentos apresentados pela requerida, a matéria deve ser dirimida em ação autônoma, sobretudo para evitar tumulto processual. Inclusão dos sogros da agravante no polo passivo da reconvenção tem o condão de causar potencial tumulto processual, pois geraria inequívoco embaraço ao andamento da ação de divórcio, diante da necessidade de produzir ampla prova sobre a alegada simulação relativa subjetiva. Razoável que a alegada simulação envolvendo aquestos seja dirimida

---

453 STJ, REsp 1.085.664/DF, 4.ª Turma, Rel. Luis Felipe Salomão, j. 03.08.2010. No mesmo sentido: "DIVÓRCIO... As ações envolvendo direito de família possuem caráter dúplice, permitindo que ambas as partes formulem pretensões no intuito de resolver todos os aspectos da relação familiar, em respeito também ao princípio da econômica processual, de modo que se impõe a flexibilização das regras processuais a se permitir a realização de pedidos contrapostos, sem a necessidade de apresentação de reconvenção [...]" (TJSP, AC 1000311-74.2022.8.26.0075,Ac. 16100327, Bertioga, Oitava Câmara de Direito Privado, Rel. Des. Salles Rossi, j. 29.09.2022, *DJESP* 04.10.2022; p. 1810); "[...]. 2. O C. Superior Tribunal de Justiça já assentou que a ação de guarda de menor possui natureza dúplice, o que possibilita ao réu formular pedido contraposto independentemente de reconvenção (REsp 1.085.664/DF, relator Ministro Luis Felipe Salomão, Quarta Turma, j. 03.08.2010, *DJe* 12.08.2010). 3. É possível o recebimento da reconvenção como pedido contraposto, uma vez que ainda que não observada a forma legal, o juiz considerará válido o ato se, realizado de outro modo, lhe alcançar a finalidade (Art. 277 do Código de Processo Civil). 4. Os princípios da efetividade do processo, da instrumentalidade das formas, celeridade processual e fungibilidade impõem a reforma da Decisão agravada para que a reconvenção seja recebida como pedido contraposto. [...]" (TJDF, Rec 07128.38-93.2022.8.07.0000, Ac. 161.6832, Sétima Turma Cível, Rel. Des. Getúlio de Moraes Oliveira, j. 14.09.2022, Publ. PJe 30.09.2022); "[...] Admissibilidade da imediata fixação de alimentos independentemente de reconvenção. Caráter dúplice das ações de guarda e alimentos. Possibilidade de fixação de alimentos em face do autor não detentor da guarda fática da criança. Ausência de violação à congruência. [...]" (TJPR, Rec 0008949-26.2022.8.16.0000, Curitiba, Décima Segunda Câmara Cível, Rel.ª Des.ª Rosana Amara Girardi Fachin, j. 08.06.2022, *DJPR* 09.06.2022).

454 TJSP, AC 26108720068260629, 9.ª Câmara de Direito Privado, Rel. Galdino Toledo Júnior, j. 24.04.2012.

455 TJDF, AC 20110110894712, 1.ª Turma Cível, Rel. Teófilo Caetano, j. 04.06.2014.

> em ação autônoma, a ser ajuizada em face do ex-cônjuge e seus genitores. Para os fins da ação de divórcio, não se mostra adequada a introdução de matéria complexa que envolve terceiros (sogros da requerida). Admitir o processamento da reconvenção causaria embaraço indesejável criado pela ré reconvinte, mas tal embaraço é facilmente superado por meio do ajuizamento de ação autônoma para discutir eventual vício de simulação envolvendo bens comuns do casal[456].

Segundo o parágrafo único do art. 731 do CPC, se os cônjuges interessados na dissolução consensual do vínculo conjugal não acordarem sobre a partilha de bens, esta ocorrerá após a homologação do divórcio (seguindo o procedimento previsto nos arts. 647 a 658, usado também na partilha de bens em inventários). Como a previsão dispõe sobre uma situação litigiosa, ainda que no âmbito de processo em que haja consenso sobre outros pontos, o procedimento deverá ser seguido também em caso de divórcio litigioso, ou seja, a controvérsia sobre a partilha não deve obstar a decretação do divórcio.

Por fim, cogita-se da cumulação da ação de divórcio com pedido de indenização por danos morais. A partir da Emenda Constitucional n. 66/2010, a discussão da culpa pelo término do vínculo conjugal perdeu relevância na medida em que não mais interessam os motivos pelos quais o cônjuge requereu o divórcio.

Para José Fernando Simão, a discussão desses fatos deveria ser completamente expurgada da relação processual onde se discute apenas o término do vínculo conjugal: a discussão da indenização por ato ilícito apenas poderia se dar fora do juízo da família, em ação autônoma[457].

A relevância da discussão sobre a culpa pelo término do vínculo conjugal restou relegada à situação ligada ao valor dos alimentos: o cônjuge culpado não teria direito aos alimentos plenos, mas apenas ao necessário para sua subsistência (art. 1.704, parágrafo único, do Código Civil). Há ainda a previsão de que o cônjuge culpado perde o direito de manter o sobrenome do outro após o divórcio (art. 1.578 do Código Civil), mas a doutrina atual considera a previsão anacrônica e entende que, sempre que o cônjuge deseje manter o seu sobrenome adquirido com o casamento, a perda configuraria dano grave ao culpado (termo bastante amplo), exceção prevista no inciso III do art. 1.578 do CC[458].

Contudo, eventual conduta culposa praticada por um dos cônjuges no contexto do término da vida comum poderá configurar ato ilícito ao causar danos morais ao outro, reparáveis mediante indenização. Cogite-se, por exemplo, um caso de exposição pública e vexatória da intimidade do casal.

Entretanto, neste caso a indenização por danos morais se daria como ilícito civil, dissociado da discussão de dissolução do vínculo e de outras questões afetas diretamente ao Direito de Família. O fundamento não seria a quebra dos deveres matrimoniais, mas sim a perpetração de ato ilícito doloso ou culposo que causa dano ao ex-cônjuge.

Os tribunais há tempos vêm admitindo a discussão de danos morais no bojo da ação de divórcio[459].

---

456 TJSP, AI 2226785-20.2019.8.26.0000, Ac. 13129078, Catanduva, 1.ª Câmara de Direito Privado, Rel. Des. Francisco Loureiro, j. 29.11.2019, *DJESP* 04.12.2019, p. 2.402.

457 SIMÃO, José Fernando. *A PEC do divórcio*: a revolução do século em matéria de direito de família. Disponível em: http://professorsimao.com.br/artigos_simao_pec_do_divorcio.htm. Acesso em: 7 jan. 2020.

458 SIMÃO, José Fernando. *A PEC do divórcio*: a revolução do século em matéria de Direito de Família, cit.

459 TJSP, AI 00911467420138260000, 4.ª Câmara de Direito Privado, Rel. Teixeira Leite, j. 22.08.2013; TJES, AC 24090294117, 3.ª Câmara Cível. Rel. Ronaldo Gonçalves de Souza, j. 27.03.2012.

A justificativa, nesses casos, passa pela possibilidade de cumulação de pedidos[460], entendendo-se que o trâmite também se dá no juízo de família.

Eis um exemplo: em certo caso, a ré reconvinte pretendia provar a existência de ilícitos praticados pelo ex-cônjuge na constância do casamento, o que justificaria o processamento da reconvenção no processo de divórcio. Segundo esclarecedor acórdão do Tribunal de Justiça Paulista, "insere-se na competência do Juízo de Família a análise de pretensão indenizatória em ação de divórcio", havendo precedentes do Tribunal nesse sentido. Além disso, a cisão de demandas não aproveitaria a ninguém:

> Processamento da reconvenção perante o mesmo Juízo tem escopo prático de, num só processo, serem dirimidas várias questões familiares, em evidente economia processual, sem necessidade do ajuizamento de nova ação para discutir eventuais danos materiais e morais supostamente experimentados pela ré reconvinte durante a união conjugal[461].

3.2.8. *Elementos probatórios*

Em tempos pretéritos, a instrução nas demandas de separação e divórcio focava elementos da intimidade do casal. Eram objeto de prova (especialmente oral) pontos controvertidos sobre infidelidade, percalços da vida conjugal, insuportabilidade da vida em comum... A diretriz de interferência mínima do Estado nas situações do casal definitivamente não se fazia sentir: estava em julgamento o comportamento das pessoas na vida a dois.

Atualmente é importante perquirir como conceber a *prova no processo de divórcio.* Qual será seu objeto?

Por muito tempo decidiu-se que a demanda de divórcio deveria permitir a produção de prova apenas sobre o lapso temporal de dois anos.

E a culpa? Entendia-se que ela não seria relevante para o divórcio em si, mas potencialmente para efeitos outros do fim da união (como os alimentos).

Atualmente, a partir da nova redação do texto constitucional em matéria de divórcio, as exigências probatórias têm sido drasticamente reduzidas.

Além de não mais haver requisito temporal para o divórcio, houve a mitigação de exigências de outras ordens: não é mais preciso provar o distanciamento do casal. Não há fato constitutivo do direito de se divorciar a ser provado pelo autor: basta a vontade de querer o divórcio – o que vem demonstrado, obviamente, como a iniciativa de promover a demanda. Nesse sentido, não é necessário que a ação traga fundamento[462].

---

460 Eis um caso: "Divórcio litigioso. Sentença que afastou o pedido de alimentos e deixou de conhecer o pedido de indenização por danos morais. Insurgência da autora. Inadmissibilidade. Apelante que é jovem e, apesar de sofrer de epilepsia, não possui prova de incapacidade laborativa. Pedido de dano moral. Possibilidade de cumulação dos pedidos. Exegese do art. 392 e § 1.º do CPC. Juízo da família que também poderá analisar o pedido de indenização por danos materiais e morais. Princípio da economia e celeridade processual. Afastada indenização por danos morais. Mero dissabor após a ruptura do relacionamento. [...]" (TJSP, AC 1004583-06.2017.8.26.0005, Ac. 13099893, São Paulo, 4.ª Câmara de Direito Privado, Rel. Des. Fábio Quadros, j. 22.11.2019, *DJESP* 05.12.2019).

461 TJSP, AI 2255452-16.2019.8.26.0000, Ac. 13182042, São Paulo, 1.ª Câmara de Direito Privado, Rel. Des. Francisco Loureiro, j. 13.12.2019, *DJESP* 19.12.2019, p. 2.158.

462 DIAS, Maria Berenice. *Manual de direito das famílias*, cit., p. 228.

Trata-se de grande avanço em termos de respeito à autonomia dos indivíduos quanto a seus direitos de personalidade e à celeridade processual.

De todo modo, caso haja algum fato a ser demonstrado – por exemplo, a data da separação de fato (que pôs fim ao regime de bens) –, a prova poderá ser produzida.

Um caso apreciado pela 3.ª Turma do STJ merece destaque: o filho comum do casal depôs no divórcio dos pais e o testemunho foi plenamente considerado. Filhos comuns do casal não estão impedidos de atuar como testemunhas em processos como esse porque, segundo o colegiado, o impedimento do art. 447, § 2.º, I do CPC é aplicável à testemunha que tem vínculo com uma das partes, e não quando o parentesco é idêntico a ambas, como é o caso de filho comum dos litigantes[463].

3.2.9. *Decisão sobre o divórcio: natureza, efeitos e aspectos recursais*

É inegável o caráter constitutivo (para alguns, constitutivo negativo) da sentença de divórcio, já que ela tem força para alterar a relação jurídica entre as partes.

Em vista desse caráter, a sentença somente surte seus efeitos a partir do trânsito em julgado[464]. Evidentemente a cumulação de pedidos, além da simples decretação do divórcio, pode levar à natureza híbrida da sentença, conforme seus capítulos. Assim, a sentença, além de constitutiva, terá natureza condenatória se obrigar o réu a pagar alimentos.

A Lei do Divórcio dispõe que o divórcio só surtirá efeitos quando averbado no Registro Público competente (art. 32); como aponta Maria Berenice Dias, a previsão é equivocada, pois o registro tem efeito meramente publicitário[465].

A tutela jurisdicional é suficiente para desconstituir o *status* de casados.

A sentença de divórcio deve ser atacada por recurso de apelação a ser recebido no duplo efeito (devolutivo e suspensivo)[466]. Além disso, como visto, há disposição expressa afirmando que a sentença só surte efeitos após o trânsito em julgado.

Como já mencionado, suscita dúvidas a prolação de decisão parcial sobre o divórcio antes do julgamento dos demais pedidos.

Aqui vale uma digressão ao sistema do CPC/1973. Antes da reforma daquele diploma operada pela Lei n. 11.232/2005, o art. 162, § 1.º, do CPC anterior previa que sentença era o ato pelo qual o juiz punha fim ao processo (decidindo ou não o mérito da causa). *A contrario sensu*, as decisões proferidas no curso do processo que não implicassem seu término eram consideradas decisões interlocutórias, sendo contra elas cabível o recurso de agravo.

Contudo, a reforma trouxe um novo conceito de sentença, passando a constar que a sentença era o ato do juiz que implicasse alguma das situações que extinguiam o processo com ou sem resolução do mérito. A mudança foi fruto da necessária adaptação do sistema à criação da fase de cumprimento de sentença para executá-la nos mesmos autos. Portanto, não mais fazia sentido dizer que a sentença põe termo ao processo.

---

463 Filho pode atuar como testemunha no processo de divórcio dos pais. Disponível em https://www.stj.jus.br/sites/portalp/Paginas/Comunicacao/Noticias/2023/15062023-Filho-pode-atuar-como-testemunha-no-processo-de-divorcio-dos-pais.aspx. Acesso em: 7 dez. 2023.

464 Lei n. 6.515/1977, art. 8.º A sentença que julgar a separação judicial produz seus efeitos à data de seu trânsito em julgado, o à da decisão que tiver concedido separação cautelar.

465 DIAS, Maria Berenice. *Manual de direito das famílias*, cit., p. 228.

466 Não há que falar em efeito apenas devolutivo porque a decisão sobre o divórcio não se encontra prevista no rol de exceções do art. 1.012 do CPC.

Entretanto, havia interpretação segundo a qual, mesmo definindo-se a sentença pelo seu conteúdo, não seria possível sentenciar no meio da fase de conhecimento: a sentença deveria esgotar o objeto de conhecimento submetido à apreciação judicial. Em outras palavras, ainda que não pusesse fim ao processo, a sentença ao menos deveria findar a fase de conhecimento; se a solução fosse apenas parcial, o ato judicial deveria ser considerado decisão interlocutória[467]. O STJ já havia se pronunciado nesse sentido[468].

Assim, o agravo de instrumento se revelou o recurso apropriado para viabilizar a coexistência do conceito de sentença com o sistema recursal vigente.

Não parecia viável admitir que uma "sentença parcial de mérito" fosse atacável mediante apelação antes do encerramento da fase de conhecimento. Como a apelação carregaria consigo os autos ao Tribunal, a análise do mérito ainda não julgado em primeiro grau ficaria impedida.

Também não parecia ser o caso de admitir uma "apelação por instrumento" que deixasse de provocar a interrupção da fase de conhecimento. O sistema recursal segue o princípio da taxatividade segundo o qual somente poderá ser considerado recurso o instrumento de impugnação expressamente previsto em lei federal como tal. Esse novo tipo de recurso careceria de base legal e regramento quanto ao processamento.

Em vista da enorme celeuma que havia se instalado sobre o assunto, causando grande insegurança jurídica, entendeu-se correta a aplicação do princípio da fungibilidade caso tivesse o recorrente interposto apelação ou agravo de instrumento[469].

---

[467] Era esse o posicionamento, por exemplo, de Humberto Theodoro Júnior: "para ser tratado como sentença, o ato decisório deve representar o exaurimento do julgamento de todas as questões suscitadas em torno da matéria de mérito da causa. Não basta, entretanto, decidir alguma questão de mérito". Como bem destaca o jurista, sendo a solução apenas parcial, devendo o feito "prosseguir para o acertamento devido, o ato judicial será decisão interlocutória e não sentença. [...] Não será sentença a que, mesmo tratando de matéria de mérito, não impede que o processo prossiga após o pronunciamento judicial para completar o acertamento do objeto da causa (ex.: rejeição de decadência, exclusão de litisconsorte, indeferimento da denunciação da lide ou de reconvenção etc.) Em tais casos, configura-se decisão interlocutória e o recurso manejável será o agravo" (THEODORO JÚNIOR, Humberto. *Código de Processo Civil anotado*. 13. ed. Rio de Janeiro: Forense, 2009, p. 154).

[468] "[...] 6. O cerne da controvérsia circunvolve-se ao estabelecimento do recurso para impugnar *decisum* que, ao acolher a prefacial de falta de interesse de agir, extinguiu o processo, sem resolução de mérito, exclusivamente quanto a um dos pedidos relativos à pretensão, isto é, acerca da isenção de imposto de renda, com o prosseguimento do feito em relação aos demais pleitos (art. 267, inciso VI, do CPC [1973]). 7. Sobreleva notar a finalidade da manifestação judicial, ou seja, caso paralise o processo ou evidencie a solução de continuidade da demanda, cabível a apelação. Caso contrário, adequado o agravo de instrumento ou retido, vinculado à pretensão do recorrente em relação à sua imediata ou oportuna apreciação. 8. Para determinar a apelação como recurso adequado, impõe-se o critério híbrido acerca da classificação da manifestação judicial, qual seja: a) ato relativo ao disposto nos arts. 267 ou 269, ambos do CPC [1973]; e b) ultimar-se o processo. 9. *In casu*, a despeito da adequação a uma das hipóteses arts. 267 ou 269, ambos do CPC [1973], o pronunciamento do juízo singular controvertido não tem caráter jurídico de sentença, porque não interrompeu a tramitação da ação no Primeiro Grau; consequentemente, em razão da necessária interpretação sistêmica e da efetividade da tutela jurisdicional, revela natureza interlocutória, a ensejar a interposição de agravo (art. 522 do CPC [1973]) [...]" (STJ, REsp 1.117.144, 6.ª Turma, Rel. Min. Celso Limongi, *DJ* 15.04.2010).

[469] Conforme explica Daniel Amorim Assumpção Neves, comentando o sistema do CPC/1973 após sua reforma, "a doutrina amplamente majoritária entende que ato do juiz que resolve parcela do mérito é decisão interlocutória recorrível por agravo. Doutrina minoritária defende a ideia da sentença parcial de mérito, entendendo cabível recurso de apelação, ainda que por instrumento ou com a formação de autos suplementares em primeiro grau para que a parcela do mérito ainda não decidida possa ter andamento regular" (NEVES, Daniel Amorim Assumpção. *Manual de direito processual civil. São Paulo: Método,* 2009, p. 428).

O CPC/2015, felizmente, resolveu a celeuma e todas as implicações recursais ao prever expressamente a possibilidade de julgamento antecipado parcial do mérito[470] sempre que um ou mais pedidos (ou parcela deles) se mostrar incontroverso ou quando estiver em condições de julgamento imediato. Classificar o veículo de tal julgamento como decisão interlocutória ou sentença tornou-se irrelevante, pois o Código previu, expressamente, que o ato judicial será atacado por agravo de instrumento[471].

Vale destacar, sob o prisma científico, que, embora não tenha mais repercussão prática, a natureza de tal decisão ainda vem sendo discutida. José Miguel Garcia Medina, por exemplo, afirma ser inadequado reputar tal decisão como "sentença parcial": ela é uma decisão interlocutória, sendo que sentença é apenas a decisão que põe fim ao processo nos termos do art. 203, § 1.º, do CPC/2015. O correto seria falar em decisão parcial, que resolve parte dos pedidos, em contraposição à decisão global, que é a sentença e resolve completamente todos os pedidos ou o último deles[472].

3.2.9.1. Possibilidade de cisão da decisão e divórcio liminar

Merece análise detida a possibilidade de cisão do julgamento de pedidos formulados em uma ação de divórcio: caso haja controvérsia sobre aspectos diversos (como guarda dos filhos, alimentos e partilha de bens), existindo consenso quanto ao divórcio, é possível decidi-lo sem extinguir o processo e determinar o prosseguimento do feito para a apreciação dos demais pleitos?

A indagação vem do sentimento de injustiça que causam situações em que as partes mantêm o *status* de casados enquanto discussões sobre outras questões arrastam-se no tempo.

Nesse sentido, cabe o deferimento de divórcio liminar? A resposta é claramente positiva.

A combinação do advento da Emenda Constitucional n. 66 e o fim da separação, com a inclusão da previsão expressa do julgamento parcial antecipado do mérito no CPC/2015 não deixa quaisquer dúvidas: se, em uma demanda de divórcio, há outras questões envolvidas, não há por que aguardar a instrução a respeito delas para que se decrete, de imediato, o divórcio – haja vista este ser irresistível e não haver defesa eficaz contra ele. Assim, por meio de um julgamento parcial do mérito, o divórcio é decretado para que as discussões sobre as demais situações prossigam e sejam resolvidas em uma sentença global.

Eis um exemplo: em certa causa, houve recurso da decisão que, a pedido do autor, deferiu a antecipação da tutela para decretar o divórcio do casal. Contra essa "verdadeira decisão parcial de mérito" houve insurgência da ré-reconvinte – que pretendia o reconhecimento, também, da união estável em decisão parcial de mérito. Esse pleito foi negado porque haveria supressão de instância e a situação seria controversa. Já quanto ao divórcio, reconheceu-se a possibilidade de decretação antes da sentença com base no art. 356 do CPC porque: 1. não havia controvérsia entre as partes sobre o fim da sociedade conjugal; 2. o direito é potestativo; 3. não haveria prejuízo à posterior análise da partilha de bens nem à ocorrência de eventual união estável anterior[473].

---

470 CPC, art. 356. O juiz decidirá parcialmente o mérito quando um ou mais dos pedidos formulados ou parcela deles: I – mostrar-se incontroverso; II – estiver em condições de imediato julgamento, nos termos do art. 355.

471 CPC, art. 356, § 5.º A decisão proferida com base neste artigo é impugnável por agravo de instrumento.

472 MEDINA, José Garcia Miguel. *Novo Código de Processo Civil comentado*. São Paulo: RT, 2015, p. 597.

473 TJSP, AI 2227920-67.2019.8.26.0000, Ac. 13109328, São Paulo, 3.ª Câmara de Direito Privado, Rel. Des. Carlos Alberto de Salles, j. 26.11.2019, *DJESP* 29.11.2019, p. 1.913.

Na realidade, não é nova a situação de haver cisão de julgamento. Se, por exemplo, após decretado o divórcio a instrução se torna suficiente para decisão sobre os alimentos entre os cônjuges, mas não sobre a partilha – que pode demandar uma demorada produção de prova pericial –, nada impede que aquele pedido seja julgado antecipadamente também.

Já sob a luz do CPC/1973, que não previa expressamente o julgamento antecipado parcial do mérito, Flávio Tartuce entendia viável possibilitar que a decretação do fim do casamento fosse fixada como prioridade pelo juiz da causa, "dissolvendo-se o vínculo existente entre as partes de imediato e proferindo-se uma sentença parcial"; as demais questões, tais como os alimentos, o uso do nome e a partilha de bens, podiam ser discutidas em posterior momento na própria ação de divórcio ou em ação autônoma[474].

Há julgado do Tribunal de Justiça de São Paulo que, valendo-se da teoria dos "capítulos da sentença"[475], admitiu o julgamento de mérito do pedido divórcio e determinando o prosseguimento do processo pelas demais discussões. Segundo o relator, "solução diversa não preservaria a força normativa da Constituição e a carga axiológica decorrente da normatização dos princípios da dignidade humana e liberdade na busca do amor e da felicidade"[476].

Realmente tal solução processual prestigia a celeridade no decreto de divórcio desejada pela Emenda Constitucional n. 66/2010.

Como bem explicam Dierle Nunes e Ana Luiza Marques, a cognição da ação de divórcio já se inicia com maturação suficiente para o deferimento da antecipação dos efeitos do pleito de dissolução do vínculo conjugal, não sendo

> [...] razoável impor ao demandante o ônus de suportar a morosa tramitação do feito para que, só ao final, tenha apreciada sua pretensão, quando já houver manifestado inequívoco interesse em se divorciar. Por esta razão, entende-se ser plenamente possível a concessão da tutela de evidência para que seja, liminarmente, decretado o divórcio entre as partes, com fulcro no art. 311, incisos II e IV do Código de Processo Civil, tendo em vista a inconteste evidência do direito material do demandante, por se tratar de alegação comprovada apenas documentalmente (para tanto, basta a juntada da certidão de casamento e a manifestação de vontade da parte autora), com respaldo em norma de índole constitucional[477].

Como destacam os autores, o pedido deve ser deferido com base nas regras sobre a tutela provisória de evidência. Isso ocorreu em caso julgado pelo Tribunal de Justiça carioca: com base no direito potestativo da parte e no art. 311 do CPC, entendeu-se plausível tal direito. Além disso, a demora processual por falta de êxito em citar o réu não poderia acarretar prejuízo à demandante que pretendia contrair novo matrimônio. Entendeu-se também que

---

474 TARTUCE, Flávio. A Emenda Constitucional 66/2010 e os alimentos pós-divórcio. Disponível em: https://arpen-sp.jusbrasil.com.br/noticias/2538243/artigo-a-emenda-constitucional-66-2010-e-os-alimentos-pos-divorcio-por-flavio-tartuce. Acesso em: 20 jan. 2020.

475 A tese já foi aceita entre nós. Vários tribunais a referenciando, merecendo destaque precedente do STJ segundo o qual é possível conceber uma sentença dividida em capítulos, "cada qual respondendo a um pedido mediante fundamento independente e autônomo" (STJ, REsp 203.132/SP, Rel. Min. Sálvio de Figueiredo, j. 25.03.2003, *Inf. de Jurisprudência* n. 0167, de 24 a 28.03.2003).

476 TJSP, 8.ª Câmara de Direito Privado, AI 990.10.357301-3, Rel. Des. Caetano Lagrasta, j. 12.11.2010.

477 Parte do Judiciário já entende que é possível a autorização liminar do divórcio. Disponível em: https://www.conjur.com.br/2019-ago-08/opiniao-parte-judiciario-aprova-autorizacao-liminar-divorcio. Acesso em: 7 jan. 2020.

o contraditório poderia ser adiado: afinal, "a oitiva do réu e a produção de outras provas em nada alteraria a manifestação de vontade da parte interessada na dissolução da união conjugal e consequente mudança do estado civil"[478].

No mesmo sentido decidiu o Tribunal paulista: sendo o divórcio um direito potestativo, é possível a concessão de tutela de evidência para decretá-lo "diante da desnecessidade de concordância da outra parte"[479].

Embora o reconhecimento doutrinário seja tranquilo e em algumas decisões[480] haja sua contemplação (há considerável tempo, inclusive[481]), nem sempre os tribunais acolhem o pedido de divórcio liminar[482].

Houve negativa de tal pleito pelo Tribunal do Mato Grosso do Sul, porque estariam ausentes os requisitos de urgência previstos no art. 300 do CPC/2015, não tendo sido visualizado

---

478 TJRJ, AI 0042493-26.2019.8.19.0000, Campos dos Goytacazes, 20.ª Câmara Cível, Rel.ª Des.ª Maria da Glória Oliveira Bandeira de Mello, *DORJ* 14.08.2019, p. 322.

479 TJSP, AI 2267701-33.2018.8.26.0000, Ac. 13101416, São Paulo, 9.ª Câmara de Direito Privado, Rel. Des. José Aparício Coelho Prado Neto, j. 22.11.2019, *DJESP* 04.12.2019, p. 2.611.

480 Eis decisões interessantes: "A partir da Emenda Constitucional n. 66, foi suprimida a separação judicial, desaparecendo também o requisito temporal para o divórcio, que passou a ser exclusivamente direto, tanto por consentimento dos cônjuges, quanto na modalidade litigiosa" (TJMG, AI 1115686-20.2022.8.13.0000, Quarta Câmara Cível Especializada, Rel. Des. Pedro Aleixo, j. 01.09.2022, *DJEMG* 02.09.2022); "O direito ao divórcio é potestativo e incondicionado. Demonstrada a existência da relação matrimonial por meio de documento hábil e havendo pedido expresso de divórcio, é viável a sua imediata decretação. Nesse contexto, a ausência de angularização processual não impede o acolhimento liminar do pedido formulado pelo divorciando" (TJRS, AI 357035-05.2018.8.21.7000, Porto Alegre, 8.ª Câmara Cível, Rel. Des. José Antônio Daltoe Cezar, j. 28.02.2019, *DJERS* 12.03.2019).

481 Em decisão inédita proferida em 2014, o juiz Alberto Raimundo Gomes dos Santos, da 6.ª Vara de Família da Comarca de Salvador, valeu-se da tutela antecipada para decretar o divórcio de um casal, entendendo ser premissa para o divórcio "a necessidade da realização da vida afetiva dos cônjuges, uma vez declarada a incapacidade de reestruturação da sociedade conjugal" (Juiz concede primeiro divórcio por liminar na Bahia. Disponível em: http://www5.tjba.jus.br/portal/juiz-concede-primeiro-divorcio-por-liminar-na-bahia/. Acesso em: 7 jan. 2020).

482 "[...] Não obstante o divórcio ser direito potestativo das partes, não é cabível sua decretação em sede de liminar, seja por se tratar de medida irreversível, seja por implicar reflexos de cunho patrimonial, sendo prudente a oitiva da parte adversa [...]". (TJDF; Rec 07198.10-79.2022.8.07.0000; Ac. 160.9907; Rel. Des. Rômulo de Araújo Mendes; Publ. PJe 09.09.2022); "[...] Alegação de direito potestativo, que não se confunde, porém, com os requisitos da tutela de evidência ou de urgência. Embora potestativo, não há motivo plausível para a decretação do divórcio sem manifestação da parte contrária. Ausência de prejuízo em aguardar a citação da agravada [...]" (TJSP, AI 2100905-13.2022.8.26.0000, Ac. 16010698, São Paulo, Sexta Câmara de Direito Privado, Rel.ª Des.ª Ana Zomer, j. 31.08.2022, *DJESP* 08.09.2022); "[...] 2. Apesar de o divórcio ser um direito potestativo do cônjuge que pretende romper legalmente o vínculo matrimonial, sem a necessidade de explicitar o motivo, à luz da norma constitucional, no caso concreto, há que se observar o devido processo legal e o procedimento disposto no Código de Processo Civil. 3. Ausentes os requisitos legais, nos termos do art. 311, do CPC, na medida em que os fatos alegados pelo agravante carecem de prova consistente, sendo certo que se faz necessária a citação da parte contrária, sob pena de afronta ao princípio constitucional do devido processo legal e às normas instrumentárias, até porque será possível ao julgador a quo aferir, com mais profundidade, os fatos alegados, podendo, até mesmo, se o caso, proceder ao julgamento antecipado parcial do mérito, como anunciado. Logo, impossibilita-se a reforma da decisão que indeferiu pedido liminar de decretação de divórcio. [...]" (TJDF, Rec 07251.40-91.2021.8.07.0000, Ac. 160.7934, Quarta Turma Cível, Rel. Des. Arnoldo Camanho, j. 18.08.2022, Publ. PJe 05.09.2022).

periculum in mora para a declaração liminar do divórcio; além disso, reputou-se prudente a oitiva do réu[483].

Em outro caso julgado pelo Tribunal gaúcho houve negativa pelos seguintes fundamentos:

> Embora não se ignore que o divórcio é um direito potestativo, não havendo razão, *a priori*, para impedir a sua imediata decretação, até porque, segundo o autor, as partes estão separadas de fato desde 2012 e o varão, inclusive, já tem outra companheira, com quem pretende contrair novo matrimônio – no caso, há de se ter cautela no deferimento do pedido, seja porque a mulher/demandada também discute sua manutenção nos planos de saúde do varão, em razão de problemas de saúde que a acometem, seja porque também há controvérsia em relação à data da separação de fato (a mulher diz que ocorreu em 2015)[484].

Por fim, cumpre repisar que, no que tange à decisão que aprecia um dos pedidos, por enfrentar uma das questões controvertidas incidentes no processo, configura-se decisão recorrível via agravo, nos termos do art. 356, § 5.º.

À luz de tal realidade, adveio o enunciado 18 do IBDFAM para aclarar: "nas ações de divórcio e de dissolução da união estável, a regra deve ser o julgamento parcial do mérito (art. 356 do Novo CPC), para que seja decretado o fim da conjugalidade, seguindo a demanda com a discussão de outros temas".

3.2.10. *Cumprimento de sentença*

Como já abordado, a sentença que decreta o divórcio tem natureza constitutiva: como surte o efeito de mudar a situação jurídica por si própria, não carece de qualquer medida de execução ou cumprimento. O registro de seu teor é um ato que visa apenas a dar publicidade à sua ocorrência, não sendo condição de validade.

Os demais itens que podem ser decididos na sentença (fixação de alimentos, guarda e "visitas", partilha de bens) têm formas específicas de cumprimento conforme o conteúdo que trazem.

Merece destaque, sob o prisma da partilha, um tema potencialmente relevante: a desconsideração da personalidade jurídica, incidente expressamente incluído pelo CPC como modalidade de intervenção de terceiros entre os arts. 133 e 137.

No plano doutrinário, bem antes da existência de normas sobre o tema, Rolf Madaleno tratou do tema com esmero sob a perspectiva do Direito de Família: havendo fraude à divisão

---

483 TJMS, AI 1403295-89.2019.8.12.0000, 3.ª Câmara Cível, Rel. Des. Dorival Renato Pavan, DJMS 31.05.2019, p. 164. No mesmo sentido: "[...] Ação de divórcio. Tutela antecipada indeferida para decretar o divórcio inaudita altera parte. Insurgência. Não acolhimento. Matéria fática que demanda dilação probatória. Ausência do requisito do perigo de dano irreparável ou de difícil reparação. Medida que, a despeito de ser direito potestativo da agravante, exige a prévia formação do contraditório, tendo em vista a irreversibilidade da medida. [...]" (TJSP, AI 2203090-32.2022.8.26.0000, Ac. 16035808, São Paulo, Quinta Câmara de Direito Privado, Rel. Des. Moreira Viegas, j. 12.09.2022, rep. *DJESP* 14.09.2022).

484 No caso, foi mantida a decisão agravada que indeferiu o pedido de imediata decretação do divórcio (TJRS, AI 0174693-89.2019.8.21.7000, Proc. 70082027848, Porto Alegre, 8.ª Câmara Cível, Rel. Des. Luiz Felipe Brasil Santos, j. 07.11.2019, *DJERS* 11.11.2019).

dos bens conjugais e o desvirtuamento abusivo da função da empresa, faz-se imperiosa a desconsideração na via inversa[485].

Como explica Mario Delgado,

> No lugar de responsabilizar o sócio pelas obrigações da sociedade, na *disregard* inversa procura-se alcançar o patrimônio da sociedade para responder pelos débitos do sócio. Em razão da utilização indevida do ente societário por seus sócios, deve ser afastada a autonomia patrimonial da sociedade, para atingir o ente coletivo e seu patrimônio social, responsabilizando a pessoa jurídica por obrigações do sócio, quer seja sócio de fato, quer seja sócio de direito. Assim, os ativos sociais serão chamados a suportar o pagamento do cônjuge ou credor prejudicado pelo sócio, que usa a pessoa jurídica para ocultar patrimônio[486].

Vale lembrar que, como bem expressa a lei processual, a promoção do incidente é cabível em todas as fases do processo de conhecimento, no cumprimento de sentença e na execução de título executivo extrajudicial, devendo o requerimento demonstrar o preenchimento dos pressupostos legais para sua instauração (que suspenderá o processo, segundo o art. 134, § 3.º).

Há decisões no sentido de que a dissolução irregular da sociedade e a falta de localização de bens penhoráveis não são suficientes para autorizar a desconsideração da personalidade jurídica[487].

---

485 MADALENO, Rolf. *Curso de direito de família*. 6. ed. Rio de Janeiro: Forense, 2015. A citação fornecida é uma diretriz. Verifique a exatidão de cada citação antes de usar.

486 Prossegue o autor: "Nas disputas matrimoniais, é frequente a situação do cônjuge empresário que se esconde sob o manto da sociedade, para onde desvia grande parte dos bens comuns, os quais, não obstante adquiridos ao longo do casamento, são registrados em nome de empresas de que participa um dos consortes. Muitas vezes, e isso infelizmente ocorre cada vez mais, essa participação se materializa por interposta pessoa, o vulgo 'laranja'. Os bens que deveriam integrar a meação estão titularizados pela sociedade empresária, de cujo quadro social o cônjuge fraudador sequer participa. Nada no seu nome. E seu nome não aparece na empresa. O cônjuge se apresenta ora como empregado registrado da empresa, ora como um mero procurador do sócio formal. Hipótese típica de abuso, caracterizada pelo desvio de finalidade, pois a personalidade jurídica passa a ser usada apenas para ocultar o patrimônio e lesar o outro cônjuge" (DELGADO, Mario. Divórcio no Novo CPC. In: TARTUCE, Fernanda; MAZZEI, Rodrigo Reis; CARNEIRO, Sergio Barradas (org.). *Famílias e sucessões*. Salvador: JusPodivm, 2016. v. 1, p. 298-299. Coleção Repercussões do Novo CPC).

487 "[...] Incidente de desconsideração da personalidade jurídica. Procedência. Inconformismo. Acolhimento em parte. Dissolução irregular da sociedade e não localização de bens penhoráveis, que não são suficientes para autorizar a desconsideração da personalidade jurídica. Medida excepcional, que demanda prova de confusão patrimonial e/ou desvio de finalidade da personalidade jurídica com intuito de fraudar credores. Jurisprudência consolidada do C. STJ. Prova inexistente no caso. Ex-sócio, único remanescente na sociedade, já falecido, que procedeu, contudo, à dissolução formal e baixa do CNPJ, assumindo, no instrumento de distrato social registrado na JUCESP, responsabilidade pelos passivos em aberto da sociedade. Consequente responsabilidade do espólio ou dos herdeiros (conforme já tenha havido, ou não, partilha) do ex-sócio falecido pela dívida da sociedade, nos limites das forças da herança (art. 1.792, do CC)" (TJSP, AI 2033946-65.2019.8.26.0000, Ac. 12453551, São Paulo, 2.ª Câmara Reservada de Direito Empresarial, Rel. Des. Grava Brazil, j. 29.04.2019, *DJESP* 08.05.2019, p. 2.013);"O encerramento irregular da empresa e/ou a dificuldade ou ausência de localização de bens penhoráveis, por si só, não acarreta a desconsideração da personalidade jurídica no direito civil, uma vez que é medida excepcional e exige o atendimento de pressupostos específicos relacionados à fraude ou ao abuso de direito, que devem ser demonstrados. 3. Mantém-se a decisão que indeferiu o pedido de desconsideração da personalidade jurídica da empresa agravada, ante a ausência de demonstração dos requisitos constantes do art. 50 do Código Civil, pois, em que pese a existência de fortes indícios de dissolução irregular da

Em observância à garantia constitucional do contraditório, prevê-se que, instaurado o incidente de desconsideração, o sócio ou a pessoa jurídica seja citado para se manifestar e requerer as provas cabíveis.

Realmente, é inegável a importância de haver requerimento expresso pelo interessado e oportunidade de ampla defesa por quem é atingido pela desconsideração.

Em caso julgado pelo Tribunal Catarinense sobre união estável, apesar de haver um evidente esforço comum, houve pleito de partilha de um veículo que se encontrava em nome da pessoa jurídica de propriedade da ré – mas o requerimento foi considerado inviável ante a inexistência de pedido de desconsideração inversa da personalidade jurídica[488].

Nos termos do Enunciado 283 da IV Jornada de Direito Civil do Conselho da Justiça Federal, é cabível a desconsideração da personalidade jurídica "inversa" para alcançar bens de sócio que se valeu da pessoa jurídica para ocultar ou desviar bens pessoais, com prejuízo a terceiros.

Como bem apontado em acórdão do Tribunal de Justiça cearense, tal peculiar desconsideração vem sendo usada, em demandas familiares,

> [...] para combater ações desonestas e ardis articuladas para omitir bens com o claro e inequívoco fito de ludibriar alguém que possui legítimo direito sobre eles. Assim, nos casos de divórcio, partilha de bens ou pensão alimentícia, pode ser utilizado como remédio adequado para combater ação do cônjuge que "esconde" um bem do casal transferindo-o para a empresa pessoa jurídica do qual é sócio subtraindo e reduzindo o acervo a ser partilhado pelo casal[489].

---

sociedade, não se demonstrou desvio de personalidade ou confusão patrimonial a autorizar que os bens dos sócios respondam pela dívida da empresa" (TJDF, AGI 07154.67-45.2019.8.07.0000, Ac. 122.4003, 5.ª Turma Cível, Rel. Des. Josaphá Francisco dos Santos, j. 18.12.2019, *DJDFTE* 13.01.2020); "'A teoria da desconsideração da personalidade jurídica, medida excepcional prevista no art. 50 do Código Civil, pressupõe a ocorrência de abusos da sociedade, advindos do desvio de finalidade ou da demonstração de confusão patrimonial. A mera inexistência de bens penhoráveis ou eventual encerramento irregular das atividades da empresa não enseja a desconsideração da personalidade jurídica' (AgInt no AREsp n. 924.641/SP, Relator Ministro Marco Buzzi, Quarta Turma, julgado em 29/10/2019, *DJe* 12/11/2019)" (STJ, AgInt-AREsp 1.473.168, Proc. 2019/0080501-1/PR, 4.ª Turma, Rel. Min. Antonio Carlos Ferreira, j. 16.12.2019, *DJe* 19.12.2019).

488 TJSC, AC 0003146-41.2007.8.24.0008, Blumenau, 5.ª Câmara de Direito Civil, Rel.ª Des.ª Cláudia Lambert de Faria, *DJSC* 14.06.2017, p. 119. No mesmo sentido: "Agravo de instrumento. Cumprimento de sentença em ação de divórcio, partilha, alimentos, guarda e regulamentação de visitas. Decisão agravada de indeferimento de inclusão de pessoa jurídica no polo passivo da demanda. Desconsideração da personalidade jurídica. Formação de grupo econômico do executado com outra empresa. Necessidade de instauração de incidente processual. Procedimento próprio. Inobservância pela exequente. Art. 133, do Código de Processo Civil. Jurisprudência desta Corte. [...]" (TJPR, Proc. 0072863-35.2020.8.16.0000, Rel.ª Des.ª Lenice Bodstein, j. 12.04.2021).

489 TJCE, AI 0628252-63.2016.8.06.0000, 2.ª Câmara de Direito Privado, Rel.ª Des.ª Maria de Fátima de Melo Loureiro, *DJCE* 05.06.2018, p. 89. No mesmo sentido: "Agravo de instrumento. Ação de divórcio litigioso. Incidente de desconsideração inversa da personalidade jurídica. Decisão que determina a entrega da documentação referente ao veículo descrito nos autos, registrado em nome da pessoa jurídica, mas na posse da agravada, sob pena de fixação de multa diária. Confirmação. Evidências de confusão patrimonial, assim como da tentativa do varão de fraudar a partilha de bens mediante a transferência de parcela do patrimônio do casal a terceiros, familiares seus, sem o conhecimento da virago. Questões já evidenciadas em anterior julgamento colegiado. Automóvel cujas despesas são integralmente custeadas pela agravada. [...]" (TJRS, Agravo de Instrumento 70081975989, Rel.ª Sandra Brisolara Medeiros, j. 25.09.2019).

Nesse caso, a autora pediu medida liminar no incidente, demonstrou a presença dos requisitos do art. 300 do CPC e foi atendida. Como a maioria dos bens alegadamente adquiridos pelo ex-casal durante a união estável estava registrada em nome das empresas do marido (que as administrava), a Desembargadora relatora deferiu a tutela de urgência para determinar a inscrição da cláusula de inalienabilidade nos registros de bens imóveis e veículos realizados em nome da pessoa jurídica.

Concluída a instrução, se necessária, o incidente de desconsideração da personalidade jurídica será resolvido por decisão interlocutória; se a decisão for proferida pelo relator, caberá agravo interno (art. 136). Acolhido o pedido de desconsideração, a alienação ou a oneração de bens, havida em fraude de execução, será ineficaz em relação ao requerente (art. 137)[490].

Eis trecho de decisão que mostra como a instrução é essencial:

> Não é admissível a desconsideração inversa da personalidade jurídica de ente empresarial do qual o ex-cônjuge seja sócio, quando ausente provas, ou indícios, de que tenham sido transferidos para a empresa supostos bens particulares, prejudicando, assim, a meação da mulher quando da separação/divórcio. 4 Inexistem bens a partilhar quando o casal utiliza temporariamente o patrimônio adquirido e registrado em nome da pessoa jurídica de que o cônjuge varão era sócio, quando não comprovado que na constância da relação foram adquiridos bens particulares, dissociados do ente empresarial[491].

Há decisão em sentido similar no Tribunal paranaense: ao apreciar certo recurso, afirmou expressamente a "impossibilidade de desconsideração inversa da personalidade jurídica sem provas para tanto"[492].

---

490 DELLORE, Luiz; TARTUCE, Fernanda. *1.001 dicas sobre o Novo CPC, cit.*, p. 35.

491 TJSC, AC 0308276-44.2014.8.24.0023, Florianópolis, 5.ª Câmara de Direito Civil, Rel. Des. Luiz Cézar Medeiros, *DJSC* 16.03.2017, p. 206. No mesmo sentido: "Apelação cível – Divórcio litigioso – Regime de comunhão parcial de bens – Empresas constituídas na constância do casamento – Pratrimônio [*sic*] comum do casal – Irrelevância do nome do cônjuge que figura como titular das cotas ou que esteja a administrá-las – Partilha das dívidas empresariais – Impossibilidade – Ativos e passivos da pessoa jurídica que não se confundem com o dos cônjuges – Não comunicação das dívidas da empresas – Partilha que se resume às cotas sociais – Inexistência de hipóteses que autorizem cogitar da desconsideração da personalidade jurídica – Ausência de demonstração de que a dívida foi contraída em prol do casal ou que tenha havido confusão patrimonial – Partilha inviabilizada – Empresa constituída e integradada [*sic*] pelo varão durante o casamento – Prova suficiente – Devisão [*sic*] das cotas que se impõe. Embargos declaratórios – Ausência de caráter protelatório – Pretensão da embargante que fosse observado documento acostado aos autos – Prova, inclusive, que ampara a procedência parcial do recurso – Multa afastada [...]" (TJPR, Proc. 0002310-14.2017.8.16.0017, Rel. Des. Gil Francisco de Paula Xavier Fernandes Guerra, j. 01.03.2021).

492 TJPR, ApCiv 1367040-7, Maringá, 11.ª Câmara Cível, Rel. Des. Sigurd Roberto Bengtsson, j. 20.04.2016, *DJPR* 09.05.2016, p. 202. No mesmo sentido: "Apelação cível. Família. Ação de divórcio litigioso. [...] Desconsideração inversa da personalidade jurídica de empresa cujo sócio majoritário é o varão. Prova de fraude ou confusão patrimonial. Inviabilidade. Partilha. Quotas sociais. Imóvel. Ausência de prova da propriedade ou posse do réu. Alimentos transitórios. Necessidade da virago. Não comprovação.. [...] Ausente prova de fraude no sentido de que a pessoa jurídica apelada tenha sido utilizada para esvaziamento patrimonial do varão, descabida a desconsideração inversa da personalidade jurídica. 5. Considerando que a autora não comprovou que a admissão da genitora do réu na sociedade se deu a título de doação (art. 373, I, do CPC/15), correta a sentença que determinou a partilha apenas das quotas efetivamente adquiridas pelo varão no curso do matrimônio. 6. À mingua de comprovação acerca da propriedade ou posse do varão sobre imóvel, descabida a partilha do referido bem. [...]" (TJMG, Apelação Cível 1.0000.21.076221-7/001, Rel. Des. Bitencourt Marcondes, j. 29.07.2021).

4. RECONHECIMENTO E DISSOLUÇÃO DE UNIÃO ESTÁVEL

A união estável, diversamente do casamento, não exige a presença do Estado para se constituir nem para o decreto de seu fim.

Não se trata, a princípio, de um negócio jurídico, mas de uma relação fática que, apresentando certos caracteres, recebe do ordenamento efeitos jurídicos.

A partir do momento em que a convivência estabelecida com o intuito de constituir família é duradoura, pública e contínua[493] configura-se a união estável. Cessadas tais características, ela desaparece automaticamente, sem necessidade de intervenção e/ou supervisão do Estado.

Vale consignar que o Conselho Nacional de Justiça abriu a possibilidade de registro da união estável e de sua dissolução no cartório de registro civil de pessoas naturais[494]; tal averbação é facultativa e visa a dar maior publicidade do vínculo, não alterando o que acontece no âmbito dos fatos.

A demanda judicial de "reconhecimento" e/ou "dissolução" de união estável não a constitui nem a desconstitui, sendo apta apenas a sanar dúvidas sobre sua existência e seus termos inicial e final, tendo nítido caráter declaratório[495].

Em geral, os conviventes procuram o Poder Judiciário após o fim da união para buscar algum direito, como partilha de bens ou alimentos; nesses cenários, há cumulação de pedidos de reconhecimento e dissolução da união estável.

Existe empecilho à propositura de demanda para que haja apenas o reconhecimento judicial da união estável? A resposta é negativa. É comum a busca de tal reconhecimento *post mortem*, por exemplo, após a morte da(o) companheira(o) para fins previdenciários e sucessórios.

Há interesse de agir para tal demanda também em outros casos, por exemplo: a) quando o casal hipossuficiente não pode arcar com o valor exigido pelo cartório para celebrar a escritura, não conseguindo fazer jus à gratuidade por óbices criados pela serventia extrajudicial; b) quando é preciso reconhecer a união estável *post mortem* ainda que um dos companheiros não tenha se divorciado da primeira esposa[496].

---

[493] Art. 1.º da Lei n. 9.278/1996: É reconhecida como entidade familiar a convivência duradoura, pública e contínua, de um homem e uma mulher, estabelecida com objetivo de constituição de família; Art. 1.723 do Código Civil: É reconhecida como entidade familiar a união estável entre o homem e a mulher, configurada na convivência pública, contínua e duradoura e estabelecida com o objetivo de constituição de família.

[494] CNJ, Provimento n. 37, de 07 de julho de 2014. Disponível em: http://www.cnj.jus.br/images/stories/docs_corregedoria/provimentos/provimento_37.pdf. Acesso em: 13 ago. 2016.

[495] Sobre o tema assim se manifestou a Min. Nancy Andrighi em elucidativo acórdão: "A pretensão inicial em ação declaratória para o reconhecimento de união estável de fato é obter uma decisão judicial sobre a existência do relacionamento afetivo mantido entre os companheiros e, a partir daí, usufruir dos direitos decorrentes dessa declaração. Eventuais reflexos indiretos da declaração não são aptos a justificar o deslocamento da competência" (REsp 1.145.060/MG, 3.ª Turma, Rel.ª Min.ª Nancy Andrighi, j. 13.09.2011). No mesmo sentido: "A natureza do reconhecimento da união estável é declaratória, com efeitos retroativos à data da constituição da relação jurídica, e a natureza da escolha do regime de bens é constitutiva, com efeitos a partir da lavratura da escritura pública, devendo prevalecer, no período anterior à sua lavratura, o regime legal da comunhão parcial de bens. [...]" (TJDFT, Proc. 07308892320208070001, Rel. Esdras Neves, j. 08.09.2021).

[496] TJMT, APL 12853/2017/Capital, Rel.ª Des.ª Cleuci Terezinha Chagas, j. 16.05.2018, *DJMT* 22.05.2018, p. 121.

Do mesmo modo, é possível promover demanda apenas para a extinção da união estável: se esta já foi reconhecida por escritura pública pelo casal, se este tem filhos incapazes, por exemplo, será necessária a passagem judicial para reconhecer o fim da união.

Segundo consta em decisão do Tribunal de Justiça gaúcho, por força da "considerável carga de subjetividade da conceituação legal da união estável, segue e seguirá sendo da doutrina e, especialmente, da jurisprudência, a tarefa de identificar e delimitar os conceitos expressos em lei"[497].

Assim, conforme avançam os direitos reconhecidos aos conviventes, é cada vez maior a preocupação em documentar e/ou buscar o reconhecimento judicial da união enquanto ela perdura, principalmente para facilitar a fruição de benefícios (como previdenciários, seguros-saúde e seguros de vida) e assegurar maior segurança jurídica às relações entre as pessoas envolvidas.

4.1. Vias consensuais extrajudicial e judicial

Para assegurar os direitos decorrentes da união estável, é possível aos conviventes praticar ato extrajudicial para o reconhecimento do vínculo de convivência.

A união estável dispõe de um *estatuto legal* formado, principalmente, pelas disposições das Leis n. 8.971/1994, 9.278/1996 e pelos dispositivos pertinentes do Código Civil.

É possível aos companheiros dispor de forma diversa e particularizada sobre algumas situações (como ocorre com o casamento) por meio do "pacto de união estável" ou "contrato de convivência", possibilidade reconhecida no art. 1.725 do Código Civil[498].

Nada obsta a que, além de dispor sobre a partilha de bens, o contrato verse sobre outros direitos, como alimentos.

O pacto de união estável não é necessário para a configuração da união estável; por não ser ela um ato solene, sua forma é livre, sendo plenamente aceita nas serventias extrajudiciais a confecção por meio de escritura pública. Nada impede, contudo, que os conviventes o façam por instrumento particular, ressalvando-se, contudo, que apenas a escritura pública e a sentença judicial são passíveis de registro nos termos do Provimento n. 37 do CNJ.

Além de ser uma prova robusta da existência de união estável, configura título extrajudicial o instrumento público ou instrumento particular elaborado conforme o art. 784, III, do CPC.

O pacto de união estável não precisa ser objeto de distrato para que se dê por encerrado o vínculo: basta o desaparecimento dos caracteres identificadores da união, já que ela configura situação dinâmica que dispensa formalidades ou documentações para se constituir ou desconstituir. Sua eficácia probatória também pode ser questionada judicialmente ante a realidade dos fatos, que podem atestar a existência de união estável mesmo antes da firmação do contrato[499].

---

497 TJRS, AC 70072616378, 8.ª Câmara Cível, Rel. Ivan Leomar Bruxel, j. 08.02.2018.

498 Art. 1.725. Na união estável, salvo contrato escrito entre os companheiros, aplica-se às relações patrimoniais, no que couber, o regime da comunhão parcial de bens.

499 "[...] 3. A escritura pública firmada pelos litigantes indicando a existência e o período da relação marital tem valor apenas relativo, devendo ser sopesados os demais elementos de convicção, o que afasta a existência da alegada união estável. 4. Ausente prova cabal da intenção de constituir família no período posterior à primeira separação do casal, a improcedência da ação é medida que se impõe [...]" (TJRS, AC 70057808172, 7.ª Câmara Cível, Rel. Des. Sérgio Fernando de Vasconcellos Chaves, j. 29.01.2014). No mesmo sentido: "Reexame necessário. Apelação cível. [...]– A escritura pública de declaração de união estável tem caráter declaratório e não constitutivo e presunção *juris tantum*, de modo que a

Segundo Maria Berenice Dias, "o contrato de convivência não cria a união estável, pois sua constituição depende do atendimento dos requisitos legais (CC 1.723)"[500].

Também é possível firmar o *distrato* da união estável ou o acordo de "dissolução", no qual os companheiros, em mútuo acordo, podem rever as convenções iniciais sobre as diversas questões.

Certamente a celebração do contrato de união estável garante certo grau de segurança jurídica à relação que se estabeleceu.

Contudo, como já dito, o mais comum é que as partes apenas busquem documentar sua situação após o fim do vínculo. Assim, o que mais se observa são instrumentos particulares ou escrituras públicas nos quais a união é reconhecida por certo período e dissolvida, ficando acertadas as questões patrimoniais. A tais documentos, se elaborados em forma de escritura pública ou de acordo com o art. 784, III, do CPC, também é reconhecida a eficácia de título extrajudicial.

A formulação de acordos pressupõe, obviamente, a comunicação e o entendimento entre os ex-companheiros. Caso estas circunstâncias estejam ausentes e surjam conflitos com o término do relacionamento, é de todo recomendável o uso da mediação para restabelecer o diálogo e buscar uma resposta consensual; sendo esta obtida, pode ser lavrado documento com as características necessárias para a formação de um título extrajudicial (art. 784, III, do CPC), ou ser posteriormente homologado em juízo para ganhar eficácia de título executivo judicial.

O CPC prevê expressamente a possibilidade de dissolução consensual de união estável por escritura pública caso não haja filhos incapazes[501].

Havendo filhos incapazes, a lei reservou a homologação judicial da extinção da união estável[502], por meio de petição encaminhada ao juízo, dispondo de conteúdo mínimo[503]. Seria possível dispensar a via judicial nesses casos?

A proposta é que a lei não enseje situação que dificulte nem burocratize as decisões de quem decide finalizar a interação estabelecida por casamento ou união estável. Alinhado a essa diretriz, o IBDFAM aprovou o Enunciado n. 22: "é possível a utilização da via extrajudicial para o divórcio e dissolução da união estável, nos termos do art. 733 do CPC/15 se, havendo consenso entre as partes, inexistir nascituro e as questões relativas às crianças e adolescentes

---

sua apresentação em juízo, sem demais elementos de convencimento, não autoriza o reconhecimento pretendido. – Não há como se reconhecer a união estável se o requerente não comprova nos autos o preenchimento de todos os requisitos para sua configuração, entre eles: convivência, ausência de formalismo, diversidade de sexos, unicidade de vínculo, estabilidade, continuidade, publicidade, objetivo de constituição de família e inexistência de impedimentos matrimoniais" (TJMG, Ap Cível/Rem Necessária 1.0000.21.036150-7/001, Rel. Des. Dárcio Lopardi Mendes, j. 13.05.2021).

500 DIAS, Maria Berenice. *Manual de direito das famílias*, cit., p. 256.

501 Art. 733. O divórcio consensual, a separação consensual e a extinção consensual de união estável, não havendo nascituro ou filhos incapazes e observados os requisitos legais, poderão ser realizados por escritura pública, da qual constarão as disposições de que trata o art. 731.

502 Art. 732. As disposições relativas ao processo de homologação judicial de divórcio ou de separação consensuais aplicam-se, no que couber, ao processo de homologação da extinção consensual de união estável.

503 Art. 731. A homologação do divórcio ou da separação consensuais, observados os requisitos legais, poderá ser requerida em petição assinada por ambos os cônjuges, da qual constarão: I – as disposições relativas à descrição e à partilha dos bens comuns; II – as disposições relativas à pensão alimentícia entre os cônjuges; III – o acordo relativo à guarda dos filhos incapazes e ao regime de visitas; e IV – o valor da contribuição para criar e educar os filhos. Parágrafo único. Se os cônjuges não acordarem sobre a partilha dos bens, far-se-á esta depois de homologado o divórcio, na forma estabelecida nos arts. 647 a 658.

e aos filhos não emancipados e curatelados (como guarda, convivência familiar e alimento) já tiverem definição na via judicial".

O teor desse Enunciado tem encontrado aplicação em algumas unidades da federação. Em diversos estados[504], há atos normativos dos respectivos Tribunais de Justiça prevendo a possibilidade de que o casal atue na via extrajudicial para dissolver o vínculo (de casamento ou união estável) desde que as situações referentes aos incapazes pelos quais são responsáveis tenha sido objeto de definição judicial.

Há projeto de lei para que a possibilidade de atuação extrajudicial sobre o fim de casamentos e uniões estáveis ocorra em âmbito nacional de forma ainda mais ampla, dispensando-se a atuação em juízo.

O Projeto de Lei n. 731/2021 altera a legislação para permitir que divórcio, separação e dissolução de união estável possam ser feitos de forma extrajudicial quando o casal tiver filho incapaz ou nascituro. Pelo texto, o tabelião lavrará a minuta da escritura pública do divórcio, que conterá disposições sobre alimentos e guarda do filho incapaz ou nascituro, e a submeterá ao Ministério Público. Se este concordar com as condições, a escritura será lavrada; se ele apresentar contrapontos e o casal as aceitar, o tabelião lavrará a escritura com as devidas alterações – mas se o casal não concordar, a situação será resolvida na Justiça[505].

4.2. Competência

Por muito tempo a ausência de reconhecimento da união estável como unidade familiar relegou os conflitos que envolviam esses relacionamentos não oficializados perante o Estado a rótulos de direito civil puro, como "indenização por serviços prestados" e "dissolução de sociedade de fato". A competência para tais ações era então atribuída às varas cíveis.

Com o reconhecimento pela Constituição[506] da união estável como entidade familiar e a posterior normatização do instituto em normas infraconstitucionais, superaram-se as alcunhas que diminuíam o fenômeno afetivo em questão e, já sob o vocabulário do direito de família, passou-se a reconhecer a competência das varas de família para as ações de reconhecimento e dissolução de uniões estáveis.

Além disso, o art. 9.º da Lei n. 9.278/1996 prevê expressamente que "a matéria relativa à união estável é de competência do juízo da Vara de Família", de forma que se dissiparam quaisquer hesitações jurisprudenciais a respeito[507].

---

504 Ao tempo da atualização para a presente edição, estes foram os Estados que apareceram na pesquisa: Goiás, São Paulo, Rio de Janeiro, Mato Grosso, Rio Grande do Sul, Espírito Santo, Pará, Minas Gerais, Maranhão, Rondônia e Bahia.

505 Projeto permite divórcio extrajudicial para casal com filho incapaz ou nascituro. Disponível em: https://www.camara.leg.br/noticias/737843-projeto-permite-divorcio-extrajudicial-para-casal-com-filho--incapaz-ou-nascituro/. Acesso em: 12 out. 2022.

506 CF, art. 226.

507 Eis trecho de decisão do STJ a respeito: "1. O art. 226, § 3.º, da Constituição Federal estabelece que a família se constitui também pelas uniões estáveis, por isso não cabe a controvérsia sobre se a matéria relativa ao concubinato é de direito de família ou meramente obrigacional. *2. É competente o juízo de família para apreciar a demanda em que a autora pretende o reconhecimento de união estável. 3. O art. 9.º da Lei 9.278/96 explicitou que toda 'a matéria relativa à união estável é de competência do juízo da Vara de Família'* [...]" (REsp 1.006.476/PB, 4.ª Turma, Rel. Min. Luis Felipe Salomão, j. 04.10.2011).

Quanto às uniões estáveis homoafetivas, até há pouco tempo persistia injustificada resistência ao seu reconhecimento jurídico como entidades familiares, motivo pelo qual demandas que as abordavam tramitaram em varas cíveis sob denominações e regras de direito civil[508].

Graças ao vanguardismo de alguns Tribunais de Justiça e Tribunais Regionais Federais, processos chegaram ao Superior Tribunal de Justiça e tiveram resposta positiva dos julgadores no sentido de admitir a união homoafetiva e reconhecer a competência das varas de família para sua apreciação[509].

O Supremo Tribunal Federal, em decisão histórica, concluiu que todas as regras relativas à união estável se aplicam, por analogia e sem exceção, à união homoafetiva[510], sedimentando de vez a questão.

Como é definida a competência territorial nos casos que envolvem reconhecimento e dissolução de união estável?

No sistema do CPC/1973, aplicava-se analogicamente o art. 100, I, do CPC, que dispunha que o foro competente para divórcio, separação e anulação de casamento era o da mulher. Por uma questão de isonomia entre esposa e companheira, entendia-se necessária a aplicação do dispositivo, já que, diante da similitude das situações, não havia razão para discriminação; era este, inclusive, o entendimento do STJ[511].

---

508 Eis exemplo: "Direito civil e processual civil. Dissolução de sociedade de fato. Homossexuais. Homologação de acordo. Competência. Vara cível. Existência de filho de uma das partes. Guarda e responsabilidade. Irrelevância. *1. A primeira condição que se impõe à existência da união estável é a dualidade de sexos. A união entre homossexuais juridicamente não existe nem pelo casamento, nem pela união estável, mas pode configurar sociedade de fato, cuja dissolução assume contornos econômicos, resultantes da divisão do patrimônio comum, com incidência do Direito das Obrigações. [...]. 3. Neste caso, porque não violados os dispositivos invocados – arts. 1.º e 9.º da Lei 9.278 de 1996, a homologação está afeta à vara cível e não à vara de família*[...]" (STJ, REsp 502.995/RN, 4.ª Turma, Rel. Min. Fernando Gonçalves, j. 26.04.2005, *DJ* 16.05.2005) (grifos nossos).

509 Eis interessante decisão: "[...]. 2. A plena equiparação das uniões estáveis homoafetivas, às uniões estáveis heteroafetivas trouxe, como corolário, a extensão automática àquelas, das prerrogativas já outorgadas aos companheiros dentro de uma união estável tradicional. 3. Apesar da organização judiciária de cada Estado ser afeta ao Judiciário local, a outorga de competências privativas a determinadas Varas, impõe a submissão dessas varas às respectivas vinculações legais construídas em nível federal, sob pena de ofensa à lógica do razoável e, *in casu*, também agressão ao princípio da igualdade. 4. Se a prerrogativa de vara privativa é outorgada ao extrato heterossexual da população brasileira, para a solução de determinadas lides, também o será à fração homossexual, assexual ou transexual, e todos os demais grupos representativos de minorias de qualquer natureza que tenham similar demanda. 5. Havendo vara privativa para julgamento de processos de família, esta é competente para apreciar e julgar pedido de reconhecimento e dissolução de união estável homoafetiva, independentemente das limitações inseridas no Código de Organização e Divisão Judiciária local [...]" (STJ, REsp 1.291.924/RJ 2010/0204125-4, 3.ª Turma, Rel.ª Min.ª Nancy Andrighi, j. 28.05.2013, *DJe* 07.06.2013).

510 "[...]. A Constituição não interdita a formação de família por pessoas do mesmo sexo. Consagração do juízo de que não se proíbe nada a ninguém senão em face de um direito ou de proteção de um legítimo interesse de outrem, ou de toda a sociedade, o que não se dá na hipótese *sub judice*. Inexistência do direito dos indivíduos heteroafetivos à sua não equiparação jurídica com os indivíduos homoafetivos. Aplicabilidade do § 2.º do art. 5.º da Constituição Federal, a evidenciar que outros direitos e garantias, não expressamente listados na Constituição, emergem 'do regime e dos princípios por ela adotados', *verbis*: 'Os direitos e garantias expressos nesta Constituição não excluem outros decorrentes do regime e dos princípios por ela adotados, ou dos tratados internacionais em que a República Federativa do Brasil seja parte'" (STF, ADI 4.277/DF, Tribunal Pleno, Rel. Min. Ayres Britto, j. 05.05.2011).

511 "[...]. É competente o foro da residência da companheira para dirimir questões envolvendo a união estável, pela aplicação analógica do comando inserto no art. 100, I, do CPC [1973], porquanto, símeis as situações e ausente regulação específica quanto à companheira, em que impera a mesma razão, deve

No sistema atual, o art. 53 do CPC prevê para a ação de reconhecimento e dissolução de união estável os mesmos critérios de foro da ação de divórcio (domicílio do guardião de filho incapaz; último domicílio do casal, caso não haja filho incapaz; domicílio do réu, se nenhuma das partes residir no antigo domicílio; e domicílio da vítima de violência doméstica e familiar, nos termos da Lei Maria da Penha). Cabem aqui as mesmas considerações feitas no tocante à ação de divórcio a respeito da supressão do critério de gênero para fixação da competência.

Embora a regra favorecedora da parte vulnerável não tenha prevalecido, como já exposto, à luz do princípio da isonomia, é importante analisar se alguma vulnerabilidade acomete uma parte a ponto de dificultar o acesso à justiça. Nesse sentido, merece destaque interessante decisão sobre o reconhecimento de união homoafetiva *post mortem*.

Em certo caso, o consorte sobrevivente restou vulnerável financeira e juridicamente (especialmente pela potencial remessa dos autos a uma comarca do interior do país); levando-se em conta os princípios da celeridade e da economia processuais, como as provas do relacionamento deveriam ser colhidas no local da última residência dos supostos companheiros, o Tribunal entendeu que a ação de reconhecimento de união estável homoafetiva *post mortem* devia permanecer no juízo de origem em atendimento ao princípio constitucional da isonomia "a fim de garantir o equilíbrio entre as partes"[512].

Ao ponto, vale lembrar que o reconhecimento de união estável *post mortem* contará, no polo passivo, com a presença dos sucessores do companheiro falecido.

É preciso ainda atentar a situações em que há pedido de alimentos para um dos conviventes ou para os filhos do casal, casos em que prevalece o domicílio do alimentando[513].

Há entendimento de que, havendo filho menor, a proteção deste prevalece sobre as demais, devendo a competência ser fixada no local do seu domicílio[514] (na verdade, no do-

---

prevalecer a mesma decisão" (REsp 1.145.060/MG, 3.ª Turma, Rel.ª Min.ª Nancy Andrighi, j. 13.09.2011). No mesmo sentido: "[...] 2. *É competente o foro da residência da mulher para dirimir questões envolvendo a união estável, pela aplicação analógica do comando inserto no art. 100, I, do CPC* [1973], porquanto símeis as situações e ausente regulação específica quanto à companheira, e, onde impera a mesma razão deve prevalecer a mesma decisão" (Conflito de Competência 117.526/SP, 2.ª Seção, Rel.ª Min.ª Nancy Andrighi, j. 24.08.2011).

512 "Atualmente, tendo sido conferido às uniões homoafetivas os mesmos direitos dos relacionamentos heteroafetivos, também deve ser garantido aos envolvidos em relacionamentos familiares de pessoas do mesmo sexo, o foro privilegiado conferido à parte mais vulnerável financeira ou juridicamente nessas relações, quando, examinando cada caso concreto, de fato, verificar-se que a pretensão da parte menos favorecida ficará manifestamente prejudicada caso tenha que litigar em local diferente da sua residência" (TJDF, Rec 2013.00.2.019467-8, Ac. 748.333, 1.ª Turma Cível, Rel. Des. Alfeu Machado, *DJDFTE* 15.01.2014, p. 54).

513 CPC, art. 53. É competente o foro: [...] II – de domicílio ou residência do alimentando, para a ação em que se pedem alimentos.

514 Eis decisões exemplificativas: "2. É competente o foro do domicílio do representante do incapaz para julgamento da ação de reconhecimento e dissolução da união estável [...]" (STJ, AgRg no AREsp 47542/RJ, Rel. Min. Antonio Carlos Ferreira, 4.ª Turma, j. 05.05.2015, *DJe* 11.05.2015); "[...] I. Nos termos do art. 53, II, do Código de Processo Civil, é competente o foro do domicílio do alimentando para as ações em que se pedem alimentos. II. A regra de competência prevista não se vincula à concessão ou não dos alimentos provisórios, nem se prende à análise da efetiva existência do direito material pleiteado, aplicando-se à hipótese a teoria da asserção, com análise abstrata dos pedidos formulados na inicial" (TJMS, AI 1413472-15.2019.8.12.0000, 2.ª Câmara Cível, Rel. Des. Marco André Nogueira Hanson, *DJMS* 05.12.2019, p. 375); "Agravo de instrumento. Ação de reconhecimento e dissolução de união estável. Guarda. Alimentos provisórios. [...] O Superior Tribunal de Justiça consolidou entendimento no sentido de que a competência para o julgamento das ações de interesse do menor é, em regra, do foro do domicílio do detentor de sua guarda (Súmula n. 383 do STJ). No caso dos autos, o menor incapaz está sob os cuidados da genitora, que

micílio de seu representante ou assistente). Reforça tal entendimento a previsão do CPC a respeito dos incapazes[515].

4.3. Partes

4.3.1. *Legitimidade ativa*

São legitimados ativamente para a ação de reconhecimento e dissolução de união estável os companheiros tanto na via litigiosa (hipótese na qual cada qual figura em um polo) como na consensual (ambos compondo a parte ativa, promovendo a demanda juntos como interessados).

Nos casos de reconhecimento *post mortem*, o companheiro supérstite inequivocamente detém legitimidade.

Resta saber se terceiros interessados no reconhecimento da união estável ou da dissolução estão legitimados a propor a ação declaratória.

As ações de reconhecimento e dissolução de união estável podem ser consideradas "ações de estado", mesmo que não se tenha ainda reconhecido oficialmente uma denominação para o estado civil dos companheiros (alguns utilizam as expressões "em união estável" e "convivente").

O CPC, ao destacar que a qualificação deverá fazer menção à eventual existência de união estável[516], reaviva a polêmica questão sobre a existência de estado civil referente à união estável[517].

Quem a reconhece indica que as expressões companheira(o) e convivente são apropriadas; quem não reconhece tal *status* entende correto indicar uma das expressões tradicionais acompanhada da expressão "em união estável" (por ex., solteira em união estável). Seja como for, a existência de união estável certamente deve ser indicada por seus inequívocos efeitos, sobretudo na esfera patrimonial.

O fato de a ação ser de estado, contudo, não deve conduzir o intérprete à conclusão sobre tratar-se de ação personalíssima. A demanda em tela difere do divórcio pela sua natureza: ela não tem o condão de constituir ou desconstituir algo em favor ou desfavor dos companheiros, não modifica o seu *status* jurídico – apenas obtém o reconhecimento judicial. Assim, não pode ser considerada personalíssima, mormente quando levamos em conta que o *status* jurídico dos companheiros existe independentemente de decisão judicial e pode gerar repercussões patrimoniais na esfera de direitos de diversas pessoas.

---

reside na Comarca de Maranguape. Não obstante a ação de guarda ajuizada pelo agravante na Comarca de barreira ter sido protocolizada antes, deve-se considerar o melhor interesse da criança, que reside com sua mãe, ora agravada. [...]" (TJCE, AI 0622406-31.2017.8.06.0000, 4.ª Câmara de Direito Privado, Rel. Des. Raimundo Nonato Silva Santos, j. 03.09.2019, *DJCE* 11.09.2019, p. 143).

515 Art. 50. A ação em que o incapaz for réu será proposta no foro de domicílio de seu representante ou assistente.

516 CPC, art. 319. A petição inicial indicará: [...] II – os nomes, os prenomes, o estado civil, a existência de união estável, a profissão, o número de inscrição no Cadastro de Pessoas Físicas ou no Cadastro Nacional da Pessoa Jurídica, o endereço eletrônico, o domicílio e a residência do autor e do réu.

517 O Provimento 37/2014 do CNJ dispõe sobre o registro de união estável; segundo seu art. 4.º, "quando o estado civil dos companheiros não constar da escritura pública, deverão ser exigidas e arquivadas as respectivas certidões de nascimento, ou de casamento com averbação do divórcio ou da separação judicial ou extrajudicial, ou de óbito do cônjuge se o companheiro for viúvo [...]". Como se percebe, há exigência às menções dos *status* clássicos de casado, viúvo etc.

Assim, pode ser estabelecida uma regra geral de que todo aquele cuja esfera de direitos é afetada pela união estável de outrem pode buscar o reconhecimento judicial da existência ou do término da situação já consolidada dos companheiros. É difícil enumerar todas as pessoas que se enquadram nessa categoria, de sorte que a aferição acaba se verificando caso a caso. Alguns bons exemplos podem ser encontrados na jurisprudência.

É reconhecida a legitimidade dos filhos dos dois ou de apenas um dos companheiros, já que a existência da união estável (e, consequentemente, de bens comuns) afeta seus direitos sucessórios. Essa legitimidade já foi reconhecida em julgados do Tribunal de Justiça do Rio Grande do Sul e do Distrito Federal[518].

Seguindo tal linha de raciocínio, pode ser reconhecida legitimidade a quaisquer herdeiros? O tema exige cautela.

Em um caso, o neto buscou o reconhecimento *post mortem* da união estável entre seus avós para fins sucessórios representando seu pai falecido. Por haver pluralidade de herdeiros na primeira linha sucessória (seis filhos, incluindo o pai do autor), afirmou-se a legitimidade ativa do espólio ou da integralidade dos herdeiros para a ação (já que, segundo o art. 1.834 do Código Civil, os descendentes da mesma classe têm os mesmos direitos à sucessão de seus ascendentes). O direito seria, então, intransmissível ao neto autor da demanda, que também possuía outros irmãos. Citando precedentes jurisprudenciais, o Tribunal de Justiça do Sergipe negou o pedido recursal e manteve a sentença que extinguiu o feito sem resolução do mérito por ilegitimidade ativa *ad causam* do neto[519].

Também credores de um dos companheiros já tiveram reconhecida sua legitimidade para propor ação de reconhecimento de união estável para possibilitar a cobrança de dívida de outrem[520].

O STJ, porém, vem rechaçando essa possibilidade[521].

---

518 "Apelação cível. Ação de anulação e/ou nulidade de escritura pública declaratória de união estável. Reconhecimento da simulação. Declaração de nulidade. Manutenção. Prequestionamento. 1. Com fundamento no *caput* do art. 168 do CC, possuem os filhos do falecido (herdeiros e, portanto, interessados) legitimidade ativa para o ajuizamento da presente ação" (TJRS, AC 0073202-10.2017.8.21.7000, Vacaria, 8.ª Câmara Cível, Rel. Des. Ricardo Moreira Lins Pastl, j. 05.10.2017, *DJERS* 11.10.2017); "[...] 1. As condicionantes devem ser analisadas sob a ótica da teoria da asserção, ou seja, examinadas de acordo com as afirmações contidas na peça vestibular, não se fazendo um exame mais aprofundado da matéria, pois esta se dará na oportunidade de solução da questão de fundo. 2. O filho é legítimo para propor ação de reconhecimento de união estável *post mortem*, haja vista que somente lhe será garantida a partilha de eventual patrimônio da possível relação caso esta seja declarada existente. [...]" (TJDFT, Proc. 07063316520178070009, Rel. Mario-Zam Belmiro, j. 28.08.2019).

519 TJSE, AC 201600727271, Ac. 12042/2017, 1.ª Câmara Cível, Rel. Des. Ruy Pinheiro da Silva, j. 06.06.2017, *DJSE* 09.06.2017.

520 "Não está o autor a reclamar a constituição do direito dos conviventes, mas declaração de um fato jurídico de domínio público e que vai gerar e garantir direitos na esfera patrimonial do recorrente, com inequívoco alcance no direito de terceiros. Não é a declaração de existência de união estável que define a existência desta, mas sim o fato social, que é de domínio público" (TJRS, Apelação Cível 598095511, 7.ª Câmara Cível, Rel. Des. Sérgio Fernando de Vasconcellos Chaves, j. 30.09.1998); "União estável. Credor tem legitimidade para propor a ação para ver declarado fato duradouro, público e contínuo, que gera efeitos na sua esfera patrimonial. Controvérsia limitada ao início da relação. Bens amealhados decorrentes da herança. Ausência de provas" (TJRS, AC 70005530803, 8.ª Câmara Cível, Rel. Des. Alfredo Guilherme Englert, j. 14.08.2003).

521 Eis um exemplo recente: "[...] 1. O interesse econômico do credor não lhe confere legitimidade para pleitear o reconhecimento de união estável entre terceiros. Precedentes. [...]" (STJ, AgInt-REsp 1.951.190, Proc. 2021/0235491-0, DF, Quarta Turma, Rel. Min. Marco Buzzi, *DJE* 16.09.2022).

Em certo caso, os credores (advogados da parte recorrida) queriam o reconhecimento da existência de união estável para acessar a meação da parte devedora. Entendeu-se que a demanda de reconhecimento de dissolução de união estável tem caráter íntimo e pessoal por se referir, principalmente, à demonstração da *affectio societatis* familiar (desejo de formar, constituir uma família). O interesse dos recorrentes seria exclusivamente econômico e indireto por se afirmarem credores da recorrida; assim, inexistiria relação de pertinência subjetiva entre os recorrentes e a pretensão declaratória da relação afetiva estabelecida entre os recorridos[522].

Em outra situação, foi reconhecida a legitimidade de viúva para propor ação declaratória de *inexistência* de união estável do falecido marido a fim de preservar seu patrimônio de eventuais demandas[523].

Em outro caso, a viúva promoveu ação com pedido de declaração de nulidade de ato administrativo concessivo de pensionamento a pretensa companheira, sob o fundamento de inexistência de união estável entre a beneficiária da pensão e seu finado marido. A decisão recorrida entendeu necessário o ajuizamento de ação declaratória negativa, em face da pretensa companheira, objetivando o reconhecimento da inexistência da união estável para só após prosseguir com a demanda. Explicou o Tribunal ter havido confusão, por parte do magistrado de primeiro grau, sobre questão prejudicial e coisa julgada: "pode a parte formular pretensão trazendo, como causa de pedir, matéria que encerra a chamada prejudicial de mérito". A decisão foi reformada para reconhecer a desnecessidade de propositura de demanda sobre a união estável, "questão meramente prejudicial cuja apreciação há de plasmar tão somente a fundamentação do julgado", inexistindo limitação quanto ao reconhecimento de vínculos de direito de família para fundamentar uma decisão sobre matéria de competência do juízo fazendário[524].

O que há de comum em todos os casos é a pertinência subjetiva dos legitimados com o interesse a ser resguardado com a declaração sobre a união estável. Nenhum dos casos pretende assegurar o direito de um dos companheiros, mas sim direito próprio do demandante. É nesse sentido que deve ser entendida e admitida a análise da legitimidade de terceiros para a ação de reconhecimento de existência (ou inexistência) de união estável.

4.3.2. *Legitimidade passiva*

Para o reconhecimento litigioso de união estável em vida, não há discussão sobre a legitimidade passiva: deve figurar no polo passivo a pessoa em relação à qual se quer ver reconhecido o vínculo.

---

522 "1. Cinge-se a controvérsia a saber se o credor detém legitimidade ativa para requerer a declaração de união estável existente entre a devedora e terceiro. 2. A legitimidade requer a existência de uma relação de pertinência subjetiva entre o sujeito e a causa. O elemento subjetivo da ação declaratória é o desejo de constituir família, que deve ser nutrido por ambos os conviventes. A sua falta impede o reconhecimento da união estável. 3. O interesse econômico ou financeiro de credor não o legitima a propor ação declaratória de união estável, haja vista que esta tem caráter íntimo e pessoal. Precedentes" (STJ, REsp 1.305.767, Proc. 2012/0019279-3/MG, 3.ª Turma, Rel. Min. Ricardo Villas Bôas Cueva, *DJe* 16.11.2015).

523 "União estável. Ação declaratória. Legitimidade. A viúva tem legitimidade para promover ação declaratória de inexistência de união estável do seu falecido marido com a ré. A convivência entre duas pessoas é um fato; a união estável é conceito jurídico que pode ou não definir essa relação. Cabe ação declaratória para reconhecer a inexistência da relação jurídica que se conceitua legalmente como união estável" (REsp 328.297/RJ, 4.ª Turma, Rel. Min. Ruy Rosado Aguiar, j. 16.10.2001).

524 TJRJ, AI 0022307-79.2019.8.19.0000, Niterói, 7.ª Câmara Cível, Rel. Des. Ricardo Couto de Castro, *DORJ* 09.10.2019, p. 206.

No reconhecimento consensual, que se dá por homologação de acordo, não se fala em polo passivo porque ambos os conviventes figuram como requerentes na demanda; isso também se verifica na hipótese de reconhecimento e dissolução post mortem em que companheira e herdeiros capazes do falecido requerem a homologação judicial de seu acordo[525].

A grande discussão sobre a legitimidade passiva aparece na ação de reconhecimento de união estável *post mortem*, podendo ser localizadas duas posições.

A primeira vertente sustenta que o polo passivo deve ser composto pelo espólio representado pelo inventariante[526]. Para seus defensores, o CPC atribuiria expressamente capacidade ao espólio, motivo pelo qual ele deve responder em todas as ações que envolvam questões patrimoniais[527]. Uma variação dessa corrente propugna pela legitimidade do espólio com possibilidade de litisconsórcio facultativo dos herdeiros[528].

---

525 "Agravo de instrumento. Ação de reconhecimento de união estável *post mortem*. Composição das partes realizada em primeiro grau. Acordo homologado... Realizado acordo entre partes e sua homologação por sentença, com a extinção do processo originário, evidencia-se a ausência de interesse recursal, ante a perda superveniente do objeto" (TJMS, AI 1402664-19.2017.8.12.0000, 3.ª Câmara Cível, Rel. Des. Fernando Mauro Moreira Marinho, *DJMS* 26.03.2018, p. 134); "1. Nos casos de mero acordo de reconhecimento e dissolução de união estável *post mortem*, levado à homologação judicial, celebrado entre o companheiro e os genitores de sua falecida companheira, herdeiros, maiores e capazes, não se vislumbra a necessidade de intervenção do Ministério Público" (TJDF, AI 2015.00.2.015610-4, Ac. 930576, 4.ª Turma Cível, Rel. Des. Arnoldo Camanho de Assis, *DJDFTE* 18.04.2016, p. 252); "UNIÃO ESTÁVEL. Reconhecimento e dissolução Post Mortem. Necessidade. Comprovação de vida em comum. Existência. Homologação de acordo realizada. Insurgência quanto à dissolução da união estável. Alegação de sentença ultra petita. Com a morte, ocorre a dissolução da união estável como efeito automático do referido evento. Inteligência do art. 1.571, inciso I do CC. [...]" (TJSP, AC 1033969-48.2021.8.26.0100, Ac. 15902217, SP, 2.ª Câmara de Direito Privado, Rel. Des. Álvaro Augusto dos Passos, j. 31.07.2022, *DJESP* 16.08.2022, p. 1820); "AGRAVO DE INSTRUMENTO. AÇÃO DE RECONHECIMENTO E DISSOLUÇÃO DE UNIÃO ESTÁVEL *POST MORTEM*. DECISÃO INTERLOCUTÓRIA QUE REJEITOU A HOMOLOGAÇÃO DE ACORDO. [...] Possibilidade de transação entre a companheira e os herdeiros do de cujus acerca da existência da relação afetivo-conjugal, desde que sejam absolutamente capazes e estejam concordes. Homologação da avença que, uma vez preenchidos tais requisitos, privilegia a autonomia da vontade daqueles que são diretamente impactados pelo reconhecimento da união estável post mortem, tendo o condão, ainda, de desafogar o poder judiciário e garantir aos envolvidos a celeridade na resolução do litígio. Exame dos autos, em adição, que não indica conluio fraudulento entre as partes, mas um legítimo anseio de abreviar o muitas vezes moroso e custoso processo judicial, pondo logo fim à demanda. [...]" (TJPR, Rec 0000546-68.2022.8.16.0000, Ponta Grossa; Décima Segunda Câmara Cível, Rel.ª Des.ª Vilma Régia Ramos de Rezende, j. 09.05.2022, *DJPR* 26.05.2022).

526 Seriam aplicáveis os termos do art. 75, VII, do CPC ("Serão representados em juízo, ativa e passivamente: VII – o espólio, pelo inventariante").

527 "Civil e processual civil. Ação declaratória de nulidade (*querela nullitatis insanabilis*). Ação rescisória em reconhecimento de união estável *post mortem*. Preliminar de coisa julgada afastada. Bens de espólio. Legitimidade para a representação em juízo. Inventariante. 2) Nos termos do art. 12, V, do CPC/1973 e do art. 75, VI, do CPC/2015, tratando-se de bens de espólio, a legitimação processual para a representação ativa ou passiva em juízo é daquele próprio ente despersonalizado espólio, por meio de seu inventariante, salvo se não aberto ou findo o inventário, quando incidirá a sucessão, através de todos os herdeiros [...]" (TJAP, Proc. 0001585-05.2018.8.03.0000, Tribunal Pleno, Rel. Des. Agostino Silvério, j. 07.08.2019, *DJEAP* 16.09.2019, p. 157).

528 "[...] Antes da partilha, o patrimônio deixado pelo falecido permanece indivisível, razão pela qual é o espólio parte legítima para figurar no polo passivo da ação de reconhecimento de união estável *post mortem*, figurando os herdeiros do *de cujus*, como litisconsortes, na forma do art. 46, inciso I, do Código de Processo, os quais, querendo, podem ingressar na lide para defesa de seus direitos" (TJMS, AC-Or 2011.024534-7/0000-00/Rio Brilhante, 2.ª Turma Cível, Rel. Des. Paulo Alfeu Puccinelli, *DJEMS* 30.09.2011, p. 21).

A segunda posição propugna pela legitimidade passiva dos herdeiros: todos eles têm interesse na preservação da herança e podem, inclusive, ter interesses conflitantes com os do inventariante. A fim de garantir-lhes o máximo contraditório, todos devem ser incluídos no polo passivo.

Além disso, a ação é de estado e não acarreta apenas efeitos processuais, hipótese em que a jurisprudência já sedimentou, com base nas ações de investigação de paternidade, o entendimento de que o polo passivo deve contar com todos os herdeiros[529].

A segunda corrente predomina entre os julgados, sendo então altamente recomendável seguir seu entendimento para evitar contratempos no andamento do processo.

Ao que já foi exposto, vale acrescentar as seguintes observações:

I – Deve-se atentar para a presença dos sucessores de classes mais próximas. Não se justifica a propositura da ação contra os ascendentes se há descendentes que, pela lei, vêm primeiro na ordem de vocação hereditária;

II – É preciso atentar também para a existência de cônjuge não divorciado, que pode concorrer com os descendentes e ascendentes na herança conforme previsão do Código Civil[530]. Caso haja cônjuge que se enquadre na hipótese dos dispositivos, deve ser incluído no polo passivo da ação.

4.4. Intervenção do MP

É necessária a intervenção do MP em ações que versam exclusivamente sobre reconhecimento e dissolução de união estável?

No cenário do CPC/1973, a questão era polêmica, já que o MP tinha atribuição de atuar não só em demandas sobre direito de incapazes, mas também em ações de estado.

---

529 "3. Em demandas em que se pretende o reconhecimento de união estável após o falecimento do suposto companheiro, a jurisprudência tem sido assente no sentido de que a legitimação passiva pertence aos herdeiros do de cujus, e não ao espólio [...]" (TJES, APL 0034434-27.2012.8.08.0024, 4.ª Câmara Cível, Rel. Des. Telemaco Antunes de Abreu Filho, j. 24.11.2014, *DJES* 03.12.2014); "[...] Por se tratar de ação de estado e de natureza pessoal, a ação de investigação de paternidade em que o pretenso genitor biológico é pré-morto deve ser ajuizada somente em face dos herdeiros do falecido e não de seu espólio, sendo irrelevante o fato de se tratar de rediscussão da matéria no âmbito de ação rescisória, para a qual igualmente são legitimados passivos os sucessores do pretenso genitor biológico, na medida em que são eles as pessoas aptas a suportar as pretensões rescindente e rescisória deduzidas pelos supostos filhos. [...]" (STJ, REsp 1.667.576, Proc. 2017/0077797-4/PR, 3.ª Turma, Rel.ª Min.ª Nancy Andrighi, j. 10.09.2019, *DJe* 13.09.2019); "Apelação cível. Ação de investigação de paternidade. Legitimidade dos herdeiros para compor o polo passivo da demanda... 1. A ação de investigação de paternidade *post mortem*, em regra, é ajuizada em face dos herdeiros do suposto pai falecido" (TJBA, AP 0500396-52.2014.8.05.0150, Salvador, 3.ª Câmara Cível, Rel.ª Des.ª Joanice Maria Guimarães de Jesus, j. 10.09.2019, *DJBA* 13.09.2019, p. 494); "[...] O Espólio apelado não detém legitimidade para figurar no polo passivo da demanda, haja vista que, além de o processo de inventário já ter sido encerrado, a presente demanda com pedido de reconhecimento de união estável post mortem é de estado, de modo que deverá ser ajuizada em face dos herdeiros do falecido por se tratar de litisconsórcio necessário. [...]" (TJMS, AC 0803191-77.2018.8.12.0002, Segunda Câmara Cível, Rel. Des. Marco André Nogueira Hanson, *DJMS* 03.02.2022, p. 178).

530 CC, art. 1.829. A sucessão legítima defere-se na ordem seguinte: I – aos descendentes, em concorrência com o cônjuge sobrevivente, salvo se casado este com o falecido no regime da comunhão universal, ou no da separação obrigatória de bens (art. 1.640, parágrafo único); ou se, no regime da comunhão parcial, o autor da herança não houver deixado bens particulares; II – aos ascendentes, em concorrência com o cônjuge.

Como já destacado na abordagem sobre o divórcio, à luz do ordenamento atual, a intervenção deve ocorrer em dois casos: a) quando há interesses de incapazes; b) quando a situação for marcada por violência doméstica.

Iniciemos pela primeira situação: o MP atuará quando houver interesses de incapazes afetados pelo fim da união; assim, por exemplo, havendo discussões sobre guarda, visitas e alimentos referentes aos filhos do casal, a falta da intervenção do *Parquet* ensejará nulidade.

No ponto, merece destaque uma interessante decisão do TJ mineiro: em ação de reconhecimento e dissolução de união estável com fixação de alimentos ao filho menor, houve acordo, mas o MP discordou. Ante a ausência de prejuízo aos menores representados pelos pais, reconheceu-se a prevalência da vontade das partes: o MP, "embora tenha legitimidade para recorrer da sentença que homologou acordo quanto aos alimentos devido filho menor, não poderá se sobrepor à vontade das partes, mormente da representante legal e guardiã do incapaz, que conhece as necessidades do filho e sabe das possibilidades da parte alimentante"[531].

Também se reconhece a necessidade de intervenção do MP nas ações de reconhecimento de união estável *post mortem* em que uma das pessoas herdeiras é incapaz. A instituição detém, inclusive, legitimidade para opor exceções e recorrer em favor do menor[532].

Caso, porém, se esteja diante de mero acordo de reconhecimento e dissolução de união estável *post mortem*, levado à homologação judicial, celebrado entre o companheiro e os genitores da falecida companheira – herdeiros maiores e capazes – não se vislumbra a necessidade de intervenção do Ministério Público[533].

Sobre a violência, merece lembrança um ponto importante: dispõe o novíssimo art. 699-A do CPC que, "Nas ações de guarda, antes de iniciada a audiência de mediação e conciliação de que trata o art. 695 deste Código, o juiz indagará às partes e ao Ministério Público se há risco

---

531 TJMG, APCV 5002269-30.2017.8.13.0183, Quarta Câmara Cível Especializada, Rel.ª Des.ª Ana Paula Caixeta, j. 30.06.2022, *DJEMG* 01.07.2022.

532 "O representante do Ministério Público, mesmo agindo como *custos legis*, detém legitimidade para opor exceção de incompetência em ação de dissolução de sociedade de fato *post mortem*, cuja parte ré é menor impúbere e reside com sua representante legal em outra unidade da federação" (TJDF, Rcc. 2009.00.2.008730-1, Ac. 399.426, 5.ª Turma Cível, Rel. Des. Dácio Vieira, *DJDFTE* 08.01.2010, p. 40). No mesmo sentido: "Apelação do ministério público. Sentença procedente do pedido de reconhecimento de união estável post mortem. No caso, a autora apontou, como requeridos, os ascendentes do falecido. No entanto, descurou de indicar o rebento em comum de 6 (seis) anos de idade, bem como não incluiu 2 (dois) outros filhos de relacionamentos anteriores do extinto. Flagrada a ilegitimidade passiva dos promovidos a macular, de modo insuperável, o feito. Todo percurso processual desenvolveu-se perante parte ilegítima. Outrossim, o ínclito parquet não foi sequer instado a se pronunciar efetivamente nos autos. A figuração do representante ministerial nos termos de audiência não satisfaz o quesito da intervenção obrigatória. Situação esdrúxula que impõe o decreto de nulidade do processo. [...] Intervenção do representante do parquet: Outrossim, entremostra-se a imprescindível necessidade de intervenção do ministério público, por se cuidar de ação de estado e ainda mais ante à evidência de interesse incapaz a ser salvaguardado[...] A propósito, a simples presença do representante ministerial nas audiências, conforme sinalizado nos respectivos termos, às f. 338, 344 e 345, não satisfaz a exigência legal de concessão de efetiva oportunidade de pronunciamento e de acompanhamento em todas as fases processuais. [...]" (TJCE, APL 0173533-33.2015.8.06.0001, 2.ª Câmara de Direito Privado; Rel. Des. Francisco Darival Beserra Primo, j. 16.10.2019, *DJCE* 22.10.2019, p. 114).

533 "Em se tratando de jurisdição voluntária – simples pedido de homologação de acordo –, as partes podem ajuizar a demanda onde melhor lhes convier, ainda que em foro diverso daquele que o Ministério Público, não legitimado para intervir no feito, sustente ser o competente" (TJDF, AI 2015.00.2.015610-4, Ac. 930576, 4.ª Turma Cível, Rel. Des. Arnoldo Camanho de Assis, *DJDFTE* 18.04.2016, p. 2).

de violência doméstica ou familiar, fixando o prazo de 5 (cinco) dias para a apresentação de prova ou de indícios pertinentes".

Havendo, portanto, cumulação em relação a tal pedido, o zelo para evitar risco de violência deverá estar presente e o assunto deverá ser abordado prioritariamente pela magistratura.

4.5. Causa de pedir

O núcleo da causa de pedir remota (fática) das ações de reconhecimento de união estável (litigiosa, consensual ou *post mortem*) é a existência de relacionamento afetivo com os caracteres legais que o qualificam como "união estável".

A causa de pedir próxima (ou *jurídica*) é o reconhecimento legal desse tipo de relacionamento e a proteção dada pelo ordenamento aos indivíduos envolvidos.

Os caracteres que permitem a aplicação de todo esse arcabouço jurídico podem ser apreendidos a partir do Código Civil[534]. A lei pauta o instituto pelas seguintes características: entidade familiar, união entre duas pessoas (antes lida estritamente "entre homem e mulher", depois ampliada para pessoas do mesmo sexo), publicidade, continuidade, durabilidade e objetivo de constituição de família.

A noção de "entidade familiar" pressupõe dois aspectos: um objetivo, que implica na organização de uma vida em comum, e um subjetivo, que é pautado pelo vínculo afetivo. Não basta que haja a vida organizada em comum, já que esta pode acontecer mesmo entre colegas que dividem a moradia e as contas de casa. O vínculo afetivo com o objetivo de constituir família é essencial para configurar a união estável.

Quanto à união entre duas pessoas, a interpretação estrita quanto à expressão verbal "entre o homem e a mulher" sucumbe ante o princípio da igualdade e a proteção constitucional dada à família. A possibilidade de união estável homoafetiva é extraída diretamente da Constituição[535], e a aplicação do mesmo estatuto jurídico aplicável às uniões heteroafetivas é imposição do princípio da isonomia[536].

Provocado a se manifestar, em decisão histórica o Supremo Tribunal Federal concluiu que todas as regras relativas à união estável se aplicam, por analogia e sem exceção, à união homoafetiva. No julgamento conjunto de duas ações[537], o STF fixou interpretação conforme à Constituição em relação ao art. 1.723 do CC. Ante a possibilidade de interpretação de tal regra em sentido discriminatório, a Corte entendeu necessário excluir do dispositivo qualquer interpretação que impeça o reconhecimento da união contínua, pública e duradoura entre pessoas de mesmo sexo como família.

O Ministro relator Ayres Britto apontou que a proibição de discriminação entre homem e mulher, constante no art. 5.º, I, da Constituição Federal, deve ser aplicada tanto no âmbito da "dicotomia" homem/mulher quanto no âmbito das orientações sexuais do indivíduo. Destacou também que o reconhecimento do direito à orientação sexual decorre diretamente do princípio da dignidade

---

[534] O atual dispositivo que trata do assunto é o art. 1.723 ("É reconhecida como entidade familiar a união estável entre o homem e a mulher, configurada na convivência pública, contínua e duradoura e estabelecida com o objetivo de constituição de família").

[535] CF, art. 226.

[536] CF, art. 5.º, *caput*.

[537] ADI 4.277/DF, Tribunal Pleno, Rel. Min. Ayres Britto, j. 05.05.2011, *DJ* 14.10.2011, p. 341; ADPF 132/RJ, Tribunal Pleno, Rel. Min. Ayres Britto, j. 05.05.2011, *DJ* 14.10.2011, p. 1.

humana e representa o direito à autoestima no mais elevado ponto da consciência do indivíduo, além de ser expressão da autonomia da vontade, que configura cláusula pétrea. Afirmou então ser necessário dar um salto normativo quanto à proibição do preconceito para alcançar a proclamação do direito à liberdade sexual.

Sobre a interpretação do art. 226 da Constituição, o relator apontou que *família*, em linguagem coloquial, significa *núcleo doméstico*, pouco importando se é constituída de maneira formal ou se formada por casais hetero/homoafetivos. Asseverou que a expressão "família" utilizada pela Constituição não limita sua formação a casais heteroafetivos nem a qualquer formalidade cartorária, celebração civil ou liturgia religiosa. Segundo o relator, família é a instituição privada voluntariamente constituída entre pessoas adultas, mantendo com o Estado e a sociedade civil uma necessária relação tricotômica.

Destacou então a necessidade de interpretação não reducionista do conceito de família de modo a abranger formas distintas e não se limitar ao casamento civil. Ainda na exegese do art. 226 da CF, para o relator não há diferença entre "entidade familiar" e "família", nem hierarquia ou diferença de qualidade jurídica entre as duas expressões, sendo sinônimos perfeitos.

Na mesma linha de entendimento, a Quarta Turma do STJ, por maioria, deu provimento ao recurso de duas mulheres que pediam para ser habilitadas ao casamento civil. Seguindo o lapidar voto do relator, Ministro Luis Felipe Salomão, a Turma concluiu que a dignidade da pessoa humana, consagrada pela Constituição, não é aumentada nem diminuída em razão do uso da sexualidade, não podendo a orientação sexual servir de pretexto para excluir famílias da proteção jurídica representada pelo casamento[538].

Sobre a publicidade da convivência, comenta Maria Berenice Dias que esta não deve ser concebida "nos extremos de sua significação semântica"; a lei exige a notoriedade:

> Há uma diferença de grau, uma vez que tudo que é público, é notório, mas nem tudo que é notório é público. A publicidade da relação deve existir no meio social frequentado pelos companheiros, no intuito de afastar relacionamentos menos compromissados, em que os envolvidos não assumem perante a sociedade a condição de "como se casados fossem"[539].

De fato, a publicidade é um requisito relativo. O objetivo da Lei é manter fora de seu âmbito as relações não "assumidas". Contudo, isso não significa que ela deva guardar um grau elevado de divulgação no meio social em que se inserem os conviventes. Isso seria um ataque à vida privada e à intimidade por não permitir que o casal mantivesse maior grau de discrição sem perder a proteção legal.

Como exemplo da importância da publicidade para o reconhecimento da união estável, eis fundamentação de acórdão do Tribunal de Justiça do Amapá: a autora não se desincumbiu do ônus de comprovar o fato constitutivo de seu direito porque não trouxe prova de que terceiros e conhecido reconheciam sua convivência como similar ao casamento, e não como de simples namorados. Como a parte deixou de arrolar testemunha para amparar sua pretensão e o outro declarou que só teve com ela um namoro pelo período de três a quatro meses (tendo, inclusive, outro relacionamento), o pedido foi julgado improcedente[540].

---

538 REsp 1.183.378/RS, 4.ª Turma, Rel. Min. Luis Felipe Salomão, j. 25.10.2011, *DJe* 01.02.2012.

539 DIAS, Maria Berenice. *Manual de direito das famílias*, cit., p. 245.

540 TJAP, APL 00548086920158030001 AP, Rel. Des. Rommel Araújo de Oliveira, *DJAP* 07.08.2018.

O "objetivo de constituir família" parece redundante em um primeiro momento, já que a união estável constitui por si só um núcleo familiar. Contudo, a Lei parece querer reforçar os dois caracteres anteriores: a durabilidade e a continuidade. Isso significa que os conviventes devem ter *animus* de dar prosseguimento à união, de estendê-la no tempo e de consolidar a vida em comum.

Essa característica afasta do âmbito da lei relacionamentos efêmeros e/ou despretensiosos. Vale ressaltar que foi excluído de normas posteriores o requisito temporal de cinco anos previsto na Lei n. 8.971/1994. Assim, o reconhecimento da união estável não se condiciona a qualquer lapso temporal, embora demande certa pretensão de durabilidade.

Na verdade, o objetivo de constituir família é requisito dotado de fatores históricos, como explica Maria Berenice Dias:

> A origem desse requisito está ligada ao fato de que as uniões extramatrimoniais não tinham acesso ao casamento. Ou seja, a intenção do par era casar, tinham por objetivo constituir uma família, o que não ocorria por impedimento legal. Assim, a proibição de formação de uma família matrimonializada é que acabou provocando a valorização dos motivos que levaram os sujeitos a constituir uma nova família[541].

A despeito da existência de tal razão histórica, não parece pertinente ler "objetivo de constituir família" como "objetivo de casar". Um dispositivo do Código Civil de 2002, pós-Constituição de 1988, não pode trazer para o ordenamento os ranços provenientes das ordens constitucionais anteriores. A união estável coexiste em pé de igualdade com o casamento, sendo mais uma opção para que as pessoas estruturem sua vida familiar. Assim, tal requisito só pode ser lido como um reforço à continuidade e durabilidade da união.

Os contornos da união estável, como se pode notar, não são absolutamente rígidos. Alguns casos poderão se situar em uma zona cinzenta que demandará apropriada interpretação.

O importante, ao elaborar uma petição inicial de reconhecimento de união estável, é deixar clara a presença das características que a configuram.

Na ação de dissolução, o que se deve demonstrar, além da constituição prévia da união, é o desaparecimento da união em si ("separação" do casal) ou, ainda, das características que a qualificam.

Sem demonstrar a existência da união estável, é inútil prosseguir quanto aos pedidos que envolvem direitos dela decorrentes – como partilha de bens, alimentos, direitos sucessórios... A demonstração da existência de união estável é pressuposto de todos os demais pedidos.

4.6. Elementos probatórios

A importância de comprovar a existência das circunstâncias que caracterizam a união estável é evidente para evitar que o julgador vislumbre o relacionamento como um simples namoro – fato social ao qual, em princípio, o ordenamento não atribui efeitos jurídicos.

Como bem ressaltou a Desembargadora Ângela de Lourdes Rodrigues, "Na busca do enlaçamento de vida e comprometimento recíproco, o operador do direito tem como desafio distinguir a união estável de meros envolvimentos amorosos"[542].

---

541 DIAS, Maria Berenice. *Manual de direito das famílias*, cit., p. 245-246.

542 TJMG, AC 10433061988625001, Montes Claros, Rel.ª Des.ª Ângela de Lourdes Rodrigues, j. 14.07.2022, 8.ª Câmara Cível Especializada, publicação 21.07.2022.

A situação pode se revelar mesmo complexa: o STJ entendeu, por exemplo, que, a despeito de o casal viver sob o mesmo teto, não estavam configurados os pressupostos para a caracterização da união estável: "este comportamento, é certo, revela-se absolutamente usual nos tempos atuais, impondo-se ao Direito, longe das críticas e dos estigmas, adequar-se à realidade social"[543].

Merece destaque a existência de "contratos de namoro". Vistos muitas vezes como tentativas de escapar ao regramento da união estável, tais contratos são alvo de polêmicas doutrinárias[544]. Alguns os reputam nulos porque não seria possível celebrar negócio jurídico para afastar efeitos da união estável, que é ato-fato jurídico[545]; tratar-se-ia de avença sem "nenhum valor jurídico, a não ser o de monetarizar singela relação afetiva"[546].

Para outros, no entanto, desde que efetivamente retrate a realidade dos fatos – isto é, não ficando caracterizados os pressupostos fáticos que configuram a situação de união estável, tal contrato é útil para evitar a incidência indevida das normas relativas ao instituto de direito de família[547]. A polêmica permanece acesa.

Segundo Rolf Madaleno,

> [...] nenhuma validade terá um precedente contrato de namoro firmado entre um par afetivo que tencione evitar efeitos jurídicos de sua relação de amor, porque seus efeitos não decorrem do contrato e sim do comportamento socioafetivo que o casal desenvolver, pois, se com o tempo eles alcançaram no cotidiano a sua mútua satisfação, como se fossem marido e mulher e não mais apenas namorados, expondo sua relação com as características do art. 1.723 do Código Civil, então de nada serviu o contrato preventivo de namoro se a relação se transmudou em uma inevitável união estável, pois diante destas evidências melhor teria sido que tivessem firmado logo um contrato de convivência modelado no regime da completa separação de bens[548].

No mesmo sentido se manifesta Flávio Tartuce: é nulo o contrato de namoro quando existe entre as partes envolvidas uma união estável, "eis que a parte renuncia por esse contrato e de forma indireta a alguns direitos essencialmente pessoais, como é o caso do direito a

---

543 "[...] União estável. Não configuração. Namorados que, em virtude de contingências e interesses particulares (trabalho e estudo) no exterior, passaram a coabitar. Estreitamento do relacionamento, culminando em noivado e, posteriormente, em casamento. 3. Namoro qualificado. Verificação. Repercussão patrimonial. Inexistência. 4. Celebração de casamento, com eleição do regime da comunhão parcial de bens. Termo a partir do qual os então namorados/noivos, maduros que eram, entenderam por bem consolidar, consciente e voluntariamente, a relação amorosa vivenciada, para constituir, efetivamente, um núcleo familiar, bem como comunicar o patrimônio haurido. Observância. Necessidade [...]" (STJ, REsp 1.454.643/RJ, 3.ª Turma, Rel. Min. Marco Aurélio Bellizze, j. 03.03.2015, *DJe* 10.03.2015).

544 Sobre o tema, merece leitura o livro de Marilia Pedroso Xavier: *Contrato de namoro*: amor líquido e direito de família mínimo (3. ed. Belo Horizonte: Fórum, 2022).

545 GAGLIANO, Pablo Stolze. Contrato de namoro. Disponível em: www.flaviotartuce.adv.br/assets/uploads/.../Pablo_namoro.doc. Acesso em: 8 out. 2016.

546 DIAS, Maria Berenice. *Manual de direito das famílias*, cit., p. 260.

547 LARA, Aline. Contrato de namoro. Disponível em: http://www.migalhas.com.br/dePeso/16,MI199310,101048-Contrato+de+namoro. Acesso em: 8 out. 2016.

548 MADALENO, Rolf. *Curso de direito de família*. 6. ed. Rio de Janeiro: Forense, 2015, edição eletrônica, item 17.11.6.

alimentos. Esse contrato é nulo por fraude à lei imperativa (art. 166, VI, do CC) e por ser o seu objeto ilícito (art. 166, II, do CC)"[549].

Voltando ao tema da prova, há pronunciamentos judiciais que concluem pela improcedência do pedido de reconhecimento de união estável por não passar a relação de um namoro[550].

De quem é ônus da prova da constituição da união estável?

Julgados aplicam à distribuição clássica do ônus da prova: a parte autora, que alega os fatos constitutivos do direito, deve proceder à comprovação, pendendo sobre ela tal ônus[551].

Na linha do exposto até agora, revela-se pertinente a aplicação da carga dinâmica da prova com fundamento no art. 373, § 1.º, do CPC, às causas que envolvem o reconhecimento e dissolução de união estável como forma de realização da isonomia processual, sobretudo se o caso envolver necessidade de superação da vulnerabilidade de um dos litigantes.

Pode ser citada, como exemplo, a situação em que o homem é empresário individual e adquiriu considerável patrimônio enquanto a companheira cuidava do lar e tinha apenas conhecimento superficial sobre os negócios. Certamente o convivente terá melhores condições de demonstrar o patrimônio comum adquirido do que a companheira, sendo medida adequada a imposição a ele do encargo de provar o patrimônio construído.

Há interessantes precedentes nesse sentido, merecendo destaque decisão do Tribunal de Justiça do Rio Grande do Norte. Em demanda de reconhecimento e dissolução de união estável com pedido de partilha de bens, a sentença reconheceu e dissolveu a união, mas não determinou a partilha dos bens e das dívidas contraídas pelo casal sob a alegada ausência de prova quanto à titularidade do imóvel e dos veículos. O Tribunal entendeu necessária a adoção, no caso, da distribuição dinâmica do ônus da prova: a distribuição estática não atende às necessidades do processo, reconhecendo-se que a parte ré tem facilidade muito maior de adquirir a prova que a autora[552].

De todo modo, é necessário que a advocacia/Defensoria esteja pronta para a instrução com base na distribuição clássica do ônus da prova. Assim, toda prova possível deve ser

---

549 TARTUCE, Flávio. *Direito civil*: direito de família. 11. ed. Rio de Janeiro: Forense, 2015, v. 5. item 1.1.

550 "[...] 2. Diante da ausência de demonstração, no caso concreto, da existência de convivência pública, contínua, duradoura e com o objetivo de constituir família entre a parte autora e o *de cujus*, resta inviabilizado o reconhecimento da união estável. 3. O conjunto de provas, documental e oral, aponta para a existência de mero namoro, o qual não é considerado união estável em razão da ausência da *affectio maritalis*. Precedentes TJDFT. [...]" (TJDF, Proc. 07186010820188070003, Rel. Des. Roberto Freitas, j. 24.02.2021); "2. Na espécie, concluíram as instâncias de origem não se encontrarem presentes os requisitos necessários para a configuração de união estável. A coabitação foi reconhecida como ato de mera conveniência, ostentando as partes apenas um relacionamento de namoro. [...]" (STJ, AgRg no AREsp 649786/GO, Rel. Min. Marco Aurélio Bellizze, 3.ª Turma, 04.08.2015, *DJe* 18.08.2015).

551 "[...] Prole comum que, por si só, não é capaz de caracterizar união estável. Prova testemunhal que destoa da versão dos fatos apresentada pela autora. Prova documental incapaz de comprovar o preenchimento dos requisitos caracterizadores da união estável. Sentença mantida. Recurso improvido. 3. Considerando a intensidade dos reflexos decorrentes do reconhecimento de uma união estável, especialmente no caso de declaração *pos mortem*, esta deve estar alicerçada em prova hígida, cujo ônus se impõe à parte autora. [...]" (TJPE, APL 0018467-52.2015.8.17.0810, 5.ª Câmara Cível, Rel. Des. Agenor Ferreira de Lima, j. 18.12.2019, *DJEPE* 15.01.2020); "[...] Contexto probatório insuficiente para concluir que a recorrente e o requerido mantinham um relacionamento afetivo típico de união estável. Parte autora que não conseguiu fazer prova do alegado" (TJSE, AC 201900833552, Ac. 35526/2019, 2.ª Câmara Cível, Rel. Des. Luiz Antônio Araújo Mendonça, j. 16.12.2019, *DJSE* 08.01.2020).

552 TJRN, AC 2015.007622-5, 3.ª Câmara Cível, Rel. Des. João Rebouças, *DJRN* 30.07.2015.

reunida pela parte autora a fim de embasar suas alegações e desincumbir-se do ônus tradicionalmente imposto.

A situação para a parte autora não é facilitada nem mesmo com a revelia do réu porque não se aplica às ações de estado a presunção de veracidade dos fatos decorrente da revelia.

Justifica-se tal regra nos casos que envolvem união estável? A resposta é positiva. O processo tem o poder de consolidar situações jurídicas (que nem sempre correspondem à verdade no plano fático) por força de diferentes mecanismos como preclusão, revelia, ônus da prova... Nas ações de estado, que tratam de situações relativas às qualificações da pessoa natural, esse poder deve ser minorado o quanto possível: nesses casos, ter reconhecida uma situação diversa da que realmente existe prejudica a *identidade* do indivíduo e, consequentemente, sua própria *dignidade*.

Iniciemos a análise sobre os meios de prova.

O contrato de união estável, como visto, tem força probatória relativa. É possível comprovar que a união estável começou antes do termo especificado ou, ainda, que a união nem sequer chegou a se consolidar. A existência da união estável não é vinculada à existência do contrato, mas sim à presença dos caracteres que a configuram.

Dessa forma, se impugnado o teor do contrato, será necessário prosseguir na instrução do processo a fim de comprovar a existência da união estável.

Contudo, uma coisa é certa: a existência do contrato demonstra o "objetivo de constituir família", ou seja, a pretensão de que a união se estenda no tempo, de forma que nele se consolida boa parte das situações de mais difícil comprovação quanto à união estável[553].

A prova *documental*, nos casos de união estável, costuma ser bastante ampla. Além do contrato de união estável, podem ser citados como exemplos: fotos de família; comprovantes de endereço em comum; contas bancárias conjuntas; mensagens eletrônicas sobre a vida comum; declarações de união estável perante órgãos previdenciários, planos de saúde, seguros ou hospitais e documentos relativos a filhos em comum, entre outros.

Toda prova documental deve ser apresentada junto com a petição inicial ou a resposta pelo réu[554]. No entanto, tendo em vista a busca da verdade que norteia a instrução desse tipo de ação (sobretudo em relação à declaração de união estável em si), a apresentação extemporânea dos documentos deve ser admitida com menor rigor, inclusive considerando que não se presumem verdadeiros os fatos no caso de haver revelia.

Também pode ser de grande valia a produção de prova oral, que abrange tanto o depoimento pessoal das partes quanto a oitiva de testemunhas.

O depoimento pessoal, do ponto de vista estratégico, é utilizado para que a parte contrária, compartilhando percepções, venha a admitir os fatos alegados pela outra. Na ação sobre reconhecimento de união estável, o depoimento pessoal pode acabar revelando as

---

553 "[...] 1. *A escritura pública firmada pelos litigantes indicando o termo inicial da relação marital tem valor apenas relativo, cumprindo reconhecer a convivência marital pelo período que ficou bem comprovado pela prova documental e testemunhal produzida durante a fase cognitiva.* [...]" (TJRS, Apelação Cível 70018913970, 7.ª Câmara Cível, Rel. Sérgio Fernando de Vasconcellos Chaves, j. 25.04.2007) (grifo nosso). No mesmo sentido: "[...] A data de início da união estável, declarada em escritura pública dotada de força probante plena, a respeito da qual não foi apresentada alegação ou prova de vícios formais ou materiais, não pode ser ilidida por contrato particular de locação. [...]" (TJMG, Apelação Cível 1.0000.21.110720-6/001, 1.ª Câmara Cível, Rel. Des. Alberto Vilas Boas, j. 05.10.2021, publicação 07.10.2021).

554 Nos termos do art. 434 do CPC, incumbe à parte instruir a petição inicial ou a contestação com os documentos destinados a provar suas alegações.

percepções subjetivas das partes sobre a própria relação. É aí que o julgador pode identificar com mais intensidade a existência das motivações do casal, ou seja, os elementos subjetivos que caracterizam a união estável.

A oitiva de testemunhas pode auxiliar na identificação dos caracteres mais objetivos da união estável, ou seja, a percepção *externa* sobre a relação, sobretudo quanto a sua *notoriedade*[555].

Vale lembrar que não basta qualquer prova testemunhal: ela precisa ser apta a comprovar a presença dos requisitos exigidos para a configuração da união estável[556].

Ressaltou certa decisão do Tribunal gaúcho que, embora a demandante tenha provado a presença da *affectio maritalis* no relacionamento com o *de cujus*, não convenceu os julgadores quanto ao termo inicial da união estável: esta foi reputada iniciada quando as partes passaram a residir sob o mesmo teto, momento coincidente com a data em que o falecido adquiriu o apartamento; até então, as partes mantiveram um namoro, segundo testemunhas[557]. Como se nota, a prova quanto ao termo inicial da união estável também tende a merecer atenção e cuidado.

Por fim, é preciso sempre atentar para a melhor técnica processual de modo a evitar necessitar de decisões como a seguinte: em uma ação de reconhecimento e dissolução de união estável *post mortem*, embora a parte requerente já tivesse declinado o rol de testemunhas na petição inicial e o reiterado no curso da lide, com aval do Ministério Público, o magistrado entendeu ter ele sido apresentado em momento processual inadequado e julgou o pedido improcedente. Tal visão, segundo Tribunal paulista, "reflete rigidez na aplicação dos dispositivos legais impedindo a busca da verdade dos fatos relatados", tendo a parte requerente o direito de produzir a prova requerida[558].

4.7. Decisão e aspectos recursais

A sentença que reconhece a existência ou a dissolução da união estável tem eficácia puramente *declaratória*. Ela não tem o condão de constituir ou desconstituir a união estável, mas sim de declarar, com base nas provas, a existência, o termo inicial e o termo final do relacionamento.

---

555 Eis decisões nesse sentido: "[...] Documentos que demonstram que a autora reside no mesmo endereço que o réu e figura no seu cartão de saúde, corroborando a prova oral. Afastamentos esporádicos da demandante, para atender a um filho doente, que não caracterizam a ruptura da união [...]" (TJSC, AC 2011.041686-7, Chapecó, Câmara Especial Regional de Chapecó, Rel. Des. Subst. Jorge Luis Costa Beber, *DJSC* 09.03.2012, p. 218); "[...] Pelo que dos autos consta, restou provado que a união estável perdurou até o falecimento do companheiro da autora, mormente em se considerando os depoimentos das testemunhas arroladas no sentido de que os companheiros viveram publicamente como se casados fossem até a data do óbito. [...]" (TJMG, Apelação Cível 1.0000.20.037666-3/001, Rel.ª Des.ª Teresa Cristina da Cunha Peixoto, j. 14.06.2021).

556 "[...] Documentos novos. Juntada após a interposição do recurso. Art. 435. Requisitos ausentes. Reconhecimento e dissolução de união estável. Entidade familiar não caracterizada. Recurso conhecido e desprovido. [...] Não é possível o reconhecimento de união estável caso os documentos e as testemunhas coligidos aos autos não corroborem a publicidade, a continuidade, a estabilidade e, notadamente, o compromisso pessoal e mútuo de constituir família. [...]" (TJDFT, Proc. 07351258620188070001, Rel. Luís Gustavo B. de Oliveira, j. 17.06.2021).

557 TJRS, AC 70074533076, 7.ª Câmara Cível, Rel.ª Sandra Brisolara Medeiros, j. 27.09.2017.

558 A sentença foi anulada com determinação de produção de prova testemunhal (TJSP, AC 1000097-53.2020.8.26.0625, Ac. 15976849, Taubaté, Oitava Câmara de Direito Privado, Rel. Des. Benedito Antonio Okuno, j. 23.08.2022, *DJESP* 29.08.2022, p. 2142).

Dependendo da cumulação de pedidos contida em tais ações, é possível que outros comandos judiciais da sentença tenham naturezas diversas, sendo condenatória (quando há condenação em alimentos) ou constitutiva (constituição de direito de moradia a companheira sobrevivente).

Como se vê, a sentença nas ações de reconhecimento e dissolução de união estável pode ter vários "capítulos", ou seja, versar sobre situações diversas que podem ser destacadas em unidades autônomas porque a gama de direitos que decorrem do reconhecimento da união estável é grande. Isso repercute, certamente, na natureza híbrida da sentença e na interposição de recurso.

A regra é que a apelação interposta contra as sentenças tenha duplo efeito (devolutivo e suspensivo). Esta diretriz vale para a união estável, já que não há regra dispondo de forma diversa.

Entretanto, se houver condenação em alimentos e for interposta apelação tanto contra o reconhecimento da união estável quanto contra os alimentos, os efeitos serão híbridos: em relação aos alimentos[559], a apelação será recebida no efeito meramente devolutivo, sendo possível sua execução; no tocante aos demais capítulos, a apelação será recebida também no efeito suspensivo[560].

5. CONVIVÊNCIA FAMILIAR ("VISITA")

O tema, de grande importância, é delicado porque toca o relacionamento familiar e a necessária continuidade de contatos entre pais, filhos e familiares a despeito de eventuais problemas nas interações.

5.1. Panorama normativo

O direito à convivência familiar tem previsão na Constituição da República[561], no Estatuto da Criança e do Adolescente[562], no Código Civil[563] e na Lei n. 12.318/2010. Esta última Lei, aliás, representa forte intervenção estatal ao viabilizar a identificação e a sanção de condutas desrespeitosas de um familiar a outro por meio de campanhas de difamação e/ou comportamentos de exclusão aptos a configurar alienação parental[564].

---

559 CPC, art. 1.012, § 1.º Além de outras hipóteses previstas em lei, começa a produzir efeitos imediatamente após a sua publicação a sentença que: [...] II – condena a pagar alimentos.

560 CPC, art. 1.012. A apelação terá efeito suspensivo.

561 CF, art. 227. É dever da família, da sociedade e do Estado, assegurar à criança, ao adolescente e ao jovem com absoluta prioridade, o direito à vida, à saúde, à alimentação, à educação, ao lazer, à profissionalização, à cultura, à dignidade, ao respeito, à liberdade e a convivência familiar e comunitária, além de colocá-los a salvo de toda forma de negligência, discriminação, exploração, violência, crueldade e opressão.

562 Lei n. 8.069/1990, art. 3.º A criança e o adolescente gozam de todos os direitos fundamentais inerentes à pessoa humana, sem prejuízo da proteção integral de que trata esta lei, assegurando-lhes, por lei ou por outros meios, todas as oportunidades e facilidades, a fim de lhes facultar o desenvolvimento físico, mental, moral, espiritual e social, em condições de liberdade e dignidade.

563 CC, art. 1.589. O pai ou a mãe, em cuja guarda não estejam os filhos, poderá visitá-los e tê-los em sua companhia, segundo o que acordar com o outro cônjuge, ou for fixado pelo juiz, bem como fiscalizar sua manutenção e educação.

564 Lei n. 12.318/2010, art. 2.º. Considera-se ato de alienação parental a interferência na formação psicológica da criança ou do adolescente promovida ou induzida por um dos genitores, pelos avós ou pelos que tenham a criança ou adolescente sob a sua autoridade, guarda ou vigilância para que repudie genitor ou que cause prejuízo ao estabelecimento ou à manutenção de vínculos com este.

Como bem pontua Giselle Câmara Groeninga, o efeito real e simbólico das previsões "pode representar uma grande modificação na qualidade dos relacionamentos familiares"[565].

Constatado o amplo cenário legislativo, é relevante perquirir: é possível cogitar que leis sejam plenamente aptas a atingir as origens e as causas que desencadeiam a ebulição familiar?[566]

Após formular essa importante questão, Ivone Coelho de Souza defende a necessária inclusão de outro *recurso, não jurídico, para que a criança seja ao menos parcialmente poupada*. Em seu sentir, embora a sociedade brasileira se encontre beneficiada por dispositivos eficientes, atualizados e empenhados em satisfazer estas demandas, "sempre haverá um limite para que atinjam o plano dos sentimentos. É preciso mais para a abordagem de uma família desfigurada, premida por condições dolorosas, independentemente das posições que se reservam perante o jurídico"[567].

Assiste razão à autora em tal afirmação, já que o relacionamento familiar é tema amplo, delicado e complexo.

Ao promover demandas judiciais, acaba-se provocando um recorte da situação que tende a simplificar a complexidade do quadro em que se insere a família em crise.

É frequente que casais fragilizados exponham sua instabilidade emocional recorrendo ao Poder Judiciário para que este, "dimensionando a extensão dos golpes, consagre o que deseja um e, assim, anule o que seria de outro"[568].

A magistratura deve estar atenta ao lidar com tais conjunturas, atuando para que não se restrinja indevidamente o direito de crianças e adolescentes ao relacionamento familiar, que é direito positivado na Constituição. No foro, por tradição, acaba-se, em muitos casos, reduzindo o direito de convivência a um "direito de visitas" àquele que, com o fim de convivência e/ou relacionamento afetivo com o outro genitor, não tem interação presencial cotidiana com o filho.

Embora em geral se pense no relacionamento entre pais e filhos, merece destaque o fato de a Lei n. 12.398/2011 ter modificado o Código Civil[569] e o (então vigente) CPC/1973[570] para expressamente estender aos avós o direito de visita aos netos.

A iniciativa aclarou algo óbvio: por força do direito à convivência familiar, a criança deve poder ter acesso a todos os componentes da família com quem possa saudavelmente se relacionar.

Nesse sentido bem afirma Euclides de Oliveira ser importante buscar preservar a comunidade familiar em que o menor está integrado como parte de seu contexto de vida em sociedade[571]. Na mesma linha muito bem se manifesta Rodrigo da Cunha Pereira:

---

565 GROENINGA, Giselle Câmara. *Direito a convivência entre pais e filhos*: análise interdisciplinar com vistas a eficácia e sensibilização de suas relações no Poder Judiciário. 2011. Tese (Doutorado em Direito Civil) – Faculdade de Direito da Universidade de São Paulo, São Paulo, 2011, p. 191.

566 COELHO DE SOUZA, Ivone M. Candido. Alienação parental (*lupi et agni*). *Revista Brasileira de Direito das Famílias e Sucessões*, v. 12, n. 16, p. 40, jun./jul. 2010.

567 COELHO DE SOUZA, Ivone M. Candido. Alienação parental (*lupi et agni*), cit., p. 40.

568 COELHO DE SOUZA, Ivone M. Candido. Alienação parental (*lupi et agni*), cit., p. 40.

569 CC, art. 1.589. Parágrafo único. O direito de visita estende-se a qualquer dos avós, a critério do juiz, observados os interesses da criança ou do adolescente.

570 CPC/1973, art. 888. O juiz poderá ordenar ou autorizar, na pendência da ação principal ou antes de sua propositura: [...] VII – a guarda e a educação dos filhos, regulado o direito de visita que, no interesse da criança ou do adolescente, pode, a critério do juiz, ser extensivo a cada um dos avós.

571 OLIVEIRA, Euclides de. Direito de visitas dos avós aos netos. Disponível em: https://www.gontijo-familia.adv.br/2008/artigos_pdf/Euclides/visitas.pdf. Acesso em: 7 jan. 2020.

> O direito a conviver com os avós é uma via de mão dupla, isto é, é direito das crianças e dos adolescentes e, também, direito dos avós, mas o mais relevante é o direito da criança aos laços familiares, às suas raízes, com aqueles que lhes são significativos, que também lhes proporcionam amor e carinho[572].

Visitar apenas, porém, não basta. Para Paulo Lôbo, como o direito recíproco de pais e filhos à convivência implica assegurar a companhia de uns com os outros, revela-se mais correto falar em direito à convivência, à companhia ou ao contato (permanente) do que em direito de visita (episódica); afinal, "o direito de visita não se restringe a visitar o filho na residência do guardião ou no local que este designe. Abrange o de ter o filho 'em sua companhia' e o de fiscalizar sua manutenção e educação"[573].

Como se percebe, o tema demanda ajustes de nomenclatura e denominação. Para Giselle Câmara Groeninga, o direito à convivência familiar, reconhecido por juristas como um dos princípios do Direito de Família, "seria melhor denominado Princípio do Direito ao Relacionamento Familiar, sendo a convivência, as visitas e o contato as formas de se atingir aquele fim"[574].

A temática se situa no âmago das famílias transformadas em razão de desuniões e novas configurações, sendo relevante abordar situações ligadas à guarda.

5.2. Guarda e regime de relacionamento familiar

a) *Dificuldade conceitual*

Nos termos do Código Civil, a guarda será unilateral ou compartilhada, sendo esta última reconhecida como "a responsabilização conjunta e o exercício de direitos e deveres do pai e da mãe que não vivam sob o mesmo teto, concernentes ao poder familiar dos filhos comuns" (art. 1.583, *caput* e§ 1.º).

Pela dicção legal, a guarda compartilhada é aquela em que "o tempo de convívio com os filhos deve ser dividido de forma equilibrada com a mãe e com o pai, sempre tendo em vista as condições fáticas e os interesses dos filhos" (CC, art. 1.583, § 2.º).

Como se percebe, há nítida confusão entre guarda e poder familiar, o que compromete a percepção sobre o exercício da guarda (seja unilateral ou compartilhada). Além disso, ao falar em divisão de tempo, a lei acaba evocando situações associadas à polêmica guarda alternada.

Como bem explica Débora Brandão,

> [...] poder familiar é o direito-dever, pertencente aos genitores, de criar, educar e representar os filhos menores não emancipados e seu patrimônio no interesse destes. É exclusivo dos genitores e, na falta deles, somente quem os adotar ou reconhecer parentalidade socioafetiva poderão exercê-lo como titulares[575].

---

572 PEREIRA, Rodrigo da Cunha. *Divórcio*: teoria e prática. 2. ed. Rio de Janeiro: GZ, 2010, p. 73.

573 LÔBO, Paulo Luiz Netto. *Direito civil*: famílias. São Paulo: Saraiva, 2008, p. 174.

574 GROENINGA, Giselle Câmara. *Direito a convivência entre pais e filhos*: análise interdisciplinar com vistas a eficácia e sensibilização de suas relações no Poder Judiciário, cit., p. 5.

575 BRANDÃO, Débora. *Curso de direito civil constitucional*. Direito de família. São Paulo: Saraiva, no prelo.

Na visão da autora, "exercer a guarda significa ter a prole em sua companhia física e, por tê-la consigo, cuidar dela"; quando os genitores vivem juntos, assim exercem o poder familiar e, estando a guarda nele contida, todos convivem fisicamente e não há maiores desdobramentos[576].

A guarda se revela tormentosa, porém, quando os genitores não convivem debaixo do mesmo teto porque se divorciaram, se separaram ou jamais tiveram relacionamento estável, querendo cada um ter a prole consigo[577].

b) *Guarda unilateral e novo art. 1.584, § 2.º, do CC*

Embora a guarda compartilhada esteja ganhando cada vez maior apreço (especialmente no plano normativo), a guarda unilateral – em que a pessoa guardiã tem a custódia física predominante nos cuidados cotidianos dos filhos – ainda prevalece nas famílias brasileiras, marcadas pelo fim da união conjugal. Eis os dados de interessantes pesquisas:

> Em toda a série das Estatísticas do Registro Civil, houve predominância das mulheres na responsabilidade pela guarda dos filhos menores de idade a partir do divórcio, passando de 78,9% dos casos, em 1984, para 85,1%, em 2014[578].
>
> Em 2014, a proporção de guarda compartilhada entre os pais com filhos menores era de 7,5%. Em 2021, essa modalidade passou a representar 34,5%. Tal comportamento evidencia o crescimento dessa modalidade de guarda como consequência da lei [...][579].

Vários fatores podem ser determinantes para a predominância da guarda unilateral feminina, merecendo destaque a tradição de que a mulher permaneça com os filhos e o desconhecimento de muitas pessoas sobre as consequências do modo compartilhado.

Além disso, uma nova hipótese de guarda unilateral passou a constar no art. 1.584, § 2.º, do CC: inexistindo acordo entre mãe e pai quanto à guarda do filho e estando ambos aptos a exercer o poder familiar, não será aplicada a guarda compartilhada se: a) um dos genitores declarar ao magistrado que não deseja a guarda da criança ou do adolescente; b) houver elementos que evidenciem a probabilidade de risco de violência doméstica ou familiar.

A regra é completamente inovadora ou contempla situação que já vinha sendo reconhecida como devida na doutrina e pertinente no plano jurisprudencial?

A Lei vem sendo vista como "avanço legislativo significativo em uma sociedade que tende a ignorar a realidade das mulheres-mães que têm filhos com o agressor: a necessidade de afastar a tese de como o agressor pode ser bom pai"[580].

---

576 BRANDÃO, Débora. *Curso de direito civil constitucional.* Direito de família, cit.

577 BRANDÃO, Débora. *Curso de direito civil constitucional.* Direito de família, cit.

578 Entre as unidades da federação, em 2014, o maior percentual de mulheres com a guarda dos filhos foi registrado em Sergipe (93,0%), enquanto o maior percentual de homens com essa responsabilidade ocorreu no Amapá (em 25,8% dos divórcios). Em 10 anos, taxa de divórcios cresce mais de 160% no País. Disponível em: http://www.brasil.gov.br/cidadania-e-justica/2015/11/em-10-anos-taxa-de-divorcios-cresce-mais-de-160-no-pais. Acesso em: 24 out. 2016).

579 INSTITUTO BRASILEIRO DE GEOGRAFIA E ESTATÍSTICA (IBGE). *Estatísticas do Registro Civil 2021.* Disponível em: https://biblioteca.ibge.gov.br/visualizacao/periodicos/135/rc_2021_v48_informativo.pdf. Acesso em: 20 nov. 2023.

580 ZAGO, Camila Torres. *Lei nº 14.713/2023*: um bom pai, mas um mau marido. Disponível em: https://www.conjur.com.br/2023-nov-10/camila-zago-bom-pai-mau-marido/. Acesso em: 17 nov. 2023.

Na busca de decisões sobre o tema, já era possível, antes do advento da mudança, encontrar referências sobre a aplicação do teor agora constante do Código Civil, como se demonstrará nos exemplos a seguir.

Entendeu o STJ, já nos idos de 2017, que: "eventual exposição da criança à situação de violência doméstica perpetrada pelo pai contra a mãe é circunstância de suma importância que deve, necessariamente, ser levada em consideração para nortear as decisões que digam respeito aos interesses desse infante"[581].

Tal visão vinha sendo aplicada também pelos Tribunais locais.

A guarda unilateral foi considerada melhor para atender aos interesses do infante por força de: a) inaptidão para exercer a paternidade de forma adequada; b) falta de interesse em participar da vida do filho; c) criança exposta a risco de morte quando em veículo conduzido pelo genitor alcoolizado; d) falta de interesse em contestar o feito; e) impossível diálogo entre as partes, não podendo as questões relativas ao menor ser por elas discutidas; f) existência de medida protetiva que não permite que o pai se aproxime da mãe da criança em razão de suposta ameaça e violência psicológica praticada[582].

Em outro caso, ponderou o TJMG que os episódios de violência perpetrados pelo genitor – que originaram as medidas protetivas que o impedem de se aproximar da mãe dos filhos – "desaconselham o restabelecimento das visitas paterno-filiais, sendo necessária uma avaliação pelo setor psicossocial do juízo sobre a melhor forma de realização destas, segundo os superiores interesses dos menores":

> A privação momentânea da convivência do agravado com os filhos é um efeito direto da má conduta do primeiro em relação à genitora desses, devendo servir para uma reflexão e ter efeitos pedagógicos, ou seja, mostrar que a prática de violência doméstica é prejudicial a todos os envolvidos e pode gerar consequências indesejadas para o próprio agressor, que vão além das medidas protetivas e/ou prisão[583].

c) *Guarda compartilhada: informações e desapego quanto a padrões*

Apesar de constar na lei que o juiz deve informar os litigantes sobre elementos da guarda compartilhada[584], é essencial que advocacia e Defensoria preparem os jurisdicionados para lidar com o tema, assessorando-os de forma completa desde o início da abordagem das controvérsias. A tarefa não será fácil, já que há muita confusão sobre o assunto e pouca (senão nenhuma) homogeneidade de entendimentos.

Nesse cenário, é de extrema relevância que pais e filhos que deixam de viver juntos tenham regimes de convivência consentâneos com sua situação em bases personalizadas.

Infelizmente, algumas práticas nos tribunais acabaram ensejando uma série de entendimentos nocivos ao relacionamento familiar; vários deles são objeto de baixa reflexão,

---

581 STJ, REsp 1550155/DF, Rel. Min. Marco Aurélio Bellizze, *Dje* 21.11.2017.

582 TJSP, AI 2289925-91.2020.8.26.0000, Ac. 15521121, Campinas, 1.ª Câmara de Direito Privado, Rel. Des. Rui Cascaldi, j. 25.03.2022, *DJESP* 06.04.2022, p. 1762.

583 TJMG, AI 1130972-04.2023.8.13.0000, 8.ª Câmara Cível Especializada, Rel. Des. Delvan Barcelos Júnior, j. 05.10.2023, *DJEMG* 09.10.2023.

584 CC, art. 1.584, § 1.º Na audiência de conciliação, o juiz informará ao pai e à mãe o significado da guarda compartilhada, a sua importância, a similitude de deveres e direitos atribuídos aos genitores e as sanções pelo descumprimento de suas cláusulas.

revelam falta de abordagem apropriada e/ou soam desfocados do principal objetivo: atender aos melhores interesses de crianças e adolescentes, assim como à necessidade de convivência familiar sadia. Nesse cenário, duas situações merecem destaque:

1. há certo padrão de fixação do regime de convivência que reflete a tendência judicial de distribuir o contato por períodos estanques, sem a devida reflexão sobre sua qualidade, por meio de modelos prontos impostos pelo juiz ou propostos por conciliadores. Esses padrões, embora soem suficientes para alguns, parecem focar apenas na disponibilidade de tempo do "visitante" e atrapalham a visão sobre alternativas de soluções mais criativas e proveitosas para os envolvidos;
2. ainda parece predominar a ideia de que "visitar" é um direito de titularidade exclusiva de quem "se dispõe" a comparecer. Esse entendimento conduz à conclusão de que quem impede a efetivação das visitas deve ser punido, mas nada deve ocorrer com quem, podendo estar com o filho, não o faz por capricho.

Felizmente, recentes questionamentos doutrinários e o desenvolvimento de diferenciados instrumentos para lidar com conflitos vêm promovendo mudanças na mentalidade até então sedimentada na busca de proporcionar novas respostas a velhos impasses.

Como exemplo dessa renovação de pensamento, podemos citar o conhecimento interdisciplinar propugnado por Giselle Groeninga:

> [...] a criança necessita de pai e de mãe para a sua formação. As questões da guarda, quando integram a lógica judicial de ganhador e perdedor, bem como sua atribuição como uma vitória, demonstram a dificuldade no entendimento da complementaridade intrínseca ao exercício das funções parentais e da compreensão do que é o Poder Familiar[585].

Realmente, é essencial a ampliação da conscientização sobre a guarda e as consequências do desrespeito ao direito do outro familiar.

Nos termos da lei civil, "a alteração não autorizada ou o descumprimento imotivado de cláusula de guarda unilateral ou compartilhada poderá implicar a redução de prerrogativas atribuídas ao seu detentor"[586].

A lei sobre alienação parental reforça essa norma ao prever a concessão de medidas de urgência para assegurar a integridade da criança exposta a genitor que compromete seu vínculo com outro familiar, assim como ao apontar, como possíveis consequências da alienação, a ampliação do regime de convivência familiar em favor do genitor alienado, a fixação de multa ao alienador e mesmo a inversão da guarda.

Como se percebe, há uma forte mensagem aos protagonistas do poder familiar: é preciso respeitar o direito do filho ao relacionamento com os demais elos da corrente que integra sob pena de suportar significativas consequências.

---

585 GROENINGA, Giselle Câmara. *Direito a convivência entre pais e filhos*: análise interdisciplinar com vistas a eficácia e sensibilização de suas relações no Poder Judiciário, cit., p. 216. Na mesma linha se manifesta Glicia Brazil: é inegável "a importância da convivência com ambas as figuras parentais para o desenvolvimento de uma personalidade saudável. É por meio das diferenças dos sexos que a criança constrói sua identidade" (A reconstrução dos vínculos afetivos pelo Judiciário. *Revista Brasileira de Direito das Famílias e Sucessões*, Belo Horizonte, v. 13, p. 54, dez./jan. 2010).

586 CC, art. 1.584, § 4.º.

Para que este velho problema passe a ter novas chances de solução, é essencial que o Poder Judiciário atue de forma eficiente e firme para aplicar as consequências previstas ao alienador.

Imaginemos que, consultado por um genitor que promove alienação, a advogada o oriente sobre as possíveis consequências do ato e sobre a atuação firme do Poder Judiciário em seu prejuízo. Se o alienador optar por seguir desrespeitando os direitos do filho e da genitora, sendo acionado em demanda de alteração de cláusula de "visita" motivada por alienação parental, será mesmo essencial sua reprimenda pelo Judiciário para que realmente encontre limites à sua espúria atuação.

Nesse sentido, afirma Glicia Brazil que, em casos de alienação parental, o peso da lei se torna mais importante "sob pena de os alienadores continuarem abusando do seu poder sobre a criança"[587].

Não há dúvida de que o Poder Judiciário, chamado a interferir, precisa exercer seu papel com o máximo de adequação.

Nesse ponto, merece destaque decisão do STJ segundo a qual a guarda compartilhada não impede mudança da criança para o exterior. Ponderou a relatora, Ministra Nancy Andrighi, que:

> a) a guarda compartilhada não exige que a custódia física da criança seja exercida de maneira conjunta, nem é obrigatório haver tempo de convívio igualitário entre os pais. Essas definições são extremamente flexíveis nesse regime, sendo ponderadas pelo juiz a partir de cada caso considerando o melhor interesse da criança.
>
> b) na Holanda, a criança terá acesso a oportunidades de cultura, educação e lazer. Assim, embora a alteração do lar de referência para outro país gere mudanças substanciais nas relações familiares e dificuldades de adaptação na rotina e no modo de convivência das pessoas envolvidas, haverá potenciais benefícios ao morar em um país que ocupa o 10.º lugar no ranking do Índice de Desenvolvimento Humano das Nações Unidas – como novas experiências culturais, aquisição de conhecimentos linguísticos e acesso a oportunidades de educação, ciência e lazer[588].

Essa decisão também é importante sob o prisma do respeito à autonomia das mulheres. Ter a guarda nunca foi impeditivo para que homens pudessem se mobilizar para outras localidades: como exigir que isso ocorra com elas?

Nesse sentido, o *Protocolo para julgamento com perspectiva de gênero* divulgado pelo CNJ ressalta a importância da análise jurídica com tal olhar não só para garantir imparcialidade e equidade como também para anular discriminações, preconceitos e avaliações baseadas em estereótipos sociais; afinal, estes, infelizmente:

> contribuem para injustiças e violações de direitos fundamentais das mulheres. As instituições devem se atentar para os princípios da igualdade e da dignidade da pessoa ao tratar dos direitos humanos de mulheres e meninas, como determinado na Constituição Federal[589].

---

587 BRAZIL, Glicia Barbosa de Mattos. A reconstrução dos vínculos afetivos pelo Judiciário. *Revista Brasileira de Direito das Famílias e Sucessões*, cit., p. 55.

588 Guarda compartilhada não impede mudança da criança para o exterior. Disponível em https://www.stj.jus.br/sites/portalp/Paginas/Comunicacao/Noticias/2023/07022023-Guarda-compartilhada-nao--impede-mudanca-da-crianca-para-o-exterior--define-Terceira-Turma.aspx. Acesso em: 5 dez. 2023.

589 CNJ – Conselho Nacional de Justiça. *Protocolo para julgamento com perspectiva de gênero*. Brasilia: Conselho Nacional de Justiça – CNJ; Escola Nacional de Formação e Aperfeiçoamento de Magistrados

5.3. Importância de regimes adequados

Quando o casal conjugal entra em colapso, é de suma importância que a dupla parental permaneça firme em prol da integridade dos filhos. Como adultos responsáveis, espera-se que os pais estejam preparados para lidar com a situação de forma madura e civilizada.

É comum que, em cenários de divórcio, os filhos manifestem expressões de culpa, raiva, medo ou até apresentem sintomas de quadros depressivos[590].

Cada pessoa precisará se valer de habilidades para arcar com o luto pela falência da sociedade conjugal e permitir ao filho a convivência com seu pai ou sua mãe, de modo a "separá-lo do sofrimento particularizado das dores narcísicas pelas perdas, num trabalho psíquico de grande fôlego"[591].

Segundo Ana Carolina Brochado Teixeira, "a sagrada relação parental é desatrelada da definição dos rumos da conjugalidade dos pais, garantindo aos filhos a vinculação do laço afetivo com ambos os genitores, mesmo após o esfacelamento da vida em comum"[592].

Como, todavia, um ou ambos os genitores podem não conseguir manter o equilíbrio e a serenidade em certos momentos, é preciso que advogados, defensores, juízes e promotores contribuam com paciência para que a família lide de forma melhor com os árduos impasses verificados.

Segundo o art. 1.584 do CC, a guarda unilateral ou compartilhada poderá ser: a) requerida consensualmente pelos genitores; b) requerida pelo pai ou pela mãe em ação autônoma de separação, de divórcio, de dissolução de união estável ou em medida cautelar; c) decretada pelo juiz, em atenção a necessidades específicas do filho ou em razão da distribuição de tempo necessário ao convívio deste com o pai e com a mãe.

Vale lembrar a nova hipótese de guarda unilateral prevista no art. 1.584, § 2.º, do CC: inexistindo entre mãe e pai quanto à guarda do filho e estando ambos aptos a exercer o poder familiar, não será aplicada a guarda compartilhada se: a) um dos genitores declarar ao magistrado que não deseja a guarda da criança ou do adolescente; b) houver elementos que evidenciem a probabilidade de risco de violência doméstica ou familiar.

Apesar da clareza das disposições legais, nem sempre quem participa do processo atenta para todas as necessidades dos filhos.

É comum, em foros judiciais (sobretudo quando assoberbados de processos), o uso de "decisões-modelo". Na seara familiar, isso acontece com frequência em demandas sobre convivência, valendo-se o magistrado de fórmula "consagrada" pela prática: fins de semana alternados, Dias dos Pais com o pai, Dia das Mães com a mãe, Natal com o pai, Ano Novo com mãe e, no ano seguinte, o contrário.

É também recorrente que tal fórmula – ou, na melhor das hipóteses, suas diretrizes – seja reproduzida em audiências de conciliação feitas às pressas.

– Enfam, 2021, p. 95. Disponível em: https://www.cnj.jus.br/wp-content/uploads/2021/10/protocolo-18-10-2021-final.pdf. Acesso em: 7 dez. 2023.

590 GRISARD FILHO, Waldyr. *Guarda compartilhada*: um novo modelo de responsabilidade parental. 2. ed. São Paulo: RT, 2002, p. 161.

591 COELHO DE SOUZA, Ivone M. Candido. Alienação parental (*lupi et agni*), cit., p. 36.

592 TEIXEIRA, Ana Carolina Brochado. *Família, guarda e autoridade parental*. Rio de Janeiro: Renovar, 2005, p. 110.

Um primeiro problema que desponta é o da efetividade. É comum que decisões judiciais impostas e acordos estabelecidos sem maiores reflexões deixem de ser e cumpridos pelas partes. Por serem pautas de conduta que partiram de elementos externos e trazem elementos estranhos à vontade (e muitas vezes à realidade) das partes, é comum que ensejem fatores de resistência.

Em certa causa que tramitou no Tribunal gaúcho, ponderou o desembargador relator que, tendo sido fixado o regime de livre visitação ao pai, não merecia mudança o quadro por falta de provas do efetivo prejuízo (a recorrente teria feito referências genéricas e sem provas sobre problemas que estaria enfrentando com ele): ponderou então ser "essencial ao bem estar da criança contar com a convivência com ambos os genitores e se desenvolver em relações que confiram segurança e organização, sendo parte dos papéis de pai e mãe estarem atentos para que a convivência ocorra de forma organizada e respeitando horários e rotinas"[593].

Apesar de tal advertência, é recorrente a ocorrência de desentendimentos de ordem pessoal entre os genitores que repercutem negativamente no cumprimento espontâneo e na convivência dos envolvidos.

Há, claro, mecanismos de coerção (como veremos adiante) – mas sobretudo tratando-se de relacionamento familiar, seu uso reiterado não contribui para o alcance da solução mais apropriada.

Assim, embora as partes possam contar com a força da autoridade judicial em caso de resistência e má-fé, é de suma importância conscientizar os envolvidos para que possam proporcionar aos filhos experiências menos traumáticas ou, até quem sabe, positivas diante da convivência saudável com perspectivas diversas.

5.4. A relevância do consenso

Sem dúvidas é ideal que, em condições normais, a abordagem dos impasses sobre relacionamento familiar seja consensual. Além de o diálogo ensejar maior probabilidade de cumprimento voluntário dos acordos, a autocomposição genuinamente protagonizada pelos envolvidos viabiliza espaços de criatividade que podem favorecer arranjos mais adequados do que o formato-padrão, utilizado por força de costume judiciário.

Voltando à busca do consenso, vale a pena perquirir: é preciso que o casal tenha um bom relacionamento previamente à definição da guarda para que esta possa ser compartilhada?

Embora obviamente o trato respeitoso facilite a definição, o fato de os pais terem um relacionamento marcado por divergências não inviabiliza a definição da guarda compartilhada, se o juiz entender ser ela mais apropriada para os filhos[594].

Assim, ao contrário do que muitos imaginam, o bom entendimento dos genitores não é essencial para a definição da guarda compartilhada.

Como bem pontua Rolf Madaleno, talvez seja importante devotarmos atenção aos países em que a guarda compartilhada é determinada mesmo sem concordância. Afinal, o direito fundamental dos filhos não pode ficar submetido ao "livre, insano e injustificado arbítrio de

---

[593] TJRS, AC 0231721-54.2015.8.21.7000, Cachoeira do Sul, 8.ª Câmara Cível, Rel. Des. Luiz Felipe Brasil Santos, j. 03.09.2015, *DJERS* 09.09.2015.

[594] CC, art. 1.584, § 2.º Quando não houver acordo entre a mãe e o pai quanto à guarda do filho, encontrando-se ambos os genitores aptos a exercer o poder familiar, será aplicada a guarda compartilhada, salvo se um dos genitores declarar ao magistrado que não deseja a guarda do menor.

pais disfuncionais"; "a súbita e indesejada perda do convívio com os filhos não pode depender exclusivamente da decisão e do conforto psicológico do genitor guardião"[595].

Assiste plena razão ao autor, já que o interesse dos filhos de ver garantido o direito ao relacionamento familiar há de prevalecer. Foi este o entendimento adotado pelo Superior Tribunal de Justiça em lapidar decisão de que se transcreve um excerto:

> Apesar de a separação ou do divórcio usualmente coincidirem com o ápice do distanciamento do antigo casal e com a maior evidenciação das diferenças existentes, o melhor interesse do menor, ainda assim, dita a aplicação da guarda compartilhada como regra, mesmo na hipótese de ausência de consenso. A inviabilidade da guarda compartilhada por ausência de consenso faria prevalecer o exercício de uma potestade inexistente por um dos pais. E diz-se inexistente porque contrária ao escopo do Poder Familiar que existe para a proteção da prole[596].

Em outra decisão, entendeu o STJ ser possível estabelecer guarda compartilhada mesmo havendo graves desavenças entre o ex-casal. O pai das crianças viu acolhido pela Terceira Turma o recurso especial interposto contra a ex-mulher, que detinha a guarda unilateral de suas duas filhas. No caso, houve registro de violência doméstica (ele agrediu fisicamente a mãe das filhas e ficou proibido de se aproximar dela, mantendo, no mínimo, 250 metros de distância, e de entrar em contato, por qualquer meio, com a ex-mulher ou seus familiares); segundo o acórdão, a violência não teria atingido as filhas. O genitor sustentou que estaria havendo alienação parental e requereu que a guarda fosse modificada para que as crianças permanecessem com ele; alternativamente, pediu a guarda compartilhada.

O estudo social concluiu que a visita regular do pai não ofereceria risco para as crianças e indicou a guarda compartilhada. A sentença concedeu tal modalidade, mas ela foi revertida pelo Tribunal de Justiça do Rio de Janeiro: invocando o melhor interesse das crianças, ele considerou que o convívio de forma compartilhada com os genitores ameaçaria o bem-estar das filhas.

No julgamento do recurso especial, a Ministra Nancy Andrighi fixou a guarda compartilhada: a turma restabeleceu a sentença por reconhecer que a violência doméstica em nenhum momento envolveu as crianças – tanto que a medida protetiva fixada com base na Lei Maria da Penha não as abrangeu por inexistir risco potencial ou efetivo. Os ministros reconheceram, ainda, o desejo do genitor de manter os laços de afeto com as filhas.

> Espera-se que a guarda seja exercida com flexibilidade, paridade e equilíbrio, para que a convivência das crianças com a família, que nunca se dissolveu, seja sempre a mais tranquila possível, propiciando a formação saudável da personalidade das crianças, com aumento da autoestima, verdadeiro fim da parentalidade[597].

---

595 MADALENO, Rolf. *Curso de direito de família*. 6. ed. Rio de Janeiro: Forense, 2015 [VitalSource Bookshelf]. Retirado de: https://bookshelf.vitalsource.com/#/books/9788530965884/, item 9.4.2.

596 "A imposição judicial das atribuições de cada um dos pais, e o período de convivência da criança sob guarda compartilhada, quando não houver consenso, é medida extrema, porém necessária à implementação dessa nova visão, para que não se faça do texto legal letra morta. A guarda compartilhada deve ser tida como regra, e a custódia física conjunta – sempre que possível – como sua efetiva expressão" (STJ, REsp 2011/0084897-5, 3.ª Turma, Rel.ª Nancy Andrighi, j. 31.08.2011).

597 Guarda compartilhada pode ser instituída mesmo havendo graves desavenças entre o ex-casal. Disponível em: http://www.stj.jus.br/sites/STJ/default/pt_BR/Comunica%C3%A7%C3%A3o/noticias/Not%C3%ADcias/Guarda-compartilhada-pode-ser-institu%C3%ADda-mesmo-havendo-graves-desaven%C3%A7as-entre-o-ex%E2%80%93casal. Acesso em: 4 nov. 2017.

Sob a perspectiva da comunicação, um grande empecilho para a guarda compartilhada é a forte disposição de litigar, elemento corrosivo da possibilidade de diálogo que deve ser impedido sob pena de tornar inconveniente ou inadequada qualquer modalidade de guarda[598].

Para Beatrice Marinho Paulo, se há entendimento entre os genitores, naturalmente a guarda compartilhada ocorre; por outro lado, quando eles se mostram incapazes de garantir a ampla convivência do filho com o outro, determinar guarda exclusiva facilitaria (podendo tornar muito provável) a ocorrência da alienação parental:

> Por este motivo, justamente nestes casos, é que há de se priorizar o estabelecimento da Guarda Compartilhada, tornando menos cômoda a situação do genitor alienador e forçando ambos a buscarem uma solução para suas dificuldades, desenvolvendo uma capacidade mínima para manter um relacionamento que assegure o direito dos filhos de crescerem com a presença de ambos em suas vidas. Para isto, cumpre também que o Estado, que tem o dever de dar suporte e apoio às famílias, invista em formas de auxílio a ela, tais como a Mediação, a Conciliação ou a Terapia Familiar[599].

Considerando-se, portanto, que o consenso é pauta de suma relevância para engendrar respostas interessantes para situações ligadas ao relacionamento familiar, pode-se afirmar que a formulação de um acordo sobre convivência deve conjugar algumas importantes diretrizes:

1. Escuta e diálogo: cada pessoa deve ser instada a escutar as palavras da outra para compreender o que o regime de convivência representa em termos de relacionamento familiar. Também é necessário trabalhar desentendimentos de ordem pessoal para que estes não interfiram negativamente no desfecho de um assunto que é de interesse de todos (especialmente do menor). Além disso, é preciso resgatar a responsabilidade das pessoas envolvidas para que compreendam seu papel perante o outro e perante a criança/o adolescente;
2. Cooperação: os envolvidos devem ser estimulados a cooperar não apenas com boa vontade para cogitar sobre situações diversas, mas também com a construção da tomada progressiva de decisões. Da mesma forma que uma atitude belicosa não contribui da maneira desejada para uma solução pacífica e eficaz, uma postura passiva e derrotista por parte de quem está desiludido com o fim do relacionamento também não funciona. O acordo será tanto mais efetivo quanto mais intensa for a participação de todos os envolvidos;
3. Criação de alternativas: nas questões de convivência, modelos e fórmulas consagradas podem ser desprovidos da pessoalidade e da especificidade que permeiam as interações familiares de cada núcleo.

É muito importante que o regime de relacionamento possa se adaptar aos interesses e à dinâmica da específica estrutura familiar. Outros pontos devem ser explorados:

- disponibilidade de tempo;
- interesses em comum;
- proximidade física que possibilite encontros em outras circunstâncias (como no horário de almoço ou no caminho da escola).

---

598 GRISARD FILHO, Waldyr. *Guarda compartilhada*: um novo modelo de responsabilidade parental. 4. ed. São Paulo: RT, 2009, p. 205.

599 PAULO, Beatrice Marinho. Alienação parental: Identificação, tratamento e prevenção. *Revista Brasileira de Direito das Famílias e Sucessões*, Belo Horizonte, n. 19, p. 21, dez./jan. 2011.

A lista não é exaustiva e outros fatores podem ser determinantes para encontrar um formato apropriado. Por que não prever, por exemplo, que pai e filho possam desenvolver juntos atividades esportivas ou artísticas ao longo da semana ou frequentar um mesmo curso? Várias são as possibilidades e deve-se procurar fugir da comodidade dos modelos prontos para desenvolver soluções que viabilizem os potenciais benefícios da convivência familiar.

Para tanto, obviamente, as partes precisam contribuir expondo sua realidade. Não há como um terceiro (seja ele juiz, conciliador ou mediador) adivinhar o que acontece em cada família e o que funciona em seu dia a dia. Se a informação não fluir naturalmente, o terceiro imparcial pode realizar perguntas para descobrir a dinâmica familiar e quiçá descortinar o cenário de possibilidades.

Como bem destacado em acórdão do Tribunal mineiro, "de forma a manter a relação tanto materno quanto paterno-filial a regulamentação de visita deverá observar o melhor para o interesse do menor, sem deixar de contribuir para a relação afetiva familiar"[600].

Em outro caso, este pelo Tribunal de Santa Catarina, o pai moveu ação de modificação de guarda com pedido de tutela de urgência para alterar a guarda unilateral do filho de 1 ano (que era exercida pela genitora). Com vistas à preservação do bem-estar da criança, os julgadores entenderam ser o compartilhamento inviável no momento porque: 1. haveria condição de fragilidade e total dependência da criança recém-nascida em relação aos cuidados maternos; 2. nos primeiros anos de vida, os filhos necessitam de rotina e estabilidade para se desenvolverem de forma saudável; 3. inexistia consenso dos pais sobre a guarda; 4. havia pouco contato pessoal, afetivo e emocional do pai em relação ao filho. Após a afirmação de que o caminho correto seria manter a guarda unilateral com a genitora em atenção ao melhor interesse do menor, afirmaram os julgadores:

> Não obstante a manutenção do filho sob a guarda da mãe, ao genitor é assegurado o direito de desfrutar da companhia do filho em período adequado ao caso concreto, de modo a reforçar o vínculo familiar, o afeto recíproco e a educação da criança. Encontros dessa natureza são chancelados por nobres escopos e precisam atingir seus fins em benefício da cabal formação do menor, sem prejuízo de, futuramente, verificando-se mudanças na situação de fato, ampliar-se os dias de visitação e, até mesmo, estabelecer-se a guarda compartilhada[601].

Como se nota, é árduo o percurso de quem precisa trilhar caminhos processuais para fazer jus à convivência familiar especialmente quando a criança conta pouco tempo de vida.

O tema foi debatido na IX Jornada de Direito Civil (realizada pelo Conselho da Justiça Federal em maio de 2022), tendo sido aprovado o Enunciado n. 671: "a tenra idade da criança não impede a fixação de convivência equilibrada com ambos os pais". Como bem consta nas justificativas do Enunciado, a lei não traz menções nem restrições com base na idade para limitar o direito de conviver:

> Todavia, em fixação de convivência de bebês ou crianças de tenra idade, o que se vê é o estabelecimento de regimes restritíssimos, com a fixação de poucas horas mensais para o convívio. A situação é especificamente grave quanto à convivência fixada em favor dos pais homens, tendo em vista a questão sociológica enraizada que, equivocadamente,

---

600 TJMG, Apelação Cível 1.0572.15.000381-0/001, Rel. Des. Alexandre Santiago, j. 27.05.2021.

601 TJSC, AI 4016888-74.2016.8.24.0000, Florianópolis, 4.ª Câmara de Direito Civil, Rel. Des. Joel Figueira Júnior, *DJSC* 25.07.2017, p. 142.

> atribui apenas à mulher a capacidade para o cuidado. O bebê, que está começando a descobrir o mundo, tem condições psicoemocionais de criar laços de afinidade com seus familiares e demais pessoas que o cercam. É, portanto, na tenra idade que o petiz construirá os vínculos mais fortes e duradouros de sua vida. O tempo tem outra dimensão para as crianças pequenas. Cada dia perdido por um dos genitores é um momento de exploração, aprendizado e vinculação. O infante precisa de sua mãe e de seu pai para que seu desenvolvimento seja saudável[602].

No mais, como já destacado no item sobre tutela de urgência na Parte I, algumas resistências ao deferimento de liminares têm como base a invocação judicial do argumento do *periculum in mora* inverso.

No mencionado caso da "visita à matriarca", seis familiares desejavam visitar a Sra. Helena (82), que havia sofrido um AVC e estava na casa da filha Cátia. No acórdão do Tribunal de Justiça carioca constou:

> Como forma de conciliar o distanciamento social momentâneo e a necessidade de convívio familiar, em especial com os idosos, concedo parcialmente a antecipação da tutela recursal para autorizar que os Agravantes mantenham contato virtual com a Sra. Helena por meio telefônico e chamadas por videoconferência, por qualquer aplicativo (Skype, WhatsApp, Messenger etc.), com periodicidade de 03 (três) vezes por semana, duração mínima de 05 (cinco) minutos e máxima de 10 (dez) minutos, por evento. As partes deverão combinar entre si, antecipadamente, as datas e horários das ligações, sempre priorizando a melhor conveniência da Sra. Helena[603].

Como se nota, mesmo deferindo a liminar, a autoridade judicial determinou que as partes conversassem sobre o modo de seu cumprimento. O consenso, portanto, foi reputado primordial – como realmente é.

Ao ponto, merecem transcrição as palavras de Danièle Ganancia:

> [...] que peso tem a letra da sentença de um julgamento quando, em um estado de espírito destrutivo, um dos genitores continua, no cotidiano, denegrindo ou negando o outro perante a criança? Ou lhe recusa o livre acesso? Ou toda informação sobre a vida? Ou mesmo impede o filho de telefonar? Ou muda-se para o outro canto do país? Ou multiplica os pretextos, finais de semana após finais de semana, para não enviar a criança? Uma vez a decisão tomada, os pais reencontram quase que seu inteiro poder no cotidiano nas suas relações com a criança e com o outro genitor: uma decisão que não pode ser "integrada", ou seja, elaborada pelos dois pais, é uma decisão inaplicável, que não poderá ser cumprida[604].

---

602 TARTUCE, Flávio. Os enunciados de Direito de Família e das Sucessões aprovados na IX Jornada de Direito Civil. Disponível em: https://www.migalhas.com.br/coluna/familia-e-sucessoes/368804/enunciados-direito-de-familia-e-das-sucessoes-jornada-de-direito-civil. Acesso em: 10 out. 2022.

603 TJRJ, AI 0015225-60.2020.8.19.0000, 7.ª Câmara Cível, Rel. Des. Luciano Saboia Rinaldi de Carvalho, j. 18.03.2020.

604 GANANCIA, Danièle. Justiça e mediação familiar: uma parceria a serviço da parentalidade. *Revista do Advogado*, São Paulo, n. 62, p. 8, mar. 2001.

5.5. Legitimidade

Têm evidente legitimidade para pleitear a fixação de regime de convivência familiar o pai ou a mãe que não detém a guarda do filho[605], assim como os avôs e as avós. Resta saber se a propositura de demanda para regular visitas ainda é possível se o genitor, além de não ter a guarda, tiver suspenso ou perdido o poder familiar ou o tiver (com base nos arts. 1.637 e 1.638 do CC).

Em princípio, a perda ou a suspensão do poder familiar não implica total impossibilidade de pleitear convivência nem deve ensejar rejeição liminar do pleito.

Eis um exemplo: em ação de destituição do poder familiar, foi concedida liminar de suspensão do poder e acolhimento institucional. Os pais da criança pediram visitação e o pleito foi indeferido. Ao acolher o pedido recursal, entenderam os desembargadores ser possível a fixação de visita na forma assistida. Adveio a informação de que a criança fugiu do abrigo tentando retornar à residência da família, o que revelava que a ruptura da convivência com o núcleo familiar gerava evidente sofrimento. Como a proibição vinha se mostrando demasiadamente penosa à criança, reconheceu-se a necessidade de permitir o contato supervisionado com a mãe e o pai de modo a atender ao direito constitucional de convivência familiar[606].

Como se percebe, não deve haver indeferimento de petição inicial do genitor que perdeu o poder familiar porque a análise não implica discussão de tema situado no plano da legitimidade, mas sim no mérito. Pertinência subjetiva para discutir a situação obviamente o genitor detém. O juiz deve permitir que o processo avance para que, na fase probatória, auxiliado por peritos de diversas áreas, possa avaliar se atende ao interesse menor sua convivência atual com aquele que lhe foi considerado outrora prejudicial.

Eis outro caso exemplificativo: o Tribunal de Justiça de Santa Catarina reconheceu a uma mãe dependente de drogas (cujo poder familiar estava suspenso) o direito de ver as filhas desde que as visitas ocorressem sob a supervisão da avó materna[607].

---

605 CC, art. 1.589. O pai ou a mãe, em cuja guarda não estejam os filhos, poderá visitá-los e tê-los em sua companhia, segundo o que acordar com o outro cônjuge, ou for fixado pelo juiz, bem como fiscalizar sua manutenção e educação.

606 TJSC, AI 2015.044673-8, Garopaba, 6.ª Câmara de Direito Civil, Rel.ª Des.ª Denise Volpato, j. 20.10.2015, *DJSC* 29.10.2015, p. 370.

607 "Não suficientemente demonstrado pelo agravante que as visitas deferidas na origem importam em expor o infante à situação de risco, é de ser confirmada a decisão *a quo*, que fez cumprir a determinação deste Tribunal de Justiça, que garantiu o direito de visitas pela genitora, sob a supervisão da avó materna, ora recorrida" (TJSC, AI 70041815267, 7.ª Câmara Cível, Rel. André Villarinho, j. 08.06.2011). No mesmo sentido: "[...] 3. De acordo com o parecer técnico elaborado nos autos, o genitor, durante o período de convivência com a requerente, abusava de drogas ilícitas, precipuamente o crack, passando vários meses internado em clínicas para recuperação de dependentes químicos e, ao retornar ao lar, apresentava recaídas com o uso contínuo de drogas. 3.1. Tal fato gerava um comportamento agressivo do requerido, o que interferia na dinâmica familiar e no desenvolvimento dos filhos. 3.2. Há relatos de que os filhos se envolviam nos conflitos do casal, apartando os genitores quando o requerido tentava agredir a autora. 3.3. É cediço que o comportamento passado do pai habita a memória dos menores, os quais relatam não quererem contato com o genitor. 3.4. O estudo demonstrou, ainda, que as crianças encontram-se bem atendidos em suas necessidades pela genitora e, há quase dois anos não encontram o pai. Concluiu, assim, que a visita assistida é a medida que mais se adéqua ao caso. 4. Note-se, ainda que, recentemente, o requerido reiterou comportamentos agressivos em contexto de violência doméstica, motivando a autora a requerer medida protetiva. 5. As visitas assistidas permitirão a convivência dos menores com o pai de forma segura, amparando a reaproximação e retorno do convívio (eis que pai e filhos não se encontram há mais de dois anos) de forma a evitar que as lembranças do passado provoquem sentimentos negativos nos filhos e o medo da repetição dos atos de agressão. [...] Uma vez que o Parecer Técnico elaborado

O Tribunal de Justiça Paulista costuma reconhecer o direito a visitas supervisionadas em casos sensíveis. Em certo divórcio litigioso, o pai das crianças, usuário de drogas, teve determinação de visitas junto ao Centro de Visitação Assistida do Tribunal de Justiça (CEVAT), mas se insurgiu pleiteando visitação livre. Como as partes residiam em Mauá – cuja distância até o CEVAT era de aproximadamente trinta quilômetros –, a genitora admitiu que a visita ocorresse sob sua supervisão ou de quem indicasse em contestação. Houve, então, determinação de que as visitas ocorressem na residência da genitora[608].

No ponto merece destaque recente alteração promovida na Lei de Alienação parental: nos termos do novo parágrafo único do art. 4.º, "assegurar-se-á à criança ou ao adolescente e ao genitor garantia mínima de visitação assistida no fórum em que tramita a ação ou em entidades conveniadas com a Justiça, ressalvados os casos em que há iminente risco de prejuízo à integridade física ou psicológica da criança ou do adolescente, atestado por profissional eventualmente designado pelo juiz para acompanhamento das visitas" (redação dada pela Lei n. 14.340/2022).

Em outro caso, uma demanda de regulamentação de visitas para majorá-las, o pedido foi negado porque o regime fixado se adequava aos interesses da criança: segundo o estudo social e psicológico, as visitas deveriam ocorrer de maneira supervisionada e sem pernoite. Por força do histórico de violência doméstica, acusação de abuso sexual às irmãs mais velhas da criança e relacionamento conflituoso entre os genitores, determinou-se que a supervisão poderia ser realizada pelo atual companheiro da genitora, por ser de confiança dela e da criança[609].

Quanto aos avós, a Lei sobre Alienação Parental dirimiu eventuais dúvidas sobre a possibilidade de pleitearem a fixação de regime de visitas. Na verdade, ao tempo em que ainda não estava positivado o direito de visita aos avós[610], as decisões judiciais, na ausência de previsão legal, foram reconhecendo e conformando tal possibilidade ao longo dos anos, conforme o afeto foi ganhando importância na interpretação do Direito de Família.

No plano processual, mereceu destaque alteração promovida pela Lei n. 12.398/2011 para contemplar de forma mais ampla o direito ao relacionamento familiar: passou a constar no inciso VII do art. 888 do CPC/1973 a possibilidade de medida provisional sobre "a guarda e a educação dos filhos, regulado o direito de visita que, no interesse da criança ou do adolescente, pode, a critério do juiz, ser extensivo a cada um dos avós". Embora a previsão não tenha sido repetida no CPC atual, ela teve o papel de reforçar o entendimento sobre o direito autônomo de avôs e avós conviverem com seus netos.

Além disso, a mesma lei mudou o Código Civil para acrescentar ao art. 1.589 o seguinte parágrafo único: o direito de visita estende-se a qualquer dos avós, a critério do juiz, observados os interesses da criança ou do adolescente.

---

pela Secretaria Psicossocial Cível deste TJDFT atesta que a visita supervisionada da genitora, em local avençado pelas partes, se adequa ao melhor interesse da criança, deve ser mantida a regulamentação das visitas conforme sugerido por esse estudo. [...]" (TJDF, Rec 07007.33-59.2019.8.07.0010, Ac. 134.3623, Segunda Turma Cível, Rel. Des. João Egmont, j. 26.05.2021, Publ. PJe 08.06.2021).

608 TJSP, AI 2203419-49.2019.8.26.0000, Ac. 13152185, Mauá, 7.ª Câmara de Direito Privado, Rel. Des. José Rubens Queiroz Gomes, j. 05.12.2019, *DJESP* 10.12.2019, p. 1.623.

609 TJSP, AC 1049526-20.2017.8.26.0002, Ac. 13124158, São Paulo, 3.ª Câmara de Direito Privado, Rel. Des. Carlos Alberto de Salles, j. 28.11.2019, *DJESP* 03.12.2019, p. 3.427.

610 Eis antigo precedente neste sentido: "Guarda. Direito de visita. Avós. Inadmissibilidade. Direito que é assegurado aos pais em cuja guarda não estejam os filhos. Lei 6.515/1977, art. 15. Inobstante opiniões em contrário, aos avós não é assegurado direito de visitas aos netos, já que a lei só o garante aos pais que não detenham a guarda dos filhos" (TJSP, AC 14.043-1, Rel. Des. Galvão Coelho, j. 27.10.1981).

Com o moderno desenvolvimento do Direito de Família em bases assentadas no afeto, começou-se, ainda, a questionar se o direito de visitas pode ser concedido a outros parentes que não pais e avós[611] ou, ainda, a pessoas sem vínculos sanguíneos com a criança ou o adolescente, mas que com eles tenham estabelecido liames exclusivamente afetivos.

Esta possibilidade se revela viável mesmo sem previsão legal e pode ser extraída não só do princípio da afetividade como também das disposições que garantem à criança e ao adolescente o atendimento de seu melhor interesse, o pleno desenvolvimento de sua personalidade e a convivência familiar (entendida de forma ampla) e comunitária.

Este posicionamento é sustentado por Maria Helena Diniz: o menor pode ser visitado por parentes, amigos ou qualquer pessoa por quem tenha afeição[612].

Além disso, há tempos[613] os Tribunais vêm admitindo, em casos[614] específicos, tal possibilidade; é importante conhecer essas decisões e abrir-se à possibilidade de admitir a convivência saudável de crianças, adolescentes e pessoas com deficiência junto a quem possa contribuir positivamente em sua formação.

---

611 "Além do direito de crianças e adolescentes desfrutarem da companhia de seus familiares, há o direito dos avós de conviverem com seus netos. Assim, não se podem impedir visitas entre avós e netos, o que já vem, de há muito, sendo consagrado pela jurisprudência. Tal direito deve ser conjugado com o princípio do melhor interesse da criança, fundamentando-se na prerrogativa do neto de ser visitado por seus ascendentes, ou qualquer outro parente que com ele mantenha laços de afeto, de solidariedade, de respeito e de amor. A criança tem o direito de personalidade de ser visitada não só pelos avós, como também pelos bisavós, irmãos, tios, primos, padrinho, madrinha, enfim, por toda e qualquer pessoa que lhe tenha afeto (Dias, Maria Berenice. *Manual de direito das famílias*. 5. ed., p. 430-431)" (TJPR, ApCiv 1136004-4, Curitiba, 12.ª Câmara Cível, Rel.ª Des.ª Joeci Machado Camargo, *DJPR* 02.07.2014, p. 278). No mesmo sentido: "Agravo de instrumento. Família. Ação de regulamentação de visitas/convivência. Acolhimento do pedido de autorização para convivência entre tios e sobrinhas. Decisão agravada reformada. Caso concreto em que não se verificam elementos nos autos ou mesmo razões contundentes para indeferir as visitas pretendidas, não se revelando a mera existência de desentendimentos entre os tios e os genitores da criança e da adolescente motivo bastante para obstar a interação. Assim, inexistindo subsídios a indicar o contrário, presume-se salutar para o desenvolvimento adequado das crianças o convívio com a família extensa, merecendo incentivo à visitação, para estreitar laços e ampliar convivência social, o que se coaduna com as disposições da Constituição Federal e do Estatuto da Criança e do Adolescente. Regularização das visitas entre tios e sobrinhas que se impõe, ainda que em tempo inferior ao postulado na inicial. Recurso parcialmente provido" (TJRS, Agravo de Instrumento 50712769820208217000, Rel.ª Rosana Broglio Garbin, j. 08.04.2021).

612 DINIZ, Maria Helena. *Curso de direito civil brasileiro*: direito de família. 21. ed. São Paulo: Saraiva, 2006, v. 5, p. 319.

613 "Direito de visita. Concessão a outros parentes que não os pais e pessoas estranhas ao parentesco. Admissibilidade, em casos especiais, ainda que inexistente expressa previsão legal. Necessidade apenas de que o interesse sentimental e moral do menor esteja a indicar o deferimento. A circunstância de a legislação brasileira referir-se, no tocante ao direito de visita, apenas aos pais, não implica em recusá-lo, em casos especiais, a outros parentes e mesmo a estranhos ao parentesco, sendo necessário, porém, que o interesse sentimental e moral do menor esteja a indicar o deferimento do direito" (TJSP, AC 140440-1/7, 5.ª Câmara Cível, Rel. Des. Matheus Fontes, j. 01.08.1991).

614 "Regulamentação de visitas entre irmãs. Adoção. Possibilidade jurídica do pedido. Embora a adoção implique o desligamento dos vínculos com pais e parentes, isso não significa que um pedido de regulamentação de visitas ajuizado por um familiar configure a impossibilidade jurídica do pedido. Há peculiares situações em que a manutenção dos vínculos de afeto com os parentes biológicos deve ser preservada, uma vez comprovado que tal vem ao encontro dos interesses do adotando. Os vínculos de afeto devem ser somados e não excluídos" (TJRS, AI 70024258766, 7.ª Câmara Cível, Rel.ª Des.ª Maria Berenice Dias, j. 28.05.2008).

Em certo caso, um parente de quarto grau (primo, trisavó, trineto, tio-avô ou sobrinho-neto) queria conviver com uma pessoa incapaz com quem tinha vínculo afetivo, mas foi impedido. Ao socorrer-se do Poder Judiciário, ele alcançou seu intento. Os julgadores entenderam que: 1. a falta de regulamentação específica do direito de visita relativo a tais parentes não pode ser empecilho para a convivência entre pessoas com laços afetivos – em especial pela atual amplitude do conceito de família, que considera mais importante o vínculo afetivo existente do que o próprio vínculo sanguíneo; 2. a regulamentação de visitas tem como escopo principal atender aos interesses de quem as recebe e não aos anseios dos demais envolvidos; 3. os desentendimentos entre as partes não podem prejudicar o direito de convívio do curatelado com aqueles com quem possuía prévio relacionamento afetivo[615].

O grau de parentesco (ou a ausência dele) não deve ser visto como comprometimento à legitimidade ativa para pleitear visitas. A pessoa que alega afeição e vínculo para pleitear convivência remete à situação abstratamente passível de ser atendida pelo ordenamento, a depender da análise dos fatos, sendo, portanto, legitimada para a demanda.

A viabilidade de deferir a convivência não é tema a ser analisado em abstrato, sem aprofundamento da prova. Não se deve, assim, promover a extinção prematura do processo sem apreciação do mérito pelo simples fato de o autor ser um parente colateral distante ou nem guardar vínculos de parentesco. Tal ordem de análise se situa no âmbito do mérito, demandando instrução probatória ampla sobre o grau de afetividade independentemente do grau de parentesco, já que o que se discute é a convivência comunitária da criança e do adolescente.

Merece destaque um caso peculiar em que tal premissa foi adotada. Proposta ação de reconhecimento de maternidade socioafetiva, apesar de reconhecida a união homoafetiva vivida pela genitora do menor e a autora, foi julgado improcedente o pedido por falta de prova de que o relacionamento entre as partes equivaleria àquele existente entre mãe e filho (em termos de existência de afeto, convivência, tratamento recíproco paterno-filial e razoável duração da relação). As visitas, contudo, foram mantidas de forma livre em atendimento à vontade do menor. Afastou-se a alegação de ser a decisão *extra petita*, não obstante a decisão dada ao litígio, uma vez que

> [...] o direito de visita não encontra limite entre pais e filhos. Quando mais se reconhece a importância da preservação dos vínculos afetivos, vem se desdobrando o direito de visitas também a parentes outros. Assim, avós, tios, padrastos, padrinhos, irmãos etc. podem buscar o direito de conviver com crianças e adolescentes, quando existem os elos de afetividade, que devem ser preservados[616].

Para deixar mais claras essas ponderações, foi aprovado na IX Jornada de Direito Civil (realizada pelo Conselho da Justiça Federal em maio de 2022) o Enunciado n. 672: "o direito de convivência familiar pode ser estendido aos avós e pessoas com as quais a criança ou adolescente mantenha vínculo afetivo, atendendo ao seu melhor interesse".

---

615 TJDF, Proc. 0706.73.0.872018-8070000, Ac. 110.9471, 8.ª Turma Cível, Rel. Des. Eustáquio de Castro, j. 18.07.2018, *DJDFTE* 23.07.2018.

616 TJRS, AC 0245293-09.2017.8.21.7000, Porto Alegre, 7.ª Câmara Cível, Rel.ª Des.ª Liselena Schifino Robles Ribeiro, j. 24.10.2017, *DJERS* 27.10.2017.

5.6. Aspectos probatórios

5.6.1. *Visão geral*

Quando o guardião deixa de apresentar razões consistentes para impedir a convivência familiar com o outro genitor ou parente, não há por que alongar a produção probatória. É essencial que o magistrado chamado a decidir reprima iniciativas descabidas de quem não se desincumbe de demonstrar a plausibilidade de suas alegações.

É essencial haver um bom trabalho de apuração dos fatos e da conjuntura de interação familiar para que a forma de delinear a convivência corresponda o máximo possível à possibilidade de um cumprimento efetivo.

Assim, são úteis iniciativas como apurar os horários e os locais de trabalho do guardião e da pessoa que requer as visitas, conhecer as atividades de interesse dos envolvidos...Essas pesquisas podem colaborar para que advenha um arranjo de convivência benéfico para os envolvidos que tenha reais chances de ser efetivamente cumprido. As questões probatórias se aprofundam especialmente quando há alegações de comportamentos impróprios do requerente das visitas ou quando o juiz percebe indícios desses comportamentos.

O laudo psicológico configura instrumento probatório apto a auxiliar o juiz a decidir. Não somente o menor, mas também os pais, pode ser submetido a exame psicológico (caso o juiz entenda necessária a prova ou a equipe disciplinar o indique).

A fim de verificar o ambiente em que o menor será recebido nas "visitas", pode ser elaborado laudo socioeconômico a respeito.

Em precedente do Tribunal de Justiça do Distrito Federal, o resultado da prova técnica foi reputado tão contundente que ensejou a dispensa dos depoimentos pessoais para evitar a indevida protelação do processo[617].

Toda essa produção probatória não deve ser vista como uma cruzada contra quem requer a convivência, mas como um modo de garantir que esta se dará da melhor forma para a criança e/ou o adolescente. Até porque, ressalvada a existência de grave risco para estes, a convivência mediante visitas e contatos deve ser sempre viabilizada, impondo-se, quando necessário, medidas para suprir eventuais limitações, como o acompanhamento das visitas.

A negação da convivência familiar é medida extrema, de sorte que as circunstâncias que a fundamentam devem estar muito bem demonstradas[618].

---

617 "A prova técnica quando contundente desaconselha, por si, a colheita de depoimento pessoal dos litigantes, devendo o julgador dispensar a procrastinação e pôr fim ao litígio prolatando sentença e cumprindo, pois, a prestação jurisdicional. Na guarda e proteção de menor há de se levar em conta o bem-estar e a segurança da criança e este perquirir pode ser alcançado no laudo do serviço psicossocial forense, muito mais quando revela aspectos de extrema gravidade e que, se desacolhido, pode pôr em risco a integridade física e moral do menor. Do mesmo modo, nesse alinhamento, haverá o juiz de sopesar ao decidir sobre o direito de visita, de sorte a alargar ou restringir essa prerrogativa, levando em conta, em suma, o objetivo maior inserido no Estatuto da Criança e do Adolescente" (TJDF, APC 4175596, Ac. 112528/DF, 1.ª Turma Cível, Rel. Des. Valter Xavier, j. 16.06.1997, *DJU* 28.04.1999, p. 69).

618 Eis ementa de decisão sobre visita monitorada: "Direito de família. Direito de visita do pai. Indícios de abuso sexual e violência psicológica sofridos na casa do pai. Melhor interesse da criança. Visita assistida. Decisão reformada. 1) Comprovado nos autos que frequentar a casa do pai pode trazer dano irreparável ou de difícil reparação para o menor, o direito de visitas do pai deve ocorrer de forma assistida ou na casa dos avós paternos, a fim de se preservar o melhor interesse da criança [...]" (TJAP, Proc 0000091-76.2016.8.03.0000, Câmara Única, Rel. Des. Raimundo Vales, j. 30.06.2016, *DJEAP* 07.07.2016, p. 18). No mesmo sentido: "Agravo de instrumento – Ação de destituição do pátrio poder com suspensão do direito

O interesse de crianças e adolescentes goza de proteção especial pelo Estado. Por tal motivo, não incidem os efeitos da revelia nas ações que o envolvam, demandando a instrução probatória mesmo que o réu quede inerte.

Cabe ao juiz, em demandas sobre convivência familiar, averiguar o que realmente ocorreu, inclusive determinando de ofício a produção de provas, se necessário. Como bem destaca Ivone Coelho de Souza,

> [...] a participação da interdisciplinaridade está fora de questionamentos. Não há como dispensá-la nas negociações da família com déficits de integração nas funções parentais. Impõe-se a sondagem, a percepção do conflito nas raízes veladas que se abrigam nas queixas e nas condições de vitimação, de uma ou outra parte, quase sempre, um pouco de cada, simultaneamente[619].

Tomar os depoimentos pessoais das partes pode se revelar imprescindível porque o relato pessoal, nos casos de família, pode ser muito diferente daquilo que é transferido para o papel pelos advogados.

Apesar da relevância probatória, nem sempre é fácil ter a oportunidade de provar em juízo algumas situações: há decisões em que, alegado cerceamento de defesa, afirma-se que "a prova é destinada ao juiz, à formação do seu convencimento, de modo que se o julgador estiver convencido da inutilidade de determinada produção de prova resta-lhe indeferir as diligências inúteis, consoante previsto no art. 370, parágrafo único, do Novo Código de Processo Civil"[620].

---

de convivência e do poder familiar – Suspensão das visitas no ambiente familiar paterno – Possibilidade – Suspeita de agressão – Convívio paterno-filial – Manutenção – Princípio do melhor interesse da criança – Decisão mantida. O genitor ou a genitora que não esteja com a guarda do filho, poderá visitá-lo e tê-lo em sua companhia, conforme for fixado pelo Juiz ou acordado com o outro cônjuge, a teor do art. 1.589 do Código Civil. Considerando-se que a questão relativa à existência ou não de postura agressiva pelo genitor e/ou pela família paterna demanda ampla dilação probatória, por ora, deve ser mantida a suspensão das visitas no ambiente familiar paterno, notadamente porque pautada em laudo psicológico do menor. O convívio paterno-filial restou devidamente garantido, na medida em que foi determinado que as visitas ocorressem de forma supervisionada, no Setor Psicossocial do Juízo de origem, em atenção ao princípio do melhor interesse da criança. Recurso não provido" (TJMG, Agravo de Instrumento-Cv 1.0000.20.571768-9/001, Rel. Des. Fábio Torres de Sousa (JD Convocado), j. 10.06.2021).

619 COELHO DE SOUZA, Ivone M. Candido. Alienação parental (*lupi et agni*), cit., p. 36.

620 No caso (em que se discutiam guarda e visitas), constou ainda que "o estudo psicossocial apontou vínculos afetivos significativos da menor com ambos os genitores, tendo concluído que os dois são capazes de oferecer à filha atenção apropriada às suas necessidades básicas, psicossociais e emocionais. [...]" (TJDF, APC 2014.01.1.189346-0, Ac. 107.6876, 5.ª Turma Cível, Rel. Des. Silva Lemos, j. 31.01.2018, *DJDFTE* 27.02.2018). No mesmo sentido: "Apelação cível – Ação de guarda – Cerceamento de defesa – Não ocorrência – Depoimento pessoal de um dos autores – Desnecessidade [...] Na sistemática do Código de Processo Civil, o juiz é um dos destinatários da prova, possui a prerrogativa legal de dispensar as diligências que entender inúteis ao processo, assim como para indeferir as que considerar inúteis ou meramente protelatórias. Tendo o juízo de origem entendimento pela desnecessidade de depoimento pessoal da 1.ª autora para a formação de seu convencimento, não há que se falar em cerceamento de defesa, notadamente quando demonstrado que foram ouvidas duas testemunhas arroladas pelos próprios autores, bem como ouvido o 2.ºautor. [...]" (TJMG, Apelação Cível 1.0027.19.010532-3/001, Rel. Des. Fábio Torres de Sousa (JD Convocado), j. 24.06.2021).

5.6.2. *Escuta de crianças e adolescentes*

Há regra específica sobre a necessidade de acompanhamento por especialista quando o juiz for tomar depoimento do incapaz nos processos sobre fatos relacionados a abuso ou alienação parental (CPC, art. 699).

Um ponto que pode ensejar dúvida é a definição de quem seria tal especialista, já que a lei não prevê exatamente em qual zona do conhecimento o profissional deve ser especializado. De modo geral, o especialista tende a ser um psicólogo, um assistente social ou compor uma equipe integrada por ambos[621].

A escuta de menores sobre fatos relacionados a abuso (físico, psicológico ou sexual) suscita debates no âmbito da Psicologia sobre a forma mais adequada de realizá-la.

Há quem afirme que, em regra, a autoridade judiciária não está familiarizada com tal prática e não conta com o devido treinamento para efetivá-la.

Em alinhamento com previsões constitucionais de proteção à criança e com o Estatuto da Criança e do Adolescente, no Brasil teve desenvolvimento a iniciativa do *Depoimento sem dano*[622].

O Conselho Nacional de Justiça mantém o Projeto Depoimento sem Dano, que objetiva expressamente "que crianças e adolescentes, no momento dos depoimentos judiciais, não sejam 'revitimizados' por ocasião das suas escutas em Juízo". A proposta é que o incapaz não precise passar diversas vezes pela violência, situação verificada quando ela precisa repetidamente narrá-la. O modelo de depoimento sem dano do CNJ envolve a criação de sala para entrevistas, ligada por vídeo e áudio à sala de audiências, onde técnico e criança conversam[623].

Os defensores da prática afirmam que o procedimento busca propiciar a coleta de provas da forma menos prejudicial possível, valendo-se de uma equipe interdisciplinar que atua de modo eficiente e respeita a condição de vulnerabilidade de crianças e adolescentes[624].

Há, porém, quem conteste a prática afirmando: 1. que ela não constitui uma tarefa afeita à prática dos psicólogos; 2. a "revitimização" da criança pode ocorrer tanto pela ausência como pelo excesso de intervenções, que podem ser inadequadas; 3. a despeito do intuito protetor que a tenha motivado, a iniciativa pode acabar sendo prejudicial a crianças e adolescentes[625].

---

621 TARTUCE, Flávio. *Impactos do novo CPC no direito civil.* Rio de Janeiro: Forense; São Paulo: Método, 2015, p. 345.

622 O depoimento sem dano pode ser considerado "fruto da construção de uma tecnologia, de uma ferramenta, a partir do argumento da minimização do sofrimento no processo de revitimização, e se constitui como uma retomada aparente do conceito de necessidade, somada à lógica de uma percepção tutelar da condição da criança e do adolescente como sujeitos de direitos" (NICODEMOS, Carlos. A inquirição da criança e do adolescente no âmbito do Judiciário. In: CONSELHO FEDERAL DE PSICOLOGIA. *A escuta de crianças e adolescentes envolvidos em situação de violência e a rede de proteção.* Brasília: CFP, 2010, p. 88. Disponível em: http://site.cfp.org.br.wp-content.uploads.2010/02.escutFINALIMPRESSO.pdf. Acesso em: 17 out. 2023).

623 *Projeto Depoimento Sem Dano.* Disponível em: https://www.cnj.jus.br/wp-content/uploads/2011/02/depoimentosemsano.pdf. Acesso em: 17 out. 2023.

624 RIBEIRO, Ana Cecília Rosário. Instrução probatória e depoimento sem dano. In: PEREIRA, Rodrigo da Cunha (org.). *Família*: entre o público e o privado. Porto Alegre: Magister; IBDFAM, 2012, p. 36.

625 BRITO, Leila Maria Torraca de. Diga-me agora... O depoimento sem dano em análise. In: CONSELHO FEDERAL DE PSICOLOGIA (org.). *Falando sério sobre a escuta de crianças e adolescentes envolvidos em situação de violência e a rede de proteção*: propostas do Conselho Federal de Psicologia. Brasília, DF: CFP, 2009, p. 136.

Como se percebe, o tema é controvertido. A previsão do CPC é importante ao positivar a prática de tomada de depoimentos, embora pudesse ser mais bem detalhada para evitar dúvidas sobre como realizar a oitiva. Sob o prisma criminal, o Conselho Nacional de Justiça contemplou o tema na Recomendação n. 33/2010; pela premência do tema, diversos tribunais já vinham desenvolvendo iniciativas importantes para lidar com graves situações envolvendo crianças e adolescentes[626].

Houve, então, o detalhamento normativo para casos específicos verificados na seara criminal: a Lei n. 13.431/2017 estabelece o sistema de garantia de direitos de criança ou adolescente vítima ou testemunha de violência. Para os efeitos da Lei, que passou a vigorar em abril de 2018, a criança e o adolescente serão ouvidos sobre a situação de violência por meio de escuta especializada e depoimento especial (art. 4.º, § 1.º).

Vale destacar que o abuso e a alienação parental são expressamente[627] identificados como formas de violência física e psicológica.

Ao ponto, pondera Giselle Groeninga a dificuldade de identificar a violência psicológica e seus agressores; "muitas vezes a tentativa em proteger, e atribuir direitos às vítimas, pode atropelar um primeiro passo a ser dado: o da identificação do problema, suas causas e agentes" – afinal, "as peculiaridades da mente infantil e adolescente são complicadores em nada desprezíveis"[628].

Segundo o art. 5.º da Lei n. 13.431/2017, a aplicação desta terá como base, entre outros, os direitos e garantias fundamentais de crianças e adolescentes a: VI – ser ouvido e expressar seus desejos e opiniões, assim como permanecer em silêncio; VII – receber assistência qualificada jurídica e psicossocial especializada que facilite a sua participação e o resguarde contra comportamento inadequado adotado pelos demais órgãos atuantes no processo; VIII – ser resguardado e protegido de sofrimento, com direito a apoio, planejamento de sua participação, prioridade na tramitação do processo, celeridade processual, idoneidade do atendimento e limitação das intervenções; IX – ser ouvido em horário que lhe for mais adequado e conveniente, sempre que possível; XI – ser assistido por profissional capacitado e conhecer os profissionais que participam dos procedimentos de escuta especializada e depoimento especial.

A lei detalha o procedimento no Título III, destinando ao lapso entre os arts. 7.º e 12 a função de regrar a escuta especializada[629] e o depoimento especial[630].

---

626 Para entender o panorama brasileiro, o artigo da Desembargadora do Mato Grosso do Sul, Maria Isabel de Matos Rocha, merece leitura: *"Depoimento especial" de crianças e adolescentes vítimas de violência sexual: a experiência do estado de Mato Grosso do Sul.* Disponível em: http://www.enfam.jus.br/wp-content/uploads/2017/04/ARTIGO-Depoimento-Especial-MARIA-ISABEL-ROCHA.R5K.pdf. Acesso em: 4 nov. 2017.

627 Lei n. 13.431/2017, Art. 4.º Para os efeitos desta Lei, sem prejuízo da tipificação das condutas criminosas, são formas de violência: I – violência física, entendida como a ação infligida à criança ou ao adolescente que ofenda sua integridade ou saúde corporal ou que lhe cause sofrimento físico; II – violência psicológica: [...] b) o ato de alienação parental, assim entendido como a interferência na formação psicológica da criança ou do adolescente, promovida ou induzida por um dos genitores, pelos avós ou por quem os tenha sob sua autoridade, guarda ou vigilância, que leve ao repúdio de genitor ou que cause prejuízo ao estabelecimento ou à manutenção de vínculo com este.

628 GROENINGA, Giselle. *Lei 13.431 tem longo caminho para ser efetiva sem causar injustiças.* Disponível em: https://www.conjur.com.br/2017-abr-23/processo-familiar-lei-13431-longo-caminho-efetiva-causar-injusticas. Acesso em: 4 nov. 2017.

629 Segundo o art. 7.º, "escuta especializada é o procedimento de entrevista sobre situação de violência com criança ou adolescente perante órgão da rede de proteção, limitado o relato estritamente ao necessário para o cumprimento de sua finalidade".

630 Pelo art. 8.º, "depoimento especial é o procedimento de oitiva de criança ou adolescente vítima ou testemunha de violência perante autoridade policial ou judiciária".

Tanto a escuta especializada quanto o depoimento especial serão realizados em local apropriado e acolhedor, com infraestrutura e espaço físico que garantam a privacidade da criança ou do adolescente vítima ou testemunha de violência (Lei n. 13.431/2017, art. 10).

O depoimento especial será regido por protocolos e, sempre que possível, será realizado uma única vez em sede de produção antecipada de prova judicial, garantida a ampla defesa do investigado (art. 11).

Segundo o art. 11, § 1.º, o depoimento especial seguirá o rito cautelar de antecipação de prova (previsto no Código de Processo Penal): I – quando a criança ou o adolescente tiver menos de 7 (sete) anos; II – em caso de violência sexual.

Eis como o art. 12 da Lei delineia o procedimento: I – os profissionais especializados esclarecerão a criança ou o adolescente sobre a tomada do depoimento especial, informando-lhe os seus direitos e os procedimentos a serem adotados e planejando sua participação (sendo vedada a leitura de peças processuais); II – será assegurada à criança ou ao adolescente a livre narrativa sobre a situação de violência, podendo o profissional especializado intervir quando necessário, utilizando técnicas que permitam a elucidação dos fatos; III – no curso do processo judicial, o depoimento especial será transmitido em tempo real para a sala de audiência, preservado o sigilo; IV – findo o procedimento previsto no inciso II deste artigo, o juiz, após consultar o MP, o defensor e os assistentes técnicos, avaliará a pertinência de perguntas complementares, organizadas em bloco; V – o profissional especializado poderá adaptar as perguntas à linguagem de melhor compreensão da criança ou do adolescente; VI – o depoimento especial será gravado em áudio e vídeo.

Como se nota, no plano normativo, houve a estruturação de procedimentos e a consideração adequada de aparatos públicos para acolher e ouvir crianças e adolescentes vítimas e/ou testemunhas de crime.

5.6.3. *Indícios de alienação parental e tutela provisória específica*

Nos termos do art. 4.º da Lei n. 12.318/2010, "declarado indício de ato de alienação parental, a requerimento ou de ofício, em qualquer momento processual, em ação autônoma ou incidentalmente, o processo terá tramitação prioritária, e o juiz determinará, com urgência, ouvido o Ministério Público, as medidas provisórias necessárias para preservação da integridade psicológica da criança ou do adolescente, inclusive para assegurar sua convivência com genitor ou viabilizar a efetiva reaproximação entre ambos, se for o caso".

O requerente, portanto, pode demandar em juízo e, demonstrando a presença de indícios da alienação, pleitear medidas aptas a evitar o aprofundamento da situação danosa à integridade emocional da criança ou do adolescente e ao pleno exercício, livre de quaisquer constrangimentos, de seu direito à convivência familiar.

São exemplos de indícios: a) a recusa da guardiã em informar o endereço da residência e em levar o filho para encontrar o genitor nas datas pré-fixadas para "visita"[631]; b) o laudo acostado pelo próprio pai "que menciona que a criança, com apenas 4 anos de idade, é informada sobre o processo de separação judicial dos pais e aguarda decisão a respeito da definição de sua guarda (*sic*) – o que pode indicar que pai e avós paternos podem estar exercendo atos de

---

[631] TJSC, AI 2010.084104-3, Joinville, 5.ª Câmara de Direito Civil, Rel. Des. Antônio do Rêgo Monteiro Rocha, j. 13.09.2012, *DJSC* 02.10.2012, p. 83.

alienação parental, fazendo com que a criança não queira seguir aos cuidados de sua mãe[632]"; c) a resistência injustificada à visitação do filho pelo pai[633]; d) registros de comunicações (em mensagens eletrônicas, cartas e afins) com expressa manifestação do intuito de alienar o outro; e) ata notarial do teor de comunicações telefônicas e/ou eletrônicas em que a(o) guardiã(o) manifesta intenção de não deixar que a(o) outra(o) conviva com o filho ou que intenciona alterar seu domicílio para impedir o acesso do outro genitor à criança.

O art. 5.º da Lei n. 12.318/2010 destaca que "havendo indício da prática de ato de alienação parental, em ação autônoma ou incidental, o juiz, se necessário, determinará perícia psicológica ou biopsicossocial".

Pela sequência dos dispositivos legais, nota-se que o juiz deve inicialmente declarar a presença dos indícios e tomar as medidas adequadas à interrupção dos atos de alienação, para então, oportunamente, determinar realização de prova pericial (caso ela se revele necessária).

Como argumentado, exigir apenas a presença de indícios para a concessão de tutela de urgência em caso de alienação parental é iniciativa que facilita a atuação do requerente da medida e favorece seu acesso à justiça.

Como a lei afirma serem suficientes os indícios, o magistrado não pode exigir um elevado patamar probatório para a tomada de decisão: a intenção do legislador foi justamente ampliar o acesso à justiça do requerente ao dispensar maior profundidade instrutória.

Exigir prova pericial quando a lei se contenta com indícios configura erro considerável: em sede de tutela de urgência, a determinação legal é que a análise seja feita pelo magistrado em cognição sumária e superficial (não exauriente).

Evidentemente, cabe aos advogados aportar elementos da forma mais completa e convincente possível. Na prática, sobram petições iniciais em que são expostas longas razões sobre temas sobejamente conhecidos (muitas vezes transcrevendo dispositivos normativos e trechos de ementas de decisões), mas o requerimento de concessão de medida de urgência é sucinto (compondo uma ou duas linhas ao final da petição), sem fundamentação específica.

---

632 TJRS, AI 234857-30.2013.8.21.7000, Caxias do Sul, 8.ª Câmara Cível, Rel. Des. Rui Portanova, j. 01.08.2013, *DJERS* 07.08.2013.

633 "[...] – Não havendo provas concretas de que o genitor da criança possa lhe oferecer riscos e estando presentes fortes indícios de que a genitora dificulta a convivência paterno-filial, mostra-se prudente que as visitas voltem a acontecer durante a semana por meio de videochamadas e em finais de semanas alternados de forma presencial. – As videochamadas facilitarão a reaproximação do pai com a filha e aos poucos os encontros presenciais acontecerão de forma mais natural. – Destaca-se que a realização de um estudo social atual é de extrema necessidade e urgência e o acompanhamento psicológico da criança de forma a amenizar as consequências da ausência de convivência paterna. – A genitora da criança deve ser alertada que o impedimento da convivência paterno-filial pode configurar alienação parental ocasionando consequências legais, inclusive a reversão da guarda em favor do pai" (TJMG, Agravo de Instrumento-Cv 1.0000.21.080543-8/001, Rel.ª Des.ª Ângela de Lourdes Rodrigues, j. 30.09.2021); "[...] Modificação do lar de referência com fundamento na alienação parental – Medida adequada – Genitora que sistematicamente dificulta a convivência paterna – Impossibilidade de se descumprir o direito de visita por suposta recusa da criança – Menor bem adaptada com o convívio paterno – Ausência de indícios desabonadores da sua conduta como genitor – Pai que observou as decisões judiciais durante o processo – Parecer social favorável – Alienação parental comprovada – Art. 2.º da Lei n. 12.318/2010 – Medidas menos gravosas como imposição de multa, busca e apreensão de menor e reforço policial que foram insuficientes para fazer cessar a alienação parental [...]" (TJPR, Proc. 0048321-50.2020.8.16.0000, Rel.ª Des.ª Rosana Amara Girardi Fachin, j. 04.08.2021).

Obviamente em tais casos o advogado contribui menos do que poderia para o deferimento do pedido; como boa técnica, recomenda-se que ele dê destaque ao pleito de tutela de urgência e demonstre a presença dos requisitos exigidos na espécie.

5.6.4. *Análise de decisões restritivas quanto à configuração de indícios de alienação parental*

a) Negações de cunho genérico

Muitas decisões que negam a tutela de urgência em demandas de alienação parental se limitam a afirmar a insuficiência de elementos aptos a justificar a concessão da medida requerida. Nesses casos, chamam a atenção: 1. a presença de argumentações muito genéricas – em princípio relacionadas ao caso concreto, sem pretender, na ampla maioria dos casos, a formulação de uma tese geral; 2. a premissa de que pedidos de alteração de guarda e de impedimento de visitas são muito drásticos, o que justifica a forte tendência de exigir cognição exauriente.

A fundamentação genérica foi expressamente rechaçada pelo CPC: segundo o art. 489, § 1.º, não será considerada fundamentada a decisão (interlocutória, sentença ou acórdão) que: I. se limitar a indicar, reproduzir ou parafrasear ato normativo, sem explicar sua relação com a causa ou a questão decidida; II. empregar conceitos jurídicos indeterminados sem explicar a causa concreta de sua incidência; III. invocar motivos que se prestariam a justificar qualquer outra decisão; IV. não enfrentar todos os argumentos deduzidos no processo capazes de, em tese, infirmar a conclusão adotada[634]. Se a fundamentação da decisão não for devidamente observada, serão cabíveis embargos de declaração (art. 1.022, parágrafo único, II).

Quanto ao segundo elemento, vale destacar: preconceitos e lugares comuns que busquem padronizar a visão sobre as famílias não atendem à função de distribuir justiça em casos particularizados.

Em pleito do genitor pela guarda dos filhos, assim entendeu o Tribunal gaúcho:

> As alterações de guarda devem ser evitadas, pois, em regra, são prejudiciais à criança, que tem modificada a sua rotina de vida e os seus referenciais, gerando-lhe transtornos de ordem emocional. Razoável, no caso, que se aguarde a avaliação para melhor instrução[635].

Repare-se que aqui há inclusive a formulação de uma regra geral: é excepcional a alteração de guarda.

---

634 Há ainda dois outros incisos no art. 489 § 1.º (não reproduzidos aqui pela impertinência quanto ao tema tratado).

635 TJRS, AI 70051662898, 7.ª Câmara Cível, Rel. Des. Liselena Schifino Robles Ribeiro, j. 21.11.2012, *DJ* 26.11.2012. No mesmo sentido: "[...] 2. Percebendo-se que os menores em tela se encontram em situação de intensa vulnerabilidade, havendo conflitos e desajustes envolvendo ambos os genitores, e ausente prova inequívoca de prejuízo com a manutenção da guarda fática já estabelecida, que mantém a convivência dos filhos tanto com o pai, quanto com a mãe, não é prudente se estabelecer a guarda unilateral, pelo menos até a elaboração do estudo psicossocial e dilação probatória para deslinde dos fatos. 3. A alteração da guarda e do lar de referência, antes de elucidados os fatos, pode ensejar prejuízos aos menores, na medida em que eventual procedência da ação acarretaria a necessidade de nova modificação do lar de referência, submetendo os menores a constantes mudanças, em evidente comprometimento de sua rotina e, consequentemente, de sua estabilidade emocional. [...]" (TJDFT, Proc. 07126443020218070000, Rel.ª Des.ª Ana Cantarino, j. 12.08.2021).

Em algumas decisões, o argumento "manutenção da rotina" da criança é invocado com grande destaque[636].

Afora essa especificidade, corrobora a decisão o quanto já exposto: em muitas decisões, os magistrados não se contentam com a cognição superficial, exigindo a presença de provas sobre a alienação parental, vale dizer, um padrão probatório superior ao legalmente determinado.

b) Reconhecimento a partir de cognição exauriente

Em decisão recente, o Tribunal paulista assentou a "ausência de elementos, por ora, que indicariam a prática de alienação parental pela genitora e a existência de prejuízo às crianças" com a manutenção da guarda outrora fixada; a dilação probatória seria imprescindível[637].

Esse tipo de decisão esvazia a noção de indícios e a proteção liminar concebida como relevante pelo legislador. No limite, tal entendimento pode inviabilizar completamente a tutela provisória.

Infelizmente não faltam decisões nesse sentido.

Exemplificativamente, o Tribunal mineiro indeferiu pedido de tutela provisória porque ainda não haveria prova idônea de alienação parental praticada pela genitora; até que se procedesse a uma maior dilação probatória com a realização de estudo psicossocial, entendeu não ser recomendável modificar a decisão agravada[638].

---

636 Eis exemplo: "[...] Menor que conta com dez anos de idade e está sob os cuidados da genitora desde o seu nascimento. Inversão da guarda que deve ser analisada sob o ponto de vista da menor e não de seus genitores. Alta litigiosidade entre os genitores que indica a necessidade de manutenção da rotina já estabelecida pela menor, evitando novo abalo emocional, até melhor apuração da situação familiar por estudo social e psicológico nos autos principais. Observação de que já houve alteração nos autos principais do regime de visitas fixado em favor do genitor [...]" (TJSP, AI 2179456-12.2019.8.26.0000, Ac. 13180116, Marília, 1.ª Câmara de Direito Privado, Rel.ª Des.ª Christine Santini, j. 13.12.2019, *DJESP* 19.12.2019, p. 2.146).

637 TJSP, AI 2002208-64.2016.8.26.0000, 6.ª Câmara de Direito Privado, Rel. Des. Paulo Alcides, j. 28.04.2016, *DJe* 28.04.2016. No mesmo sentido: "[...] Tutela cautelar antecedente. Busca e apreensão e modificação da guarda do filho de 6 (seis) anos de idade. Medida liminar negada pela inexitência [*sic*] de indícios de maus-tratos ou de iminente risco ao infante. Insurgência do genitor. Alegado impedimento do direito de visitas do pai, prática de alienação parental e ameaças à integridade física pela genitora da criança. Inexistência, no momento, de provas ou argumentos que desabonem a conduta da agravada. Contexto de litígio e acusações recíprocas que põem em risco os direitos do menor. Prevalência do interesse da criança. Necessidade de instrução do feito na primeira instância. Pressupostos para a concessão da medida de urgência pleiteada não satisfeitos [...]" (TJSC, Agravo de Instrumento 4021227-71.2019.8.24.0000, Rel. Stanley da Silva Braga, j. 22.04.2021).

638 "[...] Não deve ser concedida liminar para permitir a convivência do genitor com o menor por alguns dias da semana, quando não se sabe se a medida corresponde ao melhor interesse da criança, sobretudo em face dos indícios de que isto poderá prejudicar a rotina do infante, que se encontra matriculada em escola, e que o pai apresenta comportamento emocional desequilibrado" (TJMG, AI 1.0352.15.001740-3/001, 1.ª Câmara Cível, Rel. Des. Alberto Vilas Boas, j. 08.09.2015, *DJe* 16.09.2015). No mesmo sentido: "[...] Ação de modificação de guarda e alimentos. Decisão que fixou a guarda da menina de forma unilateral em favor da mãe. Recurso do réu/genitor. Pretensa reversão da guarda a seu favor. Viabilidade. Criança que está sob os cuidados do pai há três anos. Ausente prova de conduta desabonadora do genitor no exercício da paternidade. Mãe que se valeu do direito de convivência para modificar o ambiente e a rotina da filha. Restabelecimento da guarda ao genitor que melhor atende os interesses da criança. Regulamentação de visitas necessária. Manifesta animosidade dos pais. Indícios de prática de alienação parental. Indispensabilidade da realização de estudo social, na hipótese" (TJSC, AI 4028025-48.2019.8.24.0000, Rel. Ricardo Fontes, j. 03.03.2020).

No mesmo sentido, em demanda denominada "regulamentação de visitas com pedido de inversão da guarda[639]", o Tribunal do Rio de Janeiro assim decidiu:

> 2. O *decisum* apenas indeferiu por ora o pleito, entendendo necessária a conclusão de estudos social e psicológico previamente determinados. Efetivamente, não há ainda elementos suficientes à conclusão de ocorrência de atos de alienação parental, sendo que os estudos mencionados buscam precisamente se aprofundar na análise desta alegação. Por outro lado, as peças que instruem o presente recurso indicam que a mudança para outro Estado teve fundamento em proposta de emprego que seria mais vantajosa à genitora da menor. Assim, e especialmente considerando o grau de litigiosidade entre as partes, recomenda-se cautela na apreciação do pleito, devendo ser mantida a decisão agravada[640].

O Tribunal paraense – no que aparentaria, à primeira vista, ser uma decisão conforme com o disposto na Lei n. 12.318/2010 – afirmou ter verificado "indícios e indicadores" de alienação parental do pai em referência à mãe, "com difamação, agressividade sem motivo aparente e uso de frases prontas e xingamentos" em relatório realizado pelo Centro de Referência Especializado de Assistência Social (Creas)[641]. Ora, tal relatório obviamente configura prova técnica (perícia), situando-se em patamar de certeza muito superior ao do "indício".

Entender que "questões relativas à alienação parental, em regra, demandam instrução probatória complexa para sua aferição" e não se coadunam com a concessão liminar de medidas cautelares[642] é negar a possibilidade de tutelas de urgência (naturalmente pautadas por cognição superficial) nesses casos.

---

639 Eis o início da ementa: "Alegação de atos de alienação parental. Indeferimento por ora. Necessidade de dilação probatória. Manutenção do *decisum*. 1. O agravante aduz que após a realização de acordo provisório de visitação a genitora da menor mudou de domicílio, passando a residir em outro Estado, o que impediria a visitação. Afirma, ainda, estar caracterizada a prática de atos de alienação parental, sendo imperativa a inversão da guarda".

640 TJRJ, AI0033341-90.2015.8.19.0000, 22.ª Câmara Cível, Rel. Des. Carlos Santos de Oliveira, j. 04.08.2015. No mesmo sentido: "[...] Pleito de reversão de guarda. Inviabilidade. Insuficiência de provas sobre alegada alienação parental. Necessidade de dilação probatória. Preservação do melhor interesse da criança. Manutenção do *decisum*. Caso em que a concessão dos efeitos da tutela exige a demonstração inequívoca do direito postulado, o que não se verifica nos autos. Necessidade de dilação probatória para averiguar a alegada situação de alienação parental, devendo ser mantida a guarda paterna com visitações maternas, conforme acordo realizado entre os genitores. Alteração da guarda que deve ser vista como medida excepcional, diante dos inúmeros reflexos aos filhos/infantes. [...]" (TJRS, Agravo de Instrumento 70082303124, Rel. José Antônio Daltoe Cezar, j. 28.11.2019).

641 "[...] II – Existem provas cabais de que o apelante descumpriu com seus deveres de pai em relação à filha, não havendo dúvidas de que o próprio genitor submeteu a filha a grave violência psicológica e abuso sexual, conforme depoimentos, estudo técnico e laudo pericial. III – inexiste qualquer prova nos autos de que a genitora da menor tenha realizado alienação parental, conforme afirma o apelante. Por outro lado, em relatório de atendimento da criança no Creas foi verificado indícios e indicadores de síndrome de alienação parental do pai em referência à mãe, com difamação, agressividade sem motivo aparente e uso de frases prontas e xingamentos. IV – o apelante é um homem agressivo, estando, inclusive, respondendo por crime de violência doméstica contra a genitora da menor e questão. Além disso, não presta qualquer assistência moral e emocional em favor da filha, o que implica necessariamente na ausência de vínculo e, sobretudo, na sua impossibilidade de prover os cuidados necessários ao desenvolvimento da mesma [...]" (TJPA, APL 0007735-82.2013.8.14.0028, Ac. 160559, Marabá, 1.ª Câmara Cível Isolada, Rel.ª Des.ª Gleide Pereira de Moura, j. 30.05.2016, *DJPA* 09.06.2016).

642 "[...] Pedido fundamentado em prática de alienação parental, para modificação da guarda de filha comum das partes. Medida concedida ao requerido, por meio de deferimento de tutela antecipada, na ação de

Vale ainda destacar que tal tipo de exigência pode acabar afetando negativamente a criança.

Como exemplo, em demanda de modificação de guarda, o genitor alegou haver indícios de alienação parental por parte da genitora; o juiz de primeiro grau determinou o atendimento da exigência formulada pelo Ministério Público no sentido de, presentes os indícios, ser necessária a realização de novo estudo psicológico da menor. O recurso do pai foi negado por conta da suposta "prevalência do princípio do melhor interesse da criança", afirmando-se que a matéria exigia melhor dilação probatória[643].

Se a lei se contenta com a presença de indícios, por que submeter a criança a novo estudo? A exigência de nova rodada de provas, em atendimento à apreciação em cognição exauriente, tende a promover desgastes significativos e desnecessários à criança. Sem dúvida, advogados criativos e juízes conscientes podem moldar formas de tutela cautelar aptas à proteção do menor, sem correr grandes riscos.

c) Indevida qualificação dos indícios

Exigência excessiva parece também ocorrer quando se afirma que apenas fortes (e não meros) indícios são aptos a permitir a adoção de iniciativas contra a alegada alienação parental.

Como exemplo, em caso apreciado pelo Tribunal de Pernambuco, assim foi decidido:

> 1. A alteração de guarda reclama a máxima cautela por ser fato em si mesmo traumático, somente se justificando quando há fortes indícios da situação de risco atual ou iminente, em pedido de antecipação de tutela, o que não ocorre na espécie. 2. Deve sempre prevalecer o interesse da infante acima de todos os demais, sendo que, no caso em tela, não tendo sido produzidos os elementos de convicção necessários à formação do convencimento do juiz, mostra-se pertinente a manutenção da situação familiar da menor, em relação à guarda, por já estar ambientada com tal condição[644].

Vale lembrar que a lei não qualifica os indícios: basta sua presença, não precisando que sejam fortes, para que seja reconhecida a suficiência de elementos para que o juiz atue no sentido de fazer cessar os atos de alienação parental.

Em diversas hipóteses concessivas das medidas requeridas, a presença de fortes[645] indícios é mencionada. Não há problema em tais menções quando elas apenas funcionam como

---

modificação de guarda proposta por ele. Alienação parental que deve ser deduzida e demonstrada, como matéria de prova, nos autos dessa demanda (modificação de guarda) que pode ser tida como 'principal'. Ação cautelar que se mostra processualmente inadequada. Falta de interesse de agir da autora (desnecessidade e inadequação presentes). Inexistência, ademais, do *fumus boni iuris*. Prova documental com texto cortado, o que torna ininteligível o seu conteúdo [...]" (TJSP, AC 4025406-50.2013.8.26.0114, 7.ª Câmara de Direito Privado, Rel. Des. Miguel Brandi, j. 13.11.2015, *DJe* 13.11.2015).

643 TJRJ, AI 0011153-06.2015.8.19.0000, 10.ª Câmara Cível, Des. Rel. Celso Peres, j. 16.04.2015. No mesmo sentido: "[...] Caso em que a concessão dos efeitos da tutela exige a demonstração inequívoca do direito postulado, o que não se verifica nos autos. Necessidade de dilação probatória para averiguar a alegada situação de alienação parental, devendo ser mantida a guarda paterna com visitações maternas, conforme acordo realizado entre os genitores. Alteração da guarda que deve ser vista como medida excepcional, diante dos inúmeros reflexos aos filhos/infantes" (TJRS, AI 0202221-98.2019.8.21.7000, Proc. 70082303124, Canoas, 8.ª Câmara Cível, Rel. Des. José Antônio Daltoe Cezar, j. 28.11.2019, *DJERS* 03.12.2019).

644 TJPE, AI 0011440-23.2015.8.17.0000, Rel. Des. Humberto Vasconcelos Junior, j. 04.08.2016, *DJEPE* 15.08.2016.

645 Eis exemplos: "[...] Alegação de impossibilidade de fixação de guarda compartilhada. Guarda compartilhada que se mostra como a melhor solução no contexto delineado. Situação de crise familiar. Alta

reforço argumentativo; o risco, porém, é que a qualificação sobre os indícios acabe limitando o reconhecimento de sua presença.

No fundo, sob a denominação de "fortes indícios," não se estaria exigindo prova direta do fato – ou mesmo prova cabal? Sendo a resposta positiva, há, além do descumprimento da lei, o esvaziamento da possibilidade de conceder tutela provisória de urgência – cujas previsões, diante da premência da situação, demandam dos litigantes menos exigências para a concessão de medidas reputadas necessárias para a proteção de direitos e/ou garantias.

d) Confusão com máxima de experiência

Segundo precisa lição de Barbosa Moreira, a máxima (regra) de experiência reflete "o reiterado perpassar de uma série de acontecimentos semelhantes, autorizando, mediante raciocínio indutivo, a convicção de que, se assim costumam apresentar-se as coisas, também assim devem elas, em igualdade de circunstâncias, apresentar-se no futuro"[646].

Em caso no qual o pai pediu o aumento da convivência com o filho por alguns dias da semana, após afirmar ser necessária a ampliação da prova (com realização de estudo psicossocial[647]), assim entendeu o Tribunal mineiro:

> Não deve ser concedida liminar para permitir a convivência do genitor com o menor por alguns dias da semana, quando não se sabe se a medida corresponde ao melhor interesse da criança, sobretudo em face dos indícios de que isto poderá prejudicar a rotina do infante, que se encontra matriculada em escola, e que o pai apresenta comportamento emocional desequilibrado[648].

Na decisão, o indício foi usado em detrimento do requerente da medida porque houve confusão com a máxima de experiência. Estar matriculado na escola não é um indício, mas

---

beligerância. Melhor interesse da criança que aponta que a guarda conjunta é a opção mais saudável. Necessidade de ambos os genitores serem vistos como autoridades perante a filha. Fortes indícios de alienação parental que geraram a advertência da genitora e demonstram a necessidade de estreito dos laços entre pai e filha" (TJPR, Proc. 0023649-06.2014.8.16.0188, Rel. Luciano Carrasco Falavinha Souza, j. 29.07.2020); "[...] Hipótese em que o laudo psicológico pericial encartado aos autos demonstra que a influência da avó materna, atual guardiã, tem trazido aspectos negativos para o desenvolvimento da infante. O afastamento da genitora, o sofrimento por conta do sentimento de vazio, a sensibilidade defensiva, a inadequada atenção recebida quando fica aos cuidados do tio adolescente, além dos fortes indícios de alienação parental praticados pela avó, são aspectos negativos e prejudiciais, que vão de encontro aos precípuos interesses da criança. Contexto que justifica o deferimento da guarda definitiva da menor à genitora" (TJRS, Apelação Cível 70082449604, Rel.ª Sandra Brisolara Medeiros, j. 25.09.2019); "[...] Não havendo provas concretas de que o genitor da criança possa lhe oferecer riscos e estando presentes fortes indícios de que a genitora dificulta a convivência paterno-filial, mostra-se prudente que as visitas voltem a acontecer durante a semana por meio de videochamadas e em finais de semanas alternados de forma presencial" (TJMG, Agravo de Instrumento-Cv 1.0000.21.080543-8/001, 8.ª Câmara Cível, Rel.ª Des.ª Ângela de Lourdes Rodrigues, j. 30.09.2021, publicação 14.10.2021).

646 BARBOSA MOREIRA, José Carlos. Regras de experiência e conceitos juridicamente indeterminados. In: BARBOSA MOREIRA, José Carlos. *Temas de direito processual*: segunda série. 2. ed. São Paulo: Saraiva, 1988, p. 62.

647 Assim constou na decisão: "por certo, ainda não há prova idônea de alienação parental praticada pela genitora, e, até que se proceda a uma maior dilação probatória com a realização de um estudo psicossocial, não é recomendável modificar a decisão agravada" (TJMG, AI 1.0352.15.001740-3/001, 1.ª Câmara Cível, Rel. Des. Alberto Vilas Boas, j. 08.09.2015, *DJe* 16.09.2015).

648 TJMG, AI 1.0352.15.001740-3/001, 1.ª Câmara Cível, Rel. Des. Alberto Vilas Boas, j. 08.09.2015, *DJe* 16.09.2015.

situação da vida que faz parte do arsenal de conhecimentos do mundo que podem (ou não) ensejar a formulação de uma máxima da experiência como a de que a mudança na convivência enseja dificuldades na rotina de uma criança. Ao que parece, a indeterminação do termo "indício" acabou sendo problemática no caso.

e) Concessão de medida mais branda

Em razão de alegada alienação parental, o genitor afetado tende a requerer medidas como a busca e apreensão e a ampliação do regime de convivência com o filho.

Pode o juiz, de ofício, optar pela medida a ser tomada e, em vez de deferir o pedido, determinar outra medida – como acompanhamento psicológico e/ou biopsicossocial? Há, no caso, superação da regra da limitação da decisão ao pedido do autor ou o magistrado deve, por força da inércia a jurisdição, ficar adstrito ao pedido?

A pergunta é relevante porque em diversos casos constata-se que os Tribunais concedem medidas mais brandas do que as requeridas pelas partes[649].

Diante do pedido liminar de suspensão da convivência entre a filha e o pai, o Tribunal gaúcho, após afirmar o direito do pai de estar com a filha e a existência de acusações reciprocas graves, assim decidiu:

> 4. Fica mantida a visitação, que deverá ser assistida pela avó paterna, em período mais reduzido, devendo tanto a criança, como ambos os genitores serem submetidos a cuidadosa avaliação psiquiátrica e psicológica. 5. As visitas devem ser estabelecidas de forma a não tolher a liberdade da filha de manter a sua própria rotina de vida, mas reservando também um precioso espaço para a consolidação do vínculo paterno-filial e do relacionamento estreito que sempre manteve com os tios e avós paternos[650].

Não há menção à ocorrência de indícios, mas a meras alegações; mesmo assim (e talvez por isso), o Tribunal decidiu conceder uma medida mais branda do que a solicitada.

Em outro caso, apesar de aludir que restou comprovada a alienação parental, assim decidiu o Tribunal mineiro quanto a um pedido de busca e apreensão:

> Se a convivência do pai e a da tia paterna com a filha menor é mais prejudicial do que benéfica, e, comprovada a alienação parental (manejo da criança por um parente com propósito de criar animosidade da criança em relação ao outro) prejudicando as relações

---

649 "Apelação cível. Ação de reversão de guarda por alienação parental. Sentença que fixou guarda compartilhada e estabeleceu direitos de convivência mínima do genitor com a criança. Irresignação da mãe/requerida. Suscitado julgamento *extra petita*. Tese afastada. Possibilidade de fixação de guarda compartilhada de ofício, conforme expressa determinação legal. Atendimento ao melhor interesse da criança. [...]" (TJSC, Apelação Cível 0016269-59.2012.8.24.0064, São José, 7.ª Câmara de Direito Civil, Rel. Álvaro Luiz Pereira de Andrade, j. 05.09.2019); "[...] Alegação de que a prática de alienação parental não restou comprovada nos autos – Acolhimento – Prova pericial inconclusiva quanto à prática de alienação por parte da genitora – Indícios de que ambos os pais poderiam estar realizando atos de alienação logo após o divórcio. Constatação, por outro lado, de que tal prática não persistiu. Julgamento de improcedência da ação, com a manutenção das medidas impostas na origem, de ofício, com o intuito de prevenir conflitos e auxiliar os genitores no exercício do poder familiar. [...]" (TJPR, Proc. 0070879-76.2017.8.16.0014, Rel. Des. Mario Nini Azzolini, j. 01.06.2020).

650 TJRS, AI 70050448828, 7.ª Câmara Cível, Rel. Des. Sérgio Fernando de Vasconcellos Chaves, j. 24.10.2012, *DJ* 25.10.2012.

da menor com a mãe, as visitas daquele à filha devem ser acompanhadas de uma Conselheira Tutelar, a fim de preservar a convivência da criança com seu núcleo familiar[651].

Também foi reconhecida a necessidade de convivência restrita e supervisão do Conselho Tutelar em caso apreciado pelo Tribunal paulista. No curso da ação declaratória de alienação parental cumulada com regulamentação de visitas, as filhas (de sete e dez anos) atribuíram ao genitor expressões de que a mãe seria ruim, dentre outras menções. O estudo social apontou também atos inconsequentes do genitor. Determinou, então, o Tribunal: a) visitas de duas horas por mês, em um domingo, no primeiro semestre; b) a partir de então, visitas quinzenais pelo período de três horas, sempre com supervisão do Conselho Tutelar; "os genitores poderão indicar os locais de visitas, proporcionando que o convívio familiar se amplie e não sobressaia o individualismo, nem a beligerância dos pais"[652].

É interessante ainda reconhecer que há diferenças entre as medidas previstas no art. 6.º da Lei de Alienação parental.

Algumas iniciativas, que configuram apenas instrumentos de efetivação (como imposição de multa, acompanhamento psicológico, e advertência) poderiam ser adotadas de ofício; há, porém, outras medidas cujo requerimento cabe à parte – como a inversão da guarda, a suspensão do poder familiar e a ampliação das visitas.

Será que a tutela do interesse do menor e a coibição da alienação parental justificam que o juiz possa "substituir" a atuação da parte que poderia ter requerido, inclusive em interesse próprio, as medidas?

5.7. Cumprimento do regime de visitas

5.7.1. *Visitação assistida (monitorada)*

É excepcional a atribuição de monitoramento à convivência, já que o relacionamento familiar é naturalmente desenvolvido por pais e filhos sem a intervenção de terceiros alheios ao núcleo íntimo. É preciso, portanto, trazer fatos hábeis[653] para convencer o juiz sobre sua necessidade.

---

651 TJMG, AI 1.0281.09.014724-6/002, 7.ª Câmara Cível, Rel. Des. Belizário de Lacerda, j. 25.10.2011, *DJ* 11.11.2011.

652 TJSP, AC 1002075-94.2017.8.26.0326, Ac. 12934563, Lucélia, 4.ª Câmara de Direito Privado, Rel. Des. Natan Zelinschi de Arruda, j. 30.09.2019, *DJESP* 07.10.2019, p. 1.878.

653 Eis exemplos: "[...] I – O art. 1.589, *caput*, do Código Civil brasileiro, estabelece o direito de visitação do genitor que não detém a guarda do filho menor. II – Referido direito, em verdade, pertence à própria criança, eis que a regulamentação de visitas inexoravelmente atende ao seu melhor interesse, pois propicia o seu desenvolvimento saudável, com a participação afetiva de ambos os genitores. III – Na hipótese, a pretensão de restrição de tal direito, impondo a obrigatoriedade da presença do avô paterno e a proibição da presença da atual companheira do genitor, busca atender exclusivamente aos interesses da genitora da menor, não encontrando, pois, qualquer respaldo na prova produzida nos presentes autos, tampouco na legislação de regência" (TJES, APL 0021897-98.2013.8.08.0012, 4.ª Câmara Cível, Rel. Des. Subst. Raimundo Siqueira Ribeiro, j. 20.02.2017, *DJES* 06.03.2017); "[...] a proibição de pernoite ou imposição de visitas assistidas, tratam-se de restrições determinadas apenas em caráter excepcional, o que não é o caso dos autos, pois inexiste qualquer prova demonstrando que o genitor possa causar prejuízos à saúde e bem-estar da filha adolescente" (TJMS, AC 0804542-33.2019.8.12.0008, 5.ª Câmara Cível, Rel. Des. Luiz Antônio Cavassa de Almeida, *DJMS* 31.08.2022, p. 49).

Em situações periclitantes é possível cogitar sobre a ocorrência de convivência familiar acompanhada por outras pessoas – na presença de assistente social/psicóloga forense, psicóloga, familiares ou pessoas confiáveis próximas – e/ou em local diverso da residência do(a) genitor(a) não guardião(ã).

Segundo a Lei de Alienação Parental, "assegurar-se-á à criança ou ao adolescente e ao genitor garantia mínima de visitação assistida no fórum em que tramita a ação ou em entidades conveniadas com a Justiça, ressalvados os casos em que há iminente risco de prejuízo à integridade física ou psicológica da criança ou do adolescente, atestado por profissional eventualmente designado pelo juiz para acompanhamento das visitas" (Lei n. 12.318/2010, art. 4.º, parágrafo único).

Na capital paulista, por exemplo, o monitoramento é feito pelo Centro de Visitas Assistidas do Tribunal (Cevat), setor com capacidade para atender 96 crianças e adolescentes[654].

Em certo caso, o pai requereu visitação no Cevat, mas o Tribunal manteve a suspensão da convivência porque restou bem evidenciado o contexto de violência doméstica e familiar praticada por ele, inclusive contra as filhas; entendeu, então, que a situação excepcional merecia subsistir visando à proteção dos interesses das menores ao menos até a vinda de outros elementos aos autos, sendo também inconveniente a visitação junto ao Centro de Visitas Assistidas[655].

Havendo escassez de vagas no setor judicial, poderá ser determinado que a convivência ocorra no lar de referência (da pessoa guardiã), desde que obviamente isso não enseje risco a ela, ou na casa de pessoas de confiança.

Eis exemplos de decisões com menção a pessoa confiável: a) dado o temor do menor de ficar sozinho com o genitor, "verifica-se ser essencial o acompanhamento ininterrupto do rebento por uma babá ou pessoa da confiança da genitora durante todo o período em que permanecer na presença de seu genitor"[656]; b) apesar de inexistir prova nos autos sobre o autor ser alcoólatra ou ter conduta desabonatória, em razão da tenra idade da criança foi mantido "o convívio paterno-filial uma vez por semana, nos dias de folga do autor, sem pernoite, mas sob monitoramento, por 3 (três) horas, até para não causar desconforto e insegurança à menor, já que, ao que consta, não está acostumada com a companhia paterna. A supervisão deve se dar por meio de familiar de confiança da mãe da menina"[657].

Quais são os pontos fortes e fracos da visitação assistida por familiares ou pessoas de confiança? O quadro a seguir ajuda a retratá-los:

Vantagens	**Desvantagens**
Menos intrusiva	Dificuldade de encontrar alguém neutro
Ambientes mais naturais	Dificuldade de achar quem possa dedicar tempo às interações

654 Cevat reformula padrões e espaços de atendimento a famílias. Disponível em: https://tjsp.jus.br/Noticias/Noticia?codigoNoticia=60413#:~:text=Projeto%20utiliza%20ambientes%20l%C3%BAdicos%20para,junho%20de%202019%20ap%C3%B3s%20reformas. Acesso em: 20 nov. 2023.

655 TJSP, AI 2288100-44.2022.8.26.0000, Ac. 16696883, São Paulo, 9.ª Câmara de Direito Privado, Rel. Des. Galdino Toledo Júnior, *DJESP* 04.05.2023, p. 2236.

656 TJCE, AI 0621506-14.2018.8.06.0000, 2.ª Câmara de Direito Privado, Rel. Des. Carlos Alberto Mendes Forte, j. 07.11.2018, *DJCE* 14.11.2018, p. 64.

657 TJRS, AI 50593699220218217000, Rel. Luiz Felipe Brasil Santos, j. 05.08.2021.

Vantagens	Desvantagens
Maior conforto	Familiar/amigo pode não crer ser necessário monitoramento tão próximo
Evitação de gasto e deslocamento	Pouco/nenhum esforço do amigo ou parente em prol da segurança
Evitação de espera e filas	Excesso de zelo/vigilância
Flexibilidade	Pouca experiência com situações complexas
Possibilidade de durar mais tempo	Possível sujeição a intimidação, manipulação, ameaças e controle por parte do visitante

* Tabela elaborada pela autora[658].

O Tribunal mineiro foi chamado a se manifestar sobre o seguinte caso: o pai alegou que ter visitas assistidas por pessoa indicada pela genitora da criança feria a relação parental com o filho, sendo a convivência com ele um direito constitucionalmente assegurado. O recorrente afirmou ainda que os autos não traziam elementos justificadores do monitoramento das visitas – que muitas vezes aconteciam junto a pessoa desconhecida que o vigiava como se atentasse à dignidade e à personalidade da criança.

Para os desembargadores, embora não tenham restado suficientemente comprovadas as alegações de tentativa de sequestro e conduta agressiva do pai, não se vislumbrou prejuízo no monitoramento das visitas a ponto de ensejar sua necessária supressão. Diante das assertivas da genitora e visando à preservação do menor, entendeu-se apropriado manter o monitoramento "porque, se de fato as visitas ocorrem de maneira a propiciar o bom convívio entre o agravante e seu filho, a monitora nada mais fará que acompanhar esse convívio, podendo, inclusive, relatá-lo durante a instrução do feito, para a regulamentação de visitas de maneira definitiva. Portanto, a relação afetiva entre pai e filho está privilegiada, não havendo que se falar em dano ao convívio"[659].

Em caso apreciado pela Justiça paulista, a decisão de primeiro grau impôs ao genitor visitas assistidas à filha menor porque ele proferiu ameaças contra a filha e contra si mesmo, além de atos agressivos contra familiares maternos com risco à incolumidade física. Entendeu o Tribunal de Justiça que, conquanto o pai alegue ter retomado tratamento terapêutico, a mãe da criança afirma que as condutas inadequadas teriam se mantido – inclusive com violação

---

658 A fonte da elaboração foi a seguinte dissertação: ZUGMAN, Maiana Jugend. "Tem alguém vendo": visitas monitoradas em varas de família sob a perspectiva de operadores do direito, psicólogas judiciárias e familiares. Dissertação (Mestrado em Ciências) – Instituto de Psicologia, Universidade de São Paulo, São Paulo, 2019, p. 62. Disponível em: https://www.teses.usp.br/teses/disponiveis/47/47134/tde-15082019-160352/publico/zugman_corrigida.pdf. Acesso em: 20 nov. 2023.

659 TJMG, AGIN 1.0188.09.080247-4/002(1)/Nova Lima, 2.ª Câmara Cível, Rel. Desig. Des. Caetano Levi Lopes, j. 22.09.2009, *DJEMG* 29.10.2009. No mesmo sentido: "[...] Insurgência contra decisão que revogou a suspensão das visitas paternas por força da necessária relação que deve haver entre pai e filhos, as quais serão realizadas de forma assistida, com acompanhamento de pessoa de confiança e que possua afinidade com os menores, a ser indicada pela agravante no prazo de 15 (quinze) dias. Ausência de justo motivo que autorize a manutenção da suspensão do direito de visitas do agravado. Monitoramento das visitas que é suficiente para coibir eventual comportamento paterno que possa influenciar negativamente no estado emocional dos infantes" (TJSP, AI 2197627-17.2019.8.26.0000, Ac. 13097836, Itupeva, 6.ª Câmara de Direito Privado, Rel. Des. José Roberto Furquim Cabella, j. 21.11.2019, *DJESP* 28.11.2019, p. 2.627).

às medidas protetivas estabelecidas em seu favor. Dada a gravidade dos fatos, foi corroborada a manutenção da decisão pela realização de visitas assistidas do genitor[660].

Eis outra situação, esta submetida à análise da Justiça gaúcha: a guardiã pediu a suspensão das visitas assistidas da menor ao genitor, que cumpre pena, nas dependências do foro central de Porto Alegre/RS. Entendeu o Tribunal ser descabida a iniciativa por ausência de prova de que a menina estivesse sendo exposta a situação de risco. O laudo psicológico corroborava a aproximação entre pai e filha de maneira cautelosa:

> Não há falar, ao menos em exame preliminar, em ausência de condições de a parte agravada (genitor) permanecer com a infante nos momentos estipulados na origem, sob a atenta supervisão de profissional competente e nas dependências do poder judiciário – medidas que afastam qualquer possibilidade de risco à criança, que conta 4 (quatro) anos, porquanto as visitas têm ocorrido, até então, sem que haja notícia de malefício à menor, e de acordo com o laudo psicológico, as visitas acontecem de forma tranquila e a interação entre pai e filha é proveitosa[661].

Como se percebe, uma vez determinado o monitoramento em primeiro grau, pode ser difícil reverter a decisão em grau recursal.

E seria fácil conseguir a visita assistida na primeira instância? Tampouco... tudo exige capricho no ônus de argumentar e demonstrar a pertinência.

Uma decisão do Tribunal mineiro bem demonstra a dificuldade de obter a determinação da visita assistida. A mãe alegou que o pai da criança, residente na zona rural e sem habilitação, seria "dado a bebedeiras, brigas de bar e peripécias motociclistas", de sorte que a visitação desacompanhada não poderia ser autorizada pela maior proteção conferida ao interesse do menor. Negou-se seu pleito de visita assistida por não haver prova de situação que recomendaria a restrição, apenas insinuações; ademais, a visita seria um tempo importante para o vínculo entre pai e filho[662].

Na mesma linha, em caso apreciado pelo Tribunal paranaense havia beligerância entre os genitores e a notícia de que a mãe seria usuária de entorpecentes. Ainda assim não havia elementos aptos a demonstrar que, na companhia da mãe, as crianças estariam em risco. Entendeu-se então que, embora o uso de drogas possa indicar a inviabilidade do exercício responsável da guarda, não é apto a impedir a visitação. Dada a necessidade de manutenção dos vínculos afetivos, o pleito foi acolhido para definição de dias e horários para a visita materna sem monitoramento[663].

---

660 TJSP, AI 2188104-73.2022.8.26.0000, Ac. 16121820, Guarujá, 1.ª Câmara de Direito Privado, Rel. Des. Alexandre Marcondes, j. 05.10.2022, *DJESP* 10.10.2022, p. 1795.

661 TJRS, AI 5045892-65.2022.8.21.7000, Porto Alegre, 8.ª Câmara Cível, Rel. Des. Mauro Caum Gonçalves, j. 11.08.2022, *DJERS* 12.08.2022.

662 TJMG, AGIN 1.0450.09.017191-6/001(1), Nova Ponte, 4.ª Câmara Cível, Rel. Des. José Carlos Moreira Diniz, j. 25.03.2010, *DJEMG* 09.04.2010. No mesmo sentido: No mesmo sentido: "Pedido de fixação de visitas assistidas, em razão de suposta periculosidade do genitor, egresso de sistema prisional. Não comprovação de que o genitor ofereça riscos aos filhos. Princípio imperante é o da proteção dos interesses das crianças. Manutenção e fortalecimento de laços entre pai e filhos. Visitação arbitrada com parcimônia, sem pernoite" (TJSP, AC 1000736-10.2021.8.26.0634, Ac. 15828598, Tremembé, 9.ª Câmara de Direito Privado, Rel. Des. Edson Luiz de Queiroz, j. 06.07.2022, *DJESP* 11.07.2022; p. 5083).

663 TJPR, Rec 0001797-24.2022.8.16.0000, Colombo, 11.ª Câmara Cível, Rel. Des. Sérgio Luiz Kreuz, j. 06.06.2022, *DJPR* 06.06.2022.

Em certos casos, a realização de um laudo psicossocial pode ser determinante para a aferição da necessidade de acompanhamento[664].

A assistente social foi chamada a atuar no seguinte caso: o pai, obstado pela mãe de visitar a filha, promoveu busca e apreensão e viu deferida medida liminar para ter a garota em sua companhia. A genitora recorreu alegando que o pai era agressivo e viciado em drogas, situação que poderia expor a criança a riscos.

Entenderam os desembargadores que, ausentes provas que retratassem fiel e indubitavelmente tais afirmações, deveria prevalecer o interesse da menor porque suas "necessidades emocionais" e o "desenvolvimento saudável em contato com o pai" deviam ser preservados naquele momento processual. Considerou-se indispensável, porém, "o acompanhamento de assistente social forense durante o cumprimento da medida e o tempo de visitação"[665].

Em outro caso, houve semelhante definição:

> Revelando-se a impossibilidade de exercício do direito de visitação do genitor ao filho na presença da mãe, porquanto tal situação desrespeitaria as medidas protetivas estipuladas em favor da genitora, em decorrência do histórico de violência doméstica praticada pelo recorrido, mostra-se prudente estabelecer-se a visita em local público, na presença do avô paterno e do assistente social, a fim de se preservar a integridade

---

664 "[...] Constam dos autos indícios de intensa animosidade na relação e na comunicação entre os genitores, situação que prejudica a filha, inclusive tendo sido informado em estudo psicossocial que a criança apresenta quadro de ansiedade e tristeza. [...] Ademais, o estudo psicossocial revelou que o estilo de vida da genitora indica uso abusivo de drogas com a exposição da filha a diversas situações nocivas, que vão desde a significativa instabilidade de humor, intensa vida social e rotatividade de companheiros, com impacto no tratamento dispensado à filha, até o risco efetivo de violência doméstica referente ao companheiro, com inegável repercussão na segurança da criança. 7. Portanto, a guarda compartilhada anteriormente pactuada entre as partes, com alternância de lares, não tem atendido favoravelmente aos interesses da menor. [...]. 9. Se, diante do quadro fático delineado nos autos e das alegações de que a conduta da genitora coloca em risco a segurança e bem-estar emocional da filha, deve-se determinar que a visitação ocorra de forma supervisionada, preservando-se o direito da menor em crescer em um ambiente que garanta o seu desenvolvimento integral. 10. Desse modo, merece acolhida o parecer ministerial no sentido de que seja fixado o regime de convivência materno nos moldes do pedido recursal subsidiário (item 61.b), a saber, 'regulamentando a convivência da genitora com a filha, de forma supervisionada' [...]" (TJDFT, Proc. 00024276320178070014, Rel.ª Sandra Reves, j. 03.03.2021).

665 "É cediço que o direito de visitas é primordial e maior do filho, sendo secundário o direito do pai ou da mãe que, na verdade, é um dever. Por esses motivos é que se faz necessária a manutenção do contato do pai com a filha, pois é por meio desta aproximação que o genitor poderá se inteirar das necessidades da criança, tanto financeiras quanto emocionais, e, assim, assegurar-lhe melhores condições para o seu desenvolvimento. Esse contato direto e contínuo com os genitores é imprescindível para o desenvolvimento saudável da criança e do adolescente e, por isso, somente em situações de extrema excepcionalidade, em que a aproximação com os pais seja prejudicial à infante é que se deve restringir, ou mesmo excluí-la" (Apelação 2009.039804-3, 3.ª Câmara de Direito Civil, Rel. Marcus Tulio Sartorato, Juiz Prolator Naiara Brancher, j. 26.01.2010). No mesmo sentido: "[...] Caso concreto em que não se verificam elementos nos autos ou mesmo razões contundentes a obstar a ampliação da convivência entre tio e sobrinhos, não se revelando a mera existência de desentendimentos entre o tio e a genitora da criança e do adolescente motivo bastante para obstar a interação. Possibilidade de ampliação da convivência para dois dias no mês. Necessidade de num primeiro momento a convivência ser supervisionada pela assistente social designada pelo juízo de origem, para fins de possibilitar a reaproximação dos envolvidos e o fortalecimento dos laços, sem prejuízo de as visitações transcorrerem livres de supervisão e por maior tempo posteriormente, após avaliação favorável nesse sentido [...]" (TJRS, Apelação Cível 50005925020198210060, Rel.ª Rosana Broglio Garbin, j. 27.05.2021).

física e psicológica da mãe e possibilitar a aproximação entre pai e filho, em respeito ao princípio do melhor interesse da criança[666].

Vale lembrar que os genitores da criança podem, consensualmente, determinar que a visita ocorra na presença de alguém da confiança de ambos[667].

A presença de familiares também pode ser uma opção, dependendo da situação que envolve as partes e de fatores como a disponibilidade de colaboração desses parentes.

O Tribunal do Distrito Federal julgou caso em que o genitor foi condenado pelo sequestro e cárcere privado da genitora da criança. Como esta tinha apenas três anos de idade, entendeu cabível determinar visitas diurnas acompanhadas. Ante a proibição imposta ao genitor de se aproximar da mãe da criança, as visitas foram fixadas em domingos alternados, entre 13h e 18h, em local a ser definido pela genitora, mediante acompanhamento de familiares que deveriam ser indicados em juízo[668].

Vale ainda destacar precedente do Tribunal gaúcho que tratou de situação peculiar: como a acompanhante das visitas (avó materna) ficou doente e o genitor da criança sofria de alcoolemia, entenderam os julgadores que a visita deveria ficar suspensa. Eis os fatos que embasaram a decisão: 1. laudo social desfavorável ao pai; 2. a genitora precisou mover busca e apreensão da filha porque ele não a devolveu como prometera; 3. o pai reconheceu ter problemas de alcoolismo; 4. ainda que alegasse estar em tratamento e que sua mãe tinha condições

---

666 TJSC, AI 4016705-06.2016.8.24.0000, Florianópolis, 2.ª Câmara de Direito Civil, Rel. Des. Sebastião César Evangelista, *DJSC* 05.07.2017, p. 108.

667 "[...] *4. O acordo firmado entre as partes mostra-se razoável, uma vez que atende os interesses do pai, bem como aos da criança, haja vista que as visitas serão realizadas com o acompanhamento de pessoa de confiança da mãe.* Não é imutável, contudo, podendo ser alterado a qualquer momento em prol dos interesses da menor" (TJDF, Rec 2006.01.1.108534-4, Ac. 542.590, 1.ª Turma Cível, Rel. Des. Flavio Rostirola, *DJDFTE* 21.10.2011, p. 89); "[...] 7.1. O acordo consistiu justamente em estabelecer um contato gradual do genitor com seu filho, primeiro por meio de visitas assistidas; depois por um período de tempo com visitação desassistida. 7.2. O ponto seguinte na ampliação das visitas, segundo uma interpretação lógica extraída do próprio acordo, ante a fixação de prazo para as visitas desassistidas, seria justamente o estabelecimento de pernoites, de modo a fortalecer ainda mais os laços de convivência do filho com seu genitor. 7.3. Na linha do que expressamente acordado pelas partes, amplia-se o direito de visitas para incluir o pernoite, de início no próprio domicílio do menor, vale dizer no Distrito Federal. Em seguida, não se apurando fatos impeditivos, possibilita-se uma ampliação maior para admitir, inclusive, a visitação prolongada no período de férias. 7.4. Não é possível simplesmente impedir que o menor pernoite com seu genitor no período de visitas, pois o pernoite constitui um passo necessário no estreitamento do convívio entre pai e filho; tampouco é adequado, de outro lado, admitir períodos longos de convivência sem que verificado esse estreitamento na relação. [...]" (TJDF, Rec 07054.48-59.2019.8.07.0006, Ac. 138.7256, 7.ª Turma Cível, Rel.ª Des.ª Gislene Pinheiro, j. 24.11.2021, Publ. PJe 26.11.2021).

668 "[...] Genitor condenado em processo criminal por crime de sequestro contra a genitora. Medidas protetivas. Menor com 03 anos de idade. Mudança do genitor para Goiânia/GO. I. O casal não tem mais relacionamento sequer amistoso, o que dificulta acordo sobre regulamentação de visitas. A animosidade está demonstrada nas atitudes do agravado-autor, em razão do processo de sequestro e cárcere privado contra a agravante-ré. II. A criança só tem 03 anos de idade, o que por si só justifica a visita exclusivamente diurna e acompanhada. Por essas razões, bem como pela proibição imposta ao agravado-autor de não se aproximar da agravante-ré no local de seu trabalho ou em sua residência, as visitas serão fixadas em domingos alternados, entre às 13h e 18h, em local a ser definido pela agravante-ré e mediante acompanhamento de familiares, os quais deverão ser indicados em juízo" (TJDF, Rec 2011.00.2.013826-4, 6.ª Turma Cível, Rel.ª Des.ª Vera Andrighi, *DJDFTE* 03.11.2011, p. 204).

de acompanhá-lo, antes de virem maiores elementos aos autos seria recomendável prestigiar a suspensão por tal entendimento atender melhor à segurança da menor[669].

Finalmente, vale destacar hipótese diversa que pode recomendar a presença de terceira pessoa durante a visita: a aparente rejeição da criança ao genitor[670].

É imperioso lembrar não ser comum que a criança expresse significativa repulsa ao genitor. É possível, em tal quadro pouco usual, que fatores muito graves tenham influído na configuração desse cenário.

Como bem aponta Glicia Brazil, obviamente o amor não se impõe, mas se conquista. Contudo, em casos patológicos de afastamento – por exemplo, por força de alienação parental –, "o papel do Judiciário é fundamental para oportunizar a construção do amor entre filhos e pais afastados. Ainda que impondo o convívio. E mais importante, inibindo o abuso silencioso e sem marcas físicas da alienação parental"[671].

Como se percebe, é complexa a situação de precisar de um terceiro para acompanhar as interações.

Obviamente, o genitor pode se insurgir quanto à obrigatoriedade de acompanhamento durante a convivência. Nesse caso, configurando-se uma questão controvertida nos autos sobre tal necessidade, recomenda-se a produção de prova para aferir se realmente é dispensável a cautela de haver um acompanhante durante o período de contato[672].

---

669 TJRS, AI 70007225055/Porto Alegre, 7.ª Câmara Cível, Rel.ª Des.ª Maria Berenice Dias, j. 19.11.2003.

670 "[...] Não obstante o laudo social não aponte motivo que impeça o agravante do exercício da parentalidade, ele foi claro ao salientar que o filho 'apresenta sofrimento emocional em relação ao genitor e a possibilidade de estar e de permanecer maior período na companhia do pai, bem como, sentimento de rejeição, insegurança e medo', de forma que, considerando a primazia dos interesses do infante, que tem apenas 5 anos de idade, deve ser mantida a decisão atacada, que indeferiu o pedido de ampliação das visitas, deixando de ser assistidas, bem como a inclusão de pernoite. [...]" (TJRS, Agravo de Instrumento 50543310220218217000, Rel. Luiz Felipe Brasil Santos, j. 01.07.2021).

671 BRAZIL, Glicia Barbosa de Mattos. A reconstrução dos vínculos afetivos pelo Judiciário, cit., p. 59.

672 Eis julgado em que a situação foi bem apurada: "[...] De acordo com o parecer técnico elaborado nos autos, o genitor, durante o período de convivência com a requerente, abusava de drogas ilícitas, precipuamente o *crack*, passando vários meses internado em clínicas para recuperação de dependentes químicos e, ao retornar ao lar, apresentava recaídas com o uso contínuo de drogas. 3.1. Tal fato gerava um comportamento agressivo do requerido, o que interferia na dinâmica familiar e no desenvolvimento dos filhos. 3.2. Há relatos de que os filhos se envolviam nos conflitos do casal, apartando os genitores quando o requerido tentava agredir a autora. 3.3. É cediço que o comportamento passado do pai habita a memória dos menores, os quais relatam não quererem contato com o genitor. 3.4. O estudo demonstrou, ainda, que as crianças encontram-se bem atendidas em suas necessidades pela genitora e, há quase dois anos não encontram o pai. Concluiu, assim, que a visita assistida é a medida que mais se adequa ao caso. 4. Note-se, ainda que, recentemente, o requerido reiterou comportamentos agressivos em contexto de violência doméstica, motivando a autora a requerer medida protetiva. 5. As visitas assistidas permitirão a convivência dos menores com o pai de forma segura, amparando a reaproximação e retorno do convívio (eis que pai e filhos não se encontram há mais de dois anos) de forma a evitar que as lembranças do passado provoquem sentimentos negativos nos filhos e o medo da repetição dos atos de agressão. 6. Precedente: '[...] Uma vez que o Parecer Técnico elaborado pela Secretaria Psicossocial Cível deste TJDFT atesta que a visita supervisionada da genitora, em local avençado pelas partes, se adequa ao melhor interesse da criança, deve ser mantida a regulamentação das visitas conforme sugerido por esse estudo. [...]" (TJDFT, Proc. 07007335920198070010, Rel. João Egmont, j. 26.05.2021).

5.7.2. *Medidas coercitivas*

Fixado o regime de visitas por sentença, por decisão antecipatória de tutela ou por acordo[673], a obrigação consta em título executivo. Frustrado seu cumprimento, de quais remédios processuais é possível se valer para sanar essa crise de satisfação?

Inicialmente será analisada a questão sob a perspectiva do requerente das visitas, genitor desprovido da guarda que não consegue exercer o direito de conviver com o filho porque a parte que é guardiã da criança insiste em obstá-lo.

A fixação do regime de visitas impõe ao guardião o dever de cooperar para que o relacionamento familiar com os demais parentes aconteça de forma eficiente. Ele deve assumir concretamente, portanto, o compromisso de evitar atos que impeçam o cumprimento das visitas na forma estipulada. Em outras palavras, impõe-lhe uma conduta que ora pode ser uma obrigação de fazer (ex.: levar o menor até a casa do visitante), ora de não fazer (ex.: abster-se de impedir a retirada do menor).

Caso o guardião prejudique o contato do menor com o outro genitor, pode incorrer em alienação parental e, conforme a gravidade de sua conduta, sofrer sérias consequências[674].

O ordenamento jurídico transmite vigorosa mensagem sobre a relevância da convivência familiar e do respeito ao seu exercício. É relevante, assim, que advogados e defensores orientem as pessoas que representam sobre o direito de participação do outro genitor e de seus familiares na vida de crianças e adolescentes.

Espera-se que, a partir do diálogo, os pais possam encontrar caminhos pacíficos de convivência e respeito aos interesses de seus filhos.

Caso, contudo, seja necessário se valer da autoridade judicial, será pertinente a aplicação do CPC para implementar medidas que assegurem o resultado prático equivalente ao adimplemento[675]. Dentre as possibilidades, destacam-se, por sua utilidade para atender a situações de convivência impedida, a imposição de multa por tempo de atraso e a busca e apreensão[676].

---

673 Se o acordo for: a) homologado em juízo, b) objeto de documento particular assinado por duas testemunhas; c) objeto de instrumento de transação referendado pelo Ministério Público, pela Defensoria Pública, pela Advocacia Pública, pelos advogados dos transatores ou por conciliador/mediador credenciado por tribunal, ele configurará título executivo (CPC, art. 515, II e III; art. 784, III e IV).

674 Art. 6.º Caracterizados atos típicos de alienação parental ou qualquer conduta que dificulte a convivência de criança ou adolescente com genitor, em ação autônoma ou incidental, o juiz poderá, cumulativamente ou não, sem prejuízo da decorrente responsabilidade civil ou criminal e da ampla utilização de instrumentos processuais aptos a inibir ou atenuar seus efeitos, segundo a gravidade do caso: [...] V – determinar a alteração da guarda para guarda compartilhada ou sua inversão.

675 CPC, art. 497. Na ação que tenha por objeto a prestação de fazer ou de não fazer, o juiz, se procedente o pedido, concederá a tutela específica ou determinará providências que assegurem a obtenção de tutela pelo resultado prático equivalente.

676 CPC, art. 536. No cumprimento de sentença que reconheça a exigibilidade de obrigação de fazer ou de não fazer, o juiz poderá, de ofício ou a requerimento, para a efetivação da tutela específica ou a obtenção de tutela pelo resultado prático equivalente, determinar as medidas necessárias à satisfação do exequente. § 1.º Para atender ao disposto no *caput*, o juiz poderá determinar, entre outras medidas, a imposição de multa, a busca e apreensão, a remoção de pessoas e coisas, o desfazimento de obras e o impedimento de atividade nociva, podendo, caso necessário, requisitar o auxílio de força policial.

5.7.2.1. Busca e apreensão

A busca e apreensão é uma medida tradicional entre nós, reconhecendo a jurisprudência, há considerável tempo, ser ela uma forma de obter a devolução de crianças e adolescentes que deixaram de ser levados de volta ao lar. Apesar disso, ela costuma ser considerada, pelo Poder Judiciário, uma medida drástica e excepcional.

Quando se fala em busca e apreensão de crianças, adolescentes e incapazes, é importante distinguir: ela pode estar fundada em urgência (quando requerida na forma de tutela cautelar ou antecipada) ou ser uma medida para efetivar um direito já definido.

A busca e apreensão existia como procedimento cautelar específico entre os arts. 839 e 843 do CPC/1973, mas desapareceu no CPC/2015 (como todas as cautelares nominadas). O Código se refere agora à busca e apreensão apenas como forma de efetivação de decisões judiciais que imponham obrigação de fazer ou não fazer (art. 536, § 1.º) ou de entregar coisa (art. 538), passando a fazer parte de um rol não determinado de medidas que podem ser pedidas, moduladas e implementadas em função dos casos concretos[677]. Assim, nada impede demanda com pedido de tutela provisória de urgência para pleitear busca e apreensão de crianças e adolescentes.

A busca e apreensão cautelar pode ser medida preparatória ou incidental em relação a um processo de alteração ou fixação de guarda, sendo pertinente quando há elementos que evidenciam risco de dano grave. É corrente o uso da medida sob a alegação de risco à criança caso ela seja mantida em companhia deste ou daquele guardião.

Na verdade, não obstante nestes casos a tradição forense seja a de uso da busca e apreensão pela via cautelar, o pedido configura muito mais uma antecipação do resultado prático do provimento final; afinal, traz-se, desde já, o incapaz para o convívio e a proteção do interessado na alteração ou fixação da guarda. Trata-se assim, na verdade, de instrumento de efetivação de eventual decisão de antecipação de tutela com fixação de guarda provisória.

Diversas decisões revelam rigidez em relação à alteração provisória da guarda e relutância na determinação de busca e apreensão do menor. Como exemplo, a medida foi indeferida pelo Tribunal de Justiça mineiro por entender ausente uma firme demonstração do risco de lesão: "a guarda está legalmente com a genitora, não sendo as alegações de maus tratos sem a devida e irrefutável comprovação suficientes para que o agravante fique com a menor sem o consentimento da mãe"[678].

Mesmo havendo certificação sobre a intenção das filhas de morar com o pai, a guarda provisória não foi deferida pelo Tribunal gaúcho em certa demanda[679] por entender necessária maior produção de provas.

---

677 Nos termos do art. 301 do CPC, a tutela de urgência de natureza cautelar pode ser efetivada mediante arresto, sequestro, arrolamento de bens, registro de protesto contra alienação de bem e qualquer outra medida idônea para asseguração do direito.

678 TJMG, AI 10879130016774001/MG, 5.ª Câmara Cível, Rel. Des. Fernando Caldeira Brant, j. 15.05.2014, *DJe* 23.05.2014. No mesmo sentido: "[...] Considerando que a agravante descumpriu ordem judicial quanto ao retorno do menor à residência do genitor, bem como não foi possível verificar qualquer conduta do agravado que o desabone como pai, não vislumbro motivos para a reforma da decisão agravada. Tal entendimento visa, justamente, atento ao melhor interesse da criança, evitar alterações bruscas no convívio familiar. [...]" (TJMG, AI-Cv 1.0000.19.169495-9/003, Rel. Des. Carlos Roberto de Faria, j. 27.05.2021).

679 [...] Ação de guarda. Desejo das filhas em residir na companhia do pai. Certificação nos autos. Desnecessidade. Busca e apreensão das filhas menores. Guarda provisória ao genitor. Desacolhimento do

Em outro caso, o Tribunal de Justiça do Paraná reverteu decisão de primeiro grau que havia deferido a busca e apreensão em favor do pai e invertido provisoriamente a guarda sob o seguinte argumento:

> [...] qualquer mudança súbita de guarda depende de embasamento probatório robusto, consistente na demonstração de fatos concretos e graves que desaconselhem ou desautorizem a manutenção da situação atual. Qualquer alteração é admissível e razoável somente quando demonstrada, de forma inequívoca, situação de risco físico ou emocional[680].

Realmente, a premissa de evitar alterações repentinas no cotidiano de crianças e adolescentes é recorrente. Eis mais uma verificação de seu teor, desta vez em julgado do Tribunal do Mato Grosso do Sul:

> 1. A busca e apreensão de menor, medida de caráter extremo, bem como a alteração de guarda somente se justificam quando provada situação de risco atual ou iminente e, via de regra, demandam ampla produção de provas para permitir uma solução segura do caso. 2. Em sede de antecipação de tutela antecedente, não há o que justifique a busca e apreensão dos infantes, sendo que a alteração da guarda neste momento em nada contribuirá para seus interesses, já que o estudo realizado pelas profissionais de psicologia e assistência social de confiança do juízo deixa claro a necessidade de se apurar se os menores realmente sofreram abuso sexual por parte do namorado da genitora ou se os fatos foram criados pela avó paterna, constituindo, assim, em alienação parental[681].

No âmbito das obrigações já definidas quanto à guarda e às visitas, a busca e apreensão surge com outra funcionalidade: dar cumprimento aos mandamentos judiciais.

Caso se revele necessário valer-se da autoridade judicial, será pertinente a aplicação do regramento do CPC, segundo o qual o juiz poderá, "para a efetivação da tutela específica ou a obtenção de tutela pelo resultado prático equivalente, determinar as medidas necessárias à satisfação do exequente". Entre as possibilidades, destacam-se, por sua utilidade para atender a situações de convivência impedida, a imposição de multa por tempo de atraso e a busca e apreensão.

---

pedido, por ora. Necessidade de dilação probatória" (TJRS, AI 70069614808, 8.ª Câmara Cível, Rel. Des. Ricardo Moreira Lins Pastl, *DJe* 30.10.2016). No mesmo sentido: [...] 2. Não havendo nos autos elemento capaz de justificar a alteração da guarda já deferida ao genitor em caráter provisório, a situação deve ser preservada até ulterior instrução processual para resguardar o melhor interesse da criança. Assim, deve ser mantida a decisão de primeiro grau que indeferiu o pleito de busca e apreensão do menor. [...]" (TJDFT, Proc. 07026541520218070000, Rel.ª Simone Lucindo, j. 22.04.2021).

680 TJPR, AI 658.491-0, 12.ª Câmara Cível, Rel. Galliano Daros, j. 11.08.2010. No mesmo sentido: "[...] 4. As alterações provisórias de guarda são prejudiciais para a criança, que, como regra, deve ser mantida onde se encontra bem cuidada, pois é o interesse dela que deve ser protegido e privilegiado. 5. A busca e apreensão de criança somente se justifica quando comprovada situação de risco atual ou iminente, que não está demonstrado, pois a infante mora com a genitora, que é a detentora da guarda. [...]" (TJRS, Agravo de Instrumento 50806821220218217000, Rel. Sérgio Fernando de Vasconcellos Chaves, j. 29.09.2021).

681 Eis a conclusão da ementa: "3. Sendo frágil a assertiva de abuso sexual, já que os laudos apresentados não são conclusivos, necessário se faz que as crianças continuem a realizar acompanhamento psicológico durante o curso do feito principal, a fim de que a questão seja elucidada da maneira que melhor resguarde seus interesses" (TJMS, AI 1408632-64.2016.8.12.0000, 3.ª Câmara Cível, Rel. Des. Fernando Mauro Moreira Marinho, *DJMS* 21.03.2017).

Em uma ação de divórcio, o Tribunal gaúcho acolheu o pedido de busca e apreensão de veículo formulado pela ex-esposa: o fato de o veículo estar registrado em nome do ex-marido não justificava que ele detivesse a posse (antes exercida pela ex-esposa e pelo filho do casal) porque, apesar de decretado o divórcio, o bem integrava o acervo conjugal a ser partilhado[682].

No caso de guarda, é comum o manejo da medida para reaver o menor quando o não guardião o retém por mais tempo do que o regime de convivência permite. Como a sentença (ou o acordo de fixação de guarda) é título executivo, há o direito do guardião de reaver a criança quando o outro a retém por tempo dilatado e fora do esquema de visitas fixado.

Os Tribunais reiteradamente concedem busca e apreensão para que o guardião possa reaver o menor retido indevidamente pelo genitor que não tem a guarda[683].

Não obstante pareça existir uma relação direta entre o título de guardião e a medida de busca e apreensão, a casuística revela alguns temperamentos. O simples fato de o requerente ser guardião não autorizou a imediata busca e apreensão: em caso julgado pelo Tribunal gaúcho, não obstante a genitora fosse guardiã de direito do menor, ela própria havia deixado a filha aos cuidados do pai e – o que, segundo o Tribunal, retirou a eficácia do acordo de regulamentação da guarda[684].

Em outro caso, o Tribunal indeferiu a busca e apreensão porque, apesar de a guarda de direito ser da genitora, o filho se encontrava na companhia paterna desde as férias escolares de inverno e não houve situação de risco ao infante que pudesse autorizar a adoção da drástica medida de busca e apreensão; além disso, "o menor manifestou desejo de permanecer residindo com o pai e com o irmão, como constou na certidão do oficial de justiça (acompanhado de Conselheira Tutelar)"[685].

---

682 AI 70070952775, 7.ª Câmara Cível, Rel.ª Liselena Schifino R. Ribeiro, j. 26.10.2016.

683 AI 70058891466, 8.ª Câmara Cível. Rel. Luiz Felipe Brasil Santos, j. 22.05.2014; AI 70056948052, 7.ª Câmara Cível, Rel. Sérgio Fernando de Vasconcellos Chaves, j. 14.10.2013. No mesmo sentido: "[...] Decisão que deferiu busca e apreensão do menor. Descumprimento imotivado por parte da genitora com relação às visitas paternas fixadas. Direito de convivência entre menor e seus genitores. Interesse da criança que deve ser preservado. Ausente comprovação de qualquer situação que não recomende a visita paterna" (TJSP, AI 2178659-36.2019.8.26.0000, Ac. 13120297, São José do Rio Preto, 7.ª Câmara de Direito Privado, Rel. Des. Luiz Antonio Costa, j. 28.11.2019, *DJESP* 03.12.2019, p. 3.465); "[...] Se presentes indícios de que o genitor tinha levado o filho e não devolvido, impedindo a genitora de conviver com o menor, mostra-se prudente a manutenção da decisão que determinou a busca e apreensão, mas recomendando ao genitor que devolvesse o filho em vinte quatro horas para se evitar maiores traumas à criança. Tendo o genitor devolvido o filho à genitora, considerando tudo que dos autos consta e que não restou configurado risco de ele permanecer com a mãe, razoável confirmar a decisão até melhor instrução do processo de origem, devendo tanto pai quanto a mãe ser alertados quanto à necessidade de priorizarem o melhor interesse do filho em detrimento de conflitos pessoais" (TJMG, AI 0286066-93.2022.8.13.0000, 8.ª Câmara Cível Especializada, Rel.ª Des.ª Ângela de Lourdes Rodrigues, j. 22.09.2022, *DJEMG* 03.10.2022).

684 AI 70063381669, 8.ª Câmara Cível, Rel. José Pedro de Oliveira Eckert, j. 19.03.2015.

685 AI 70055892954, 8.ª Câmara Cível, Rel. Luiz Felipe Brasil Santos, j. 17.10.2013. No mesmo sentido: "[...] Alegação de que a busca e apreensão é necessária a fim de evitar prejuízo maior ao menor, de ordem psicológica, sendo que ela detém melhores condições de criá-lo, além de deter a guarda judicial. Descabimento, no caso concreto. Estudos psicossociais realizados pelos quais o menor manifestou expresso desejo de permanecer com o pai, ausente qualquer evidência de que esteja sendo mal cuidado ou que esteja sob algum risco. Adolescente que se encontra já em situação consolidada no seio da família paterna e, ao menos por enquanto, se beneficia dessa condição, que deve ser mantida. [...]" (TJSP, AC 1000580-92.2022.8.26.0664, Ac. 16048026, Votuporanga, Sétima Câmara de Direito Privado, Rel. Des. Miguel Brandi, j. 14.09.2022, *DJESP* 23.09.2022, p. 2502).

O requerimento de busca e apreensão em violação a acordos celebrados entre os genitores também pode ser rejeitado por ser vista, tal medida, como drástica[686].

Há, porém, casos em que os julgadores podem passar mensagens erradas ao negarem o cumprimento da busca e apreensão. Eis um deles: a busca do filho de 11 anos de idade foi requerida em cumprimento de sentença ajuizado pela genitora, que obteve medida liminar. O STJ, contudo, concedeu *habeas corpus* para revogar a liminar pelos seguintes fundamentos:

> 2. Na hipótese, a transitória permanência da criança sob os cuidados do pai, a quem fora assegurada a guarda compartilhada e com quem já se encontra, não se apresenta como situação de risco a justificar a imediata efetivação de ordem provisória de busca e apreensão da menor. A retirada abrupta do lar paterno, além de presumivelmente traumática para a paciente, ensejaria, no presente momento, a interrupção do ano letivo já iniciado na escola em que se encontra regularmente matriculada, caracterizando efetivo *periculum in mora* às avessas. 3. O exame dos autos permite constatar a situação de lamentável litigiosidade entre os genitores da paciente, assim como a impertinência de se decidir, em tutela de urgência, pela imediata busca e apreensão da criança, ante o caráter satisfativo e a reversibilidade traumática de tal providência[687].

Que mensagem uma decisão como essa pode passar? A de que vale descumprir ordem judicial e manejar o tempo em seu favor, bastando matricular a criança em uma escola próxima do novo endereço para inverter a guarda. Essa situação infelizmente é recorrente: após o período das férias escolares, alguns genitores se recusam a devolver a criança e o outro precisa promover busca e apreensão. Se o Poder Judiciário chancelar a atitude do violador da guarda, incentivará a que a outra parte faça o mesmo: retire a criança furtivamente da escola, por exemplo, para matriculá-la em outro local e tê-la consigo.

No tocante à convivência familiar (visita), o cumprimento do regime fixado será analisado sob a perspectiva do requerente, genitor desprovido da guarda que não consegue exercer o direito de conviver com o filho porque a parte guardiã da criança insiste em obstá-lo.

A fixação do regime de visitas impõe ao guardião o dever de cooperar para que o relacionamento familiar com demais parentes aconteça de forma eficiente. Ele deve assumir concretamente, portanto, o compromisso de evitar atos que impeçam a convivência na forma estipulada. Em outras palavras, impõe-se-lhe uma conduta que ora pode ser uma obrigação

---

686 "1. Caso em que as partes, em outubro de 2014, ajustaram que o exercício da guarda ocorreria de forma compartilhada, com fixação da base de moradia na casa paterna. 2. Considerando o reconhecimento pelo agravante, de que concordou com a alteração da base de moradia para a residência materna, não se justifica a adoção da drástica medida de busca e apreensão da filha adolescente para alteração do arranjo, pois sequer noticiada eventual situação de risco a que a possa estar submetida a filha na companhia materna, revelando-se adequado aguardar a formação do contraditório e a conclusão do estudo social, cuja realização já foi determinada na origem [...]" (TJRS, AI 369576-70.2018.8.21.7000, Passo Fundo, 8.ª Câmara Cível, Rel. Des. Ricardo Moreira Lins Pastl, j. 21.03.2019, *DJERS* 27.03.2019). No mesmo sentido: "[...] Indeferimento das medidas postuladas que, ao menos em cognição inicial, deu-se em atenção ao fato de que muitos anos se passaram desde a fixação do regime, sendo atualmente a filha uma adolescente que oferece alguma resistência ao cumprimento dos termos do acordo. Estudo psicológico e social que posteriormente ratificaram a recomendação de não se buscar o cumprimento forçado. [...]" (TJSP, AgInt 2090332-47.2021.8.26.0000/50000, Ac. 15542627, Guaratinguetá, Sétima Câmara de Direito Privado, Rel.ª Des.ª Maria de Lourdes Lopez Gil, j. 31.03.2022, *DJESP* 05.04.2022, p. 1737).

687 STJ, HC 527.181, Proc. 2019/0240853-0/GO, 4.ª Turma, Rel. Min. Raul Araújo, j. 15.10.2019, *DJe* 04.12.2019.

de fazer (ex.: levar o menor até a casa do genitor), ora de não fazer (ex.: abster-se de impedir a retirada do menor).

Caso o guardião prejudique o contato do menor com o outro genitor, pode incorrer em alienação parental e, conforme a gravidade da conduta, até mesmo perder a guarda.

Como se percebe, o ordenamento jurídico transmite vigorosa mensagem sobre a relevância da convivência familiar e do respeito que deve ser devotado ao seu exercício. É relevante, assim, que a advocacia e a Defensoria orientem as pessoas que atendem sobre a necessária participação do outro genitor e de seus familiares na vida de crianças e adolescentes.

Espera-se que, a partir do diálogo, os pais possam encontrar um caminho pacífico de convivência e respeito aos interesses de seus filhos.

Sendo a conversação inviável, ainda assim há de se analisar, de forma crítica, em cada caso, o uso da busca e apreensão para cumprir a decisão, sobretudo do ponto de vista do melhor interesse do menor.

Se o interesse que está em jogo é a boa convivência familiar, a fim de manter os laços de afetividade e garantir o pleno desenvolvimento do incapaz, seria adequada a retirada forçada da casa do guardião, inclusive com auxílio policial? Quem lida na prática com casos assim sabe que, muitas vezes, o cumprimento da decisão é um episódio chocante para a criança.

A excepcionalidade deve mesmo pautar a utilização da busca e apreensão. Revela-se necessário, para preservar crianças e adolescentes, evitar recorrer a tal medida e utilizar preferencialmente formas de coerção mais brandas – ao menos do ponto de vista do menor, com o intuito de expô-lo menos.

5.7.2.2. Multas

Alternativa que merece destaque é a imposição de multa pecuniária periódica (*astreinte*) a partir da aplicação de dispositivo do Estatuto da Criança e do Adolescente[688].

Quem resiste a viabilizar a visita de outro genitor à criança obstando o direito ao relacionamento familiar pode ser multado a cada episódio de impedimento.

Segundo Enio Santarelli Zuliani, "a multa é uma aliada forte para conscientizar os pais sobre a obrigação de bem cumprir os compromissos assumidos, porque o sujeito somente age bem com receio de lhe pesar o bolso em caso de inadimplemento"[689].

A possibilidade de cominar multa vem sendo reiteradamente reconhecida nos Tribunais[690].

---

688 Lei n. 8.069/1990, art. 213. Na ação que tenha por objeto o cumprimento de obrigação de fazer ou não fazer, o juiz concederá a tutela específica da obrigação ou determinará providências que assegurem o resultado prático equivalente ao do adimplemento. § 1.º Sendo relevante o fundamento da demanda e havendo justificado receio de ineficácia do provimento final, é lícito ao juiz conceder a tutela liminarmente ou após justificação prévia, citando o réu. § 2.º O juiz poderá, na hipótese do parágrafo anterior ou na sentença, impor multa diária ao réu, independentemente de pedido do autor, se for suficiente ou compatível com a obrigação, fixando prazo razoável para o cumprimento do preceito. § 3.º A multa só será exigível do réu após o trânsito em julgado da sentença favorável ao autor, mas será devida desde o dia em que se houver configurado o descumprimento.

689 ZULIANI, Enio Santarelli. Guarda compartilhada e visitas: a nova perspectiva de impor sanções por violações ao direito de ter o filho em sua companhia ou de visitá-lo, como estabelecido. *Revista Magister de Direito Civil e Processual Civil,* Porto Alegre, v. 6, n. 35, p. 12, mar./abr. 2010.

690 "[...] Cumprimento de sentença que fixou regime de visitação paterna. Arbitramento de multa diária de R$ 500,00 (quinhentos reais) em caso de descumprimento pela genitora. Insurgência da mãe, guardiã do infante. Pleito de afastamento da fixação de multa ou, subsidiariamente, de redução do valor.

O Tribunal de Justiça paulista cominou a multa de um salário mínimo à genitora com incidência a cada vez que descumprir a decisão regulamentadora das visitas do pai[691].

O Tribunal de Justiça de Minas Gerais também tem precedentes: em certa decisão, ele manteve decisão de primeiro grau que intimou a agravante a cumprir o acordo entabulado pelas partes, entregando o filho para as visitas paternas, sob pena de multa diária de R$ 70,00 (setenta reais), limitada a R$ 3.000,00 (três mil reais)[692].

A fixação de multa é considerada uma medida menos drástica que preserva o menor contra episódios dramáticos.

Contudo, a efetividade da iniciativa para garantir a convivência familiar é objeto de resistência de alguns, já tendo sido inclusive questionada em julgado do Tribunal de Justiça gaúcho; segundo a relatora, (a então Desembargadora) Maria Berenice Dias, a singela cominação de multa "não atende ao melhor interesse do menor como forma de garantir o direito de visitação"[693]. Ademais, "ainda que outra não pudesse ser a solução jurídica, imperioso que o magistrado realize audiência para ouvir as partes e tentar encontrar uma forma de adimplemento da obrigação que não a singela imposição de pena pecuniária".

No mesmo sentido entendeu o Tribunal do Distrito Federal: em certa causa, embora tenha sido regulamentado em juízo o horário de visitas, entendeu-se não ser possível

---

Impossibilidade de se afastar a multa. Evidente e intensa litigiosidade instaurada entre os genitores. Aparente resistência da genitora em relação à convivência entre pai e filho. Indícios importantes de que o genitor não vê o filho há muitos meses. Circunstâncias fáticas que aconselham a manutenção da multa. *Quantum*. Valor fixado pelo juízo *a quo* que se revela desproporcional, considerando a condição socioeconômica da agravada. Redução devida, para o valor de R$ 100,00 (cem reais). [...]" (TJPR, Proc. 0066832-96.2020.8.16.0000, Rel.ª Des.ª Vilma Régia Ramos de Rezende, j. 02.06.2021); "[...] Pretensão de reversão da guarda unilateral concedida à mãe, mediante acordo homologado em juízo – Liminar recursal indeferida – Desobediência na entrega da criança, após o exercício da visitação e convivência paterna [...] Necessidade de apuração das condutas desabonadoras imputadas reciprocamente pelos responsáveis, mediante cognição exauriente – Dever das partes de cumprir com exatidão as decisões jurisdicionais e de não criar embaraços à sua efetivação – [...] Eventual desacordo de vontades entre os pais e/ou necessidade de alteração do regime deve ser dirimido pelas vias ordinárias.2. Enquanto não houver modificação do regime de guarda previamente estabelecido, a criança deve permanecer sob a guarda da mãe, sob pena de se configurar o descumprimento de obrigação de fazer, sem prejuízo de aplicação de medidas mais severas ao guardião que age irresponsavelmente" (TJPR, Proc. 0026257-12.2021.8.16.0000, Rel.ª Des.ª Rosana Amara Girardi Fachin, j. 20.09.2021).

691 AI 439.448-4/5-00, 5.ª Câmara de Direito Privado, Rel. Des. Francisco Casconi, j. 17.05.2006.

692 "[...] É possível a fixação de multa diária para garantir a eficácia da decisão que determina a obrigação de fazer, compelindo ao seu cumprimento, nos termos do art. 461, § 4.º, do CPC [1973]. Comprovado o descumprimento do acordo de visitas entabulado entre as partes, mostra-se devida a cobrança de multa diária. [...]" (TJMG, AI 1.0701.13.032940-5/001, 2.ª Câmara Cível, Rel.ª Hilda Teixeira Costa, j. 24.11.2015).

693 TJRS, AC 70008730905/Porto Alegre, 7.ª Câmara Cível, Rel.ª Des.ª Maria Berenice Dias, j. 23.06.2004. No mesmo sentido: "[...] É descabido exigir a realização de visitas pelo genitor, sob pena de multa. A regulamentação de visitas efetiva o direito dos filhos de conviver com o genitor não guardião, assegurando a este a possibilidade de exigir a visitação regulamentada em relação à genitora. Não é, entretanto, direito desta de exigir a visitação do pai aos filhos. Não há como obrigar o genitor a exercer a convivência paterna estabelecida, muito menos a dar amor e carinho aos filhos, atitude que deveria ser natural e espontânea, sob pena de impor à prole a convivência forçada e contra a vontade do genitor, o que poderá causar constrangimentos, prejuízos de diversas ordens e, quiçá, traumas irreversíveis aos filhos. [...]" (TJRS, Apelação Cível 50035892420198215001, Rel. Ricardo Moreira Lins Pastl, Rel.ª Rosana Broglio Garbin, j. 11.03.2021).

> desconsiderar que a vida diária oferece acontecimentos e imprevisões infinitamente maiores do que a capacidade de se estabelecer a priori um regramento completo sobre as situações futuras, cabendo aos genitores, enquanto pessoas maiores, capazes e responsáveis pelo bem estar da criança, zelar pelo melhor interesse desta, o que inclui possibilitar o convívio saudável com ambos[694].

Essa observação é importante: é notória a limitação dos mecanismos processuais para fazer valer o regime de visitas acordado. Mais uma vez, a busca de conscientização por um meio consensual eficiente pode contribuir para que as pessoas localizem as razões da resistência, propiciando a formulação de soluções pertinentes para aquele núcleo familiar.

Para a efetividade do resultado consensualmente delineado, é necessária a concorrência de circunstâncias apropriadas – especialmente a boa-fé e a disposição dos envolvidos. Não sendo possível a resolução amigável, ao interessado cabe o uso dos mecanismos processuais existentes mesmo com o reconhecimento de suas limitações.

Como muitas vezes o genitor alienador resiste em cumprir o comando judicial, pode-se constatar, na prática, que a estipulação de multas cominatórias para o caso de inadimplemento, "a configuração do crime de desobediência e a ameaça de inverter a guarda são as medidas judiciais que mais têm contribuído para a efetividade da decisão"[695].

Outra questão ligada ao descumprimento da convivência que enseja considerável polêmica é a seguinte: se a própria pessoa a favor de quem foram fixadas as visitas não exercer essa possibilidade que lhe foi reconhecida, algo pode ser feito? Para melhor compreensão, imagine que a mãe de uma criança relate que a filha se entristece a cada ausência do pai verificada nos fins de semana programados para sua visita. A filha quer encontrá-lo, conviver com ele. Será possível alguma atuação no campo processual para promover a convivência entre pai e filha?

Para enfrentar a discussão, é preciso inicialmente refletir se o direito à convivência é unilateral ou bilateral.

Por muito tempo prevaleceu a ideia de que visitar (e, portanto, conviver) é um direito exclusivo daquele que pode exercê-lo. Por esta perspectiva, prevalece o caráter unilateral do direito: se o pai não quer estar com os filhos, pode, no gozo de sua liberdade individual, escolher seu destino e deixar de direito de visitar as crianças conforme bem entender.

Em decisão fundada nesse entendimento, apesar de as partes terem convencionado a visitação por meio de acordo homologado, entendeu o Tribunal gaúcho que o ajuste não pode ser imposto ao demandado, que não pode ser obrigado a visitar o filho contra sua vontade:

> Apesar de a visitação garantir a convivência do filho com o genitor que não detém a guarda, esse não é objeto da decisão que a estabelece, senão a garantia para o não guardião do direito de ver o filho. A obrigação criada, portanto, é de abstenção do guardião,

---

694 O excerto citado compôs o item 3 da ementa; eis outros: "1. A multa cominatória tem a finalidade de inibir que o obrigado descumpra a obrigação que lhe foi imposta, devendo ser imputada somente quando se vislumbrar a possibilidade de que o obrigado irá desrespeitar o comando imposto e a medida se revelar efetiva a ponto de compeli-lo a praticar o ato cominado. 2. A ciência jurídica, embora ampare a constituição e a manutenção das famílias em suas diversas composições, e ainda, busque oferecer proteção integral à criança, não alcançou e quiçá um dia alcançará, meios coercitivos para impor que genitores dediquem afeto, cuidado e atenção para com sua prole, os quais podem ser exercidos no horário de visita daqueles que não detém a guarda dos filhos [...]" (TJDF, Rec 2014.00.2.004465-6, Ac. 795.410, 1.ª Turma Cível, Rel.ª Des.ª Simone Lucindo, *DJDFTE* 11.06.2014, p. 58).

695 BRAZIL, Glicia Barbosa de Mattos. A reconstrução dos vínculos afetivos pelo Judiciário, cit., p. 55.

> que não pode impedir essa visitação. Vale dizer. A fixação de visitas tem por objeto uma obrigação de não fazer por parte do guardião e não uma obrigação de fazer para o não guardião. É verdade que o filho tem direito de conviver com os pais e com isso garantir o seu saudável desenvolvimento. Mas isso é outra questão que não se confunde com o direito do não guardião de visitá-lo. De resto, o atendimento do pedido evidentemente irá piorar o convívio entre as partes e nada de proveitoso irá trazer à relação[696].

Sob a perspectiva bilateral, ao revés, crianças e adolescentes também são vistos como titulares do direito à convivência e ao relacionamento familiar porque esse direito contribui para a satisfação de suas necessidades emocionais e pessoais. Por tal prisma, é necessário também contar com mecanismos que assegurem a satisfação de um direito que também é seu.

Assim, surge o debate a respeito da tutela cominatória para impor uma espécie de *astreinte* ao genitor ou parente que não cumpre as visitas e frustra a legítima expectativa de quem o aguarda.

Como bem pondera Rolf Madaleno, se, em regra, o afeto não tem preço e não deve ser mensurado, "negá-lo por capricho também não deve ter medidas e limites, devendo, antes, ser fórmula jurídica pronta e acabada, capaz de dar efetividade através do preceito cominatório ao sagrado direito de visitação"[697].

Cabe, porém, uma ressalva: ao abordar o tema há quem use a expressão "multa afetiva" – que não soa apropriada para alguns por inspirar a ideia de que se busca obrigar alguém a amar. Na realidade, estimula-se a convivência, viabiliza-se o relacionamento familiar – amar é temática ligada a outra seara.

A "multa afetiva" é geralmente rejeitada sob o argumento de que não se impõe afeto por decreto. Costuma-se também alegar que é pior uma convivência obrigada, havendo inclusive a possibilidade de o pai maltratar o filho. Obviamente a segurança da criança é prioritária[698]. Dificilmente a mãe busca o advogado para garantir a visita aos filhos quando o pai lhes é nocivo.

Muitas vezes o descumprimento não ocorre por desamor, mas por problemas de comunicação com o ex-cônjuge, falta de organização e planejamento de tempo, problemas com novas uniões e outras situações pessoais vivenciadas pelo genitor.

Merece destaque outro caso apreciado pelo Tribunal gaúcho em que este rechaçou a obrigação de visitar. Um filho menor de idade (representado pela mãe nos autos de ação de alimentos e dissolução de união estável) pediu o cumprimento de acordo no qual constava a obrigação de fazer consistente na visitação do genitor com fixação de multa para cada

---

696 TJRS, AC 0144135-76.2015.8.21.7000, São Leopoldo, 8.ª Câmara Cível, Rel. Des. Alzir Felippe Schmitz, j. 16.07.2015, *DJERS* 22.07.2015. No mesmo sentido: "[...] Acordo homologado em juízo. Guarda unilateral à genitora. Pretensão de inversão ou compartilhada. Melhor interesse das crianças. Ampliação do período de convívio com o genitor. Fixação de multa em desfavor da genitora. Inaplicável ao caso. [...] No caso, não se afigura que a ampliação do período de convívio do genitor com a sua prole quando a genitora se ausentar do Distrito Federal, com aviso de no mínimo três dias de antecedência, sob pena de multa diária, contribuirá para o alcance do objetivo precípuo da medida, que consiste no fortalecimento da relação afetiva entre pai e filhos. Isso porque o genitor afirma que também realiza viagens constantes. Em verdade, depreende-se que, na hipótese, a imposição de multa exaltaria os ânimos entre o par parental, acentuando tensão já existente. [...]" (TJDFT, Proc. 07011129420198070011, Rel.ª Sandra Reves, j. 08.07.2020).

697 MADALENO, Rolf. Multa afetiva. Disponível em: https://www.rolfmadaleno.com.br/web/artigo/a-multa-afetiva. Acesso em: 17 out. 2023.

698 É certo que, sendo verificado prejuízo ao menor (por exemplo, por força de violência física ou moral), as visitas devem ser suspensas.

descumprimento em valor não inferior a R$ 2.000,00. A decisão de primeiro grau indeferiu o pedido porque "o relacionamento entre pai e filho deve se desenvolver de forma livre e espontânea", e "o meio mais adequado para resolver relações de afetividade não está no âmbito do direito obrigacional, mas, sim, no tratamento multidisciplinar".

No recurso ponderou-se que: a) após fixado acordo sobre as visitas ao filho, o pai deixou de cumprir seu dever legal; b) trata-se de obrigação de caráter personalíssimo; c) a manutenção da decisão agravada servirá de estímulo a pais recalcitrantes em descumprir os ajustes fixados judicialmente; d) a inconformidade tem como base o princípio do superior interesse da criança. O acórdão, porém, rejeitou o pedido e manteve a orientação adotada nos seguintes termos:

> Com efeito, não obstante os ponderáveis argumentos em sentido contrário, é de pensar qual o ânimo de um pai que vai buscar contato com seus filhos, premido exclusivamente pela ameaça de uma multa? Deixará ele perceber a tão desejada afetividade que idealmente deve permear a relação entre pais e filhos? Ou, ao contrário, constrangido pela situação que lhe é imposta, exporá as crianças a situações de risco emocional, ou até físico, como forma de provocar na parte adversa o desejo de vê-lo longe da prole, que é aquilo que, afinal, ele pretende... O resultado: um verdadeiro "tiro pela culatra", cujas vítimas serão as crianças, pois amor não se compra, nem se impõe...[699]

Infelizmente nesse caso vigorou uma visão pessimista apta a afastar a aproximação entre pai e filho. Contudo, em outra hipótese revelou-se a adequada aplicação de multa com resultados proveitosos para os envolvidos.

Em Ribeirão Preto, um juiz determinou que um segurança de 38 anos pagasse R$ 75,00 por cada visita que deixasse de fazer à filha de oito anos (que morava com a mãe, ex-mulher do segurança). Segundo a notícia, na decisão o magistrado afirmou que as varas de família consideram a visita do pai ao filho, em primeiro lugar, um direito da criança e não do pai[700].

A mãe da criança resolveu recorrer ao Judiciário após perceber que a filha ficava muito triste quando o pai não ia vê-la nos dias marcados. Em sua defesa, o genitor alegou que não comparecia à casa da filha porque quando lá se apresentava era agredido pela ex-mulher. De acordo com o advogado do pai, este manifestou a intenção de visitar a filha nos horários marcados e inclusive já teria feito um acordo com a ex-mulher para ver a criança levando em conta seus horários de trabalho.

Como se percebe, a notícia soa positiva quanto aos efeitos produzidos. Foi exitosa a iniciativa de resolver porque o canal de comunicação foi restaurado e as partes voltaram a dialogar para viabilizar as visitas.

---

699 TJRS, AI 70051620565, Guaíba, 8.ª Câmara, j. 07.02.2013. No mesmo sentido: "[...] A regulamentação de visitas efetiva o direito dos filhos de conviver com o genitor não guardião, assegurando a este a possibilidade de exigir a visitação regulamentada em relação à genitora. Não há, contudo, como obrigar o genitor a exercer a convivência paterna estabelecida, muito menos a dar amor e carinho aos filhos, atitude que deveria ser natural e espontânea, sob pena de impor às crianças a convivência forçada e contra a vontade do genitor, o que poderá causar constrangimentos, prejuízos de diversas ordens e, quiçá, traumas irreversíveis à prole. Readequação das visitas que não encontra urgência, e não atingiria a finalidade pretendida pela agravante. [...]" (TJRS, Agravo de Instrumento 50270740220218217000, 8.ª Câmara Cível, Rel.ª Rosana Broglio Garbin, j. 27.05.2021).

700 DUARTE NETO. Preço da ausência. *Revista Consultor Jurídico*, 28 abr. 2007. Afirmou ainda o juiz Duarte Neto que, embora a decisão de estipular multa em casos como esse não seja comum, também não chega a ser tão rara. Em suas palavras: "No caso de Ribeirão, levamos em conta que a criança estava sofrendo e queria a presença do pai, independentemente se era na marra ou não".

Em outro interessante caso, o Tribunal de Justiça do Ceará foi instado a responder essa questão: é possível cominar multa para o caso de descumprimento do dever, pelo genitor, de visitar o filho menor? Os genitores do menino, por livre e espontânea vontade, estipularam a guarda compartilhada da criança tendo como residência base a casa da mãe, cabendo ao pai visitá-lo em fins de semana alternados, com previsão de multa de R$ 100,00 (cem reais) para o caso de descumprimento imotivado dessa obrigação[701].

Em primeiro grau, o Ministério Público opinou pela homologação parcial do acordo por entender que, "diante da impossibilidade de mensuração monetária do afeto que deve existir numa relação de pai e filho", seriam "abusivas as condições estabelecidas para o exercício do direito de visitas, sobretudo pelas intempéries da vida (problemas particulares, doenças, viagens a trabalho, acidentes etc.), bem como inviável a aplicação de juros e multa ou demarcação da data limite para o pagamento da pensão alimentícia". Houve, então, recusa do juiz de primeiro grau a homologar o acordo quanto à cominação da multa.

Interposto recurso, assim o MP opinou pelo seu não provimento: supondo que "transformar o direito de visita em uma obrigação" traria "graves prejuízos para a formação do menor que terá que passar o final de semana com um pai insatisfeito, portanto, incapaz de um carinho ou de dar maior atenção ao filho. Na maioria das vezes, o menor ficará na casa dos avós, sem nenhum contato com o pai, que, demonstra, ao não querer a visita do filho, a ausência de qualquer sentimento afetivo".

Apesar das manifestações do MP, o Tribunal deu provimento ao recurso, afirmando ser devida a homologação pelos seguintes argumentos:

1. A intenção não é transformar o afeto em grandeza econômica, mas estimular o cumprimento do dever de cuidado;
2. O direito de visita não pertence apenas ao genitor, mas compõe também a esfera jurídica de interesse do filho. Como a todo direito corresponde um dever, ao direito de "ser visitado", de titularidade do rebento, corresponde o dever do genitor de visitá-lo, sem que isso diminua ou desnature o vínculo afetivo eventualmente existente entre ambos;
3. Não se pode, a partir da mera estipulação da sanção, presumir que o menor "terá que passar o final de semana com um pai insatisfeito", "incapaz de um carinho ou de dar maior atenção ao filho" ou que, "na maioria das vezes, o menor ficará na casa dos avós" por não haver qualquer substrato fático nos autos que autorize essas meras suposições;
4. Ainda que se admita, hipoteticamente, que de fato o genitor pretenda abandonar afetivamente o filho, este poderia depois acionar o Judiciário em busca de indenização pelo ato ilícito. Assim, não há óbice para que o mesmo Judiciário, acatando convenção das partes, se antecipe a esta possibilidade, compelindo o pai a reparar o filho a cada episódio em que reste configurado o descumprimento do dever de cuidado, em vez

[701] "As partes entram em acordo quanto à guarda do menor, ficando compartilhada. A residência base da criança é na casa da mãe e o pai terá direito de visita/acesso em finais de semana alternados, das 8h do sábado até as 17h do domingo, só podendo o Sr. A. levar a criança para passear ou ir a outro lugar a partir dos 2 anos de idade, sempre devendo observar os deveres de responsabilidade, carinho, amor e afeto para com seu filho, e devendo comunicar se irá ver a criança até às 18:00 da sexta-feira. Frise-se que também se deve respeitar a conveniência e vontade do menor, devendo o pai cativar o respeito e admiração do filho para que a relação e o direito de visita sejam exercidos sem percalços, sempre com a colaboração da mãe. No caso de o Sr. A. avisar que irá ver o filho e não o vir, ou no caso de o Sr. A. deixar de ver o filho por período maior de 2 meses, haverá multa de R$ 100,00 por cada episódio".

de aguardar que a criança passe por toda a infância e a adolescência sem a atenção do pai, ainda que eventualmente transmudada para mera e fria pecúnia, para só então pleitear indenização pelo abandono afetivo;

5. A previsão da multa decorre de acordo livremente firmado entre as partes, e não de imposição pelo Estado-juiz. Tal fato denota não a vontade de substituir o dever de cuidado por uma obrigação meramente pecuniária, mas sim de ratificar a intenção de cumpri-lo, assumindo o genitor, por livre consentimento, o ônus de arcar com sanções econômicas caso não cumpra a cláusula a que espontaneamente se obrigou[702].

Como se percebe, cada caso merece análise peculiar, porque as situações variam. Havendo riscos fundados de causar prejuízos emocionais à criança, obviamente será essencial contar com a elaboração de laudos por parte de psicólogos e, eventualmente, determinar visitas assistidas nos primeiros momentos.

No limite, caso se constate, a partir da participação desses profissionais, que a convivência não atende ao melhor interesse da criança, alternativa não haverá senão cogitar sobre condenar o pai a pagar indenização[703].

Os argumentos e respectivos contra-argumentos à responsabilização de genitores que deixam de acompanhar seus filhos foram bem desenvolvidos em demandas de indenização por abandono afetivo dos pais.

O direito à indenização já foi reconhecido por alguns Tribunais de Justiça[704]. Inicialmente recusado pelo STJ[705], houve interessante reversão de entendimento.

No primeiro acórdão em que o STJ apreciou a matéria, o relator afirmou não haver ilícito na conduta do pai que abandona afetivamente o filho, não podendo o afeto ser imposto ao pai por não configurar um dever jurídico. Para o Ministro Aldir Passarinho, que acompanhou o relator, a solução jurídica para o abandono afetivo é simplesmente a perda do poder familiar[706].

---

702 TJCE, APL 0011308-38.2015.8.06.0075, 3.ª Câmara de Direito Privado, Rel.ª Des.ª Marlucia de Araújo Bezerra, *DJCE* 21.03.2017, p. 66.

703 REZENDE, Joubert R. Direito à visita ou poder-dever de visitar: o princípio da afetividade como orientação dignificante no direito de família humanizado. Disponível em: http://www.iob.com.br/bibliotecadigitalderevistas/bdr.dll/RDF/1764a/19133/19723/19724/19725?f=templates&fn=altmain-nf.htm&2.0. Acesso em: 27 jun. 2012.

704 "Responsabilidade civil. Dano moral. Autor abandonado pelo pai desde a gravidez da sua genitora e reconhecido como filho somente após propositura de ação judicial. Discriminação em face dos irmãos. Abandono moral e material caracterizados. Abalo psíquico. Indenização devida. [...]" (TJSP, AC 511.903-4/7-00, 8.ª Câmara de Direito Privado, Rel. Des. Caetano Lagrasta, j. 12.03.2008). No mesmo sentido: "[...] Caracterização de abandono afetivo. Elementos de informação constantes dos autos demonstram que o réu deixou, voluntariamente, de conviver com o filho menor, causando-lhe prejuízos de ordem extrapatrimonial. Réu revel, que mora próximo à residência do filho, mas não o visita e nem paga alimentos regulares. Desnecessidade da produção de prova pericial para constatar o mal que tal comportamento causa à criança de 7 anos, relatado por testemunha e pela própria genitora. Devida a fixação de indenização por danos morais no valor de R$ 15.000,00, a fim de reparar o sofrimento comprovadamente causado ao demandante. [...]" (TJSP, Ap. 1017222-63.2019.8.26.0562, Rel. Des. Francisco Loureiro, j. 10.09.2021).

705 "[...] 1. A indenização por dano moral pressupõe a prática de ato ilícito, não rendendo ensejo à aplicabilidade da norma do art. 159 do Código Civil de 1916 o abandono afetivo, incapaz de reparação pecuniária. [...]" (STJ, REsp 757.411/MG, Rel. Min. Fernando Gonçalves, j. 29.11.2005).

706 STJ, REsp 757.411/MG, Rel. Min. Fernando Gonçalves, j. 29.11.2005.

Será que, para o pai que abandona o filho, perder o poder familiar é a melhor resposta? A depender do caso, pode ser um alívio a liberação máxima de conviver com o filho... Para propugnar a concretização de uma paternidade responsável, é essencial que haja instrumentos que signifiquem para o violador do ordenamento uma forma de sanção.

Flávio Tartuce, ao comentar decisões sobre o tema, defende a existência de um autêntico dever de companhia e guarda dos pais em relação aos filhos (extraído do art. 229[707] da CF), cujo descumprimento enseja indenização pecuniária.

Em 2012, houve decisão[708] do STJ nesse sentido. Revertendo posicionamento esposado anteriormente, acórdão de relatoria da Ministra Nancy Andrighi condenou um pai a indenizar a filha por danos decorrentes de abandono afetivo.

Segundo a ministra relatora, é necessário superar axiomas no sentido de que, em vista das singularidades das relações familiares, não seria cabível indenização por danos morais nesse âmbito. O ordenamento não veda tal possibilidade: ao contrário, prevê campo irrestrito para esse tipo de reparação no texto constitucional. Na visão da ministra, também é necessário superar a ideia de que a perda do poder familiar é a única sanção possível para o genitor que não cumpre os deveres da paternidade.

A ministra afirma que, além dos elementos clássicos da reparação civil, "é possível se visualizar, na relação entre pais e filhos, liame objetivo e subjacente, calcado no vínculo biológico ou mesmo autoimposto – casos de adoção –, para os quais há preconização constitucional e legal de obrigações mínimas". Assim, a paternidade não traz apenas um vínculo afetivo, mas também um feixe de deveres que inclui o "dever de convívio, de cuidado, de criação e educação dos filhos, vetores que, por óbvio, envolvem a necessária transmissão de atenção e o acompanhamento do desenvolvimento sociopsicológico da criança".

Logo, conclui que, além da obrigação de prestar assistência material, a outra face dessa moeda é a responsabilização daqueles que não fornecem "assistência psicológica". Sobre a existência de descumprimento de dever e, consequentemente, de ato ilícito, afirma a relatora que

> [...] desvelo e atenção à prole não podem mais ser tratados como acessórios no processo de criação, porque, há muito, deixou de ser intuitivo que o cuidado, vislumbrado em suas diversas manifestações psicológicas, não é apenas um fator importante, mas essencial à criação e formação de um adulto que tenha integridade física e psicológica e seja capaz de conviver, em sociedade, respeitando seus limites, buscando seus direitos, exercendo plenamente sua cidadania.

---

[707] Art. 229. Os pais têm o dever de assistir, criar e educar os filhos menores, e os filhos maiores têm o dever de ajudar a amparar os filhos na velhice, carência ou enfermidade.

[708] STJ, REsp 1.159.242/SP, 3.ª Turma, Rel. Min. Nancy Andrighi, j. 24.04.2012, *DJe* 10.05.2012. No mesmo sentido: "[...] A possibilidade de os pais serem condenados a reparar os danos morais causados pelo abandono afetivo do filho, ainda que em caráter excepcional, decorre do fato de essa espécie de condenação não ser afastada pela obrigação de prestar alimentos e nem tampouco pela perda do poder familiar, na medida em que essa reparação possui fundamento jurídico próprio, bem como causa específica e autônoma, que é o descumprimento, pelos pais, do dever jurídico de exercer a parentalidade de maneira responsável. 5 – O dever jurídico de exercer a parentalidade de modo responsável compreende a obrigação de conferir ao filho uma firme referência parental, de modo a propiciar o seu adequado desenvolvimento mental, psíquico e de personalidade, sempre com vistas a não apenas observar, mas efetivamente concretizar os princípios do melhor interesse da criança e do adolescente e da dignidade da pessoa humana, de modo que, se de sua inobservância, resultarem traumas, lesões ou prejuízos perceptíveis na criança ou adolescente, não haverá óbice para que os pais sejam condenados a reparar os danos experimentados pelo filho. 6 – Para que seja admissível a condenação a reparar danos em virtude do abandono afetivo, é imprescindível a adequada demonstração dos pressupostos da responsabilização civil" (REsp 1887697/RJ, Rel.ª Min.ª Nancy Andrighi, j. 21.09.2021, *DJe* 23.09.2021).

Conclui a ministra, portanto, que "amar é faculdade, cuidar é dever". Assim, o pai que não observa os deveres de criação, educação e companhia está cometendo ilícito e deve ser obrigado a reparar os danos perpetrados.

A relatora ressalva, contudo, que o distanciamento natural que ocorre com o exercício de regulares direitos (como acontece no divórcio quanto ao pai que fica sem a guarda do filho, ou quando um dos pais muda de domicílio) não enseja dano. Também não se dá o descumprimento do dever quando seu cumprimento não for possível, como no caso dos pais vítimas de alienação parental.

O dano moral, segundo a julgadora, consiste no sofrimento, na mágoa e na tristeza por ter sido considerada "filha de segunda classe". Quanto ao valor da indenização, que foi fixado em R$ 415.000,00 no tribunal *a quo*, este foi considerado excessivo, sendo reduzido para R$ 200.000,00.

Transportando a opinião com o devido cuidado para a seara processual, pode-se concluir que não é totalmente descabido exigir daqueles que comungam do direito de visitas, especialmente os pais, o cumprimento em favor do menor; afinal, este também é titular do direito à convivência.

Afina-se à sistemática das obrigações de fazer priorizar o seu cumprimento específico, vertendo em indenização apenas se o interessado assim o requerer ou se for impossível a tutela específica ou a obtenção do resultado prático correspondente.

Multas e indenizações são instrumentos apropriados para produzir uma pressão econômica sobre o devedor contumaz, gerando estímulos ao cumprimento.

Impor o cumprimento forçado das visitas não gera, por si só, prejuízo ao menor. O genitor estará presente, e o filho não se sentirá rejeitado. Caso haja receio quanto a eventuais maus-tratos, a convivência pode ser monitorada.

A convivência por meio do contato direto entre pais e filhos configura oportunidade valiosa para verter benefícios à criança ou ao adolescente que até então se sentia rejeitada(o). O genitor recalcitrante poderá finalmente perceber que o filho não se confunde com a genitora, que o relacionamento com a criança é desejável e importante, que conviver com o filho é uma oportunidade valiosa para ambos.

Saídas proveitosas para (novos e velhos) impasses são buscadas cotidianamente por pessoas empenhadas em lidar com as demandas familiares da forma mais humana e saudável possível. Oxalá possam ser fomentadas ideias produtivas sobre como proporcionar o melhor trâmite possível dos processos que envolvem famílias em conflito.

6. PARENTALIDADE

Com a evolução do reconhecimento da dignidade humana como direito fundamental a partir da Constituição de 1988, passou-se a ampliar progressivamente a noção de direitos de personalidade e de sua proteção.

O direito ao conhecimento do vínculo de filiação passou a ser objeto de mirada especial, sobretudo em virtude do dispositivo constitucional que prevê a impossibilidade de discriminação entre filhos de diferentes origens[709]. Assim, segundo uma perspectiva civil-constitucional, o princípio da isonomia entre os filhos é uma diretriz fundamental a ser seguida no estudo da matéria.

---

[709] Art. 227, § 6.º Os filhos, havidos ou não da relação do casamento, ou por adoção, terão os mesmos direitos e qualificações, proibidas quaisquer designações discriminatórias relativas à filiação.

6.1. O pai, o filho e o Poder Judiciário: imposição e consenso

Em nossa tradição judaico-cristã, a tríade comumente invocada contempla o Pai, o Filho e o Espírito Santo, promovendo a ideia de unidade e completude da imagem divina em variadas dimensões.

A proposta de tratar o vínculo paterno-filial em seus aspectos processuais é desafiadora; as imagens de pai e filho, longe de evocarem união, induzem à lembrança do conflito e da terceirização de sua composição a uma terceira pessoa: o magistrado.

Teórica e praticamente, o Estado, na função jurisdicional, tem a missão de pacificar os litigantes e, distribuindo justiça, definir os rumos da controvérsia. Se a missão propalada é pacificar, é essencial verificar os interesses dos indivíduos envolvidos na crise e identificar qual pode ser a melhor saída para, em uma perspectiva de futuro, definir a relação jurídica entre os sujeitos dali em diante.

Muitas vezes o conflito, apesar de contar formalmente com pai e filho como partes, revela o dissenso entre quem se supunha biologicamente o ascendente e sua (ex)parceira, a genitora da criança. Embora o autor da demanda (negatória de paternidade ou anulatória de registro civil) afirme não ser pai pelo engano revelado quanto a contribuição genética, muitas vezes há afeto em relação ao filho que criou por anos. Seu prioritário interesse seria realmente deixar de ser o seu pai? Ou livrar-se do ônus financeiro da pensão alimentícia (geralmente administrada pela guardiã) e punir quem o teria enganado quanto à filiação?

Algumas perguntas vêm à mente: tem o Poder Judiciário realizado a contento sua função pacificadora de distribuir justiça? Está o Poder Judiciário preparado para tal difícil missão, identificando e perquirindo o principal interesse das partes? Judicializar uma demanda envolvendo o vínculo paterno-filial conduz a resultados profícuos para os envolvidos e para a comunidade, sendo individual e socialmente justos seus efeitos?

Dificilmente, no estado em que prestação jurisdicional é geralmente distribuída, a resposta é positiva para tais questões. É de suma relevância promover espaços de conversação para que os envolvidos possam resolver sua situação considerando uma perspectiva de futuro.

O encaminhamento das partes a oportunidades de comunicação entre os responsáveis pelo filho é valiosíssimo para buscar resolver os impasses com o menor comprometimento possível da integridade da criança e/ou do adolescente. Afinal, na demanda, teremos o filho sendo réu em face de seu pai, e o potencial resultado será privar uma pessoa da figura não só de seu genitor, mas também de seus avós, seus tios, seus primos, enfim, de toda a linhagem paterna[710]. Como bem assinala Nancy Andrighi,

> [...] há pequenos seres, ainda em desenvolvimento, cuja compreensão acerca das relações humanas se lhes escapa, e que assistem, indefesos, ao esfacelamento do lar em que nasceram. Existem, pois, ex-cônjuges e ex-companheiros. Não podem existir, contudo, ex-pais. Dessa forma, as diretrizes devem ser muito bem fixadas em processos que lidam

---

[710] Como bem destaca Leila Torraca de Brito, "compreende-se que o simples fato de se ajuizar ação de tal amplitude pode acarretar sensível sofrimento à criança, que participará de exames periciais nas quais será avaliado se é filha de seu pai, neta de seu avô e prima de seus primos, ou ainda, quem sabe, por meio de uma gota de sangue terá uma de suas linhagens modificada. Além disso, no curso do processo atravessará longo período de incerteza quanto à sua filiação e, em última instância, sobre sua identidade" (Negatória de paternidade e anulação de registro civil: certezas e instabilidades. Disponível em: https://ibdfam.org.br/artigos/236/Negat%C3%B3ria+de+Paternidade+e+Anula%C3%A7%C3%A3o+de+Registro+Civil%3A+Certezas+e+Instabilidades. Acesso em: 7 out. 2016).

> com direito de filiação, para que não haja possibilidade de uma criança ser desamparada por um ser adulto que a ela não se ligou, verdadeiramente, pelos laços afetivos supostamente estabelecidos quando do reconhecimento da paternidade. Afinal, por meio de uma gota de sangue, não se pode destruir vínculo de filiação, simplesmente dizendo a uma criança que ela não é mais nada para aquele que, um dia se disse seu pai[711].

Será que o pai realmente quer privar seu filho de tudo isso? Será que ele mesmo pretende perder o investimento pessoal e emocional, ignorando, a partir de então, seu filho? Será que, ao optar pelo ajuizamento da demanda, tem consciência do que causa ao filho e a si próprio? Tais perguntas, tão profundas, só são possíveis hoje pela abertura interdisciplinar com que se concebe o conhecimento jurídico.

Essas inquietantes questões, por certo, devem ser consideradas no tratamento do tema e na visão sobre a configuração da relação paterno-filial.

6.2. Modalidades de paternidade e reconhecimento em juízo

Pai é quem cria ou é quem contribui com o material genético? Ou é ainda aquele que consta no assentamento civil como tal?

Quando o mesmo indivíduo exerce as três posições, não costuma haver problema. A dúvida se instala quando diferentes pessoas ocupam tais *status*: um homem cria o filho, enquanto outro é seu ascendente biológico e um terceiro consta como pai no registro civil. O que poderia ser visto como um benefício (pela multiplicidade de pessoas como potenciais figuras paternas) algumas vezes se revela uma disparidade maléfica a ponto de ensejar a busca pela concentração do papel do pai em uma figura única. Nessa hipótese, como definir a parentalidade?

Luiz Edson Fachin bem diferencia os três grandes parâmetros do direito ocidental para estabelecer a paternidade, a maternidade ou a filiação: verdade legal, verdade biológica e verdade socioafetiva[712].

Como o primeiro parâmetro concebe a situação do registro de nascimento[713], pai é quem consta como tal no assento de nascimento[714]. A atitude de registrar é voluntária e não exige

---

711 Mais adiante, ela afirma: "De toda forma, tendo em mente a salvaguarda dos interesses dos pequenos, verifica-se que a ambivalência presente nas recusas de paternidade são particularmente mutilantes para a identidade das crianças, o que impõe ao julgador substancial desvelo no exame das peculiaridades de cada processo, no sentido de tornar, o quanto for possível, perenes os vínculos e alicerces na vida em desenvolvimento. Isso porque a fragilidade e a fluidez dos relacionamentos entre os adultos não deve perpassar as relações entre pais e filhos, as quais precisam ser perpetuadas e solidificadas. Em contraponto à instabilidade dos vínculos advindos das uniões matrimoniais, estáveis ou concubinárias, os laços de filiação devem estar fortemente assegurados, com vistas no interesse maior da criança, que não deve ser vítima de mais um fenômeno comportamental do mundo adulto" (REsp 1.003.628/DF, 3.ª Turma, Rel.ª Min.ª Nancy Andrighi, j. 14.10.2008, *DJe* 10.12.2008).

712 *Apud* PEREIRA, Sérgio Gischkow. *Direito de família*: aspectos do casamento, sua eficácia, separação, divórcio, parentesco, filiação, regime de bens, alimentos, bem de família, união estável, tutela e curatela. Porto Alegre: Livraria do Advogado, 2007, p. 79.

713 Lei n. 6.015/1973, art. 50. Todo nascimento que ocorrer no território nacional deverá ser dado a registro, no lugar em que tiver ocorrido o parto ou no lugar da residência dos pais, dentro do prazo de quinze dias, que será ampliado em até três meses para os lugares distantes mais de trinta quilômetros da sede do cartório.

714 Lei n. 6.015/1973, art. 52. São obrigados a fazer declaração de nascimento: 1.º) o pai ou a mãe, isoladamente ou em conjunto, observado o disposto no § 2.º do art. 54; 2.º) no caso de falta ou de impedimento

maiores requisitos: basta que o declarante se apresente no cartório com a documentação básica para oficializar o registro da criança[715].

Segundo o critério biológico, pai é quem contribui com o material genético. Nas palavras de Maria Berenice Dias, "para a Biologia, pai sempre foi unicamente quem, por meio de uma relação sexual, fecunda uma mulher que, levando a gestação a termo, dá à luz um filho"[716].

Em memorável trabalho publicado no fim da década de 1970, João Baptista Villela questionava o *quid* específico apto a fazer de alguém um pai, independentemente da geração biológica; ponderava então:

> [...] se se prestar atenta escuta às pulsações mais profundas da longa tradição cultural da humanidade, não será difícil identificar uma persistente intuição que associa a paternidade antes com o serviço do que com a procriação. Ou seja: ser pai ou ser mãe não está tanto no fato de gerar quanto na circunstância de amar e servir[717].

Afirmava ainda que "as transformações mais recentes por que passou a família, deixando de ser unidade de caráter econômico, social e religioso para se aprofundar fundamentalmente como grupo de afetividade e companheirismo, imprimiram considerável reforço ao esvaziamento biológico da paternidade"[718].

Assim, pelo critério sociológico, considera-se a posse do estado de filho. Filiação socioafetiva é a "relação afetiva, íntima e duradoura, em que uma criança é tratada como filho, por quem cumpre todos os deveres inerentes ao poder familiar"[719].

Apesar de sua verificação prática, no plano legal não há previsão expressa da paternidade sociológica na nossa legislação civil[720]. Boa parte da doutrina afirma que o fundamento legal a ser invocado seria o dispositivo[721] do Código Civil que, ao mencionar outras fontes, possibilita conceber as paternidades adotiva e socioafetiva/sociológica.

Aliada a tal lacuna legislativa, a certeza da origem biológica possibilitada pelo exame de DNA gerou uma espécie de "deslumbramento no mundo jurídico" a ponto de simplificar

---

de um dos indicados no item 1.º, outro indicado, que terá o prazo para declaração prorrogado por 45 (quarenta e cinco) dias [...]; art. 54. O assento do nascimento deverá conter: [...] 7.º) Os nomes e prenomes, a naturalidade, a profissão dos pais, o lugar e cartório onde se casaram, a idade da genitora, do registrando em anos completos, na ocasião do parto, e o domicílio ou a residência do casal.

715 Lei n. 6.015/1973, art. 46. As declarações de nascimento feitas após o decurso do prazo legal serão registradas no lugar de residência do interessado. § 1.º O requerimento de registro será assinado por 2 (duas) testemunhas, sob as penas da lei. § 3.º O oficial do Registro Civil, se suspeitar da falsidade da declaração, poderá exigir prova suficiente. § 4.º Persistindo a suspeita, o oficial encaminhará os autos ao juízo competente.

716 Quem é o pai? Disponível em: https://berenicedias.com.br/quem-e-o-pai/. Acesso em: 16 set. 2016.

717 A desbiologização da paternidade. Disponível em: https://www.direito.ufmg.br/revista/index.php/revista/article/view/1156. Acesso em: 7 out. 2016.

718 A desbiologização da paternidade, cit., p. 413.

719 DIAS, Maria Berenice. Filhos do afeto. Disponível em: https://berenicedias.com.br/filhos-do-afeto/. Acesso em: 7 out. 2016.

720 Como bem destaca Rolf Madaleno, ainda não se atingiu o modelo ideal de igualdade absoluta de filiação, já que esquece a lei da filiação socioafetiva (*Curso de direito de família*. 6. ed. Rio de Janeiro: Forense, 2015 – item 3.11, e-book).

721 CC, art. 1.593. O parentesco é natural ou civil, conforme resulte de consanguinidade ou outra origem.

(para alguns) as questões de filiação apenas à investigação dos laços sanguíneos[722]. Apesar de tal situação, o reconhecimento da parentalidade socioafetiva cresceu exponencialmente e cada vez encontra mais adesão nos Tribunais brasileiros.

São comumente admitidas em juízo ações para investigar ou negar a paternidade com base no aspecto biológico. Em face de um conflito (pela divergência entre os vínculos sociológico, biológico e legal), seria possível cogitar de uma demanda para atestar o liame socioafetivo e pedir seu reconhecimento? A resposta é, há tempos, evidentemente positiva para José Carlos Teixeira Giorgis, que afirma

> [...] ser absolutamente razoável e sustentável o ajuizamento de ação declaratória de paternidade socioafetiva, com a amplitude contraditória, que mesmo desprovida de prova técnica, seja apta em obter veredicto que afirme a filiação com todas suas consequências como registro civil, direito a alimentos, sucessão e outras garantias. O que se fará em respeito aos princípios constitucionais da dignidade da pessoa, solidariedade humana e maior interesse da criança e do adolescente. Admitir-se a impossibilidade jurídica do pedido seria rejeitar o acesso à justiça e desprezar a igualdade que os tribunais reconhecem aos diversos tipos de paternidade[723].

Concordamos com tal assertiva, já que efetivamente o valor jurídico da paternidade sociológica pode ser alegado e apurado tanto em defesa como em demanda pleiteando seu reconhecimento.

O STF deu guarida a esse entendimento ao fixar, em 2016, a seguinte tese: "a paternidade socioafetiva, declarada ou não em registro público, não impede o reconhecimento do vínculo de filiação concomitante baseado na origem biológica, com os efeitos jurídicos próprios".

Essa decisão vem impactando em outros entendimentos judiciais, como se percebe pelo seguinte caso julgado pelo STJ: a Terceira Turma entendeu possível a um filho receber herança por parte tanto do pai biológico quanto do pai registral. Se alguém usufruiu de uma relação filial socioafetiva por imposição de terceiros que consagraram tal situação no seu registro de nascimento, ao conhecer a verdade biológica, essa pessoa tem direito ao reconhecimento da sua ancestralidade e a todos os efeitos patrimoniais inerentes ao vínculo genético, segundo o relator Ministro Villas Bôas Cueva.

Na origem, a investigação de paternidade foi proposta quando o filho biológico já tinha 61 anos. O pai registral havia falecido e lhe deixado herança; segundo os autos, o autor tomou conhecimento da suposta filiação biológica em 1981, mas apenas em 2008 promoveu a ação pedindo a realização de exame de DNA e o reconhecimento do direito à filiação com todos os efeitos inerentes à condição. O pai biológico faleceu antes de ser citado e, incluídos no polo passivo da ação, seus sucessores alegaram que a intenção do autor "teria fundo meramente patrimonial".

---

722 VENCELAU, Rose Melo. *O elo perdido da filiação*: entre a verdade jurídica, biológica e afetiva no estabelecimento do vínculo paterno-filial. Rio de Janeiro: Renovar, 2004, p. 89. No dizer de Laís Fraga Kauss, se "a certeza da filiação biológica garantida pelo DNA trouxe maior honestidade para direitos e deveres entre pais e filhos, todavia, trouxe também impasses processuais, pois o direito enfrenta a dicotomia entre a segurança jurídica da sentença transitada em julgado e a justiça da decisão de acordo com a verdade real" (O alcance da socioafetividade para a determinação da filiação. Disponível em: www.agu.gov.br/page/download/index/id/531735. Acesso em: 7 out. 2016).

723 GIORGIS, José Carlos Teixeira. *A paternidade fragmentada*: família, sucessões e bioética. Porto Alegre: Livraria do Advogado, 2007, p. 78.

O tribunal de segunda instância manteve a sentença que afastava a possibilidade de alteração do registro civil do autor, porque havia sido comprovada a filiação socioafetiva, fato que gerou inclusive efeitos patrimoniais.

De acordo com o Ministro relator, a Constituição de 1988 inovou o direito de família ao permitir a igualdade de filiação. O ministro lembrou que o STF julgou o Recurso Extraordinário 898.060 admitindo a coexistência entre as paternidades biológica e socioafetiva, "afastando qualquer interpretação apta a ensejar a hierarquização dos vínculos": "a pessoa criada e registrada por pai socioafetivo não precisa, portanto, negar sua paternidade biológica, e muito menos abdicar de direitos inerentes ao seu novo *status familiae*, tais como os direitos hereditários"[724].

Nosso intento a partir de agora fará uma inflexão para destacar aspectos processuais que mostram o oposto da ideia de reconhecimento: os instrumentos adequados para o questionamento da paternidade pelo pai sociológico que descobre não ser o ascendente genético da criança.

6.3. Demanda adequada: investigatória/negatória de paternidade ou anulatória de registro civil?

Qual é o instrumento processual adequado para o questionamento da paternidade?

Esse tipo de pretensão será deduzido por meio de um processo de conhecimento em que o juiz, cotejando os fatos após atividade cognitiva (com amplo espectro probatório), irá declarar a existência (ou inexistência) da relação jurídica. Em outras palavras, a demanda terá pedido de cunho declaratório[725].

Qual o procedimento adequado para seu trâmite? Para responder tecnicamente, é preciso examinar se há previsão legal de procedimento especial para tal tipo de demanda. Embora a Lei n. 8.560/1992 trate da investigação de paternidade, ela não veicula a existência de rito diferenciado para a postulação, razão pela qual o procedimento será comum.

Como praxe, ao propor as demandas, os advogados costumam revelar o cerne do pedido para identificar com clareza a providência pleiteada; no caso costumam mencionar nomes como "ação negatória de paternidade", "ação de anulação de registro civil" e, na forma cumulada, "ação negatória de paternidade cumulada com anulação de registro civil". Como se percebe, a negação de paternidade e a anulação de registro civil são objetivos diversos, embora o segundo possa decorrer do primeiro. Qual é o adequado cabimento de cada pedido?

A doutrina é escassa a respeito, mas a jurisprudência aborda o tema em muitos precedentes judiciais.

É fácil constatar que, em julgados mais antigos, a diferenciação entre as ações era rigorosa: o critério para a determinação do cabimento de uma ou outra medida era a causa de pedir relatada no caso. Se houvesse vício de consentimento ou erro na efetivação do registro, reputava-se adequado o pleito de anulação de registro – mas, se o objetivo fosse questionar a

---

[724] *Filiação socioafetiva não impede reconhecimento de paternidade biológica e seus efeitos patrimoniais.* Disponível em: http://www.stj.jus.br/sites/STJ/default/pt_BR/Comunica%C3%A7%C3%A3o/noticias/Not%C3%ADcias/Filia%C3%A7%C3%A3o-socioafetiva-n%C3%A3o-impede-reconhecimento-de-paternidade-biol%C3%B3gica-e-seus-efeitos-patrimoniais. Acesso em: 4 nov. 2017.

[725] Nos termos do art. 19, I, do CPC, o interesse do autor pode limitar-se à declaração de existência, inexistência ou modo de ser de uma relação jurídica.

paternidade imputada antes da efetivação do registro, a ação correta seria a ação investigatória/negatória de paternidade[726].

Apesar de tal distinção, muitas vezes o advogado do autor cumulava as duas pretensões. Haveria problema significativo em tal conduta?

A resposta, inicialmente positiva[727], passou a ser negativa. Nos últimos tempos, a distinção foi se esmaecendo, e as demandas vêm nominadas com a indicação de um ou outro pleito em casos que seriam, segundo os critérios apontados, diversos dos adequados.

Já há certo tempo a jurisprudência vem permitindo a apreciação das causas independentemente de tal diferenciação, tratando-as como semelhantes[728].

Revela-se realmente adequada a postura de evitar preciosismos e distinções que nem sequer a legislação elaborou de modo a permitir o trâmite da demanda para apreciação da causa de pedir[729].

---

726 Segundo precedentes do Tribunal gaúcho, a ação negatória de paternidade só seria cabível antes do apontamento do suposto genitor como pai no assentamento civil. Após o registro, cabível seria a ação negatória de paternidade para que eventual vício de vontade pudesse ser reconhecido a ponto de anular o ato de reconhecimento; eis excertos decisórios nesse sentido: "É cabível a ação negatória de paternidade apenas enquanto não reconhecido o filho. Após seu registro, cabe ação de anulação ou nulidade de registro por vício de manifestação de vontade ou por falsidade, que não se submete ao curto prazo decadencial da negatória" (TJRS, Embargos Infringentes 596048322, 4.º Grupo de Câmaras Cíveis, Rel. Des. Carlos Alberto Alves Marques, j. 08.11.1996); "Não podem ser confundidas a ação negatória de paternidade com a de nulidade de registro em razão de reconhecimento falso. Enquanto a primeira visa a impedir o registro do filho em nome do marido da mãe, a segunda tem por objeto desconstituir registro feito mediante falsa declaração [...]" (Apelação Cível 596111963, 7.ª Câmara Cível, Rel. Des. Sérgio Fernando de Vasconcellos Chaves, j. 27.11.1996).

727 Em tempos pretéritos havia rigor no entendimento sobre a adequada formulação: "I. Imprópria a cumulação de pedido negatório de paternidade com pretensão anulatória de registro de nascimento, se o fato descrito conduz ao cabimento, apenas, da primeira pretensão, extinta em grau monocrático e de apelação, à unanimidade, com base no art. 178, parágrafo 3.º, do Código Civil anterior, e preclusa a discussão à falta de interposição de Recurso Especial, então, contra tal parte da decisão. [...]" (STJ, REsp 592.991/RS, 4.ª Turma, Rel. Min. Aldir Guimarães Passarinho Junior, j. 15.04.2004, *DJU* 31.05.2004, p. 323); "Não é possível juridicamente a pretensão deduzida relativa ao pedido de anulação da certidão e retirada do nome do suposto pai através de ação Negatória de Paternidade, e sim através de ação Anulatória do Registro de Nascimento por falsidade ideológica da paternidade atribuída, fulcrada no art. 1.604 do Código Civil" (TJMG, AC 1.0210.93.000349-1/001, Pedro Leopoldo, 7.ª Câmara Cível, Rel. Des. Belizário Antônio de Lacerda, j. 19.10.2004, *DJMG* 30.12.2004).

728 Da Corte catarinense, eis ementa em que ambas as demandas são tratadas como portadoras da mesma causa de pedir: "Se o próprio Código Civil permite o ajuizamento da ação negatória de paternidade e da ação anulatória com base nos vícios de consentimento, é certo que o cidadão que registra criança como sendo seu filho, pode ajuizar ação tendente a anular referido ato, desfazendo-se o registro. Não pode o poder judiciário, ademais, impedir seu acesso aos pretórios para discutir um direito que lhe é reconhecido inclusive a título constitucional, a inafastabilidade do poder jurisdicional" (TJSC, AC 2007.033340-5, Tijucas, 1.ª Câmara de Direito Civil, Rel. Des. Carlos Prudêncio, *DJSC* 20.03.2008, p. 103).

729 Eis decisões nesse sentido: "Ação negatória de paternidade. Irrelevância do emprego da denominação da ação de 'anulatória de paternidade', porque incumbe ao juiz conferir o enquadramento legal adequado aos fatos narrados pelo autor, observando o pedido formulado, e os termos, em que oferecida a inicial, permitem a exata compreensão do alcance dos fatos e dos fundamentos do pedido" (TJSP, AC 271.772-4, Araçatuba, 6.ª Câmara de Direito Privado, Rel. Des. Rebello Pinheiro, j. 20.03.2003; "[...] Na linha da jurisprudência do Colendo STJ: a natureza jurídica da ação é definida por meio do pedido e da causa de pedir, não tendo relevância o nomen iuris dado pela parte autora [...] Constatado que a presente ação, em verdade, envolve pretensão negatória de paternidade (art. 1.601, do CC/2002), de cunho personalíssimo, e não apenas nulidade de registro por erro ou falsidade (art. 1.604, do CC/2002), até porque o registro discutido decorre de sentença judicial transitada em julgado, afasta-se a legitimidade ativa da autora para impugnar o registro de nascimento da parte ré em ação que tramita sob o procedimento comum. [...]" (TJMG, APCV 5000138-29.2019.8.13.0081, 4.ª Câmara Cível Especializada, Rel.ª Des.ª Ana Paula Caixeta, j. 04.08.2022, *DJEMG* 05.08.2022).

Tecnicamente tem mais sentido o simples apontamento da investigação de paternidade/maternidade como causa de pedir: a mudança do registro civil é um efeito do reconhecimento da parentalidade, não merecendo destaque por não se tratar de pedido autônomo.

6.4. Reconhecimento voluntário e arrependimento

Há certo tempo afirmava-se não ser possível investigar a paternidade socioafetiva se já estivesse definido o vínculo biológico. Consolidou-se, porém, o entendimento de que, tendo havido reconhecimento espontâneo pelo genitor que sabia da ausência do vínculo biológico, a verificação da paternidade socioafetiva[730] afasta a chance de questionamento do liame.

Quando o pleito na verdade não é de investigação da paternidade, mas de revogação da paternidade assumida (mesmo ante a conhecida inexistência de vínculo biológico), não há como admitir a demanda. Se o pai sabia não ser o ascendente genético e mesmo assim registrou a criança, não pode simplesmente voltar atrás e revogar a declaração de vontade: segundo a lei civil[731], o reconhecimento de filhos é ato de vontade irrevogável.

Como bem decidiu o Tribunal gaúcho,

> [...] presente a inequívoca voluntariedade do reconhecimento e a higidez desse reconhecimento, restando consolidada a relação parental, mostra-se rigorosamente correto o juízo de improcedência da ação, pois efetivamente a ação de desconstituição do registro civil não se presta para agasalhar arrependimentos[732].

Quando configurada, por exemplo, a "adoção à brasileira", não há como deduzir o pleito em juízo por ser inadmissível a revogação; há uma série de precedentes nesse sentido[733].

---

730 Como bem decidiu o STJ, "em conformidade com os princípios do Código Civil de 2002 e da Constituição Federal de 1988, o êxito, em ação negatória de paternidade, depende da demonstração, a um só tempo, da inexistência de origem biológica e também de que não tenha sido constituído o estado de filiação, fortemente marcado pelas relações socioafetivas e edificado, na maioria das vezes, na convivência familiar" (REsp 1333360/SP, 4.ª Turma, Rel. Min. Luis Felipe Salomão, j. 18.10.2016, *DJe* 07.12.2016). No mesmo sentido: "[...] 4. Esta Corte consolidou orientação no sentido de que para ser possível a anulação do registro de nascimento, é imprescindível a presença de dois requisitos, a saber: (i) prova robusta no sentido de que o pai foi de fato induzido a erro, ou ainda, que tenha sido coagido a tanto e (ii) inexistência de relação socioafetiva entre pai e filho. Assim, a divergência entre a paternidade biológica e a declarada no registro de nascimento não é apta, por si só, para anular o registro. Precedentes" (STJ, REsp 1814330/SP, Rel.ª Min.ª Nancy Andrighi, j. 14.09.2021).

731 CC, art. 1.609. O reconhecimento dos filhos havidos fora do casamento é irrevogável e será feito: I – no registro do nascimento; II – por escritura pública ou escrito particular, a ser arquivado em cartório; III – por testamento, ainda que incidentalmente manifestado; IV – por manifestação direta e expressa perante o juiz, ainda que o reconhecimento não haja sido o objeto único e principal do ato que o contém. Art. 1.610. O reconhecimento não pode ser revogado, nem mesmo quando feito em testamento.

732 TJRS, AC 0184062-15.2016.8.21.7000, Gravataí, 7.ª Câmara Cível, Rel. Des. Sérgio Fernando de Vasconcellos Chaves, j. 31.08.2016, *DJERS* 05.09.2016.

733 Eis exemplos: "[...] Não tendo o autor/apelante logrado êxito em comprovar a ocorrência de erro ou de qualquer outro vício de vontade apto a nulificar o reconhecimento espontâneo de paternidade operado, não se desincumbindo a contento do ônus probatório que lhe competia, conforme o art. 373, inc. I, do CPC, deve prevalecer a irrevogabilidade e irretratabilidade do ato, pois praticado de forma livre e consciente. Nesse contexto, é irrelevante qualquer indagação acerca da configuração, ou não, de paternidade socioafetiva, pois, mesmo configurada esta, não impediria a desconstituição do vínculo, uma vez demonstrado vício de vontade em sua formação. [...]" (TJRS, Apelação Cível 70085224368, Rel. Luiz Felipe Brasil Santos, j. 08.10.2021); "[...] Vício de consentimento não reconhecido – Apelante que reconheceu

Como apontado, há inúmeras decisões que afirmam a impossibilidade de que o pai, sabedor da ausência de vínculo genético quando do registro, posteriormente intente demanda declaratória negativa quanto à relação paterno-filial.

Consentir que tal postulação fosse acolhida seria permitir a revogação de ato jurídico que, por sua natureza jurídica, é contemplado como irrevogável, sendo que o sistema veda a possibilidade de desconstituição do ato em tal circunstância[734].

Ocorre, porém, que muitas vezes o pai, autor da demanda, traz em sua causa de pedir circunstância diversa. Se não aduz hipótese que ensejaria a revogação vedada em lei, deve ser-lhe permitido o trâmite da ação. Como bem pondera Rolf Madaleno,

> [...] [a] impugnação da paternidade precisará ser mais bem construída na evolução do Direito de Família e ser sustentada só em fatores capazes de justificar ponderadamente a exclusão do estado de filiação socioafetiva, usualmente porque o pai registral acreditava se tratar de seu filho biológico e, portanto, fora induzido a erro, e, ademais, sempre teve escasso contato pessoal com o filho meramente registral, como nesse sentido já vêm demonstrando os pretórios brasileiros, ao negarem a desconstituição do registro civil apenas pela inexistência de origem biológica na filiação quando presentes sólidos laços de convivência e afetividade[735].

À luz do exposto, em face da diversidade de critérios para a definição do vínculo parental, não se revela pertinente a adoção de uma visão restritiva do acesso à justiça. Para ver reconhecida a configuração da parentalidade quanto a qualquer dos critérios para sua determinação (biológico, registral ou socioafetivo/sociológico), deve a parte ter permitido o trâmite regular da demanda, não sendo negada a apreciação do mérito pela suposta ausência de condições da ação.

Se o pai, maculado por vício de consentimento, registrou como sua uma criança com a qual não tem vínculo biológico, pode intentar demanda para desconstituir a paternidade. Para grande parte da jurisprudência[736], se a causa de pedir versa sobre vícios no consentimento ou

---

o apelado como filho mesmo em dúvida quanto ao vínculo biológico – Ademais, provas que revelam a existência de vínculo socioafetivo consolidado – Ressentimentos do apelado e afastamento voluntário do apelante que não desconstituem os vínculos jurídico e socioafetivo de paternidade – Precedentes. [...]" (TJPR, Proc. 0000929-72.2018.8.16.0166, Rel.ª Des.ª Rosana Amara Girardi Fachin, j. 09.08.2021).

734 "Afirmando o autor, na peça de entrada, ter reconhecido a menor como se sua filha fosse, de modo voluntário, conhecer desde o início da ausência de vínculo biológico entre eles, não se viabiliza juridicamente a sua pretensão de alcançar a anulação do registro civil, com base em mero arrependimento e na tentativa de liberar-se de obrigação alimentar imposta em demanda distinta [...]" (TJSC, AC 0302028-91.2016.8.24.0023, Florianópolis, 2.ª Câmara de Direito Civil, Rel. Des. João Batista Góes Ulysséa, *DJSC* 25.07.2017, p. 129); "[...] 2. Inexiste vício de consentimento na hipótese de reconhecimento voluntário da paternidade, caracterizada quando o pai registra a criança, mesmo ciente da ausência de vínculo biológico. 3. A impugnação da paternidade depende não só da ocorrência de vício de consentimento, mas também da inexistência de vínculo socioafetivo entre as partes. [...]" (TJDFT, Proc. 20171510014740APC, Rel. Diaulas Costa Ribeiro, j. 24.01.2019).

735 MADALENO, Rolf. *Curso de direito de família*, cit., item 11.21, edição eletrônica.

736 "Segundo firmes precedentes do Superior Tribunal de Justiça, o reconhecimento voluntário de paternidade, seja ele com ou, sem dúvida, por parte do autor, é ato irrevogável e irretratável, conforme os arts. 1.609 e 1.610 do Código Civil, somente possível de anulação se comprovado vício de vontade na sua origem" (TJPB, APL 0017930-05.2010.815.2001, 1.ª Câmara Especializada Cível, Rel. Des. Leandro dos Santos, *DJPB* 04.04.2016, p. 11); "[...] O registro da paternidade é ato voluntário e irretratável, cuja invalidação exige a verificação dos chamados vícios do consentimento: erro, dolo, coação, simulação ou fraude. [...]" (TJRS, Apelação Cível 70084007640, Rel.ª Sandra Brisolara Medeiros, j. 28.05.2020).

vícios sociais, cabe o pedido de anulação do registro civil. Assim, o reconhecimento do vínculo paterno será passível de anulação se configurado algum dos vícios de consentimento, como erro, coação, dolo etc. Como assentado em decisão do Tribunal gaúcho,

> Não se enquadrando a hipótese no art. 1.604 do CCB, não havendo alegação de vício no consentimento e tendo em vista que o reconhecimento do filho é ato irrevogável, não se prestando o simples arrependimento quanto ao ato espontaneamente praticado para infirmá-lo, revela-se irretocável a sentença de improcedência do pedido de impugnação da paternidade e respectiva alteração de registro civil[737].

6.5. Espectro probatório

Diante das três possíveis verdades parentais, o espectro probatório da demanda questionando a paternidade deve possibilitar às partes a produção de provas sobre a condição registral, o liame biológico e a situação sociológica.

No que tange ao assentamento de nascimento, certamente o documento será juntado à petição inicial, já que os documentos necessários à compreensão da demanda devem ser trazidos a juízo em tal momento. Com base na isonomia, também o réu deve, na contestação, apresentar todos os documentos relativos à causa que estejam em seu poder.

Quanto ao vínculo biológico, a evolução tecnológica da medicina, com o aperfeiçoamento do exame de DNA, facilitou sobremaneira o exame do liame genético entre as partes.

Caso positivo o resultado, garante-se a definição da paternidade? Oficialmente, sob a perspectiva biológica, sim. Contudo, como bem esclarece Claudia Fonseca,

> [...] ao que tudo indica, na ausência de uma mínima relação anterior entre pai e filho, essa "identidade" oficial nem sempre traz consequências no plano prático – no que diz respeito ao sustento material –, e muito menos no plano afetivo. Nada garante que o homem declarado pela corte como o pai de certa criança cumpra seu compromisso paterno. Há de se convir: a afirmação de um fato biogenético, o cumprimento de uma lei e o desenvolvimento de uma relação social são processos distintos[738].

---

[737] TJRS, AC 0300821-62.2016.8.21.7000, Três de Maio, 8.ª Câmara Cível, Rel. Des. Ricardo Moreira Lins Pastl. j. 29.09.2016, *DJERS* 06.10.2016. No mesmo sentido: "[...] . 6. No particular, tendo em vista a existência de dois vínculos de paternidade, sendo o socioafetivo formado a partir do reconhecimento voluntário do estado de filiação no registro civil de nascimento, sem qualquer vício de consentimento, circunstâncias que inclusive foram admitidas pelo pai registral, e o biológico atestado por meio de exame de DNA após o término do relacionamento afetivo mantido entre ele e a genitora, em que ambos não podem ser desconsiderados, a orientação que se adequa ao melhor interesse do menor é o reconhecimento da multiparentalidade paternal, mantendo-se concomitantemente no registro civil da criança a paternidade socioafetiva e a biológica. [...]" (TJDFT, Proc. 07093392520188070006, Rel. Alfeu Machado, j. 03.02.2021).

[738] A certeza que pariu a dúvida: paternidade e DNA. *Paper* apresentado na mesa-redonda Sexualidade, masculinidade e reprodução, durante o II Seminário Internacional e I Seminário Norte-Nordeste "Homens, sexualidade e reprodução: tempos, práticas e vozes" (Papai/UFPE/Unicamp), em Recife, de 17 a 20 de junho de 2003. Publicado em *Estudos Feministas*, Florianópolis, v. 12, n. 2, p. 13-34, maio/ago. 2004, p. 13. Disponível em: http://www.scielo.br/pdf/ref/v12n2/23958.pdf. Acesso em: 7 out. 2016.

Se o interesse público nas demandas sobre o vínculo paterno-filial tutela o filho na busca de uma paternidade responsável, trabalhar o liame apenas sob o aspecto genético certamente não contribui para o atendimento dos desideratos perseguidos.

Comenta Sílvio Venosa que as futuras gerações terão dificuldade em compreender as antigas dificuldades que a investigação sofria nos tempos passados; após comentar que o exame de DNA transformou em história os antigos obstáculos de definir a paternidade biológica, o autor bem aponta que hoje o problema maior a ser superado pelo juiz é outro:

> Hoje, a maior dificuldade do juiz não é definir a paternidade biológica, mas encontrar a melhor solução dentro do contexto da família socioafetiva, questão não menos tormentosa. Está aí, portanto, a eterna luta do Direito pela verdade fática e pela verdade axiológica. Na verdade, há uma nova luta pelo Direito, não imaginada pelos juristas da época clássica. Novos aspectos da ética ou da chamada bioética devem ser levados em conta[739].

Assiste plena razão ao jurista: apesar de o exame médico poder ter revelado a falta de correspondência entre as condições genéticas do pai e do filho, tal constatação não será suficiente para definir a relação paterno-filial. A situação sociológica deverá ser descortinada para que seja investigada e apurada com profundidade eventual estado de posse de filho.

Para tanto, certamente a prova poderá ser documental (trazendo fotos, correspondências e outros elementos escritos), oral (com testemunhas e depoimentos das partes relatando em juízo a história vivenciada entre as partes) e mesmo pericial (com psicólogos atestando a formação do vínculo paterno-filial). Nesse sentido, merece destaque decisão do Tribunal de Justiça do Rio Grande do Sul que reconhece, em princípio, a possibilidade de provar a filiação socioafetiva por meio de laudo psicológico e estudo social[740].

O Tribunal de Justiça do Distrito Federal expressou entendimento quanto à central importância da prova oral nesse tipo de demanda:

---

739 VENOSA, Sílvio de Salvo. *Direito Civil*. Direito de Família. 8. ed. São Paulo: Atlas, 2004, v. 6, p. 257.

740 "Visto que a perícia psicológica não revela a existência de paternidade socioafetiva entre a menor e o pai registral, deve ser realizado novo estudo social, a fim de sanar a dúvida dos agravantes" (TJRS, SI 70065210619, 7.ª Câmara Cível, Rel. Des. Jorge Luís Dall'Agnol, j. 04.09.2015). No mesmo sentido: "[...] Alegação de que demonstrada, após audiência de instrução e julgamento, inexistência de relação socioafetiva. Ausência de vínculo entre as partes. Afastamento para o momento. Avaliação psicossocial que se mostra imprescindível para averiguação da existência ou não de vínculos parentais. [...]" (TJSC, Agravo de Instrumento 4007653-78.2019.8.24.0000, 5.ª Câmara de Direito Civil, Rel. Jairo Fernandes Gonçalves, j. 29.10.2019); "[...] Ação negatória de paternidade. [...] Vínculo afetivo entre o genitor e a infante devidamente comprovado por meio de depoimentos pessoais, prova testemunhal e laudo psicossocial. Paternidade socioafetiva caracterizada [...]" (TJSC, Apelação Cível 0502116-69.2011.8.24.0008, 7.ª Câmara de Direito Civil, Rel.ª Haidée Denise Grin, j. 27.06.2019); "[...] Negatória de paternidade c/ exoneração de alimentos. Exame de DNA que confirma a inexistência de vínculo genético entre as partes. Sentença de improcedência, reconhecendo a paternidade socioafetiva. Insurgência do autor. Não acolhimento. Existência de vínculo socioafetivo evidenciada no estudo psicossocial. Relação de parentalidade que se configura não só pelo vínculo biológico, mas também pelos laços de afetividade consolidados ao longo dos anos. Em que pese o autor resida em outro Estado, há vasta prova de que visitava a menor quando estava em São Paulo, fazia questão de manter a convivência com a infante, insistindo com a genitora sobre a importância de passar as férias com a requerida. Eventual proximidade da menor com o ex-padrasto não afasta a existência de vínculo com o autor. [...]" (TJSP, AC 1000526-93.2019.8.26.0224, Ac. 15373459, Guarulhos, Quinta Câmara de Direito Privado, Rel. Des. Rodolfo Pellizari, j. 04.02.2022, *DJESP* 16.02.2022; p. 2273).

> [...] Seja para que se admita juridicamente o prevalecimento de um eventual entendimento de se reconhecer efetivamente a ocorrência de ambas as paternidades, a socioafetiva e biológica e a socioafetiva, seja para que a paternidade socioafetiva se sobreponha a outra, que ora se presume biológica e socioafetiva, haverão de ser muito bem analisados os vínculos de afeto, de interação, de cuidado de ambos os hipotéticos pais com a aludida filha, devendo ter havido, ainda, reciprocamente, na relação em exame, aspectos como o amparo, o carinho mútuo, a proteção, enfim, a posse do estado de filha e de pai, ou, talvez, se for o caso, algum fato excludente da primeira filiação. Essa situação recomenda uma dilação probatória mais efetiva, inclusive, com a oitiva da requerente e de testemunhas[741].

O Tribunal de Justiça do Distrito Federal apreciou recurso contra sentença de procedência em ação de reconhecimento de filiação socioafetiva *post mortem* ajuizada por sobrinha. No caso a autora, aos 7 (sete) anos de idade, passou a residir com sua tia e respectivo cônjuge; ambos promoveram o acompanhamento educacional e o tratamento de saúde da menina, dedicando-lhe cuidado e afeto. Do contexto probatório dos autos, especialmente da prova testemunhal e documental, constatou-se o estado de posse de filha; além disso, a sentença considerou o teor da declaração firmada pela própria recorrente reconhecendo a paternidade socioafetiva, inexistindo nos autos elementos que indicassem vício de consentimento"[742].

Merece destaque o fato de que é possível reconhecer também outros *status* familiares (além de pai/filho) após a morte de uma das pessoas envolvidas.

A Quarta Turma do STJ cassou acórdão do tribunal local (TJSP) que concluíram pela extinção do processo ajuizado por dois irmãos consanguíneos com o objetivo de ver declarado o vínculo socioafetivo (colateral em segundo grau) entre eles e uma suposta irmã de criação, após o falecimento desta. Para o colegiado, a declaração da existência de relação de parentesco de segundo grau na linha colateral é admissível no ordenamento jurídico, merecendo a apreciação do Poder Judiciário. Segundo o relator, Ministro Marco Buzzi, é possível compreender "que a socioafetividade tem assento tanto na relação paterno-filial quanto no âmbito das relações mantidas entre irmãos, associada a outros critérios de determinação de parentesco", não sendo essencial a prévia declaração judicial de filiação entre a falecida e os pais dos recorrentes. Ao contrário, segundo o relator, justamente pela falta de reconhecimento do vínculo socioafetivo de primeiro grau é que se fez necessário o ajuizamento da ação. Quanto à

---

741 TJDF, APC 20120111826426, 1.ª Turma Cível, Rel. Des. Alfeu Machado, j. 08.01.2014, *DJe* 13.01.2014. No mesmo sentido: "DIREITO DE FAMÍLIA. PATERNIDADE. SOCIOAFETIVA. PÓS-MORTE. REQUISITOS. VONTADE INEQUÍVOCA. POSSE ESTADO DE FILHO. NÃO COMPROVAÇÃO. PROVA. TESTEMUNHAL. FAMILIARES. PREPONDERANTE. 1. O art. 1.593 do Código Civil reconhece a possibilidade de parentesco decorrente de outros critérios além do biológico. 2. O Superior Tribunal de Justiça, no julgamento do Recurso Especial 1328380/MS, reconheceu que a filiação socioafetiva demanda dois (2) requisitos: 1) vontade inequívoca do pai ou da mãe socioafetiva de reconhecer o filho como seu e 2) demonstração da chamada posse de estado de filho, constituída pela forma como a relação é vista pela comunidade. 3. Depoimentos testemunhais de familiares que não são parte no processo merecem especial atenção na verificação dos requisitos para o reconhecimento da filiação socioafetiva pós-morte [...]" (TJDF, Rec 07074.56-38.2021.8.07.0006, Ac. 161.8674, 2.ª Turma Cível, Rel. Des. Hector Valverde, j. 14.09.2022, Publ. PJe 03.10.2022).

742 TJDF, Rec 00054.75-69.2017.8.07.0001, Ac. 160.7545, 2.ª Turma Cível, Rel.ª Des.ª Sandra Reves, j. 17.08.2022, publ. *PJe* 02.09.2022).

eventual motivação exclusivamente patrimonial, ele disse que tal questão deverá ser analisada à luz das provas, mas isso não impede o ajuizamento da demanda[743].

Em face desse cenário decisório, é recomendável que o advogado/defensor e seu cliente, além de reunir, na petição inicial ou na contestação, toda a prova documental disponível para instruir o feito, prepare-se para apresentar um rol de testemunhas sólido e requeira a produção de prova técnica.

6.6. Direito ao conhecimento da ascendência biológica e imprescritibilidade das ações de estado

Exsurge de forma cristalina que, na concepção da dignidade humana, estão incluídas as noções de proteção aos direitos de personalidade e de sua mais ampla tutela. Assim, os direitos à integridade física e psicológica, à intimidade, à vida privada, à imagem e à honra constituem preceitos de relevo fundamental, constando expressamente no art. 5.º da Constituição da República.

Conhecer a ascendência genética tende a ser um anseio comum. Não há como negar o direito a conhecer a verdade biológica, importante direito de personalidade.

Como bem pondera Paulo Luiz Netto Lôbo, o objeto da tutela do direito ao conhecimento da origem genética é assegurar o direito da personalidade, na espécie direito à vida, pois os dados da ciência atual apontam para a necessidade de cada indivíduo saber a história de saúde de seus parentes biológicos próximos para prevenção da própria vida[744].

Nos termos do art. 1.597, I a V, do Código Civil, a paternidade jurídica é imposta por presunção.

A presunção comum (*praesumptio hominis*) não tem previsão legal, mas seu fundamento decorre do que ordinariamente acontece.

Já as presunções legais são as previsões criadas pelo direito positivo para valerem como prova do fato ou da situação assim enunciada; por serem resultados da experiência e corresponderem ao que normalmente acontece, são erigidas em técnica legal probatória e podem ser invocadas sempre que o fato possa ou deva ser provado por via desse processo.

Nas presunções absolutas (*iuris et de iure*), a própria lei a admite como prova incontestável, tendo-a como verdade indiscutível. A lei presume o fato e não se admite prova em contrário (como exemplos, temos as máximas de que todos conhecem a lei, de que a coisa julgada é tida como verdadeira etc.).

Quanto às presunções relativas (*iuris tantum*), sua índole é de diretrizes condicionais; cabe prova em contrário sobre seu conteúdo (como ocorre na comoriência)[745].

Nosso sistema permite que, a qualquer momento, o indivíduo busque descobrir a realidade de sua condição pessoal, consagrando a imprescritibilidade das ações de estado.

---

743 É juridicamente possível o reconhecimento de parentesco socioafetivo entre irmãos, mesmo após a morte de um deles. Disponível em: https://www.stj.jus.br/sites/portalp/Paginas/Comunicacao/Noticias/2022/11102022-E-juridicamente-possivel-o-reconhecimento-de-parentesco-socioafetivo-entre--irmaos--mesmo-apos-a-morte-de-um-deles.aspx. Acesso em: 12 out. 2022.

744 LÔBO, Paulo Luiz Netto. Direito ao estado de filiação e direito à origem genética: uma distinção necessária. Disponível em: http://www.cjf.jus.br/ojs2/index.php/revcej/article/viewFile/633/813. Acesso em: 7 out. 2016.

745 Idem, p. 605-606.

Desde há muito pondera Caio Mário da Silva Pereira que, como ação de estado que é, todo filho, a todo tempo, tem o direito de vindicar *in iudicio* o *status* que lhe corresponde[746].

A jurisprudência do STF também proclama há muito tempo tal concepção. Nos termos do Enunciado n. 149 da Súmula daquela Corte, redigida nos idos dos anos 1950, "é imprescritível a ação de investigação de paternidade, mas não o é a de petição de herança".

Também em termos legislativos, passou a haver tal reconhecimento. O ECA, no art. 27, dispõe que o "reconhecimento do estado de filiação é direito personalíssimo, indisponível e imprescritível". O Código Civil prevê também tal conteúdo, afirmando, no art. 1.601, que "cabe ao marido o direito de contestar a paternidade dos filhos nascidos de sua mulher, sendo tal ação imprescritível".

É fato, porém, que há limitação temporal em uma situação peculiar: pelo art. 1.614 do mesmo *codex*, "o filho maior não pode ser reconhecido sem o seu consentimento, e o menor pode impugnar o reconhecimento, nos quatro anos que se seguirem à maioridade, ou à emancipação".

Rui Portanova, em elucidativo julgado do Tribunal de Justiça do Rio Grande do Sul, explicou que a ação é imprescritível quando não há ninguém constando como pai no registro; todavia, segundo tal jurista, a peculiaridade de cada caso será norteada pela investigação da paternidade socioafetiva. Se foi criado por outro pai, de quem recebeu afeto, por que não exerceu o direito de ação logo nos quatro anos que se seguiram à maioridade[747]?

Revela-se interessante tal posição por duas razões: pelo reconhecimento de valor jurídico ao afeto e à posse do estado de filho e pela possibilidade dogmática de conciliação entre as normas supracitadas, já que assim se poderá conciliar a imprescritibilidade prevista no art. 1.601 com a previsão do art. 1.614.

6.7. Exame de DNA: efeitos da recusa

O desenvolvimento do exame de vínculo genético de filiação por análise de DNA mudou a certeza e a forma de atribuição de filiação. Com base nele, a descoberta passou a poder ser feita com probabilidade de acerto de mais de 99,99%, alcançando-se a conclusão em reduzido prazo.

Como bem apontado por Maria Berenice Dias,

> [...] se é difícil provar a ocorrência da relação sexual, não é mais fácil evidenciar que ela não existiu. Por isso, a prova testemunhal sempre foi usada para apontar ocasiões e identificar situações em que o par foi visto em atitudes que insinuassem a existência de um vínculo afetivo, para concluir-se sobre a possibilidade de ocorrência de um contato sexual. A tese defensiva, de outro lado, muitas vezes centrava-se na arguição da *exceptio plurium concubentium*, pela qual o demandado, apesar de reconhecer a mantença de relacionamento íntimo com a mãe do investigante, buscava evidenciar a concomitância de contato com outros parceiros, por meio de uma linha argumentativa que sempre restava por denegrir a figura materna, como a apenar o livre exercício da sexualidade[748].

---

746 PEREIRA, Caio Mário da Silva. *Instituições de direito civil*. Rio de Janeiro: Forense, 2004, v. 5, p. 605.

747 Julgado compilado na obra de CAHALI, Francisco José. *Família e sucessões no Código Civil de 2002*. São Paulo: RT, 2004, p. 82 e ss.

748 DIAS, Maria Berenice. Investigação de paternidade e a questão da prova. *Revista de Processo*, n. 95, p. 97, jul./set. 1999.

A produção técnica gerou a superação desse tipo de prova que buscava desacreditar a mulher. Percebe-se, assim, a importância que a coleta de material passou a ostentar. Para que a prova pericial seja viável, porém, é necessário contar com a participação do investigado, o que acaba gerando possíveis problemas na produção da prova.

É possível forçar fisicamente alguém a realizar exame de DNA em uma demanda sobre paternidade?

A resposta é negativa: ao apreciar o tema[749], o STF[750] entendeu que

> [...] a condução forçada de indivíduo à realização de exame de verificação de paternidade viola os princípios da dignidade humana, da integridade física, da intangibilidade do corpo humano e da legalidade. A recusa do acusado deve ser resolvida no plano jurídico e não por meio de coação física.

O Código Civil, elaborado após essa decisão, prevê, nos arts. 231 e 232, que: a) quem se nega a se submeter a exame médico necessário não poderá aproveitar-se de sua recusa; b) a recusa à perícia médica ordenada pelo juiz poderá suprir a prova que se pretendia obter com o exame.

Para não haver nenhuma dúvida em relação ao tema, o STJ aprovou o Enunciado n. 301 de sua Súmula: "em ação investigatória, a recusa do suposto pai a submeter-se ao exame de DNA induz presunção *juris tantum* de paternidade"[751].

Analisando o tema antes da redação da súmula, o Centro de Estudos do Tribunal de Justiça do Rio Grande do Sul já havia concluído que "caracteriza litigância de má-fé a conduta do réu de ação investigatória de paternidade que, negando-se, injustificadamente, a realizar exame pericial, pugna pela improcedência exclusivamente por insuficiência probatória" (20.ª conclusão, por unanimidade). Como justificativa, expôs-se que a todos se impunha "o dever processual de colaborar com o Poder Judiciário para o descobrimento da verdade. Neste contexto, a conduta do investigado que se nega a realizar exame pericial, sabendo da relevância desse meio de prova para o descobrimento da verdade, e que, ao depois, vem invocar em seu favor a deficiência probatória, está a caracterizar deslealdade processual tipificadora de má-fé, eis que a ninguém é lícito beneficiar-se da própria torpeza". Uma situação delicada se verifica, porém, em ações negatórias de paternidade quando deixa de fazer o exame o filho

---

749 O *habeas corpus* em que a decisão foi proferida foi impetrado contra decisão que determinou que o investigado fosse forçado a realizar exame de DNA para verificação de paternidade após ter se recusado a ir voluntariamente.

750 O STF, por maioria de votos, concedeu a ordem: não se pode forçar alguém a extrair material de seu corpo sob pena de violação dos princípios da dignidade humana e da intangibilidade do corpo humano. Além disso, afirmou haver ofensa ao princípio da legalidade, considerando que não há lei específica sobre a matéria. Decidiu que o direito ao reconhecimento da paternidade tem cunho eminentemente pessoal e patrimonial, não se justificando sua predominância sobre o direito à integridade física e à intimidade do acusado. Esclareceu, por fim, que o ordenamento jurídico brasileiro fornece consequências jurídicas à referida recusa, que dispensam a coação física. No campo civil, por exemplo, o não comparecimento da parte, depois de intimada, implica a presunção da veracidade dos fatos contra ela alegados (*Habeas Corpus* n. 71.373, *DJ* 22.11.1996. Disponível em: http://www2.stf.jus.br/portalStfInternacional/cms/verConteudo.php?sigla=portalStfJurisprudencia_pt_br&idConteudo=185162&modo=cms. Acesso em: 8 out. 2016).

751 A súmula foi aprovada no final de 2004 pelo STJ; após diversos precedentes em que a questão foi discutida, decidiu-se sumular tal entendimento. Merecem destaque os julgamentos dos seguintes recursos especiais: REsp 141.689/AM; 256.161/DF; 460.302/PR; 135.361/MG; 55.958/RS e 409.208/PR, além do agravo regimental no agravo de instrumento AR AI 498.398/MG.

incapaz – por recusa expressa, por exemplo, de sua guardiã; nesse caso, aplica-se também a presunção de que não há paternidade?

Imagine o caso em que Pedro move ação negatória de paternidade contra seu filho Paulo (atualmente com 5 anos de idade). Se a genitora Joana se recusa a levar o filho para realizar o exame de DNA, presume-se que Pedro não é o pai biológico do menino? Em outras palavras, aplica-se também na ação negatória de paternidade o teor da Súmula 301 do STJ?

A questão envolve o embate entre dois valores caros ao ordenamento. Entender que se aplica a presunção (no caso, de inexistência de paternidade) contempla a garantia constitucional de acesso à justiça do pai, que tem direito ao conhecimento da verdade e a fazer jus à tutela jurisdicional caso não seja realmente o pai biológico (considerando ainda que não tenha estabelecido vínculo socioafetivo com o menino).

Há diversas decisões nesse sentido.

Segundo certa decisão do Tribunal goiano, havendo recusa injustificável da filha em se submeter ao exame de DNA, há de se aplicar o Enunciado n. 301 da Súmula do STJ, de forma que recai para si o ônus da prova e a presunção de veracidade dos fatos alegados na peça exordial; "uma vez não provado o vínculo biológico e nem o afetivo, a procedência do pedido é medida que se impõe"[752].

Entendimento similar consta em decisão do Tribunal do Rio Grande do Sul: "em ação negatória de paternidade, a recusa do réu em se submeter a perícia genética, quando imotivada e reiterada por diversas ocasiões, gera contra ele presunção de que inexiste paternidade biológica"[753].

A existência de reiteradas negações também foi considerada relevante na seguinte decisão do Tribunal paulista:

> Recusa do apelante em se submeter ao exame pericial de DNA estabeleceu a presunção de veracidade da alegação do requerente quanto à questão da paternidade biológica, já que o exame foi requisitado com vistas a excluí-la. Descabimento da pretensão do apelante em impor ao apelado a produção de provas acessórias consistentes em realização de exames entre seus irmãos, o que implicaria ônus excessivo [...] Paternidade do apelante em relação ao apelado corretamente afastada pela r. Sentença, impondo-se

---

[752] TJGO, AC 0305073-53.2009.8.09.0157, Vianópolis, 5.ª Câmara Cível, Rel. Des. Alan Sebastião de Sena Conceição, *DJGO* 10.10.2014, p. 239. No mesmo sentido: "Apelação cível. Negatória de paternidade em relação a filho nascido durante a constância do casamento. Alegação de adultério. Exame pericial pelo método do DNA não realizado. Sentença de improcedência confirmada. Negativa por parte do réu, menor impúbere representado por sua genitora, em submeter-se ao exame. Incidência das presunções legais. Diferentemente do que quer fazer crer o recorrente, descabida a pretensão de reverter a decisão apelada, sob o fundamento de que estaria provada a paternidade pelo simples fato de ter sido o filho concebido na constância de relacionamento amoroso. Se não há motivos razoáveis para a recusa da realização de exame de DNA, deve-se presumir as alegações do Autor. (Aplicação, por analogia, da Súmula n. 301 do STJ). Não se mostra coerente que em pleno século XXI, com o avanço tecnológico e a disponibilidade de se comprovar a paternidade por exame altamente confiável, queira a Apelante se fazer acreditada tão somente por suas palavras e sem qualquer justificativa plausível para fundamentar a não realização do exame de DNA" (TJBA, AP 0500176-07.2014.8.05.0004, Salvador, 3.ª Câmara Cível, Rel. Des. Ivanilton Santos da Silva, j. 12.12.2017, *DJBA* 23.01.2018, p. 215).

[753] TJRS, AC 611139-07.2011.8.21.7000, Farroupilha, 8.ª Câmara Cível, Rel. Des. Rui Portanova, j. 16.02.2012, *DJERS* 24.02.2012.

a procedência do pedido de retificação do registro civil em vista da inexistência de relação socioafetiva entre as partes[754].

Há, porém, quem responda de forma diversa: não se aplica a súmula *a contrario sensu* caso o filho deixe de fazer o exame no curso da ação negatória de paternidade[755].

Em caso julgado em Minas Gerais, entendeu-se que não merecia acolhimento o pedido porque: a) não houve demonstração de erro ou falsidade por ocasião do registro voluntário do menor; b) a presunção de não paternidade, com base nas regras dos arts. 231 e 232 do Código Civil de 2002, "em causa em que se discute estado de filiação regularmente constituído, não pode servir como fundamento isolado da procedência do pedido em ação negatória ou de impugnação de paternidade"[756].

Merece transcrição interessante decisão do STJ sobre o tema:

> 2. Tratando-se especificamente do exame de DNA e a presunção advinda de sua recusa, deve-se examinar a questão sobre duas vertentes: i) se a negativa é do suposto pai ao exame de DNA ou ii) se a recusa partiu do filho. Em quaisquer delas, além das nuances de cada caso em concreto (dilemas, histórias, provas e sua ausência), deverá haver uma ponderação dos interesses em disputa, harmonizando-os por meio da proporcionalidade ou razoabilidade, sempre se dando prevalência para aquele que conferir maior projeção à dignidade humana, haja vista ser "o principal critério substantivo na direção da ponderação de interesses constitucionais". 3. Na hipótese, a recusa da recorrida em se submeter ao exame de DNA foi plenamente justificável pelas circunstâncias constantes dos autos, não havendo qualquer presunção negativa diante de seu comportamento. Isto porque, no conflito entre o interesse patrimonial do recorrente para reconhecimento da verdade biológica e a dignidade da recorrida em preservar sua personalidade – sua intimidade, identidade, seu *status* jurídico de filha –, bem como em respeito a memória e existência do falecido pai, deverá se dar primazia aos últimos[757].

---

754 TJSP, APL 0011540-59.2007.8.26.0597, Ac. 7147509, Sertãozinho, 2.ª Câmara de Direito Privado, Rel. Des. José Joaquim dos Santos, j. 05.11.2013, *DJESP* 21.01.2014.

755 Nesse sentido: "[...]Decisão de 1.º grau que afastou o vínculo de paternidade havido entre o autor e os réus, menores de idade, com fundamento na reiterada recusa destes em se submeter a exame de DNA. Acolhimento do inconformismo. Súmula nº 301 do STJ que fixou entendimento no sentido de que a recusa do suposto pai a se submeter ao exame implicaria na presunção de paternidade. Impossibilidade de aplicação por analogia, no caso em que a recusa parte do filho registral, uma vez que acarretaria a presunção de não paternidade, contrária ao interesse do menor. Entendimento do STJ no sentido de que, em casos com o presente, a questão deve ser decidida com base em todos os elementos presentes nos autos, inclusive quanto a eventuais indicativos de paternidade socioafetiva. Elementos de prova nos autos insuficientes para afastar a possibilidade de paternidade socioafetiva. Sentença anulada, determinando-se a devolução dos autos à origem para reabertura da instrução. [...]" (TJSP, AC 1000411-15.2013.8.26.0020, Ac. 15017261, SP, 3.ª Câmara de Direito Privado, Rel.ª Des.ª Viviani Nicolau, j. 14.09.2021, *DJESP* 04.10.2021, p. 1982).

756 TJMG, APCV 0565327-38.2005.8.13.0027, Betim, 4.ª Câmara Cível, Rel. Des. Almeida Melo, j. 16.02.2012, *DJEMG* 27.02.2012.

757 "4. Não se pode olvidar que o STJ sedimentou o entendimento de que 'em conformidade com os princípios do Código Civil de 2002 e da Constituição Federal de 1988, o êxito em ação negatória de paternidade depende da demonstração, a um só tempo, da inexistência de origem biológica e também de que não tenha sido constituído o estado de filiação, fortemente marcado pelas relações socioafetivas e edificado na convivência familiar. Vale dizer que a pretensão voltada à impugnação da paternidade não pode prosperar, quando fundada apenas na origem genética, mas em aberto conflito com a paternidade socioafetiva' (REsp 1059214/RS, Rel. Ministro Luis Felipe Salomão, Quarta Turma, julgado em 16/02/2012, *DJe* 12/03/2012)" (REsp 1.115.428/SP, 4.ª Turma, Rel. Min. Luis Felipe Salomão, j. 27.08.2013, *DJe* 27.09.2013).

A decisão deu um enquadramento correto ao tema porque o questionamento *post mortem* da paternidade pelo irmão realmente soou inadequado.

Assim consta em outra decisão do STJ: "a interpretação do enunciado sumular a *contrario sensu*, na hipótese dos autos, afronta o princípio do melhor interesse do menor e seu direito à identidade e desenvolvimento da personalidade"[758].

Merece destaque a expressão "na hipótese dos autos"; realmente a história dos envolvidos deve ser considerada em suas nuances. Afinal, a compreensão sobre o superior interesse de criança e/ou adolescente é um tema delicado e desafiador. Será que, diante da falta do exame, a persistência em manter ou estabelecer vínculo com um pai que pode não ser seu (e que, por conta de desconfiança, não pretende se aproximar) atende ao superior interesse?

Como bem consta em decisão do Tribunal de Justiça do Distrito Federal, as ações de investigação e negação de paternidade atendem não apenas ao interesse do pai, mas também dos filhos, interessados que são na verdadeira paternidade, fato que os irá marcar para o resto da vida, com reflexos, inclusive, na personalidade[759].

Como se nota, diversos problemas decorrem da falta de contribuição para a realização do exame genético. Não sendo possível forçar fisicamente o fornecimento, cabe adotar medidas coercitivas para a obtenção do material?

Entendeu o STJ que sim: a Segunda Seção do Tribunal passou a admitir a aplicação de medidas atípicas em ações investigatórias de paternidade quando os pais se recusam a fornecer material para exame de DNA. A magistratura pode se valer das medidas autorizadas pelo art. 139, IV, do CPC não só em face do réu da demanda investigatória, mas também de outros familiares do suposto genitor. Tais medidas, segundo a Ministra relatora Nancy Andrighi, devem ser direcionadas ao herdeiro reconhecido e aos irmãos do falecido (ainda que ostentem a condição de terceiros na ação)[760].

---

758 REsp 1.272.691/SP, 3.ª Turma, Rel.ª Min.ª Nancy Andrighi, j. 05.11.2013, *DJe* 08.11.2013.

759 TJDF, Rec 2012.00.2.021129-4, Ac. 636.231, 6.ª Turma Cível, Rel. Des. Jair Soares, *DJDFTE* 28.11.2012, p. 269.

760 Eis trechos: "[...] Determinado, pelo acórdão desta Corte, que fosse realizado novo exame de DNA para apuração da existência de vínculo biológico entre as partes, não pode a sentença, somente com base na ausência das pessoas que deveriam fornecer o material biológico, concluir pelo restabelecimento da coisa julgada que se formou na primeira ação investigatória (e que foi afastada por esta Corte), nem tampouco concluir pela inaplicabilidade da presunção contida na Súmula n. 301/STJ, sem que sejam empreendidos todas as providências necessárias para a adequada e exauriente elucidação da matéria fática. Aliás, é preciso enfatizar que maior do que o direito de ter um pai é o direito de saber quem é o pai. 4- A impossibilidade de condução do investigado 'debaixo de vara' para a coleta de material genético necessário ao exame de DNA não implica na impossibilidade de adoção das medidas indutivas, coercitivas e mandamentais autorizadas pelo art. 139, IV, do novo CPC, com o propósito de dobrar a sua renitência, que deverão ser adotadas, sobretudo, nas hipóteses em que não se possa desde logo aplicar a presunção contida na Súmula n. 301/STJ ou quando se observar a existência de postura anticooperativa de que resulte o *non liquet* instrutório em desfavor de quem adota postura cooperativa, pois, maior do que o direito de um filho de ter um pai, é o direito de um filho de saber quem é o seu pai. 5- Aplicam-se aos terceiros que possam fornecer material genético para a realização do novo exame de DNA as mesmas diretrizes anteriormente formuladas, pois, a despeito de não serem legitimados passivos para responder à ação investigatória (legitimação *ad processum*), são eles legitimados para a prática de determinados e específicos atos processuais (legitimação *ad actum*), observando-se, por analogia, o procedimento em contraditório delineado nos art. 401 a 404, do novo CPC, que, inclusive, preveem a possibilidade de adoção de medidas indutivas, coercitivas, sub-rogatórias ou mandamentais ao terceiro que se encontra na posse de documento ou coisa que deva ser exibida" (STJ, Rcl 37.521, Proc. 2019/0061080-0, SP, Rel.ª Min.ª Nancy Andrighi, j. 13.05.2020, *DJe* 05.06.2020).

6.8. Coisa julgada e vínculo de filiação: hipótese de relativização?

Com o avanço dos estudos tecnológicos e o alcance de uma certeza quase absoluta sobre os vínculos biológicos por meio do exame de DNA, passou a haver uma situação grave no sistema: a existência de ações com trânsito em julgado em confronto com a realidade revelada pela análise clínica. O que há de prevalecer: a verdade processual, já consagrada pelo advento da coisa julgada (também garantida constitucionalmente) ou a realidade biológica verificada anos depois (que afirma o verdadeiro estado do indivíduo)?

No caso, cogita-se a existência de conflito entre uma decisão judicial acobertada pelos efeitos da coisa julgada e a existência de um exame de DNA em sentido contrário ao que consta na decisão sobre o vínculo de filiação.

Dispõe o art. 502 do CPC que se denomina coisa julgada material a autoridade que torna imutável e indiscutível a decisão de mérito não mais sujeita a recurso.

Como exposto na análise de casos de família em que houve apreciação de temas pelo STF por sua repercussão geral, houve reconhecimento no RE n. 363.889 sobre a possibilidade de relativização da coisa julgada em certa hipótese[761].

O STJ se alinhou a tal entendimento, expressando ser "possível a relativização da coisa julgada nos casos em que a ação de reconhecimento de paternidade foi julgada improcedente por insuficiência de provas, em virtude da não realização do exame de DNA, tendo em vista os interesses e direitos envolvidos, visto que, nas ações de estado, como as de filiação, deve-se dar prevalência ao princípio da verdade real"[762].

Não há como sustentar, porém, que em quaisquer casos seja possível reabrir discussões que já foram decididas definitivamente.

É importante enfocar a decisão do juiz sob o prisma da estabilidade; considerar precluso um novo juízo sobre o mesmo objeto é essencial para que o conteúdo da decisão seja respeitado e vinculante, com a consequência de que seus efeitos ocorram plenamente sem qualquer impedimento.

Nesse sentido assentou o Tribunal gaúcho que o simples fato de o recorrido não aceitar o primeiro resultado – que o declarou pai biológico – não autoriza a repetição da ação anterior, sob pena de jamais uma situação transitar em julgado[763].

---

761 O STF reconheceu a possibilidade de relativização da coisa julgada em ação de investigação de paternidade quando não ficou comprovado o vínculo genético entre as partes em razão da não realização do exame de DNA. No caso analisado, o filho não teve acesso ao exame porque era beneficiário da gratuidade processual e não havia verbas suficientes para custeio da prova.

762 STJ, AgInt-REsp 1.284.190, Proc. 2011/0223265-5/SP, 4.ª Turma, Rel.ª Min.ª Isabel Gallotti, *DJe* 05.10.2016. No mesmo sentido: "[...] 1. Nas ações de estado, tais como as de filiação, deve-se dar prevalência ao princípio da verdade real, admitindo-se, até mesmo, a relativização ou flexibilização da coisa julgada para realização de perícia com material genético (DNA). Precedentes do STF e do STJ. 2. Se o exame de DNA, direto ou indireto, contradiz prova robusta produzida no curso da demanda, impõe-se a conversão do julgamento em diligência, a fim oportunizar que novos testes sejam realizados. Precedentes" (STJ, AgInt no AREsp 1269554/SP, Rel. Min. Marco Buzzi, j. 06.10.2020).

763 "[...] a questão relativa ao reconhecimento da coisa julgada material é recorrente, havendo posicionamento respeitável que entende possível e conveniente flexibilizá-la. Todavia, entendo que, no caso, inviável a propositura de nova ação em face da coisa julgada, que é garantia constitucional e, como tal, não pode ser flexibilizada nem desrespeitada. Observo, pois, que em anterior ação investigatória, confirmada por acórdão do ano de 1996, foi reconhecido o vínculo de paternidade entre os demandados (fls. 38/46). Verifica-se que, naqueles autos, a filiação foi declarada com base na prova oral e em exame hematológico, método HLA, que apontou uma probabilidade de filiação de 91% (fl. 37). Portanto, não há que se

Em certo acórdão, o Tribunal de Justiça do Mato Grosso do Sul afirmou ser preciso diferenciar a hipótese em debate da situação do caso julgado pelo STF:

> Se o exame de DNA não foi produzido por culpa do genitor, seja porque recusou-se a submeter-se seja porque, comprometendo-se a pagá-lo, deixou de depositar os honorários, deve ser privilegiada a segurança jurídica em detrimento do direito do pai de conhecer a verdade real[764].

Decisão do Tribunal gaúcho manifestou o mesmo entendimento ao reconhecer que a relativização da coisa julgada não seria aplicada por prevalecer o princípio da segurança jurídica:

> Caso concreto em que duas foram as oportunidades oferecidas ao investigado, na ação investigatória de paternidade, para que se submetesse ao exame pericial. O não comparecimento ao primeiro exame agendado deu-se em razão de problemas de saúde, sendo-lhe franqueada uma segunda possibilidade, na qual também não se fez presente. Postura que acarretou a procedência do pedido, não só pela presunção *juris tantum* gerada, mas em razão das demais provas coligidas. Pretensão negatória deduzida em juízo que afronta o princípio da segurança no tráfego das relações jurídicas, merecendo rechaço[765].

---

considerar o resultado do novo exame de DNA realizado extrajudicialmente (fls. 50/51), mesmo que confirmado pelo exame de DNA realizado nestes autos pelo DMJ (fls. 411/413), onde fora excluída a paternidade do apelado em relação ao recorrente, haja vista a coisa julgada reconhecida" (TJRS, AC 0271080-74.2016.8.21.7000, Santiago, 7.ª Câmara Cível, Rel.ª Des.ª Liselena Schifino Robles Ribeiro, j. 28.09.2016, *DJERS* 04.10.2016). No mesmo sentido: "[...] Ação inominada. Novo exame de dna e retificação de registro civil. Exame anterior. Homologação judicial. Coisa julgada. Alegação de dúvida suscitada por 'ligações anônimas'. Mero inconformismo. Relativização da coisa julgada. Ausência de justa causa. [...]. 2. Realizado o exame de DNA extrajudicialmente e posteriormente homologado judicialmente por decisão definitiva, o vínculo biológico paterno constatado, interesse processual não há para o ajuizamento de nova demanda em que se pleiteia a repetição da prova sem qualquer justa causa para tanto, mas apenas pela alegação do Requerente de ter recebido supostas "ligações anônimas" apontando a existência de erro do exame. 3. A mera discordância da parte com o resultado do exame de DNA, sem qualquer prova ou indício de erro ou fraude, não autoriza a repetição da prova e a negativa da parte requerida de submissão a novo exame, em tal contexto, é justificada pelo direito à segurança jurídica decorrente da coisa julgada formada, afastando a aplicação da presunção relativa prevista no art. 2.º-A, § 1.º, da Lei nº 8.560/92 e a possibilidade de uso das medidas indutivas, coercitivas, mandamentais ou sub- rogatórias previstas no art. 39, IV, do CPC. [...]". (TJGO, AC 0028702-14.2017.8.09.0137, Quarta Câmara Cível, Rel. Des. Delintro Belo de Almeida Filho, j. 25.06.2021, *DJEGO* 29.06.2021, p. 3308).

764 TJMS, APL 0803234-05.2014.8.12.0018, Paranaíba, 3.ª Câmara Cível, Rel. Des. Marco André Nogueira Hanson, *DJMS* 09.07.2015, p. 19. No mesmo sentido: "[...] Sentença prolatada nos autos de investigação de paternidade fundamentada na recusa do autor em comparecer ao laboratório para a coleta do material genético de modo reiterado. Sentença de extinção que deverá ser mantida. Diante da resistência do apelante em ter lealdade ao regular processamento da ação investigatória, imiscuindo-se de seus deveres processuais e do comparecimento aos autos sempre que intimado, principalmente para oportunizar a realização do exame pericial, não há que se falar em relativização da coisa julgada, visando realizar o exame de DNA que ele próprio se recusou a fazer nos autos de investigação de paternidade [...]" (TJPR, Proc. 0002356-36.2019.8.16.0048, Rel.ª Des.ª Ivanise Maria Tratz Martins, j. 22.03.2021).

765 TJRS, AC 0350152-47.2015.8.21.7000, Nonoai, 7.ª Câmara Cível, Rel.ª Des.ª Sandra Brisolara Medeiros, j. 02.12.2015, *DJERS* 14.12.2015. No mesmo sentido: "[...] 2. Caso concreto em que, nos autos de ação de investigação de paternidade anteriormente julgada, foi oportunizada ao investigado a realização de exame de DNA, sem que comparecesse, o que acarretou a procedência do pedido, em face da presunção *juris tantum* gerada e das demais provas coligidas. 3. Pretensão negatória deduzida em juízo que afronta o princípio da segurança no tráfego das relações jurídicas, merecendo rechaço. [...]" (TJRS, Apelação Cível 70080374945, Rel.ª Sandra Brisolara Medeiros, j. 24.04.2019); "[...]. Pretensão de relativização da

A Terceira Turma do Tribunal decidiu que, apesar da jurisprudência do STF sobre a possibilidade de relativizar a coisa julgada formada em ação investigatória de paternidade, a admissão de reanálise desses casos depende da demonstração de insuficiência de provas no primeiro processo ou de dúvida razoável sobre a existência de fraude em teste de DNA anteriormente realizado (devendo, nessa última hipótese, haver fundamentação concreta sobre os motivos que colocariam sob suspeita o acerto do exame genético)[766].

Como se percebe, o tema continua sendo objeto de viva polêmica.

---

coisa julgada. Inadmissibilidade. Tese fixada pelo C. STF em repercussão geral (RExt 363.889/DF) que é inaplicável no caso. Exame de DNA que não foi realizado por desídia do genitor. Mudança de residência em anterior ação sem informação nos autos. Ausente qualquer prova relativa à ausência de culpa pela não realização da perícia. Argumentos inverossímeis. Prevalência da segurança jurídica no caso. Coisa julgada que não pode ser relativizada. Sentença mantida [...]" (TJSP, AC 1006664-19.2021.8.26.0576, Ac. 15640750, São José do Rio Preto, 7.ª Câmara de Direito Privado, Rel. Des. Luiz Antonio Costa, j. 04.05.2022, *DJESP* 17.05.2022, p. 1779).

766 Negativa de paternidade transitada em julgado não pode ser relativizada sem dúvida razoável. Disponível em: http://www.stj.jus.br/sites/portalp/Paginas/Comunicacao/Noticias/Negativa-de-paternidade-transitada-em-julgado-nao-pode-ser-relativizada-sem-duvida-razoavel.aspx. Acesso em: 5 ago. 2020.

Parte III

CASOS, ENCAMINHAMENTOS E PETIÇÕES

1. CONSIDERAÇÕES INICIAIS

1.1. Visão geral

A proposta desta terceira parte é apresentar, a partir de casos, encaminhamentos possíveis considerando não só as possibilidades contenciosas, mas também o uso de meios consensuais de composição de conflitos. A iniciativa inova, portanto, ao demonstrar como diferentes abordagens podem ensejar a adequada aplicação de princípios e regras na condução prática de controvérsias familiares.

A visão sobre o encaminhamento consensual é relevante porque há muito se superou o tabu contrário a ajustes em temas ligados ao Direito de Família.

Confirmando tal assertiva, afirma a Lei de Mediação que pode ser objeto de mediação o conflito que versa sobre direitos disponíveis ou sobre direitos indisponíveis que admitam transação; havendo consenso dos envolvidos sobre direitos indisponíveis que apresentam aspectos transigíveis, o acordo deve ser homologado em juízo. Antes da homologação do acordo, ressalte-se, é exigida a oitiva do Ministério Público (Lei n. 13.140/2015, art. 3.º, § 2.º; CPC, art. 698).

Em ações de estado (como o divórcio) e causas relativas a interesses de incapazes (como a que discute a convivência com os filhos), é possível que as pessoas se conscientizem sobre direitos e obrigações recíprocas e celebrem acordos válidos; como exemplo, após uma rodada de conversações, o pai pode decidir reconhecer voluntariamente o vínculo de filiação em ato de autocomposição unilateral.

Além de imprimir maior celeridade à composição de controvérsias, a mediação permite análises mais aprofundadas e aptas a gerar acordos duradouros, substanciais e eficazes[1].

---

[1] LIMA, Renata Dias de Araújo. Mediação na obrigação alimentar. In: LIMA, Fernanda; FAGUNDES, Rosane; PINTO, Vania (org.). *Manual de mediação*: teoria e prática. Belo Horizonte: New Hampton Press, 2007, p. 156.

As exposições abaixo não visam esgotar o tema, mas oferecer ideias que estimulem a construção de caminhos proveitosos para a composição de controvérsias a partir do engajamento dos envolvidos.

Naturalmente a utilização de meios consensuais de composição de conflitos depende da vontade dos participantes, já que a autonomia é um princípio basilar[2]; a voluntariedade, entendida como adesão e comprometimento na busca de soluções consensuais, é primordial para que as pessoas se engajem em conversações e/ou negociações.

Nem sempre, porém, elas se encontram aptas a participar de conversações proveitosas.

Como exposto na Parte I[3], a vivência de perdas significativas – como as decorrentes do fim de uma união – pode ser sentida como "morte" e ensejar um processo de luto (reação emocional a uma perda significativa). O interessante modelo delineado pela médica suíça Elizabeth Klüber-Ross aponta as cinco fases da perda (luto): negação, raiva, depressão, barganha e aceitação. Tais estágios nem sempre ocorrem nessa ordem nem precisam ser todos vivenciados; saber sobre sua potencial ocorrência, de todo modo, é importante para: a) reconhecer que os efeitos das situações podem variar para cada pessoa; b) aprender a respeitar o processo interno de cada uma, não fazendo pressão para que ela busque ou atue em prol de uma suposta pacificação.

Em algumas situações as pessoas encontram-se deprimidas e carentes, mostrando-se dispostas a qualquer atitude para provarem que estão com a razão[4] ou então para simplesmente pôr fim ao árduo conflito.

É preciso, portanto, compreender e lembrar que os meios consensuais não são uma panaceia, mas uma forma potencialmente promissora de tratar grande número de situações conflitivas em função do caso concreto e da situação das partes. Como há limites no uso de meios consensuais, é preciso não descurar também das possibilidades oferecidas pela resolução judicial dos conflitos. Por essa razão, busca-se, em cada caso apresentado, delinear também como proceder em relação ao ajuizamento de demanda judicial.

1.2. Indicação da opção por autocomposição na petição inicial

Nos termos do art. 319, VII, do CPC, a petição inicial indicará a opção do autor pela realização ou não de audiência de conciliação ou de mediação. A previsão alinha-se à forte tendência judicial de promover conversações para que os jurisdicionados encontrem consensualmente saídas para seus conflitos e finalizem suas demandas[5].

Pode surgir, porém, a seguinte dúvida: se a demanda tramita por um procedimento especial que já contempla regra sobre a realização da autocomposição, deve haver manifestação de

---

2 CPC, art. 166. A conciliação e a mediação são informadas pelos princípios da independência, da imparcialidade, da autonomia da vontade, da confidencialidade, da oralidade, da informalidade e da decisão informada (g.n). Lei n. 13.140/2015, art. 2.º A mediação será orientada pelos seguintes princípios: [...] V – autonomia da vontade das partes.

3 O tema foi desenvolvido com maior detalhamento no item 3.4.8.2.

4 POSSIDÔNIO, Viviane da Silva. Mediação familiar: as perspectivas e desenvolvimento da entidade familiar. In: LIMA, Fernanda; FAGUNDES, Rosane; PINTO, Vania (org.). *Manual de mediação*: teoria e prática. Belo Horizonte: New Hampton Press, 2007, p. 17.

5 O tema foi desenvolvido com maior detalhamento pela autora no artigo "Opção por mediação e conciliação", publicado na *Revista Científica da Escola Superior de Advocacia da OAB/SP* sobre mediação e conciliação em 2016. Disponível em: https://www.esaoabsp.edu.br/ckfinder/userfiles/files/RevistaVirtual/Revista%20Cienti%CC%81fica%20ESAOABSP%20Ed%2023.pdf. Acesso em: 17 dez. 2016.

interesse pela via consensual na petição inicial? A pergunta é pertinente porque há previsões sobre audiências consensuais na Lei de Alimentos[6] e no CPC[7].

Iniciemos pela previsão da Lei de Alimentos. Embora o procedimento especial ali previsto contemple a realização de audiência para conciliação ou julgamento, é importante reconhecer a drástica mudança do ordenamento jurídico brasileiro verificada nos últimos anos. A partir de elementos do novo sistema de autocomposição – integrado pela Resolução n. 125/2010, pela Lei de Mediação e pelo CPC –, as partes passaram a poder contar também com mediação (não referenciada na Lei de Alimentos por ser esta alinhada à prática consensual do seu tempo, a conciliação).

Há ainda outro argumento que se aplica tanto às demandas de alimentos como ao procedimento especial previsto no CPC: como a autonomia da vontade é um princípio essencial para o engajamento em conversações inerentes à mediação e à conciliação[8], a consideração sobre a opção das partes precisa receber o devido valor.

Por essa razão, nas petições iniciais apresentadas neste livro será destacada a opção das partes pela realização ou não de sessões de mediação ou conciliação. Vale perquirir: a fundamentação sobre tal escolha precisa ser fundamentada?

Do ponto de vista prático, em uma perspectiva singela do art. 319, VII, do CPC, a petição deve trazer, preferencialmente ao final, uma simples afirmação: se há ou não interesse do autor em participar da audiência inaugural de conciliação ou mediação[9].

O tema, porém, merece desenvolvimento detalhado por força de seu impacto no processamento da causa.

Caso a resposta seja favorável à realização da sessão consensual, não é necessário fundamentar; afinal, resta óbvio que a parte tem interesse em tentar a autocomposição.

Se, contudo, a resposta for negativa, será importante explicar a razão. Segundo o art. 3.º, § 2.º, do CPC, o Estado, sempre que possível, estimulará a solução consensual de controvérsias. Essa previsão se alinha a outras regras do ordenamento que preconizam a adoção de esforços conciliatórios; posicionar-se contra a tendência do legislador e a política pública do Poder Judiciário demanda explicações[10].

Ainda que a parte diga não querer participar da sessão consensual, é interessante que siga se manifestando. Segundo o art. 334, § 4.º, I, do Código, só não haverá a designação da sessão inicial se ambas as partes não a quiserem; como há quem defenda que só a discordância de todos afastaria a realização da sessão consensual, é interessante que o autor diga se entende pertinente a ocorrência de mediação ou de conciliação.

---

6 Lei n. 5.478/1968, art. 5.º O escrivão, dentro de 48 (quarenta e oito) horas, remeterá ao devedor a segunda via da petição ou do termo, juntamente com a cópia do despacho do juiz, e a comunicação do dia e hora da realização da audiência de conciliação e julgamento.

7 CPC, art. 695. Recebida a petição inicial e, se for o caso, tomadas as providências referentes à tutela provisória, o juiz ordenará a citação do réu para comparecer à audiência de mediação e conciliação, observado o disposto no art. 694.

8 O princípio da autonomia da vontade, destacado no CPC (art. 166) e na Lei de Mediação (Lei n. 13.140/2015, art. 2.º, V), constitui um dos pilares da adoção de meios consensuais.

9 No silêncio do autor, considerando a opção do Código pela verificação de meios consensuais, conclui-se haver interesse do autor na audiência de conciliação ou mediação (DELLORE, Luiz; TARTUCE, Fernanda. *Manual de prática civil*. 15. ed. São Paulo: Método, 2020, p. 123).

10 TARTUCE, Fernanda; DELLORE, Luiz. *Manual de prática civil*. 16. ed. São Paulo: Método, 2021. p. 103.

2. ALIMENTOS

2.1. Fixação de alimentos

a) Caso

Silas e Elizete são pais de Silzete, uma menina saudável de 8 anos que mora com a mãe desde o nascimento. Embora o pai tenha reconhecido oficialmente a filha no nascimento, ele jamais colaborou de forma consistente para o seu sustento; quando entende conveniente, apenas "ajuda" esporadicamente depositando na conta da genitora da menina somente entre 30 e 40% de um salário mínimo mensal (hoje equivalentes a x – valores em reais).

Elizete é operadora de telemarketing e enfrenta dificuldades para criar a filha sozinha, já que recebe apenas um salário mínimo mensal. As despesas com moradia, alimentação, transporte, escola, saúde e lazer da criança somam atualmente o valor de dois salários mínimos, sendo essencial que a contribuição do pai seja constante e proporcional às suas possibilidades. Como a genitora está auferindo poucos recursos e se encontra endividada, consegue gastar exclusivamente com a filha 25% do salário mínimo por mês, devendo o pai da criança pagar os 75% restantes do total devido.

Nos últimos seis meses o pai parou de efetuar os módicos depósitos para Silzete sem explicar a razão para tal omissão.

Elizete sabe que Silas é veterinário, não tem filhos e, segundo afirmou em certa oportunidade, aufere renda média 12 salários mínimos mensais. Contudo, sempre que fala com ele sobre o pagamento da pensão, escuta desculpas vazias.

Após evitar ao máximo entrar em conflito direto com Silas, Elizete (que se está muito endividada e é pobre na acepção jurídica do termo) procura uma advogada para resolver a situação da pensão alimentícia de Silzete.

b) Encaminhamento consensual

Em conflitos sobre pensões alimentícias para filhos, o diálogo direto entre os genitores pode ser desgastante por conta de uma série de resistências – especialmente de índole pessoal. É comum que os pais confundam papéis e deixem de lado o fato de que precisam funcionar como uma dupla parental engajada em atender aos interesses dos dependentes.

Confusões na história amorosa do casal (advindas de uma relação que geralmente terminou de modo frustrante) acabam afetando a visão dos pais quanto ao seu papel como genitores.

Como as conversas diretas nem sempre são fáceis, podem acabar ensejando a piora no relacionamento e o incremento da resistência em atender aos interesses da criança ou do adolescente.

Quando a pessoa que advoga é procurada por alguém que precisa receber alimentos, deve fazer um diagnóstico apurado: qual é a razão da resistência? É possível removê-la? O(a) genitor(a) que precisa contribuir mostra interesse em atender o filho e se preocupa com o seu bem-estar?

Se entender adequado, havendo espaço para uma rodada de negociações, a(o) advogada(o) poderá adotar iniciativas para tanto. Já dispondo a outra parte de patrona(o) constituída(o), essa pessoa poderá ser convidada para uma reunião com vistas a negociar.

Vale destacar que, embora as pessoas possam ter tentado negociar anteriormente, podem não ter se valido de técnicas apropriadas. Os profissionais da advocacia devidamente preparados para negociar, incluídos no circuito, poderão ter condições de atuar de forma mais eficiente.

Caso a negociação direta não conte com adesão e/ou reste infrutífera, as partes e seus advogados poderão cogitar sobre a integração de um mediador ou de um conciliador à conversa para buscar favorecer, uma vez mais, a construção de consensos.

Muitas pessoas obrigadas a pagar alimentos não veem tal dever como uma necessidade da outra parte, mas como um instrumento de vingança ou uma arma de manipulação[11].

Em sessões consensuais, o foco pode sair dos pais e rumar para o dependente.

O conciliador será pertinente quando o advogado perceber que as partes se recusam terminantemente a formularem opções alternativas na negociação direta; nesse caso, será preferível a atuação de um conciliador para que este possa trazer sugestões para dirimir o conflito.

Já se as partes não aceitarem intervenções externas e se mostrarem decididas a elaborarem suas próprias soluções com alto grau de autonomia, a mediação será mais interessante.

A presença do mediador poderá ser útil, por exemplo, para que a partir de sua intervenção imparcial sejam percebidas as situações dos envolvidos; perguntas sobre como os gastos são feitos, como o dinheiro se revela necessário no dia a dia e exposições sobre as possibilidades e os limites podem gerar compreensões recíprocas e conscientizações proveitosas.

Como destaca Lisa Parkinson, "os pais são ajudados a se reunir, a compartilhar informações importantes, a considerar as opções possíveis e a tomar uma decisão baseada no que eles consideram realista e justo, de acordo com as circunstâncias"[12].

Havendo, porém, resistência à tentativa consensual ou ao alcance conjunto de ajustes, caberá ir a juízo para buscar a tutela jurisdicional.

c) Solução judicial

Se o pagamento de pensão alimentícia não foi combinado voluntariamente pelas partes, é essencial promover demanda para a fixação de alimentos; para tanto, socorre o necessitado (geralmente denominado "alimentando") o procedimento especial previsto na Lei de Alimentos.

Como exposto na Parte II, o CPC dispôs no parágrafo único do art. 693 que em litígios sobre alimentos seguem aplicáveis as regras previstas na lei especial (Lei n. 5.478/1968).

Na elaboração da petição inicial, de todo modo, é importante lembrar a estruturação prevista no art. 319 do CPC (que exige qualificação detalhada – incluindo o endereço eletrônico das partes – e a indicação da opção pela realização ou não de audiência de mediação ou conciliação[13]).

Como destacado, embora o procedimento especial previsto para a ação de alimentos contemple a realização de audiência para conciliação ou julgamento[14], é importante reconhecer a drástica mudança do ordenamento jurídico brasileiro sobre os meios consensuais verificada nos últimos anos.

A partir de elementos do sistema normativo sobre autocomposição (integrado por Resolução n. 125/2010, Lei de Mediação e CPC), será viável a realização de mediação (desde que, obviamente, o Poder Judiciário a ofereça – em muitas comarcas há apenas conciliação disponível). Além disso, como a autonomia é um princípio essencial para conversações e negociações inerentes à mediação e à conciliação, a consideração sobre a opção das partes tem grande valor.

De todo modo, o requerimento de citação deve considerar os termos da lei específica, que prevê a concentração de atos processuais ao indicar a realização de audiência não só como tentativa de solução consensual, mas também de instrução e julgamento.

---

11 LIMA, Renata Dias de Araújo. Mediação na obrigação alimentar, cit., p. 159.

12 PARKINSON, Lisa. *Mediação familiar.* Belo Horizonte: Del Rey, 2016, p. 284.

13 CPC, art. 319. A petição inicial indicará: [...] VII – a opção do autor pela realização ou não de audiência de conciliação ou de mediação.

14 Lei n. 5.478/1968, art. 5.º O escrivão, dentro de 48 (quarenta e oito) horas, remeterá ao devedor a segunda via da petição ou do termo, juntamente com a cópia do despacho do juiz, e a comunicação do dia e hora da realização da audiência de conciliação e julgamento.

d) Modelo de petição

EXCELENTÍSSIMO DOUTOR JUIZ DE DIREITO DA ___ VARA DE FAMÍLIA E SUCESSÕES DO FORO DA COMARCA DE (domicílio da alimentanda – CPC/2015, art. 53, II)

SILZETE (sobrenome), brasileira, menor impúbere representada por sua mãe, ELIZETE (sobrenome), brasileira, solteira, operadora de telemarketing, portadora da cédula de identidade RG no (número do RG), inscrita no CPF sob o número (número do CPF), usuária do endereço eletrônico (*e-mail*), ambas residentes e domiciliadas em (endereço), por sua advogada regularmente constituída conforme procuração anexa (doc. 1), com fundamento na Lei n. 5.478/1968 e no art. 1.694 do Código Civil vem, respeitosamente, promover

AÇÃO DE ALIMENTOS COM PEDIDO LIMINAR DE ALIMENTOS PROVISÓRIOS

contra SILAS (sobrenome), brasileiro, divorciado, veterinário, inscrito no CPF sob o número, usuário do endereço eletrônico (*e-mail*), com endereço em [...], pelas razões de fato e de direito adiante articuladas.

I. DOS FATOS

A autora, hoje com 8 anos de idade, é filha do réu (doc. 2) e vive com a mãe, desde seu nascimento, nesta cidade, enfrenta dificuldades para criar a filha sozinha

A representante e genitora da autora é operadora de telemarketing e tem dificuldades para suportar economicamente sozinha a filha, já que percebe como renda apenas o valor de um salário mínimo mensal. Assim, vem enfrentando grandes dificuldades para criar a filha sozinha.

As despesas com moradia, alimentação, transporte, escola, saúde e lazer da criança somam atualmente dois salários mínimos (docs. 3 a 6), sendo essencial que a contribuição do pai seja constante e proporcional em relação a tal valor e às suas possibilidades.

O réu jamais contribuiu financeiramente de forma consistente; ele apenas "ajuda" esporadicamente a filha com quantias que variam, quando pagas, somente entre 30 e 40% de um salário mínimo mensal (hoje equivalentes a x – valores em reais).

Para piorar, nos últimos 6 (seis) meses ele parou de efetuar os módicos depósitos na conta da genitora da autora, não tendo explicado a razão para tal omissão.

A situação gera inconformismo, já que o demandado é veterinário, reside em casa própria e não tem filhos. Além disso, a representante da autora teve notícia, por parte do próprio réu, que ele aufere renda média de 12 (doze) salários mínimos mensais.

Como a genitora está auferindo poucos recursos e se encontra endividada, consegue gastar exclusivamente com a filha 25% do salário mínimo por mês, devendo o pai da criança pagar os 75% restantes dos dois salários mínimos devidos.

Apesar de ter buscado conversar amigavelmente, a autora não conseguiu estabelecer um diálogo proveitoso por conta de resistências do réu em cumprir a obrigação de sustentar a filha. Assim, outra saída não houve senão promover a presente demanda judicial.

II. DO DIREITO

a) Obrigação alimentar

Nos termos do art. 1.694 do CC, é dever dos parentes prestar alimentos aos filhos que deles dependem. O réu é pai da autora, como se percebe pelo registro de nascimento (doc. 2).

O parágrafo 1.º do art. 1.694 é claro ao afirmar que os alimentos devem ser fixados à luz do binômio necessidade/possibilidade, sendo este verificado à luz da proporcionalidade.

No caso, o réu vem pagando módicos e insuficientes valores em prol da filha, não havendo regularidade quanto ao valor nem às datas de depósito, o que muito a prejudica.

Segundo o art. 2.º da Lei de Alimentos, cabe ao credor: 1. expor suas necessidades; 2. provar apenas o parentesco ou a obrigação de alimentar do devedor; 3. indicar, além da qualificação do demandado, quanto ele ganha aproximadamente (ou de que recursos ele dispõe).

b) Necessidades da alimentanda e possibilidades do alimentante

As necessidades da autora são evidentes no que tange à moradia, à alimentação, ao transporte, à escola, à saúde e ao lazer. Como se percebe pela documentação anexada a esta petição, as necessidades foram claramente expostas e seu *quantum* foi devidamente demonstrado.

A autora precisa ter acesso a tudo aquilo que se revela necessário para ter um crescimento saudável e digno, fazendo jus ao recebimento de pensão alimentícia compatível.

A possibilidade do réu resta claramente configurada, visto sua excelente saúde financeira (ele ostenta sinais externos de riqueza, conforme fotos anexadas – docs. 7 a 10), além da ausência de outras obrigações com familiares, já que vive sozinho e não tem filhos.

A representante da autora foi informada pelo próprio réu que ele percebe, como veterinário, o valor médio de 12 salários mínimos (valor em reais) mensais.

Como exposto, o art. 2.º da Lei n. 5.478/1968 dispõe que basta à parte credora expor aproximadamente os recursos do devedor. Em situações como a presente, o ônus da prova precisa ser considerado de forma adequada: afinal, exigir que a autora prove quanto ganha o réu, profissional liberal, seria inviabilizar seu acesso à justiça. Assim, é forçoso determinar a consideração peculiar do ônus da prova; esse entendimento é tradicional, como se nota na seguinte decisão do Tribunal paulista:

> Ressalte-se, ainda, que nas ações de alimentos ocorre a inversão do ônus da prova, valendo citar nesse sentido a doutrina de MARIA BERENICE DIAS: "Vem se consolidando o entendimento de que, nas demandas alimentárias, se inverte a divisão tarifada dos encargos probatórios (CPC 333). Ao autor cabe tão só comprovar a obrigação do réu de prestar-lhe alimentos. É o que diz a lei (LA 2.º): o credor exporá suas necessidades, provando, apenas, o parentesco ou a obrigação de alimentar do devedor. Não há como impor ao alimentando a prova dos ganhos do réu, pessoa com quem não vive, muitas vezes, nem convive, o que torna quase impossível o acesso às informações sobre seus rendimentos" (*Manual de Direito das Famílias*, São Paulo: Ed. RT, 4ª ed., 2007, págs. 487/488). Ainda que o apelante alegue situação de desemprego formal, certo é que tem o dever de prover, por meio de seu trabalho, a si próprio e ao seu filho menor (TJSP, Apelação Cível 1008900-24.2020.8.26.0302, Rel. Des. Pedro de Alcântara da Silva Leme Filho, j. 03.09.2021).

No mais, há regra específica no CPC sobre a possibilidade de distribuição dinâmica do ônus da prova no art. 373, § 1.º.

Assim, do ponto de vista legislativo e jurisprudencial, o ônus da prova, em relação aos seus vencimentos, deve ser imposto ao réu.

A jurisprudência brasileira não hesita em fixar o valor da pensão alimentícia em até 33% dos vencimentos do pai.

Na presente demanda, pede-se valor muito aquém; a quantia de dois salários mínimos (valor em reais) está totalmente dentro das possibilidades financeiras do demandado.

Vale destacar que a contribuição da genitora seguirá sendo dada em cuidados diretos com a filha, alimentação, moradia, medicações, vestuário e o que mais se revelar possível.

c) Fixação de alimentos provisórios

Nos termos do art. 4.º da Lei n. 5.478/1968, ao despachar o pedido o juiz fixará desde logo alimentos provisórios a serem pagos pelo devedor – salvo se o credor expressamente declarar que deles não necessita.

A autora necessita com urgência de tal fixação, já que as condições financeiras da mãe são precárias. Por ter que suprir sozinha as necessidades da filha, precisou acumular tantas dívidas que mal tem crédito no mercado, o que pode complicar o acesso da autora aos bens de que necessita.

Assim, faz-se de rigor a fixação dos alimentos provisórios no valor de 75% do montante de dois salários mínimos (valor em reais) a serem pagos imediatamente para que as despesas do próximo mês possam ser regularmente pagas.

d) Opção pela audiência de conciliação

Em atenção ao art. 319, VII, do CPC e ao art. 5.º da Lei de Alimentos, a autora manifesta seu interesse na realização de sessão conciliatória com o objetivo de buscar uma solução consensual para o litígio contando com possíveis sugestões de uma pessoa imparcial.

III. PEDIDOS E REQUERIMENTOS

Ante o exposto, pede a autora a V. Exa.:

a) a fixação de alimentos provisórios em R$ (valor em reais equivalente a dois salários mínimos), nos termos do art. 4.º da Lei n. 5.478/1968;

b) posteriormente, a condenação do réu, em definitivo, ao pagamento de pensão mensal, no valor de dois salários mínimos mensais (atualmente R$ – valor em reais), sendo ainda condenado a arcar com o ônus da sucumbência atinente a custas, despesas e honorários advocatícios.

Requer ainda a autora:

a) o reconhecimento, nos termos do art. 1.º, §§ 2.º e 3.º, da Lei de Alimentos, da incidência dos benefícios da justiça gratuita, pois a autora e sua representante são pobres na acepção jurídica do termo;

b) seja o réu citado, nos termos do art. 5.º da Lei n. 5.478/1968, por carta, com aviso de recebimento para, querendo, comparecer à audiência de conciliação, instrução e julgamento, ocasião em que deverá apresentar sua defesa, sob pena de revelia, bem como produzir as provas que tiver interesse.

c) a intimação do representante do Ministério Público para acompanhamento do feito.

Requer provar o alegado por todos os meios em direito admitidos, pugnando-se desde já pela distribuição dinâmica do ônus da prova (CPC/2015, art. 373, § 1.º) em relação aos fatos de prova inviável pela alimentada.

Dá-se à causa o valor de R$ (valor em reais referente a vinte e quatro salários mínimos).

Termos em que pede deferimento.

Cidade, data, advogada, assinatura

2.2. Oferta de alimentos

a) Caso

Josilei e Jacira se conheceram em janeiro de 2008; apaixonados, casaram-se cinco meses depois. O casal, no entanto, optou por manter suas residências próprias e passar períodos alternados em cada imóvel.

No segundo ano de casamento o casal decidiu ter filhos: o primeiro, João Henrique, nasceu em julho de 2011 e o segundo, José Pedro, nasceu exatos 12 meses depois.

Com o passar dos anos, o casal foi se afastando até que, em junho de 2015, optou pelo fim da união; na oportunidade a situação foi regularizada em uma ação de divórcio consensual.

Como naquele momento João Henrique estava morando com o pai e José Pedro com a mãe, a guarda foi ajustada diretamente pelo casal sem sobressaltos – que optou por não estipular pensão alimentícia por arcarem com gastos equivalentes.

No entanto, há seis meses eles decidiram que seria preferível que João Henrique passasse a morar com a mãe e com José Pedro, pois os irmãos se sentiam tristes por não contarem com a presença cotidiana um do outro.

Desde então, Josilei vem pagando a Jacira R$ 1.600,00 mensais para cobrir os gastos das crianças. Ocorre que, apesar de inúmeras tentativas, Jacira diz que não vai assinar recibos pelos valores, afirmando que isso não se coaduna com a relação franca e amigável que sempre mantiveram.

Sem saber como proceder e com medo de ser acionado judicialmente como se não estivesse contribuindo para o sustento dos filhos, Josilei procura um advogado para se aconselhar.

b) Solução consensual

Pela narrativa, parece haver grandes chances de advir uma solução consensual por força da aparente maturidade dos envolvidos – que em momentos até mais árduos souberam lidar com o término da relação e manter bom diálogo, velando pelo interesse dos filhos.

Ao que tudo indica, o impasse decorre do receio de ambos com relação às implicações de documentar ou não os arranjos informais.

Nesse cenário, o advogado deve atuar como um conselheiro jurídico, podendo conversar com Josilei e estimulá-lo a conversar com Jacira para compreender melhor a razão da resistência. Essa abordagem, que deve ser bastante cuidadosa, preferencialmente deve partir de Josilei para que uma situação com grande potencial de solução consensual não se transforme em uma situação conflitiva. Afinal, quando se menciona para alguém a contratação de advogados(as) para lidar com certa situação, é natural que a ideia de conflito judicial venha à mente.

Caso Josilei não consiga, por alguma razão, falar diretamente com Jacira, não tendo ela patrono(a) – ou havendo um(a) que concorde com a iniciativa[15] –, pode o advogado de Josilei conversar com ambos para favorecer a negociação.

Ao conversar com o casal, o advogado deve buscar entender quais são as razões do impasse e fomentar que haja um efetivo diálogo sobre os problemas; é possível que haja barreiras que as pessoas possam superar a partir do esclarecimento de seus interesses.

Se não houver progresso na negociação direta entre os envolvidos, pode ser interessante sugerir uma sessão com um mediador[16] para preservar os laços entre o casal – que apresenta

---

[15] Código de Ética da OAB, art. 2.º, parágrafo único. É dever do advogado: [...] VIII – abster-se de: [...] d) entender-se diretamente com a parte adversa que tenha patrono constituído, sem o assentimento deste (Resolução n. 02/2015. Disponível em: http://www.oab.org.br/arquivos/resolucao-n-022015-ced-2030601765.pdf. Acesso em: 2 nov. 2016).

[16] Dispõe o Código de Ética da OAB, no art. 2.º, parágrafo único, ser dever do advogado: [...] VI – estimular, a qualquer tempo, a conciliação e a mediação entre os litigantes, prevenindo, sempre que possível, a

um histórico favorável, e parece, em princípio, disposto a colaborar na busca dos melhores arranjos para os filhos.

c) Solução judicial

Seria uma pena se pessoas com tamanho potencial de diálogo viessem a se enfrentar em um processo litigioso, após terem resolvido tão bem outras situações de grande complexidade.

No entanto, é possível que o ajuizamento de uma ação de oferta de alimentos tenha de se realizar, especialmente se houver alguma peculiaridade na situação das partes que faça com que os receios de ambos os lados sejam fundados. Imagine, por exemplo, que Josilei sempre pague os alimentos em dinheiro – por comodidade, para evitar a penhora de valores em conta que, se não forem comprovadamente prestação alimentícia, poderiam se sujeitar a penhora etc.

Nesse caso, embora lamentável, é possível que se tenha de promover ação judicial de oferta de alimentos.

d) Modelo de peça

EXCELENTÍSSIMO DOUTOR JUIZ DE DIREITO DA __a VARA DE FAMÍLIA E SUCESSÕES DA COMARCA DE (domicílio dos réus – regra geral, CPC, art. 46)

Josilei (sobrenome), brasileiro, técnico em enfermagem, divorciado, portador da cédula de identidade RG nº (número), inscrito no CPF sob o nº (número), usuário do endereço eletrônico (*e-mail*), residente e domiciliado nesta cidade, em (endereço), vem à presença de Vossa Excelência, por seu advogado regularmente constituído, segundo procuração anexa, ajuizar

AÇÃO DE OFERTA DE ALIMENTOS COM PEDIDO LIMINAR

em face de João Henrique (sobrenome) e José Pedro (sobrenome), representados por sua genitora, Jacira (sobrenome), brasileira, secretária, divorciada, portadora da cédula de identidade RG nº (número), inscrita no CPF sob o nº (número), usuária da conta de *e-mail* (endereço eletrônico), residente e domiciliada nesta cidade, em (endereço), pelos fatos e fundamentos a seguir expostos.

I – DOS FATOS

O autor e a representante dos réus se conheceram em janeiro de 2008, tendo se casado em junho do mesmo ano (doc. anexo). Da união, nasceram os réus, em julho de 2011 e em julho de 2012 (docs. anexos).

Em junho de 2015, o casal se separou de comum acordo, por meio de ação de divórcio consensual (doc. anexo).

Como naquele momento João Henrique estava morando com o autor e José Pedro com a mãe, a guarda foi negociada diretamente entre o casal sem sobressaltos; não foi estipulada pensão alimentícia para os réus porque seus guardiões arcavam com gastos equivalentes.

Em abril de 2016, o autor e a representante dos réus decidiram ser melhor para os filhos que morassem juntos na casa da genitora, uma vez que se ressentiam da distância.

Desde então, o autor vem pagando à representante dos réus R$ 1.600,00 mensais para cobrir gastos com alimentação, educação, transporte, vestuário, lazer e demais gastos. Ocorre que, apesar de inúmeras tentativas, a representante dos réus se opõe a assinar recibos dos valores recebidos.

Foram realizadas reuniões consensuais para a negociação direta entre as partes, mas elas não chegaram a um acordo relativamente ao problema narrado.

---

instauração de litígios (Resolução n. 02/2015. Disponível em: http://www.oab.org.br/arquivos/resolucao-n-022015-ced-2030601765.pdf. Acesso em: 2 nov. 2016).

II – DO DIREITO

Segundo o art. 24 da Lei n. 5.478/1968, o alimentante pode tomar a iniciativa de comunicar ao juízo seus rendimentos e pedir a fixação, por sentença judicial, da pensão que deve pagar, de modo a obter segurança jurídica relativamente às suas obrigações.

Para comprovar que vem pagando pensão para o sustento de seus filhos, anexa a esta petição inicial os comprovantes bancários das transferências de valores realizadas à conta bancária da representante dos réus nos últimos cinco meses (docs. anexos).

O montante pago se coaduna com a diretriz condutora da fixação dos alimentos: a) o valor de R$ 1.600,00 (mil e seiscentos reais) mensais é proporcional às possibilidades do autor; como se pode ver pelos contracheques (docs. anexos), o montante corresponde atualmente a 35% dos vencimentos do autor; b) o valor atende às necessidades dos réus; prova disso é que sua representante não apresentou reclamação nem precisou intentar demanda para pleitear outro montante.

Não há conflito, portanto, em relação ao *quantum*, mas à necessidade de documentar os pagamentos, única razão pela qual esta demanda se revelou necessária.

O autor, no momento, encontra-se empregado, sendo interessante o desconto em folha para facilitar o pagamento. Deixa, porém, de indicar o montante adequado em caso de desemprego porque nesse cenário pode ser muito complicado atender a um valor definido em outra realidade; além disso, como dispõe o art. 1.710 do Código Civil, "as prestações alimentícias, de qualquer natureza, serão atualizadas segundo índice oficial regularmente estabelecido"; assim, requer seja este o critério de atualização (que se revela mesmo adequado, nos termos da lei e da realidade social).

É essencial o deferimento de medida liminar para que os pagamentos sejam feitos eficaz e regularmente desde já.

Em atenção ao art. 319, VII, do CPC e demais dispositivos cabíveis, o autor manifesta seu interesse na realização de sessão de mediação com o objetivo de que as partes busquem contribuir para a construção de uma solução consensual para o litígio.

III – DOS PEDIDOS E REQUERIMENTOS

Ante o exposto, pede o autor:

a) o deferimento da medida liminar de alimentos provisórios no valor de R$ 1.600,00 e, ao final, a procedência do pedido da ação para fixação definitiva da pensão alimentícia no valor de R$ 1.600,00;

b) a realização de todos os pagamentos de pensão alimentícia mediante desconto em folha de pagamento do alimentante, com crédito na conta corrente (número da conta), Banco (nome), agência (número), com a determinação ao setor financeiro do Hospital (nome do empregador), inscrito no CNPJ sob o no (número), situado em (endereço), nos termos do art. 22 da Lei n. 5.478/1968;

c) a citação dos réus, por oficial de justiça, com cópia da petição inicial, na pessoa de sua representante, para comparecimento à audiência de mediação a ser conduzida por mediador designado por esse juízo;

d) a intimação do representante do Ministério Público para acompanhamento do feito.

Requer a produção de todas as provas em direito admitidas, especialmente a documental, o depoimento pessoal e a oitiva de testemunhas.

Dá-se a esta causa o valor de R$ 19.200,00.

Nestes termos, pede e espera deferimento.

Cidade, data, Advogado, assinatura

2.3. Revisão de pensão alimentícia

a) Caso

Evaldo e Samara namoraram dois meses, quando estavam na faculdade. Embora o relacionamento tenha sido breve, Samara engravidou e em 20.09.2003 nasceu Julieta, filha do casal.

Evaldo, tão logo soube da gravidez, buscou acertar com Samara os alimentos (equivalentes a três salários mínimos), tendo pagado corretamente as prestações cabíveis ao longo de toda a vida da menina; ele inclusive largou a faculdade meses depois do nascimento de Julieta para se dedicar inteiramente ao trabalho.

No entanto, por estar desempregado há mais de um ano, Evaldo tem sobrevivido a partir de trabalhos esporádicos, de modo que o valor fixado inicialmente não se coaduna com sua precária realidade financeira; além disso, ele sabe que Samara é hoje uma fisioterapeuta bem-sucedida que recentemente abriu uma clínica particular em um bairro nobre da capital.

Diante dessas circunstâncias, Evaldo consulta um advogado para saber se haveria algum modo de reduzir o montante que deve pagar a Julieta todo mês, pois já teve de contrair dois empréstimos junto a amigos para quitar os débitos com a filha. Pelas contas que fez, Evaldo calculou conseguir pagar apenas 50% do salário mínimo vigente; ele ainda ressalta ter receio de que a menina se magoe achando que o pai não se importa com ela.

b) Solução consensual

O caso é interessante por haver, há tempos, um comprometimento efetivo de pai e mãe em prol dos interesses da filha; este é um excelente ponto de partida para buscar uma solução consensual.

Em primeiro lugar, cabe ao advogado perguntar se o cliente tentou conversar sobre a situação com a mãe da criança. Tendo em vista os dados do caso concreto, é possível que uma conversa entre os envolvidos, sem a participação de terceiros, seja a melhor forma de preservar os laços afetivos da família.

Caso isso seja difícil – por exemplo, por ter havido conversas infrutíferas, ou porque o indivíduo não consegue abordar o assunto sozinho –, é possível que o advogado, muito cautelosamente, estude formas de auxiliar os genitores a chegar a uma solução satisfatória.

Não havendo conflito em curso nem patrono constituído pela outra pessoa, nada obsta a que o advogado inste o cliente a pedir que a genitora venha ao escritório ou ligue para ele. A partir da vinda ou não de uma resposta se deduzirá a viabilidade da solução consensual; afinal, não havendo interesse da outra parte em se compor, não há como obrigá-la a tanto.

Naturalmente, uma vez estabelecido o contexto para que se desenvolva o diálogo, o advogado poderá avaliar, em conjunto com os envolvidos, quais são as melhores formas para encaminhar a continuidade da conversa – com o próprio advogado, o que se dará necessariamente em conjunto com o advogado da outra parte, caso seja constituído, ou então com mediador ou outro profissional que possa favorecer o diálogo.

Em princípio, a mediação soa mais interessante porque houve, no início da interação entre as partes, atitudes espontâneas do pai da criança para contribuir com a filha; o protagonismo no encontro de soluções tem potencial para se verificar novamente, sendo interessante o fornecimento de um espaço qualificado de conversação para que os envolvidos possam expor suas ideias com liberdade a ponto de criar soluções com máxima autonomia (sem intervenções e sugestões de alguém externo).

c) Solução judicial

Não sendo possível alcançar uma solução para o conflito por meio do diálogo (seja por tratativas negociais diretas, seja pela contribuição de um terceiro imparcial – conciliador ou mediador), restará evidentemente aberta a via judicial.

No caso, a ação apropriada é a demanda revisional de alimentos para que o autor busque alterar o valor devido a título de pensão alimentícia.

d) Modelo de peça

EXCELENTÍSSIMO DOUTOR JUIZ DE DIREITO DA __ VARA DE FAMÍLIA E SUCESSÕES DA COMARCA DE (domicílio do réu – regra geral; CPC, art. 46)

Evaldo (sobrenome), brasileiro, desempregado, solteiro, portador da cédula de identidade RG nº (número), inscrito no CPF sob o nº (número), usuário da conta de *e-mail* (endereço eletrônico), residente e domiciliado nesta cidade, em (endereço), vem à presença de Vossa Excelência, com fundamento no art. 1.699 do Código Civil e demais dispositivos pertinentes à espécie, por seu advogado regularmente constituído segundo procuração anexa, ajuizar

AÇÃO REVISIONAL DE ALIMENTOS COM PEDIDO DE LIMINAR

em face de Julieta (sobrenome), representada por sua genitora, Samara (sobrenome), brasileira, fisioterapeuta, casada, portadora da cédula de identidade RG nº (número), inscrita no CPF sob o nº (número), usuária da conta de *e-mail* (endereço eletrônico), residente e domiciliada nesta cidade, na Rua (endereço), pelos fatos e fundamentos a seguir expostos:

I – DOS FATOS

O autor e a representante da ré mantiveram breve relacionamento amoroso no final do ano de 2002, quando eram colegas no curso universitário de fisioterapia. Dessa união, nasceu a ré em 20 de setembro de 2003.

Tão logo soube da gravidez, o autor buscou ajustar com a genitora da ré o valor devido a título de alimentos (equivalente a três salários mínimos), que vem sendo pago corretamente desde então (docs. anexos).

Infelizmente, por estar desempregado há mais de um ano, o autor tem sobrevivido a partir de trabalhos esporádicos, de modo que o valor fixado inicialmente não se coaduna com sua precária realidade financeira; pelas contas que fez, consegue pagar apenas 50% do salário mínimo vigente. Além disso, ele sabe que a genitora da ré é hoje uma fisioterapeuta bem-sucedida que recentemente abriu uma clínica particular em um bairro nobre da capital, apresentando no momento melhores condições de fazer frente aos gastos da filha.

II – DO DIREITO

Diz o art. 1.694, § 1.º, do Código Civil que os alimentos devem ser fixados na proporção das necessidades do alimentando e dos recursos do alimentado, segundo o binômio necessidade/possibilidade.

O art. 1.699 do mesmo Código ressalta que, quando sobrevier mudança na situação financeira (seja do alimentante, seja do alimentado), poderá o interessado reclamar ao juiz, conforme as circunstâncias, a exoneração, a redução ou a majoração do encargo.

É certo que o autor tem direito a ter sua pretensão acolhida no sentido de uma diminuição do valor pago à ré a título de pensão alimentícia: de um lado, sua possibilidade de arcar com a prestação foi drasticamente reduzida desde o momento de fixação do patamar atual (dois salários mínimos); de outro, a representante legal da ré, que detém a guarda da criança, teve notável incremento nos seus rendimentos, encontrando-se em situação muito confortável, com plenas condições de oferecer um alto padrão de vida à filha – algo que infelizmente o autor não consegue fazer no momento.

O autor já contraiu dívidas para pagar as últimas pensões alimentícias, que somam três salários mínimos mensais. A situação, porém, revela-se insustentável: é essencial a redução imediata do encargo para o valor mensal de 50% (cinquenta por cento) do salário mínimo vigente pelo período em que perdurar a situação precária ensejada pela falta de renda consistente do autor. Eis trechos de decisões que, em casos semelhantes, reconheceram a procedência de pedido similar ao do réu:

> [...] 3. Demonstrado nos autos que houve alteração da condição financeira do agravante, decorrente de recente situação de desemprego, deve ser reduzido e adequado o encargo alimentar, em face da existência de desequilíbrio no binômio legal da necessidade e possibilidade [...] (TJMG, Agravo de Instrumento-Cv 1.0000.21.044947-6/001, Rel. Des. Afrânio Vilela, j. 05.10.2021).
>
> Agravo de instrumento – Família – Ação revisional de alimentos – Decisão proferida em sede de tutela de urgência que denegou a pretensão do autor – Insurgência. Pretensão de redução da verba alimentar fixada – Necessidade da prole presumida – Verossimilhança nas alegações de incapacidade do genitor de arcar com alimentos no *quantum* fixado – Situação de desemprego formal demonstrada – Fato superveniente à fixação da obrigação alimentar – Redução que se faz necessária ante as peculiaridades do caso – Adequação do binômio possibilidade do alimentante e necessidade da alimentanda [...] (TJPR, Proc. 0038680-04.2021.8.16.0000, Rel. Des. Ruy Muggiati, j. 27.09.2021).

Em atenção ao art. 319, VII, do CPC e demais dispositivos cabíveis, o autor manifesta seu interesse na realização de sessão de mediação com o objetivo de que as partes busquem atuar conjuntamente para o encontro de uma solução consensual para o litígio com a contribuição de um mediador.

III – DO PEDIDO E DOS REQUERIMENTOS

Ante o exposto, o autor pede e requer a Vossa Excelência:

a) a concessão de medida liminar para a imediata redução do valor da pensão alimentícia atualmente devida pelo autor, fixando-a no valor mensal de 50% (cinquenta por cento) do salário mínimo pelo período em que perdurar a situação de desemprego do autor e, ao final, o julgamento da procedência do pedido da ação para reduzir o valor da pensão alimentícia para 50% do salário mínimo enquanto perdurar o desemprego do autor;

b) a citação da ré e sua intimação, na pessoa de sua representante legal, por meio de oficial de justiça, com os benefícios do art. 212, § 2.º, do CPC, para comparecer à audiência de mediação a ser designada por Vossa Excelência;

c) o reconhecimento, nos termos do art. 1.º, §§ 2.º e 3.º, da Lei n. 5.478/1968 (aplicável a demandas revisionais por força do art. 13 da mesma lei), da incidência dos benefícios da justiça gratuita por não estar o autor em condições de pagar as custas do processo, sem prejuízo do sustento próprio ou de sua família;

d) a intimação do representante do Ministério Público para acompanhar o feito tendo em vista a presença de interesse de incapaz.

Requer provar o alegado por todos os meios admitidos em direito, notadamente por provas documentais e orais.

Dá-se à causa o valor de R$ (quantia em reais equivalente a 12 vezes o valor de 50% do salário mínimo).

Cidade, data, advogado, assinatura.

2.4. Exoneração de obrigação alimentar

a) Caso

Josefa e Anidracir se mudaram do Nordeste para São Paulo no começo da década de 1990. Ao se conhecerem quando trabalhavam na rodoviária de uma cidade do interior paulista, logo começaram a namorar.

Do relacionamento nasceram dois filhos, Oteir e Josinaldo. Como a relação nunca foi oficializada, quando os filhos contavam poucos anos, Josefa, que queria ter certeza de que o pai arcaria com a parte que lhe correspondia nas despesas dos filhos, obteve judicialmente a fixação de uma pensão alimentícia no valor de um salário mínimo.

Logo depois, Josefa voltou para seu estado natal com os dois filhos e Anidracir continuou pagando a pensão mensalmente. Perdeu, contudo, o contato com os filhos. Desde então, Anidracir constituiu nova família e teve duas filhas da segunda união.

Hoje, Anidracir paga apenas a pensão de Josinaldo, pois por meio de ação de exoneração de alimentos, ajuizada depois que Oteir alcançou a maioridade, obteve sentença que extinguiu a obrigação alimentícia em relação a ele.

No dia 11 do mês passado, Josinaldo completou 18 anos. Anidracir, que passa por dificuldades financeiras, teve notícia de que o filho vem exercendo atividade remunerada e não estuda. Embora saiba que não pode simplesmente deixar de pagar a pensão por vontade própria, ele quer se ver desobrigado de pagar a pensão.

b) Solução consensual

Em casos como este, a possibilidade de lograr uma solução consensual pode não ser elevada, já que os familiares não mantêm contato há mais de década.

A existência anterior de uma ação exoneratória relativa ao filho mais velho também indica que o canal de comunicação, se existente, é exíguo.

No entanto, cabe ao advogado explorar a possibilidade consensual. Se Anidracir dispõe do contato do filho, pode ser realizada uma tentativa de comunicação mesmo à distância. A possibilidade de conversar é valiosa para que se possam elucidar as intenções das partes também em relação ao estreitamento do vínculo familiar: talvez o filho já trabalhe e aceite a liberação do pai, podendo ser pertinente, na atual fase da vida, outro tipo de apoio – por exemplo, se planeja estudar na capital paulista, pode querer a referência do pai quanto a locais de moradia ou a indicações para conseguir trabalho.

Se as conversas diretas evoluírem a ponto de resultarem em acordo, os interessados poderão assinar um termo e homologá-lo em juízo.

Caso, porém, a negociação direta não evolua bem, será interessante contar com um conciliador ou com um mediador para favorecer a conversação.

A mediação soa mais interessante porque, como há um passado que envolve afastamento e desencontros, este possivelmente precisará ser debatido para que pai e filho possam evoluir em relação ao tema da pensão.

c) Solução judicial

Sendo inviável um ajuste consensual e necessária a atuação jurisdicional, caberá a promoção de demanda para extinguir a obrigação alimentar de Anidracir, que foi constituída por sentença há mais de uma década.

De todo modo, é imprescindível que o advogado alerte Anidracir de que ele não pode deixar de pagar a pensão até o deferimento de antecipação de tutela ou o trânsito em julgado de eventual decisão que o libere.

d) Modelo de peça

EXCELENTÍSSIMO SENHOR DOUTOR JUIZ DE DIREITO DA VARA DE FAMÍLIA E SUCESSÕES DA COMARCA DE (domicílio do réu – regra geral- CPC, art. 46)

ANIDRACIR (sobrenome), brasileiro, casado, bombeiro, portador da cédula de identidade RG nº (número do RG), inscrito no CPF sob o n° (número do CPF), usuário do *e-mail* (endereço eletrônico), residente e domiciliado em (endereço), vem, respeitosamente, por suas procuradoras (doc. 01), com fundamento na Lei n. 5.478/1968 e demais dispositivos pertinentes, propor a presente

AÇÃO DE EXONERAÇÃO DE ALIMENTOS COM PEDIDO DE TUTELA ANTECIPADA

em face de JOSINALDO (sobrenome), portador da cédula de identidade RG nº (número do RG), inscrito no CPF sob o n° (número do CPF), usuário do *e-mail* (endereço eletrônico), residente e domiciliado em (endereço), pelos motivos de fato e de direito a seguir aduzidos.

I. DOS FATOS

O requerido é filho do autor e de Josefa Martins; o nascimento, que se deu em 11 de janeiro de 2001, foi registrado perante o Registro Civil das Pessoas Naturais (indicação do cartório) nesta comarca (doc. 06).

Em 04 de fevereiro de 2002, Josefa, na qualidade de representante legal do réu e de seu irmão, que também é filho das partes, compareceu perante o Cartório da Vara de Família e Sucessões desta comarca e preencheu o termo de comparecimento e de pedido de alimentos; foi então designada audiência de conciliação, instrução e julgamento para o dia 23 de abril de 2002 (doc. 07). Nessa data, as partes acordaram no pagamento de 1 (um) salário mínimo, mediante desconto na folha de pagamento, a título de alimentos para os dois filhos do casal; o acordo foi homologado por sentença (doc. 08).

Como consequência, foi expedido ofício ao empregador do autor para que procedesse, mensalmente, ao desconto da importância avençada (doc. 09). Desde então, os dois filhos e a ex-companheira mudaram-se para o Estado do Sergipe e o contato entre eles se tornou cada vez mais esporádico. Para descobrir o paradeiro da família, o autor, em ação que visava à exoneração da pensão alimentícia em face do filho mais velho (que completou a maioridade em 2012), teve que pedir que o juízo oficiasse a instituições de cadastro, conforme conta telefônica que traz o endereço atual da família (doc. 05). Desde então, o desconto em folha, conforme demonstra o contracheque do autor, verifica-se em relação a meio salário mínimo (doc. 10).

Ocorre que, no dia 11 do mês anterior ao ajuizamento desta demanda, o réu completou 18 anos, atingindo a maioridade civil (certidão de nascimento – doc. 06). O autor, que passa por dificuldades financeiras, teve notícia de que o réu vem exercendo atividade remunerada e não estuda.

II. DO DIREITO

II.1. Maioridade como causa de exoneração

O art. 1.699 do Código Civil autoriza que a mudança da situação de fato de qualquer uma das partes possibilite a revisão da obrigação alimentar. A exoneração é expressamente citada em tal dispositivo[17].

---

[17] CC, art. 1.699. Se, fixados os alimentos, sobrevier mudança na situação financeira de quem os supre, ou na de quem os recebe, poderá o interessado reclamar ao juiz, conforme as circunstâncias, exoneração, redução ou majoração do encargo.

No âmbito do direito processual, o art. 15 da Lei de Alimentos[18] permite que a sentença que fixou o valor dos alimentos seja revista a qualquer tempo.

O advento da maioridade é fato autorizador da exoneração da obrigação alimentícia quando o filho tem condições de se manter. Eis decisões nesse sentido:

> [...] 1. O dever dos pais de prestar alimentos não cessa automaticamente com a maioridade dos filhos. 2. É impositiva a exoneração dos alimentos, quando demonstrado que o alimentando, ao atingir a maioridade, não mais necessita do pensionamento. Precedentes (TJMG, Apelação Cível 1.0000.21.145839-3/001, Rel. Des. Carlos Henrique Perpétuo Braga, j. 07.10.2021).

> [...] 1. Nos termos dos artigos 1.694 e 1.695 do Código Civil, pode o descendente, após alcançada a maioridade civil, amparado na relação de parentesco e na solidariedade familiar, reivindicar a continuidade do pagamento de prestação alimentícia, antes lastreada no poder familiar, quando demonstrada a frequência regular em entidade de ensino superior e a insuficiência de meios para prover o próprio sustento. 2. A presunção de necessidade não é mais absoluta, como ocorre para os menores de 18 (dezoito) anos. Trata-se de presunção flexibilizada, incumbindo ao alimentando demonstrar a necessidade de continuar percebendo pensão (Cristiano Chaves de Farias e Nelson Rosenvald, *Curso de Direito Civil*, Direito das Famílias, Volume 6, 4ª Edição, Editora JusPodivm, 2012, p. 802-804). 3. Sendo a apelante plenamente capaz de prover seu próprio sustento, não padecendo de enfermidade ou deficiência que limite suas condições físicas ou mentais, e, já estando inserida no mercado de trabalho, deve-se afastar a obrigação alimentar, sob pena de subverter a temporariedade inerente ao instituto [...] (TJDFT, Proc. 07156687920208070007, Rel. Des. Eustáquio De Castro, j. 02.09.2021).

> Direito de família. [...]. Exoneração da obrigação alimentar em relação às filhas – Maioridade – Conclusão de curso superior por uma delas – Aptidão para buscar sua própria subsistência – Ingresso em outra graduação após a propositura da presente demanda – Fato que não justifica a manutenção dos alimentos. Exoneração em relação à outra filha – Atingimento da maioridade – Frequência em ensino médio em curso para jovens e adultos – Presunção de necessidade afastada – Demonstração da capacidade para o exercício de atividade laboral – Não justificação da obrigação alimentar. [...] (TJPR, Proc. 0012229-65.2019.8.16.0014, Rel. Des. Ruy Muggiati, j. 25.07.2021).

II.2. Tutela antecipada

A tutela provisória, de que a tutela antecipada é modalidade, atende aos requisitos expressos no art. 300 do CPC: a tutela de urgência será concedida quando houver elementos que evidenciem a probabilidade do direito e o perigo de dano ou o risco ao resultado útil do processo.

Não há dúvida a respeito da maioridade do réu. A certidão de nascimento juntada mostra claramente a idade do réu, de forma que, por mera subtração, é possível que se conclua ser ele maior de 18 anos (doc. 06), o que basta para afirmar a probabilidade do direito.

Além disso, o autor vem sofrendo dano incontestável, pois paga pensão alimentícia a quem não deve mais recebê-la. O réu perdeu o direito à percepção de pensão alimentícia por ter se tornado maior de idade e não mais estudar, exercendo atualmente atividade remunerada.

---

[18] Lei n. 5.478/1968, art. 15. A decisão judicial sobre alimentos não transita em julgado e pode a qualquer tempo ser revista, em face da modificação da situação financeira dos interessados.

O autor, que é pessoa pobre na acepção jurídica do termo (doc. 03), tem tido seu orçamento doméstico, já reduzido, prejudicado por um motivo que não encontra mais base no ordenamento jurídico.

Deve-se, ademais, lembrar que o autor sustenta outra família, que constituiu após a separação da ex-companheira, e que tal encargo financeiro vem tornando difícil a vida econômica desse núcleo familiar (doc. 10).

Ficam evidenciadas, assim, tanto a probabilidade do direito quanto a difícil reparação do dano.

Se o alimentando já goza de condições suficientes para manter-se adequadamente, não se afigura correto que, ao longo do processo, continue recebendo pensão. Nesse sentido ensina Cahali:

> No caso de ação exoneratória ou de redução da pensão, parece-nos que, **desde que são admissíveis alimentos provisórios em ação revisional** ajuizada pelo alimentado, **similar razão de direito autoriza igualmente a sua redução ou exoneração liminar na ação revisional ou exoneratória ajuizada pelo alimentante**, verificados sumariamente os pressupostos que a autorizam, ainda que se exigindo redobrada cautela na concessão de liminar[19] (g.n.).

Também nesse sentido já decidiu o Tribunal de Justiça de São Paulo:

> Agravo de instrumento – Exoneração de Alimentos – Tutela provisória de urgência – Inteligência da Súmula 358 do STJ – Alimentanda maior que admitiu ter concluído o ensino superior e estar trabalhando – Recorrida que, até o momento, não logrou demonstrar estar impossibilitada de prover o próprio sustento – Suspensão do encargo alimentar devida – Perigo da demora decorrente da natureza irrepetível do encargo alimentar – Recurso provido (TJSP, AI 2178994-84.2021.8.26.0000, Rel. Des. Alcides Leopoldo, j. 21.09.2021).

II.3. Opção por mediação

Em atenção ao art. 319, VII, do CPC, o autor manifesta interesse na realização de sessão de mediação com o objetivo de buscar uma solução consensual conjunta para o litígio.

III. PEDIDOS E REQUERIMENTOS

Ante o exposto, o autor pede e requer:

a) a concessão da tutela antecipada para suspender, até o final julgamento da ação, o pagamento da pensão alimentícia, oficiando este juízo ao Departamento de Recursos Humanos da Prefeitura de São Paulo (doc. 10) para interromper os descontos nos benefícios percebidos pelo réu;

b) ao final, a confirmação da tutela antecipada na sentença, com o julgamento da procedência do pedido reconhecendo a exoneração da obrigação de pagar ao réu a pensão alimentícia outrora fixada;

c) a citação do réu, com cópia da petição inicial, para comparecer à audiência de mediação a ser designada por este juízo;

d) o reconhecimento dos benefícios da gratuidade processual e o reconhecimento dos benefícios do prazo em dobro e da intimação pessoal do advogado, por ser o autor pessoa pobre na acepção jurídica do termo, de acordo com o art. 99, § 3.º, do CPC.

---

19 *Dos Alimentos*. 6. ed. São Paulo: RT, 2009, p. 677.

Requer provar o alegado por todos os meios de prova em direito admitidos, especialmente depoimento pessoal do requerido, oitiva de testemunhas e juntada de novos documentos.

Dá-se à causa o valor de R$ (valor em reais correspondente ao valor de doze pensões alimentícias).

Nestes termos, pede deferimento.

Cidade, data, advogado, assinatura.

2.5. Cumprimento da sentença que reconhece a exigibilidade de obrigação de prestar alimentos sob pena de prisão

a) Caso

Vanilza e Adeilto tiveram um breve relacionamento em 2014, do qual nasceu Luana (em fevereiro de 2015). Quando soube que Vanilza estava grávida, Adeilto acabou o namoro e não quis contato.

Vanilza é uma moça pobre que vive apenas com os rendimentos que consegue auferir em trabalhos informais como manicure e com a ajuda da mãe, com quem mora; logo que nasceu a filha, ela procurou novamente Adeilto para que ele registrasse a menina e pagasse uma pensão mensal.

Embora Adeilto tenha consentido em realizar o registro, ele pagou R$ 200,00 por apenas dois meses. Diante da situação e precisando muito de recursos, Vanilza ajuizou uma demanda de fixação de alimentos em nome da filha.

Adeilto, apesar de citado, não se manifestou no processo. Restou então definida uma pensão alimentícia – que ele nunca pagou – no montante de 30% de seus rendimentos líquidos, caso empregado; se desempregado, ele deveria depositar o equivalente à metade do salário mínimo na conta corrente de Vanilza no dia 10 de cada mês. Ela então procura uma advogada para ver o que pode ser feito, considerando o inadimplemento dos últimos três meses.

b) Solução consensual

Uma solução consensual poderia ser positiva nesse caso: a inércia de Adeilto – que não se sente compelido a colaborar com a filha, mas a registrou e não chegou a resistir ao pedido no âmbito judicial – sugere a existência de conflitos latentes. Assim, é preciso investir na conscientização a respeito das implicações de ações e omissões – consciência que o pai parece não ter adquirido.

Como Adeilto foi citado, mas não se manifestou no processo, ele não tem advogado constituído nos autos. Nesse caso, uma conversa entre Adeilto, Vanilza e o advogado desta é possível e talvez surta algum efeito.

No entanto, dada a dimensão dos problemas latentes, pode ser útil realizar sessões de mediação para promover conversas mais amplas que viabilizem a conscientização dos envolvidos.

Caso não haja sucesso nas tentativas consensuais, será necessário promover judicialmente o cumprimento da sentença.

c) Solução judicial

Como a realização de sessões consensuais pressupõe a adesão dos envolvidos ao procedimento, a falta de aderência à sua realização enseja a necessidade de procedimento judicial.

Nesse caso, como já houve ajuizamento de demanda, não cabe propor nova ação, e sim, como explicado na Parte II deste livro, promover o cumprimento da sentença que fixou os alimentos. Como ali exposto, o CPC unificou, no art. 528, o rito do cumprimento da decisão que fixa alimentos – que é aplicável também à execução de alimentos previstos em título extrajudicial (art. 911, parágrafo único).

No presente caso, é possível buscar o cumprimento da sentença por meio da imposição de pena de prisão em relação às prestações mais recentes (CPC, art. 528, § 3.º).

d) Modelo de peça

EXCELENTÍSSIMO SENHOR DOUTOR JUIZ DE DIREITO DA VARA DE FAMÍLIA E SUCESSÕES DA COMARCA DE (CIDADE)

LUANA (sobrenome), menor impúbere, representada por sua genitora, Vanilza (sobrenome), ambas já qualificadas nestes autos vem respeitosamente, por suas procuradoras, com fundamento no art. 528 do Código de Processo Civil, requerer o

CUMPRIMENTO DA SENTENÇA QUE RECONHECE A EXIGIBILIDADE DE OBRIGAÇÃO DE PRESTAR ALIMENTOS SOB PENA DE PRISÃO

contra Adeilto (sobrenome), também já qualificado, pelos motivos de fato e de direito a seguir aduzidos.

I. BREVE SÍNTESE DO PROCESSO

Diante da negativa de pagamento espontâneo de pensão alimentícia, a exequente ajuizou, em outubro de 2015, ação de alimentos. Recebida a inicial, a juíza determinou, a título de alimentos provisionais, o valor de 30% incidente sobre os rendimentos líquidos do executado, oficiando-se o empregador (doc. 01).

Citado o executado para audiência de mediação, esta restou infrutífera em razão de sua ausência (doc. 02). Isso se repetiu na audiência de instrução e julgamento, na qual foi proferida sentença (doc. 03) que, considerando o executado revel, estipulou o desconto, a título de alimentos definitivos, de 30% sobre os seus rendimentos líquidos, caso empregado. Caso desempregado, ele deve pagar o equivalente à metade do salário mínimo, quantia a ser depositada na conta corrente da representante legal da exequente no dia 10 de cada mês.

A sentença transitou em julgado em razão de as partes não terem interposto recurso.

II. DO INADIMPLEMENTO

Proferida a sentença, o primeiro adimplemento já veio no vencimento seguinte e se repetiu nos meses seguintes.

Segundo informações obtidas pela representante legal da exequente, o executado encontra-se desempregado e ocioso, sem buscar emprego ou qualquer outra atividade laborativa, ainda que informal.

Ele não vem pagando qualquer quantia a título de alimentos, deixando as despesas da requerida totalmente às custas de sua genitora, que não tem condições financeiras suficientes para arcar sozinha com os valores dispendidos.

Estando desempregado, segundo a sentença, o valor devido nesses meses corresponde a 50% do valor do salário mínimo, isto é, (valor em reais), uma vez que o salário mínimo nacional no presente ano, é de (valor em reais). Conforme a tabela anexa, o montante soma, com a devida atualização, (valor em reais).

III. DO CUMPRIMENTO DE SENTENÇA SEGUNDO O ART. 528 DO CPC.

Já se encontrando vencidas três parcelas, diante das regras estabelecidas pelo art. 528, § 7.º, do CPC/2015, é preciso que a ordem de pagamento sob pena de prisão, junto com as que venham a vencer no curso do processo, seja objeto de ordem judicial.

Relativamente às três últimas parcelas e às parcelas vincendas, cujo valor corrigido de acordo com a correção monetária adotada pelo Tribunal de Justiça de São Paulo e os juros de mora no valor de 1%, alcança (valor em reais), requer-se, assim, que a cobrança seja realizada sob pena de prisão, de acordo com o art. 528, § 3.º, e seguintes do CPC/2015.

IV. REQUERIMENTOS

Ante o exposto, a exequente requer:

a) a intimação pessoal do executado, por meio de carta com aviso de recebimento de mão própria, para, em três dias, efetuar o pagamento das três últimas prestações, bem como das que se vencerem no curso do processo, provar que já o fez ou justificar a impossibilidade de efetuá-lo, conforme autoriza o art. 528, § 3.º, do Código de Processo Civil;

b) a determinação, às instituições financeiras do país, por meio do Banco Central do Brasil (sistema SISBAJUD), para que informem a existência de contas e aplicações financeiras e respectivos saldos, de que seja titular o executado, fazendo-se, em caso de não haver pagamento três dias após a intimação, o bloqueio dos valores eventualmente identificados, para pagar o débito;

c) a expedição de ofício ao RENAJUD e ao INFOJUD para verificar a existência de ativos do executado que possam ser objeto de penhora;

d) a intimação do representante do Ministério Público para acompanhar o feito tendo em vista a presença de interesse de incapaz.

Nestes termos, pede-se deferimento.

Cidade, data, advogada, assinatura.

2.6. Cumprimento da sentença que reconhece a exigibilidade de obrigação de prestar alimentos mediante desconto na folha de pagamento

a) Caso

Ivaneide é filha de Neide (já falecida) e Ivan. Seus pais se separaram quando ela tinha seis meses de idade. Quando contava cinco anos, sua mãe faleceu após ser atropelada e, desde então, ela mora com a avó materna, Tarsila.

Após o infortúnio, Ivan inicialmente seguiu contribuindo com os gastos de Ivaneide; contudo, passados dois anos constituiu novo núcleo familiar e deixou de pagar pensão à filha. Foi apenas então que Tarsila se socorreu do Judiciário, ajuizando, no nome da neta, uma ação de fixação de alimentos cumulada com regulamentação de guarda e convivência em face de Ivan.

Em acordo, fixou-se o valor da pensão em um salário mínimo mensal. Por dois anos e meio, tudo correu conforme acordado. Mas há seis meses, embora continue visitando a filha, Ivan deixou de honrar os pagamentos, alegando que, como sua mulher estava desempregada, ele nada podia pagar. Contudo, há notícia de que ele se encontra empregado e recebe cerca de 4 (quatro) salários mínimos mensais.

Tarsila é uma senhora muito pobre que conta apenas com um benefício assistencial para manter a si e à neta: para fazer frente às despesas cotidianas ela vem contraindo várias dívidas e não sabe mais o que fazer.

Ao ser orientada por sua advogada sobre suas opções – inclusive requerer o cumprimento das três últimas parcelas inadimplidas sob pena de prisão – Tarsila, no intuito de preservar as relações familiares e sabedora de que Ivan finalmente conseguiu um vínculo empregatício, optou por pleitear o desconto na folha de pagamento tanto dos valores vencidos quanto dos vincendos.

b) Solução consensual

Tendo em vista a preservação dos laços parentais entre Ivaneide e Ivan, bem como o histórico de relativa colaboração entre este e Tarsila, é possível que uma solução consensual seja obtida?

Vale destacar que, orientada sobre o cabimento do pleito de prisão, Tarsila optou por medida mais branda com vistas a preservar as relações familiares; logo, há sim potencial para ajustes.

Tanto Ivaneide quanto Ivan são representados por advogadas, de modo que a primeira providência que a advogada de Tarsila pode tomar é contatar a advogada de Ivan para discutir a situação e buscar um diálogo produtivo entre as partes – talvez com a presença das procuradoras, já que Tarsila alega que as conversas entre os dois não têm sido frutíferas.

Uma atitude colaborativa das advogadas, nessa fase, pode ser de grande valia; embora elas sejam parciais e não possam atuar como conciliadoras ou mediadoras, podem atuar como eficientes negociadoras, bastando estar imbuídas do intuito cooperativo para atuar como partícipes na construção de uma solução consensual.

Pode ser útil lembrar as partes da importância de cumprir a decisão judicial e, eventualmente, em razão das peculiaridades do caso, também sugerir que elementos do acordo sejam revistos, desde que se preserve sempre o melhor interesse da alimentanda. Caso obtido um acordo, ele pode ser homologado em juízo.

É importante lembrar também que, no caso de prestação alimentícia, a celeridade da solução é fundamental, não se podendo suportar que uma criança fique por meses sem receber a prestação que lhe é devida sob o argumento de que as partes estão negociando. Não se pode, afinal, tolerar que instrumentos nobres (como os destinados à autocomposição) sejam desvirtuados para angariar tempo a devedores que simplesmente não querem pagar.

c) Solução judicial

Sendo necessária a intervenção judicial, ela será formulada por meio de um requerimento de cumprimento de sentença.

Como apontado, ainda que adotada uma postura caprichada na atuação contenciosa, não se deve olvidar a possibilidade de buscar iniciativas consensuais em prol do cumprimento espontâneo do resultado desejado por meio de negociações (diretas ou intermediadas por conciliadores ou mediadores). Para tanto a postura, tanto dentro como fora do processo, deve ser cooperativa para favorecer a possibilidade de conversações quando estas se revelarem interessantes para os envolvidos.

d) Modelo de peça

EXCELENTÍSSIMO SENHOR DOUTOR JUIZ DE DIREITO DA ____ VARA DE FAMÍLIA E SUCESSÕES DA COMARCA DE (domicílio da alimentanda – CPC, art. 53, II)

IVANEIDE (sobrenome), menor impúbere, representada por sua avó, Tarsila (sobrenome), já qualificadas nestes autos, com fundamento no art. 529 do Código de Processo Civil, dar início a

CUMPRIMENTO DA SENTENÇA QUE RECONHECE A EXIGIBILIDADE DA OBRIGAÇÃO DE PRESTAR ALIMENTOS MEDIANTE DESCONTO EM FOLHA

contra Ivan (sobrenome), também já qualificado, pelos motivos de fato e de direito a seguir aduzidos.

I. BREVE SÍNTESE DO PROCESSO

Desde a morte de sua filha, a representante da autora detém exclusivamente a guarda de fato da neta (que então tinha 5 anos), pois o pai deixou de viver com a família quando a criança contava seis meses de idade. Quando, dois anos depois, o pai deixou de pagar pensão alimentícia, a exequente ajuizou a presente ação de fixação de alimentos cumulada com regulamentação de guardas e visita.

Citado o requerido para audiência de conciliação, foi obtido acordo, concordando o autor com os pedidos de atribuição unilateral da guarda da menor à avó, regime de visitas (a menor ficaria com o genitor em um final de semana a cada quinze dias, na primeira metade das férias escolares, no Dia dos Pais e no Natal) e fixação do valor da pensão em um salário mínimo mensal.

O acordo foi homologado e a decisão transitou em julgado, não tendo sido interposto recurso. Por dois anos e meio o pai cumpriu regularmente o acordado; nos últimos meses, porém, não vem pagando a pensão alimentícia, embora ainda visite a criança.

A despeito de diversas tentativas da representante da exequente, o executado alega estar em dificuldades financeiras. Contudo, há notícia de que ele se encontra empregado e recebe cerca de 4 (quatro) salários mínimos mensais. Já a avó guardiã da exequente conta apenas com benefício assistencial de idoso (LOAS) (número do benefício) para sustentar a casa, o que vem acarretando enormes dificuldades financeiras.

Já se encontram vencidas seis parcelas, somando um total corrigido de R$ (valor em reais), segundo planilha de cálculos anexa.

II. CUMPRIMENTO DA SENTENÇA PELO ART. 529 DO CPC

Embora lhe fosse facultado requerer o cumprimento das três últimas parcelas inadimplidas sob pena de prisão do executado (art. 528, § 3.º, do CPC), a exequente, no intuito de preservar as relações familiares e sabedora de que o executado mantém vínculo empregatício, opta por realizar o cumprimento da sentença nos termos do art. 529, *caput* e § 3.º, do CPC, isto é, por meio do desconto em folha de pagamento tanto dos valores vencidos quanto dos valores vincendos.

Requer a exequente sejam descontados da folha então:

a) um salário mínimo mensal a título de obrigação vincenda, a partir deste mês;

b) um salário mínimo mensal a título de obrigação vencida por seis meses.

Como o devedor aufere 4 (quatro) salários mínimos mensais, o requerimento acima atende ao comando do art. 529, § 3.º do CPC, já que o montante não ultrapassa os 50% máximos indicados na regra processual.

Por essa razão, informa os dados da empresa em que trabalha o executado (nome, CNPJ, endereço da empresa) e os dados bancários de sua representante (banco, agência, número de conta), para que este juízo possa expedir mandado ao empregador do executado.

III. REQUERIMENTO

Ante o exposto, requer a exequente: a expedição de ofício ao empregador do executado para que desconte mensalmente da folha de pagamento do executado:

a) um salário mínimo mensal a título de obrigação vincenda a partir deste mês, com base no art. 529 do CPC;

b) mais o montante de um salário mínimo mensal para o pagamento das obrigações vencidas nos últimos seis meses, nos termos do art. 529, § 3.º do CPC;

Requer também seja o executado condenado no ônus da sucumbência e o reconhecimento da incidência integral dos benefícios da gratuidade, com fundamento no art. 5.º, LXXIV, da Constituição Federal e do art. 99, § 3.º, do CPC, uma vez que a requerente é pessoa pobre e não tem condições de arcar com as despesas do processo sem prejuízo de sua subsistência.

Nestes termos, pede-se deferimento.

Cidade, data, advogada, assinatura.

2.7. Cumprimento da sentença que reconhece a exigibilidade de obrigação de prestar alimentos – cumulação de requerimentos de pena de prisão e expropriação de bens

a) Caso

Edércio foi condenado a pagar, em decisão transitada em julgado em fevereiro, o valor de meio salário mínimo por mês a título de pensão alimentícia à filha Rubia (menor impúbere).

Sempre que procurado por Dilza, avó guardiã da criança (que é órfã de mãe), Edércio afirmou estar desempregado e sem recursos, pedindo prazo adicional para pagar após vender algum bem. Na prática, porém, continuou inadimplente.

Após 6 (seis) meses nessa situação, Dilza procura uma advogada para ver o que pode ser feito de modo a receber os valores a que Rubia faz jus.

b) Solução consensual

Uma iniciativa negocial pode ser útil nesse caso? O cenário é duvidoso: pela narrativa, a tendência de Edércio é não reconhecer o direito da filha (já que precisou ser condenado a pagar alimentos). Os fatos de tampouco ter honrado sua palavra e seguir protelando por meses podem sinalizar má-fé – especialmente se não pagou qualquer valor, estando totalmente inadimplente.

Um fator a ser considerado é a orfandade da filha: este fato é recente? Edércio resistiu inicialmente a pagar alimentos por qual razão: tinha problemas com a mãe da criança ou com a filha mesmo? Ele tem contato com a menina? Como tem sido a convivência? Há interesse em melhorar a qualidade desta? Quais são a idade e a condição de saúde da avó guardiã? É importante que Edércio aprenda a cuidar da filha caso a avó venha a faltar?

Uma boa conversa poderá ser útil. Caso a avó não saiba as respostas e não se sinta em condições de conversar, pode ser interessante buscá-las por meio da negociação direta com o(a) advogado(a) de Edércio.

Caso a negociação não avance, poderá ser cogitada a realização de sessões de mediação para que o diálogo ocorra e esclarecimentos sejam feitos. Será importante que a elaboração de propostas venha das partes – especialmente de Edércio, que tem se mostrado pouco efetivo.

No entanto, o histórico de protelação do devedor poderá desanimar Dilza a se engajar em adicionais conversações. Caso ela não aceite dialogar mais ou, fazendo-o, haja insucesso nas tentativas consensuais, será necessário promover judicialmente o cumprimento da sentença.

c) Solução judicial

Como houve condenação do devedor em ação de alimentos, há título executivo e inadimplência, razão pela qual cabe promover o cumprimento da sentença que fixou os alimentos.

Conforme exposto na Parte II do livro, o CPC/2015 unificou, no art. 528, o rito do cumprimento da decisão que fixa alimentos. Cabe perquirir: o procedimento passou a abranger, na mesma relação processual, a possibilidade de requerimentos de prisão civil (art. 528, § 3.º) e de constrição patrimonial (art. 530)?

Conforme destacado no item 2.12.1, alínea *b* (parte II do livro), o assunto é polêmico em doutrina e jurisprudência; assim, vale "caprichar" na fundamentação jurídica.

Como advogamos a visão positiva, propomos um modelo em que a parte requer o cumprimento da sentença com requerimentos: a) da imposição de pena de prisão em relação às três prestações mais recentes (anteriores ao ajuizamento) mais vincendas; b) de expropriação de bens para o recebimento das prestações "antigas" (prestações anteriores às últimas três que fundamentaram o pedido de prisão, no caso). Subsidiariamente, será formulado requerimento para que haja processamento (caso resista o juiz à cumulação), pelo menos, pelo rito de prisão.

d) Modelo de peça

EXCELENTÍSSIMA SENHORA DOUTORA JUÍZA DE DIREITO DE (juízo onde tramitou a ação de alimentos)

Autos nº [...]

Ação de alimentos – Cumprimento de Sentença

RUBIA (sobrenome), menor impúbere, órfã representada por sua avó e guardiã DILZA (sobrenome), ambas já qualificadas nos autos, vem respeitosamente perante Vossa Excelência, por sua advogada, com fulcro no art. 528 e seguintes do CPC e demais dispositivos aplicáveis à espécie, promover

CUMPRIMENTO DE SENTENÇA DA OBRIGAÇÃO DE PRESTAR ALIMENTOS

em face de EDÉRCIO (sobrenome), já qualificado, pelos fatos e fundamentos a seguir expostos.

I. BREVE SÍNTESE DOS FATOS

Em (data de fevereiro do ano x), o executado foi condenado a pagar, a título de pensão alimentícia, o valor mensal de meio salário mínimo à exequente – montante equivalente a R$ (valor em reais).

Desde o primeiro mês, porém, nada pagou. A representante da credora, sua avó, buscou negociar diretamente com o executado os pagamentos por meses, mas ele, embora tenha dito que venderia bens para adimplir os débitos, continuou sem pagar os montantes devidos.

Passados 6 (seis) meses do reconhecimento da obrigação alimentar, o executado segue inerte sem honrar os pagamentos das pensões.

A exequente anexa, à presente petição, tabela de débitos atualizada na forma da Tabela Prática deste egrégio Tribunal com especificação de juros e correção monetária dos valores devidos.

II. DO CUMPRIMENTO DE SENTENÇA

A credora requer o pagamento das três últimas parcelas inadimplidas (maio, junho e julho) mais as vincendas não pagas no curso do processo sob pena de prisão do executado com base no art. 528, § 3.º, do CPC. Tal medida se revela essencial para que o executado se sinta coagido a finalmente cumprir o comando judicial consubstanciado no título executivo.

A exequente requer também o pagamento das três pensões atrasadas desde o trânsito em julgado da condenação há seis meses, quais sejam, valores referentes a (indicar os meses do ano) com base nos arts. 528, § 8.º, e 523 do CPC.

Embora seja objeto de controvérsia, a possibilidade de tais pleitos encontra guarida em doutrina e jurisprudência. Nessa linha dispõe o enunciado 32 do IBDFAM: "é possível a cobrança de alimentos, tanto pelo rito da prisão como pelo da expropriação, no mesmo procedimento, quer se trate de cumprimento de sentença ou de execução autônoma".

Há decisões favoráveis à possibilidade em diversos tribunais.

O Tribunal de Justiça do Amazonas firmou a seguinte tese: "é possível a cumulação, nos mesmos autos, dos ritos da prisão e da expropriação para o cumprimento de sentença que reconhece a exigibilidade de obrigação de prestar alimentos, nos termos do art. 531, § 2.º, do Código de Processo Civil[20].

O STJ também se manifestou sobre o assunto, destacando ser "possível a cumulação dos ritos previstos nos arts. 732 e 733 do CPC/1973, sendo o do art. 733 do CPC/1973 destinado à cobrança das três últimas prestações e o do art. 732 do CPC/73 dirigido às parcelas pretéritas"[21].

Instado mais uma vez a se manifestar, o Superior Tribunal de Justiça, em decisão unânime da 4.ª Turma (relatada pelo Ministro Luís Felipe Salomão), posicionou-se favoravelmente a tal possibilidade porque:

> a) o novo diploma processual adotou a flexibilização procedimental como tônica, devendo-se autorizar o amplo uso de técnicas para concretizar normas fundamentais;
>
> b) não se podem baralhar os conceitos de técnica executiva e de procedimento executivo, pois os instrumentos executivos servem, nos limites da faculdade do credor e da condução processual do magistrado, justamente para trazer eficiência ao rito procedimental;
>
> c) não se pode presumir eventual prejuízo decorrente da cumulação de ritos e muito menos pressupor a ocorrência de tumulto processual.

Realmente não há vedação à cumulação de execuções por procedimentos diversos. Embora algumas pessoas invoquem o art. 780 do CPC (situado no livro destinado à execução de título extrajudicial), no cumprimento de sentença para receber alimentos todo o regramento consta em parágrafos do art. 528, com diversas ferramentas executivas.

Contudo, caso V. Exa. assim não entenda – o que se admite apenas para argumentar –, então, de modo a não haver grave prejuízo à menor, requer a adoção do procedimento sob pena de prisão.

---

20 TJAM, IRDR 0004232-43.2018.8.04.0000, Pleno, Rel. Des. Aristóteles Lima Thury, j. 15.10.2019.

21 STJ, REsp 1.604.735, Proc. 2016/0146476-1/PB, Rel. Min. Luis Felipe Salomão, j. 12.09.2018, *DJe* 27.09.2018, p. 7.675. No mesmo sentido: "O entendimento adotado pelo TJRO não se apresenta consentâneo à orientação desta Corte Superior de Justiça, no sentido de que é possível a cumulação de ritos de prisão (coerção pessoal) e penhora (expropriação) na execução de alimentos, sendo os arts. 528 e 911 do CPC/2015 (antigo art. 733 do CPC/1973) destinados à cobrança das três últimas prestações, e os arts. 528, § 8., e 824 do CPC/2015 (antigo art. 732 do CPC/1973) dirigidos às parcelas pretéritas. [...] Vale transcrever, no particular, o parecer do Ministério Público Federal (e-STJ fl. 99): Observe-se que a hipótese vertente não se refere à cumulação de ritos sobre um mesmo valor, mas sim de duas execuções distintas em um mesmo processo. Tal providência é perfeitamente possível, principalmente em atendimento ao princípio da economia processual. Na verdade, dita cumulação não acarreta qualquer dificuldade processual, apenas requer adequação dos termos de ambas as citações, uma vez que deverão ser expedidos dois mandados distintos: um para a dívida nova, de acordo com o rito do art. 528 c.c. art. 911 do NCPC (antigo art. 733 do CPC/73); outro para a dívida antiga, de conformidade com o art. 528, § 8.º, c.c. o art. 824 NCPC (antigo art. 732 do CPC/73). Ante o exposto, conheço do recurso especial e dou-lhe provimento, devendo os autos retornar à origem para prosseguimento do feito" (STJ, REsp 1930127, Rel. Min. Antonio Carlos Ferreira, j. 02.08.2021).

III. REQUERIMENTO

Diante o exposto, requer a credora:

a) a intimação do executado pessoalmente para que, no prazo de 3 dias efetue o pagamento da dívida (referente aos três meses anteriores a este requerimento – abril, maio e junho), sob pena de prisão;

b) a intimação do executado na pessoa de seu advogado para que, no prazo de 15 dias, efetue o pagamento da dívida referente aos primeiros três meses de inadimplemento (março, abril e maio do corrente ano), nos termos dos arts. 523 e ss. do CPC, com a expedição de mandado de penhora e avaliação (art. 523, § 3.º) e que a tal valor do débito sejam acrescidos multa de 10% (dez por cento) e honorários advocatícios de 10% (consoante dispõe o art. 523, § 1.º). Desde já, a exequente requer a penhora *on-line* de quantias existentes em contas bancárias em nome do réu (CPC, art. 854);

c) caso V. Exa. entenda não ser possível cumular, ao mesmo tempo, os dois requerimentos, requer haja a intimação do devedor com base no item "a" (sob pena de prisão).

Nestes termos, pede deferimento.

Cidade, data, advogada, assinatura.

3. DIVÓRCIO

3.1. Divórcio litigioso

a) Caso

Lara Martins Pereira e Oeslei Pereira se casaram pelo regime da comunhão parcial de bens em agosto de 2008, mas estão separados de fato desde setembro de 2016. Lara quer regularizar a situação por meio do divórcio, mas Oeslei não aceita o fim da união.

É importante atender ao interesse de Lara não só de dissolver o vínculo conjugal como também de definir partilha, alimentos, guarda do filho – Alen, de 3 anos (que de fato já é exercida unilateralmente por Lara) –, horários de convivência com o pai e volta do uso do nome de solteira.

Considere que Oeslei adquiriu, durante a união, uma casa no valor de R$ 750.000,00 (setecentos e cinquenta mil reais) e um carro que vale R$ 90.000,00 (noventa mil reais).

Além disso, Lara é pobre na acepção jurídica do termo, não tendo condições de suportar os encargos processuais sem prejuízo de sua subsistência porque acabou de voltar ao mercado de trabalho, auferindo apenas dois salários mínimos mensais como analista de sistemas.

Já Oeslei ganha mais de 4 salários mínimos e tem condições de pagar um salário mínimo para os filhos, valor entendido necessário, segundo Lara, a título de pensão alimentícia.

b) Encaminhamento consensual

Pelo relato inicial, a resistência a reconhecer o fim da união parte de Oeslei; é importante tentar descobrir a razão exata da negativa e elucidar a questão. Talvez Oeslei ainda esteja em negação ou se sinta raivoso em relação à perda; será importante, de todo modo, entender a situação e permitir que ele amplie conhecimento sobre o contexto em que se insere.

A situação de ruptura envolve não só aspectos legais, mas também psicológicos e emocionais: os laços íntimos que permeiam o relacionamento são delicados e se as partes não buscarem caminhos próprios, correrão o risco de ter que acatar soluções pouco apreciadas[22].

A advogada de Lara poderá perguntar se Oeslei já tem advogada; sendo a resposta positiva, pedirá que ele lhe passe os dados da profissional para que possa se comunicar com ela.

Com os dados em mãos, é importante tentar conversar de forma produtiva com a advogada para buscar entender a situação. Negociações diretas poderão ser intentadas pelas advogadas em reuniões presenciais com o casal. Nesses momentos, elas precisarão ter paciência e cuidado ao organizar a comunicação de modo a evitar que a situação conflituosa seja incrementada por posturas negativas.

Não achando apropriada a negociação direta, as advogadas poderão conversar sobre a possibilidade de buscarem uma mediadora ou uma conciliadora. Sendo essa opção acolhida pelas partes, as sessões consensuais serão interessantes para que os envolvidos expressem sua percepção.

Como pondera Lisa Parkinson, "o ritmo da mediação precisa ser ajustado para os parceiros que estão em diferentes estágios de adaptação à separação ou divórcio. Pode ocorrer que um deles esteja muito mais informado sobre as questões financeiras que o outro, criando um desequilíbrio de poder que precisa ser gerenciado"[23].

Caso chegue a um acordo, o antigo casal poderá reduzi-lo a termo com a ajuda das advogadas e requerer a homologação pelo procedimento de divórcio consensual (ver Parte II deste livro).

No entanto, Oeslei poderá afirmar que realmente não se conforma com o fim, defendendo, por exemplo, que a separação de fato seja apenas uma fase de teste para o casal.

Explicada sua visão, estando Lara convicta do fim e desejando-o imediatamente, restará evidente a necessidade de promover demanda judicial.

c) Solução judicial

Não sendo possível resolver a situação consensualmente, deverá ser proposta ação de divórcio contencioso. Considerando a natureza da causa, deverá ser utilizado o procedimento referente às ações de família (por força do art. 693 do CPC).

Além da decretação do divórcio, pode-se definir também a regulamentação relativamente a partilha, guarda, alimentos e convivência familiar, assim como a mudança do nome da mulher. Conforme destacado no item 3.4.3 da Parte I do livro, a possibilidade de cumulação é polêmica na jurisprudência – embora não devesse ser, à luz do art. 327, § 2.º do CPC.

Na elaboração da petição inicial, é importante lembrar a regra geral do art. 319 do Código processual (que exige qualificação detalhada incluindo o endereço eletrônico das partes). Além disso, é interessante externar a preferência pela adoção de mediação ou conciliação, nos termos do art. 319, VII, de modo a contribuir para o encaminhamento da controvérsia à via consensual mais adequada.

---

22 RIBEIRO, Adriano da Silva. Mediação: o melhor caminho para a solução de conflitos entre casais. In: LIMA, Fernanda; FAGUNDES, Rosane; PINTO, Vania (org.). *Manual de mediação*: teoria e prática. Belo Horizonte: New Hampton Press, 2007, p. 185.

23 PARKINSON, Lisa. *Mediação familiar*, cit., p. 285.

Embora, como exposto na Parte I, haja vozes favoráveis à ideia da obrigatoriedade das sessões consensuais nas demandas familiares, a expressão "se for o caso" constante no art. 695 do CPC, aliada aos princípios da mediação e da conciliação e a outras diretrizes sobre os meios consensuais, recomendam uma filtragem adequada dos conflitos.

Caso a parte autora escolha não participar de uma sessão consensual, é pertinente explicar a razão. Segundo o art. 3.º, § 2.º, do CPC, o Estado, sempre que possível, estimulará a solução consensual das controvérsias. Essa previsão se alinha a outras regras do ordenamento que preconizam a adoção de esforços em prol dos meios consensuais conciliatórios; ir contra a tendência do legislador e a política pública do Poder Judiciário demanda algumas explicações. De todo modo, ainda que a parte diga não querer participar da sessão consensual, é interessante que siga se manifestando. Segundo o art. 334, § 4.º, I, do Código, só não haverá a designação da sessão inicial se ambas as partes não a quiserem. Como muitos defendem a ideia de que só a discordância de todos afastaria a realização da sessão consensual, a parte autora deve se manifestar se entende pertinente a mediação ou a conciliação[24].

d) Modelo de peça

EXCELENTÍSSIMO SENHORA DOUTORA JUÍZA DE DIREITO DA ___ VARA DE FAMÍLIA E SUCESSÕES (SE NÃO HOUVER, VARA CÍVEL) DO FORO DA COMARCA DE (domicílio da guardiã do filho incapaz – CPC, art. 53, I).

LARA MARTINS PEREIRA, brasileira, casada, analista de sistemas, portadora da cédula de identidade RG n. (...), inscrita no CPF/MF sob n. (...), usuária do endereço eletrônico (*e-mail*), residente e domiciliada nesta cidade, em (endereço), por sua advogada infra-assinada, vem, respeitosamente, propor

AÇÃO DE DIVÓRCIO LITIGIOSO PELO PROCEDIMENTO ESPECIAL DAS AÇÕES DE FAMÍLIA

contra OESLEI PEREIRA, brasileiro, casado, comerciante, portador da cédula de identidade RG n. (...) e inscrito no CPF/MF sob n. (...), usuário do endereço eletrônico (*e-mail*), residente e domiciliado nesta cidade em (endereço), pelas razões de fato e de direito a seguir aduzidas.

I. DOS FATOS

As partes são casadas sob o regime de comunhão parcial de bens desde agosto de 2008, conforme se verifica da certidão de casamento (doc. anexo). Não há pacto antenupcial e da união nasceu um filho, Alen, atualmente com 3 (três) anos de idade (doc. anexo).

Após anos de convívio, o casal se separou de fato; desde setembro de 2018 o réu deixou o lar conjugal, ficando o filho (menor impúbere) sob a guarda fática da autora. O casal tem bens a serem partilhados.

Embora o casal se encontre separado de fato, o réu, procurado pela autora, negou-se a acertar consensualmente os termos do divórcio, razão pela qual se tornou necessária a propositura da presente demanda.

II. DO DIREITO

a) DIREITO AO DIVÓRCIO

Consoante se depreende do art. 226, § 6.º, da Constituição Federal, o casamento civil pode ser dissolvido pelo divórcio. A EC 66/2010 suprimiu o requisito de prévia separação judicial por mais de 1 (um) ano ou de comprovada separação de fato por mais de 2 (dois) anos.

---

24 TARTUCE, Fernanda; DELLORE, Luiz. *Manual de prática civil.* 16. ed. São Paulo: Método, 2021, p. 99.

A autora não tem mais interesse na união. É seu direito potestativo divorciar-se do marido, não havendo motivo jurídico que justifique a manutenção do casamento diante da falta de vontade da autora de seguir casada.

b) GUARDA, VISITAS E PENSÃO ALIMENTÍCIA

A guarda do filho menor, que já está de fato com a mãe, permanecerá com a autora, por atender tal situação ao melhor interesse da criança – essa conclusão decorre do entendimento das partes, que assim ajustaram quando o réu saiu do lar conjugal.

O direito de convivência familiar é assegurado ao réu e vem se verificando regularmente, não sendo objeto de discordância. O regime de retirada da criança do lar materno tem sido aquele contemplado usualmente no cenário jurisprudencial: a cada 15 (quinze) dias, o réu busca o menino, na sexta-feira, às 18 horas e o traz de volta no domingo às 18 horas. No Dia dos Pais, a criança fica com o réu, o mesmo ocorrendo nas férias escolares nas duas primeiras semanas. No Natal a criança fica com a autora e, na virada do ano, com o réu.

No que tange ao valor da contribuição para criar e educar o filho, em atenção ao binômio possibilidade/necessidade, requer seja descontado o valor de 1/3 dos rendimentos do réu, diretamente de sua folha de pagamento, para crédito na conta da autora, cujos dados são [...]. O montante, além de ser condizente com as possibilidades do alimentante, é coerente com as necessidades do filho, que atualmente vem despendendo o valor de R$ (valor em reais), conforme tabela descritiva e recibos de gasto anexos.

Em caso de desemprego, requer desde logo a definição do valor da pensão alimentícia em um salário mínimo mensal. Tal referencial atende à proporcionalidade em relação ao cenário atual, considerando que, nos dias de hoje, o réu aufere mais de três vezes tal montante.

A autora não requer a fixação de pensão alimentícia em seu favor por ter condições de trabalhar e, no momento, de se manter.

c) PARTILHA

No tocante aos bens, segue a descrição patrimonial correspondente para que se efetue a partilha considerando o direito da autora à metade de seu valor:

– apartamento no valor venal de R$ 750.000,00 (setecentos e cinquenta mil reais), cujos dados detalhados constam nos docs. anexos;

– veículo automotor com valor de R$ 90.000,00 (noventa mil reais), cujas especificações seguem nos docs. anexos;

d) NOME

A autora voltará a adotar o seu nome de solteira, Lara Martins.

e) OPÇÃO PELA NÃO REALIZAÇÃO DE AUDIÊNCIA DE MEDIAÇÃO

Tendo em vista a ocorrência de prévias tentativas de solução consensual do conflito – infelizmente pautadas pela resistência do réu em admitir o fim do casamento –, a autora opta pela não realização de audiência consensual, por entender que tal procedimento restaria infrutífero e danoso para as partes especialmente em relação ao tempo de decretação do divórcio.

A opção da autora (referenciada no art. 319, VII, do CPC) deve ser respeitada por força dos princípios informadores da mediação – notadamente a autonomia da vontade das partes (CPC, art. 166 e Lei n. 13.140/2015, art. 2.º, V). Nos termos do art. 3.º, § 2.º, "o Estado promoverá sempre que possível, a solução consensual dos conflitos". O art. 334, § 4.º, II, destaca que não será agendada a sessão inicial "quando não se admitir a autocomposição".

No entanto, caso não seja esse o entendimento de Vossa Excelência, requer-se a designação de audiência de mediação por força do vínculo existente entre as partes.

III. PEDIDOS E REQUERIMENTOS

Pelo exposto, requer a autora seja julgado procedente o pedido da presente ação para:

a) decretar o divórcio do casal;

b) fixar a guarda unilateral dos filhos com a requerente, sendo adotado regime de convivência do pai nos termos delineados, que conferem com o padrão jurisprudencial brasileiro;

c) partilhar os bens indicados, que foram adquiridos onerosamente durante o casamento;

d) reconhecer que a autora voltará a adotar o seu nome de solteira, Lara Martins;

e) o réu condenado a arcar com os ônus da sucumbência.

Requer ainda:

a) a citação do réu, por oficial de Justiça, sendo o mandado acompanhado de contrafé para que conheça os termos da presente ação e, querendo, manifeste-se nos termos da lei;

b) a não designação da sessão inicial de autocomposição por conta do potencial infrutífero da iniciativa;

c) a intimação do representante do Ministério Público para intervir no feito (CPC, art. 178, II);

d) a expedição de mandado determinando a averbação da sentença de divórcio junto ao cartório de registro civil competente, para fins de direito;

e) a expedição de mandado ao cartório competente para que a requerente volte a usar o nome de solteira;

f) o reconhecimento da incidência integral dos benefícios da gratuidade, com fundamento no art. 5.º, LXXIV, da Constituição Federal e do art. 99, § 3.º, do CPC, uma vez que a requerente é pessoa pobre e não tem condições de arcar com as despesas do processo sem prejuízo de sua subsistência.

Requer provar o alegado por todos os meios admitidos em direito, especialmente por juntada de novos documentos, oitiva de testemunhas e depoimento pessoal do réu.

Dá à causa o valor de R$ (soma do valor dos bens a partilhar mais o valor equivalente a 12 pensões alimentícias – CPC, art. 292, I, III e VI).

Nestes termos, pede deferimento.

Local, data, nome da advogada, número da OAB.

3.2. Divórcio consensual

a) Caso

Mayla e Josué, que se casaram em 2000 pelo regime da comunhão parcial, estão separados de fato há seis meses e querem regularizar o fim da união.

O casal não adquiriu bens imóveis durante o casamento e os bens móveis comprados foram divididos consensualmente na época da separação de fato.

O casal tem uma filha menor de idade (atualmente com 12 anos), que tem um quarto na casa de cada genitor por conta da guarda compartilhada por eles exercida. Não há conflito.

b) Encaminhamento consensual

No caso relatado, os cônjuges procuraram a advogada com um cenário bem avançado de negociação direta, já que, por meio de conversações, conseguiram definir os pontos essenciais do fim da união.

Para promover a demanda judicial, porém, a advogada pode precisar chamá-los a conversar sobre outros pontos sobre os quais podem ainda não ter refletido - por exemplo, o uso do sobrenome somado ao da mulher por força do casamento ou o retorno ao sobrenome de solteira.

Se, ao abordar esse (ou outro) tema, advier algum conflito, a advogada deve contribuir para que os envolvidos conversem claramente sobre eventuais resistências.

Havendo dificuldade na comunicação direta, ela pode propor a participação de um conciliador ou mediador para contribuir em relação à restauração do diálogo sobre o ponto controvertido.

c) Solução judicial

Deverá ser proposta ação de divórcio consensual: por haver filha incapaz, o divórcio deve ser realizado perante o Poder Judiciário, não sendo viável a adoção da via extrajudicial.

d) Modelo de petição

EXCELENTÍSSIMO SENHORA DOUTORA JUÍZA DE DIREITO DA ____ VARA DE FAMÍLIA E SUCESSÕES DO ____ FORO REGIONAL DA COMARCA DE (local do domicílio dos requerentes)

MAYLA (sobrenome), brasileira, casada, médica, portadora da carteira de identidade RG n. (número), inscrita no CPF/MF n. (número), usuária do endereço eletrônico (*e-mail*), residente e domiciliada nesta comarca em (endereço) e JOSUÉ (sobrenome), brasileiro, casado, comerciante, portador da carteira de identidade RG n. (número), inscrito no CPF/MF n. (número), usuário do endereço eletrônico (*e-mail*), residente e domiciliado nesta comarca em (endereço), pela procuradora que os representa (doc. 01) vêm, respeitosamente, à presença de vossa excelência, propor

AÇÃO DE DIVÓRCIO CONSENSUAL

nos termos do art. 731 do CPC, com base nos motivos a seguir expostos.

I - DOS FATOS

Em julho de 2000 os requerentes contraíram matrimônio sob o regime da comunhão parcial de bens, conforme comprova a certidão anexa (doc. 02), indicando a lavratura do competente assento no livro próprio de Registro de Casamentos (Registro Civil das Pessoas Naturais) desta comarca.

Há seis meses os requerentes decidiram se separar, passando a residir em endereços distintos.

Os requerentes são genitores de (nome e sobrenome), nascida em (data) (certidão anexa). A adolescente, atualmente com 12 (doze) anos, convive com ambos os pais por conta do regime de guarda compartilhada entre eles estabelecida.

Os requerentes foram aptos a negociar diretamente os pontos fulcrais do fim da união. A vinda ao Poder Judiciário se justifica por terem uma filha menor de idade, não sendo viável a utilização da via extrajudicial.

II - DO DIREITO

A pretensão dos cônjuges em obter o divórcio direto pelo meio consensual encontra amparo na Constituição Federal (art. 226, § 6.º) e na legislação vigente, sendo que a EC 66/2010 suprimiu o requisito de prévia separação judicial por mais de 1 (um) ano ou de comprovada separação de fato por mais de 2 (dois) anos.

Os cônjuges pretendem dissolver o casamento pelo divórcio observados os termos abaixo discriminados.

II.1 - DESCRIÇÃO DE BENS E RESPECTIVA PARTILHA

O casal não possui bens imóveis nem quaisquer dívidas conhecidas. A responsabilidade pelo pagamento de eventual dívida que surgir será exclusiva de quem a firmou, ressalvados os casos de participação conjunta do casal, ocasião em que cada qual arcará com a metade do montante devido.

Os bens móveis resultantes da união foram apropriadamente divididos pelos requerentes em fevereiro de 2016, nada mais restando que detenha valor econômico ou que seja digno de nota.

II.2 - ACORDO RELATIVO À GUARDA DA FILHA MENOR

Os requerentes definiram que a guarda seguirá sendo compartilhada, regime que vem sendo implementado nos últimos meses e que tem permitido uma boa convivência da filha com cada genitor. A título referencial, reconhecem que a moradia de referência é a casa materna.

II.3 - DESNECESSIDADE DE FIXAÇÃO DE VALOR DA CONTRIBUIÇÃO PARA CRIAR E EDUCAR A FILHA

Não é necessária a definição de pensão alimentícia porque os requerentes dividem entre si as despesas referentes à filha; despesas escolares e referentes ao plano de saúde foram atribuídas ao requerente e à requerente, respectivamente. Despesas cotidianas com alimentação, vestuário, lazer e outras atividades vêm sendo ajustadas e divididas sem controvérsias.

II.4 - DESNECESSIDADE DE PENSÃO ALIMENTÍCIA ENTRE OS CÔNJUGES

Ambos os cônjuges se encontram em condições de promover a própria manutenção, motivo pelo qual nenhuma pensão alimentícia será fixada para tal finalidade.

II.5 - MANUTENÇÃO DO NOME

Nos termos permitidos pela lei civil (CC, art. 1.571, § 2.º), a requerente Mayla pretende manter o nome obtido com o casamento, evitando, assim, a manifesta distinção entre o seu nome de família e o de sua filha.

III - DO PEDIDO

Diante do exposto, os requerentes requerem o decreto do divórcio nos termos apresentados, expedindo-se o competente mandado ao registro civil das pessoas naturais desta comarca, para a devida averbação; requerem também:

a) o cumprimento do previsto no art. 178 do CPC, intimando-se o Ministério Público para intervir no processo;

b) a produção de todos os meios de prova em direito admitidos.

Os requerentes atribuem à causa o valor de R$ (valor estimado para fins de distribuição).

Nestes termos, pede deferimento.

Local, data, nome da advogada/OAB n.

4. DISSOLUÇÃO DE UNIÃO ESTÁVEL

4.1. Ação de reconhecimento e extinção de união estável

a) Caso

Em 15 de março de 2010, após namorarem por um ano, Zelito começou a dormir na casa de Esméria três noites por semana, convivendo com ela de forma pública e com claro intuito de constituir família.

Em junho de 2011, Zelito adquiriu uma casa, registrada em seu nome, pelo valor de R$ 800.000,00 (oitocentos mil reais), contando para tanto com a poupança de Esméria no importe de R$ 200.000,00 (duzentos mil reais).

De forma abrupta, em 30 de setembro de 2018 Zelito afirmou que deixaria o lar e comunicou Esméria que se casaria com Ana Paula; disse ainda que em trinta dias lhe devolveria os R$ 200.000,00 (duzentos mil reais) acrescidos de juros e correção monetária. No entanto, passados vários meses, Esméria não recebeu qualquer valor.

Zelito deixou de responder várias mensagens sobre o assunto até que, há três meses, informou a Esméria que Ana Paula estava grávida e que ele tinha que se dedicar à sua nova família.

Esméria busca então uma advogada para salvaguardar seus interesses.

b) Encaminhamento consensual

A narrativa do caso revela uma comunicação deficitária a partir de certo ponto. Esse fator negativo verificado no passado não é, entretanto, razão suficiente para deixar de averiguar a possibilidade de resolver o conflito de forma extrajudicial.

Chama atenção o fato de que Zelito desde o início reconheceu que deveria pagar certo montante a Esméria; ainda que na última conversa tenha mencionado um fator protelatório, não chegou a negar que pagaria o montante.

Muitas vezes a simples participação de um terceiro elemento, como uma advogada, permite abrir um eficiente canal de comunicação.

Se Zelito não tiver constituído advogada(o), não haverá impedimento para que a patrona de Esméria o procure. Caso Zelito já tenha contratado advogada(o), a advogada de Esméria entrará em contato com a(o) colega.

Nesse tipo de situação, os advogados devem atuar como conselheiros das partes e fornecer indicações sobre suas reais chances em uma demanda judicial. A perspectiva da solução imposta, que pode destoar fortemente do que as partes gostariam de acordar e do que gostariam de ver resolvido de forma rápida, é um forte estímulo para que a negociação se desenvolva.

No entanto, é preciso estar preparado para resistências, caso em que não restará alternativa a não ser a propositura de uma ação judicial.

c) Solução judicial

Deverá ser proposta uma ação de reconhecimento e dissolução de união estável pelo procedimento especial das ações de família, na qual, com fulcro nos arts. 1.723, 1.725 e 1.726 do CC, pleitear-se-á a partilha do imóvel.

A união estável caracterizou-se pelo fato de que o casal manteve relação pública de convivência, residindo no mesmo imóvel e ostentando o mesmo e único orçamento familiar, estando presentes os deveres de respeito, consideração mútuos e assistência recíproca.

Perceba-se que não há falar em suposto empréstimo, mas sim em aquisição de patrimônio na constância da convivência, o que concede fundamento jurídico ao pedido formulado pela autora concernente à partilha do imóvel em partes iguais.

d) Modelo de peça

EXCELENTÍSSIMO SENHOR DOUTOR JUIZ DE DIREITO DA ___ VARA DE FAMÍLIA E SUCESSÕES (OU, SE NÃO HOUVER, VARA CÍVEL) DO FORO DA COMARCA (do último domicílio do casal ou domicílio do réu – art. 53, I, do CPC).

Esméria (sobrenome), brasileira, solteira em união estável, bancária, portadora da cédula de identidade RG no (número) e inscrita no Cadastro das Pessoas Físicas sob o no (número), usuária do endereço eletrônico (*e-mail*), residente e domiciliada nesta capital, em (endereço) vem, por seu advogado, com escritório em (endereço), local onde receberá intimações, à presença de Vossa Excelência, propor, com base nos arts. 693 e seguintes do CPC,

AÇÃO DE RECONHECIMENTO e EXTINÇÃO DE UNIÃO
ESTÁVEL PELO PROCEDIMENTO ESPECIAL DAS AÇÕES DE FAMÍLIA

em face de Zelito (sobrenome), brasileiro, divorciado em união estável, advogado, portador da Cédula de Identidade RG no (número) e inscrito no Cadastro das Pessoas Físicas sob o no (número), usuário do endereço eletrônico (*e-mail*), residente e domiciliado nesta capital em (endereço), tendo em conta os motivos de fato e de direito que seguem.

I – DOS FATOS

A autora conheceu o réu em março de 2009; após um ano de namoro, o casal passou a manter uma relação pública de convivência, servindo de lar para o casal o imóvel habitado anteriormente pela autora.

Em 15.03.2010 o réu se mudou para a casa da autora e passou a colaborar financeiramente com as despesas anteriormente suportadas por ela, quais sejam: aluguel, condomínio, conta telefônica, alimentação e empregada doméstica.

O casal compartilhou por anos o mesmo teto, tendo o mesmo e único orçamento familiar. Havia respeito, consideração mútua e assistências moral e material recíprocas, embora o réu pernoitasse em companhia da autora somente às quartas-feiras, aos sábados e domingos. A convivência não gerou filhos.

A autora além de trabalhar fora, passou a cuidar do lar e das roupas de seu companheiro com grande zelo, tendo alterado o cardápio das refeições e assumido o controle da agenda social e do orçamento doméstico; na oportunidade iniciou uma poupança para ter uma reserva financeira apta a fazer frente a qualquer eventualidade, tendo alcançado a quantia de 200.000,00 (duzentos mil reais).

Em junho de 2011, o casal resolveu adquirir um imóvel no valor de R$ 800.000,00 (oitocentos mil reais). Para tanto, contou em parte com a poupança da autora. O imóvel é único bem significativo adquirido durante a união, estando registrado exclusivamente em nome do réu conforme matrícula junto ao Registro de Imóveis da Capital, certidão anexa (documento 2).

Ocorre, porém, que, no dia 30.09.2018, o réu saiu de casa alegando que iria se casar com outra mulher. Informou então que no prazo de 30 dias devolveria à autora a importância de R$ 200.000,00 (duzentos mil reais), acrescida de juros e correção monetária. No entanto, passados vários meses, a autora nada recebeu e o réu deixou de responder às suas mensagens; apenas há três meses ele voltou a entrar em contato para informar que sua nova companheira estaria grávida e que ele tinha que se dedicar à sua nova família.

A união estável mantida pelo casal foi dissolvida de forma inesperada por ato abrupto do réu. A autora não necessita de assistência financeira por contar com seu trabalho para se manter, porém não pode experimentar prejuízo patrimonial aceitando passivamente a falta de partilha do bem comum.

II – DO DIREITO

II.1. CONFIGURAÇÃO DA UNIÃO ESTÁVEL E PARTILHA DO IMÓVEL

Não há dúvida de que entre as partes estabeleceu-se uma relação de união estável nos termos do Código Civil: "é reconhecida como entidade familiar a união estável entre o homem e a mulher, configurada na convivência pública, contínua, duradoura e estabelecida com o objetivo de constituição de família" (art. 1.723).

Conforme prevê o art. 1.725 do mesmo Código, não há como afastar o direito da autora à meação do imóvel adquirido na constância da relação. Segundo tal dispositivo, salvo contrato escrito entre os companheiros, na união estável, aplica-se, às relações patrimoniais, no que couber, o regime da comunhão parcial de bens.

As partes não celebraram pacto e o bem foi adquirido na constância da união estável. Pelo regime de bens, não faz sentido a pretensão do réu de simplesmente devolver certo montante à autora como se tivesse havido um simples empréstimo entre eles.

Assim, a presente ação deve ser julgada procedente em seu pedido, visto que estão presentes todos os requisitos para a configuração da união estável.

II.2. DESIGNAÇÃO DE AUDIÊNCIA INICIAL DE MEDIAÇÃO

Em atenção aos arts. 319, VII, e 695 do CPC, a autora manifesta seu interesse na realização de sessão de mediação com o objetivo de buscar uma solução consensual para o litígio. A mediação se revela mais pertinente que a conciliação, nesse caso, por conta do vínculo anterior entre as partes (CPC, art. 165, § 3.º).

Requer a autora que a citação seja acompanhada da petição inicial para resguardar o direito ao contraditório e à ampla defesa (art. 5.º, LV, CF), assim como para resguardar os princípios informadores da mediação, notadamente o da decisão informada (CPC, art. 166) e o da isonomia entre as partes (art. 2.º, II, da Lei n. 13.140/2015).

III – PEDIDOS E REQUERIMENTOS

Diante do exposto, requer a autora a procedência do pedido, nos termos seguintes:

a) a declaração da existência da união estável entre 15 de março de 2010 e 30 de setembro de 2018, bem como a declaração de sua dissolução;

b) a partilha, em partes iguais, do imóvel situado em (endereço), devendo o réu providenciar a lavratura de escritura pública, que será averbada junto à matrícula no (número da matrícula) do Registro de Imóveis, arcando com todas as despesas para tal fim;

c) a condenação do réu ao pagamento de custas processuais e honorários advocatícios.

Outrossim, requer a autora:

a) a citação do réu, por oficial de Justiça, sendo o mandado acompanhado de contrafé para que compareça à audiência de mediação a ser designada ou apresente resposta no prazo legal;

b) o deferimento de todos os meios de prova admitidos em direito, inclusive o depoimento pessoal do réu e a oitiva de testemunhas e juntada de documentos supervenientes;

c) a concessão, ao oficial de Justiça incumbido das diligências, dos benefícios previstos no art. 212, § 2.º, do CPC.

Requer provar o alegado por todos os meios admitidos em direito – sobretudo por prova oral e pericial.

Dá-se à causa o valor de R$ 800.000,00 (oitocentos mil reais).

Nestes termos, aguarda-se deferimento.

Cidade, data, assinatura, OAB.

4.2. Dissolução consensual de união estável

a) Caso

Joslaine tinha acabado de se formar no curso técnico de secretariado bilíngue em 2011 quando conheceu Cleberson, técnico em enfermagem 10 anos mais velho – que morava no mesmo bairro e com quem tinha amigos em comum. Rapidamente começaram um namoro e foram dando largos passos em direção a um futuro em comum; um ano e meio depois, passaram a morar juntos e após um ano registraram, por escritura pública, sua união estável.

Em 2014 nasceu seu filho Denner (após mais de um ano de tentativas). Nesse momento, o pai de Joslaine lhes cedeu uma casa de que era proprietário para que pudessem morar confortavelmente com o filho. Apesar da dura rotina de trabalho, o casal dividia as tarefas de casa e buscava oferecer tudo o que podia para o filho.

No entanto, com o passar dos anos, Joslaine e Cleberson já não dividiam mais tantos interesses em comum; cada um, a seu modo, foi percebendo que o que os ligava era o filho – além de um grande carinho um pelo outro, que não era mais suficiente para uma vida a dois. Apesar de melancólicos com o fim do projeto, estão firmes na decisão de que o melhor é a separação, pois não querem que Denner cresça com o exemplo de um casal que permanece junto mais por obrigação do que por amor.

Diante dessa situação, vão ao cartório em que haviam registrado sua união estável para extingui-la, mas são alertados de que precisarão buscar a via judicial porque o cartório não promove a extinção de união estável quando existe filho incapaz. Procuram então uma advogada para poderem regularmente pôr fim à união estável.

b) Encaminhamento consensual

Joslaine e Cleberson parecem ter uma relação extremamente madura e grande clareza a respeito do que desejam para si e para o filho. Não parece haver conflito: os envolvidos conseguiram se entender diretamente sem a necessidade de recorrer a um terceiro, o que é excelente.

Será relevante elucidar a ambos que, para que o Poder Judiciário homologue a extinção da união estável, eles precisam decidir situações relevantes: o regime de guarda do filho, se algum deles pagará pensão alimentícia para o outro, se eles têm bens em comum – que precisarão ser partilhados –, como distribuirão as despesas com a criação e a educação do filho.

Se estiverem de acordo sobre todos esses pontos, bastará promover o pedido de homologação; caso contrário – isto é, caso surja conflito a respeito de algum desses pontos –, pode-se pensar na busca de formas de diálogo auxiliadas por terceiros (parciais, como advogados das partes, ou imparciais, como conciliadores ou mediadores).

c) Solução judicial

Neste caso, a solução judicial se impõe por não ser possível pôr fim a uma união estável quando há filho(s) incapaz(es) dos conviventes.

É relevante instruir a petição inicial da melhor maneira possível e buscar tratar com clareza de todas as questões que precisam ser resolvidas, nos termos do art. 731 do CPC, para que não haja dificuldades na homologação do pedido.

d) Modelo de petição

EXCELENTÍSSIMO SENHORA DOUTORA JUÍZA DE DIREITO DA ___ VARA DE FAMÍLIA E SUCESSÕES DO FORO DA COMARCA DE (NOME DA COMARCA)

JOSLAINE (sobrenome), brasileira, convivente, secretária, portadora da cédula de identidade RG n. (número) e inscrita no Cadastro das Pessoas Físicas sob o n. (número), usuária do endereço eletrônico (*e-mail*), residente e domiciliada nesta capital, em (endereço), e CLEBERSON (sobrenome), brasileiro, convivente, técnico em enfermagem, portador da cédula de identidade RG n. (número) e inscrito no Cadastro das Pessoas Físicas sob o n. (número), usuário do endereço eletrônico (*e-mail*), residente e domiciliado nesta capital, em (endereço), em comum acordo, por sua advogada, com escritório em (endereço), local onde receberá intimações, vêm à presença de Vossa Excelência, de forma consensual, com fundamento nos arts. 731 e 732 do CPC, promover

AÇÃO DE EXTINÇÃO CONSENSUAL DE UNIÃO ESTÁVEL

pelos fatos e fundamentos jurídicos a seguir expostos.

I – DOS FATOS

Os requerentes se conheceram em dezembro de 2011 e passaram a viver juntos em julho de 2012. Em 28.07.2012 eles registraram a união estável no __ Cartório das Pessoas Naturais desta cidade (doc. 03).

Da união adveio o filho Denner (sobrenome), nascido em 10 de maio de 2014 (doc. 04).

O casal continuou morando junto até o mês passado quando, após inúmeras tentativas de manter a vida em comum, decidiu, de comum acordo, pôr fim à união.

Ambos os requerentes estão empregados e têm independência financeira, apesar de não possuírem bens, próprios ou comuns, de apreciável valor econômico.

II – DO DIREITO

Nos termos do art. 732 do CPC, o processo de homologação de extinção de união estável deve indicar, na petição assinada pelos conviventes:

> I – as disposições relativas à descrição e à partilha dos bens comuns;
>
> II – as disposições relativas à pensão alimentícia entre os cônjuges;
>
> III – o acordo relativo à guarda dos filhos incapazes e ao regime de visitas; e
>
> IV – o valor da contribuição para criar e educar os filhos.

Os requerentes não possuem bens comuns sujeitos à partilha.

Os requerentes acordam em se dispensar mutuamente do pagamento de pensão alimentícia, por se encontrarem empregados e capazes de prover cada um o seu sustento.

Tendo em vista o superior interesse do filho e o bom relacionamento mantido, nos termos do art. 1.583, § 2.º do Código Civil, os requerentes decidem pela guarda compartilhada do filho menor, de modo que zelarão em conjunto por sua criação e educação, compartilhando decisões e responsabilidades e dividindo despesas de acordo com as necessidades e possibilidades aferidas em cada momento.

Tendo optado pelo regime da guarda compartilhada, os requerentes deixam de estipular valor de contribuição para criação e educação do filho, uma vez que cada um está arcando com despesas em valores parelhos ao suportado pela outra parte.

III – DO PEDIDO E DOS REQUERIMENTOS

Diante do exposto, os requerentes pedem e requerem:

a) a procedência do pedido, com a consequente homologação da extinção da união estável nos exatos termos delineados;

b) a oitiva do Ministério Público, nos termos do art. 178, II, por envolver a causa interesse de incapaz;

c) a produção de todas as provas em direito admitidas, sobretudo, mas não exclusivamente, prova documental relativa a eventuais fatos supervenientes e prova oral, caso V. Exa. entenda pertinente a instrução;

d) ao fim, a expedição de ofício ao __ Cartório das Pessoas Naturais desta cidade para averbação da extinção da união estável.

Dá-se à causa o valor de R$ 1.000,00 (mil reais), para fins de distribuição.

Nestes termos, aguarda-se deferimento.

Cidade, data, assinatura, OAB.

5. CONVIVÊNCIA FAMILIAR

5.1. Regulamentação de convivência ("visita")

a) Caso

Kartejani e Rosenice mantiveram até 2017 uma união estável da qual nasceram dois filhos, hoje com 4 e 6 anos de idade.

Nos últimos meses, após desentendimentos, Rosenice passou a resistir à sua presença. Diz que está muito bem sem Kartejani e que pode cuidar sozinha dos filhos. Apesar de dizer a conhecidos que o pai pode visitar os filhos, na prática ela acaba sendo vaga nas combinações e não cumpre o que é ajustado por telefone.

Kartejani gosta muito dos filhos e procura uma advogada para saber o que pode fazer nessa situação, já que se sente muito incomodado pela instabilidade da convivência com os meninos.

b) Encaminhamento consensual

A descrição do caso parece sinalizar uma situação pouco propícia para uma solução consensual. Rosenice parece resistir ao diálogo e tem agido de forma muito negativa ao não se comprometer com o exercício do direito à convivência familiar.

A razão da resistência não está clara: o que aconteceu para que ela mudasse de atitude em relação à convivência entre pai e filhos?

Eventual confusão entre o casal conjugal e a dupla parental pode ser desfeita por meio de conversações proveitosas.

Se a negociação direta por advogadas(os)/defensoras(es) não funcionar, a mediação poderá gerar oportunidades para que esclarecimentos proveitosos aconteçam.

Pode ser que Rosenice reconheça que os filhos apreciam a presença do pai e dela necessitam, assim como Kartejani poderá admitir que falhou em algum cuidado com os filhos e se comprometer a ser mais atento (por ex., quanto a não deixar as crianças desacompanhadas e a respeitar a dieta do filho diabético).

Quando, porém, a efetividade da solução amigável for remota (especialmente pela falta de disposição das partes de participarem das conversas), dada a urgência em impedir que os danos se aprofundem, será necessário buscar a tutela jurisdicional.

c) Solução judicial

A demanda judicial neste caso pode tomar diversos rumos, segundo os interesses de Kartejani.

Ela pode se limitar a regular o direito de convivência com os filhos, que ficaria assim garantido por uma ordem judicial, ou pode propor uma demanda de regulamentação da guarda para buscar que ela seja compartilhada ou mesmo unilateral, a depender da gravidade do caso. No caso, Kartejani busca apenas ampliar a convivência com os filhos e não pretende obter a guarda.

d) Modelo de petição

EXCELENTÍSSIMO SENHOR DOUTOR JUIZ DE DIREITO DA __ VARA DE FAMÍLIA E SUCESSÕES DO FORO (do local do domicílio do guardião – CPC, art. 53, I, *a*)

KARTEJANI (sobrenome), brasileiro, solteiro, auxiliar de escritório, portador da cédula de identidade (n.), inscrito no CPF sob o (n.), usuário da conta de *e-mail* (endereço eletrônico), residente e domiciliado em (endereço), nesta cidade, vem, respeitosamente, à presença de Vossa Excelência, por suas procuradoras (conforme mandato anexo), propor

AÇÃO DE REGULAMENTAÇÃO DE CONVIVÊNCIA FAMILIAR COM PEDIDO DE LIMINAR

em face de ROSENICE (sobrenome), brasileira, solteira, portadora da cédula de identidade (nº), inscrita no CPF sob o (n.), usuária da conta de *e-mail* (endereço eletrônico), residente e domiciliada em (endereço), nesta cidade, pelos fundamentos de fato e de direito expostos a seguir.

I – DOS FATOS

As partes mantiveram união estável de 2011 até 2017 e os filhos nascidos dessa união, hoje com 4 e 6 anos, foram reconhecidos pelo autor logo após o nascimento com o devido registro em cartório (docs. 1 e 2).

Nos últimos meses, após desentendimentos entre as partes, o autor tem tido dificuldades de conviver com os filhos.

A ré alega que não necessita de ajuda do pai dos menores para a sua criação e educação e não se mostra comprometida em deixá-los manter qualquer contato.

Não há, porém, nenhum fato que desabone o autor: sua plena aptidão para exercer seu direito de paternidade pode ser comprovada pelos relatos de 2 (duas) pessoas aptas a prestarem testemunho, em anexo (doc. 3 e doc. 4).

II – DO DIREITO

a) Convivência familiar e regime entre pais e filhos

O direito à convivência familiar está previsto no art. 227, *caput*, da Constituição Federal e nos *capita* dos arts. 3.º, 4.º e 22 do Estatuto da Criança e do Adolescente[25].

---

[25] Lei n. 8.069/1990, art. 3.º A criança e o adolescente gozam de todos os direitos fundamentais inerentes à pessoa humana, sem prejuízo da proteção integral de que trata esta Lei, assegurando-se-lhes, por lei ou

A convivência entre as crianças e seu genitor é de interesse de todos aqueles que se preocupam com o bem-estar dos filhos: a interação e o convívio com os pais são essenciais à estabilidade psicológica e emocional, sendo primordiais ao desenvolvimento social dos menores.

O autor tem direito de conviver com os filhos de forma regular e organizada, fator que favorecerá o interesse de todos. No caso pode ser bem aplicado o padrão jurisprudencial aplicado em casos semelhantes.

Assim, quer estar os filhos em finais de semana alternados, retirando-os da casa materna às 14h aos sábados e levando-os de volta às 17h no domingo seguinte. Também pretende conviver com os filhos em parte das férias escolares, propondo então ficar com eles na segunda quinzena de dezembro, na última quinzena de janeiro e na primeira quinzena de julho. Nos anos ímpares passará o Natal com os filhos e nos anos pares passará com eles o *réveillon*. Nos aniversários do autor quer estar com os filhos também.

b) Da necessária concessão de medida liminar

Os requisitos para que o autor pleiteie e obtenha a concessão de tutela antecipada, em caráter liminar, encontram-se presentes, quais sejam: a **probabilidade do direito**, que vem respaldado por documentos que comprovam os vínculos entre o autor e seus filhos, respaldados pelas declarações de pessoas aptas a testemunharem em juízo (doc. 4 e doc. 5), e o **risco de dano irreparável** pois, diante do afastamento, os vínculos entre o autor e seus filhos ficam irremediavelmente maculados.

c) Interesse na designação de audiência de mediação

Em atenção ao art. 319, VII, do CPC e demais dispositivos cabíveis, o autor manifesta seu interesse na realização de sessão de mediação com o objetivo de que as partes busquem contribuir para a construção conjunta de uma solução consensual para o litígio.

III - DO PEDIDO

Diante do exposto, requer o autor que Vossa Excelência se digne a:

a) fixar liminarmente o regime de convivência do autor com os filhos em finais de semana alternados, retirando-os da casa materna às 14h aos sábados e devolvendo-os às 17h dos domingos;

b) citar a ré, intimando-a a comparecer a audiência de mediação conduzida por mediador a ser designado por esse d. juízo;

c) intimar o representante do Ministério Público;

d) julgar procedente o pedido da ação, com a fixação da convivência familiar do autor com os filhos:

– em finais de semana alternados, retirando-os da casa materna às 14h aos sábados e levando-os de volta às 17h no domingo seguinte;

– em parte das férias escolares, ficando com os filhos na segunda quinzena de dezembro, na última quinzena de janeiro e na primeira quinzena de julho;

– nos anos ímpares passará o Natal com os filhos e nos anos pares passará com eles o *réveillon*; em seu próprio aniversário o autor quer estar com os filhos também;

---

por outros meios, todas as oportunidades e facilidades, a fim de lhes facultar o desenvolvimento físico, mental, moral, espiritual e social, em condições de liberdade e de dignidade. Art. 4.º É dever da família, da comunidade, da sociedade em geral e do poder público assegurar, com absoluta prioridade, a efetivação dos direitos referentes à vida, à saúde, à alimentação, à educação, ao esporte, ao lazer, à profissionalização, à cultura, à dignidade, ao respeito, à liberdade e à convivência familiar e comunitária. Art. 22. Aos pais incumbe o dever de sustento, guarda e educação dos filhos menores, cabendo-lhes ainda, no interesse destes, a obrigação de cumprir e fazer cumprir as determinações judiciais.

e) condenar a ré ao pagamento de custas processuais, honorários advocatícios e demais cominações legais.

Requer provar o alegado por todos os meios de prova admitidos em Direito, especialmente a documental e oral, se necessário, por meio de oitiva de testemunhas.

Dá-se à causa o valor de R$ 1.000,00, para fins de alçada.

Termos em que pede deferimento.

Local, data, nome da advogada, número da OAB

5.2. Modificação de guarda

a) Caso

Timóteo e Natiely se casaram em 2013 e um ano depois nasceu Naim. O casal se separou dois anos e meio depois e, diante de discordâncias, Natiely propôs uma ação de fixação de alimentos em nome do filho; houve acordo.

Não houve, entretanto, pedido relativo à guarda e às visitas, tendo a guarda de Naim permanecido tacitamente com Natiely; Timóteo, também informalmente, passou a visitá-lo aos finais de semana.

Mas as coisas foram piorando com o tempo: Natiely não se dá bem com Maria Silvia, atual companheira de Timóteo, assim como este também não lida amigavelmente com Leodenis, novo companheiro com quem Natiely teve um segundo filho. Segundo Timóteo, Natiely tem dificultado as visitas e descurado dos interesses de Naim (deixando, por exemplo, de levá-lo regularmente ao dentista).

Dizendo-se preocupado com o filho e desejoso de resolver a situação rapidamente, Timóteo procura o aconselhamento de um advogado.

b) Encaminhamento consensual

Pela narrativa, é difícil saber o que efetivamente levou à piora na relação entre as partes. Como a comunicação não está rompida – apesar de ser difícil –, permanece havendo um canal que pode ser explorado para a busca de soluções consensuais para o conflito.

Como a situação é delicada e envolve interesse de menor, é preciso agir com cautela e buscar entender, por meio de entrevista o mais completa possível com os clientes, mais dados da situação controvertida.

De posse das informações, o advogado pode, em conjunto com o cliente, explorar possibilidades de solução consensual, como, por exemplo: 1. instá-lo a estabelecer um diálogo direto com a genitora; 2. participar – em conjunto com advogado da outra parte, se houver – de conversas voltadas a uma negociação efetiva e bem-informada; 3. recomendar os serviços de um profissional especializado, como um mediador ou um conciliador.

Conversações entre os envolvidos poderão fazê-los perceber que demandas intermináveis e a criação de conflitos fictícios interferem negativamente na formação dos filhos[26].

---

[26] RIBEIRO DE OLIVEIRA, Pamela. Mediação: aplicabilidade na prevenção e solução de conflitos, em foco a proteção da criança e do adolescente. In: LIMA, Fernanda; FAGUNDES, Rosane; PINTO, Vania (org.). *Manual de mediação*: teoria e prática. Belo Horizonte: New Hampton Press, 2007, p. 191.

c) Solução judicial

Caso não se vislumbre possibilidade de solução consensual ou caso as tentativas consensuais restem infrutíferas, pode Timóteo se socorrer do auxílio do Poder Judiciário ajuizando demanda para regulamentar a guarda do menor, assunto não resolvido quando da fixação dos elementos que gerou incerteza para o futuro, e acabou se manifestando na eclosão de um conflito.

d) Modelo de petição

EXCELENTÍSSIMO SENHOR DOUTOR JUIZ DE DIREITO DA ____ VARA DE FAMÍLIA E SUCESSÕES DO FORO DA COMARCA (do local do domicílio do guardião – CPC, art. 53, I, *a*)

TIMÓTEO (sobrenome), brasileiro, casado, auxiliar de escritório, portador do RG (número) e inscrito sob o CPF (número), usuário do endereço eletrônico (*e-mail*), residente e domiciliado em (endereço completo), nesta cidade vem, respeitosamente perante Vossa Excelência, por seus advogados constituídos (Doc. 01), ajuizar

AÇÃO DE MODIFICAÇÃO DE GUARDA

contra NATIELY (sobrenome), brasileira, solteira, vendedora, portadora do RG (número) e inscrita sob o CPF (número), usuária do endereço eletrônico (*e-mail*), residente e domiciliada em (endereço completo), nesta cidade, pelos motivos de fato e de direito a seguir expostos.

I – DOS FATOS

As partes são genitoras do menor Naim (sobrenome), menor impúbere nascido em 08.01.2013 conforme certidão de nascimento anexa (Doc. 03).

Não tendo o relacionamento das partes perdurado, ajuizou a Ré ação de alimentos em favor do filho; em 17.03.2013, na audiência conciliatória estabeleceu-se o valor da pensão alimentícia ao menor (Doc. 04) – que vem sendo regularmente paga (Docs. 05 a 07).

Não houve definição da guarda e à regulamentação de visitas: a guarda do filho permaneceu tacitamente sob a titularidade da mãe e o autor passou a visitá-lo.

Ocorre que a relação do filho com a mãe não tem sido a melhor para o seu pleno desenvolvimento psicossocial, assim como o regime de visitas não tem se verificado de forma regular. Há diversos problemas que podem ser apontados.

Primeiramente, o menino vem sofrendo indevidas retaliações por parte da Ré – notadamente com relação a fatos envolvendo a atual companheira do Autor. A título de exemplo, a Ré não admite que o filho nem sequer olhe para a nova companheira do pai.

Além disso, a Ré demonstra descaso para com a saúde dentária da criança, deixando de dar seguimento ao seu tratamento.

De forma contrária, o Autor possui condições favoráveis ao desenvolvimento do filho. Além do intenso afeto, mora com a esposa, em família estabilizada, e é vizinho dos pais e da irmã, que colaborariam no suporte à criação do menor.

II – DO DIREITO

Dispõe a Constituição Federal de 1988, no art. 227, ser "dever da família, da sociedade e do Estado assegurar à criança, ao adolescente e ao jovem, com absoluta prioridade, o direito à vida, à saúde, à alimentação, à educação, ao lazer, à profissionalização, à cultura, à dignidade, ao respeito, à liberdade e à convivência familiar e comunitária, além de colocá-los a salvo de toda forma de negligência, discriminação, exploração, violência, crueldade e opressão".

O Estatuto da Criança e do Adolescente (ECA) – que, para além do princípio da prioridade absoluta do interesse do menor, consagrou também o da proteção integral aos menores – prevê, no art. 33, que "a guarda obriga a prestação de assistência material, moral e educacional à criança ou adolescente, conferindo a seu detentor o direito de opor-se a terceiros, inclusive aos pais".

Da análise dos fatos, manter a Ré como titular da guarda vai de encontro a esses objetivos.

Não mais se admite a presunção de que os menores possuem melhores condições de crescimento sob a guarda de suas mães. Hoje, com crescente equiparação na situação social dos gêneros e com a igualdade entre homem e mulher que foi erigida a princípio constitucional, deve-se avaliar cada caso concreto.

A equiparação constitucional veio recentemente regrada para o caso da guarda com alterações no Código Civil.

As condições para exercer a guarda devem ser analisadas objetivamente, não restando dúvidas de que é de extrema urgência a modificação da guarda unilateral no presente caso, a fim de que o Autor participe mais intensamente na criação do filho de forma a garantir a plenitude do desenvolvimento dele.

Caso Vossa Excelência não entenda ser o caso de modificação de guarda unilateral, o que se admite para argumentar, requer o Autor seja então determinada a guarda compartilhada, de forma a que ambos os genitores, de modo equivalente, decidam conjuntamente sobre elementos cotidianos do bem-estar, da educação e da saúde do menor, dentre outros fatores.

Por fim, caso Vossa Excelência entenda não ser cabível a guarda compartilhada, o que se admite por amor ao debate, será necessária então a regulamentação da convivência familiar. Como esta, até o presente momento não ocorreu, enfatiza-se a necessidade da maior participação possível do Autor na convivência com o menor a fim de que não se agrave a condição psicossocial deste. No regime de convivência, o filho ficará com o genitor em um final de semana a cada quinze dias, na primeira metade das férias escolares, no Dia dos Pais e no Natal.

Em atenção ao art. 319, VII, do CPC e demais dispositivos cabíveis, o autor manifesta interesse na realização de sessão de mediação com o objetivo de que as partes busquem contribuir para a construção conjunta de uma solução consensual para o litígio.

III – DO PEDIDO

Ante o exposto, pede e requer o Autor:

a) a procedência integral do pedido desta ação para reconhecer a guarda unilateral ao Autor, com a devida inversão da obrigação de pagamento de pensão alimentícia;

b) subsidiariamente, caso Vossa Excelência assim não entenda, requer seja então determinada a guarda compartilhada da criança ou, em última hipótese, que seja regulamentado regime de convivência familiar, ficando o filho com o genitor em um final de semana a cada quinze dias, na primeira metade das férias escolares, no Dia dos Pais e no Natal;

c) a citação da Ré para comparecer a audiência de mediação a ser designada por este juízo;

d) a intimação do representante do Ministério Público para acompanhamento do feito.

Por fim, requer provar o alegado por todos os meios de prova admitidos em Direito.

Dá-se à causa o valor de R$ 1.000,00, para fins fiscais.

Nestes termos, pede deferimento.

Cidade, data, advogado, assinatura.

6. PATERNIDADE

6.1. Ação de investigação de paternidade

a) Caso

Nizete, que nasceu em 2000, foi criada por sua mãe, Sandrine, e sua avó, Sirlene. Quando Nizete perguntava sobre o pai, Sandrine desconversava ou caía em prantos, dizendo que ela e a avó eram a família de Nizete e sugerindo que a filha seria ingrata por não reconhecer os esforços das duas para lhe oferecer tudo que podiam.

Nizete se sentia culpada, mas a dúvida sobre quem era seu pai continuava a lhe inquietar. Por um infortúnio, quando Nizete estava a duas semanas de atingir a maioridade, uma forte chuva se abateu sobre São Paulo e a casa em que moravam ruiu durante a madrugada. Nizete foi resgatada dos escombros pelo corpo de bombeiros, mas sua mãe e sua avó não sobreviveram.

Quando saiu do hospital, dois meses depois, Nizete foi viver com sua madrinha, Saraellen. Em uma conversa, ela revelou que Sandrine, quando disse ao pai de Nizete que estava grávida, foi rechaçada: Eleutério disse que não se responsabilizaria e sua família não aceitaria a filha de uma empregada doméstica. Humilhada, Sandrine se demitiu da residência dos Sampaio Cotrim e nunca mais procurou Eleutério.

Após muito pensar, Nizete resolveu ir atrás de seu pai biológico: não achava justo passar por tantas dificuldades enquanto o pai pertencia a uma família abastada e poderia lhe dar condições de vida mais favoráveis.

Ao bater à porta dos Sampaio Cotrim, foi atendida pelo próprio Eleutério, hoje já aposentado. Quando Nizete lhe explicou a que viera, Eleutério se enfureceu, alegando ser ela uma interesseira que visava ao lucro fácil. Nizete foi atrás de uma advogada por estar disposta a não aceitar calada humilhação semelhante à tolerada pela mãe e por querer passar a usar o sobrenome do pai.

b) Encaminhamento consensual

Ao cogitar sobre consensos, é preciso lembrar ser possível que as pessoas se conscientizem sobre direitos e obrigações para celebrar acordos válidos. Não é raro que, apesar de conflitos iniciais, muitos pais acabem reconhecendo voluntariamente o vínculo de filiação. Embora o início da conversa tenha sido muito ruim, pode ser que em outro momento a comunicação flua melhor.

Também é interessante avaliar se há interesse de pai e filha em manter uma relação próxima. Embora o passado tenha sido marcado por rejeições e a primeira iniciativa não tenha sido exitosa, pode haver intenção de estreitar laços – especialmente porque o pai já não é jovem e pode estar perdendo entes familiares.

Caso Nizete realmente queira estreitar laços com o pai, estando disposta a superar as mágoas pelo abandono, deve buscar comunicar-se com ele. A advogada pode buscar estabelecer um canal de comunicação, verificando inicialmente se Eleutério tem um(a) advogado(a) que o represente. Em caso positivo, os(as) patronos(as) podem negociar diretamente. Se perceberem que há barreiras comportamentais e que os clientes precisam expressar emoções, caberá buscar a atuação de um terceiro imparcial na busca de facilitação da conversa.

A mediação poderá ser interessante para que os envolvidos possam se expressar sobre o que ocorreu e formular propostas para o equacionamento das controvérsias; se houver resistências a uma atuação protagonista e for interessante contar com propostas vindas de um terceiro imparcial, provavelmente a conciliação será mais adequada.

c) Solução judicial

Caso não prospere a via consensual em termos de acordo, restará a Nizete ajuizar demanda para o reconhecimento do vínculo de paternidade: ela poderá propor uma ação investigatória de paternidade para buscar a declaração do estado de filiação, valendo a sentença judicial como reconhecimento do estado de filha apta a encetar a retificação do registro civil de Nizete.

No caso em espécie, outras decorrências poderiam ser pertinentes, como a cumulação com o pedido de alimentos. Imaginemos, porém, que Nizete não pretenda, ao menos nesse momento, pleitear alimentos para mostrar ao pai que sua intenção não é patrimonial.

Em relação ao rito, aplica-se o procedimento especial das ações de família: segundo o art. 693 do CPC, as previsões específicas a tais demandas são aplicáveis aos processos litigiosos de divórcio, separação, reconhecimento e extinção de união estável, guarda, visitação e filiação.

d) Modelo de petição

EXCELENTÍSSIMO JUIZ DE DIREITO DA ___ VARA DE FAMÍLIA E SUCESSÕES DO FORO DA COMARCA DE (domicílio do réu – regra geral – CPC, art. 46)

NIZETE (sobrenome), solteira, do lar, portadora do RG (número) e do CPF (número), usuária do endereço eletrônico (*e-mail*), residente e domiciliada nesta cidade, em (endereço), vem, respeitosamente, por sua advogada (mandato anexo), ajuizar a presente

AÇÃO DE INVESTIGAÇÃO DE PATERNIDADE
PELO PROCEDIMENTO ESPECIAL DAS AÇÕES DE FAMÍLIA

em face de ELEUTÉRIO SAMPAIO COTRIM, casado, aposentado, portador do RG (número) e do CPF (número), usuário do endereço eletrônico (*e-mail*), residente e domiciliado nesta comarca, em (endereço), com fundamento nos arts. 26 e 27 da Lei n. 8.069/1990, na Lei n. 8.560/92 e nos arts. 1.607 e seguintes do Código Civil, pelos fundamentos fáticos e jurídicos a seguir expostos.

I – DOS FATOS

A autora nasceu em 10.10.2000 e foi registrada unicamente pela mãe Sandrine (sobrenome), sendo declarado desconhecido o pai (certidão de nascimento anexa, doc. 2). A autora foi criada sem saber quem era seu pai. Infelizmente a genitora da autora faleceu em 27.09.2018 (doc. 3) em grave desabamento que vitimou também a avó da autora; a requerente, única sobrevivente, passou dois meses em um hospital para se recuperar de graves ferimentos (doc. 4).

Sua madrinha Saraellen (sobrenome), amiga de infância da genitora falecida, acolheu a autora em sua casa – já que esta não teria para onde ir – e informou-lhe apenas recentemente a identidade de seu pai. A mãe da autora e o réu mantiveram, secretamente, relacionamento amoroso pelo período de um ano, segundo atestam as cartas anexas (docs. 5-10); esse fato pode também ser comprovado por pessoas que os conheceram à época.

A autora procurou o réu tão logo soube de sua ascendência, mas foi imediatamente rechaçada por ele sob a alegação de que intentava mero enriquecimento às suas custas e que não ia permitir ter o patrimônio dilapidado.

Tendo procurado auxílio jurídico, a autora buscou resolver o problema amigavelmente, convidando o réu para uma sessão de mediação, conforme comprovam os três telegramas anexos (doc. 11-13); como não obteve resposta, não lhe resta outra via senão o socorro do Poder Judiciário.

II – DO DIREITO

Assiste à autora o direito a ter reconhecido seu vínculo de filiação para com o réu. Afinal, segundo o art. 27 da Lei n. 8.069/1990, "o reconhecimento do estado de filiação é direito personalíssimo, indisponível e imprescritível".

É pacífico hoje, na doutrina e na jurisprudência pátrias, o reconhecimento de que o conhecimento da origem genética integra o rol dos direitos da personalidade. Em precedente relevante da lavra do Ministro Luis Felipe Salomão, ficou assentado que:

> O direito da pessoa ao reconhecimento de sua ancestralidade e origem genética – o qual, aliás, é conferido também aos filhos legalmente adotados – insere-se nos atributos da própria personalidade; é segura manifestação da predileção do ordenamento constitucional pela dignidade humana em detrimento de todos os óbices que eventualmente possam ser opostos à realização da pessoa em sua plenitude [...] (STJ, AgInt nos EDcl no REsp 1784726/SP, 4.ª Turma, Rel. Min. Luis Felipe Salomão, j. 07.05.2019, *DJe* 15.05.2019).

Na hipótese dos autos, há subsídios concretos que demonstram o relacionamento do réu com a genitora da autora. Além disso, quando procurado, o réu não recusou ter se relacionado com Sandrine nem ser pai da autora: ele apenas a rechaçou afirmando que ela buscaria "lucro fácil" e afirmando que sua família jamais aceitaria a filha de uma empregada doméstica.

Será essencial a prova do vínculo genético para atestar o liame biológico entre as partes.

A autora infelizmente jamais contou com uma figura paterna, não tendo em seu registro a indicação de um pai registral nem uma pessoa com quem tenha desenvolvido um vínculo socioafetivo. Tal situação não merece persistir; deseja a autora, inclusive, passar a usar o sobrenome do pai.

III – DOS PEDIDOS E REQUERIMENTOS

Pelo exposto, pede e requer a autora:

a) a procedência integral do pedido para declarar que a autora é filha do réu, com a consequente retificação do registro civil da autora, devendo constar de sua certidão de nascimento ser filha do Sr. Eleutério Sampaio Cotrim e ser agregado ao seu nome o sobrenome Sampaio Cotrim;

b) a citação do réu por oficial de justiça para comparecer à audiência de mediação a ser designada por esse juízo;

c) a produção de prova documental, testemunhal e especialmente pericial (exame de DNA), além do depoimento pessoal do réu;

d) que o processo corra em segredo de justiça (CPC, art. 189, II).

Dá-se à causa o valor de R$ 1.000,00 (mil reais) para fins de distribuição.

Termos em que pede deferimento.

Cidade, data, assinatura, OAB.

6.2. Ação negatória de paternidade

a) Caso

Em 2010, Clésio e Rosalva se conheceram em um baile *funk* e passaram a se relacionar sexualmente sem precauções. A relação não era séria e poucos meses depois eles deixaram de se ver; no entanto, como logo depois do rompimento Rosalva percebeu estar grávida, ela procurou Clésio para que este registrasse o menino e ajudasse a criar a criança quando ela nascesse.

O casal reatou o relacionamento pelo bem da criança e passou a morar junto; após muitas desavenças, como Clésio se apaixonou por Lindaura, ele saiu de casa em 2011. Houve algumas recaídas, especialmente nos primeiros seis meses, mas hoje Clésio vive em união estável com Lindaura, e Rosalva está com Agenor.

Sob a instigação de Lindaura, para quem a criança em nada se parece com ele, Clésio vem se sentindo desconfortável. Não quer visitar Jaildo – hoje com 8 anos – e não mais quer passar tempo com ele, embora siga pagando pensão de um salário mínimo. Aos poucos, Clésio vai se lembrando de comportamentos de Rosalva que o levam a crer que há grandes chances de Jaildo ser filho de outro homem – talvez de Agenor. Várias vezes Rosalva saía à noite e, visivelmente alcoolizada, só voltava na manhã do dia seguinte. Certa vez Clésio inclusive foi procurar Rosalva na firma em que trabalhava, mas se surpreendeu quando o chefe lhe informou que ela nem sequer havia ido trabalhar.

Clésio não aguenta mais a incerteza: quer saber se Jaildo é realmente seu filho e, caso não seja, não quer mais vê-lo.

b) Encaminhamento consensual

O caso é complexo porque há muitos interesses envolvidos – não só os da criança, seu pai e sua mãe, como também os dos novos companheiros de Clésio e de Rosalva, de modo que se está diante de uma configuração complexa, com múltiplos pontos de vista. Tal complexidade dificilmente seria levada em conta em uma demanda judicial, em que, por exemplo, Lindaura e Agenor seriam partes ilegítimas, cujas percepções não seriam nem sequer captadas, a não ser indiretamente por meio de relatórios sociais caso houvesse algum questionamento sobre guarda ou visita em que se buscasse vistoriar os ambientes das duas residências.

Diante disso, o procedimento de mediação pode se mostrar um caminho valioso, não apenas para evitar uma demanda judicial – pois pode ser que ela seja inevitável e que de fato haja interesses incompatíveis em risco –, mas porque permitiria dimensionar corretamente a extensão dos problemas envolvidos, levando ao necessário aprofundamento de todo o leque de situações em jogo.

Afinal, quais seriam as motivações para buscar alterar a situação de filiação quando a criança conta oito anos de idade? Qual é o papel das relações entre antigos e novos cônjuges na redefinição da situação familiar? Qual é a natureza do vínculo – para além do biológico – entre Clésio e Jaildo? Há paternidade socioafetiva ou esta não se configurou? Não há e/ou nunca houve afeto? Tais questões seriam apenas as primeiras que poderiam surgir em uma mediação, e seu tratamento correto possivelmente levaria à compreensão de que os conflitos subjacentes têm outros focos.

O resultado do procedimento seria em parte incerto, especialmente no que tange à efetiva pacificação – mas um ganho de consciência seria desejável até para que eventual demanda judicial tivesse o escopo adequado.

c) Solução judicial

Supondo que Clésio e Rosalva não aceitem participar de um procedimento de mediação ou que este não tenha como desfecho um acordo, pode-se mostrar necessário o ajuizamento de uma demanda.

Seguindo a lógica do caso exposto, o que Clésio deseja é que seja desfeito seu vínculo de paternidade relativamente a Jaildo, o que configura uma demanda conhecida como "ação negatória de paternidade", de cunho declaratório.

Como Clésio vinha pagando pensão alimentícia para Jaildo, é possível cumular nessa demanda o pedido de exoneração da obrigação de pagar alimentos; afinal, se procedente o pedido de declaração de inexistência do vínculo parental, o fundamento para o pagamento da pensão deixará de existir.

d) Modelo de petição

EXCELENTÍSSIMO SENHOR DOUTOR JUIZ DE DIREITO DA VARA DE FAMÍLIA E SUCESSÕES DA COMARCA DE (foro de domicílio do representante ou assistente do incapaz – CPC, art. 50)

CLÉSIO (sobrenome), brasileiro, solteiro, ajudante geral, portador da cédula de identidade RG nº (número), inscrito no CPF sob n. (número), usuário do *e-mail* (endereço eletrônico), residente e domiciliado em (endereço) vem, respeitosamente, por seus procuradores (doc. 01), propor a presente

AÇÃO NEGATÓRIA DE PATERNIDADE CUMULADA COM EXONERATÓRIA DE ALIMENTOS

em face de JAILDO (sobrenome), menor impúbere, brasileiro, sem inscrição no CPF e RG e sem acesso a *e-mail*, representado por sua genitora, ROSALVA (sobrenome), brasileira, casada, portadora da cédula de identidade RG nº (número), inscrita no CPF sob n° (número), usuária do *e-mail* (endereço eletrônico), residente e domiciliada em (endereço), pelas razões de fato e de direito a seguir expostas.

I – DOS FATOS

Em 2010, o autor e a mãe do réu se conheceram em um baile *funk* e passaram a se relacionar sexualmente sem precauções. A relação não era séria e poucos meses depois eles deixaram de se ver; no entanto, como pouco depois do rompimento Rosalva percebeu estar grávida, ela procurou o autor para que este registrasse o menino e ajudasse a criar a criança quando ela nascesse.

O casal reatou o relacionamento pelo bem da criança – mas, após muitas desavenças, o réu deixou o lar conjugal em 2011. Apesar de uma repentina reconciliação ocorrida seis meses após a separação, hoje se encontram separados e ambos já constituíram novos relacionamentos com diferentes parceiros.

O autor, todavia, nunca pôde ter certeza sobre a paternidade biológica de seu filho. O motivo principal é a falta de seriedade do relacionamento, que não era pautado em fidelidade.

O autor se recorda de diversos incidentes que dão azo a dúvidas sérias a respeito da paternidade biológica. Podem-se citar, como exemplo, as diversas vezes em que a mãe do réu chegava de festas, visivelmente alterada por efeito de bebidas alcóolicas, na manhã do dia seguinte.

Outro incidente de monta ocorreu quando o autor foi ao trabalho da companheira imaginando encontrá-la e foi surpreendido com a declaração do chefe dela dizendo que ela nem sequer havia ido trabalhar.

Quando o autor lhe pedia satisfação do que havia acontecido, a companheira quedava-se calada e não prestava explicações satisfatórias.

O autor nunca se ligou afetivamente ao réu por sempre terem pairado dúvidas a respeito da paternidade. Assim, não há (nem nunca houve) paternidade de cunho socioafetivo. Com a separação do casal quando o menino tinha menos de um ano de vida, cindiu-se de vez a interação entre ambos. Conforme o réu foi crescendo, a falta de semelhança física de seu perfil com o do autor gerou ainda mais dúvidas sobre o vínculo biológico.

Vale ressaltar que, apesar de nutrir desconfiança sobre a paternidade, o autor jamais se recusou a pagar os devidos alimentos fixados em sentença (no valor de um salário mínimo mensal).

Apesar de o autor ter concordado com o registro da criança, atribuindo-lhe sua paternidade, ele o fez pensando que o filho seria biologicamente seu; hoje, porém, cogita da possibilidade de ter sido levado a erro por dolo da representante legal.

II – DO DIREITO

a) POSSIBILIDADE DE NEGAÇÃO DE PATERNIDADE

Ao pai cabe questionar a paternidade dos filhos, como bem dispõe o art. 1.601 do Código Civil[27].

Cabe ressaltar, como dispõe o final de tal dispositivo, que tal ação não prescreve. Este é o entendimento atual e predominante no STJ: "a Turma reiterou o entendimento de que a ação negatória de paternidade não se sujeita mais à regra de prescrição, podendo o pai, a qualquer tempo, debater seu estado de pai como corolário lógico e por simetria com a regra do art. 27 do ECA, o que veio posteriormente a também constituir regra expressa no Código Civil atual, em seu art. 1.601" (REsp 576.185/SP, Rel. Min. Aldir Passarinho Junior, julgado em 07.05.2009).

Como exposto, o autor nunca pôde ter certeza sobre a paternidade biológica do réu. O motivo principal é a falta de seriedade do relacionamento entre a genitora deste e o autor; tal relação não era pautada em fidelidade.

No caso, o reconhecimento da paternidade foi viciado por erro substancial do autor ou, eventualmente, até dolo por parte da representante legal do réu.

b) AUSÊNCIA DE PATERNIDADE SOCIOAFETIVA

Como ressaltado, as partes têm contato exíguo e não se pode dizer que se desenvolveu vínculo socioafetivo entre ambos, dado o pouco tempo em que permaneceram juntos e a moradia em residências apartadas.

Este é o entendimento que vem se consolidando na jurisprudência, conforme demonstram os acórdãos seguintes:

> [...] É possível a desconstituição do registro, quando a paternidade registral, declarada por indivíduo induzido a erro substancial, estiver em desacordo com a biológica e não houver comprovação de vínculo socioafetivo entre as partes (TJMG, Apelação Cível 1.0000.21.048629-6/001, Rel. Des. Carlos Henrique Perpétuo Braga, j. 29.07.2021).
>
> [...] A procedência do pedido formulado em ação negatória exige a produção de prova robusta da inexistência de vínculo biológico e socioafetivo entre as partes, bem como a demonstração de que o "pai registral" tenha sido, de fato, induzido a erro, ou, ainda, que tenha sido coagido a tanto. – O STJ possui firme entendimento de que "é possível a desconstituição do registro quando a paternidade registral, em desacordo com a verdade biológica, efetuada e declarada por indivíduo que, na fluência da união estável estabelecida com a genitora da criança, acredita, verdadeiramente, ser o pai biológico desta (incidindo, portanto, em erro), sem estabelecer vínculo de afetividade com a infante" (REsp 1508671/MG, Rel. Ministro MARCO AURÉLIO BELLIZZE, *DJe* 09.11.2016) – No caso, comprovada a inexistência dos liames biológico e afetivo entre as partes, e tendo em vista o fato de o pai registral ter sido induzido a erro, mostra-se forçosa a manutenção da sentença que julgou procedentes os pedidos iniciais. [...] (TJMG, Apelação Cível 1.0000.21.189750-9/001, Rel. Des. Wander Marotta, j. 07.10.2021).
>
> APELAÇÃO. Negatória de paternidade. Procedência do pedido. Cabimento. Existência de exame de DNA que excluiu a paternidade do recorrido. Prova técnica pré-produzida e não impugnada. Discurso do próprio recorrente, ademais, que transparece o estado gravídico de sua genitora previamente ao início do seu conturbado relacionamento com o recorrido. Feito desprovido de qualquer indício de contato do recorrido com o infante, ao longo dos seus 10 anos de vida, que vitima a tese do vínculo socioafetivo. Sentença mantida. Adoção do art. 252 do RITJ. RECURSO DESPROVIDO (TJSP, 1025352-16.2019.8.26.0506, Rel. Des. Jair de Souza, j. 16.10.2021).

---

27 CC, art. 1.601. Cabe ao marido o direito de contestar a paternidade dos filhos nascidos de sua mulher, sendo tal ação imprescritível.

c) EXONERAÇÃO DE ALIMENTOS E RETIFICAÇÃO PARCIAL DO REGISTRO

Comprovada a ilegitimidade da atribuição da paternidade do menor ao autor, deve-se extinguir a obrigação alimentar.

O interesse processual do autor se justifica diante da situação fática acima descrita. Ele concordou com o registro pensando que o menor seria seu filho biológico. Ao perceber, todavia, que as dúvidas que nutria têm fundamento que se consolida com o tempo, o autor percebeu a possibilidade de ter incorrido em erro ou ter sido vítima do dolo por parte da ex-companheira.

Ademais, provada a ilegitimidade da paternidade atribuída ao autor, deve ser anulado o assento de nascimento do réu, com a exclusão dos nomes do autor e dos avós paternos. Assim entendeu o Tribunal de Justiça de São Paulo em caso interessante:

> Reconhecido o vício no consentimento do autor, resta analisar a existência ou não de paternidade socioafetiva, [...]
>
> Do cotejo entre as provas dos autos (estudos social e psicológico, depoimentos das testemunhas, do autor, do réu e de sua genitora, documentos), a conclusão a que se chega é que houve vínculo socioafetivo entre autor e réu, porém não mais há.
>
> Extraímos do estudo psicossocial que o autor assumiu os cuidados do réu desde o nascimento até os 10 anos de idade, exercendo cuidado e afeto condizentes com a função parental, mas após a separação da genitora houve certo afastamento entre ambos, sendo que após ter a certeza de não ser o pai biológico do réu, por meio do exame de DNA, o autor é firme no desejo de não manter o vínculo paternal, conforme assinalado nas razões recursais [...]
>
> Não se desconsidera a complexidade do tema. A tese de que deve prevalecer a paternidade socioafetiva, em casos tais como o dos autos, em razão das consequências advindas à menor na ordem civil, visa, sem dúvida, a proteção da criança.
>
> Porém, corrente não menos preocupada com o bem-estar do menor entende de forma diversa, no sentido de que é melhor para a formação da criança o conhecimento dos motivos da ausência de afeição, de cuidado e de carinho daquele que consta como seu pai no registro de nascimento.
>
> Respeitando o primeiro entendimento, penso que a razão está com a segunda corrente, isto é, de que não há significativo prejuízo para o menor com o afastamento do vínculo jurídico, quando inexistente o vínculo afetivo. Não se pode olvidar que o réu está com 16 anos de idade (nascido em 18/11/2004), e que tem ciência de uma situação a que não deu causa, mas que é decorrente de falsidade. Parece-me que ciente disso e sendo manifesta a rejeição à paternidade de parte do autor, o prejuízo emocional maior ocorreria com a manutenção deste como seu pai no registro civil.
>
> Além disso, não se pode impor deveres de cuidado, carinho, e sustento a quem, não sendo o pai biológico, não deseja ser pai socioafetivo, notadamente se essa situação tem origem em indiscutível vício de consentimento.
>
> Nestas condições, não há sentido e nem se mostra recomendável obrigar o autor a manter o vínculo jurídico de paternidade, com todas as consequências e obrigações daí advindas, havendo de prevalecer a verdade biológica. [...]
>
> Pelas razões expostas, o recurso comporta provimento, reformando-se a sentença, para julgar procedente a ação declaratória negativa de paternidade cumulada com modificação de registro civil de nascimento movida por M. A. D. em face de D. B. D., declarando-se que o autor não é o pai do réu, com a desconstituição do vínculo da filiação existente, e, consequentemente, declarando-se a nulidade do assento de nascimento do réu, com a exclusão dos nomes do autor e dos avós paternos [...] (TJSP, Apelação Cível 1007601-39.2016.8.26.0597, Rel. Des. Pedro de Alcântara da Silva Leme Filho, j. 05.09.2021).

III – PEDIDOS

Ante o exposto, o autor pede e requer:

a) a declaração da inexistência de relação de filiação entre as partes;

b) a exoneração da obrigação alimentar do autor em relação ao réu;

c) a citação do réu, por oficial de justiça, na pessoa de sua representante legal, para comparecer à audiência de conciliação, nos termos do art. 319, VII, do CPC;

d) a intimação do representante do Ministério Público para acompanhar o feito;

e) a emissão de mandado ao Cartório de Registro Civil das Pessoas Naturais (identificação do cartório), que proceda junto à certidão de matrícula (número da matrícula) a exclusão do nome do autor como pai do réu, bem como a retirada dos nomes dos avós paternos, sendo retirado do nome do réu o sobrenome do autor;

f) a condenação do réu ao pagamento de custas processuais e honorários sucumbenciais, na forma da lei.

Requer, ademais, provar o alegado por todos os meios de prova em direito admitidos, incluindo exame genético (DNA), oitiva de testemunhas, juntada de novos documentos e outras perícias.

Atribui-se à causa o valor de R$ (doze vezes o valor do salário mínimo, montante da pensão alimentícia de que o autor pretende se exonerar).

Nestes termos, pede e espera deferimento.

Cidade, data, advogada, assinatura.

BIBLIOGRAFIA

ABDO, Helena Najjar. *Abuso do processo.* São Paulo: RT, 2007.

ABDO, Helena Najjar. Intervenção de terceiros e contrato de seguro: novas perspectivas em face da atual codificação civil. In: HIRONAKA, Giselda Maria Fernandes Novaes; TARTUCE, Flávio (Org.). *Direito contratual*: temas atuais. São Paulo: Método, 2007. v. 1. Disponível em: http://www.fernandatartuce.com.br/artigos/cat_view/38-artigos/43-artigos-da-professora.html. Acesso em: 22 out. 2011.

ALEXY, Robert; DREIER, Ralf. (ed.). Precedent in the Federal Republic of Germany. In: MACCORMICK, D. Neil; SUMMERS, Robert S. (ed.). *Interpreting precedents*: a comparative study. New York: Routledge, 1997.

ALMEIDA, Alberto Carlos. *A cabeça do brasileiro*. Rio de Janeiro: Record, 2007.

ALMEIDA, Lília Bilati de; PAULA, Luiza Gonçalves de. O retrato da exclusão digital na sociedade brasileira. *Revista de Gestão da Tecnologia e Sistemas de Informação*, São Paulo, v. 2, n. 1, p. 55-67, 2005. Disponível em: https://www.scielo.br/j/jistm/a/7BZxyCX73JT9tJbBmsbfZ8w/?format=pdf&lang=pt. Acesso em: 6 nov. 2022.

ALVARO DE OLIVEIRA, Carlos Alberto. *A tutela de urgência e o direito de família*. 2. ed. São Paulo: Saraiva, 2000.

ALVARO DE OLIVEIRA, Carlos Alberto. A urgência e o direito de família (as chamadas medidas provisionais do art. 888 do CPC). *Direito de Família*. Belo Horizonte, 2020. Disponível em: https://www.direitodefamilia.adv.br/2020/wp-content/uploads/2020/06/a-urgencia.pdf. Acesso em: 28 ago. 2008.

ALVARO DE OLIVEIRA, Carlos Alberto. *Gontijo*. Disponível em: www.gontijo-familia.adv.br. Acesso em: 3 nov. 2011.

ALVES, Jones Figueiredo. O novo regime de agravo: exceções ao regime de retenção obrigatória. In: DUARTE, Bento Herculano; DUARTE, Ronnie Preuss (org.). *Processo civil*: aspectos relevantes. São Paulo: Método, 2007, v. 1, p. 585-591.

ALVES, Jones Figueiredo. Paternidade e vínculo biológico: valores distintos (STF – RE 898.060/SP). *Revista Nacional de Direito de Família e Sucessões*, Porto Alegre, v. 3, n. 13, p. 136-137, jul./ago. 2016.

AMENDOEIRA JUNIOR, Sidnei. *Direito processual civil*: teoria geral do processo e processo de conhecimento (procedimento em primeiro grau de jurisdição). São Paulo: Atlas, 2007.

ANDRADE, Mário de. Prefácio Interessantíssimo. In: ANDRADE, Mário de. *Pauliceia desvairada*. São Paulo: [*s. n.*], 2016, p. 2-11. Disponível em: http://veja.abril.com.br/idade/estacao/modernismo/pauliceia.html . Acesso em: 2 jan. 2019.

APRIGLIANO, Ricardo de Carvalho. *Ordem pública e processo*: o tratamento das questões de ordem pública no direito processual civil. São Paulo: Atlas, 2011.

ARBS, Paula Saleh. Art. 911. In: RIBEIRO, Sérgio Luiz de Almeida; GOUVEIA FILHO, Roberto P. Campos; CARDOSO PANTALEÃO, Izabel Cristina Pinheiro; GRASSI DE GOUVEIA, Lúcio. *Novo Código de Processo Civil comentado*: arts. 771 a 1.072. São Paulo: Lualri Editora, 2017. t. 3.

ARRUDA ALVIM. *Manual de direito processual civil*. 10 ed. São Paulo: Revista dos Tribunais, 2006. v. 2.

ARRUDA ALVIM NETO, José Manoel de. *Manual de direito processual civil*. 16. ed. São Paulo: RT, 2013.

ASPERTI, Cecília. Processo e conflito: os desafios da efetivação das tutelas provisórias em conflitos de família e o novo Código de Processo Civil. *Revista Nacional de Direito de Família e Sucessões*, Porto Alegre, v. 2, n. 7, p. 43-62, jul./ago. 2015.

AURELLI, Arlete Inês. Art. 532. In: BUENO, Cassio Scarpinella (org.). *Comentários ao Código de Processo Civil*. São Paulo: Saraiva, 2017, v. 2.

AZAMBUJA, Maria Regina Fay; Macêdo, Lucíola; NICODEMOS, Carlos; MADEIRA, Kátia Regina; SILVA, Iolete Ribeira da. A inquirição da criança e do adolescente no âmbito do Judiciário. In: CONSELHO FEDERAL DE PSICOLOGIA. *A escuta de crianças e adolescentes envolvidos em situação de violência e a rede de proteção*. Brasília, DF: CFP, 2010, p. 67-114. Disponível em: https://site.cfp.org.br/wp-content/uploads/2010/02/escutFINALIMPRESSO.pdf. Acesso em: 17 nov. 2023.

BANDEIRA, Lourdes Maria. Violência de gênero: a construção de um campo teórico e de investigação. *Sociedade e Estado*, v. 29, n. 2, p. 449-469, 2014. Disponível em: https://www.scielo.br/j/se/a/QDj3qKFJdHLjPXmvFZGsrLq/. Acesso em: 17 nov. 2023.

BARBOSA MOREIRA, José Carlos. *Comentários ao Código de Processo Civil*: arts. 476-565. 14. ed. Rio de Janeiro: Forense, 2008, v. 5.

BARBOSA MOREIRA, José Carlos. Efetividade do processo e técnica processual. *Revista de Processo*, São Paulo, v. 20, n. 77, p. 168-176, jan./mar. 1995.

BARBOSA MOREIRA, José Carlos. O direito do nascituro à vida. *Revista Brasileira de Direito de Família*, São Paulo, v. 34, p. 143-152, fev./mar. 2006.

BARBOSA MOREIRA, José Carlos. O novo Código Civil e o direito processual. Disponível em: http://www.tex.pro.br/home/artigos/59-artigos-nov-2008/5866-o-novo-codigo-civil-e-o-direito-processual. Acesso em: 7 out. 2016.

BARBOSA MOREIRA, José Carlos. *O novo processo civil brasileiro*. 22. ed. Rio de Janeiro: Forense, 2002.

BARBOSA MOREIRA, José Carlos. O processo civil brasileiro e o procedimento por audiências. *Temas de direito processual*: sexta série. São Paulo: Saraiva, 1997.

BARBOSA MOREIRA, José Carlos. Regras de experiência e conceitos juridicamente indeterminados. In: BARBOSA MOREIRA, José Carlos. *Temas de direito processual*: segunda série. 2. ed. São Paulo: Saraiva, 1988, p. 62.

BARBOSA MOREIRA, José Carlos. Restrições ilegítimas ao conhecimento dos recursos. *Revista da Escola Nacional de Magistratura*, Brasília, DF, v. 1, n. 1, p. 38-52, abr. 2006. Disponível em: https://bdjur.stj.jus.br/jspui/bitstream/2011/21184/restricoes_ilegitimas_conhecimento.pdf. Acesso em: 10 jan. 2020.

BARBOSA, Águida Arruda. *Construção dos fundamentos teóricos e práticos do código de família brasileiro*. 2007. Tese (Doutorado em Direito Civil) – Faculdade de Direito da Universidade de São Paulo, São Paulo, 2007. Disponível em: http://www.teses.usp.br/teses/disponiveis/2/2131/tde-02082007-115632/pt-br.php. Acesso em: 1º out. 2011.

BARBOSA, Águida Arruda. *Mediação familiar:* instrumento transdisciplinar em prol da transformação dos conflitos decorrentes das relações jurídicas controversas. 2003. Dissertação (Mestrado em Direito Civil) – Faculdade de Direito da Universidade de São Paulo, São Paulo, 2003.

BARRETO, Tobias. *Estudos de direito*. Brasília, DF: Senado Federal; Superior Tribunal de Justiça, 2004.

BASSET, Ursula C. El Derecho de Familia en Argentina: ¿Qué es familia para el Derecho? *Revista Nacional de Direito de Família e Sucessões*, Porto Alegre, v. 4, p. 69-86, jan./fev. 2015.

BEDAQUE, José Roberto dos Santos. *Direito e processo*: influência do direito material sobre o processo. 3. ed. São Paulo: Malheiros, 2003.

BERGAMASCHI, André Luís; TARTUCE, Fernanda. A solução negociada e a figura jurídica da transação: associação necessária? In: MEDEIROS NETO, Elias Marques de; SIMÃO FILHO, Adalberto. *Direito dos negócios aplicado*: do direito processual. São Paulo: Almedina, 2016, v. II. Disponível em: http://www.fernandatartuce.com.br/wp-content/uploads/2016/07/Solucao-negociada-transacao-Bergamaschi-Tartuce.pdf. Acesso em: 2 jan. 2019.

BERGAMASCHI, André Luís; TARTUCE, Fernanda. Repercussão geral da questão constitucional em demandas familiares. In: FUX, Luiz; FREIRE, Alexandre; DANTAS, Bruno (org.). *Repercussão geral da questão constitucional*. Rio de Janeiro: Forense, 2014. v. 1.

BERIZONCE, Roberto Omar. El acceso a la justicia a traves de los tribunales y el proceso de familia. *Revista de Processo*, São Paulo, v. 29, n. 113, p. 363-380, jan./fev. 2004.

BERNARDI, Dayse César Franco. O percurso histórico da inserção da Psicologia no Tribunal de Justiça do Estado de São Paulo. In: CONSELHO REGIONAL DE PSICOLOGIA DA 6ª REGIÃO (org.). *Psicólogo judiciário nas questões de família*: a ética própria da psicologia: mudanças na relação assistente técnico e perito. São Paulo: CRPSP, 2010, p. 14-17. (Caderno temático 10). Disponível em: https://www.crpsp.org/uploads/impresso/88/y2SOWRsoiqe0N-wGbpy2kSHf8G-aKrs4M.pdf. Acesso em: 28 out. 2016.

BODIN DE MORAES, Maria Celina. O princípio da dignidade humana. In: BODIN DE MORAES, Maria Celina (coord.). *Princípios do direito civil contemporâneo*. Rio de Janeiro: Renovar, 2006. p. 1-60.

BODIN DE MORAES, Maria Celina; VILELA MULTEDO, Renata. A privatização do casamento. *Civilística.com*: revista eletrônica de direito civil, Rio de Janeiro, ano 5, n. 2, p. 1-21, 2016.

Disponível em: http://civilistica.com/wp-content/uploads/2016/12/Multedo-e-Bodin-de--Moraes-civilistica.com-a.5.n.2.2016.pdf. Acesso em: 2 jan. 2019.

BORGES, Lize. Direito Civil no protocolo para julgamento com perspectiva de gênero do CNJ. *ConJur*, São Paulo, 8 set. 2022. Disponível em: https://www.conjur.com.br/2022-set-08/lize--borges-direito-civil-protocolo-julgamento-perspectiva-genero-conselho-nacional-justica. Acesso em: 26 set. 2022.

BRAGA, Nelson Tomaz. Segurança jurídica e o sistema de precedentes judiciais no novo Código de Processo Civil (Lei 13.105/2015). In: RÊGO, Werson (coord.). *Segurança jurídica e protagonismo judicial*: desafios em tempos de incertezas – estudos jurídicos em homenagem ao Ministro Carlos Mário da Silva Velloso. Rio de Janeiro: GZ, 2017. p. 797-808.

BRANDÃO, Débora. *Curso de direito civil constitucional*. Direito de família. São Paulo: Saraiva, 2020.

BRAZIL, Glicia Barbosa de Mattos. A reconstrução dos vínculos afetivos pelo Judiciário. *Revista Brasileira de Direito das Famílias e Sucessões*, Belo Horizonte, v. 13, p. 47-59, dez./jan. 2010.

BRITO, Leila Maria Torraca de. Diga-me agora... O depoimento sem dano em análise. In: CONSELHO FEDERAL DE PSICOLOGIA (org.). *Falando sério sobre a escuta de crianças e adolescentes envolvidos em situação de violência e a rede de proteção*: propostas do Conselho Federal de Psicologia. Brasília, DF: CFP, 2009.

BRITO, Leila Maria Torraca de. Negatória de paternidade e anulação de registro civil: certezas e instabilidades. *Instituto Brasileiro de Direito de Família*. Belo Horizonte, 24 set. 2006. Disponível em: https://ibdfam.org.br/artigos/236/Negat%C3%B3ria+de+Paternidade+e+Anula%-C3%A7%C3%A3o+de+Registro+Civil%3A+Certezas+e+Instabilidades. Acesso em: 7 jan. 2008.

BRITO, Leila Maria Torraca de. *Paternidades contestadas*. Belo Horizonte: Del Rey, 2008.

BUENO, Cassio Scarpinella. Chamamento ao processo e o devedor de alimentos: uma proposta de interpretação para o art. 1.698 do Novo Código Civil. *Scarpinella Bueno*. São Paulo, [20--]. Disponível em: http://www.scarpinellabueno.com.br/Textos/Chamamento%20ao%20processo%20e%20alimentos%20_RT_.pdf. Acesso em: 6 jan. 2012.

BUNAZAR, Maurício. Pelas portas de Villela: um ensaio sobre a pluriparentalidade como realidade sociojurídica. *Revista IOB de Direito de Família*, São Paulo, n. 59, p. 63-73, abr./maio 2010.

CAHALI, Francisco. *Curso de arbitragem*. 5. ed. São Paulo: RT, 2015.

CAHALI, Francisco. *Divórcio e separação*. 12. ed. São Paulo: RT, 2011.

CAHALI, Francisco. *Dos alimentos*. 8. ed. São Paulo: RT, 2013.

CALAMANDREI, Piero. *Eles, os juízes, vistos por um advogado*. Tradução de Eduardo Brandão. São Paulo: Martins Fontes, 2015.

CAMARA, Marcelo de Faria. Art. 529. In: STRECK, Lenio Luiz; NUNES, Dierle; CUNHA, Leonardo (Org.). *Comentários ao Código de Processo* Civil. São Paulo: Saraiva, 2016.

CAMARA, Marcelo de Faria. Prestar Alimentos – arts. 528 a 533. In: STRECK, Lenio Luiz; NUNES, Dierle; CUNHA, Leonardo (org.). *Comentários ao Código de Processo Civil*. São Paulo: Saraiva, 2016. p. 784-788.

CAMBI, Eduardo. *A prova civil:* admissibilidade e relevância. São Paulo: RT, 2006.

CAMBI, Eduardo. Foro privilegiado da mulher, isonomia constitucional na sociedade conjugal e o processo civil. *Revista de Processo*, São Paulo, v. 21, n. 83, p. 177-190, jul./set. 1996.

CAMBI, Eduardo. Neoprivatismo e neopublicismo a partir da Lei 11.690/2008. *Revista de Processo*, São Paulo, v. 34, n. 167, jan. 2009. Disponível em: http://www.abdpc.org.br/abdpc/artigos/ARTIGO%20-%20Neoprivatismo.pdf. Acesso em: 2 jan. 2019.

CANOTILHO, José Joaquim Gomes. *Direito constitucional e teoria da Constituição*. 7. ed. Coimbra: Almedina, 2003.

CAPPELLETTI, Mauro. *Access to Justice*. Milano: Giuffrè/Alphen aan den Rijn: Sijthoff/Noordhoff, 1978, v. 2.

CAPPELLETTI, Mauro. *Juízes legisladores?* Porto Alegre: Fabris, 1999.

CAPPELLETTI, Mauro; GARTH, Bryant. *Acesso à justiça*. Porto Alegre: Fabris, 1988.

CARDOSO, Simone Tassinari. Notas sobre parentalidade biológica e socioafetiva: do direito civil moderno ao contemporâneo. *Civilística.com*: revista eletrônica de direito civil, Rio de Janeiro, v. 1, p. 1-29, 2016.

CARDOZO, Benjamin. *The Nature of the Judicial Process*. New Haven: Yale University Press, 1921.

CARNEIRO, Athos Gusmão. *Audiência de instrução e julgamento e audiências preliminares*. 15. ed. São Paulo: Gazeta Jurídica, 2014.

CARNEIRO, Athos Gusmão. *Jurisdição e competência*. 14. ed. São Paulo: Saraiva, 2005.

CARNEIRO, Athos Gusmão. O juízo recursal e as novas questões de fato. *Ajuris*, Porto Alegre, v. 21, n. 62, p. 5-10, nov. 1994.

CASSETARI, Cristiano. *Multiparentalidade e parentalidade socioafetiva*: efeitos jurídicos. São Paulo: Atlas, 2014.

CASTRO, Lídia Rosalina Folgueira. A inserção e o papel do psicólogo no Poder Judiciário. CONSELHO REGIONAL DE PSICOLOGIA DA 6ª REGIÃO (org.). *Psicólogo judiciário nas questões de família*: a ética própria da psicologia: mudanças na relação assistente técnico e perito. São Paulo: CRPSP, 2010, p. 9. (Caderno temático 10). Disponível em: https://www.crpsp.org/uploads/impresso/88/y2SOWRsoiqe0NwGbpy2kSHf8G-aKrs4M.pdf. Acesso em: 28 out. 2016.

CHAVES, Marianna. *Homoafetividade e direito*: proteção constitucional, uniões, casamento e parentalidade. 3. ed. Curitiba: Juruá, 2015.

CHINELATO, Silmara Juny. *Tutela civil do nascituro*. São Paulo: Saraiva, 2000.

CNJ. Conselho Nacional de Justiça. *Protocolo para julgamento com perspectiva de gênero*. [recurso eletrônico]. Brasília: Conselho Nacional de Justiça – CNJ; Escola Nacional de Formação e Aperfeiçoamento de Magistrados – Enfam, 2021, p. 32. Disponível em: https://www.cnj.jus.br/wp-content/uploads/2021/10/protocolo-18-10-2021-final.pdf. Acesso em: 26 set. 2022.

COÊLHO, Marcus Vinicius Furtado. Apelação. In: COÊLHO, Marcus Vinicius Furtado; MEDEIROS NETO, Elias Marques de; YARSHELL, Flávio Luiz; PUOLI, José Carlos Baptista. *O novo CPC*: breves anotações para a advocacia. Brasília: OAB, Conselho Federal, 2016.

COELHO DE SOUZA, Ivone M. Candido. Alienação parental (*lupi et agni*). *Revista Brasileira de Direito das Famílias e Sucessões*, Porto Alegre, v. 12, n. 16, p. 30-42, jun./jul. 2010.

CORRÊA, Guilherme Augusto Bittencourt. Arts. 528 a 533. In: TUCCI, José Rogério Cruz e; APRIGLIANO, Ricardo de Carvalho; FERREIRA FILHO, Manoel Caetano; MARTINS, Sandro Gilbert; DOTTI, Rogéria Fagundes (org.). *Código de Processo Civil anotado*. São Paulo: AASP/OABPR, 2015. v. 1. p. 877-886.

CORTEZ, Luis Francisco Aguillar. A inserção do psicólogo no Poder Judiciário: o direito e a função legal do perito e do assistente técnico. In: CONSELHO REGIONAL DE PSICOLOGIA DA 6ª REGIÃO (org.). *Psicólogo judiciário nas questões de família*: a ética própria da psicologia: mudanças na relação assistente técnico e perito. São Paulo: CRPSP, 2010. (Caderno temático 10). Disponível em: https://www.crpsp.org/uploads/impresso/88/y2SOWRsoiqe0NwGbpy2kSHf8G-aKrs4M.pdf. Acesso em: 28 out. 2016. p. 18-19.

COUTINHO, João Pereira. Expectativas extravagantes. *Folha de S.Paulo*, São Paulo, [2011]. Disponível em: http://www1.folha.uol.com.br/fsp/ilustrada/17014-expectativas-extravagantes.shtml. Acesso em: 27 dez. 2011.

CREMASCO, Susana Santi. *A distribuição dinâmica do ônus da prova*. São Paulo: GZ, 2009.

CRUZ E TUCCI, José Rogério. *A* causa petendi *no processo civil*. 3. ed. São Paulo: RT, 2009.

CUNHA, Leonardo Carneiro da. O processo civil no estado constitucional e os fundamentos do projeto do novo Código de Processo Civil. *Revista do Instituto do Direito Brasileiro*, Lisboa, ano 2, n. 9, p. 9293-9327, 2013. Disponível em: https://blook.pt/publications/publication/d6d08166f791/. Acesso em: 6 nov. 2022.

CUNHA, Leonardo Carneiro da. Procedimento especial para as ações de família no Projeto do Novo Código de Processo. Disponível em: http://www.academia.edu/9253216/PROCEDIMENTO_ESPECIAL_PARA_AS_A%C3%87%C3%95ES_DE_FAM%C3%8DLIA_NO_PROJETO_DO_NOVO_C%C3%93DIGO_DE_PROCESSO_CIVIL. Acesso em: 17 dez. 2019.

DE PLÁCIDO E SILVA. *Vocabulário jurídico*. 31. ed. Rio de Janeiro: Forense, 2014.

DEGENSZAJN, Daniel Raichelis. *Alteração dos fatos no curso do processo e os limites de modificação da* causa petendi. 2010. Dissertação (Mestrado em Direito Processual) – Faculdade de Direito da Universidade de São Paulo, São Paulo, 2010. Disponível em: http://www.teses.usp.br/teses/disponiveis/2/2137/tde-28092010-075723/. Acesso em: 27 dez. 2011.

DELGADO, Mário Luiz. A violência patrimonial contra a mulher nos litígios de família. In: PEREIRA, Rodrigo da Cunha (coord.). *Famílias nossas de cada dia*. Belo Horizonte: IBDFAM, 2015.

DELGADO, Mario. Divórcio no Novo CPC. In: TARTUCE, Fernanda; MAZZEI, Rodrigo Reis; CARNEIRO, Sergio Barradas (org.). *Famílias e sucessões*. Salvador: JusPodivm, 2016. v. 1, p. 298-299. (Coleção Repercussões do Novo CPC.)

DELLORE, Luiz. O que acontece com o devedor de alimentos no novo CPC? *GenJurídico*, São Paulo, 27 out. 2015. Disponível em: http://genjuridico.com.br/2015/10/27/o-que-acontece-com-o-devedor-de-alimentos-no-novo-cpc/. Acesso em: 3 out. 2022.

DELLORE, Luiz; TARTUCE, Fernanda. *1.001 dicas sobre o novo CPC*. 2. ed. Indaiatuba: Foco, 2016.

DEMARCHI, Juliana. Ações dúplices, pedido contraposto e reconvenção. In: DIDIER JUNIOR, Fredie (org.). *Processo Civil*: leituras complementares. Salvador: JusPodivm, 2006.

DIAS, Maria Berenice. A reforma do CPC e a execução dos alimentos. *Revista Bonjuris*, Curitiba, n. 525, p. 21-22, ago. 2007. Disponível em: http://www.flaviotartuce.adv.br/index2.php?sec=artigosc&id=190. Acesso em: 27 jun. 2012.

DIAS, Maria Berenice. Alimentos gravídicos: alimentos para a vida. *Revista Magister de Direito Civil e Processual Civil*, Porto Alegre, v. 5, n. 27, p. 87-88, nov./dez. 2008.

DIAS, Maria Berenice. Divórcio, prazos e provas. *Maria Berenice Dias*, Porto Alegre, 23 jun. 2006. Disponível em: https://berenicedias.com.br/divorcio-prazos-e-provas/. Acesso em: 7 mar. 2012.

DIAS, Maria Berenice. Investigação de paternidade e a questão da prova. *Revista de Processo*, n. 95, p. 97, jul./set. 1999.

DIAS, Maria Berenice. *Manual de direito das famílias*. 11. ed. São Paulo: RT, 2016.

DIAS, Maria Berenice; GROENINGA, Giselle Câmara. A mediação no confronto entre direitos e deveres. *Revista do Advogado*, São Paulo, n. 62, p. 59-63, 2001. Disponível em: https://aplicacao.aasp.org.br/aasp/servicos/revista_advogado/paginaveis/62/index.html. Acesso em: 14 set. 2011.

DIDIER JUNIOR, Fredie. Contribuições ao novo Código de Processo Civil. Disponível em: http://www.sergiobc.com.br. Acesso em: 17 maio 2012.

DIDIER JUNIOR, Fredie. Intervenção de terceiro: Artigo 1.698, decisão recente do STJ. *Revista Magister de Direito Civil e Processual Civil*, Porto Alegre, v. 7, n. 41, p. 5-7, mar./abr. 2011.

DINAMARCO, Cândido Rangel. *A instrumentalidade do processo*. 8. ed. São Paulo: Malheiros, 2000.

DINAMARCO, Cândido Rangel. *A reforma da reforma*. 4. ed. São Paulo: Malheiros, 2002.

DINAMARCO, Cândido Rangel. *Instituições de direito processual civil*. 2. ed. São Paulo: Malheiros, 2002, v. 3.

DINAMARCO, Cândido Rangel. *Instituições de direito processual civil*. 4. ed. São Paulo: Malheiros, 2004, v. 1.

DINAMARCO, Cândido Rangel. *Instituições de direito processual civil*. 9. ed. São Paulo: Malheiros, 2017, v. 1.

DINAMARCO, Pedro. Comentários ao art. 222, nota 1. In: MARCATO, Antônio Carlos (coord.). *Código de Processo Civil interpretado*. 2. ed. São Paulo: Atlas, 2008.

DINIZ, Maria Helena. *Curso de Direito civil brasileiro*: direito de família. 21. ed. São Paulo: Saraiva, 2006. v. 5.

DORIA, Isabel Izarrigue Zambrotti. Guarda compartilhada em tempos de pandemia de covid-19. *Instituto Brasileiro de Direito de Família*. Belo Horizonte, 27 mar. 2020. Disponível em: http://www.ibdfam.org.br/artigos/1397/Guarda+compartilhada+em+tempos+de+pandemia+de+-COVID-19. Acesso em: 27 abr. 2020.

ESPOZEL, Ana Gabriela Fernandes Blacker. A guarda compartilhada em casos de violência doméstica no Brasil e a necessária adoção da perspectiva de gênero. *Revista do Ministério Público do Estado do Rio de Janeiro*, n. 89, jul.-set. 2023. Disponível em: https://www.mprj.mp.br/documents/20184/4409950/Ana+Gabriela+Fernandes.pdf. Acesso em: 17 nov. 2023.

ESTEVES, Diogo; ALCÂNTARA, Willian Magalhães; AZEVEDO, Júlio Camargo de Azevedo; DUTENKEFER, Eduardo; GONÇALVES FILHO, Edilson Santana; JIOMEKE, Leandro Antonio; LIMA, Marcus Edson de. MENEGUZZO, Camylla Basso Franke; SADEK, Maria Tereza; SILVA, Franklyn Roger Alves; SILVA, Nicholas Moura e; TRAVASSOS, Gabriel Saad; WATANABE, Kazuo. *Cartografia da Defensoria Pública no Brasil 2022*. Brasília, DF: DPU, 2022. Disponível em: https://pesquisanacionaldefensoria.com.br/download/cartografia-da--defensoria-publica-no-brasil-2022-ebook.pdf. Acesso em: 26 set. 2022.

FACHIN, Luiz Edson. A família fora de lugar. *Instituto Brasileiro de Direito de Família*. Belo Horizonte, 16 fev. 2009. Disponível em: https://ibdfam.org.br/artigos/487/A+fam%C3%A-Dlia+fora+de+lugar. Acesso em: 29 dez. 2011.

FACHIN, Luiz Edson. O Senado, as famílias e o tamanho de Golias. *ARPEN.SP*. São Paulo, 4 fev. 2010. Disponível em: http://www.arpensp.org.br/?pG=X19leGliZV9ub3RpY2lhcw==&in=M-TA5NDQ=. Acesso em: 2 jan. 2019.

FADEL, Sergio Sahione. *Código de Processo Civil comentado*: arts. 1.º a 1.220. 7. ed. atual. por José Eduardo Carreira Alvim. Rio de Janeiro: Forense, 2004.

FERNANDES, Valéria Diez Scarance; CUNHA, Rogério Sanches. *Nova Lei 14.713/2023*: breves considerações. Disponível em: https://meusitejuridico.editorajuspodivm.com.br/2023/11/02/nova-lei-14-713-2023-breves-consideracoes/. Acesso em: 17 nov. 2023.

FERREIRA FILHO, Manoel Caetano. Arts. 1.009 a 1.014. In: CRUZ E TUCCI, José Rogério; APRIGLIANO, Ricardo de Carvalho; FERREIRA FILHO, Manoel Caetano; MARTINS,

Sandro Gilbert; DOTTI, Rogéria Fagundes (org.). *Código de Processo Civil anotado*. São Paulo: AASP/OAB-PR, 2019. p. 1647-1663.

FERREIRA FILHO, Manoel Caetano. Comentário ao art. 1.012. In: CRUZ E TUCCI, José Rogério; APRIGLIANO, Ricardo; FERREIRA FILHO, Manoel Caetano; MARTINS, Sandro; DOTTI, Rogéria (org.). *Código de Processo Civil Anotado*. São Paulo: AASP/OABPR, 2015, p. 1.574.

FISHER, Roger; URY, William; PATTON, Bruce. *Como chegar ao sim*: a negociação de acordo sem concessões. 2. ed. Rio de Janeiro: Imago, 1994.

FOLGER, Joseph P.; BUSH, Robert A. Mediação transformativa e intervenção de terceiros: as marcas registradas de um profissional transformador. In: SCHNITMAN, Dora Fried; LITTLEJOHN, Stephen (org.). *Novos paradigmas em mediação*. Porto Alegre: ArtMed, 1999. p. 85-100.

FRANCO MONTORO, Marcos André. *Flexibilidade do procedimento arbitral*. 2010. Tese (Doutorado em Direito Processual Civil) – Faculdade de Direito da Universidade de São Paulo, 2010. Disponível em: www.teses.usp.br/teses/disponiveis/2/2137/tde-16082011-161411/publico/tese_parcial_final.pdf. Acesso em: 27 set. 2022.

FREITAS, Vladimir Passos de. Segunda leitura: falta regulamentação de segredo de Justiça. *ConJur*. São Paulo, 20 jul. 2008. Disponível em: http://www.conjur.com.br/2008-jul-20/segredo_justica_ainda_carece_regulamentacao. Acesso em: 5 set. 2011.

FUX, Luiz. A tutela de urgência na jurisdição de família: cautelares, tutela antecipada. Revista da EMERJ, *Rio de Janeiro*, v. 4, n. 14, 2001. Disponível em: https://bdjur.stj.jus.br/jspui/bitstream/2011/73647/tutela_urgencia_jurisdicao_fux.pdf. Acesso em: 2 jan. 2019.

FUX, Luiz. Segurança jurídica no novo Código de Processo Civil. In: RÊGO, Werson (coord.). *Segurança jurídica e protagonismo judicial*: desafios em tempos de incertezas – estudos jurídicos em homenagem ao Ministro Carlos Mário da Silva Velloso. Rio de Janeiro: GZ, 2017. p. 529-540.

GAJARDONI, Fernando da Fonseca. Da forma dos atos processuais (arts. 188 a 211). In: DELLORE, Luiz; OLIVEIRA JUNIOR, Zulmar Duarte de; ROQUE, André Vasconcelos; GAJARDONI, Fernando da Fonseca. *Teoria geral do processo*: comentários ao CPC de 2015: parte geral. Rio de Janeiro: Forense, 2015. p. 1216-1269.

GAJARDONI, Fernando da Fonseca. *Flexibilidade procedimental*: um novo enfoque para o estudo do procedimento em matéria processual. 2007. Tese (Doutorado em Direito Processual Civil) – Faculdade de Direito da Universidade de São Paulo, São Paulo, 2007. Disponível em: http://www.teses.usp.br/teses/disponiveis/2/2137/tde-06082008-152939/. Acesso em: 27 set. 2022.

GANANCIA, Danièle. *Conciliação e Poder Judiciário*. Disponível em: http://www.fernandatartuce.com.br/artigos/cat_view/38-artigos/43-artigos-da-professora.html?start=10. Acesso em: 27 set. 2022.

GANANCIA, Danièle. Justiça e mediação familiar: uma parceria a serviço da parentalidade. *Revista do Advogado*, São Paulo, v. 62, p. 7-15, mar. 2001.

GARDNER, Richard A. Parental Alienation Syndrome vs. Parental Alienation: Which Diagnosis Should Evaluators Use in Child-Custody Disputes? *The American Journal of Family Therapy*, [*s. l.*], v. 30, n. 2, p. 93-115, 2002. Disponível em: https://www.tandfonline.com/doi/abs/10.1080/019261802753573821. Acesso em: 23 abr. 2012.

GERHARDT, Michael J. The Pressure of Precedent: A Critique of the Conservative Approaches to Stare Decisis in Abortion Cases. *Constitutional Commentary*, Chapel Hill, v. 10, n. 1, p. 67-86, 1993.

GIORGIS, José Carlos Teixeira. *A paternidade fragmentada*: família, sucessões e bioética. Porto Alegre: Livraria do Advogado, 2007.

GOMES JUNIOR, Luiz Manoel; FERREIRA, Jussara Suzi Assis Borges Nasser; CHUEIRI, Miriam Fecchio. Segredo de justiça. Aspectos processuais controvertidos e liberdade de imprensa. *Revista Magister de Direito Civil e Processual Civil*, Porto Alegre, v. 4, n. 22, p. 86-101, jan./fev. 2008.

GOODHART, Arthur L. Determining the *Ratio Decidendi* of a Case. *Yale Law Journal*, v. 40, n. 2, p. 161-183, 1930.

GRAMSTRUP, Erik Frederico; QUEIROZ, Odete Novais Carneiro. A socioafetividade e a multiparentalidade. *Revista Nacional de Direito de Famílias e Sucessões*, Porto Alegre, n. 11, p. 105-127, mar./abr. 2016.

GRECO, Leonardo. Os atos de disposição processual – primeiras reflexões. *Revista Eletrônica de Direito Processual*, Rio de Janeiro, v. 1, n. 1, p. 7-28, dez. 2007. Disponível em: http://www.e-publicacoes.uerj.br/index.php/redp/article/view/23657/16714. Acesso em: 19 nov. 2018.

GRINOVER, Ada Pellegrini. *Os princípios constitucionais e o Código de Processo Civil*. São Paulo: J. Bushatsky, 1975.

GRINOVER, Ada Pellegrini; FERNANDES, Antônio Scarance; GOMES FILHO, Antônio Magalhães. *As nulidades no processo penal*. 8. ed. São Paulo: RT, 2004.

GRISARD FILHO, Waldyr. *Guarda compartilhada*: um novo modelo de responsabilidade parental. 2. ed. São Paulo: RT, 2002.

GRISARD FILHO, Waldyr. *Guarda compartilhada*: um novo modelo de responsabilidade parental. 4. ed. São Paulo: RT, 2009.

GROENINGA, Giselle Câmara. *Direito a convivência entre pais e filhos*: análise interdisciplinar com vistas à eficácia e sensibilização de suas relações no Poder Judiciário. 2011. Tese (Doutorado em Direito Civil) – Faculdade de Direito da Universidade de São Paulo, São Paulo, 2011.

GROENINGA, Giselle Câmara. Guarda compartilhada: considerações interdisciplinares. *Consulex*: revista jurídica, Brasília, DF, v. 12, n. 275, p. 31-33, jun. 2008. Disponível em: https://slidex.tips/download/guarda-compartilhada-consideraoes-interdisciplinares. Acesso em: 19 nov. 2018.

GROENINGA, Giselle Câmara. O papel profissional do assistente técnico na relação cliente/perito/juiz. In: CONSELHO REGIONAL DE PSICOLOGIA DA 6ª REGIÃO (org.). *Psicólogo judiciário nas questões de família*: a ética própria da psicologia: mudanças na relação assistente técnico e perito. São Paulo: CRPSP, 2010, p. 22-24. (Caderno temático 10). Disponível em: https://www.crpsp.org/uploads/impresso/88/y2SOWR soiqe0NwGbpy2kSHf8G-aKrs4M.pdf. Acesso em: 28 out. 2016.

GUIMARÃES DOS SANTOS, Clilton. *Tutela jurisdicional ao direito a alimentos*. 2009. Dissertação (Mestrado em Direito Processual Civil) – Faculdade de Direito da Universidade de São Paulo, São Paulo, 2009. Disponível em: http://www.teses.usp.br/teses/disponiveis/2/2137/tde-23042010-145528/pt-br.php. Acesso em: 26 set. 2022.

HIRONAKA, Giselda Maria Fernandes Novaes. Família e casamento em evolução. *Instituto Brasileiro de Direito de Família*. Belo Horizonte, 21 out. 2001. Disponível em: http://www.ibdfam.org.br/artigos/14/novosite. Acesso em: 18 dez. 2019.

HIRONAKA, Giselda Maria Fernandes Novaes. Responsabilidade civil na relação paterno-filial. In: CONGRESSO BRASILEIRO DE DIREITO DE FAMÍLIA – FAMÍIA E CIDADANIA: O NOVO CÓDIGO CIVIL BRASILEIRO E A 'VACATIO LEGIS', 3., 2001, Ouro Preto. *Anais*

[...]. Ouro Preto: IBDFAM, 2001. Disponível em: http://www.ibdfam.org.br/_img/congressos/anais/210.pdf. Acesso em: 2 jan. 2019.

HIRONAKA, Giselda Maria Fernandes Novaes. *Responsabilidade pressuposta*. Belo Horizonte: Del Rey, 2005.

HIRONAKA, Giselda Maria Fernandes Novaes. Sobre peixes e afetos: um devaneio acerca da ética no direito de família. In: CONGRESSO DE DIREITO DE FAMÍLIA DO INSTITUTO BRASILEIRO DE DIREITO DE FAMÍLIA, 5., Belo Horizonte, 2005. *Anais* [...]. Belo Horizonte: IBDFAM, 2005.

HOOG, Wilson Alberto Zappa. *Prova pericial contábil*: aspectos práticos e fundamentais. 5. ed. Curitiba: Juruá, 2008.

JORGE, Flávio Cheim; DIDIER JUNIOR, Fredie; RODRIGUES, Marcelo Abelha. *A nova reforma processual*. 2. ed. São Paulo: Saraiva, 2003.

JORGE, Maria Helena Prado de Mello et al. Formas de violência contra a criança e o adolescente. In: WAKSMAN, Renata Dejtiar; HIRSCHHEIMER, Mário Roberto; PFEIFFER, Luci (coord.). *Manual de atendimento às crianças e adolescentes vítimas de violência*. 2. ed. Brasília, DF: Conselho Federal de Medicina, 2018, p. 30-51.

KOVACH, Kimberlee K. *Mediation*: principles and practice. 3. ed. Minneapolis-Saint Paul: Thomson West, 2004.

KOZEL, Randy J. Precedent and Reliance. *Emory Law Journal*, Atlanta, v. 62, n. 6, p. 1459-1508, 2013.

LACERDA, Galeno. *Comentários ao Código de Processo Civil*. 2. ed. Rio de Janeiro: Forense, 1981. v. 8, t. 1.

LAGRASTA NETO, Caetano. Diálogos de um juiz. In: LAGRASTA NETO, Caetano; TARTUCE, Flávio; SIMÃO, José Fernando. *Direito de família*: novas tendências e julgamentos emblemáticos. São Paulo: Atlas, 2011. p. 26-45.

LAGRASTA NETO, Caetano; TARTUCE, Flávio; SIMÃO, José Fernando. *Direito de família*: novas tendências e julgamentos emblemáticos. São Paulo: Atlas, 2011.

LANGARO, Alexandre. Prova pericial: a (in)certeza do exame laboratorial do DNA. *Instituto Brasileiro de Direito de Família*. Belo Horizonte, 27 ago. 2007. Disponível em: https://ibdfam.org.br/artigos/322/Prova+Pericial:+A+(In)+Certeza+do+Exame+Laboratorial+do+DNA. Acesso em: 16 jan. 2008.

LICASTRO, Rogério. Comentário ao art. 1.012. In: ARRUDA ALVIM, Teresa; DIDIER JR., Fredie; TALAMINI, Eduardo; DANTAS, Bruno (Coord.). *Breves comentários ao Novo CPC*. 2. ed. São Paulo: RT, 2016.

LIEBMAN, Enrico Tullio. *Manual de direito processual civil*. 3. ed. Tradução e notas de Cândido Rangel Dinamarco. São Paulo: Malheiros, 2005.

LIMA, Márcia Fidelis. Lei nº 14.382-2022 – Primeiras Reflexões Interdisciplinares do Registro Civil das Pessoas Naturais e o Direito das Famílias. *Instituto Brasileiro de Direito de Família*. Belo Horizonte, 1 jul. 2022. Disponível em: https://ibdfam.org.br/artigos/1841/Lei+n%C2%BA+14.382-2022+%E2%80%93+Primeiras+Reflex%C3%B5es+Interdisciplinares+do+Registro+-Civil+das+Pessoas+Naturais+e+o+Direito+das+Fam%C3%ADlias. Acesso 28 set. 2022.

LIMA, Renata Dias de Araújo. Mediação na obrigação alimentar. In: LIMA, Fernanda; FAGUNDES, Rosane; PINTO, Vania (org.). *Manual de mediação*: teoria e prática. Belo Horizonte: New Hampton Press, 2007. p. 155-167.

LIVE – Alteração do CPC pela Lei 14.195, de 26 de agosto de 2021 – com Caio Cytrangulo. [*S. l.*: *s. n.*], 3 set. 2021. 1 vídeo (57min). Disponível em: https://www.youtube.com/watch?v=YS-JUlUDRaig. Acesso em: 16 set. 2021.

LÔBO, Paulo Luiz Netto. *Direito civil*: famílias. São Paulo: Saraiva, 2008.

LOPES, Miguel Maria de Serpa. *Curso de direito civil*: obrigações em geral. Rio de Janeiro: Freitas Bastos, 1953, v. 2.

LORENCINI, Marco Antonio Garcia Lopes "Sistema multiportas": opções para tratamento de conflitos de forma adequada. In: SALLES, Carlos Alberto; LORENCINI, Marco Antonio Garcia Lopes; SILVA, Paulo Eduardo Alves (coord.). *Negociação, mediação e arbitragem*: curso básico para programas de graduação em Direito. São Paulo: Método, 2013. p. 57-85.

MACHADO, Antonio Cláudio da Costa. *Código de Processo Civil interpretado* – artigo por artigo parágrafo por parágrafo. 10. ed. São Paulo: Manole, 2011.

MACHADO, Antonio Cláudio da Costa. *Código de Processo Civil interpretado e anotado*. São Paulo: Manole, 2010.

MACHADO, Antonio Cláudio da Costa. O novo divórcio e a Emenda 66/2010. Disponível em: http://www.professorcostamachado.com/. Acesso em: 20 set. 2010.

MADALENO, Rolf. A execução de alimentos do relativamente incapaz. In: SHIMURA, Sérgio; BRUSCHI, Gilberto Gomes (org.). *Execução civil e cumprimento da sentença*. São Paulo: Método, 2009, p. 681-699.

MADALENO, Rolf. A execução de alimentos do relativamente incapaz. *Patricia Fontanella*. Biguaçu, 15 fev. 2011. Disponível em: http://patriciafontanella.adv.br/wp-content/uploads/2011/01/A--execuo-de-alimentos-do-relativamente-incapaz.pdf. Acesso em: 15 maio 2012.

MADALENO, Rolf. A prova ilícita no direito de família e o conflito de valores. *Madaleno*. Porto Alegre, c2022. Disponível em: https://www.rolfmadaleno.com.br/web/artigo/a-prova-ilicita-no-direito-de-familia-e-o-conflito-de-valores. Acesso em: 17 dez. 2019.

MADALENO, Rolf. Alimentos processuais. *Revista Magister de Direito das Famílias e Sucessões*, Porto Alegre, v. 5, ago./set. 2008.

MADALENO, Rolf. *Curso de direito de família*. Rio de Janeiro: Forense, 2008.

MADALENO, Rolf. *Direito de família em pauta*. Porto Alegre: Livraria do Advogado, 2004.

MADALENO, Rolf. Execução de alimentos pela coerção pessoal. In: TESHEINER, José Maria Rosa; MILHORANZA, Mariângela Guerreiro; PORTO, Sérgio Guilherme (org.). *Instrumentos de coerção e outros temas de direito processual civil*: estudos em homenagem aos 25 anos de docência do Professor Dr. Araken de Assis. Rio de Janeiro: Forense, 2007.

MADALENO, Rolf. Execução de alimentos pela coerção pessoal. In: TESHEINER, José Maria Rosa; MILHORANZA, Mariângela Guerreiro; PORTO, Sérgio Guilherme (coord.). *Instrumentos de coerção e outros temas de direito processual civil*: estudos em homenagem aos 25 anos de docência do Professor Dr. Araken de Assis. Rio de Janeiro: Forense, 2007.

MADALENO, Rolf. Execução de alimentos pela coerção pessoal. *Revista jurídica*: doutrina, legislação, jurisprudência, Porto Alegre, v. 56, n. 367, p. 37-56, maio 2008. Disponível em: http://tex.pro.br/tex/listagem-de-artigos/200-artigos-nov-2007/5952-execucao-de-alimentos-pela--coercao-pessoal. Acesso em: 15 maio 2012.

MADALENO, Rolf. Guarda compartilhada e regulação de visitas (pandemia ou pandemônio). *GenJurídico*. São Paulo, 20 mar. 2020. Disponível em: http://genjuridico.com.br/2020/03/20/guarda-compartilhada-visitas-pandemia/. Acesso em: 27 abr. 2020.

MADALENO, Rolf. Multa afetiva. *Madaleno*. Porto Alegre, c2022. Disponível em: https://www.rolfmadaleno.com.br/web/artigo/a-multa-afetiva. Acesso em: 9 mar. 2012.

MADALENO, Rolf. O cumprimento da sentença e exceção de pré-executividade na execução de alimentos. Madaleno. Porto Alegre, c2022. Disponível em: https://www.rolfmadaleno.com.br/web/artigo/o-cumprimento-da-sentenca-e-a-excecao-de-pre-executividade-na-execucao-de-alimentos. Acesso em: 28 out. 2016.

MALDONADO, Maria Tereza. *O bom conflito*. São Paulo: Integrare Editora, 2008.

MALTZ, Earl. The Nature of Precedent. *North Carolina Law Review*, Chapel Hill, v. 66, n. 2, p. 367-394, 1988.

MALUF, Carlos Alberto Dabus. *A transação no direito civil*. São Paulo: Saraiva, 1985.

MANCUSO, Rodolfo de Camargo. A coisa julgada e sua recepção no Código Civil. In: FILOMENO, José Geraldo Brito (org.). *O Código Civil e sua interdisciplinaridade*: os reflexos do Código Civil nos demais ramos do Direito. Belo Horizonte: Del Rey, 2004, p. 283-306.

MANCUSO, Rodolfo de Camargo. O plano-piloto de conciliação em segundo grau de jurisdição, do Egrégio Tribunal de Justiça de São Paulo, e sua possível aplicação aos feitos de interesse da Fazenda Pública. *Revista dos Tribunais*, São Paulo, ano 93, v. 820, p. 11-49, fev. 2004.

MANCUSO, Rodolfo de Camargo. *Sistema Brasileiro de Precedentes*: natureza, eficácia, operacionalidade. São Paulo: RT, 2014.

MARCACINI, Augusto Rosa Tavares. *Estudo sobre a efetividade do processo civil*. 1999. Tese (Doutorado em Direito Processual Civil) – Faculdade de Direito da Universidade de São Paulo, São Paulo, 1999.

MARCATO, Antonio Carlos (org.). *Comentários ao Código de Processo Civil*. 2. ed. São Paulo: Atlas, 2008.

MARINONI, Luiz Guilherme. *A antecipação da tutela*. 6. ed. São Paulo: Malheiros, 2009.

MARINONI, Luiz Guilherme. El precedente interpretativo. *Revista Jurídica Luso-Brasileira*, Lisboa, ano 3, n. 2, p. 423-451, 2017.

MARINONI, Luiz Guilherme. O julgamento colegiado nas Cortes Supremas. *Revista Jurídica Luso-Brasileira*, Lisboa, ano 2, n. 5, p. 873-920, 2016.

MARINONI, Luiz Guilherme. *Precedentes obrigatórios*. 6. ed. São Paulo: RT, 2019.

MARINONI, Luiz Guilherme. *Tutela antecipatória e julgamento antecipado*: a parte incontroversa da demanda. 5. ed. São Paulo: RT, 2002.

MARINONI, Luiz Guilherme. *Tutela de urgência e tutela da evidência*: soluções processuais diante do tempo da justiça. São Paulo: RT, 2017.

MARINONI, Luiz Guilherme; ARENHART, Sérgio Cruz; MITIDIERO, Daniel. *Novo curso de processo civil*: tutela dos direitos mediante procedimentos diferenciados. São Paulo: RT, 2015, v. 3.

MARQUES DA SILVA, Evani Zambon. A função do psicólogo perito e os limites de sua atuação no âmbito do Poder Judiciário. In: CONSELHO REGIONAL DE PSICOLOGIA DA 6ª REGIÃO (org.). *Psicólogo judiciário nas questões de família*: a ética própria da psicologia: mudanças na relação assistente técnico e perito. São Paulo: CRPSP, 2010, p. 20-221. (Caderno temático 10). Disponível em: https://docplayer.com.br/104423-Psicologo-judiciario-nas-questoes-de-familia.html . Acesso em: 28 out. 2016.

MARQUES, Ana Luiza; NUNES, Dierle. Parte do Judiciário já entende que é possível a autorização liminar do divórcio. *ConJur*. São Paulo, 8 ago. 2019. Disponível em: https://www.conjur.

com.br/2019-ago-08/opiniao-parte-judiciario-aprova-autorizacao-liminar-divorcio. Acesso em: 7 jan. 2020.

MARZAGÃO, Silvia Felipe. Direito de família e pandemia: tempo de reflexão e transformação. *Migalhas*. São Paulo, 15 abr. 2020. Disponível em: https://www.migalhas.com.br/depeso/324495/direito-de-familia-e-pandemia-tempo-de-reflexao-e-transformacao. Acesso em: 27 abr. 2020.

MEDINA, José Garcia Miguel. *Direito processual civil Moderno*. São Paulo: RT, 2015.

MEDINA, José Garcia Miguel. *Novo Código de Processo Civil comentado*. São Paulo: RT, 2015.

MELLO, Rogerio Licastro Torres de. Art. 1.012. In: WAMBIER, Teresa Arruda Alvim; DIDIER JUNIOR, Fredie; TALAMINI, Eduardo; DANTAS, Bruno (coord.). *Breves comentários ao Novo CPC*. 2. ed. São Paulo: RT, 2016, p. 2241-2242.

MICHAELIS. *Moderno dicuionário da língua portuguesa*. Disponível em: http://michaelis.uol.com.br/busca?id=ZNDAK. Acesso em: 19 nov. 2019.

MONIZ DE ARAGÃO, Egas Dirceu. *Comentários ao Código de Processo Civil*. Rio de Janeiro: Forense, 1998, v. 2.

MOURA, Henrique Luiz de Lucena; SANTOS, Larissa Medeiros. A prova pericial: agilização processual e direito de defesa – um conflito de interesses. *PeríciaBR*. Curitiba, 24 fev. 2022. Disponível em: https://periciabr.com.br/a-prova-pericial-agilizacao-processual-e-direito--de-defesa-um-conflito-de-interesses/. Acesso em: 17 dez. 2019.

NEGRÃO, Theotonio. *Código de Processo Civil e legislação processual em vigor*. 47. ed. São Paulo: Saraiva, 2016.

NERY JUNIOR, Nelson; NERY, Rosa Maria de Andrade. *Código de Processo Civil comentado*. 10. ed. São Paulo: RT, 2008.

NERY JUNIOR, Nelson; NERY, Rosa Maria de Andrade. *Código de Processo Civil comentado e legislação extravagante*. 10. ed. São Paulo: RT, 2007.

NERY JUNIOR, Nelson; NERY, Rosa Maria de Andrade. *Código de Processo Civil comentado*. 17. ed. rev., atual. e ampl. São Paulo: RT, 2018.

NEVES JÚNIOR, Idalberto José das; OLIVEIRA, Diego Silva de. A relevância do trabalho de perícia contábil desenvolvida por assistente técnico nas ações revisionais de contratos: uma análise documental dos processos da Caixa Econômica Federal (CEF). *Revista Brasileira de Contabilidade*, Brasília, DF, n. 184, p. 73, jul./ago. 2010. Disponível em: https://congressousp.fipecafi.org/anais/artigos102010/40.pdf. Acesso em: 3 ago. 2016.

NEVES, Daniel Amorim Assumpção. *Manual de direito processual civil*. São Paulo: Método, 2009.

NEVES, Daniel Amorim Assumpção. *Manual de direito processual civil – volume único*. 8. ed. Salvador: JusPodivm, 2016.

NEVES, Daniel Amorim Assumpção. *Novo CPC – Novo Código de Processo Civil (Lei n. 13.105/2015)*: inovações, alterações e supressões comentadas. São Paulo: Método, 2015 (*e-book*).

NICODEMOS, Carlos. A inquirição da criança e do adolescente no âmbito do Judiciário. In: CONSELHO FEDERAL DE PSICOLOGIA. *A escuta de crianças e adolescentes envolvidos em situação de violência e a rede de proteção*. Brasília: CFP, 2010, p. 88. Disponível em: http://site.cfp.org.br.wp-content.uploads.2010/02.escutFINALIMPRESSO.pdf. Acesso em: 10 abr. 2015.

NUNES, Dierle; ALMEIDA, Catharina. Lei n. 14.195/2021: a nova citação eletrônica através do *legal design*. *ConJur*. São Paulo, 3 set. 2021. Disponível em: https://www.conjur.com.br/2021-set-03/opiniao-citacao-eletronica-atraves-legal-design. Acesso em: 17 set. 2021.

OLIVEIRA JUNIOR, Zulmar Duarte de. A contrafé nas "ações de família": inconstitucionalidade do artigo 695, § 1º, do Novo CPC. *Revista Nacional de Direito de Família e Sucessões*, Porto Alegre, v. 1, n. 5, p. 94-109, mar./abr. 2015.

OLIVEIRA, Euclides de. Direito de visita e direito à visita: integração dos filhos na comunidade familiar. *Revista do Advogado* – AASP, São Paulo, ano 31, v. 112, p. 40-52, jul. 2011.

OLIVEIRA, Euclides de. Direito de visitas dos avós aos netos. *Consulex*: revista jurídica. Brasília, DF, v. 9, n. 199, p. 38-41, abr. 2005. Disponível em: https://www.direitodefamilia.adv.br/2020/wp-content/uploads/2020/07/visitas.pdf. Acesso em: 8 mar. 2012.

OTERO, Marcelo Truzzi. Arts. 731 a 734. In: TUCCI, Rogério Cruz e; FERREIRA FILHO, Manoel Caetano; APRIGLIANO, Ricardo de Carvalho; DOTTI, Rogéria Fagundes; MARTINS, Sandro Gilbert (coord.). *Código de Processo Civil anotado*. 3. ed. São Paulo: AASP, 2018. p. 1031-1039.

PARKINSON, Lisa. *Mediação familiar.* Belo Horizonte: Del Rey, 2016.

PASINATO, Wânia. Acesso à justiça e violência doméstica e familiar contra as mulheres: as percepções dos operadores jurídicos e os limites para a aplicação da Lei Maria da Penha. *Revista Direito GV*, v. 11, p. 407-428, 2015. Disponível em: https://www.scielo.br/j/rdgv/a/5sWmchMftYHrmcgt674yc7Q/. Acesso em: 17 nov. 2023.

PAULO, Beatrice Marinho. Alienação parental: Identificação, tratamento e prevenção. *Revista Brasileira de Direito das Famílias e Sucessões*, Belo Horizonte, n. 19, p. 5-26, dez./jan. 2011.

PEÑA, Eduardo Chemale Selistre. Reforma do Judiciário: a polêmica em torno da adoção das súmulas vinculantes e a solução oferecida pelas súmulas impeditivas de recursos. Revista de Processo, São Paulo, v. 30, n. 120, p. 77-94, fev. 2005. Disponível em: https://www.paginasdedireito.com.br/index.php/artigos/114-artigos-abr-2004/5062-reforma-do-judiciario-a-polemica-em-torno-da-adocao-das-sumulas-vinculantes-e-a-solucao-oferecida-pelas-sumulas-impeditivas-de-recursos. Acesso em: 18 dez. 2019.

PEREIRA, Caio Mário da Silva. *Instituições de direito civil.* Rio de Janeiro: Forense, 2004. v. 5, p. 605.

PEREIRA, Rodrigo da Cunha. A criança não existe. *Rodrigo da Cunha Pereira*. São Paulo, 25 nov. 2013. Disponível em: http://www.rodrigodacunha.adv.br/a-crianca-nao-existe/. Acesso em: 9 jan. 2020.

PEREIRA, Rodrigo da Cunha. *Divórcio*: teoria e prática. 2. ed. Rio de Janeiro: GZ, 2010.

PEREIRA, Rodrigo da Cunha. Emenda Constitucional n. 66/2010: semelhanças, diferenças e inutilidades entre separação e divórcio e o direito intertemporal. *Instituto Brasileiro de Direito de Família*. Belo Horizonte, 20 jul. 2010. Disponível em: https://ibdfam.org.br/artigos/647/novosite . Acesso em: 30 jul. 2010.

PEREIRA, Rodrigo da Cunha. Família e cidadania. Disponível em: www.editoramagister.com.br. Acesso em: 16 jan. 2008.

PEREIRA, Rodrigo da Cunha. *Princípios fundamentais para o direito de família*. Belo Horizonte: Del Rey, 2006.

PEREIRA, Rodrigo da Cunha. Separação e divórcio judicial – reflexão sobre a prática. In: PEREIRA, Rodrigo da Cunha; MADALENO, Rolf (org.). *Direito de família*: processo, teoria e prática. Rio de Janeiro: Forense, 2008.

PEREIRA, Sérgio Gischkow. *Direito de família*: aspectos do casamento, sua eficácia, separação, divórcio, parentesco, filiação, regime de bens, alimentos, bem de família, união estável, tutela e curatela. Porto Alegre: Livraria do Advogado, 2007.

PETROFF, Thaís. Processo de perda e luto possui cinco fases. *Vya Estelar*. São Paulo, 1 jan. 2016. Disponível em: https://www.vyaestelar.com.br/post/8383/processo-de-perda-e-luto-possui-cinco-fases. Acesso em: 17 dez. 2019.

PEYRANO, Jorge W. Aspectos procesales de la rofessionalade rofessional. In: MORELLO, Augusto M.; AGOGLIA, María M.; BORAGINA, Juan C.; MEZA, Jorge A. *Las responsabilidades profesionales*: libro homenaje al Dr. Luis O. Andorno. La Plata: LEP, 1992.

PIZZOL, Patrícia Miranda. *A competência no processo civil*. São Paulo: RT, 2003.

PIZZOL, Patrícia Miranda. Comentário ao art. 100. In: MARCATO, Antônio Carlos (org.). *Código de Processo Civil interpretado*. 2. ed. São Paulo: Atlas, 2008.

PLANEJAMENTO. In. MICHAELIS. Dicionário Brasileiro da Língua Portuguesa. [*S. l.*]: Editora Melhoramentos, c2022. Disponível em: http://michaelis.uol.com.br/busca?id=ZNDAK. Acesso em: 19 nov. 2019.

POMJÉ, Caroline. *O direito de família no processo*: um estudo sobre a aplicação do princípio dispositivo em sentido material e do princípio da congruência em ações de família. 2020. Dissertação (Mestrado em Direito Civil) – Faculdade de Direito da Universidade Federal do Rio Grande do Sul, Porto Alegre, 2020.

PONTES DE MIRANDA, Francisco Cavalcanti. *Tratado das ações*. Ações declarativas. São Paulo: RT, 1971, t. 2.

PORTANOVA, Rui. *Princípios do processo civil*. 5. ed. Porto Alegre: Livraria do Advogado, 2003.

PORTANOVA, Rui. *Princípios do processo civil*. 8. ed. Porto Alegre: Livraria do Advogado, 2013.

POSSIDÔNIO, Viviane da Silva. Mediação familiar: as perspectivas e desenvolvimento da entidade familiar. In: LIMA, Fernanda; FAGUNDES, Rosane; PINTO, Vania (org.). *Manual de mediação*: teoria e prática. Belo Horizonte: New Hampton Press, 2007. p. 164-178.

PREÇO da ausência: juiz determina multa a pai separado que não visita filha. *ConJur*. São Paulo, 28 abr. 2007. Disponível em: http://www.conjur.com.br/2007-abr-28/pai_separado_nao_visita_filha_pagar_multa. Acesso em: 28 out. 2016.

RAMIRES, Maurício. *Crítica à aplicação de precedentes no direito brasileiro*. Porto Alegre: Livraria do Advogado, 2010.

RANGEL, Rafael Calmon. Apontamentos sobre o rito de cumprimento da sentença de alimentos. *Revista Nacional de Direito de Família e Sucessões*, Porto Alegre, v. 2, n. 10, p. 127-140, jan./fev. 2016.

REZENDE, Joubert R. Direito à visita ou poder-dever de visitar: o princípio da afetividade como orientação dignificante no direito de família humanizado. *Revista Brasileira de Direito de Família*, Porto Alegre, n. 28, v. 26, p. 150-160, 2005.

RIBEIRO DE OLIVEIRA, Pamela. Mediação: aplicabilidade na prevenção e solução de conflitos, em foco a proteção da criança e do adolescente. In: LIMA, Fernanda; FAGUNDES, Rosane; PINTO, Vania (org.). *Manual de mediação*: teoria e prática. Belo Horizonte: New Hampton Press, 2007.

RIBEIRO, Adriano da Silva. Mediação: o melhor caminho para a solução de conflitos entre casais. In: LIMA, Fernanda; FAGUNDES, Rosane; PINTO, Vania (org.). *Manual de mediação*: teoria e prática. Belo Horizonte: New Hampton Press, 2007. p. 170-190.

RIBEIRO, Ana Cecília Rosário. Instrução probatória e depoimento sem dano. In: PEREIRA, Rodrigo da Cunha (org.). *Família*: entre o público e o privado. Porto Alegre: Magister; IBDFAM, 2012, p. 36.

RISKIN, Leonard L. Compreendendo as orientações, estratégias e técnicas do mediador: um mapa para os desnorteados. Tradução de Henrique Araújo Costa. *Estudos de Arbitragem Mediação e Negociação*, Brasília, DF, v. 1, p. 26, 2001.

ROQUE, Nathaly Campitelli. A ordem pública e seu regime jurídico do direito processual civil – as questões de ordem pública. *Revista dos Tribunais*, São Paulo, v. 908, p. 263-291, 2011.

SALES, Lília Maia de Morais. *Justiça e mediação de conflitos*. Belo Horizonte: Del Rey, 2003.

SALLES, Carlos Alberto de. *A arbitragem na solução de controvérsias contratuais da administração pública*. 2010. Tese (Livre-docência em Direito Processual Civil) – Faculdade de Direito da Universidade de São Paulo, São Paulo, 2010.

SALOMÃO, Luis Felipe. Segurança jurídica e o sistema de precedentes no novo Código de Processo Civil: desafios em tempos de incerteza. In: RÊGO, Werson (coord.). *Segurança jurídica e protagonismo judicial*: desafios em tempos de incertezas – estudos jurídicos em homenagem ao Ministro Carlos Mário da Silva Velloso. Rio de Janeiro: GZ, 2017. p. 529-540.

SAMPAIO, Lia Regina Castaldi; BRAGA NETO, Adolfo. *O que é mediação de conflitos?* São Paulo: Brasiliense, 2007.

SANSEVERINO, Paulo de Tarso. O princípio da segurança jurídica e a força vinculante dos precedentes no novo Código de Processo Civil. In: RÊGO, Werson (coord.). *Segurança jurídica e protagonismo judicial*: desafios em tempos de incertezas – estudos jurídicos em homenagem ao Ministro Carlos Mário da Silva Velloso. Rio de Janeiro: GZ, 2017. p. 809-834.

SANTOS JUNIOR, Eduardo Francisco dos. Intervenção do Ministério Público nas Ações de Família segundo o Novo Código de Processo Civil. *Revista Nacional de Direito de Família e Sucessões*, Porto Alegre, v. 10, p. 119-120, jan./fev. 2016.

SANTOS, Clilton Guimarães dos. *Tutela jurisdicional ao direito a alimentos*. 2009. Dissertação (Mestrado em Direito Processual Civil) – Faculdade de Direito da Universidade de São Paulo, São Paulo, 2009. Disponível em: http://www.teses.usp.br/teses/disponiveis/2/2137/tde-23042010-145528/pt-br.php. Acesso em: 26 set. 2022.

SANTOS, Luiz Felipe Brasil. Emenda do divórcio: cedo para comemorar. *Instituto Brasileiro de Direito de Família*. Belo Horizonte, 21 jul. 2010. Disponível em: https://ibdfam.org.br/artigos/648/Emenda+do+Div%C3%B3rcio:+Cedo+para+Comemorar. Acesso em: 14 ago. 2010.

SANTOS, Moacyr Amaral. *Primeiras linhas de direito processual*. 27. ed. São Paulo: Saraiva, 2010, v. I.

SARLET, Ingo Wolfgang. *Dignidade da pessoa humana e direitos fundamentais na Constituição Federal de 1988*. 6. ed. Porto Alegre: Livraria do Advogado, 2008.

SHINE, Sidney. A atuação do psicólogo no Poder Judiciário: interfaces entre a Psicologia e o Direito. In: CONSELHO REGIONAL DE PSICOLOGIA DA 6ª REGIÃO (org.). *Psicólogo judiciário nas questões de família*: a ética própria da psicologia: mudanças na relação assistente técnico e perito. São Paulo: CRPSP, 2010, p. 10-13. (Caderno temático 10). Disponível em: https://docplayer.com.br/104423-Psicologo-judiciario-nas-questoes-de-familia.html . Acesso em: 28 out. 2016.

SILVA, Rodrigo Medeiros. Quantidade *versus* qualidade: perspectivas de uma jurisdição atrelada a precedentes vinculantes. *Revista Jurídica Luso-Brasileira*, Lisboa, ano 2, n. 5, p. 1409-1427, 2016.

SIMÃO, José Fernando. A Emenda Constitucional nº 66: a revolução do século em matéria de direito de família. *Revista do Advogado*, São Paulo, v. 112, p. 64-78, jul. 2011.

SIMÃO, José Fernando. A não manutenção do foro privilegiado para mulher casada no novo CPC. *ConJur*. São Paulo, 3 maio 2015. Disponível em: http://www.conjur.com.br/2015-mai-03/

processo-familiar-nao-manutencao-foro-privilegiado-mulher-casada-cpc. Acesso em: 27 set. 2022.

SIMÃO, José Fernando. Transmissibilidade dos alimentos: a lei, a doutrina e STJ (parte 4). *ConJur*. São Paulo, 3 jul. 2016. Disponível em: http://www.conjur.com.br/2016-jul-03/transmissibilidade-alimentos-lei-doutrina-stj-parte. Acesso em: 27 set. 2022.

SIQUEIRA, Thiago Ferreira. *A responsabilidade patrimonial no novo sistema processual civil*. São Paulo: RT, 2016.

SOUSA, Lourival de Jesus Serejo. O tormento dos juízes de família. *Revista dos Tribunais*, São Paulo, v. 81, n. 685, p. 261-263, nov. 1992.

SPENGLER, Fabiana Marion. *Mediação de conflitos*: da teoria à prática. 2. ed. Porto Alegre: Livraria do Advogado, 2017.

TABOSA, Fabio. Comentário ao art. 421. In: MARCATO, Antônio Carlos (org.). *Código de Processo Civil interpretado*. 2. ed. São Paulo: Atlas, 2008.

TABOSA, Fabio. Comentário ao art. 444 do CPC. In: MARCATO, Antônio Carlos (org.). *Código de Processo Civil interpretado*. 2. ed. São Paulo: Atlas, 2008.

TAI, Eric Tjong Tjin; TEUBEN, Karlijn. European Precedent Law. *European Review of Private Law*, [s. l.], v. 16, p. 827-841, 2008.

TALAMINI, Eduardo. *Tutela de urgência contra a Fazenda Pública*. Porto Alegre: TRF-4.ª Região, 2009 (Caderno de Direito Processual Civil, módulo 7). Disponível em: http://www.trf4.jus.br/trf4/upload/editor/rlp_EDUARDO_TALAMINI.pdf. Acesso em: 29 dez. 2011.

TARTUCE, Fernanda. A ampliação da noção de paternidade e sua prova no processo. In: CARVALHO NETO, Inácio de (org.). *Novos direitos após seis anos de vigência do Código Civil de 2002*. Curitiba: Juruá, 2009. p. 367-400.

TARTUCE, Fernanda. A execução dos alimentos fixados em escritura pública. In: CIANCI, Mirna; QUARTIERI, Rita; MOURÃO, Luiz Eduardo; GIANNICO, Ana Paula Chiovitti (org.). *Temas atuais das tutelas diferenciadas*: estudos em homenagem ao Professor Donaldo Armelim. São Paulo: Saraiva, 2009. v. 1. p. 207-266.

TARTUCE, Fernanda. Alimentos indevidos: repetição e exoneração. *Revista Brasileira de Direito das Famílias e Sucessões*, Porto Alegre, v. 11, n. 9, p. 101-124, abr./maio 2009. Disponível em: www.fernandatartuce.com.br/artigos da professora. Acesso em: 27 jun. 2012.

TARTUCE, Fernanda. Artigos 694 a 699 e art. 731. In: BUENO, Cassio Scarpinella (coord.). *Comentários ao Código de Processo Civil*: arts. 539 a 925 – Parte Especial. São Paulo: Saraiva, 2017. v. 3. p. 337-350.

TARTUCE, Fernanda. Comentários aos artigos 911 a 913. In: CRUZ E TUCCI, José Rogério; APRIGLIANO, Ricardo; FERREIRA FILHO, Manoel Caetano; MARTINS, Sandro; DOTTI, Rogéria (org.). *Código de Processo Civil anotado*. São Paulo: AASP/OABPR, 2015, v. 1, p. 1.408-1.414.

TARTUCE, Fernanda. Conciliação e Poder Judiciário. *Fernanda Tartuce*. [*S. l.*], c2015. Disponível em: http://www.fernandatartuce.com.br/artigos/cat_view/38-artigos/43-artigos-da-professora.html?start=10. Acesso em: 27 set. 2022.

TARTUCE, Fernanda. Conciliação em juízo: questionamentos relevantes. *Fernanda Tartuce*. [*S. l.*], c2015. Disponível em: http://www.fernandatartuce.com.br/conciliacao-em-juizo-questionamentos-relevantes/. Acesso em: 2 jan. 2020.

TARTUCE, Fernanda. *Igualdade e vulnerabilidade no processo civil*. Rio de Janeiro: Forense, 2012.

TARTUCE, Fernanda. Intervenção de terceiros e contrato de seguro: novas perspectivas em face da atual codificação civil. In: HIRONAKA, Giselda Maria Fernandes Novaes; TARTUCE, Flávio (org.). *Direito contratual*: temas atuais. São Paulo: Método, 2007, v. 1. p. 725-743.

TARTUCE, Fernanda. Mediação no novo CPC: questionamentos reflexivos. *Fernanda Tartuce*. [*S. l.*], c2015. Disponível em: https://fernandatartuce.com.br/wp-content/uploads/2022/12/Mediacao-no-novo-CPC-Tartuce.pdf. Acesso em: 17 dez. 2019.

TARTUCE, Fernanda. *Mediação nos conflitos civis*. 5. ed. rev. atual. e ampl. São Paulo: Método, 2019.

TARTUCE, Fernanda. Mediação, autonomia e audiência inicial nas ações de família. In: EHRHARDT JUNIOR, Marcos (coord.). *Impactos do novo CPC e do EPD no direito civil brasileiro*. Belo Horizonte: Fórum, 2016. v. 1, p. 77-92.

TARTUCE, Fernanda. Meios de prova no Código de Processo Civil e no Código Civil. In: TARTUCE, Flávio; CASTILHO, Ricardo (org.). *Direito civil:* direito patrimonial e direito existencial. São Paulo: Método, 2006.

TARTUCE, Fernanda. Meios de prova no Código de Processo Civil e no Código Civil. In: NEVES, Daniel Amorim Assumpção (org.). *Provas*: aspectos atuais do direito probatório. São Paulo: Método, 2009.

TARTUCE, Fernanda. *Processo civil*: estudo didático. São Paulo: Método, 2011.

TARTUCE, Fernanda. Processos judiciais e administrativos em direito de família. In: PEREIRA, Rodrigo da Cunha (coord.). *Tratado de direito das famílias*. 3. ed. Belo Horizonte: IBDFAM, 2019.

TARTUCE, Fernanda. Prova nos processos de família e no projeto do CPC: ônus da prova, provas ilícitas e ata notarial. *Revista Nacional de Direito de Família e Sucessões*. v. 2, p. 38-53, 2014.

TARTUCE, Fernanda. Remanesce apenas o divórcio ou mantém-se a separação? Reflexão sobre a Emenda Constitucional 66/1. *Folha Dirigida*, edição impressa, 26 set. 2010.

TARTUCE, Fernanda. STJ reconhece ilegitimidade de mãe para prosseguir com execução de alimentos após morte do filho. *Instituto Brasileiro de Direito de Família*. Belo Horizonte, 24 abr. 2014. Disponível em: http://www.ibdfam.org.br/noticias/6921/STJ+reconhece+ilegitimidade+de+m%C3%A3e+pa-ra+prosseguir+com+execu%C3%A7%C3%A3o+de+alimentos+ap%C3%B3s+morte+do+filho. Acesso em: 22 jan. 2020.

TARTUCE, Fernanda. Técnica, vícios e princípios processuais em tempos de aceleração no julgamento. In: CARVALHO, Milton Paulo de; CASTRO, Daniel Penteado de (org.). *Direito processual civil*. São Paulo: Quartier Latin, 2011, v. 2.

TARTUCE, Fernanda; BARBOSA E SILVA, Erica. Previsões sobre a via extrajudicial no Novo CPC. In: FREIRE, Alexandre; DANTAS, Bruno; NUNES, Dierle; DIDIER JUNIOR, Fredie; MEDINA, José; FUX, Luiz; VOLPE, Luiz; MIRANDA, Pedro (org.). *Novas tendências do processo civil*: estudos sobre o projeto do novo CPC. Salvador: JusPodivm, 2014. p. 429-446.

TARTUCE, Fernanda; BERGAMASCHI, André Luís. Citação mediante envio ao endereço eletrônico da parte (Lei n. 14.195/2021). In: PINHO, Anna Carolina (coord.). *Discussões sobre o Direito na era digital*. Rio de Janeiro: GZ, 2021.

TARTUCE, Fernanda; BRANDÃO, Débora. Discussões sobre guarda e convivência à luz do equívoco entre ações de família e ações de estado. *Revista Nacional de Direito de Família e Sucessões*, Porto Alegr. v. 36, p. 42-55, 2020.

TARTUCE, Fernanda; DELLORE, Luiz. *1.001 dicas sobre o Novo CPC*. 2. ed. Indaiatuba: Foco, 2016.

TARTUCE, Fernanda; DELLORE, Luiz. Alimentos provisionais: atualidades polêmicas. In: MACHADO, Antonio Claudio da Costa; VEZZONNI, Marina (org.). *Processo cautelar*: estudos avançados. Barueri: Manole, 2010. p. 163-183.

TARTUCE, Fernanda; DELLORE, Luiz. Alimentos via cumprimento de sentença: novo regime de execução? In: BRUSCHI, Gilberto Gomes; SHIMURA, Sérgio (coord.). *Execução civil e cumprimento de sentença*. São Paulo: Método, 2007. p. 303-314.

TARTUCE, Fernanda; DELLORE, Luiz. *Manual de prática civil*. 16. ed. São Paulo: Método, 2021.

TARTUCE, Fernanda; NOLACIO, Cleverson. (In)compreensão judiciária de novas relações familiares: diálogo entre os direitos de família e previdenciário. *Revista Brasileira de Direito Previdenciário*, ano XII, n. 71, out.-nov. 2022, p. 5-26.

TARTUCE, Fernanda; PRESGRAVE, Ana Beatriz. Título executivo extrajudicial, obrigação alimentar e desconto em folha. *Revista Magister de Direito Civil e Processual Civil*, Porto Alegre, v. 16, n. 92, p. 5-22, set./out. 2019. Disponível em: http://www.fernandatartuce.com.br/wp-content/uploads/2019/12/Fernanda-Tartuce-e-Ana-Beatriz-Presgrave-titulo-executivo-extrajudicial-desconto-folha.pdf. Acesso em: 7 jan. 2020.

TARTUCE, Fernanda; TASSINARI, Simone. Exigências de maior responsabilidade parental e ajustes sobre convivência familiar no contexto da pandemia. In: NEVARES, Ana Luiza Maia; XAVIER, Marilia Pedroso; MARZAGÃO, Silvia Felipe (coord.). *Coronavírus*: impactos no direito de família e sucessões. Indaiatuba: Foco, 2020. v. 1, p. 163-171.

TARTUCE, Flávio. A Emenda Constitucional 66/2010 e os alimentos pósdivórcio. *Instituto Brasileiro de Direito de Família*. Belo Horizonte, 18 jan. 2011. Disponível em: https://ibdfam.org.br/index.php/artigos/704/novosite. Acesso em: 27 jun. 2012.

TARTUCE, Flávio. Argumentos constitucionais para o fim da separação de direito. *Professor Flávio Tartuce – Direito Civil*. [S. l.], 23 ago. 2010. Disponível em: https://professorflaviotartuce.blogspot.com/search?q=argumentos+constitucionais. Acesso em: 25 ago. 2008.

TARTUCE, Flávio. *Direito civil 1*: Lei de Introdução e parte geral. 12. ed. Rio de Janeiro: Forense; São Paulo: Método, 2016.

TARTUCE, Flávio. *Direito civil 5*: direito de família. 11. ed. Rio de Janeiro: Forense, 2015.

TARTUCE, Flávio. *Estatuto das Famílias*. Material de aula proferida no curso de especialização em Direito de Família e Sucessões na Escola Paulista de Direito. São Paulo: EPD, [2016?]. Disponível em: http://www.flaviotartuce.adv.br/material_aula/3. Acesso em: 1º ago. 2016.

TARTUCE, Flávio. *Impactos do novo CPC no direito civil*. Rio de Janeiro: Forense; São Paulo: Método, 2015, p. 345.

TARTUCE, Flávio. Novos princípios do direito de família brasileiro. *Instituto Brasileiro de Direito de Família*. Belo Horizonte. 27 jun. 2007. Disponível em: https://ibdfam.org.br/artigos/308/Novos+princ%C3%ADpios+do+Direito+de+Fam%C3%ADlia+Brasileiro+(1) . Acesso em: 2 jan. 2019.

TARTUCE, Flávio. Os enunciados de Direito de Família e das Sucessões aprovados na IX Jornada de Direito Civil. *Migalhas*, São Paulo, n. 5472, 29 jun. 2022. Disponível em: https://www.migalhas.com.br/coluna/familia-e-sucessoes/368804/enunciados-direito-de-familia-e-das-sucessoes-jornada-de-direito-civil. Acesso em: 10 out. 2022.

TARTUCE, Flávio; NEVES, Daniel Amorim Assumpção. *Manual de direito do consumidor*: direito material e processual. Rio de Janeiro: Forense, 2012.

TARUFFO, Michele. *A motivação da sentença civil.* Tradução de Daniel Mitidiero, Rafael Abreu e Vitor de Paula Ramos. São Paulo: Marcial Pons, 2015.

TARUFFO, Michele; LA TORRE, Massimo. Precedent in Italy. In: MACCORMICK, D. Neil; SUMMERS, Robert S. (ed.). *Interpreting precedents*: a comparative study. New York: Routledge, 1997. p. 141-188.

TEIXEIRA, Ana Carolina Brochado. *Família, guarda e autoridade parental.* Rio de Janeiro: Renovar, 2005.

TELÓ, Felipe Garcia; SOUZA, Gelson Amaro de. Coisa julgada em relação a terceiros nas ações de estado: artigo 472 do Código de Processo Civil. *ETIC – Encontro de Iniciação Científica*, Presidente Prudente, v. 6, n. 6, 2010. Disponível em: http://intertemas.toledoprudente.edu.br/index.php/ETIC/article/view/2404. Acesso em: 23 nov. 2019.

THEODORO JÚNIOR, Humberto. As vias de execução do Código de Processo Civil brasileiro reformado. In: WAMBIER, Teresa Arruda Alvim (org.). *Aspectos polêmicos da nova execução 3*: de títulos judiciais, Lei 11.232/2005. São Paulo: RT, 2006. p. 284-329.

THEODORO JÚNIOR, Humberto. *Código de Processo Civil anotado.* 13. ed. Rio de Janeiro: Forense, 2009.

THEODORO JÚNIOR, Humberto. *Curso de direito processual civil*: processo de conhecimento. 52. ed. Rio de Janeiro: Forense, 2011, v. 1.

THEODORO JÚNIOR, Humberto. *Curso de direito processual civil*: processo de execução e processo cautelar. 19. ed. Rio de Janeiro: Forense, 1997. v. 2.

THEODORO JÚNIOR, Humberto. Inventário, partilha e separação e divórcio por via administrativa – Reforma da Lei n. 11.441, de 4.1.2007. *Revista do Advogado*, São Paulo, v. 27, n. 91, p. 72-78, maio 2007. Disponível em: www.editoramagister.com.br. Acesso em: 22 abr. 2008.

THEODORO JÚNIOR, Humberto. O agravo de instrumento e as causas de direito de família. *Revista da Faculdade de Direito da UFMG*, Belo Horizonte, v. 50, p. 222-238, jan./jul. 2007.

THEODORO JÚNIOR, Humberto. O agravo de instrumento e as causas de direito de família. In: PEREIRA, Rodrigo da Cunha; MADALENO, Rolf (coord.). *Direito de família*: processo, teoria e prática. Rio de Janeiro: Forense, 2008.

THEODORO JÚNIOR, Humberto. O NCC e as regras heterotópicas de natureza processual. In: DIDIER JR., Fredie; MAZZEI, Rodrigo (org.). *Reflexos do Novo Código Civil no direito processual.* 2. ed. Salvador: JusPodivm, 2007. p. 154.

THEODORO JÚNIOR, Humberto. O Novo Código Civil e as regras heterotópicas de natureza processual. In: DIDIER JUNIOR, Fredie; MAZZEI, Rodrigo (org.). *Reflexos do Novo Código Civil no Direito Processual.* 2. ed. Salvador: JusPodivm, 2007, p. 139-158.

THEODORO JÚNIOR, Humberto. Prova – Princípio da verdade real – Poderes do juiz – Ônus da prova e sua eventual inversão – Provas ilícitas – Prova e coisa julgada nas ações relativas à paternidade (DNA). *Revista de Direito Privado*, São Paulo, v. 5, n. 17, p. 9-28, jan./mar. 2004. Disponível em: https://bdjur.stj.jus.br/jspui/handle/2011/88331. Acesso em: 10 out. 2022.

THEODORO JÚNIOR, Humberto. Tutelas provisórias segundo o novo Código de Processo Civil: tutela de urgência e tutela de evidência. *Revista Jurídica de Seguros*, Rio de Janeiro, n. 6, p. 12-51, maio 2017.

TOKARNIA, Mariana. Um em cada 4 brasileiros não tem acesso à internet, mostra pesquisa. *Agência Brasil*, Rio de Janeiro, 29 abr. 2020. Disponível em: https://agenciabrasil.ebc.com.

br/economia/noticia/2020-04/um-em-cada-quatro-brasileiros-nao-tem-acesso-internet. Acesso em: 15 maio 2021.

VASCONCELLOS, Rita de Cássia Côrrea de. Art. 529. In: WAMBIER, Teresa Arruda Alvim; DIDIER JUNIOR, Fredie; TALAMINI, Eduardo; DANTAS, Bruno (coord.). *Breves comentários ao novo Código de Processo Civil.* São Paulo: RT, 2015, p. 1378-1379.

VENCELAU, Rose Melo. *O elo perdido da filiação*: entre a verdade jurídica, biológica e afetiva no estabelecimento do vínculo paterno-filial. Rio de Janeiro: Renovar, 2004.

VENOSA, Sílvio de Salvo. Direito Civil. *Direito de Família*. 8. ed. São Paulo: Atlas, 2004, v. 6, p. 257.

VEZZULLA, Juan Carlos. A mediação. O mediador. A justiça e outros conceitos. In: OLIVEIRA, Ângela (coord.). *Mediação*: métodos de resolução de controvérsias. São Paulo: LTr, 1999, n. 1.

VEZZULLA, Juan Carlos. *Mediação, teoria e prática*: guia para utilizadores e profissionais. Lisboa: Ministério da Justiça, 2005.

VEZZULLA, Juan Carlos. *Teoria e prática da mediação.* Curitiba: Instituto de Mediação e Arbitragem do Brasil, 1998.

VIEGAS, João Francisco Moreira. A intervenção do Ministério Público no Cível. In: FÓRUM DE DEBATES SOBRE A INTERVENÇÃO DO MINISTÉRIO PÚBLICO NO CÍVEL, 1.; ENCONTRO DE TRABALHO, 8., 2001. Rio de Janeiro; Campo dos Goytacazes. *Palestra* [...]. Rio de Janeiro; Campo dos Goytacazes: [*s. n.*], 2001. Disponível em: http://www.mpsp.mp.br/portal/page/portal/documentacao_e_divulgacao/doc_publicacao_divulgacao/doc_gra_doutrina_civel/civel%2011.pdf. Acesso em: 26 ago. 2011.

VIGLIAR, José Marcelo Menezes. Comentário ao art. 472. In: MARCATO, Antonio Carlos (org.). *Comentários ao Código de Processo Civil.* 2. ed. São Paulo: Atlas, 2008.

VILLELA, João Baptista. Desbiologização da paternidade. *Revista da Faculdade de Direito da Universidade Federal de Minas Gerais*, Belo Horizonte, n. 21, p. 404-415, 1979. Disponível em: https://www.direito.ufmg.br/revista/index.php/revista/article/view/1156. Acesso em: 7 jan. 2008.

VILLELA, João Baptista. Repensando o direito de família. *Cad. Jur.*, São Paulo, v. 3, n. 7, p. 95-106, jan./fev. 2002. Disponível em: https://bdjur.stj.jus.br/jspui/bitstream/2011/118885/repensando_direito_familia_villela.pdf. Acesso em: 17 dez. 2019.

WAMBIER, Teresa Arruda Alvim. Recurso especial e ações de família. *Revista jurídica*: doutrina, legislação, jurisprudência, Porto Alegre, v. 58, n. 388, p. 11-23, fev. 2010.

WAMBIER, Teresa Arruda Alvim; DANTAS, Bruno. *Recurso especial, recurso extraordinário e a nova função dos tribunais superiores no direito brasileiro.* 3. ed. São Paulo: RT, 2016.

WARAT, Luis Alberto. *Surfando na pororoca*: o ofício do mediador. Florianópolis: Fundação Boiteux, 2004.

WELTER, Belmiro Pedro. *Igualdade entre as filiações biológica e socioafetiva.* São Paulo: RT, 2003.

WOLF, Karin. Reconvenção e revisional de alimentos. In: PEREIRA, Rodrigo da Cunha; MADALENO, Rolf (org.). *Direito de família*: processo, teoria e prática. Rio de Janeiro: Forense, 2008.

XAVIER, Marilia Pedroso *Contrato de namoro*: amor líquido e direito de família mínimo. 2. ed. Belo Horizonte: Fórum, 2021.

YARSHELL, Flávio Luiz. A nova execução e a obrigação de pagar alimentos (II). *Carta Forense*, São Paulo, ano 5, n. 53, p. 6, out. 2007.

YARSHELL, Flávio Luiz. Apelação. In: COÊLHO, Marcus Vinicius Furtado; MEDEIROS NETO, Elias Marques de; YARSHELL, Flávio Luiz; PUOLI, José Carlos Baptista. *O novo CPC*: breves anotações para a advocacia. Brasília: OAB, Conselho Federal, 2016.

YARSHELL, Flávio Luiz. *Tutela jurisdicional*. 2. ed. São Paulo: DPJ, 2006.

ZAGO, Camila Torres. *Lei nº 14.713/2023*: um bom pai, mas um mau marido. Disponível em: https://www.conjur.com.br/2023-nov-10/camila-zago-bom-pai-mau-marido/. Acesso em: 17 nov. 2023.

ZANETI JUNIOR, Hermes. Código de Processo Civil 2015: Ruptura do Paradoxo entre o Ministério Público da Legalidade e o Ministério Público Constitucional. In: GODINHO, Robson Renault; COSTA, Susana Henriques da (org.). *Ministério Público*. Salvador: JusPodivm, 2015 (Coleção Repercussões do Novo CPC, v. 6).

ZANETI JUNIOR, Hermes. Precedentes normativos formalmente vinculantes. In: DIDIER JUNIOR, Fredie; CUNHA, Leonardo Carneiro da; ATAÍDE JUNIOR, Jaldemiro Rodrigues; MACÊDO, Lucas Buril de. (coord.). *Precedentes*. Salvador: JusPodivm, 2015, p. 407-424. (Coleção Grandes Temas do Novo CPC, v. 3).

ZAPPAROLLI, Celia Regina; KRÄHENBÜHL, Mônica Coelho. Instrumentos não adjudicatórios de gestão de conflitos em meio ambiente. *Revista do Advogado*, São Paulo, ano 34, n. 123, p. 170-181, ago. 2014. Disponível em: http://aplicacao.aasp.org.br/aasp/servicos/revista_advogado/paginaveis/123/index.html. Acesso em: 7 nov. 2022.

ZUFELATO, Camilo. Novas tendências sobre o ônus da prova e o Projeto de Novo CPC – parte II (conclusão). *Jornal Carta Forense*, São Paulo, 12 fev. 2012. Disponível em: http://www.cartaforense.com.br/conteudo/artigos/novas-tendencias-sobre-o-onus-da-prova-e-o-projeto-de-novo-cpc---parte-ii-conclusao/8276. Acesso em: 1º ago. 2016.

ZUGMAN, Maiana Jugend. "Tem alguém vendo": visitas monitoradas em varas de família sob a perspectiva de operadores do direito, psicólogas judiciárias e familiares. Dissertação (Mestrado em Ciências) – Instituto de Psicologia, Universidade de São Paulo, São Paulo, 2019. Disponível em: https://www.teses.usp.br/teses/disponiveis/47/47134/tde-15082019-160352/publico/zugman_corrigida.pdf. Acesso em: 20 nov. 2023.

ZULIANI, Enio Santarelli. Alimentos. *Revista Magister de Direito Civil e Processual Civil*, Porto Alegre, v. 5, n. 29, mar./abr. 2009.

ZULIANI, Enio Santarelli. Guarda compartilhada e visitas: a nova perspectiva de impor sanções por violações ao direito de ter o filho em sua companhia ou de visitá-lo, como estabelecido. *Revista Magister de Direito Civil e Processual Civil*, Porto Alegre, v. 6, n. 35, p. 9-18, mar./abr. 2010.

2024/01